민 법
핵심판례240선

해설 및 객관식 연습

송덕수 | 김병선

박영사

머 리 말

「민법 핵심판례230선」을 출간한 지 2년 만에 새로운 판례를 추가하고 내용을 보완하여 「민법 핵심판례240선」을 펴내게 되었다. 이 책에서 본격적으로 다룬 판례는 모두 240개이지만, 원고는 판례 10개가 아니고 15개에 대하여 완전히 새로 썼다. 그런데도 「민법 핵심판례240선」이 된 이유는 기존 원고 가운데 판례 5개에 관한 것이 교체(4개)되거나 삭제(1개)되었기 때문이다.

교체되거나 삭제된 것 대신 새로 쓴 판례 원고 5개 중 3개는 판례가 전원합의체 판결(또는 결정)에 의하여 변경되어서 다시 쓴 것이고, 하나는 동일한 논점에 관하여 한층 진전된 판례가 나와서 바꾼 것이며, 다른 하나는 기존 판례 하나가 민법 개정으로 의미를 잃어 그것을 빼고 다른 판례에 관하여 쓴 것이다.

이 책에서 새로 다룬 판례를 분야별로 보면, 민법총칙이 셋, 물권법이 둘, 채권법총론이 둘, 채권법각론이 넷, 친족상속법이 넷이다. 그런데 민법총칙 하나와 친족상속법 네 개는 교체한 것이거나 삭제 대신 추가한 것이어서, 순수하게 늘어난 개수는 민법총칙이 둘, 물권법이 둘, 채권법총론이 둘, 채권법각론이 넷이고, 친족상속법은 없다. 그 결과 전체적으로 240개가 된다.

이번에 새로 다루어진 판례는 14개가 최근의 것이고, 하나는 중요한데도 다른 판례에 밀려 다루어지지 못했던 예전의 것이다. 최근 판례 14개도 하나같이 매우 중요한 것임은 물론이다.

이 책에서는 기존 원고에 새로운 해설이나 참고판결 등을 보충한 것도 다섯 개나 된다. 관련 판결을 추가한 것은 모두 최근에 새롭게 판례가 나온 경우들이다. 그리고 이번에 내용을 정확하게 수정한 곳도 적지 않다. 또 이 책에서 책 안의 다른 부분을 인용하고 있는 경우에 인용 부분을 새 책에 맞추어 고치기도 했다.

이 책이 나오는 데에는 많은 분의 도움이 있었다. 먼저 박영사의 안종만 회장님과 안상준 대표는 원고 작성을 독려하고 자주 격려해주셨다. 그리고 박영사 편집부의 김선민 이사는 책을 훌륭하게 만들어주셨다. 또 조성호 출판기획이사는 책이 제때 출간될 수 있도록 적극적으로 도와주셨다. 이분들을 포함하여 도와주신 모든 분께 깊이 감사드린다.

2024년 5월
저자들을 대표하여
송 덕 수 씀

핵심판례200선 머리말

민법 공부에서 판례가 얼마나 중요한지는 새삼 강조할 필요가 없다. 그런데 판례는 전체적으로도 공부해야 하지만 그것만으로는 불충분하며, 그 가운데 특히 선례(leading case)로서 가치가 큰 핵심적인 판례에 대하여 깊이 있게 공부하는 것이 꼭 필요하다. 왜냐하면 그러한 판례는 그것 자체가 매우 중요할 뿐만 아니라 해당 부분의 기본적인 법리를 형성하고 있는 경우가 대부분이기 때문이다.

저자들은 민법 분야에서 그와 같은 핵심적인 판례를 골라 철저하게 익히게 하고, 더 나아가 시험을 준비하는 독자들에게는 시험대비에도 크게 도움이 될 새로운 판례교재 개발을 기획하였다. 이 책이 바로 그에 따른 결과물이다. 이 책의 내용은 다음과 같다.

(1) 우선 책을 제1부 '해설 및 논평'과 제2부 '객관식 연습'으로 구성하였다. 이 책에 제2부('객관식 연습' 부분)까지 둔 것은, 판례를 가지고 객관식 문제까지 연습해보면, 선택형 문제에 대한 대비가 되는 것은 물론이고 판례를 완벽하게 이해하게 되는 장점이 있기 때문이다.

(2) 제1부 '해설 및 논평'은 독자들의 공부 부담을 최소화하기 위해 예외 없이 판례 1개당 2면으로 한정하였다. 그런데 지면이 너무 부족할까봐 2단으로 조판을 하게 하여 꼭 필요한 내용은 모두 담을 수 있게 하였다. 그리고 이 부분은 판례의 법리를 확실히 이해하고 익히게 하기 위해 해설에 중점을 두고 집필을 하였으며, 저자들의 논평은 최소한에 그쳤다. 그런가 하면 판례의 법리를 효율적으로 익히게 하기 위한 이 책만의 독특한 체제를 개발하여 사용하였다. 그 체제는 효과를 극대화해 줄 것으로 믿는다.

(3) 제2부 '객관식 연습'은 '해설 및 논평'의 대상이 된 판례 1개에 대하여 각각 객관식 문제 1개씩을 만든 것이다. 그러면서 대부분 해당 판결의 구체적인 사안을 그대로 이용하였다. 그 결과 그 문제를 공부하다보면 객관식 문제를 넘어서 사례형 문제에 대한 대비도 상당히 많이 될 것으로 생각한다.

(4) 한편 이 책을 만들기 위해 저자들은 민법 전체에 관한 모든 판례 중에서 핵심적인 판례를 200개 선정하였다. 세부적으로는 민법총칙 40개, 물권법 40개, 채권법총론 40개, 채권법각론 45개, 친족상속법 35개이다. 그 중에 아주 최근 판례도 적지 않게 있음은 물론이다.

이 책은 민법에 관한 세미나강좌 교재로 사용될 수 있을 것이다. 그런가 하면 민법을 공부하는 사람이 민법에 관한 기본적인 내용을 공부하면서 아울러 중요 판례에 대하여 깊이 있게 익히는 도구로 이용할 수도 있다. 이 책으로 혼자서 공부할 때는 — 특히 이 책이 효과적인 학습을 위해 제1부에서 독특한 체제를 취하고 있으므로 — 이 책의 순서에 따라 읽기를 권한다.

이 책은 나와 이화여자대학교 법학전문대학원의 김병선 부교수가 함께 집필하였다. 김 부교수는 내 제자이기도 하지만 현재는 동료이자 어엿한 중견교수이다. 그리고 법전원 강의에서 무엇보다도 판례를 열심히 강의하여 수강생들로부터 크게 호평을 받아왔다. 나는 이 책을 기획할 때부터 여러 가지 점에 대하여 — 특히 변호사시험 등 각종 시험과 학생들의 요구 등에 대하여 잘 아는 — 김 부교수와 의논해서 정하였다. 우리 두 사람은 이 책을 위해 거의 1년이 다되는 기간 동안 매우 고심하여 집필을 하였다.

나는 예전에 민법사례연습 책을 내고 나서 이론서를 쓰기 전에 판례교재를 쓰려고 했었다. 그런데 박영사의 간곡한 요청으로 이론서인 민법강의(상), (하)의 집필을 하기 시작했고(이들은 후에 합하여 신민법강의가 됨), 그 후 신민법입문과 민법 전 분야의 낱권 교과서들을 집필하였다. 그리고 이제야 판례교재를 쓰게 되었다. 이제까지 출간된 민법 분야의 여러 저서에 더하여 — 비록 공저로 내는 것이기는 하지만 — 판례교재까지 나오게 되니 감회가 남다르다. 이 책이 민법을 공부하는 모든 사람에게 크게 도움이 되기를 바라마지 않는다.

이 책이 나오기까지는 많은 분들의 도움이 있었다. 우선 박영사의 조성호 기획/마케팅 이사가 이 책의 출간계획을 세우는 데 결정적인 역할을 하셨다. 그리고 김선민 부장과 이승현 대리는 이 책을 아주 훌륭하게 만들어 주셨다. 또한 안종만 회장님의 격려도 큰 힘이 되었다. 그런가 하면 저자의 대학원 제자들인 홍윤선 박사와 이선미 법무부 전문위원은 원고를 세심하게 읽고 수정이 필요한 곳을 지적해 주었다. 이 분들을 비롯하여 도와주신 모든 분들에게 깊이 감사드린다.

2016년 3월
저자들을 대표하여
송 덕 수 씀

차 례

제 2 장 물 권 법

제 3 장   채권법총론

제 4 장 채권법각론

제 5 장   친족상속법

제 2 부 객관식 연습

일러두기

- 이 책은 민법총칙부터 친족상속법에 이르기까지 민법의 전 분야에서 핵심적인 판례(판결 또는 결정) 240개를 선정하여 집필소재로 삼았다.
- 책은 제1부와 제2부로 나누어, 제1부에서는 하나의 판례에 대하여 '해설 및 논평'을 하고, 제2부에서는 제1부에서 해설한 그 판결로 객관식 문제를 만들어 두었다.
- 각 판례를 송덕수 저 신민법강의 및 낱권교과서 순서에 따라 배열하고, 대상판례 다음에 그 두 책의 해당부분도 표시하였다. 그럼에 있어서 책 제목은 간략히 표시하기 위해 '강의'(신민법강의), '민총'(민법총칙), '물권'(물권법), '채총'(채권법총론), '채각'(채권법각론), '친상'(친족상속법) 등의 약어를 사용하였다.
- 제1부에서는 각 판례별로 쟁점, 사실관계, 판결요지, 관련규정, 해설 및 논평의 순으로 기술하였다(학습효과의 극대화를 위해 그 순서로 읽기를 권한다). 그리고 해설에서는 판례를 움직이는 논리를 이해시키는 데 주력하였고, 논평은 최소한으로 줄였다.
- 제1부의 '해설 및 논평'의 지면은 판례 하나당 총 2면이고, 거기에는 예외가 없다.
- 제2부에 수록된 객관식 문제는 대부분 제1부에서 해설한 각각의 판례의 사실관계를 이용하여 만든 것이다. 이 객관식 문제까지 학습함으로써 해당 판례를 속속들이 이해하게 되고, 객관식 시험에 대비할 수 있게 됨은 물론, 민법 사례형 문제의 해결능력도 기르게 될 것이다.
- 색인은 집필소재로 된 판례만을 조사하여 정리하였다.
- 이 책에 인용된 법령 가운데 민법규정은 법명 없이 조문으로만 인용하였다. 그리고 나머지의 법령은 법명을 써서 인용하되, 몇 가지 법령은 약칭을 썼다. 그러한 법령의 약칭과 본래의 명칭은 다음과 같다.

  가등기담보법: 「가등기담보 등에 관한 법률」

  가소: 가사소송법

  가족관계등록법: 「가족관계의 등록 등에 관한 법률」

  대부업법: 「대부업의 등록 및 금융이용자 보호에 관한 법률」

  민소: 민사소송법

  부동산실명법: 「부동산 실권리자 명의 등기에 관한 법률」

  부등법: 부동산등기법

  소촉법: 「소송촉진 등에 관한 특례법」

  주임법: 주택임대차보호법

- 판례 인용은 양을 줄이기 위하여 다음과 같은 방식으로 하였다.

  (예) 대법원 1971. 4. 10. 선고 71다399 판결 → 대판 1971. 4. 10, 71다399

제1부

해설 및 논평

민법총칙

1. 관습법과 사실인 관습

◈ 대판 1983. 6. 14, 80다3231
[분묘이장](강의 A-11 · 12 · 92, 민총 [11] 이하 ·
[93])

[쟁점] 관습법과 사실인 관습의 차이. 관습법과 사실인 관습의 주장 · 증명책임. 사실인 관습의 효력범위. 구 가정의례준칙 제13조의 규정과 상치되는 관습법의 효력을 인정할 수 있는지 여부. 구 가정의례준칙 제13조의 규정과 상치되는 사실인 관습의 효력인정 요건

[사실관계]

(1) 이 사건 분묘는 피고의 어머니인 소외 망 A의 묘이다. 그런데 그 분묘는 원고의 허락 없이 원고의 임야에 설치되어 있다.

(2) 피고는 A의 장남으로서 A의 분묘를 사실상 설치하고 이를 수호 · 관리해오고 있다. 한편 피고와 동일 가적(家籍)에 있는 아버지인 소외 B가 일가의 호주로서 생존해 있다.

(3) 이러한 상태에서 원고는 피고를 상대로 위 분묘의 철거 및 묘역의 인도를 구하는 이 사건 소를 제기하였다.

[판결요지]

관습법이란 사회의 거듭된 관행으로 생성한 사회생활규범이 사회의 법적 확신과 인식에 의하여 법적 규범으로 승인 강행되기에 이른 것을 말하고 사실인 관습은 사회의 관행에 의하여 발생한 사회생활규범인 점에서는 관습법과 같으나 다만 사실인 관습은 사회의 법적 확신이나 인식에 의하여 법적 규범으로서 승인될 정도에 이르지 않은 것을 말하여 관습법은 바로 법원으로서 법령과 같은 효력을 갖는 관습으로서 법령에 저촉되지 않는 한 법칙으로서의 효력이 있는 것이며 이에 반하여 사실인 관습은 법령으로서의 효력이 없는 단순한 관행으로서 법률행위의 당사자의 의사를 보충함에 그치는 것이다.

일반적으로 볼 때 법령과 같은 효력을 갖는 관습법은 당사자의 주장 입증을 기다림이 없이 법원이 직권으로 이를 확정하여야 하나 이와 같은 효력이 없는 사실인 관습은 그 존재를 당사자가 주장 입증하여야 한다고 파악할 것이나 그러나 사실상 관습의 존부 자체도 명확하지 않을 뿐만 아니라 그 관습이 사회의 법적 확신이나 법적 인식에 의하여 법적 규범으로까지 승인된 것이냐 또는 그에 이르지 않은 것이냐를 가리기는 더욱 어려운 일이므로 법원이 이를 알 수 없을 경우 결국은 당사자가 이를 주장 입증할 필요에 이르게 될 것이다.

한편 민법 제1조의 관습법은 법원으로서의 보충적 효력을 인정하는데 반하여 같은 법 제106조는 일반적으로 사법자치가 인정되는 분야에서의 관습의 법률행위의 해석기준이나 의사보충적 효력을 정한 것이라고 풀이할 것이므로 사법자치가 인정되는 분야 즉 그 분야의 제정법이 주로 임의규정일 경우에는 위와 같은 법률행위의 해석 기준으로서 또는 의사를 보충하는 기능으로서 이를 재판의 자료로 할 수 있을 것이나 이 이외의 즉 그 분야의 제정법이 주로 강행규정일 경우에는 그 강행규정 자체에 결함이 있거나 강행규정 스스로가 관습에 따르도록 위임한 경우 등 이외에는 이 관습에 법적 효력을 부여할 수 없다고 할 것인바, 가정의례에 관한 법률에 따라 제정된 가정의례준칙(1973. 5. 17 대통령령 제6680호) 제13조는 사망자의 배우자와 직계비속이 상제가 되고 주상은 장자가 되나 장자가 없는 경우에는 장손이 된다고 정하고 있으므로 원심인정의 관습이 관습법이라는 취지라면(원심판시의 취지로 보아 관습법이라고 보여지나 반드시 명확하지는 않다) 관습법의 제정법에 대한 열후적, 보충적 성격에 비추어 그와 같은 관습법의 효력을 인정하는 것은 관습법의 법원으로서의 효력을 정한 위 민법 제1조의 취지에 어긋나는 것이라고 할 것이고 이를 사실인 관습으로 보는 취지라면 우선

그와 같은 관습을 인정할 수 있는 당사자의 주장과 입증이 있어야 할 것일 뿐만 아니라 사실인 관습의 성격과 효력에 비추어 이 관습이 사법자치가 인정되는 임의규정에 관한 것이어야만 비로소 이를 재판의 자료로 할 수 있을 따름이므로 이 점에 관하여도 아울러 심리 판단하였어야 할 것이므로, 따라서 원심인정과 같은 관습을 재판의 자료로 하려면 그 관습이 관습법인지 또는 사실인 관습인지를 먼저 가려 그에 따라 그의 적용 여부를 밝혔어야 할 것이다.

[관련규정] 제1조, 제106조, 구 가정의례준칙 제13조
<구 가정의례준칙 제13조(상제) ① 사망자의 배우자와 직계비속은 상제가 된다. ② 주상은 장자가 되고, 장자가 없는 경우에는 장손이 된다. ③ 사망자의 자손이 없는 경우에는 최근친 자가 상례를 주관한다.>

[해설 및 논평]
1. 해설
본 판결은 관습법과 사실인 관습에 대하여 여러 가지 중요한 판단을 하고 있다(그 외에 현재에는 삭제된 996조에 대하여도 판시하고 있으나 그것은 생략함).

(1) 관습법과 사실인 관습의 차이
본 판결은, 관행이 법적 확신에 의하여 법적 규범으로서 승인될 정도에 이르렀는지에 따라 관습법과 사실인 관습으로 구별되며, 전자는 법칙으로서의 효력이 있는 것인데 반하여 사실인 관습은 법령으로서의 효력이 없는 단순한 관행으로서 법률행위의 당사자의 의사를 보충함에 그친다고 한다.

(2) 관습법과 사실인 관습의 주장·증명책임
본 판결은 관습법은 당사자의 주장·입증을 기다림이 없이 법원이 직권으로 이를 확정하여야 하나 사실인 관습은 그 존재를 당사자가 주장·입증

하여야 한다고 한 뒤, 관습법도 법원이 이를 알수 없을 경우 결국은 당사자가 이를 주장·입증할 필요가 있다고 한다. 이 내용은 검토가 필요하다.

(3) 관습법의 효력(성문법과의 우열관계)
본 판결은 관습법은 제정법(성문법)에 대하여 열후적(劣後的)·보충적 효력을 갖는다고 한다(그 근거는 민법 1조에서 찾음). 그러면서 원심 인정의 관습(처가 먼저 사망한 경우에는 그 부가 망실의 제사를 통제하는 제주가 되는 것)이 관습법이라는 취지라면 그것의 효력을 인정하는 것은 민법 제1조의 취지에 어긋난다고 한다.

(4) 사실인 관습의 효력
본 판결은 사실인 관습에 대하여, 사법자치(사적자치의 의미임)가 인정되는 분야 즉 그 분야의 제정법이 주로 임의규정일 경우에는 법률행위의 해석기준으로서 또는 의사를 보충하는 기능으로서 재판의 자료로 할 수 있을 것이나, 이 이외의 즉 그 분야의 제정법이 주로 강행규정일 경우에는 그 강행규정 자체에 결함이 있거나 강행규정 스스로가 관습에 따르도록 위임한 경우 등 이외에는 이 관습에 법적 효력을 부여할 수 없다고 한다. 그러면서 원심 인정의 관습을 사실인 관습으로 보는 취지라면, 우선 그와 같은 관습을 인정할 수 있는 당사자의 주장과 입증이 있어야 할 뿐만 아니라, 사실인 관습의 성격과 효력에 비추어 그 관습이 사법자치가 인정되는 임의규정에 관한 것이어야만 비로소 재판의 자료로 할 수 있다고 한다.

2. 논평
본 판결의 내용은 대체로 받아들일 만하다. 다만, 사실의 관습의 존부도 법관이 당연히 직권으로 판단하도록 해야 한다. 대법원은 대판 1977. 4. 12, 76다1124에서는 사견과 같이 판시하였는데, 이 판결이 옳다.
한편 본 판결 사안의 궁극적인 문제(분묘 철거 등 청구의 상대방)는 현재에는 제1008조의 3의 해석의 문제이다(제사주재자의 확정의 문제).

2. 관습법의 요건 등

◆ 대판(전원) 2005. 7. 21, 2002다1178
[종회회원확인](강의 A-11 · 12, 민총 [11] 이하)

[쟁점] 관습법의 요건. 종중 구성원의 자격을 성년 남자만으로 제한하는 종래의 관습법의 효력. 공동선조와 성과 본을 같이 하는 후손은 성별의 구별 없이 성년이 되면 당연히 종중의 구성원이 되는지 여부(적극)와 그 근거

[사실관계]
(1) 피고 종회는 용인 이씨 시조 A의 28세손 B를 중시조로 하는 종중이며, 원고들은 위 B의 후손인 여자들로서 용인 이씨 33세손이다.
(2) 피고 종회의 규약 제3조는 "본 회는 용인 이씨 B공의 후손으로서 성년이 되면 회원 자격을 가진다"고 규정하고 있다.
(3) 이런 상태에서 원고들은 자신들이 피고 종회의 회원임을 확인해 달라는 소를 제기하였다.

[판결요지]
나. 관습법의 요건
관습법이란 사회의 거듭된 관행으로 생성한 사회생활규범이 사회의 법적 확신과 인식에 의하여 법적 규범으로 승인·강행되기에 이른 것을 말하고, 그러한 관습법은 법원(法源)으로서 법령에 저촉되지 아니하는 한 법칙으로서의 효력이 있는 것이며(대법원 1983. 6. 14. 선고 80다3231 판결 참조), 또 사회의 거듭된 관행으로 생성한 어떤 사회생활규범이 법적 규범으로 승인되기에 이르렀다고 하기 위하여는 헌법을 최상위 규범으로 하는 전체 법질서에 반하지 아니하는 것으로서 정당성과 합리성이 있다고 인정될 수 있는 것이어야 하고, 그렇지 아니한 사회생활규범은 비록 그것이 사회의 거듭된 관행으로 생성된 것이라고 할지라도 이를 법적 규범으로 삼아 관습법으로서의 효력을 인정할 수 없다고 할 것이다(대법원 2003. 7. 24. 선고

2001다48781 전원합의체 판결 참조).
따라서 사회의 거듭된 관행으로 생성된 사회생활규범이 관습법으로 승인되었다고 하더라도 사회 구성원들이 그러한 관행의 법적 구속력에 대하여 확신을 갖지 않게 되었다거나, 사회를 지배하는 기본적 이념이나 사회질서의 변화로 인하여 그러한 관습법을 적용하여야 할 시점에 있어서의 전체 법질서에 부합하지 않게 되었다면 그러한 관습법은 법적 규범으로서의 효력이 부정될 수밖에 없다.

다. 종중 구성원의 자격을 성년 남자로 제한하는 종래 관습법의 효력
종원의 자격을 성년 남자로만 제한하고 여성에게는 종원의 자격을 부여하지 않는 종래 관습에 대하여 우리 사회 구성원들이 가지고 있던 법적 확신은 상당 부분 흔들리거나 약화되어 있고, 무엇보다도 헌법을 최상위 규범으로 하는 우리의 전체 법질서는 개인의 존엄과 양성의 평등을 기초로 한 가족생활을 보장하고, 가족 내의 실질적인 권리와 의무에 있어서 남녀의 차별을 두지 아니하며, 정치·경제·사회·문화 등 모든 영역에서 여성에 대한 차별을 철폐하고 남녀평등을 실현하는 방향으로 변화되어 왔으며, 앞으로도 이러한 남녀평등의 원칙은 더욱 강화될 것인바, 종중은 공동선조의 분묘수호와 봉제사 및 종원 상호간의 친목을 목적으로 형성되는 종족단체로서 공동선조의 사망과 동시에 그 후손에 의하여 자연발생적으로 성립하는 것임에도, 공동선조의 후손 중 성년 남자만을 종중의 구성원으로 하고 여성은 종중의 구성원이 될 수 없다는 종래의 관습은, 공동선조의 분묘수호와 봉제사 등 종중의 활동에 참여할 기회를 출생에서 비롯되는 성별만에 의하여 생래적으로 부여하거나 원천적으로 박탈하는 것으로서, 위와 같이 변화된 우리의 전체 법질서에 부합하지 아니하여 정당성과 합리성이 있다고 할 수 없다. 따라서 종중 구성원의 자격을 성년 남자만으로 제한하는 종래의 관습법은 이제 더 이상 법적 효력

을 가질 수 없게 되었다고 할 것이다.

라. 종중 구성원의 자격

민법 제1조는 민사에 관하여 법률에 규정이 없으면 관습법에 의하고 관습법이 없으면 조리에 의한다고 규정하고 있는바, 성문법이 아닌 관습법에 의하여 규율되어 왔던 종중에 있어서 그 구성원에 관한 종래 관습은 더 이상 법적 효력을 가질 수 없게 되었으므로, 종중 구성원의 자격은 민법 제1조가 정한 바에 따라 조리에 의하여 보충될 수밖에 없다.

종중이란 공동선조의 분묘수호와 제사 및 종원 상호간의 친목 등을 목적으로 하여 구성되는 자연발생적인 종족집단이므로, 종중의 이러한 목적과 본질에 비추어 볼 때 공동선조와 성과 본을 같이 하는 후손은 성별의 구별 없이 성년이 되면 당연히 그 구성원이 된다고 보는 것이 조리에 합당하다고 할 것이다.

(이 판결에는 6인의 대법관의 별개의견, 1인의 대법관의 다수의견에 대한 보충의견이 있음)

[관련규정] 제1조, 제105조, 제106조

[해설 및 논평]
1. 해설
(1) 관습법의 의의 및 요건

본 판결에 따르면, 관습법이란 사회의 거듭된 관행으로 생성한 사회생활규범이 사회의 법적 확신과 인식에 의하여 법적 규범으로 승인·강행되기에 이른 것을 말하고, 그러한 관습법은 법원(法源)으로서 법령에 저촉되지 않는 한 법칙으로서의 효력이 있다고 한다. 관습법에 대한 이러한 판시는 종래의 판례를 되풀이한 것이다(대판 1983. 6. 14, 80다3231; 대판(전원) 2003. 7. 24, 2001다48781 참조). 그리고 이는 통설의 태도와도 일치한다.

이와 같은 판례에 의하면, 관습법이 성립하기 위해서는 두 가지의 요건이 필요하게 된다. 1) 관행이 존재해야 한다는 것과, 2) 그 관행이 법규범이라고 의식될 정도에 이르러야 한다는 것(법적 확

신의 취득)이 그에 해당한다. 그런데 본 판결은 2)가 인정되려면 헌법을 최상위 규범으로 하는 전체 법질서에 반하지 않는 것으로서 정당성과 합리성이 있다고 인정될 수 있을 것을 요구한다. 이는 관습법도 - 법률처럼 - 헌법에 반하면 무효로 됨을 인정한 것이라고 할 수 있다. 대법원은 이러한 법리를 대판(전원) 2003. 7. 24, 2001다48781에서 처음 인정한 뒤 본 판결에서 다시 확인하였다.

(2) 종중 구성원의 자격을 성년 남자로 제한하는 종래 관습법의 효력

종래 판례는 종원의 자격을 성년 남자로만 제한하고 여성에게는 종원의 자격을 부여하지 않는 종래 관습에 대하여 관습법으로서 효력을 인정하고 있었다. 그런데 본 판결은, 위 관습은 근래 변화된 우리의 전체 법질서에 부합하지 않아 정당성과 합리성이 있다고 할 수 없고, 따라서 종중 구성원의 자격을 성년 남자만으로 제한하는 종래의 관습법은 이제 더 이상 법적 효력을 가질 수 없게 되었다고 한다.

(3) 종중 구성원의 자격

본 판결은, 종중 구성원에 관한 종래 관습이 더 이상 법적 효력을 가질 수 없게 되어 종중 구성원의 자격을 정해야 하는데, 그것은 제1조가 정한 바에 따라 조리에 의하여 보충될 수밖에 없다고 한다. 그러면서 공동선조와 성과 본을 같이 하는 후손은 성별의 구별 없이 성년이 되면 당연히 그 구성원이 된다고 한다.

(4) 새로운 판례의 적용 시점과 이 사건에의 소급적용

본 판결은, 위와 같이 변경된 대법원의 견해는 그 판결 선고 이후의 종중 구성원의 자격과 이와 관련하여 새로이 성립되는 법률관계에 대하여만 적용되나, 이 사건 청구에 대하여만은 변경된 견해가 소급하여 적용된다고 한다.

2. 논평
본 판결은 전반적으로 받아들일 만하다.

3. 신의성실의 원칙

◆ 대판 1990. 7. 24, 89누8224
[증여세등부과처분취소](강의 A-47, 민총 [53])

[쟁점] 농지에 대하여 자경의사가 있는 것처럼 소재지관서의 증명을 받아 소유권이전등기를 마친 명의수탁자가 증여세 등의 부과를 면하기 위하여 그 등기가 자경의사 없이 한 것으로서 무효라고 주장하는 것이 신의성실의 원칙에 어긋나는지 여부(적극)

[사실관계]

(1) H그룹의 회장인 소외 A는 1986. 12. 중순경 그의 자금으로 같은 계열회사인 I주식회사 소유이던 J골프장 입구에 위치하여 있는 농지인 이 사건 토지((지역 생략) 21 답 6,707평방미터, 22의 1 전 2,357평방미터, 23의 3 전 132평방미터, 답 823평방미터)와 그 외 임야 5필지 33,210평을 함께 소외 학교법인 K학원으로부터(다만 이 사건 토지는 농지인 관계로 소외 B에게 명의신탁되어 있었음) 이를 매수하고, 위 임야에 관하여는 자신의 명의로 소유권이전등기를 경료하였으나, 이 사건 토지에 관하여는 그의 장남인 원고에게 명의를 신탁하여 그 앞으로 소유권이전등기를 경료하기로 하였다.

(2) 그리하여 원고는 당시 위 A와 함께 서울 (지역 생략) 390의 144에 거주하면서 H그룹의 계열회사에서 경영수업을 하고 있었을 뿐 그 스스로 농가도 아니고 또한 이 사건 토지를 매수하여 농지로 자경할 의사가 전혀 없음에도 불구하고, 위 A와 의논한 끝에 그 주소를 이 사건 토지 부근인 (지역 생략) 65의 1로 이전하여 농가 또는 자경의사가 있는 것처럼 가장하여 소재지관서의 증명을 얻어 이로써 1987. 5. 20. 그 앞으로 소유권이전등기를 경료하였다.

(3) 그 후 피고(수원세무서장)는 이 사건 토지의 실질소유자는 소외 L주식회사와 M주식회사(이하 소외회사 등이라 함)이고 원고는 단순한 등기명의자에 불과하다고 보고서 상속세법 제32조의 2 제1항에 따라 소외회사 등이 원고에게 이 사건 토지를 증여한 것으로 의제하고 1988. 3. 17. 원고에게 상속세법 제34조의 5 등에 따라 배율방법에 의하여 평가한 이 사건 토지의 가액인 214,535,846원을 과세가액으로 하여 여기에 증여세율 67퍼센트를 적용하여 산출한 세액 120,479,016원에 신고불성실가산세 12,047,901원을 합한 증여세 132,526,910원 및 그 방위세 24,095,800원(120,479,016×20퍼센트)을 부과고지하였다.

(4) 그러자 원고는 피고를 상대로 피고가 원고에 대하여 한 증여세 및 그 방위세 부과처분의 취소를 구하는 소를 제기하였다.

[판결요지]

무릇 농지에 대하여는 자경 또는 자영의 의사가 없는 한 농지에 대한 소유권을 취득할 수 없고, 자경 또는 자영의 의사 없이 소유권이전등기만을 경유하는 경우에 그 소유권이전등기는 원인무효라 할 것이며(당원 1968. 5. 26. 선고 68다490 판결 참조), 부동산의 실질소유자가 아닌 제3자 명의로 된 등기가 원인무효인 경우에는 그 원인무효의 등기만에 의하여 실질소유자가 그 명의자에게 증여한 것으로 보는 상속세법 제32조의 2 제1항의 규정은 적용할 수 없는 것이지만(당원 1985. 7. 23. 선고 85누313 판결 참조), 이 사건에서와 같이 원고 스스로 적극적으로 농가이거나 자경의사가 있는 것처럼 하여 소재지 관서의 증명을 받아 그 명의로 소유권이전등기를 마치고 이 사건 토지들에 관한 소유자로 행사하면서 이제 와서 한편으로 증여세 등의 부과를 면하기 위하여 농가도 아니고 자경의사도 없었음을 들어 농지개혁법에 저촉되기 때문에 그 등기가 무효라고 주장함은 전에 스스로 한 행위와 모순되는 행위를 하는 것으로 자기에게 유리한 법지위를 악용하려 함에 지나지 아니하므로 이는 신의성실의 원칙이나 금반언의 원칙에 위배되는 행위로서 법률상 용납될 수 없다(당원 1984. 11. 13.

선고 84다75 판결 참조. 더구나 을 제3, 6호증, 을 제4호증의 1, 2의 각 기재와 영상 및 증인 장세현의 증언에 의하면 이 사건 토지들 중 경기도 (지역 생략) 21 답 6,707㎡는 공부상 농지로 되어 있을 뿐 실제로는 수목이 우거진 임야의 상태임을 알 수 있으므로 이를 농지로 볼 수도 없는 것이다. 당원 1987. 1. 15.자 86마1095 결정; 1984. 2. 10.자 84마16 결정 등 참조).

[관련규정] 농지개혁법 제19조 제2항, 민법 제2조

[해설 및 논평]

1. 해설

(1) 서설

본 판결이 판단한 사항 중에는 증여의제에 관한 상속세법 규정에 관한 것도 있다. 그러나 그것은 민법에 관한 판례가 아니기 때문에, 여기서는 그에 대하여는 인용도, 논의도 하지 않기로 한다. 또한 본 판결은 – 1994.에 폐지된 – 농지개혁법의 제19조 제2항(「본법에 의하여 분배받지 않은 농지 및 상환을 완료한 농지는 소재지 관서의 증명을 얻어 (농지매매증명)당사자가 직접 매매할 수 있다」)에 관한 법리도 판시하고 있으나, 그것도 다루지 않으려고 한다. 여기서 논의하려는 것은 신의성실의 원칙이 구체화된 하부원칙의 하나인 모순행위 금지의 원칙 내지 금반언의 원칙이다.

(2) 신의성실의 원칙과 그 하부원칙

권리의 행사와 의무의 이행은 신의에 좇아 성실히 하여야 한다(2조 1항)는 원칙을 신의성실의 원칙 또는 신의칙이라고 한다. 그리고 학자들에 의하여 신의칙이 구체화된 원칙으로 논의되는 것으로 권리남용 금지의 원칙, 사정변경의 원칙, 모순행위 금지의 원칙, 실효의 원칙 등이 있다.

(3) 모순행위 금지의 원칙

어떤 행위를 한 자가 후에 그와 모순되는 행위를 한 경우에 그 모순되는 행위의 효력을 인정하지 않는다는 원칙을 모순행위 금지의 원칙이라고 한다. 이는 영미법상의 금반언(禁反言. estoppel)의

법리와 유사하다. 금반언의 법리란 어떠한 행위(가령 법원의 판결, 날인증서, 계약)에 의하여 어떤 사실의 존재를 표시한 자는 그것을 믿고 자신의 이해관계를 변경한 자에 대하여 표시한 사실에 반하는 주장을 하지 못한다는 원칙이다.

판례는 모순행위 금지의 원칙이 적용될 수 있는 경우에 관하여 그 원칙의 적용을 명시적으로 언급하지는 않으면서(다만 대판 1995. 9. 26, 94다54160은 선행행위에 모순되는 거동으로서 신의성실의 원칙에 반하는 권리행사이므로 허용될 수 없다고 함) 신의칙 위반을 이유로 같은 결과를 인정하고 있다. 그런가 하면 다른 한편으로 「금반언 및 신의칙」 또는 「신의칙이나 금반언의 원칙」을 언급하면서 판단한 예도 많이 있다(본 판결은 마지막 경우에 해당함).

본 판결은, 원고가 스스로 적극적으로 농가이거나 자경의사가 있는 것처럼 하여 소재지 관서의 증명을 받아 그 명의로 소유권이전등기를 마치고 이 사건 토지들에 관한 소유자로 행사하면서 이제 와서 한편으로 증여세 등의 부과를 면하기 위하여 농가도 아니고 자경의사도 없었음을 들어 농지개혁법에 저촉되기 때문에 그 등기가 무효라고 주장한 데 대하여, 스스로 한 행위와 모순되는 행위를 하는 것으로 자기에게 유리한 법지위를 악용하려 함에 지나지 않으므로 이는 신의성실의 원칙이나 금반언의 원칙에 위배되는 행위로서 법률상 용납될 수 없다고 하여, 모순행위 금지의 원칙 내지 금반언의 법리를 적용하고 있다.

2. 논평

본 판결은 타당하다. 한편 모순행위 금지의 원칙과 금반언의 법리를 굳이 구별할 필요는 없으며, 동일한 것으로 파악하고, 그 원칙을 인정해야 한다.

[주요 평석 문헌] 진병춘, "선행행위와 모순되는 행위와 신의성실의 원칙," 대법원판례해설, 14호, 135면 이하.

4. 실효의 원칙

◈ 대판 1992. 1. 21, 91다30118
[사원확인](강의 A-49, 민총 [54])

[쟁점] 실효의 원칙을 적용하기 위한 요건. 실효의 원칙이 사용자와 근로자 사이의 고용관계(근로자의 지위)의 존부를 둘러싼 노동분쟁에 있어서 더욱 적극적으로 적용되어야 할 필요성이 있는지 여부(적극). 실효의 원칙을 적용하기 위하여 심리하여야 할 일반적인 사항 및 징계해임 처분의 효력을 다투는 분쟁에 있어서 실효의 원칙을 적용하는 방법

[사실관계]

(1) 피고(현재 상호는 한국전력공사)는 1978. 6. 16. 인사위원회를 개최하여, 피고의 성동영업소 전기원으로 근무하던 원고가 수용가로부터 금품을 받았다는 이유로 원고에 대하여 같은 해 7. 5. 까지 원고 스스로 사직원을 제출하면 의원면직으로 처리하되 이에 불응할 경우에는 징계해임으로 처리한다는 내용의 조건부 징계해임 결의를 하고, 그 사실을 같은 해 6. 28. 원고에게 통지함에 따라 원고가 같은 해 7. 5. 사직원을 제출하자, 같은 날 의원면직된 것으로 처리하였다.

(2) 피고의 취업관리요령은 인사위원회가 징계 사건을 심리함에 있어서는 일정한 경우를 제외하고는 비위자 본인을 출석시켜 진술을 들어야 하고 심리기일에 비위자가 결석한 때에는 1회에 한하여 심리를 연기하도록 규정하고 있는데, 피고의 인사위원회에서는 원고가 사전에 출석치 않을 의사를 표시하지 않고 심리기일에 출석하지 않았음에도 불구하고 심리를 연기하지 않은 채 위와 같이 조건부 징계해임을 결의하였다.

(3) 피고의 직원들 중 원고가 위 징계처분을 받을 당시 유사한 비위사실로 함께 징계처분을 받은 소외 A 외 37명이 1980년경 피고를 상대로 징계결의 무효확인의 소를 제기하였으나, 1983년경까지 그 중 의원면직으로 처리되지 않고 징계해임으로

처리된 일부 직원들은 승소하였음에 반하여, 원고와 같이 조건부 징계해임 결의를 통고받아 사직원을 제출하여 의원면직으로 처리된 직원들은 모두 패소하였고, 그 중 일부가 1985년경 또다시 의원면직 무효확인의 소를 제기하였다가 패소하였다.

(4) 그런데 1985. 10.경 이후 원고와 같은 경위로 의원면직 처분을 받은 직원들이 제기한 소송의 최종적인 결과에 관심을 갖고 있던 원고는 위 의원면직 처분이 무효라는 취지의 대법원판결이 거듭 선고되자 1990. 9. 3. 이 사건 소를 제기하기에 이르렀다.

[판결요지]

나. 일반적으로 권리의 행사는 신의에 좇아 성실히 하여야 하고 권리는 남용하지 못하는 것이므로, 권리자가 실제로 권리를 행사할 수 있는 기회가 있어서 그 권리행사의 기대가능성이 있었음에도 불구하고 상당한 기간이 경과하도록 권리를 행사하지 아니하여, 의무자인 상대방으로서도 이제는 권리자가 권리를 행사하지 아니할 것으로 신뢰할 만한 정당한 기대를 가지게 된 다음에, 새삼스럽게 그 권리를 행사하는 것이 법질서 전체를 지배하는 신의성실의 원칙에 위반하는 것으로 인정되는 결과가 될 때에는, 이른바 실효의 원칙에 따라 그 권리의 행사가 허용되지 않는다고 보아야 할 것이다.

특히 이 사건과 같이 사용자와 근로자 사이의 고용관계(근로자의 지위)의 존부를 둘러싼 노동분쟁은, 그 당시의 경제적 정세에 대처하여 최선의 설비와 조직으로 기업활동을 전개하여야 하는 사용자의 입장에서는 물론, 근로자로서의 임금수입에 의하여 자신과 가족의 생계를 유지하고 있는 근로자의 입장에서도 신속히 해결되는 것이 바람직한 것이므로, 위와 같은 실효의 원칙이 다른 법률관계에 있어서보다 더욱 적극적으로 적용되어야 할 필요가 있다고 볼 수 있다. …

다. 한편 실효의 원칙이 적용되기 위하여 필요한 요건으로서의 실효기간(권리를 행사하지 아니한

기간)의 길이와, 의무자인 상대방이 권리가 행사되지 아니하리라고 신뢰할 만한 정당한 사유가 있었는지의 여부는 일률적으로 판단할 수 있는 것이 아니라, 구체적인 경우마다 권리를 행사하지 아니한 기간의 장단과 함께 권리자 측과 상대방 측 쌍방의 사정 및 객관적으로 존재하는 사정 등을 모두 고려하여 사회통념에 따라 합리적으로 판단하여야 할 것으로서, 이 사건과 같은 징계해임 처분의 효력을 다투는 분쟁에 있어서는, 징계사유와 그 징계해임 처분의 무효사유 및 징계해임 된 근로자가 그 처분이 무효인 것을 알게 된 경위는 물론, 그 근로자가 그 처분의 효력을 다투지 아니할 것으로 사용자가 신뢰할 만한 다른 사정(예를 들면, 근로자가 퇴직금이나 해고수당 등을 수령하고 오랫동안 해고에 대하여 이의를 하지 않았다든지 해고된 후 곧 다른 직장을 얻어 근무하였다는 등의 사정), 사용자가 다른 근로자를 대신 채용하는 등 새로운 인사체제를 구축하여 기업을 경영하고 있는지의 여부 등을 모두 참작하여 그 근로자가 새삼스럽게 징계해임 처분의 효력을 다투는 것이 신의성실의 원칙에 위반하는 결과가 되는지의 여부를 가려야 할 것이다. 이 경우 근로자의 권리가 부당하게 침해되는 일이 없도록 신중하게 판단하여야 할 것임은 물론이다.

[관련규정] 제2조, 근로기준법 제27조 제1항

[해설 및 논평]
1. 해설
(1) 실효의 원칙의 의의
일반적으로 실효의 원칙이라 함은 권리자가 그의 권리를 오랫동안 행사하지 않았기 때문에 상대방이 이제는 더 이상 권리의 행사가 없으리라고 믿은 경우에 그 후에 하는 권리행사는 허용되지 않는다는 원칙을 말한다. 우리 대법원은 1988년 이래 이 원칙을 인정하고 있다.
(2) 실효의 원칙의 적용범위
실효의 원칙은 소멸시효에 걸리는 권리는 물론

이고 소멸시효에 걸리지 않는 권리에도 적용될 수 있다. 그리하여 해제권 등의 형성권이나 심지어 소를 제기할 수 있는 권리와 같은 공법상의 권리도 실효할 수 있다. 그러나 소유권에는 적용되지 않는다고 해야 한다. 본 판결은 소 제기를 할 수 있는 권리의 실효를 인정하고 있다.
(3) 권리 실효의 요건
본 판결은 권리 실효의 요건으로, 1) 권리자가 실제로 권리를 행사할 수 있는 기회가 있어서 그 권리행사의 기대가능성이 있었을 것, 2) 상당한 기간이 경과하도록 권리를 행사하지 않았을 것, 3) 의무자인 상대방으로서도 이제는 권리자가 권리를 행사하지 아니할 것으로 신뢰할 만한 정당한 기대를 가지게 되었을 것, 4) 새삼스럽게 그 권리를 행사하는 것이 법질서 전체를 지배하는 신의성실의 원칙에 위반하는 것으로 인정되는 결과가 될 것을 요구한다. 그리고 본 판결과 같은 취지의 후속판결도 이어졌다.
그런데 대법원판결 중에는 본 판결과 달리 위 1)의 요건(권리 행사 기회 필요)을 언급하지 않은 것도 있다(민법주해(1), 145면(양창수)은 이 태도에 찬성함).
(4) 기타
본 판결은 이 사건과 같이 사용자와 근로자 사이의 고용관계(근로자의 지위)의 존부를 둘러싼 노동분쟁에 관하여는 다른 법률관계에 있어서보다 실효의 원칙이 더욱 적극적으로 적용되어야 한다고 한다. 그리고 실효의 원칙은 구체적인 경우마다 여러 사정 등을 모두 고려하여 사회통념에 따라 합리적으로 판단하여야 할 것이라고 한다.

2. 논평
본 판결은 타당하다. 그리고 「권리행사 기회 필요」를 권리 실효의 필수적 요건으로 삼을 필요는 없으나, 일정한 경우에 그것을 언급하는 것은 무방하다.

[주요 평석 문헌] 차형근, "해고소송에 있어서의 실효의 원칙," 판례연구, 6집, 453면 이하.

5. 권리남용 금지

◈ 대판 1993. 5. 14. 93다4366
   [건물철거등](강의 A-53. 민총 [57] · [58])

[쟁점] 권리행사가 권리남용에 해당하기 위한 요건

[사실관계]

(1) 이 사건 토지인 대구 (지역 생략) 13의 1 대 84.3평방미터는 1989. 12. 29. 원고 명의로 소유권 이전등기가 경료되었다.

(2) 피고는 이에 인접한 같은 구 (지역 생략) 66 대 36.7평방미터 지상에 2층 건물을 소유하고 있는데, 그 건물이 이 사건 토지 중 원심판결 별지 도면(생략) 표시 (가)부분 0.3평방미터를 침범한 채 건립되어 있다.

(3) 그러한 상태에서 원고는 피고를 상대로, 위 (가)부분 대 0.3평방미터 지상에 건축된 철근 콘크 리트조 슬래브지붕 2층 건물 중 위 (가)부분 1층 점포 및 같은 도면 표시 (다)부분 2층 사무실을 각 철거하고, 위 (가)부분 대 0.3평방미터의 인도를 구하는 소를 제기하였다.

[판결요지]

권리의 행사가 주관적으로 오직 상대방에게 고 통을 주고 손해를 입히려는 데 있을 뿐 이를 행사 하는 사람에게는 아무런 이익이 없고, 객관적으로 사회질서에 위반된다고 볼 수 있으면 그 권리의 행사는 권리남용으로서 허용되지 아니한다고 할 것이고, 그 권리의 행사가 상대방에게 고통이나 손해를 주기 위한 것이라는 주관적 요건은 권리자 의 정당한 이익을 결여한 권리행사로 보여지는 객 관적인 사정에 의하여 추인할 수 있을 것이다.

기록에 의하면, 원고는 이 사건 토지와 함께 인 접한 같은 동 65의 1 대지를 취득하여 이 사건 토 지상에 건립되어 있는 기존 병원의 확장공사를 하 는 한편, 대로변에 위치한 피고 소유의 건물이 위 병원의 전면에 위치하게 되어 이를 매수하려고 하 였으나 성사되지 아니하자 이 사건 제소에 이르게 된 사실을 엿볼 수 있고, 또한 원고가 이 사건 (가) 부분 지상에 세워진 건물부분을 철거하여 그 부지 를 인도받는다 하더라도 그 면적이 0.3평방미터에 불과하고, 피고의 이 사건 건물과 인접하여 한 원 고의 병원신축건물은 거의 완공상태에 있어서 이 를 어떠한 용도에 사용할 수 있는지 알 수 없는 데 반하여, 피고로서는 위 토지상의 건물부분이 1 층 식당 및 2층 사무실의 일부이어서 그 철거에 상당한 비용이 소요되고 철거 후에도 그 잔존건물 의 효용이 크게 감소되리라고 보여지는바, 이러한 사정 아래에서는 권리남용의 법리에 비추어 원고 의 위 청구가 떳떳한 권리행사라고는 보여지지 않 는다.

따라서 원심으로서는 이 사건 0.3평방미터의 땅 이 원고에게 어떻게 쓰여지고 전체 토지의 효용에 반드시 필요하며, 그 가격은 얼마나 되는지, 이에 비하여 철거되는 피고의 건물의 효용상실정도, 경 계선 확인에 대한 쌍방의 부주의 정도 등을 구체 적으로 심리하여 본 다음 원고의 이 사건 청구가 권리남용에 해당하는지의 여부를 판단하였어야 할 것임에도 불구하고 이에 이르지 아니하고 쉽사 리 피고의 권리남용의 항변을 배척한 것은 결국 권리남용에 관한 법리를 오해하여 심리를 다하지 아니한 위법을 저지른 것이므로, 이 점을 지적하 는 논지는 이유 있다.

[관련규정] 제2조

[해설 및 논평]

1. 해설

(1) 서설

민법은 제2조 제2항에서 권리남용 금지의 원칙 을 규정하고 있다. 그런데 그 규정에서 권리남용 의 요건을 구체적으로 정하지 않고 있어서, 그것 은 학설 · 판례에 맡겨져 있다.

본 판결은 권리남용으로 인정되기 위한 요건을 판시한 뒤, 그 판결 사안의 경우에 원고의 철거청구가 권리남용에 해당하는지에 대하여 판단하고 있다. 그런데 대법원이 권리남용의 요건을 항상 본 판결과 같이 판시하고 있지는 않다. 그러므로 본 판결을 살펴보기 전에 권리남용의 요건에 관한 판례를 전반적으로 살펴볼 필요가 있다.

(2) 권리남용의 요건에 관한 판례

권리남용이란 신의칙에 반하는 권리행사를 말한다. 권리남용의 요건은 권리가 어떤 것인가에 따라 다르다. 그리하여 일률적으로 설명할 수는 없으나, 일반적인 요건으로 몇 가지 들 수는 있다. 그리고 대다수의 학자들은 일반적인 요건으로 1) 권리행사라고 볼 수 있는 행위가 있을 것, 2) 권리행사가 신의칙에 반할 것(객관적 요건)을 들고, 그 외에 가해의 의사나 목적(주관적 요건)은 권리남용의 요건이 아니라고 한다.

이제 판례에 대하여 살펴본다. 대법원이 권리남용인지 여부를 판단한 사안은 크게 두 부류로 나누어진다. 하나는 권리남용의 요건을 명시적으로 기술하는 경우이고, 다른 하나는 어떤 권리행사가 신의칙 등에 반하여 권리남용으로 되는지만을 언급하는 경우이다.

이 두 부류의 판례 가운데 전자에는 1) 주관적 요건만 있으면 충분하다고 한 것, 2) 주관적 요건이 갖추어지거나 객관적 요건이 갖추어지면 남용이 된다고 한 것, 3) 객관적 요건만 요구한 것(이것은 극히 적음)이 있다. 그러나 이들은 비교적 오래된 것들이고 과거부터 최근에 이르기까지 다수의 판결에서는 4) 주관적 요건과 함께 객관적 요건도 요구하고 있다(판결의 구체적인 예는 강의 A–53, 민총 [58] 참조). 그런데 이 판결에서는 그 대부분의 것에서 토지소유자의 소유권행사가 권리남용으로 되는지가 다투어졌다. 그리고 근래 몇몇 판결에서는 그 경우에 있어서도 주관적 요건은 권리자의 정당한 이익을 결여한 권리행사로 보여지는 객관적인 사정에 의하여 추인할 수 있다고

하여(판결의 구체적인 예는 강의 A–53, 민총 [58] 참조) 주관적 요건의 완화를 시도하고 있다.

(3) 본 판결의 경우

본 판결은, 권리의 행사가 주관적으로 오직 상대방에게 고통을 주고 손해를 입히려는 데 있을 뿐 이를 행사하는 사람에게는 아무런 이익이 없고, 객관적으로 사회질서에 위반된다고 볼 수 있으면 그 권리의 행사는 권리남용으로서 허용되지 아니한다고 하여, 권리남용의 요건으로 주관적 요건과 객관적 요건이 모두 필요하다는 태도를 취하고 있다. 즉 위 (2)에서 말한 4)의 경우에 해당한다. 그리고 그 사안에서는 원고의 토지소유권 행사가 남용인지 문제되었다. 즉, 본 판결은 토지소유권 행사가 권리남용인지 다투어진 경우에 관하여 기존 판례의 주류적인 흐름을 유지하고 있다.

그러가 하면 본 판결은 판례에서 근래에 많이 행해지고 있는 「객관적 사정에 의한 주관적 요건의 추인」을 인정하고 있다. 이는 가해의사나 가해목적과 같은 내부심리는 증명하기가 쉽지 않다는 점을 고려한 결과로 보인다. 그 태도는 대법원이 본 판결에서 처음 도입하였다.

2. 논평

민법은 제2조 제1항에서 「권리는 남용하지 못한다」라고 하여 권리남용을 완전히 객관적으로만 규정하고 있다. 따라서 우리 민법상 가해의 의사나 목적과 같은 주관적 요건은 권리남용의 요건이 아니라고 해야 한다. 그리고 만약 주관적 요건을 요구하는 경우에는, 그 태도는 토지소유권의 행사에 제한함이 바람직하고, 또한 본 판결과 같이 객관적 사정에 의하여 그 요건을 추인하는 등으로 그 요건을 되도록 완화할 필요가 있다.

한편 본 판결이 그 사안의 경우에 원고의 철거청구를 권리남용으로 인정한 것은 타당하다.

[주요 평석 문헌] 백태승, "권리남용금지의 원칙," 판례월보, 294호, 8면 이하; 최은수, "건물의 철거청구와 권리의 남용," 대법원판례해설, 19–1호, 9면 이하.

6. 법률행위의 해석

◈ 대판 1996. 8. 20, 96다19581 · 19598
[소유권이전등기 · 토지인도](강의 A-91, 민총 [92])

[쟁점] 매매계약의 당사자 쌍방이 일치하여 목적물의 지번에 관하여 착오를 일으켜 계약서상 목적물을 잘못 표시한 경우에 그 매매계약의 목적물

[사실관계]

(1) 소외 A는 1955. 2. 15. 소외 B로부터 (지역 생략) 683 답 1,552평방미터(이하 이 사건 토지라고 함)에 관한 소유권이전등기를 경료받고도 그 후 실제로는 위 648 답 1,593평방미터를 계속 경작하여 왔다.

(2) 그러다가 A는 1980. 3. 21. 피고와 사이에, A가 현실적으로 경작하고 있는 위 토지를 매매의 목적물로 하여 매매계약을 체결하였으나, 등기부상의 지번과 현실적으로 점유 · 경작하고 있는 지번이 서로 다른 사실을 모른 채 이 사건 토지에 관한 등기서류를 피고(반소 원고. 이하 피고라고만 함)에게 교부하였고, 피고 역시 그러한 사실을 모른 채 위 매매목적 토지(위 648 답 1,593평방미터)를 A로부터 인도받아 현재에 이르기까지 이를 경작하고 있다.

(3) 그런데 피고는 이 사건 토지에 관하여 1980. 3. 25. 피고 명의로 소유권이전등기를 마쳤으며, 위와 같이 등기부상의 지번과 현실적으로 점유 · 경작하는 토지의 지번이 서로 다르다는 사실은 1993. 12.경 이 사건 토지의 상속인(B로부터 683을 전전매수한 자의 상속인)인 원고(반소 피고. 이하 원고라고만 함)가 이를 알려주어 처음 알게 되었다.

(4) 이러한 상태에서 원고는 피고를 상대로, 주위적으로, 이 사건 토지에 관하여 1993. 12. 20. 교환을 원인으로 한 소유권이전등기 절차의 이행을 구하고, 예비적으로, 1) 1972. 3. 20. 취득시효 완성을 원인으로 한 소유권이전등기 절차의 이행을, 2) 이 사건 토지에 관하여 1980. 3. 25. 경료한 소유권이전등기의 말소등기절차의 이행을 구하는 소를 제기하였다. 그리고 피고는 반소로서 원고를 상대로 이 사건 토지의 인도를 구했다.

본 판결은 원고의 예비적 청구 2)에 대한 것이다.

[판결요지]

부동산의 매매계약에 있어 쌍방 당사자가 모두 특정의 갑 토지를 계약의 목적물로 삼았으나 그 목적물의 지번 등에 관하여 착오를 일으켜 계약을 체결함에 있어서는 계약서상 그 목적물을 갑 토지와는 별개인 을 토지로 표시하였다 하여도 갑 토지에 관하여 이를 매매의 목적물로 한다는 쌍방 당사자의 의사합치가 있는 이상 위 매매계약은 갑 토지에 관하여 성립한 것으로 보아야 할 것이고 을 토지에 관하여 매매계약이 체결된 것으로 보아서는 안 될 것이며, 만일 을 토지에 관하여 위 매매계약을 원인으로 하여 매수인 명의로 소유권이전등기가 경료되었다면 이는 원인이 없이 경료된 것으로서 무효라고 할 것이다(당원 1993. 10. 26. 선고 93다2629, 2636 판결 참조).

원심판결 이유에 의하면 원심은 거시 증거를 종합하여 판시와 같은 사실을 인정한 다음 그 인정사실에 의하면 소외 A와 피고(반소 원고)가 체결한 매매계약의 목적물은 그 지번에 관계없이 위 A가 현실적으로 점유 · 경작하고 있던 토지((지역 생략) 648 답 1593㎡)라고 할 것이고 따라서 쌍방이 위 매매계약을 원인으로 하고도 그 지번을 잘못 알아 원고(반소 피고)들이 점유 · 경작하던 이 사건 토지에 관하여 피고(반소 원고) 앞으로 소유권이전등기가 경료되었으니 이는 적법한 원인 없이 경료된 무효의 등기라고 판시하였는바, 기록에 의하여 살펴보면 당초 이 사건 토지와 위 648 토지의 소유자이던 소외 C가 최초 위 648 토지를 소외 D에게 매도하면서 그 지번을 잘못 알고 이 사건 토지에 관한 이전등기를 마쳐주게 된 결과 이 사건 토지와 위 648 토지에 관하여 각 사실과 다른 잘못된 이전등기가 순차로 경료되게 된 것으로 보여지

므로 원심의 이러한 사실인정과 판단은 정당한 것으로 수긍할 수 있고 거기에 지적하는 바와 같은 채증법칙 위배, 사실오인, 심리미진, 이유불비, 등기의 추정력에 관한 법리오해 등의 위법이 있다고 할 수 없다.

[관련규정] 제105조, 제186조, 제563조

[해설 및 논평]
1. 해설
(1) 서설
본 판결이 중요하게 판단한 사항은 두 가지이다. 하나는 토지매매계약에 있어서 당사자 쌍방이 모두 갑 토지를 계약의 목적물로 삼았으나 그 목적물의 지번에 관하여 일치하여 착오를 일으켜 계약서에는 목적물을 을 토지로 표시한 경우에 어느 토지가 매매목적물이 되는지에 대한 것이고, 다른 하나는 그때 을 토지에 관하여 위 매매계약을 원인으로 하여 매수인 명의로 소유권이전등기가 행하여졌다면 그 등기가 유효한지에 대한 것이다.

대법원이 본 판결과 같은 취지의 판결을 한 것이 이번이 처음은 아니다. 대법원은 대판 1992. 11. 24, 92다31514에서 이미 매매계약서상의 목적물의 표시에도 불구하고 다른 특정한 토지를 매매의 목적물로 하기로 하는 의사의 합치가 있었다면 후자가 매매의 목적물로 될 수 있음을 비쳤다. 그 뒤 대판 1993. 10. 26, 93다2629·2636에서 그러한 취지를 확실히 하여 본 판결의 요지부분에 해당하는 이론을 확립하였다.

본 판결이 판단한 두 가지 사항을 나누어 살펴보기로 한다.

(2) 매매목적 토지의 문제
본 판결은, 부동산의 매매계약에 있어 쌍방 당사자가 모두 특정의 갑 토지를 계약의 목적물로 삼았으나 그 목적물의 지번 등에 관하여 착오를 일으켜 계약을 체결함에 있어서는 계약서상 그 목적물을 갑 토지와는 별개인 을 토지로 표시하였다 하여도 갑 토지에 관하여 이를 매매의 목적물로 한다는 쌍방 당사자의 의사합치가 있은 이상 위 매매계약은 갑 토지에 관하여 성립한 것으로 보아야 할 것이라고 한다.

이는 근래 일반화된 법률행위 해석의 새로운 이론 중 이른바 자연적 해석 이론을 채용한 것이다. 자연적 해석이란 어떤 일정한 의사표시에 관하여 당사자가 사실상 일치하여 이해한 경우에는 그 의미대로 효력을 인정하여야 한다는 해석을 말한다. 그것은 「그릇된 표시(falsa demonstratio)의 법리」라고도 한다. 이에 의하면 본 판결의 경우에 당사자 쌍방이 목적물로 삼은 갑 토지가 매매목적 토지가 된다.

(3) 을 토지에 관한 등기의 유효 여부
본 판결은 위의 경우에 을 토지에 관하여 위 매매계약을 원인으로 하여 매수인 명의로 소유권이전등기가 경료되었다면 이는 원인이 없이 경료된 것으로서 무효라고 한다. 이는 물권변동이론에 비추어 당연한 것이다. 그 이유는 다음과 같다. 우리 민법상 법률행위에 의하여 부동산 물권변동이 일어나려면 물권행위 외에 등기까지 갖추어야만 하고, 그 등기는 물권행위와 부합하지 않으면 효력이 없다. 그런데 매매계약이 갑 토지에 관하여 성립하였으므로, 을 토지에 관하여는 채권행위도 물권행위도 행하여진 적이 없어서, 갑 토지의 매매계약을 원인으로 한 을 토지에 관한 매수인 명의의 소유권이전등기는 원인무효의 등기일 수밖에 없다.

2. 논평
본 판결은 타당하다.

[따름판결] 대판 1997. 4. 11, 96다50520
[유사판결] 대판 2018. 7. 26, 2016다242334

[주요 평석 문헌] 송덕수, "매매목적토지의 지번에 관한 당사자 쌍방에 공통하는 착오," 고시계, 42권 10호, 15면 이하.

7. 의사능력

◆ 대판 2022. 5. 26. 2019다213344
[대여금](강의 A-96, 민총 [98])

[쟁점] 의사능력의 의미 및 의사능력 유무는 구체적인 법률행위와 관련하여 개별적으로 판단해야 하는지 여부(적극). 의사능력이 인정되기 위해서는 법률행위의 일상적 의미뿐만 아니라 법률적 의미나 효과에 대해서도 이해할 수 있어야 하는지 여부(적극). 지적장애를 가진 사람에게 의사능력이 있는지 판단하는 기준

[사실관계]
 (1) 원고는 2015. 7. 6.경 피고에게 굴삭기 구입자금으로 8,800만 원을 대출하고(이 사건 대출약정), 대출금 중 인지대를 공제한 8,796만 5,000원을 굴삭기 공급자에게 직접 지급하였다.
 (2) 피고가 대출금채무를 연체하자, 원고는 피고를 상대로 대출원리금의 지급을 구하는 이 사건 소를 제기하였다. 이에 대해 피고는 이 사건 대출약정 당시 의사능력이 없었으므로 이 사건 대출약정은 무효라고 다투었다.
 (3) 이에 대하여 제1심법원은 피고의 주장을 받아들여 원고의 청구를 기각하였다. 그러자 원고가 항소하였고, 항소심은 이 사건 대출약정 당시 피고가 인지·판단능력이 현저히 결여되어 독자적으로 자기 의사를 결정할 수 없는 의사무능력 상태에 있었다고 인정하기 어렵다고 하면서 원고의 청구를 인용하였다. 이에 피고가 상고하였고, 대법원은 본 판결에서 원심판결을 파기·환송하였다.

[판결요지]
 의사능력이란 자기 행위의 의미나 결과를 정상적인 인식력과 예기력을 바탕으로 합리적으로 판단할 수 있는 정신적 능력이나 지능을 말한다. 의사능력 유무는 구체적인 법률행위와 관련하여 개별적으로 판단해야 하고, 특히 어떤 법률행위가 그 일상적인 의미만을 이해해서는 알기 어려운 특별한 법률적 의미나 효과가 부여되어 있는 경우 의사능력이 인정되기 위해서는 그 행위의 일상적인 의미뿐만 아니라 법률적인 의미나 효과에 대해서도 이해할 수 있어야 한다.
 장애인복지법 제2조 제2항 제2호, 장애인복지법 시행령 제2조 제1항 [별표 1] 제6호, 장애인복지법 시행규칙 제2조 제1항 [별표 1] 제6호에 따르면, 특별한 사정이 없는 한 지능지수가 70 이하인 사람은 교육을 통한 사회적·직업적 재활이 가능하더라도 지적장애인으로서 위 법령에 따른 보호의 대상이 된다. 지적장애인에 해당하는 경우에도 의학적 질병이나 신체적 이상이 드러나지 않아 사회 일반인이 보았을 때 아무런 장애가 없는 것처럼 보이는 경우가 있다. 반면 지적장애를 가진 사람이 장애인복지법령에 따라 지적장애인 등록을 하지 않았다거나 등록 기준을 충족하지 못하였다고 해서 반드시 의사능력이 있다고 단정할 수 없다.
 이러한 사정을 고려하면, 지적장애를 가진 사람에게 의사능력이 있는지를 판단할 때 단순히 그 외관이나 피상적인 언행만을 근거로 의사능력을 쉽게 인정해서는 안 되고, 의학적 진단이나 감정 등을 통해 확인되는 지적장애의 정도를 고려해서 법률행위의 구체적인 내용과 난이도, 그에 따라 부과되는 책임의 중대성 등에 비추어 볼 때 지적장애를 가진 사람이 과연 법률행위의 일상적 의미뿐만 아니라 법률적인 의미나 효과를 이해할 수 있는지, 법률행위가 이루어지게 된 동기나 경위 등에 비추어 합리적인 의사결정이라고 보기 어려운 사정이 존재하는지 등을 세심하게 살펴보아야 한다.

[관련규정] 제9조 제1항, 제12조 제1항, 제14조의 2 제1항, 장애인복지법·시행령·시행규칙의 관련 규정(판결요지에 인용됨)

[해설 및 논평]
1. 해설
(1) 서설
 민법은 의사능력에 관하여 명문규정을 두고 있

지 않다. 그렇지만 통설은 예전부터 사적 자치가 의사능력을 전제로 한다는 입장에서 의사능력이 없는 자의 법률행위는 무효라고 해왔다. 그리고 판례는, 2000년 이전에는 개별적으로 의사능력의 유무를 판단할 뿐이었는데, 2000년대에 와서는 의사능력에 관한 법리를 제시하고 발전시키고 있다. 본 판결도 그러한 판결 중 하나이다.

본 판결은 의사능력과 관련하여 4가지 점을 판단하고 있다. ① 의사능력의 의의, ② 의사능력 유무의 판단방법, ③ 법률행위에 특별한 법률적 의미나 효과가 부여되어 있는 경우, ④ 지적장애인에게 의사능력이 있는지를 판단하는 기준이 그것이다. 이들 중 ①~③은 기존 판례를 따른 것인데, ④는 본 판결에서 처음으로 제시한 것이다.

(2) 의사능력의 의의

본 판결은, 의사능력이란 자기 행위의 의미나 결과를 정상적인 인식력과 예기력을 바탕으로 합리적으로 판단할 수 있는 정신적 능력이나 지능이라고 한다. 이는 종래의 판례(대판 2002. 10. 11, 2001다10113)를 승계한 것이다. 그리고 이는 통설의 태도와도 같다.

(3) 의사능력 유무의 판단

본 판결은, 의사능력 유무는 구체적인 법률행위와 관련하여 개별적으로 판단해야 할 것이라고 한다. 본 판결의 이 태도도 기존의 판례(대판 2002. 10. 11, 2001다10113)를 따른 것이다.

(4) 법률행위에 특별한 법률적 의미가 부여되어 있는 경우

본 판결은, 어떤 법률행위가 그 일상적인 의미만을 이해해서는 알기 어려운 특별한 법률적 의미나 효과가 부여되어있는 경우 의사능력이 인정되기 위해서는 그 행위의 일상적인 의미뿐만 아니라 법률적인 의미나 효과에 대해서도 이해할 수 있어야 한다고 한다. 이는 대판 2002. 10. 11, 2001다10113이 구체적인 사안에 적용한 이론을 대판 2006. 9. 22, 2006다29358이 일반적인 법리로 정립한 것이며, 본 판결도 그 법리를 인정하였다. 이 법리가

인정됨으로써 난이도가 높은 법률행위의 경우에는 추가적인 검토를 받게 되어 의사무능력으로 인정받을 가능성이 커지게 된다.

(5) 지적장애인의 의사능력 유무의 판단

본 판결은, 지적장애를 가진 사람에게 의사능력이 있는지를 판단할 때 단순히 그 외관이나 피상적인 언행만을 근거로 의사능력을 쉽게 인정해서는 안 된다고 한 뒤, 판단방법을 구체적으로 판시하였다(판결요지 중 마지막 단락 참조). 본 판결의 이 부분은 의사능력의 판단에 관한 기존의 일반적인 법리에 기초하여 지적장애인의 경우에 상세한 판단 기준을 처음 제시한 것이다.

(6) 관련 문제

의사능력이 없는 경우에는 법률행위가 무효로 되어 거래의 안전을 해칠 가능성이 있다. 그러나 의사능력 제도 자체가 거래의 안전을 희생해서라도 의사무능력자를 보호하려는 것이기 때문에 그것은 감수해야 한다.

의사능력이 없는 자에게 유책사유가 있더라도 이는 고려하지 않는다. 그러한 경우에도 의사무능력자를 보호해야 하기 때문이다.

법률행위가 의사무능력으로 인하여 무효로 되는 경우에 상대방은 이행을 청구하지 못한다. 그런데 의사무능력자가 받은 이익이 있으면 부당이득으로 반환해야 한다. 그때 반환범위는 제141조 단서가 유추적용되어 현존이익이다(대판 2009. 1. 15, 2008다58367).

(7) 본 판결의 최종결론

본 판결은 그 사안의 경우, 지적장애인인 피고가 이 사건 대출약정의 법률적인 의미나 효과를 이해할 수 있었다고 보기 어렵고, 따라서 피고에게 의사능력이 없다는 이유로 이 사건 대출약정을 무효라고 볼 여지가 많다고 하였다.

2. 논평

본 판결은 타당하다.

8. 미성년자의 행위능력

◆ 대판 2007. 11. 16. 2005다71659 · 71666 · 71673
[채무부존재확인등 · 부당이득반환청구]
(강의 A-103, 민총 [102]∼[105])

[쟁점] 법정대리인의 동의 없이 신용구매계약을 체결한 미성년자가 그의 동의 없음을 이유로 위 계약을 취소하는 것이 신의칙에 위배되는지 여부(소극). 미성년자의 법률행위에 대한 법정대리인의 동의가 묵시적으로도 가능한지 여부(적극). 미성년자의 법률행위에 있어서 법정대리인의 묵시적 동의나 처분허락의 인정 여부에 대한 판단기준 및 이때 신용카드로 구매한 경우와 현금구매의 경우를 달리 보아야 하는지 여부(소극)

[사실관계]

(1) 원고(반소 피고. 이하 원고라고 함)는 1982. 8. 26.생으로서 19세 1개월 남짓 되던 2001. 10. 15. 피고(L카드 주식회사)(반소 원고. 이하 피고라고 함)로부터 이 사건 신용카드를 발급받았다. 원고는 그 당시 영어 과외를 하여 수입을 얻고 있었다.

(2) 원고는 2001. 10. 19.부터 2001. 12. 22.까지 위 신용카드를 이용하여 그 가맹점들로부터 합계 2,197,880원 상당의 음식(피자 등) · 의류 · 화장품 · 핸드백 · 신발 · 문구 · 영화표 · 고속버스승차권 · 호텔숙박권 등을 신용구매하고 피고로부터 직접 합계 138만 원의 현금서비스를 제공받았다.

(3) 피고는 위 신용카드 이용계약에 따라 원고를 대신하여 가맹점들에게 원고가 위 신용카드로 구입한 대금을 전액 지급하였고, 원고는 2001. 11.부터 2002. 3.까지 피고에게 위 신용카드 이용대금 합계 3,577,880원 중 1,237,003원을 변제하였다.

(4) 이러한 상태에서 원고는 피고를 상대로, 원고와 피고 사이에 신용카드 이용계약에 의한 신용카드 대금채무 부존재 확인 등을 구하는 이 사건의 소를 제기하였고, 그 소장에는 원고가 신용카드 이용계약을 취소한다는 의사표시도 담겨 있었다. 그러자 피고는 미지급 신용카드 이용대금 2,340,877원의 지급 또는 같은 금액 상당의 부당이득의 반환을 구하는 반소를 제기하였다.

(5) 그 후 원고는 이 사건 원심 변론종결 약 1∼2개월 전인 2005. 7. 15.부터 2005. 7. 21.까지 사이에 가맹점들에게 미성년자에 의한 법률행위임을 이유로 위 각 신용구매계약을 취소하는 의사표시를 담은 내용증명우편을 발송하였다.

[판결요지]

가. 행위무능력자 제도는 사적자치의 원칙이라는 민법의 기본이념, 특히 자기책임 원칙의 구현을 가능케 하는 도구로서 인정되는 것이고, 거래의 안전을 희생시키더라도 행위무능력자를 보호하고자 함에 근본적인 입법취지가 있는 것인바, 행위무능력자 제도의 이러한 성격과 입법취지 등에 비추어 볼 때, 신용카드 가맹점이 미성년자와 사이에 신용구매계약을 체결할 당시 향후 그 미성년자가 법정대리인의 동의가 없었음을 들어 스스로 위 계약을 취소하지는 않으리라고 신뢰하였다 하더라도 그 신뢰가 객관적으로 정당한 것이라고 할 수 있을지 의문일 뿐만 아니라, 그 미성년자가 가맹점의 이러한 신뢰에 반하여 취소권을 행사하는 것이 정의관념에 비추어 용인될 수 없는 정도의 상태라고 보기도 어려우며, 미성년자의 법률행위에 법정대리인의 동의를 요하도록 하는 것은 강행규정이라 할 것인데, 위 규정에 반하여 이루어진 신용구매계약을 미성년자 스스로 취소하는 것을 신의칙 위반을 이유로 배척한다면, 이는 오히려 위 규정에 의해 배제하려는 결과를 실현시키는 셈이 되어 미성년자 제도의 입법취지를 몰각시킬 우려가 있다고 할 것이므로, 법정대리인의 동의 없이 신용구매계약을 체결한 미성년자가 사후에 법정대리인의 동의 없음을 사유로 들어 이를 취소하는 것이 신의칙에 위반된 것이라고 할 수 없음은 상고이유에서 주장하는 바와 같다.

나. 그러나 미성년자가 법률행위를 함에 있어서 요구되는 법정대리인의 동의는 언제나 명시적이어야 하는 것은 아니고 묵시적으로도 가능한 것이며, 한편 민법은, 범위를 정하여 처분을 허락한 재산의 처분 등의 경우와 같이 행위무능력자인 미성년자가 법정대리인의 동의 없이 단독으로 법률행위를 할 수 있는 예외적인 경우를 규정하고 있고, 미성년자의 행위가 위와 같이 법정대리인의 묵시적 동의가 인정되거나 처분허락이 있는 재산의 처분 등에 해당하는 경우라면, 미성년자로서는 더 이상 행위무능력을 이유로 그 법률행위를 취소할 수는 없다고 할 것이다.

그리고 이 경우 묵시적 동의나 처분허락이 있다고 볼 수 있는지 여부를 판단함에 있어서는, 미성년자의 연령·지능·직업·경력, 법정대리인과의 동거 여부, 독자적인 소득의 유무와 그 금액, 경제활동의 여부, 계약의 성질·체결경위·내용, 기타 제반 사정을 종합적으로 고려하여야 할 것이고, 위와 같은 법리는 묵시적 동의 또는 처분허락을 받은 재산의 범위 내라면 특별한 사정이 없는 한 신용카드를 이용하여 재화와 용역을 신용구매한 후 사후에 결제하려는 경우와 곧바로 현금구매하는 경우를 달리 볼 필요는 없다고 할 것이다.

[관련규정] 제2조, 제5조, 제6조

[해설 및 논평]

1. 해설

(1) 서설

신용카드 회원이 그 카드를 이용하여 물품구매계약(신용구매계약)을 체결하려면 먼저 카드회사와 카드회원 사이의 신용카드 이용계약과 카드회사와 가맹점 사이의 가맹점계약이 존재해야 한다. 그리고 신용카드 회원은 이들 계약 중 물품구매계약과 신용카드 이용계약의 당사자가 된다. 그리하여 그가 미성년의 상태에서 법정대리인의 동의 없이 그 계약들을 체결한 경우에는 제한능력(구 행위

무능력)을 이유로 취소할 수 있게 된다. 본 판결은 이와 관련된 문제에 대하여 판단하였다.

(2) 신용구매계약의 취소

본 판결 사안의 경우에 원고는 카드회사와 체결한 신용카드 이용계약을 취소하였고, 그에 대하여는 본 판결에서 다투어지지 않았다. 그런데 원고가 가맹점과 체결한 신용구매계약을 취소한 것이 신의칙 위반인지에 대하여, 가맹점의 신뢰가 객관적으로 정당한 것이라고 볼 수 있을지 의문이라는 점, 강행법규 위반의 결과를 가져오는 신의칙의 적용은 허용하지 않고 있는 종래 판례의 태도 등을 이유로, 그것은 신의칙 위반이 아니라고 한다.

(3) 법정대리인의 묵시적 동의나 제6조에 의한 제한

본 판결은 미성년자의 행위에 대하여 법정대리인이 묵시적으로 동의할 수 있다는 것 또는 처분이 허락된 재산은 미성년자가 단독으로 처분할 수 있다고 규정한 제6조에 의해 미성년자의 취소를 제한할 수 있다고 한다. 그러면서 묵시적 동의나 처분허락이 있다고 볼 수 있는지 여부를 판단하는 기준도 제시하고 있다.

(4) 본 판결의 궁극적 결론

본 판결은, 제반 사정을 종합해 볼 때 원고가 당시 스스로 얻고 있던 소득에 대하여는 법정대리인의 묵시적 처분허락이 있었고, 이 사건 각 신용구매계약은 위와 같이 처분허락을 받은 재산범위 내의 처분행위에 해당한다고 볼 수 있다고 하였다. 결국 신용구매계약의 취소를 부정한 것이다.

2. 논평

본 판결이 그 사안의 경우에 제6조를 적용한 것은 부적절하다.

[주요 평석 문헌] 송경근, "가.법정대리인의 동의 없이 신용구매계약을 체결한 미성년자가 그 동의 없음을 이유로 위 계약을 취소하는 것이 신의칙에 위배되는지 여부 등," 대법원판례해설, 71호, 11면 이하.

9. 법률행위 목적의 적법

◈ 대판(전원) 2007. 12. 20, 2005다32159
 [약정금](강의 A-120, 민총 [117]∼[119])

[쟁점] 구 부동산중개업법 및 같은 법 시행규칙 등 관련 법령에서 정한 한도를 초과하는 부동산 중개수수료 약정이 강행법규 위반으로 무효인지 여부(적극)

[사실관계]

(1) 원고는 제주시 아라1동 (지번 생략) 과수원 또는 임야 9940㎡ 및 그 지상 감귤관리사 및 창고를 소유하고 있었는데, 2003. 1. 14. 소외 A 외 3인에게 위의 부동산들을 9억 3,200만 원에 매도(이 사건 매매계약)하였으며, 부동산중개업자인 피고는 원고의 이복동생인 소외 B의 소개로 이 사건 매매계약을 중개하였다.

(2) 한편 이 사건 매매계약이 이루어지기 이전에 원고는 X공인중개사라는 중개사무소를 통해 제3자에게 위의 부동산을 매매하려 하였고, 당시 중개수수료로 2,000만 원을 지급하기로 하였으나, 이 사건 토지상에 건축허가가 나기 어렵다는 이유로 위의 제3자가 매수의사를 철회하여 매매계약은 성립되지 않았고, 이 사건 매매계약 당시 피고도 이러한 사정을 알고 있었다.

(3) 이 사건 매매계약이 체결된 이후 원고의 형부인 소외 C와 이복동생인 B는 피고에게 중개수수료로 별지(생략) 목록 기재 각 토지(이 사건 토지라고 함)를 넘겨주겠다고 제의하였고 피고도 이를 승낙하여, 원고는 2003. 4. 8. 피고에게 이 사건 토지에 관하여 소유권이전등기를 마쳤으며, 피고는 그로부터 3일 후인 2003. 4. 11. B 명의로 소유권이전청구권 가등기를 마쳐주었다.

(4) 이 사건 토지의 2003. 4. 8. 당시의 시가는 합계 3,484만 원이며, 이 사건 토지는 2004. 5. 31. 제주시에 의하여 협의취득 되었는바, 그 수용보상금은 3,536만 원이다.

(5) 이러한 상태에서 원고는 피고를 상대로 중개수수료의 최고한도액을 초과하는 26,972,000원의 지급(반환)을 구하는 소를 제기하였다.

[판결요지]

부동산중개업법은 부동산중개업을 건전하게 지도·육성하고 부동산중개 업무를 적절히 규율함으로써 부동산중개업자의 공신력을 높이고 공정한 부동산거래질서를 확립하여 국민의 재산권 보호에 기여함을 입법목적으로 하고 있으므로(제1조), 중개수수료의 한도를 정하는 한편 이를 초과하는 수수료를 받지 못하도록 한 부동산중개업법 및 같은 법 시행규칙 등 관련 법령(이하 '부동산중개업법 관련 법령'이라고 함) 또는 그 한도를 초과하여 받기로 한 중개수수료 약정의 효력은 이와 같은 입법목적에 맞추어 해석되어야 할 것이다. 뿐만 아니라, 중개업자가 부동산중개업법 관련 법령 소정의 한도를 초과하여 수수료를 받는 행위는 물론 위와 같은 금지규정 위반 행위에 의하여 얻은 중개수수료 상당의 이득을 그대로 보유하게 하는 것은 투기적·탈법적 거래를 조장하여 부동산거래질서의 공정성을 해할 우려가 있고, 또한 부동산중개업법 관련 법령의 주된 규율대상인 부동산의 거래가격이 높고 부동산중개업소의 활용도 또한 높은 실정에 비추어 부동산 중개수수료는 국민 개개인의 재산적 이해관계 및 국민생활의 편의에 미치는 영향이 매우 커 이에 대한 규제가 강하게 요청된다고 할 것이다. 그렇다면 앞서 본 입법목적을 달성하기 위해서는 고액의 수수료를 수령한 부동산 중개업자에게 행정적 제재나 형사적 처벌을 가하는 것만으로는 부족하고 부동산중개업법 관련 법령 소정의 한도를 초과한 중개수수료 약정에 의한 경제적 이익이 귀속되는 것을 방지하여야 할 필요가 있다고 할 것이므로, 부동산 중개수수료에 관한 위와 같은 규정들은 중개수수료 약정 중 소정의 한도를 초과하는 부분에 대한 사법상의 효력을 제한하는 이른바 강행법규에 해당한다고 보아야 한다.

따라서 부동산중개업법 관련 법령에서 정한 한도를 초과하는 부동산 중개수수료 약정은 그 한도를 초과하는 범위 내에서 무효라고 할 것이다(대법원 2002. 9. 4. 선고 2000다54406, 54413 판결 등 참조).

이와는 달리, 위 금지규정은 단속규정에 불과하고 효력규정은 아니라고 봄으로써 그 한도를 초과한 수수료 약정의 사법상 효력이 부정되는 것이 아니라는 취지로 판시한 대법원 2001. 3. 23. 선고 2000다70972 판결은 이 판결의 견해에 배치되는 범위 내에서 이를 변경하기로 한다.

[관련규정] 구 부동산중개업법(현행 공인중개사법) 제15조 제2호, 제20조 제1항 제3항, 구 「부동산중개업법 시행규칙」 제23조의 2 제1항, 민법 제105조

[해설 및 논평]

1. 해설

(1) 서설

본 판결에서는 부동산매매계약에서 공인중개사의 중개수수료를 매매대금의 0.9퍼센트를 초과하지 못하도록 하는 법령의 규정들을 위반하여 중개수수료를 지급한 경우에 중개수수료 지급약정이 유효한지가 문제되었다. 그 문제의 해결은 중개수수료 제한규정이 법령을 위반한 약정을 무효로 만드는 강행규정에 해당하는지 여부에 달려 있다.

(2) 강행법규에 관한 일반이론

법률행위가 유효하려면 그 목적이 적법해야 한다. 즉 목적이 강행법규(그 중에 효력규정)에 어긋나지 않아야 한다. 만약 이를 위반하는 경우에는 법률행위는 무효이다. 민법은 제105조에서 이를 간접적으로 규정하고 있다.

법률규정은 사법상의 법률효과에 의하여 강행법규(강행규정)와 임의법규(임의규정)로 나누어진다. 이 가운데 강행법규는 당사자의 의사에 의하여 배제 또는 변경될 수 없는 규정이다.

한편 강행법규와 관련하여 논의되는 것으로 단속법규가 있는데, 이 둘의 관계에 관하여 학설은 i) 강행법규에 효력규정과 단속규정이 있다는 견해(사견은 이에 속함), ii) 강행법규와 단속법규를 대비시킨 뒤 후자를 다시 효력규정과 단순한 단속규정으로 나누는 견해 등이 대립하고 있다. 여기서 효력규정은 그것을 위반하는 행위의 사법상의 효과가 부정되는 규정이고, 단속규정은 그것을 위반하여도 벌칙의 적용이 있을 뿐이고 행위의 사법상의 효과에는 영향이 없는 규정이다. 판례는 사법상의 효력을 부정할 때는 강행법규(강행규정) 또는 효력규정이라고 하고, 그러지 않을 때에는 단속규정 또는 단순한 단속규정이라고 표현한다.

어떤 규정이 효력규정인지 단속규정인지에 대하여 명문규정이 없을 때에는 해당 법규의 입법취지에 의하여 판단하여야 한다.

(3) 중개수수료 제한규정에 관한 종래의 판례

본 판결 이전에 판례는 중개수수료 제한 규정에 대하여 효력규정이라고 한 것과 단속규정이라고 한 것으로 나뉘어 통일되어 있지 않았다.

(4) 본 판결의 태도

본 판결은 부동산 중개수수료에 관한 규정들은 중개수수료 약정 중 소정의 한도를 초과하는 부분에 대한 사법상의 효력을 제한하는 이른바 강행법규에 해당한다고 하면서, 종래의 판례 중 단속규정이라고 판시한 것을 변경하였다. 본 판결이 초과부분에 대해서만 무효라고 한 것은 일부무효의 법리를 적용한 것이라고 할 수 있다.

2. 논평

본 판결의 내용은 타당하다.

[주요 평석 문헌] 박준용, "법정한도초과 부동산중개수수료 약정의 효력: 강행규정과 단속규정의 구분 및 그 효과," 판례연구(부산판례연구회), 20집, 567면 이하.

10. 부동산의 이중매매와 사회질서

◈ 대판 2013. 10. 11. 2013다52622
[소유권이전등기말소등](강의 A-125, 민총 [126])

[쟁점] 부동산 이중매매에서 제2양수인의 행위가 공서양속에 반한다고 하기 위한 요건 및 판단기준

[사실관계]

(1) 이 사건 토지와 이 사건 건물의 소유자이던 소외 A는 1997. 12. 20. 사망하였고, 망 A의 자녀인 제1심 공동피고 B, 소외 C, D, E가 이 사건 토지의 1/4지분씩 각 상속하였으나, 상속인들 명의의 소유권이전등기를 하지는 않고 있었다.

(2) B는 1998. 1. 13. 원고 F와 이 사건 토지 및 미등기 상태의 이 사건 건물에 관하여 매매대금을 700만 원으로 한 매매계약(이 사건 제1매매계약)을 체결하였는데, 원고 F는 신용불량인 관계로 지인인 원고 G 행세를 하면서 원고 G 명의로 이 사건 제1매매계약에 관한 계약서를 작성하였다.

(3) B는 위 제1매매계약을 체결한 후 계약 당일 계약금 100만 원, 1998. 2. 9. 잔금 600만 원 등 위 매매대금 전액을 원고 F로부터 지급받았으나, 이 사건 토지에 관한 소유권이전등기를 해주지는 않았다.

(4) 그런데 B는 2010. 9. 16.경 피고와 이 사건 토지 및 건물에 관하여 매매대금을 1,450만 원으로 하는 매매계약(이 사건 제2매매계약)을 다시 체결하였고, 1997. 12. 20.자 협의분할에 의한 상속을 원인으로 2010. 10. 6. B 명의로 소유권이전등기를 한 다음, 2010. 10. 6. 피고에게 이 사건 토지에 관하여 소유권이전등기를 해주었다.

(5) 한편 ─ 원심에 따르면 ─ 피고는 B가 이 사건 토지를 F에게 이미 매도한 사실을 알고도 B를 설득 내지 교사하여 그로 하여금 배임행위에 나아가도록 하였다(피고는 이 사건 토지가 위치한 파출소에 근무하던 중 이 사건 토지를 발견하고 위 토지를 매수하기 위해 주인에 대하여 수소문했음은 물론 경찰 전산망을 통해 주민조회까지 하고, 위 토지의 등기부등본을 확인한 후 이전등기가 되지 않은 사실을 알고는 B에게 연락하여 그로부터 이 사건 토지를 매수하였다. 또한 이 사건 토지는 공익사업을 위해 수용 예정이었는데, 수용이 될 경우 수용보상예정액은 이 사건 제2매매계약 매매대금의 약 2배에 이른다).

[판결요지]

어떠한 부동산에 관하여 소유자가 양도의 원인이 되는 매매 기타의 계약을 하여 일단 소유권 양도의 의무를 짐에도 다시 제3자에게 매도하는 등으로 같은 부동산에 관하여 소유권 양도의 의무를 이중으로 부담하고 나아가 그 의무의 이행으로, 그러나 제1의 양도채권자에 대한 양도의무에 반하여, 소유권의 이전에 관한 등기를 그 제3자 앞으로 경료함으로써 이를 처분한 경우에, 소유자의 그러한 제2의 소유권양도의무를 발생시키는 원인이 되는 매매 등의 계약이 소유자의 위와 같은 의무위반행위를 유발시키는 계기가 된다는 것만을 이유로 이를 공서양속에 반하여 무효라고 할 것이 아님은 물론이다. 그것이 공서양속에 반한다고 하려면, 다른 특별한 사정이 없는 한 상대방에게도 그러한 무효의 제재, 보다 실질적으로 말하면 나아가 그가 의도한 권리취득 자체의 좌절을 정당화할 만한 책임귀속사유가 있어야 한다. 제2의 양도채권자에게 그와 같은 사유가 있는지를 판단함에 있어서는, 그가 당해 계약의 성립과 내용에 어떠한 방식으로 관여하였는지(당원의 많은 재판례가 이 문제와 관련하여 제시한 '소유자의 배임행위에 적극 가담하였는지' 여부라는 기준은 대체로 이를 의미한다)를 일차적으로 고려할 것이고, 나아가 계약에 이른 경위, 약정된 대가 등 계약내용의 상당성 또는 특수성, 그와 소유자의 인적 관계 또는 종전의 거래상태, 부동산의 종류 및 용도, 제1양도채권자의 점유 여부 및 그 기간의 장단과 같은 이용현황, 관련 법규정의 취지·내용 등과 같이 법률행위가

공서양속에 반하는지 여부의 판단에서 일반적으로 참작되는 제반 사정을 여기서도 종합적으로 살펴보아야 할 것이다(대법원 2009. 9. 10. 선고 2009다34481 판결 등 참조).

기록을 살펴보면, 원심이 그 판시와 같은 이유로 이 사건 제2매매계약이 공서양속에 반하여 무효라고 판단한 것은 위와 같은 법리에 비추어 정당하다

[관련규정] 제103조

[해설 및 논평]
1. 해설
(1) 서설
법률행위가 유효하려면 사회적 타당성이 있어야 한다. 민법은 이를 제103조에서 규정하고 있다. 그에 의하면, 선량한 풍속 기타 사회질서에 위반한 사항을 내용으로 하는 법률행위는 무효이다. 그런데 사회질서가 불확정개념이어서 구체적으로 어떤 행위가 그에 해당하는지는 법원의 재판을 통해서 축적해가는 수밖에 없다. 사회질서 위반 행위인지 문제가 되는 것으로 부동산의 이중매매가 있다.

(2) 부동산의 이중매매가 사회질서에 반하여 무효인지에 대한 판례
대법원은 오래 전부터 여러 판결에 의하여 부동산의 이중매매가 어떤 경우에 사회질서에 반하여 무효로 되는지에 관하여 하나의 법리를 공식처럼 정립하였다. 「매수인이 매도인의 배임행위에 적극 가담하여 이루어진 매매계약은 사회정의 관념에 위반된 민법 103조 소정 반사회적 법률행위에 해당하여 무효이다」라는 것이 그것이다. 대법원은 이 법리를 – 공간된 것으로는 – 대판 1970. 10. 23, 70다2038에서 처음 선보였으며, 이제는 아주 확고한 상태이다. 그리고 대법원은, 그 적극가담하는 행위는 매수인이 다른 사람에게 매도된 것을 안다는 것만으로는 부족하고 적어도 그 매도사

실을 알고도 매도를 요청하여 매매계약에 이르는 정도가 되어야 한다고 한다(대판 1981. 12. 22, 81다카197; 대판 1994. 3. 11, 93다55289).

그런데 본 판결은 – 종래의 판례를 부정하지 않으면서 – 부동산의 이중매매가 사회질서(본 판결에서는 공서양속이라고 함)에 반하여 무효인지 여부를 판단하는 방법을 제시하고 있다. 우선, 소유자의 제2의 소유권양도의무를 발생시키는 원인이 되는 매매 등의 계약이 소유자의 위와 같은 의무 위반행위를 유발시키는 계기가 된다는 것만을 이유로 이를 공서양속에 반하여 무효라고 할 것이 아니며, 그것이 공서양속에 반한다고 하려면 다른 특별한 사정이 없는 한 상대방에게도 그러한 무효의 제재를 정당화할 만한 책임귀속사유가 있을 것을 요구한다. 그런 뒤에, 제2의 양도채권자에게 그와 같은 사유가 있는지를 판단함에 있어서는, 법률행위가 공서양속에 반하는지 여부의 판단에서 일반적으로 참작되는 제반 사정을 여기서도 종합적으로 살펴보아야 할 것이라고 한다. 그리고 '소유자의 배임행위에 적극 가담하였는지' 여부라는 기준도 일차적 고려사항에 포함됨을 보여준다.

나아가 본 판결은 그 사안의 경우에 원심이 이중매매를 무효라고 판단한 것은 정당하다고 한다.

2. 논평
합리적으로 생각해 보면, 구체적인 하나의 부동산의 이중매매행위가 사회질서에 위반하여 무효로 되는지를 판단할 경우에는 마땅히 그 경우에 존재하는 모든 사정이 고려되어야 한다. 그런 점에서 볼 때 본 판결은 타당하다. 다만, 본 판결이 제103조가 규정하고 있는 「선량한 풍속 기타 사회질서」를 「공서양속」이라고 표현한 것은 의용민법 제90조를 연상시키는 것으로서 부적절하다(의용민법 90조는 제목을 「공서양속」이라고 하고, 본문에서 「공공의 질서 또는 선량한 풍속 …」이라고 규정함).

11. 형사사건에서의 성공보수약정

◆ 대판(전원) 2015. 7. 23. 2015다200111
[부당이득금](강의 A-128, 민총 [128])

[쟁점] 형사사건에 관한 성공보수약정이 선량한 풍속 기타 사회질서에 위배되는 것으로 평가할 수 있는지 여부(적극) 및 어느 법률행위가 선량한 풍속 기타 사회질서에 위반되어 무효인지 판단하는 기준시점(=법률행위가 이루어진 때)과 판단기준. 종래 이루어진 보수약정이 성공보수 명목으로 되어 있는 경우에 제103조에 의하여 무효라고 단정할 수 있는지 여부(소극) 및 이 판결 선고 후 체결된 성공보수약정의 효력(무효)

[사실관계]

(1) 원고는 아버지인 소외인이 절도 사건으로 구속되자, 2009. 10. 12. 변호사인 피고를 소외인의 변호인으로 선임하면서 착수금으로 1,000만 원을 지급하고, 소외인이 석방되면 사례금을 지급하기로 약정하였다.

(2) 피고는 2009. 12. 8. 소외인에 대한 보석허가신청을 하였고, 같은 달 11일 원고는 피고에게 1억 원을 지급하였으며, 같은 달 17일 소외인에 대하여 보석허가결정이 내려졌다.

(3) 소외인은 제1심에서 징역 3년에 집행유예 5년을 선고받았고, 항소심에서 일부 공소사실이 철회된 후 같은 형이 선고되어 그대로 확정되었다.

(4) 그 후 원고는 피고를 상대로 위 1억 원의 반환을 구하는 이 사건 소를 제기하였다.

[판결요지]

형사사건에 관하여 체결된 성공보수약정이 가져오는 이상과 같은 여러 가지 사회적 폐단과 부작용 등을 고려하면, 비록 구속영장청구 기각, 보석 석방, 집행유예나 무죄 판결 등과 같이 의뢰인에게 유리한 결과를 얻어내기 위한 변호사의 변론 활동이나 직무수행 그 자체는 정당하다 하더라도,

형사사건에서의 성공보수약정은 수사·재판의 결과를 금전적인 대가와 결부시킴으로써, 기본적 인권의 옹호와 사회정의의 실현을 그 사명으로 하는 변호사 직무의 공공성을 저해하고, 의뢰인과 일반 국민의 사법제도에 대한 신뢰를 현저히 떨어뜨릴 위험이 있으므로, 선량한 풍속 기타 사회질서에 위반되는 것으로 평가할 수 있다.

다만 선량한 풍속 기타 사회질서는 부단히 변천하는 가치관념으로서 어느 법률행위가 이에 위반되어 민법 제103조에 의하여 무효인지 여부는 그 법률행위가 이루어진 때를 기준으로 판단하여야 하고, 또한 그 법률행위가 유효로 인정될 경우의 부작용, 거래자유의 보장 및 규제의 필요성, 사회적 비난의 정도, 당사자 사이의 이익균형 등 제반 사정을 종합적으로 고려하여 사회통념에 따라 합리적으로 판단하여야 한다.

그런데 그 동안 대법원은 수임한 사건의 종류나 그 특성에 관한 구별 없이 성공보수약정이 원칙적으로 유효하다는 입장을 취해 왔고, 대한변호사협회도 1983년에 제정한 '변호사보수기준에 관한 규칙'에서 형사사건의 수임료를 착수금과 성공보수금으로 나누어 규정하였으며, 위 규칙이 폐지된 후에 권고양식으로 만들어 제공한 형사사건의 수임약정서에도 성과보수에 관한 규정을 마련하여 놓고 있었다. 이에 따라 변호사나 의뢰인은 형사사건에서의 성공보수약정이 안고 있는 문제점 내지 그 문제점이 약정의 효력에 미칠 수 있는 영향을 제대로 인식하지 못한 것이 현실이고, 그 결과 당사자 사이에 당연히 지급되어야 할 정상적인 보수까지도 성공보수의 방식으로 약정하는 경우가 많았던 것으로 보인다.

이러한 사정들을 종합하여 보면, 종래 이루어진 보수약정의 경우에는 보수약정이 성공보수라는 명목으로 되어 있다는 이유만으로 민법 제103조에 의하여 무효라고 단정하기는 어렵다. 그러나 대법원이 이 판결을 통하여 형사사건에 관한 성공보수약정이 선량한 풍속 기타 사회질서에 위반되

는 것으로 평가할 수 있음을 명확히 밝혔음에도 불구하고 향후에도 성공보수약정이 체결된다면 이는 민법 제103조에 의하여 무효로 보아야 한다.

이와 달리 종래 대법원은 형사사건에서의 성공보수약정이 선량한 풍속 기타 사회질서에 어긋나는지를 고려하지 아니한 채 위임사무를 완료한 변호사는 특별한 사정이 없는 한 약정된 보수액을 전부 청구할 수 있는 것이 원칙이고, 다만 약정된 보수액이 부당하게 과다하여 신의성실의 원칙이나 형평의 원칙에 반한다고 볼 만한 특별한 사정이 있는 경우에는 예외적으로 상당하다고 인정되는 범위 내의 보수액만을 청구할 수 있다고 판시하여 왔는바, 대법원 2009. 7. 9. 선고 2009다21249 판결을 비롯하여 그와 같은 취지의 판결들은 이 판결의 견해에 배치되는 범위 내에서 모두 변경하기로 한다.

(이 판결에는 4인의 대법관의 보충의견이 있음)

[관련규정] 제103조, 제686조

[해설 및 논평]

1. 해설

(1) 서설

종래 대법원은 수임한 사건에 관계없이 성공보수약정이 원칙적으로 유효하다는 입장에 있었고, 다만 약정된 보수액이 부당하게 과다하여 신의성실의 원칙이나 형평의 원칙에 반한다고 볼 만한 특별한 사정이 있는 경우에는 예외적으로 상당하다고 인정되는 범위 내의 보수액만을 청구할 수 있다고 해왔다(대판 2009. 7. 9, 2009다21249 등). 그런데 본 전원합의체 판결에 의해 위와 같은 종래의 판례를 변경하였다. 본 판결에서 판시한 사항별로 나누어 살펴본다.

(2) 형사사건에서의 성공보수약정과 사회질서

본 판결은, 형사사건에서의 성공보수약정은 수사·재판의 결과를 금전적인 대가와 결부시킴으로써, 기본적 인권의 옹호와 사회정의의 실현을 그

사명으로 하는 변호사 직무의 공공성을 저해하고, 의뢰인과 일반 국민의 사법제도에 대한 신뢰를 현저히 떨어뜨릴 위험이 있으므로, 선량한 풍속 기타 사회질서에 위반되는 것으로 평가할 수 있다고 한다. 민사사건에서의 성공보수약정이 이와 다름은 물론이다.

(3) 사회질서 위반 여부의 판단시기

본 판결은, 어느 법률행위가 사회질서에 위반되어 제103조에 의하여 무효인지 여부는 그 법률행위가 이루어진 때를 기준으로 판단할 것이라고 한다. 그러면서 판단기준도 제시하고 있다.

(4) 성공보수약정이 행해진 시기와 무효 여부

본 판결은, 종래 이루어진 보수약정의 경우에는 보수약정이 성공보수라는 명목으로 되어 있다는 이유만으로 제103조에 의하여 무효라고 단정하기는 어려우나, 대법원이 이 판결을 통하여 형사사건에 관한 성공보수약정이 선량한 풍속 기타 사회질서에 위반되는 것으로 평가할 수 있음을 명확히 밝혔음에도 불구하고 향후에도 성공보수약정이 체결된다면 이는 제103조에 의하여 무효로 볼 것이라고 한다.

그러면서 그 사안에서의 약정은 선량한 풍속 기타 사회질서에 반한다고 평가할 수 있는 측면이 있지만, 그것은 대법원의 견해 표명 전에 이루어진 것으로서 그 약정사실만을 가지고 제103조에 의하여 무효라고 단정할 수는 없다고 한 뒤, 원심이 1억 원의 성공보수약정 중 6,000만 원을 초과하는 4,000만 원 부분에 대하여 신의성실의 원칙이나 형평의 원칙에 반하여 부당하게 과다하므로 무효라고 판단한 것은 수긍할 수 있다고 한다.

2. 논평

본 판결이 형사사건에서의 성공보수약정이 사회질서에 반하여 무효로 된다고 한 것은 타당하다. 그런데 본 판결이 ─ 해당 사건까지 제외되고 ─ 장래의 사건에 대해서만 적용된다고 한 부분은 의문이 있다(윤진수 법률신문 법률논단 참조).

12. 불공정한 법률행위의 요건

◈ 대판 1996. 11. 12, 96다34061
[임대차청약무효확인등](강의 A-132·133 이하,
민총 [132] 이하)

[쟁점] 불공정 법률행위의 성립요건

[사실관계]

(1) 별지목록(생략) 기재 건물은 원고가 그 소유의 서울 (지역 생략) 1의 2 대 1,157㎡ 및 같은 동 대 76㎡ 지상에 1960. 6. 5. 서울특별시 중구청장으로부터 건축허가를 받아 1991. 2.경 완공한 지하 1층, 지상 2층의 근린생활시설 및 주차용량 200대 분의 X빌딩(이하 이 사건 건물이라고 함)으로, 같은 해 8. 30. 위 중구청장으로부터 준공검사를 받아 같은 해 9. 19. 원고 명의로 소유권보존등기를 마친 원고 소유 건물이다.

(2) 그런데 원고가 위와 같이 이 사건 건물을 신축할 당시 그 전면인 (지역 생략) 1의 4 도로상에는 피고(서울특별시)가 1966. 6. 20.경 축조하여 그 경찰국 산하 중부경찰서 퇴계로 2가 파출소로 사용하여 오던 시멘트 블럭조 슬래브지붕의 2층 건물(1층 55㎡, 2층 50㎡)이 그 중 화장실 0.3평 가량은 원고 소유의 위 (지역 생략) 1의 2의 일부를 침범한 채 건립되어 있었다.

(3) 원고는 이 사건 건물이 완공된 후인 1991. 7. 10.경 피고에게 피고가 그 소유의 위 파출소 건물을 철거하는 것을 전제로 이 사건 건물 1층 중 17.92평과 2층 중 25.38평(이하 이 사건 임차부분이라고 함)을 임대기간 20년, 연간 임료 금 1원으로 정하여 임대하여 주되 임대기간 만료 후에도 기간을 10년씩으로 정하여 위 임대차계약을 계속 갱신하여 줌으로써 피고에게 실질적으로 영구적인 임대차를 보장하여 주겠다는 내용의 임대차계약 체결에 대한 청약의 의사표시를 하였고, 피고는 그 무렵 이를 승낙한 후 위 파출소 건물을 철거하는 한편으로 같은 달 20일경부터 위 퇴계로 2가 파출소로 하여금 이 사건 임차부분에 입주하게 하여

이를 점유·사용하여 오고 있다.

(4) 한편 원고와 피고가 위의 임대차계약을 체결한 경위는 다음과 같다. 원고가 이 사건 건물을 신축하기에 앞서 피고 산하 위 중부경찰서장에게 위 파출소 건물의 철거를 요구하였으나, 위 중부경찰서장은 경계 침범 부분은 철거하겠지만 위 파출소 건물 전체를 철거할 수 없다는 뜻을 명백히 밝혔다. 그러자 원고가 일방적으로 위 파출소를 이 사건 건물 내로 이전하는 것을 전제로 건축허가를 받은 후 계속 위 파출소 건물의 철거를 요구하다가, 위 중부경찰서장이 종전의 입장을 유지하면서 대체 건물에 대한 영구적인 무상 사용권이 확보되지 않으면 위 파출소 건물 전체를 철거할 수 없다는 뜻을 거듭 밝히자, 피고 측과 절충한 끝에 위와 같은 임대차계약을 체결한 것이다.

(5) 그 후 원고는, 주위적으로, 위 임대차계약은 원고의 궁박상태를 이용하여 체결한 현저하게 공정을 잃은 법률행위로서 무효라고 주장하면서 무효 확인을 구하는 소를 제기하였다(예비적 청구내용은 생략).

[판결요지]

민법 제104조에 규정된 불공정한 법률행위는 객관적으로 급부와 반대급부 사이에 현저한 불균형이 존재하고, 주관적으로 그와 같이 균형을 잃은 거래가 피해 당사자의 궁박, 경솔 또는 무경험을 이용하여 이루어진 경우에 성립하는 것으로서, 약자적 지위에 있는 자의 궁박, 경솔 또는 무경험을 이용한 폭리행위를 규제하려는 데 그 목적이 있고, 불공정한 법률행위가 성립하기 위한 요건인 궁박, 경솔, 무경험은 모두 구비되어야 하는 요건이 아니고 그 중 일부만 갖추어져도 충분한데, 여기에서 '궁박'이라 함은 '급박한 곤궁'을 의미하는 것으로서 경제적 원인에 기인할 수도 있고, 정신적 또는 심리적 원인에 기인할 수도 있으며, 당사자가 궁박의 상태에 있었는지 여부는 그의 신분과 재산상태 및 그가 처한 상황의 절박성의 정도 등

제반 상황을 종합하여 구체적으로 판단하여야 하며, 한편 피해 당사자가 궁박, 경솔 또는 무경험의 상태에 있었다고 하더라도 그 상대방 당사자에게 위와 같은 피해 당사자 측의 사정을 알면서 이를 이용하려는 의사, 즉 폭리행위의 악의가 없었다면 불공정법률행위는 성립하지 않는다고 할 것이다(대법원 1992. 5. 26. 선고 92다84 판결, 1996. 6. 14. 선고 94다46374 판결 참조).

이 사건에 있어서 원심이 판시와 같은 사실관계에 의하면 원·피고 사이의 임대차계약 체결 당시의 원고의 판시와 같은 경제적 처지만으로는 그 임대차계약이 피고가 원고의 궁박상태를 이용하여 체결된 것이라고 단정할 수 없다고 판시한 것은 앞서의 법리에 따른 것으로 정당하고 거기에 소론과 같은 불공정 법률행위에 관한 법리오해의 위법 등이 있다고 할 수 없다.

[관련규정] 제104조

[해설 및 논평]
1. 해설
(1) 서설
본 판결은 제104조가 규정하고 있는 불공정한 법률행위(폭리행위)의 요건을 정리하고 있다. 그리고 그 사안의 경우에 특히 주관적 요건 중 피해자의 궁박 등을 폭리행위자가 이용했어야 한다는 요건이 구비되지 않았음을 이유로 원고의 무효주장을 받아들이지 않았다. 그런데 대법원의 이러한 판시는 종래에도 있었으며, 본 판결은 종래의 판례를 다시 확인한 것이다.

본 판결에 따르면, 폭리행위가 성립하려면 객관적 요건과 주관적 요건의 두 요건이 갖추어져야 한다. 이 두 요건을 나누어 살펴보기로 한다.

(2) 객관적 요건
폭리행위가 되려면 먼저 급부와 반대급부 사이에 현저한 불균형이 있어야 한다. 이러한 급부와 반대급부 사이의 현저한 불균형은 단순히 시가와의 차액 또는 시가와의 배율로 판단할 수 있는 것은 아니고 구체적·개별적 사안에 있어서 일반인의 사회통념에 따라 결정하여야 하며, 그 판단에 있어서는 피해 당사자의 궁박·경솔·무경험의 정도가 아울러 고려되어야 하고, 당사자의 주관적 가치가 아닌 거래상의 객관적 가치에 의해야 한다(대판 2010. 7. 15, 2009다50308).

(3) 주관적 요건
폭리행위가 되려면 피해자의 궁박·경솔 또는 무경험을 이용했어야 한다. 즉 피해자의 궁박·경솔 또는 무경험이 있어야 하고, 폭리행위자가 이를 이용했어야 한다.

본 판결은 궁박·경솔·무경험은 모두 구비되어야 하는 것이 아니고, 그 중 일부만 갖추어져도 된다는 점과, 궁박의 의미, 궁박의 판단방법에 대하여 판시하고 있다. 이들 내용은 종래의 판례에 따른 것이며, 통설과도 일치한다.

폭리행위가 성립하기 위해 피해자의 궁박·경솔 또는 무경험이 존재하는 것 외에 피해자의 그러한 상황을 폭리행위자가 이용했어야 하는지, 그리고 그 정확한 의미가 무엇인지 문제된다. 그와 관련하여 본 판결은, 상대방 당사자에게 위와 같은 피해 당사자 측의 사정을 알면서 이를 이용하려는 의사, 즉 폭리행위의 악의가 없었다면 불공정법률행위는 성립하지 않는다고 하여, 그 요건의 필요성과 의미를 분명히 하고 있다. 이는 대판 1988. 9. 13, 86다카563 이래 확고한 판례를 다시 확인한 것이다. 그리고 다수설과 같은 입장이다(이와 다른 소수설들도 있음).

2. 논평
폭리행위의 요건에 관한 본 판결의 내용은 타당하다. 특히 피해자의 궁박 등을 폭리행위자가 이용했어야 한다는 것이 요건이라는 점, 그리고 그 요건의 정확한 의미를 폭리행위자가 피해자 측의 사정을 알고 이용하려는 의사라고 새기는 점도 적절하다.

13. 진의 아닌 의사표시

◆ 대판 1991. 7. 12, 90다11554
[해고무효확인등](강의 A-136, 민총 [138])

[쟁점] 근로자가 사용자의 지시에 좇아 일괄하여 사직서를 작성 제출함에 있어 그 사직서에 기하여 의원면직 처리될지 모른다는 점을 인식하였다는 사정만으로 그의 내심에 사직의 의사가 있는 것이라고 할 수 있는지 여부(소극). 사용자가 근로자로부터 사직서를 제출받고 이를 수리하는 의원면직의 형식을 취하여 근로계약관계를 종료시키는 경우와 부당해고의 성부

[사실관계]

(1) 피고 금고(새마을금고)는 소외 한국방송공사(이하 소외 공사라고 함)의 임원 및 사원, 피고금고의 직원 등을 회원으로 하여 신용사업 등을 목적으로 하는 법인으로서 소외 공사의 사장이 피고 금고를 대표하고 업무를 통할하는 이사장직을 맡아 왔으며 기타 임원들도 소외공사의 임원들이 담당해 왔다.

(2) 원고 A는 1979. 4. 26. 원고 B는 1976. 11. 15. 피고 금고에 입사하여 각각 운영부장 영업부차장으로 근무하던 중 1980. 8.초 피고 금고와 소외 공사와의 밀접한 관계로 인하여 소외 공사에 대한 언론인 강제해직조치에 피고 금고가 병행처리 됨에 따라 당시 소외 공사의 사장 겸 피고 금고의 이사장이었던 소외 C, 소외 공사의 이사 겸 피고금고의 이사로서 경영관리를 담당하는 소외 D, 피고금고의 사무국장이었던 소외 E의 지휘계통에 의한 지시로 고용직을 제외한 피고 금고의 직원 20여명과 함께 어쩔 수 없이 피고금고에 일괄 사직서를 제출하게 되었다. 그런데 위 이사장 등 피고 금고의 경영진은 원고들의 사직 의사표시가 자신들의 지시에 의한 것으로 진의에 의한 것이 아님을 알면서도 1980. 8. 8. 피고 금고의 직원 20여 명 중 원고들의 사직서만 수리하여 원고들은 의원면직 처리되었다.

(3) 그 후 원고 B는 피고 금고를 상대로 자신이 피고 금고의 사원임을 확인해 달라는 소를, 원고 A는 1980. 9. 1부터 정년이 되는 1982. 9. 26까지의 일실급료와 일실퇴직금에 상당하는 금원을 불법행위로 인한 손해배상으로 청구하는 내용의 소를 제기하였다.

[판결요지]

진의 아닌 의사표시인지의 여부는 효과의사에 대응하는 내심의 의사가 있는지 여부에 따라 결정되는 것인바, 비록 원고들이 사직서를 작성 제출할 당시 그 사직서에 기하여 의원면직 처리될지 모른다는 점을 인식하였다고 하더라도 이것만으로써 그들의 내심에 사직의 의사가 있는 것이라고 할 수 없다. 따라서 원고들의 사직의사표시는 비진의 의사표시에 해당한다고 할 것이므로 같은 취지의 원심판단은 정당하고 소론과 같은 법리오해의 위법이 있다 할 수 없다.

이처럼 사용자가 근로자로부터 사직서를 제출받고 이를 수리하는 의원면직의 형식을 취하여 근로계약관계를 종료시킨다고 할지라도, 사직의 의사 없는 근로자로 하여금 어쩔 수 없이 사직서를 작성 제출하게 한 경우에는 실질적으로는 사용자의 일방적 의사에 의하여 근로계약관계를 종료시키는 것이어서 해고에 해당하고, 정당한 이유 없는 해고조치는 부당해고에 다름없는 것이다.

따라서 의원면직의 형식을 취한 경우 부당해고가 성립할 수 없음을 전제로 한 논지는 이유 없어 채택할 수 없다.

[관련규정] 제107조 제1항, 근로기준법 제27조 제1항

[해설 및 논평]

1. 해설

(1) 서설

본 판결에서는 크게 세 가지 사항이 다투어졌

다. 원고들의 사직서 제출이 진의 아닌 의사표시인지, 사직서를 제출받고 의원면직 처리한 것이 부당해고에 해당하는지, 불법행위로 인한 손해배상채권이 시효로 소멸했는지가 그것이다. 이들 가운데 여기서는 진의 아닌 의사표시 문제에 관하여만 살펴보려고 한다.

(2) 진의 아닌 의사표시의 의의와 요건

진의 아닌 의사표시 또는 비진의표시라 함은 표시행위의 의미가 표의자의 진의와 다르다는 것, 즉 의사와 표시의 불일치를 표의자 스스로 알면서 하는 의사표시를 말한다. 민법은 비진의표시에 관하여 제107조에서 규정하고 있다.

비진의표시의 요건은 다음과 같다. 첫째로, 의사표시가 존재해야 한다. 둘째로, 진의와 표시가 일치하지 않아야 한다. 즉 표시행위의 의미에 대응하는 의사(본 판결은 이 의사를 「효과의사에 대응하는 내심의 의사」라고 표현한다)가 존재하지 않아야 한다. 여기의 진의(의사)는 내심적 효과의사이고, 의사표시자가 이상적·궁극적으로 바라고 있는 의사가 아니다. 어떤 의사표시가 비진의표시에 해당하는지 여부는 대부분 이 요건을 갖추었는지에 좌우된다. 셋째로, 표의자가 진의와 표시의 불일치를 알고 있어야 한다. 그 밖에 표의자가 진의와 다른 표시를 하는 이유나 동기는 묻지 않는다.

(3) 사직의 의사표시에 관한 판례

우리의 법원실무에서 비진의표시인지가 문제된 주요한 사안으로 사직의 의사표시의 경우가 있다. 본 판결이 그에 관한 지도적인 판결이다.

본 판결은, 진의 아닌 의사표시인지의 여부는 효과의사에 대응하는 내심의 의사가 있는지 여부에 따라 결정된다고 한 뒤, 「비록 원고들이 사직서를 작성 제출할 당시 그 사직서에 기하여 의원면직 처리될지 모른다는 점을 인식하였다고 하더라도 이것만으로써 그들의 내심에 사직의 의사가 있는 것이라고 할 수 없다. 따라서 원고들의 사직 의사표시는 비진의 의사표시에 해당한다고 할 것」이라고 한다. 그리고 본 판결의 후속판결도 많이 있다.

그런데 대법원은 다른 한편으로, 공무원들이 일괄 사표를 제출하였다가 선별수리하는 형식으로 의원면직되었다고 하더라도 그 사직원에 따른 의원면직은 비진의표시가 아니며, 설사 비진의표시라고 하여도 제107조는 사인의 공법행위에는 적용되지 않으므로 사직원 제출을 받아들여 의원면직 처분한 것을 당연무효라고 할 수 없다고 한다 (대판 1992. 8. 14, 92누909 등).

2. 논평

본 판결이 사직서 제출을 비진의표시라고 판단한 데 대하여 비판적인 견해가 있다(이재홍 평석 18면 이하). 그러나 일괄 사직서 제출을 비진의표시라고 인정해야 할 경우도 많이 있다고 생각한다. 특히 본 판결 사안과 같이 강제해직조치가 될 때에는 더욱 그렇다. 한편 일괄 사직서 제출을 본 판결과 같이 비진의표시로 인정할 경우에는, 공무원의 일괄 사직원 제출도 동일하게 보아야 하며, 만약 사직원 제출을 유효하게 하려면 제107조가 사인의 공법행위에는 적용되지 않는다는 이유만을 들었어야 한다.

[참고판결] 대판 1993. 7. 16, 92다41528: 비진의 의사표시에 있어서의 진의란 특정한 내용의 의사표시를 하고자 하는 표의자의 생각을 말하는 것이지 표의자가 진정으로 마음속에서 바라는 사항을 뜻하는 것은 아니라고 할 것이므로, 비록 재산을 강제로 뺏긴다는 것이 원고의 본심으로 잠재되어 있었다 하여도 원고가 강박에 의하여서나마 이 사건 증여를 하기로 하고 그에 따른 증여의 의사표시를 한 이상 증여의 내심의 효과의사가 결여된 것이라고 할 수는 없을 것이다.

[주요 평석 문헌] 이재홍, "상급자의 지시에 의한 사직서제출과 진의 아닌 의사표시," 민사판례연구, 15권, 15면 이하.

14. 허위표시와 제3자(1)

◆ 대판 2000. 7. 6, 99다51258
  [지분부당이체금반환](강의 A-142, 민총 [146]
  이하)

[쟁점] 제108조 제2항의 '제3자'에 해당하는지
판단하는 기준

[사실관계]

(1) 원고 조합(대한설비건설공제조합)은 법에 의
하여 피고 조합(전문건설공제조합)의 조합원 중 설
비공사업 면허를 받은 자를 조합원으로 하여 설립
된 조합으로, 1996. 7. 1. 업무를 개시함에 따라 원
고 조합의 조합원이 되는 자의 피고 조합에 대한
출자금을 이체받고 피고 조합이 원고 조합의 조합
원이 되는 자와의 관계에서 가지는 권리·의무를
업무개시일부터 승계하게 되었다.

(2) 소외 S주식회사(이하 S회사라 함)는 1995. 4.
4. 피고와 사이에 S회사가 피고로부터 선급금 지
급보증을 비롯한 각종 보증을 받기로 하고, S회사
는 피고가 위와 같이 보증한 금액을 보증채권자에
게 납입한 경우 납입금과 이에 따른 각종 비용 등
을 피고에게 지급한다는 내용의 한도거래용 보증
채무약정을 체결하였고, 이때 소외 주식회사 X,
Y, Z(이하 3개 회사라 함)가 S회사가 위의 약정에
의하여 피고에 대하여 부담하는 구상금채무를 연
대보증하였다.

(3) 소외 K의료센타(이하 K센타라 함)의 대표이
사 A, 전무이사 B는 S회사의 대표이사이던 소외 C
와 사이에, K센타가 당시 부도위기에 처한 S회사
에게 자금을 투자하되 투자금의 회수확보를 위한
수단으로 사실은 K센타와 S회사 사이에 강남병원
별관 보수공사 및 기계설치공사 도급계약이 체결
된 사실이 없음에도 마치 그러한 계약이 체결된
것처럼 가장하여 당시 S회사가 조합원으로 되어
있는 피고 조합으로부터 공사선급금 지급보증서
를 발급받음으로써 S회사의 부도 발생시 위 선급
금 지급보증서를 이용하여 피고 조합으로부터 선

급금에 대한 보증금 명목으로 금원을 지급받아 투
자금을 회수하기로 공모하여, 1995. 5. 21. K센타
가 S회사에게 강남병원 별관 보수공사 및 기계설
치공사를 공사대금 13억 2천만 원, 선급금 6억 6
천만 원 공사기간 1995. 5. 22.부터 1996. 5. 21.으
로 하여 하도급주었다는 허위 내용의 하도급계약
서를 작성하였다.

(4) 피고는 앞서 본 보증계약에 기하여 1995. 5.
24. K센타와 S회사 간의 위 하도급계약서가 진정
하게 성립된 것으로 믿고 6억 6천만 원의 선급금
지급보증서를 발급하였다가, 같은 해 6. 30.경 S회
사가 위 공사에 착공도 하지 않고서 부도로 파산
하게 되자, 같은 해 12. 12. K센타의 대표이사인
위 A에게 선급금 지급보증서에 따라 6억 6천만 원
을 지급하였다.

(5) S회사 및 3개 회사는 원고 조합이 설립되기
이전에 피고 조합의 조합원이었는데 3개 회사는
앞서 본 것처럼 원고 조합이 설립되자 모두 원고
조합의 조합원의 지위를 취득하게 되었다. 이에
따라 피고 조합은 3개 회사가 S회사의 피고 조합
에 대한 구상금채무를 연대보증하였다는 이유로
원고 조합에게 이체하여야 할 3개 회사의 출자금
중 선급금 6억 6천만 원에 대한 3개 회사의 분담
액 합계 466,030,534원을 유보하고 그 나머지 출
자금만을 이체하였다.

(6) 그러자 원고 조합은 피고 조합을 상대로
466,030,534원 및 그 이자의 지급을 구하는 소를
제기하였다.

[판결요지]

상대방과 통정한 허위의 의사표시는 무효이고
누구든지 그 무효를 주장할 수 있는 것이 원칙이
나, 허위표시의 당사자와 포괄승계인 이외의 자로
서 허위표시에 의하여 외형상 형성된 법률관계를
토대로 실질적으로 새로운 법률상 이해관계를 맺
은 선의의 제3자에 대하여는 허위표시의 당사자
뿐만 아니라 그 누구도 허위표시의 무효를 대항하

지 못하는 것인바(대법원 1996. 4. 26. 선고 94다12074 판결 참조), 허위표시를 선의의 제3자에게 대항하지 못하게 한 취지는 이를 기초로 하여 별개의 법률원인에 의하여 고유한 법률상의 이익을 갖는 법률관계에 들어간 자를 보호하기 위한 것이므로 제3자의 범위는 권리관계에 기초하여 형식적으로만 파악할 것이 아니라 허위표시행위를 기초로 하여 새로운 법률상 이해관계를 맺었는지 여부에 따라 실질적으로 파악하여야 한다.

원심이 확정한 사실관계에 의하면, 피고 조합은 S회사의 기망행위에 의하여 S회사의 A에 대한 선급금반환채무가 있는 것으로 믿고 S회사와 보증계약을 체결한 다음 그에 따라 보증채무자로서 그 채무까지 이행하였으므로 피고 조합은 S회사에 대한 구상권 취득에 관하여 법률상의 이해관계를 가지게 되었다고 할 것이고, 이와 같은 구상권 취득에는 보증의 부종성으로 인하여 주채무에 해당하는 S회사의 A에 대한 선급금반환채무가 유효하게 존재할 것을 필요로 하므로, 결국 피고 조합은 S회사의 A에 대한 선급금반환채무 부담행위라는 허위표시에 기초하여 구상권 취득에 관한 법률상 이해관계를 가지게 되었다고 할 것이어서, 피고 조합은 민법 제108조 제2항의 제3자에 해당한다고 봄이 상당하다.

따라서 S회사의 피고 조합에 대한 구상채무를 연대보증한 3개 회사가 위 선급금반환채무 부담행위가 무효라는 사유로써 제3자인 피고 조합에 대항할 수 있는지 여부는 이 사건 보증금 지급 당시에 피고 조합이 선의였느냐의 여부에 달려 있다고 할 것임에도 불구하고, 이 점에 대하여 심리 판단함이 없이 보증채무의 부종성에 의하여 당연히 구상권이 발생되지 않았다고 판단한 원심은 통정허위표시에 있어서의 제3자에 관한 법리를 오해하여 판결에 영향을 미친 위법이 있다.

[관련규정] 제108조 제2항, 제428조, 제441조

[해설 및 논평]

1. 해설

(1) 서설

민법은 제108조에서 허위표시에 대하여 규정하고 있다. 그에 따르면, 허위표시는 무효이다(108조 1항). 그렇지만 허위표시의 무효는 선의의 제3자에게 대항하지 못한다(108조 2항). 본 판결은 허위표시와 관련하여 두 가지 사항에 대하여 판단을 하고 있다. 당사자만이 선의의 제3자에게 허위표시의 무효를 주장하지 못하는지, 제3자의 범위를 파악하는 방법이 그것이다.

(2) 선의의 제3자에게 허위표시의 무효를 주장하지 못하는 자

본 판결은, 허위표시는 무효이고 원칙적으로 누구든지 그것의 무효를 주장할 수 있으나, 선의의 제3자에 대하여는 허위표시의 당사자뿐만 아니라 그 누구도 허위표시의 무효를 대항하지 못한다고 한다. 이는 당연한 것이지만 법리로서 분명히 해둘 필요가 있다. 그런데 이 법리는 대판 1996. 4. 26, 94다12074에서 처음 인정하였고, 그것을 본 판결에서 다시 확인하였다.

(3) 제3자의 범위를 파악하는 방법

본 판결은, 허위표시의 경우에 선의의 제3자 보호취지를 설명한 뒤, 제3자의 범위는 권리관계에 기초하여 형식적으로만 파악할 것이 아니라 허위표시행위를 기초로 하여 새로운 법률상 이해관계를 맺었는지 여부에 따라 실질적으로 파악할 것이라고 한다. 그러면서 그 사안에서 가장계약에 기한 채무를 보증하고 그 보증채무를 이행한 피고 조합을 제108조 제2항의 제3자로 인정하였다.

2. 논평

본 판결의 법리 중 위 1.(2)는 당연한 것으로서 타당하다. 그리고 위 1.(3)의 법리도 옳다고 생각한다. 제108조 제2항의 제3자인지는 실질적으로 파악하는 것이 실질적 타당성도 있기 때문이다.

15. 허위표시와 제3자(2)

◆ 대판 2020. 1. 30, 2019다280375
[근저당권말소](강의 A-143, 민총 [147])

[쟁점] 제108조 제2항의 '제3자'에 해당하는지 판단하는 기준

[사실관계]

(1) 소외 2는 1986. 12. 24. 서울 강동구 (주소 생략) 잡종지 1,458㎡ 중 소외 5 명의의 1/3 지분(이 사건 부동산)에 관하여 매매를 원인으로 지분소유권 이전등기를 마친 후, 피고에게 1998. 7. 22. 채무자 소외 6(소외 2의 남편), 채권최고액 3,000만 원인 이 사건 근저당권설정등기를 마쳐주었다.

(2) 소외 2는 1998. 7.경 미국으로 이민을 가면서 이 사건 부동산의 관리를 위해 평소 친분이 있던 소외 1에게 1999. 2. 22.자 매매예약을 등기원인으로 하는 지분소유권 이전등기청구권 가등기를 같은 달 23일 마쳐주었다.

(3) 그런데 소외 1은 소외 2가 국내로 돌아오지 않는다는 것을 알고 소외 2를 상대로 2007. 5. 14. 서울동부지방법원 2007가단27411호로 이 사건 부동산에 관한 가등기에 기한 본등기의 이행을 구하는 소를 제기하였고, 위 소송은 공시송달로 진행된 결과 2007. 7. 25. 소외 1이 승소하는 내용의 판결이 선고되어 2007. 8. 15. 외형상 확정되었다. 소외 1은 2007. 8. 20.과 같은 달 30일 위 판결의 송달증명원 및 확정증명원을 각 발급받았다.

(4) 그 후 소외 2가 위 판결의 선고 사실을 알게 되어 2008. 3. 5. 서울동부지방법원 2008나2571호로 추완항소를 제기한 결과, 위 법원은 2009. 3. 18. 위 가등기의 등기원인인 매매예약은 소외 1과 소외 2 사이의 통정한 허위의 의사표시에 의한 것으로 무효라는 이유로 위 제1심판결을 취소하고 소외 1의 청구를 기각하는 판결을 선고하였고, 위 판결은 2009. 4. 9. 그대로 확정되었다.

(5) 그런데 소외 1은 위 추완항소 이전에 발급받았던 송달증명원 및 확정증명원을 가지고 2015. 1. 8. 자신의 명의로 2007. 8. 15.자 확정판결을 원인으로 지분소유권 이전등기를 마쳤다. 소외 3은 소외 1의 남편으로서 위와 같은 소외 1의 행위 대부분을 대신 처리하여 이러한 사실을 모두 알고 있었음에도 2015. 1. 8. 이 사건 부동산에 관하여 자신의 명의로 2014. 11. 18.자 재산분할을 원인으로 지분소유권 이전등기를 마쳤다.

(6) 그 후 소외 3은 소외 4에게, 소외 4는 원고에게 각 이 사건 부동산을 매도하였고, 원고는 2018. 2. 13. 이 사건 부동산에 관하여 2018. 2. 5.자 매매를 원인으로 한 지분소유권 이전등기를 마쳤다.

(7) 이러한 상태에서 원고는 피고를 상대로 제1심법원에, 이 사건 부동산의 근저당권설정등기의 말소를 구하는 소를 제기하였다. 그리고 제1심법원은 원고가 제108조 제2항의 선의의 제3자에 해당하고 그 근저당권의 피담보채권이 소멸시효의 완성으로 소멸했다는 이유로, 원고의 청구를 인용하였다(서울동부지법 2018. 12. 20, 2018가단110036).

(8) 그러자 피고가 항소하였다. 그런데 그 사이에 한국도로공사가 이 사건 부동산에 대해 수용보상금을 공탁하면서 수용하였고 수용 당일 피고 명의의 근저당권등기가 말소되었기에, 원고는 항소심에서 공탁금출급청구권의 양도 및 통지로 소를 교환적으로 변경하였다. 그리고 항소심법원은 제1심법원과 같은 견지에서 원고의 청구를 인용하였다(서울동부지법 2019. 9. 18, 2019나20421).

(9) 이에 대하여 피고가 불복하여 상고하였고, 그에 대한 판결이 바로 본 판결이다. 본 판결은 아래와 같은 이유로 원심판결을 파기·환송하였다.

[판결요지]

가. …(이 책 30면에서 소개한 대판 2000. 7. 6, 99다51258의 판결요지 중 그 첫째 단락과 동일함: 저자 주)

나. 원심판결 이유 및 기록에 의하면, 다음과 같은 사실을 알 수 있다. …

다. 앞서 본 사실관계에 의하면, 이 사건 부동

산에 관한 소외 1 명의의 본등기는 소외 2와 소외 1 사이의 허위 가등기 설정이라는 통정한 허위의 의사표시 자체에 기한 것이 아니라, 이러한 통정한 허위의 의사표시가 철회된 이후에 소외 1이 항소심판결에 의해 취소·확정되어 소급적으로 무효가 된 위 제1심판결에 기초하여 일방적으로 마친 원인무효의 등기라고 봄이 타당하다. 이에 따라 소외 1 명의의 본등기를 비롯하여 그 후 원고에 이르기까지 순차적으로 마쳐진 각 지분소유권 이전등기는 부동산등기에 관하여 공신력이 인정되지 아니하는 우리 법제하에서는 특별한 사정이 없는 한 무효임을 면할 수 없다.

나아가 소외 2와 소외 1이 통정한 허위의 의사표시에 기하여 마친 가등기와 소외 3 명의의 지분소유권 이전등기 사이에는 앞서 본 바와 같이 소외 1이 일방적으로 마친 원인무효의 본등기가 중간에 개재되어 있으므로, 이를 기초로 마쳐진 소외 3 명의의 지분소유권 이전등기는 소외 1 명의의 가등기와는 서로 단절된 것으로 평가된다. 그리고 가등기의 설정행위와 본등기의 설정행위는 엄연히 구분되는 것으로서 소외 3 내지 그 후 지분소유권 이전등기를 마친 자들에게 신뢰의 대상이 될 수 있는 '외관'은 소외 1 명의의 가등기가 아니라 단지 소외 1 명의의 본등기일 뿐이라는 점에서도 이들은 소외 1 명의의 허위 가등기 자체를 기초로 하여 새로운 법률상 이해관계를 맺은 제3자의 지위에 있다고 볼 수 없다. 이는 소외 2의 추완항소를 계기로 소외 2와 소외 1 사이의 통정한 허위의 의사표시가 실체적으로는 철회되었음에도 불구하고 그 외관인 소외 1 명의의 가등기가 미처 제거되지 않고 잔존하는 동안에 소외 1 명의의 본등기가 마쳐졌다고 하여 달리 볼 수 없다.

라. 그런데도 원심은 판시와 같은 이유만으로 원고가 통정한 허위의 의사표시의 제3자에 해당한다고 보아, 원고가 이 사건 부동산에 관하여 적법하게 지분소유권을 취득하거나 시효완성을 원용할 수 있는 지위에 있지 않다는 피고의 주장을 배척하였다. 이러한 원심의 판단에는 통정한 허위의 의사표시에서의 제3자에 관한 법리를 오해하여 필요한 심리를 다하지 아니함으로써 판결에 영향을 미친 잘못이 있다.

[관련규정] 제108조

[해설 및 논평]

1. 해설

(1) 본 판결의 주요부분은 두 가지이다. 하나는 제108조 제2항의 제3자를 판단하는 기준에 관한 법리 부분이고, 다른 하나는 본 판결 사안에서 원고가 그 제3자에 해당하는지를 판단한 부분이다. 그중에 전자는 기존의 판례(대판 2000. 7. 6, 99다51258)를 재확인한 것이다. 그리고 그에 대해서는 이 책 30면·31면에서 소개하고 해설하였다. 그래서 여기서는 후자에 대해서만 설명한다.

(2) 본 판결은 그 사안에서 원고가 제3자에 해당하지 않는다고 하면서 그 이유로 세 가지를 든다. 첫째로, 소외 1의 본등기는 허위표시에 기초한 것이 아니고, 소외 1이 취소된 판결을 이용하여 일방적으로 마친 원인무효의 등기라는 것이다. 그리하여 그 등기와 그 이후의 등기는 등기의 공신력이 없는 우리 법제에서는 무효라고 한다. 둘째로, 소외 2·소외 1이 마친 가등기와 소외 3의 등기 사이에는 소외 1의 원인무효의 본등기가 개재되어 있으므로, 소외 3의 등기는 소외 1의 가등기와는 단절되어 있다고 한다. 셋째로, 소외 3 내지 그 후의 본등기자들에게 신뢰의 대상이 되는 외관은 소외 1 명의의 가등기가 아니고 소외 1 명의의 본등기뿐이어서도 이들은 소외 1 명의의 가등기를 기초로 새로이 이해관계를 맺은 자가 아니라고 한다.

2. 논평

본 판결은 법리상 받아들일 만하다. 그런데 원고를 보호할 필요성은 있으며, 장차 등기의 공신력을 인정해야 할 것이다.

16. 동기의 착오

◆ 대판 2000. 5. 12, 2000다12259
[매매대금](강의 A-150, 민총 [154] 이하)

[쟁점] 동기의 착오를 이유로 법률행위를 취소하기 위한 요건. 착오에 의한 의사표시를 취소할 수 없는 표의자의 '중대한 과실'의 의미

[사실관계]

(1) 원고는 1997. 4. 14. 피고로부터 피고의 소유인 고양시 (지번생략) 답 2,115평방미터(이하 이 사건 토지라고 함)를 대금 1억 7,200만 원에 매수하였는데, 계약금 2천만 원은 당일 지급하였고, 중도금 8천만 원은 1997. 5. 10.에, 잔금 7,200만 원은 같은 해 6. 2.에 각 지급하기로 약정하였다. 그리고 원고는 1997. 6.경 피고에게 위 중도금 중 7천만 원을 지급하였다. 한편 위 매매계약에 의하면, 매도인이 계약을 위반하여 계약이 해제될 때에는 계약금 상당액의 위약금을 계약금에 가산하여 매수인에게 지급하고, 매수인이 계약을 위반하여 계약이 해제될 때에는 매도인이 계약금을 위약금으로 몰취할 수 있도록 되어 있다.

(2) 이 사건 토지는 개발제한구역 내에 있는 농업진흥지역에 속하는 농지로서, 1996. 11. 27.자로 인가된 도시계획에 따라 1997. 10. 17. 이 사건 토지 중 650평방미터(약 197평)가 분할되어 고양시 소유로 편입되었다.

(3) 그러자 원고는 1997. 7.경 이 사건 토지 중 도로로 편입된 면적이 예상보다 많고, 남은 토지만으로는 원고가 목적으로 했던 주택의 건축에 적합하지 않다는 이유로 피고에게 이 사건 토지에 관한 매매계약의 해제를 요구하였고, 피고는 1997. 8. 하순경 원고로부터 받았던 매매대금 합계 9천만 원 중에서 계약금 2천만 원을 제외한 나머지 7천만 원만을 원고에게 반환하였다.

(4) 그런 상태에서 원고는 피고를 상대로, 주위적으로, 4천만 원(계약무효 또는 해제를 이유로 청구하는 계약금 및 위약금) 및 그 이자의 지급을, 예비적으로, 2천만 원(계약금) 및 그 이자의 지급을 구하는 소를 제기하였다. 그 후 원고는 원심에서 착오를 이유로 한 계약취소에 따른 원상회복 청구를 예비적 청구로 추가하였다.

[판결요지]

가. 동기의 착오가 법률행위의 내용의 중요부분의 착오에 해당함을 이유로 표의자가 법률행위를 취소하려면 그 동기를 당해 의사표시의 내용으로 삼을 것을 상대방에게 표시하고 의사표시의 해석상 법률행위의 내용으로 되어 있다고 인정되면 충분하고 당사자들 사이에 별도로 그 동기를 의사표시의 내용으로 삼기로 하는 합의까지 이루어질 필요는 없지만, 그 법률행위의 내용의 착오는 보통 일반인이 표의자의 입장에 섰더라면 그와 같은 의사표시를 하지 아니하였으리라고 여겨질 정도로 그 착오가 중요한 부분에 관한 것이어야 할 것이다(대법원 1997. 9. 30. 선고 97다26210 판결, 1998. 2. 10. 선고 97다44737 판결 등 참조).

원심 인정의 위 사실관계에 의하면, 원고가 이 사건 매매계약 체결 당시에 이 사건 토지 중 20~30평 정도의 토지 이상은 분할되어 도로로 편입되지 않을 것이라고 믿은 것은 이 사건 매매계약과 관련하여 동기의 착오라고 할 것이지만, 원·피고 사이에 매매계약의 내용으로 표시되었다고 볼 것이고 나아가 기록에 의하면, 일반인이라도 원고의 입장에서라면 이 사건 토지 중 전체 면적의 약 30%가 분할되는 것을 알았다면 이 사건 토지를 매수하지 아니하였으리라는 사정이 엿보이므로, 결국 원고는 이 사건 매매계약을 체결함에 있어 그 내용의 중요부분에 관한 착오가 있었다고 보아야 할 것이다.

원심이 같은 취지에서 원고가 이 사건 매매계약이 착오에 의한 것임을 이유로 그 취소의 의사표시를 한 것이 적법하다고 본 것은 정당하고 거기에 상고이유에서 주장하는 바와 같은 착오에 있

어서 중요한 부분에 관한 법리오해의 위법이 있다고 할 수 없다.

나. 착오에 의한 의사표시에서 취소할 수 없는 표의자의 '중대한 과실'이라 함은 표의자의 직업, 행위의 종류, 목적 등에 비추어 보통 요구되는 주의를 현저히 결여하는 것을 의미한다고 할 것인바(위에서 인용한 각 판결 참조), 기록에 의하면, 원고는 당시 정육점을 운영하고 있었는데, 편입 부분에 관하여 피고의 동생인 소외 A를 비롯한 중개인들의 말만 믿고 착오에 빠지게 된 사실을 알 수 있는바, 원고의 직업, 그가 착오에 빠지게 된 경위 등 기록에 나타난 제반 사정에 비추어 보면, 원고가 이를 제대로 알아보지 못하였다는 점만으로는 위 착오가 원고의 중대한 과실에 기인한 것이라고 볼 수 없 … 다.

[관련규정] 제109조 제1항

[해설 및 논평]

1. 해설

본 판결은 동기의 착오가 제109조에 의하여 취소될 수 있으려면 갖추어야 하는 요건과 취소가 배제되는 표의자의 중대한 과실에 대하여 판단하고 있다. 본 판결의 이러한 법리는 종래부터 인정되던 것이다. 아래에서는 전자에 대해서만 설명한다.

제109조 제1항은 개별적인 착오의 종류를 언급하지 않고 추상적으로 「법률행위의 내용의 중요 부분에 착오가 있는 때」에 취소할 수 있다고 규정한다. 여기서 동기의 착오가 법률행위의 내용의 착오인지 문제된다. 그 문제를 해결하려면 근본적으로 법률행위의 동기가 무엇이고 그것이 법률행위의 내용과 어떤 관계에 있는지를 밝혀야 한다. 본 판결은 그에 대한 입장을 밝히고 있다.

본 판결은, 동기의 착오를 이유로 법률행위를 취소할 수 있으려면 동기를 당해 의사표시의 내용으로 삼을 것을 상대방에게 표시하고 의사표시의 해석상 법률행위의 내용으로 되어 있다고 인정되면 충분하다고 한다. 그리고 당사자들 사이에 별도로 그 동기를 의사표시의 내용으로 삼기로 하는 합의까지 이루어질 필요는 없다고 한다. 이 법리는 우선 법률행위의 동기는 법률행위의 내용과 다르며 양자는 서로 구별된다는 전제에 서 있다. 그런데 동기를 상대방에게 표시하면 법률행위의 내용으로 된다는 것이다.

본 판결은, 동기가 상대방에게 표시되어 법률행위의 내용으로 되고나면 이제는, 보통 일반인이 표의자의 입장에 섰더라면 그와 같은 의사표시를 하지 아니하였으리라고 여겨질 정도로 그 착오가 중요한 부분에 관한 것이어야 할 것이라고 한다. 이것은 중요부분의 착오라는 요건의 문제이다. 그런데 본 판결은 주관적 요건은 언급하지 않고 객관적 요건만 요구하고 있다. 그렇지만 이는 주관적 요건을 배제하기 위한 것이라기보다는 객관적 요건을 강조하기 위한 것으로 보아야 한다. 판결 중에는 주관적 요건까지 요구한 것도 많이 있다.

한편 판례는 다른 한편으로, 표의자의 착오를 상대방이 부정한 방법으로 유발한 경우, 동기가 상대방으로부터 제공된 경우에는 표시를 묻지 않고 중요부분이라고 한다.

2. 논평

법률행위의 내용은 법률행위의 목적이라고도 하는데, 그것은 법률행위에 의하여 달성하려고 하는 법률효과이다. 그에 비하여 법률행위의 동기는 법률행위를 하게 된 연유에 지나지 않는다. 따라서 동기는 표시된다고 하여 법률행위의 내용으로 될 수는 없다. 결국 본 판결의 태도는 옳지 않고 제109조에도 어긋난다. 생각건대 원칙적으로 동기의 착오는 제109조에 의해 고려되지 않으며, 동기의 착오가 상대방에 의하여 악용된 경우에는 신의칙에 의하여 구제될 수 있다고 해야 한다.

17. 공통의 동기의 착오
◈ 대판 2006. 11. 23, 2005다13288
[부당이득금](강의 A-165, 민총 [168])

[쟁점] 계약당사자 쌍방이 계약의 전제나 기초가 되는 사항에 관하여 같은 내용으로 착오를 하고 이로 인하여 그에 관한 구체적 약정을 하지 않은 경우의 해결방법

[사실관계]

(1) 원고는 국유지인 서울 송파구 ○○동 196 대 1,363.5㎡(이하 이 사건 대지라 한다) 지상에 건물을 신축하여 국방부에 기부채납하는 대신 그 대가로 이 사건 대지 및 건물에 대한 사용·수익권을 받기로 하였다(이하 이 사건 계약이라 한다).

(2) 원고는 이 사건 대지상에 건물 1,618.33㎡(이하 이 사건 건물이라 한다)를 신축하여 2002. 5. 9. 이 사건 건물에 대한 소유권을 피고인 대한민국(소관: 국방부) 앞으로 이전하고, 같은 달 27. 국군 제○○○○부대장으로부터 이 사건 건물 기부채납에 따른 이 사건 대지 및 건물에 대한 사용·수익허가(사용료면제) 승인통보를 받았다.

(3) 원고의 이 사건 대지 및 건물에 대한 사용·수익허가의 조건은 기부채납된 건물의 재산가액을 802,559,990원으로 감정평가하여 그 금액을 기부채납 금액으로 결정하고, 이 사건 대지 및 건물의 연 사용료를 187,386,000원으로 정하여 위 사용료로 기부채납금액에 달하기까지의 기간인 2002. 5. 1.부터 2006. 8. 12.까지 4년 3개월 12일 동안 원고에게 이 사건 대지 및 건물에 대한 사용료를 면제한다는 것이다.

(4) 원고와 피고 담당자는 이 사건 건물의 기부채납과 기부채납에 따른 사용료면제의 승인과정에서 이 사건 건물을 피고에게 기부채납하고 사용료를 면제받는 것이 부가가치세 부과대상인지 여부에 대하여 전혀 알지 못하고 있었고, 따라서 원고·피고 사이에 부가가치세를 고려하지 않은 채

원고의 이 사건 대지 및 건물에 대한 사용료의 면제기간이 계산되었다.

(5) 그런데 이 사건 대지와 건물의 소재지 관할 송파세무서는 원고와 피고 사이의 기부채납과 사용료면제를 전체적으로 볼 때 경제적 대가관계가 있는 유상 기부행위에 해당한다고 보고, 원고에게 2003. 1. 16. 부가가치세 103,931,510원을 납부하라는 과세처분(원래 위 부가가치세는 본세 80,255,999원과 가산세 23,675,517원의 합계인 103,931,516원이나 국고금단수계산법 제1조 제1항에 따라 10원 미만의 단수금액을 계산하지 않게 되므로, 103,931,510원을 부과하였다)을 하였고, 원고는 이를 같은 해 2. 17.에 납부하였다.

(6) 원고는 피고를 상대로 103,931,151원(금액을 오기한 것으로 보임) 및 그 법정이자의 지급을 구하는 소를 서울지방법원에 제기하였다.

[판결요지]

가. 계약당사자 쌍방이 계약의 전제나 기초가 되는 사항에 관하여 같은 내용으로 착오를 하고 이로 인하여 그에 관한 구체적 약정을 하지 아니하였다면, 당사자가 그러한 착오가 없을 때에 약정하였을 것으로 보이는 내용으로 당사자의 의사를 보충하여 계약을 해석할 수도 있으나, 여기서 보충되는 당사자의 의사란 당사자의 실제 의사 내지 주관적 의사가 아니라 계약의 목적, 거래관행, 적용법규, 신의칙 등에 비추어 객관적으로 추인되는 정당한 이익조정 의사를 말한다고 할 것이다.

원심이 인정한 바와 같이 원고와 피고가 이 사건 계약을 체결하고 그 내용을 정함에 있어 기부채납이 부가가치세 부과대상인 줄을 몰랐다고 한다면, 계약의 전제가 되는 사항에 관하여 같은 내용의 착오에 빠져 있었다고 할 수 있으므로, 당사자의 진의를 추정하여 계약 내용을 수정 해석하는 것이 타당하다고 본 원심의 판시 자체는 수긍되는 면이 있다.

나. 그러나 나아가 원심이, 그와 같은 경우에

피고가 부가가치세를 부담하는 것으로 약정하였으리라고 단정한 것은 다음과 같은 이유로 이를 수긍할 수 없다. … 그럼에도 불구하고, 원심은 다른 특별한 사정없이 그 설시의 사정만으로, 착오가 없었더라면 피고가 부가가치세를 부담함을 전제로 계약 내용을 정하였을 것으로 보는 것이 당사자의 진정한 의사에 부합한다고 단정하고야 말았으니, 원심판결에는 법률행위의 해석 내지 관계 규정의 해석·적용에 관한 법리를 오해하여 판결에 영향을 미친 위법이 있고, 이 점을 지적하는 상고이유는 이유가 있다.

[관련규정] 제109조

[해설 및 논평]

1. 해설

(1) 본 판결은 건물의 기부채납과 그에 따른 사용료면제가 부가가치세 부과대상이 되는지를 의식하지 못하여 당사자가 그에 대하여 약정하지 않은 경우에 관하여, 당사자가 그러한 착오가 없을 때에 약정하였을 것으로 보이는 내용으로 당사자의 의사를 보충하여 계약을 해석할 수도 있다고 한다. 이 판결은 공통의 동기의 착오를 정면으로 다룬 첫 판결이다.

우리 대법원은 본 판결 이전에도 공통의 동기의 착오에 해당하는 사안들에 대하여 판결을 한 적이 있다. 그런데 그 대부분은 공통의 동기의 착오라는 점을 의식하지 못하고 일방적인 착오처럼 취급하였다. 그리하여 대체로 민법 제109조에 의한 취소를 문제삼았으며, 착오취소를 인정한 것이 보통이다(대판 1994. 6. 10, 93다24810 등. 송덕수, 법조, 2009. 11, 347면 이하 참조).

그러다가 본 판결에 와서 계약당사자 쌍방이 계약의 전제나 기초가 되는 사항에 관하여 같은 내용으로 착오를 하고(즉 공통의 동기의 착오를 하고) 이로 인하여 그에 관한 구체적 약정을 하지 않은 경우에 관하여 계약의 보충적 해석을 할 수 있

다고 하였다.

(2) 공통의 동기의 착오에 대한 학설로는 법률행위의 보충적 해석에 의하여 해결하려고 하는 견해와 주관적 행위기초론에 의하여 해결하려고 하는 견해가 대립되고 있다. 본 판결은 이 중에 전자를 채택한 것이다. 그런데 저자는 후자의 입장이다.

2. 논평

본 판결이 원고와 피고가 이 사건 건물의 기부채납과 그에 따른 사용료면제가 부가가치세 부과대상이 되는지에 관하여 의식하지 못하고 있는 경우를 공통의 동기의 착오라고 파악한 것은 옳지 못하다. 그 경우에는 착오가 있는 것이 아니고, 당사자 사이의 규율이 필요했음에도 불구하고 규율하지 않은 틈이 존재하는 것이며, 그 틈은 본래의 의미의 보충적 해석에 의하여 채워져야 한다.

본 판결은 공통의 동기의 착오로 인하여 구체적 약정을 하지 않은 경우에는 보충적 해석을 할 수도 있다고 한다. 이러한 본판결은 공통의 동기의 착오 전반에 대하여 판단한 것으로 볼 것이 아니다. 다만, 본 판결이 그 사안에서 보충적 해석을 하도록 한 것은 결과에 있어서는 적절하다. 한편 본 판결은 보충적 해석 외에 다른 해결방법도 가능한 듯이 판시하고 있는데, 그것은 옳지 않다.

본 판결 사안의 경우에 보충적 해석을 하면, 적어도 현행법상 이 사건의 부가가치세는 원고가 부담하는 것이 마땅하다.

[참고판결] 대판 2023. 8. 18, 2019다200126(갑과 을이 폐기물 위탁처리 용역의 제공이 부가가치세 면세대상임에도 부과대상이라고 착오하고 갑이 부가가치세를 부담하는 내용의 용역계약을 체결한 경우에, 위 판결의 법리를 적용함).

[주요 평석 문헌] 송덕수, "공통의 동기의 착오에 관한 판례 연구 – 대법원 2006. 11. 23. 선고 2005다13288 판결–," 법조, 2009. 11, 334면 이하.

제1장
민법총칙

18. 사기에 의한 의사표시와 착오의 관계

◆ 대판 2005. 5. 27. 2004다43824
[구상금등](강의 A-164·166, 민총 [167]·[169])

[쟁점] 제3자의 기망행위에 의하여 신원보증서류에 서명·날인한다는 착각에 빠진 상태로 연대보증의 서면에 서명·날인한 경우에 제110조 제2항이 적용되는지 여부(소극)

[사실관계]

(1) 항공 및 해상화물 운송주선업 등을 영위하는 C항공(제1심 공동피고임)은 항공화물운송 대행사인 소외 H주식회사(이하 '소외 회사'라고 함)와 국제화물운송계약을 체결하면서 그 계약 관련 채무의 이행을 담보하기 위하여 원고(서울보증보험)와 2건(제1, 제2계약)의 이행보증보험계약을 체결한 다음, 원고로부터 이행보증보험증권을 발행받아 소외 회사에 교부한 바 있다.

(2) 원고와 C항공은 위 각 이행보증보험계약을 체결함에 있어, C항공이 부담하는 채무를 이행하지 않는 보험사고가 발생함으로써 원고가 보험금을 지급한 때에는, C항공과 보증인은 지급보험금을 즉시 변상하되, 그 지급이 지체될 경우 지급보험금에 대한 보험금 지급 다음날부터 완제일까지 지연손해금을 가산하여 지급하기로 약정하였다.

(3) 그 후 C항공은 위 각 이행보증보험계약의 보험기간 내에 소외 회사에 대한 위 운송계약상의 채무를 이행하지 않았고, 이에 원고는 위 각 이행보증보험증권에 기한 소외 회사의 청구에 응하여 소외 회사에게 보험금을 지급하였다.

(4) C항공 대표이사 갑과 C항공의 이사인 소외 을은 제3자에게 소외 정의 신원보증서류라고 속여 위의 이행보증보험계약에 연대보증을 서게 하기로 공모한 후, 위 을이 위 갑의 지시에 따라 위 정의 아버지이자 자신의 매형인 소외 무에게 직장 동료 중 가까운 사람에게 부탁하여 위 정의 신원보증서류를 작성해 달라고 요구하였다. 이에 속은 위 무는 직장 동료(동료교사)인 피고 병에게 아들의 신원보증을 하여 달라고 부탁하여, 다시 이에 속은 위 피고 병이 위 이행보증보험 약정서를 위 정을 위한 신원보증서류로 알고서 그 연대보증인란에 서명, 날인하였다. 그 후 이로 인하여 위 갑과 을은 사기죄로 기소되어 제1심판결 선고 후에 유죄판결을 선고받은 바 있다.

(5) 원고는 피고 병을 상대로 제2계약에 기하여 지급한 보험금 및 그에 대한 지연손해금을 지급하라는 취지의 소를 제기하였다.

[판결요지]

사기에 의한 의사표시란 타인의 기망행위로 말미암아 착오에 빠지게 된 결과 어떠한 의사표시를 하게 되는 경우이므로 거기에는 의사와 표시의 불일치가 있을 수 없고, 단지 의사의 형성과정 즉 의사표시의 동기에 착오가 있는 것에 불과하며, 이 점에서 고유한 의미의 착오에 의한 의사표시와 구분되는데, 이 사건의 경우 피고 병은 신원보증서류에 서명날인한다는 착각에 빠진 상태로 연대보증의 서면에 서명날인한 것으로서, 결국 위와 같은 행위는 강학상 기명날인의 착오(또는 서명의 착오), 즉 어떤 사람이 자신의 의사와 다른 법률효과를 발생시키는 내용의 서면에, 그것을 읽지 않거나 올바르게 이해하지 못한 채 기명날인을 하는 이른바 표시상의 착오에 해당하므로, 비록 위와 같은 착오가 제3자의 기망행위에 의하여 일어난 것이라 하더라도 그에 관하여는 사기에 의한 의사표시에 관한 법리, 특히 상대방이 그러한 제3자의 기망행위 사실을 알았거나 알 수 있었을 경우가 아닌 한 의사표시자가 취소권을 행사할 수 없다는 민법 제110조 제2항의 규정을 적용할 것이 아니라, 착오에 의한 의사표시에 관한 법리만을 적용하여 취소권 행사의 가부를 가려야 할 것이다.

[관련규정] 제109조, 제110조

[해설 및 논평]

1. 해설

(1) 본 판결은 특히 다음 두 가지에 대하여 의미 있는 판시를 하고 있다. 첫째는 사기에 의한 의사표시의 의의와 성질이 어떠한지, 그 의사표시와 착오에 의한 의사표시가 어떻게 구분되는지에 관하여서이고, 둘째는 본 판결 사안의 경우에 피고 병의 행위가 어떠한 착오이고, 거기에 사기규정과 착오규정 중 어떤 규정이 적용되는지에 대하여서이다.

첫째의 문제에 관하여 대법원은 본 판결에서 처음으로 판단하였으며, 그 이전에는 판단한 적이 없었다.

(2) 본 판결은 사기에 의한 의사표시란 타인의 기망행위로 말미암아 착오에 빠진 결과 어떠한 의사표시를 하게 되는 경우이므로, 거기에는 의사와 표시의 불일치가 있을 수 없고, 단지 의사의 형성과정 즉 의사표시의 동기에 착오가 있는 것에 불과하며, 이 점에서 고유한 의미의 착오에 의한 의사표시와 구분된다고 한다.

이러한 대법원의 판단은 종래의 통설과 같은 입장이다.

아무튼 본 판결에 따르면, 사기에 의한 의사표시는 법률행위의 내용에 착오가 있는 경우에는 인정될 수 없고 동기의 착오가 있는 경우에만 인정될 수 있게 된다.

(3) 본 판결은 그 사안의 경우에 피고 병의 행위는 기명날인의 착오(또는 서명의 착오), 그리하여 이른바 표시상의 착오에 해당한다고 한다. 그런 뒤에 사기에 의한 의사표시는 동기의 착오가 있는 경우에만 인정된다는 전제에서, 기명날인의 착오는 표시상의 착오에 해당하므로, 기명날인의 착오가 제3자의 기망행위에 의하여 일어난 것이라도 거기에는 사기에 의한 의사표시에 관한 법리를 적용할 것이 아니라 착오에 의한 의사표시에 관한 법리만을 적용할 것이라고 한다.

2. 논평

본 판결이 사기에 의한 의사표시에서는 의사와 표시의 불일치가 없고, 단지 의사표시의 동기에 착오가 있는 것에 불과하다고 한 점은 타당하지 않다. 사기에 의한 의사표시를 규율하는 제110조는 표의자의 의사결정의 자유를 보호하려는 데 그 취지가 있으며, 그럼에 있어서 의사와 표시의 불일치가 있는지는 묻지 않고 있다. 따라서 법률행위의 내용에 착오가 있는 경우에도 사기에 의한 의사표시로 될 수 있다.

본 판결이 그 사안의 경우에 서명·날인의 착오, 그리하여 표시행위의 착오(표시상의 착오)가 존재한다고 한 점은 타당하다. 그런데 본 판결이 사기에 의한 의사표시의 경우에는 동기의 착오만이 있을 수 있다는 전제에서 피고의 서명·날인행위가 사기에 의한 의사표시에 해당한다고 하지 않은 점은 부당하다.

본 판결은 본 판결 사안의 경우에는 표시상의 착오에 해당하므로 사기취소 규정을 적용할 것이 아니고 착오법리만을 적용하여 취소권 행사의 가부를 가려야 한다고 한다. 그러나 본 판결 사안에서 피고의 서명·날인행위는 착오표시임과 동시에 사기표시이기도 하며, 동일한 사실이 사기취소의 요건과 착오취소의 요건을 모두 갖춘 경우에는 제110조와 제109조를 선택적으로 행사할 수 있으므로, 피고는 제110조를 근거로 취소할 수도 있고 제109조를 근거로 취소할 수도 있다. 다만, 제109조에 의한 취소는 가능하나, 제110조에 의한 취소는 그 요건이 완전히 구비되어 있지 않다(110조 2항 참조).

[주요 평석 문헌] 송덕수, "사기에 의한 의사표시와 착오의 관계," 법조, 2010. 5, 300면 이하; 지원림, "타인의 기망행위에 의하여 유발된 착오의 취소," 민사법학, 32호, 87면 이하; 박민수, "제3자의 기망행위에 의한 기명날인의 착오," 판례연구(부산판례연구회), 18집, 37면 이하.

제1장
민법총칙

19. 과장광고와 사기표시

◈ 대판 2001. 5. 29, 99다55601 · 55618
[손해배상(기) · 매매대금](강의 A-169, 민총[170] ·
[171])

[쟁점] 상품의 과장광고가 기망행위로 되기 위
한 요건

[사실관계]

(1) 피고(반소 원고. 이하 피고라고만 함) D토건
주식회사(이하 피고 D토건이라 함)는 1996년경 성남
시 (지역 생략) 지상에 지하 4층, 지상 5층의 D그
린프라자 상가건물을 신축하여 그 중 2층 및 3층
합계 756평(이하 이 사건 상가라 함)을 첨단 오락타
운으로 만들고 이 사건 상가에 대한 권리를 1구좌
당 6평씩 총 126구좌로 나누어 그 중 26구좌는 피
고 D토건의 소유로 하고, 나머지 100구좌는 일반
에게 분양할 계획 하에, I종합건설 주식회사(이하 I
건설이라 함)에게 위 D그린프라자 상가건물 신축
공사를 도급주어 그 공사를 진행하였다.

(2) 피고 D토건은 1996. 3.초순경부터 수차례에
걸쳐 이 사건 상가에 대한 일반분양광고를 하면서
이 사건 상가는 분양계약자들에게 상가에 관한 지
분소유권 이전등기를 경료해 주는 지분상가로서,
개장 예정시기는 1997. 5.경이고, 공유지분권자들
이 이 사건 상가를 담보로 금융기관으로부터 대출
받은 시설자금으로 이 사건 상가에 컴퓨터게임기
기 등의 설비를 갖춘 첨단 오락타운을 만들되, 오
락타운의 경영 · 관리는 전문경영인에게 위탁경영
시키는 방식으로 공동으로 오락타운을 경영함으
로써 공유지분 한 구좌당 월 100만 원의 임대 및
운영수익을 확보할 수 있다는 취지로 광고를 하였
고, 분양상담이나 계약체결시에도 위와 같은 내용
을 원고들을 비롯한 분양계약자들에게 설명하여
주었다.

(3) 원고들(반소 피고. 이하 원고라고만 함)은 피
고 D토건과 사이에, 이 사건 상가분양계약을 체결

하고, 계약금 등 분양대금을 지급하였고, I건설은
피고 D토건의 원고들에 대한 위 상가분양계약상
의 채무를 연대보증하였다.

(4) 그 후 이 사건 상가분양을 마친 결과 일반
분양분 100구좌 중 59구좌만이 원고들을 비롯한
49명에게 분양되었는데, 경기침체로 인하여 오락
타운의 사업전망이 불투명해지면서 1997. 3월 초
경 분양계약자들 사이에 오락타운의 운영방안에
관한 이견이 발생하자, 피고는 원고들을 비롯한
수분양자들과 다음과 같이 수차례에 걸쳐 상가운
영방안에 관한 총회를 개최하였다. 그 결과 제3자
에게 일괄임대하기로 하였는데, 제3자와의 협상이
결렬되어 그 방안은 무산되었다.

(5) 이에 피고 D토건은 1997. 11. 2. 다시 총회
소집을 하여 이 사건 상가의 운영방안을 논의한
결과 이 사건 상가를 컴퓨터게임기기 관련 공급업
체에게 분할임대하는 방안이 제시되어 126구좌
중 피고 D토건을 비롯한 90구좌의 찬성을 얻게
되자, 피고 D토건은 이를 분양계약자들의 총의로
보고 1998. 4.경 이 사건 상가 중 2층 전부와 3층
의 4분의 1 정도를 컴퓨터게임기기 관련 공급업체
에게 분할임대를 주어 개장하였는데, 이러한 분할
임대방안에 의할 경우 분양계약자들의 한 구좌 당
월 임대수입 예상액은 133,000원(분양대금의 0.33%
임) 정도이다.

(6) 그러자 원고들은 피고 D토건을 상대로 소
(본소)를 제기하여, 채무불이행을 이유로 D토건과
의 상가분양계약을 해제했으니 원상회복과 손해
배상을 해야 하고, 그렇지 않더라도 피고의 기망
또는 원고들의 착오를 이유로 이 사건 상가분양계
약을 취소했으니 분양대금을 반환하라고 하였다.
이에 피고 D토건은 원고들을 상대로 미납 분양대
금의 지급을 구하는 소(반소)를 제기하였다.

[판결요지]

상품의 선전 광고에 있어서 거래의 중요한 사
항에 관하여 구체적 사실을 신의성실의 의무에 비

추어 비난받을 정도의 방법으로 허위로 고지한 경우에는 기망행위에 해당한다고 할 것이나, 그 선전 광고에 다소의 과장 허위가 수반되는 것은 그것이 일반 상거래의 관행과 신의칙에 비추어 시인될 수 있는 한 기망성이 결여된다고 할 것이고, 또한 이 사건 상가와 같이 그 용도가 특정된 특수시설을 분양받을 경우 그 운영을 어떻게 하고, 그 수익은 얼마나 될 것인지와 같은 사항은 투자자들의 책임과 판단 하에 결정될 성질의 것이라 할 것인바(대법원 1993. 8. 13. 선고 92다52665 판결, 1995. 9. 29. 선고 95다7031 판결 등 참조), 원심이 같은 취지에서, 피고 D토건이 이 사건 상가에 첨단 오락타운을 조성하고 전문경영인에 의한 위탁경영을 통하여 일정 수익을 보장한다는 취지의 광고를 하였다고 하여 이를 가리켜 피고 D토건이 원고들을 기망하여 이 사건 분양계약을 체결하게 하였다거나 원고들이 분양계약의 중요부분에 관하여 착오를 일으켜 이 사건 상가분양계약을 체결하게 된 것이라 볼 수 없다고 판단한 것은 정당하고, 원심판결에 기망 및 착오에 관한 법리를 오해하였다는 상고이유의 주장도 이유 없다.

[관련규정] 제109조, 제110조

[해설 및 논평]

1. 해설

본 판결은 여러 가지 사항에 대하여 판단을 하고 있으나, 중요한 것은 사기에 의한 의사표시에 관련된 문제이다. 그래서 여기서는 그에 대해서만 설명하려고 한다.

사기에 의한 의사표시는 타인의 고의적인 기망행위로 인하여 착오에 빠져서 한 의사표시이다. 사기에 의한 의사표시의 경우에는 법률행위를 취소할 수 있다(110조). 그런데 사기에 의한 의사표시로 인정되려면 일정한 요건을 갖추어야 한다. 그 요건으로는 1) 의사표시의 존재, 2) 사기자의 고의, 3) 기망행위, 4) 기망행위의 위법성, 5) 기망

행위와 의사표시 사이의 인과관계가 있다. 본 판결은 이 중에 3) 기망행위 또는 4) 기망행위의 위법성에 관하여 판시하고 있다.

여기서 우선 상품의 선전 광고를 보거나 듣고 계약을 체결한 경우에 기망행위 또는 기망행위의 위법성 중 어느 것의 문제로 다루어야 하는지 문제된다. 본 판결은 상품의 선전 광고를 위법성까지 포함하여 기망행위인지 여부를 판단한 것으로 보인다. 생각건대 상품의 선전이나 광고의 경우에는 기망행위의 존재 여부가 문제될 수도 있고, 기망행위가 인정된 후에 그것의 위법성이 문제될 수도 있다(민법주해(2), 553면·560면(송덕수) 참조). 가령 선전이 구체성이 없으면 기망행위가 되지 않을 것이고, 기망행위임이 분명하지만 위법성을 인정하지 않아야 할 경우도 있기 때문이다. 그럼에도 불구하고 기망행위를 다루면서 위법성의 문제를 거기에 포함시킬 수도 있다. 본 판결이 그러한 입장인 것으로 생각된다. 그러나 이는 혼란을 일으킬 수 있어서 바람직하지 않다. 그러므로 기망행위와 그것의 위법성은 분리하여 논의하여야 한다.

본 판결은, 상품의 선전 광고에 대하여 「거래의 중요한 사항에 관하여 구체적 사실을 신의성실의 의무에 비추어 비난받을 정도의 방법으로 허위로 고지한 경우」에 기망행위에 해당한다고 한다(위법성을 포함함). 그리고 그 선전 광고에 다소의 과장 허위가 수반되는 것은 그것이 일반 상거래의 관행과 신의칙에 비추어 시인될 수 있는 한 기망성이 결여된다고 한다. 본 판결의 이 법리는 종래의 판례(대판 1993. 8. 13, 92다52665(이른바 변칙세일 사건) 등)를 다시 확인한 것이고, 그 후에도 여러 번 반복되었다.

2. 논평

본 판결은 결론에서는 옳으나, 위법성을 기망행위에 포함하여 다룬 점은 부적절하다.

20. 대리권의 남용

◈ 대판 1987. 7. 7, 86다카1004
[정기예금](강의 A-200·201, 민총 [194] 이하)

[쟁점] 제107조 제1항의 취지. 대리인이 본인의 의사나 이익에 반하여 자기 또는 제3자의 이익을 위하여 비진의 의사표시를 한 경우의 효과와 상대방의 악의·과실 여부의 판단기준

[사실관계]

(1) 소외 A는 피고인 S은행 혜화동지점에서 당좌예금 담당대리의 업무를 취급하던 사람으로서, M회사의 대표이사인 B로부터 예금주들에게 은행이자와 시중의 사채이자와의 차액을 미리 지급하는 조건으로 예금을 조성해 이를 부정인출하여 사업자금을 조달해 달라는 부탁을 받았다. 그리하여 A는 사채중개인들과 공모하여 예금주들에게 위 혜화동지점에 예금토록 해 사채자금을 조성한 후 이를 예금주들 몰래 인출하여 B에게 제공하여 왔다.

(2) 예금주들은 사채중개인들이나 그 하수인들로부터 피고은행 혜화동지점에 정기예금을 하면 은행의 정기예금이자 외에 은행이자와 사채이자의 차액을 별도로 지급받을 수 있다는 말을 듣고 자신이 직접 가거나 심부름꾼을 보내 예금을 하였다. 그런데 이들은 모두 예금을 하면서 사채중개인 등의 지시에 따라 피고은행지점 창구직원에게 「3개월 만기의 통장식 정기예금을 하러 왔다」고 말하고, 예금거래신청서에 주소, 성명만을 기재하고 예금액란은 공란으로 하여 도장과 함께 교부하였으며, 예금액은 보통 5천만 원 또는 1억 원 단위로 하였기 때문에, A 또는 그로부터 평소 지시를 받은 위 은행창구 여직원들은 돈의 규모와 예금의사 표현방법에 비추어 예금주들이 사채중개인들의 권유를 받았음을 알 수 있었다. 따라서 이들은 그 예금을 쉽게 부정인출하기 위하여 예금상황을 컴퓨터에 입력시키지 않고 손으로 예금액을 기입한 이른바 수기식통장을 작성하여 예금주들에게 교부하였다. 그리고 이 예금주들은 그 수기식통장을 사채중개인에게 제시하고서 약속된 사례금을 받았다.

(3) 이 사건 원고는 A가 선정한 사채중개인의 하수인 C로부터 위와 같은 말을 듣고서, 피고은행지점이 원고의 주소지와는 멀리 떨어져 있기는 하지만 사례금을 지급받을 생각으로, 1983. 4. 20 그의 직원인 D를 피고은행지점에 보내어 1억 원을 3개월 만기의 통장식 정기예금을 예입하도록 하고 위 지점대리 A의 이름으로 작성된 수기식 정기예금통장을 발행받았다. A는 1억 원 중 100만 원만을 정상적으로 예금으로 입금처리하고, 그 나머지는 위와 같은 방법으로 횡령하였다. 원고는 이 예금을 한 후 만기일에 피고은행 혜화동지점 예금창구에서 다시 만기를 3개월간 연장하고, 그때까지의 이자를 지급받은 한편 C를 통하여 사례금 명목으로 예금시와 갱신시에 합계 276만 원을 지급받았다.

[판결요지]

민법 제107조 제1항은 진의 아닌 의사표시에 관하여 "의사표시는 표의자가 진의 아님을 알고 한 것이라도 효력이 있다. 그러나 상대방이 표의자의 진의 아님을 알거나 이를 알 수 있었을 경우에는 무효로 한다"고 규정하고 있는데 이 규정의 뜻은 표의자의 내심의 의사와 표시된 의사가 일치하지 아니한 경우에는 표의자의 진의가 어떠한 것이든 표시된 대로의 효력을 생기게 하여 거짓의 표의자를 보호하지 아니하는 반면에 만약 그 표의자의 상대방의 표의자의 진의 아님에 대하여 악의 또는 과실이 있는 경우라면 이때에는 그 상대방을 보호할 필요가 없이 표의자의 진의를 존중하여 그 진의 아닌 의사표시를 무효로 돌려버리려는 데 있는 것이고, 나아가 진의 아닌 의사표시가 대리인에 의하여 이루어지고 그 대리인의 진의가 본인의 이익이나 의사에 반하여 자기 또는 제3자의 이익

을 위한 배임적인 것임을 그 상대방이 알거나 알 수 있었을 경우에는 위 법 제107조 제1항 단서의 유추해석상 그 대리인의 행위는 본인의 대리행위로 성립할 수 없다 하겠으므로 본인은 대리인의 행위에 대하여 아무런 책임이 없다 할 것이며 이때 그 상대방이 대리인의 표시의사가 진의 아님을 알거나 알 수 있었는가의 여부는 표의자인 대리인과 상대방 사이에 있었던 의사표시의 형성과정과 그 내용 및 그로 인하여 나타나는 효과 등을 객관적인 사정에 따라 합리적으로 판단하여야 할 것이다. …

이 사건 예금계약의 비정상적인 방법이라고 원심이 인정한 사실 즉 이 사건 예금계약이 은행의 정규예금금리보다 훨씬 높은 이자가 정기적으로 지급되고 피고은행의 많은 지점 가운데서도 오로지 피고은행의 혜화동지점에서만 이러한 예금이 가능할 뿐더러 예금을 할 때 암호가 사용되어야 하며 예금거래신청서의 금액란도 빈칸으로 한 채 통상의 방법이 아닌 수기식통장이 교부되는 사정이라면 적어도 예금자인 원고로서는 위 A의 표시의사가 진의가 아닌 것을 알았거나 중대한 과실로 이를 알 수 없었다고는 할 수 없을지라도 적어도 통상의 주의만 기울였던들 이를 알 수 있었을 것이라고 인정하기에 어렵지 않다고 보는 것이 이 사건 예금계약의 형성과정과 내용 및 그로 인하여 나타나는 효과 등에 비추어 합리적이라고 보아야 할 것이다.

이렇게 볼 때 이 사건 예금계약에 관한 위 A의 의사는 피고은행의 의사나 이익에 반하여 자기 또는 위 B의 이익을 위하여 배임적인 의도로 한 것이고 원고가 위 A의 예금계약의사가 진의가 아님을 통상의 과실로 알지 못한 채 이 사건 예금계약을 체결한 것이므로 어차피 원고와 피고은행과의 관계에 있어서는 이 사건 예금계약 자체가 성립되지 아니하였다 하겠고, 따라서 원고로서는 피고은행에 대하여 위 A의 사용자임을 이유로 그의 불법행위를 원인으로 한 책임을 묻는 것은 별문제로 하고 정당한 예금계약이 성립되었음을 전제로 하는 예금반환청구는 할 수 없는 것이라 하겠다.

[관련규정]　제107조 제1항, 제114조, 제116조, 제702조, 제756조

[해설 및 논평]

1. 해설

본 판결 사안의 경우에 A는 그의 대리권의 범위(정확하게는 표현대리 성립의 범위) 안에서 대리행위를 하였으나 오직 자기 또는 제3자 B의 이익을 위해서 그렇게 하였다. 그런 경우에 피고은행이 본인으로서 A의 대리행위를 이행해야 하는지 문제된다. 이것은 이른바 대리권의 남용의 문제이다. 본 판결은 그것을 대리인이 비진의표시를 한 경우라고 표현하고 있으나 그러한 표현은 부적절하다.

본 판결은, 대리권 남용에 대하여 제107조 제1항 단서를 유추적용하여, 그 대리인의 진의가 본인의 이익이나 의사에 반하여 자기 또는 제3자의 이익을 위한 배임적인 것임을 그 상대방이 알거나 알 수 있었을 경우에는 그 대리인의 행위는 본인의 대리행위로 성립할 수 없다고 한다. 나아가, 상대방이 대리인의 표시의사가 진의 아님을 알거나 알 수 있었는가의 여부를 판단하는 기준도 제시하고 있다. 이들 법리 중 전자는 이전의 판결에서 보인 적이 있으나(대판 1975. 3. 25, 74다1452), 후자는 최초의 것이다. 이들 법리는 현재 확고한 상태이다.

2. 논평

사견은 본 판결보다는 대표권 남용에 관한 대판 1987. 10. 13, 86다카1522에 찬성한다. 한편 본 판결 사안의 경우에는 사용자책임이 인정될 수 있다.

[주요 평석 문헌] 민중기, "대리인의 배임적 대리행위의 효력," 국민과 사법, 3면 이하; 이용훈, "은행대리의 대리의사 흠결과 예금계약의 성립," 민사판례연구, 10권, 106면 이하.

21. 타인의 이름을 임의로 사용하여 행한 법률행위

◈ 대판 1995. 9. 29. 94다4912
[부당이득금반환](강의 A-208·209, 민총 [203] 이하)

[쟁점] 타인의 이름을 임의로 사용하여 계약을 체결한 경우에 계약당사자의 특정 방법

[사실관계]

자신의 명의로 사업자 등록을 할 수 없는 사정이 있던 소외 A가 평소 친분이 있던 소외 B 모르게 그의 명의로 문구류 판매업을 시작하면서 피고(S사무기 주식회사)와의 사이에 피고가 공급하는 사무기기 등에 관한 대리점 계약을 체결하고, 위 대리점계약상의 영업보증금의 지급담보를 위하여 B의 승낙도 없이 마치 자신이 B인 것처럼 임의로 B의 명의를 사용하여 원고(대한보증보험주식회사)와의 사이에 피보험자를 피고로 하는 지급계약 보증보험계약(보험금액 1천만 원. 보험기간 1989. 12. 2.부터 1990. 12. 1)(이하 이 사건 보험계약이라 함)을 체결하였다. 그런데 그 후 A가 위 영업보증금의 지급을 지체하자 피고가 위 대리점계약을 해지하고 원고에게 보험금의 지급을 청구하여 원고는 1990. 3. 2. 피고에게 보험금(1천만 원)을 지급하였다. 그 뒤 원고는 피고가 수령한 보험금은 법률상 효력이 없는 계약에 기한 것으로서 부당이득이라는 이유로 피고에 대하여 그것의 반환을 청구하였다.

[판결요지]

타인의 이름을 임의로 사용하여 계약을 체결한 경우에는 누가 그 계약의 당사자인가를 먼저 확정하여야 할 것으로서, 행위자 또는 명의인 가운데 누구를 당사자로 할 것인지에 관하여 행위자와 상대방의 의사가 일치한 경우에는 그 일치하는 의사대로 행위자의 행위 또는 명의인의 행위로서 확정하여야 할 것이지만, 그러한 일치하는 의사를 확정할 수 없을 경우에는 계약의 성질, 내용, 목적, 체결경위 및 계약체결을 전후한 구체적인 제반사정을 토대로 상대방이 합리적인 인간이라면 행위자와 명의자 중 누구를 계약당사자로 이해할 것인가에 의하여 당사자를 결정하고, 이에 터잡아 계약의 성립 여부와 효력을 판단함이 상당할 것이다.

이 사건의 경우 원심의 위 판시는 요컨대 위 A를 이 사건 보험계약의 당사자로 보아야 한다는 것이나, 원심이 확정한 사실에 의하면 이 사건에 있어서는 A가 마치 자신이 B인 것처럼 행세하여 원고와 계약을 체결하였다는 것이므로 원고는 A가 B인 줄로만 알고 이 사건 보험계약을 체결하기에 이른 것이라 할 것이어서 원고와 A 사이에 A를 이 사건 보험계약의 당사자로 하기로 하는 의사의 일치가 있었다고 볼 여지는 없어 보인다.

또한 기록에 의하면 이 사건 보험계약은 보험계약자가 피고에 대하여 계속적 거래관계에서 부담하게 될 물품대금 채무의 이행을 담보하기 위한 영업보증금의 지급을 보증하는 계약임을 알 수 있으므로 이는 채무자인 보험계약자의 신용상태가 그 계약체결의 여부 및 조건을 결정하는 데에 중요한 요소로 작용하였다고 보아야 할 것인데, 위 A는 자신의 명의로 사업자등록조차 할 수 없는 처지였음에도 불구하고 이러한 사정을 숨긴 채 보험 가입에 아무런 지장이 없는 B인 것처럼 행세하여 그의 명의로 이 사건 보험계약을 청약하였고 이에 원고는 실제로 계약을 체결한 A가 서류상에 보험청약자로 되어 있는 B인 줄로만 알고 그 계약이 아무런 하자 없는 당사자에 대한 것이라는 판단 하에 이 사건 보험계약을 체결하였다고 여겨지므로(원심이 들고 있는 을 제3호증의 26에 의하면 원고는 이 사건 문제가 생긴 뒤에 비로소 A에 대한 전산조회를 하여 보고 그가 증권교부 부적격자임을 알았다는 것이므로 이 사건 계약체결 당시 A를 당사자로 생각하였더라면 원고는 계약을 체결하지 아니하였을 것으로 보인다) 이에 비추어보면 객관적으로 볼 때 원고는 A가 제출한 청약서상에 보험계약자로 되어 있는 B

를 보험계약의 상대 당사자인 주채무자로 인식하여 그와 이 사건 계약을 체결하는 것으로 알았으리라고 인정된다.

그렇다면 원고와 이 사건 보험계약을 체결한 당사자는 위 A가 아니라 위 B라고 보아야 할 것인데, 실제는 위 A가 B로부터 아무런 권한도 부여받음이 없이 임의로 B의 이름을 사용하여 계약을 체결한 것이므로 이 사건 보험계약은 특별한 사정이 없는 한 그 계약 내용대로 효력을 발생할 수는 없는 것이라고 할 것이다. 따라서 위 A가 대리점 계약상의 채무를 이행하지 아니한 것을 이유로 피고가 원고로부터 이 사건 보험금을 지급받은 것은 결국 아무런 효력이 없는 보험계약에 기한 보험금의 수령이라 할 것이므로 더 나아가 위 A의 피고에 대한 채무불이행이 이 사건 보험계약상의 보험사고인지 여부를 따질 필요도 없이 피고는 법률상 아무런 원인 없이 이득을 취하고 원고에게 같은 금액 상당의 손해를 입힌 것이라고 보아야 할 것이다.

그럼에도 불구하고 원심이 그 판시와 같은 이유만으로 위 A가 이 사건 보험계약상의 당사자라고 판단하여 원고의 청구를 배척한 것은 법률행위의 해석에 관한 법리를 오해하여 심리를 다하지 아니하였거나 이유를 제대로 갖추지 아니한 위법을 저지른 것이 … 다.

[관련규정] 제105조

[해설 및 논평]
1. 해설
법률행위를 하는 자가 타인의 이름(명의)을 사용하여 계약 등 법률행위를 하는 경우가 있다. 그러한 경우에는 우선 그 행위의 당사자가 행위자인지 명의인인지 문제된다. 그런 뒤에 당사자가 명의인일 경우 거기에 대리규정이 적용(또는 유추적용)되는지가 문제된다.

본 판결은 전자의 문제에 관하여 그 이전의 판례(강의 A-339, 민총 [204] 참조)와 근본적으로 다르게 새로운 법리를 채용하였다. 이 새로운 이론은 계약체결자가 자신이 마치 특정한 타인인 것처럼 그 타인의 이름을 사용하여 계약을 체결한 경우에 당사자를 새로운 법률행위 해석의 방법으로 결정하는 것이다. 즉 1차적으로 당사자 확정에 관하여 양당사자의 의사가 일치하면 그 의사에 따르고(자연적 해석), 그렇지 않은 때에는 규범적 해석에 의하자는 것이다.

본 판결은 타인의 이름을 임의로, 즉 명의인의 허락을 받지 않고 사용한 경우에 관한 것이다. 그 후 대판 1998. 3. 13, 97다22089에서는 타인의 허락 하에 그 타인의 이름을 사용한 경우에 본 판결의 법리를 일반화시켜서 판시한 뒤 적용하였다. 그리고 그 후속판결도 계속 나와서 확고해졌다. 그런가 하면 대법원은, 이름이 사용된 자인 타인이 허무인인 경우에도 「타인 명의를 임의로 사용하여 계약을 체결한 경우」와 같다고 한다(대판 2012. 10. 11, 2011다12842. 이때 계약당사자가 허무인으로 확정되면 계약은 무효라고 함). 그런데 대리인이 본인을 가장한 경우에는 판례가 변경되지 않고 종래처럼 대리법에 의해서 해결하고 있다(대판 2002. 6. 28, 2001다49814 참조).

본 판결은, 다른 한편으로, 새 법리를 최초로 채용한 판결답게 당사자 확정을 하는 방법을 구체적으로 보여주고 있다.

2. 논평
본 판결은 타당하다. 다만, 새 법리에 의해 명의인의 행위로 인정될 때에 대리법이 적용된다고까지 했으면 더 좋았을 것이다.

[주요 평석 문헌] 송덕수, "타인의 이름을 임의로 사용하여 체결한 계약의 당사자 결정," 법률신문, 2521, 14면·15면.

22. 제125조의 표현대리

◈ 대판 1998. 6. 12, 97다53762
[부당이득금반환](강의 A-219, 민총 [216])

[쟁점] 대리권 수여의 표시에 의한 표현대리의 성립요건

[사실관계]

(1) 호텔과 골프장을 운영하는 피고들이 1988. 12. 2. 일본국 법인인 소외 주식회사 에소루(이하 에소루라 함)와 사이에, 피고들이 운영하는 호텔 등의 시설이용에 우대를 받을 수 있는 회원(이하 우대회원이라고 함)을 일본국 내에 주소를 둔 자를 대상으로 모집하기 위한 계약(이하 이 사건 계약이라고 함)을 체결하면서, 그 계약의 효력은 피고들이 대한민국 외환관리법령에 따라 재무부장관이 정하는 외환관리상의 허가·승인 또는 인증(이하 외환관리허가라고 함)을 얻는 날 발생한다는 특약을 두었다.

(2) 에소루는 그 후 피고들이 외환관리허가를 얻지 못하고 있는 가운데, 자신을 '판매원', 소외 주식회사 에소루 골프(이하 에소루 골프라고 함)를 피고들의 '일본 연락사무소 및 총대리점'으로 기재한 회원안내 책자를 발간하고, 1989. 3. 27. 피고들의 총대리점인 에소루 골프가 피고들이 운영하는 호텔 등의 시설에 대한 우대회원을 모집한다는 광고를 게재하는 한편, 원고의 사무실에서 그에 대한 설명회를 개최한 후, 같은 해 4. 27.부터 같은 달 30.까지 회원가입을 희망하는 10여명의 시찰단으로 하여금 피고들이 운영하는 호텔 등의 시설을 이용하도록 알선하였다.

(3) 이에 원고는 1989. 5. 2. 법인회원으로 에소루 골프와 입회계약을 체결하고 그 보증금 및 입회금으로 합계 480만 엔의 일화를 에소루 골프가 지정하는 은행구좌에 입금하였으나, 1992. 2. 5.에 이르러 에소루가 부도를 내고 도산하였고, 원고는 피고들로부터 외환관리허가가 이루어지지 않았다는 이유로 우대회원의 대우를 받지 못하였다.

(4) 그러자 원고는 피고들을 상대로, 피고들이 원고에게 우대회원 대우를 하여 주지 않음을 이유로 입회계약을 해제하고 원고가 납부한 보증금 및 입회금의 반환을 구하는 소를 제기하였다.

[판결요지]

민법 제125조가 규정하는 대리권 수여의 표시에 의한 표현대리는 본인과 대리행위를 한 자 사이의 기본적인 법률관계의 성질이나 그 효력의 유무와는 직접적인 관계가 없이 어떤 자가 본인을 대리하여 제3자와 법률행위를 함에 있어 본인이 그 자에게 대리권을 수여하였다는 표시를 제3자에게 한 경우에는 성립될 수가 있고, 또 본인에 의한 대리권 수여의 표시는 반드시 대리권 또는 대리인이라는 말을 사용하여야 하는 것이 아니라 사회통념상 대리권을 추단할 수 있는 직함이나 명칭 등의 사용을 승낙 또는 묵인한 경우에도 대리권 수여의 표시가 있은 것으로 볼 수가 있다.

… 기록에 나타난 에소루 측이 회원모집안내 등의 각종 서식 등에서 사용한 위와 같은 명칭 등에 비추어 보면, 에소루 측이 원고 등과 입회계약을 체결한 것은 피고들을 대리하여 한 것이라고 볼 수 있을 것이므로, 만일 에소루 측이 위와 같은 명칭 등을 사용하여 회원모집 안내를 하거나 입회계약을 체결하는 것을 피고들이 승낙 또는 묵인한 바 있다면, 그에 의하여 민법 제125조의 표현대리가 성립될 수가 있다 할 것이다. 그런데 기록에 의하여 살펴보면, … 취지의 증언을 하였음(기록 597면)을 알 수 있으므로, 위 회원안내책자의 작성·사용이 피고들의 승낙 또는 묵인 하에 이루어진 것이고, 또 그러한 상태에서 피고들이 상품소개 혹은 선전을 위하여 시찰여행단에 대하여 우대회원의 대우를 한 것이라면, 피고들이 그로써 에소루 측에 대한 대리권 수여의 의사를 대외적으로 널리 표시한 것으로 볼 여지가 있다 할 것이다.

그렇다면 원심으로서는 위 회원안내책자(갑 제

18호증)의 작성경위나 그 실제 사용 여부 및 피고들 측의 시찰여행단에 대한 우대회원 대우의 취지를 좀 더 심리하여 피고들이 대리권 수여의 표시를 하였는지 여부를 가려보아야 할 것임에도 불구하고 이에 이르지 아니한 채, 피고들이 에소루와 체결한 이 사건 계약의 내용 등이 준위탁매매를 위임하는 것이라고 보고 그 입회계약이 준위탁매매라고 단정하여 표현대리의 성립을 부정한 것은, 결국 민법 제125조가 규정하는 표현대리의 성립에 관한 법리를 오해하고 심리를 다하지 아니함으로써 판결 결과에 영향을 미친 위법을 저지른 것이라고 할 것이다.

[관련규정] 제125조, 제680조, 상법 제101조

[해설 및 논평]

1. 해설

표현대리제도는 대리인에게 대리권이 없음에도 불구하고 마치 그것이 있는 것과 같은 외관이 있고 또 그러한 외관의 발생에 대하여 본인이 어느 정도 책임이 있는 경우에, 그 무권대리행위에 대하여 본인에게 책임을 지게 함으로써, 본인의 이익의 희생 하에 상대방 및 거래의 안전을 보호하려는 제도이다. 민법은 표현대리로서 제125조, 제126조, 제129조의 세 가지를 두고 있다.

그 중에 제125조의 표현대리, 즉 대리권 수여의 표시에 의한 표현대리는 본인이 대리인에게 대리권을 수여하지 않았으면서 그에게 대리권을 수여하였다고 제3자에게 표시한 경우에 그 대리인에 의하여 행하여진 대리이다. 이 표현대리가 성립하려면 여러 요건을 갖추어야 한다. 그 가운데 가장 중요한 것이 「본인이 제3자에 대하여 어떤 자에게 대리권을 수여하였음을 표시했어야 한다는 것」(대리권 수여의 표시가 있었을 것)이다. 본 판결은 바로 제125조의 표현대리의 이 요건에 관한 것이다. 그리고 본 판결의 법리는 추상적인 법리로서는 처음 제시된 것이다.

본 판결의 법리를 세 부분으로 나누어 살펴본다.

본 판결은, 제125조의 표현대리는 본인과 대리행위를 한 자 사이의 기본적인 법률관계의 성질이나 그 효력의 유무와는 직접적인 관계가 없이 어떤 자가 본인을 대리하여 제3자와 법률행위를 함에 있어 본인이 그 자에게 대리권을 수여하였다는 표시를 제3자에게 한 경우에는 성립될 수가 있다고 한다. 이 부분에서 특별한 점은, 본인과 행위자 사이의 기본적인 법률관계의 성질이나 그 효력의 유무와는 직접적인 관계가 없다는 것인데, 그 의미는 적다.

본 판결은, 본인에 의한 대리권 수여의 표시는 반드시 대리권 또는 대리인이라는 말을 사용해야 하는 것이 아니라고 한다. 이는 당연한 것이다. 여러 가지 사정에 비추어 그러한 표시가 있었던 것으로 인정되면 충분할 것이기 때문이다.

본 판결은 가장 중요한 내용으로, 사회통념상 대리권을 추단할 수 있는 직함이나 명칭 등의 사용을 승낙 또는 묵인한 경우에도 대리권 수여의 표시가 있은 것으로 볼 수가 있다고 한다. 그러면서 그 사안의 경우에 대리권 수여표시가 있었다고 볼 여지가 있다고 한다. 이는 명의대여를 대리권 수여표시에 해당한다고 본 것이다.

2. 논평

본 판결의 다른 법리들은 무난하나, 명의대여의 경우는 옳지 않다. 명의대여의 경우에는 법률효과를 본인에게 생기게 할 의사가 있는 것으로 보이므로 대리권 자체가 수여된 것으로 보아야 한다. 다만, 상법 제24조의 요건이 갖추어진 경우에는 그 규정이 적용된다고 할 것이다(민총 [216] 참조).

23. 유권대리의 주장과 표현대리의 주장의 관계

◈ 대판(전원) 1983. 12. 13, 83다카1489
[매매대금반환](강의 A-221, 민총 [218])

[쟁점] 유권대리에 관한 주장 가운데 표현대리의 주장이 포함되는지 여부(소극)

[사실관계]

피고는 1980. 7. 1. 아파트 건축업자인 소외 A와 피고 소유의 대 300평을 대금 1억 500만 원에 A에게 매도하는 계약을 체결하면서, 그 날 계약금 1,500만 원을 지급받고, 중도금 4,000만 원은 1980. 8. 14.에, 잔금은 같은 해 9. 25에 각 지급받기로 하였다. 계약 당시 둘은 A가 그 토지 위에 X아파트를 짓되 피고는 양도소득세를 면하고 또한 그 X아파트 건축허가 명의자가 피고이므로(둘의 약정에 의함) 위 아파트 분양 편의를 위하여 피고가 X아파트분양권(해당부분 대지 포함)을 형식상 A에게 위임하는 방식을 취하고 A가 그 아파트를 매각하여 대지대금을 지급하기로 약정한 뒤, 피고는 A에게 피고 명의의 분양위임장을 작성 교부하였다. 그런데 A가 위 위임장으로 X아파트 18세대 중 일부를 분양하면서 토지대금을 지급하지 않아 1980. 9. 15. 피고와 A는 위 아파트분양권 위임을 합의해지한 후 피고는 위 아파트분양 위임장을 회수함과 동시에 A는 피고의 입회 하에 X아파트를 매각하기로 약정하였다. 그럼에도 A가 계속 위 아파트를 분양하므로 1981. 3. 7.에 피고는 A와 합의 하에 A로부터 X아파트 모두에 대한 분양권을 위 대지대금조로 양수받아 A가 이미 분양한 14세대에 대하여는 피고가 이를 분양받은 사람들에게 새로운 분양계약서를 작성해주고 그때까지 분양하지 않은 이 사건 건물(비동 103호 건평 18평 6작)을 포함한 나머지 4세대분은 피고가 분양하기로 하였다. 그리하여 피고는 그 무렵 X아파트 분양사무실 입구에 피고가 분양한다는 취지의 입간판까지 세

워 두었다. 그런데 그 후인 1981. 3. 25.에 A는 자기가 피고로부터 분양권을 위임받은 양 가장하여 원고에게 이 사건 건물을 1,450만 원에 매도하고 그 대금을 모두 받았다. 한편 1982. 2. 23. 피고는 이 사건 건물을 소외 B에게 매도하고 같은 해 3. 6. B 앞으로 소유권이전등기를 마쳤다.

그러자 원고는 피고를 상대로 소를 제기하여, 원고가 피고의 대리인인 A로부터 이 사건 건물을 위와 같이 매수하였는데 피고가 이를 B에게 매도하고 그 소유권이전등기까지 경료하였으므로 이 사건 소장의 송달로서 위 매매계약을 해제하고 매매대금 1,450만 원의 반환을 구한다고 주장하였다. 그에 대하여 피고는 위 매매계약 이전인 1980. 9. 15. A에 대한 X아파트분양권의 위임을 해지하였으므로 그의 대리권은 이미 소멸되었다고 다투었다.

[판결요지]

원고 소송대리인의 상고이유 제1점을 본다. …

논지는 소외 A가 피고의 대리인이라는 원고주장 가운데에는 표현대리에 관한 주장도 포함되어 있다는 전제 아래 원심의 위와 같은 후단 판단부분은 표현대리에 관한 입증책임을 전도한 위법이 있다는 것이다.

그러나 변론에서 당사자가 주장한 주요사실만이 심판의 대상이 되는 것으로서 여기에서 주요사실이라 함은 법률효과를 발생시키는 실체법상의 구성요건 해당사실을 말하는 것인바, 대리권에 기한 대리의 경우나 표현대리의 경우나 모두 제3자가 행한 대리행위의 효과가 본인에게 귀속된다는 점에서는 차이가 없으나 유권대리에 있어서는 본인이 대리인에게 수여한 대리권의 효력에 의하여 위와 같은 법률효과가 발생하는 반면 표현대리에 있어서는 대리권이 없음에도 불구하고 법률이 특히 거래상대방 보호와 거래안전 유지를 위하여 본래 무효인 무권대리행위의 효과를 본인에게 미치게 한 것으로서 표현대리가 성립된다고 하여 무권

대리의 성질이 유권대리로 전환되는 것은 아니므로, 양자의 구성요건 해당사실 즉 주요사실은 서로 다르다고 볼 수밖에 없다.

그러므로 유권대리에 관한 주장 가운데 무권대리에 속하는 표현대리의 주장이 포함되어 있다고 볼 수 없으며, 따로이 표현대리에 관한 주장이 없는 한 법원은 나아가 표현대리의 성립 여부를 심리 판단할 필요가 없다고 할 것이다. 이와 다른 당원 1964. 11. 30. 선고 64다1082 판결의 견해는 이를 폐기하기로 한다.

그렇다면 이 사건에서 원고는 원심변론 종결시까지 표현대리에 관한 주장을 한 바 없으므로 원심으로서는 소외 A가 무권대리인이라고 판단한 이상 더 나아가 표현대리의 성립 여부까지 판단할 필요가 없었던 것이다. 필경 표현대리에 관한 원심판단부분은 불필요한 부분으로서 이 부분에 소론과 같이 입증책임을 전도한 허물이 있다고 하여도 판결 결론에는 영향이 없다고 하겠으니 위 논지는 이유 없다.

[관련규정] 민소 제188조, 민법 제114조, 제129조

[해설 및 논평]

1. 해설

본 판결 사안에서는 A가 피고의 위임을 받아 아파트를 분양하다가 위임을 합의해지 하였는데, 그 후에 A가 이 사건 건물을 원고에게 분양하였고, 그 뒤 분양권을 가진 피고가 그 건물을 B에게 매도하고 소유권이전등기까지 해주자, 원고가 피고에게 매매계약을 해제하고 매매대금의 반환을 청구하였다. 그러면서 원고는 A의 분양이 유권대리라는 주장만 하고 표현대리 주장은 하지 않았다. 그런데 원심이 제129조의 표현대리만이 문제된다고 보고 A의 무과실을 인정할 자료가 없음을 이유로 원고의 청구를 기각하였다. 여기서 문제는 유권대리 주장만 한 경우에 그 속에 표현대리의 주장도 포함되어 있는지이다.

본 판결은 먼저, 변론에서 당사자가 주장한 주요사실만이 심판의 대상이 되는데 여기서 주요사실이라 함은 법률효과를 발생시키는 실체법상의 구성요건 해당사실을 말한다고 한다. 그런 뒤에, 유권대리의 경우나 표현대리의 경우나 모두 제3자가 행한 대리행위의 효과가 본인에게 귀속된다는 점에서는 차이가 없으나, 유권대리에 있어서는 대리권의 효력에 의하여 그러한 법률효과가 발생하는 데 비하여 표현대리에 있어서는 법률이 본래 무효인 무권대리행위의 효과를 본인에게 미치게 한 것으로서 표현대리가 성립된다고 하여 무권대리의 성질이 유권대리로 전환되는 것은 아니므로, 양자의 구성요건 해당사실 즉 주요사실은 서로 다르다고 한다.

위의 판단을 바탕으로 하여 본 판결은, 유권대리에 관한 주장 가운데 무권대리에 속하는 표현대리의 주장이 포함되어 있다고 볼 수 없으며, 따로 표현대리에 관한 주장이 없는 한 법원은 나아가 표현대리의 성립 여부를 심리 판단할 필요가 없다고 한다.

2. 논평

표현대리는 본질적으로 무권대리에 해당하므로 본 판결은 적어도 형식적으로는 타당하다. 그런데 당사자가 구체적인 소송에서 취하는 태도에 따라서는 – 법원의 후견적 기능을 고려하여 – 유권대리의 주장 속에 표현대리의 주장이 포함되어 있다고 볼 필요가 있다는 일리 있는 주장도 있다(김황식 평석 16면).

[참고판결] 대판 1984. 7. 24, 83다카1819: 당사자가 표현대리를 주장함에는 무권대리인과 표현대리에 해당하는 무권대리행위를 특정하여 주장하여야 한다.

[주요 평석 문헌] 김황식, "유권대리의 주장 가운데 표현대리의 주장이 포함되는지 여부," 민사판례연구, 7권, 5면 이하.

24. 부부의 일상가사대리권과 제126조의 표현대리

◈ 대판 1981. 8. 25, 80다3204
[명의변경](강의 A-227, 민총 [223])

[쟁점] 처의 행위가 제126조의 표현대리로 되기 위한 요건

[사실관계]

(1) 원고는 1979. 7. 7. 피고의 처인 소외 A에게 350만 원을 이자는 월5푼, 변제기는 같은 해 9. 7. 로 정하여 대여하였다.

(2) 그리고 위 변제기 전인 같은 해 8. 20. 원고와 위 A간에 피고가 소외 대한주택공사로부터 분양받은 X아파트를 700만 원에 결가하여 원고가 이를 매수하기로 하되, 원고는 피고가 위 아파트를 타인에게 전세 놓아 부담하고 있는 350만 원의 전세보증금 반환채무를 인수하기로 하고 나머지 350만 원은 위 대여금으로 충당하기로 하는 X아파트 매매계약을 체결하였다.

(3) 그런데 위 A가 위와 같은 금원차용행위나 매매계약을 체결함에 있어서 피고로부터 대리권을 수여받았다고 인정할 만한 증거는 없다. 오히려 A는 그의 남편인 피고 모르게 집에 보관되어 있는 피고 명의의 인감을 가지고 나와 자기 마음대로 위임장 등을 만들어 소지하고 있다가 원고로부터 위 금원을 차용할 당시나 원고와 위 매매계약을 체결할 때 그가 소지하고 있던 피고 명의의 인감을 매매계약서 등에 날인하고 위임장 등을 원고에게 교부하였다.

(4) 그 후 원고는 피고를 상대로, X아파트에 관하여 1979. 8. 20. 매매를 원인으로 하여 소외 대한주택공사와 체결한 분양계약상 권리의무의 승계절차를 이행하라는 취지의 소를 제기하였다.

[판결요지]

일반사회 통념상 남편이 처에게 자기 소유의 부동산을 타인에게 담보로 제공 또는 그 권리 명의이전절차를 이행케 하거나 그 원인되는 법률행위를 함에 필요한 대리권을 수여한다는 것은 이례에 속하는 것이므로 처가 특별한 수권 없이 남편 소유의 부동산에 관하여 위와 같은 행위를 하였을 경우에 그것이 민법 제126조 소정의 표현대리가 되려면 그 처에게 가사대리권이 있었다는 것뿐만 아니라 상대방이 처에게 남편이 그 행위에 관한 대리의 권한을 주었다고 믿었음을 정당화할 만한 객관적인 사정이 있어야 한다고 함이 본원의 판례(대법원 1970. 3. 10. 선고 69다2218 판결, 1971. 1. 29. 선고 70다2738 판결 참조)로 하는바, 원심의 확정한 사실 즉 피고의 처인 소외 A가 1979. 7. 7 피고 몰래 피고의 인장과 피고가 분양받은 아파트 분양계약서를 갖고 나와 원고로부터 돈 350만 원을 차용함에 있어서 원고에게 피고 명의의 현금보관증을 작성 교부하고 위 아파트 분양계약서를 담보로 제공하였고, 그 후 원고로부터 위 채무의 변제독촉을 받자 갖고 있던 피고의 인장을 이용하여 같은 해 9. 29 원고와 사이에 피고 명의로 위 아파트 매매계약을 체결하고 피고 명의의 위임장을 원고에게 대필시켜 작성하고 유효기간이 지난 피고의 인감증명서 등과 함께 원고에게 교부하였다는 사실은 원심판결 거시의 증거 및 이 사건 기록에 비추어 수긍할 수 있고, 위와 같은 사실관계에서 볼 때 위 금전차용 및 매매계약은 부부인 피고와 위 A와의 일상가사에 관한 법률행위였다고 할 수 없음은 물론이고 남편인 피고 몰래 임의로 갖고 나온 피고의 인장, 권리문서 및 유효기간이 지난 인감증명서를 처인 위 A가 소지하고 있었던 사실만으로는 피고가 그 처인 A에게 위 금전차용행위나 매매계약 체결행위에 대한 대리권을 부여하였으리라고 원고가 믿음에 정당한 객관적 사정이 있었다고는 인정되지 아니한다. 그러므로 원고의 표현대리의 주장을 배척한 원심의 판단은 정당하고, 거기에 소론의 위법은 없고, 논지는 받아들일 수 없다.

[관련규정] 제126조, 제827조

[해설 및 논평]

1. 해설

표현대리의 한 종류로 제126조의 표현대리가 있다. 제126조의 표현대리, 즉 대리권한을 넘은 표현대리는 대리권을 가지고 있는 대리인이 대리권을 넘어서 대리행위를 한 경우이다. 이 표현대리가 성립하려면 세 가지 요건이 필요하다. 1) 대리인이 일정한 범위의 대리권 즉 기본대리권을 가지고 있어야 하고, 2) 대리인이 권한 밖에서 대리행위를 했어야 하며, 3) 상대방(제3자)이 대리인에게 대리권이 있다고 믿을 만한 정당한 이유가 있어야 한다.

본 판결은 처가 남편을 대리하여 남편의 부동산을 담보로 제공 또는 권리이전절차를 이행하거나 그 원인행위를 한 경우에 그 행위가 제126조의 표현대리로 되기 위한 요건을 판시하고 있다. 그런데 처가 남편의 부동산을 처분하는 경우에는 특별히 살펴보아야 할 점이 있다. 부부 사이에는 일상가사대리권이 있기 때문이다. 부부는 일상(日常)의 가사에 관하여 서로 대리권이 있다(827조 1항). 여기서 일상의 가사란 부부의 공동생활에 필요로 하는 통상의 사무이며, 그것은 개별적인 부부에 따라 차이가 있으나, 일반적으로 식료품의 구입, 주택의 임차, 전기 수도의 사용료나 교육비의 지급 등은 그에 속한다.

전술한 바와 같이, 제126조의 표현대리가 성립하려면 기본대리권이 있어야 한다. 그런데 일상가사대리권이 여기의 기본대리권이 될 수 있는지 문제된다. 판례는 일상가사대리권을 기본대리권으로 하여서도 제126조의 표현대리가 성립할 수 있다고 한다. 본 판결도 그러한 입장에 있다. 이러한 입장에 있으면 부부 사이에는 수권행위를 따로 하지 않아도 제126조의 표현대리가 성립할 수 있게 된다.

그런데 일상가사대리권이 있다고 하여 언제나 제126조의 표현대리로 되지는 않는다. 제126조의 표현대리가 성립하려면 대리인에게 대리권이 있다고 믿을 만한 정당한 이유가 있어야 하기 때문이다. 판례는 일상가사대리권이 있다고 하여 당연히 이 요건까지 구비된 것으로 이해하지 않는다. 구체적인 경우에 대하여 이 요건의 구비 여부를 면밀히 검토하고 있다. 그러한 모습 중 전형적인 것 하나가 본 판결이다. 본 판결은, 처가 특별한 수권 없이 남편 소유의 부동산을 타인에게 담보로 제공 또는 그 권리 명의이전절차를 이행케 하거나 그 원인되는 법률행위를 하였을 경우에 그것이 제126조의 표현대리가 되려면 그 처에게 가사대리권이 있었다는 것뿐만 아니라 상대방이 처에게 남편이 그 행위에 관한 대리의 권한을 주었다고 믿었음을 정당화할 만한 객관적인 사정이 있을 것을 요구한다. 대법원은 부동산의 처분의 경우만이 아니고 가령 처가 남편을 대리하여 친정 오빠의 채무를 보증한 경우(대판 1998. 7. 10, 98다18988) 등에도 본 판결과 같이 판시하고 있다. 그러한 경우는 모두 일상가사의 범위라고 보기 어려운 사안들이다.

2. 논평

생각건대 일상가사대리권도 대리권으로서 기본대리권이 된다고 하여야 한다. 그 결과 일상가사대리권을 기초로 해서도 제126조의 표현대리가 성립할 수 있다. 다만, 제126조의 표현대리의 요건 중 정당한 이유가 존재하는지를 판단함에 있어서 「일상가사범위 내에 속한다고 믿을 만한 정당한 이유」가 있는지 검토해야 한다. 그 결과 일상가사의 범위에 속한다고 믿을 만한 정당한 이유가 없는 경우에는 다른 대리권이 있어야 하고, 그렇지 않으면 제126조의 표현대리가 성립할 수 없다고 해야 한다. 본 판결은 실질적으로 사견과 같은 것으로 생각되는데, 그것이 대리권 수여가 없이 객관적 사정만으로 표현대리를 인정하는 취지라면 부적절하다.

25. 무권대리인이 본인을 상속한 경우

◈ 대판 1994. 9. 27. 94다20617
[소유권이전등기말소](강의 A-234, 민총 [228])

[쟁점] 대리권한 없이 타인의 부동산을 매도한 자가 그 부동산을 상속한 후 소유자의 지위에서 자신의 대리행위가 무권대리로 무효임을 주장하여 등기말소 등을 구하는 것이 금반언원칙이나 신의칙상 허용될 수 없는지 여부

[사실관계]

(1) 원고는, 농지개혁법에 의하여 부천시 (상세 생략) 전 850평방미터(이하 이 사건 제1부동산이라 함)와 부천시 (상세 생략) 전 843평방미터(이하 이 사건 제2부동산이라 함)를 각 분배받아 그 대금을 상환하여 오던 원고의 아들인 소외 A가 한국전쟁 때 의용군으로 참전하여 그 생사가 분명하지 않게 되자 1958. 11. 20. 위 A를 대신하여 그 대금의 상환을 완료하고 1963. 6. 18. 위 A의 명의로 소유권이전등기를 경료하였다.

(2) 원고는 인천지방법원에 위 A에 대한 실종선고를 청구하여 1977. 12. 20. 위 법원으로부터 같은 달 10.자로 그 실종기간이 만료되었다는 내용의 실종선고를 받음으로써 위 A의 단독 재산상속인이 되었는데, 위 실종기간 만료 전인 1964. 9. 12.에 가정형편이 어렵자 위 A의 대리인인 것처럼 위 A의 인장을 사용하여 이 사건 제1부동산을 소외 B에게, 이 사건 제2부동산을 소외 C에게 각 매도하였다.

(3) 그 뒤 소외 B는 이 사건 제1부동산을 피고 D(박○○)에게 매도하였고, 소외 C는 이 사건 제2부동산을 피고 E(박△△)에게 매도하였다. 그리고 이 사건 제1부동산에 관하여는 1981. 4. 7.「부동산 소유권이전등기 등에 관한 특별조치법」(이하 특조법이라 함)에 의하여 피고 D 명의로 소유권이전등기가 경료되고, 이에 터잡아 1983. 12. 27. 피고 E 명의로 소유권이전등기가 순차 경료되었으며, 이 사건 제2부동산에 관하여는 1985. 1. 23. 위 특조법에 의하여 피고 E 명의로 소유권이전등기가 경료되었다.

(4) 그 후 원고는, 피고 D에 대하여는 이 사건 제1부동산에 관한 소유권이전등기의 말소를 구하고, 피고 E에 대하여는 이 사건 제1, 2부동산에 관한 소유권이전등기의 말소 및 각 부동산을 법률상 원인 없이 점유함으로써 얻은 이익의 반환을 구하는 소를 제기하였다.

[판결요지]

원고는 위 A의 무권대리인으로서 민법 제135조 제1항의 규정에 의하여 매수인인 위 소외 B, C에게 위 각 부동산에 대한 소유권이전등기를 이행할 의무가 있다고 할 것이므로, 그러한 지위에 있는 원고가 위 A로부터 위 각 부동산을 상속받아 그 소유자가 되어 위 소유권이전등기 이행의무를 이행하는 것이 가능하게 된 시점에서 자신이 소유자라고 하여 자신으로부터 위 각 부동산을 전전매수한 피고들에게 원래 자신의 매매행위가 무권대리 행위여서 무효였다는 이유로 피고들 앞으로 경료된 위 각 소유권이전등기가 무효의 등기라고 주장하여 그 등기의 말소를 청구하거나 위 각 부동산의 점유로 인한 부당이득금의 반환을 구하는 것은 금반언의 원칙이나 신의성실의 원칙에 반하여 허용될 수 없다고 할 것이므로, 같은 취지로 판단한 원심판결은 정당하고, 원심판결에 소론과 같이 금반언의 원칙과 신의칙, 부동산 소유권이전등기 등에 관한 특별조치법, 부동산등기의 추정력 등에 관한 법리오해의 위법이 있다고 볼 수 없다.

[관련규정] 제2조, 제135조 제1항

[해설 및 논평]

1. 해설

(1) 서설

무권대리인의 지위와 본인의 지위가 동일인에

게 귀속하는 일(혼동)은 특히 상속의 경우에 자주 발생한다. 가령 아들이 아버지의 재산을 처분한 뒤 아버지가 사망하여 아버지의 지위를 상속하는 경우에 그렇다. 그러한 경우에 무권대리행위는 지위의 혼동으로 당연히 유효하게 되는지, 그리하여 추인을 거절할 수 없는지가 문제된다. 이와 같이 무권대리인의 지위와 본인의 지위가 동일인에게 귀속하는 현상이 발생하는 경우로는 무권대리인이 본인을 상속하는 경우와 본인이 무권대리인을 상속하는 경우가 있다.

(2) 무권대리인이 본인을 상속한 경우

이 경우에 관하여 학설은 i) 무권대리행위가 당연히 유효하다(추인을 거절할 수 없다)는 견해, ii) 원칙적으로 무권대리행위가 유효하게 되나 공동상속을 한 때에는 상속인 전원의 추인이 없으면 유효하게 되지 않는다는 견해, iii) 양자의 지위는 혼동되지 않고 분리하여 병존하며, 다만 추인을 거절하는 것이 신의칙에 반하는 때에는 추인거절의 항변이 허용되지 않는다는 견해로 나뉘어 있다(강의 A-383, 민총 [228] 참조).

그리고 판례는 무권대리인이 본인을 단독상속한 경우에 관한 것만 있는데, 그것이 바로 본 판결이다.

(3) 본인이 무권대리인을 상속한 경우

이 경우에 관하여 학설은 i) 무권대리행위가 유효하게 되고 추인을 거절하지 못한다는 견해, ii) 무권대리행위가 당연히 유효로 되지 않고 추인을 거절할 수 있다는 견해로 나뉘어 있다(강의 A-383, 민총 [228] 참조).

그리고 여기에 관한 판례는 없다.

(4) 본 판결의 경우

본 판결 사안에서는 A가 소유한 이 사건 제1, 2부동산을 A의 아버지인 원고가 A의 무권대리인으로서 처분한 뒤 A에 대한 실종선고로 A의 지위를 단독으로 상속하였다. 그리고 나서 D와 E 명의의 소유권이전등기는 무자격자의 또는 허위의 보증서에 터잡은 것으로서 무효이고 자신이 소유자이므로 등기를 말소하고, 또 E는 점유하여 이용한 이익을 부당이득으로 반환하라고 하였다. 그에 대하여 피고들은, 이 사건 제1, 2부동산은 사실상 원고의 소유로서, 원고가 위 각 부동산을 매도하고 이에 터잡아 피고들이 위 각 부동산에 관하여 소유권이전등기를 마치고 이를 점유·경작하게 된 것인데, 지금에 와서 위 매매의 효력을 부인하는 것은 신의칙에 반한다고 주장하였다.

그에 대하여 본 판결은, 자신으로부터 위 각 부동산을 전전매수한 피고들에게 원래 자신의 매매행위가 무권대리행위여서 무효였다는 이유로 피고들 앞으로 경료된 위 각 소유권이전등기가 무효의 등기라고 주장하여 그 등기의 말소를 청구하거나 위 각 부동산의 점유로 인한 부당이득금의 반환을 구하는 것은 금반언의 원칙이나 신의성실의 원칙에 반하여 허용될 수 없다고 하였다.

2. 논평

무권대리인이 본인을 상속한 경우에 관하여 사견은 위 1.(2)에서 설명한 ii)의 견해, 즉 무권대리행위가 원칙적으로 유효하다고 하되, 공동상속에 관하여 예외를 인정하는 견해를 지지한다(그 이유에 관하여는 강의 A-383, 민총 [228] 참조). 그러한 견지에서 보면 단독상속에 관한 본 판결은 결론에서는 사견과 같다. 그런데 본 판결이 위의 사견과 동일한지는 알 수 없다. 그리고 본 판결은 그 사안이 단독상속의 경우에 관한 것이어서 공동상속에 관하여는 선례가 될 수 없다. 한편 본인이 무권대리인을 상속한 경우의 처리에 관하여 사견은 위 1.(3)에서 설명한 ii)의 견해에 찬성한다.

26. 유동적 무효

◈ 대판(전원) 1991. 12. 24, 90다12243
[토지소유권이전등기](강의 A-242·244, 민총
[237])

[쟁점] 구 국토이용관리법상의 규제구역 내의 토지에 대하여 허가받을 것을 전제로 체결한 거래계약의 효력(유동적 무효)과 이 경우 허가 후에 새로이 거래계약을 체결할 필요가 있는지 여부(소극)

[사실관계]

(1) 원고는 1989. 3. 16. 피고로부터 1989. 5. 9.자 분할등기로 분할되기 이전의 (지역 생략) 732의 1 전 1,869평방미터 중 도시계획상 시설녹지지역으로 지정된 부분을 제외한 나머지 300평(분할 후 732의 1 전 992평방미터. 이하 이 사건 토지라고 함)을 대금 5,600만 원으로 정하여 매수하면서, 위 분할 전 토지가 소외 A의 공동소유로 등기되어 있던 관계로 원고는 피고에게 계약당일 계약금으로 700만 원을, 1989. 3. 31.에 중도금으로 2천만 원을, 1989. 4. 17.에 잔금 2,900만 원을 각 지급하되, 피고는 1989. 5. 초순경까지 위 토지 중 위 300평에 관하여 분할등기절차를 마치고 원고에게 그 소유권이전등기에 필요한 서류를 교부받기로 약정하였다.

(2) 원고는 피고에게 계약 당일 계약금 700만 원을, 1989. 3. 31. 중도금 2천만 원을 각 지급한 후 잔대금지급을 지체하고 있던 중 피고는 같은 해 5. 9. 위 공유토지를 분필한 후, 같은 달 15.에는 원고에게 같은 달 19.까지 잔대금을 지급하지 않으면 위 매매계약은 자동해제된다는 통지를 하였다. 그런데 소유권이전등기 소요서류를 원고에게 교부하여 주지 않았다. 그러자 원고는 1989. 5. 26. 피고를 피공탁자로 하여 잔금 2,900만 원을 변제공탁하고, 피고를 상대로 이 사건 토지의 매매를 원인으로 한 소유권이전등기를 구하는 소를 제기하였다. 그리고 제2심에서 예비적 청구로, 이

사건 토지에 관하여 전라남도지사에 대하여 토지거래계약허가 신청절차를 이행하고, 허가처분이 있으면 원고에게 소유권이전등기절차의 이행을 구하였다.

(3) 한편 이 사건 토지는 위 매매계약 체결 당시 국토이용관리법상 토지 등 거래계약을 체결함에 있어서 전라남도지사의 허가를 받아야 하는 규제지역 내에 위치하고 있다.

[판결요지]

위 각 규정(구 국토이용관리법 및 그 시행령의 규정들: 저자 주)의 내용을 살펴보면 위 각 규정은 사립학교법, 농지개혁법 또는 외국인토지법 등 다른 토지거래규제법들이 특정한 목적의 토지보전을 위하여 그 권리의 이전을 규제함에 그치는 것과는 달리 투기의 목적으로 하는 토지 등의 거래계약 자체를 규제하기 위하여 규제지역 내에서의 개인 간 토지거래에 관할 관청이 직접 개입하여 그 거래내용이 위 법의 투기거래방지 목적에 저촉되는지의 여부를 검토한 후 허가를 하게 함으로써 이러한 허가 없이는 당사자를 구속하는 계약의 효력이 발생하는 것을 금지하려는 데에 그 입법취지가 있다고 해석된다.

위와 같은 각 규정의 내용과 그 입법취지에 비추어 볼 때, 토지의 소유권 등 권리를 이전 또는 설정하는 내용의 거래계약은 관할관청의 허가를 받아야만 그 효력이 발생하고 허가를 받기 전에는 물권적 효력은 물론 채권적 효력도 발생하지 아니하여 무효라고 보아야 할 것이다. 다만 허가를 받기 전의 거래계약이 처음부터 허가를 배제하거나 잠탈하는 내용의 계약일 경우에는 확정적으로 무효로서 유효화될 여지가 없으나, 이와 달리 허가받을 것을 전제로 한 거래계약(허가를 배제하거나 잠탈하는 내용의 계약이 아닌 계약은 여기에 해당하는 것으로 본다)일 경우에는 허가를 받을 때까지는 법률상 미완성의 법률행위로서 소유권 등 권리의 이전 또는 설정에 관한 거래의 효력이 전혀 발생하

지 않음은 위의 확정적 무효의 경우와 다를 바 없지만, 일단 허가를 받으면 그 계약은 소급하여 유효한 계약이 되고 이와 달리 불허가가 된 때에는 무효로 확정되므로 허가를 받기까지는 유동적 무효의 상태에 있다고 보는 것이 타당하다.

그러므로 허가받을 것을 전제로 한 거래계약은 허가받기 전의 상태에서는 거래계약의 채권적 효력도 전혀 발생하지 않으므로 권리의 이전 또는 설정에 관한 어떠한 내용의 이행청구도 할 수 없으나 일단 허가를 받으면 그 계약은 소급해서 유효화되므로 허가 후에 새로이 거래계약을 체결할 필요가 없는 것이다.

(이 판결에는 1인의 대법관의 보충의견, 1인의 대법관의 부분적 별개·반대의견이 있음)

[관련규정] 구 국토이용관리법 제1조, 제21조의 3 등

[해설 및 논평]
1. 해설
본 판결은 구 국토이용관리법(현행 「부동산 거래신고 등에 관한 법률」)상의 허가 없이 체결한 계약에 대하여 매우 중요한 판단을 하고 있다. 이 판결은 그러한 계약에 대한 중심적이고도 기본적인 판례이다. 본 판결의 내용을 – 위에 인용하지 않은 것까지 포함하여 – 나누어 살펴본다.
(1) 여기의 허가의 법적 성질
먼저 행정법적 측면에서, 여기의 허가가 인가적 성질을 가지는지 허가적 성질을 가지는지 문제된다. 그에 관하여 본 판결은 인가적 성질을 띤 것이라고 한다. 다음에, 허가는 법률행위의 요건의 면에서는 성립요건이 아니고 효력요건, 그 중에서도 특별효력요건이다. 따라서 허가가 없어도 계약이 성립하는 데에는 지장이 없다. 본 판결도 그러한 전제에 서 있다.
(2) 허가가 있기 전의 계약의 효력
구 국토이용관리법은 허가를 받지 않고 체결한

토지 등의 거래계약은 그 효력을 발생하지 않는다고 명문으로 규정하고 있다(동법 21조의 3 7항). 그런데 이것의 구체적인 의미가 문제된다. 본 판결은 다음과 같이 판단한다. 우선 허가를 받기 전에는 물권적 효력은 물론 채권적 효력도 발생하지 않아 무효라고 한다. 그런데 그것이 확정적 무효인지에 대해서는 두 경우를 나누어, 허가를 받기 전의 거래계약이 처음부터 허가를 배제하거나 잠탈하는 내용의 계약일 경우에는 확정적으로 무효로서 유효화될 여지가 없으나, 이와 달리 허가받을 것을 전제로 한 거래계약(허가를 배제하거나 잠탈하는 내용의 계약이 아닌 계약은 여기에 해당하는 것으로 본다)일 경우에는 허가를 받기까지는 유동적 무효의 상태에 있다고 한다. 그리고 일단 허가를 받으면 그 계약은 소급하여 유효한 계약이 된다고 한다.
(3) 공동허가신청에 협력할 의무
거래계약이 체결된 경우에 계약의 쌍방 당사자는 공동으로 관할관청에 허가를 신청할 의무가 있고, 이러한 의무에 위배하여 허가신청절차에 협력하지 않는 당사자에 대하여 상대방은 협력의무의 이행을 소송으로써 구할 이익이 있다고 한다.
(4) 조건부 소유권이전등기 절차 이행청구 문제
허가받기 전의 상태에서는 아무런 효력이 없어 권리의 이전 또는 설정에 관한 어떠한 이행청구도 할 수 없다고 한다. 따라서 허가가 있을 것을 조건으로 하여 소유권이전등기 절차의 이행을 구할 수도 없다고 한다.

2. 논평
이 판결의 내용은 타당하다.

[주요 평석 문헌] 김정도, "토지거래허가를 받지 아니한 토지매매계약의 법률관계," 재판과 판례(대구판례연구회), 4집, 305면 이하; 황영선, "허가구역내의 토지 등에 대한 허가를 받지 않은 거래계약에 관한 판례의 검토," 부산지방변호사회지, 12호, 135면 이하.

27. 무권리자의 처분행위와 권리자의 추인

◆ 대판 2001. 11. 9, 2001다44291
[소유권말소등기](강의 A-247, 민총 [239])

[쟁점] 「공공용지의 취득 및 손실보상에 관한 특례법」에 의한 협의취득이 무권리자로부터 이루어진 경우에 진정한 권리자가 권리를 상실하는지 여부(소극). 무권리자의 처분행위에 대한 권리자의 추인의 효과와 그 방법

[사실관계]

(1) 부산광역시 동래구는 1997. 2. 11. 합병 전의 부산 동래구 (지역 생략) 1586의 9 임야 561평방미터(이하 이 사건 임야라고 함)를 피고 A로부터 협의취득하면서 위 임야에 관한 손실보상금으로 3억 2,347만 원을 피고에게 지급하였다.

(2) 그런데 위 임야의 분할 전 모(母) 토지인 같은 동 산 204의 2 임야 2,976평방미터에 관하여 1974. 2. 26. 피고 명의로 마쳐진 소유권이전등기 중 피고의 법정상속분 19/25를 넘는 부분(6/25지분)은 원고의 상속분에 해당한다.

(3) 이에 원고는 피고를 상대로, 피고가 수령한 이 사건 임야에 대한 손실보상금 중 원고의 지분에 상당한 금원의 반환을 구하는 소를 제기하였다 (그 밖에 원고의 지분만큼 등기말소도 청구함).

[판결요지]

원심이 인정한 사실에 따르면, 부산광역시 동래구가 무권리자인 피고로부터 원고의 지분에 해당하는 이 사건 임야 중 6/25지분을 협의취득하였다고 하더라도 이는 원인무효가 되어 원고가 그 지분에 대한 소유권을 상실하지 아니함은 상고이유의 주장과 같다(기록에 의하면, 부산광역시 동래구가 피고로부터 1997. 2. 11. 이 사건 임야를 협의취득한 것은 공공용지의 취득 및 손실보상에 관한 특례법에 의한 것으로 보이고, 이러한 협의취득은 토지수용법상의 수용과 달리 사법상의 매매에 해당하고, 그 효력은 당사자에게만 미치게 되기 때문이다. 대법원 1994. 12. 13. 선고 94다25209 판결, 1999. 11. 26. 선고 98다47245 판결 등 참조).

그런데 무권리자가 타인의 권리를 자기의 이름으로 또는 자기의 권리로 처분한 경우에, 권리자는 후일 이를 추인함으로써 그 처분행위를 인정할 수 있고, 이러한 경우 특별한 사정이 없는 한 권리자 본인에게 위 처분행위의 효력이 발생함은 사적 자치의 원칙에 비추어 당연하다 할 것이고(대법원 1981. 1. 13. 선고 79다2151 판결, 1988. 10. 11. 선고 87다카2238 판결 등 참조), 이 경우 추인은 명시적으로뿐만 아니라 묵시적인 방법으로도 가능하며 그 의사표시는 무권대리인이나 그 상대방 어느 쪽에 하여도 무방하다 할 것이다.

기록에 의하면, 원고는 이 사건에서 이 사건 임야 중 원고의 지분에 대한 부산광역시 동래구의 협의취득이 유효함을 전제로 피고가 수령한 이 사건 임야에 대한 손실보상금 중 원고의 지분에 상당한 금원의 반환을 구하고 있음이 분명한바, 이는 원고가 무권리자인 피고의 위 처분행위를 묵시적으로 추인한 것이라고 봄이 상당하고 그렇다면 부산광역시 동래구는 이 사건 임야 중 원고의 지분에 대하여도 소유권을 적법하게 취득하게 되었다 할 것이다. 그리고 이와 같이 무권리자에 의한 처분행위를 권리자가 추인한 경우에 권리자는 무권리자에 대하여 무권리자가 그 처분행위로 인하여 얻은 이득의 반환을 구할 수 있다고 봄이 상당하므로, 피고는 원고에게 위 협의취득으로 수령한 손실보상금 중 원고 지분 상당액을 부당이득으로서 반환할 의무가 있다고 할 것이다.

따라서 소유권자인 원고에게 부산광역시 동래구로부터 그 지분의 회복을 구할 수 있는 여지가 법률적으로 남아 있다는 취지로 판단한 원심에는 무권리자의 처분행위의 추인과 부당이득의 법리 등에 대한 법리를 오해한 잘못이 있다고 할 것이나, 원고의 피고에 대한 이 사건 부당이득의 반환

청구를 받아들인 원심의 결론은 정당하고, 거기에 상고이유의 주장과 같이 부당이득에 관한 법리를 오해한 위법이 있다고 할 수 없다.

[관련규정] 제130조, 제133조, 제186조, 「공공용지의 취득 및 손실보상에 관한 특례법」 제2조 제4호

[해설 및 논평]

1. 해설

본 판결에서는 「공공용지의 취득 및 손실보상에 관한 특례법」(이하 공특법이라고 함)에 의한 협의취득의 효과와 무권리자의 처분에 대하여 권리자가 추인한 경우의 효과에 대하여 판시하고 있다.

(1) 공특법에 의한 협의취득의 효과

본 판결은 동래구가 원고와 공유하고 있는 이 사건 임야를 단지 피고로부터 협의취득한 것은 공특법에 의한 것이라고 한 뒤, 그들 사이의 매매는 사법상의 매매계약이고, 따라서 그 효력은 당사자 사이에만 미친다고 한다. 이는 종래의 판례에 따른 것이다. 참고로 말하면, 공특법에 의한 협의취득은 모든 자에 대하여 권리를 취득하는 수용과 다르다(공특법 19조 이하, 특히 45조 참조).

(2) 무권리자의 처분에 대한 권리자의 추인

본 판결 사안에서 피고가 원고의 지분을 처분한 것과 같이 무권리자가 처분을 한 경우에 그 처분을 권리자가 추인할 수 있는지가 문제된다. 여기에 대하여 민법은 명문의 규정을 두고 있지 않다(독일민법 185조 참조). 그렇지만 종래 판례는 이를 인정해왔다. 본 판결도 기본적으로 종래 판례와 같은 입장이다. 그런데 몇 가지 점에 특징을 보이고 있다.

본 판결은 무권리자의 처분에 대하여 권리자가 추인할 수 있다고 한 뒤, 권리자 본인에게 처분행위의 효력이 발생함은 사적 자치의 원칙에 비추어 당연하다고 한다. 종래에는 무권대리의 추인의 경우와 같이 취급되어야 할 것이라고만 하였었다(대

판 1981. 1. 13, 79다2151). 그런데 이는 근거의 면에서 약간 달라진 것일 뿐이고, 실질적으로는 무권대리 규정을 유추적용하고 있다(노태악 평석 75면도 참조).

본 판결은, 추인은 명시적으로뿐만 아니라 묵시적인 방법으로도 가능하며 그 의사표시는 무권대리인(이것은 무권리자의 오기일까? 적어도 무권대리를 유추함)이나 그 상대방 어느 쪽에 하여도 무방하다고 한다(그 후 대판 2017. 6. 8, 2017다3499는 '무권대리인'이라고 하지 않고 '무권리자'라고 함). 이는 의사표시의 이론상 당연한 것이다.

본 판결은, 원고가 피고에게 이 사건 임야에 대한 손실보상금 중 원고의 지분에 상당한 금원의 반환을 구하고 있는데, 그것은 원고가 무권리자인 피고의 위 처분행위를 묵시적으로 추인한 것이라고 한다. 그렇게 되면 이제 추인의 효과가 문제된다. 권리자의 추인이 있으면 무권리자의 처분은 소급해서 유효하게 된다(무권대리 유추). 그 결과 상대방은 유효하게 권리를 취득하게 되며, 권리자는 소유물반환청구권을 행사하지도 못한다. 그러나 추인을 했다고 하여 처분한 무권리자의 이익 보유까지 정당화되는 것은 아니다. 무권리자가 받은 이익은 권리자에 대하여 부당이득이므로 권리자는 무권리자에게 그 이익을 반환청구할 수 있다. 본 판결은 이 점을 분명히 하였다.

2. 논평

본 판결은 적절하다.

[따름판결] 대판 2017. 6. 8, 2017다3499

[주요 평석 문헌] 김동훈, "무권리자의 처분행위의 추인과 부당이득반환," 고시연구, 31권 5호, 301면 이하; 노태악, "원인무효의 등기가 마쳐진 부동산에 대하여 공공용지의 취득 및 손실보상에 관한 특례법에 의한 협의취득의 효과," 대법원판례해설, 38호, 69면 이하.

28. 법률행위의 일부취소

◈ 대판 1998. 2. 10, 97다44737
[부당이득금반환](강의 A-252, 민총 [244])

[쟁점] 동기의 착오를 이유로 법률행위를 취소하기 위한 요건. 동기의 착오에 있어서 표의자의 '중대한 과실'의 의미. 법률행위 일부취소의 요건과 효력

[사실관계]

(1) 원고(인천광역시)는 1995. 3.경 건설교통부와 한국도로공사가 시행하는 인천신공항 고속도로 건설사업에 편입될 토지의 용지보상 업무를 위탁받아 시행함에 있어, 이 사건 토지들이 그 도로부지로 편입되게 되자, 「공공용지의 취득 및 손실보상에 관한 특례법」(이하 공특법이라고 함)에 정한 절차에 따라 이를 취득하기 위하여 소유자인 피고들에게 협의를 요청하였다.

(2) 원고는 위 협의에 앞서 1994. 12. 30.경 공특법이 정하는 바에 따라 대금액을 결정하기 위하여 소외 A감정평가법인과 B감정평가법인에게 토지가격에 대한 감정평가를 의뢰하여, 1995. 1. 26.경 평방미터당 A법인이 76,000원으로, B법인이 74,000원으로 평가한 감정서를 각 제출받은 후, 그 두 감정가격의 산술평균치인 75,000원을 피고들에게 대금 결정 기준액으로 제시하였다.

(3) 그 결과 1995. 3. 7.부터 4. 6.까지 원고와 피고들 사이에 매매대금을 평방미터당 75,000원을 기초로 하여 산정한 금액으로 정하여 협의매수가 성립되어, 이에 따라 원고가 피고들로부터 이 사건 토지들을 매수하는 계약을 체결하고, 그 무렵 피고들에게 각 그 해당 금액을 지급하였다.

(4) 위 두 법인은 협의매수가 이루어진 이후인 1995. 4. 28.경에 이르러, 이 사건 토지들에 대한 최초 평가시 용도지역 인정에 착오가 있어 자연녹지 개발제한구역을 생산녹지로 잘못 알고 평가하였음을 발견하고 평방미터당 A법인은 41,000원으로, B법인은 40,000원으로 다시 평가하여 작성한 정정서를 원고에게 통보하였고, 이에 원고는 그 무렵 피고들에게 그러한 사정을 통지하면서, 이미 지급한 매매대금 중 정정된 두 감정가격의 산술평균치인 40,500원을 기준으로 계산한 금액을 초과하는 금액(평방미터당 34,500원)을 반환할 것을 요청하였다.

(5) 한편 원고가 1995. 2. 21.경 피고들에 대한 협의 요청시, 공특법이 정한 방법에 따라 두 개의 감정평가기관의 평가액을 산술평균한 금액을 기준으로 결정한다는 점 및 그에 따라 평방미터당 75,000원씩으로 산출한 금액을 서면으로 통지·제시하였고, 그 후 피고들과 협의매수 계약시 그러한 내용을 설명하였으며, 매매계약서 '물건의 표시'란에 그 대금 결정 내역에 관하여 단가와 면적을 기재함과 아울러, 대금결정 방법에 관하여도 매매계약서 제1조 제1항에 '가격은 공특법 제4조 및 동법 시행령 제2조 관련 조항의 규정에 따라 산정된 단가를 쌍방 협의에 의하여 정하였음'을 명시하였다.

[판결요지]

1. 제1점에 관하여

가. (본 판결은 먼저 동기의 착오를 이유로 법률행위를 취소하기 위한 요건과 중과실에 대한 법리를 제시하였음. 그런데 그 법리는 대판 2000. 5. 12, 2000다12259(본 판례교재 민총14 판례)에서 설명하였기에 생략함. 저자 주)

다. 원심은 위 사실관계를 기초로 하여 다음과 같이 판단하였다.

(1) 원고의 … 이러한 착오는 목적물의 시가에 관한 착오로서 이른바 동기의 착오에 해당하는데, … 그 동기를 의사표시의 내용으로 삼았다. (2) … 원고 시로서는 위와 같은 동기의 착오가 없었더라면 그처럼 과다하게 잘못 평가된 금액을 기준으로 협의매수계약을 체결하지 않았으리라는 점은 명백하다. 따라서 원고의 매수대금액 결정의 동기는

이 사건 협의매수계약 내용의 중요한 부분을 이루고 있다고 봄이 상당하다. (3) … 원고에게 위 착오를 일으킨 데 대하여 중대한 과실이 있다고 보기는 어렵다.

라. 원심의 판단은 앞서 본 법리에 따른 것으로 정당하고, 거기에 소론과 같은 법리오해 등의 위법이 있다고 할 수 없다.

2. 제2점에 관하여

하나의 법률행위의 일부분에만 취소사유가 있다고 하더라도 그 법률행위가 가분적이거나 그 목적물의 일부가 특정될 수 있다면, 나머지 부분이라도 이를 유지하려는 당사자의 가정적 의사가 인정되는 경우 그 일부만의 취소도 가능하다고 할 것이고, 그 일부의 취소는 법률행위의 일부에 관하여 효력이 생긴다고 할 것이다(대법원 1990. 7. 10. 선고 90다카7460 판결, 1992. 2. 14. 선고 91다36062 판결 참조).

원심이 판시와 같은 이유를 들어 원고와 피고들 사이의 이 사건 협의매수계약은 원고의 위 착오를 이유로 한 의사표시의 일부 취소로 말미암아 각 그 해당 범위 내에서만 소급적으로 무효가 되었다고 판단한 것은 위 법리에 따른 것으로 정당하고 거기에 소론과 같은 법리오해, 심리미진 등의 위법이 있다고 할 수 없다.

[관련규정] 제109조, 제137조, 제141조

[해설 및 논평]
1. 해설
본 판결에서 문제된 것은 그 사안의 경우에 착오취소가 인정되는지, 그리고 일부취소가 가능한지이다.

(1) 착오취소 문제
본 판결은, 그 사안의 경우에 원고가 동기의 착오인 목적물의 시가에 관한 착오에 빠져서 계약을 체결했는데, 동기의 착오의 취소요건을 모두 갖추었다고 한다. 사견은 원고의 착오는 – 당사자 일방의 시가의 착오와는 다른 – 전형적인 공통의 착오이며, 따라서 그에 대한 이론을 적용해야 한다는 입장이다.

(2) 일부취소 문제
본 판결은, 하나의 법률행위가 가분적이거나 그 목적물의 일부가 특정될 수 있다면, 나머지 부분이라도 이를 유지하려는 당사자의 가정적 의사가 인정되는 경우 그 일부만의 취소도 가능하다고 한다. 본 판결은 종래 대법원이 편무계약인 증여의 경우에 일부취소를 인정하던 것(대판 1990. 7. 10, 90다카7460; 대판 1992. 2. 14, 91다36062)을 쌍무계약에도 인정한 것이다.

일부취소에 관한 다른 판결로는, 일부취소는 어떤 목적 혹은 목적물에 대한 법률행위가 존재함을 전제로 하는 것이므로 존재하지 않는 부분을 취소할 수 없다는 것(대판 1999. 3. 26, 98다56607), 연대보증계약의 일부취소를 인정한 것(대판 2002. 9. 10, 2002다21509)이 있다.

2. 논평
일부취소가 인정되려면 먼저 취소부분이 포함된 하나의 법률행위가 존재해야 하고, 법률행위가 가분적이어야 한다. 그리고 쌍무계약의 경우에는 쌍방의 급부가 모두 가분적이어야 한다(김천수 평석 329면 참조).

본 판결 사안의 경우에는 사견으로는 착오취소가 가능하지 않으며 공통의 착오 문제이다. 그 결과 – 주관적 행위기초론에 의하여 – 원칙적으로 원고는 협의매수를 해제할 수 있다고 할 것이다. 한편 착오취소를 인정하는 입장에 있더라도 본 판결 사안의 경우에는 쌍방의 급부가 가분이 아니어서 일부취소는 인정되지 않아야 한다.

[주요 평석 문헌] 김천수, "가격의 착오와 일부취소," 민사법학, 17호, 305면 이하; 이광만, "매매목적물의 가격에 대한 착오와 법률행위의 일부취소," 판례연구(부산판례연구회), 13집, 85면 이하.

29. 조건과 불확정기한의 구별

◆ 대판 2003. 8. 19. 2003다24215
[퇴직금등](강의 A-271. 민총 [256])

[쟁점] 부관이 붙은 법률행위에 있어서 부관이
정지조건인지 불확정기한인지를 판단하는 기준.
이미 부담하고 있는 채무의 변제에 관하여 일정한
사실이 부관으로 붙여진 경우 그 부관의 법적 성
질(=불확정기한)

[사실관계](이 사실관계는 이균용 평석 219면 이하
를 약간 수정하여 인용한 것임)

(1) 후에 파산한 A회사와 그 노동조합 사이에
맺어진 단체협약 제23조는 회사가 경영상 또는 불
가항력적 사유로 조합원을 감축하고자 할 때에는
해당 조합원에게 30일 이전에 통보하고, 해고수당
으로 평균임금 3개월분을 지급한다고 규정하고
있으며, 또 1998. 7. 31.자 및 1999. 2. 8.자 각 특
별단체협약에서는 A회사는 자구노력의 일환으로
인원을 감축하되, 그 방법은 희망퇴직의 형식으로
하고, 감원 대상자에게는 희망퇴직수당으로 평균
임금 5개월분을 지급하는 것으로 되어 있다.

(2) A회사는 2000. 11. 18. 자구노력의 일환으로
모든 관리직 직원들을 상대로 희망퇴직을 실시하
면서 2000. 11. 20.부터 2000. 11. 24.까지 사이에
희망퇴직을 신청하는 직원들에게는 회사정리계획
(현재의 회생절차의 회색계획) 인가결정일로부터 1
개월 이내에 평균임금 3개월분의 퇴직위로금을 지
급하겠다고 하였다. 그 후 A회사에 대하여 2000.
11. 24. 회사정리절차가 개시되고 관리인이 선임되
자, 관리인 갑은 2000. 11. 20.부터 2000. 11. 24.까
지 희망퇴직을 신청한 직원이 449명에 불과하여 추
가적인 인력 구조조정을 시행하는 과정에서 2000.
11. 29. 원고를 구조조정 대상자로 선정하여 통보
하면서 원고가 2000. 12. 4.부터 2000. 12. 8.까지
희망퇴직 신청을 하는 경우에 종전과 동일하게 회
사정리계획 인가결정일로부터 1개월 이내에 평균

임금 3개월분의 퇴직위로금을 지급하겠다고 하였다.

(3) 원고는 A회사와 근로계약을 합의해지하는
의사표시로서 희망퇴직을 신청하고, A회사가 이
를 승낙함으로써 2000. 12. 31. 원고가 A회사에서
퇴직하였다.

(4) 그런데 A회사는 회사정리계획 인가결정을
받지 못하고 회사정리절차가 폐지되었으며, 2001.
5. 11. 파산선고를 받았다. 그리고 피고가 파산관
재인으로 선임되었다.

(5) 그 후 원고는 A회사의 파산관재인인 피고
를 상대로 퇴직할 당시의 3개월분 평균임금인
8,932,914원 등을 포함하여 퇴직금 등의 일부청
구로서 5,000만 원의 지급을 구하는 소를 제기하
였다.

[판결요지]

부관이 붙은 법률행위에 있어서 부관에 표시된
사실이 발생하지 아니하면 채무를 이행하지 아니
하여도 된다고 보는 것이 상당한 경우에는 조건으
로 보아야 하고, 표시된 사실이 발생한 때에는 물
론이고 반대로 발생하지 아니하는 것이 확정된 때
에도 그 채무를 이행하여야 한다고 보는 것이 상
당한 경우에는 표시된 사실의 발생 여부가 확정되
는 것을 불확정기한으로 정한 것으로 보아야 한
다. 따라서 이미 부담하고 있는 채무의 변제에 관
하여 일정한 사실이 부관으로 붙여진 경우에는 특
별한 사정이 없는 한 그것은 변제기를 유예한 것
으로서 그 사실이 발생한 때 또는 발생하지 아니
하는 것으로 확정된 때에 기한이 도래한다.

같은 취지에서 원심이, 정리회사 A회사의 관리
인 갑이 원고에 대하여 2000. 12. 4.부터 2000. 12.
8.까지 희망퇴직 신청을 하는 경우에는 회사정리
계획 인가결정일로부터 1개월 이내에 평균임금 3
개월분의 퇴직위로금을 지급하겠다는 의사표시는
회사정리계획 인가를 조건으로 정한 것이 아니라
불확정한 사실의 도래를 변제기로 정한 것이고,
따라서 회사정리절차가 폐지되어 정리계획 인가

를 받을 수 없는 것으로 확정되었으므로 그때에 기한이 도래하였다고 판단한 것은 옳고, 거기에 상고이유로 든 주장과 같은 잘못이 없다.

[관련규정] 제147조, 제152조

[해설 및 논평]

1. 해설

법률행위의 부관이란 법률행위의 효과를 제한하기 위하여 법률행위의 내용으로서 덧붙여지는 약관(사적 자치적인 결정)이다. 이러한 법률행위의 부관에는 조건·기한·부담의 세 가지가 있다. 이들 중 민법은 조건과 기한에 관하여만 일반적 규정을 두고 있다. 본 판결은 조건과 기한의 구별에 대한 것이다.

조건이란 법률행위의 효력의 발생 또는 소멸을 장래의 불확실한 사실의 성취(발생) 여부에 의존하게 하는 법률행위의 부관이다. 조건에는 정지조건과 해제조건이 있다. 그 중에 정지조건은 법률행위의 효력의 발생을 장래의 불확실한 사실에 의존하게 하는 조건이고, 해제조건은 법률행위의 효력의 소멸을 장래의 불확실한 사실에 의존하게 하는 조건이다.

기한이란 법률행위의 효력의 발생·소멸 또는 채무이행의 시기를 장래 발생할 것이 확실한 사실에 의존하게 하는 법률행위의 부관이다. 기한에는 확정기한과 불확정기한이 있다. 확정기한은 발생시기가 확정되어 있는 기한이고, 불확정기한은 발생시기가 확정되어 있지 않은 기한이다.

조건이나 기한은 개념적으로는 분명히 구별된다. 그런데 사정에 따라서는 불확정기한인지 조건(정지조건)인지 구별하기 어려운 때가 있다. 가령 「부자가 되면 채무를 변제하겠다」고 한 경우에 그렇다. 그 경우가 부자가 되지 않으면 변제하지 않겠다는 의미라면 그것은 조건이 된다. 그에 비하여 반드시 변제하겠지만 그 시기는 부자가 된 때라는 의미라면 불확정기한이다. 그리고 이렇게 불확정기한이라면 부자가 될 수 없음이 확정된 때에도 기한은 도래한 것으로 보아야 한다. 본 판결은 바로 이러한 법리를 설시하고 있다. 나아가 본 판결은, 이미 부담하고 있는 채무의 변제에 관하여 일정한 사실이 부관으로 붙여진 경우에는 특별한 사정이 없는 한 그것은 변제기를 유예한 것으로서 그 사실이 발생한 때 또는 발생하지 않는 것으로 확정된 때에 기한이 도래한다고 한다. 한편 부관이 불확정기한과 조건 가운데 어디에 해당하는지는 결국 법률행위의 해석에 의하여 결정된다.

본 판결 사안의 경우에는 희망퇴직 신청을 하라고 하면서 「회사정리계획 인가결정일로부터 1개월 이내에 평균임금 3개월분의 퇴직위로금을 지급하겠다」는 내용을 덧붙였다. 이는 법률행위의 부관이다. 그런데 회사정리계획이 인가될지는 불확실하다. 따라서 그것은 조건이 될 수도 있다. 즉 위의 내용이 정리계획 인가를 받지 못하면 위로금을 지급하지 않겠다는 의미라면 그것은 조건에 해당한다. 그에 비하여 위로금은 반드시 지급하되 그 시기가 인가결정일로부터 1개월 이내라는 의미라면, 그것은 불확정기한이고, 그 경우에는 인가를 받을 수 없음이 확정된 때에도 기한이 도래하여 확정시부터 1개월 이내에 위로금을 지급하여야 한다. 이 가운데 어느 것에 해당하는지는 법률행위의 해석의 문제이다. 그런데 본 판결은, 원심이 불확정기한이 붙은 것으로 보고, 따라서 회사정리절차가 폐지되어 정리계획 인가를 받을 수 없는 것으로 확정되었으므로 그때에 기한이 도래하였다고 판단한 것은 옳다고 하였다.

2. 논평

본 판결은 타당하다.

[주요 평석 문헌] 이균용, "부관이 붙은 법률행위에 있어서 부관이 정지조건인지 불확정기한인지를 판단하는 기준," 대법원판례해설, 47호, 219면 이하.

30. 임치물반환청구권의 소멸시효의 기산점

◈ 대판 2022. 8. 19. 2020다220140
   [물품인도청구](강의 A-295, 민총 [271])

[쟁점] 임치계약 해지에 따른 임치물반환청구권의 소멸시효 기산점(=임치계약이 성립하여 임치물이 수치인에게 인도된 때)

[사실관계]

원고는 현대자동차와 '자동차 배기가스 촉매제 제조·납품 계약'을 체결하고 이를 납품하였는데, 현대자동차의 지시에 따라, 촉매정화장치를 제조하는 피고에게 촉매제를 인도하였다. 피고는 현대자동차와 '촉매정화장치 제조·납품 계약'을 체결하고, 원고로부터 직접 인도받은 촉매제를 사용하여 촉매정화장치를 제조하여 현대자동차에 납품하였다.

원고와 피고는 촉매제 인도와 관련하여 명시적인 계약을 체결하지는 않았다. 피고는 현대자동차의 생산계획에 맞추어 생산할 촉매정화장치의 수량을 산정하고, 이에 따라 원고에게 필요한 촉매제 수량을 통보하여 촉매제를 인도받았다.

현대자동차는 피고로부터 납품받은 촉매정화장치에 사용된 촉매제 수량에 따라 원고에게 촉매제 대금을 지급하였는데, 원고는 2012년경부터 2017년경까지 피고에게 346,668개의 촉매제를 인도하였고, 현대자동차로부터 326,828개의 촉매제에 대한 대금을 지급받았다.

[소송의 경과]

원고는 원고가 피고에게 인도하였으나 현대자동차에 납품되지 않은 촉매제(이하 '잔여촉매제'라고 한다) 19,840개(= 346,668개 − 326,828개)의 인도를 구하고, 예비적으로, 멸실·파손 등의 경우 그 가액 상당의 손해배상을 구하는 이 사건 소를 제기하였다.

제1심은, 잔여촉매제에 관하여 원고와 피고 사이에 묵시적 임치계약이 성립하였고, 원고가 이 사건 소송에서 임치계약 해지의사표시를 함으로써 임치관계는 종료하였으며, 임치물 소유자인 원고의 청구에 따라 피고는 임치물인 잔여촉매제 반환의무가 있으나, 피고의 귀책사유로 그 반환의무가 이행불능으로 되었으므로 피고는 손해배상의무가 있다고 하여, 예비적 청구를 인용하였다.

제1심판결에 대하여 원고와 피고 모두 항소하였고, 피고는 묵시적 임치계약이 성립되었더라도, 이는 '기한의 정함이 없는 임치'에 해당하여 임치인은 촉매제를 인도한 때부터 반환을 구할 수 있으므로, 촉매제의 각 인도시를 기준으로 임치물반환청구권의 소멸시효가 기산되고, 따라서 이 사건 소 제기시부터 역산하여 상사시효 5년이 도과한 2012. 12. 이전에 납품한 촉매제에 대한 반환청구권은 소멸시효가 완성되었다고 주장하였다.

원심은 잔여촉매제에 관한 묵시적 임치계약의 성립을 인정하면서, 임치물반환청구권의 소멸시효는 임치계약관계가 종료한 때, 즉 임치기한이 도래하거나 임치인이 해지권을 행사하여 그 반환청구권이 발생한 때부터 진행하는데, 이 사건 소 제기 이후 임치계약이 해지되었으므로 그 소멸시효는 완성되지 않았다는 이유로 피고의 소멸시효 항변을 배척하고, 예비적 청구를 인용하였다.

원심판결에 대하여 피고가 상고하였다.

[판결요지]

임치계약 해지에 따른 임치물반환청구는 임치계약 성립 시부터 당연히 예정된 것이고, 임치계약에서 임치인은 언제든지 계약을 해지하고 임치물의 반환을 구할 수 있는 것이므로, 특별한 사정이 없는 한 임치물반환청구권의 소멸시효는 임치계약이 성립하여 임치물이 수치인에게 인도된 때부터 진행하는 것이지, 임치인이 임치계약을 해지한 때부터 진행한다고 볼 수 없다.

[관련규정] 제166조, 제693조, 제699조, 상법 제64조

[해설 및 논평]

1. 해설

(1) 임치물반환의무에 관한 민법 규정의 내용

임치는 당사자 일방(임치인)이 상대방(수치인)에 대하여 금전이나 유가증권 기타 물건의 보관을 위탁하고, 상대방이 이를 승낙함으로써 성립하는 계약이다(693조). 임치가 종료한 때에는 수치인은 임치물을 반환하여야 한다. 임치기간의 약정이 있는 때에는 수치인은 부득이한 사유없이 그 기간 만료 전에 계약을 해지하지 못한다. 그러나 임치인은 언제든지 계약을 해지할 수 있다(698조). 임치기간의 약정이 없는 때에는 각 당사자는 언제든지 계약을 해지할 수 있다(699조).

(2) 임치물반환청구권의 소멸시효의 기산점

1) 학설의 입장

기간의 약정이 있는 임치에서는 기한이 도래한 때부터 임치물반환청구권의 소멸시효가 진행한다. 기간의 약정이 없는 임치에서 임치계약 해지로 인한 반환청구권의 소멸시효의 기산점에 관하여, (a) 임치계약 성립시라는 견해(=대상판결)와 (b) 임치계약 해지시라는 견해(=원심)가 대립하고 있다.

전자의 견해는, 기한의 약정 없는 임치에서는 쌍방 당사자가 언제든지 해지할 수 있고, 해지에 의한 반환청구권 행사가 계약성립시부터 예정되어 있으므로, 계약이 성립한 때부터 소멸시효가 진행한다고 한다. 후자의 견해는 임치계약 성립 후 언제든지 계약을 해지할 수 있다고 하더라도 해지로 인한 원상회복청구권은 해지의사표시를 한 때 발생하고, 새로 발생한 원상회복청구권의 소멸시효는 그 발생시부터 진행한다고 한다.

2) 임치물반환청구권의 발생과 이행기

계약취소로 인한 부당이득 반환청구권이나 해제에 따른 원상회복청구권은 취소·해제에 의하여 비로소 '발생'한다. 그러나 임치계약은 임치물의 보관의무 및 보관 후의 '반환의무'를 그 본질적 내용으로 한다. 즉 개념상 임치물의 반환을 당연히 전제하고 있기 때문에, 임치계약 성립 당시 임치물반환채권은 이미 발생하여 있다고 하여야 한다.

한편 임치기간의 약정이 없는 경우(699조) 임치물반환의무의 이행기를 '채무이행의 기한이 없는 경우(387조 2항)'라고 해석하는 것은 타당하지 않다. 임치계약이 계속되는 동안 수치인이 보관의무를 부담하면서 동시에 반환의무를 부담하고 있다고 하는 것은 논리적으로 모순이다.

임치계약이 존속하는 동안 수치인은 계속 보관의무를 부담하고, 임치계약이 종료하면 비로소 반환의무를 부담하며, 그 종료원인은 계약기간 만료 또는 해지이다. 따라서 기간을 정하지 않은 임치에서 임치인 또는 수치인이 계약을 해지하면 그 때 계약이 종료하고(699조) 바로 그때가 반환의무의 이행기로 된다.

3) 임치물반환청구권의 소멸시효의 기산점

임치물반환청구권은 임치계약의 성립시점에 발생하지만, 그 이행기는 임치계약 해지에 의하여 비로소 도래하게 되므로, 임치물반환청구권의 소멸시효의 기산점은 임치계약의 해지시점이다.

2. 논평

본 판결과 같이 기간의 약정이 없는 임치에서 임치물반환청구권의 소멸시효의 기산점을 계약성립 시점이라고 할 경우, 임치인이 계속 보관할 필요가 있어서 계약을 해지하지 않고 계약관계를 유지하고 있는데, 계약성립시로부터 5년(상사채권의 경우) 또는 10년이 경과하면, 임치물반환청구권의 소멸시효가 완성한다는 부당한 결과가 초래된다. 본 판결은 타당하지 않다.

[주요평석문헌] 오지용, "2022년 민법총칙 및 물권법 중요판례평석," 인권과 정의, 512호, 9면 이하; 양창수, "임치물반환청구권의 소멸시효 기산점," 법률신문 5028호; 김병선, "임치물반환청구권의 소멸시효 기산점 : 대법원 2022. 8. 19. 선고 2020다220140 판결," 법조 72권 4호, 469면 이하.

제1장
민법총칙

31. 주택임차인이 임차물을 점유하고 있는 경우 보증금반환채권의 시효소멸 여부

◆ 대판 2020. 7. 9. 2016다244224 · 244231
[임대보증금반환 · 건물명도](강의 A-295, 민총 [271])

[쟁점] 주임법에 따른 임대차에서 임차인이 임대차 종료 후 동시이행항변권을 근거로 임차목적물을 계속 점유하고 있는 경우, 보증금반환채권에 대한 소멸시효가 진행하는지 여부(소극)

[사실관계]

(1) A는 피고(반소원고. 이하 피고라 함)로부터 임대권한을 위임받아 1998. 5. 31. 피고를 임대인으로 하여 다가구용 X단독주택 102호(이 사건 102호)를 원고에게 임대하였다. 원고는 그 무렵 피고에게 임대차보증금 2,500만 원을 지급하고 이 사건 102호에 입주하였다.

(2) 이 사건 임대차계약에 따른 임대차기간이 끝날 무렵 피고는 원고에게 이 사건 102호를 인도해 달라고 요구하였으나 원고는 보증금의 반환을 요구하면서 인도를 거부하였고, 임대차기간이 만료된 2000. 5. 30. 이후에도 이 사건 102호에 계속 거주하였다.

(3) 원고는 2008. 5.경 결혼을 하면서 이 사건 102호에 기본적인 가재도구를 남겨둔 채 2013년 무렵까지 우편물 정리와 집기류 확인 등을 위해 원고의 모친 B 등으로 하여금 이 사건 102호에 출입하게 하면서 점유하였다.

(4) 피고는 2014. 12. 14. C에게 이 사건 102호를 매도하고 2015. 6. 19. C에게 소유권이전등기를 마쳤다. 원고는 2015. 6. 23. C에게 이 사건 102호를 인도하였다.

(5) 원고는 2014. 4. 22. 피고를 상대로 임차보증금의 반환을 구하는 이 사건 소(본소)를 제기하였고, 피고는 2015. 1. 9. 이 사건 102호의 인도와 부당이득 반환 등을 구하는 소(반소)를 제기하였다. 이에 대하여 제1심은 원고의 청구를 인용하였고, 제2심은 소멸시효 완성을 이유로 제1심의 원고의 청구를 기각하였다. 그리고 대법원은 원고의 패소부분을 파기하고 환송하였다.

[판결요지]

… 채권을 행사하여 실현하려는 행위를 하거나 이에 준하는 것으로 평가할 수 있는 객관적 행위모습이 있으면 권리를 행사한다고 보는 것이 소멸시효 제도의 취지에 부합한다.

임대차가 종료함에 따라 발생한 임차인의 목적물반환의무와 임대인의 보증금반환의무는 동시이행관계에 있다. 임차인이 임대차 종료 후 동시이행항변권을 근거로 임차목적물을 계속 점유하는 것은 임대인에 대한 보증금반환채권에 기초한 권능을 행사한 것으로서 보증금을 반환받으려는 계속적인 권리행사의 모습이 분명하게 표시되었다고 볼 수 있다. 따라서 임대차 종료 후 임차인이 보증금을 반환받기 위해 목적물을 점유하는 경우 보증금반환채권에 대한 권리를 행사하는 것으로 보아야 하고, 임차인이 임대인에 대하여 직접적인 이행청구를 하지 않았다고 해서 권리의 불행사라는 상태가 계속되고 있다고 볼 수 없다.

… 만일 임차인이 임대차 종료 후 보증금을 반환받기 위해 목적물을 점유하여 적극적인 권리행사의 모습이 계속되고 있는데도 보증금반환채권이 시효로 소멸한다고 보면, 임차인은 목적물반환의무를 그대로 부담하면서 임대인에 대한 보증금반환채권만 상실하게 된다. 이는 보증금반환채무를 이행하지 않은 임대인이 목적물에 대한 자신의 권리는 그대로 유지하면서 보증금반환채무만을 면할 수 있게 하는 결과가 되어 부당하다. 나아가 이러한 소멸시효 진행의 예외는 어디까지나 임차인이 임대차 종료 후 목적물을 적법하게 점유하는 기간으로 한정되고, 임차인이 목적물을 점유하지 않거나 동시이행항변권을 상실하여 정당한 점유권원을 갖지 않는 경우에 대해서까지 인정되는 것은 아니다. 따라서 임대차 종료 후 보증금을 반환받기 위해 목적물을 점유하는 임차인의 보증금반환채권에 대하여 소멸시효가 진행하지 않는다고 보더라도 그 채권에 관계되는 당사자 사이의 이익균형에 반하지 않는다.

주택임대차보호법 제4조 제2항은 "임대차기간이 끝난 경우에도 임차인이 보증금을 반환받을 때까지는 임대차관계가 존속되는 것으로 본다."라고 정하고 있다. … 임대차기간이 끝난 후 보증금을 반환받지 못한 임차인이 목적물을 점유하는 동안 위 규정에 따라 법정임대차관계가 유지되고 있는데도 임차인의 보증금반환채권은 그대로 시효가 진행하여 소멸할 수 있다고 한다면, 이는 위 규정의 입법 취지를 훼손하는 결과를 가져오게 되어 부당하다.

위와 같은 소멸시효 제도의 존재 이유와 취지, 임대차기간이 끝난 후 보증금반환채권에 관계되는 당사자 사이의 이익형량, 주택임대차보호법 제4조 제2항의 입법 취지 등을 종합하면, 주택임대차보호법에 따른 임대차에서 그 기간이 끝난 후 임차인이 보증금을 반환받기 위해 목적물을 점유하고 있는 경우 보증금반환채권에 대한 소멸시효는 진행하지 않는다고 보아야 한다.

[관련규정] 제162조, 제163조, 제164조, 제536조, 주임법 제4조 제2항, 상가건물 임대차보호법 제9조 제2항

[해설 및 논평]
1. 해설
(1) 본 판결에서는 주택임대차보호법에 따른 주택임대차의 존속기간이 만료된 뒤 임차인이 임차주택을 점유하고 있는 경우에 보증금반환채권의 소멸시효가 진행하는지가 다투어졌다. 그에 관하여 대법원이 본 판결에서 처음으로 그 경우에는 소멸시효가 진행하지 않는다고 판시하였다.
(2) 본 판결이 주택임차인이 임대차계약 종료 후 임차주택을 점유하고 있는 경우에 소멸시효가 진행하지 않는다고 한 이유는 다음과 같다.
본 판결은, 채권을 행사하여 실현하려는 행위를 하거나 이에 준하는 것으로 평가할 수 있는 객관적 행위 모습이 있으면 권리를 행사한다고 보는 것이 소멸시효 제도의 취지에 부합한다고 하고, 임대차 종료 후 임차인이 보증금을 반환받기 위해 목적물을 점유하는 경우 보증금반환채권에 대한

권리를 행사하는 것으로 보아야 할 것이라고 한다. 그리고 임대차기간이 끝난 후 보증금을 반환받지 못한 임차인이 목적물을 점유하는 동안 위 규정에 따라 법정임대차관계가 유지되고 있는데도 임차인의 보증금반환채권은 그대로 시효가 진행하여 소멸할 수 있다고 한다면, 이는 주임법 제4조 제2항의 입법 취지를 훼손하는 결과를 가져온다고 한다.
(3) 본 판결의 이러한 태도는 부동산매수인이 부동산을 인도받은 경우에 매수인의 등기청구권이 소멸시효에 걸리지 않는다고 한 종래의 우리 판례(대판(전원) 1976. 11. 6, 76다148)와 같은 법리를 주택임대차에 새롭게 적용한 것이라고 할 수 있다. 그리고 그렇게 해석하는 이유를 "임대차기간이 끝난 경우에도 임차인이 보증금을 반환받을 때까지는 임대차관계가 존속되는 것으로 본다."고 규정한 주임법 제4조 제2항으로 뒷받침하기도 한다.
(4) 본 판결의 법리는 상가건물 임대차계약의 경우에도 마찬가지로 인정될 수 있다. 상가건물 임대차보호법에도 주임법 제4조 제2항과 같은 취지의 규정을 두고 있기 때문이다(동법 9조 2항). 그에 비하여 그러한 특별규정이 없는 일반임대차의 경우에는 그 법리가 당연히 인정된다고 하기 어렵다(동지 정영호 판례해설 71면).

2. 논평
본 판결의 태도는 적절하지 않다. 임차인의 점유가 결코 보증금반환채권의 행사라고 볼 수는 없기 때문이다.

[참고판결] 대판(전원) 1976. 11. 6, 76다148: 부동산을 매수한 자가 그 목적물을 인도받은 경우에는 그 매수인의 등기청구권은 다른 채권과는 달리 소멸시효에 걸리지 않는다고 해석함이 타당하다.

[주요 평석 문헌] 정영호, "주택임대차보호법에 따른 임대차에서 임차인의 임차주택 점유와 임차보증금반환채권의 소멸시효," 대법원판례해설 125호, 45면 이하.

제1장
민법총칙

32. 소멸시효 중단사유(응소)

◆ 대판(전원) 1993. 12. 21, 92다47861
  [채무부존재확인](강의 A-305, 민총 [279]·[280])

[쟁점] 채권자가 피고로서 응소하여 적극적으로 권리를 주장하고 그것이 받아들여진 경우 시효중단사유인 재판상의 청구에 해당하는지 여부

[사실관계]

(1) 원고는 1976. 3. 12. 피고로부터 470만 원을, 변제기는 그 해 12. 11.로 정하여 차용하면서 그 담보를 위하여 원고 소유 부동산에 관하여 근저당권설정등기를 마쳐 주었다.

(2) 원고는 1981. 8. 20. 피고를 상대로 위 피담보채권인 대여금채권이 부존재함을 이유로 위 근저당권설정등기의 말소청구소송을 제기하였다. 피고는 이에 적극적으로 응소하여 원고 청구기각 판결을 구하고 위 대여금채권이 유효하게 성립된 것이어서 이를 피담보채권으로 하는 위 근저당권설정등기는 유효하다는 내용의 답변을 제출하였고, 제1심 법원은 피고의 위 주장을 받아들여 원고 패소판결을 선고하였으며, 그 판결은 1982. 12. 14. 그대로 확정되었다.

(3) 원고는 1991년경 위 근저당권의 피담보채권이 그 변제기 다음날인 1976. 12. 12.부터 기산하여 이미 10년이 도과함으로써 시효소멸하였음을 이유로 피고에 대하여 채무부존재의 확인 및 근저당권설정등기의 말소를 구하는 이 사건 소를 제기하였다. 이에 대하여 피고는, 피고가 위 전 소송에 응소하여 원고 패소의 판결이 확정되었으므로 위 대여금 채권은 피고의 응소로 소멸시효가 중단되었다가 위 재판이 확정된 1982. 12. 14.부터 새로이 진행되어 아직 그 시효가 완성되지 않았다고 항변하였다.

(4) 원심법원은, 피고의 위와 같은 내용의 답변서에 의한 주장은 재판상의 청구에 준하는 것으로서 위 대여금 채권은 소멸시효의 진행이 중단되었

다가 위 재판이 확정된 때로부터 새로이 시효가 진행되어 그 재판확정시로부터 아직 10년이 경과하지 않았다고 판단하여, 피고의 시효중단 항변을 인용하여 원고의 청구를 기각하였다. 이에 대하여 원고가 상고하였다.

[판결요지]

민법 제 168조 제1호, 제170조 제1항에서 시효중단사유의 하나로 규정하고 있는 재판상의 청구라 함은, 통상적으로는 권리자가 원고로서 시효를 주장하는 자를 피고로 하여 소송물인 권리를 소의 형식으로 주장하는 경우를 가리키지만, 이와 반대로 시효를 주장하는 자가 원고가 되어 소를 제기한 데 대하여 피고로서 응소하여 그 소송에서 적극적으로 권리를 주장하고 그것이 받아들여진 경우도 마찬가지로 이에 포함되는 것으로 해석함이 타당하다.

[관련규정] 제168조 제1호, 제170조

[해설 및 논평]

1. 해설

본 판결은, 제168조 제1호, 제170조 제1항에서 시효중단사유의 하나로 규정하고 있는 재판상의 청구라 함은, 통상적으로는 권리자가 원고로서 시효를 주장하는 자를 피고로 하여 소송물인 권리를 소의 형식으로 주장하는 경우를 가리키지만, 이와 반대로 시효를 주장하는 자가 스스로 원고가 되어 소를 제기한 데 대하여 피고로서 응소하여 그 소송에서 적극적으로 권리를 주장하여 그것이 받아들여진 경우도 마찬가지로 이에 포함되는 것으로 해석함이 타당하다고 보았다.

그리하여 이에 저촉되는 종전의 판례들(대판 1971. 3. 23, 71다37 등)의 견해, 즉 권리자가 피고가 되어 응소행위로서 한 권리의 주장은 소멸시효 내지 소유권의 취득시효에 준용되는 시효중단사유인 재판상의 청구에 해당하지 않는다는 취지의 견

해를 모두 폐기하였다.

본 판결은 위와 같은 해석의 근거로 원래 시효는 법률이 권리 위에 잠자는 자의 보호를 거부하고 사회생활상 영속되는 사실상태를 존중하여 여기에 일정한 법적 효과를 부여하기 위하여 마련한 제도이므로, 위와 같은 사실상의 상태가 계속되던 중에 그 사실상태와 상용할 수 없는 다른 사정이 발생한 때에는 더 이상 그 사실상태를 존중할 이유가 없게 된다는 점을 고려하여, 이미 진행한 시효기간의 효력을 아예 상실케 하려는 데에 곧 시효중단을 인정하는 취지가 있는 것인바, 권리자가 시효를 주장하는 자로부터 제소당하여 직접 응소행위로서 상대방의 청구를 적극적으로 다투면서 자신의 권리를 주장하는 것은 자신이 권리 위에 잠자는 자가 아님을 표명한 것에 다름 아닐 뿐만 아니라, 계속된 사실상태와 상용할 수 없는 다른 사정이 발생한 때로 보아야 할 것이므로, 이를 민법이 시효중단사유로서 규정한 재판상의 청구에 준하는 것으로 보더라도 전혀 시효제도의 본지에 반하지 않는다는 점을 들고 있다.

나아가 이 사건의 경우에 있어서 원고가 피고를 상대로 피담보채권인 대여금채권의 부존재를 이유로 근저당권설정등기의 말소를 청구한 전 소송에서, 피고가 이에 적극적으로 응소하여 청구기각의 판결을 구하고 위 대여금채권이 유효하게 성립·존재한다는 답변내용을 제출함으로써 그 주장이 인용되어 원고의 패소판결이 선고·확정되기에 이르렀다면, 피고가 위 전 소송에서 응소하여 한 위 담보목적의 대여금채권의 존재에 관한 주장은 소멸시효의 중단사유가 되는 재판상의 청구에 준하는 것이므로, 위 채권에 대하여는 피고의 위 응소행위에 의하여 일단 소멸시효의 진행이 중단되었다가 위 재판이 확정된 시점부터 새로이 그 시효가 진행된다고 보아야 할 것이라고 판단하여, 같은 취지의 원심판결을 정당하다고 하였다.

2. 논평

종래 재판상의 청구에 시효중단의 효력을 인정하는 근거에 대하여 권리관계의 존부가 확정됨으로써 계속되는 사실관계가 법적으로 부정된다는 점에 그 근거가 있다고 보는 권리확정설과 권리자가 권리주장에 의하여 권리위에 잠자지 아니하였음을 명백히 한 데에 있다고 보는 권리행사설이 주장되었다. 권리확정설의 입장에서는 시효중단의 효력이 인정되려면 권리의 존재가 공권적으로 확정될 필요가 있다고 하여, 시효중단사유로서의 재판상의 청구라 함은 그 청구된 권리가 판결의 주문에서 판단되어 기판력이 발생하는 소송물인 경우에 한한다고 보았다. 반면 권리행사설의 입장에서는 시효중단사유인 재판상의 청구는 권리자가 소송을 통하여 그 권리를 주장행사하면 족하고 반드시 그 권리가 소송물이 되어 기판력이 발생할 것을 요하지 않는다고 보았다. 판례는 재판상의 청구에 시효중단의 효력을 인정하는 근거를 권리자가 자기의 권리를 자각하여 재판상 그 권리를 행사하는 점에서 구하고 또 재판상 청구를 기판력이 미치는 범위와 일치시켜 고찰할 필요가 없다고 하여 권리행사설의 입장을 따르고 있었다(대판 1979. 7. 10, 79다569).

본 판결에서도 권리자의 권리행사에 의하여 권리관계의 존부에 관한 불명확한 사실상태의 계속이 깨어진 경우 시효가 중단된다고 보는 권리행사설의 입장을 취하고 그 당연한 귀결로서 권리자의 응소에 의한 권리주장에 대하여 시효중단의 효력을 인정한 것으로 이해할 수 있다. 비록 권리자가 적극적으로 소를 제기하거나 당해 권리관계가 소송물이 되어 기판력이 생긴 경우는 아니지만, 권리자의 적극적인 '응소행위'에 의하여 권리의 존재가 주장된 이상 이를 재판상의 청구에 준하는 것으로 보아 시효중단의 효력을 인정하는 것이 타당하다고 판단한 것이다.

[주요평석문헌] 김용균, "응소행위와 시효중단," 대법원판례해설, 20호, 18면 이하.

33. 시효중단을 위한 후소로서 새로운 방식의 확인소송

◈ 대판(전원) 2018. 10. 18, 2015다232316
[(소멸시효연장을 위한)대여금반환청구의소](강의 A-305, 민총 [279])

[쟁점] 시효중단을 위한 후소로서 이행소송 외에 전소 판결로 확정된 채권의 시효를 중단시키기 위한 재판상의 청구가 있다는 점에 대해서만 확인을 구하는 형태의 '새로운 방식의 확인소송'이 허용되는지 여부(적극)

[사실관계]

(1) 원고는 피고를 상대로, 원고가 피고에게 1997. 2. 말경 6,000만 원, 1997. 4. 초경 1억 원을 각 대여하였다고 주장하며 대여금 1억 6,000만 원 및 이에 대한 지연손해금 청구의 소를 제기하여, 2004. 11. 11. 원고 전부승소 판결을 선고받고 2004. 12. 7. 그 판결이 확정되었다. 원고는 2014. 11. 4. 위 대여금 채권의 시효중단을 위한 후소로서 피고를 상대로 1억 6,000만 원 및 그 지연손해금의 지급을 구하는 이 사건 이행의 소를 제기하였다.

(2) 그에 대하여 제1심은 피고가 소장 부본을 송달받고서도 답변서를 제출하지 않자, 청구의 표시로 위 '수원지방법원 2003가합15269호 대여금반환 사건 판결로 확정된 채권의 시효중단 청구'와 같이 기재하여 무변론으로 원고 승소판결을 선고하였다.

원심은 제1심과 같이 청구원인에 관한 요건사실로 청구권의 내용에 관하여는 특정하지 않은 채 '원고가 피고를 상대로 수원지방법원 2003가합15269호로 대여금 청구의 소를 제기하여 1억 6,000만 원 및 그에 대한 지연손해금을 지급하라는 내용의 판결을 선고받아 확정되었고, 원고가 위 판결금 채권의 소멸시효 연장을 위하여 이 사건 소를 제기한 사실'을 인정하고, 이에 기하여 피고는 원고에게 1억 6,000만 원 및 그에 대한 지연손해금을 지급할 의무가 있다고 판단하였다.

[판결요지]

[다수의견] 종래 대법원은 시효중단사유로서 재판상의 청구에 관하여 반드시 권리 자체의 이행청구나 확인청구로 제한하지 않을 뿐만 아니라, 권리자가 재판상 그 권리를 주장하여 권리 위에 잠자는 것이 아님을 표명한 것으로 볼 수 있는 때에는 널리 시효중단사유로서 재판상의 청구에 해당하는 것으로 해석하여 왔다. 이와 같은 법리는 이미 승소 확정판결을 받은 채권자가 그 판결상 채권의 시효중단을 위해 후소를 제기하는 경우에도 동일하게 적용되므로, 채권자가 전소로 이행청구를 하여 승소 확정판결을 받은 후 그 채권의 시효중단을 위한 후소를 제기하는 경우, 후소의 형태로서 항상 전소와 동일한 이행청구만이 시효중단사유인 '재판상의 청구'에 해당한다고 볼 수는 없다.

시효중단을 위한 이행소송은 다양한 문제를 야기한다. 그와 같은 문제들의 근본적인 원인은 시효중단을 위한 후소의 형태로 전소와 소송물이 동일한 이행소송이 제기되면서 채권자가 실제로 의도하지도 않은 청구권의 존부에 관한 실체 심리를 진행하는 데에 있다. 채무자는 그와 같은 후소에서 전소 판결에 대한 청구이의사유를 조기에 제출하도록 강요되고 법원은 불필요한 심리를 해야 한다. 채무자는 이중집행의 위험에 노출되고, 실질적인 채권의 관리·보전비용을 추가로 부담하게 되며 그 금액도 매우 많은 편이다. 채권자 또한 자신이 제기한 후소의 적법성이 10년의 경과가 임박하였는지 여부라는 불명확한 기준에 의해 좌우되는 불안정한 지위에 놓이게 된다.

위와 같은 종래 실무의 문제점을 해결하기 위해서, 시효중단을 위한 후소로서 이행소송 외에 전소 판결로 확정된 채권의 시효를 중단시키기 위한 조치, 즉 '재판상의 청구'가 있다는 점에 대하여만 확인을 구하는 형태의 '새로운 방식의 확인소송'이 허용되고, 채권자는 두 가지 형태의 소송 중 자신의 상황과 필요에 보다 적합한 것을 선택하여 제기할 수 있다고 보아야 한다.

(이러한 다수의견에 대해서는, 새로운 방식의 확인

소송은 허용되어서는 안 된다는 대법관 5인의 소수의 견과, 새로운 방식의 확인소송은 입법을 통해서만 받아 들일 수 있고 — 이행소송 외에 현행법의 해석으로 다른 형태의 소송을 허용한다면 — 전소 판결로 확정된 채권 그 자체를 확인의 대상으로 삼는 '청구권 확인소 송'만이 가능하다는 대법관 1인의 소수의견이 있음)

[관련규정] 제165조 제1항, 제168조 제1호, 제170 조, 제178조, 제473조, 민사소송법 제98조, 제216 조, 제218조, 제248조, 제250조, 민사집행법 제35 조, 제44조, 제53조

[해설 및 논평]
1. 해설

우리 민법상 재판상의 청구는 소멸시효 중단사 유 가운데 하나이다(168조 1호·170조). 그리고 재 판상 청구로 인하여 중단된 시효는 재판이 확정된 때부터 새로 진행한다(178조 2항). 따라서 채권에 관하여 소를 제기하여 이행판결을 받은 경우에도 그 후 10년이 경과하면 소멸시효가 완성하게 된 다. 여기서 이행판결을 받은 채권자는 다시 진행 한 시효를 또 중단시킬 필요가 있다. 종래 실무에 서 그 방법으로 다시 이행의 소를 제기해 왔다.

그에 대하여 우리의 판례는, 확정된 승소판결에 는 기판력이 있으므로 승소 확정판결을 받은 당사 자가 그 상대방을 상대로 다시 승소 확정판결의 전소와 동일한 청구의 소를 제기하는 경우 그 후 소는 권리보호의 이익이 없어 부적법하지만, 예외 적으로 확정판결에 의한 채권의 소멸시효기간인 10년의 경과가 임박한 경우에는 그 시효중단을 위 한 소는 소의 이익이 있다고 한다(대판(전원) 2018. 7. 19, 2018다22008 등). 그리고 위와 같은 후소가 전소와 동일한 '이행소송'이라 하더라도 소의 이 익이 있다는 입장을 유지해 왔다.

그런데 본 판결은, 거기서 한 걸음 더 나아가, 시효중단을 위한 후소로서 이행소송 외에 전소 판 결로 확정된 채권의 시효를 중단시키기 위한 조 치, 즉 '재판상의 청구'가 있다는 점에 대하여만

확인을 구하는 형태의 '새로운 방식의 확인소송' 이 허용된다고 한다. 본 판결은 그 이유로, 종래 대법원이 시효중단사유로서 재판상의 청구에 관 하여 반드시 권리 자체의 이행청구나 확인청구로 제한하지 않을 뿐만 아니라, 권리자가 재판상 그 권리를 주장하여 권리 위에 잠자는 것이 아님을 표명한 것으로 볼 수 있는 때에는 널리 시효중단 사유로서 재판상의 청구에 해당하는 것으로 해석 하여 왔다는 점, 시효중단을 위한 후소로 전소와 동일한 이행소송을 제기하는 것은 많은 법리적 문 제점을 내포하고 있을 뿐만 아니라 현실적으로도 여러 문제를 야기한다는 점을 들고 있다. 또한 본 판결은, 이 '새로운 방식의 확인소송'이 이행소송 을 대체하지 않는다는 입장에서, 채권자는 두 가 지 형태의 소송 중 자신의 상황과 필요에 보다 적 합한 것을 선택하여 제기할 수 있다고 한다.

2. 논평

본 판결은 반드시 부당하다고 할 수는 없지만 법 률에 근거가 없는 새로운 법을 창조하는 내용의 것 이다. 마치 입법자가 입법을 한 것과 같은 모습인 것 이다. 본 판결에서 다룬 사항에 대하여는 진지한 연 구에 기초하여 새로운 입법이 행해져야 할 것이다.

[관련판결] 대판(전원) 2018. 7. 19, 2018다22008: **[다수의견]** 확정된 승소판결에는 기판력이 있으므 로, 승소 확정판결을 받은 당사자가 그 상대방을 상 대로 다시 승소 확정판결의 전소와 동일한 청구의 소를 제기하는 경우 그 후소는 권리보호의 이익이 없어 부적법하다. 하지만 예외적으로 확정판결에 의 한 채권의 소멸시효기간인 10년의 경과가 임박한 경 우에는 그 시효중단을 위한 소는 소의 이익이 있다.

나아가 이러한 경우에 후소의 판결이 전소의 승소 확정판결의 내용에 저촉되어서는 아니되므 로, 후소 법원으로서는 그 확정된 권리를 주장할 수 있는 모든 요건이 구비되어 있는지 여부에 관 하여 다시 심리할 수 없다.

제1장
민법총칙

34. 채권의 일부청구와 시효중단의 범위

◆ 대판 1992. 4. 10. 91다43695
[손해배상(자)](강의 A-305, 민총 [279])

[쟁점] 한 개의 채권 중 일부만을 청구한 경우 시효중단의 효력발생 범위

[사실관계]

(이 판결의 사실관계는 본 판결에 포함된 내용 외에는 찾을 수가 없어서 생략함)

[판결요지]

1. 한 개의 채권 중 일부에 관하여만 판결을 구한다는 취지를 명백히 하여 소송을 제기한 경우에는 소제기에 의한 소멸시효 중단의 효력이 그 일부에 관하여만 발생하고, 나머지 부분에는 발생하지 아니하지만(당원 1975. 2. 25. 선고 74다1557 판결 등 참조), 비록 그 중 일부만을 청구한 경우에도 그 취지로 보아 채권 전부에 관하여 판결을 구하는 것으로 해석된다면 그 청구액을 소송물인 채권의 전부로 보아야 하고, 이러한 경우에는 그 채권의 동일성의 범위 내에서 그 전부에 관하여 시효중단의 효력이 발생한다고 해석함이 상당하다.

2. 원심판결 이유에 의하면, 원심은 피고의 소멸시효완성 항변에 대하여, 원고는 이 사건 소송을 제기하면서 손해배상으로 금 4,000,000원을 청구하였다가, 민법 제766조 제1항 소정의 소멸시효기간이 경과한 후에야 제1심 법원에 청구금액을 확장하는 청구취지확장 신청서를 제출한 사실, 그러나 원고는 위 소멸시효기간이 경과하기 전에 이 사건 사고로 인한 손해의 배상을 구하는 소장을 제출하면서 앞으로 시행될 법원의 신체감정결과에 따라 청구금액을 확장할 뜻을 명백히 표시한 사실이 소장 기재 자체로 보아 명백한바, 신체의 훼손으로 인한 손해의 배상을 청구하는 사건에서는 그 손해액을 확정하기 위하여 통상 법원의 신체감정을 필요로 하기 때문에, 앞으로 그러한 절차를 거친 후 그 결과에 따라 청구금액을 확장하

겠다는 뜻을 소장에 객관적으로 명백히 표시한 경우에는, 그 소제기에 따른 시효중단의 효력은 소장에 기재된 일부 청구액뿐만 아니라 그 손해배상청구권 전부에 대하여 미친다는 이유로 이를 배척하였는바, 원심의 이러한 판단은 위 법리에 따른 것으로서 옳고, 여기에 소론과 같은 위법은 없으므로, 논지는 이유 없다.

[관련규정] 제168조, 제751조

[해설 및 논평]

1. 해설

소멸시효 완성에 필요한 권리행사라는 사실상태는 일정한 사유가 있는 때에는 중단되고, 그때까지 진행한 시효기간은 효력을 잃게 된다. 이것이 소멸시효의 중단제도이다. 민법은 소멸시효의 중단사유로 청구, 압류·가압류·가처분, 승인을 규정하고 있다(168조). 여기의 청구는 시효의 목적인 사법상의 권리를 재판상 또는 재판 외에서 실행하는 행위이다. 그리고 재판상의 청구는 소를 제기하는 것이고, 재판 외의 청구 즉 최고는 채권자가 재판 외에서 채무자에게 채무이행을 청구하는 행위이다. 본 판결은 이 중에 재판상의 청구와 관련된 것이다.

채권자가 가분채권(예: 손해배상채권)의 일부만을 청구한 경우가 있다. 그러한 경우에 어떤 범위에서 소멸시효가 중단되는지 문제된다. 가령 500만 원의 채권 중 300만 원만 청구하는 소를 제기한 경우에, 청구한 300만 원에 관하여만 시효중단이 일어나고 나머지 200만 원에 대하여는 여전히 시효가 진행하고 그에 대하여 별도의 소를 제기하거나 청구취지 확장신청서를 법원에 제출해야 그때 비로소 시효중단의 효력이 생기는지 문제된다(민소 265조 참조).

이 문제에 대하여 대법원은 초기에는, 일부청구의 경우에는 일부청구임을 밝혔는지에 관계없이 청구한 부분에 대하여만 시효가 중단되고 나머지 부분에 대하여는 시효가 중단되지 않는다고 하였

다(대판 1967. 5. 23, 67다529; 대판 1970. 4. 14, 69다597; 대판 1975. 2. 25, 74다1557). 그러다가 본 판결이 종래의 판례를 그대로 둔 채 그것과 모순되지 않게 새로운 법리를 제시하였다. 본 판결은, 하나의 채권 중 일부청구를 하면서 일부청구임을 명시한 경우에는 청구한 그 일부에 대하여만 시효중단의 효력이 생기고 나머지 부분에 대하여는 시효중단의 효력이 생기지 않는다고 한다. 그에 비하여 일부만을 청구한 경우에도 그 취지로 보아 채권 전부에 관하여 판결을 구하는 것으로 해석된다면 그 청구액을 소송물인 채권의 전부로 보아야 하고, 이러한 경우에는 그 채권의 동일성의 범위 내에서 그 전부에 관하여 시효중단의 효력이 발생한다고 한다. 이는 일부청구를 하면서 일부청구임을 명시하지 않은 경우에는 사실상 채권 전부에 대하여 시효중단을 인정한 것이다. 그리고 보면 본 판결은 일부청구임을 명시했는지 여부에 따라 시효중단 범위를 달리하고 있는 입장에 있다. 그리고 본 판결의 태도는 후속판결도 나와 확고한 판례가 되었다(대판 1992. 12. 8, 92다29924; 대판 2001. 9. 28, 99다72521; 대판 2006. 1. 26, 2005다60017·60024).

주의할 것은, 채권 중 청구된 부분과 청구되지 않은 부분이 어떤 기준에 의해 구별(특정)될 수 있는 경우에 일부만을 청구한 때에는, 당연히 청구되지 않은 부분에 대하여는 시효중단의 효력이 생기지 않는다는 점이다(동지 민법주해(3), 504면(윤진수)). 가령 2015년의 차임채권 중 1월분부터 10월분까지 10개월분의 차임을 청구한 때에는 청구하지 않은 11월분부터 2개월분의 시효는 중단되지 않는다. 우리 대법원도 「어떤 청구권을 가진 권리자가 그 중 특정이 가능한 일부에 관하여만 청구를 하고 나머지 부분에 관하여는 청구를 하지 아니한 경우 그 나머지 부분에 대하여는 시효중단의 효력이 발생하지 아니한다」고 하여 같은 입장이다(대판 1985. 2. 13, 84누649; 대판 1987. 3. 24, 84누134; 대판 2012. 11. 15, 2010두15469. 이 중에 앞의 두 판결은 그 점은 국가조세채권에서도 같다고 함).

일부청구의 경우에 시효중단이 어떤 범위에서 일어나는가의 문제는 일부청구가 어떤 범위에서 가능하고 그리하여 어느 범위에서 기판력이 생기는지의 문제와 직결되어 있다. 우리 판례는 일부청구의 허용범위에 관하여, 일부청구를 명시한 경우에는 나머지 부분에 기판력이 미치지 않으나 명시하지 않은 경우에는 나머지 부분의 청구를 할 수 없다는 입장(절충설. 명시설)을 취하고 있는데(이 책 채총 판례16의 해설 참조), 그러한 판례는 일부청구의 경우의 시효중단 범위에 관한 여기의 판례와 같은 맥락에 있다.

2. 논평

본 판결은 일부청구가 가능한지 여부에 관한 판례와 일관성이 있고, 그 점에서는 고무적이다. 그러나 소멸시효제도는 결코 이행을 하지 않은 불성실한 채무자의 이익을 보호하기 위한 방향으로 운용되어서는 안 된다. 그러한 점에서 볼 때, 일부청구를 명시한 경우에도 채권 전부에 관하여 시효중단을 인정하는 것이 바람직하다고 생각한다.

[관련판결] 대판 2022. 5. 26, 2020다206625: 소장에서 청구의 대상으로 삼은 채권 중 일부만을 청구하면서 소송의 진행경과에 따라 장차 청구금액을 확장할 뜻을 표시하였더라도 그 후 채권의 특정 부분을 청구범위에서 명시적으로 제외하였다면, 그 부분에 대하여는 애초부터 소의 제기가 없었던 것과 마찬가지이므로 재판상 청구로 인한 시효중단의 효력이 발생하지 않는다.

한편 이와 같은 경우에도 ⋯ 당해 소송이 계속 중인 동안에는 ⋯ 최고에 의해 권리를 행사하고 있는 상태가 지속되고 있는 것으로 보아야 하고, 채권자는 당해 소송이 종료된 때부터 6월 내에 민법 제174조에서 정한 조치를 취함으로써 나머지 부분에 대한 소멸시효를 중단시킬 수 있다.

[주요 평석 문헌] 이국성, "손해배상 청구소송에서의 일부청구와 시효중단," 인천법조, 창간호, 149면 이하.

35. 소멸시효 중단사유(응소 후 취하)

◈ 대판 2012. 1. 12, 2011다78606
   [청구이의](강의 A-306·310, 민총 [280]·[282])

[쟁점] 권리자가 피고로서 응소하여 적극적으로 권리를 주장하고 그것이 받아들여진 경우 시효중단사유인 '재판상의 청구'에 해당하는지 여부와 시효중단의 효력발생시점 및 권리자가 응소하여 적극적으로 권리를 주장하였으나 소가 각하되거나 취하되는 등의 사유로 본안 판단 없이 소송이 종료된 경우, 제170조 제2항이 유추적용되는지 여부

[사실관계]

(1) 피고는 1997년경 갑의 대출금채무를 연대보증하였고 그 후 갑을 대위하여 위 채무를 변제하였으며, 원고는 갑의 피고에 대한 대위변제금 상당액의 구상금채무를 연대보증하였다. 피고는 갑과 원고를 상대로 대위변제금 상당액의 구상금 지급을 구하는 소를 제기하여, "갑과 원고는 연대하여 피고에게 대위변제금 원리금을 지급한다"는 취지의 강제조정결정이 내려져 2000. 3. 28. 확정되었다.

(2) 피고는 위 강제조정결정을 집행권원으로 하여 2009. 7. 28. 원고 소유 부동산에 관한 경매개시결정을 받았고, 그 후 피고가 갑과 원고를 상대로 재산명시신청을 하여 재산명시결정이 2010. 2. 23. 갑과 원고에게 송달되었다.

(3) 갑과 원고가 2010. 3. 3. 피고를 상대로 구상금채무가 변제 등으로 모두 소멸하였으므로 위 강제조정결정에 기한 강제집행은 불허되어야 한다고 주장하면서 이 사건 청구이의의 소를 제기하자, 피고는 2010. 5. 11. 답변서를 제출하면서 응소하여 적극적으로 구상금채무의 존재를 주장하였다.

(4) 그런데 갑이 제1심 판결에 항소한 후 소취하서를 제출하여 결국 2010. 12. 22. 갑의 피고에 대한 소는 소취하로 종료되었음에도, 피고는 갑의

피고에 대한 소가 소취하로 종료된 때부터 6월 이내에 갑의 피고에 대한 구상금채무에 대하여 재판상의 청구 등 다른 시효중단조치를 취하지 않았다.

(5) 한편 원고는 주채무자인 갑의 피고에 대한 채무가 위 강제조정결정의 확정일인 2000. 3. 28. 다음날부터 10년이 지난 2010. 3. 28. 소멸시효의 완성으로 소멸되었고, 보증채무의 부종성에 따라 원고의 피고에 대한 연대보증채무도 소멸되었다고 주장하였다. 이에 대하여 피고는 위 강제조정결정 확정일로부터 10년이 지나기 전인 2009. 8. 18. 원고와 주채무자인 갑을 상대로 재산명시신청을 하였고, 갑의 소 제기에 응소하여 적극적으로 권리를 주장하였으므로, 이는 재판상의 청구로서 시효중단사유에 해당한다고 항변하였다.

(6) 원심은 위 강제조정결정에 기한 채무의 시효가 완성되기 전인 2010. 2. 23. 피고가 갑을 상대로 신청한 재산명시결정이 갑에게 송달되었고, 그로부터 6개월 이내에 피고가 이 사건 소에 응소하여 현실적으로 권리를 행사하였으므로, 이로써 소멸시효는 중단되었다고 판단하여 원고의 주장을 배척하였다. 이에 대하여 원고가 상고하였다.

[판결요지]

민법 제168조 제1호, 제170조 제1항에서 시효중단사유의 하나로 규정하고 있는 재판상의 청구란, 통상적으로는 권리자가 원고로서 시효를 주장하는 자를 피고로 하여 소송물인 권리를 소의 형식으로 주장하는 경우를 가리키나, 이와 반대로 시효를 주장하는 자가 원고가 되어 소를 제기한 데 대하여 피고로서 응소하여 소송에서 적극적으로 권리를 주장하고 그것이 받아들여진 경우도 이에 포함되고, 위와 같은 응소행위로 인한 시효중단의 효력은 피고가 현실적으로 권리를 행사하여 응소한 때에 발생하지만, 권리자인 피고가 응소하여 권리를 주장하였으나 소가 각하되거나 취하되는 등의 사유로 본안에서 권리주장에 관한 판단 없이 소송이 종료된 경우에는 민법 제170조 제2항을 유추적용

하여 그때부터 6월 이내에 재판상의 청구 등 다른 시효중단조치를 취한 경우에 한하여 응소 시에 소급하여 시효중단의 효력이 있다고 보아야 한다.

[관련규정] 제168조 제1호, 제170조

[해설 및 논평]

1. 해설

본 판결은 시효중단사유로서 재판상의 청구에는 시효를 주장하는 자가 소를 제기한 데 대하여 응소하여 적극적으로 권리를 주장하고 그것이 받아들여진 경우도 포함되지만, 다만 권리자가 응소하여 권리를 주장하였으나 소각하·취하 등의 사유로 본안에서 권리주장에 관한 판단 없이 소송이 종료된 때에는 제170조 제2항을 유추적용하여 그때부터 6월 이내에 재판상 청구 등 다른 시효중단조치를 취한 경우에 한하여 시효중단 효력이 있다고 하였다. 또한 채권자가 채무자에 대하여 민사집행법 소정의 재산명시신청을 하여 그 결정이 채무자에게 송달되었다면 소멸시효 중단사유인 '최고'로서 효력이 인정되므로, 재산명시결정에 의한 소멸시효 중단의 효력은, 그로부터 6월내에 다시 소를 제기하거나 압류 또는 가압류, 가처분 등 제174조에 규정된 절차를 속행하지 않는 한 상실된다고 하였다. 한편 연대보증채무에 대한 소멸시효가 중단되더라도 이로써 주채무에 대한 소멸시효가 중단되는 것은 아니며, 주채무가 소멸시효 완성으로 소멸한 경우에는 연대보증채무도 그 채무 자체의 시효중단에 불구하고 부종성에 따라 당연히 소멸한다고 하였다.

본 판결은 이러한 입장에서 사건의 구체적 해결을 꾀하였다. 즉 이 사건은 피고의 주채무자인 갑에 대한 재산명시결정이 갑에게 송달된 때부터 6월 이내에 갑이 피고를 상대로 제기한 소에 대하여 피고가 답변서를 제출하면서 응소하여 적극적으로 채무의 존재를 주장하였으나, 갑의 소취하로 본안에서 채무의 존재 주장에 관한 판단 없이 소

송이 종료된 경우 시효중단여부가 쟁점으로 다투어진 사안인바, 피고는 갑의 피고에 대한 소가 소취하로 종료된 때부터 6월 이내에 재판상의 청구 등 다른 시효중단조치를 취하지 아니하였고, 그리하여 피고의 응소행위로 인한 시효중단 효력이 소멸됨으로써 주채무인 갑의 피고에 대한 채무는 강제조정결정 확정된 때부터 10년의 소멸시효가 완성되었다는 결론에 이른 것이다.

한편 채권자인 피고의 신청에 의한 경매개시결정에 따라 연대보증인인 원고 소유 부동산이 압류됨으로써 또는 원고가 피고를 상대로 제기한 소에 대한 피고의 응소행위로 인하여 원고의 피고에 대한 연대보증채무의 소멸시효가 중단되었다 하더라도, 이로써 주채무인 갑의 피고에 대한 채무의 소멸시효가 중단되는 것은 아니며, 주채무인 갑의 채무가 소멸시효 완성으로 소멸한 이상 원고의 피고에 대한 연대보증채무도 그 채무 자체의 시효중단에 불구하고 부종성에 따라 당연히 소멸하게 된다는 것이다.

2. 논평

응소행위에 의한 권리행사가 재판상의 청구에 준하는 것으로서 시효중단 효력이 생기려면 기판력은 발생하지 않더라도 법원에 의하여 판결로써 그 권리의 존재주장이 적극적으로 인정되어야 한다. 따라서 응소에도 불구하고 권리가 존재하지 않는다고 판단되어 패소판결을 받은 경우에는 시효중단의 효력은 인정되지 않는다. 다만, 권리의 부존재의 점이 아닌 다른 이유로 응소자가 패소판결을 받은 경우 또는 응소자의 권리주장이 소각하·취하 등으로 전혀 판단되지 않은 경우 등에는 제170조 제2항을 유추적용하여 6월내에 다른 강력한 시효중단조치를 취하면 응소시에 소급하여 시효중단의 효력이 발생한다고 봄이 타당할 것이다(민법주해(3), 501면(윤진수); 김용균, "응소행위와 시효중단," 대법원판례해설, 20호, 35면 참조).

36. 최고와 시효중단

◆ 대판 1987. 12. 22, 87다카2337
  [치료비](강의 A-309·310, 민총 [282])

[쟁점] 최고를 거듭하다가 재판상 청구를 한 경우에 소멸시효 중단의 기준시점. 재판상 청구를 취하한 경우의 효력

[사실관계]

불법행위의 피해자인 원고는 1982. 10. 20.에 치료가 종료되어 그 다음날부터 치료비채권을 행사할 수 있었다. 그런데 원고는 1985. 7. 6.에 피고(보험회사)에게 치료비의 지급을 최고하였고, 1985. 11. 28. 재판상 청구를 하였다가 이를 취하하였다. 그러고 나서 1986. 3. 31. 이 사건 재판상 청구를 하였다.

[판결요지]

원심판결은 그 이유에서 원고는 이 사건 치료비 채권을 그 치료가 종료된 날인 1982. 10. 20의 다음날부터 행사할 수 있는데 그때부터 3년의 단기 소멸시효기간이 만료된 이후인 1986. 3. 31에야 이 사건 소송을 제기하였으므로 별다른 사정이 없는 한 이 사건 치료비채권은 소멸시효의 완성으로 인하여 소멸되었다고 판시하고 나서 이에 대한 원고의 소멸시효 중단의 주장에 관하여 판단하기를 그 증거에 의하면 원고는 위 시효기간 만료일 이전인 1985. 7. 6경 피고에게 이 사건 치료비의 지급을 최고하고 위 시효기간 만료일 이후로서 위 최고일부터 6월 이내인 같은 해 11. 28 피고를 상대로 이 사건 치료비의 지급을 구하는 소를 제기하였다가 그 후 이를 취하한 사실이 인정되므로 위 최고와 재판상 청구로 인하여 위 최고시인 1985. 7. 6경에 소멸시효의 진행은 중단되었다 할 것이고 그 후에 비록 위 재판상 청구가 취하되었다 하더라도 원고가 그 취하일로부터는 물론 위 소제기일인 1985. 11. 28부터 6월 내인 1986. 3. 31 다시 이 사건 치료비청구의 소를 제기하였으므로 민법 제170조 제2항의 해석상 이 사건 재판상의 청구로 말미암아 앞서의 재판상 청구의 효력이 부활하여 결국 1985. 7. 6에 한 최고의 효력이 그대로 유지됨으로써 위 소멸시효의 진행이 중단되었다고 판시하고 있다.

그러나 민법 제174조는 최고는 6월 내에 재판상의 청구 등을 하지 아니하면 시효중단의 효력이 없다고 규정하고 있는데 이때의 최고는 시효기간의 만료가 가까와져 재판상 청구 등 강력한 다른 중단방법을 취하려고 할 때 그 예비적 수단으로서의 실익이 있을 뿐이므로 최고를 여러 번 거듭하다가 재판상 청구 등을 한 경우에 있어서의 시효중단의 효력은 항상 최초의 최고시에 발생하는 것이 아니라 재판상 청구 등을 한 시점을 기준으로 하여 이로부터 소급하여 6월 이내에 한 최고시에 발생한다고 보아야 할 것이고(당원 1983. 7. 12 선고 83다카437 판결 참조), 민법 제170조의 해석상 재판상의 청구는 그 소송이 취하된 경우에는 그로부터 6월 내에 다시 재판상의 청구를 하지 않는 한 시효중단의 효력이 없고 다만 재판 외의 최고의 효력만 있게 된다 할 것이므로 원심이 확정한 바와 같이 이 사건 치료종결일이 1982. 10. 20이고 그 시효기간 만료일이 1985. 10. 20인데 원고가 그 만료일 전인 1985. 7. 6 최고를 하고 그 후인 1985. 11. 28 재판상 청구를 하였다가 이를 취하하고 나서 1986. 3. 31 이 사건 재판상 청구를 하였다면 이 사건 재판상 청구를 한 1986. 3. 31부터 소급하여 6월 내인 1985. 11. 28의 재판상 청구만이 그 취하로 인하여 최고의 효력이 있을 뿐이고 한편 그 재판상 청구를 취하한 것이 이 사건 치료비채권의 단기 소멸시효 만료일 1985. 10. 20 이후임이 분명하므로 결국 그 재판상 청구의 취하로 인한 최고로는 그 시효중단의 효력이 발생할 여지가 없게 되었다 하겠다.

따라서 비록 1985. 7. 6의 최고 후 6월 이내에 재판상의 청구를 하고 그 취하 후 6월 이내에 이

사건 재판상의 청구를 하였다 하더라도 1985. 7. 6의 최고가 이 사건 재판상 청구를 한 때로부터 소급하여 6월 이전이라면 이 사건 재판상의 청구를 한 때로부터 6월 안에 있었던 재판상 청구가 최고의 효력이 있다 하여 그 6개월 이전에 한 1985. 7. 6의 최고까지 그 효력이 부활할 수 없는 이치라 할 것이다.

그런데도 원심이 그 판시와 같은 이유로 1985. 7. 6의 최고에 시효중단의 효력을 인정한 것은 최고와 재판상 청구에 따른 시효중단의 법리를 오해하여 판결결과에 영향을 미쳤다고 하지 않을 수 없다.

[관련규정] 제168조, 제170조, 제174조

[해설 및 논평]

1. 해설

(1) 서설

소멸시효 중단사유로 청구가 있다(168조 1호). 그리고 그 청구에는 재판상 청구 외에 재판 외의 청구인 최고도 포함된다. 제174조가 그것을 전제로 최고의 경우에 시효중단의 효력이 없는 예외를 규정하고 있기 때문이다. 최고를 시효중단사유로 인정하는 것은 우리나라와 일본의 특유한 입법이다.

민법상 최고가 시효중단사유로 인정되고 있지만, 최고는 다른 중단사유와는 달리 그것 자체만으로 완전한 시효중단의 효력을 발생시키지 못하며, 6개월 이내에 일정한 보완조치를 취해야만 시효중단의 효력을 발생시킨다. 제174조가 「최고는 6월 내에 재판상의 청구, 파산절차참가, 화해를 위한 소환, 임의출석, 압류 또는 가압류, 가처분을 하지 아니하면 시효중단의 효력이 없다」고 규정하기 때문이다. 그 결과 최고는 시효기간의 만료가 임박하여 다른 강력한 중단방법을 취하려고 할 때 예비적 수단으로서 실익이 있을 뿐이다.

본 판결은 최고와 관련하여 두 가지 중요사항에 대하여 판단을 하고 있다. 하나는 재판상 청구를 한 뒤 취하한 경우의 효과에 대한 것이고, 다른 하나는 최고가 여러 번 있는 경우에 어떤 최고의 시점에 시효가 중단되는지에 대한 것이다. 이 중 전자에 대한 것은 최초의 것이고, 후자에 대한 것은 이전 판결(대판 1983. 7. 12, 83다카437)을 다시 확인한 것이다.

(2) 재판상 청구를 한 후 취하한 경우

본 판결은, 제170조의 해석상 재판상의 청구는 그 소송이 취하된 경우에는 그로부터 6월 내에 다시 재판상의 청구를 하지 않는 한 시효중단의 효력이 없고, 다만 재판 외의 최고의 효력만 있게 된다고 한다. 본 판결의 이 법리 중 앞부분은 제170조의 규정상 당연한 것이다. 그런데 뒷부분은 반드시 그렇지는 않다. 그럼에도 대법원은 권리자의 보호를 위하여 너그럽게 해석하여 최고로서의 효력은 인정해주고 있는 것이다. 이때 최고로서 인정되어 시효가 중단되는 시점이 재판상 청구시인지 취하시인지 불분명하나 후자로 보인다.

(3) 최고가 여러 번 있었던 경우의 시효중단시점

최고가 여러 번 있었던 경우에 최초의 최고시에 시효가 중단되는가? 본 판결은 그렇게 판단하지 않는다. 본 판결은, 최고를 여러 번 거듭하다가 재판상 청구 등을 한 경우에 있어서의 시효중단의 효력은 항상 최초의 최고시에 발생하는 것이 아니라, 재판상 청구 등을 한 시점을 기준으로 하여 이로부터 소급하여 6월 이내에 한 최고시에 발생한다고 한다. 최고가 예비적 수단이라는 점을 고려한 해석이다. 그 결과 그 사안의 경우에는 치료비채권의 시효가 완성된 것으로 인정되었다.

2. 논평

본 판결은 받아들일 만하다.

37. 가압류에 의한 시효중단(1)

◆ 대판 2000. 4. 25. 2000다11102
[가압류결정취소](강의 A-311, 민총 [283])

[쟁점] 가압류의 집행보전의 효력이 존속하는 동안 가압류에 의한 시효중단의 효력이 계속되는지 여부(적극). 가압류의 피보전채권에 관하여 본안의 승소판결이 확정된 경우에 가압류에 의한 시효중단의 효력이 소멸되는지 여부(소극)

[사실관계]

(1) A는 B에 대하여 대여금채권이 있음을 이유로 B 소유의 이 사건 부동산(아래에서는 X부동산이라고 함)에 관하여 법원에 부동산 가압류신청을 하였다. 그리고 법원은 1982. 2. 6. X부동산에 대하여 가압류결정을 하였고, 그에 따라 1982. 2. 8. 접수로 가압류기입등기가 되었다. 그런데 이보다 먼저 X부동산에 관하여 1981. 10. 10. 접수 소외 C 명의로 소유권이전청구권 가등기가 되어 있었다.

(2) 한편 A는 가압류사건의 피보전채권에 관한 본안소송으로서 B를 상대로 대여금소송을 제기하여 1982. 4. 28. B는 A에게 910만 원 및 그에 대한 지연손해금을 지급하라는 판결을 받았고, 이 판결은 그 무렵 확정되었다.

(3) A는 1985. 10. 3. 사망하였고, D가 상속재산 협의분할에 의하여 A의 법적 지위를 그대로 승계하였다.

(4) 1999년에 채무자인 신청인 B는 가압류채권자의 상속인인 피신청인 D에 대하여 대여금채무가 시효로 소멸하였다는 이유로 구 민소 제706조(현행 민사집행법 288조에 해당함)에 의한 사정변경에 의한 가압류취소를 신청하였다.

[판결요지]

민법 제168조에서 가압류를 시효중단사유로 정하고 있는 것은 가압류에 의하여 채권자가 권리를 행사하였다고 할 수 있기 때문인데 가압류에 의한 집행보전의 효력이 존속하는 동안은 가압류채권자에 의한 권리행사가 계속되고 있다고 보아야 할 것이므로 가압류에 의한 시효중단의 효력은 가압류의 집행보전의 효력이 존속하는 동안은 계속된다고 하여야 할 것이다.

또한 민법 제168조에서 가압류와 재판상의 청구를 별도의 시효중단사유로 규정하고 있는데 비추어 보면, 가압류의 피보전채권에 관하여 본안의 승소판결이 확정되었다고 하더라도 가압류에 의한 시효중단의 효력이 이에 흡수되어 소멸된다고 할 수도 없다.

이 사건에서 보건대, 원심이 적법하게 확정한 사실관계에 의하면 이 사건 부동산에 관한 이 사건 가압류의 집행보전의 효력이 현재까지 존속하고 있으므로 이 사건 가압류의 피보전채권에 관한 시효는 중단되어 있다고 할 것이고, 거기에 상고이유와 같은 가압류에 의한 시효중단의 종기에 관한 법리를 오해한 위법은 없다.

[관련규정] 제168조 제2호, 제176조, 제178조 제1항

[해설 및 논평]

1. 해설

(1) 서설

민법은 가압류를 소멸시효 중단사유의 하나로 규정하고 있다(168조 2호). 가압류는 가처분과 함께 장래의 강제집행의 불능과 곤란을 예방하기 위하여 행해지는 강제집행의 보전수단인데, 그 가운데 가압류는 장래의 금전채권(또는 금전으로 환산할 수 있는 채권)의 보전으로서 집행대상 재산을 미리 압류해 두는 것이다(민사집행법 276조 이하). 가압류에 의하여 시효가 중단되는 시기는 가압류명령을 신청한 때이다.

본 판결은 가압류에 의한 시효중단과 관련하여 두 가지 중요한 사항에 대하여 판단을 하고 있다. 하나는 가압류에 의한 시효중단의 효력이 언제까

지 존속하는지에 대한 것이고, 다른 하나는 가압류의 피보전채권에 관하여 본안의 승소판결이 확정된 경우에 가압류에 의한 시효중단의 효력이 소멸되는지에 대한 것이다. 대법원은 이들에 관하여 본 판결에서 최초로 판단을 하였다. 그리고 전자에 관하여는 후속판결도 여러 개 나와 확고해졌다.

(2) 가압류에 의한 시효중단 효력의 종기

소멸시효가 중단되면 중단시까지 경과한 시효기간은 산입하지 않고, 중단사유가 종료한 때부터 다시 시효기간의 계산이 시작된다(178조 1항). 그런데 언제 다시 시효가 진행되는지 문제된다. 그에 관하여 민법은 중단사유가 청구(재판상 청구)인 경우에는 재판이 확정된 때부터라고 명문으로 규정하고 있으나(178조 2항), 다른 시효중단사유에 대하여는 규정을 두고 있지 않다. 그렇지만 문헌들은 압류·가압류·가처분의 경우에는 이들 절차가 끝났을 때 다시 진행한다고 한다. 이에 따르면 가압류의 경우에는 가압류절차가 끝났을 때 시효가 새로이 진행하게 된다.

여기서 구체적으로 어느 시점에 가압류절차가 끝난 것인지가 문제된다. 본 판결은 이에 대하여, 가압류에 의한 시효중단의 효력은 가압류의 집행보전의 효력이 존속하는 동안은 계속된다고 한다. 본 판결은 그 이유로, 가압류에 의한 집행보전의 효력이 존속하는 동안은 가압류채권자에 의한 권리행사가 계속되고 있다고 보아야 한다는 점을 든다.

본 판결 사안의 경우에는, 가압류 등기가 되기 전에 이미 목적부동산에 관하여 제3자 앞으로 가등기가 되어 있는 상태였으므로, 가압류채권자의 상속인인 피신청인이 본안의 확정판결에 기하여 강제경매를 신청하기 곤란한 사정(경매실무상 이전등기청구권 보전을 위한 가처분 기입등기가 되어 있거나 담보가등기가 아닌 최선순위의 가등기가 경료되어 있는 경우에는 경매개시결정 후에 기입등기를 마친 상태에서 경매절차를 사실상 중지하고 가처분이나 본안

소송의 결과에 따라 처리하고 있다고 함)도 있었다. 논자에 따라서는, 이런 점이 있기 때문에, 대법원은 시효중단의 효력이 계속된다고 하는 입장에서 이 사건을 해결하는 것이 구체적인 타당성에도 부합하는 것으로 본 것이라고 주장하기도 한다(이균용 평석 56면).

(3) 피보전채권에 대한 본안의 승소판결이 확정된 경우

본 판결은, 가압류의 피보전채권에 관하여 본안의 승소판결이 확정되었다고 하더라도 가압류에 의한 시효중단의 효력이 이에 흡수되어 소멸되지 않는다고 한다. 그 결과 가압류에 의한 시효중단과 판결확정에 의한 시효중단은 서로 영향을 미치지 않고 별개로 작용하게 된다. 본 판결은 그 이유로, 제168조가 가압류와 재판상의 청구를 별도의 시효중단사유로 규정하고 있다는 점을 든다.

2. 논평

위 1.(2)에 대하여 사견은 본 판결의 내용에 반대한다. 그 이유는 다음과 같다. 가압류가 임시의 보전조치이고 피보전채권에 기판력이 생기지도 않는 집행준비행위에 지나지 않음에도 불구하고 가압류등기가 남아 있는 한 시효중단의 효력이 지속된다고 하는 것은, 재판상 청구에 대해서보다도 강력한 효과를 부여하는 것으로서 균형이 맞지 않는다. 또한 가압류에 의한 시효중단 후에 다른 시효중단조치를 요구하는 것이 채권자에게 가혹하지도 않다. 결국 가압류에 의해서는 1회만 시효중단이 일어나고, 그 효과가 지속되지는 않는다고 해야 한다. 구체적으로 시효진행이 새로 진행하는 시점은 가압류등기가 된 때라고 할 것이다.

그에 비하여 위 1.(3)에 관한 본 판결의 내용은 인정해도 무방하다.

[주요 평석 문헌] 이균용, "가압류와 시효중단효력의 계속 여부," 대법원판례해설, 34호, 43면 이하.

38. 가압류에 의한 시효중단(2)

◆ 대판 2016. 3. 24, 2014다13280 · 13297
[추심금·추심금](강의 A-311, 민총 [283])

[쟁점] 채권자가 1개의 채권 중 일부에 대하여 가압류·압류를 하였는데 채권의 일부만 소멸시효가 중단되고 나머지 부분은 이미 시효로 소멸한 경우에 가압류·압류의 효력이 시효로 소멸하지 않고 잔존하는 채권 부분에 계속 미치는지 여부

[사실관계]

본 판결의 사안은 매우 복잡하나 여기서의 논의와 관련된 부분만을 단순화하여 정리한다.

(1) A는 1996.경 피고와 토지매매계약을 체결하고 그 대금 중 1,200억 원을 지급하였는데, 피고는 1999. 8. 19.경 A의 채무불이행을 이유로 위 매매계약을 해제하였다.

(2) A는 2001.경 해제에 따른 매매대금반환채권 중 300억 원씩을 피보전채권으로 하여 2차례에 걸쳐 피고 소유 부동산에 관하여 가압류를 하였다 (600억 원 부분 시효중단). 또한 A는 2001.경 피고를 상대로 위 매매대금반환채권 중 18억 원의 반환을 구하는 소를 제기하여 승소판결이 확정되었다(18억 원 부분 시효중단).

(3) 원고를 비롯한 A의 채권자들은 2003. 3.경부터 원고가 2005. 10.경 뒤에서 보는 전부명령을 신청하기 전까지 위 매매대금반환채권 중 합계 219억 원 부분에 대하여 압류·가압류하였다. ① 소외 1의 채권압류 및 추심명령(1억 원, 2003년), ② 원고의 채권가압류(확정판결금 18억 원, 2003년), ③ 소외 2의 채권가압류(100억 원, 2003년), ④ B의 채권가압류(100억 원, 2005. 7. 12.).

(4) 원고는 2005.경 위 A의 피고에 대한 매매대금반환채권 중 압류·가압류가 경합된 219억 원을 제외한 나머지 금액 중 2천억 원에 관하여 채권압류 및 전부명령을 받았고, 위 전부명령이 피고에게 송달된 2005. 10. 21. 현재 A의 피고에 대한 매매대금반환채권은 원리금 합계 1,800억 원이었다.

(5) 원고는 2005. 11. 22. 청구금액을 571억 원으로 하여 위 매매대금반환채권 중 위 전부명령에 의하여 전부된 금액을 공제한 나머지에 관하여 채권압류 및 추심명령을 받았다.

(6) 원고는 2007. 2.경 피고를 상대로 위 전부명령에 기하여 피전부채권의 원리금합계 1,800억 원에서 압류·가압류가 경합된 219억 원을 공제한 나머지 1,681억 원에 대하여 전부금청구의 소를 제기하였다. 이 소송에서 피고가 원고에게 1,280억 원을 지급하기로 하는 강제조정이 확정되었고 피고는 원고에게 이를 모두 지급하였다.

(7) 원고는 2009. 2. 16. 위 추심명령에 기하여 피고를 상대로 위 매매대금반환채권 중 선행 가압류 등으로 보전된 219억 원에서 확정판결금 18억 원을 제외한 나머지 201억 원을 청구하는 이 사건 소를 제기하였다. 피고는 위 매매대금반환채권의 일부인 위 추심명령의 피압류채권은 매매계약 해제일인 1999. 8. 19.부터 5년이 경과한 2004. 8. 19. 소멸시효가 완성되었다고 항변하였다.

[판결요지]

채권자가 1개의 채권 중 일부에 대하여 가압류·압류를 하는 취지는 1개의 채권 중 어느 특정 부분을 지정하여 가압류·압류하는 등의 특별한 사정이 없는 한 가압류·압류 대상 채권 중 유효한 부분을 가압류·압류함으로써 향후 청구금액만큼 만족을 얻겠다는 것이므로, 1개의 채권의 일부에 대한 가압류·압류는 유효한 채권 부분을 대상으로 한 것이고, 유효한 채권 부분이 남아 있는 한 거기에 가압류·압류의 효력이 계속 미친다. 따라서 1개의 채권 중 일부에 대하여 가압류·압류를 하였는데, 채권의 일부에 대하여만 소멸시효가 중단되고 나머지 부분은 이미 시효로 소멸한 경우, 가압류·압류의 효력은 시효로 소멸하지 않고 잔존하는 채권 부분에 계속 미친다.

[관련규정] 민사집행법 제223조, 제276조, 민법 제162조

[해설 및 논평]

1. 해설

본 판결에서 쟁점이 된 것은, A가 피고에 대한 매매대금반환채권 중 618억 원 부분에 관하여 시효중단 조치를 취한 것이, A의 채권자들이 원고의 전부명령 신청 전에 압류·가압류한 219억 원의 매매대금반환채권 부분에 우선적으로 미치는가 하는 점이다.

(1) 원고가 A의 피고에 대한 18억 원의 확정판결금 채권을 가압류한 것은, 위 채권 18억 원을 특정하여 가압류한 것으로 전부명령 대상 채권에 속하지 않으므로, 이 부분은 시효소멸하지 않고 전부되지도 않은 채 압류 경합한 채권자들의 추심 대상으로 남아 있다.

(2) 채권자 B가 5년의 시효기간이 경과한 후인 2005. 7. 12. 매매대금반환채권 중 100억 원에 대하여 가압류를 한 부분에 관해서 살펴보면, 1개의 채권 중 시효소멸된 부분과 시효소멸되지 않은 부분이 있고 그 중 일부에 대하여 압류·가압류가 있는 경우, 그 압류·가압류는 시효소멸되지 않고 유효하게 존속하는 채권 부분에 대하여 이루어진 것이라고 할 것이므로, B가 가압류한 100억 원 부분은 위 18억 원을 제외하고 시효소멸되지 않은 채 남아 있는 600억 원 중 100억 원의 채권에 대한 것이라고 보아야 하며, 이는 전부명령 신청 대상에서 제외되었으므로, 역시 원고가 피고에게 청구할 수 있다.

(3) 나머지 시효중단조치된 500억 원(618억 원 − 118억 원) 부분이 A의 채권자들의 나머지 가압류·압류액 경합금 101억 원(219억 원 − 18억 원 − 100억 원)에 할당되는지 여부를 살펴본다.

① 채권자가 1개의 채권 중 일부에 대하여 가압류를 하는 취지는 1개의 채권 중 어느 특정 부분을 지정하여 압류하는 것이 아니라 가압류 대상 채권 중 유효한 부분을 가압류함으로써 향후 본집행에 나아가겠다는 것으로, 유효한 채권 부분이 남아 있는 한 거기에 가압류의 효력이 계속 미친다고 할 것이다.

② 그 후 위 채권 중 일부에 대한 전부명령이 있었다고 하여 가압류의 효력이 미치는 유효한 채권의 범위가 달라진다고 보면, 가압류 후 발생한 우연한 사정에 의하여 가압류의 효력 범위가 달라지게 되어, 집행 당시를 기준으로 한 집행관계의 객관적·획일적 처리라는 집행제도의 취지에 반한다.

③ A가 매매대금반환채권 중 시효중단 조치를 취한 618억 원에 대하여 A의 채권자들이 합계 219억 원 상당의 압류·가압류조치 등을 먼저 취하자, 원고는 219억의 채권에 대하여는 압류 및 전부명령의 대상에서 제외시켰고, 따라서 위 전부명령은 219억 원을 제외한 나머지 시효중단조치된 부분에 대하여만 효력이 있게 된다. 그러므로 A의 채권자들이 한 가압류 및 압류 합계 101억 원 상당의 매매대금반환채권에 관하여도 소멸시효가 중단되었고 이는 전부되지 않은 상태이므로 원고는 이를 청구할 수 있다고 할 것이다.

2. 논평

채권자가 1개의 채권 중 일부에 대하여 가압류·압류를 하였는데 채권의 일부만 소멸시효가 중단되고 나머지 부분은 시효로 소멸한 경우, 가압류·압류의 효력은 시효소멸하지 않고 잔존하는 채권 부분에 계속 미치게 된다. 가압류·압류 후에 전부명령이 발령된 경우에도 시효중단된 부분이 선행 가압류 등 부분과 후행 전부명령 부분에 안분비례하여 할당된다고 볼 수는 없다.

[주요 평석 문헌] 이규철, "채권자가 1개의 채권 중 일부에 대하여 가압류·압류를 하였는데 채권의 일부만 소멸시효가 중단되고 나머지는 시효로 소멸한 경우, 가압류·압류의 효력이 미치는 범위," 대법원판례해설, 107호, 27면 이하.

39. 임차권등기명령에 따른 임차권등기와 소멸시효 중단

◆ 대판 2019. 5. 16, 2017다226629
[보증금반환청구의소](강의 A-311, 민총 [283])

[쟁점] 주택임대차보호법 제3조의 3에서 정한 임차권등기명령에 따른 임차권등기에 소멸시효 중단사유인 압류 또는 가압류, 가처분에 준하는 효력이 있는지 여부(소극)

[사실관계]

(1) 원고는 2002. 8. 15. 망 소외 1(망인이라 함)로부터 광주 동구 (주소 생략) 지상 건물(이 사건 건물) 중 2층 부분을 차임 없이 보증금 1,800만 원, 기간 2002. 8. 18.부터 2004. 8. 17.까지로 정하여 임차(이 사건 임대차)하고, 2002. 8. 18.경까지 망인에게 보증금 합계 1,800만 원을 지급하였다.

(2) 원고는 이 사건 임대차계약의 임대차기간이 만료된 이후 망인에게 임대차보증금의 반환을 요구하였으나, 망인이 이를 반환해 주지 않자 2005. 6. 28. 이 사건 건물 중 2층 부분에 관하여 법원의 임차권등기명령을 받아 주택임차권등기를 마쳤다.

(3) 망인은 2005. 2. 22. 사망하였고, 망인의 배우자인 소외 2, 자녀인 피고들과 소외 3이 망인의 재산상 권리의무를 상속하였다.

(4) 소외 3은 망인의 재산상속을 포기하였고, 피고 1, 2, 3과 소외 2는 망인의 상속을 한정승인하는 신고를 하여 법원으로부터 그 신고를 수리하는 심판을 받았다.

(5) 소외 2는 2008. 3. 22.경 사망하였고, 망 소외 2의 자녀인 피고들이 망 소외 2의 재산을 상속하였다.

(6) 한편 소외 4가 2002. 5. 2.경 망인으로부터 이 사건 건물 중 1층 부분을 보증금 2,500만 원에 임차하였고, 소외 4가 2004. 8. 11. 망인을 상대로 위 임대차보증금 2,500만 원을 지급하라는 소를 제기하여 2004. 10. 15. 승소판결을 받았으며, 피고

보조참가인이 2014. 10. 15.경 소외 4로부터 위 판결에 따른 임대차 보증금반환채권을 양수하였다.

(7) 이러한 상태에서 원고가 2016. 3. 18. 피고들을 상대로 이 사건 건물 중 2층에 관한 임대차보증금 1,800만 원의 지급을 구하는 이 사건 소송을 제기하였다. 그 소송에서 피고보조참가인은 원고의 채권이 시효로 소멸하였다고 주장하였다.

[판결요지]

나. 임대차가 끝난 후 보증금이 반환되지 않은 경우 임차인은 임차권등기명령을 신청할 수 있다(주택임대차보호법 제3조의 3 제1항). 주택임대차보호법은 임차권등기명령의 신청에 대한 재판, 임차권등기명령의 결정에 대한 임대인의 이의신청과 그에 대한 재판, 임차권등기명령의 취소신청과 그에 대한 재판, 임차권등기명령의 집행 등에 관하여 가압류에 관한 민사집행법 제280조 제1항, 제281조, 제283조, 제285조, 제286조, 제288조 제1항, 제2항 본문, 제289조, 제290조 제2항 중 제288조 제1항에 대한 부분, 제291조와 제293조를 준용하고 있다(제3조의 3 제3항).

나아가 주택임대차보호법은 임차인이 임차권등기명령의 집행에 따른 임차권등기를 마치면 같은 법 제3조 제1항, 제2항 또는 제3항에 따른 대항력과 제3조의 2 제2항에 따른 우선변제권을 취득하고, 임차인이 임차권등기 이전에 이미 대항력이나 우선변제권을 취득한 경우에는 그 대항력이나 우선변제권을 그대로 유지하며, 임차권등기 이후에는 제3조 제1항, 제2항 또는 제3항의 대항요건을 상실하더라도 이미 취득한 대항력이나 우선변제권을 상실하지 않는다고 정하고 있다(제3조의 3 제5항).

이처럼 주택임대차보호법 제3조의 3에서 정한 임차권등기명령에 따른 임차권등기는 특정 목적물에 대한 구체적 집행행위나 보전처분의 실행을 내용으로 하는 압류 또는 가압류, 가처분과 달리 어디까지나 주택임차인이 주택임대차보호법에 따른 대항력이나 우선변제권을 취득하거나 이미 취

득한 대항력이나 우선변제권을 유지하도록 해 주는 담보적 기능을 주목적으로 한다. 비록 주택임대차보호법이 임차권등기명령의 신청에 대한 재판절차와 임차권등기명령의 집행 등에 관하여 민사집행법상 가압류에 관한 절차규정을 일부 준용하고 있지만, 이는 일방 당사자의 신청에 따라 법원이 심리·결정한 다음 그 등기를 촉탁하는 일련의 절차가 서로 비슷한 데서 비롯된 것일 뿐 이를 이유로 임차권등기명령에 따른 임차권등기가 본래의 담보적 기능을 넘어서 채무자의 일반재산에 대한 강제집행을 보전하기 위한 처분의 성질을 가진다고 볼 수는 없다. 그렇다면 임차권등기명령에 따른 임차권등기에는 민법 제168조 제2호에서 정하는 소멸시효 중단사유인 압류 또는 가압류, 가처분에 준하는 효력이 있다고 볼 수 없다.

다. 원심은 원고가 이 사건 임대차기간이 만료된 이후에도 이 사건 건물 중 2층 부분을 계속하여 직접 또는 간접점유함으로써 그 사실상 지배를 계속 유지한 것으로 볼 수 없다고 한 다음, 원고의 임차권등기명령에 따른 임차권등기가 소멸시효의 진행에 아무런 영향이 없다는 것을 전제로 하여 이 사건 임대차 보증금반환채권의 소멸시효는 이 사건 임대차계약이 종료한 시점인 2004. 8. 17.부터 진행하고, 이 사건 소는 그로부터 10년이 지난 2016. 3. 18. 제기되었으므로 이 사건 임대차 보증금반환채권은 시효가 완성되어 소멸하였다고 판단하였다.

앞에서 본 법리에 비추어 이러한 원심판단은 타당하 … 다.

[관련규정] 주택임대차보호법 제3조의 3, 민법 제168조 제2호

[해설 및 논평]
1. 해설

주택임대차보호법은 임대차가 종료된 후 보증금을 반환받지 못한 임차인이 대항력과 우선변제권을 잃을 염려 때문에 이사를 하지도 못하는 경우에 임차인의 보호를 위하여 임차권등기명령 제도를 두고 있다(동법 3조의 3). 본 판결에서는 그와 같은 임차권등기명령에 의해 임차권을 등기한 경우에 임차인의 임대차 보증금반환채권의 소멸시효가 중단되는지가 다투어졌다. 이 문제와 관련해서는 본 판결이 최초의 것이다.

민법은 소멸시효 중단사유로 ① 청구, ② 압류·가압류·가처분, ③ 승인만을 규정하고 있다(168조). 따라서 그 임차권등기에 소멸시효 중단의 효력을 인정한다면 제168조 제2호를 유추적용하는 방법밖에 없다. 본 판결이 그 임차권등기에 압류·가압류·가처분에 준하는 효력을 인정할 수 있는지에 대하여 판단한 것은 그 때문이다.

그 임차권등기에 의해 소멸시효가 중단되는지에 대하여는 i) 소멸시효가 중단되지 않는다는 견해, ii) 소멸시효가 중단되나 즉시 다시 진행한다는 견해, iii) 소멸시효가 중단되고 등기가 있는 한 시효가 진행하지 않는다는 견해 등을 생각해볼 수 있다. 그런데 본 판결은 그중에 그 등기에 의해 소멸시효가 중단되지 않는다는 태도를 취하였다.

본 판결은 그 이유로, 임차권등기명령에 따른 임차권등기는 압류 또는 가압류, 가처분과 달리 어디까지나 담보적 기능을 주목적으로 한다는 점, 비록 주택임대차보호법이 임차권등기명령의 신청과 집행 등에 관하여 민사집행법상 가압류에 관한 절차규정을 일부 준용하고 있지만 그것은 일련의 절차가 서로 비슷한 데서 비롯된 것일 뿐이라는 점을 든다. 그러므로 임차권등기명령에 따른 임차권등기에는 압류 또는 가압류, 가처분에 준하는 효력이 없다고 한다.

2. 논평

본 판결은 타당하다. 다만, 거기에 재산관계명시결정처럼 최고로서의 효력은 인정할 수 있을 것이다.

[주요 평석 문헌] 박재억, "임차권등기명령에 따른 임차권등기와 시효중단의 효력 인정 여부," 대법원판례해설, 119호, 382면 이하.

40. 후순위 담보권자가 소멸시효의 완성을 주장할 수 있는지 여부

◈ 대판 2021. 2. 25, 2016다232597
[배당이의](강의 A-318, 민총 [288])

[쟁점] 소멸시효의 완성을 주장할 수 있는 사람의 범위(=시효로 인한 채무 소멸로 직접적인 이익을 받는 사람) 및 후순위 담보권자가 선순위 담보권의 피담보채권 소멸로 직접 이익을 받는 사람에 해당하는지 여부(소극). 그 밖의 쟁점은 생략.

[사실관계]

(1) 주식회사 A건설은 소외인으로부터 2억 5,000만 원을 차용하면서 2005. 8. 19. 그 담보로 이 사건 임야에 관하여 소외인 앞으로 소유권이전청구권 가등기(이 사건 담보가등기)를 하였다. 소외인은 2006. 3. 10. 가등기담보법에서 정한 청산절차를 거치지 않은 채 이 사건 임야에 관하여 이 사건 담보가등기에 기한 본등기(이 사건 본등기)를 하였다.

(2) A건설은 2006. 5. 1.경 원고에게 '원고가 소외인에게 4억 원을 대위변제하면, 원인무효인 이 사건 본등기를 말소하고 이 사건 담보가등기를 원고 명의로 이전하며, 1년 기한 6억 원(이자 연 50%)의 약속어음을 발행하여 교부하겠다.'는 내용의 이행각서를 교부하면서 이 사건 담보가등기의 피담보채무 대위변제를 요청하였다. 원고는 2006. 5. 9. 소외인의 승낙을 얻어 소외인에게 4억 원을 지급함으로써 이 사건 담보가등기의 피담보채무를 대위변제하였다.

한편 A건설과 소외인은 2006. 5. 9. 주식회사 B건설 앞으로 이 사건 임야에 관한 소유권이전등기를 하기로 약정하였다. 그에 따라 이 사건 임야에 관하여 2006. 5. 10. 소외인으로부터 B건설 앞으로 2006. 5. 9.자 매매를 원인으로 한 소유권이전등기를 하였다. B건설은 2008. 7. 25. 이 사건 임야에 관하여 채권최고액 15억 원, 근저당권자 피고인 근저당권설정등기(이 사건 근저당권)를 하였다.

(3) 피고가 이 사건 근저당권에 기하여 임의경매를 신청함에 따라 경매절차가 개시되었는데, 경매법원은 2012. 11. 6. 배당요구의 종기를 2013. 2. 4.로 정하였다. 원고는 2013. 10. 14. 경매법원에 '담보가등기권리자 권리신고서'를 제출하였다. 경매법원은 2014. 12. 17. 매각허가결정을 하고 2015. 2. 25. 배당기일에 피고에게 2순위로 1,199,866,145원을 배당하는 내용의 배당표를 작성하였고, 원고는 위 배당기일에 출석하여 피고의 배당액 전부에 대하여 이의하고 이 사건 소를 제기하였다.

(4) 한편 그 이전에, 원고는 피고를 상대로 이 사건 본등기가 원인무효 등기라서 B건설 명의의 소유권이전등기와 이 사건 근저당권이 무효라고 주장하면서 이 사건 근저당권 등의 말소를 청구하는 소를 제기하였는데, 제1심에서 승소하였으나 항소심에서 패소한 후 대법원에서 항소심판결이 그대로 확정되었다. 항소심판결의 취지는 '이 사건 본등기는 원인무효 등기이지만 A건설과 소외인이 B건설과 이 사건 임야에 관한 소유권이전등기를 하기로 합의하였고 그 합의에 따라 직접 소외인으로부터 B건설 앞으로 소유권이전등기를 한 것이므로, 이는 실체관계에 부합하는 유효한 등기'라는 것이다.

(5) 이 사건 소에 대하여 제1심은 원고의 청구를 기각하였으나, 제2심은 구상권의 범위 안에서 원고의 청구를 인용하였다. 이에 원고와 피고가 모두 상고하였는데, 대법원은 본 판결에서 피고가 소멸시효를 주장할 수 없다고 하고, 채권의 범위에 관하여는 원심판결에 잘못이 있다고 하였다.

[판결요지]

4. 소멸시효 완성에 관한 피고의 상고이유

가. 소멸시효가 완성된 경우 이를 주장할 수 있는 사람은 시효로 채무가 소멸되는 결과 직접적인 이익을 받는 사람에 한정된다(대법원 1997. 12. 26. 선고 97다22676 판결 등 참조). 후순위 담보권자는 선순위 담보권의 피담보채권이 소멸하면 담보권의 순위가 상승하고 이에 따라 피담보채권에 대한

배당액이 증가할 수 있지만, 이러한 배당액 증가에 대한 기대는 담보권의 순위 상승에 따른 반사적 이익에 지나지 않는다. 후순위 담보권자는 선순위 담보권의 피담보채권 소멸로 직접 이익을 받는 자에 해당하지 않아 선순위 담보권의 피담보채권에 관한 소멸시효가 완성되었다고 주장할 수 없다고 보아야 한다.

나. 원심은 원고의 A건설에 대한 채권이 상사 소멸시효 완성으로 소멸하였다는 피고의 항변에 대하여 피고는 후순위 근저당권자에 불과하여 선순위 담보권의 피담보채권인 불휘종합건설에 대한 채권에 대하여 소멸시효를 원용할 수 없다는 이유로 위 항변을 배척하였다.

원심판결은 위에서 본 법리에 비추어 정당하고, 후순위 담보권자의 시효원용권에 관한 법리 오해나 석명의무 위반 등으로 판결에 영향을 미친 잘못이 없다.

[관련규정] 제162조

[해설 및 논평]
1. 해설
(1) 서설
본 판결에서 문제되는 쟁점으로는 변제에 의한 대위 등도 있으나, 여기서는 후순위 담보권자가 선순위 담보권으로 담보된 채권의 소멸시효의 완성을 주장할 수 있는지에 관해서만 살펴보기로 한다.

본 판결 사안에서 피고는, 원고가 「피고에게 배당된 금액을 전액 원고에게 배당해야 한다」고 주장한 데 대하여, 원고의 A건설에 대한 채권은 상사 소멸시효기간인 5년이 경과하여 시효로 소멸하였으므로 원고는 이 사건 경매절차에서 배당을 받을 수 없다고 항변하였다. 이는 선순위 담보권자(원고가 대위변제로 선순위 담보권인 소외인의 가등기담보권을 취득함)의 피담보채권의 소멸시효가 완성했다는 것을 후순위 담보권자인 피고가 주장하는 것인데, 그것이 허용되는지 문제된다.

(2) 소멸시효 완성의 효과
소멸시효의 요건이 갖추어진 경우의 효과에 관

하여 민법은 「소멸시효가 완성한다」고 할 뿐, 구체적으로 규정하고 있지 않다. 그러한 상태에서 학설은 절대적 소멸설과 상대적 소멸설로 나뉘어 있다. 그리고 판례는 「당사자의 원용이 없어도 시효완성의 사실로서 채무는 당연히 소멸」한다고 하여(대판 1979. 2. 13, 78다2157 등), 절대적 소멸설을 취하고 있다. 그런데 판례는 다른 한편으로, 변론주의의 원칙상 소멸시효의 이익을 받는 자가 소멸시효 이익을 받겠다는 뜻을 항변하지 않는 이상 그 의사에 반하여 재판할 수 없다고 한다(대판 1979. 2. 13, 78다2157 등). 그리고 소멸시효를 주장할 수 있는 자는 시효로 인하여 채무가 소멸되는 결과 직접적인 이익을 받는 사람에 한정된다고 하면서(대판 1997. 12. 26, 97다22676), 개별적인 사안별로 소멸시효를 주장할 수 있는지 검토하고 있다(강의 A−317, 민총 [288] 참조).

(3) 후순위 담보권자가 시효소멸을 주장할 수 있는지
본 판결은, 후순위 담보권자는 선순위 담보권의 피담보채권 소멸로 직접 이익을 받는 자에 해당하지 않아 선순위 담보권의 피담보채권에 관한 소멸시효가 완성되었다고 주장할 수 없다고 한다. 이에 대하여는, 후순위 담보권자도 시효주장을 할 수 있어야 한다는 견해(윤태영, 평석논문, 15면 이하)가 있다. 그리고 시효원용권자를 소멸시효가 완성된 권리의 의무자에 한정하는 것이 타당하다는 견지에서 후순위 담보권자는 거기에 해당하지 않는다는 견해도 있다(김병선, "시효원용권자의 범위," 민사법학, 제38호, 286면).

2. 논평
시효원용권자를 제한하는 판례의 태도는 민법의 절대적 소멸설의 입장과 조화를 이루기 어려우며, 재검토되어야 한다.

[주요 평석 문헌] 윤태영, "소멸시효 원용권자의 범위− 대법원 2021. 2. 25. 선고 2016다232597 판결 −," 재산법연구, 38권 2호, 1면 이하.

41. 소멸시효 완성과 신의칙

◆ 대판 2002. 10. 25, 2002다32332
　[임금](강의 A-318, 민총 [288])

[쟁점] 채무자의 소멸시효 완성의 주장이 신의칙에 반하는지 여부

[사실관계]

　피고(농업협동조합중앙회)는 원래 퇴직 당시의 고정급여(=본봉+직책수당)에 근속기간에 따라 누진되는 지급률을 곱하는 퇴직금규정을 두고 있다가, 1981. 4. 11. 이를 개정, 퇴직금 산정의 기준이 되는 급여를 고정급여에서 기준급여(=본봉+직책수당+업무수당+상여금 및 연월차휴가보상금의 월 평균액)로 확대하는 대신, 근속기간에 따라 누진되는 지급률은 대폭 인하하여, 전체적으로 볼 때 개정 퇴직금규정의 적용시점인 1981. 1. 1. 이전부터 근속한 근로자에게 불리하게 변경하면서, 다만, 기존 근로자들의 기득이익을 보호하기 위하여 부칙 제2조(이하 '부칙'이라고 함)에 1980. 12. 31.까지의 근속기간에 대하여는 개정 전의 퇴직금규정을, 그 이후는 개정 퇴직금규정을 각 적용한다는 취지의 경과규정을 두었다.

　피고는 그 이후 기존 근로자들이 퇴직시 부칙을 적용하여 산출한 퇴직금을 지급하여 왔고, 근로자 과반수를 조합원으로 둔 노동조합이 1988. 2. 24. 부칙을 포함한 개정 퇴직금규정에 관하여 소급적으로 동의하였다. 그런데 그 이후 부칙을 유지한 채 기준급여의 범위를 계속 변경시키는 바람에, 기준급여에서 고정급여가 차지하는 비중이 점차로 감소하여, 1993. 무렵부터 기존 근로자들에 대하여 부칙을 적용하지 않고, 총 근속기간에 대하여 개정 퇴직금규정을 적용하여 퇴직금을 산정하는 편이 유리하게 되는 역전현상이 나타나기 시작하여, 1995. 무렵에는 대부분의 기존 근로자들에 대하여 위와 같은 역전현상이 나타나게 되었다. 원고들은 퇴직 당시 피고로부터 부칙을 적용

하여 산정된 퇴직금을 지급받았는데, 총 근속기간에 개정 퇴직금규정을 적용할 경우 이 사건 청구금액만큼의 차액이 발생하였다.

　한편 피고 소속 근로자이던 A는 1997. 8.경 피고의 제안제도를 통하여 피고에게 위와 같은 역전현상이 발생함을 이유로 부칙을 개정하여야 한다는 취지의 제안을 하였고, 그 무렵 퇴직을 앞둔 일부 기존 근로자들이 부칙의 규정에 의한 퇴직금 산정이 부당하다는 이의를 제기하자, 피고는 1997. 10. 31. 고문 변호사와 노무사에게 그 타당성 등에 관하여 자문을 의뢰하였는데, 고문 변호사와 노무사가 일부 기존 근로자들의 이의는 타당하지 않다는 의견을 제시하자, 계속하여 부칙을 적용하여 퇴직금을 산정·지급하였다. 그러자 기존 근로자들인 B 등 33인이 1998. 8. 3. 피고를 상대로 부칙을 적용한 퇴직금산정이 부당하다고 주장하며 총 근속기간에 대하여 개정 퇴직금규정을 적용하여 산정되는 퇴직금과의 차액의 추가지급을 구하는 소를 제기하여, 1심에서는 패소하였으나, 항소심에서 "부칙은 기존 근로자들에게 유리한 경우에 한하여 제한적으로 적용되는 것으로 해석되어야 한다"는 이유로 승소한 후, 1999. 12. 28. 대법원에서 같은 취지의 상고기각 판결을 선고받아 항소심판결이 그대로 확정되었다. 피고는 위 대법원판결이 선고되자 그 선고일을 기준으로 아직 소멸시효가 완성되지 않은, 1996. 12. 28. 이후에 퇴직한 기존 근로자들에 대해서만 추가 퇴직금을 지급하였다.

　그러자 이 사건 원고들이 추가퇴직금 청구를 하는 소를 제기하였다. 그런데 이 사건 소제기일은 임금 및 퇴직금채권의 소멸시효기간인 원고들의 퇴직일로부터 3년이 경과한 뒤였다. 그래서 피고가 소멸시효의 항변을 하였다.

[판결요지]

　채무자의 소멸시효에 기한 항변권의 행사도 우리 민법의 대원칙인 신의성실의 원칙과 권리남용

금지의 원칙의 지배를 받는 것이어서, 채무자가 시효완성 전에 채권자의 권리행사나 시효중단을 불가능 또는 현저히 곤란하게 하였거나, 그러한 조치가 불필요하다고 믿게 하는 행동을 하였거나, 객관적으로 채권자가 권리를 행사할 수 없는 장애사유가 있었거나, 또는 일단 시효완성 후에 채무자가 시효를 원용하지 아니할 것 같은 태도를 보여 권리자로 하여금 그와 같이 신뢰하게 하였거나, 채권자보호의 필요성이 크고, 같은 조건의 다른 채권자가 채무의 변제를 수령하는 등의 사정이 있어 채무이행의 거절을 인정함이 현저히 부당하거나 불공평하게 되는 등의 특별한 사정이 있는 경우에는 채무자가 소멸시효의 완성을 주장하는 것이 신의성실의 원칙에 반하여 권리남용으로서 허용될 수 없다고 할 것이다(대법원 1999. 12. 7. 선고 98다42929 판결 등 참조).

… 그렇다면 위에서 본 법리에 비추어 보건대, 위와 같은 상황 하에서는 원고들에게는 객관적으로 이 사건 추가 퇴직금 청구권을 행사할 수 없는 사실상의 장애사유가 있었다고 봄이 상당하다 할 것이고, 따라서 이러한 경우에까지 이 사건 피고가 주장하는 소멸시효 항변을 받아들이는 것은 이 사건 원고들에게 너무 가혹한 결과가 되어, 신의성실의 원칙에 반하여 허용될 수 없다고 봄이 타당하다 할 것이다.

[관련규정] 제2조, 제162조

[해설 및 논평]

1. 해설

소멸시효제도의 취지를 어떻게 이해하느냐에 관하여 견해의 대립이 있지만, 어느 견해를 취하든 ─ 정도의 차이는 있을지언정 ─ 그 제도에 의하여 실제로 변제를 하지 않은 채무자가 채무를 면하게 되어 부당하게 이득을 보는 결과가 발생한다. 그러나 그렇다고 해도 소멸시효제도는 유지되어야 한다. 그 제도가 가지는 긍정적인 면(변제를 한 자를 증명곤란으로부터 구제)을 포기할 수 없기

때문이다. 다만, 민법에 널리 적용되는 신의칙(및 권리남용금지의 원칙)이 소멸시효의 경우에도 적용되어야 하며, 그럼에 있어서는 전술한 소멸시효제도의 특수성도 고려해야 한다.

우리 대법원은 대판 1994. 12. 9, 93다27604에서 처음으로 채무자의 소멸시효 항변이 4가지 경우에는 소멸시효의 완성을 주장하는 것이 신의성실의 원칙에 반하여 권리남용으로서 허용될 수 없다고 하였다. 본 판결은, 소멸시효에 기한 항변권의 행사도 우리 민법의 대원칙인 신의성실의 원칙과 권리남용금지의 원칙의 지배를 받는 것이라고 한 뒤, 위의 판결을 따라서 4가지 경우에는 소멸시효 항변을 할 수 없다고 한다.

본 판결이 소멸시효 항변을 할 수 없다고 한 4가지 경우는 ① 채무자가 시효완성 전에 채권자의 권리행사나 시효중단을 불가능 또는 현저히 곤란하게 하였거나 그러한 조치가 불필요하다고 믿게 하는 행동을 한 경우, ② 객관적으로 채권자가 권리를 행사할 수 없는 장애사유가 있었던 경우, ③ 일단 시효완성 후에 채무자가 시효를 원용하지 않을 것 같은 태도를 보여 권리자로 하여금 그와 같이 신뢰하게 한 경우, ④ 채권자보호의 필요성이 크고 같은 조건의 다른 채권자가 채무의 변제를 수령하는 등의 사정이 있어 채무이행의 거절을 인정함이 현저히 부당하거나 불공평하게 되는 등의 특별한 사정이 있는 경우이다.

나아가 본 판결은 그 사안이 위 ②의 경우에 해당한다고 하였다. 그러면서 거기의 「장애사유」에 사실상의 장애사유가 포함됨을 분명히 하였다. 이는 신의칙에 의한 것이기 때문에 문제될 것이 없다.

2. 논평

본 판결의 태도는 타당하다.

[주요 평석 문헌] 이주현, "채권자의 권리행사가 객관적으로 불가능한 사실상의 장애사유가 있음에 불과한 경우 채무자의 소멸시효항변이 신의칙에 반한다는 이유로 허용하지 않을 수 있는지 여부," 대법원판례해설, 42호, 546면 이하.

42. 부재자의 재산관리

◈ 대판 1991. 11. 26, 91다11810
　[토지소유권이전등기말소등기등](강의 A-342,
　민총 [306])

[쟁점] 생사불명의 부재자가 사망간주되는 시점 이후 실종선고가 있기 이전에 재산관리인의 처분행위에 기하여 경료된 등기의 적법추정력 유무(적극)

[사실관계](아래의 사실관계는 원심판결과 함께 오영권 평석 276면·277면도 많이 참고함)

(1) 별지목록(생략) 기재 각 부동산(이하 이 사건 부동산이라고 함)에 관하여는 소외 A 명의로 소유권이전등기가 되어 있다가 제1부동산에 관하여는 1967. 6. 20. 소외 B(A의 장남)를 거쳐 같은 날 피고(A의 차남의 장남) 명의로, 제2 내지 4 부동산에 관하여는 1960. 1. 11. B를 거쳐 다시 1966. 6. 11. 피고 명의로 각 소유권이전등기가 마쳐졌다.

(2) 위의 소유권이전등기가 된 과정은 다음과 같다. A의 장남 B는 슬하에 장녀인 원고(1941. 1. 22.생) 등 딸들만 두었고, 그 차남 C에게는 아들이 있었으며 피고(1949. 1. 31.생)는 C의 장남이다. A는 1924.에 이 사건 부동산 인접 토지에 가족묘지와 제각을 설치해 놓고 6.25사변 중에 피살되었고, B는 그 무렵 행방불명되었으며, C는 장교로서 1951.에 전사하였다. 그 후 B의 처 D는 B에 대한 부재자 재산관리인 선임 신청을 하여 1962. 9. 26. 법원으로부터 그 자신이 B의 재산관리인으로 선임되었다. 한편 A의 처 E와 D는 후사를 걱정하여 C의 처인 F(피고의 모), A의 셋째 아들과 며느리 등 가족이 모여 조상의 제사를 모시고 선조분묘를 수호하기 위하여 당시 14세인 피고를 B의 사후양자로 입양시키며 동시에 가족묘지에 대하여는 피고 명의로 소유권이전등기를 해 주기로 1963. 2. 22. 합의 결정하였고, 이에 따라 전술한 바와 같이 피고 명의로 소유권이전등기가 경료되었다.

(3) 그러한 상태에서 민법시행 후에 원고(B의 장녀)는 B에 대하여 실종선고 청구를 하여 1980. 11. 18. 법원이 실종선고를 하였고 그 심판이 그 무렵 확정되어 B는 실종기간 만료일인 1955. 9. 30.에 사망한 것으로 간주되게 되었다. 그런데 민법(법률 471호) 부칙 제25조 제2항은 실종기간이 민법시행 이전에 만료되더라도 민법시행 후에 실종선고가 되었다면 위 민법을 적용한다고 규정하고, 위 민법 제1000조, 제1009조에서는 직계비속 여자에게도 재산상속권이 있다고 규정하여 원고가 B의 재산상속권을 가지게 되었다.

(4) 그리하여 원고는 피고를 상대로, 이 사건 부동산에 관하여 소유권이전등기의 말소를 구하는 소를 제기하였다.

[판결요지]

사망자 명의의 등기신청에 의하여 경료된 등기는 일단 원인무효의 등기로서 그 등기에 추정력이 인정되지 아니하고, 실종선고가 확정되면 실종기간이 만료된 때에 사망한 것으로 간주됨은 소론이 내세우는 바와 같으나, 사망한 것으로 간주된 자가 그 이전에 생사불명의 부재자로서 그 재산관리에 관하여 법원으로부터 재산관리인이 선임되어 있었다면 그 재산관리인은 그 부재자의 사망을 확인했다고 하더라도 그 선임결정이 취소되지 아니하는 한 계속하여 그 권한을 행사할 수 있다 할 것이므로(당원 1967. 2. 21. 선고 66다2352 판결; 1971. 3. 23. 선고 71다189 판결 참조), 그 재산관리인에 대한 선임결정이 취소되기 전에 그 재산관리인의 처분행위에 기하여 경료된 등기는 그 경료에 필요한 법원의 처분허가 등 모든 절차를 거쳐 적법하게 경료된 것이라고 추정된다 할 것이다. 따라서 이 경우 법원의 처분허가 없이 위조된 허가결정 등으로 등기를 경료하였다는 사실은 위 등기의 추정력을 번복시켜 그 등기의 말소를 구하는 원고에게 그 입증책임이 있다고 할 것이므로 같은 취지의 원심판단은 정당하고 반대의 견해에서 하는 소론

주장은 받아들일 수 없다.

[관련규정] 제25조, 제28조

[해설 및 논평]

1. 해설

(1) 서설

본 판결 사안에서는 부재자 B의 처인 D가 재산관리인으로서 B의 부동산을 처분(피고에게 증여함)하였는데, 그 시점이 후에 B에 대하여 내린 실종선고에 의해 B가 사망한 것으로 의제되는 시점보다 뒤였고, 또한 D의 처분에 법원의 허가(25조 본문 참조)가 있었는지가 불분명하였다. 이러한 점들 때문에 피고 명의의 소유권이전등기가 무효인지, 등기의 추정력이 인정되지 않는지가 문제되었다. 본 판결은 이 두 문제에 대하여 판단을 하고 있다.

(2) 실종선고에 의한 사망의제 시점 후에 한 재산관리인의 처분의 유효성

만약 특별한 고려를 하지 않는다면, 부재자의 재산관리인이 선임된 경우에 부재자가 사망하면 사망시에 상속이 개시되고 그 후의 재산관리인의 처분은 무효로 될 것이다. 또한 부재자에 대하여 실종선고가 된 때에도 실종기간 만료시에 상속이 개시되고 그 후의 재산관리인의 처분이 무효로 될 것이다. 그런데 그와 같이 처리하게 되면 재산관리인의 처분에 대한 상대방은 피해를 입게 된다.

그래서 대법원은 본 판결 이전에도 위와 같은 경우에 대하여 특별한 고려를 하고 있었다. 즉 법원이 선임한 부재자의 재산관리인은 그 부재자의 사망이 확인된 후라 할지라도 위 선임결정이 취소되지 않는 한 그 관리인으로서의 권한이 소멸되는 것은 아니라고 하고(대판 1967. 2. 21, 66다2352; 대판 1971. 3. 23, 71다189), 부재자의 재산관리인이 권한초과행위의 허가를 받고 그 선임결정이 취소되기 전에 그 권한에 의하여 이루어진 행위는 부재자에 대한 실종선고기간의 만료된 후에 이뤄졌다고 하더라도 유효한 것이고 그 재산관리인의 적법

한 권한행사의 효과는 이미 사망한 부재자의 재산 상속인에게 미친다고 하였다(대판 1975. 6. 10, 73다2023; 대판 1981. 7. 28, 80다2668).

본 판결은 이와 같은 종래 판결을 다시 확인하였다. 참고로 말하면, 본 판결 사안은 재산관리인의 처분이 있은 후에 실종선고가 내려진 경우이나, 대법원판결 사안 중에는 부재자의 사망을 확인한 후에 재산관리인이 처분을 한 경우도 있다(대판 1971. 3. 23, 71다189의 사안이 그렇다). 그러므로 대법원이 반드시 전자의 경우에 한하여 위와 같이 판단한 것은 아님을 주의해야 한다.

가사소송규칙 제50조가 ― 본인 사망시에 재산관리인의 권한이 소멸한다고 하지 않고 ― 사건 본인의 「사망이 분명하게 되거나 실종선고가 있는 때에는 가정법원은 사건 본인 또는 이해관계인의 청구에 의하여 그 명한 처분을 취소하여야 한다」고 규정하는 것은 위의 판례를 고려한 것으로 생각된다.

(3) 사망의제 이후에 행해진 등기의 적법 추정

과거 우리 대법원은, 구 농지개혁법 제19조 제2항과 관련하여, 농지에 관하여 소유권이전등기가 마쳐진 경우에는 농지매매에 관한 주소재서의 증명이 있었다고 추정된다고 하였다(대판 1987. 10. 28, 87다카1312). 본 판결은 이러한 판결에 따라 유사하게 판단하였다. 그것은 또한 선의의 제3자를 보호하기 위한 것이기도 하다.

2. 논평

본 판결은 받아들일 만하다.

[주요 평석 문헌] 오영권, "실종선고의 효력과 사망간주된 이후 실종선고 이전의 재산처분의 효력," 대법원판례해설, 16호, 275면 이하.

43. 법인격의 부인

◆ 대판 2001. 1. 19. 97다21604
[매매대금](강의 A-356, 민총 [316])

[쟁점] 법인격 부인의 요건과 효과

[사실관계]

(1) 원고는 1991. 6. 19. 피고 회사로부터 신축 중인 지하 5층, 지상 15층의 오피스텔 및 상가 건물(이하 이 사건 건물이라 함) 중 5층 2호를 분양받고, 1992. 3. 30.까지 계약금과 1, 2차 중도금 합계 2억 5,428만 원을 지급하였다. 그런데 피고 회사는 위 분양계약에 앞서 1991. 6. 10. 소외 X주식회사와 사이에 이 사건 건물 신축공사에 관하여 공사도급계약을 체결하였는데, 예상과 달리 분양이 저조하여 일부 공사대금의 지급을 지체하자 X회사는 1992. 8. 지하 5층 지상 7층까지의 골조공사만 시행한 채 공사를 중단하여 현재까지 공사가 사실상 중단된 상태로 남아 있다.

(2) 한편 피고 A는 종전부터 여러 회사를 사실상 지배하면서 이들 회사를 내세워 그 회사 명의로 또는 자신의 개인 명의로 빌딩 또는 오피스텔 등의 분양사업을 해왔고, 이러한 사업의 일환으로 이 사건 건물의 분양 및 관리를 위하여 1991. 5. 3. 피고 회사 전 대표이사인 소외 B로부터 피고 회사의 주식을 양수한 다음 자신이 피고 회사의 대표이사로 취임하였다. 피고 회사 주식은 모두 5,000주인데 현재 외형상 A 등 4인 명의로 분산되어 있으나 실질적으로는 A가 위 주식의 대부분을 소유하고 있고, 주주총회나 이사회의 결의 역시 외관상 회사로서의 명목을 갖추기 위한 것일 뿐 실질적으로는 법적 절차가 지켜지지 않은 채 A 개인의 의사대로 회사 운영에 관한 일체의 결정이 이루어져 왔다. 피고 회사 사무실은 현재 폐쇄되어 그곳에 근무하는 직원은 없고, 피고 회사가 수분양자들로부터 지급받은 분양대금 약 78억 원 중 30억 원 가량은 A가 임의로 자신의 명의로 위 B로부터 이 사건 건물의 부지인 이 사건 대지를 매입하는 자금으로 사용하였고 피고 회사의 재산과 A 개인의 재산이 제대로 구분되어 있지도 않다. 피고 회사가 시행하는 이 사건 공사는 발주금액만도 166억 원 가량에 이르고 이 사건 건물의 분양대금도 수백억 원에 이른 데에 반하여 피고 회사의 자본금은 5천만 원에 불과할 뿐만 아니라 이마저도 명목상의 것에 불과하고 위 분양대금으로 매수한 이 사건 대지는 A 개인 명의로 소유권이전등기가 경료되어 있고 나머지 분양대금 역시 그 용도가 명확히 밝혀지지 않은 채 모두 사용되어 피고 회사의 실제 자산은 사실상 전혀 없다.

(3) 이에 원고는 피고들(피고 회사와 A)을 상대로, 원고가 이미 지급한 분양대금 중의 일부로 우선 5천만 원의 반환을 구하는 소를 제기하였다(이유: 해제로 인한 원상회복). 그리고 1996. 5. 9.자 준비서면으로 피고 회사의 채무불이행을 이유로 위 분양계약을 해제하였다.

[판결요지]

회사는 그 구성원인 사원과는 별개의 법인격을 가지는 것이고, 이는 이른바 1인 회사라 하여도 마찬가지이다.

그러나 회사가 외형상으로는 법인의 형식을 갖추고 있으나 이는 법인의 형태를 빌리고 있는 것에 지나지 아니하고 그 실질에 있어서는 완전히 그 법인격의 배후에 있는 타인의 개인기업에 불과하거나 그것이 배후자에 대한 법률적용을 회피하기 위한 수단으로 함부로 쓰여지는 경우에는 비록 외견상으로는 회사의 행위라 할지라도 회사와 그 배후자가 별개의 인격체임을 내세워 회사에게만 그로 인한 법적 효과가 귀속됨을 주장하면서 배후자의 책임을 부정하는 것은 신의성실의 원칙에 위반되는 법인격의 남용으로서 심히 정의와 형평에 반하여 허용될 수 없다 할 것이고, 따라서 회사는 물론 그 배후자인 타인에 대하여도 회사의 행위에 관한 책임을 물을 수 있다고 보아야 할 것이다.

… 제반 사정에 비추어 보면 피고 회사는 형식상은 주식회사의 형태를 갖추고 있으나 이는 회사의 형식을 빌리고 있는 것에 지나지 아니하고 그 실질은 배후에 있는 피고 A의 개인기업이라 할 것이고 따라서 피고 회사가 분양사업자로 내세워져 수분양자들에게 이 사건 건물을 분양하는 형식을 취하였다 할지라도 이는 외형에 불과할 뿐이고 실질적으로는 위 분양사업이 완전히 피고 A의 개인사업과 마찬가지라고 할 것이다.

그런데 피고 A는 아무런 자력이 없는 피고 회사가 자기와는 별개의 독립한 법인격을 가지고 있음을 내세워 이 사건 분양사업과 관련한 모든 책임을 피고 회사에게만 돌리고 비교적 자력이 있는 자신의 책임을 부정하고 있음이 기록상 명백한바, 이는 신의성실의 원칙에 위반되는 법인격의 남용으로서 심히 정의와 형평에 반하여 허용될 수 없다 할 것이고, 따라서 피고 회사로부터 이 사건 오피스텔을 분양받은 원고로서는 피고 회사는 물론 피고 회사의 실질적 지배자로서 그 배후에 있는 피고 A에 대하여도 위 분양계약의 해제로 인한 매매대금의 반환을 구할 수 있다 할 것이다.

[관련규정] 제2조, 구 상법 제171조 제1항

[해설 및 논평]

1. 해설

법인은 그것을 설립하거나 운영하는 자와는 완전히 별개로 법인격을 가진다. 그리하여 법인의 책임을 다른 개인이 지지 않는다. 그런데 가령 책임을 회피하거나 재산을 은닉할 목적으로 법인격을 이용하는 경우에는 그 법인격을 부인하고 실질적인 배후자의 책임을 인정해야 할 필요가 있다. 그러한 이론이 이른바 법인격부인론이다.

대법원은 본 판결 이전에도 법인격 부인에 대하여 언급을 해왔다. 그런데 본 판결에 와서 비로소 법인격 부인의 법리를 확실히 채용했다고 할 수 있다. 본 판결을 중심으로 판례의 법인격부인론을 살펴본다.

우선 법인격 부인의 근거로 i) 신의칙, ii) 권리남용금지 규정, iii) 회사의 법인성에 관한 구 상법 제171조 제1항(현재에는 상법 169조) 등이 논의되고 있는데, 판례는 신의칙을 근거로 삼는다.

다음에 판례는 법인격을 부인할 경우로 ① 법인격이 형해화한 경우와 ② 법인격이 남용된 경우를 구분한다. 본 판결이, 회사가 실질에 있어서는 배후에 있는 타인의 개인기업에 불과하다고 한 경우는 ①의 경우고, 법인격이 배후자에 대한 법률적용을 회피하기 위한 수단으로 함부로 쓰여지는 경우라고 한 것은 ②의 경우이다(그 사안은 ①로 판단함). 그리고 그 후의 판결들은 두 경우의 요건을 상세하게 제시한다(특히 대판 2008. 9. 11, 2007다90982). 그리고 ②의 경우에 요건으로 주관적 목적을 요구하기도 한다(대판 2006. 8. 25, 2004다26119).

본 판결은, A에 대한 청구와 함께 피고 회사에 대한 청구도 인용하여 후자에 대한 청구의 선행을 요구하지 않는다.

2. 논평

법인격 부인은 필요하며, 그 근거는 신의칙과 권리남용금지에서 찾아야 한다. 그러한 한 형해화와 남용을 구별할 필요가 없고, 후자의 요건으로 주관적 목적을 요구할 것도 아니다.

[주요 평석 문헌] 송호영, "법인격부인론의 요건과 효과," 저스티스, 66호, 244면 이하; 차한성, "법인격부인론," 민사판례연구, 24권, 568면 이하.

제1장
민법총칙

44. 교회의 법률관계

◆ 대판(전원) 2006. 4. 20, 2004다37775
[소유권말소등기](강의 A-369, 민총 [327])

[쟁점] 교인들이 집단적으로 교회를 탈퇴한 경우에 '교회의 분열'을 인정할 것인지 여부(소극)와 교인들이 교회를 탈퇴하여 그 교회 교인으로서의 지위를 상실한 경우에 종전 교회 재산의 귀속관계 (=잔존 교인들의 총유). 교회의 소속 교단 탈퇴 내지 소속 교단 변경을 위한 결의요건(=의결권을 가진 교인 2/3 이상의 찬성) 및 위 결의요건을 갖추어 교회가 소속 교단을 탈퇴하거나 다른 교단으로 변경한 경우에 종전 교회 재산의 귀속관계(=탈퇴한 교회 소속 교인들의 총유)

[사실관계]

(1) 기독교 대한성결교회 갑 교회는 기독교 대한성결교회 소속의 지교회이고 소외인은 그 담임목사로 재직해 오던 중 당회 구성원인 장로들과 갈등을 빚자 임의로 기획위원회를 조직하여 교회를 운영하였고 이로 인하여 소속 교단의 징계재판을 받을 지경에 이르자 2001. 8. 26. 지지 교인들을 모아 소속 교단을 탈퇴하여 독립교회를 설립하되 명칭을 피고 교회(갑 교회)로 하기로 결의하였다(기독교 대한성결교회 강서지방회는 2001. 10. 11. 소외인에 대하여 면직판결을 하고 후임 목사를 파송하였다).

(2) 피고 교회는 2001. 11. 21. 기독교 대한성결교회 갑 교회 명의로 등기되어 있던 판시 교회 건물 및 대지 등에 관하여, 실제로는 피고 교회가 이를 매수한 적이 없음에도 위 교회 당회의 결의서 등 관련 서류를 임의로 작성하여 자신의 명의로 소유권이전등기를 마쳤다.

(3) 그러자 잔존 교인들로 구성된 교회(원고: 기독교 대한성결교회 갑 교회)가 피고 교회를 상대로 위 소유권이전등기의 말소청구의 소를 제기하였다.

[판결요지]

[1] [다수의견] 우리 민법이 사단법인에 있어서 구성원의 탈퇴나 해산은 인정하지만 사단법인의 구성원들이 2개의 법인으로 나뉘어 각각 독립한 법인으로 존속하면서 종전 사단법인에게 귀속되었던 재산을 소유하는 방식의 사단법인의 분열은 인정하지 아니한다. 그 법리는 법인 아닌 사단에 대하여도 동일하게 적용되며, 법인 아닌 사단의 구성원들의 집단적 탈퇴로써 사단이 2개로 분열되고 분열되기 전 사단의 재산이 분열된 각 사단들의 구성원들에게 각각 총유적으로 귀속되는 결과를 초래하는 형태의 법인 아닌 사단의 분열은 허용되지 않는다.

교회가 법인 아닌 사단으로서 존재하는 이상, 그 법률관계를 둘러싼 분쟁을 소송적인 방법으로 해결함에 있어서는 법인 아닌 사단에 관한 민법의 일반이론에 따라 교회의 실체를 파악하고 교회의 재산귀속에 대하여 판단하여야 하고, 이에 따라 법인 아닌 사단의 재산관계와 그 재산에 대한 구성원의 권리 및 구성원 탈퇴, 특히 집단적인 탈퇴의 효과 등에 관한 법리는 교회에 대하여도 동일하게 적용되어야 한다. 따라서 교인들은 교회 재산을 총유의 형태로 소유하면서 사용·수익할 것인데, 일부 교인들이 교회를 탈퇴하여 그 교회 교인으로서의 지위를 상실하게 되면 탈퇴가 개별적인 것이든 집단적인 것이든 이와 더불어 종전 교회의 총유 재산의 관리처분에 관한 의결에 참가할 수 있는 지위나 그 재산에 대한 사용·수익권을 상실하고, 종전 교회는 잔존 교인들을 구성원으로 하여 실체의 동일성을 유지하면서 존속하며 종전 교회의 재산은 그 교회에 소속된 잔존 교인들의 총유로 귀속됨이 원칙이다. 그리고 교단에 소속되어 있던 지교회의 교인들의 일부가 소속 교단을 탈퇴하기로 결의한 다음 종전 교회를 나가 별도의 교회를 설립하여 별도의 대표자를 선정하고 나아가 다른 교단에 가입한 경우, 그 교회는 종전 교회에서 집단적으로 이탈한 교인들에 의하여 새로

이 법인 아닌 사단의 요건을 갖추어 설립된 신설 교회라 할 것이어서, 그 교회 소속 교인들은 더 이상 종전 교회의 재산에 대한 권리를 보유할 수 없게 된다.

[2] [다수의견] 특정 교단에 가입한 지교회가 교단이 정한 헌법을 지교회 자신의 자치규범으로 받아들였다고 인정되는 경우에는 소속 교단의 변경은 실질적으로 지교회 자신의 규약에 해당하는 자치규범을 변경하는 결과를 초래하고, 만약 지교회 자신의 규약을 갖춘 경우에는 교단변경으로 인하여 지교회의 명칭이나 목적 등 지교회의 규약에 포함된 사항의 변경까지 수반하기 때문에, 소속 교단에서의 탈퇴 내지 소속 교단의 변경은 사단법인 정관변경에 준하여 의결권을 가진 교인 2/3 이상의 찬성에 의한 결의를 필요로 하고, 그 결의요건을 갖추어 소속 교단을 탈퇴하거나 다른 교단으로 변경한 경우에 종전 교회의 실체는 이와 같이 교단을 탈퇴한 교회로서 존속하고 종전 교회 재산은 위 탈퇴한 교회 소속 교인들의 총유로 귀속된다.

(이 판결에는 대법관 4인의 별개의견, 1인의 별개의견, 1인의 반대의견, 다수의견에 대한 1인의 보충의견이 있음)

[관련규정] [1] 제31조, 제275조, 제276조, 제277조. [2] 제40조, 제42조, 제78조, 제275조

[해설 및 논평]
1. 해설
(1) 서설
종전의 판례는 각종의 법인 아닌 사단 중 오직 교회에 대하여서만 법인 아닌 사단에 원칙적으로 적용되는 법리와는 달리 교회의 분열을 인정하면서, 교회가 분열된 경우 종전 교회의 재산은 분열 당시의 교인들에게 총유적으로 귀속된다고 하고, 교회의 구성원이 계속 변경되어 가는 속성에 비추어 분열된 각 교회는 새로운 교인들을 받아들일 수 있으므로 분열 당시의 교인들뿐 아니라 분열

후 새로 가입한 교인들도 종전 교회 재산에 대한 사용·수익권을 행사할 수 있다고 하였다(대판(전원) 1993. 1. 19, 91다1226). 그런데 대법원이 본 전원합의체 판결로 종래의 판례를 변경하였다. 본 판결은 거기에서 더 나아가 교회에 관한 대법원의 기본적인 입장을 보여주고 있다.

(2) 본 판결의 중요내용
본 판결은 먼저 특정 교단에 소속된 지교회가 독립된 법인 아닌 사단이라고 하고, 그것이 교회를 둘러싼 법률관계를 해석하는 기본원리로서 유지되어야 할 것이라고 한다. 즉 교회에 법인 아닌 사단의 법리가 유추적용되어야 한다는 것이다. 그런데 우리 민법이 사단법인의 분열을 인정하지 않으므로, 일부 교인들이 교회를 탈퇴하면 종전 교회는 잔존 교인들을 구성원으로 하여 실체의 동일성을 유지하면서 존속하며 종전 교회의 재산은 그 교회에 소속된 잔존 교인들의 총유로 귀속됨이 원칙이라고 한다. 다만, 사단법인 정관변경에 준하여 의결권을 가진 교인 2/3 이상의 찬성에 의한 결의요건을 갖추어 소속 교단을 탈퇴하거나 다른 교단으로 변경한 경우에 종전 교회의 실체는 이와 같이 교단을 탈퇴한 교회로서 존속하고 종전 교회 재산은 위 탈퇴한 교회 소속 교인들의 총유로 귀속된다고 한다.

(3) 이 사안의 경우
본 판결은 '갑 교회'의 설립 교인총회가 설립절차를 준수했는지와 교인 2/3 이상의 동의가 있었는지를 인정할 자료가 부족하다는 이유로, 원심판결을 파기·환송하였다.

2. 논평
교회의 분열을 전혀 허용하지 않음이 옳다.

[주요 평석 문헌] 민유숙, "교인들이 집단적으로 교회를 탈퇴한 경우 법률관계," 대법원판례해설, 60호, 31면 이하.

45. 재단법인 출연재산의 귀속시기

◈ 대판(전원) 1979. 12. 11. 78다481 · 482
[소유권이전등기말소등](강의 A-379, 민총
[336]·[337])

[쟁점] 재단법인의 설립에 있어서 출연재산의
귀속시기

[사실관계]

(1) 소외 망 A는 그의 생존시인 1956. 4. 10. 그
소유의 서울 (지역 생략) 223 대 760평(이하 이 사건
부동산이라 함)을 당사자참가인인 재단법인 Z사의
설립을 위하여 동 법인의 기본재산으로 기부하였
고, 위 A가 1956. 4. 30. 사망한 뒤에는, 그 호주상
속인이며 원고 D 등의 부(父)인 망 B가 1960. 1.
23. 이 사건 부동산을 포함한 수십 필지의 부동산
의 기부승낙서에 의하여 재단법인 Z사의 설립허가
신청서를 문교부에 제출하여 1960. 5. 9. 그 설립
허가에 얻어서 1960. 5. 20. 동 법인설립등기까지
경료하였다.

(2) 그런데 그 뒤인 1965. 3. 10. 이 사건 부동산
에 관하여 소외 망 I 명의의 소유권이전등기가 경
료되고, 이어서 피고 주식회사 조흥은행 등에게
참가청구취지 기재와 같이 각 공유지분이전등기
내지는 가등기가 순차로 각 경료되었다.

(3) 위 A는 1956. 4. 30.(기부행위 한 후) 사망함
으로써 B가 그 호주상속을 하였다가, B 역시
1969. 12. 3. 사망함으로써 원고 C는 그의 처로서,
원고 D는 장남, 원고 E는 차남, 원고 F는 삼남으
로서, 원고 G, 원고 H는 출가한 그 여식들로서 B
의 공동재산상속인이 되었다. 그리고 위 I는 1969.
10. 9. 사망하였는바, I가 사망함으로써 피고 J(처),
동 K(장녀), 동 L(차녀), 동 M(장남), 동 N(차남), 동
O(삼녀), 동 P(4녀), 동 Q(5녀), 동 R(6녀)은 위 소
외 망인의 공동재산상속인이 되었다.

(4) 원고들은 피고들을 상대로, 이 사건 부동산
에 관한 소유권이전등기의 말소를 구하는 소를 제

기하였다(이유: 이 사건 부동산을 처분한 적이 없음).
그리고 독립 당사자참가인인 재단법인 Z사는 본
참가소송으로서 원고 등에 대하여 소유권이전등
기절차의 이행을, 피고 등에 대하여 무권리자로부
터의 소유권취득을 이유로 그 등기의 말소등기절
차 이행을 구하였다.

[판결요지]

민법 제48조는 재단법인 성립에 있어서 재산출
연자와 법인과의 간의 관계에 있어서의 출연재산
의 귀속에 관한 규정이고 동 규정은 그 기능에 있
어서 출연재산의 귀속에 관해서 출연자와 법인과
의 관계를 상대적으로 결정함에 있어서 그의 기준
이 되는 것에 불과하여 출연재산은 출연자와 법인
과의 관계에 있어서 그 출연행위에 터잡아 법인이
성립되면 그로써 출연재산은 민법의 위 조항에 의
하여 법인 설립시에 법인에게 귀속되어 법인의 재
산이 되는 것이라고 할 것이고, 출연재산이 부동
산인 경우에 있어서도 위 양 당사자 간의 관계에
있어서는 위 요건(법인의 성립)외에 등기를 필요로
하는 것이 아니라 함이 상당하다 할 것이다 (출연
행위는 재단법인의 성립요소임으로 출연재산의 귀속에
관해서 법인의 성립 외에 출연행위를 따로 요건으로 둘
필요는 없는 것이라고 할 것이다).

원래 법적인 관념 따라서 물권변동에 관한 관
념은 모든 다른 분야에 있어서의 그것과 마찬가지
로 이를 실체화해서 고정적인 것으로 받아들이지
않으면 안 될 이론상 또는 사실상의 이유나 필요
가 반드시 있는 것이 아니므로 민법의 위 조항을
위와 같은 취지로 받아들이는 것이 이론상으로나
사실상으로나 무리라고 하여야 할 이유가 있다고
할 수 없으며 또 동 조항을 위와 같은 취지로 받
아들이는 것이 동 조항의 문언상 허용할 수 없다
고 하여야 할 이유가 있다고도 할 수 없을 뿐만
아니라, 위 조항의 기능을 위와 같이 상대적인 것
으로 받아들이는 것은 일반적으로 출연자의 의사
에 합치되는 동시에 거래의 안전에 기여하는 결과

가 되는 것이라고도 할 수 있고 아울러 법인으로 하여금 성립 후 출연재산에 대하여 제3자에 대한 관계에 있어서 권리확보의 필요한 조치를 속히 취하도록 유도함으로써 법인의 재산 충실의 결과를 기대할 수 있게 되어 현실적으로도 출연자와 법인 그리고 제3자의 이해관계가 적절히 조화될 것이 기대할 수 있게 되는 것이라고 할 수 있다(원래 공시제도는 그 기능이 개개의 재산을 중심으로 하고 인정되고 있는 것이고 재산의 주체를 중심으로 하고 인정되고 있는 것이 아니므로 법인의 성립은 그로써 그의 재산의 공시를 결과케 하는 것이 아니며, 또 법인의 권리확보에 대한 해태의 결과를 제3자의 불이익으로 돌려야 할 합리적인 이유도 없는 것이다).

그러므로 제3자에 대한 관계에 있어서는 출연행위가 법률행위이므로 출연재산의 법인에의 귀속에는 부동산의 권리에 관해서는 법인 성립 외에 등기를 필요로 하는 것이라고 함이 상당하다 할 것이다.

(이 판결에는 대법관 6인의 반대의견이 있음)

[관련규정] 제48조

[해설 및 논평]
1. 해설
재단법인을 설립하려면 설립자가 일정한 재산을 출연해야 한다. 그런데 그러한 출연재산이 언제 법인에 귀속하는지 문제된다.

여기에 관하여 민법은 제48조에서 생전처분으로 재단법인을 설립하는 때에는 출연재산은 법인이 성립한 때(즉 법인의 설립등기를 한 때)로부터 법인의 재산이 된다고 하고(동조 1항), 유언으로 설립하는 때에는 유언의 효력이 발생한 때(즉 유언자가 사망한 때)로부터 법인에 귀속한 것으로 본다고 규정한다(동조 2항). 그런데 다른 한편으로 민법은 법률행위에 의한 물권변동에 관하여 성립요건주의(형식주의)를 취하고 있다(186조·188조 1항. 증권적 채권에 관하여는 생략함). 이에 따르면 법인 명의

의 부동산의 등기 또는 법인에의 동산의 인도가 있는 때에 법인의 재산으로 되게 된다. 그리하여 제48조가 정하는 시기와 다르게 된다.

이러한 충돌을 해결하기 위해 학자들은 과거부터 고심하였는데, 학설은 둘로 나뉘어 있다. 다수설은 제48조를 제187조의 「기타 법률의 규정」으로 보아서 등기 없이 제48조가 정하는 시기에 법인에 귀속한다고 하고, 소수설은 부동산물권과 같이 권리 이전에 등기를 요하는 것은 그 부동산에 관하여 등기를 한 때라고 한다.

판례는 본 판결 이전에는 다수설에 따르고 있었으나, 본 전원합의체 판결에 의해 태도를 바꾸었다. 본 판결은, 출연자와 법인 사이에서는 법인 성립시에 법인의 재산이 되나, 제3자에 대한 관계에서는 법인의 성립 외에 등기를 필요로 한다고 한다. 그리고 그 후 후속판결까지 나와 확고하게 되었다(대판 1981. 12. 22, 80다2762·2763; 대판 1993. 9. 14, 93다8054). 한편 대법원은 본 판결의 법리를 유언으로 재단법인을 설립하는 경우에도 그대로 적용하고 있다(대판 1993. 9. 14, 93다8054).

한편 본 판결은, 이 사건 토지는 Z사의 소유이어서 I 및 피고 등의 소유권이전등기 및 가등기는 무효라고 하고 Z사의 청구를 인용한 원심판결이 위법하다고 한 뒤, 원심판결 중 피고 등의 패소에 관한 모든 부분을 파기하고 원심법원에 환송하였다.

2. 논평
본 판결은 법률행위에 의한 부동산 물권변동에 관한 대항요건주의(의사주의)에서의 이론으로서 지극히 부당하다.

[주요 평석 문헌] 안상돈, "재단법인의 설립에 있어서 출연부동산의 귀속시기," 대법원판례해설, 2권 1호, 31면 이하.

46. 법인의 불법행위능력

◆ 대판 2003. 7. 25, 2002다27088
[소유권이전등기](강의 A-387·389, 민총 [342]
이하)

[쟁점] 비법인사단의 대표자의 행위가 대표자
개인의 사리를 도모하기 위한 것이었거나 법령의
규정에 위배된 경우에 제35조 제1항의 직무에 관
한 행위에 해당하는지 여부(한정 적극). 대표자의
행위가 직무에 해당하지 않음을 피해자가 알았거
나 또는 중대한 과실로 알지 못한 경우에도 비법
인사단은 손해배상책임이 있는지 여부(소극) 및
중대한 과실의 의미

[사실관계]

(1) 1993. 4.경 무주택 직장인과 지역주민들이 3
개의 직장주택조합과 2개의 지역주택조합(이 5개
의 주택조합을 위 단위조합들이라 함)을 각 결성하였
고, 위 단위조합들의 조합장들은 1993. 7.경 조합
주택의 건축 및 분양사업 등을 효율적으로 추진하
기 위해 위 단위조합들의 각 조합원 전원을 조합
원으로 하는 피고 조합(연합주택조합)을 결성하여
건축사업을 추진하기로 결의하였다.

(2) 위 단위조합들은 1994. 5. 3. 구청으로부터
아파트 2동 162세대를 건설하는 사업계획의 승인
을 받고 같은 날 건축허가도 받았다. 위 사업계획
에 의하면 이 아파트 중 148세대는 조합원들에게
공급하고, 나머지 14세대(이하 이 사건 임의분양분
이라고 함)는 비조합원에게 임의분양하도록 되어
있었다.

(3) 위 단위조합들의 조합장들은 1994. 6. 3.경
각 조합원들을 대표하여 피고 조합의 규약을 제정
하고, 위 규약에 따라 단위조합들의 각 조합장들
로 구성된 임원회의에서 소외 A를 피고 조합의 조
합장으로 선출한 후 J건설을 아파트 건축사업대행
사로 지정하였다. 그런데 J건설이 1994. 6.경 부도
나면서 건축사업의 대행업무를 수행할 수 없게 되

자, 피고 조합의 조합장인 A는 1995. 6.경 소외 X
주식회사를 설립하여 J건설을 대신하여 건축사업
대행업무를 하였다.

(4) 한편 이 사건 임의분양분에 대한 분담금을
납부하여 오던 임시 조합원 14명 중 4명이 그 지
위를 포기함에 따라 추가로 4세대를 임의분양할
수 있게 되었다. 그러자 피고 조합장인 A와 X회사
의 고문인 소외 B, X회사의 회장 소외 C 등은 위
추가 임의분양분 4세대를 중복분양하여 분양금을
편취하기로 공모한 후, 부동산 브로커들을 동원하
여 피고 조합의 자금사정이 좋지 않아 분양금을
일시불로 납입하는 조건으로 미분양된 아파트 14
세대를 시가보다 싼값에 분양한다고 선전하면서
분양희망자들을 유인케 하여 1996. 1.경부터 1997.
8.경까지 사이에 직접 또는 부동산 브로커들을 통
하여 원고들을 비롯한 108명에게 위 4세대를 중복
분양하여 그 분양대금 합계 15,676,378,000원을 편
취하였다.

(5) 원고들은 조합원들에게 분양되고 남은 14세
대를 분양받을 수 있다는 말을 부동산중개업자들
로부터 듣고 A, B 등과 사이에 매매계약을 체결한
후 피고 조합장의 직인이 날인된 아파트 분양계약
서 및 분양대금완납증명서를 교부받았다. 원고들
은 동·호수 추첨 현장에 와서 비로소 중복분양
사실을 알고 강력히 항의하였는데, 이에 대하여
A, B, C는 원고들이 피고 조합의 임의분양분 수분
양자임을 확인하고, 1997. 8. 30.까지 동·호수 추
첨이 이루어지도록 하겠다는 내용의 각서를 작성
해 주었다.

[판결요지]

피고 조합의 법적 성격은 이 사건 단위조합들
과는 별개의 비법인사단이라고 할 것이고, 피고
조합과 같은 비법인사단의 대표자가 직무에 관하
여 타인에게 손해를 가한 경우 그 사단은 민법 제
35조 제1항의 유추적용에 의하여 그 손해를 배상
할 책임이 있으며(대법원 1994. 3. 25. 선고 93다

32828, 32835 판결, 1997. 7. 11. 선고 97다1266 판결 등 참조), 비법인사단의 대표자의 행위가 대표자 개인의 사리를 도모하기 위한 것이었거나 혹은 법령의 규정에 위배된 것이었다 하더라도 외관상, 객관적으로 직무에 관한 행위라고 인정할 수 있는 것이라면 민법 제35조 제1항의 직무에 관한 행위에 해당한다고 할 것이나, 다만, 그 경우에도 대표자의 행위가 직무에 관한 행위에 해당하지 아니함을 피해자 자신이 알았거나 또는 중대한 과실로 인하여 알지 못한 경우에는 비법인사단에게 손해배상책임을 물을 수 없다고 할 것이고, 여기서 중대한 과실이라 함은 거래의 상대방이 조금만 주의를 기울였더라면 대표자의 행위가 그 직무권한 내에서 적법하게 행하여진 것이 아니라는 사정을 알 수 있었음에도 만연히 이를 직무권한 내의 행위라고 믿음으로써 일반인에게 요구되는 주의의무에 현저히 위반하는 것으로 거의 고의에 가까운 정도의 주의를 결여하고, 공평의 관점에서 상대방을 구태여 보호할 필요가 없다고 봄이 상당하다고 인정되는 상태를 말한다고 할 것이다.

기록 및 원심판결 이유에 의하면, 피고 조합은 조합원의 주거생활의 안정과 향상을 도모하기 위하여 아파트 건립과 이를 위한 자금조달 및 운영에 관하여 필요한 사업을 효율적으로 수행하기 위하여 설립되었고, 그 구성원은 이 사건 단위조합들의 조합원 전원이므로, 피고 조합원들의 총유재산인 이 사건 임의분양분을 비조합원에게 분양하는 업무는 피고 조합의 설립목적 범위 내에 포함된다고 할 것이니, 피고 조합장 소외 A가 원고들에게 이 사건 임의분양분을 분양한 행위는 외관상, 객관적으로 보아 피고 조합장의 직무에 관한 행위라고 할 것이고, … 등을 종합하면, 피고가 상고이유에서 주장하는 여러 가지 사정을 감안하더라도 원고들이 피고 조합장 소외 A가 공동불법행위자들과 공모하여 개인의 사리를 도모하기 위하여 이 사건 임의분양분을 중복분양하는 것을 알지 못한 데 중대한 과실이 있다고 할 수 없다.

[관련규정] 제35조 제1항, 제750조

[해설 및 논평]

1. 해설

우선 본 판결은 그 사안에서 피고 연합주택조합을 법인 아닌 사단이라고 한다. 이는 종래의 판례를 따른 것이다.

본 판결은, 비법인사단의 대표자가 직무에 관하여 타인에게 손해를 가한 경우에 그 사단은 제35조 제1항의 유추적용에 의하여 그 손해를 배상할 책임이 있다고 한다. 이것 역시 종래의 판례를 다시 확인한 것이다.

본 판결은, 제35조 제1항의 직무에 관한 행위에 관하여 – 사용자책임의 경우에 취한 – 외형이론을 여기서도 채용하고 있다(채각 판례13 참조). 그리고 외형이론은 상대방의 신뢰를 보호하기 위한 것이어서 피해자가 악의이거나 그에게 중과실이 있으면 책임이 인정되지 않는데, 본 판결도 같은 입장을 취한다. 이 중에 중과실에 대하여는(비법인사단의 경우) 최초의 판결이다.

본 판결은 A의 분양행위는 직무에 관한 행위이고, 원고들에게는 중과실이 없다고 한다.

2. 논평

본 판결은 그 법리뿐만 아니라 그 사안에서의 판단도 타당하다.

[주요 평석 문헌] 윤장원, "비법인사단의 대표자의 불법행위," 판례연구(부산판례연구회), 16집, 1면 이하; 진성철, "비법인사단의 불법행위책임과 피해자의 중과실," 대법원판례해설, 46호, 326면 이하.

47. 법인 이사의 대표권 제한

◆ 대판 1992. 2. 14, 91다24564
[물품대금](강의 A-398, 민총 [352])

[쟁점] 재단법인의 대표자가 그 법인의 채무를 부담하는 계약을 함에 있어서 이사회의 결의를 거쳐 노회와 설립자의 승인을 얻고 주무관청의 인가를 받도록 정관에 규정되어 있으나 등기는 되어 있지 않은 경우에 제3자에 대한 대항력 유무(소극). 법인 대표권의 제한에 관한 규정이 등기되어 있지 않은 경우에 그 대표권 제한으로써 대항할 수 없는 제3자의 범위

[사실관계]

(1) 원고(X회사)는 1987. 10. 17. 소외 K건설주식회사(이하 K건설이라고 함)와, K건설이 피고 법인(재단법인 Y병원)으로부터 도급받은 도로 포장공사에 소요될 레미콘 4,500평방미터를 단가 27,970원에 공급하기로 하는 납품계약을 체결하고, 위 계약에 따라 K건설에 1987. 10. 20.부터 같은 해 11. 14.까지 58,552,397원 상당의 레미콘을 납품하였다.

(2) 피고 법인은 Y병원의 유지 운영을 목적으로 피고 A의 주도 하에 설립된 재단법인으로서 위 계약 이전인 1986. 11. 30.에 피고 A 등 이사들의 임기가 만료되었으나 피고 법인의 내부 분쟁으로 후임이사들이 선임되지 못하다가 1987. 9. 24.경 주무관서로부터 임시이사로 소외 B 외 9인이 선임되고 같은 해 10. 22. 이사장으로 위 B가 취임하여 같은 해 11. 7. 이사 및 이사장 변경등기를 마쳤다. 그리고 위 계약 당시인 같은 해 10. 17.에는 피고 법인의 전임 이사장인 소외 C가 1986. 12. 30. 이사 승인취소로 이사직 및 대표권을 상실하고(법인 등기부상 변경등기는 1987. 3. 7.에 마침) 이사장 직무대리로 소외 D가 선임되어 있었으나 위 소외인은 Y병원의 업무만으로도 바빴기 때문에 형식상으로만 피고 법인의 업무를 수행하고(법인 등기부상 변경등기도 되지 않음) 위 C의 퇴임 이후

위 B가 이사장으로 취임한 1987. 10. 22.까지 피고 법인의 사무처장인 소외 E에게 인장을 맡겨두고 동시에 위 병원의 원장인 피고 A에게 병원과 관련된 업무처리를 맡김에 따라 피고 A가 실질적으로 피고 법인의 업무를 집행해 왔다.

(3) 한편 원고와 K건설 사이에 위와 같은 레미콘 공급계약을 체결함에 있어 원고가 위 소외 E(자료상 B인지도 모르겠음)에게 피고 법인이 위 물품대금의 지급을 보증해 줄 것을 요구하자, 위 E가 피고 A의 승인을 얻어 K건설이 원고로부터 공급받은 레미콘 대금은 K건설이 물품공급량 및 대금을 확인한 후 피고 법인이 원고에게 직접 지급하기로 하는 내용의 약정을 함과 동시에 이사장 직무대리 D의 내부결재를 받아 K건설의 원고에 대한 물품대금 지급채무를 연대보증하기로 하고, 다만 계약서상 연대보증인 표시를 피고 법인으로 하지 않고 ○○원 원장○○○○으로 기재하고 그의 인장을 날인하여 계약서 2통을 원고와 K건설에 보내주었다.

(4) 원고는 피고 법인이 레미콘 대금채무를 연대보증 하였다고 주장하면서 피고를 상대로 위 물품대금의 지급을 구하는 소를 제기하였다. 이에 대하여 피고 법인은, 위 연대보증계약은 피고 법인의 적법한 대표자가 체결한 것이 아니고, 피고 법인의 대표자가 연대보증 하였다고 하더라도 피고 법인의 정관에 의하면 피고 법인의 채무부담행위에 대하여는 이사회의 결의 및 노회와 설립자의 승인을 거쳐 주무관청의 인가를 받도록 되어 있는데, 위 연대보증행위에 대하여는 위 정관규정에 따른 절차를 거친 바 없으므로 그 연대보증행위는 효력이 없으며, 원고가 선의의 제3자도 아니므로 그 절차의 흠결로써 대항할 수 있다고 주장한다.

[판결요지]

법인의 대표자가 법인의 채무를 부담하는 계약을 함에 있어서 이사회의 결의를 거쳐 노회와 설립자의 승인을 얻고 주무관청의 인가를 받도록 정

관에 규정되어 있다면 그와 같은 규정은 법인 대표권의 제한에 관한 규정으로서 이러한 제한은 등기하지 아니하면 제3자에게 대항할 수 없다고 할 것인바(당원 1975. 4. 22. 선고 74다410 판결; 1987. 11. 24. 선고 86다카2484 판결 각 참조), 피고 법인의 정관 제10조에 그와 같은 취지의 법인 대표권의 제한에 관한 규정이 있음은 소론과 같으나 그와 같은 취지가 등기되어 있다는 주장 입증이 없는 이 사건에서 피고 법인은 원고가 그와 같은 정관의 규정에 대하여 선의냐 악의냐에 관계없이 제3자인 원고에 대하여 이러한 절차의 흠결을 들어 이 사건 보증계약의 효력을 부인할 수 없다고 할 것이다.

같은 취지의 원심판단은 정당하고 이와 반대되는 논지는 이유 없다.

[관련규정] 제49조, 제60조

[해설 및 논평]

1. 해설

본 판결에서는 먼저 그 사안의 경우에 피고 법인과 원고 사이에 레미콘 대금채무의 연대보증계약이 유효하게 성립했는지가 문제되었고, 본 판결은 그것을 인정하였다.

다음에 본 판결에서는 연대보증계약이 대표자가 대표권 제한을 위반하여 체결한 것인지, 그리하여 원고가 피고 법인에 대하여 계약의 효력을 주장할 수 없는지가 문제되었다. 본 판결은 법인 이사의 대표권 제한과 관련하여 세 가지 중요한 사항에 대하여 판단을 하고 있다. 이사회의 결의 등을 거치도록 한 것이 이사의 대표권 제한에 해당하는지, 대표권 제한의 효력은 어떻게 되는지, 대표권 제한을 등기하지 않아도 악의의 제3자에게는 대항할 수 있는지가 그것이다. 아래에서 이들 문제를 차례로 살펴본다.

피고 법인의 정관 제10조에 의하면, 법인이 예산으로 정한 외에 의무부담이나 권리의 포기는 이

사회의 결의로써 노회와 설립자의 승인을 얻어 주무청의 인가를 받도록 규정되어 있다. 이사회의 결의 등을 얻도록 한 이러한 내용이 이사의 대표권 제한인지 문제된다. 그에 대하여는, 이사의 대표권의 제한규정이라고는 볼 수 없고 법인의 대내적인 업무집행상의 지침에 불과한 것으로 보아야 한다는 소수설(양창수 민법연구(1) 128면)도 있으나, 다수설은 대표권 제한으로 파악한다. 종래의 판례도 같다. 본 판결은 그 점에 관하여 종래의 판례를 따르고 있다.

이사의 대표권 제한은 법인의 등기사항이고(49조 2항 9호), 등기하지 않으면 제3자에게 대항하지 못한다(60조). 그리하여 본 판결은 법인의 그러한 대표권 제한은 등기하지 않으면 제3자에게 대항할 수 없다고 한다.

대표권 제한이 정관에 규정되어 있기는 하지만 등기가 되지 않은 경우에 악의의 제3자에게는 대항할 수 있는지(다수설), 모든 제3자에게 대항할 수 없는지(소수설) 문제된다. 그에 대하여 본 판결은 모든 제3자에게 대항할 수 없다고 한다. 이는 종래의 판례를 따른 것이고(대판 1975. 4. 22, 74다410), 후속 판결도 있다(대판 2014. 9. 4, 2011다51540).

2. 논평

본 판결은 모두 타당하다. 제3자에 대해서는 제60조의 취지에도 부합한다.

[주요 평석 문헌] 양창수, "민법 제60조에서 정하는 「제3자」의 범위," 판례월보, 262호, 46면 이하; 이교림, "법인이사의 대표권의 제한," 대법원판례해설, 17호, 145면 이하.

48. 유체·유골의 귀속자

◈ 대판(전원) 2023. 5. 11, 2018다248626
[유해인도](강의 A-431, E-196, 민총 [381], 친상 [250])

[쟁점] 공동상속인들 사이에 협의가 이루어지지 않는 경우 제사주재자를 결정하는 방법

[사실관계]

(1) 원고들은 소외 1의 배우자, 장녀(1994년생), 차녀(2000년생)이다. 소외 1은 원고 1과 혼인관계에 있던 중 2006. 11.경 피고 2와 사이에 장남 소외 2(2006년생)를 두었다.

(2) 소외 1이 2017. 4. 16. 사망하자 피고 2는 소외 1의 유체를 화장한 후 그 유해를 피고 재단법인 ○○이 운영하는 추모공원 내 봉안당에 봉안하였다. 이에 원고들은 피고들을 상대로 소외 1의 유해를 원고들에게 인도할 것을 구하는 이 사건 소를 제기하였다.

(3) 원심은 장남 소외 2가 제사주재자로서 소외 1의 유해에 대한 권리를 가지고 있고 피고 2는 소외 2의 법정대리인(친권자 모)으로서 그 유해를 점유·관리하고 있다고 보아, 유해에 대한 권리가 원고들에게 있음을 전제로 하는 원고들의 청구를 모두 기각한 제1심판결을 그대로 유지하였다. 그러자 원고들이 상고하였고, 대법원은 본 판결에서 원심판결을 파기·환송하였다.

[판결요지]

2. 제사주재자 결정방법

가. … 2008년 전원합의체 판결은 제사주재자는 우선적으로 망인의 공동상속인들 사이의 협의에 의해 정하되, 협의가 이루어지지 않는 경우에는 제사주재자의 지위를 유지할 수 없는 특별한 사정이 있지 않는 한 망인의 장남(장남이 이미 사망한 경우에는 장손자)이 제사주재자가 되고, 공동상속인들 중 아들이 없는 경우에는 망인의 장녀가 제사주재자가 된다고 판시하였다.

나. 그러나 공동상속인들 사이에 협의가 이루어지지 않는 경우 제사주재자 결정방법에 관한 2008년 전원합의체 판결의 법리는 더 이상 조리에 부합한다고 보기 어려워 유지될 수 없다. 그 이유는 다음과 같다. …

다. 공동상속인들 사이에 협의가 이루어지지 않는 경우에는 제사주재자의 지위를 인정할 수 없는 특별한 사정이 있지 않는 한 피상속인의 직계비속 중 남녀, 적서를 불문하고 최근친의 연장자가 제사주재자로 우선한다고 보는 것이 가장 조리에 부합한다. 그 이유는 다음과 같다. 1) … 2) … 3) …

4) 한편 피상속인의 직계비속 중 최근친의 연장자라고 하더라도 제사주재자의 지위를 인정할 수 없는 특별한 사정이 있을 수 있다. 이러한 특별한 사정에는, 2008년 전원합의체 판결에서 판시한 … 경우뿐만 아니라, 피상속인의 명시적·추정적 의사, 공동상속인들 다수의 의사, 피상속인과의 생전 생활관계 등을 고려할 때 그 사람이 제사주재자가 되는 것이 현저히 부당하다고 볼 수 있는 경우도 포함된다.

라. 이와 달리 공동상속인들 사이에 제사주재자 결정에 관한 협의가 이루어지지 않는 경우 특별한 사정이 없는 한 장남 또는 장손자 등 남성 상속인이 제사주재자로 우선한다고 본 2008년 전원합의체 판결은 이 판결의 견해와 배치되는 범위에서 변경하기로 한다.

마. … 새로운 법리는 이 판결 선고 이후에 제사용 재산의 승계가 이루어지는 경우에만 적용된다고 봄이 타당하다 … .

다만 대법원이 새로운 법리를 선언하는 것은 이 사건의 재판규범으로 삼기 위한 것이므로 이 사건에는 새로운 법리를 소급하여 적용하여야 한다.

3. 이 사건에 대한 판단

… 원심으로서는 공동상속인들 사이에서 제사주재자에 관한 협의가 이루어지지 않은 경우, 소외 1의 직계비속 중 남녀를 불문하고 최근친의 연

장자를 제사주재자로 우선하되 다만 그 사람이 제사주재자가 되는 것이 현저히 부당하다고 볼 사유가 있는지 여부를 심리하여 누가 소외 1에 대한 제사주재자인지를 판단하였어야 했다.

(이 판결에는, 제반 사정을 종합적으로 고려하여 개별적·구체적으로 판단하여야 하며, 여기에는 배우자가 포함된다는 대법관 4인의 별개의견이 있음)

[관련규정] 제1조, 제877조, 제1008조의 3, 장사 등에 관한 법률 제2조 제16호(기타 생략)

[해설 및 논평]
1. 해설
(1) 서설
민법은 유체·유골의 귀속주체에 관하여 명문의 규정을 두고 있지 않다. 그러한 상황에서 우리 판례는 아래에서 보는 바와 같이 그 권리가 제사주재자에게 속한다고 한다. 그런데 문제는 누가 제사주재자가 되는가이다. 이에 관하여 판례는 변해왔으며, 본 판결이 대판(전원) 2008. 11. 20, 2007다27670(2008년 전원합의체 판결)을 변경하였다.

(2) 유체·유골의 귀속자를 정하는 방법
2008년 전원합의체 판결은, 사람의 유체·유골은 매장·관리·제사·공양의 대상이 될 수 있는 유체물로서, 분묘에 안치되어 있는 선조의 유체·유골은 제1008조의 3 소정의 제사용 재산인 분묘와 함께 그 제사주재자에게 승계되고, 피상속인 자신의 유체·유골 역시 제사용 재산에 준하여 그 제사주재자에게 승계된다고 한다(2008년 전원합의체 판결의 이 부분은 변경되지 않음). 이 점에 관하여는 본 판결도 같은 입장이다.

(3) 누가 제사주재자가 되는가?
초기에 대법원은, 적장자가 우선적으로 제사상속인이 되는 관습에 기초하여, 공동상속인 중 종손이 있다면 그가 제사주재자의 지위를 유지할 수 없는 특별한 사정이 없는 한 제사주재자가 된다고 하였다(대판 1997. 9. 5, 95다51182 등). 그 후 2008년

전원합의체 판결에서 종래의 관습은 더 이상 관습법으로서의 효력을 유지할 수 없다고 한 뒤, 제사주재자는 우선적으로 망인의 공동상속인들 사이의 협의에 의해 정하되, 협의가 이루어지지 않는 경우에는 제사주재자의 지위를 유지할 수 없는 특별한 사정이 있지 않는 한 망인의 장남(장남이 이미 사망한 경우에는 장손자)이 제사주재자가 되고, 공동상속인들 중 아들이 없는 경우에는 망인의 장녀가 제사주재자가 된다고 하였다. 그런데 이번에 본 판결에서 다시, 공동상속인들 사이에 협의가 이루어지지 않는 경우 제사주재자 결정방법에 관한 2008년 전원합의체 판결의 법리는 더 이상 조리에 부합한다고 보기 어려워 유지될 수 없다고 하였다. 그러면서 공동상속인들 사이에 협의가 이루어지지 않는 경우에는 제사주재자의 지위를 인정할 수 없는 특별한 사정이 있지 않는 한 피상속인의 직계비속 중 남녀·적서를 불문하고 최근친의 연장자가 제사주재자로 우선한다고 보는 것이 가장 조리에 부합한다고 하였다.

한편 본 판결은, 피상속인의 직계비속 중 최근친의 연장자라고 하더라도 제사주재자의 지위를 인정할 수 없는 특별한 사정을 넓혀, 2008년 전원합의체 판결에서 판시한 경우 외에, 피상속인의 명시적·추정적 의사 등을 고려할 때 그 사람이 제사주재자가 되는 것이 현저히 부당하다고 볼 수 있는 경우도 포함시켰다.

(4) 본 판결 사안의 최종 결론
본 판결에 따르면, 그 사안의 경우에 소외 1의 유골에 관한 권리는 공동상속인 사이에 협의가 이루어지지 않으면 특별한 사정이 없는 한 소외 1의 장녀에게 귀속하게 된다.

2. 논평
본 판결은 받아들일 만하다.

물 권 법

1. 가등기의 가등기

◈ 대판(전원) 1998. 11. 19, 98다24105
[소유권이전등기](강의 B-47, 물권 [37])

[쟁점] 가등기에 의하여 순위 보전의 대상이 되어 있는 물권변동청구권이 양도된 경우에 그 가등기상의 권리의 이전등기를 가등기에 대한 부기등기의 형식으로 할 수 있는지 여부(적극)

[사실관계]

피고는 1977. 7. 29. 서울 서초구 잠원동 (지번 생략) 대 931㎡(이하 '이 사건 토지'라 함) 중 6/20 지분을 매수하여 편의상 소외 A 명의로 소유권이전등기를 경료하였다. 그리고 피고는 1981. 9. 10. 명의수탁자인 위 A가 위 지분을 임의로 처분하는 것을 방지하기 위하여 위 A와 사이에 이 사건 토지 중 위 6/20 지분에 관한 매매예약을 체결하고, 같은 달 11. 위 지분에 관하여 위 매매예약을 원인으로 한 소유권이전청구권 가등기(이하 '이 사건 가등기'라고 함)를 경료하였다.

그 후 피고는 1983. 6. 30. 형식상 위 A를 대리하여 소외 B에게 이 사건 토지 중 위 6/20 지분을 2억 6,355만 원에 매도함에 있어서, 위 B는 피고에게 계약 당일 계약금으로 5천만 원, 같은 해 7. 5. 중도금으로 금 1억 2천만 원, 같은 달 20. 잔금으로 금 9,355만 원을 각 지급하기로 약정하고, 계약 당일 위 계약금만을 지급받은 상태에서 위 B에게 위 6/20 지분에 관한 소유권이전등기를 경료하여 주었고, 위 B가 위 중도금과 잔금을 완납할 때 이 사건 가등기를 말소하여 주기로 약정하였다.

한편 원고는 1983. 7. 22. 위 B로부터 이 사건 토지 중 2.1809/20 지분 및 그 지상 건물 중 일부를 122,088,300원에 매수하기로 하는 계약을 체결하고, 같은 날 위 B에게 계약금으로 18,313,300원을 지급하였다.

그런데 위 B가 피고에게 위 매매계약에 따른 중도금 및 잔금의 이행을 지체하자, 원고와 피고 및 위 B는 1985. 10. 22.경 ① 원고가 위 B에게 지급할 부동산대금 6천만 원을 위 B의 승낙 하에 직접 피고에게 지급하고, ② 피고는 위 매매대금 중 금 8천만 원을 공제하여 주는 한편, 위 B는 잔금 7,355만 원을 1985. 12. 30.까지 지급하기로 하되, 위 B가 이 잔금을 위 시기까지 지급하지 아니하면 위 8천만 원을 공제하여 주기로 하는 약정부분은 실효되어 위 B가 지급하여야 할 잔금은 1억 5,355만 원이 되며, ③ 피고는 이 사건 가등기에 대한 권리 중 원고가 매수한 위 2.1809/20 지분에 관한 부분을 원고에게 양도하되, 위 토지 잔대금 7,355만 원을 전액 지급할 때까지 이 사건 가등기의 말소를 청구할 수 없기로 약정하였다.

이러한 상태에서 원고가 피고를 상대로 1985. 10. 22.자 양도약정을 원인으로 하여 소유권이전청구권 가등기의 이전등기절차의 이행을 청구하였다.

[판결요지]

가등기는 원래 순위를 확보하는 데에 그 목적이 있으나, 순위 보전의 대상이 되는 물권변동의 청구권은 그 성질상 양도될 수 있는 재산권일 뿐만 아니라 가등기로 인하여 그 권리가 공시되어 결과적으로 공시방법까지 마련된 셈이므로, 이를 양도한 경우에는 양도인과 양수인의 공동신청으로 그 가등기상의 권리의 이전등기를 가등기에 대한 부기등기의 형식으로 경료할 수 있다고 보아야 할 것이다.

이와 달리 가등기를 한 자가 아직 본등기를 하기 전에 그 가등기 명의자를 등기의무자로 하여 다시 그 부동산에 관한 등기이전의 부기등기를 할 수 없다는 취지로 판시한 대법원 1972. 6. 2.자 72마399 결정의 견해는 이를 변경하기로 한다.

따라서 피고에게 위 1985. 10. 22.자 양도약정을 원인으로 하여 원고에 대하여 이 사건 부동산지분에 관하여 경료된 소유권이전청구권 가등기의 이전등기절차의 이행을 명한 원심의 조치는 정당하고, 거기에 소론과 같은 가등기의 이전등기에 관한 법리오인의 위법이 있다고 할 수 없다.

[관련규정] 구 부동법 제2조, 제3조, 제6조, 제60조, 제156조의 2

[해설 및 논평]

1. 해설

가등기는 부동산 물권변동을 목적으로 하는 청구권을 보전하기 위하여 인정되는 등기이다. 가등기는 장차 권리변동을 발생하게 할 청구권을 보전하려는 때에 하는데, 그 청구권이 시기부 또는 정지조건부일 경우나 그 밖에 장래에 확정될 것인 경우에도 할 수 있다(부동법 88조). 그리하여 가령 부동산매매의 경우에 매수인의 소유권이전청구권을 보전하려 할 때뿐만 아니라 매매예약에 기한 예약완결권을 행사할 수 있는 경우에 장차 발생할 가능성이 있는 소유권이전청구권을 보전하려 할 때도 가등기를 할 수 있다.

가등기에 의하여 보전된 청구권을 양도받는 경우 또는 장차 소유권을 취득하면 저당권을 설정받기로 한 경우에, 그 가등기를 기초로 하여 다시 가등기를 할 수 있는지가 문제된다. 이것이 가등기의 가등기의 문제이다.

여기에 관하여 본 판결 전에 판례는 부정하는 견지에 있었다. 즉 대법원은 「가등기는 후일 본등기를 한 경우에 그 본등기의 효력을 소급시켜 가등기를 한 때에 본등기를 한 것과 같은 순위를 확보케 하는데 그 목적이 있을 따름이고 가등기에 의하여 어떤 특별한 권리를 취득케 하는 것이라고는 볼 수 없으므로 가등기를 한 자가 아직 본등기를 하기 전에 그 가등기 명의자를 등기의무자로 하여 다시 그 부동산에 관한 권리이전의 등기를 할 수는 없다고 해석하는 것이 타당」하다고 하였다(대결 1972. 6. 2, 72마399). 그런데 이 판례는 비판을 받았다(가령 곽윤직, 부동산등기법, 신정수정판, 1998, 318면 등). 그 후 본 판결이 전원합의체 판결로, 가등기에 의하여 보전된 청구권의 양도를 인정하면서 그 경우에는 가등기된 권리의 이전등기를 가등기에 대한 부기등기의 형식으로 할 수 있다고 하여 판례를 변경하였으며, 그러면서 구 결정도 변경하였다.

가등기된 청구권이 — 확정적으로 — 양도된 경우에는 가등기의 부기등기를 하게 될 것이다. 그런데 그 부기등기는 가등기를 기점으로 하는 것이어서 가등기이다. 다만, 그 등기에서 부기등기만을 떼어서 보면 가등기상의 권리가 확정적으로 변동된다는 점에서 그 자체는 본등기이다(양승태, "가등기와 본등기의 관계," 재판자료, 제43집, (688면). 그에 비하여 소유권이전청구권의 양도를 예약한 경우와 같이 아직 확정적으로 이전되지 않은 경우가 있다. 이 경우는 청구권의 가정적 이전에 해당하는 것으로서, 그 권리의 확정적 이전에 관한 등기가 부기에 의한 본등기인 만큼 이 경우의 등기(가정적 이전에 관한 등기)는 부기에 의한 가등기, 즉 가등기인 부기등기에 의할 것이다(양승태, 위의 글, 690면). 엄격한 의미에서 가등기의 가등기는 바로 이 경우만을 가리킨다. 본 판결 사안은 장차 발생할 수 있는 청구권을 확정적으로 양도한 경우로 생각된다.

2. 논평

가등기의 가등기를 인정하지 않으면 가등기된 청구권은 양도할 수 없게 된다. 그러나 그 청구권은 재산적 가치를 가지는 권리이므로 당연히 양도가 허용되어야 한다. 그런데 그 방법은 가등기의 가등기에 의하는 수밖에 없다. 그런가 하면 가등기담보법이 규율하고 있는 가등기담보권은 하나의 담보물권으로서 그것도 저당권과 마찬가지로 양도할 수 있다고 하여야 한다. 그런데 그 이전은 가등기의 가등기에 의해야 한다. 그러한 점에서 볼 때 본 판결이 가등기의 가등기를 인정한 것은 타당하다.

[주요 평석 문헌] 조성민, "가등기상의 권리처분과 이전등기 허용 여부," 판례월보, 340호, 19면 이하.

2. 등기청구권의 소멸시효

◆ 대판(전원) 1999. 3. 18. 98다32175
[토지소유권이전등기](강의 B-57, 물권 [43])

[쟁점] 부동산 매수인이 부동산을 인도받아 스스로 계속 점유하는 경우에 소유권이전등기 청구권의 소멸시효 진행 여부(소극). 부동산 매수인이 부동산을 인도받아 사용·수익하다가 제3자에게 그 부동산을 처분하고 점유를 승계하여 준 경우에 소유권이전등기 청구권의 소멸시효 진행 여부(소극)

[사실관계]

(1) 피고는 1970. 3. 11. 이 사건 각 부동산의 피고의 지분인 각 지분 17분의 1을 소외 망 A에게 대금 11,500원에 매도하였고, 위 망 A는 1971. 12. 29. 원고에게 위 각 부동산의 각 지분을 대금 18,000원에 매도하였다. 그리하여 망 A는 피고로부터 이 사건 각 부동산을 인도받아 1970. 3. 11. 무렵부터 점유·사용하여 오다가 원고에게 1971. 12. 29. 매도하고 인도함으로써 점유를 상실하였다.

한편, 위 망 A는 1984. 1. 25. 사망하여, 그 처인 소외 B, 장남인 소외 C, 결혼한 딸인 소외 D, E, F, G, 미혼의 딸인 소외 H, I, J가 공동상속하였다.

(2) 이에 원고는 1996. 4. 17.에, 한편으로 망 A를 대위하여 피고에 대하여 9인의 공동상속인들에게 상속지분에 따라 매매를 원인으로 한 소유권이전등기를 구하고, 다른 한편으로 9인의 공동상속인들에게 상속지분에 따라 매매를 원인으로 한 소유권이전등기를 구하는 소를 제기하였다. 그에 대하여 제1심법원은 원고의 청구를 인용하였다.

그러자 피고가 항소하였다. 항소심에서 피고는 소외 망 A의 피고에 대한 위 소유권이전등기청구권은 그 매매일자인 1970. 3. 11.로부터 10년이 경과하였으므로 시효소멸 하였다고 항변하였다. 그에 대하여 항소심법원은, 망 A가 원고에게 위 각 부동산을 인도하여 점유를 상실한 1971. 12. 29.경으로부터 현재까지 10년이 경과하였음이 역수상

명백하므로 망 A의 피고에 대한 소유권이전등기청구권은 시효소멸하였다고 하면서, 원고의 청구를 기각하였다.

그러자 이번에는 원고가 상고하였고, 그에 대한 판결이 본 판결이다.

[판결요지]

2. 그러나 시효제도는 일정 기간 계속된 사회질서를 유지하고 시간의 경과로 인하여 곤란해지는 증거보전으로부터의 구제를 꾀하며 자기 권리를 행사하지 않고 소위 권리 위에 잠자는 자는 법적 보호에서 이를 제외하기 위하여 규정된 제도라 할 것인바, 부동산에 관하여 인도, 등기 등의 어느 한쪽만에 대하여서라도 권리를 행사하는 자는 전체적으로 보아 그 부동산에 관하여 권리 위에 잠자는 자라고 할 수 없다 할 것이고, 매수인이 목적 부동산을 인도받아 계속 점유하는 경우에는 그 소유권이전등기 청구권의 소멸시효가 진행하지 않는다는 것이 당원의 확립된 판례인바(당원 1976. 11. 6. 선고 76다148 전원합의체 판결, 1988. 9. 13. 선고 86다카2908 판결, 1990. 12. 7. 선고 90다카25208 판결 등 참조), 부동산의 매수인이 그 부동산을 인도받은 이상 이를 사용·수익하다가 그 부동산에 대한 보다 적극적인 권리 행사의 일환으로 다른 사람에게 그 부동산을 처분하고 그 점유를 승계하여 준 경우에도 그 이전등기청구권의 행사 여부에 관하여 그가 그 부동산을 스스로 계속 사용·수익만 하고 있는 경우와 특별히 다를 바 없으므로 위 두 어느 경우에나 이전등기청구권의 소멸시효는 마찬가지로 진행되지 않는다고 보아야 할 것이다(당원 1976. 11. 23. 선고 76다546 판결, 1977. 3. 8. 선고 76다1736 판결, 1988. 9. 27. 선고 86다카2634 판결 참조). 이와 다른 취지의 당원 1996. 9. 20. 선고 96다68 판결, 1997. 7. 8. 선고 96다53826 판결, 1997. 7. 22. 선고 95다17298 판결의 견해는 이를 변경하기로 한다.

3. 결국 위 망인이 이 사건 임야를 인도받아 사

용·수익하다가 원고에게 이 사건 임야를 처분하고 그 점유를 승계하여 준 사실을 인정하면서도 위 망인의 피고에 대한 소유권이전등기 청구권이 시효소멸하였다고 판단하여 원고의 이 사건 청구를 배척한 원심의 조치에는 소멸시효에 관한 법리 오해로 인하여 판결의 결과에 영향을 미친 위법이 있다 할 것이고, 이 점을 지적하는 상고이유의 주장은 이유 있다.

(여기에 대하여는 대법관 5인의 반대의견과 대법관 1인의 보충의견이 있음)

[반대의견의 요지] 부동산의 매수인이 매매목적물을 인도받아 이를 사용·수익하고 있는 동안에는 그 소유권이전등기 청구권의 소멸시효가 진행하지 않는다고 보아야 할 것이나, 매수인이 목적물의 점유를 상실하여 더 이상 사용·수익하고 있는 상태가 아니라면 점유의 상실원인이 무엇이든지 간에 점유상실 시점으로부터 그 이전등기청구권에 관한 소멸시효가 진행한다.

[관련규정] 제162조 제1항, 제568조

[해설 및 논평]

1. 해설

(1) 본 판결 이전의 판례 상황

부동산매수인의 소유권이전등기 청구권이 소멸시효에 걸리는지 문제된다. 이 문제에 대하여 대법원은 대판(전원) 1976. 11. 6, 76다148에서 부동산을 매수한 자가 그 목적물을 인도받은 경우에는 그 매수인의 등기청구권은 다른 채권과는 달리 소멸시효에 걸리지 않는다고 해석함이 타당하다고 하였다. 이 판결이 있은 후 같은 취지의 판결이 이어졌다.

그런데 그 판결상 확실한 것은 부동산매수인이 스스로 사용·수익을 계속하고 있는 경우에 등기청구권이 시효에 걸려 소멸하지 않는다는 점이다. 그에 비하여 부동산매수인이 부동산을 사용·수익하다가 다른 사람에게 그 부동산을 처분하고 점유를 승계해준 경우에 대하여는 그 판결이 분명한

지침을 주지 않았다. 그 결과 그 판결이 있은 후 부동산매수인이 점유를 승계하여 준 경우에 관하여는, 매수인의 이전등기청구권에 대하여 점유상실 시점부터 소멸시효가 진행한다는 판결과 소멸시효가 진행하지 않는다는 판결이 병존하여 통일되어 있지 않았다. 그러던 것을 본 판결이 전자를 폐기하고 후자로 통일하였다.

(2) 본 판결의 의미

전술한 대판(전원) 1976. 11. 6, 76다148에 의하여 부동산매수인이 부동산을 인도받아서 사용수익하고 있으면 얼마나 오랜 기간이 지났든지 매수인은 이전등기청구권을 행사하여 등기를 할 수 있다. 그런데 이제는 거기에 본 판결이 가세하여 부동산매수인이 인도받은 후 처분하여 인도해준 경우에는 양수인도 기간의 제한 없이 등기를 할 수 있게 되었다. 만약 부동산매수인의 등기청구권이 점유상실시부터 소멸시효에 걸린다고 하면, 부동산매수인(양도인)의 등기청구권이 시효소멸한 경우에 양수인은 그의 등기청구권을 보전하기 위하여 대위행사할 양도인의 등기청구권이 존재하지 않아서 그의 명의로 등기를 할 수 없게 될 것이다. 본 판결 사안이 바로 그러한 경우였다.

2. 논평

1976년 전원합의체 판결이나 본 판결의 결론은 실질적 타당성 면에서 고려할 가치가 없지는 않다. 그러나 그 판결들이 드는 이유는 옳지 않다. 그리고 그 판결들처럼 해석하면 부동산매수인이 등기를 하지 않아도 보호되어 성립요건주의의 취지가 몰각된다. 사견으로는 부동산매수인의 등기청구권은 그가 점유를 하고 있는지에 관계없이 10년의 시효에 걸린다고 해야 한다.

[주요 평석 문헌] 이기용, "부동산이 이전등기 없이 양도된 경우의 등기청구권과 소멸시효," 성균관법학, 13권 1호, 253면 이하; 엄동섭, "부동산매수인의 등기청구권의 소멸시효," 민사법학, 18호, 378면 이하.

3. 등기의 추정력

◈ 대판(전원) 2001. 11. 22, 2000다71388 · 71395
[소유권이전등기말소](강의 B-63, 물권 [46])

[쟁점] 구 「임야소유권 이전등기 등에 관한 특별조치법」에 따라 등기를 마친 자가 취득원인에 관하여 보증서나 확인서에 기재된 것과 다른 주장을 하였다는 사유만으로 등기의 추정력이 깨어지는지 여부(소극)

[사실관계]

(1) 별지목록(생략) 기재 1, 2, 3 부동산(이하 이 사건 각 부동산이라고 함)은 원래 포항등기소 1938. 5. 23. 접수로 소외 망 A, B, C 3형제의 공유로 소유권이전등기가 경료되어 있었다. 그런데 A의 처인 피고 D가 「임야소유권 이전등기 등에 관한 특별조치법」(법률 제2111호. 이하 특별조치법이라고만 함)에 의하여 제1, 3부동산에 관하여는 같은 등기소 1970. 8. 7. 접수로, 제2부동산에 관하여는 같은 등기소 1970. 6. 19. 접수로 소유권이전등기를 각 경료하였다. 그리고 D는 그 중 제1부동산을 피고 E, F, G에게 매도하여 같은 등기소 1997. 7. 26. 접수로 위 피고들이 1/3 지분씩 공유하는 것으로 소유권이전등기를 마쳐주었다.

(2) 이에 원고들(원고 H는 B의 처이고, 나머지 원고들은 B의 자녀들임)이 피고들을 상대로 이 사건 소유권이전등기 말소청구의 소를 제기하였다. 그 소에서 원고들은, 이 사건 각 부동산은 A, B, C의 공유임에도 피고 D가 허위의 보증서 및 확인서를 발급받아 특별조치법에 의하여 피고 D 단독 명의로 소유권이전등기를 경료한 것이므로, 피고 D 및 그로부터 제1부동산을 매수한 나머지 피고들은 이 사건 각 부동산 중 원고들의 피상속인 B의 지분 1/3에 관하여는 원고들에게 원인무효인 위 각 소유권이전등기를 말소해 줄 의무가 있다고 주장하였다.

[판결요지]

구 임야소유권이전등기등에관한특별조치법(1969. 5. 21. 법률 제2111호로 제정되었다가 그 후 실효, 이하 '특별조치법'이라고 한다)에 따라 마쳐진 등기는 실체적 권리관계에 부합하는 등기로 추정되고, 특별조치법 소정의 보증서나 확인서가 허위 또는 위조된 것이라거나 그 밖의 사유로 적법하게 등기된 것이 아니라는 입증이 없는 한 그 소유권보존등기나 이전등기의 추정력은 번복되지 않는 것이며, 여기서 허위의 보증서나 확인서라 함은 권리변동의 원인에 관한 실체적 기재 내용이 진실에 부합하지 않는 보증서나 확인서를 뜻하는 것인바(대법원 2000. 10. 27. 선고 2000다33775 판결 등 참조, 여기서의 허위의 보증서나 확인서의 의미는 형사사건에서의 특별조치법상 허위의 보증서나 확인서의 의미와 다를 수 있다), 특별조치법에 따라 등기를 마친 자가 보증서나 확인서에 기재된 취득원인이 사실과 다름을 인정하더라도 그가 다른 취득원인에 따라 권리를 취득하였음을 주장하는 때에는, 특별조치법의 적용을 받을 수 없는 시점의 취득원인 일자를 내세우는 경우와 같이 그 주장 자체에서 특별조치법에 따른 등기를 마칠 수 없음이 명백하거나 그 주장하는 내용이 구체성이 전혀 없다든지 그 자체로서 허구임이 명백한 경우 등 특별한 사정이 없는 한 위의 사유만으로 특별조치법에 따라 마쳐진 등기의 추정력이 깨어진다고 볼 수는 없으며, 그 밖의 자료에 의하여 새로이 주장된 취득원인 사실에 관하여도 진실이 아님을 의심할 만큼 증명되어야 그 등기의 추정력이 깨어진다고 할 것이다. 이와 달리 특별조치법에 따라 등기를 마친 자가 보증서나 확인서상의 취득원인 사실과 다른 취득원인 사실을 주장한 경우에는 바로 그 등기의 추정력이 깨어진다는 취지로 판시한 대법원 1992. 10. 27. 선고 92다17938 판결 및 1992. 12. 8. 선고 92다32067 판결은 이 판결의 견해에 배치되는 범위에서 이를 변경하기로 한다.

위와 같은 법리에 비추어 볼 때 원심이, 피고 D

가 실제의 취득원인이라고 내세운 증여사실에 관하여 심리·판단함이 없이 보증서에 기재된 것과는 다른 취득원인 사실을 주장하였다는 이유만으로 바로 피고 D 명의의 위 각 소유권이전등기의 추정력이 번복되었다고 판단한 점에는 특별조치법에 따라 마쳐진 등기의 추정력에 관한 법리를 오해하여 입증책임을 피고들에게 돌린 잘못이 있다고 할 것이다.

그러나 한편 기록에 의하여 피고들이 진정한 취득원인으로 내세운 주장 즉 B 명의의 3분의 1 지분은 A가 B에게 명의신탁한 것인데 피고 D가 명의신탁자인 A로부터 증여받았다는 주장에 관하여 보면, (생략) 등 여러 가지 정황에 비추어 볼 때, 위와 같은 증여의 주장 및 그 주장에 부합하는 취지의 증거들은 그 신빙성이 의심스럽다 할 것이므로, 결국 피고들이 또 다른 취득원인을 내세우지 아니하는 한 특별조치법에 따라 마쳐진 위 각 소유권이전등기의 추정력은 번복되었다고 볼 것이다.

[관련규정] 구 「임야소유권 이전등기 등에 관한 특별조치법」(실효) 제5조, 민법 제186조

[해설 및 논평]

1. 해설

우리나라에서는 과거 여러 차례에 걸쳐 한시법으로 특별조치법을 제정하여 분배농지·일반농지·임야·부동산 등에 관하여 간이한 절차(대체로 현재의 사실상 소유자가 보증서·확인서 등의 서류를 갖추어 단독으로 등기신청을 할 수 있도록 함)로 등기할 수 있도록 해왔다. 그리고 판례는 이들 특별조치법에 의하여 행하여진 등기에 대하여도 추정력을 인정하고 있다. 본 판결은 그 중에 구 「임야소유권 이전등기 등에 관한 특별조치법」에 의한 등기의 추정력과 관련된 것이다.

일반적인 추정에는 사실상의 추정과 법률상의 추정이 있다. 전자는 일반 경험법칙을 적용하여

하는 추정이고, 후자는 추정규정을 적용하여 하는 추정이다. 전자는 추정사실이 진실인가에 의심을 품게 할 반증으로 번복되지만, 후자는 추정사실이 진실이 아니라는 적극적인 반대사실의 증거(본증)가 있어야 번복된다. 법률상 추정은 다시 사실추정과 권리추정으로 나누어진다. 등기에 관하여 우리 판례는 법률상 권리추정을 하고 있는 것으로 인정된다.

우리 대법원은 본 판결 이전에 특별조치법에 의한 등기에 관하여도 추정력을 인정하고 일종의 원칙을 확립하고 있었다(이민걸 평석 279면 참조). 그런데 피고가 권리변동원인에 관하여 보증서의 내용과 다른 주장을 하는 경우에 등기의 추정력이 번복되는지에 관하여는, 바로 추정력이 번복되는 것이 아니라고 보는 판례가 있었는가 하면, 그것을 자인이라고 봄으로써 추정력이 번복되었다고 한 것도 있어서 통일되지 못하였다. 그러던 것을 본 판결이 후자를 변경하는 방법으로 통일하였다.

구체적으로 본 판결은, 특별조치법에 따라 등기를 마친 자가 보증서나 확인서에 기재된 취득원인이 사실과 다름을 인정하더라도 그가 다른 취득원인에 따라 권리를 취득하였음을 주장하는 때에는, 원칙적으로 위의 사유만으로 특별조치법에 따라 마쳐진 등기의 추정력이 깨어진다고 볼 수는 없으며, 그 밖의 자료에 의하여 새로이 주장된 취득원인 사실에 관하여도 진실이 아님을 의심할 만큼 증명되어야 그 등기의 추정력이 깨어진다고 한 것이다.

2. 논평

특별조치법에 의한 등기의 추정력에 관하여는 보증서 등이 위조된 경우가 많으므로 근본적인 재검토가 필요하다.

[주요 평석 문헌] 김양희, "특별조치법에 의하여 경료된 등기의 추정력: 보증서나 확인서의 허위성에 관하여," 재판실무연구 2002, 169면 이하; 이민걸, "특별조치법에 의하여 경료된 등기의 추정력," 21세기사법의 전개, 274면 이하.

4. 사기취소의 경우의 제3자

◈ 대판 1975. 12. 23, 75다533
　[소유권이전등기말소](강의 B-71, 물권 [50])

[쟁점] 사기에 의한 의사표시를 취소한 후에 비로소 이해관계를 가지게 된 제3자가 제110조 제3항의 제3자에 해당하는지 여부

[사실관계] (자세한 사실관계를 파악할 자료가 없어서 생략함)

[판결요지]

원판결 이유에 의하면 원심은 원고의 피고 A에 대한 그 판시 이 건 계쟁토지부분에 한하여 한 매매계약의 취소가 유효하다 하더라도 A로부터 취득한 선의의 제3자이므로 위의 취소로써 피고 B에게는 대항하지 못한다고 하는 피고소송대리인의 주장에 대하여 위 매매행위의 취소의 효력을 대항하지 못하는 상대인 선의의 제3자란 그 사기에 의한 의사표시가 취소당한 당시에 있어서 그 취소를 부인함에 법률상의 이익을 가지는 자 즉 취소의 소급효로 인하여 영향을 받을 제3자로서 취소 전부터 이미 그 행위의 효력에 관하여 이해관계를 가졌던 제3자에 한하며 취소 이후에 비로소 이해관계를 가지게 된 제3자는 비록 그 이해관계 발생 당시에 취소의 사실을 몰랐다고 하더라도 의사표시의 취소는 선의의 제3자에게 대항하지 못한다는 민법규정의 보호를 받을 수 없다고 할 것이라는 전제 아래 피고 B는 원고와 피고 A와의 이건 매매계약이 취소된 이후에 피고 A로부터 이건 토지를 다시 매수 취득한 사실이 인정됨에 따라 그 매수 당시 원판시 사기에 의한 의사표시의 취소사실을 몰랐다고 하더라도 위 매매계약 취소의 효력을 대항하지 못하는 선의의 제3자로서 보호를 받을 수 없는 자라는 취지로 설시함으로써 이건 계쟁토지부분에 대한 피고 B 명의의 소유권이전등기마저 원인을 결한 무효의 등기라고 판시하였다.

그러나 사기에 의한 법률행위의 의사표시를 취소하면 취소의 소급효로 인하여 그 행위의 시초부터 무효인 것으로 되는 것이요 취소한 때에 비로소 무효로 되는 것은 아니므로 취소를 주장하는 자와 양립되지 아니하는 법률관계를 가졌던 것이 취소 이전에 있었던가 이후에 있었던가는 가릴 필요 없이 대저 사기에 의한 의사표시 및 그 취소사실을 몰랐던 모든 제3자에 대하여는 그 의사표시의 취소를 대항하지 못한다고 보아야 할 것이고 이는 거래안전의 보호를 목적으로 하는 민법 제110조 제3항의 취지에도 합당한 해석이 된다 할 것인바 이렇다면 원심이 원고의 피고 A에 대한 이건 매매계약의 취소 이후에 동 피고로부터 다시 이 건 토지를 매수 취득한 피고 B는 위 취소사실을 몰랐던 선의의 제3자일지라도 악의자와 구별 없이 그에게 대항하지 못한다는 보호를 받을 수 없어 결국 무효한 소유권이전등기를 가진 자로 볼 것이라고 하였음은 사기에 의한 의사표시의 취소와 선의의 제3자에 관한 법리를 오해함에 비롯된 것이고 이와 같은 잘못은 원판결에 영향을 미친다 할 것이므로 논지는 이유 있다.

[관련규정] 제110조

[해설 및 논평]

1. 해설

(1) 서설

민법은 제110조 제1항과 제2항에서 사기에 의한 의사표시를 일정한 요건 하에 취소할 수 있다고 규정한다. 그리고 그 제3항에서 「전 2항의 의사표시의 취소는 선의의 제3자에게 대항하지 못한다」고 규정하고 있다. 문제는 이 제3항에서 말하는 제3자가 취소가 있기 전에 이해관계를 맺은 자만을 가리키는가, 아니면 취소 후에 이해관계를 맺은 자도 포함하는가이다.

이에 대하여 본 판결의 원심판결은 취소 전부터 이미 이해관계를 가졌던 자만이 여기의 제3자이고, 취소 후에 이해관계를 가지게 된 제3자는

이해관계 발생 당시에 취소의 사실을 몰랐다고 하더라도(즉 선의일지라도) 선의의 제3자로서 보호받지 못한다고 하였다. 그에 비하여 본 판결은 취소를 주장하는 자와 양립되지 않는 법률관계를 가진 것이 취소 전인가 후인가는 가릴 필요 없이 사기에 의한 의사표시 및 그 취소사실을 몰랐던 모든 제3자에 대하여 그 의사표시의 취소를 대항하지 못한다고 보아야 할 것이라고 한다. 본 판결은 그 이유로 법률행위가 취소되면 그 법률행위가 처음부터 무효로 된다는 이유를 든다.

이 문제는 법률행위에 의한 부동산 물권변동의 경우에 특히 많이 문제되므로 그 경우를 중심으로 하여 설명하기로 한다.

(2) 부동산 물권변동에서 원인행위가 실효된 경우의 효과

물권행위의 원인행위인 채권행위(매매·증여 등)가 무효이거나 취소·해제로 인하여 실효한 경우에, 그에 기초하여 발생한 물권변동이 당연히 효력을 잃게 되어 물권이 원래의 권리자에게 당연히 복귀하는가, 아니면 당연히 복귀하지 않고 원상회복을 위한 이전등기(또는 말소등기)까지 해야 하는가가 문제된다. 이는 물권행위의 무인성을 인정하는지 여부에 따라 달라진다. 무인론에 의하면 원인행위가 실효되어도 물권행위는 유효하므로 물권변동은 그대로 유지되나, 유인론에 의하면 물권은 당연복귀하게 된다. 판례는 무인성을 부정하는 입장이므로, 원인행위가 실효되면 물권이 당연복귀한다고 한다.

판례처럼 유인론을 취하면, 원인행위가 실효하는 경우 등기의 말소 여부와 관계없이 물권이 당연복귀하게 되어 원인행위의 무효를 모르고 거래한 제3자, 취소·해제가 있기 전이나 그 후에 원인행위에 기초하여 거래한 제3자를 보호해야 하는 문제가 생긴다. 그런데 이러한 문제는 무인론을 취하여도 생긴다. 즉 무인론에서도 물권행위가 효력을 잃게 되는 경우(강의 B-70·71 참조)에는 물권이 당연복귀하기 때문이다. 민법은 이러한 경우

에 제3자 내지 거래의 안전을 보호하기 위하여 제3자 보호규정을 두고 있다. 제109조 제2항과 제110조 제3항도 그에 해당한다.

(3) 제3자 보호규정에서 제3자의 범위

제109조 제2항·제110조 제3항에서 제3자의 범위가 어떻게 되는지에 관하여는 견해가 대립한다. i) 다수설은 원인행위의 취소에 의한 말소등기가 행해지는 시기를 기준으로 하여 그 시기까지 취소의 의사표시가 있었음을 알지 못하고 새로운 이해관계를 맺은 자를 뜻한다고 하고, ii) 소수설은 취소가 있기 전은 물론 그 후에 새로운 이해관계를 맺은 자를 포함하며, 말소등기 이후에 취득해도 무방하다고 한다.

본 판결은 제110조 제3항의 제3자와 관련하여 취소 전후에 이해관계를 맺은 자를 모두 포함시키고 있지만, 위의 학설 중 어느 하나와 정확하게 일치하지는 않는다.

제110조 제3항 등에서 제3자는 본래는 취소 전에 취소할 수 있는 법률행위임을 모르고 새로이 이해관계를 맺은 자만을 가리킨다. 그런데 그렇게 해석하면 취소가 있은 후에 취소가 있었음을 모르고 새로이 이해관계를 맺은 자는 보호하지 못하여 문제이다. 그러한 제3자도 보호하여야 한다. 그리하여 본 판결이 후자도 보호대상에 포함시키고 있다. 그런데 취소에 기초한 말소등기가 있은 후에 이해관계를 맺은 자도 포함하는지는 명백히 밝히지 않고 있다.

2. 논평

본 판결이 취소가 있은 후에 취소가 있었음을 모르고 새로이 이해관계를 맺은 자도 제110조 제3항의 제3자에 포함시킨 것은 타당하다. 그런데 취소에 기초한 말소등기가 있은 후에 이해관계를 맺은 자를 명백히 제외하지 않은 점은 아쉽다. 그리고 제3자의 범위를 확장한 근거를 취소의 소급효에서 찾는데 그것이 충분한 근거로 될 수 없어서 아쉬움을 더한다.

5. 2중등기(중복등기)의 효력

◈ 대판(전원) 1990. 11. 27, 87다카2961,
　　87다453
　　[소유권이전등기말소](강의 B-81·82, 물권 [54])

[쟁점] 매수인이 소유권이전등기 대신에 소유권
보존등기를 함으로써 동일 부동산에 관하여 등기
명의인을 달리하여 중복된 소유권보존등기가 이
루어졌으나 선등기가 원인무효가 되지 않는 경우
에 후등기의 효력 유무(소극). 그리고 이 경우에
매수인이 매도인의 상속인에 대하여 소유권이전
등기를 청구할 이익 유무(적극)

[사실관계]
　소외 망 A가 위 분할 전 토지를 분배받아 1953.
12. 20. 그 상환을 완료하고 이를 원인으로 1957.
11. 2. 대전지방법원 서산지원 등기번호 제2297호
등기부상에 A 명의의 소유권이전등기를 경료받았
다. 원고(서산군)는 1957. 8. 24. 위 A로부터 위 분
할 전 토지를 대금 60,386원(구화)에 매수하여 이
를 가축시장 부지로 사용하고 있었는데, 그에 따
른 등기를 넘겨받음에 있어서 위 A로부터 직접 소
유권이전등기를 경료받지 않고, 착오로 이 사건
토지에 관하여 위 제2297호 등기부와 별도로 위
지원 등기번호 제2347호 등기부에 1964. 2. 7. 접
수 제925호로서 원고 앞으로 소유권보존등기를
마쳤다. 한편 1975년도에 A가 사망하여 피고들이
그 상속인이 되었는데, 위 분할 전 토지는 1974.
9. 25. 별지(생략) 제1목록기재 (1) 내지 (3)의 각
토지로 분할되었고 그 중 (1), (2) 토지에 관하여
위 제2297호 등기부상에 위 지원 1984. 6. 11. 접
수 제8989호로서 같은 해 4. 2. 매매를 원인으로
위 망 A로부터 소외 B 명의로 소유권이전등기가
경료되었다가 다시 위 지원 1984. 12. 3. 접수 제
16208호로서 매매를 원인으로 피고 명의로 소유
권이전등기가 경료되었다.
　이에 원고는 B와 피고 C(피고들 중 1인)를 상대

로 위 각 소유권이전등기의 말소를, 피고들(A의 공
동상속인들임)을 상대로 소유권이전등기 절차의 이
행을 각 청구하였는데 B와 피고 C에 대해서는 이
미 원고승소판결이 확정되었다.

[판결요지]
　동일부동산에 관하여 등기명의인을 달리하여
중복된 소유권보존등기가 경료된 경우에는 먼저
이루어진 소유권보존등기가 원인무효가 되지 아
니하는 한 뒤에 된 소유권보존등기는 비록 그 부
동산의 매수인에 의하여 이루어진 경우에도 1부
동산1용지주의를 채택하고 있는 부동산등기법 아
래에서는 무효라고 해석함이 상당하다(당원 1979.
12. 26. 선고 79다1555 판결 및 1981. 9. 8. 선고 81다
212 판결 참조).
　그런데 위 분할 전 토지에 관한 위 A 명의의 소
유권이전등기의 토대가 된 소유권보존등기(기록상
언제 누구 명의로 경료되어 있었는지 밝혀져 있지 않
다)가 원인무효라고 볼 아무런 주장·입증이 없는
이 사건에 있어서는 원고가 1957. 8. 24. 위 A로부
터 위 분할 전 토지를 매수하였다 하더라도 위 A
명의의 소유권이전등기에 기하여 소유권이전등기
를 경료하지 아니하고 소유권보존등기를 경료한
이상 뒤에 경료된 원고 명의의 소유권보존등기는
이중등기로서 무효라고 할 것이므로(그 결과 원고
는 민법 부칙 제10조 제1항에 의하여 그 소유권을 상실
하게 되었다), 원고는 매도인인 위 A의 상속인인
피고들을 상대로 이 사건 부동산에 관하여 위 매
매를 원인으로 한 소유권이전등기를 소구할 이익
이 있다고 보지 않을 수 없다.
　따라서 위의 견해와 어긋나는 취지의 당원 1981.
2. 10. 선고 80다2027 판결과 1981. 9. 8. 선고 80
다1513 판결은 이를 폐기하기로 한다.
　결국 원심이 원고가 위 A로부터 동인 소유인
위 분할 전 토지를 매수하고 이미 위 A 명의로 소
유권이전등기가 경료되어 있던 위 부동산에 관하
여 원고 명의의 소유권보존등기를 경료하여 그 소

유권을 취득하였으므로 다시 위 A의 상속인인 피고들에게 그 소유권이전등기절차의 이행을 구할 소의 이익이 없다고 판단한 제1심판결을 유지한 것은 이중등기의 효력에 관한 법리를 오해한 것이라 할 것이고 그로 인하여 직권조사사항인 소의 이익에 관하여 판단을 그르쳤음이 명백하므로 원심판결 중 이 부분은 파기를 면할 수 없다.

(본 판결에는 반대의견(대법관 5인)과 별개의견이 있음)

[반대의견의 요지] 부동산 양수인이 이미 양도인 명의로 등기가 되어 있는데도 중복하여 양수인 명의로 소유권보존등기를 경료한 경우에 있어서 2개의 등기 중 어느 등기를 유효한 등기로서 존속시킬 것인가는 어느 등기가 현재의 권리상태에 부합하는가에 따라 결정하여야 한다.

[관련규정] 제186조, 구 부등법 제15조, 구 민소 제226조

[해설 및 논평]
1. 해설
2중등기(중복등기)란 동일한 부동산에 관하여 절차상의 잘못으로 2중으로 등기가 된 것을 말한다. 이러한 경우에 2중등기의 효력이 어떻게 되는지 문제된다.

2중등기의 효력에 관하여는 i) 절차법설, ii) 실체법설, iii) 절충설이 대립하고 있다. i) 절차법설은 2중등기의 경우 제2등기(후등기)는 제1등기의 유효·무효를 불문하고 언제나 무효라고 한다. 그리고 ii) 실체법설은 실체관계를 따져서 실체관계에 부합하는 등기를 유효한 것으로 인정하려고 한다. 그런가 하면 iii) 절충설은 절차법설을 취하면서 예외를 인정하는 견해인데, 예외를 어떤 범위에서 인정할 것인가에 따라 다시 두 가지로 세분된다. 하나는 본 판결과 같은 것이고, 다른 하나는 원칙적으로 제2등기가 무효이지만 제1등기가 유효했더라도 제2등기가 제1등기 명의인의 권리에

기하여 이루어진 경우에는 제2등기를 실체관계에 기한 등기로 보아 존속시키자는 견해이다.

판례는 처음에는 동일 명의인의 2중등기이든 명의인을 달리하는 2중등기이든 언제나 제2등기가 무효라고 하는 절차법설의 입장에 있었다. 그러다가 1978년 전원합의체 판결에서 동일한 부동산에 관하여 등기명의인을 달리하여 2중의 보존등기가 된 경우에 대하여 실체법설을 취하였다(대판(전원) 1978. 12. 26, 77다2427). 그런데 그 후 절차법설을 따른 판결과 실체법설을 따른 판결이 병존하여 일관성이 없었다. 그러던 것이 본 판결에 의하여 하나로 통일되었다.

본 판결은, 2중등기의 경우에는 제2등기가 원칙적으로 무효이지만, 예외적으로 제1등기가 무효이고 제2등기가 실체관계에 부합하는 경우에는 제2등기가 유효하다고 한다. 이는 절충설을 명백히 한 것이다. 그런데 이렇게 변천한 판례는 등기명의인이 다른 경우에 관한 것이다. 등기명의인이 동일인인 경우에는 변한 적이 없고, 언제나 제2등기가 무효이다.

2. 논평
본 판결이 절충설을 취한 것은 타당하나, 예외 인정의 범위가 너무 좁아 바람직하지 않다. 2중등기의 대부분이 제1등기가 있는데도 미등기인 줄 알고 다시 제2등기를 한 경우인데 그 경우가 예외에 포함되지 않기 때문이다. 그러므로 사견은 절충설의 둘째 견해에 찬성한다. 한편 본 판결은 전면적으로 실체법설을 취한 것처럼 보이는 대판(전원) 1978. 12. 26, 77다2427을 변경하지 않았는데, 그것은 후자의 주안점이 실체법설을 취하려는 데에 있었던 것이 아니고 순수한 절차법설에 따르던 태도를 변경하려는 데에 있었던 것으로 이해했기 때문이 아닌가 한다.

[주요 평석 문헌] 유원규, "중복등기의 효력," 민사판례연구, 14권, 1면 이하; 이용열, "중복등기의 효력," 판례연구(서울지방변호사회), 6집, 201면 이하.

6. 중간생략등기

◆ 대판 2005. 4. 29, 2003다66431
　　[소유권이전등기](강의 B-88, 물권 [57])

[쟁점] 중간생략등기의 합의가 있으면 최초의 매도인이 중간 매수인에 대하여 갖고 있는 매매대금청구권의 행사가 제한되는지 여부(소극)

[사실관계]

(1) 경기 김포읍 걸포리에 거주하는 A는 1995. 6. 21. 피고들을 비롯한 걸포리 일대 토지소유자 11인을 대리하여 토지분양을 목적으로 하는 소외 회사의 대표이사인 B와 걸포리 소재 13필지(그 중 피고들 3인이 공유하는 '이 사건 분할 전 토지'도 있음)에 관하여 매매대금을 평당 356,010원으로 계산한 금액으로 매매계약을 체결하였다. 그 후 A는 B의 부탁으로 1995. 6. 30. 이 사건 13필지 토지의 소유자들로부터 각 그 소유 토지에 관하여 A에게 매매계약의 체결 등 일체의 권한을 위임한다는 취지의 위임장과, 이 사건 13필지 토지에 관한 매매계약의 체결 등 일체의 권한을 B에게 위임한다는 취지의 위임장을 작성·교부하였다. 한편 이 사건 13필지 토지의 소유자들은 위 매매계약 체결 이후 소외 회사측에 자신들의 인감증명서 및 사용자란을 공란으로 한 대지사용승낙서 등을 교부하여 소외 회사로 하여금 이를 수분양자들에게 교부하게 하기도 하였다.

(2) 소외 회사에서는 이 사건 13필지 토지에 대한 매립공사를 추진함과 동시에 이를 공장부지로서 분양하기 시작하였는데, 원고는 대리인을 통해 1995. 8. 30. B와 피고들의 토지가 포함된 세 필지 중 488평을 분양대금 2억 4,400만 원으로 정한 분양계약(이하 '이 사건 분양계약'이라 함)을 체결하였다. 이 사건 분양계약 당시 B는 원고의 대리인에게 피고들을 비롯한 토지소유자 명의로 작성된 B에 대한 각 위임장 및 인감증명서을 제시하였는데, 이 사건 분양계약서에는 매도인란에 B의 성명

과 그의 인장이 날인되어 있을 뿐 B가 피고들을 대리하여 이 사건 분양계약을 체결한다는 취지의 문구는 기재되지 않았다. 그 뒤 원고는 소외 회사에게 1995. 11. 1.까지 분양대금 2억 4,400만 원을 모두 지급하였다.

(3) 한편 소외 회사는 1995. 6. 22.부터 1996. 6. 1.까지 사이에 이 사건 13필지 토지에 대한 매매대금을 지급하였는데, 피고들 및 C를 제외한 나머지 토지소유자들은 당초 계약가격인 평당 356,010원으로 계산한 금원을 이의 없이 수령한 반면, 피고들 및 C는 A가 분배하여 주는 토지 매매대금을 수령하지 않은 채, 분할 전 이 사건 토지의 매매대금을 당초 계약가격보다 훨씬 비싼 평당 100만 원 수준으로 올려 지급해 달라고 하였다.

(4) 그리하여 피고들과 C 때문에 사업의 진행이 어려워지자, 이미 분할 전 이 사건 토지를 이 사건 토지 등의 3필지로 분할하여 원고 등 3인에게 분양하고 그 대금까지 수령한 B가 피고들을 설득한 끝에, 소외 회사는 1996. 11. 18. 분할 전 이 사건 토지에 관한 매매대금을 평당 55만 원으로 인상하여 그 매매대금을 같은 달 30.까지 지급하되, 만약 이를 지급하지 못할 경우에는 원상복구하고 모든 민·형사상 책임을 지겠다는 취지의 지불확인서를 작성하여 피고 D에게 교부하였다. 그런데 소외 회사는 약정된 1996. 11. 30. 이후에도 피고들에게 매매대금을 지급하지 않았다.

[판결요지]

중간생략등기의 합의란 부동산이 전전 매도된 경우 각 매매계약이 유효하게 성립함을 전제로 그 이행의 편의상 최초의 매도인으로부터 최종의 매수인 앞으로 소유권이전등기를 경료하기로 한다는 당사자 사이의 합의에 불과할 뿐이므로, 이러한 합의가 있다고 하여 최초의 매도인이 자신이 당사자가 된 매매계약상의 매수인인 중간자에 대하여 갖고 있는 매매대금청구권의 행사가 제한되는 것은 아니라고 할 것인바(대법원 1979. 2. 27. 선

고 78다2446 판결, 1980. 5. 13. 선고 79다932 판결, 1996. 6. 28. 선고 96다3982 판결 등 참조), 이러한 법리에 비추어 보면, 이 사건 토지에 관하여 자신들 소유 명의로 등기가 되어 있는 피고들로서는 매수인인 소외 회사 명의로 소유권이전등기를 경료해 줄 의무의 이행과 동시에 소외 회사에 대하여 위와 같이 인상된 매매대금의 지급을 구하는 내용의 동시이행의 항변권을 보유하고 있다고 보아야 할 것이므로, 피고들은 위와 같이 인상된 매매대금이 지급되지 아니하였음을 이유로 원고 명의로의 소유권이전등기 의무의 이행을 거절할 수 있다고 할 것이다. 그럼에도 불구하고, 원심이 당초의 매매계약 및 중간생략등기 합의 이후에 피고들과 소외 회사 사이에서 이루어진 매매대금 인상의 합의를 가지고 원고에게 대항할 수 없다는 이유를 들어 피고들의 동시이행의 항변을 일부 배척한 것은 중간생략등기의 합의의 효력 등에 관한 법리 오해로 인하여 판결 결과에 영향을 미친 위법을 저지른 것으로 보아야 할 것이므로 이를 지적하는 피고들의 상고이유 주장은 이유 있다.

[관련규정] 제186조, 제568조

[해설 및 논평]

1. 해설

종래 우리 판례에서 중간생략등기와 관련해서 특히 문제된 것은 중간생략등기가 이미 행하여진 경우에 그것이 유효한지와, 최후의 양수인이 최초의 양도인에 대하여 등기청구권을 가지는지의 두 가지였다. 그런데 본 판결은 중간생략등기에 관한 합의가 있는 경우에는 매도인이 중간자에 대하여 매매대금청구권의 행사가 제한되는지의 문제에 대하여 처음으로 판단하였다.

본 판결은 우선, 중간생략등기의 합의는 부동산이 전전 매도된 경우 각 매매계약이 유효하게 성립함을 전제로 그 이행의 편의상 최초의 매도인으로부터 최종의 매수인 앞으로 소유권이전등기를

경료하기로 한다는 당사자 사이의 합의에 불과할 뿐이라고 하여 매우 소극적인 의미만을 부여한다. 이는 본 판결에서 인용하고 있는 이전의 대법원판결(대판 1965. 3. 23, 64다1742; 대판 1979. 2. 27, 78다2446; 대판 1996. 6. 28, 96다3982)과 같은 취지의 것이다. 대법원이 이러한 태도를 보이는 것은 중간생략등기가 권리변동의 과정을 그대로 보여주지 않기 때문인 것으로 생각된다.

본 판결은 이어서, 그러한 합의가 있다고 하여 최초의 매도인이 자신이 당사자가 된 매매계약상의 매수인인 중간자에 대하여 갖고 있는 매매대금청구권의 행사가 제한되는 것은 아니라고 하면서, 본 판결 사안에서 피고들은 인상된 매매대금이 지급되지 않았음을 이유로 원고 명의로의 소유권이전등기의무의 이행을 거절할 수 있다고 한다. 본 판결의 이 태도도 중간생략등기의 합의 후에도 그들의 법률관계를 변경시킬 수 있다는 점에서 기존 판례의 연장선상에 있다고 할 것이다. 이전에 대법원은 중간생략등기의 합의가 있은 후 최초의 양도인과 중간자 사이의 계약이 합의해제되면 최종 양수인은 중간생략등기의 청구권이 없다고 했기 때문이다(대판 1973. 2. 26, 72다2437; 대판 1980. 5. 13, 79다932).

2. 논평

본 판결은 중간생략등기의 합의와 관련하여 기존 판례의 바탕 위에서 한 걸음 더 나아간 것으로서 타당하다고 생각한다.

[주요 평석 문헌] 김상환, "최초 매도인과 중간 매수인, 중간 매수인과 최종 매수인 사이에 순차로 매매계약이 체결되고 이들 간에 중간생략 등기의 합의가 있은 후에 최초 매도인과 중간 매수인 간에 매매대금을 인상하는 약정이 체결된 경우," 대법원판례해설, 54호, 72면 이하; 엄동섭, "중간생략등기합의의 법적 성질," 민사판례연구, 28권, 1면 이하.

7. 진정명의 회복을 위한 소유권이전 등기 청구

◆ 대판(전원) 1990. 11. 27. 89다카12398
[부동산소유권확인등](강의 B-89, 물권 [58])

[쟁점] 소유권자가 진정한 등기명의의 회복을 위하여 부진정한 현재의 등기명의인을 상대로 그 등기의 말소를 구하는 외에 소유권이전등기 절차의 이행을 구할 수 있는지 여부(적극)

[사실관계]

이 사건 구 토지는 원래 이왕직 장관(이는 원고 대한민국 산하의 문화재관리국의 전신임)의 소유 명의로 있다가 구 왕궁재산처분법(법률 제119호)에 의하여 국유로 된 것인데, 6·25사변으로 관계장부가 소실되자 아무런 원인 없이 다음과 같이 소유권보존등기 및 소유권이전등기가 되었다.

이 사건 구 토지에 관하여는 A로부터 이를 매수한 B가 A의 단독 재산상속인인 C를 상대로 소유권이전등기 절차이행 청구소송을 제기하여 승소한 뒤 1973. 12. 17. C를 대위하여 C 명의로 소유권보존등기를 하고 동시에 B 자신의 명의로 등기하였고, 이어서 순차로 D, E, F 명의의 소유권이전등기가 되었으며, 1982. 4. 10. 구획정리사업이 완료됨에 따라 이 사건 구 토지가 이 사건 토지(서울 강남구 삼성동 (지번 생략) 대 314.1 평방미터)로 환지된 후 이 사건 토지에 관하여 1982. 12. 29. G 명의의, 1984. 10. 10. 피고 명의의 각 소유권이전등기가 순차로 행하여졌다.

원고는 1977년경 C, B, D, E, F 명의의 각 소유권보존등기 및 소유권이전등기의 말소등기절차이행청구의 소를 제기하였다가 입증부족으로 인하여 패소의 판결을 받아 확정된 바 있다.

원고(대한민국)는 피고를 상대로 이 사건 토지가 원고의 소유라는 확인을 구하면서 그 토지에 관하여 소유권이전등기를 구하는 소를 제기하였다. 이에 대하여 제1심법원은 원고의 청구를 모두 인용하였다. 그러자 피고가 항소하였고, 제2심법원은 제1심판결 중 소유권이전등기의 이행을 명한 부분을 취소하고 나머지 항소는 기각하였다. 이 제2심판결에 대하여 원고가 상고하였고, 대법원은 원심판결 중 원고패소 부분을 파기하고 이 부분 사건을 원심법원에 환송하였다.

[판결요지]

이미 자기 앞으로 소유권을 표상하는 등기가 되어 있었거나 법률에 의하여 소유권을 취득한 자가 진정한 등기명의를 회복하기 위한 방법으로는 현재의 등기명의인을 상대로 그 등기의 말소를 구하는 외에 "진정한 등기명의의 회복"을 원인으로 한 소유권이전등기 절차의 이행을 직접 구하는 것도 허용되어야 할 것이다.

왜냐하면 부동산등기제도가 물권변동의 과정을 그대로 표상하려고 하는 취지도 궁극적으로는 사실에 맞지 않는 등기를 배제하여 현재의 권리상태를 정당한 것으로 공시함으로써 부동산거래의 안전을 도모하려는데 있는 것이고 한편 현재의 부진정한 등기명의인은 진정한 소유자의 공시에 협력할 의무를 진다 할 것인데 진정한 등기명의의 회복에 협력하기 위하여는 자기의 등기를 말소하는 방법에 의하거나 등기부상의 진정한 권리자에게 직접 이전등기를 이행하는 방법에 의하거나 간에 그 본질적인 면에서 아무런 차이가 없을 뿐만 아니라 그 어느 방법에 의하더라도 자기의 등기를 잃는 점에 있어서는 그 이해를 달리하지 않기 때문이다.

[관련규정] 제186조, 구 민소 제226조(소의 제기)

[해설 및 논평]

1. 해설

어떤 부동산에 관하여 소유자 아닌 자의 명의로 무효인 소유권이전등기가 된 경우에 소유자는 소유권에 기초한 방해제거청구권을 행사하여 그 등기의 말소를 청구할 수 있다. 그런데 그러한 경우에 말소청구 대신 등기명의자로부터 진정한 소유자 앞으로 곧바로 소유권이전등기를 청구할 수 있다고 할 것인지 문제된다.

일반적으로는 그와 같은 경우 – 이론상 마땅히 해야 하는 – 말소청구만을 허용하면 충분하다. 그런데 때에 따라서는 소유권이전등기를 할 수 있도록 해야 합리적인 해결이 가능한 경우가 있다. 가령 갑과 을이 토지에 관하여 가장매매를 하고 그에 기초하여 을 명의로 소유권이전등기를 한 뒤에, 을이 그 토지에 선의의 병에게 저당권설정등기를 해주었다고 하자. 그러한 경우에는 갑이 을을 상대로 소유권이전등기 말소청구의 소를 제기하여 승소를 하여도, 등기상 이해관계가 있는 병의 승낙을 받거나 병에게 저당권등기 말소청구를 하여도 승소할 수 없어서, 갑은 자신의 명의로 등기를 회복할 수 없게 된다. 그런데 이때 소유자 명의로의 이전등기를 허용하면 갑은 병의 저당권의 부담을 안은 채로 등기 명의를 회복할 수 있게 된다. 여기서 그러한 이전등기를 허용할지가 논의되는 것이다.

대법원은 본 판결 이전에는 등기가 무효인 경우 소유권이전등기 절차의 이행을 구할 수 없다고 하였다(대판 1972. 12. 26, 72다1846·1847; 대판 1981. 1. 13, 78다1916). 그런데 본 판결이 그 판결들을 폐기하고 진정한 등기명의의 회복을 원인으로 한 소유권이전등기 절차의 이행을 직접 구할 수 있다고 하였다.

한편 본 판결은 소유권이전등기 말소청구 소송의 패소확정판결의 기판력이 진정명의 회복을 위한 소유권이전등기 청구소송에 미치지 않는다는 입장에 있다. 그런데 본 판결의 그 부분은 대판(전원) 2001. 9. 20, 99다37894(아래 관련 판결 참조)에 의해 변경되었다. 이것은 기판력과 관련한 판례만을 변경한 것이다

2. 논평

진정명의 회복을 위한 소유권이전등기 청구를

허용할 것인지에 관하여 학설은 i) 부정설, ii) 제한적 인정설, iii) 전면적 인정설 등 여러 견해로 나뉘어 있다. 생각건대 진정명의 회복을 위한 이전등기는 이론적으로 맞지 않으므로, 원칙적으로는 허용하지 말고 전술한 경우와 같이 꼭 필요한 경우에만 허용해야 한다.

[관련판결] 대판(전원) 2001. 9. 20, 99다37894: (다수의견) 진정한 등기명의의 회복을 위한 소유권이전등기 청구는 이미 자기 앞으로 소유권을 표상하는 등기가 되어 있었거나 법률에 의하여 소유권을 취득한 자가 진정한 등기명의를 회복하기 위한 방법으로 현재의 등기명의인을 상대로 그 등기의 말소를 구하는 것에 갈음하여 허용되는 것인데(대법원 1990. 11. 27. 선고 89다카12398 전원합의체 판결 등 참조), 말소등기에 갈음하여 허용되는 진정명의 회복을 원인으로 한 소유권이전등기 청구권과 무효등기의 말소청구권은 어느 것이나 진정한 소유자의 등기명의를 회복하기 위한 것으로서 실질적으로 그 목적이 동일하고, 두 청구권 모두 소유권에 기한 방해배제청구권으로서 그 법적 근거와 성질이 동일하므로, 비록 전자는 이전등기, 후자는 말소등기의 형식을 취하고 있다고 하더라도 그 소송물은 실질상 동일한 것으로 보아야 하고, 따라서 소유권이전등기 말소청구 소송에서 패소확정판결을 받았다면 그 기판력은 그 후 제기된 진정명의 회복을 원인으로 한 소유권이전등기 청구소송에도 미친다고 보아야 할 것이다.

이와 달리 소유권이전등기 말소청구 소송에서 패소확정판결을 받은 당사자도 그 확정판결의 기판력이 진정명의 회복을 원인으로 한 소유권이전등기 청구소송에는 미치지 아니하므로 다시 진정명의 회복을 위한 소유권이전등기 청구소송을 제기할 수 있다고 본 대법원 1990. 11. 27. 선고 89다카12398 전원합의체 판결, 1990. 12. 21. 선고 88다카26482 판결 … 등의 견해는 이와 저촉되는 한도 내에서 변경하기로 한다.

제2장
물권법

8. 무효등기의 유용

◈ 대판 1989. 10. 27, 87다카425
[소유권이전등기말소](강의 B-90, 물권 [59])

[쟁점] 무효등기의 유용이 어떤 경우에 허용되는지

[사실관계]

(1) 이 사건 토지의 소유자이던 소외 A가 1977. 12. 19. 피고 B와 사이에 위 토지를 대금 645만 원에 매도하기로 매매계약을 체결하고, 1978. 1. 5. 경까지 계약금과 중도금 및 잔대금의 일부로 합계 620만 원을 지급받은 다음 1978. 2. 20. 위 피고의 명의로 1978. 2. 17.자 매매예약을 원인으로 한 소유권이전청구권 보전의 가등기를 해주었다.

(2) 위 피고가 1978. 9. 13. A에게 매매잔대금 25만 원을 변제공탁하고 A를 상대로 위 토지에 관하여 위 가등기에 기한 소유권이전등기 절차의 이행을 청구하는 소를 제기하였으나, 농지개혁법 제19조 소정의 소재지관서의 증명을 구비하지 못하였다는 이유로 패소판결이 확정되자, A는 1981. 7. 14.경 위 피고인에 대하여 위 매매계약을 해제하고, 위 매매계약의 해제를 원인으로 위 피고에게 가등기필증의 반환을 반대급부로 하여 이미 지급받은 매매대금 620만 원을 변제공탁하였는데, 위 피고는 매매계약해제의 효력을 다투면서 1981. 7. 23. 공탁금수령거절의 통지를 하였다.

(3) 한편 A는 매매계약이 해제된 것으로 생각하고 1981. 11. 16. 원고 C와 사이에 위 토지를 대금 1억 천만 원에 매도하기로 매매계약을 체결하고 계약금으로 2천만 원을 지급받은 다음, 1982. 4. 23. 위 원고와 사이에 위 토지에 관한 피고 명의의 가등기 등 모든 법률상의 하자를 위 원고가 책임지고 해결하기로 하되, 매매대금을 9,500만 원으로 감액하는 것으로 매매계약의 내용을 변경하기로 약정하였다. 이 약정에 따라 위 원고는 만기를 1983. 4. 23.로 한 액면 합계금 5,500만 원의 약

속어음 5통을 발행하여 A에게 교부하고, A는 1982. 5. 3. 위 토지에 관하여 위 원고의 명의로 1982. 4. 23.자 매매를 원인으로 한 소유권이전등기를 해주었다.

(4) A는 원고 C로부터 교부받은 약속어음 5통을 제3자에게 교부하여 어음할인을 하였으나 1983. 4. 25. 모두 지급거절되자, 다시 1983. 7. 1. 피고 D와 사이에 위 토지를 대금 1억 7천만 원에 매도하기로 매매계약을 체결하고, 소유권이전등기 절차에 관하여는 A의 명의로부터 위 피고의 명의로 넘기는 것이 불가능하므로 피고 B의 명의로 되어 있는 위 가등기에 기한 본등기를 위 피고의 명의로 일단 마친 다음 피고 D가 피고 B로부터 위 토지를 직접 매수한 것처럼 가장하여 피고 B의 명의로부터 피고 D의 명의로 넘김으로써 피고 B 명의의 위 가등기의 순위보전의 효력을 이용하기로 약정하였다.

(5) 이에 따라 A는 피고 B에게 이와 같은 사정을 알려주고, 1980. 7. 9. 위 피고와 사이에 위 피고가 위 가등기에 관한 권리를 포기하여 A와 피고 D로 하여금 위 가등기를 유용하도록 하고, 이에 대한 대가로 A가 피고 B에게 3,250만 원을 11. 5. 까지 지급하기로 하되, 그 중 620만 원은 A가 위 (2)에서 본 바와 같이 1981. 7. 14. 위 피고에게 변제공탁한 620만 원을 위 피고가 수령하여 충당하기로 합의하였다. 이 합의에 따라 위 피고는 A에게 가등기필증을 반환함과 아울러 공탁금수령 거절의 의사를 철회하고 8. 22. 공탁금 620만 원을 수령하여 3,250만 원의 일부변제에 충당하는 등 10. 8.까지 A로부터 합계 2천만 원을 지급받은 다음, A의 동의 하에 피고 D와 사이에 나머지 1,250만 원에 750만 원을 더하여 2천만 원을 위 피고로부터 직접 지급받기로 약정한 후, 1984. 11. 20. 위 피고로부터 2천만 원을 지급받음과 동시에 마치 자신이 위 피고에게 위 토지를 대금 2천만 원에 매도한 것처럼 매매계약서를 작성하여 주었다.

(6) A가 피고 B와 사이의 무효등기의 유용에

관한 위 합의에 따라 1985. 1. 25. 위 토지에 관하여 위 피고 B의 명의로 위 가등기에 기한 소유권이전등기를 해주었고, 이 등기를 기초로 하여 같은 날 피고 D의 명의로 1985. 1. 24.자 매매를 원인으로 한 소유권이전등기가 마쳐졌다.

(7) 피고 B 명의의 위 가등기 이후에 마쳐진 원고 명의의 각 소유권이전등기는 직권으로 말소되지 않은 채 그대로 남아있다.

[판결요지]

실질관계의 소멸로 무효로 된 등기를 유용하기로 하는 합의가 이루어지기 전에 등기상 이해관계가 있는 제3자가 생기지 않은 경우에 한하여 무효등기의 유용이 허용되는 것인바, 원심이 적법하게 확정한 바와 같이 피고 B가 소외 A와 위 가등기를 유용하기로 합의한 1983. 7. 9.이나 위 가등기의 등기원인이 실효된 1984. 11. 20. 이전인 1982. 5. 3.에 이미 원고들의 명의로 위 토지에 관한 소유권이전등기가 마쳐진 이상, 위 피고와 위 소외인 간의 위 가등기의 유용에 관한 합의는 원고들에 대한 관계에서는 효력을 발생할 수 없다고 볼 것이고, 따라서 그 범위 내에서는 위 피고 명의의 위 소유권이전등기가 실질관계에 부합하지 아니하는 무효의 등기라고 볼 수밖에 없으므로, 이와 취지를 같이한 원심의 판단에 무효등기의 유용에 관한 법리를 오해한 위법이 있다고 볼 수도 없다.

[관련규정] 제186조

[해설 및 논평]

1. 해설

어떤 등기가 행하여졌으나 그것이 실체적 권리관계에 부합하지 않아서 무효로 된 뒤에 그 등기에 부합하는 새로운 실체적 권리관계가 생긴 경우에, 그 등기를 새로운 권리관계의 공시방법으로 사용할 수 있는지가 문제된다. 이것이 무효등기의 유용의 문제이다.

이 문제에 관하여 학설은 주로 저당권등기의 유용에 관하여 논의하면서 일치하여 이해관계 있는 제3자가 나타나지 않는 한 유용할 수 있다고 한다. 대법원도 이전부터 학설과 같은 입장을 취하고 있었다(대판 1963. 10. 10, 63다583; 대판 1974. 9. 10, 74다482; 대판 1986. 12. 9, 86다카716).

본 판결은 기본적으로 기존의 판례 태도를 유지하고 있다. 그런데 그 이전의 판결들은 구등기가 실체적 권리관계의 소멸로 무효로 된 후에 유용합의가 된 경우였다. 그에 비하여 본 판결에서는 피고 B 명의의 가등기가 유효하게 존속하고 있는 동안에 B가 가등기상의 권리를 포기하고 A는 형식적으로 B 명의의 가등기에 기한 본등기를 해주고, 다시 피고 D 명의로 소유권이전등기를 하기로 합의한 점에서 차이가 있다. 그런데 본 판결은 이러한 경우를 이전 판결의 경우와 마찬가지로 판단하였다.

아무튼 본 판결은 - 그 사안의 특수성에도 불구하고 - 이전의 판결들과 동일하게,「유용합의가 이루어지기 전에」등기상 이해관계를 맺은 제3자는 보호된다고 하며, 구등기가 유효한 상태에서 더구나 그 등기의 존재를 알면서 이해관계를 맺은 자도 이해관계인으로 보호하고 있다.

2. 논평

무효등기의 유용은 제3자를 해하지 않는 한 인정하여도 무방하다. 그러한 점에서 본 판결의 태도는 타당하다. 그리고 등기가 유효할 때 제3자가 이해관계를 맺었고 그 후에 구등기가 무효로 된 경우를 구등기가 무효로 된 후에 이해관계를 맺은 경우와 동일하게 다루어도 무방하다고 생각한다. 결국 본 판결은 받아들일 만하다.

[주요 평석 문헌] 오세빈, "무효등기의 유용에 관한 합의의 효력," 대법원판례해설, 12호, 283면 이하.

9. 상호명의신탁

◈ 대판 2008. 2. 15, 2006다68810 · 68827
[임대차보증금 · 손해배상](강의 B-95 · 96, 물권
[62])

[쟁점] 구분소유적 공유관계가 경매에 의하여
제3자에게 승계되기 위한 요건

[사실관계]

(1) 영림기업 주식회사의 사주이던 소외 A는 상
가건물 분양사업을 하기 위하여 소외 C로부터 투
자를 받아 1976년경 서울 관악구 소재 대 1401.3
㎡(이하 '이 사건 전체대지'라고 함)를 매수하고, 각
1/2 공유지분에 관하여 C와 자신의 아들인 소외 B
명의로 소유권이전등기를 하였다.

(2) 영림기업은 1977. 11. 위 C, B의 공유 토지
인 이 사건 전체대지 위에 이 사건 제1건물인 영
림종합시장을 신축하여 피고들을 포함한 총 38명
에게 분양하였다. 그리고 1986. 12. 2. 이 사건 전
체대지 중 211.17/423.9 지분에 관하여 대지권등
기가 되었고, 120.255/423.9 지분은 B 명의로, 나
머지는 다른 자 명의로 남게 되었다. 그런데 공유
자 B 명의로 된 120.255/423.9 지분은 상가 분양시
각 건물의 부지와 그 사용에 필요한 대지부분을
제외한 나머지 부분(공터)으로 남겨둔 것이다. 그
리고 그 부분은 피분양자들이 분양받은 점포와 경
계가 구분되었고, 또 별도로 이용되어 왔다.

(3) 그 뒤 영림기업은 1989. 2. 이 사건 전체대
지 중 이 사건 제1건물 반대편 대지 위에 이 사건
제2건물을 신축하여 분양하였는데, 건물부분에 관
하여는 피분양자 명의로 구분소유권이전등기를
하였으나, 대지부분에 대하여는 대지권등기를 하
지 않았다.

(4) 원고는 2000. 9. 25. 부동산강제경매 사건에
서 이 사건 전체대지 중 B 명의의 120.255/423.9
지분을 1억 7,360만 원에 경락받아 그의 명의로
지분소유권이전등기를 하였다.

(5) 이러한 상태에서 원고는 건물의 구분소유자
들을 상대로, 이 사건 제1건물은 이 사건 전체대
지 중 211.17/423.9 지분만을 그 대지권으로 설정
하였고, 이 사건 제2건물은 아예 대지권을 설정하
지 못하였으므로, 이 사건 전체대지 위에 위 각
건물을 소유함으로써 이 사건 전체대지 중 대지권
에 포함되지 않은 나머지 지분(212.73/423.9) 중에
서 원고의 소유인 120.255/423.9 지분을 법률상 원
인 없이 배타적으로 점유하면서 그에 대한 차임
상당의 부당이득을 하고 있다고 주장하면서, 그
반환을 구하는 소를 제기하였다.

[판결요지]

1. 1필지의 토지의 위치와 면적을 특정하여 2인
이상이 구분소유하기로 하는 약정을 하고 그 구분
소유자의 공유로 등기하는 이른바 구분소유적 공
유관계에 있어서, 각 구분소유적 공유자가 자신의
권리를 타인에게 처분하는 경우 중에는 구분소유
의 목적인 특정부분을 처분하면서 등기부상의 공
유지분을 그 특정부분에 대한 표상으로서 이전하
는 경우와 등기부의 기재대로 1필지 전체에 대한
진정한 공유지분으로서 처분하는 경우가 있을 수
있고, 이 중 전자의 경우에는 그 제3자에 대하여
구분소유적 공유관계가 승계될 것이나, 후자의 경
우에는 제3자가 그 부동산 전체에 대한 공유지분
을 취득하고 구분소유적 공유관계는 소멸된다고
할 것이며(대법원 1993. 6. 8. 선고 92다18634 판결 등
참조), 이는 경매에 있어서도 마찬가지라고 할 것
인바, 전자에 해당하기 위하여는 집행법원이 공유
지분이 아닌 특정 구분소유 목적물에 대한 평가를
하게 하고 그에 따라 최저경매가격을 정한 후 경
매를 실시하여야 한다고 할 것이고(대법원 2001. 6.
15.자 2000마2633 결정, 대법원 2002. 5. 14. 선고 2001
재다701 판결 등 참조), 그러한 사정이 없는 경우에
는 1필지에 관한 공유자의 지분에 대한 경매목적
물은 원칙적으로 1필지 전체에 대한 공유지분이
라고 봄이 상당하다(대법원 2001. 11. 30. 선고 2001

다21038 판결 등 참조).

3. … 앞에서 본 법리에 비추어 보면, 원심이 인정한 바와 같은 경위로 이 사건 지분에 관하여 경료된 소외 B 명의의 등기를 위 각 건물의 구분소유자들에 대한 내부관계에서는 공터 부분을 표상하는 것으로 볼 수 있다고 할지라도, 원심이 확정한 바와 같이 원고가 강제경매절차에서 이 사건 지분을 경락받았다면, 그 경매절차에서 이 사건 지분이 위 공터 부분에 대한 구분소유적 공유관계를 표상하는 것으로 취급되어 그에 따른 감정평가와 최저경매가격이 결정되고 경매가 실시되었다는 점이 입증되지 아니하는 이상, 원고는 이 사건 전체 대지에 대하여 이 사건 지분에 상응하는 공유지분 소유권을 적법하게 취득하고 이 부분에 관한 상호명의신탁관계는 소멸되는 것으로 보아야 할 것이고, 원고가 이 사건 지분을 경락받음에 있어 그것이 구분소유적 공유관계를 표상하는 것으로 인식하고 있었는지 여부에 따라서 달리 볼 것은 아니다.

[관련규정] 제262조, 부동산실명법 제2조 제1호, 민사집행법 제97조 제1항, 제139조 제2항

[해설 및 논평]
1. 해설

종래 우리 대법원은 일련의 판결에 의하여 명의신탁이라는 제도를 확립하였다. 그리고 그 판례 중에는 상호명의신탁에 관한 것도 있다. 한편 과거 명의신탁은 불법 또는 탈법수단으로 악용되는 일이 많았다. 그리하여 부동산실명법을 제정하여 명의신탁을 원칙적으로 무효로 하는 방법으로 강력하게 규제하고 있다. 그런데 그 법은 양도담보나 가등기담보, 상호명의신탁, 신탁법상의 신탁에는 적용되지 않는다(동법 2조 1호). 그 결과 상호명의신탁에 대하여는 종래의 판례이론이 적용된다.

여러 사람이 1필의 토지를 각 위치를 특정하여 일부씩 매수하고 당사자의 합의로 (공유)지분이전등기를 한 경우(및 그와 유사한 경우)에 관하여, 판례는 당사자 내부관계에서는 각 특정부분의 소유권을 각자 취득하게 되고, 각 공유지분등기는 각자의 특정 매수부분에 관하여 상호간에 명의신탁하고 있는 것으로 본다(구분소유적 공유관계). 그리고 최초의 명의신탁관계가 그로부터 양수한 당사자들 사이에서도 성립한다고 한다.

그런데 상호명의신탁이 성립하여 구분소유적 공유관계가 인정되더라도 공유자가 그의 지분을 진정한 공유지분으로 처분하게 되면 구분소유적 공유관계는 붕괴하게 된다. 이는 본 판결 이전에 이미 대법원이 인정하고 있었던 것이다(대판 1979. 6. 26, 79다741; 대판 1993. 6. 8, 92다18634). 본 판결은 그와 같은 태도를 유지하였다.

한편 종래 대법원은 담보권 실행경매의 경우에 관하여, 1동의 건물 중 특정부분에 대한 구분소유적 공유관계를 표상하는 공유지분을 목적으로 하는 근저당권이 설정된 후 그 근저당권의 실행에 의하여 위 공유지분을 취득한 낙찰자는 구분소유적 공유지분을 그대로 취득한다고 하여, 같은 법리를 인정하였다(대결 2001. 6. 15, 2000마2633). 본 판결은 이 점에서도 판례를 유지하고 있다. 그리고 거기서 좀 더 나아가, 집행법원이 공유지분이 아닌 특정 구분소유 목적물에 대한 평가를 하게 하고 그에 따라 최저경매가격을 정한 후 경매를 실시한 사정이 없으면 본래의 공유지분이 매각된다고 한다. 이는 공간된 것으로서는 최초의 판시이다.

본 판결은 그 사안의 경우에 구분소유자들과의 관계에서는 구분소유적 공유관계에 있다고 볼 수 있을지라도, 이 사건 지분이 구분소유적 공유의 표상으로서 경매되었다는 점이 증명되지 않았고, 따라서 원고는 본래의 공유지분을 취득하고 상호명의신탁관계는 소멸했다고 한다.

2. 논평

본 판결은 무난하다(상호명의신탁 이론의 허약함을 보여주기도 함).

제2장
물권법

10. 명의신탁과 불법원인급여

◆ 대판(전원) 2019. 6. 20, 2013다218156
[소유권이전등기](강의 B-98, 물권 [64])

[쟁점] 무효인 명의신탁약정에 따라 명의수탁자 명의로 등기를 한 경우에 명의신탁자가 명의수탁자를 상대로 그 등기의 말소를 구하는 것이 제746조의 불법원인급여를 이유로 금지되는지 여부(소극) 및 이는 농지법에 따른 제한을 회피하고자 명의신탁을 한 경우에도 마찬가지인지 여부(적극)

[사실관계]

(1) 소외 1은 1998. 11. 27. 농지인 별지(생략) 목록 기재 각 부동산(이 사건 부동산)에 관한 소유권을 취득하였으나, 2000. 4.경 당진군수로부터 '농지를 소유할 자격이 없으므로 일정한 기간 내에 이 사건 부동산을 처분하라'는 내용의 농지처분의무 통지를 받았다.

(2) 소외 1은 2001. 4.경 소외 2와 이 사건 부동산에 관한 명의신탁약정을 하고, 2001. 4. 12. 소외 2 앞으로 이 사건 부동산에 관한 소유권이전등기를 마쳤다. 그 후 소외 2는 이 사건 부동산에서 경작하면서 임대료로 매년 쌀 두 가마를 소외 1에게 보냈다.

(3) 소외 1은 2009. 1. 28. 사망하였고, 소외 1의 처인 원고가 상속재산 협의분할로 이 사건 부동산에 관한 소외 1의 권리를 취득하였다.

(4) 소외 2는 2012. 3. 23. 사망하였고, 소외 2의 처인 피고가 2012. 4. 13. 협의분할에 의한 상속을 원인으로 하여 이 사건 부동산에 관한 소유권이전등기를 마쳤다.

(5) 이러한 상태에서 원고는 피고를 상대로 진정명의 회복을 원인으로 소유권이전등기를 구하는 소를 제기하였다. 그 소에서 피고는 소외 2 명의의 소유권이전등기가 불법원인급여라고 주장했으나, 제1심법원은 원고 승소 판결을 하였다. 그러자 피고가 이에 불복하여 항소하였고, 항소심법원은 피고의 항소를 기각하였다. 이에 피고가 상고하였고, 대법원은 본 판결에서 피고의 상고를 기각하였다.

[판결요지]

1. 쟁점

… 이 사건의 쟁점은, 부동산실명법을 위반하여 무효인 명의신탁약정에 따라 명의수탁자 명의로 등기를 한 경우에, 명의신탁자가 명의수탁자를 상대로 그 등기의 말소를 구하는 것이 민법 제746조의 불법원인급여를 이유로 금지되는지 여부, 농지법에 따른 제한을 회피하고자 명의신탁을 한 것이 결론에 영향을 미치는지 여부이다.

2. 부동산실명법을 위반하여 무효인 명의신탁약정에 따라 마친 명의신탁등기가 불법원인급여에 해당하는지 여부

부동산실명법 규정의 문언, 내용, 체계와 입법 목적 등을 종합하면, 부동산실명법을 위반하여 무효인 명의신탁약정에 따라 명의수탁자 명의로 등기를 하였다는 이유만으로 그것이 당연히 불법원인급여에 해당한다고 단정할 수는 없다(대법원 2003. 11. 27. 선고 2003다41722 판결 등 참조). 이 사건과 같이 농지법에 따른 제한을 회피하고자 명의신탁을 한 경우에도 마찬가지이다. 구체적인 이유는 다음과 같다.

가. 부동산실명법은 부동산 소유권을 실권리자에게 귀속시키는 것을 전제로 명의신탁약정과 그에 따른 물권변동을 규율하고 있다. …

나. 부동산실명법을 제정한 입법자의 의사는 신탁부동산의 소유권을 실권리자에게 귀속시키는 것을 전제로 하고 있다. …

다. 명의신탁에 대하여 불법원인급여 규정을 적용한다면 재화 귀속에 관한 정의 관념에 반하는 불합리한 결과를 가져올 뿐만 아니라 판례의 태도나 부동산실명법 규정에도 합치되지 않는다. …

라. 모든 국민의 재산권은 보장되고, 그 내용과 한계는 법률로 정한다(헌법 제23조 제1항). 명의신탁을 금지하겠다는 목적만으로 부동산실명법에서 예정한 것 이상으로 명의신탁자의 신탁부동산에 대한 재산권의 본질적 부분을 침해할 수는 없다. …

마. 농지법에 따른 제한을 회피하고자 명의신탁을 한 사안이라고 해서 불법원인급여 규정의 적용

여부를 달리 판단할 이유는 없다. …

(본 판결에는 반대의견(대법관 4인)과 다수의견과 반대의견 각각에 대한 보충의견이 있음)

[반대의견의 요지] 부동산실명법을 위반하여 무효인 명의신탁약정에 따라 명의수탁자에게 마친 등기는 특별한 사정이 없는 한 불법원인급여에 해당한다고 보아야 한다.

[관련규정] 헌법 제23조 제1항, 민법 제103조, 제746조, 부동산실명법 제1조, 제3조, 제4조, 제5조 제1항 제1호, 제6조 제1항, 제7조, 구 농지법(2018. 12. 24. 개정되기 전의 것) 제8조, 제10조, 제11조, 제59조 제1호(현행 제58조 제1호 참조), 제62조

[해설 및 논평]
1. 해설
(1) 서설
본 판결 이전에 대법원은 부동산실명법에 위반되어 무효인 명의신탁약정에 기하여 경료된 타인 명의의 등기가 불법원인급여가 아니라고 하였다(대판 2003. 11. 27, 2003다41722). 그리고 그 문제에 관하여 학설은 i) 불법원인급여라는 견해(긍정설), ii) 불법원인급여가 아니라는 견해(부정설), iii) 명의신탁이 투기·탈세·탈법행위 등에 악용될 경우처럼 일정한 경우에는 불법원인급여에 해당한다는 견해(절충설)로 나뉘어 있었으며, 그중에는 부정설이 다수설이었다. 그러한 상황에서 그 문제에 대하여 대법원에서 다시 한번 판단을 하게 되었으며, 그 결과물이 바로 본 판결이다.
(2) 본 판결 사안의 모습과 본 판결(다수의견)의 결론
본 판결 사안을 요약하면, 농지 소유인인 소외 1이 농지법에 기하여 행정관청으로부터 농지처분의무 통지를 받고, 소외 2 명의로 그 농지의 명의신탁을 하였는데, 그 후 소외 2가 사망하자 그의 처인 피고가 상속을 원인으로 소유권이전등기를 하였고, 소외 1이 사망한 뒤 그 농지를 취득한 원고가 피고를 상대로 소로써 진정명의 회복을 원인

으로 하여 소유권이전등기를 청구하였다. 그 소에서 피고는 불법원인급여임을 이유로 등기이전을 거절하였다.

이에 대하여 본 판결은, 종래의 판례에 따라, 부동산실명법 규정의 문언, 내용, 체계와 입법 목적 등을 종합하면, 부동산실명법을 위반하여 무효인 명의신탁약정에 따라 명의수탁자 명의로 등기를 하였다는 이유만으로 그것이 당연히 불법원인급여에 해당한다고 단정할 수는 없다고 한 뒤, 이 사건과 같이 농지법에 따른 제한을 회피하고자 명의신탁을 한 경우에도 마찬가지라고 하였다.

다수의견은 그 주요근거로, 부동산실명법이 명의신탁약정(제4조 제1항)과 명의신탁약정에 따른 등기로 이루어진 부동산에 관한 물권변동(제4조 제2항 본문)을 무효라고 명시하고 있는데, 이것은 명의신탁약정에 따라 명의신탁자로부터 명의수탁자에게 소유권이전등기가 이루어지는 등기명의신탁의 경우 부동산 소유권은 그 등기와 상관없이 명의신탁자에게 그대로 남아있다는 것을 뜻한다는 점을 든다. 나아가 부동산실명법 제정 당시, 국회에 명의신탁자와 명의수탁자 사이에서는 명의신탁자에게 신탁부동산의 소유권이 귀속된다고 보았던 판례를 바꾸는 내용의 법률안도 제출되어 있었으나 그것이 채택되지 않았다는 점도 든다.

본판결의 다수의견도 명의신탁이 폐해가 많고 부동산실명법만으로 그 폐해를 근절시킬 수 없다고 보나, 그 해결은 — 반대의견과 달리 — 입법의 방법으로 하여야 하고 사법으로 할 수는 없다는 입장이다.

2. 논평
본 판결은 타당하다.

[주요 평석 문헌] 박동진, "부동산명의신탁과 불법원인급여 – 대법원 2019. 6. 20 선고 2013다218156 전원합의체 판결 –," 법학연구(연세대), 30권 1호, 1면 이하; 백숙종, "부동산 실권리자 명의 등기에 관한 법률에 위반한 명의신탁약정과 불법원인급여," 사법(사법발전재단), 50호, 523면 이하.

11. 명의수탁자의 부당이득

◆ 대판 2010. 10. 14, 2007다90432
[대여금](강의 B-101, 물권 [65])

[쟁점] 명의수탁자가 명의신탁자에게 반환하여
야 할 부당이득의 내용과 범위(=명의신탁자로부터
제공받은 매수자금 및 취득세, 등록세 등 취득비용)

[사실관계]

(1) 소외 신한종합금융 주식회사(이하 '신한종금'
이라고 함)는 1996. 12. 10. 소외 성원파이낸스 주
식회사와 사이에 약정한도는 300억 원, 연체이율
은 연 26%로 하되, 연체이율 변동시에는 변동이율
에 의하기로 하는 내용의 어음거래약정을 체결한
후, 성원파이낸스에게 어음대출 등을 해주었다.

그 후 1998. 11. 26. 소외 주식회사 한아름종합
금융, 신한종금 및 성원파이낸스는 한아름종합금
융이 위 어음거래약정상의 신한종금의 지위를 인
수하여 신한종금의 모든 권리·의무를 당초 계약
과 동일한 조건으로 승계하기로 하되, 다만 약정
한도는 한아름종합금융이 양수한 채권인 180억
원으로 하기로 하는 어음거래약정 채권자변경계
약을 체결하였는데, 그 무렵 성원파이낸스의 대표
이사인 소외 2, 성원그룹의 대주주인 소외 1(대법
원 판결의 소외인)은 성원파이낸스가 위 계약에 따
라 한아름종합금융에 부담하게 될 모든 채무에 대
하여 연대보증을 하였다.

한아름종합금융은 소외 1에 대하여 위 보증채
무의 이행을 구하는 소를 제기하여 2001. 1. 16.
소외 1에게 180억 원 및 그에 대한 지연손해금의
지급판결을 받았고, 위 판결은 확정되었다. 한편
한아름종합금융은 2001. 6. 14. 소외 한아름상호신
용금고에 흡수합병되었고, 한아름상호신용금고는
2001. 12. 31. 원고에게 흡수합병되었다.

(2) 소외 1은 2000. 11.경 피고에게 피고 명의로
이 사건 부동산을 낙찰받고, 그 대금 중 일부도
피고 명의로 대출을 받아 납부해줄 것을 부탁하여
피고의 승낙을 받았다.

이에 따라 피고는 2000. 11. 초순경 소외 1로부
터 낙찰보증금 명목으로 1억 3천만 원을 지급받아
2000. 11. 7. 이 사건 부동산을 대금 13억 10만 원
에 낙찰받으면서 낙찰보증금으로 1억 3,001만 원
을 납부하였다. 그리고 피고는 2001. 4.경 소외 1로
부터 4억 5천만 원을 지급받고, 주택은행으로부터
이 사건 부동산을 담보로 제공하기로 하고 자신의
명의로 7억 원을 대출받은 후 2001. 4. 24. 낙찰잔
대금 11억 7,009만 원을 납부하였다. 또한 피고는
2001. 5.경 소외 1로부터 위 낙찰대금 중 일부 명
목으로 2천만 원과 취득세와 등록세 등 등기비용
등의 명목으로 1억 3천만 원을 지급받았다.

(3) 소외 1은 현재 채무초과의 상태로서 위 각
채무를 변제할 만한 자력이 없다.

(4) 원고는 자신의 소외 1에 대한 채권을 보전
하기 위해 소외 1을 대위하여 피고를 상대로 위
매수자금 및 취득비용 상당액의 반환을 구하는 이
사건 부당이득 반환청구 소송을 제기하였다.

[판결요지]

부동산 실권리자 명의 등기에 관한 법률 제4조
제1항, 제2항에 의하면 명의신탁자와 명의수탁자
가 이른바 계약명의신탁약정을 맺고 명의수탁자
가 당사자가 되어 명의신탁약정이 있다는 사실을
알지 못하는 소유자와의 사이에 부동산에 관한 매
매계약을 체결한 후 그 매매계약에 따라 당해 부
동산의 소유권이전등기를 수탁자 명의로 마친 경
우에는 명의신탁자와 명의수탁자 사이의 명의신
탁약정의 무효에도 불구하고 그 명의수탁자는 당
해 부동산의 완전한 소유권을 취득하게 되고, 다
만 명의수탁자는 명의신탁자에 대하여 부당이득
반환의무를 부담하게 될 뿐이다. 이 경우 그 계약
명의신탁약정이 부동산 실권리자 명의 등기에 관
한 법률 시행 후인 경우에는 명의신탁자는 애초부
터 당해 부동산의 소유권을 취득할 수 없었으므
로, 위 계약명의신탁약정의 무효로 인하여 명의신

탁자가 입은 손해는 당해 부동산 자체가 아니라 명의수탁자에게 제공한 매수자금이고, 따라서 명의수탁자는 당해 부동산 자체가 아니라 명의신탁자로부터 제공받은 매수자금 상당액을 부당이득하였다고 할 것이다(대법원 2005. 1. 28. 선고 2002다66922 판결 등 참조). 이때 명의수탁자가 소유권이전등기를 위하여 지출하여야 할 취득세, 등록세 등을 명의신탁자로부터 제공받았다면, 이러한 자금 역시 위 계약명의신탁약정에 따라 명의수탁자가 당해 부동산의 소유권을 취득하기 위하여 매매대금과 함께 지출된 것이므로, 당해 부동산의 매매대금 상당액 이외에 명의신탁자가 명의수탁자에게 지급한 취득세, 등록세 등의 취득비용도 특별한 사정이 없는 한 위 계약명의신탁약정의 무효로 인하여 명의신탁자가 입은 손해에 포함되어 명의수탁자는 이 역시 명의신탁자에게 부당이득으로 반환하여야 할 것이다.

[관련규정] 부동산실명법 제4조 제1항·제2항, 민법 제741조

[해설 및 논평]

1. 해설

(1) 서설

계약명의신탁의 경우에 부동산매도인(소유자)이 선의인 때에는 수탁자가 부동산의 소유권을 완전하게 취득한다. 이때 신탁자는 매도인에 대하여는 아무런 청구도 하지 못한다. 그들 사이에는 법률관계가 없기 때문이다. 다만, 신탁자는 수탁자를 상대로 부당이득 청구를 할 수 있을 뿐이다. 여기서 부당이득의 내용과 범위가 어떻게 되는지 문제된다. 본 판결은 이 문제에 대하여 판시하고 있다.

본 판결이 판단한 사항은 두 가지이다. 하나는 부당이득의 내용이 부동산 소유권 자체가 아니고 제공한 매수대금 등이라는 것이고, 다른 하나는 신탁자가 수탁자에게 취득세·등록세 등 취득비용을 제공했다면 특별한 사정이 없는 한 그것도 부당이득으로 반환해야 한다는 것이다.

(2) 부당이득의 내용

부동산실명법 시행 이후 계약명의신탁에서 매도인이 선의인 경우에 수탁자의 부당이득의 내용이 무엇인지에 관하여 대법원은 신탁자가 부동산의 소유권을 취득할 수 있었는가에 따라 소유권을 취득할 수 있었으면 부동산 자체가 부당이득이고, 소유권을 취득할 수 없었으면 제공한 매수대금 상당액이라고 하였다.

전자는 부동산실명법 시행 전에 수탁자 명의의 등기가 행해지고 유예기간 내에 실명등기를 하지 않은 경우나 그와 유사한 경우에 인정되었다(대판 2002. 12. 26, 2000다21123 등. 그러나 신탁자 명의로 등기를 하는 데 법률적 장애가 있었던 경우는 다름. 대판 2008. 5. 15, 2007다74690 참조). 그리고 후자는 부동산실명법 시행 후에 계약명의신탁을 한 경우에 일반적으로 인정되었다. 후자에 관한 첫 판결은 대판 2005. 1. 28, 2002다66922이다. 본 판결은 부당이득의 내용에 관하여는 이 판결을 따른 것이다.

(3) 취득세 등의 취득비용이 부당이득에 포함되는지 여부

다음에 본 판결은 매매대금 상당액 이외에 명의신탁자가 명의수탁자에게 지급한 취득세, 등록세 등의 취득비용도 부당이득으로 반환해야 한다고 하였다. 이는 본 판결에서 처음 인정한 것이다. 이 문제에 관하여는 찬반의 견해가 대립될 수 있는데, 본 판결은 그 비용도 소유권을 취득하기 위하여 지출되었다는 이유로 반환을 긍정하였다.

2. 논평

이러한 본 판결은 받아들일 만하다.

[주요 평석 문헌] 윤강열, "매도인 선의의 계약명의신탁에서 명의수탁자가 매수자금 이외에 취득세, 등록세 등 취득비용도 부당이득으로 반환하여야 하는지 여부," 대법원판례해설, 85호, 577면 이하.

12. 명의수탁자의 처분과 불법행위 여부(1)

◆ 대판 2022. 6. 9, 2020다208997
[손해배상(기)](강의 B-99, 물권 [66])

[쟁점] 명의수탁자가 3자간 등기명의신탁에 따라 매도인으로부터 소유권이전등기를 넘겨받은 부동산을 자기 마음대로 처분한 경우, 형사상 횡령죄로 처벌되는지와 관계없이 명의수탁자는 명의신탁자에 대하여 민사상 불법행위책임을 부담하는지 여부(적극)

[사실관계]

(1) 원고는 소외 1로부터 이 사건 각 토지를 매수하면서 그 등기는 피고 명의로 하기로 약정하고, 그 약정에 따라 소외 1이 이 사건 각 토지에 관해 피고 앞으로 소유권이전등기를 함으로써 3자간 등기명의신탁이 이루어졌다.

(2) 피고는 원고의 동의 없이 2014. 4. 7. 소외 2에게 이 사건 각 토지를 14억 원에 매도하면서 매매대금 중 9억 8,000만 원은 소외 2가 이 사건 각 토지의 근저당권부 채무를 인수하기로 하는 매매계약을 하고, 2014. 4. 11. 소외 2에게 이 사건 각 토지에 관해 위 매매를 원인으로 한 소유권이전등기를 하였다.

(3) 원고는, 피고가 원고의 동의 없이 이 사건 각 토지를 처분한 것은 불법행위에 해당하거나 법률상 원인 없이 부당한 이익을 얻은 것이라고 주장하며 피고에 대하여 손해배상 또는 부당이득반환으로 4억 2,000만 원(= 14억 원 - 9억 8,000만 원)과 그 지연손해금의 지급을 청구하는 이 사건 소를 제기하였다.

(4) 이에 대하여 제1심법원은 원고가 청구한 금액 중 일부에 관하여 부당이득 반환청구를 인정하였다. 그러자 양 당사자가 모두 항소하였는데, 제2심법원은 원고패소판결을 하였다. 그러자 원고가 상고하였고, 그에 대하여 본 판결이 원심판결을 파기·환송하였다.

[판결요지]

명의수탁자가 3자간 등기명의신탁에 따라 매도인으로부터 소유권이전등기를 넘겨받은 부동산을 자기 마음대로 처분한 행위가 형사상 횡령죄로 처벌되지 않더라도, 이는 명의신탁자의 채권인 소유권이전등기 청구권을 침해하는 행위로써 민법 제750조에 따라 불법행위에 해당하여 명의수탁자는 명의신탁자에게 손해배상책임을 질 수 있다. 그 이유는 다음과 같다.

(1) 명의신탁자가 매수한 부동산에 관하여 「부동산 실권리자 명의 등기에 관한 법률」(이하 '부동산실명법'이라 한다)을 위반하여 명의수탁자와 맺은 명의신탁약정에 따라 매도인에게서 바로 명의수탁자 앞으로 소유권이전등기를 마친 이른바 3자간 등기명의신탁을 한 경우에 명의수탁자가 부동산을 임의로 처분한 것이 횡령죄가 되는지 문제된다. 대법원은 2016. 5. 19. 선고 2014도6992 전원합의체 판결을 통해 종전 판례를 변경하여 위와 같은 경우 명의신탁자는 부동산 소유자가 아니고 명의신탁자와 명의수탁자 사이에 위탁신임관계를 인정할 수도 없어 명의수탁자가 명의신탁자의 재물을 보관하는 자라고 할 수 없으므로, 명의수탁자가 신탁 부동산을 임의로 처분해도 명의신탁자에 대한 관계에서 횡령죄가 성립하지 않는다고 판결하였다.

(2) 민사책임과 형사책임은 지도이념, 증명책임의 부담과 그 증명의 정도 등에서 서로 다른 원리가 적용된다. … 따라서 형사상 범죄를 구성하지 않는 침해행위라고 하더라도 그것이 민사상 불법행위를 구성하는지는 형사책임과 별개의 관점에서 검토해야 한다.

(3) 3자간 등기명의신탁에서 명의수탁자의 임의처분 등을 원인으로 제3자 앞으로 소유권이전등기가 된 경우, 특별한 사정이 없는 한 제3자는 유효하게 소유권을 취득한다(부동산실명법 제4조 제3항). 그 결과 매도인의 명의신탁자에 대한 소유권이전등기 의무는 이행불능이 되어 명의신탁자

로서는 부동산 소유권을 이전받을 수 없게 된다. 명의수탁자가 명의신탁자의 채권인 소유권이전등기 청구권을 침해한다는 사정을 알면서도 명의신탁받은 부동산을 자기 마음대로 처분하였다면 이는 사회통념상 사회질서나 경제질서를 위반하는 위법한 행위로서 특별한 사정이 없는 한 제3자의 채권침해에 따른 불법행위책임이 성립한다.

(4) 위 대법원 2014도6992 전원합의체 판결은 횡령죄의 본질이 신임관계에 기초하여 위탁된 타인의 물건을 위법하게 영득하는 데 있고 명의신탁자와 명의수탁자의 관계는 형법상 보호할 만한 가치 있는 신임관계가 아니므로 명의수탁자의 임의 처분행위에 대하여 횡령죄를 인정할 수 없다고 한 것이지 명의신탁관계에서 명의신탁자의 소유권이전등기 청구권을 보호할 수 없다는 취지는 아니다. 따라서 명의수탁자의 임의처분으로 명의신탁자의 채권이 침해된 이상 형법상 횡령죄의 성립 여부와 관계없이 명의수탁자는 명의신탁자에 대하여 민사상 불법행위책임을 부담한다고 봄이 타당하다.

[관련규정] 제750조, 부동산실명법 제4조, 형법 제355조 제1항

[해설 및 논평]
1. 해설
(1) 서설
우선 본 판결에서 '3자간 등기명의신탁'이라 함은 중간생략 명의신탁, 즉 신탁자가 상대방과 물권을 취득하는 계약을 체결하면서 그 물권에 관한 등기는 수탁자와의 명의신탁약정에 기하여 상대방으로부터 직접 수탁자 앞으로 하게 하는 경우이다.

본 판결은 이러한 명의신탁에서 명의수탁자가 명의신탁 부동산을 마음대로 처분한 경우에 그가 명의신탁자에게 불법행위책임을 지는지를 판단하였다. 그럼에 있어서 명의수탁자의 그 행위가 형

법상 횡령죄로 되지 않는다는 대법원 전원합의체 판결에 영향을 받는지도 검토하였다.

(2) 중간생략 명의신탁의 기본적인 법률관계
중간생략 명의신탁의 경우 그 신탁약정과 그에 따른 등기(물권변동)는 무효이다(부동산실명법 4조 1항·2항). 여기에는 예외가 없다. 그런데 신탁자와 상대방 사이의 매매는 유효하므로, 신탁자는 상대방에 대하여 소유권이전등기 청구권을 가지고, 그 반면에 매매대금 지급의무를 부담한다. 한편 그 명의신탁약정 또는 그에 기한 물권변동의 무효는 제3자에게 대항하지 못한다(부동산실명법 4조 3항).

(3) 수탁자가 마음대로 처분한 경우에 신탁자에게 불법행위책임을 지는지
본 판결은 이에 대하여, 그 행위가 형사상 횡령죄로 처벌되지 않더라도, 이는 명의신탁자의 채권인 소유권이전등기 청구권을 침해하는 행위로써 민법 제750조에 따라 불법행위에 해당하여 명의수탁자는 명의신탁자에게 손해배상책임을 질 수 있다고 한다. 제3자에 의한 채권침해로서 불법행위로 될 수 있다는 것이다. 민사책임은 형사책임과 별개의 관점에서 논의되어야 하고, 수탁자가 처분한 경우는 위법성이 인정된다는 입장이다.

(4) 수탁자가 처분한 경우에 매도인(상대방)에게 불법행위책임을 지는지
이 문제는 본 판결에서는 쟁점사항이 아니었는데, 대법원은 다른 판결에서 그 경우에 매도인으로서는 명의수탁자의 처분행위로 인하여 손해를 입은 바가 없다고 하였다(대판 2002. 3. 15, 2001다61654). 그리고 계약명의신탁에서도 같은 태도를 취했다(대판 2013. 9. 12, 2010다95185).

2. 논평
본 판결은 타당하다. 그런데 매도인에 대한 수탁자의 불법행위책임에 관한 판례(위 해설 1.(4))는 옳지 않다(이 책 126면도 참조).

제2장
물권법

13. 명의수탁자의 처분과 불법행위 여부(2)

◈ 대판 2013. 9. 12, 2010다95185
[소유권이전등기등](강의 B-103, 물권 [65])

[쟁점] 이른바 계약명의신탁에서 매매계약을 체결한 악의의 매도인이 명의수탁자 앞으로 부동산 소유권이전등기를 마친 경우에 명의수탁자가 그 부동산을 제3자에게 처분하는 행위가 매도인의 소유권을 침해하는 불법행위가 되는지 여부(적극). 그리고 이때 매매대금을 수령한 매도인에게 명의수탁자의 처분행위로 인하여 손해가 발생하였다고 볼 수 있는지 여부(원칙적 소극)

[사실관계]

(1) 원고는 이 사건 1, 3, 4, 5부동산, 화성시 안석동 476-5 전 747㎡(이하 '분할 전 A부동산'이라 함)의 소유권보존등기 명의자이자, 화성시 안석동 산 57 임야 1,884㎡(이하 B임야라 함), 같은 동 산 59 임야 3,471㎡(이하 C임야라 함), 같은 동 62-3 임야 893㎡(이하 D임야라 함)의 소유권이전등기 명의자였는데, 1999. 8. 17. 동생인 피고에게 위 각 부동산에 관하여 1999. 8. 13.자 매매를 원인으로 하여 소유권이전등기를 마쳐주었다.

(2) 분할 전 A부동산은 2001. 8. 8. 이 사건 2부동산과 화성시 안석동 전 152㎡(이하 E부동산이라 한다)로 분할등기되었고, 위 E부동산은 2001. 8. 18. 그 지목이 도로로 변경되었다.

(3) 피고는 2001. 8. 18. 소외 갑에게 E부동산에 관하여 2001 8. 17. 매매를 원인으로 하는 소유권이전등기를 마쳐주었다. 그리고 피고는 2002. 1. 9. 소외 을에게 B임야 중 1,884분의 1,785 지분에 관하여, 소외 병에게 위 임야 중 나머지 1,884분의 99 지분에 관하여, 각 2001. 12. 28. 매매를 원인으로 하는 소유권이전등기를 각 마쳐주었다. 또한 피고는 2003. 5. 7. 원고의 아들과 피고의 아들에게, C임야, D임야 중 각 2분의 1 지분씩을 각 증여하였고, 2003. 5. 9. 위 증여를 원인으로 한 소유권이전등기를 마쳐주었다.

(4) 원고는 피고를 상대로, 자신의 아들이 증여받은 C·D임야를 제외한 위 각 부동산의 명의는 원고가 피고에게 신탁하였다는 이유로 이 사건 각 부동산에 관하여 진정명의 회복을 원인으로 하는 소유권이전등기를 구하고, E부동산과 B임야에 대하여는 피고가 수탁받은 부동산을 임의로 처분한 것이 불법행위라는 이유로 손해배상을 구하는 소를 제기하였다.

[판결요지]

(1) 명의신탁자와 명의수탁자가 이른바 계약명의신탁 약정을 맺고 매매계약을 체결한 소유자도 명의신탁자와 명의수탁자 사이의 명의신탁약정을 알면서 그 매매계약에 따라 명의수탁자 앞으로 당해 부동산의 소유권이전등기를 마친 경우 부동산 실권리자 명의 등기에 관한 법률 제4조 제2항 본문에 의하여 명의수탁자 명의의 소유권이전등기는 무효이므로, 당해 부동산의 소유권은 매매계약을 체결한 소유자에게 그대로 남아 있게 되고, 명의수탁자가 자신의 명의로 소유권이전등기를 마친 부동산을 제3자에게 처분하면 이는 매도인의 소유권 침해행위로서 불법행위가 된다.

그러나 명의수탁자로부터 매매대금을 수령한 상태의 소유자로서는 그 부동산에 관한 소유명의를 회복하기 전까지는 신의칙 내지 민법 제536조 제1항 본문의 규정에 의하여 명의수탁자에 대하여 이와 동시이행의 관계에 있는 매매대금 반환채무의 이행을 거절할 수 있는데, 이른바 계약명의신탁에서 명의수탁자의 제3자에 대한 처분행위가 유효하게 확정되어 소유자에 대한 소유명의 회복이 불가능한 이상, 소유자로서는 그와 동시이행관계에 있는 매매대금 반환채무를 이행할 여지가 없다. 또한 명의신탁자는 소유자와 매매계약관계가 없어 소유자에 대한 소유권이전등기 청구도 허용되지 아니하므로, 결국 소유자인 매도인으로서는 특별한 사정이 없는 한 명의수탁자의 처분행위로 인하여 어떠한 손해도 입은 바가 없다고 할 것이다.

(2) 위 법리에 비추어 살펴보면, 소외인이 E부동산과 B임야를 피고에게 이른바 3자간 계약명의신탁한 경우에는 명의수탁자인 피고가 위 각 부동산을 임의로 처분하더라도 매도인인 원고로서는 특별한 사정이 없는 한 명의수탁자인 피고를 상대로 불법행위로 인한 손해배상청구를 할 수 없다.

[관련규정] 부동산실명법 제4조 제2항, 민법 제536조 제1항, 제750조

[해설 및 논평]

1. 해설

계약명의신탁에서 매도인이 악의인 경우에는 명의신탁약정에 따른 물권변동이 일어나지 않기 때문에 부동산의 소유권은 매도인에게 남아 있게 된다. 그럼에도 불구하고 수탁자가 부동산을 처분하여 제3자에게 취득시키면 매도인이 부동산의 소유권을 상실하게 된다. 이때 수탁자의 처분이 매도인에 대하여 불법행위가 되고, 그리하여 매도인이 손해배상을 청구할 수 있는지 문제된다.

본 판결이 이 문제에 관하여 처음으로 판단을 하였다.

본 판결에 따르면, 계약명의신탁에서 매도인이 악의인 때에는 물권변동이 무효이므로(부동산실명법 4조 2항 본문), 부동산의 소유권은 매도인에게 있고, 따라서 수탁자의 처분은 매도인에 대하여 불법행위가 된다고 한다. 그런데 그 경우의 매도인은 매매대금을 반환할 여지가 없고, 또 명의신탁자로부터 소유권이전등기 청구도 받지도 않는다는 이유로, 매도인은 특별한 사정이 없는 한 수탁자의 처분행위로 인하여 어떠한 손해도 입은 바가 없다고 한다. 그리하여 결국 손해배상을 청구할 수 없다는 것이다.

이는 중간생략 명의신탁의 경우에 유사하게 판시한 판결(대판 2002. 3. 15, 2001다61654)의 법리를 계약명의신탁에도 그대로 적용한 것이다

2. 논평

본 판결이 계약명의신탁의 경우 매도인이 악의인 때에 수탁자의 처분이 매도인에 대하여 불법행위가 된다고 한 점은 타당하다.

그런데 특별한 사정이 없는 한 손해가 없다고 한 점은 대단히 부당하다. 그에 대한 이유를 몇 가지만 들면 다음과 같다(자세한 점은 송덕수 아래 논문 참조).

우선 손해가 있는지는 규범적으로 검토해야 하는데 현실적인 청구의 인용가능성이 없으므로 손해가 없다고 하는 점에서 부적절하다. 그리고 부동산의 시가와 매매대금이 동일하지 않은 경우에는 동시이행관계를 인정하는 입장에서도 그 차액만큼 손해가 있다고 해야 한다. 매도인의 손해는 부동산의 시가만큼이기 때문이다. 또한 위의 경우에 그 차액은 수탁자보다는 매도인에게 귀속시키는 것이 타당하다. 그런가 하면 만약 부동산의 시가와 매매대금의 차액을 손해로 인정하지 않고 수탁자에게 귀속시키는 경우에는, 수탁자가 처분을 한 때와 그렇지 않은 때 사이에 불균형이 생긴다. 수탁자가 처분하지 않아 매도인이 소유권을 회복하면 매도인이 부동산의 시가만큼의 가치를 보유하게 되기 때문이다. 한편 본 판결은 불법행위는 성립하되 손해가 없다고 하는데, 이는 손해가 있는 경우에 불법행위가 「성립」한다고 이해하는 일반이론과 부합하지 않는다. 요컨대 일반적으로 불법행위의 성립을 인정하되, 사정에 따라서 일정한 경우, 가령 부동산의 시가와 매매대금이 동일한 경우에는 손해배상청구가 부정될 수 있다고 해야 한다.

[주요 평석 문헌] 박영호, "매도인 악의의 계약명의신탁의 경우에 수탁자가 부동산을 임의로 처분하면 매도인에게 손해가 발생하는지 여부," 대법원판례해설, 97호, 285면 이하. 그리고 송덕수, "명의신탁된 부동산을 명의수탁자가 처분한 경우의 법률관계," 법학논집(이화여대 법학연구소), 19권 1호, 7면 이하도 참조.

14. 명의신탁과 제3자

◈ 대판 2005. 11. 10, 2005다34667 · 34674
[건물철거등 · 소유권이전등기](강의 B-105, 물권
[66])

[쟁점] 명의수탁자로부터 명의신탁된 부동산의
소유명의를 이어받은 자가 부동산실명법 제4조
제3항의 제3자에 해당하지 않아 그 등기가 무효인
경우에 그 등기에 기초하여 새로운 법률원인으로
이해관계를 맺은 자 명의의 등기의 효력(무효) 및
위 이해관계를 맺은 자가 위 조항이 규정하는 제3
자에 해당하는지 여부(소극)

[사실관계]

(1) 피고(소외 1의 전 첫째 사위)는 1981. 9. 2. 피
고 앞으로 소유권이전등기가 되어 있던 서울 서초
구 방배동 대 1,083.9㎡를 같은 동 대 462.5㎡(이하
이 토지를 '이 사건 토지'라 함)와 같은 동 대 621.4
㎡(이하 '제2토지'라 함)로 분할하여 분할등기를 하
면서 소외 4(피고의 전 동서)에게 이 사건 토지를
명의신탁하기로 하고, 같은 날 이 사건 토지에 관
하여 같은 해 8. 17.자 매매를 원인으로 한 소외 4
명의의 소유권이전등기를 마쳤다.

피고는 이 사건 토지 및 제2토지 위에 건물을
신축하기로 하고, 편의상 위 각 토지의 소유명의
자인 피고와 소외 4의 공동명의로 건축허가를 받
아 피고의 비용으로 건물(이하 '이 사건 건물'이라
함)을 완성한 후, 1989. 11. 11. 이 사건 건물 중 각
1/2 지분에 관하여 피고 및 소외 4 명의의 각 소
유권보존등기를 마쳤다. 그 이후 피고는 이 사건
건물 전체를 점유 · 관리하면서 이를 타인에게 임
대하였다.

(2) 소외 1은 1996. 6. 21. 피고와 소외 4를 상대
로, 이 사건 토지 및 제2토지는 사실상 소외 1의
소유인데, 소외 1이 그 중 이 사건 토지는 소외 4
에게, 제2토지는 피고에게 각 명의신탁하였다면서
위 각 명의신탁의 해지를 원인으로 한 소유권이전

등기 청구의 소(A소송)를 제기하였다. 이에 대하여
소외 4는 소외 1의 청구를 인낙하였고, 소외 1은
이 사건 토지에 관하여, 1996. 9. 13. 위 인낙조서
에 따라 명의신탁 해지를 원인으로 한 소외 1 명
의의 소유권이전등기를 한 다음, 1997. 12. 11.에
증여를 원인으로 한 원고(학교법인) 법인 명의의
소유권이전등기를 하였다.

한편, 위 A소송에서, 법원은 인낙된 소외 4를
제외한 피고 부분을 심리하여 소외 1이 피고에게
제2토지를 명의신탁을 하였다는 것을 인정할 증
거가 없다는 이유로 소외 1의 청구를 기각하였고,
이에 대하여 소외 1이 항소 · 상고하였으나, 모두
기각되었다.

(3) 피고는, 소외 1의 위 A소송 제기 직후 소외
4를 상대로, 이 사건 토지 및 이 사건 건물의 1/2
지분에 관하여, 각 명의신탁 해지를 원인으로 한
소유권이전등기 절차 이행청구의 소(B소송)를 제
기하였는데, 그 소송절차의 진행 중 이 사건 토지
에 관하여 위 인낙조서에 기한 소외 1 명의의 소
유권이전등기가 경료되자, 1996. 10. 24. 소외 1을
상대로 위 인낙조서가 무효라면서 소외 1 명의의
소유권이전등기의 말소를 구하는 소(C소송)를 별
도로 제기하였다.

B · C소송에서 소외 4에 대한 부분이 그 무렵
확정되자, 피고는 이에 따라 1999. 8. 13. 이 사건
건물 중 1/2 지분에 관하여 명의신탁 해지를 원인
으로 한 피고 명의의 소유권이전등기를 마쳤다.

한편, 소외 1은 위 판결에 대하여 항소 · 상고하
였으나, 모두 기각되었다.

(4) 이러한 상태에서 원고가 피고를 상대로 건
물철거 및 이 사건 토지에 대한 소유권이전등기
청구의 소를 제기하였다.

[판결요지]

부동산 실권리자 명의 등기에 관한 법률(이하
'부동산실명법'이라 한다) 제4조 제3항에서 "제3자"
라고 함은 명의신탁약정의 당사자 및 포괄승계인

이외의 자로서 명의수탁자가 물권자임을 기초로 그와의 사이에 직접 새로운 이해관계를 맺은 사람을 말한다고 할 것이므로, 명의수탁자로부터 명의신탁된 부동산의 소유명의를 이어받은 사람이 위 규정에 정한 제3자에 해당하지 아니한다면 그러한 자로서는 부동산실명법 제4조 제3항의 규정을 들어 무효인 명의신탁등기에 터 잡아 마쳐진 자신의 등기의 유효를 주장할 수 없고, 따라서 그 명의의 등기는 실체관계에 부합하여 유효라고 하는 등의 특별한 사정이 없는 한 무효라고 할 것이다(대법원 2003. 5. 16. 선고 2003다11714 판결, 2004. 8. 30. 선고 2002다48771 판결 등 참조).

그리고 위와 같이 등기부상 명의수탁자로부터 소유권이전등기를 이어받은 자의 등기가 무효인 이상, 부동산 등기에 관하여 공신력이 인정되지 아니하는 우리 법제 아래서는 그 무효인 등기에 기초하여 새로운 법률원인으로 이해관계를 맺은 자가 다시 등기를 이어받았다면 그 명의의 등기 역시 특별한 사정이 없는 한 무효임을 면할 수 없다고 할 것이고, 이렇게 명의수탁자와 직접 이해관계를 맺은 것이 아니라 부동산실명법 제4조 제3항에 정한 제3자가 아닌 자와 사이에서 무효인 등기를 기초로 다시 이해관계를 맺은 데 불과한 자는 위 조항이 규정하는 제3자에 해당하지 않는다고 보아야 할 것이다.

(본 판결은, 원심이 소외 1은 부동산실명법 제4조 제3항에 정한 제3자에 해당한다고 할 수 없어 소외 1 명의의 등기는 무효이고, 나아가 소외 1로부터 이 사건 토지를 증여받은 원고도 무효인 소외 1 명의의 등기를 승계하였을 뿐 명의수탁자인 소외 4와 사이에 새로운 이해관계를 맺은 것이 아니어서 역시 위 규정에 정한 제3자에 해당하지 아니하므로 이 사건 토지에 관한 원고 명의의 등기도 무효라고 판단한 것은 모두 정당하다고 함)

[관련규정] 부동산실명법 제4조 제3항

[해설 및 논평]

1. 해설

명의신탁에서 명의신탁약정 또는 그에 기초한 물권변동의 무효는 제3자에게 대항하지 못한다(부동산실명법 4조 3항). 여기의 제3자의 의미에 관하여는 일반적으로 명의신탁약정의 당사자 및 포괄승계인 이외의 자로서 명의수탁자가 물권자임을 기초로 새로운 이해관계를 맺은 자라고 이해한다. 본 판결 이전의 판례도 대체로 같은 태도였다.

그런데 본 판결은「명의신탁약정의 당사자 및 포괄승계인 이외의 자로서 명의수탁자가 물권자임을 기초로 '그와의 사이에 직접' 새로운 이해관계를 맺은 사람을 말한다」고 한다. 그리하여 명의수탁자와 직접 새로운 이해관계를 맺지 않은 자는 여기의 제3자가 아니라고 한다. 그리고 본 판결 사안에서 소외 1은 여기의 제3자가 아니고, 그의 등기를 승계한 데 불과한 원고도 제3자가 아니어서 원고 명의의 등기도 무효라고 한다.

본 판결의 그러한 태도에 대하여는 비판이 많이 제기되고 있다(가령 양창수 평석 문헌).

2. 논평

본 판결의 태도는 옳지 않다. 일반적으로 제3자 보호규정(예: 108조 2항)에서 제3자라고 하면 전술한 일반론처럼 해석한다. 그리고 제3자로부터 전득한 자도 그러한 규정에서의 제3자에 포함된다. 그러한 해석이 여기에서만 달라져야 할 이유는 없다. 즉 제3자로 되기 위하여 수탁자와 직접 새로운 법률관계를 맺었어야 할 필요는 없는 것이다.

[주요 평석 문헌] 이범균, "명의수탁자로부터 명의신탁된 부동산의 소유명의를 이어받은 자가 부동산 실권리자명의 등기에 관한 법률 제4조 제3항의 제3자 …," 대법원판례해설, 57호, 609면 이하; 양창수, "전득자는 부동산실명법 4조 3항의「제3자」에 해당하는가?," 민법연구, 9권, 101면 이하.

제2장
물권법

15. 점유개정(2중양도담보)

◆ 대판 2005. 2. 18, 2004다37430
　[배당이의](강의 B-118, 물권 [73])

[쟁점] 점유개정의 방법으로 동산에 대한 2중의 양도담보설정계약이 체결된 경우에 뒤에 설정계약을 체결한 후순위 채권자가 양도담보권을 취득할 수 있는지 여부(소극)

[사실관계]

(1) 피고(양돈사료 공급자1)는 1999.경부터 소외 A(양돈업자)에게 양돈 사료를 공급하여 오던 중 2000. 12. 21. 이미 발생하였거나 장차 발생할 사료대금을 담보하기 위하여 A와 사이에, A가 피고로부터 1억 원을 차용하는 내용의 금전소비대차계약을 체결하고, 위 차용금반환채무의 불이행시 피고가 즉시 강제집행을 개시하여도 이의가 없음을 인낙하는 취지의 공정증서(이하 '제1 공정증서'라 함)를 A로부터 작성·교부받으면서, 위 차용금반환채무의 담보로 피담보채권액을 1억 원, 담보물을 그 당시까지 X농장에서 사육하고 있던 돼지의 총 수량인 2천두(현재와 장래의 모든 돼지를 위 담보물에 포함되는 것으로 함)로 하여 이를 점유개정의 방법으로 피고에게 양도하는 내용의 양도담보계약을 체결하고 위 양도담보계약은 집행인낙의 의사표시에 의한 강제집행의 행사에 지장이 되지 않는다고 특약하였다(이를 '제1 양도담보'라 함).

(2) 한편 2002. 1.경부터 X농장에 사료를 공급하던 원고(양돈사료 공급자2) 또한 이미 발생하였거나 장차 발생할 사료대금을 담보하기 위하여 2002. 1. 28. A와 사이에, A가 원고로부터 2억 원을 차용하는 내용의 금전소비대차계약을 체결하고, 위 (1)에서와 같이 공정증서(이하 '제2 공정증서'라 함)를 A로부터 작성·교부받으면서, 위 차용금반환채무의 담보로 피담보채권액을 2억 원, 담보물을 그 당시 X농장에서 실제 사육되고 있던 돼지의 총 수량인 임신모돈 450두 등으로 하여(제2 공정증서에는 담보의 변동에 관한 특약조항이 없으나, X농장에서 사육하고 있거나 사육하게 될 모든 돼지를 담보 대상으로 삼았다고 보아야 함) 이를 점유개정의 방법으로 원고에게 양도하는 양도담보계약을 체결하고 위 양도담보계약은 집행인낙의 의사표시에 의한 강제집행의 행사에 지장이 되지 않는다고 특약하였다(이를 '제2 양도담보'라 함).

(3) 2002. 10. 23.경 피고에 대한 A의 채무가 제1 양도담보의 피담보채권액을 초과하자, 피고는 2002. 10. 25. A와 사이에, A가 2억 원을 차용하는 내용의 금전소비대차계약을 하고, 위 (1)에서와 같이 공정증서(이하 '제3 공정증서'라 함)를 A로부터 작성·교부받으면서, 위 차용금반환채무의 담보로 피담보채권액을 2억 원으로 하되 나머지는 제1 공정증서와 같은 내용의 양도담보계약을 체결하고 위 양도담보계약은 집행인낙의 의사표시에 의한 강제집행의 행사에 지장이 되지 않는다고 특약하였다(이를 '제3 양도담보'라 함).

(4) 그 뒤 A가 2003. 4. 28.경 부도를 내자, 피고가 제1, 3 양도담보에 기초하여, 또한 원고가 제2 양도담보에 기초하여 X농장 내에 있는 돼지들(이하 '이 사건 돼지'라 함)이 압류되었으며, 경매절차에서 이 사건 돼지가 일괄하여 131,600,000원에 낙찰되었다. 그리고 배당절차에서 집행법원은 위 매각대금에서 집행비용을 공제한 131,451,600원을 배당함에 있어, 피고가 제1 순위 양도담보권자로서 위 매각대금에 대하여 우선변제권이 있음을 이유로 위 131,451,600원 전액을 피고에게 배당하는 내용의 배당표를 작성하였는데, 원고가 이에 대하여 이의를 제기하였다. 그러자 원심법원은, 원고도 적법하게 후순위 양도담보권을 취득하였으므로 최초의 양도담보계약에 따른 선순위 양도담보권자인 피고로서는 실제 배당할 금액 중 그 양도담보계약에서 정한 피담보채권액의 범위 안에서만 후순위 양도담보권자인 원고의 피담보채권액에 우선하여 배당받을 수 있을 뿐이라는 취지로 판단하여, 위 배당표 중 피고에 대한 배당액을 1억 원으로, 원고

에 대한 배당액을 나머지 31,451,600원으로 각 경정하였다.

[판결요지]

금전채무를 담보하기 위하여 채무자가 그 소유의 동산을 채권자에게 양도하되 점유개정의 방법으로 인도하고 채무자가 이를 계속 점유하기로 약정한 경우 특별한 사정이 없는 한 그 동산의 소유권은 신탁적으로 이전되는 것에 불과하여, 채권자와 채무자 사이의 대내적 관계에서는 채무자가 소유권을 보유하나 대외적인 관계에서의 채무자는 동산의 소유권을 이미 채권자에게 양도한 무권리자가 되는 것이어서 다시 다른 채권자와 사이에 양도담보설정계약을 체결하고 점유개정의 방법으로 인도하더라도 선의취득이 인정되지 않는 한 나중에 설정계약을 체결한 채권자로서는 양도담보권을 취득할 수 없는데, 현실의 인도가 아닌 점유개정의 방법으로는 선의취득이 인정되지 아니하므로 결국 뒤의 채권자는 적법하게 양도담보권을 취득할 수 없는 것이다(대법원 2004. 10. 28. 선고 2003다30463 판결, 2004. 12. 24. 선고 2004다45943 판결 등 참조).

따라서 이 사건에서도 단지 점유개정의 방법으로 나중에 A와 사이에 이 사건 돼지에 관하여 이중양도담보계약을 체결하였을 뿐인 원고는 이 사건 돼지에 대하여 적법하게 양도담보권을 취득한 것이 아니라 A의 일반 채권자에 불과한 것으로 볼 수밖에 없으며, 피고가 2002. 10. 25. A와 사이에 이 사건 돼지에 관하여 다시 체결한 양도담보계약에 의하여 그들 사이의 최초의 양도담보계약에서 약정하였던 피담보채권액은 적법하게 증액된 것으로 보아야 한다.

[관련규정] 제189조, 제249조

[해설 및 논평]

1. 해설

본 판결 중 위에 인용한 부분과 관련하여 문제되는 점은 크게 세 가지이다. 첫째는 동산의 양도담보의 경우에 누구에게 소유권이 있는지이고, 둘째는 돼지와 같은 유동집합물이 양도담보의 대상이 될 수 있는지이며, 셋째로 동산을 2중으로 양도담보를 한 경우에 그 효력이 어떻게 되는지이다. 이들 가운데 여기서는 셋째의 점을 중심으로 살펴보려고 한다. 그리고 그 외의 두 가지 점은 후에 양도담보와 관련하여 다른 판결로 살펴볼 것이다(물권 판례41, 판례42 참조). 다만, 여기서는 논의의 필요상 첫째의 점에 관하여 우리 판례가 취하고 있는 신탁적 소유권이전설을 전제로 삼기로 한다(대판 1999. 9. 7, 98다47283 등).

동산의 소유자가 그 동산을 2중으로 양도하고 모두 점유개정의 방법으로 매도인이 점유를 계속하는 경우 누가 소유권을 취득하는가에 관하여 논란이 있다. 이 문제에 관하여 대법원은 예전에는 근거를 밝히지 않은 채 먼저 현실의 인도를 받아 점유를 해온 자가 소유권을 취득한다고 하였다(대판 1975. 1. 28, 74다1564; 대판 1989. 10. 24, 88다카26802). 그런데 그 후 2중양도담보의 경우에 관하여 제1의 채권자가 소유권을 취득하고 제2의 채권자는 선의취득이 인정되지 않는 한 양도담보권을 취득할 수 없다고 한다(대판 2004. 10. 28, 2003다30463; 대판 2004. 12. 24, 2004다45943). 본 판결은 후자의 태도를 그대로 이어받은 것이다.

그리고 본 판결은 위의 이론에 따라 그 사안의 경우에 피고만이 소유권을 취득했고 원고는 단순히 채권자에 지나지 않는다고 하였다.

2. 논평

본 판결의 이러한 태도는 판례가 양도담보의 경우에 신탁적 소유권이전설을 취하고 있는 점, 선의취득에서 점유개정에 의한 점유취득을 인정하지 않는 점과 논리적으로 일관성이 있는 것으로서 타당하다.

제2장
물권법

16. 자주점유와 악의의 무단점유

◆ 대판(전원) 1997. 8. 21. 95다28625
[소유권이전등기](강의 B-144·146, 물권 [89]·
[90])

[쟁점] 자주점유의 추정이 깨어지는 경우가 언제인지. 점유자가 점유 개시 당시 소유권 취득의 원인이 될 수 있는 법률행위 기타 법률요건 없이 그와 같은 법률요건이 없다는 사실을 알면서 타인 소유의 부동산을 무단점유한 경우에 자주점유의 추정이 깨어지는지 여부(적극)

[사실관계]

소외 A는 1965. 11. 18. 서울 강서구 공항동 14의 81 대 473㎡를 매수하여 같은 달 26. 그의 명의로 소유권이전등기를 경료하고 이를 소유하여 오던 중, 1971. 8. 12.경 위 대지 위에 건축되어 있던 기존 구 가옥을 철거하고 지하 1층, 지상 2층 규모의 주택을 신축하면서 그 무렵 위 대지에 인접한 피고(대한민국) 소유의 대지들 위에 담장 및 대문을 설치하고(A는 자신의 소유인 위 대지와 피고 소유의 대지들 사이에 설치되어 있던 철조망을 임의로 제거하고 피고 소유의 대지들을 점유하기 시작하였음), 담장 안쪽에 있는 피고 소유의 대지들 위에 철근 콘크리트조 평슬라브즙 1층 차고와 철근 콘크리트조 평슬라브즙 지상1층 물치장을 각 축조하고, 담장 안의 그 밖의 피고 소유 토지부분을 위 주택의 마당으로 사용하여 왔다.

그 후 원고는 1991. 3. 18. A로부터 위 공항동 14의 81 대지와 그 지상의 주택을 매수한 이래 1991. 12. 2. 위 주택 중 1, 2층의 일부를 증축하는 외에는 A와 같이 위 대지들 중 A가 점유하였던 부분을 계속 차고, 물치장 및 위 주택의 마당 등으로 점유·사용하여 오고 있다.

이러한 상태에서 원고는 피고를 상대로, 피고는 원고에게 차고·물치장이 설치된 부분과 마당으로 사용하고 있는 부분에 관하여 각 1985. 11. 26.자 취득시효 완성을 원인으로 한 소유권이전등기 절차의 이행을 명하는 판결을 구하는 소를 제기하였다.

[판결요지]

민법 제197조 제1항에 의하면 물건의 점유자는 소유의 의사로 점유한 것으로 추정되므로 점유자가 취득시효를 주장하는 경우에 있어서 스스로 소유의 의사를 입증할 책임은 없고, 오히려 그 점유자의 점유가 소유의 의사 없는 점유임을 주장하여 점유자의 취득시효의 성립을 부정하는 자에게 그 입증책임이 있다 할 것이다. 그런데 점유자의 점유가 소유의 의사 있는 자주점유인지 아니면 소유의 의사 없는 타주점유인지의 여부는 점유자의 내심의 의사에 의하여 결정되는 것이 아니라 점유 취득의 원인이 된 권원의 성질이나 점유와 관계가 있는 모든 사정에 의하여 외형적·객관적으로 결정되어야 하는 것이기 때문에 점유자가 성질상 소유의 의사가 없는 것으로 보이는 권원에 바탕을 두고 점유를 취득한 사실이 증명되었거나, 점유자가 타인의 소유권을 배제하여 자기의 소유물처럼 배타적 지배를 행사하는 의사를 가지고 점유하는 것으로 볼 수 없는 객관적 사정, 즉 점유자가 진정한 소유자라면 통상 취하지 아니할 태도를 나타내거나 소유자라면 당연히 취했을 것으로 보이는 행동을 취하지 아니한 경우 등 외형적·객관적으로 보아 점유자가 타인의 소유권을 배척하고 점유할 의사를 갖고 있지 아니하였던 것이라고 볼 만한 사정이 증명된 경우에도 그 추정은 깨어진다고 보아야 할 것이다.

그러므로 점유자가 점유 개시 당시에 소유권 취득의 원인이 될 수 있는 법률행위 기타 법률요건이 없이 그와 같은 법률요건이 없다는 사실을 잘 알면서 타인 소유의 부동산을 무단점유한 것임이 입증된 경우에도 특별한 사정이 없는 한 점유자는 타인의 소유권을 배척하고 점유할 의사를 갖고 있지 않다고 보아야 할 것이므로 이로써 소유의 의사가 있는 점유라는 추정은 깨어졌다고 할 것이다. 따라서 종래 이와 달리 점유자가 타인 소유의 토지를 무단으로 점유하여 왔다면 특별한 사정이 없는 한 권원의 성질상 자주점유에 해당한다는 취지의 판례와 지방자치단체가 도로로 편입시킨 토지에 관하여 공공용 재산으로서의 취득절차를 밟지 않은 채 이를 알면서 점유하였다고 인정된 사안에서 지방자치단체의 위 토지 점유가 자주점유의 추정이 번복되어 타주점유가 된다고 볼 수 없다는 취지의 판례의 견해는 모두 변경하기로 한다.

(이 판결에는 하나의 별개의견, 하나의 반대의견, 다수의견에 대한 두 개의 보충의견이 있다)

[관련규정] 제197조 제1항, 제245조 제1항

[해설 및 논평]

1. 해설

(1) 서설

본 판결의 핵심은 악의의 무단점유의 경우에는 자주점유의 추정이 깨어진다는 데 있다. 그러나 그러한 결론에 이르기 위하여 판시한 사항, 즉 자주점유를 어떤 방법으로 판단하여야 하는지, 그리고 어떠한 증명이 있어야 자주점유의 추정이 깨어지는지에 대한 것도 가볍게 볼 것이 아니다.

(2) 자주점유인지를 판단하는 방법

우리 대법원은 1983년의 전원합의체 판결(대판(전원) 1983. 7. 12, 82다708·709, 82다카1792·1793)에서 「취득시효에 있어서 자주점유의 요건인 소유의 의사는 객관적으로 점유취득의 원인이 된 점유권원의 성질에 의하여 그 존부를 결정하여야」한다고 하였다. 그런데 본 판결은 자주점유인지 타주점유인지는 「점유자의 내심의 의사에 의하여 결정되는 것이 아니라 점유취득의 원인이 된 권원의 성질이나 점유와 관계가 있는 모든 사정에 의하여 외형적·객관적으로 결정되어야 하는 것」이라고 한다. 이 두 판결은 일치하지 않는다. 그런데도 후자가 전자를 폐기하지 않은 이유는 아마도 전자가 「권원의 성질만에 의하여」 판단한다

는 의미는 아니라고 이해한 데에 있는 듯하다. 어쨌든 본 판결은 판례를 사실상 변경한 것이고, 그 효과가 본 판결의 무수한 후속판결에서 그대로 나타나고 있다.

(3) 자주점유의 추정과 번복

대법원은 본 판결 이전에는 전술한 1983년의 전원합의체 판결 등에서 점유권원의 성질이 분명하지 않은 경우에 자주점유를 추정하였다. 그런데 본 판결은 제한 없이 자주점유 추정을 인정하고 있는 것으로 보인다. 한편 본 판결은 자주점유의 추정이 번복되는 경우에 관하여는 이전의 판례의 태도를 유지하면서 표현을 가다듬었다.

(4) 악의의 무단점유의 경우

본 판결 이전 판결 중에는 악의의 무단점유의 경우에 관하여 타주점유를 인정한 것, 자주점유를 인정한 것과 일단 자주점유로 추정한 후에 그 추정을 번복한 것도 있었다. 그런데 본 판결은 악의의 무단점유가 증명된 경우에는 자주점유의 추정이 깨어진다고 하면서, 기존의 판결 중 자주점유를 인정한 판결을 폐기하였다. 본 판결의 결과 악의의 무단점유가 증명되면 부동산의 점유취득시효는 사실상 불가능하게 된다.

2. 논평

사견으로는 자주점유에서 소유의 의사 유무는 객관적으로 드러난 의사지향에 의하여 판단되어야 한다는 생각이다. 그리고 이론적으로 보거나 우리 민법(202조 2문)에 비추어보거나 악의의 무단점유도 자주점유일 수 있다. 그렇지만 악의의 무단점유의 경우에 취득시효는 막아야 하며, 그 근거는 제245조 제1항의 취지와 민법의 근본입장에서 찾아야 한다(송덕수 평석 참조).

[주요 평석 문헌] 송덕수, "부동산 점유취득시효의 요건으로서의 자주점유와 악의의 무단점유," 민사법학, 16호, 271면 이하; 유남석, "부동산 점유취득시효에 있어서 '소유의 의사'의 추정과 그 번복," 판례실무연구, 2권, 817면 이하.

제2장
물권법

17. 상속과 점유승계

◆ 대판 1997. 12. 12, 97다40100
[토지소유권이전등기](강의 B-114·151, E-192,
물권 [46]·[90]·[92])·[117])

[쟁점] 상속에 의한 점유승계시 점유 태양의 승계 여부

[사실관계]

(1) 이 사건 토지는 1928. 2. 22. 원고의 부친 망 갑 명의로 그 소유권이전등기가 경료되었다가 1934. 12. 2. 매매를 원인으로 하여 1934. 12. 22. 그로부터 피고의 부친 망 을 명의로 소유권이전등기가 경료되었다. 을이 1968. 2. 10. 사망하자 상속을 원인으로 하여 1993. 12. 21. 피고 명의로 소유권이전등기가 경료되었다.

(2) 갑은 이 사건 토지를 1928년경부터 점유하다가 1945. 12. 31. 사망함으로써 원고가 이 사건 토지의 점유를 승계하여 현재까지 점유하고 있다.

(3) 원고는 1996년경 위 토지에 관하여 1965. 12. 31. 취득시효 완성을 원인으로 한 소유권이전등기를 구하는 이 사건 소를 제기하였다. 피고는 원고의 위 토지의 점유는 타주점유라고 항변하였으나, 원심은 원고의 점유 개시일인 1945. 12. 31.부터 20년이 경과한 1965. 12. 31. 이 사건 토지에 관한 원고의 취득시효가 완성되었다고 판단하여 원고의 청구를 인용하였다. 이에 대하여 피고가 상고하였다.

[판결요지]

상속에 의하여 점유권을 취득한 경우에는 상속인이 새로운 권원에 의하여 자기 고유의 점유를 시작하지 않는 한 피상속인의 점유를 떠나 자기만의 점유를 주장할 수 없고, 또 선대의 점유가 타주점유인 경우 선대로부터 상속에 의하여 점유를 승계한 자의 점유도 그 성질 내지 태양을 달리하는 것이 아니어서 특별한 사정이 없는 한 그 점유

가 자주점유로 될 수 없고, 그 점유가 자주점유가 되기 위하여는 점유자가 소유자에 대하여 소유의 의사가 있는 것을 표시하거나 새로운 권원에 의하여 다시 소유의 의사로써 점유를 시작하여야 한다.

[관련규정] 제193조, 제199조, 제245조 제1항

[해설 및 논평]

1. 해설

점유자의 승계인은 자기의 점유만을 주장할 수도 있고, 자기의 점유와 전 점유자의 점유를 아울러 주장할 수도 있다(제199조 1항). 여기의 전 점유자는 직전의 점유자만을 가리키는 것이 아니고 현재의 점유자 전에 점유한 모든 점유자를 포함한다(통설). 전 점유자가 여럿인 경우, 가령 물건을 A·B·C·D·E가 순차로 점유한 경우에, 현재의 점유자인 E는 A부터 D까지의 모든 점유를 아울러 주장할 수도 있고, C이하의 점유만을 아울러 주장할 수도 있다.

한편 전 점유자의 점유를 아울러 주장하는 경우에는 그 하자도 승계한다(제199조 2항). 그리하여 하자가 점유 전부에 존재하는 것으로 된다. 예를 들면, A가 악의로 7년을 점유하고 B가 그 점유를 승계하여 선의로 5년을 점유한 경우에는, B는 자신만의 5년의 점유를 주장할 수도 있고 A의 점유까지 합하여 12년의 점유를 주장할 수도 있으나, A의 점유까지 주장하는 때에는 12년의 점유가 모두 악의점유로 되는 것이다.

상속의 경우에는 상속인이 점유를 취득한다(제193조). 상속인이 승계하는 점유 및 점유권의 성질은 피상속인의 그것과 동일하다. 제199조가 상속의 경우에도 적용되는가에 관하여는 이를 긍정하는 견해와 부정하는 견해가 대립하고 있으며, 부정설은 자신만의 고유한 점유를 주장하기 위해서는 별도의 새로운 권원이 존재하여야 한다고 주장한다. 판례는 부정하는 입장이다. 그리하여 상속

에 의하여 점유권을 취득한 경우에는 상속인이 새로운 권원에 의하여 자기 고유의 점유를 시작하지 않는 한 피상속인의 점유를 떠나 자기만의 점유를 주장할 수 없다고 한다.

나아가 판례에 의하면 타주점유가 자주점유로 전환되기 위해서는 타주점유자가 새로운 권원에 기하여 다시 소유의 의사를 가지고 점유를 시작하거나 또는 자기에게 점유를 하게 한 자(간접점유자)에 대하여 소유의 의사가 있음을 표시하여야 한다고 한다. 그리고 상속은 점유의 성질을 변경시키는 새로운 점유취득원인이 아니다.

그리하여 선대의 점유가 타주점유인 경우 선대로부터 상속에 의하여 점유를 승계한 자의 점유도 그 성질 내지 태양을 달리하는 것이 아니어서 특단의 사정이 없는 한 그 점유가 자주점유로 될 수 없고, 상속인의 점유가 자주점유가 되기 위해서는 점유자가 소유자에 대하여 소유의 의사가 있는 것을 표시하거나 새로운 권원에 의하여 다시 소유의 의사로써 점유를 시작하여야 한다는 것이다.

한편 소유권이전등기가 경료되어 있는 경우에는 그 등기명의자는 제3자에 대하여서뿐 아니라 그 전소유자에 대하여도 적법한 등기원인에 의하여 소유권을 취득한 것으로 추정된다(대판 1977. 6. 7, 76다3010 등). 즉 등기의 추정력은 권리변동의 당사자에게도 미치는 것이다. 그리고 부동산을 타인에게 매도하여 그 인도의무를 지고 있는 매도인의 점유는 특별한 사정이 없는 한 타주점유로 변경된다(대판 1992. 12. 24, 92다26468, 26475 등).

본 판결은 이와 같은 점들을 토대로 이 사건의 해결을 꾀하고 있다. 즉 이 사건은 부동산을 타인에게 매도하여 그 인도의무를 지고 있는 매도인의 점유를 상속에 의하여 승계한 경우 상속인의 점유의 성질이 쟁점으로 다루어진 사안인바, 달리 특별한 사정이 없는 한 원고의 선대인 갑은 이 사건 토지를 피고의 선대인 을에게 1934. 12. 2. 매도하였다고 추정되며, 원고가 위 토지에 관한 갑의 점유를 상속에 의하여 승계취득하였다면, 달리 특별

한 사정이 없는 한 원고의 이 사건 토지의 점유는 토지를 매도하여 그 인도의무를 지고 있는 매도인의 점유를 상속에 의하여 승계취득한 것으로서 타주점유로 보아야 할 것이므로, 원고가 소유자인 피고에 대하여 소유의 의사가 있는 것을 표시하였거나 새로운 권원에 의하여 소유의 의사로 점유를 시작하였다는 특단의 사정이 없는 이상, 원고의 이 사건 토지의 점유는 타주점유라고 하여야 한다. 따라서 원심은 원고의 이 사건 토지의 점유가 타주점유라는 피고의 항변을 받아들여 원고의 이 사건 청구를 배척하였어야 한다는 결론에 이른 것이다.

2. 논평

상속인의 점유는 피상속인의 점유를 그대로 승계한 것이므로 상속만에 의하여 그의 점유의 성질은 변할 수 없다. 그러한 점에서 상속인은 새로운 권원에 의하여 자기 고유의 점유를 시작하지 않는 한 피상속인의 점유를 떠나 자기만의 점유를 주장할 수 없다는 판례의 태도는 타당하다. 따라서 선대의 점유가 타주점유인 경우 상속에 의하여 그 점유를 승계한 자의 점유도 상속 전과 그 성질을 달리하지 않으므로 특단의 사정이 없는 한 그 점유가 자주점유로 전환될 수 없다. 그 점유가 자주점유가 되기 위해서는 점유자가 소유자에 대하여 소유의 의사가 있는 것을 표시하거나 새로운 권원에 의하여 다시 소유의 의사로써 점유를 시작하여야 하는 것이다.

18. 계약관계와 제203조의 비용상환 청구권

◈ 대판 2003. 7. 25, 2001다64752
   [유익비](강의 B-154·159·160, 물권 [95]·[97])

[쟁점] 점유자가 유익비를 지출할 당시 계약관계 등 적법한 점유권원을 가진 경우 계약관계 등의 상대방이 아닌 점유회복 당시의 상대방에 대하여 제203조 제2항에 따른 지출비용의 상환을 구할 수 있는지 여부

[사실관계]

(1) 이 사건 건물은 원래 소외 A회사가 볼링장을 운영하기 위하여 지은 것인데 그 시설자금이 부족하자 원고에게 임대하기로 하여, 원고와 소외 회사는 1997년경 이 사건 건물에 관하여 임대차보증금 1억 원, 월차임 300만 원, 임대차기간 3년으로 하는 임대차계약을 체결하였다.

(2) 원고는 B보증보험회사와 사이에 C리스를 피보험자로 하여 리스보증보험계약을 체결하고 그 보험증권을 제출하여 C리스로부터 리스자금을 받아 위 건물에 볼링기계 및 필요한 부대설비를 설치하고 볼링장 영업을 시작하였다. A회사는 원고가 B보증보험회사와 보증보험계약을 맺음에 있어 위 건물을 담보로 제공하여 B보증보험회사 앞으로 근저당권을 설정해주었다.

(3) 원고가 리스료 지급을 연체하자 B보증보험회사는 1998년경 C리스에 보험금을 지급하고 위 건물에 관하여 임의경매신청을 하였고, 피고는 그 경매절차에서 이를 낙찰받아 소유권이전등기를 마친 후 1999년경 부동산인도명령의 집행을 통하여 원고로부터 건물을 인도받아 볼링장을 경영하고 있다.

(4) 원고는 피고를 상대로 볼링장 영업을 위하여 출입구 강화유리문, 바닥 타일, 내부기둥, 벽체, 배선, 배관 등 내장공사 등에 지출한 비용에 관하여 제203조의 규정에 따라 그 유익비상환을 구하는 이 사건 소를 제기하였다.

[판결요지]

민법 제203조 제2항에 의한 점유자의 회복자에 대한 유익비상환청구권은 점유자가 계약관계 등 적법하게 점유할 권리를 가지지 않아 소유자의 소유물반환청구에 응하여야 할 의무가 있는 경우에 성립되는 것으로서, 이 경우 점유자는 그 비용을 지출할 당시의 소유자가 누구이었는지 관계없이 점유회복 당시의 소유자 즉 회복자에 대하여 비용상환청구권을 행사할 수 있는 것이나, 점유자가 유익비를 지출할 당시 계약관계 등 적법한 점유의 권원을 가진 경우에 그 지출비용의 상환에 관하여는 그 계약관계를 규율하는 법조항이나 법리 등이 적용되는 것이어서, 점유자는 그 계약관계 등의 상대방에 대하여 해당 법조항이나 법리에 따른 비용상환청구권을 행사할 수 있을 뿐 계약관계 등의 상대방이 아닌 점유회복 당시의 소유자에 대하여 민법 제203조 제2항에 따른 지출비용의 상환을 구할 수는 없다.

[관련규정] 제203조 제2항

[해설 및 논평]

1. 해설

타인의 물건을 본권 없이 점유하는 자는 본권자의 반환청구에 대하여 이를 반환하여야 한다. 이때 점유자와 본권자 즉 회복자 사이에는 물건의 반환 외에 점유자의 점유 중의 과실취득권, 점유물의 멸실·훼손에 대한 책임, 점유자의 비용상환청구권 등이 문제되며, 민법은 이들을 점유권의 효력의 일부로 보아 제201조 내지 제203조에서 규율하고 있다. 이 규정들은 소유물반환관계를 전제로 하여 그에 뒤따르는 문제를 해결하기 위한 것으로서 점유자가 권원 없이 물건을 점유하고 있는 경우에만 적용하여야 한다. 따라서 당사자 사이에 소유물반환관계가 있다고 하더라도 동시에 계약

상의 반환의무(임대차의 소멸)나 원상회복의무(매매계약이 해제된 경우) 등이 존재하는 때에는 이 규정들은 적용되지 않는다.

점유자에게 본권이 있는 경우 비용상환 문제는 그 본권관계에 기하여 결정되며 제203조는 적용되지 않는다. 즉 전세권자는 제310조에 따라 유익비상환청구권을, 유치권자는 제325조에 따라 필요비·유익비 상환청구권을, 환매특약부매매의 매수인은 제594조 제2항에 따라 필요비·유익비상환청구권을, 사용차주는 제611조에 따라 통상의 필요비 이외의 비용의 상환청구권을, 임차인은 제626조에 따라 필요비·유익비 상환청구권을 가진다. 지상권자에 대하여는 비용상환청구권 규정이 없으나 임차인의 유익비상환청구권에 관한 제626조 제2항을 유추하여 유익비상환청구권을 인정함이 옳다.

본 판결은 임차인의 비용상환청구에 관하여 이와 같은 입장에서 타당한 해결을 꾀하고 있다. 즉 이 사건은 임차인이 임대차계약에 의하여 건물을 적법하게 점유하면서 지출한 비용에 관하여, 낙찰에 의하여 건물소유권을 취득한 자를 상대로 제203조 제2항에 의한 유익비상환청구권을 행사할 수 있는지 여부가 쟁점으로 다루어진 사안인바, 본 판결은 점유자가 유익비를 지출할 당시 계약관계 등 적법한 점유의 권원을 가진 경우 그 비용상환에 관하여는 그 계약관계를 규율하는 법조항이나 법리가 적용되는 것이어서, 점유자는 그 계약관계 등의 상대방에 대하여 해당 법조항이나 법리에 따른 비용상환청구권을 행사할 수 있을 뿐 계약관계 등의 상대방이 아닌 점유회복 당시의 소유자에 대하여 제203조 제2항에 따른 지출비용의 상환을 구할 수는 없다고 한 것이다.

본 판결은 그러한 해석의 근거로서 제203조 제2항에 의한 점유자의 회복자에 대한 유익비상환청구권은 점유자가 계약관계 등 적법하게 점유할 권리를 가지지 않아 소유자의 소유물반환청구에 응하여야 할 의무가 있는 경우에 성립되는 것이라는 점을 들고 있다.

그리하여 이 사건에서 임차인인 원고는 임대차계약에 의하여 이 사건 건물을 적법하게 점유하고 있으면서 비용을 지출한 것이므로, 임대인인 A회사에 대하여 제626조 제2항에 의한 임대차계약상의 유익비상환청구를 할 수 있을 뿐, 낙찰에 의하여 소유권을 취득한 피고에 대하여 이와는 별도로 제203조 제2항에 의한 유익비상환청구를 할 수는 없다는 결론에 이른 것이다. 이 경우 원고는 피고의 목적물인도청구에 대하여 임대인에 대한 위 유익비상환청구권에 기한 유치권으로써 대항할 수 있었을 것이나 이는 별개의 문제이다.

2. 논평

제201조 내지 제203조의 규정은 대체로 점유자를 보호하는 내용을 담고 있는바 이는 아직 제소되지 아니한 선의의 점유자를 그가 권리를 가지고 있다고 오신한 권원의 범위에서 보호할 필요가 있기 때문이라고 할 수 있다. 그런데 위 규정들은 무상으로 점유를 취득한 자에 대하여도 과실취득권을 인정하는 등 특히 선의의 점유자에 대하여 통상의 경우에 비하여 과도하게 특혜를 주는 불합리한 내용도 담고 있기 때문에 가능한 한 그 적용범위를 좁혀야 한다. 그러한 점에서 계약관계가 존재하는 경우에는 그 계약관계를 규율하는 법조항이 적용되고 제203조 제2항의 규정은 적용되지 않는다고 한 본 판결은 타당하다.

[참고판결] 대판 2009. 3. 26, 2008다34828: … 피고는 이 사건 부동산을 점유·사용하는 중에 지출한 유익비에 관하여 위와 같은 사용대차계약의 당사자인 소외인에게 상환청구권을 행사할 수 있고, 그러한 유익비상환청구권의 변제기는 그에 관한 당사자의 약정 또는 위 사용대차계약 관계를 규율하는 법조항이나 법리에 의하여 정해진다.

대판 2014. 3. 27, 2011다101209: 사용대차에 있어서 차주의 유익비상환청구에는 민법 제203조의 규정이 적용된다(민법 제611조 제2항, 제594조 제2항).

19. 점유자와 회복자의 관계

◆ 대판 2003. 11. 14, 2001다61869
[부당이득금](강의 B-157, 물권 [95])

[쟁점] 타인의 소유물을 권원 없이 점유함으로
써 얻은 사용이익을 반환하는 경우에 제748조 제2
항과 제201조 제2항의 반환범위의 관계

[사실관계]

(1) 피고(한국전력공사)는 서울특별시 금천구 가
산동 소재 원고 소유의 공장용지(2,502㎡)의 상공
으로 원고의 동의나 승낙을 받지 않은 채 총 6가
닥의 송전선을 통과하도록 설치하여 사용하고 있
다. 그리고 그로 인하여 원고는 위 공장용지 중
선하(線下)부지 397.0㎡ 등 합계 728㎡의 입체이용
에 제한을 받고 있다.

(2) 이에 원고는 ① 피고가 점유·사용한 1990.
7. 6.부터 1993. 1. 20.까지(그 기간 이전의 점유에 대
하여는 소멸시효가 완성된 것으로 보이고 그 기간 이후
의 점유에 대하여는 차임 상당액을 수령하였다고 자인
하고 있음) 임료상당액, ② 위 임료 상당액을 1년
단위로 구분하여 점유일 이후 2000. 10. 10.(임료감
정일)까지 기간에 대하여 제748조 제2항에 의한
연 5푼의 이자를 계산한 금액, ③ 위 임료 상당액
과 이자의 합계금에 대한 2000. 10. 11.부터 완제
일까지의 지연손해금(판결선고일까지 민법 소정의
연 5%, 그 다음날부터 완제일까지 구「소송촉진 등에
관한 특례법」소정의 연 25%)을 구하는 소를 제기하
였다.

[판결요지]

원심은, 피고가 아무런 권원 없이 원고 소유 토
지의 상공에 송전선을 설치하여 소유함으로써 판
시 면적에 해당하는 부분을 사용·수익하였으니
그 구분지상권에 상응하는 임료 상당액을 반환할
의무가 있다고 인정한 다음 나아가 이에 대하여
점유일 이후 소장 부본 송달일까지의 법정이자 및

그 이자에 대한 지연손해금을 구하는 청구에 대하
여는 민법 제201조 제2항이 민법 제748조 제2항에
우선하여 적용되므로 악의의 점유자는 수취한 과
실만을 반환하면 족하고 여기에 이자를 가산하여
지급할 필요가 없다는 이유로 이를 배척하였다.

그러나 위 이자 등 청구 부분을 배척한 원심의
조치는 수긍할 수 없다.

타인 소유물을 권원 없이 점유함으로써 얻은
사용이익을 반환하는 경우 민법은 선의 점유자를
보호하기 위하여 제201조 제1항을 두어 선의 점유
자에게 과실수취권을 인정함에 대하여, 이러한 보
호의 필요성이 없는 악의 점유자에 관하여는 민법
제201조 제2항을 두어 과실수취권이 인정되지 않
는다는 취지를 규정하는 것으로 해석되는바, 따라
서 악의 수익자가 반환하여야 할 범위는 민법 제
748조 제2항에 따라 정하여지는 결과 그는 받은
이익에 이자를 붙여 반환하여야 한다.

즉, 악의 점유자는 과실을 반환하여야 한다고만
규정한 민법 제201조 제2항이, 민법 제748조 제2
항에 의한 악의 수익자의 이자지급의무까지 배제
하는 취지는 아니기 때문에, 악의 수익자의 부당
이득금 반환범위에 있어서 민법 제201조 제2항이
민법 제748조 제2항의 특칙이라거나 우선적으로
적용되는 관계를 이루는 것은 아니다.

그리고 위 조문에서 규정하는 이자는 당해 침
해행위가 없었더라면 원고가 위 임료로부터 통상
얻었을 법정이자 상당액을 말하는 것이므로 악의
수익자는 위 이자의 이행지체로 인한 지연손해금
도 지급하여야 할 것이다.

그럼에도 원심은 민법 제201조 제2항이 민법
제748조 제2항의 특칙이라는 이유로 임료상당의
부당이득에 대한 점유일 이후 소장 부본 송달일까
지의 법정이자 및 그 이자에 대한 지연손해금 청
구 부분을 배척하고 말았으니 이러한 원심판결에
는 부당이득 반환의무의 범위에 관한 법리오해로
인하여 판결 결과에 영향을 미친 위법이 있다. 이
점을 지적하는 상고이유의 주장은 정당하다.

[관련규정] 제201조 제2항, 제379조, 제748조 제 2항

[해설 및 논평]
1. 해설
(1) 서설
본 판결에서 중요하게 판단한 점은 두 가지이다. 하나는 타인의 토지를 권원 없이 악의로 점유한 자가 받은 이익의 이자를 반환해야 하는지이고, 다른 하나는 그 이자의 지연손해금도 반환해야 하는지이다.

(2) 악의의 점유자의 이자 반환 문제
타인의 물건을 소유권 없이 점유하는 자가 있는 경우에 그 점유자와 소유자(회복자) 사이의 관계에 대하여 민법은 제201조 내지 제203조를 두고 있다. 그런데 그 규정에 불합리한 점이 있는가 하면 부당이득 반환범위에 관한 규정과 충돌을 보이기도 한다. 본 판결에서 처음 다루어진 악의의 점유자의 이자 반환 여부도 그러한 문제 중 하나이다.

제201조 제2항은 — 선의의 점유자의 경우와는 달리 — 악의의 점유자에 대하여는 수취한 과실을 반환해야 하는 것으로 규정한다. 그리고 종래 통설과 판례는 물건에 대한 사용이익도 과실과 동일하게 다루고 있다. 따라서 종래의 통설과 판례에 따르면 악의의 점유자는 사용이익을 반환해야 한다. 그런데 제201조 제2항은 악의의 점유자가 과실(통설상 사용이익도 마찬가지임)에 대한 이자를 반환해야 하는지에 관하여는 명시적으로 규정하고 있지 않다. 그에 비하여 이 경우에 적용될 수 있는 제748조 제2항은 악의의 수익자에 대하여 받은 이익에 이자를 붙여서 반환하고 손해가 있으면 손해도 배상해야 한다고 규정한다.

제201조 내지 제203조와 부당이득 규정 사이의 관계에 관하여 종래의 통설(부당이득에 관한 통일설)은 — 두 그룹의 규정 사이에 불균형을 없애기 위하여 — 원물반환의 경우에는 후자를 적용하지 않고 전자만을 적용하자고 한다. 그에 따르면, 본 판결 사안에서는 원물반환이 문제되지 않으므로 제748조 제2항만이 적용되어 받은 이익에 이자를 붙여서 반환해야 하는 결과로 될 것이다.

그런데 근래 이 문제에 대하여 종래의 통설과 달리 부당이득 유형론의 입장에서 이 문제를 논의하기도 한다. 그리고 여기(침해부당이득)의 이자 문제에 관하여는 i) 이자를 붙일 필요가 없다고 하는 견해와 ii) 이자를 붙여야 한다는 견해가 대립하고 있다. i)설은 제201조가 제748조의 특칙이므로 그 문제는 전적으로 제201조에 의하여 규율되어야 하고, 따라서 이자를 붙일 필요가 없다고 한다. 그에 비하여 ii)설은 제201조는 제748조의 특칙이 아니며, 타당성 면에서 이자를 붙여야 한다고 주장한다.

본 판결은 제201조 제2항은 과실을 반환해야 한다는 것만 규정한 것이지 제748조 제2항에 의한 악의 수익자의 이자지급의무까지 배제하는 취지는 아니라고 하여 ii)설과 같은 입장이다.

(3) 이자의 지연손해금 문제
제748조 제2항의 이자의 법적 성질은 부당이득의 법정이자로서 그것 역시 부당이득으로 보아야 하며, 따라서 그것은 이행기를 정하지 않은 채무로서 이행청구를 받은 때부터 지연손해금을 붙여야 한다. 그런데 본 판결 사안의 경우에 언제 청구를 했는지는 불분명하다.

2. 논평
본 판결은 결과에서 타당하다.

[주요 평석 문헌] 민유숙, "부당이득반환청구권과 점유자에 대한 회복자의 과실반환청구권의 관계," 대법원판례해설, 46호, 587면 이하; 홍성주, "민법 제201조 제2항과 민법 제748조의 관계," 판례연구(부산판례연구회), 16집, 279면 이하.

제2장
물권법

20. 소유권의 내용(1)

◆ 대판 2013. 8. 22, 2012다54133
   [부당이득금반환등](강의 B-171, 물권 [102])

[쟁점] 소유권의 사용·수익 권능을 대세적, 영구적으로 포기할 수 있는지 여부(소극) 등

[사실관계]

(1) 원고의 아버지인 소외인(이하 '망인'이라고 함)은 1967. 11. 18.경 서울 송파구 풍납동 (지번 생략) 전 1642평(이하 '이 사건 분할 전 토지'라고 함)을 취득한 뒤, 그 토지를 여러 필지로 분할하여 그 대부분을 1970년부터 1974년까지 여러 사람에게 매도하였다.

(2) 망인은 1971. 4. 9.경 분할된 토지들 중 (지번 3 생략) 전 129평(이하 '이 사건 도로부지'라고 함)에 대하여 도로로 지목변경을 신청하였고, 관할구청은 이 사건 도로부지에 대하여 토지검사를 하여 위 토지가 '신축지 내의 진입로'임을 확인한 후 1971. 4. 12. 토지이동정리 결의를 하였으며, 그 결과 이 사건 도로부지의 지목이 도로로 변경되었다.

이 사건 도로부지는 그 면적이 이 사건 분할 전 토지의 약 8% 정도에 해당하고, 이 사건 분할 전 토지의 중간 부분을 가로지르는 길고 좁은 형태로서 택지로 사용하기에는 부적합한 형태이며, 위 망인에 의하여 통행로로 제공된 후 현재까지 약 40여 년 동안 위와 같이 분할, 매각된 토지를 취득한 사람들과 위 토지상에 건축된 주택에 거주하는 주민들의 통행로로 사용되어 왔다.

(3) 이 사건 도로부지는 1977. 7. 1. 면적단위가 ㎡로 환산되어 그 면적이 426㎡로 등록되었다가, 수 차례에 걸쳐 분할 및 행정구역 변경이 이루어져 최종적으로 송파구 풍납동 (지번 29 생략) 도로 143㎡, 강동구 천호동 (지번 30 생략) 도로 173㎡, 같은 동 (지번 4 생략) 도로 54㎡(이하 '이 사건 제1토지'라고 함), 같은 동 (지번 1 생략) 도로 56㎡(이하 '이 사건 제2토지'라고 하고, 이 사건 제1, 2토지를 '이 사건 각 토지'라고 함)로 변경되었다.

한편, 이 사건 각 토지에 관하여 1990. 6. 7.에 1976. 11. 8. 협의분할에 의한 재산상속을 원인으로 하여 원고 명의의 소유권이전등기가 마쳐졌는데, 피고(서울특별시)는 1976.경 천호대로를 개설하면서 이 사건 제2토지를 도시계획시설 결정에 따라 천호대로 부지의 일부로 편입하여 도로를 설정한 후 일반 공중의 교통에 제공하고 있다. 그러나 무상제공 토지라는 등의 이유로 원고에게 보상은 하지 않았다.

(4) 원고는 부당이득을 이유로 토지의 임료 상당액을 반환을 구하는 소를 제기하였다. 그에 대하여 피고는 망인이 이 사건 각 토지에 대한 독점적, 배타적 사용수익권을 포기하였다고 주장하였다.

[판결요지]

물건에 대한 배타적인 사용·수익권은 소유권의 핵심적 권능이므로, 소유자가 제3자와의 채권관계에서 소유물에 대한 사용·수익의 권능을 포기하거나 사용·수익권의 행사에 제한을 설정하는 것을 넘어 이를 대세적, 영구적으로 포기하는 것은 법률에 의하지 않고 새로운 물권을 창설하는 것과 다를 바 없어 허용되지 않는다.

토지소유자가 그 소유 토지를 일반 공중의 통행로로 무상제공하거나 그에 대한 통행을 용인하는 등으로 자신의 의사에 부합하는 토지이용상태가 형성되어 그에 대한 독점적·배타적 사용·수익권이 인정되지 않는다고 보는 경우에도, 이는 금반언이나 신뢰보호 등 신의성실의 원칙상 그 기존의 이용상태가 유지되는 한 토지소유자는 이를 수인하여야 하므로 배타적 점유·사용을 하지 못하는 것으로 인한 손해를 주장할 수 없기 때문에 부당이득 반환을 청구할 수 없는 것일 뿐이고, 그로써 소유권의 본질적 내용인 사용·수익권 자체를 대세적·확정적으로 상실하는 것을 의미한다고 할 것은 아니다. 따라서 그 후 토지이용상태에 중

대한 변화가 생기는 등으로 배타적 사용·수익권을 배제하는 기초가 된 객관적인 사정이 현저히 변경된 경우에는, 토지소유자는 그와 같은 사정변경이 있은 때부터는 다시 사용·수익권능을 포함한 완전한 소유권에 기한 권리주장을 할 수 있다고 보아야 한다. 이때 그러한 사정변경이 있는지 여부는 당해 토지의 위치와 물리적 성상, 토지소유자가 그 토지를 일반 공중의 통행에 제공하게 된 동기와 경위, 당해 토지와 인근 다른 토지들과의 관계, 토지이용 상태가 바뀐 경위 및 종전 이용상태와의 동일성 여부 등 전후 여러 사정을 종합적으로 고려하여 판단할 것이다.

[관련규정] 제211조

[해설 및 논평]

1. 해설

종래 우리 대법원은, 토지소유자가 그의 토지를 주민의 통행로로 스스로 제공하거나 주민의 통행을 용인하여 소유자로서의 배타적 사용·수익권을 포기 또는 상실한 사실이 있다면 국가나 지방자치단체의 점유로 인하여 토지소유자에게 어떤 손실이 생긴다고도 할 수 없으므로 그 점유로 인한 부당이득의 반환을 청구할 수 없다고 판시해 왔다(대판 1991. 7. 9, 91다11889 등). 이 판례는 - 그 내용이 실질적으로 타당한지는 별개로 하고 - 국가 및 지방자치단체의 재정을 보호하면서 분쟁을 아주 쉽게 해결하는 기능을 했음은 부인할 수 없다.

그런데 소유자가 배타적 사용·수익권을 포기한다는 것이 정확하게 어떤 의미인지 문제된다. 그러한 상황에서 본 판결은 새로운 시각에서 사용·수익권의 포기에 관한 법리를 정리하고 있다.

우선 본 판결은 사용·수익권을 영구적·대세적으로 포기하는 것은 물권법정주의(185조)에 어긋나기 때문에 허용되지 않는다고 한다. 본 판결의 그 내용은 최근에 여러 차례 선고된 대법원판결을 다시 확인한 것이다(대판 2009. 3. 26, 2009다228·

235; 대판 2009. 7. 9, 2007다83649; 대판 2012. 6. 28, 2010다81049 참조). 본 판결은 그럼으로써 사용·수익권 포기에 관한 종래의 법리가 부당이득 반환청구에 관련된 것일 뿐 소유권의 권능의 포기에 관한 것이 아님을 분명히 했다(대판 2009. 3. 26, 2009다228·235도 참조).

그러나 본 판결이 종래의 법리를 부정한 것은 아니다. 부당이득 반환을 금지하는 그 법리는 그대로 인정한다. 다만, 그 법리의 근거를 금반언이나 신뢰보호 등 신의성실의 원칙에서 찾는 점에서 특별하다.

본 판결은 더 나아가, 종래의 판례가 사용·수익권의 포기를 인정한 경우도 소유권의 본질적 내용인 사용·수익권 자체를 대세적·확정적으로 상실하는 것을 의미하지는 않기 때문에, 그 후 토지이용상태에 중대한 변화가 생기는 등으로 배타적 사용·수익권을 배제하는 기초가 된 객관적인 사정이 현저히 변경된 경우에는 토지소유자는 그와 같은 사정변경이 있은 때부터는 다시 사용·수익권능을 포함한 완전한 소유권에 기한 권리주장을 할 수 있다고 한다. 이 부분이 본 판결의 핵심이라고 할 수 있다.

본 판결은 그러고 나서, 통행로로 무상제공되었던 토지가 원래의 제공목적과는 관계없는 공익사업(10차로인 천호대로)의 부지로 편입된 그 판결 사안의 경우에는, 원고가 완전한 소유권을 행사할 수 있다고 하였다.

2. 논평

종래의 판례는 토지소유자의 희생을 일방적으로 강요한 것으로서 옳지 않다. 그에 비하여 본 판결은 진일보한 것이라고 할 수 있다.

[주요 평석 문헌] 권순호, "일반 공중의 통행에 제공된 토지에 관한 배타적 사용·수익권 행사 제한과 신의성실의 원칙," 대법원판례해설, 97호, 56면 이하.

21. 소유권의 제한(2)

◆ 대판(전원) 2019. 1. 24, 2016다264556
　[시설물철거및토지인도청구의소](강의 B-171, D-379,
　물권 [102], 채각 [225])

[쟁점] 토지 소유자가 그 소유의 토지를 일반 공중을 위한 용도로 제공한 경우에 그 토지를 상속받은 상속인의 독점적·배타적인 사용·수익권의 행사 역시 제한되는지 여부(적극)

[사실관계]

(1) 원고는 1995. 5. 29. 소외 1(원고의 부, 1994년경 사망)로부터 별지(생략) 목록 기재 부동산(이 사건 토지)을 협의분할 상속받았다.

(2) 이 사건 토지 중 별지(생략) 'ㄱ'부분 지하에는 인근에 위치한 주택들에서 나오는 오수가 유입되는 우수관(이 사건 우수관)이 매설되어 있는데, 그 지상에 소외 1이 1987. 3. 3. 단독주택을 건축하여 건축물대장에 소유자로 등록하여 사용해 오다가 원고가 2011년경 이후 이를 철거하여 현재는 나대지 상태이고, 별지 'ㄴ'부분 지하에는 오수관(이 사건 오수관)이 매설되어 있는데, 그 지상은 도로로 사용되고 있다.

(3) 이 사건 우수관은 토지를 소유하던 소외 1을 포함한 마을 주민들이 1970~1980년경 새마을운동 사업을 추진하면서 주민회의를 거쳐 악취 및 경관 문제를 해결하기 위한 방안으로 이 사건 토지를 관통하던 도랑을 대체하여 매설되었으며, 그것의 매설로써 이 사건 토지 중 실제 밭으로 이용할 수 있는 면적이 증대되었다.

(4) 한편 이 사건 단독주택이 철거되기 전까지 소외 1과 원고는 피고(이 사건 우수관과 오수관의 매설 및 관리책임의 주체인 용인시장)에게 이 사건 우수관의 철거 또는 부당이득 반환을 요구한 적이 없다.

(5) 이러한 상태에서 원고는 피고에게 이 사건 우수관과 오수관의 철거 및 부당이득의 반환을 구하는 소를 제기하였다. 이에 대해 제1심법원은 원고의 청구를 인용하였다. 그러자 피고가 항소하였

고, 항소심법원은 이 사건 우수관에 관하여는 청구를 기각하고 오수관에 관해서만 부당이득 반환을 인용하였다. 그러자 이번에는 원고가 상고하였고, 대법원은 본 판결에서 원고의 상고를 기각하였다.

[판결요지]

2. 토지 소유자의 독점적·배타적인 사용·수익권 행사의 제한에 관한 대법원 판례

가. 판례의 전개와 그 타당성

… 대법원 1989. 7. 11. 선고 88다카16997 판결 … 등을 통하여 토지 소유자 스스로 그 소유의 토지를 일반 공중을 위한 용도로 제공한 경우에 그 토지에 대한 소유자의 독점적이고 배타적인 사용·수익권의 행사가 제한되는 법리가 확립되었 … 다.

이러한 법리는 대법원이 오랜 시간에 걸쳐 발전시켜 온 것으로서, 현재에도 여전히 그 타당성을 인정할 수 있다. 다만 토지 소유자의 독점적이고 배타적인 사용·수익권 행사의 제한 여부를 판단하기 위해서는 토지 소유자의 소유권 보장과 공공의 이익 사이의 비교형량을 하여야 하고, 원소유자의 독점적·배타적인 사용·수익권 행사가 제한되는 경우에도 특별한 사정이 있다면 특정승계인의 독점적·배타적인 사용·수익권 행사가 허용될 수 있다. 또한, 토지 소유자의 독점적·배타적인 사용·수익권 행사가 제한되는 경우에도 일정한 요건을 갖춘 때에는 사정변경의 원칙이 적용되어 소유자가 다시 독점적·배타적인 사용·수익권을 행사할 수 있다고 보아야 한다. 구체적으로 살펴보면 다음과 같다.

나. 구체적인 내용

(1) 판단 기준과 효과

토지 소유자가 그 소유의 토지를 도로, 수도시설의 매설 부지 등 일반 공중을 위한 용도로 제공한 경우에, … 등 여러 사정을 종합적으로 고찰하고, 토지 소유자의 소유권 보장과 공공의 이익 사이의 비교형량을 한 결과, 소유자가 그 토지에 대한 독점적·배타적인 사용·수익권을 포기한 것으로 볼 수 있다면, 타인[사인(私人)]뿐만 아니라 국가,

지방자치단체도 이에 해당할 수 있다, 이하 같다]이 그 토지를 점유·사용하고 있다 하더라도 특별한 사정이 없는 한 그로 인해 토지 소유자에게 어떤 손해가 생긴다고 볼 수 없으므로, 토지 소유자는 그 타인을 상대로 부당이득 반환을 청구할 수 없고, 토지의 인도 등을 구할 수도 없다. 다만 소유권의 핵심적 권능에 속하는 사용·수익 권능의 대세적·영구적인 포기는 물권법정주의에 반하여 허용할 수 없으므로, 토지 소유자의 독점적·배타적인 사용·수익권의 행사가 제한되는 것으로 보는 경우에도, 일반 공중의 무상 이용이라는 토지이용현황과 양립 또는 병존하기 어려운 토지 소유자의 독점적이고 배타적인 사용·수익만이 제한될 뿐이고, 토지 소유자는 일반 공중의 통행 등 이용을 방해하지 않는 범위 내에서는 그 토지를 처분하거나 사용·수익할 권능을 상실하지 않는다. …

3. 이 사건에 대한 판단

… 이 사건 우수관 설치 당시 망인은 자신이 소유하던 이 사건 토지와 그 지상 단독주택의 편익을 위하여 자발적으로 이 사건 우수관을 설치하도록 한 것으로 볼 수 있고, 망인의 독점적이고 배타적인 사용·수익권의 행사를 제한하는 것을 정당화할 정도로 분명하고 확실한 공공의 이익 또한 인정되므로, 망인은 이 사건 계쟁토지 부분을 포함한 이 사건 토지에 대하여 독점적이고 배타적인 사용·수익권을 행사할 수 없게 되었고, 망인의 상속인인 원고의 독점적이고 배타적인 사용·수익권의 행사 역시 제한된다고 보아야 한다.

따라서 피고에 대한 원고의 이 사건 우수관 철거 및 그 부분 토지 사용에 따른 차임 상당의 부당이득 반환청구는 받아들일 수 없다.

(본 판결에는 대법관 각 1인에 의한 제1·제2 반대의견과 다수의견에 대한 대법관 3인의 보충의견, 제2 반대의견에 대한 보충의견이 있음)

[관련규정] 헌법 제23조 제1항, 제3항, 제37조 제2항, 제119조 제1항, 민법 제1조, 제2조, 제185조,

제186조, 제211조, 제212조, 제213조, 제214조 등

[해설 및 논평]

1. 해설

본 판결은 – 근래 비판이 많았던 – 토지의 배타적인 사용·수익권의 포기에 관한 종래의 대법원판례에 대해 최종적으로 정리한 것이다(130면, 131면도 참조). 본 판결의 요점을 정리한다.

(1) 그 법리는 아직도 타당하며, 유지되어야 한다고 한다. 그리고 다수의견은 – 보충의견을 통하여 – 그 법리는 사적 자치의 원칙을 전제로 하는 것이라고 한다.

(2) 토지 소유자의 독점적이고 배타적인 사용·수익권 행사의 제한 여부를 판단하기 위해서는 토지 소유자의 소유권 보장과 공공의 이익 사이의 비교형량이 필요하다고 한다.

(3) 그 법리는 토지 소유자가 그 소유의 토지를 도로 이외의 다른 용도로 제공한 경우에도 적용되고, 특별한 사정이 없는 한 토지의 지하 부분에 대하여도 적용된다고 한다. 그리고 피상속인이 사망 전에 독점적·배타적인 사용·수익권을 포기한 것으로 볼 수 있는 경우에는, 상속인의 독점적·배타적인 사용·수익권의 행사 역시 제한된다고 한다. 한편 원소유자의 독점적·배타적인 사용·수익권의 행사가 제한되는 토지의 특정승계인은, 특별한 사정이 없는 한, 독점적이고 배타적인 사용·수익권을 행사할 수 없다고 한다.

(4) 사정변경의 원칙을 인정하고 있으며, 그 요건을 구체적으로 언급하고 있다.

2. 논평

본 판결은 법리적으로나 타당성 면에서 재검토가 필요하다.

[주요 평석 문헌] 김상헌, "배타적 사용·수익권 포기 법리의 타당성 여부를 재론하며," 재산법연구(한국재산법학회), 36권 1호, 1면 이하. (기타 생략)

22. 주위토지통행권

◆ 대판 2006. 6. 2, 2005다70144
[통행권확인](강의 B-187, 물권 [112])

[쟁점] 제219조에 규정된 주위토지통행권이 인정되는 경우에 그 통행로의 폭과 위치를 정하는 기준 및 주위토지통행권을 자동차의 통행이 가능한 범위까지 허용할 것인지 여부. 주위토지통행권의 확인을 구하는 특정의 통로 부분 중 일부분이 주위토지통행권에 관한 규정인 제219조에 정한 요건을 충족하는 경우에 법원이 취하여야 할 조치. 주위토지통행권의 행사에 의하여 그 통행에 방해되는 축조물의 철거를 청구할 수 있는지 여부 (적극)

[사실관계]

(1) 소외 A는 소외 B로부터 제주시 소재 513 임야 3,940㎡(이 사건 분할 전 토지)를 매수하고 소유권이전등기는 마치지 않은 상태에서 1994. 10.경 원고와 소외 C(원고의 동생)에게 위 임야 중 현재 제주시 소재 513-1 임야 2,287㎡(원고 소유 토지) 부분을 특정하여 매도하였다. 이 사건 분할 전 토지 중 3940분의 1652.4 지분에 관하여는 1995. 3. 15. A 앞으로, 각 3940분의 1143.8 지분에 관하여는 1995. 3. 22. 원고 및 C 앞으로 각 소유권이전등기가 마쳐졌다.

(2) 원고·C·A는 1995. 5. 30. 이 사건 분할 전 토지를 위 원고 소유 토지와 제주시 소재 513 임야 1653.2㎡(피고 소유 토지)로 각 분할하고, 1997. 12. 6. 공유물분할의 방법으로 위 원고 소유 토지는 원고 및 C(2분의 1 공유 지분) 앞으로, 위 피고 소유 토지는 A 앞으로 각 소유권이전등기를 마쳤다. 원고는 위 원고 소유 토지를 매수하여 현재까지 선친들의 분묘 8기를 설치하여 가족 묘지로 사용하고 있고, 추가로 다른 조상들의 분묘를 이장할 예정이다.

(3) 위 원고 소유 토지는 위 피고 소유 토지 등 타인 소유의 토지에 둘러싸여 있어서, 원고는 피고 소유 토지 중 일부분(제주시 같은 동 산 129 공동묘지와의 경계선에 접한 부분)과 위 129 묘지 중 일부분을 공로에 이르는 통로(이것이 공로에 이르는 가장 가까운 통로임)로 사용하여 왔고 A는 이에 대하여 별다른 이의를 제기하지 않았다. 피고 소유 토지 역시 공로에 접해 있지 않아 전 소유자도 위 129 묘지 중 일부분을 통로로 사용하여 왔다.

(4) 그런데, 피고는 2002. 11. 25. A로부터 위 피고 소유 토지(513 임야)를 매수하여 피고 앞으로 소유권이전등기를 마친 후 위 피고 소유 토지의 경계를 따라 돌과 시멘트로 길이 높이 약 1.2m인 돌담을 설치하였고(위 원고 소유 토지와 위 피고 소유 토지 사이에는 담장이 설치되어 있었으나, 이 부분에는 출입을 위하여 담장이 설치되지 아니한 채 개방되어 있었음), 산 129 묘지 중 통로로 사용되는 부분에서 513 토지로 들어가는 부분에는 길이 약 3m, 높이 약 1m인 철제 구조물 및 자물쇠를 각 설치하였다. 원고는 피고의 위와 같은 구조물 설치로 인하여 이 사건 통로를 통하여 위 원고 소유 토지에 출입하기 위하여 피고의 담을 넘어 다녀야 한다.

[판결요지]

[1] 민법 제219조에 규정된 주위토지통행권은 공로와의 사이에 그 용도에 필요한 통로가 없는 토지의 이용이라는 공익목적을 위하여 피통행지 소유자의 손해를 무릅쓰고 특별히 인정되는 것이므로, 그 통행로의 폭이나 위치 등을 정함에 있어서는 피통행지의 소유자에게 가장 손해가 적게 되는 방법이 고려되어야 할 것이고, 어느 정도를 필요한 범위로 볼 것인가는 구체적인 사안에서 사회통념에 따라 쌍방 토지의 지형적·위치적 형상 및 이용관계, 부근의 지리상황, 상린지 이용자의 이해득실 기타 제반 사정을 기초로 판단하여야 하며, 토지의 이용방법에 따라서는 자동차 등이 통과할 수 있는 통로의 개설도 허용되지만 단지 토

지이용의 편의를 위해 다소 필요한 상태라고 여겨지는 정도에 그치는 경우까지 자동차의 통행을 허용할 것은 아니다.

[2] 주위토지통행권의 확인을 구하기 위해서는 통행의 장소와 방법을 특정하여 청구취지로써 이를 명시하여야 하고, 또한 민법 제219조에 정한 요건을 주장·입증하여야 하며, 따라서 주위토지통행권이 있음을 주장하여 확인을 구하는 특정의 통로 부분이 민법 제219조에 정한 요건을 충족한다고 인정되지 아니할 경우에는 다른 토지 부분에 주위토지통행권이 인정된다고 할지라도 원칙적으로 그 청구를 기각할 수밖에 없으나, 이와 달리 통행권의 확인을 구하는 특정의 통로 부분 중 일부분이 민법 제219조에 정한 요건을 충족하여 주위토지통행권이 인정된다면, 그 일부분에 대해서만 통행권의 확인을 구할 의사는 없음이 명백한 경우가 아닌 한 그 청구를 전부 기각할 것이 아니라, 그 부분에 한정하여 청구를 인용함이 상당하다.

[3] 주위토지통행권의 본래적 기능발휘를 위해서는 그 통행에 방해가 되는 담장과 같은 축조물도 위 통행권의 행사에 의하여 철거되어야 한다.

[관련규정] [1] 제219조. [2] 제219조, 민소 제203조. [3] 제219조

[해설 및 논평]

1. 해설

본 판결은 세 가지 점에 관하여 판단을 하고 있다. 첫째는 주위토지통행권의 범위를 정하는 기준 및 그와 관련하여 자동차 통행도 허용할 것인지이고, 둘째는 주위토지통행권의 확인을 구하는 특정의 통로 부분 중 일부분만이 주위토지통행권의 요건을 갖춘 경우에 어떻게 해야 하는지이고, 셋째는 주위토지통행권의 기능발휘를 위하여 담장 등의 축조물을 철거해야 하는지이다. 이들은 모두가 이전 판결들에서 다루어졌으며, 다만 둘째의 점

중 일부만은 새로운 것이다.

대법원은 이전부터, 주위토지통행권의 인정취지를 고려하여, 통행로의 폭이나 위치 등을 정함에 있어서는 피통행지의 소유자에게 가장 손해가 적게 되는 방법이 고려되어야 할 것이고, 어느 정도를 필요한 범위로 볼 것인가는 구체적인 사안에서 사회통념에 따라 제반 사정을 기초로 판단하여야 한다고 하였다(대판 1996. 5. 14, 96다10171;대판 2005. 7. 14, 2003다18661 등). 본 판결은 이러한 태도를 다시 확인하였다. 그리고 대법원은 이전에, 토지의 이용방법에 따라서는 자동차 등이 통과할 수 있는 통로의 개설도 허용되지만 단지 생활상의 편의를 위해 다소 필요한 상태라고 여겨지는 정도에 그치는 경우까지 자동차의 통행을 허용할 것은 아니라고 하였다(대판 1994. 10. 21, 94다16076). 본 판결은 이러한 판례도 유지하였다.

위 판결요지 [2]의 전단도 이전의 판례를 유지한 것이다. 그런데 후단은 새로운 사항이다. 그 취지는 가령 3미터의 통행로를 청구하였지만 필요한 통행로가 2미터라고 인정될 경우에 그 청구를 기각하는 것은 바람직하지 않다는 것이다. 그리하여 본 판결은 청구를 전부 기각할 것이 아니고 정당한 부분에 한정하여 청구를 인용하라고 한다.

대법원은 이전에, 주위토지통행권의 본래적 기능발휘를 위하여는 그 통행에 방해가 되는 담장과 같은 축조물도 철거되어야 하는 것이고, 그 담장이 비록 당초에는 적법하게 설치되었던 것이라 하더라도 그 철거의 의무에는 영향이 없다고 하였다(대판 1990. 11. 13, 90다5238). 본 판결은 이러한 종래의 판례를 따르고 있다.

2. 논평

본 판결의 내용은 모두 적절하다.

[주요 평석 문헌] 엄상필, "주위토지통행권의 범위와 처분권주의," 대법원판례해설, 60호, 9면 이하.

23. 점유 취득시효의 요건(1): 자기 소유 부동산을 점유하는 경우

◈ 대판 2016. 10. 27, 2016다224596
[제3자이의](강의 B-198·199, 물권 [117])

[쟁점] 부동산에 관하여 적법·유효한 등기를 마치고 소유권을 취득한 사람이 부동산을 점유하는 경우에, 위 점유가 취득시효의 기초가 되는 점유인지 여부(소극) 및 이때 취득시효의 요건인 점유가 개시되는 시점(＝소유권 변동시)

[사실관계]

(1) 피고는 1993. 10. 28. X주식회사(이하 X회사라고 한다) 소유의 이 사건 부동산에 대하여 법원으로부터 가압류결정을 받았고, 1993. 11. 2. 그에 따른 가압류등기가 마쳐졌다.

(2) 원고는 1992. 2. 29. X회사로부터 이 사건 부동산을 매수한 다음 1993. 11. 22. 소유권이전등기(이 등기는 원고가 1993. 9. 9.에 선고된 뒤 확정된 판결에 기하여 11. 1.에 신청하여 이루어졌음)를 마침으로써 그 소유권을 취득하였다.

(3) 피고는 2014. 5. 27. 법원 판결의 집행력 있는 정본에 기초하여 강제경매를 신청하였고, 이에 따라 2014. 5. 28. 이 사건 부동산에 관하여 위 가압류를 바탕으로 한 강제경매 개시결정의 등기가 마쳐졌다.

(4) 그러자 원고는 피고를 상대로 제3자 이의의 소를 제기하였고, 그 소에서 원고는 1993. 11. 22.부터 20년간 이 사건 부동산을 소유의 의사로 평온·공연하게 점유하여 그에 대한 점유 취득시효가 완성되었고, 그리하여 자신이 이 사건 부동산을 원시취득하였다고 주장하였다(가압류가 소멸했다고 주장함).

[판결요지]

가. 부동산에 대한 취득시효 제도의 존재이유는 해당 부동산을 점유하는 상태가 오랫동안 계속된 경우 권리자로서의 외형을 지닌 그 사실상태를 존중하여 이를 진실한 권리관계로 높여 보호함으로써 법질서의 안정을 기하고, 장기간 지속된 사실상태는 진실한 권리관계와 일치될 개연성이 높다는 점을 고려하여 권리관계에 관한 분쟁이 생긴 경우 점유자의 증명곤란을 구제하려는 데에 있다.

그런데 부동산에 관하여 적법·유효한 등기를 마치고 그 소유권을 취득한 사람이 자기 소유의 부동산을 점유하는 경우에는 특별한 사정이 없는 한 사실상태를 권리관계로 높여 보호할 필요가 없고, 부동산의 소유명의자는 그 부동산에 대한 소유권을 적법하게 보유하는 것으로 추정되어 소유권에 대한 증명의 곤란을 구제할 필요 역시 없으므로, 그러한 점유는 취득시효의 기초가 되는 점유라고 할 수 없다(대법원 1989. 9. 26. 선고 88다카26574 판결 등 참조). 다만 그 상태에서 다른 사람 명의로 소유권이전등기가 되는 등으로 소유권의 변동이 있는 때에 비로소 취득시효의 요건인 점유가 개시된다고 볼 수 있을 뿐이다.

라. 위 사실관계를 앞서 본 법리에 비추어 살펴보면, 원고는 이 사건 부동산에 관하여 소유권이전등기를 마치고 그 소유권을 취득하여 그 동안 소유자로서 이를 점유하였다고 할 것이고, 뿐만 아니라 원고의 점유 취득시효 주장은 자기가 소유하는 이 사건 부동산에 대하여 소유권 취득 이전부터 존재하던 가압류의 부담에서 벗어나기 위한 것에 지나지 아니하여 사실상태를 권리관계로 높여 보호하거나 소유권에 대한 증명의 곤란을 구제할 필요가 있다고 할 수 없으므로, 원고의 이 사건 부동산에 대한 점유를 가리켜 취득시효의 기초가 되는 점유라고 할 수 없다.

[관련규정] 제245조

[해설 및 논평]

1. 해설

(1) 본 판결은, 부동산에 관하여 적법·유효한 등기를 마치고 그 소유권을 취득한 사람이 자기

소유의 부동산을 점유하는 경우에, 그 점유가 취득시효의 기초가 되는 점유로 될 수 있는지에 대하여 판단하고 있다. 이는 넓게는 자기 소유의 부동산에 대하여 점유 취득시효를 할 수 있는지의 문제에 해당한다.

(2) 민법은 제245조 제1항에서 부동산의 점유 취득시효를 규정하면서 그 객체를 단순히 「부동산」이라고 규정하고 있다. 그런데 그 「부동산」에 자기 소유 부동산이 포함되는지 문제된다.

1) 여기에 관하여 학설은 취득시효 인정설(다수설)과 부정설로 나뉘어 있다.

2) 그리고 판례는 취득시효를 인정한 것도 있고 부정한 것도 있다. 그런데 판례는 몇 개의 그룹으로 나눌 수 있다. 첫째로, 시효취득의 목적물은 타인의 부동산임을 요하지 않고 자기 소유의 부동산이라도 시효취득의 목적물이 될 수 있다고 한 것이 있다(대판 1973. 7. 24, 73다559; 대판 2001. 7. 13, 2001다17572 등). 둘째로, 제245조 제1항에서 부동산을 점유하는 자라 함은, 다른 사람의 부동산을 아무 권리 없이 점유하는 사람은 물론이고, 소유권이전등기 청구권 또는 구민법(의용민법)상 제3자에게 대항할 수 없는 소유권에 기인하여 점유하는 사람도 포함된다고 한 것이 있다(대판 1966. 3. 22, 66다26 등). 셋째로, 자기 소유의 부동산을 점유하고 있는 상태에서 다른 사람 명의로 소유권이전등기가 된 경우 자기 소유 부동산을 점유하는 것은 취득시효의 기초로서의 점유라고 할 수 없다고 한 것이 있다(대판 1989. 9. 26, 88다카26574 등). 본 판결은 이 셋째 그룹에 해당한다.

이들 판례는 외관상 서로 모순된 것으로 보인다. 그러나 이들 중 첫째 그룹은 대부분 자기 소유의 부동산의 취득시효가 문제된 것인지 의문스러운 경우들이고, 둘째 그룹에서는 제3자에게 대항할 수 없는 소유권을 가지는 경우이어서 소유자라고 말하기가 어렵다. 그리고 그 두 그룹의 경우에는 점유자 명의로 적법·유효하게 등기된 경우가 아니다. 한편 셋째 그룹에서는 부동산이 소유자

명의로 적법하고 유효하게 등기된 경우에 대하여 점유 취득시효를 인정하지 않으며, 그러한 때에는 소유권의 변동이 있는 경우에 비로소 취득시효의 기초로서의 점유가 개시된다고 한다. 그리고 보면 판례들이 서로 모순되지는 않는다고 할 수 있다.

여기서 우리 판례가 자기 소유 부동산에 대하여 점유 취득시효를 부정한다고 할 것인가? 그렇게 볼 것은 아니다. 판례는 자기 소유 부동산이라도 그것을 증명할 수 없을 때에는 취득시효를 주장할 수 있으며(이때 상대방은 점유자의 소유이므로 취득시효가 불가능하다고 주장할 수 없다고 해야 함), 다만 적법·유효하게 등기된 경우에는 취득시효를 인정할 필요가 없으므로 취득시효를 주장할 수 없다는 입장이다.

(3) 본 판결은, 전술한 바와 같이, 위의 셋째 그룹에 해당하고 그와 동일한 법리를 확인하고 있다. 그런데 그러한 판단을 하기 위한 근거로 부동산 취득시효의 존재이유를 들고 있다. 즉 부동산 취득시효의 존재이유가 사실상태를 존중하여 그것을 진실한 권리관계로 높여 보호하고 점유자의 증명곤란을 구제하려는 데 있는데, 부동산에 관하여 적법·유효한 등기를 마치고 그 소유권을 취득한 사람이 자기 소유의 부동산을 점유하는 경우에는 그럴 필요가 없으므로, 그러한 점유는 취득시효의 기초가 되는 점유라고 할 수 없다고 하였다.

2. 논평

자기 소유의 부동산이라도 그것을 증명할 수 없다면 취득시효가 인정되어야 한다. 그러나 자신의 소유임이 분명한 부동산에 대해서까지 취득시효 주장을 허용할 필요는 없다. 그러한 점에서 본 판결의 태도는 받아들일 수 있다.

[주요 평석 문헌] 방웅환, "자기 소유의 부동산에 대한 취득시효," 대법원판례해설, 109호, 27면 이하; 서종희, "자기 소유 부동산의 시효취득 인정 여부," 일감부동산법학 14호, 191면 이하; 정병호, "부동산 등기명의를 갖춘 소유자의 점유 시효취득 가부," 법조, 66권 1호, 597면 이하.

24. 점유 취득시효의 요건(2): 시효기간의 기산점

◈ 대판(전원) 2009. 7. 16, 2007다15172 · 15189
[점유토지반환및손해배상 · 소유권이전등기](강의 B-199. 물권 [117])

[쟁점] 부동산 점유 취득시효 완성 후 제3자 명의의 소유권이전등기가 마쳐진 경우에 그 소유권 변동시를 새로운 기산점으로 삼아 2차 취득시효의 완성을 주장할 수 있는지 여부(적극). 새로이 2차 점유취득시효가 개시되어 그 취득시효기간이 경과하기 전에 등기부상 소유명의자가 변경된 경우에 그 취득시효 완성 당시의 등기부상 소유명의자에게 시효취득을 주장할 수 있는지 여부(적극)

[사실관계]

(1) 소외 1은 1982. 2. 12. 소외 5로부터 밀양시 삼문동 (지번 1 생략) 대 155㎡를 매수한 다음 1982. 2. 15. 자신 명의로 소유권이전등기를 마쳤다. 위 대지는 1987. 9. 26. 같은 동 (지번 3 생략) 대 10㎡, 같은 동 (지번 4 생략) 대 30㎡, 같은 동 (지번 5 생략) 대 165㎡과 합병되어 같은 동 (지번 1 생략) 대 360㎡(이하, '이 사건 대지'라 함)가 되었고, 그 후 이 사건 대지에 관하여 1988. 3. 25. 소외 2 명의로, 1988. 9. 10. 원고 명의로 소유권이전등기가 순차로 마쳐졌다.

(2) 피고는 이 사건 대지와 연접한 밀양시 삼문동 (지번 2 생략) 대 79㎡를 소유하면서 이 사건 대지 중 별지 도면(생략) (나)부분 54㎡(이하, '이 사건 계쟁토지'라 함)를 텃밭으로 점유 · 사용하고 있다.

(3) 이러한 상황에서 원고(반소피고. 이하 원고라고 함)는 피고(반소원고. 이하 피고라고 함)를 상대로 이 사건 계쟁토지의 인도를 구하는 소를 제기하였다. 그러자 피고는 원고를 상대로, 이 사건 계쟁토지에 관하여 2002. 2. 15. 취득시효 완성을 원인으로 한 소유권이전등기절차 이행을 구하는 반소를

제기하였다(피고는 1981. 12. 31. 취득시효 완성을 원인으로 하여 소유권이전등기 절차 이행청구를 하다가 항소심에서 위와 같이 소를 교환적으로 변경하였다).

[판결요지]

1. 부동산에 대한 점유취득시효가 완성된 후 취득시효완성을 원인으로 한 소유권이전등기를 하지 않고 있는 사이에 그 부동산에 관하여 제3자 명의의 소유권이전등기가 경료된 경우라 하더라도 당초의 점유자가 계속 점유하고 있고 소유자가 변동된 시점을 기산점으로 삼아도 다시 취득시효의 점유기간이 경과한 경우에는 점유자로서는 제3자 앞으로의 소유권 변동시를 새로운 점유취득시효의 기산점으로 삼아 2차의 취득시효의 완성을 주장할 수 있다(대법원 1994. 3. 22. 선고 93다46360 전원합의체 판결 등 참조).

그리고 취득시효기간이 경과하기 전에 등기부상의 소유명의자가 변경된다고 하더라도 그 사유만으로는 점유자의 종래의 사실상태의 계속을 파괴한 것이라고 볼 수 없어 취득시효를 중단할 사유가 되지 못하므로(대법원 1976. 3. 9. 선고 75다2220, 2221 판결, 대법원 1997. 4. 25. 선고 97다6186 판결 등 참조), 새로운 소유명의자는 취득시효완성 당시 권리의무 변동의 당사자로서 취득시효완성으로 인한 불이익을 받게 된다 할 것이어서 시효완성자는 그 소유명의자에게 시효취득을 주장할 수 있는바(대법원 1973. 11. 27. 선고 73다1093, 1094 판결, 대법원 1992. 3. 10. 선고 91다43329 판결 등 참조), 이러한 법리는 위와 같이 새로이 2차의 취득시효가 개시되어 그 취득시효기간이 경과하기 전에 등기부상의 소유명의자가 다시 변경된 경우에도 마찬가지로 적용된다고 봄이 상당하다.

따라서 종래 이와 달리 부동산의 취득시효가 완성된 후 토지소유자가 변동된 시점을 새로운 취득시효의 기산점으로 삼아 2차의 취득시효의 완성을 주장하려면 그 새로운 취득시효기간 중에는 등기명의자가 동일하고 소유자의 변동이 없어야

만 한다는 취지로 판시한 대법원 1994. 3. 22. 선고 93다46360 전원합의체 판결, (생략) 은 모두 이 판결의 견해에 배치되는 범위 내에서 이를 변경하기로 한다.

2. (생략) 앞에서 본 법리를 위 사실관계에 비추어 살펴보면, 피고는 최초 점유일로부터 기산하여 이 사건 계쟁토지에 관한 1차의 취득시효가 완성된 후 이를 등기하지 않고 있는 사이에 이 사건 대지에 관하여 이루어진 소외 1 앞으로의 소유권 변동시를 새로이 2차의 취득시효 기산점으로 삼을 수 있고, 그때로부터 2차의 취득시효기간이 경과하기 전에 이 사건 대지의 등기부상 소유명의를 취득한 원고에게 이 사건 계쟁토지에 관한 시효취득을 주장할 수 있다고 할 것이다.

(이 판결에는 3인의 대법관의 반대의견과, 각각 3인과 1인의 대법관의 보충의견 둘이 있음)

[관련규정] 제245조 제1항

[해설 및 논평]

1. 해설

민법 제245조 제1항에 따르면, 점유 취득시효에 의하여 부동산의 소유권을 취득하려면 20년간 점유하여야 한다. 여기서 이 기간의 기산점이 문제된다.

그에 관하여 판례는, 시효취득을 주장하는 자가 임의로 기산점을 선택하지 못한다고 하였다(대판 1966. 2. 28, 66다108). 그런데 그 후 판례가 변경되어, 시효기간 중 계속해서 등기명의자가 동일한 경우에는 기산점을 어디에 두어도 무방하다고 하였다(대판 1976. 6. 22, 76다487·488). 그리고 시효기간 만료 후 이해관계 있는 제3자가 있는 경우에는 기산점을 임의로 선택할 수 없다고 하였다(대판 1977. 6. 28, 77다47).

그 후 전원합의체 판결로 여기에 약간 수정을 가하여, 취득시효 완성 후 토지소유자에 변동이 있어도 당초의 점유자가 계속 점유하고 있고 소유자가 변동된 시점을 새로운 기산점으로 삼아도 다시 취득시효의 점유기간이 완성되는 경우에는 소유권변동시를 새로운 취득시효의 기산점으로 삼을 수 있다고 하였다(대판(전원) 1994. 3. 22, 93다46360). 그러면서 시효기간 경과 후에 제3취득자 앞으로의 소유권이전등기시를 그 시효취득의 기산점으로 삼을 수 없다고 한 판례(대판 1982. 11. 9, 82다565)를 폐기하였다. 본 판결은 이 점에 관해서는 이 판결을 따르고 있다.

그런데 위 전원합의체 판결은, 「취득시효 완성 후 제3자가 등기를 취득하였지만 그 등기 후 현재까지 소유자의 변동이 없었던 경우」에 대하여 그렇게 판단하였다. 그 후 대법원은 「소유자가 변동된 시점을 새로운 기산점으로 삼아도 다시 취득시효의 점유기간이 완성되는 경우에는 취득시효를 주장하는 점유자로서는 소유권 변동시를 새로운 취득시효의 기산점으로 삼아 취득시효의 완성을 주장할 수 있지만, 이 경우에도 그 점유기간 중에는 등기명의자가 동일하고 소유자의 변동이 없어야만 한다」고 하였다(대판 1999. 2. 12, 98다40688 등).

그러던 것을 본 판결이 취득시효기간이 경과하기 전에 등기부상의 소유명의자가 다시 변경된 경우에도 시효취득을 할 수 있다고 하면서, 1994년의 전원합의체 판결(이 점에 한함)을 포함하여 ─ 이 점에 관하여 본 판결과 다르게 판단한 ─ 여러 판결들을 변경하였다.

2. 논평

점유 취득시효에 관한 판례는 전반적으로 재검토되어야 한다.

[주요 평석 문헌] 진상범, "2차 점유취득시효기간 중 등기부상 소유명의자가 변경된 경우, 2차 시효완성자의 법적 지위," 사법, 10호, 249면 이하.

25. 점유 취득시효의 효과(1): 시효기간 만료 후 점유가 이전된 경우

◆ 대판(전원) 1995. 3. 28, 93다47745
　　[소유권이전등기](강의 B-201, 물권 [118])

[쟁점] 점유자가 취득시효기간의 만료로 소유권이전등기 청구권을 취득한 후 점유를 상실한 경우에 그 소유권이전등기 청구권이 소멸되는지 여부(소극). 취득시효기간 만료 당시의 점유자로부터 점유를 승계한 현 점유자가 전 점유자의 취득시효 완성의 효과를 주장하여 직접 자기에게 소유권이전등기를 청구할 권원이 있는지 여부(소극)

[사실관계]

(1) 충남 서산군 (지번 생략) 임야 49,091㎡(이 사건 임야라 함)는 원래 소외 A 소유였는데, 그에 관하여 1964. 5. 7. 소외 B 명의로, 이어서 1967. 11. 6. 소외 서산군 명의로 소유권이전등기가 마쳐졌다.

(2) 한편 소외 X교회(원심 공동피고)는 1956. 11. 8. 위 A로부터 이 사건 임야 중 별지도면(생략) 임야 3,052㎡(이 사건 계쟁 임야부분이라 함)를 14,000환에 매수하여 그 지상 가옥을 교회로 사용하여 오다가 1960년대 말 무렵 이 사건 계쟁임야 부분 중 일부에 교회건물을 확장, 신축하는 등으로 이 사건 계쟁임야 부분을 점유하여 왔다. 그리고 원고는 1986. 2. 16. X교회로부터 이 사건 계쟁임야 부분 및 그 지상건물을 800만 원에 매수하여 이 사건 계쟁임야 부분을 인도받아 점유하여 왔다.

(3) 원고는 피고(지방자치법에 따라 서산군의 지위를 승계한 충청남도)를 상대로, 피고는 X교회에게 이 사건 계쟁 임야부분에 관하여 1976. 11. 8. 취득시효 완성을 원인으로 한 소유권이전등기 절차를 이행하라는 취지의 소를 제기하였다.

[판결요지]

원래 취득시효제도는 일정한 기간 점유를 계속한 자를 보호하여 그에게 실체법상의 권리를 부여하는 제도이므로, 부동산을 20년간 소유의 의사로서 평온 공연하게 점유한 자는 민법 제245조 제1항에 의하여 점유부동산에 관하여 소유자에 대한 소유권이전등기 청구권을 취득하게 되는 것이며, 점유자가 취득시효기간의 만료로 일단 소유권이전등기 청구권을 취득한 이상, 그 후 점유를 상실하였다고 하더라도 이를 시효이익의 포기로 볼 수 있는 경우가 아닌 한, 이미 취득한 소유권이전등기 청구권은 소멸되지 아니한다고 할 것이다(당원 1989. 4. 25. 선고 88다카3618 판결; 1990. 11. 13. 선고 90다카25352 판결; 1992. 11. 13. 선고 92다14083 판결 등 참조).

그리고 전 점유자의 점유를 승계한 자는 그 점유 자체와 하자만을 승계하는 것이지 그 점유로 인한 법률효과까지 승계하는 것은 아니므로 부동산을 취득시효기간 만료 당시의 점유자로부터 양수하여 점유를 승계한 현 점유자는 자신의 전 점유자에 대한 소유권이전등기 청구권을 보전하기 위하여 전 점유자의 소유자에 대한 소유권이전등기 청구권을 대위행사할 수 있을 뿐, 전 점유자의 취득시효 완성의 효과를 주장하여 직접 자기에게 소유권이전등기를 청구할 권원은 없다고 할 것이다.

이와 견해를 달리하여 점유자가 그 점유 당시 취득시효가 완성되었다고 하더라도 이를 현 점유자에게 인도하여 점유를 상실한 이상 등기부상 소유자에 대하여 스스로 취득시효 완성을 주장하여 소유권이전등기를 청구할 수 없고, 이는 직전 점유자가 점유를 잃게 된 원인이 이를 현 점유자에게 매도하였기 때문이고, 직전 점유자가 현 점유자에게 소유권이전등기의무를 지고 있다고 하여도 마찬가지라는 취지의 견해를 표명한 바 있는 당원 1991. 12. 10. 선고 91다32428 판결은, 이를 폐기하기로 한다.

(이 판결에는 3인의 대법관의 반대의견이 있음. 반대의견의 요지: 점유 취득시효기간이 만료된 이후 부동

산에 대한 점유를 상실한 사람은 그 상실원인이 무엇이든 등기부상 소유자를 상대로 시효취득을 주장하여 소유권이전등기를 청구할 수 없고, 취득시효기간 만료 후 부동산에 대한 점유승계가 이루어진 경우에는 점유를 승계한 현 점유자는 등기부상 소유자에 대하여 직접 취득시효 완성을 원인으로 한 소유권이전등기를 청구할 수 있음)

[관련규정] (1) 제184조, 제192조, 제245조 제1항. (2) 제199조 제1항, 제404조

[해설 및 논평]

1. 해설

본 판결에서 판시한 사항은 두 가지이다. 하나는 점유자가 취득시효기간의 만료로 소유권이전등기 청구권을 취득한 후 점유를 상실한 경우에 그 소유권이전등기 청구권이 소멸하는지이고, 다른 하나는 취득시효기간 만료 당시의 점유자로부터 점유를 승계한 현 점유자가 전 점유자의 취득시효 완성의 효과를 주장하여 직접 자기에게 소유권이전등기를 청구할 권원이 있는지이다. 이 둘을 나누어 살펴보기로 한다.

본 판결이 있기 전에 위 첫째의 문제에 관하여 대법원의 태도는 둘로 나뉘어 있었다. 다수의 판결은, 점유자가 취득시효기간이 완성된 후에 점유를 상실하였다 하더라도 점유의 상실이 시효이익을 포기한 것이라고 인정되지 않는 한 취득시효기간의 완성으로 인하여 이미 취득한 소유권이전등기 청구권은 소멸되지 않는다고 하였다(대판 1989. 4. 25, 88다카3618; 대판 1992. 11. 13, 92다14083 등). 그러나 하나의 판결은, 부동산에 대한 점유가 여러 사람을 거쳐 현점유자에게 승계된 경우에 있어 현점유자의 직전점유자가 그 점유 당시 점유의 승계에 의해 20년이 경과되어 취득시효가 완성되었다고 하더라도 이를 현점유자에게 인도하여 점유를 상실한 이상 직전점유자는 등기부상 소유자에 대하여 스스로 취득시효의 완성을 주장하여 소유

권이전등기를 청구할 수 없다고 하였다(대판 1991. 12. 10, 91다32428). 그러던 것을 본 판결이 후자를 폐기하고 전자로 통일하였다.

위 둘째의 문제에 관하여는 본 판결이 처음으로 판단한 것이다. 본 판결은, 부동산을 취득시효기간 만료 당시의 점유자로부터 양수하여 점유를 승계한 현 점유자는 자신의 전 점유자에 대한 소유권이전등기 청구권을 보전하기 위하여 전 점유자의 소유자에 대한 소유권이전등기 청구권을 대위행사할 수 있을 뿐, 전 점유자의 취득시효 완성의 효과를 주장하여 직접 자기에게 소유권이전등기를 청구할 권원은 없다고 한다. 그리고 그 이유로, 전 점유자의 점유를 승계한 자는 그 점유 자체와 하자만을 승계하는 것이지 그 점유로 인한 법률효과까지 승계하는 것은 아니라는 점을 든다. 본 판결의 이러한 이유가 타당한지는 검토할 여지가 있으나, 본 판결의 반대의견처럼 점유의 승계인이 직접 등기청구를 할 수 있다고 하면, 취득시효 완성 후 제3자 명의로 등기된 경우에는 시효취득을 할 수 없다는 중요한 다른 판례에 반하는 문제가 생긴다.

2. 논평

점유 취득시효에 관한 판례는 전반적으로 재검토되어야 한다. 다만, 기존 판례의 입장에서 살펴보면 본 판결은 적절하다. 한편 본 판결 사안에서 원고가 전 점유자의 점유를 포함하여 자신의 취득시효를 주장했다면 시효취득을 인정했어야 한다. 왜냐하면 기존 판례상 취득시효기간 중에는 등기명의가 변경되어도 무방하고 또한 그러한 원리를 점유가 승계되는 경우에 배제할 이유가 없기 때문이다(여미숙 평석문헌 64면 참조). 대판 1998. 5. 12, 97다34037이 그러한 취지이다.

[주요 평석 문헌] 서정우, "취득시효 완성후 점유를 이전받은 자의 지위," 민사판례연구, 18권, 113면 이하; 여미숙, "취득시효완성 후 점유를 승계한 자의 소유권이전등기 청구권," 청주법률논단, 1집, 47면 이하.

26. 점유 취득시효의 효과(2): 등기명의인이 부동산을 처분한 경우

◆ 대판 1999. 9. 3, 99다20926
[손해배상(기)](강의 B-202, 물권 [118])

[쟁점] 등기명의인인 부동산 소유자가 그 부동산의 점유·사용관계를 잘 알고 있고 취득시효 완성을 원인으로 한 소유권이전등기 청구소송의 소장 부본을 송달받은 상태에서 제3자에게 그 부동산을 처분함으로써 그 소유권이전등기 의무가 이행불능에 빠진 경우에 시효취득자에 대하여 손해배상책임을 부담하는지 여부(적극)

[사실관계]

(1) 전남 장성군 삼계면 사창리 (지번1 생략) 대 149㎡(이하 이 사건 대지라고 함)는 원래 소외 망 A의 명의로 소유권이전등기가 마쳐져 있었는데 위 A가 1983. 5. 9. 사망하자 그 상속인들 사이에 상속재산에 대한 협의분할을 거쳐 피고 단독 명의로 소유권이전등기를 마쳤다.

(2) 한편 소외 망 B는 해방 전부터 위 사창리 (지번2 생략) 소재 A의 집 행랑채에 거주해 오다가 6. 25 사변으로 A의 집이 전소되자 A의 승낙을 받고 위 (지번2 생략) 토지 중 50평에 집을 지어 거주하던 중, 위 집터가 1956.경 초등학교 부지로 편입되자 A의 제의에 따라 1956. 1. 무렵 이 사건 대지로 주거를 옮긴 후 위 대지 위에 흙벽돌조 단층주택 등을 건축하여 이 사건 대지를 위 주택 등의 부지 및 마당으로 점유·사용하다가 1981. 6. 23. 사망하였는데, 그 후에도 B의 처인 선정자 C, 장남인 원고가 계속하여 위 주택에 거주하다가 1988. 무렵 위 주택을 시멘트블럭조 주택으로 개축하는 등 이 사건 대지를 계속 점유·사용해 왔으며, B의 상속인으로는 원고와 C 이외에 출가녀들인 선정자 D, E, F, G, 차남인 선정자 H가 있다 (이하 원고와 위 선정자들을 원고들이라고 함).

(3) 원고들은 1995. 3. 15. 피고를 상대로 이 사건 대지에 관하여, 주위적 청구로서 1956. 1. 19. 교환계약을 원인으로 하여, 예비적 청구로서 1976. 1. 19. 취득시효 완성을 원인으로 하여 토지 소유권이전등기 청구의 소를 제기하였고, 그 소장 부본이 1995. 3. 20. 피고에게 송달되자 B가 이 사건 대지를 피고의 부친인 A 때부터 장기간 점유·사용하여 오고 있는 점을 잘 알고 있던 피고는 그 직후 바로 이 사건 대지에 관하여 채권최고액 1억 원, 근저당권자 소외 I, J로 된 근저당권설정등기를 마쳤다.

(4) 그 후 위 소송에서 1996. 6. 27. 원고들의 예비적 청구가 받아들여져 피고는 원고들에게 그 상속지분에 따라 1976. 1. 19. 취득시효 완성을 원인으로 하는 소유권이전등기 절차를 이행하라는 내용의 판결이 선고되었고, 이에 피고가 항소하였으나 1997. 5. 2. 항소를 기각하는 판결이 선고되어 그 무렵 위 판결이 확정되었다.

(5) 한편 I, J의 신청에 의하여 1996. 11. 22. 이 사건 대지에 관하여 근저당권에 기한 임의경매절차가 개시되어 소외 K가 1997. 7. 7. 이 사건 대지를 낙찰받았고, 같은 해 9. 19. 경매를 원인으로 한 K 명의의 소유권이전등기가 마쳐졌다.

[판결요지]

1. … 원심은 위 인정의 사실관계를 기초로 하여, 피고는 위 소장 부본을 송달받음으로써 망 추길조의 시효취득 사실을 알았거나 알 수 있었음에도 불구하고 이 사건 대지에 관하여 근저당권을 설정하여 그 후 이 사건 대지가 타인에게 낙찰됨으로써 상속인들인 원고들로 하여금 이 사건 대지에 관한 소유권을 취득할 수 없게 하였으므로, 이로 인하여 원고들이 입은 손해를 배상할 의무가 있다고 판단하고 있다.

2. 부동산에 관한 점유 취득시효가 완성된 후에 그 취득시효를 주장하거나 이로 인한 소유권이전등기 청구를 하기 이전에는 그 등기명의인인 부동산 소유자로서는 특단의 사정이 없는 한 그 시효

취득 사실을 알 수 없는 것이므로 이를 제3자에게 처분하였다 하더라도 그로 인한 손해배상책임을 부담하지 않는 것이나(대법원 1974. 6. 11. 선고 73다1276 판결, 1994. 4. 12. 선고 93다60779 판결 각 참조), 등기명의인인 부동산 소유자가 그 부동산의 인근에 거주하는 등으로 그 부동산의 점유·사용관계를 잘 알고 있고, 시효취득을 주장하는 권리자가 등기명의인을 상대로 취득시효 완성을 원인으로 한 소유권이전등기 청구소송을 제기하여 등기명의인이 그 소장 부본을 송달받은 경우에는 등기명의인이 그 부동산의 취득시효 완성 사실을 알았거나 알 수 있었다고 봄이 상당하므로, 그 이후 등기명의인이 그 부동산을 제3자에게 매도하거나 근저당권을 설정하는 등 처분하여 취득시효 완성을 원인으로 한 소유권이전등기 의무가 이행불능에 빠졌다면 그러한 등기명의인의 처분행위는 시효취득자에 대한 소유권이전등기 의무를 면탈하기 위하여 한 것으로서 위법하다고 보아야 할 것이고, 부동산을 처분한 등기명의인은 이로 인하여 시효취득자가 입은 손해를 배상할 책임이 있다 할 것이다(대법원 1989. 4. 11. 선고 88다카8217 판결, 1993. 2. 9. 선고 92다47892 판결, 1995. 6. 30. 선고 94다52416 판결, 1995. 8. 22. 선고 95다10303 판결 각 참조).

원심판결 이유를 기록에 비추어 살펴보면, 원심의 위와 같은 사실인정과 판단은 위와 같은 법리에 따른 것으로서 정당하 … 다.

[관련규정] 제245조 제1항, 제750조

[해설 및 논평]

1. 해설

본 판결 이전부터 대법원은, 부동산에 관하여 취득시효가 완성된 후 부동산을 제3자에게 처분하였다 하더라도 원칙적으로 불법행위가 성립하지 않으며, 다만 일정한 경우에는 불법행위가 된다고 하였다. 그런데 어떤 경우에 불법행위가 되는지에 관하여는 표현이 통일되어 있지 않았다.

대법원은, 제1심에서 승소까지 한 후에 처분한 경우(대판 1989. 4. 11, 88다카8217), 권리자가 취득시효를 주장하면서 소유권이전등기 청구소송을 제기하여 그에 관한 입증까지 마친 후에 처분한 경우(대판 1993. 2. 9, 92다47892 등), 부동산 소유자가 취득시효가 완성된 사실을 알고 이를 제3자에게 처분한 경우(대판 1995. 6. 30, 94다52416; 대판 1998. 4. 10, 97다56495)에 불법행위가 된다고 하였다.

본 판결은 기존의 판례에 따라 토지에 관하여 취득시효 완성 후에 등기명의인이 그 토지를 처분하여도 불법행위가 성립하지 않는다는 전제에 서서, 취득시효 완성자가 취득시효 완성을 원인으로 한 소유권이전등기 청구소송을 제기하여 등기명의인이 그 소장 부본을 송달받은 후에 처분한 경우에는 − 예외적으로 − 불법행위의 성립을 인정한다.

본 판결은 이전 판결들과 달리 불법행위라는 표현을 사용하지는 않았다. 그러나 본 판결도 불법행위라고 명시한 판결들을 참조판결로 인용한 것으로 보아 불법행위를 인정한 것으로 보아야 한다. 더욱이 우리 판례가 부동산 점유자에게 시효취득으로 인한 소유권이전등기 청구권이 있다고 하더라도 이로 인하여 부동산 소유자와 시효취득자 사이에 계약상의 채권·채무관계가 성립하는 것은 아니어서 그 부동산을 처분한 소유자에게 채무불이행 책임을 물을 수 없다고 하고 있는데(대판 1995. 7. 11, 94다4509), 이러한 판례에 비추어보아도 채무불이행 책임을 인정한 것이라고 볼 수는 없다.

2. 논평

부동산의 점유 취득시효에 관한 판례는 근본적으로 재검토되어야 하나, 일단 점유 취득시효에 관한 판례를 긍정한다면 본 판결도 받아들일 수 있다고 생각한다.

27. 점유 취득시효의 효과(3): 취득시효 완성자의 대상청구권

◈ 대판 1996. 12. 10, 94다43825
　[소유권이전등기등](강의 B-202, 물권 [118])

[쟁점] 부동산 점유 취득시효 완성자의 대상청구권 행사 요건

[사실관계]

이 사건 토지(점촌시 윤직동 (지번 생략) 대 357평 방미터)는 피고의 조부인 소외 A가 그의 명의로 사정받은 후 소유권보존등기를 하지 않은 채 피고의 부 B를 거쳐 피고에게 상속되어 1981. 7. 6. 피고 명의로 소유권보존등기가 행하여졌다. 그 후 이 토지에 관하여 점촌시와 피고 사이에 협의매수가 이루어져, 점촌시가 피고에게 평방미터당 82,500원으로 계산된 29,452,500원의 보상금을 지급하였고, 1993. 2. 15.에 1993. 2. 1. 매매를 원인으로 하여 점촌시 명의의 소유권이전등기가 행하여졌다.

그런데 이 사건 토지 중 202평방미터에 해당하는 일정부분(이하 이 사건 토지 부분이라 함)은 원고가 1969.경부터 소외 C에게 C 소유의 건물부지로 임대하여 그로부터 차임조로 매년 6만 원씩 수령함으로써 계속하여 점유하여 왔다. 그러나 이 사건 토지의 소유권이전등기시까지(나아가 이 사건 소 제기시까지) 시효취득을 주장한 적은 없었다.

[판결요지]

원고는 1989년경 원고가 위 토지 부분을 점유로 인한 토지 소유권 취득기간이 완료되어 시효취득하였으므로, 원고에게 소유권이전등기 청구권이 있고 따라서 원고에게 그 소유권이전등기가 경료되기 전에 소외 점촌시에 소유권이전등기가 되어 이행불능이 되었다 하더라도 원고는 피고에게 그에 대한 대상청구권이 있고, 따라서 피고가 수령한 보상금 중 일부를 부당이득 반환의 법리에 따라 원고에게 반환하여야 한다는 주장에 대하여 원심은 이 사건 협의매수 당시 피고는 법률상 소유자이므로, 그에 대한 보상금 수령이 부당이득이라 할 수 없고 취득시효로 인한 등기청구권이 보상금청구권에 전이된다고 볼 수 없다는 이유로 원고 청구를 배척하였다.

그러므로 살피건대 우리 민법상 이행불능의 효과로서 채권자의 전보배상청구권과 계약해제권 외에 별도로 대상청구권을 규정하고 있지 않으나, 해석상 대상청구권을 부정할 이유가 없다고 할 것이지만(당원 1992. 5. 12. 선고 92다4581, 4598 판결 참조), 점유로 인한 부동산 소유권 취득기간 만료를 원인으로 한 등기청구권이 이행불능으로 되었다고 하여 대상청구권을 행사하기 위하여는 그 이행불능 전에 등기명의자에 대하여 점유로 인한 부동산 소유권 취득기간이 만료되었음을 이유로 그 권리를 주장하였거나 그 취득기간 만료를 원인으로 한 등기청구권을 행사하였어야 하고, 그 이행불능 전에 위와 같은 권리의 주장이나 행사에 이르지 않았다면 대상청구권을 행사할 수 없다고 봄이 공평의 관념에 부합한다고 할 것인바, 이 사건에서 원고가 이 사건 토지 부분에 대하여 점유로 인한 부동산 소유권 취득기간이 만료되어 이를 원인으로 한 소유권이전등기 청구권을 취득하였다고 할지라도, 소외 점촌시 명의로 이 사건 토지 부분에 대한 소유권이전등기가 경료됨으로써 원고가 취득한 등기청구권이 이행불능으로 되기 전에 원고가 등기명의자인 피고에 대하여 점유로 인한 부동산 소유권 취득기간이 만료되었음을 근거로 그 권리를 주장하였다거나 그 취득기간 만료를 원인으로 한 등기청구권을 행사하였다고 볼 증거가 없으므로, 원고로서는 이 사건 토지 부분의 대금에 대하여 대상청구권을 행사하여 그 반환을 청구할 수 없는 것이다.

결국 원고가 구하는 이 사건 토지 부분의 대금에 대한 반환청구를 기각한 원심은 그 이유 설명이 다르다 하더라도 결론은 정당하고, 거기에 소

론과 같은 법리오해 등의 위법이 있다고 할 수 없다.

[관련규정] 제245조 제1항, 제390조

[해설 및 논평]

1. 해설

우리 민법은 대상청구권을 명문으로 규정하고 있지 않다. 그런 상황에서 대법원은 대판 1992. 5. 12, 92다4581·4598에서 우리 민법의 해석상 대상청구권을 부정할 이유가 없다고 하면서 대상청구권을 인정하였다. 그 후 대법원은 부동산 점유 취득시효가 완성된 경우에 취득시효 완성자도 대상청구권을 가질 수 있다고 하였다(대판 1994. 12. 9, 94다25025; 대판 1995. 7. 28, 95다2074; 대판 1995. 8. 11, 94다21559; 대판 1995. 12. 5, 95다4209). 그런데 취득시효의 경우에 관한 이들 판결에서는 ─ 본 판결에서와 달리 ─ 이행불능 전에 취득시효 완성자의 권리 주장이나 행사를 요건으로 요구하지는 않았다. 그러던 것을 본 판결에서 처음으로 그 요건을 부가하였다.

저자는 부동산 점유 취득시효의 경우에 대상청구권을 인정하는 것 자체가 이론에 맞지 않아 부적절하다고 보고 있다. 그런데 그 문제는 아래의 논평에서 간단히 언급하기로 하고, 여기서는 판례의 견지에서 기존의 판례와 본 판결에 대하여 의미를 살펴보려고 한다.

판례가 점유 취득시효의 경우에 취득시효 완성자에게 대상청구권을 인정한 이유는 무엇일까? 그것은 우선 취득시효 완성자를 보호하고 싶어서일 것이다. 그리고 이론적인 근거는, 우리 판례상 취득시효 완성의 경우에 등기명의인은 취득시효 완성자에 대하여 등기이전의무가 있으므로, 가령 해당 토지가 수용되어 그 의무가 이행불능으로 되면 대상청구권이 성립한다고 하는 데서 찾고 있는 것으로 생각된다.

다음에, 본 판결이 대상청구권이 인정되기 위해서는 이행불능 전에 등기명의자에 대하여 취득시효를 주장하였거나 그것을 원인으로 한 등기청구권을 행사하였어야 한다고 한 이유는 어디에 있을까? 대법원은 취득시효 완성자에게 제한 없이 대상청구권을 인정하는 것은 취득시효 완성 후에 소유자의 처분을 원칙적으로 유효하다고 하는 기존 판례에 어긋난다고 본 것 같다. 그리하여 대상청구권을 인정하되 그 범위를 적절히 조절할 필요가 있는데, 그 범위는 기존의 판례가 취득시효가 완성된 후 소유자가 해당 부동산을 처분한 경우에 불법행위가 성립하는 범위와 유사하게 하는 것이 바람직하다고 판단한 것으로 보인다. 이전에 판례는 취득시효를 주장하거나 이로 인한 소유권이전등기 청구를 하기 이전에는 소유자가 처분을 하여도 불법행위가 되지 않는다고 하고 있었기 때문이다(대판 1995. 7. 11, 94다4509 등). 그럼으로써 대법원은 ─ 불법행위의 성립을 인정한 판례와 유사한 방법으로 ─ 취득시효 완성자와 부동산 소유자 사이의 이해를 조절하고 있다.

2. 논평

부동산 취득시효 완성의 경우에 ─ 판례처럼 ─ 등기명의인이 취득시효 완성자에게 등기이전의무를 부담한다고 해도 그 의무는 보통의 채무와는 다르다고 보아야 한다. 취득시효는 소유권 취득원인이지 채권채무관계가 아니기 때문이다. 따라서 해당 부동산이 수용되어도 수용보상금은 소유자에게 귀속되어야 하며, 취득시효 완성자가 채권자라는 이유로 소유자에게 그것의 반환을 청구할 수는 없다(자세한 점은 송덕수 평석문헌 참조).

[주요 평석 문헌] 송덕수, "취득시효와 대상청구권," 저스티스, 30권 2호, 234면 이하; 심준보, "취득시효와 대상청구권," 민사판례연구, 20권, 90면 이하; 이재환, "시효취득 후 등기청구권을 주장, 행사하지 않은 사이 목적물이 양도된 경우에도, 시효취득자에게 대상청구권이 인정되는지 여부," 대법원판례해설, 27호, 86면 이하.

28. 등기부 취득시효

◆ 대판(전원) 1996. 10. 17. 96다12511
[토지소유권확인](강의 B-208, 물권 [121])

[쟁점] 중복등기 중 제1등기가 원인무효가 아니어서 제2등기가 무효로 된 경우에 제2등기를 근거로 등기부 취득시효의 완성을 주장할 수 있는지 여부(소극)

[사실관계]

(1) 행정구역 변경 전의 강원도 X군 (지역 생략) 423 답 1,027평(이하 분할 전 토지라고 함)은 북위 38도 이북에 위치한 수복지구 내의 토지로서 8.15 해방과 6.25사변을 거치는 동안 등기부나 토지대장 등 지적공부가 모두 멸실되었는데, 1956. 10. 15. 소외 망 A의 명의로 소유권이전등기의 회복등기가 되었다.

(2) 그 후 분할 전 토지에 관하여 1964. 9. 1. 토지대장이 복구됨과 동시에 위 (지역 생략) 423의 2 철도용지 291평방미터, 423의 5 전 72평방미터, 423의 4 철도용지 1,759평방미터가 각 분할되었고, 1976. 7. 31. 행정구역의 개편으로 위 423의 2 토지가 별지목록(생략) 기재 제1토지(이하 이 사건 제1토지라고 함)로, 위 423의 5 토지가 이 사건 제2토지로, 위 423의 4 토지인 주문 기재 (마)부분 토지가 Y시 (지역 생략) 553의 4 철도용지 1,759평방미터로 각 변경되었고, 위 553의 4 토지에 관하여 1983. 4. 4. 피고 명의의 소유권보존등기가 되었다 (그 외에 제3토지에 관하여는 생략함).

(3) A는 1979. 7. 6. 사망하고, 그와 상속표 기재와 같은 관계에 있는 원고들이 상속표 기재와 같은 비율로 재산상속을 하였다.

(4) 원고들은 피고를 상대로, (마)부분에 관한 소유권보존등기의 말소등기 절차를 이행 등을 구하는 소를 제기하였다.

[판결요지]

나. 동일 부동산에 관하여 등기명의인을 달리하여 중복된 소유권보존등기가 경료된 경우에는, 먼저 이루어진 소유권보존등기가 원인무효가 되지 아니하는 한, 뒤에 된 소유권보존등기는 실체권리관계에 부합되는지의 여부를 따질 필요도 없이 무효라고 할 것인데(당원 1990. 11. 27. 선고 87다카2961, 87다453 전원합의체 판결 참조), 이 사건 분할 전 토지에 관하여 망 A 명의로 경료된 위에 본 멸실회복에 인한 소유권이전등기의 기초가 된 소유권보존등기가 무효라고 볼 자료가 없는 이 사건에 있어서, 특별한 사정이 없는 한, 위 토지의 일부에 해당하는 (마)부분 토지에 관하여 그 후에 피고 명의로 경료된 소유권보존등기는 무효라고 보아야 할 것이다.

다. 민법 제245조 제2항은 부동산의 소유자로 등기한 자가 10년간 소유의 의사로 평온·공연하게 선의이며 과실 없이 그 부동산을 점유한 때에는 소유권을 취득한다고 규정하고 있는바, 위 법조항의 '등기'는 부동산등기법 제15조가 규정한 1부동산 1용지주의에 위배되지 아니한 등기를 말하므로, 어느 부동산에 관하여 등기명의인을 달리하여 소유권보존등기가 2중으로 경료된 경우 먼저 이루어진 소유권보존등기가 원인무효가 아니어서 뒤에 된 소유권보존등기가 무효로 되는 때에는 뒤에 된 소유권보존등기나 이에 터잡은 소유권이전등기를 근거로 하여서는 등기부 취득시효의 완성을 주장할 수 없다고 보아야 할 것이다(당원 1978. 1. 10. 선고 77다1795 판결 참조).

이와 다른 견해를 취한 당원 1988. 4. 12. 선고 87다카1810 판결 및 1994. 4. 26. 선고 93다16765 판결은 이를 변경하기로 한다.

이 사건의 경우 관계 증거를 살펴보면, 피고가 위 (마)부분 토지에 관하여 소유권보존등기를 경료한 후에 그 중 일정 부분을 소외 B, C 등에게 대부하여 10년 이상 점유·경작시켰던 사실은 인정되나, 위에서 본 바와 같이 위 (마)부분 토지에 관한 피고 명의의 소유권보존등기가 중복등기로서 무효인 이상 이와 같은 무효인 등기를 근거로 하여서는 등기부 취득시효의 완성을 주장할 수 없다고 할 것이고 따라서 등기부 취득시효가 완성되었음을 전제로 위 (마)부분 토지에 관한 피고 명의의 소유권보존등기가 실체관계에 부합하므로 원고의 말소등기청구에 응할 수 없다는 피고의 주장은 받아들일 수 없다고 할 것이니 원심이 피고의 위 주장을 배척한 것은 결론에 있어 정당하다.

[관련규정] 제245조 제2항, 부등법 제15조

[해설 및 논평]

1. 해설

본 판결 사안의 경우에는 (마)부분의 토지에 관하여 멸실회복등기로 망 A 명의로 소유권이전등기가 되고 또 피고 명의로 소유권보존등기가 되었다. 그리하여 동일한 토지에 관하여 두 개의 등기가 존재한다. 그러한 상황에서 원고는 (마)부분의 토지는 원고들의 소유이므로 피고의 소유권보존등기를 말소해야 한다고 주장하였다. 그에 대하여 피고는, 자신의 명의로 등기를 한 후 10년 이상 소유의 의사로 점유함으로써 시효취득하였으므로, 그의 소유권보존등기는 실체관계에 부합하는 유효한 등기라고 주장하였다.

이에 대하여 본 판결은 두 가지 중요한 판단을 하였다.

첫째로, 동일 부동산에 관하여 등기명의인을 달리하여 중복된 소유권보존등기가 경료된 경우에는, 먼저 이루어진 소유권보존등기가 원인무효가 되지 않는 한, 뒤에 된 소유권보존등기는 실체권리관계에 부합되는지의 여부를 따질 필요도 없이 무효라고 하였다. 이는 본 판결에서도 인용하고 있는 기존의 판례를 따른 것이다(그에 관하여는 본 교재 물권 판례5 참조). 그러면서 본 판결은 A 명의의 이전등기의 기초가 된 보존등기가 무효라고 볼 증거가 없으므로 피고 명의의 보존등기는 무효라

고 한다.

둘째로, 등기부 취득시효를 규정한 제245조 제2항의 「등기」에 2중등기로서 무효인 제2등기가 포함되는지에 관하여도 판단하고 있다. 이것이 본 판결의 핵심이다. 본 판결 이전에 대법원판결은 그러한 등기는 제245조 제2항의 등기에 포함되지 않는다고 하기도 하고, 그 조항의 등기에 해당한다고도 하여 엇갈려 있었다. 그런데 본 판결이 후자를 폐기하고 전자로 통일하였다. 본 판결은 어느 부동산에 관하여 등기명의인을 달리하여 소유권보존등기가 2중으로 경료된 경우 먼저 이루어진 소유권보존등기가 원인무효가 아니어서 뒤에 된 소유권보존등기가 무효로 되는 때에는 뒤에 된 소유권보존등기나 이에 터잡은 소유권이전등기를 근거로 하여서는 등기부취득시효의 완성을 주장할 수 없다고 한다. 그 이유는 제245조 제2항의 등기는 부동산등기법 제15조가 규정한 1부동산 1용지주의에 위배되지 않은 등기를 말하기 때문이라고 한다.

2. 논평

생각건대 등기부 취득시효는 등기가 하나만 존재하는 경우를 전제로 한 것이다. 따라서 2중등기의 경우에는 달리 보아야 한다. 즉 2중등기의 경우에는 유효한 제1등기에 의한 소유자를 보호하기 위하여 제2등기에 의한 등기부 취득시효는 부정되어야 한다. 만약 제2등기에 의한 등기부 취득시효를 인정하고 제1등기에 기해서도 등기부 취득시효가 가능하다고 하면 이제는 등기에 관계없이 점유에 의하여 소유관계가 확정되는 혼란을 가져올 수 있다. 따라서 본 판결은 타당하다.

[주요 평석 문헌] 김병운, "중복등기의 후등기에 기한 등기부 취득시효의 성부," 대법원판례해설, 27호, 120면 이하; 김상용, "중복등기의 법적 처리 및 등기부 취득시효의 기초가 되는 등기의 인정범위," 민사판례연구, 20권, 62면 이하.

29. 물권적 청구권의 실현 불능과 손해배상

◈ 대판(전원) 2012. 5. 17. 2010다28604
[손해배상(기)](강의 B-226, 물권 [133])

[쟁점] 물권적 청구권의 이행불능으로 인한 전보배상청구권이 인정되는지 여부(소극)

[사실관계]

(1) 경기도 화성군 팔탄면 매곡리 산 (지번 생략) 임야 5,109㎡(이하 '이 사건 토지'라 함)에 관하여 1974. 6. 26. 접수 피고(대한민국) 명의로 소유권보존등기가 되었고, 이 사건 토지 중 각 2,554.5/5,109 지분에 관하여 1997. 12. 2.자 매매를 원인으로 하여 1998. 1. 22. 접수 소외 1, 2(이하 '소외 1 등'이라 함) 앞으로 각 소유권이전등기가 되었다.

(2) 원고가 피고를 상대로 위 소유권보존등기(이하 '이 사건 소유권보존등기'라 함)의, 소외 1 등을 상대로 위 소유권이전등기의 각 말소등기를 청구한 서울중앙지방법원 2008가합94375 소유권보존등기말소 등 사건에서 2009. 4. 2. 피고에 대하여는 '원고의 선대인 소외 3이 이 사건 토지를 사정받은 것으로 추정되고, 피고 명의의 이 사건 소유권보존등기는 원인무효이므로, 피고는 소외 3의 재산을 최종적으로 단독상속한 원고에게 그 말소등기절차를 이행할 의무가 있다'라는 이유로 원고 승소의, 소외 1 등에 대하여는 '이 사건 토지에 관한 소외 1 등 명의의 소유권이전등기가 경료된 날로부터 10년이 경과한 2008. 1. 22. 등기부취득시효가 완성되었으므로, 소외 1 등의 소유권이전등기는 실체관계에 부합하는 유효한 등기이다'라는 이유로 원고 패소의 판결이 선고되었다(이 사건 선행소송). 이 판결은 원고, 피고, 소외 1에 대하여는 2009. 4. 28. 확정되었고, 소외 2에 대하여는 2009. 4. 30. 확정되었다.

(3) 그러자 원고는 2009. 5. 7. 피고를 상대로, 피고가 위법한 방법으로 이 사건 소유권보존등기를 했고, 그 후 이 사건 토지를 소외 1, 2에게 매도하여 소외 1, 2가 이를 시효완성으로 취득함으로써 원고가 소유권을 상실하게 되었다고 주장하면서, 이 사건 토지의 소유권 상실로 인한 손해배상을 구하는 이 사건 소를 제기하였다.

[판결요지]

소유자가 자신의 소유권에 기하여 실체관계에 부합하지 아니하는 등기의 명의인을 상대로 그 등기말소나 진정명의회복 등을 청구하는 경우에, 그 권리는 물권적 청구권으로서의 방해배제청구권(민법 제214조)의 성질을 가진다. 그러므로 소유자가 그 후에 소유권을 상실함으로써 이제 등기말소 등을 청구할 수 없게 되었다면, 이를 위와 같은 청구권의 실현이 객관적으로 불능이 되었다고 파악하여 등기말소 등 의무자에 대하여 그 권리의 이행불능을 이유로 민법 제390조상의 손해배상청구권을 가진다고 말할 수 없다. 위 법규정에서 정하는 채무불이행을 이유로 하는 손해배상청구권은 계약 또는 법률에 기하여 이미 성립하여 있는 채권관계에서 본래의 채권이 동일성을 유지하면서 그 내용이 확장되거나 변경된 것으로서 발생한다. 그러나 위와 같은 등기말소청구권 등의 물권적 청구권은 그 권리자인 소유자가 소유권을 상실하면 이제 그 발생의 기반이 아예 없게 되어 더 이상 그 존재 자체가 인정되지 아니하는 것이다. 이러한 법리는 이 사건 선행소송에서 이 사건 소유권보존등기의 말소등기청구가 확정되었다고 하더라도 그 청구권의 법적 성질이 채권적 청구권으로 바뀌지 아니하므로 마찬가지이다 .

그렇게 보면, 비록 이 사건 선행소송에서 법원이 피고가 원고에 대하여 그 소유권보존등기를 말소할 의무를 부담한다고 판단하고 원고의 등기말소청구를 인용한 것이 변론주의 원칙에 비추어 부득이한 일이라고 하더라도, 원고가 이미 소외 1 등의 등기부 취득시효 완성으로 이 사건 토지에 관한 소유권을 상실한 사실에는 변함이 없으므로,

원고가 불법행위를 이유로 소유권 상실로 인한 손해배상을 청구할 수 있음은 별론으로 하고, 애초 피고의 등기말소의무의 이행불능으로 인한 채무불이행책임을 논할 여지는 없다고 할 것이다.

이와 달리 물권적 청구권인 말소등기청구권의 이행불능으로 인하여 전보배상청구권이 인정됨을 전제로 한 대법원 2008. 8. 21. 선고 2007다17161 판결, 대법원 2009. 6. 11. 선고 2008다53638 판결 등은 이 판결의 견해와 저촉되는 한도에서 변경하기로 한다.

(이 판결에는 3인의 대법관의 별개의견, 다수의견에 대한 보충의견이 있음.

별개의견의 결론: 청구권이 발생한 기초가 되는 권리가 채권인지 아니면 물권인지와 무관하게 이미 성립한 청구권에 대하여는 그 이행불능으로 인한 전보배상을 인정하는 것이 법리적으로 불가능하지 아니하며, 이를 허용할 것인지 여부는 법률 정책적인 결단이라 생각한다. 따라서 이미 대법원에서 이를 허용하여 채권에 못지않게 물권을 보호하는 견해를 취한 것은 구체적 타당성 면에서 옳고, 확정판결을 거쳐 기판력이 발생되어 있는 경우에는 더욱 그러하다고 보이며, 장기간 이와 같은 견해를 유지하여 온 판례들을 뒤집어 물권 내지는 물권자의 보호에서 후퇴하여야 할 이론적·실무적인 필요성을 느낄 수 없다.

그러므로 이미 이 사건 선행소송에서 본래적 급부의무인 이 사건 소유권보존등기 말소등기절차를 이행할 의무가 현존함이 확정되었으므로, 그 이행불능 또는 집행불능에 따른 전보배상책임을 인정하는 것이 가능하며, 이와 같은 취지로 판시한 원심판결 부분은 정당하고, 이를 파기사유로 삼을 수 없다)

[관련규정] 제214조, 제390조

[해설 및 논평]
1. 해설
본 판결의 주된 쟁점은 물권적 청구권의 실현이 불가능한 경우에 이행불능을 이유로 전보배상청구권을 행사할 수 있는지이다. 그런가 하면 거기서 더 나아가 선행소송에서 물권적 청구권에 따른 의무(말소등기의무)가 확정된 경우에도 그러한지가 문제되었다.

본 판결은 몇 개의 판결을 변경한다고 하나, 그 판결은 미공개였으므로, 본 판결이 위의 문제에 관하여 사실상 최초의 판결이다.

본 판결의 다수의견은 물권적 청구권은 물권이 소멸하면 그 기반을 상실하게 되어 더 이상 존속할 수 없으며, 따라서 이행불능을 이유로 한 손해배상청구권이 발생할 수 없다고 한다. 그리고 그러한 결과는 선행소송에서 물권적 청구권에 따른 의무(말소등기의무)가 확정된 경우에도 동일하다고 한다. 이러한 다수의견은 제390조 가운데 이행불능에 관한 부분을 물권적 청구권에 유추적용하지 않은 것이다.

그러면 물권적 청구권이 실현불가능하게 된 경우에 피해자는 어떻게 구제되는가? 그 경우에는 불법행위를 이유로 손해배상을 청구할 수 있다. 본 판결의 파기 환송 후에 원심법원은 불법행위로 인한 손해배상을 인정하였다.

2. 논평
일반적으로 문헌들은 물권적 청구권이 채권과 유사하므로 거기에는 채권에 관한 일반적 규정이 유추적용된다고 설명한다(물권 [16] 참조). 그런데 그 의미는 물권적 청구권의 「성질에 반하지 않는 한」 유추적용되는 것으로 이해해야 한다. 그리고 본 판결에서 문제되는 경우는 유추적용이 물권적 청구권의 성질에 반하는 경우이다. 따라서 본 판결의 결론은 타당하다.

[주요 평석 문헌] 정문경, "물권적 청구권의 이행불능으로 인한 전보배상청구권," 민사판례연구, 35권, 119면 이하; 조용현, "물권적 청구권의 이행불능으로 인한 전보배상," 민사재판의 제문제, 21권, 574면 이하.

30. 공유물의 법률관계

◆ 대판(전원) 2020. 5. 21, 2018다287522
 [부당이득금](강의 B-231 · 232, 물권 [136])

[쟁점] 공유물의 소수 지분권자가 다른 공유자와 협의 없이 공유물을 독점적으로 점유하는 다른 소수 지분권자를 상대로 인도를 청구할 수 있는지 여부(소극). 공유물의 소수 지분권자가 공유물을 독점적으로 점유하는 다른 소수 지분권자를 상대로 방해배제를 청구할 수 있는지 여부(적극)

[사실관계]

(1) A와 B는 파주시 (지역 생략) 전 7,732㎡(이 사건 토지) 중 각 1/2 지분을 공유하고 있던 중 각 사망하였고, 원고는 망 B의 상속인으로서 1992. 11. 28. 이 사건 토지 중 망 B의 지분 1/2에 관하여 1992. 6. 28.자 협의분할에 의한 상속을 원인으로 한 지분권이전등기를 경료하였다.

(2) 피고는 망 A의 장남으로서, 망 A가 1995년경 사망하면서 C · D · E · F · G 등과 함께 망 A를 공동상속하였다.

(3) 피고는 2011년경부터 현재까지 이 사건 토지 중 별지(생략) 감정도 'ㄱ' 부분 6,342㎡ 지상(이 사건 점유 부분)에 소나무를 식재하고 이를 점유하고 있다.

(4) 이러한 상태에서 원고는 피고를 상대로, 'ㄱ' 부분에 있는 소나무를 수거하고 그 부분을 인도하고, 그 부분에 대한 임료 상당액을 청구하는 소를 제기하였다. 이에 대하여 제1심법원은 본 판결 이전의 판례에 따라 원고의 청구를 인용하였다. 그러자 피고가 항소하였으나, 항소심법원은 항소를 기각하였다. 이에 피고가 상고하였다.

[판결요지]

나. 소수 지분권자가 공유물을 독점적으로 점유하는 다른 소수 지분권자를 상대로 공유물의 인도를 청구할 수 있는지 여부

공유물의 소수 지분권자인 피고가 다른 공유자와 협의하지 않고 공유물의 전부 또는 일부를 독점적으로 점유하는 경우 소수 지분권자인 원고가 피고를 상대로 공유물의 인도를 청구할 수는 없다고 보아야 한다. …

다. 소수 지분권자가 공유물을 독점적으로 점유하는 다른 소수 지분권자를 상대로 방해배제를 청구할 수 있는지 여부 …

일부 공유자가 공유물의 전부나 일부를 독점적으로 점유한다면 이는 다른 공유자의 지분권에 기초한 사용 · 수익권을 침해하는 것이다. 공유자는 자신의 지분권 행사를 방해하는 행위에 대해서 민법 제214조에 따른 방해배제청구권을 행사할 수 있고, 공유물에 대한 지분권은 공유자 개개인에게 귀속되는 것이므로 공유자 각자가 행사할 수 있다.

공유물에 대한 방해배제 청구의 구체적 모습으로, 공유 토지에 피고가 무단으로 건축 · 식재한 건물, 수목 등 지상물이 존재하는 경우 지상물은 그 존재 자체로 다른 공유자의 공유 토지에 대한 점유 · 사용을 방해하므로 원고는 지상물의 철거나 수거를 청구할 수 있다(이는 대체집행의 방법으로 집행된다). …

그 밖에도 원고는 공유물의 종류(토지, 건물, 동산 등), 용도, 상태(피고의 독점적 점유를 전 · 후로 한 공유물의 현황)나 당사자의 관계 등을 고려해서 원고의 공동 점유를 방해하거나 방해할 염려 있는 피고의 행위와 방해물을 구체적으로 특정하여 그 방해의 금지, 제거, 예방(작위 · 부작위의무의 이행)을 청구하는 형태로 청구취지를 구성할 수 있다. …

이와 같이 피고의 독점적 점유 상태를 제거하기 위해서 종래와 같이 피고로부터 공유물을 빼앗아 원고에게 인도하는 방법을 사용하지 않더라도, 공유지분권에 기한 방해배제 청구를 인정함으로써 원고는 피고의 위법한 독점적 점유와 방해 상태를 제거하고 공유물이 그 본래의 취지에 맞게 공유자 전원의 사용 · 수익에 제공되도록 하는 적법한 상태를 달성할 수 있다.

라. 판례 변경

이와 같이 공유물의 소수 지분권자가 다른 공유자와 협의 없이 공유물의 전부 또는 일부를 독점적으로 점유·사용하고 있는 경우 다른 소수 지분권자는 공유물의 보존행위로서 그 인도를 청구할 수는 없고, 다만 자신의 지분권에 기초하여 공유물에 대한 방해 상태를 제거하거나 공동 점유를 방해하는 행위의 금지 등을 청구할 수 있다고 보아야 한다.

이와 달리 공유물의 소수 지분권자가 다른 공유자와 협의 없이 공유물의 전부 또는 일부를 독점적으로 점유하고 있는 경우 다른 소수 지분권자가 공유물에 대한 보존행위로서 그 인도를 청구할 수 있다고 판단한 … 대법원 1994. 3. 22. 선고 93다9392, 93다9408 전원합의체 판결 … 등은 이 판결의 견해에 배치되는 범위에서 이를 변경하기로 한다.

마. 이 사건에 관한 판단 …

(2) 위와 같은 사실관계를 위에서 본 법리에 비추어 살펴보면, 원고는 이 사건 토지의 소수 지분권자로서, 그 토지 중 소나무 식재 부분을 독점적으로 점유하는 또 다른 소수 지분권자인 피고를 상대로 토지의 인도를 청구할 수 없다. 다만 원고는 지분권에 기초한 방해배제로서 공유 토지 위에 심어진 소나무 등 지상물의 수거를 청구할 수 있다. …

(이 판결에는 인도청구에 관한 대법관 5인의 반대의견, 방해배제청구에 관한 대법관 1인의 반대의견, 다수의견에 대한 각 대법관 2인 및 대법관 1인의 보충의견이 있음)

[관련규정] 제263조, 제264조, 제265조, 제213조, 제214조

[해설 및 논평]

1. 해설

(1) 본 판결 사안의 주요 쟁점은 공유 토지의 소수 지분권자(피고)가 다른 공유자와 협의 없이 공유 토지의 전부 또는 일부를 독점적으로 점유하는 경우에 다른 소수 지분권자(원고)가 공유물의 보존행위로서 방해배제와 인도를 청구할 수 있는

지 여부이다.

(2) 대법원은, 오래 전부터 여러 차례에 걸쳐, 공유자 1인이 공유물을 배타적으로 점유하여 사용하는 경우에는 다른 공유자가 보존행위로서 공유물의 인도를 청구할 수 있다고 판시해왔다. 그러다가 대판(전원) 1994. 3. 22, 93다9392·9408에서 그 판례를 유지할 것인가에 관하여 검토하게 되었다. 그 판결에서 대법원은 치열한 논의 끝에 7:6으로 과거의 판례를 유지하기로 결정하였다. 그런데 본 판결에서 그 문제에 대하여 다시 논의하여 8:5로 종래의 판례를 변경하였다.

(3) 본 판결은, 공유물의 소수 지분권자가 다른 공유자와 협의하지 않고 공유물의 전부 또는 일부를 독점적으로 점유하는 경우 소수 지분권자가 점유하는 공유자를 상대로 공유물의 인도를 청구할 수는 없다고 한다. 본 판결은 그 이유로, ① 원고가 피고에게 인도를 청구하는 행위는 제265조 단서에서 정한 보존행위라고 보기 어렵다는 점, ② 원고의 인도청구를 허용한다면, 피고가 적법하게 보유하는 '지분 비율에 따른 사용·수익권'까지 근거 없이 박탈하는 부당한 결과를 가져온다는 점, ③ 원고 역시 피고와 마찬가지로 소수 지분권자에 지나지 않으므로 자신만이 단독으로 공유물을 점유하도록 인도해 달라고 청구할 권원은 없다는 점, ④ 피고를 상대로 지분권에 기한 방해배제청구권을 행사함으로써 위와 같은 위법 상태를 충분히 시정할 수 있다는 점을 든다.

그리고 본 판결은, 일부 공유자가 공유물의 전부나 일부를 독점적으로 점유하는 경우에, 공유자는 자신의 지분권 행사를 방해하는 행위에 대해서 제214조에 따른 방해배제청구권을 행사할 수 있고, 공유물에 대한 지분권은 공유자 개개인에게 귀속되는 것이므로 공유자 각자가 행사할 수 있다고 한다.

2. 논평

본 판결은 종래의 사견(물권 [136])과 같은 것으로서 타당하다.

31. 분묘기지권의 취득시효

◆ 대판(전원) 2017. 1. 19. 2013다17292
　[분묘철거등](강의 B-260, 물권 [153])

[쟁점] 타인 소유의 토지에 분묘를 설치한 경우에 20년간 평온·공연하게 분묘의 기지를 점유하면 지상권과 유사한 관습상의 물권인 분묘기지권을 시효로 취득한다는 법적 규범이 2000. 1. 12. 법률 제6158호로 전부 개정된「장사 등에 관한 법률」의 시행일인 2001. 1. 13. 이전에 설치된 분묘에 관하여 현재까지 유지되고 있는지 여부(적극)

[사실관계]

(1) A종중은 1985. 6. 14. 원주시 소재 임야 14,257㎡(이하 '이 사건 토지'라 함)에 관하여 소유권보존등기를 마쳤다. 원고는 이 사건 토지가 자신의 소유라고 주장하면서 A종중을 상대로 소유권보존등기 말소의 소를 제기하여 '피고(A종중)는 원고에게 이 사건 토지에 관하여 진정명의 회복을 원인으로 한 소유권이전등기 절차를 이행하라'는 내용의 승소판결을 받았다. 그 후 A종중의 항소와 상고가 모두 기각되어, 원고는 2009. 10. 20. 이 사건 토지에 관하여 진정명의 회복을 원인으로 한 소유권이전등기를 마쳤다. 그 후 원고는 2011. 11. 2. 소외 1에게 이 사건 토지 중 14281분의 4284.3 지분에 관하여 2011. 9. 7. 매매를 원인으로 한 소유권일부 이전등기를 마쳐 주었다.

(2) 이 사건 토지에는 분묘 6기, 즉 (나)(1990. 설치. 피고 2의 모), (다)(1989. 설치), (라)(1987. 설치), (마)(20년 이상 점유하지 않음을 피고 1이 자인함. 피고 1의 부), (바)(1987. 설치), (사)(1733. 설치. A종중 시조)분묘가 설치되어 있다. 그리고 피고 1은 이 사건 종중의 종손으로서 (다)·(라)·(마)·(바)·(사)분묘와 그 분묘기지에 대하여, 피고 2는 (나)분묘와 그 분묘기지에 대하여 각 보존·관리 및 봉제사를 위하여 점유하고 있다.

(3) 이러한 상태에서 원고는 2011. 12. 27. 피고 1, 2를 상대로, 분묘 굴이(掘移), 비석 등 철거, 해당 토지부분의 인도를 구하는 소를 제기하였다. 이에 대해 제1심법원은, 분묘기지권을 취득하지 않은 (마)분묘에 대해서만(피고 1) 원고의 청구를 인용하고 나머지는 기각하였다. 그 후 원고가 항소·상고하였으나, 모두 기각되었다.

[판결요지]

(가) 대법원은 분묘기지권의 시효취득을 우리 사회에 오랜 기간 지속되어 온 관습법의 하나로 인정하여 … 왔다. … 관습법의 법적 규범으로서의 효력을 부정하기 위해서는 관습을 둘러싼 전체적인 법질서 체계와 함께 관습법의 효력을 인정한 대법원판례의 기초가 된 사회 구성원들의 인식·태도나 사회적·문화적 배경 등에 의미 있는 변화가 뚜렷하게 드러나야 하고, 그러한 사정이 명백하지 않다면 기존의 관습법에 대하여 법적 규범으로서의 효력을 유지할 수 없게 되었다고 단정하여서는 아니 된다.

(나) 우선 2001. 1. 13.부터 시행된 장사 등에 관한 법률(이하 개정 전후를 불문하고 '장사법'이라 한다)의 시행으로 분묘기지권 또는 그 시효취득에 관한 관습법이 소멸되었다거나 그 내용이 변경되었다는 주장은 받아들이기 어렵다. 2000. 1. 12. 법률 제6158호로 매장 및 묘지 등에 관한 법률을 전부 개정하여 2001. 1. 13.부터 시행된 장사법[이하 '장사법(법률 제6158호)'이라 한다] 부칙 제2조, 2007. 5. 25. 법률 제8489호로 전부 개정되고 2008. 5. 26.부터 시행된 장사법 부칙 제2조 제2항, 2015. 12. 29. 법률 제13660호로 개정되고 같은 날 시행된 장사법 부칙 제2조에 의하면, 분묘의 설치기간을 제한하고 토지 소유자의 승낙 없이 설치된 분묘에 대하여 토지 소유자가 이를 개장하는 경우에 분묘의 연고자는 토지 소유자에 대항할 수 없다는 내용의 규정들은 장사법(법률 제6158호) 시행 후 설치된 분묘에 관하여만 적용한다고 명시하고 있어서, 장사법(법률 제6158호)의 시행 전에 설치된

분묘에 대한 분묘기지권의 존립 근거가 위 법률의 시행으로 상실되었다고 볼 수 없다.

또한 분묘기지권을 둘러싼 전체적인 법질서 체계에 중대한 변화가 생겨 분묘기지권의 시효취득에 관한 종래의 관습법이 헌법을 최상위 규범으로 하는 전체 법질서에 부합하지 아니하거나 정당성과 합리성을 인정할 수 없게 되었다고 보기도 어렵다.

마지막으로 화장률 증가 등과 같이 전통적인 장사방법이나 장묘문화에 대한 사회 구성원들의 의식에 일부 변화가 생겼더라도 여전히 우리 사회에 분묘기지권의 기초가 된 매장문화가 자리 잡고 있고 사설묘지의 설치가 허용되고 있으며, 분묘기지권에 관한 관습에 대하여 사회 구성원들의 법적 구속력에 대한 확신이 소멸하였다거나 그러한 관행이 본질적으로 변경되었다고 인정할 수 없다.

(다) 그렇다면 타인 소유의 토지에 분묘를 설치한 경우에 20년간 평온, 공연하게 분묘의 기지를 점유하면 지상권과 유사한 관습상의 물권인 분묘기지권을 시효로 취득한다는 점은 오랜 세월 동안 지속되어 온 관습 또는 관행으로서 법적 규범으로 승인되어 왔고, 이러한 법적 규범이 장사법(법률 제6158호) 시행일인 2001. 1. 13. 이전에 설치된 분묘에 관하여 현재까지 유지되고 있다고 보아야 한다.

(이 판결에는 5인의 대법관의 반대의견이 있음.

반대의견의 요지: 2001. 1. 13. 당시 아직 20년의 시효기간이 경과하지 아니한 분묘의 경우에는 법적 규범의 효력을 상실한 분묘기지권의 시효취득에 관한 종전의 관습을 가지고 분묘기지권의 시효취득을 주장할 수 없다.)

[관련규정] (주요 규정) 제245조 제1항, 제248조, 구 장사 등에 관한 법률(2002. 1. 19.에 개정되기 전의 것) 제23조 제1항(현행 제27조 제1항 참조), 제3항(현행 제27조 제3항 참조), 부칙(2000. 1. 12.) 제2조 등.

[해설 및 논평]

1. 해설

우리 판례는 세 가지 경우에 분묘기지권이라는

관습법상의 물권을 인정하고 있다. 그 가운데 하나로, 타인 소유의 토지에 그 소유자의 승낙 없이 분묘를 설치한 후 20년간 평온·공연하게 분묘의 기지를 점유한 경우가 있다. 이 경우는 점유 취득시효에 의하여 분묘기지권을 취득하는 것을 인정하는 것이다. 본 판결은 이 경우의 분묘기지권이 오늘날에도 그대로 인정되는지에 대하여 판단하고 있다. 특히 2001. 1. 13.부터 시행된 장사 등에 관한 법률(장사법)이 위 유형의 분묘기지권을 금지하고 있고, 장묘문화에 대한 사회구성원의 의식도 변화되었기 때문이다.

그에 관하여 본 판결(다수의견)은, 무엇보다도 장사법의 부칙들이 분묘 연고자가 토지 소유자에 대항할 수 없다는 규정이 장사법 시행 후 설치된 분묘에 관하여만 적용한다고 명시하고 있다는 점을 이유로, 위의 관습(분묘기지권 인정)은 장사법(법률 제6158호) 시행일인 2001. 1. 13. 이전에 설치된 분묘에 관하여 현재까지 유지되고 있다고 한다.

그에 대하여 소수의견은, 분묘기지권의 시효취득을 인정하는 종전의 관습은 적어도 2001. 1. 13. 장사법이 시행될 무렵에는 법적 규범으로서 효력을 상실하였고, 따라서 2001. 1. 13. 당시 아직 20년의 시효기간이 경과하지 않은 분묘의 경우에는 분묘기지권의 시효취득에 관한 종전의 관습을 가지고 분묘기지권의 시효취득을 주장할 수 없다고 한다.

2. 논평

본 판결은 장사법 부칙에 충실하려는 태도이고, 다른 한편으로 사회의 혼란을 최소화하려는 고육책으로 이해된다.

[주요 평석 문헌] 권철, "분묘기지권의 시효취득에 관한 관습법 인정 여부," 성균관법학, 30권 3호, 341면 이하; 권태상, "분묘기지권에 관한 비판적 고찰," 법학논집(이화여대 법학연구소), 22권 3호, 253면 이하.

32. 분묘기지권을 시효로 취득한 경우의 지료지급의무 문제

◈ 대판(전원) 2021. 4. 29. 2017다228007
　[지료청구](강의 B-261, 물권 [154])

[쟁점] 분묘기지권을 시효로 취득한 경우 분묘기지권자가 토지소유자에게 지료를 지급할 의무가 있는지 여부(적극)

[사실관계]

(1) 이천시 소재 이 사건 임야 중 400㎡ 지상에는 1940. 7.경 사망한 피고의 조부와 1961. 4.경 사망한 피고의 부의 각 분묘(이하 '이 사건 분묘'라 함)가 설치되어 있고, 피고는 현재까지 이 사건 분묘를 수호·관리해 왔다.

(2) 원고들은 2014년경 이 사건 임야의 지분 일부를 경매로 취득한 다음, 피고를 상대로 이 사건 분묘의 기지 점유에 따른 원고들의 소유권 취득일 이후의 지료지급을 구하는 이 사건 소를 제기하였다.

(3) 이에 대해 제1심은 원고의 청구를 기각했으나, 제2심은 청구를 인용하였고, 그러자 피고가 상고하였는데, 대법원은 본 판결에서 피고의 상고를 기각하였다.

[판결요지]

나. 분묘기지권을 시효로 취득한 경우 지료를 지급하여야 하는지 여부

장사법 시행일(2001. 1. 13.임: 저자 주) 이전에 타인의 토지에 분묘를 설치한 다음 20년간 평온·공연하게 그 분묘의 기지를 점유함으로써 분묘기지권을 시효로 취득하였더라도, 분묘기지권자는 토지소유자가 분묘기지에 관한 지료를 청구하면 그 청구한 날부터의 지료를 지급할 의무가 있다고 보아야 한다. 그 상세한 이유는 다음과 같다.

1) 관습법으로 인정된 권리의 내용을 확정함에 있어서는 그 권리의 법적 성질과 인정 취지, 당사자 사이의 이익형량 및 전체 법질서와의 조화를 고려하여 합리적으로 판단하여야 한다. 취득시효형 분묘기지권은 당사자의 합의에 의하지 않고 성립하는 지상권 유사의 권리이고, 그로 인하여 토지 소유권이 사실상 영구적으로 제한될 수 있다. 따라서 시효로 분묘기지권을 취득한 사람은 일정한 범위에서 토지소유자에게 토지 사용의 대가를 지급할 의무를 부담한다고 보는 것이 형평에 부합한다. …

2) 취득시효형 분묘기지권이 관습법으로 인정되어 온 역사적·사회적 배경, 분묘를 둘러싸고 형성된 기존의 사실관계에 대한 당사자의 신뢰와 법적 안정성, 관습법상 권리로서의 분묘기지권의 특수성, 조리와 신의성실의 원칙 및 부동산의 계속적 용익관계에 관하여 이러한 가치를 구체화한 민법상 지료증감청구권 규정의 취지 등을 종합하여 볼 때, 시효로 분묘기지권을 취득한 사람은 토지소유자가 분묘기지에 관한 지료를 청구하면 그 청구한 날부터의 지료를 지급하여야 한다고 봄이 타당하다. …

다. 판례의 변경

이와 달리 분묘기지권을 시효로 취득하는 경우 분묘기지권자의 지료 지급의무가 분묘기지권이 성립됨과 동시에 발생한다는 취지의 대법원 1992. 6. 26. 선고 92다13936 판결 및 분묘기지권자가 지료를 지급할 필요가 없다는 취지로 판단한 대법원 1995. 2. 28. 선고 94다37912 판결 등은 이 판결의 견해에 배치되는 범위 내에서 이를 변경하기로 한다.

3. 이 사건에 대한 판단

원심은 위 1.가.항의 사실관계를 토대로, 피고가 분묘기지권을 시효취득하였더라도 적어도 토지소유자가 지료를 청구한 때부터는 분묘기지에 관한 지료를 지급할 의무가 있다는 전제하에, 피고는 원고들에게 이 사건 소장 부본 송달일 다음 날부터 원고들의 지분 비율에 해당하는 지료를 지급할 의무가 있다고 판단하였다.

이러한 원심의 판단은 앞서 본 법리에 따른 것으로 정당하고, 원심판단에 상고이유 주장과 같이

취득시효형 분묘기지권에 관한 법리를 오해하여 판결에 영향을 미친 잘못이 없다.

(이러한 다수의견에 대하여, 분묘기지권을 시효취득한 경우 분묘기지권자는 토지소유자에게 분묘를 설치하여 토지를 점유하는 기간 동안 지료를 지급할 의무가 있다는 대법관 3인의 별개의견, 특별한 사정이 없는 한 분묘기지권자는 토지소유자에게 지료를 지급할 의무가 없다는 대법관 2인의 반대의견, 대법관 4인의 보충의견이 있음)

[관련규정] 제1조, 제2조, 제245조 제1항, 제248조, 제279조, 제286조, 제287조, 제305조 제1항, 제366조, 가등기담보 등에 관한 법률 제10조, 구 장사 등에 관한 법률(2007. 5. 25. 개정되기 전의 것) 제23조 제3항(현행 제27조 제3항 참조), 부칙(2000. 1. 12.) 제2조(현행 삭제)

[해설 및 논평]

1. 해설

(1) 종래 우리 대법원은, 타인의 토지에 소유자의 승낙 없이 분묘를 설치한 경우에도 20년간 평온·공연하게 그 분묘의 기지를 점유하면 분묘기지권을 시효로 취득한다고 판시해왔다. 그런데 「매장 및 묘지 등에 관한 법률」을 전부 개정하여 시행된 「장사 등에 관한 법률」(장사법이라 함)은, 그 시행일인 2001. 1. 13. 후에 토지소유자의 승낙 없이 설치한 분묘에 대해서는 분묘기지권의 시효취득을 주장할 수 없게 규정하였다(동법 23조 3항, 부칙 2조). 그 후, 대법원은 장사법 시행일 이전에 설치한 분묘에 관하여는 분묘기지권의 시효취득이 오랜 기간 지속되어 온 관행 또는 관습으로서 여전히 법적 규범으로 유지되고 있다고 하였다(대판(전원) 2017. 1. 19, 2013다17292: 핵심판례 물권 30 참조).

(2) 문제는 이러한 취득시효로 분묘기지권을 취득한 경우에 분묘기지권자가 지료를 지급해야 하는지이다. 그에 관하여 과거의 판례는 지료를 지급할 의무가 없다고 하였다(대판 1995. 2. 28, 94다37912. 그와 달리 공간되지 않은 대판 1992. 6. 26, 92다

13936은 분묘기지권이 성립됨과 동시에 지료지급의무가 발생한다고 판시했다고 함). 그런데 본 판결은, 분묘기지권을 시효로 취득하였더라도, 분묘기지권자는 토지소유자가 분묘기지에 관한 지료를 청구하면 그 청구한 날부터의 지료를 지급할 의무가 있다고 하였다. 그러면서 과거의 판례를 변경하였다.

(3) 본 판결이 들고 있는 이유는 다음과 같다. 먼저, 취득시효형 분묘기지권은 당사자의 합의에 의하지 않고 성립하는 지상권 유사의 물권이고, 그로 인하여 토지 소유권을 사실상 영구적으로 제한할 수 있으므로, 분묘기지권자가 일정한 범위에서 지료지급의무를 부담하는 것이 형평에 부합한다고 한다. 그리고 지료지급의무의 범위에 관하여, 법적 안정성을 유지하고, 또한 지료증감을 청구하면 장래에 향하여 증감이 발생하는 지료증감청구권 등의 규정(286조·312조의 2·628조)의 근본취지를 고려할 때 지료를 청구할 때부터 지료지급의무가 발생한다고 봄이 타당하다고 한다.

2. 논평

본 판결이 취득시효형 분묘기지권의 경우에 지료지급의무를 인정한 것은 옳다. 그러나 그 의무가 지료지급을 청구할 때부터 발생한다고 한 점은 적절하지 않다. 그 경우에는 다른 사정이 없는 한 분묘를 설치한 때부터 지료지급의무가 발생하고, 그 점은 분묘기지권이 성립하여도 마찬가지라고 하여야 한다. 그렇게 해석하는 것이 제366조의 취지에도 부합한다. 분묘기지권, 특히 취득시효형 분묘기지권에 관한 관습법이 존재하는지조차 의심스럽기 때문에도 그렇다.

[주요 평석 문헌] 김상헌, "취득시효형 분묘기지권의 지료 지급 여부에 관한 고찰 ―대법원 2021. 4. 29. 선고 2017다228007 전원합의체판결―." 외법논집(한국외대 법학연구소), 45권 3호, 321면 이하; 장병주, "분묘기지권자의 지료지급의무와 그 지급시기 ―대법원 2021. 4. 29. 선고 2017다228007 전원합의체판결을 중심으로―." 민사법이론과 실무, 24권 3호, 219면 이하.

33. 관습법상 법정지상권의 성립요건

◈ 대판 2013. 4. 11. 2009다62059
[건물명도등](강의 B-263, 물권 [155])

[쟁점] 강제경매의 목적이 된 토지 또는 그 지상 건물에 관하여 강제경매를 위한 압류나 그 압류에 선행한 가압류가 있기 이전에 저당권이 설정되어 있다가 강제경매로 저당권이 소멸한 경우에 관습법상 법정지상권의 성립요건인 '토지와 그 지상 건물이 동일인 소유에 속하였는지'를 판단하는 기준 시기(=저당권 설정 당시)

[사실관계]

(1) 소외 2는 2003. 6.경 소외 1에게 자신의 소유인 이 사건 토지상에 다세대주택 4세대를 신축하는 공사를 도급주고 건축허가를 받았으며, 소외 1은 그 무렵부터 위 다세대주택 신축공사를 시작하였다. 그 후 소외 2는 이 사건 토지를 소외 1에게 양도하여 2003. 9. 8. 소외 1 앞으로 등기를 이전하였다. 이에 소외 1은 2003. 9. 8. 자신의 소유로 된 이 사건 토지 등을 공동담보로 하여 조흥은행으로부터 대출을 받으면서 이 사건 토지에 관하여 1번 근저당권을 설정하여 주었는데, 당시 이 사건 토지상에는 이미 지하1층 지상4층 건물 중 3층 골조공사까지 건축이 진행되어 있었다. 그 후 이 사건 토지상에는 이 사건 10 내지 13 건물 및 이 사건 14 건물 부분으로 구분된 다세대주택 1동이 건축되었는데, 일부 사람들이 전입신고를 마치고 그곳에 거주하기 시작한 2004. 10. 내지 12.경에는 건물의 형태가 거의 완성되었다.

(2) 이 사건 토지 등에 관하여 부동산강제경매(가압류 후 강제경매 신청, 근저당권 실행경매 신청, 강제경매 신청 등 경합)가 진행되었고, 원고는 2007. 4. 25. 이 사건 토지 등을 위 경매절차에서 매수하여 매각대금을 완납하고 소유권이전등기를 마쳤다.

(3) 이 사건 토지상에 건축된 다세대주택 중 이 사건 10 내지 13 건물에 관하여 2005. 5. 11. 채권자들의 가압류 등 신청에 의한 법원의 촉탁으로 건축허가 명의자인 소외 2 앞으로 각 소유권보존등기가 되었는데, 그 후 피고 1, 2, 6, 5, 7, 소외 3 및 소외 4가 제기한 소송사건에서 2006. 4. 11. 소외 2로 하여금 소외 1에게 위 각 건물에 관하여 진정명의 회복을 원인으로 한 소유권이전등기 절차를 이행하라는 조정에 갈음하는 결정이 이루어졌다. 그리고 위 결정내용에 따라 이 사건 10, 12, 13 건물에 관하여는 2007. 8. 6. 소외 1 앞으로 소유권이전등기가 되었다가, 같은 날 위 각 건물 중 각 1/7지분씩에 관하여 피고 1 등 7인의 명의로 등기가 이전되었고, 그 중 소외 4의 지분에 관하여는 2007. 8. 14. 피고 4의 아버지인 소외 5에게 등기가 다시 이전되었으며, 이 사건 11 건물에 관하여는 소외 1로부터 이를 대물변제받기로 한 피고 3이 소외 1을 대위하여 소외 2를 상대로 제기한 소송사건에서의 조정에 갈음하는 결정에 따라 2006. 12. 28. 피고 3 앞으로 소유권이전등기가 되었다. 한편 이 사건 14 건물 부분은 이 사건 토지상 다세대주택의 공용부분으로 전유부분의 소유자들이 이를 공유하고 있고, 피고 4와 소외 5는 이 사건 10 건물을, 피고 3은 이 사건 11 건물을 각 점유하고 있다.

(4) 이러한 상태에서 원고는 이 사건 토지와 건물이 원고 소유임을 이유로 피고들에게 건물(또는 그 지분)철거, 토지인도, 건물에서의 퇴거를 구하는 소를 제기하였다.

[판결요지]

토지 또는 그 지상건물의 소유권이 강제경매로 인하여 그 절차상의 매수인에게 이전되는 경우에는 그 매수인이 소유권을 취득하는 매각대금의 완납 시가 아니라 강제경매 개시결정으로 압류의 효력이 발생하는 때를 기준으로 토지와 지상건물이 동일인에게 속하였는지 여부에 따라 관습상 법정지상권의 성립 여부를 가려야 하고, 강제경매의 목적이 된 토지 또는 그 지상건물에 대하여 강제경매 개시결정 이전에 가압류가 되어 있다가 그 가압류가 강제경매 개시결정으로 인하여 본압류로 이행되어 경매절차가 진행된 경우에는 애초 가압류의 효력이 발생한 때를 기준으로 토지와 그 지상건물이 동일인에 속하였는지 여부에 따라 관습상 법정지상권의 성립 여부를 판단하여야 한다.

나아가 강제경매의 목적이 된 토지 또는 그 지상건물에 관하여 강제경매를 위한 압류나 그 압류에 선행한 가압류가 있기 이전에 저당권이 설정되어 있다가 그 후 강제경매로 인해 그 저당권이 소멸하는 경우에는, 그 저당권 설정 이후의 특정 시점을 기준으로 토지와 그 지상 건물이 동일인의 소유에 속하였는지 여부에 따라 관습상 법정지상권의 성립 여부를 판단하게 되면, 저당권자로서는 저당권 설정 당시를 기준으로 그 토지나 지상 건물의 담보가치를 평가하였음에도 저당권 설정 이후에 토지나 그 지상 건물의 소유자가 변경되었다는 외부의 우연한 사정으로 인하여 자신이 당초에 파악하고 있던 것보다 부당하게 높아지거나 떨어진 가치를 가진 담보를 취득하게 되는 예상하지 못한 이익을 얻거나 손해를 입게 되므로, 그 저당권 설정 당시를 기준으로 토지와 그 지상 건물이 동일인에게 속하였는지 여부에 따라 관습상 법정지상권의 성립 여부를 판단하여야 할 것이다.

(사안의 경우 저당권설정 당시 건물을 예상할 수 있었다는 등의 이유로 관습법상의 법정지상권이 성립할 수 있다고 함)

[관련규정] 제279조, 제366조

[해설 및 논평]

1. 해설

관습법상의 법정지상권이 성립하려면 토지와 그 지상건물이 동일인의 소유에 속하고 있었어야 한다. 그런데 토지와 건물이 처음부터 동일인의 소유에 속했을 필요는 없고, 소유권이 유효하게 변동될 당시에 동일인이 토지와 그 지상건물을 소유하고 있었으면 족하다. 그러면 토지 또는 그 지상건물의 소유권이 강제경매로 인하여 그 절차상의 매수인에게 이전된 경우에는 어느 시기가 기준이 되는가? 여기에 관하여 과거의 판례는 매각 당시를 기준으로 한 것(대판 1970. 9. 29, 70다1454 등)과 가압류시를 기준으로 한 것(대판 1990. 6. 26, 89다카24094)으로 나뉘어 있었다. 그러던 것을 대판(전원) 2012. 10. 18, 2010다52140이 그 기준시기를 압류 또는 가압류의 효력 발생시라고 하면서 전자를 변경하였다. 그리고 본 판결은 이 새 판례를 따르고 있다.

다음에 본 판결은, 강제경매의 목적이 된 토지 또는 그 지상건물에 관하여 강제경매를 위한 압류나 그 압류에 선행한 가압류가 있기 이전에 저당권이 설정되어 있다가 강제경매로 저당권이 소멸한 경우에 「토지와 그 지상 건물이 동일인 소유에 속하였는지」를 판단하는 기준시기에 관하여 – 위의 전원합의체 판결의 기초 위에서 – 처음으로 판단을 하였다. 그 경우에는 그 저당권 설정 당시를 기준으로 토지와 그 지상 건물이 동일인에게 속하였는지 여부에 따라 관습상 법정지상권의 성립 여부를 판단할 것이라고 한다. 본 판결이 그렇게 판단한 이유는, 만약 가령 압류시 등을 기준으로 하면 – 저당권 설정 당시를 기준으로 그 토지나 지상건물의 담보가치를 평가한 – 저당권자로서는 우연한 사정에 의하여 예상하지 않은 이익이나 불이익을 보게 된다는 점에 있다.

한편 본 판결은 근저당권이 설정되어 있는 부동산이 강제경매된 경우에 제366조의 법정지상권과 관습법상의 법정지상권 중 후자의 성립을 인정하였다.

2. 논평

본 판결은 적절하다.

[주요 평석 문헌] 신용호, "강제경매의 목적이 된 …," 대법원판례해설, 95호, 40면 이하.

34. 전세금반환채권의 분리양도

◈ 대판 2002. 8. 23. 2001다69122
[전부금](강의 B-285, 물권 [168])

[쟁점] 전세권이 존속하는 동안에 전세권을 존속시키기로 하면서 전세금반환채권만을 전세권과 분리하여 확정적으로 양도할 수 있는지 여부(소극)

[사실관계]

(1) 소외 회사는 1995. 1 .1.에 피고들과 사이에 피고들 소유의 건물 중 6층 중 일부 및 7층 전부(아래에서는 '이 사건 건물'이라고 함)에 관하여 임대차계약을 체결하였다.

(2) 그 후 소외 회사가 1996. 3. 무렵 피고들에게 임차보증금채권을 담보하기 위하여 이 사건 건물에 관하여 전세권을 설정하여 줄 것을 요구하자 피고들은 소외 회사와 사이에 위의 건물의 6층 중 일부와 7층 전부에 관하여 전세금을 위 임대차의 임차보증금과 같은 금액으로 하고, 존속기간을 1997. 3. 1.까지로 정하여 전세권설정계약을 체결하고 소외 회사를 전세권자로 한 전세권설정등기를 마쳐 주었다.

(3) 피고들은 전세권의 존속기간 만료 전 6월부터 1월까지 사이에 소외 회사에 대하여 전세권의 갱신거절의 통지나 조건을 변경하지 아니하면 갱신하지 아니한다는 뜻의 통지를 하지 않았고, 한편 소외 회사도 전세권의 존속기간이 만료된 이후에도 계속하여 이 사건 건물을 점유·사용하여 왔다.

(4) 소외 회사는 1998. 3. 30. 당좌거래정지처분을 받게 되자 그 날 근로자들의 대표인 소외 A에게 이 사건 건물에 대한 임차보증금반환채권을 양도하고, 1998. 3. 31.자의 확정일자부 우편으로 그 채권양도사실을 피고들에게 통지하여 1998. 4. 1. 그 통지가 피고들에게 도달하였다. 그런데 그 후 소외 회사의 채권자인 원고가 A를 상대로 사해행위 취소의 소를 제기하여 위의 채권양도가 통정한 허위표시라는 취지로 주장하자 A는 1999. 3. 31.

위의 임차보증금반환채권을 소외 회사에게 다시 양도하고 그 양도통지를 하여 1999. 4. 6. 그 통지가 피고들에게 도달하였다.

(5) 원고는 1998. 5. 7. 이 사건 건물에 대한 소외 회사의 전세권을 가압류한 후 소외 회사를 상대로 어음금 등의 청구소송을 제기하여 승소하게 되자 그 판결에 기하여 1999. 8. 11. 소외 회사의 피고들에 대한 전세금반환채권에 대하여 채권압류 및 전부명령을 받았으며, 그 명령은 그 무렵 피고들에게 송달되어 그대로 확정되었는데 그 채권압류 및 전부명령에는 압류 및 전부명령의 대상인 전세금반환채권이 채무자인 소외 회사가 A에게 양도하였다가 다시 양도받은 채권으로 되어 있었다. 한편 소외 회사의 채권자들이 1998. 4. 3.부터 1998. 11. 30.까지 사이에 소외 회사의 피고들에 대한 전세금반환채권에 대하여 16건의 전세권부 채권가압류 결정을 받았다.

(6) 그 후 원고는 소외 회사의 임차보증금채권 또는 전세금반환채권을 적법하게 전부받았음을 이유로 피고들에게 그 지급을 구하였다. 그에 대하여 피고들은, 소외 회사가 1998. 3. 30. A에게 양도한 것은 이 사건 건물에 대한 전세금반환채권이라 할 것인데, 전세금반환채권은 그 전세권과 분리하여 양도할 수 없으므로 위 채권양도는 무효이고, 따라서 소외 회사의 채권자들이 가압류한 상태에서 원고가 위 전세금반환채권을 전부받은 것은 무효이므로, 원고의 위 청구에 응할 수 없다고 다투었다.

[판결요지]

전세권은 전세금을 지급하고 타인의 부동산을 그 용도에 따라 사용·수익하는 권리로서 전세금의 지급이 없으면 전세권은 성립하지 아니하는 등으로 전세금은 전세권과 분리될 수 없는 요소일 뿐 아니라, 전세권에 있어서는 그 설정행위에서 금지하지 아니하는 한 전세권자는 전세권 자체를 처분하여 전세금으로 지출한 자본을 회수할 수 있도록 되어 있으므로 전세권이 존속하는 동안은 전세권을 존속시키기로 하면서 전세금반환채권만을 전세권과 분리하여 확정적으로 양도하는 것은 허용되지 않는 것이며(대법원 1966. 6. 28. 선고 66다771 판결, 1966. 7. 5. 선고 66다850 판결 등 참조), 다만 전세권 존속 중에는 장래에 그 전세권이 소멸하는 경우에 전세금 반환채권이 발생하는 것을 조건으로 그 장래의 조건부 채권을 양도할 수 있을 뿐이라 할 것이다.

원심이 이 사건 건물에 대한 전세권의 존속기간은 1997. 3. 1.이나 피고들이 전세권의 존속기간 만료 전 6월부터 1월까지 사이에 소외 회사에 대하여 전세권의 갱신거절의 통지나 조건을 변경하지 아니하면 갱신하지 아니한다는 뜻의 통지를 하지 아니하였고, 한편 소외 회사도 전세권의 존속기간이 만료된 이후에도 계속하여 이 사건 건물을 점유·사용하여 옴에 따라 이 사건 건물에 관한 전세권은 원래의 존속기간이 만료된 이후에도 묵시적으로 갱신되어 소외 회사가 피고들에게 이 사건 건물 중 일부를 명도한 1998. 6. 27.까지는 존속하고 있었다고 본 후 소외 회사가 1998. 3. 30. A에게 전세금반환채권을 양도할 당시 피고들과 사이에 위의 전세권설정계약을 합의해지하였다거나 전세권을 소멸시키기로 합의하였다고 볼 아무런 증거가 없으므로 소외 회사가 전세권이 존속하는 동안에 전세권을 존속시키기로 하면서 전세금반환채권만을 전세권과 분리하여 양도한 것은 무효라고 판단한 것은 위의 법리에 따른 것으로서 정당하고, 거기에 전세금반환채권의 분리양도에 관한 법리를 오해한 위법이 없다.

[관련규정] 제303조 제1항, 제449조

[해설 및 논평]
1. 해설
우리 대법원은 초기에 전세금반환채권을 전세권과 분리하여 양도할 수 없다고 하였다(대판 1966.

6. 28, 66다771 등). 그 뒤 하나의 판결에서 분리양도를 할 수 있다고 하였다(대판 1969. 12. 23, 69다1745). 그러나 이 판결은 전세권등기가 없는 미등기의 전세에 관한 것이었다.

그 후 대법원은 「전세권이 담보물권적 성격도 가지는 이상 부종성과 수반성이 있는 것이므로 전세권을 그 담보하는 전세금반환채권과 분리하여 양도하는 것은 허용되지 않는다고 할 것이나, … 전세권이 존속기간의 만료로 소멸한 경우이거나 전세계약의 합의해지 또는 당사자 간의 특약에 의하여 전세권반환채권의 처분에도 불구하고, 전세권의 처분이 따르지 않는 경우 등의 특별한 사정이 있는 때에는 채권양수인은 담보물권이 없는 무담보의 채권을 양수한 것이 된다」고 하였다(대판 1997. 11. 25, 97다29790). 이 판결은 1984년 민법 개정으로 전세권에 우선변제권이 명문으로 규정된 뒤 처음 판시된 것이다.

이들 판결에 따르면, 전세금반환채권은 전세권이 존속하고 있는 동안(그리고 특별한 사정이 없는 경우)에는 전세권과 분리되어 그것만이 양도될 수 없다. 그런데 장래 그 전세권이 소멸하는 경우에 전세금 반환채권이 발생하는 것을 조건으로 그 장래의 조건부 채권을 양도할 수도 없는지에 대하여는 확실한 입장을 밝히지 않고 있었다. 그러던 것을 본 판결이 그와 같은 장래의 조건부 채권을 양도하는 것이 허용됨을 분명히 하였다.

2. 논평
본 판결은 타당하다. 그런데 대판 1997. 11. 25, 97다29790이 전세계약의 합의해지 또는 당사자 간의 특약에 의하여 전세권반환채권의 처분에도 불구하고 전세권의 처분이 따르지 않는 경우 등의 특별한 사정이 있는 때에도 전세금반환채권의 분리양도를 허용한 것은 옳지 않다.

[주요 평석 문헌] 남효순, "용익기간 중의 전세금반환채권의 분리양도," 민사법학, 43-1호, 45면 이하.

35. 유치권의 피담보채권의 범위

◈ 대판 2007. 9. 7. 2005다16942
[건물명도](강의 B-302·298, 물권 [180]·[177])

[쟁점] 제320조 제1항에서 정한 유치권의 피담보채권인「그 물건에 관하여 생긴 채권」의 범위. 제321조에서 정한 유치권의 불가분성이 그 목적물이 분할 가능하거나 수개의 물건인 경우에도 적용되는지 여부(적극)

[사실관계]

(1) 서울 은평구 갈현1동 (각 지번 생략) 지상의 토지 소유자를 대표하는 소외 1은 2002. 2. 1. 소외 2에게 위 각 대지상에 7동의 다세대주택(총 56세대)을 재건축하는 공사(이하 '재건축공사'라고 함)를 도급주었다.

(2) 피고는 2002. 7.경 소외 2로부터 재건축공사 중 창호와 기타 잡철부분공사(이하 '이 사건 공사'라고 함)를 하도급받았는데, 그 공사대금의 지급에 관하여는 현금으로 50%를, 완공된 주택으로 50%를 지급받기로 약정하였다.

(3) 피고는 2003. 5.경 소외 2로부터 하도급받은 이 사건 공사를 완료하였는데, 당시까지 소외 2로부터 지급받은 공사대금은 1억 1천만 원이었고, 피고와 소외 2는 나머지 공사대금에 관하여 2003. 6. 19. 서울 은평구 갈현1동 (지번 생략) 지상에 신축된 빌라(제4동) 301호와 302호를 피고에게 대물변제하기로 약정하였으나, 소외 2는 위 대물변제약정을 이행하지 않았다.

(4) 피고는 소외 2로부터 총 공사대금 267,387,000원 중 157,387,000원을 지급받지 못하게 되자 2003. 5.경부터 이 사건 주택을 점유하기 시작하였고, 2003. 5. 13. 재건축조합장인 소외 1에게 공사대금채권에 기하여 이 사건 주택을 포함한 7세대의 주택에 대하여 유치권을 행사한다는 통지를 하였으며, 피고는 원심 변론 종결일(2005. 1. 20) 현재 나머지 주택에 대한 점유는 상실하고, 이 사건 주택만을 점유하

고 있는데, 이 사건 주택에 대한 공사대금은 합계 3,542,263원이다.

(5) 한편 원고는 2003. 4. 25. 위 재건축공사가 이루어진 부지상에 신축된 주택 중의 하나인 이 사건 주택에 관하여 소외 3 등과 공유로 소유권보존등기를 마쳤다가, 2003. 12. 3. 다른 공유자들의 지분을 모두 이전받아 이를 단독소유하게 되었다.

(6) 이러한 상태에서 원고는 피고를 상대로 이 사건 주택의 인도를 구하는 소를 제기하였다.

[판결요지]

민법 제320조 제1항은 "타인의 물건 또는 유가증권을 점유한 자는 그 물건이나 유가증권에 관하여 생긴 채권이 변제기에 있는 경우에는 변제를 받을 때까지 그 물건 또는 유가증권을 유치할 권리가 있다"라고 규정하고 있는바, 여기서 '그 물건에 관하여 생긴 채권'이라 함은, 위 유치권 제도 본래의 취지인 공평의 원칙에 특별히 반하지 않는 한, 채권이 목적물 자체로부터 발생한 경우는 물론이고 채권이 목적물의 반환청구권과 동일한 법률관계나 사실관계로부터 발생한 경우도 포함한다고 할 것이고, 한편 민법 제321조는 "유치권자는 채권 전부의 변제를 받을 때까지 유치물 전부에 대하여 그 권리를 행사할 수 있다"고 규정하고 있으므로, 유치물은 그 각 부분으로써 피담보채권의 전부를 담보한다고 할 것이며, 이와 같은 유치권의 불가분성은 그 목적물이 분할 가능하거나 수개의 물건인 경우에도 적용된다고 할 것이다.

[관련규정] 제320조 제1항, 제321조

[해설 및 논평]

1. 해설

본 판결은 유치권에 관하여 중요한 두 가지 사항에 대하여 판단하고 있다. 하나는 유치권의 성립요건의 하나인「채권과 목적물 사이의 견련관계」에 대한 것이고, 다른 하나는 유치권의 불가분

성에 대한 것이다.

(1) 채권과 목적물 사이의 견련관계

유치권이 성립하기 위해서는 채권이 유치권의 목적물에 관하여 생긴 것이어야 한다(320조 1항). 즉 채권과 목적물 사이에 견련관계가 있어야 한다. 그런데 구체적으로 어떤 경우에 견련관계가 인정되는지에 관하여 본 판결 이전의 판례는 태도를 분명히 밝히지 않고 있었다. 그리하여 통설이 취하고 있는 이른바 이원설을 취하고 있는지에 관하여 논란이 있었다.

그러던 것을 본 판결이 「채권이 목적물 자체로부터 발생한 경우는 물론이고 채권이 목적물의 반환청구권과 동일한 법률관계나 사실관계로부터 발생한 경우도 포함한다」고 하여 이원설의 입장을 분명히 하였다. 그런데 본 판결은 「유치권 제도 본래의 취지인 공평의 원칙에 특별히 반하지 않는 한」 그렇다고 하여 이익형량의 측면도 고려하고 있다. 그 결과, 본 판결에 따르면, 이원설의 요건을 갖춘 경우에도 공평의 원칙에 특별히 반하는 경우에는 견련관계가 인정되지 않게 된다. 그런데 구체적으로 어떤 경우가 그러한지는 본 판결이 아무런 시사점도 주지 않고 있다.

견련관계에 관한 본 판결의 태도는 기존의 통설인 이원설과 같은 것이다. 다만, 통설은 공평의 원칙에 반하는지에 대하여 언급하지는 않고 있어서 그 점에서는 차이를 보인다. 한편 이원설에 대하여는 비판도 많이 제기된다. 그리고 그와 다른 소수설도 주장되고 있다. 소수설로는 i) 통설의 표준에 소극적이지만 일정한 의의를 인정하면서 유형적 고찰을 추진해야 한다는 견해(고상룡), ii) 채권의 목적물 자체로부터 발생한 경우에 한하여 견련성을 인정하고 공평의 원칙상 이에 준할 수 있는 경우를 포함시켜야 한다는 견해(이영준, 이은영)도 있다.

(2) 유치권의 불가분성

민법은 제321조에서 유치권의 불가분성을 규정하고 그 규정을 다른 담보물권에도 준용하고 있다(질권에 관하여 343조·355조, 저당권에 관하여 370조). 그 결과 유치권자는 피담보채권의 전부를 변제받을 때까지 목적물의 전부에 대하여 유치권을 행사할 수 있다.

이 불가분성은 목적물이 하나인 경우뿐만 아니라 하나이지만 분할이 가능하거나 수개의 물건인 경우에도 인정된다. 그런데 본 판결 이전의 판결 가운데 불가분성을 완화하는 것이 있었다(대판 1968. 3. 5, 67다2786이 그렇다). 그런데 본 판결은 유치권의 불가분성이 목적물이 분할 가능하거나 수개의 물건인 경우에도 적용된다고 하여 불가분성에 관한 입장을 분명히 하였다. 그러면서 본 판결 사안의 경우에 피고의 유치권이 한 세대에 대하여 시행한 공사대금만이 아니라 다세대주택 전체에 대하여 시행한 공사대금채권의 잔액 전부를 피담보채권으로 하여 성립한다고 하였다.

2. 논평

견련관계에 관하여는 본 판결에 반대한다. 사견은, 유치권의 취지와 효력을 고려하여 볼 때 유치권이 인정되어야 할 정도로 채권과 목적물 사이에 밀접성이 있을 경우에 견련관계가 있다고 해야 한다는 입장이다(강의, B-436, 물권 [180] 참조). 그에 비하여 유치권의 불가분성에 관한 부분은 타당하다.

[주요 평석 문헌] 문광섭, "유치권의 피담보채권의 범위: 채권과 물건 간의 견련관계 및 유치권의 불가분성과 관련하여," 대법원판례해설, 71호, 120면 이하; 배용준, "유치권의 성립요건으로서의 견련관계 및 유치권의 불가분," 민사판례연구, 31권, 157면 이하; 황태효, "유치권에 있어서의 채권과 목적물 사이의 견련관계 및 유치권의 불가분성," 판례연구(부산판례연구회), 20집, 385면 이하.

36. 유치권의 소멸청구

◆ 대판 2022. 6. 16, 2018다301350
[토지인도](강의 B-307, 물권 [177]·[181])

[쟁점] 민법 제321조에서 정한 유치권의 불가분성은 목적물이 분할 가능하거나 수개의 물건인 경우에도 적용되는지 여부(적극) 및 이는 상법 제58조의 상사유치권에도 적용되는지 여부(적극). 하나의 채권을 피담보채권으로 하여 여러 필지의 토지에 대하여 유치권을 취득한 유치권자가 그중 일부 필지의 토지에 대하여 선량한 관리자의 주의의무를 위반한 경우, 위반행위가 있었던 필지의 토지에 대하여만 유치권 소멸청구가 가능한지 여부(원칙적 적극)

[사실관계]

(1) 피고(주식회사)는 2005. 6.경 M주식회사와 55필의 특정 토지(이 사건 토지)에서 숙박시설 등을 신축하는 관광지 조성사업(이 사건 사업)의 부지조성을 위한 토목공사를 진행하기로 약정하고, 그 무렵 이 사건 토지에서 토목공사를 시작하였으나, M회사로부터 기성공사대금을 지급받지 못하여 2008. 10.경 공사를 중단하였다.

(2) 피고는 이 사건 토지를 점유한 이후 그중 일부 필지에 대하여 A 및 B로 하여금 각각 주차장 및 차고지로 사용하게 하고, A와 일부 토지 지상의 현장사무실 및 화장실을 함께 사용하며 창고를 설치·사용할 수 있도록 허락 또는 묵인해 주었다.

(3) M회사는 이 사건 사업을 추진하면서 이 사건 토지를 원고에게 신탁하여 원고에게 2008. 6. 27. 신탁을 원인으로 한 소유권이전등기를 마쳤다. 이후 원고 승계참가인이 원고로부터 이 사건 토지를 매수하여 2016. 8. 9. 소유권이전등기를 마쳤다가, 원고 승계참가인의 승계참가인(재승계참가인)과 이 사건 토지에 관하여 신탁계약을 체결하고 2016. 10. 28. 재승계참가인에게 신탁을 원인으로 한 소유권이전등기를 마쳐주었다(원고 승계참가인과 재승계참가인을 '원고측'이라 함).

(4) 원고측은 피고를 상대로 이 사건 토지 위의 지상물 철거와 이 사건 토지의 인도를 구하는 소를 제기하였다. 이에 대하여 제1심법원은 민사유치권의 성립을 인정하여 원고의 청구를 기각하였다. 그러자 원고측이 항소하였고, 항소심법원은 피고의 상사유치권의 성립을 인정한 뒤, 원고의 유치권 소멸청구에 따라 일부 토지들(7필지) 위의 유치권은 소멸했다고 하였다(지상물 철거 청구도 인용함). 이에 피고가 상고하였는데, 대법원은 본 판결에서 원심판결과 거의 같은 결론을 취하면서, 다만 유치권이 소멸한 토지가 하나 더 있다고 하였다(8필지).

[판결요지]

1) 민법 제321조는 "유치권자는 채권 전부의 변제를 받을 때까지 유치물 전부에 대하여 그 권리를 행사할 수 있다."라고 정하므로, 유치물은 그 각 부분으로써 피담보채권의 전부를 담보하고, 이와 같은 유치권의 불가분성은 그 목적물이 분할 가능하거나 수개의 물건인 경우에도 적용되며, 상법 제58조의 상사유치권에도 적용된다.

2) 민법 제324조는 '유치권자에게 유치물에 대한 선량한 관리자의 주의의무를 부여하고, 유치권자가 이를 위반하여 채무자의 승낙 없이 유치물을 사용, 대여, 담보 제공한 경우에 채무자는 유치권의 소멸을 청구할 수 있다.'고 정한다. 하나의 채권을 피담보채권으로 하여 여러 필지의 토지에 대하여 유치권을 취득한 유치권자가 그중 일부 필지의 토지에 대하여 선량한 관리자의 주의의무를 위반하였다면 특별한 사정이 없는 한 위반행위가 있었던 필지의 토지에 대하여만 유치권 소멸청구가 가능하다고 해석하는 것이 타당하다. 구체적인 이유는 다음과 같다.

가) 여러 필지의 토지에 대하여 유치권이 성립한 경우 유치권의 불가분성으로 인하여 각 필지의 토지는 다른 필지의 토지와 관계없이 피담보채권

의 전부를 담보한다. 이때 일부 필지 토지에 대한 점유를 상실하여도 나머지 필지 토지에 대하여 피담보채권의 담보를 위한 유치권이 존속한다. 같은 취지에서 일부 필지 토지에 대한 유치권자의 선량한 관리자의 주의의무 위반을 이유로 유치권 소멸청구가 있는 경우에도 그 위반 필지 토지에 대하여만 소멸청구가 허용된다고 해석함이 타당하다.

나) 민법 제321조에서 '유치권의 불가분성'을 정한 취지는 담보물권인 유치권의 효력을 강화하여 유치권자의 이익을 위한 것으로서 이를 근거로 오히려 유치권자에게 불이익하게 선량한 관리자의 주의의무 위반이 문제 되지 않는 유치물에 대한 유치권까지 소멸한다고 해석하는 것은 상당하지 않다.

다) 유치권은 점유하는 물건으로써 유치권자의 피담보채권에 대한 우선적 만족을 확보하여 주는 법정담보물권이다(민법 제320조 제1항, 상법 제58조). 한편 민법 제324조에서 정한 유치권 소멸청구는 유치권자의 선량한 관리자의 주의의무 위반에 대한 제재로서 채무자 또는 유치물의 소유자를 보호하기 위한 규정이다. 유치권자가 선량한 관리자의 주의의무를 위반한 정도에 비례하여 유치권소멸의 효과를 인정하는 것이 유치권자와 채무자 또는 소유자 사이의 이익균형을 고려한 합리적인 해석이다.

[관련규정] 제320조 제1항, 제321조, 제324조, 상법 제1조, 제58조

[해설 및 논평]

1. 해설

본 판결 사안에서 피고는 55필지의 토지에 관하여 유치권의 요건(민사·상사유치권 모두)을 갖추었다. 그런데 피고는 이 사건 토지 중 일부에 대하여 지상물을 설치하여 타인과 함께 사용하고 또 다른 자에게 차고지로 사용하게 하고 있다. 그 때문에 원고측은 피고에게 선관주의 의무 위반을 이

유로 유치권 소멸청구를 하였다. 이 경우에 유치권이 소멸하는지, 소멸한다면 그 범위가 어떻게 되는지 문제된다.

(1) 유치권의 불가분성

유치권자는 채권 전부의 변제를 받을 때까지 유치물 전부에 대하여 유치권을 행사할 수 있다(321조). 이것이 유치권의 불가분성이다. 본 판결은 이러한 불가분성은 처음부터 복수의 유치물이 있는 경우에도 인정된다고 한다. 이는 기존의 판례를 다시 확인한 것이다(대판 2007. 9. 7, 2005다16942. 이 책 170면 참조).

(2) 유치권의 소멸청구

유치권자는 선량한 관리자의 주의로 유치물을 점유하여야 하며(324조 1항), 유치권자가 이를 위반한 때에는 채무자는 유치권의 소멸을 청구할 수 있다(324조 3항).

(3) 유치물이 복수이고 그중 일부에 대하여 선관주의를 위반한 경우의 문제

본 판결 사안에서 피담보채권은 공사대금채권 1개이다. 그런데 피고가 점유하고 있는 물건(토지)은 55개이다. 이 경우에는 일물일권주의의 원칙상, 하나의 유치권이 성립하는 것이 아니고, 유치물의 개수만큼 복수의 유치권이 성립한다고 새겨야 한다. 본 판결은 그러한 전제에 서 있다.

다음에 이러한 복수의 유치물 중 일부에 관하여만 유치권자가 선관주의를 위반한 경우의 유치권 소멸청구에 대하여 본 판결은, 특별한 사정이 없는 한 위반행위가 있었던 필지의 토지에 대하여만 유치권 소멸청구가 가능하다고 한다. 본 판결의 이 부분은 대법원이 최초로 판시한 것이다.

이러한 법리에 따라 본 판결은 그 사안의 경우 피고가 지상물을 설치하여 사용하거나 타인에게 사용하게 한 토지(8필지) 위의 유치권만 소멸하고 그 외의 토지 위의 유치권은 존속한다고 하였다.

2. 논평

본 판결은 타당하다.

제2장
물권법

37. 이른바 질권설정계약의 합의해지와 제3채무자 보호

◈ 대판 2014. 4. 10, 2013다76192
[보관금](강의 B-333, 물권 [199])

[쟁점] 이른바 질권설정계약이 합의해지된 경우 질권설정자가 해지를 이유로 제3채무자에게 원래의 채권으로 대항하기 위한 요건(질권자가 제3채무자에게 해지사실을 통지해야 함). 질권자가 제3채무자에게 질권설정계약의 해지사실을 통지하였으나 아직 해지되지 않은 경우에 선의인 제3채무자가 질권설정자에게 대항할 수 있는 사유로 질권자에게 대항할 수 있는지 여부(적극)

[사실관계]

(1) 원고(롯데쇼핑 주식회사)는 2010. 8. 26. 주식회사 대자연네트웍스로부터 서울 강서구 (주소 생략) 지상 건물 중 지하 1층 1,077.4㎡(이하 '이 사건 상가'라 함)를 임대차기간 2010. 9. 13.부터 2015. 9. 13.까지, 보증금 10억 원, 차임 월 천만 원으로 정하여 임차하였다(이하 이 임대차계약을 '이 사건 임대차계약'이라 함). 원고는 그 무렵 대자연네트웍스에 위 임대차보증금 10억 원을 지급하였다.

(2) 원고와 대자연네트웍스는 2010. 11. 23. 원고의 대자연네트웍스에 대한 위 임대차보증금반환채권을 담보하기 위하여 피고(농협은행 주식회사)에 대한 대자연네트웍스 명의의 10억 원의 예금채권(이하 '이 사건 예금채권'이라 함)에 대하여 원고를 질권자, 대자연네트웍스를 채무자 겸 질권설정자, 피고를 제3채무자로 하는 질권설정계약(이하 '이 사건 질권설정계약'이라 함)을 체결하였다. 그리고 원고는 같은 날 피고로부터 확정일자 있는 질권설정승낙서를 교부받았다.

(3) 질권자인 원고는 2010. 12. 16. 피고의 역삼역지점에 모사전송의 방법으로 질권해제통지서를 전송하였고(원고와 대자연네트웍스는 담보신탁계약의 수익권 금액 10억 원인 3순위 우선수익자로 담보를 변경하기로 하였으나 아직 담보가 변경되지 않았음에도 질권해제통지서를 보냄), 피고 직원인 소외인은 질권해제통지서를 모사전송 받은 직후 질권설정자인 대자연네트웍스에 이 사건 예금채권을 변제하였다.

(4) 원고는 이 사건 임대차계약 후 이 사건 상가에서 롯데슈퍼를 운영하다가 영업 부진으로 2011. 12. 4. 운영을 중단하고, 위 상가를 대자연네트웍스에 인도하였다. 이후 원고는 2012. 2. 28.경 대자연네트웍스에 이 사건 임대차계약의 해지를 통보하면서 임대차보증금 반환과 손해배상을 청구하겠다는 내용의 서면을 발송하였다. 대자연네트웍스는 2012. 3. 5.경 원고에게 이 사건 임대차계약이 해지되었음을 전제로 임대차보증금은 2012. 4.경 반환할 예정이며, 원고의 손해배상청구는 부당하다는 내용의 답신을 하였다.

[판결요지]

채권양도인이 채무자에게 채권양도를 통지한 때에는 아직 양도하지 아니한 경우에도 선의인 채무자는 양수인에게 대항할 수 있는 사유로 양도인에게 대항할 수 있다고 규정한 민법 제452조 제1항 역시 지명채권을 목적으로 한 질권설정의 경우에 유추적용된다고 할 것이다.

한편 지명채권의 양도통지를 한 후 그 양도계약이 해제 또는 합의해제된 경우 채권양도인이 그 해제를 이유로 다시 원래의 채무자에 대하여 양도채권으로 대항하려면 채권양수인이 채무자에게 위와 같은 해제 등 사실을 통지하여야 한다(대법원 1993. 8. 27. 선고 93다17379 판결, 대법원 2012. 11. 29. 선고 2011다17953 판결 등 참조). 이러한 법리는 지명채권을 목적으로 한 질권설정 사실을 제3채무자에게 통지하거나 제3채무자가 이를 승낙한 후 그 질권설정계약이 해제, 합의해제 또는 합의해지된 경우에도 마찬가지로 적용된다고 보아야 한다. 따라서 제3채무자가 질권설정 사실을 승낙한 후 그 질권설정계약이 합의해지된 경우 질권설정자가 그 해지를 이유로 제3채무자에게 원래의 채권으로 대항하려면 질권자가 제3채무자에게 해지사실을 통지하여야 하고, 만일 질권자가 제3채무자에게 질권설정계약의 해지사실을 통지하였다면, 설사 아직 해지가 되지 아니하였다고 하더라도 선의인 제3채무자는 질권설정자에게 대항할 수 있는 사유로 질권자에게 대항할 수 있다고 봄이 상당하다. 그리고 위와 같은 해지통지가 있었다면 그 해지사실은 추정되고, 그렇다면 해지통지를 믿은 제3채무자의 선의 또한 추정된다고 볼 것이어서 제3채무자가 악의라는 점은 그 선의를 다투는 질권자가 증명할 책임이 있다.

[관련규정] 제349조, 제450조, 제451조, 제452조 제1항

[해설 및 논평]
1. 해설
(1) 본 판결은 질권설정계약이 합의해지된 경우에 질권설정자가 제3채무자에게 원래의 채권으로 대항하려면 질권자가 제3채무자에게 해지사실을 통지해야 한다고 한다. 이는 지명채권양도가 해제·합의해제된 경우에 관한 기존의 판례(아래의 관련판결 참조)를 질권설정계약이 합의해지된 경우에 적용한 것이다.
(2) 본 판결은 제452조 제1항이 「지명채권을 목적으로 한 질권설정의 경우」에 유추적용된다고 한다. 그리고 그 법리로부터, 질권자가 제3채무자에게 질권설정계약의 해지사실을 통지하였다면 설사 아직 해지가 되지 않았더라도 선의인 제3채무자는 질권설정자에게 대항할 수 있는 사유로 질권자에게 대항할 수 있다는 것을 도출하였다.

2. 논평
(1) 본 판결은 그 사안에서 당사자들이 「해제」라고 한 것을 「해지·합의해지」라고 하고, 「해지·합의해지」에 관하여 법리를 전개하고 있다. 그런데 그 용어는 부적절하다. 그 용어는 계속적 계약에만 사용할 수 있는데, 질권설정계약은 계속적

계약이 아니기 때문이다. 그렇다고 「해제」인 것도 아니다. 본 판결상의 「질권설정계약의 합의해지」는 「이미 성립해 있는 질권을 소멸시키기로 하는 질권 당사자 사이의 합의」라고 생각된다. 다시 말해서 질권이라는 물권을 장래에 향하여 소멸시키려는 당사자의 합의(질권 소멸의 합의)이다.
(2) 이른바 「질권설정계약이 합의해지된 경우」의 문제 상황은 ― 질권이 소멸한 경우이므로 ― 질권이 설정되는 경우와는 거리가 멀고 오히려 질권설정계약이 성립하지 않았거나 무효인 경우와 유사하다. 즉, 유추적용 여부 판단의 기초되는 사정이 제452조 제1항과 가까운 것이다. 그러므로 그 경우에는 제452조 제1항 후단을 유추적용하여 선의의 제3채무자를 보호하는 것이 바람직하다. 결국 본 판결이 질권자의 통지를 요구하는 것은 부적절하다.
(3) 본 판결은 질권자가 제3채무자에게 질권설정계약의 해지사실을 통지하였으면 설사 해지가 되지 않았더라도 선의의 제3채무자는 질권설정자에게 대항할 수 있는 사유로 질권자에게 대항할 수 있다고 한다. 이는 이른바 「질권설정계약이 해지된 경우」에 제452조 제1항 전체를 유추적용한 것이다. 본 판결의 그 부분은 타당하다.

[관련판결] (1) 대판 1993. 8. 27, 93다17379: 지명채권의 양도통지를 한 후 그 양도계약이 해제된 경우에, 양도인이 그 해제를 이유로 다시 원래의 채무자에 대하여 양도채권으로 대항하려면 양수인이 채무자에게 위와 같은 해제사실을 통지하여야 한다.
(2) 대판 2012. 11. 29, 2011다17953(채총 판례34 참조)

[주요 평석 문헌] 송덕수, "이른바 질권설정계약의 합의해지와 제3채무자 보호 ― 대상판결: 대법원 2014. 4. 10. 선고 2013다76192 판결 ―," 법학논집(이화여대 법학연구소), 20권 1호, 299면 이하; 이상오, "채권질권설정계약 해지통지와 관련하여 민법 제452조 '채권양도통지와 금반언' 규정을 유추적용할 수 있는지 여부," 대법원판례해설, 99호, 99면 이하.

38. 제3자 명의의 근저당권설정등기

◆ 대판(전원) 2001. 3. 15. 99다48948
[배당이의](강의 B-343, 물권 [205])

[쟁점] 부동산 매매대금의 지급을 담보하기 위하여 당사자 간의 합의에 의하여 소유권이전등기를 매수인에게 하지 않은 상태에서 목적 부동산 위에 근저당권자를 매도인이 지정하는 제3자로, 채무자를 매도인으로 하는 근저당권을 설정한 경우에, 그 근저당권설정등기가 담보물권의 부수성에 반하여 무효인지 여부(제한적 유효)

[사실관계]

(1) 소외 A, B(이하 'A 등'이라 함)는 1996. 11. 29. 소외 X회사에 그들 소유의 이 사건 대지를 계약금 5,000만 원, 중도금 및 잔대금 각 2억 원, 합계 4억 5,000만 원에 매도하면서, X회사가 그 명의로 소유권이전등기를 하기 전에 이 사건 대지를 금융기관에 담보로 제공하여 대출받는 돈으로 중도금 및 잔대금을 지급하기로 하되, 잔대금의 지급을 담보하기 위하여 액면 2억 원의 당좌수표를 발행·교부함과 아울러 이 사건 대지에 A 등이 지정하는 사람 명의로 채권최고액을 2억 원으로 하는 근저당권설정등기를 하기로 약정하였다.

(2) 이에 따라 A 등은 1996. 12. 5. 그들과 피고 사이에 아무런 금전대차 관계가 없음에도 불구하고 형식상 그들이 A의 처인 피고로부터 2억 원을 이율 연 2할 5푼으로 정하여 차용한다는 내용의 차용금증서를 작성하고, 같은 날 이를 피담보채권으로 하여 이 사건 대지에 관하여 채무자를 A 등, 근저당권자를 피고, 채권최고액을 2억 원으로 하는 근저당권설정등기(제1순위 근저당권이라 함)를 한 후, X회사로부터 액면 2억 원의 당좌수표를 발행·교부받으면서 1997. 3. 18.까지 잔대금 2억 원을 지급받기로 하고, X회사에 근저당권설정등기에 필요한 일체의 서류를 교부하였다.

(3) X회사는 A 등으로부터 교부받은 근저당권

설정서류를 이용하여 원고에게 이 사건 대지에 관하여 1996. 12. 17. 채무자를 소외 C, 근저당권자를 원고, 채권최고액을 2억 6,000만 원으로 하는 근저당권설정등기(제2순위 근저당권이라 함)와 같은 달 24일 채무자를 소외 Y회사, 근저당권자를 원고, 채권최고액을 2억 6,000만 원으로 하는 근저당권설정등기(제3순위 근저당권이라 함)를 해주고, 같은 달 18일과 27일 원고로부터 C 및 Y회사 명의로 합계 4억 원을 대출받았다. 그러나 X회사는 A 등에게 잔대금 2억 원을 지급하지 않았고, A 등에게 발행·교부한 액면 2억 원의 당좌수표도 지급거절되었다.

(4) 한편, C 및 Y회사와 그들 명의를 빌려 금원을 대출받은 X회사가 원고에 대한 대출원리금 채무의 이행을 지체하자, 원고는 제2, 3순위 근저당의 실행으로 경매신청을 하여 그 경매절차에서 이 사건 대지는 1997. 10. 30. 4억 4,410만 원에 낙찰되었다.

(5) 원고는 경매신청권자 겸 제2, 3순위 근저당권자로서 경매법원에 C 및 Y회사에 대한 대여원리금 채권 합계 462,691,933원의 배당을 구하는 채권계산서를 제출하였고, 피고는 제1순위 근저당권자로서 경매법원에 A 등에 대한 대여원리금 채권 248,904,109원의 배당을 요구하는 채권계산서를 제출하였다.

(6) 경매법원은 1997. 11. 26. 실시한 배당기일에서 낙찰대금 4억 4,410만 원 및 이에 대한 이자 648,202원 합계 444,748,202원의 배당할 금액에서 집행비용 5,269,630원을 공제한 나머지 439,478,572원을 실제 배당할 금액으로 하여, 제1순위 근저당권자인 피고에게 1순위로 그 배당요구액 중 채권최고액인 2억 원을, 교부청구권자인 인천광역시 남동구에 2순위로 73,180원 전액을, 경매신청권자 겸 제2, 3순위 근저당권자인 원고에게 3순위로 나머지 금액인 239,405,392원을 배당하는 내용의 배당표를 작성하였고, 같은 날 원고는 경매법원에 피고에 대한 배당액 전액에 관하여 이의를 제기하였다.

[판결요지]

근저당권은 채권담보를 위한 것이므로 원칙적으로 채권자와 근저당권자는 동일인이 되어야 하지만, 제3자를 근저당권 명의인으로 하는 근저당권을 설정하는 경우 그 점에 대하여 채권자와 채무자 및 제3자 사이에 합의가 있고, 채권양도, 제3자를 위한 계약, 불가분적 채권관계의 형성 등 방법으로 채권이 그 제3자에게 실질적으로 귀속되었다고 볼 수 있는 특별한 사정이 있는 경우에는 제3자 명의의 근저당권설정등기도 유효하다고 보아야 할 것이고, 한편 부동산을 매수한 자가 소유권이전등기를 마치지 아니한 상태에서 매도인인 소유자의 승낙 아래 매수 부동산을 타에 담보로 제공하면서 당사자 사이의 합의로 편의상 매수인 대신 등기부상 소유자인 매도인을 채무자로 하여 마친 근저당권설정등기는 실제 채무자인 매수인의 근저당권자에 대한 채무를 담보하는 것으로서 유효하다고 볼 것인바, 위 양자의 형태가 결합된 근저당권이라 하여도 그 자체만으로는 부종성의 관점에서 근저당권이 무효라고 보아야 할 어떤 질적인 차이를 가져오는 것은 아니라 할 것이다. 그리고 매매잔대금 채무를 지고 있는 부동산 매수인이 매도인과 사이에 소유권이전등기를 경료하지 아니한 상태에서 그 부동산을 담보로 하여 대출받는 돈으로 매매잔대금을 지급하기로 약정하는 한편, 매매잔대금의 지급을 위하여 당좌수표를 발행·교부하고 이를 담보하기 위하여 그 부동산에 제1순위 근저당권을 설정하되, 그 구체적 방안으로서 채권자인 매도인과 채무자인 매수인 및 매도인이 지정하는 제3자 사이의 합의 아래 근저당권자를 제3자로, 채무자를 매도인으로 하기로 하고, 이를 위하여 매도인이 제3자로부터 매매잔대금 상당액을 차용하는 내용의 차용금증서를 작성·교부하였다면, 매도인이 매매잔대금 채권의 이전 없이 단순히 명의만을 제3자에게 신탁한 것으로 볼 것은 아니고, 채무자인 매수인의 승낙 아래 매매잔대금 채권이 제3자에게 이전되었다고 보는 것이 일련

의 과정에 나타난 당사자들의 진정한 의사에 부합하는 해석일 것이므로, 제3자 명의의 근저당권설정등기는 그 피담보채무가 엄연히 존재하고 있어 그 원인이 없거나 부종성에 반하는 무효의 등기라고 볼 수 없다.

(이 판결에는 3인의 대법관의 반대의견이 있음. 반대의견의 결론: 근저당권설정등기에 '본래 채권자라고 되어야 할 소유자인 자가 채무자로 되는 것'을 허용하게 되면 마치 우리 민법이 채택하지 않은 독일 민법의 유통저당권이나 토지채무제도를 승인하는 것과 같은 결과로 되므로, 이때에는 부종성의 관점에서 그 근저당권을 무효라고 보아야 함)

[관련규정] 제356조, 제361조, 제369조, 부동산실명법 제3조

[해설 및 논평]

1. 해설

저당권자나 근저당권자는 피담보채권자에 한한다. 저당권에는 담보물권으로서 부종성이 있기 때문이다. 그럼에도 불구하고 종래 판례는 원칙적으로는 채권과 저당권이 주체를 달리할 수 없다고 하면서, ― 본 판결이 판시하는 바와 같은 ― 특별한 사정이 있는 경우에는 제3자 명의의 저당권등기도 유효하다고 하였다(대판 1995. 9. 26, 94다33583 등). 그런가 하면 제3자를 채무자로 등기한 경우에도 유효성을 인정하였다(대판 1980. 4. 22, 79다1822 등). 그런데 본 판결은 이 두 가지가 결합된 근저당권도 유효하다고 하였다.

2. 논평

본 판결은 저당권의 부종성에 어긋나는 것으로서 옳지 않다.

[주요 평석 문헌] 남영찬, "근저당권의 피담보채권과 부종성," 민사재판의 제문제, 11권, 153면 이하; 윤홍근, "근저당권의 부종성의 한계," 민사판례연구, 24권, 56면 이하.

제2장
물권법

39. 저당권의 효력이 미치는 범위, 법정 지상권

◈ 대판 1996. 4. 26, 95다52864
[건물철거등](강의 B-349·369, 물권 [210]·
[150]·[225])

[쟁점] 건물에 대한 저당권의 효력이 그 건물의 소유를 목적으로 한 지상권에도 미치는지 여부(적극)와 그 건물 양도시 지상권도 함께 양도되는지 여부(적극). 지료에 관한 약정을 등기하지 않은 경우에 토지소유자가 구 지상권자의 지료연체 사실을 지상권 양수인에게 대항할 수 있는지 여부(소극). 법정지상권에 관한 지료가 결정되지 않은 경우에 토지소유자가 2년 이상 지료지급 지체를 이유로 지상권 소멸청구를 할 수 있는지 여부(소극).

[사실관계]

(1) 이 사건 대지 및 이 사건 1층은 소외 A의 소유였는바, A는 1979. 10.경 이 사건 1층과는 외견상 하나의 건물로 보이나 구조상 1층과 2층으로 구분이 확실하고, 독립하여 소유권의 객체가 되는 이 사건 2층을 건축하였다.

(2) A는 1980. 4. 8. 이 사건 2층은 준공검사조차 받지 않아 등기가 경료되어 있지 않은 이유로 이 사건 대지 및 1층에 대하여만 자신을 채무자, 소외 B를 근저당권자로 하여 근저당권설정등기를 경료해 주었고 그 근저당권에 기한 경매절차에서 원고가 경락받아 1984. 4. 4. 그 대금을 완납하고 원고 명의로 소유권이전등기를 마쳤다.

(3) A는 1984. 9. 7. 이 사건 2층에 대하여 소유권보존등기를 마치고 거주하다가 1986. 5. 17. 자신을 채무자, 소외 C를 근저당권자로 하여 근저당권설정등기를 경료하였고, 그 근저당권에 기한 경매절차에서 1987. 2. 28. C가 경락받아 1987. 4. 20. 그의 명의로 소유권이전등기를 마쳤고, 1990. 2. 1. 피고가 이를 매수하여 그의 명의로 소유권이전등기를 마쳤다.

(4) 원고는 A를 상대로 하여 건물 2층 부분의 명도소송을 제기하였으나 1층에 부합되지 않은 독립된 건물이라는 이유로 패소하였다. 한편 원고의 A에 대한 지료청구소송은 원고 일부승소로 확정되었다. 그런데 위 지료소송에 의하여도 분쟁이 해결되지 않자 원고는 이 사건 소로써 2층 부분의 현소유자인 피고에게 건물의 철거를 청구하였다.

[판결요지]

[1] 저당권의 효력이 저당부동산에 부합된 물건과 종물에 미친다는 민법 제358조 본문을 유추하여 보면 건물에 대한 저당권의 효력은 그 건물에 종된 권리인 건물의 소유를 목적으로 하는 지상권에도 미치게 되므로, 건물에 대한 저당권이 실행되어 경락인이 그 건물의 소유권을 취득하였다면 경락 후 건물을 철거한다는 등의 매각조건에서 경매되었다는 등 특별한 사정이 없는 한, 경락인은 건물 소유를 위한 지상권도 민법 제187조의 규정에 따라 등기 없이 당연히 취득하게 되고, 한편 이 경우에 경락인이 건물을 제3자에게 양도한 때에는, 특별한 사정이 없는 한 민법 제100조 제2항의 유추적용에 의하여 건물과 함께 종된 권리인 지상권도 양도하기로 한 것으로 봄이 상당하다.

[2] 지료액 또는 그 지급시기 등 지료에 관한 약정은 이를 등기하여야만 제3자에게 대항할 수 있으므로(부동산등기법 제136조), 지료의 등기를 하지 않은 이상 토지소유자는 구 지상권자의 지료연체 사실을 들어 지상권을 이전받은 자에게 대항하지 못한다.

[3] 민법 제366조 단서의 규정에 의하여 법정지상권의 경우 그 지료는 당사자의 협의나 법원에 의하여 결정하도록 되어 있는데, 당사자 사이에 지료에 관한 협의가 있었다거나 법원에 의하여 지료가 결정되었다는 아무런 입증이 없고 법정지상권에 관한 지료가 결정된 바 없다면, 법정지상권자가 지료를 지급하지 않았다고 하더라도 지료 지급을 지체한 것으로는 볼 수 없으므로 법정지상

자가 2년 이상의 지료를 지급하지 아니하였음을 이유로 하는 토지소유자의 지상권 소멸청구는 이유가 없다.

[관련규정] [1] 제100조 제2항, 제187조, 제279조, 제358조, 제366조, 제371조. [2] 부등법 제136조, 민법 제186조, 제366조. [3] 제287조, 제366조

[해설 및 논평]

1. 해설

본 판결이 중요하게 판단한 사항은 세 가지이다. 첫째로 건물에 대한 저당권의 효력이 그 건물소유를 목적으로 한 지상권에도 미치는지, 둘째로 지료에 관한 약정을 등기하지 않은 경우에 토지소유자가 구 지상권자의 지료연체 사실을 지상권 양수인에게 대항할 수 있는지, 셋째로 법정지상권에 관한 지료가 결정되지 않은 경우에 토지소유자가 2년 이상 지료지급 지체를 이유로 지상권 소멸청구를 할 수 있는지가 그것이다.

(1) 저당권의 효력이 미치는 범위

저당권의 효력은 저당부동산의 종물에도 미친다(358조 본문). 그런데 저당부동산의 종된 권리에도 미치는지에 관하여는 명문규정이 없다. 여기에 관하여 대법원은 본 판결 이전에도 위의 규정을 종된 권리에 유추적용하여 저당권의 효력이 종된 권리에도 미친다고 하였다(대판 1992. 7. 14, 92다527 등). 본 판결은 이러한 종래의 판례를 다시 확인하였다. 그리고 공경매에 의한 부동산물권의 취득은 제187조에 의한 물권변동이어서 권리취득을 위하여 등기가 필요하지 않다. 그 밖에 특이한 점은, 본 판결 사안의 경우에 2층 부분만을 위하여 법정지상권이 성립할 수 있는지인데, 본 판결은 이를 인정하였다. 이는 지상권설정에 관한 기존 판례에 비추어 볼 때도 인정될 수 있는 것이었다(대판 1978. 3. 14, 77다2379 참조).

(2) 지료에 관한 약정이 등기되지 않은 경우

지료액 등에 관한 약정이 등기되지 않은 경우

에 관하여 본 판결 이전에 판단한 적이 없다. 그런 상황에서 본 판결이 처음으로 판단을 하였다. 그러면서 그 약정이 있으면 등기해야 한다는 부등법 제136조를 근거로 그 약정을 등기하지 않은 경우에는 지상권을 이전받은 자에게 대항하지 못한다고 하였다.

(3) 법정지상권의 지료가 결정되지 않은 경우

대법원은 본 판결 이전부터, 법정지상권에 관한 지료가 결정된 바 없다면 법정지상권자가 지료를 지급하지 않았다고 하더라도 지료지급을 지체한 것으로는 볼 수 없으므로 법정지상권자가 2년 이상의 지료를 지급하지 않았음을 이유로 하는 토지소유자의 지상권 소멸청구는 인정할 수 없다고 하였다(대판 1994. 12. 2, 93다52297). 본 판결은 이러한 종래의 판례를 다시 확인하였다.

한편 본 판결 사안의 경우에, 전 법정지상권자인 A와 그 건물부분의 양수인인 피고가 지료를 전혀 지급하지 않았는데, 원고는 법정지상권 소멸청구도 철거청구도 할 수 없어서 매우 불리하게 된다. 그렇지만 원고는 A와 피고에게 그 대지의 점거사용으로 얻은 실질적 이득을 부당이득으로 반환청구할 수 있다(대판 1995. 9. 15, 94다61144 등).

2. 논평

본 판결의 판시내용은 위 세 가지 사항 모두 타당하다.

[주요 평석 문헌] 권혁중, "법정지상권의 이전과 미지급지료채무의 승계," 판례연구(전주지법), 1998, 455면 이하; 서민, "법정지상권의 부종성," 민사판례연구, 19권, 139면 이하; 조관행, "법정지상권의 취득, 양도, 소멸에 관한 몇 가지 문제," 대법원판례해설, 25호, 42면 이하.

제2장
물권법

40. 토지와 건물에 공동저당권이 설정된 뒤 건물이 신축된 경우와 법정지상권

◈ 대판(전원) 2003. 12. 18, 98다43601
   [건물철거등](강의 B-363, 물권 [221])

[쟁점] 동일인 소유의 토지와 그 지상 건물에 관하여 공동저당권이 설정된 후 그 건물이 철거되고 다른 건물이 신축된 경우에 저당물의 경매로 인하여 토지와 신축건물이 서로 다른 소유자에게 속하게 되면 제366조의 법정지상권이 성립하는지 여부(소극)

[사실관계]

(1) 이 사건 대지 위에는 단층주택이 건축되어 있었는데, 위 대지 및 단층주택을 매수하여 소유권을 취득한 피고 A는 1989. 2. 11. 위 대지 및 단층주택을 공동담보로 제공하여 개봉단위농업협동조합 앞으로 근저당권설정등기를 마쳐 주었다가, 그 후 1991. 12. 5. 위 근저당권의 실행에 의하여 위 대지 및 단층주택에 관한 임의경매절차가 개시되었다.

(2) 그런데 피고 A는 그 전인 1991. 9. 30.경 피고 B에게 위 단층주택의 철거와 이 사건 3층 주택의 신축공사를 도급주었는데, 피고 B는 1991. 10.경 위 단층주택을 철거하고 이 사건 3층 주택(이하 '이 사건 신축건물'이라 함)의 신축공사를 시행하여 1992. 3.경 완공하였으나, 준공검사를 받지는 못하고 있고, 이 사건 신축건물은 피고들이 일부씩 나누어 점유하고 있다.

(3) 한편 위 임의경매절차에서는 위 단층주택이 이미 철거되었다는 이유로 위 단층주택에 대한 경매절차는 취소되고, 이 사건 대지에 대한 경매절차만이 속행되어 1992. 4. 23. C가 이 사건 대지를 경락받았다. 그 후 이 사건 대지의 소유권은 위 C로부터 D를 거쳐 1994. 10. 11. 원고에게로 순차 이전되었다.

(4) 원고는 1994. 9. 6. 피고 B로부터 이 사건

신축건물을 대금 1억 3,800만 원에 매수하기로 약정하고 계약금 2,000만 원을 피고 B에게 지급한 후, 이 사건 신축건물이 피고 A의 소유라는 취지의 이 사건 제1심판결이 선고되자 다시 1997. 12. 18. 피고 A로부터 이 사건 신축건물을 대금 1억 4,400만 원에 매수하기로 약정하고 계약금 1,500만 원을 피고 A에게 지급하였다.

(5) 그러한 상황에서 원고는 피고 A에 대하여는 주위적으로 건물철거 및 대지인도를 구하는 한편, 피고 B에 대하여는 주위적으로 건물철거, 대지인도 및 이 사건 신축건물에 관한 매매계약의 불이행으로 인한 원상회복 및 손해배상을 구하는 소를 제기하였다(예비적 청구도 있으나 생략함).

[판결요지]

동일인의 소유에 속하는 토지 및 그 지상건물에 관하여 공동저당권이 설정된 후 그 지상건물이 철거되고 새로 건물이 신축된 경우에는, 그 신축건물의 소유자가 토지의 소유자와 동일하고, 토지의 저당권자에게 신축건물에 관하여 토지의 저당권과 동일한 순위의 공동저당권을 설정해 주는 등 특별한 사정이 없는 한, 저당물의 경매로 인하여 토지와 그 신축건물이 다른 소유자에 속하게 되더라도 그 신축건물을 위한 법정지상권은 성립하지 않는다고 해석함이 상당하다. 왜냐하면, 동일인의 소유에 속하는 토지 및 그 지상건물에 관하여 공동저당권이 설정된 경우에는, 처음부터 지상건물로 인하여 토지의 이용이 제한 받는 것을 용인하고 토지에 대하여만 저당권을 설정하여 법정지상권의 가치만큼 감소된 토지의 교환가치를 담보로 취득한 경우와는 달리, 공동저당권자는 토지 및 건물 각각의 교환가치 전부를 담보로 취득한 것으로서, 저당권의 목적이 된 건물이 그대로 존속하는 이상은 건물을 위한 법정지상권이 성립해도 그로 인하여 토지의 교환가치에서 제외된 법정지상권의 가액상당가치는 법정지상권이 성립하는 건물의 교환가치에서 되찾을 수 있어 궁극적으로 토

지에 관하여 아무런 제한이 없는 나대지로서의 교환가치 전체를 실현시킬 수 있다고 기대하지만, 건물이 철거된 후 신축된 건물에 토지와 동순위의 공동저당권이 설정되지 아니하였는데도 그 신축건물을 위한 법정지상권이 성립한다고 해석하게 되면, 공동저당권자가 법정지상권이 성립하는 신축건물의 교환가치를 취득할 수 없게 되는 결과 법정지상권의 가액상당가치를 되찾을 길이 막혀 위와 같이 당초 나대지로서의 토지의 교환가치 전체를 기대하여 담보를 취득한 공동저당권자에게 불측의 손해를 입게 하기 때문이다.

이와 달리, 동일인의 소유에 속하는 토지와 그 지상건물에 관하여 공동저당권이 설정된 후 그 지상건물이 철거되고 새로 건물이 신축된 경우에도 그 후 저당권의 실행에 의하여 토지가 경락됨으로써 대지와 건물의 소유자가 달라지면 언제나 토지에 관하여 신축건물을 위한 법정지상권이 성립된다는 취지의 대법원 1990. 7. 10. 선고 90다카6399 판결, … 의 견해는, 위와 저촉되는 한도 내에서 이를 변경하기로 한다.

(이 판결에는 4인의 대법관의 반대의견과 보충의견이 있음.

반대의견의 결론: 토지 소유자는 그 소유권에 기하여 토지 위에 신건물을 재축할 수 있고, 그 후 토지저당권이 실행되면 신건물을 위한 법정지상권이 성립하며, 다만 그 내용이 구건물을 기준으로 그 이용에 일반적으로 필요한 범위로 제한됨으로써 공동저당권자가 원래 토지에 관하여 파악하였던 담보가치, 즉 구건물을 위한 법정지상권 가치를 제외한 토지의 담보가치가 그대로 유지된다고 보아야 하고, 이것이 바로 가치권과 이용권의 적절한 조절의 모습이다)

[관련규정] 제366조

[해설 및 논평]

1. 해설

판례는 종래 저당권설정 당시 건물이 존재한

이상 그 이후 건물을 개축·증축하는 경우에는 물론이고 재건축된 경우에도 법정지상권이 성립하며, 이때 법정지상권의 내용은 구 건물을 기준으로 하여 그 이용에 일반적으로 필요한 범위 내로 제한된다고 하였다(대판 1990. 7. 10, 90다카6399 등). 그럼에 있어서 토지와 그 위의 건물 중 어느 하나에만 저당권이 설정되었는가(단독저당) 둘 모두에 설정되었는가(공동저당)는 묻지 않았다. 그리고 재건축의 경우에 새 건물과 구 건물 사이에 동일성이 있거나 소유자가 동일할 필요도 없다고 한다(대판 1993. 6. 25, 92다20330 등).

그런데 대법원은 본 판결에 의하여 공동저당에 관하여는 예외를 인정하였다. 본 판결은, 공동저당권이 설정된 후 그 지상건물이 철거되고 새로 건물이 신축된 경우에는, 그 신축건물의 소유자가 토지의 소유자와 동일하고, 토지의 저당권자에게 신축건물에 관하여 토지의 저당권과 동일한 순위의 공동저당권을 설정해 주는 등 특별한 사정이 없는 한, 저당물의 경매로 인하여 토지와 그 신축건물이 다른 소유자에 속하게 되더라도 신축건물을 위한 법정지상권이 성립하지 않는다고 한다. 그러면서 언제나 법정지상권이 성립한다고 한 과거의 판례를 변경하였다.

2. 논평

본 판결의 태도는 저당권자의 이익만을 표준으로 하는 매우 작위적인 것이어서 법리로서 적절하지 않다. 사견으로는 재건축의 경우에는「저당권설정 당시에 건물이 존재할 것」이라는 법정지상권의 성립요건이 구비되지 않았다는 이유로 일반적으로 법정지상권의 성립이 부정되어야 한다(물권 [221] 참조).

[주요 평석 문헌] 김형태, "공동저당권설정 후 재건축된 건물의 법률관계," 재판과 판례(대구판례연구회), 20집, 143면 이하; 박순성, "공동저당권의 실행과 법정지상권의 성립," 대법원판례해설, 47호, 163면 이하.

제2장
물권법

41. 법정지상권이 성립한 건물의 양수인에 대한 건물철거청구

◈ 대판(전원) 1985. 4. 9, 84다카1131 · 1132
[건물철거등](강의 B-368·266, 물권 [224]·[156])

[쟁점] 법정지상권을 가진 건물소유자로부터 건물을 양수하면서 지상권까지 양도받기로 한 자에 대한 대지소유자의 건물철거청구 가부(소극)

[사실관계]

(1) 서울 (지번 생략) 대 93평방미터(이하 이 사건 대지라 함)는 원래 소외 A의 소유로서 A는 1967. 12. 9.경 그 대지 위에 이 사건 건물을 신축하였는데, 그 후 이 사건 대지에 관하여 소외 B와 간에 근저당권설정계약을 체결하여 1970. 3. 30. 근저당권설정등기를 B 앞으로 경료하였다.

(2) 피고(반소원고, 이하 피고라고만 함) C는 1970. 9. A로부터 이 사건 대지와 건물을 매수하여 이를 명도받아 점유·사용하면서, 건물은 미등기인 채로 두었으나, 대지에 관하여는 1970. 10. 1.에 1970. 9. 28.자 매매를 원인으로 한 소유권이전등기를 마쳤다.

(3) 그 후 B의 근저당권의 실행으로 이 사건 대지에 관하여 1973. 3. 13.에 1972. 3. 23.자 경락허가 결정을 원인으로 한 소유권이전등기가 B 명의로 경료되고, 이에 터잡아 1978. 6. 26. 같은 날짜 매매로 인한 소유권이전등기가 원고 앞으로 마쳐졌다.

(4) 한편 피고 C가 이 사건 건물의 소유자인 A를 대위하여 이 사건 건물에 관하여 1978. 3. 20. A 앞으로 소유권 보존등기를 경료함과 동시에 같은 날에 1970. 9. 23.자 매매를 원인으로 한 소유권이전등기를 위 피고 앞으로 마쳤다. 그리고 위 건물매매에서 피고 C는 A로부터 법정지상권을 양도받기로 하는 채권계약을 체결하였다.

(5) 이러한 상황에서 원고는 본소로서 피고 C에 대하여 이 사건 건물의 철거 및 위 대지의 인도를 구하고, 피고 C는 반소로서 원고에 대하여 위 대지에 관하여 지상권설정등기 절차의 이행을 구하였다.

[판결요지]

이 사건 대지와 건물은 위 근저당권설정 당시는 동일인인 소외 A의 소유에 속하였다가 그 후 대지의 경매로 인하여 대지와 건물이 다른 소유자에게 속하게 된 것이니 위 건물의 소유자인 소외 A는 민법 제366조에 의하여 이 사건 대지에 대하여 건물의 소유를 목적으로 하는 법정지상권을 취득하였다 할 것이고, 법정지상권자는 물권으로서의 효력에 의하여 이를 취득할 당시의 대지소유자나 이로부터 소유권을 전득한 제삼자에 대하여도 등기 없이 위 지상권을 주장할 수 있는 것이므로 소외 A는 위 대지의 전득자인 원고에 대하여 지상권설정등기 청구권이 있다 할 것이며, 위 법정지상권을 양도받기로 한 피고 C는 채권자대위의 법리에 의하여 원고 및 소외 A에 대하여 차례로 지상권설정등기 및 이전등기절차의 이행을 구할 수 있다 할 것이다.

그리고 이와 같이 이 사건 대지에 대한 법정지상권을 취득할 지위에 있는 위 피고에 대하여 원고가 대지소유권에 기하여 건물철거를 구함은 지상권의 부담을 용인하고 또한 그 설정등기절차를 이행할 의무 있는 자가 그 권리자를 상대로 한 청구라 할 것이어서 신의성실의 원칙상 허용될 수 없다 할 것이다. 위의 견해에 저촉되는 당원 1982. 10. 12. 선고 80다2667 판결 등 종전의 견해는 이를 변경하기로 한다.

(이 판결에는 6인의 대법관의 반대의견이 있음.

반대의견의 요지: 토지소유자로서는 법정지상권을 가진 건물소유자로부터 건물을 양수하였을 뿐 아직 법정지상권을 취득하지 못하고 있는 건물양수인에 대하여 법정지상권의 승계취득에 협력할 의무를 부담하지 않고 있으며 그 의무는 법정지상권자에게 있을 뿐이므

로 의무 없는 토지소유자에게 그 승계취득에 관한 건물양수인의 이익을 배려하라고 요구할 수는 없고 이를 배려하지 아니한 행위를 형평에 어긋나거나 신뢰를 저버린 것이라 나무랄 수는 없어 대지소유자가 건물양수인에 대하여 하는 소유권에 기한 건물철거청구를 획일적으로 신의칙위반이라고 배척할 수는 없으며 건물양수인은 앞으로 법정지상권을 유효하게 취득함으로써 건물을 보호받을 수 있는 법적 수단을 가진 자이므로 이런 법적 수단을 갖춘 경우에만 토지소유자의 토지용익권에 우선할 수 있고 그렇지 않는 한 토지소유자의 철거청구에 대항할 수 없다고 보는 것이 토지이용관계의 조정상 공평하고 합리적인 해석이며, 또 현행 부동산공시제도의 원칙에도 합당하다)

[관련규정] 제2조, 제366조

[해설 및 논평]

1. 해설

본 판결에서 판시하고 있는 주요사항은 네 가지이다. 첫째로 본 사안의 경우에 A에게 제366조에 의한 법정지상권이 성립했다는 점, 둘째로 법정지상권자는 그 권리의 등기를 하지 않고도 대지의 전득자(원고)에 대하여 지상권설정등기 청구권이 있다는 점, 셋째로 법정지상권을 양도받기로 한 자(피고 C)는 채권자대위의 법리에 의하여 원고 및 A에 대하여 차례로 지상권설정등기 및 이전등기절차의 이행을 구할 수 있다는 점, 넷째로 법정지상권을 취득할 지위에 있는 자(피고)에 대하여 원고가 대지소유권에 기하여 건물철거를 구함은 지상권의 부담을 용인하고 또한 그 설정등기절차를 이행할 의무 있는 자가 그 권리자를 상대로 한 청구라 할 것이어서 신의성실의 원칙상 허용될 수 없다는 점이 그것이다. 이 가운데 첫째의 점은 제366조의 법정지상권의 요건의 문제로서 당연한 것이므로 생략하고, 나머지에 대하여 살펴본다.

(1) 법정지상권자의 권리 주장

법정지상권 취득은 제187조에 의한 물권변동이므로 거기에 등기가 요구되지 않는다. 그리고 법정지상권은 물권이므로 모든 자에게 주장할 수 있다. 그 결과 법정지상권자는 대지의 전득자에 대하여도 지상권설정등기 청구권을 가진다.

(2) 법정지상권을 양도받기로 한 자의 등기청구권 대위

본 판결은 그 사안에서 피고 C가 A로부터 법정지상권를 양도받기로 하는 채권계약이 있었다고 하였다(이는 실질적으로는 의제임). 그러한 경우에 C는 원고에 대하여는 A를 대위하여 지상권설정등기를 청구하고, A에 대하여는 지상권이전등기를 청구할 수 있다고 한다. 이는 본 판결 이전부터 인정하던 것이다.

(3) 건물철거청구의 불허

본 판결은 법정지상권을 취득할 지위에 있는 피고에 대하여 원고가 대지소유권에 기하여 건물철거를 구하는 것은 신의성실의 원칙상 허용될 수 없다고 한다. 과거 대법원은 토지소유자의 건물철거를 인정하였었다(대판 1982. 10. 12, 80다2667 등). 그런데 본 판결로 판례를 변경하였다. 본 판결은 철거청구가 신의칙에 반하는 구체적인 이유로,「지상권의 부담을 용인하고 또한 그 설정등기절차를 이행할 의무 있는 자가 그 권리자를 상대로 한 청구」여서 그렇다고 한다. 이러한 이유로 미루어 이 판례는 법정지상권이 발생한 건물의 양수인에 한정되는 것으로 이해해야 한다(김시승 평석 18면).

2. 논평

본 판결은 법정지상권이 성립하기 전에 건물을 양도한 경우이기도 하여 주저되는 점이 있으나 수용하여도 무방할 것이다.

[주요 평석 문헌] 김시승, "법정지상권을 취득할 지위에 있는 건물매수인에 대한 토지소유자의 건물철거청구," 대법원판례해설, 4호, 7면 이하; 윤진수, "법정지상권 성립 후 건물을 취득한 자의 지위," 민사재판의 제문제, 5권, 78면 이하.

42. 저당권의 침해에 대한 구제

◆ 대판 2006. 1. 27, 2003다58454
[건축공사중지청구의소](강의 B-375, 물권 [229])

[쟁점] 저당권자가 저당권에 기한 방해배제청구권을 행사하여 방해행위의 제거를 청구할 수 있는 경우

[사실관계]

(1) 소외 A회사는 이 사건 대지 위에 지상 6층, 지상 20층 규모의 오피스텔(이하 '이 사건 건물'이라고 함)을 건축하여 분양하기로 하고, 1996. 4. 18. 건축허가를 받아 1996. 9. 6. 공사에 착수하였으며, 1996. 5. 1.부터 분양을 개시하여 총 468세대 중 371세대를 분양하였다.

(2) A회사는 1996. 12. 7. 이 사건 대지를 당시 소유자이던 서울시로부터 매수한 뒤 같은 달 9. 소외 B은행으로부터 이 사건 건물 건축자금 180억 원(이하 '이 사건 대여금채권'이라고 함)을 차용하면서 이 사건 대지에 관하여 채권최고액 143억 원의 근저당권(이하 '이 사건 근저당권'이라고 함)을 위 B은행 앞으로 설정하여 주었다.

(3) A회사가 1998. 1. 14. 이 사건 건물의 건축공사를 지하 1층까지 완성한 상태에서 부도를 내자, A회사로부터 이 사건 건물을 개별 분양받은 수분양자들이 중심이 되어 피고 조합을 결성하였고, 피고 조합은 1998. 2. 24. A회사로부터 이 사건 건물 건축사업의 시행권을 양수한 뒤 공사를 재개하여 현재는 지하층(지하 6층부터 지하 1층, 이하 '이 사건 지하 구축물'이라고 함)의 공사를 마친 상태인데, 이 사건 지하구축물은 공동가설공사, 건축공사, 전기공사 등의 공정이 모두 이루어졌으며, 지하 1층 내지 지하 6층까지의 기둥, 지붕 및 주벽 등의 시공이 완료되었다.

(4) 원고는 2000. 12. 22. B은행으로부터 B은행이 A회사에 대하여 가지고 있는 이 사건 대여금채권과 이 사건 근저당권을 함께 양수한 뒤 2001. 3.

20. 근저당권자의 지위에서 이 사건 근저당권 실행을 위한 임의경매신청을 하였고, 경매법원은 이 사건 대지를 9,273,784,000원, 이 사건 지하구축물을 196억 9,000만 원으로 감정·평가한 뒤 이 사건 지하구축물을 이 사건 대지의 부합물로 보아 경매 목적물에 포함시켜 경매절차를 진행시켰고, 이에 2002. 10. 24. 이 사건 대지 및 이 사건 지하구축물이 대금 252억 6,000만 원에 낙찰되었는데, 피고 조합이 위 경락허가결정에 대하여 항고한 결과, 항고심 법원은 2003. 3. 7. 이 사건 지하구축물은 이 사건 대지의 부합물이 아닌 별개의 독립한 부동산이므로 이 사건 지하구축물을 이 사건 대지의 부합물로 보아 입찰대상 목적물에 포함시킨 위 경락허가결정이 부당하다고 하여 이를 취소하였고, 위 항고심 결정에 대하여 원고가 재항고하였으나 재항고심은 2003. 7. 11. 위 재항고를 기각하였다.

(5) 원고는 피고 조합을 상대로 법원에 이 사건 근저당권에 기한 방해배제청구권을 피보전권리로 하여 이 사건 대지 위에 이 사건 건물을 신축하고 있는 피고 조합을 상대로 공사중지가처분 신청을 하였고, 위 법원은 2002. 4. 9. 그 신청을 인용하는 가처분결정을 내렸다. 그리고 원고는 같은 법원에 피고 조합을 상대로 이 사건 건축공사중지청구 소송을 제기하였다.

(6) 원고 승계참가인은 2003. 4. 11. 원고로부터 이 사건 대여금채권 및 이 사건 근저당권을 양수하였고, 2003. 5. 6. 원고로부터 위 채권 및 근저당권 양도를 원인으로 한 승계참가인 명의의 이 사건 근저당권 이전의 부기등기를 경료받았다.

[판결요지]

저당권은 목적 부동산의 사용·수익을 그대로 설정자에게 맡겨 두었다가 경매 절차를 통하여 경매목적물을 환가하고 그 대금에서 피담보채권을 우선 변제받는 것을 본질적인 내용으로 하는 담보물권으로서(민법 제356조) 저당부동산의 소유자 또는 그로부터 점유권원을 설정받은 제3자에 의한

점유가 전제되어 있으므로 소유자 또는 제3자가 저당부동산을 점유하고 통상의 용법에 따라 사용·수익하는 한 저당권을 침해한다고 할 수 없다. 그러나 저당권자는 저당권 설정 이후 환가에 이르기까지 저당물의 교환가치에 대한 지배권능을 보유하고 있으므로 저당목적물의 소유자 또는 제3자가 저당목적물을 물리적으로 멸실·훼손하는 경우는 물론 그 밖의 행위로 저당부동산의 교환가치가 하락할 우려가 있는 등 저당권자의 우선변제청구권의 행사가 방해되는 결과가 발생한다면 저당권자는 저당권에 기한 방해배제청구권을 행사하여 방해행위의 제거를 청구할 수 있다.

대지의 소유자가 나대지 상태에서 저당권을 설정한 다음 대지상에 건물을 신축하기 시작하였으나 피담보채무를 변제하지 못함으로써 저당권이 실행에 이르렀거나 실행이 예상되는 상황인데도 소유자 또는 제3자가 신축공사를 계속한다면 신축건물을 위한 법정지상권이 성립하지 않는다고 할지라도 경매절차에 의한 매수인으로서는 신축건물의 소유자로 하여금 이를 철거하게 하고 대지를 인도받기까지 별도의 비용과 시간을 들여야 하므로, 저당목적 대지상에 건물신축공사가 진행되고 있다면 이는 경매절차에서 매수희망자를 감소시키거나 매각가격을 저감시켜 결국 저당권자가 지배하는 교환가치의 실현을 방해하거나 방해할 염려가 있는 사정에 해당한다.

[관련규정] 제214조, 제370조

[해설 및 논평]

1. 해설

저당권은 목적물의 교환가치만 지배할 뿐(가치권) 그것을 이용할 수 있는 권리가 아니기 때문에 저당권설정자는 목적물을 점유하여 사용할 수 있다. 그런데 다른 한편으로 저당권의 경우에도 그 침해가 있으면 방해의 제거나 예방을 청구할 수

있다(370조·214조). 여기서 이 둘의 조화를 어디에서 찾아야 하는지 문제된다.

그와 관련하여 본 판결은, 저당목적물의 소유자 또는 제3자가 저당목적물을 물리적으로 멸실·훼손하는 경우는 물론 그 밖의 행위로 저당부동산의 교환가치가 하락할 우려가 있는 등 저당권자의 우선변제청구권의 행사가 방해되는 결과가 발생한다면 저당권자는 저당권에 기한 방해배제청구권을 행사하여 방해행위의 제거를 청구할 수 있다고 한다. 이는 저당권의 침해의 경우에 방해배제청구권의 인정요건을 판시한 것이다.

본 판결은 더 나아가 그 사안에 존재하는 사정(위의 판결요지의 둘째 단락)을 객관화하여 언급한 뒤 그것은 교환가치의 실현을 방해하거나 방해할 염려가 있는 사정에 해당한다고 한다. 그러면서 저당권자의 공사금지청구를 인정한 원심의 판단이 정당하다고 한다. 본 판결은 저당권자의 공사금지청구를 인정한 최초의 것이다.

2. 논평

이 판결의 타당성에 대하여는 긍정하는 견해가 다수설이나, 판례에 비판적인 소수설도 있다(자세한 점은 물권 [229] 참조). 생각건대 저당권의 본질을 생각해볼 때 침해가 없다고 할 여지도 있으나, 저당권이 지배하는 교환가치를 위태롭게 하지 않아야 하므로 일정한 요건 하에 건물신축행위의 금지청구를 허용하는 것이 타당하다.

[비교판결] 대판 2005. 4. 29, 2005다3243(저당부동산의 점유로 인하여 정상적인 점유가 있는 경우의 경락가격과 비교하여 그 가격이 하락하거나 경매절차가 진행되지 않는 등 저당권의 실현이 곤란하게 될 사정이 있는 경우에는 저당권의 침해가 인정될 수 있다)

[주요 평석 문헌] 오현규, "저당권에 기한 방해배제청구권과 건물신축행위의 중지청구," 민사판례연구, 29권, 521면 이하.

43. 누적적 근저당권과 물상보증인의 변제자 대위

◈ 대판 2020. 4. 9, 2014다51756 · 51763
[배당이의 · 배당이의](강의 B-381, C-374, 물권 [236], 채총 [231])

[쟁점] 동일한 채권담보의 목적으로 여러 개의 부동산에 근저당권을 설정하면서 개별 근저당권 형식을 취한 경우 누적적 근저당권을 설정한 것인지 여부(적극) 및 누적적 근저당권의 실행방법, 누적적 근저당권에서 물상보증인이 변제자대위를 할 수 있는지 여부(적극)

[사실관계]

甲(채무자)과 원고(물상보증인)는 乙은행의 甲에 대한 75억 원의 대출금채권을 담보하기 위하여 다음과 같이 A, B, C그룹 근저당권을 각 설정하였다. ① A그룹(甲소유 W건물 4개 호실과 원고 소유 X아파트를 공동담보, 채권최고액 25억 원), ② B그룹(원고 소유 Y토지와 Z토지를 공동담보, 채권최고액 40억 원), ③ C그룹(甲소유 W건물 36개 호실, 각 부동산별로 채권최고액 약 9천만 원). 당사자들은 공동근저당권으로 등기된 A그룹 근저당권 상호간 및 B그룹 근저당권 상호간을 제외하고는 각 근저당권 사이에 담보범위가 중첩되지 않고 이 사건 대출금채권 전체를 누적적으로 담보할 의사로 각 근저당권을 설정하였다.

乙은행은 B그룹 근저당권에 기하여 원고 소유 Z토지의 협의취득 보상금에 물상대위권을 행사하여 대출금 일부를 변제받았다. 한편 피고는 甲에 대한 공사대금채권을 담보하기 위하여 甲소유 W건물 전체를 공동담보로 (후순위)근저당권설정등기를 마쳤다.

W건물 38개 호실(C그룹 근저당권이 설정된 36개 호실 전체와 A그룹 근저당권이 설정된 2개 호실)에 관하여 임의경매절차가 진행되었는데, 배당절차에서 1순위 근저당권자 乙은행에 배당하고 난 나머지 금액이 모두 피고에게 배당되었고, 원고는 전혀 배당을 받지 못하였다.

원고는 피고에 대한 배당액에 대하여 이 사건 배당이의의 소를 제기하였다. 원심은 원고가 A, C그룹 근저당권을 대위행사할 수 있고, 위 근저당권의 각 채권최고액 중 乙은행에 배당된 금액을 뺀 나머지 범위에서 피고에 우선하여 배당받을 수 있다고 판단하였다. 원심판결에 대하여 피고가 상고하였다.

[판결요지]

[1] 당사자 사이에 하나의 기본계약에서 발생하는 동일한 채권을 담보하기 위하여 여러 개의 부동산에 근저당권을 설정하면서 각각의 근저당권 채권최고액을 합한 금액을 우선변제받기 위하여 공동근저당권의 형식이 아닌 개별 근저당권의 형식을 취한 경우, 이러한 근저당권은 민법 제368조가 적용되는 공동근저당권이 아니라 피담보채권을 누적적(累積的)으로 담보하는 근저당권에 해당한다. 이와 같은 누적적 근저당권은 공동근저당권과 달리 담보의 범위가 중첩되지 않으므로, 누적적 근저당권을 설정받은 채권자는 여러 개의 근저당권을 동시에 실행할 수도 있고, 여러 개의 근저당권 중 어느 것이라도 먼저 실행하여 그 채권최고액의 범위에서 피담보채권의 전부나 일부를 우선변제받은 다음 피담보채권이 소멸할 때까지 나머지 근저당권을 실행하여 그 근저당권의 채권최고액 범위에서 반복하여 우선변제를 받을 수 있다.

[2] 채권자가 하나의 기본계약에서 발생하는 동일한 채권을 담보하기 위하여 채무자 소유의 부동산과 물상보증인 소유의 부동산에 누적적 근저당권을 설정받았는데 물상보증인 소유의 부동산이 먼저 경매되어 매각대금에서 채권자가 변제를 받은 경우, 물상보증인은 채무자에 대하여 구상권을 취득함과 동시에 민법 제481조, 제482조에 따라 종래 채권자가 가지고 있던 채권 및 담보에 관한 권리를 행사할 수 있다. 이때 물상보증인은 변제자대위에 의하여 종래 채권자가 보유하던 채무자

소유 부동산에 관한 근저당권을 대위취득하여 행사할 수 있다고 보아야 한다.

[관련규정] 제368조, 제481조, 제482조

[해설 및 논평]

1. 해설

(1) 공동저당권과 누적적 저당권

1) 공동근저당권에서는 그 담보되는 피담보채권이 중첩되며, 동시배당, 이시배당을 불문하고 공동근저당권자가 공동근저당권 목적 부동산의 각 환가대금으로부터 채권최고액만큼 반복하여 배당받을 수는 없다(대판(전원) 2017. 12. 21, 2013다16992).

2) 누적적 근저당권은 동일한 채권을 담보하기 위하여 여러 개의 부동산에 근저당권을 설정하면서 각각의 근저당권 채권최고액을 합한 금액을 우선변제받기 위하여 공동근저당권의 형식이 아닌 개별 근저당권의 형식을 취한 경우이다. 가령 1부동산과 2부동산에 각각 채권최고액 10억 원의 근저당권을 설정하였고 확정된 피담보채권이 20억 원인 경우, 공동근저당권이라면 근저당권자는 1, 2 부동산을 합하여 10억 원까지만 우선변제받을 수 있는 반면, 누적적 근저당권이라면 1, 2 부동산에서 각 10억 원 그리하여 총 20억 원을 우선변제받게 된다. 판결요지 [1]은 채권자가 누적적 근저당권을 실행하는 방법에 관하여 설시하였다.

3) 공동저당관계의 등기는 공동저당권의 성립요건이 아니므로(대판 2010. 12. 23, 2008다57746), 공동근저당권인지 누적적 근저당권인지는 법률행위 해석의 문제이다. 대상판결 사안에서는 누적적 근저당권의 성립을 인정하였다.

(2) 물상보증인의 변제자대위와 후순위저당권의 우열

본 판결은 다음과 같은 점을 근거로 누적적 근저당권에서 물상보증인의 채무자 소유 부동산에 관한 근저당권에 대한 변제자대위를 인정하였다(판결요지 [2]).

1) 변제자대위를 인정하려면 복수의 근저당권이 별개의 피담보채권이 아니라 「동일한 피담보채권」을 담보한다는 점이 인정되어야 한다. 당사자가 피담보채권을 분할하여 분할된 채권별로 근저당권을 설정하였다면 이는 각각 별개의 채권 담보를 위한 개별 근저당권일 뿐 누적적 근저당권이라고 할 수 없다(앞의 예에서 피담보채권 20억 원을 2개로 분할하여 각 10억 원의 채권을 담보하기 위하여 1, 2 부동산에 근저당권을 설정한 경우). 이 경우 각 근저당권의 피담보채권이 동일하지 않으므로 분할된 채무 중 하나를 변제한 물상보증인의 다른 근저당권에 대한 변제자대위는 인정될 수 없다.

누적적 근저당권에서 각 근저당권의 담보범위가 중첩되지 않는다고 해서 피담보채권이 각 근저당권별로 자동으로 분할된다고 볼 수 없다. 누적적 근저당권은 동일한 피담보채권이 모두 소멸할 때까지 근저당권 전부 또는 일부를 실행하여 각각의 채권최고액까지 우선변제를 받고자 설정되는 것이다.

2) 누적적 근저당권에서 물상보증인은 변제자대위 등을 통해 채무자 소유 부동산이 우선적으로 책임을 부담할 것을 기대하고 담보를 제공한다. 반면 누적적 근저당권은 공동근저당권이 아니라 개별 근저당권 형식으로 등기되므로 채무자 소유 부동산의 후순위저당권자는 선순위근저당권의 채권최고액을 뺀 나머지 부분을 담보가치로 파악하고 저당권을 취득한다. 따라서 선순위근저당권의 채권최고액 범위에서 물상보증인의 변제자대위를 허용하더라도 후순위저당권자의 신뢰를 침해하지 않는다.

이 사건에서 원고는 변제자대위에 의하여 乙은행이 보유하고 있는 A, C그룹 근저당권을 乙은행과 함께 행사할 수 있는바, 경매절차에서 A, C그룹 근저당권의 각 채권최고액 중 乙은행이 우선변제받고 남은 금액이 있으면 후순위근저당권자인 피고에 우선하여 배당받을 수 있다(상고기각).

2. 논평

본 판결은 타당하다.

[주요평석문헌] 이지영, "누적적 근저당권과 물상보증인의 변제자대위," 대법원판례해설, 제123호, 85면 이하.

44. 공동저당에서 후순위저당권자와 물상보증인 사이의 우열관계

◈ 대판 1994. 5. 10, 93다25417
　[근저당권설정등기말소](강의 B-385·386, 물권
　[238])

[쟁점] 공동저당에 있어서 후순위저당권자의 대위와 물상보증인의 변제자대위가 충돌하는 경우의 법률관계의 우선순위. 물상보증인이 대위 취득한 선순위저당권 설정등기에 대하여 선순위저당권의 피담보채무의 소멸을 이유로 말소청구를 할 수 있는지 여부

[사실관계]

(1) 피고 은행이 소외 X회사에게 1,218,979,822원을 대여하면서, X회사 소유의 판시 별지목록 제3기재 부동산 및 각각 원고, 소외 A, 소외 B, 소외 C 소유의 판시 별지목록 제1, 2, 4, 5기재 부동산(이하 이 사건 제1 내지 5부동산이라 함)에 대하여 각 1, 2, 3번공동근저당권 설정등기를 경료하고, 그 후 추가로 C의 소유의 이 사건 제5부동산에 대하여 5번근저당권 설정등기까지 경료하였다.

(2) 소외 신용보증기금이 X회사에게 7,022,460원을 대여하면서, 이 사건 제1 내지 5부동산에 대하여 각 4번공동근저당권 설정등기를 경료하였고, 피고보조참가인(이하 참가인이라 함) D가 B에게 3억 원을 대여하면서, 동인 소유의 이 사건 제4부동산 및 각각 A, X회사 소유의 이 사건 제2, 3부동산에 대하여 각 5번공동근저당권 설정등기를 경료하였으며, 참가인 주식회사 한국외환은행이 소외 Y회사에게 291,695,643원을 대여하면서, C 소유의 이 사건 제5부동산에 대하여 6번근저당권 설정등기를 경료하였다.

(3) 그 후 X회사가 위 대출금상환을 연체하자 피고 은행은 공동담보물인 이 사건 제1 내지 5부동산에 대하여 따로 따로 임의경매 신청을 하는 바람에, 각 그 경매절차가 별도로 진행된 결과, 이 사건 제2 내지 5부동산에 대한 경매절차가 먼저 종료되어 각 그 배당절차에서 피담보채권을 전부 변제받고 이 사건 제1부동산에 대한 경매는 이를 취하하였다. 한편 위 신용보증기금은 이 사건 제5부동산에 대한 경매절차에서 그 피담보채권 전액을 변제받았으나, 위 각 부동산에 대한 경매절차가 동시에 이루어지지 않고 이시(異時)에 이루어짐에 따라, 후순위근저당권자인 참가인 D는 이 사건 제2, 3, 4부동산에 대한 경매절차에서 전혀 배당을 받지 못하였고, 후순위근저당권자인 참가인 은행은 이 사건 제5부동산에 대한 경매절차에서 23,528,860원만을 배당받았다.

(4) 그 뒤 원고는 피고 은행에 대하여 제1부동산에 경료된 각 근저당권설정등기의 말소등기절차 이행을 구하는 소를 제기하였다.

[판결요지]

[1] 공동저당의 목적인 채무자 소유의 부동산과 물상보증인 소유의 부동산에 각각 채권자를 달리하는 후순위저당권이 설정되어 있는 경우, 물상보증인 소유의 부동산에 대하여 먼저 경매가 이루어져 그 경매대금의 교부에 의하여 1번저당권자가 변제를 받은 때에는 물상보증인은 채무자에 대하여 구상권을 취득함과 동시에, 민법 제481조, 제482조의 규정에 의한 변제자대위에 의하여 채무자 소유의 부동산에 대한 1번저당권을 취득하고, 이러한 경우 물상보증인 소유의 부동산에 대한 후순위저당권자는 물상보증인에게 이전한 1번저당권으로부터 우선하여 변제를 받을 수 있으며, 물상보증인이 수인인 경우에도 마찬가지라 할 것이므로(이 경우 물상보증인들 사이의 변제자대위의 관계는 민법 제482조 제2항 제4호, 제3호에 의하여 규율될 것이다), 자기 소유의 부동산이 먼저 경매되어 1번저당권자에게 대위변제를 한 물상보증인은 1번저당권을 대위취득하고, 그 물상보증인 소유의 부동산의 후순위저당권자는 1번저당권에 대하여 물상대위를 할 수 있다.

[2] 물상보증인이 대위 취득한 선순위저당권 설정등기에 대하여는 말소등기가 경료될 것이 아니라 물상보증인 앞으로 대위에 의한 저당권이전의 부기등기가 경료되어야 할 성질의 것이며, 따라서 아직 경매되지 아니한 공동저당물의 소유자로서는 1번저당권자에 대한 피담보채무가 소멸하였다는 사정만으로는 말소등기를 청구할 수 없다.

[관련규정] 제368조 제2항, 제481조, 제482조, 제370조, 제342조

[해설 및 논평]

1. 해설

본 판결은 다음 세 가지 주요사항에 관하여 판시를 하고 있다. 첫째로 공동저당에서 후순위근저당권자와 물상보증인 사이에 누가 우선하는지, 둘째로 물상보증인이 우선하는 경우에 물상보증인은 어떤 권리를 가지고 또 물상보증인의 후순위저당권자는 어떻게 권리행사를 할 수 있는지, 셋째는 물상보증인이 대위 취득한 선순위저당권 설정등기에 대하여 말소등기를 청구할 수 있는지가 그것이다. 이들 중 본 판결 사안의 해결과 관련해서는 셋째의 점이 핵심이지만, 법 이론적으로는 첫째의 점이 가장중요하다.

(1) 후순위저당권자와 물상보증인의 우열관계

공동저당의 목적부동산 가운데 일부가 먼저 경매되어 그 대가를 먼저 배당하는 경우에는 공동저당권자는 그 대가로부터 그의 채권 전부를 변제받을 수 있고, 이 경우에 그 경매된 부동산의 후순위저당권자는 동시에 배당하였다면 공동저당권자가 다른 부동산의 경매대가로부터 변제받을 수 있는 금액의 한도에서 공동저당권자를 대위하여 저당권을 행사할 수 있다(368조 2항). 그런가 하면 공동저당의 목적부동산의 일부가 물상보증인의 소유에 속하는 경우에 그러한 부동산이 경매된 때에는 그 소유자였던 물상보증인은 변제에 의한 대위규정(481조·482조)에 의하여 구상권을 취득하고 다른 부동산에 대하여 공동저당권자를 대위하게

된다. 그리하여 후순위저당권자의 대위와 물상보증인의 변제자대위가 충돌하게 된다. 이때 누가 우선하는지가 문제된다.

그에 관하여 대법원은 본 판결에서 처음으로 판단을 하면서, 물상보증인의 대위를 우선시키고 있다. 그리고 본 판결 후에 후속판결도 여러 번 나와 확고해졌다.

(2) 물상보증인과 그 부동산의 후순위저당권자의 권리

위와 같은 경우에 경매된 저당부동산의 소유자인 물상보증인은 채무자 또는 다른 물상보증인에 대하여 구상권을 취득하고, 아울러 채무자 등의 부동산 위에 설정된 저당권도 취득하게 된다. 이때 저당권 이전을 위하여 등기가 필요하지는 않다. 그렇지만 물상보증인은 채권자에게 저당권 이전의 부기등기를 청구할 수도 있다(부등법 79조 참조). 한편 그 물상보증인 소유 부동산 위의 후순위저당권자는 물상보증인에게 이전된 저당권에 대하여 물상대위를 하는 방법으로 우선변제를 받게 된다. 본 판결은 이들에 관하여도 판시하였다.

(3) 선순위저당권 설정등기의 말소문제

물상보증인이 변제자대위에 의해 선순위저당권을 취득하는 경우에 그 저당권은 절대적으로 소멸한 것이 아니고 물상보증인에게 이전된다. 그리고 물상보증인이나 그 부동산에 관한 후순위저장권자가 권리를 행사하려면 그 저당권등기가 말소되지 않아야 한다. 본 판결은 그에 대하여도 판단하고 있다.

2. 논평

본 판결은 위의 여러 점에서 전반적으로 타당하다(강의 B-571, 특히 물권 [238] 참조).

[주요 평석 문헌] 서기석, "공동저당에 있어서 후순위근저당권자의 대위와 물상보증인의 변제자대위의 충돌," 대법원판례해설, 21호, 52면 이하; 양창수, "후순위저당권자 있는 공동저당부동산에 대한 경매와 물상보증인의 지위," 민사판례연구, 18권, 163면 이하.

물권법

45. 가등기담보법의 적용과 관련한 문제

◆ 대판 2006. 8. 24, 2005다61140
　[부동산지분이전등기말소등기](강의 B-410, 물권
　[254])

[쟁점] 재산권 이전의 예약에 의한 가등기담보
에 있어서 예약 당시 선순위 근저당권이 설정되어
있는 경우에 가등기담보법의 적용요건. 채권자가
채권담보의 목적으로 가등기를 하였다가 변제를
받지 못하여 가등기에 기한 본등기를 한 경우에
가등기담보법이 적용되지 않을 경우의 법률관계

[사실관계]
　(1) 원고와 피고는 1998. 4.경 이 사건 토지를
공동으로 매수하여 각 1/2 지분씩 지분이전등기를
마쳤다. 그리고 원고와 피고는 1999. 5. 13. X새마
을금고에 이 사건 토지에 관하여 근저당권을 설정
해주고 원고 명의로 4억 5,000만 원을 대출받아(이
하 '이 사건 대출금'이라 함), 그 중 3억 5,000만 원은
원고가, 나머지 1억 원은 피고가 각 사용하였다.
　(2) 한편 Y회사는 원고, A 등의 연대보증 하에
신용보증기금으로부터 발행받은 신용보증서를 담
보로 1억 원을 대출 받았다가 그 원리금을 갚지
못하자, 신용보증기금이 원고에 대하여 사전구상
권을 취득하였음을 원인으로 이 사건 토지 중 원
고 지분(이하 '이 사건 지분'이라 함)에 관하여 청구
금액 합계 1억 원의 가압류결정을 받아 가압류등
기를 마쳤다.
　(3) 원고가 이 사건 대출금 중 자신이 사용한 3
억 5,000만 원에 대한 1999. 11. 이후의 이자를 연
체하자 X새마을금고는 이 사건 토지에 관하여 임
의경매를 신청하여 2000. 10. 27. 임의경매 개시결
정을 받았다.
　(4) 이에 원고와 피고는 위 임의경매를 취하시
키고 이 사건 토지에 건물을 공동으로 신축하기로
하고, 2000. 11. 22.경 피고가 원고에게 2억 원을
대여하면, 그 돈으로 이 사건 대출금 전부에 대한

연체이자, 위약금, 경매취하비용 등 위 임의경매
를 취하시키는 데 필요한 비용과 이 사건 지분에
관하여 설정된 위 신용보증기금의 가압류를 해지
하기 위한 비용 등으로 사용하고, 대신 피고는 담
보로 이 사건 지분에 관하여 가등기를 설정받되
만일 원고가 3개월 후인 2001. 2. 22.까지 위 대여
금을 변제하지 못하면 본등기를 경료하기로 하는
내용의 약정(이하 '이 사건 약정'이라 함)을 하였다.
　(5) 이 사건 약정에 따라 원고는 이 사건 지분
에 관하여 피고 명의로 지분이전청구권 가등기와
본등기를 위해 필요한 서류를 교부하여 주었고,
피고는 2000. 11. 23. 위 서류를 이용하여 이 사건
지분에 관하여 지분이전청구권 가등기(이하 '이 사
건 가등기'라 함)를 마쳤다. 그런데 피고는 2000.
12. 2. 이 사건 약정에서 정한 대여금의 용도에 따
라 이 사건 대출금 전부에 대한 연체이자와 위약
금 합계 81,241,740원 및 경매취하비용 12,871,750
원을 X새마을금고에 변제하고 위 임의경매를 취
하시켰으나, 원고에게 직접 건네주기로 하였던 나
머지 대여금은 원고에게 지급하지 않았다. 원고는
피고에게 자신의 채무를 정산하고 이 사건 가등기
의 말소를 요구하였으나, 피고는 이를 미루다가
2001. 10. 23. 이 사건 가등기에 기하여 지분이전
등기(이하 '이 사건 본등기'라 함)를 마쳤다.
　(6) 이후 피고는 2001. 12. 12. 이 사건 대출금 4
억 5,000만 원과 이에 대한 연체이자 50,295,150원
및 위약금 12,217,690원을 X새마을금고에 변제하
고, 그 대출금의 담보로 이 사건 토지에 설정되어
있던 근저당권설정등기를 말소시켰으며, 이 사건
지분에 설정된 신용보증기금의 가압류를 취소하
기 위해, 신용보증기금에 자신의 부담비율 이상을
변제하여 원고에 대하여 구상금 채권을 취득한 A
에게 합계 39,202,818원을 변제공탁하였다. 한편
이 사건 지분의 가액은 466,248,500원이다.
　(7) 그러한 상태에서 원고는 피고를 상대로, 원
고로부터 121,636,790원을 지급받음과 동시에 지분
이전청구권 가등기를 말소하라는 소를 제기하였다.

[판결요지]

[1] 가등기담보 등에 관한 법률은 재산권 이전의 예약에 의한 가등기담보에 있어서 재산의 예약 당시의 가액이 차용액 및 이에 붙인 이자의 합산액을 초과하는 경우에 적용되는바, 재산권 이전의 예약 당시 재산에 대하여 선순위 근저당권이 설정되어 있는 경우에는 재산의 가액에서 피담보채무액을 공제한 나머지 가액이 차용액 및 이에 붙인 이자의 합산액을 초과하는 경우에만 적용된다.

[2] 가등기담보 등에 관한 법률이 적용되지 않는 경우에도 채권자가 채권담보의 목적으로 부동산에 가등기를 경료하였다가 그 후 변제기까지 변제를 받지 못하여 위 가등기에 기한 소유권이전의 본등기를 경료한 경우에는, 당사자들 사이에 채무자가 변제기에 피담보채무를 변제하지 아니하면 채권채무관계는 소멸하고 부동산의 소유권이 확정적으로 채권자에게 귀속된다는 명시의 특약이 없는 한, 그 본등기도 채권담보의 목적으로 경료된 것으로서 정산절차를 예정하고 있는 이른바 '약한 의미의 양도담보'가 된다. 그리고 이와 같이 약한 의미의 양도담보가 된 경우에는 채무의 변제기가 도과한 후에도 채권자가 담보권을 실행하여 정산절차를 마치기 전에는 채무자는 언제든지 채무를 변제하고 채권자에게 위 가등기 및 그 가등기에 기한 본등기의 말소를 청구할 수 있다.

[관련규정] 가등기담보법 제1조

[해설 및 논평]
1. 해설
본 판결은 크게 두 가지 쟁점에 대하여 판단을 하고 있다. 하나는 가등기담보의 경우에 재산의 가액과 차용액 및 이에 붙인 이자의 합산액의 비교에 따른 가등기담보법 적용범위에 대한 것이고, 다른 하나는 가등기담보법이 적용되지 않는 경우에 가등기에 기한 본등기를 했을 때의 법률관계에 대한 것이다. 이들에 관한 본 판결은 모든 점에

관하여 최초의 것은 아니다. 그런데 중요한 여러 가지 점이 하나의 판결에 모여 있는 점에 특징이 있다. 두 가지 쟁점을 나누어 살펴본다.

(1) 가등기담보법의 적용범위 문제
본 판결 이전부터 대법원은, 가등기담보법은 재산권 이전의 예약에 의한 가등기담보에 있어서 그 재산의 예약 당시의 가액이 차용액 및 이에 붙인 이자의 합산액을 초과하는 경우에 한하여 그 적용이 있다고 하였는데(대판 1993. 10. 26, 93다27611), 본 판결에서 그것을 되풀이하였다. 그런가 하면 본 판결은, 재산권 이전의 예약 당시 재산에 대하여 선순위 근저당권이 설정되어 있는 경우에는 재산의 가액에서 피담보채무액을 공제한 나머지 가액이 차용액 및 이에 붙인 이자의 합산액을 초과하는 경우에만 적용된다고 한다. 이는 과거 대법원이 제607조가 정한 재산 가액에 관하여 동일하게 해석하던 것을 그대로 따른 것이다(대판 1991. 2. 26, 90다카24526 참조. 이 판결에 대하여 윤용섭, "선순위저당권이 설정되어 있는 경우의 민법 제607조 소정의 '재산의 가액'의 의미," 민사판례연구, 14권, 122면 이하는 대주가 선순위의 피담보채무를 인수하지 않은 경우에는 대주가 부당하게 이득을 취하므로 반대한다).

(2) 가등기담보법이 적용되지 않는 경우에 가등기에 기하여 본등기를 한 때의 법률관계
이러한 때에 대하여 본 판결은 - 특약이 없는 한 - 정산을 해야 하는 「약한 의미의 양도담보」를 한 것으로 보아 정산을 요구한다. 그리고 그 때에는 채권자가 담보권을 실행하여 정산절차를 마치기 전에는 채무자는 언제든지 채무를 변제하고 채권자에게 위 가등기 및 그 가등기에 기한 본등기의 말소를 청구할 수 있다고 한다.

2. 논평
본 판결은 전반적으로 타당하나, 선순위 저당권이 있는 경우에 대하여는 재고가 필요하다.

46. 가등기담보권의 실행

◆ 대판 2002. 4. 23, 2001다81856
[건물명도](강의 B-414·415, 물권 [257]·[258])

[쟁점] 가등기담보법에 기한 귀속정산절차에 있어서 통지의 상대방 및 그 통지 흠결시 소유권의 취득 여부(소극). 가등기담보법상 가등기담보권의 사적 실행에 있어서 청산기간이나 동시이행관계 등을 인정하지 않는 처분정산형의 담보권 실행이 허용되는지 여부(소극)

[사실관계]
(1) 원고는 1998. 9. 11. A에게 돈을 빌려주고 이를 담보하기 위하여 A의 연대보증인 B 소유의 이 사건 주택에 관하여 원고를 권리자로 한 소유권이전청구권 가등기를 마쳤는데, 그 후 A가 위 차용금을 제대로 변제하지 않자 위 가등기가 담보 목적으로 마쳐진 것이라는 사실을 숨긴 채 B를 상대로 매매예약 완결권을 행사하였음을 청구원인으로 하여 가등기에 기한 본등기절차의 이행을 구하는 소송을 제기함으로써 원고 전부 승소판결이 2000. 1. 8. 확정되었고, 이에 따라 같은 달 27. 이 사건 주택에 관하여 원고 앞으로 위 가등기에 기한 본등기가 마쳐졌다.
(2) 그런데 위 B는 원고가 위 본등기를 마치기 전인 1999. 4. 12. 이 사건 주택에 관하여 매매를 원인으로 C에게 소유권이전등기를 마쳐주었고, 피고는 1999. 8. 25.경 C로부터 이 사건 주택을 매수한 다음 그 대금의 일부만을 지급한 상태에서 이를 점유하고 있다.
(3) 한편 원고는 위와 같은 본등기 과정에서 A, B 또는 C 등에게 청산금 평가액 또는 청산금이 없다고 하는 뜻을 통지한 바가 전혀 없었다.
(4) 그러한 상태에서 원고는 피고를 상대로 주택의 인도를 구하는 소를 제기하였다.

[판결요지]
[1] 가등기담보 등에 관한 법률(이하 '가등기담보법'이라고 한다)에 의하면, 가등기담보권자가 담보권실행을 위하여 담보 목적 부동산의 소유권을 취득하기 위하여는 그 채권의 변제기 후에 소정의 청산금 평가액 또는 청산금이 없다고 하는 뜻을 채무자 등에게 통지하여야 하고(제3조 제1항), 이 때의 채무자 등에는 채무자와 물상보증인뿐만 아니라 담보가등기 후 소유권을 취득한 제3취득자가 포함되는 것이므로(제2조 제2호), 위 통지는 이들 모두에게 하여야 하는 것으로서 채무자 등의 전부 또는 일부에 대하여 위 통지를 하지 않으면 청산기간이 진행할 수 없게 되고, 따라서 가등기담보권자는 그 후 적절한 청산금을 지급하거나 실제 지급할 청산금이 없다고 하더라도 가등기에 기한 본등기를 청구할 수 없으며, 설령 편법으로 본등기를 마쳤다고 하더라도 그 소유권을 취득할 수 없는 것이다(대법원 1995. 4. 28. 선고 94다36162 판결 참조).
[2] 가등기담보법이 제3조와 제4조에서 가등기담보권의 사적 실행방법으로 귀속정산의 원칙을 규정함과 동시에 제12조와 제13조에서 그 공적 실행방법으로 경매의 청구 및 우선변제청구권 등 처분정산을 별도로 규정하고 있는 점, 위 제4조가 제1항 내지 제3항에서 채권자의 청산금 지급의무, 청산기간 경과와 본등기청구, 청산금의 지급의무와 부동산의 소유권이전등기 및 인도 채무의 동시이행관계 등을 순차로 규정한 다음, 제4항에서 제1항 내지 제3항에 반하는 특약으로서 채무자 등에게 불리한 것은 그 효력이 없다(다만, 청산기간 경과 후에 행하여진 특약으로서 제3자의 권리를 해하지 아니하는 경우는 제외된다)고 규정하고 있는 점, 나아가 제11조는 채무자 등이 청산금 채권을 변제받을 때까지 그 채무액을 채권자에게 지급하고 그 채권담보의 목적으로 경료된 소유권이전등기의 말소를 청구할 수 있다고 규정하고 있는 점 등을 종합하여 보면, 가등기담보권의 사적 실행에 있어

서 채권자가 청산금의 지급 이전에 본등기와 담보목적물의 인도를 받을 수 있다거나 청산기간이나 동시이행관계를 인정하지 아니하는 '처분정산'형의 담보권실행은 가등기담보법상 허용되지 아니한다.

[관련규정] [1] 가등기담보법 제2조 제2호, 제3조 제1항. [2] 가등기담보법 제3조, 제4조, 제11조, 제12조, 제13조

[해설 및 논평]
1. 해설
본 판결은 두 가지 쟁점에 관하여 판단하고 있다. 하나는 가등기담보법에 의한 귀속정산절차에서 청산통지를 누구에게 해야 하고 통지가 없었을 경우에 어떤 효과가 생기는지에 대한 것이며, 다른 하나는 가등기담보법상 처분정산형의 담보권실행도 가능한지에 대한 것이다.
(1) 청산통지에 대한 문제
가등기담보법에 의하면, 권리취득의 방법으로 가등기담보권을 실행하는 경우에는 가등기담보권자가 먼저 실행의 통지를 해야 한다(동법 3조). 통지사항은 청산금의 평가액이나 청산금이 없다는 뜻이다. 그 통지의 상대방은 채무자, 물상보증인, 담보가등기 후에 소유권을 취득한 제3자이다(동법 3조 1항 1문·2조 2호). 이와 관련하여 종래 대법원은, 이 통지는 이들 모두에게 해야 하는 것으로서 채무자 등의 전부 또는 일부에 대하여 통지를 하지 않으면 청산기간이 진행할 수 없게 되고, 따라서 가등기담보권자는 그 후 적절한 청산금을 지급하였다 하더라도 가등기에 기한 본등기를 청구할 수 없다고 하였다(대판 1995. 4. 28, 94다36162). 본 판결은 이러한 종래의 판결을 다시 확인하고 있다.
(2) 처분정산형 담보권 실행이 가능한지
가등기담보법이 있기 전에는 정산방법으로 귀속정산과 처분정산의 두 가지가 인정되었다. 귀속

정산은 담보권자가 목적물의 소유권을 취득하면서 청산금을 지급하는 방법이고, 처분정산은 담보권자가 먼저 목적물의 소유권을 취득한 뒤 그것을 제3자에게 처분하여 그 대금으로부터 변제를 받고 나머지를 청산금으로 지급하는 방법이다. 그에 관하여 학설은 귀속정산만 인정된다는 견해와 둘 모두 인정된다는 견해로 나뉜다.
대법원은 처음에는, 귀속정산을 한 경우에 대하여 판단하면서, 특단의 약정이 없는 한 처분정산이나 귀속정산 중 채권자가 선택하는 방법에 의할 수 있다고 하였다(대판 1988. 12. 20, 87다카2685). 그런데 본 판결은 그 문제에 관하여 여러 이유를 든 뒤 처분정산형의 담보권 실행은 가등기담보법상 허용되지 않는다고 한다. 이 판결은 후속판결도 나와 확고해졌다(대판 2002. 12. 10, 2002다42001). 본 판결이 이전 판결을 폐기하지 않은 것은 이전 판결에서는 처분청산이 쟁점이 아니었기 때문인 것으로 생각된다.

2. 논평
본 판결은 전반적으로 타당하다. 위 두 번째 문제에 대한 사견을 적으면 다음과 같다. 가등기담보법은 채권자의 청산금지급의무와 가등기에 의한 본등기청구·목적물인도청구 사이에 동시이행의 관계에 있다고 하고(동법 4조 3항), 그것에 반하는 특약으로서 채무자 등에게 불리한 것은 무효라고 하고 있는 점에 비추어볼 때, 이를 배제하는 처분정산방법은 허용되지 않는다고 해야 한다.

[비교판결] 대판 2002. 12. 10, 2002다42001

[주요 평석 문헌] 배광국, "가등기담보 등에 관한 법률에 기한 귀속정산절차에 있어서 통지를 흠결한 경우 소유권의 취득 여부 및 가등기담보권의 사적 실행에 있어서 처분정산형의 담보권실행이 허용되는지 여부," 대법원판례해설, 40호, 286면 이하.

47. 양도담보의 법적 성질

◆ 대판 1994. 8. 26, 93다44739
[제3자이의](강의 B-423·425, 물권 [264])

[쟁점] 동산 양도담보권자의 제3자에 대한 지위

[사실관계]

(1) 소외 A회사로부터 기계판매 및 그 대금 수령권한 등 일체의 권한을 위임받은 원고는 위 A회사를 대리하여 1991. 8.경 소외 B회사에게 위 A회사 제작의 싱글환편기와 양면환편기 총 15대를 대금 1억 3,050만 원에 매도하고 위 대금 전액을 리스 자금으로 원고가 위 B회사에게 대여한 것으로 하여 변제기를 1991. 11. 20.로 하고 변제기 이후에는 연 2할 5푼의 비율에 의한 지연손해금을 지급하기로 약정하고, 위 대여금에 대한 담보조로 위 B회사 소유의 별지목록 기재 물건(편직기 4대임. 이하 이 사건 물건이라고 함)에 양도담보를 설정하고 점유개정의 형식으로 소유권을 원고에게 양도하고 위 B회사가 계속 점유하기로 하였다.

(2) 한편 피고는 위 B회사에 대한 1992. 3. 26. 전주지방법원 92가단482호 노임 청구사건의 집행력 있는 판결정본에 기하여 위 B회사가 점유하고 있던 이 사건 물건을 압류하였다.

(3) 그러자 원고는 피고를 상대로, 피고가 소외 B회사에 대한 전주지방법원 92가단482호 노임 청구사건의 집행력 있는 판결정본에 기하여 1992. 5. 28. 별지목록 기재 물건에 대하여 한 강제집행의 불허를 구하는 소를 제기하였다.

원고는 그 소에서, 이 사건 물건은 원고와 위 B회사 사이에 위 대여금 1억 3,050만 원을 담보하기 위하여 양도담보가 설정된 물건으로서 위 B회사가 위 변제기인 1991. 11. 20.까지 위 대여금을 변제하지 않았으므로 원고의 소유로 된 물건인데 피고가 이를 압류한 것은 부당하므로 그 집행의 배제를 구한다고 주장하였다.

[판결요지]

원심판결 이유에 의하면 원심은 원고가 소외 B회사(이하 소외 회사라 한다) 소유의 이 사건 계쟁 동산에 관하여 양도담보를 설정하여 점유개정의 형식으로 그 인도를 받았는데 그 후 피고가 소외 회사에 대한 집행력 있는 판결정본에 기하여 이 사건 동산을 압류한 사실을 인정한 후, 양도담보가 설정되더라도 양도담보권자는 그 목적물의 소유권을 취득하는 것이 아니고 소유권은 여전히 양도담보설정자가 가지는 것이며, 양도담보권자는 단순히 양도담보권이라는 담보권만을 취득한다고 할 것이므로 그 피담보채무의 변제기가 도래하였다고 할지라도 청산 등의 권리취득을 위한 일련의 절차를 거치지 않는 한 바로 소유권을 취득하지 못한다고 할 것인데, 원고가 이러한 일련의 절차를 거쳤음을 인정할 아무런 증거가 없는 이 사건에 있어서 원고는 이 사건 동산의 소유자라고 할 수 없으므로 제3자이의의 소에 의하여 위 강제집행의 배제를 구할 수 없다고 하여 원고의 이 사건 청구를 배척하였다.

그러나, 원심이 확정한 바와 같이 이 사건 동산에 관하여 양도담보계약이 이루어지고 원고가 점유개정의 방법으로 인도를 받았다면 그 청산절차를 마치기 전이라 하더라도 담보목적물에 대한 사용수익권은 없지만 제3자에 대한 관계에 있어서는 그 물건의 소유자임을 주장하고 그 권리를 행사할 수 있다 할 것이다. 따라서 이 사건 강제집행의 목적물에 관한 양도담보권자인 원고는 강제집행을 한 피고에 대하여 그 소유권을 주장하여 제3자이의의 소를 제기함으로써 그 강제집행의 배제를 구할 수 있다고 하겠다.

그럼에도 불구하고 원심은 양도담보권자는 담보물에 대하여 소유권을 취득하는 것이 아니라 단순히 양도담보권이라는 담보권만을 취득하는 것이라고 하여 원고의 이 사건 청구를 배척하였으니, 원심은 동산의 양도담보에 관한 법리를 오해함으로써 판결 결과에 영향을 미친 위법을 저질렀다고 하겠다. 상고이유 중 이 점을 지적한 부분은 이유 있다.

[관련규정] 구 민소 제509조(현 민사집행법 제48조. 제3자이의의 소)

[해설 및 논평]

1. 해설

민법은 양도담보에 관하여 아무런 규정을 두고 있지 않다. 그러한 상태에서 양도담보는 과거에 판례에 의하여 규율되어 왔다. 그런데 가등기담보법이 제정되고 그 법이 양도담보 가운데 일부(특히 부동산 양도담보)까지 규율대상으로 삼게 되면서 양도담보 이론은 크게 영향을 받게 되었다. 즉 가등기담보법이 종래의 판례이론에 부합하지 않는 규정을 두게 됨에 따라 적어도 그 법의 적용을 받는 경우에는 달리 이론구성을 해야만 하였다. 문제는 가등기담보법의 규율대상이 아닌 양도담보는 어떻게 할 것인가이다. 여기에 관하여는 양도담보 이론의 이원화가 불합리하다는 이유로 그러한 양도담보(특히 동산 양도담보)도 부동산 양도담보와 같이 이론구성해야 한다는 견해만이 나타나 있다(문헌에 관하여는 강의 B-423, 물권 [264] 참조). 그러나 판례는 동산의 양도담보를 종래의 이론에 의하여 판단하고 있다. 그러한 판결 중의 하나가 본 판결이다.

본 판결에 따르면, 동산에 관하여 양도담보계약이 체결되고 점유개정의 방법으로 양도담보권자에게 인도가 이루어졌다면 청산절차를 마치기 전이라도 양도담보권자는 제3자에 대한 관계에서는 소유권을 취득한다고 한다. 이는 종래 판례의 이른바 신탁적 소유권이전설을 따른 것이다. 그리고 그 결과 양도담보의 목적물인 동산에 대하여 다른 자가 강제집행을 할 경우에 소유권을 주장하여 제3자이의의 소를 제기함으로써 강제집행의 배제를 구할 수 있다고 한다.

이러한 본 판결의 소유권 귀속을 이론적으로

설명하면 다음과 같다. 동산의 양도담보는 일종의 신탁행위이고, 그 행위에 의하여 동산의 소유권은 채권자에게 이전하되 채권자는 그 권리를 채권담보의 목적을 넘어서 행사할 수 없는 관계가 성립한다고 할 것이다. 이는 가등기담보법이 제정되기 전에 양도담보 일반에 대하여 통설·판례가 취하고 있던 신탁적 소유권이전설의 입장이다. 본 판결은 그 이론을 동산의 양도담보의 경우에는 그대로 유지하고 있는 것이다. 그러한 입장을 취하고 있는 대법원판결은 본 판결 외에도 몇 개가 더 있어서 확고한 상태이다(대판 1986. 8. 19, 86다카315; 대판 1999. 9. 7, 98다47283).

2. 논평

동산의 양도담보에 관하여 본 판결이 취한 태도는 타당하다. 다만, 본 판결을 비롯한 판례가 아직도 제3자에 대한 관계에서만 소유권이 채권자에게 이전한다고 하는 것은 옳지 않다. 물권변동에 관하여 성립요건주의(형식주의)를 채용하고 있는 우리 민법에서는 소유권의 귀속이 대내외관계에서 다를 수 없기 때문이다.

그리고 사견은, 양도담보의 법적 성질을 가등기담보법이 적용되는 경우와 그 법이 적용되지 않는 경우로 나누어 이해해야 한다는 견지에 있으며, 구체적으로는 다음과 같다. 가등기담보법이 적용되는 경우(부동산 양도담보 중 부동산 가액이 채무액 및 그 이자의 합산액을 초과하는 경우)에는 그 법(동법 4조 2항·11조) 때문에 더 이상 신탁적 소유권이전설로 설명할 수가 없으며, 그때에 양도담보권자의 권리는 일종의 담보물권이라고 해야 한다. 그에 비하여 그 법의 적용을 받지 않는 양도담보, 즉 동산 양도담보는 물론이고 부동산 양도담보라도 그 법의 적용대상이 아닌 경우에는 양도담보가 신탁행위이고, 목적물의 소유권이 담보 목적으로 양도담보권자에게 신탁적으로 이전된다고 해야 한다.

48. 집합동산의 양도담보

◆ 대판 1990. 12. 26, 88다카20224
[제3자이의](강의 B-426, 물권 [265])

[쟁점] 일단의 증감 변동하는 동산의 집합물에 대한 양도담보설정계약이 유효하기 위한 목적물의 특정방법. 양도담보계약서 중 양도물건 목록에 특정 양만장 내의 뱀장어 약 백만마리라고 기재되어 있는 경우의 해석. 특정 양만장 내의 뱀장어 등 어류 전부에 대한 양도담보계약의 효력 유무(적극). 집합물에 대한 양도담보설정계약의 효력이 미치는 범위

[사실관계]

(1) 원고는 1985. 3. 20. 소외 A와 당시 A가 원고에 대하여 부담하고 있던 채무 4억 1,000만 원과 장래 부담하게 될 채무를 한도액 14억 원으로 하여 이를 담보할 목적으로 A가 경영하는 양만장 내에 있던 뱀장어를 약 100만 마리로 추산하여 이를 일괄하여 원고에게 소유권을 양도하고 이를 인도하되 점유개정에 의하여 A가 계속하여 위 뱀장어를 점유하고 관리·사육하면서 원고의 승낙 하에 이를 처분할 수 있음과 동시에 장래에 있어서 위 양만장에 입식하는 뱀장어도 100만 마리의 한도 내에서 위 담보의 목적으로 되어 원고가 그 소유권을 갖기로 하되 위 뱀장어는 치만(새끼뱀장어)을 구입하여 양만장에 입식시킨 후 약 1년 내지 1년 6월 정도 사육한 성만이 되었을 때가 그 성장도와 경제성에 비추어 상품으로서의 가치가 가장 높아 그때에 처분하여야 하고 또한 이를 위해서는 계속적으로 치만을 구입하여 양만장에 입식시켜야 하는데 A도 위 양만장 내에 있던 뱀장어 중 적정크기의 뱀장어를 원고의 승낙 하에 처분하여 그 대금을 채무변제와 인건비, 사육비 및 치만 구입비 등에 사용하기로 하는 내용의 양도담보계약을 체결하였다.

(2) 소외 X회사는 1986. 6. 17. A에 대한 광주지방법원 86카5489호 유체동산 가압류결정에 기하여 판시 A의 양만장 내에 있던 뱀장어에 대한 가압류집행을 하고, 피고 Y회사도 1986. 9. 6. 위 뱀장어에 대하여 위 A에 대한 위 법원 86카7983호 유체동산 가압류결정에 기하여 강제집행을 하였다.

(3) 위 가압류물건인 뱀장어는 그 보존관리에 특별한 주의가 필요하고 사육에 많은 비용을 요하게 되어 광주지방법원 소속 집달관은 1986. 9. 6. 위 양만장 내의 뱀장어 26,500킬로그램을 사육불능에 따른 특수보존처분으로서 이를 경매하여 환가한 대금 180,366,750원 중 경매비용을 공제한 나머지 176,875,500원을 보관하게 되었다. 그리고 위 보관금에 대하여 피고 Z회사, 피고 B, 피고 C 및 피고 D 등이 각 집행력 있는 공정증서정본에 기하여 강제집행을 하였다.

(4) 이에 원고는 피고들을 상대로 강제집행의 배제를 구하는 소를 제기하였다.

[판결요지]

[1] 일반적으로 일단의 증감 변동하는 동산을 하나의 물건으로 보아 이를 채권담보의 목적으로 삼으려는 이른바 집합물에 대한 양도담보설정계약체결도 가능하며 이 경우 그 목적 동산이 담보설정자의 다른 물건과 구별될 수 있도록 그 종류, 장소 또는 수량지정 등의 방법에 의하여 특정되어 있으면 그 전부를 하나의 재산권으로 보아 이에 유효한 담보권의 설정이 된 것으로 볼 수 있다.

[2] 양도담보계약서 중 양도물건목록에 소재지, 보관창고명과 목적물이 양만장 내 뱀장어, 수량 약 백만 마리라고 기재되어 있을 뿐이고 특별히 위 양만장 내의 뱀장어 중 1,000,000마리로 그 수량을 지정하여 담보의 범위를 제한한 사실이 인정되지 않는다면 위 양도담보계약서에 기재된 수량은 단순히 위 계약 당시 위 양만장 내에 보관하고 있던 뱀장어 등의 수를 개략적으로 표시한 것에 불과하고 당사자는 위 양만장 내의 뱀장어 등 어류전부를 그 목적으로 하였다고 봄이 당사자의 의

사에 합치된다고 할 것이다.

[3] 성장을 계속하는 어류일지라도 특정 양만장 내의 뱀장어 등 어류 전부에 대한 양도담보계약은 그 담보목적물이 특정되었으므로 유효하게 성립하였다고 할 것이다.

[4] 집합물에 대한 양도담보권설정계약이 이루어지면 그 집합물을 구성하는 개개의 물건이 변동되거나 변형되더라도 한 개의 물건으로서의 동일성을 잃지 아니하므로 양도담보권의 효력은 항상 현재의 집합물 위에 미치는 것이고, 따라서 양도담보권자가 담보권설정계약 당시 존재하는 집합물을 점유개정의 방법으로 그 점유를 취득하면 그후 양도담보설정자가 그 집합물을 이루는 개개의 물건을 반입하였다 하더라도 그때마다 별도의 양도담보권설정계약을 맺거나 점유개정의 표시를 하여야 하는 것은 아니다.

[해설 및 논평]

1. 해설

우리 판례는 집단을 형성하고 있는 여러 동산에 관하여 양도담보의 성립을 인정하고 있는데, 그러한 양도담보를 집합동산 양도담보라고 한다.

집합동산 양도담보의 목적물이 되는 집합동산은 보통 확정집합동산, 유동집합동산, 변질집합동산으로 나누어진다. 확정집합동산은 집합동산을 구성하는 개개의 동산에 변동이 없는 경우이고, 유동집합동산은 구성동산(예: 상점 내의 전자제품, 양돈장 내의 돼지)이 계속 반입·반출되어 전체 동산이 변동되는 경우이고, 변질집합동산은 구성동산이 원재료로부터 반제품·완제품으로 변형·변질되는 경우이다. 이들 중 둘째·셋째의 것은 기존의 양도담보 이론으로 설명하기가 어려워 학자들 사이에 논의가 많다.

우리 판례는 유동집합동산(본 판결 등)과 변질집합동산(대판 1988. 12. 27, 87누1043)의 양도담보에 관하여 양도담보의 목적물인 집합동산 전체를 「집합물」이라고 하면서, 그러한 집합물에 대한

양도담보권 설정계약이 이루어지면 그 집합물을 구성하는 개개의 물건이 변동되거나 변형되더라도 한 개의 물건으로서의 동일성을 잃지 않은 채 양도담보권의 효력은 항상 현재의 집합물 위에 미친다고 한다. 이는 이른바 집합물설의 입장인데, 우리의 다수설도 같은 견지에 있다(문헌은 물권[265] 참조). 그에 대하여 우리 민법상 하나의 물건으로서 집합물이라는 개념은 인정되지 않으며, 그러한 개념을 인정하지 않더라도 양도담보 당사자의 법률행위의 해석에 의하여 문제를 해결할 수 있다는 견해도 주장되고 있다(양창수, 민법연구(5), 418면 이하; 강동욱, 민사판례연구, 26권, 731면 이하). 사견으로는 후자에 찬성한다.

본 판결은, 유동집합동산에 관하여 종류·장소·수량지정 등에 의하여 그것이 특정되어 있으면 그 전부를 하나의 재산권으로 보아 양도담보가 설정될 수 있다고 한다(이는 종래의 판결을 되풀이 한 것임. 대판 1988. 10. 25, 85누941 참조). 그리고 그 사안의 계약의 경우 양만장 내의 뱀장어 등 어류 전부를 목적으로 한 것으로 해석된다고 한다. 또한 성장을 계속하는 어류일지라도 특정 양만장 내의 뱀장어 등 어류 전부에 대한 양도담보계약은 그 담보목적물이 특정되었으므로 유효하게 성립하였다고 판단하였다. 그런가 하면 본 판결은, 양도담보권자가 집합물을 점유개정의 방법으로 그 점유를 취득하면 그 후 양도담보설정자가 그 집합물을 이루는 개개의 물건을 반입하였다 하더라도 그때마다 별도의 양도담보권설정계약을 맺거나 점유개정의 표시를 하여야 하는 것은 아니라고 한다. 이들 설명 중 첫째의 것을 제외하고는 본 판결이 최초로 판시한 것이다.

2. 논평

본 판결은 집합물설을 취한 점에서는 바람직하지 않으나, 나머지 점에서는 타당하다.

채권법총론

1. 제3자에 의한 채권침해

◈ 대판 2001. 5. 8, 99다38699
[건물명도등](강의 C–19·22·23·179·182, 채총
[18]·[21]·[121]·[122])

[쟁점] 제3자가 채권을 사실상 침해하였다는 사정만으로 채권자가 제3자에 대하여 방해배제를 청구할 수 있는지 여부 및 독립한 경제주체간의 경쟁적 계약관계에 있어서 제3자에 의한 채권침해가 불법행위가 되기 위한 요건

[사실관계]

(1) 피고는 1992. 7. 25. 한국도로공사(이하 도로공사라고 함)와 경부고속도로 기흥주유소 운영계약(제1차 운영계약)을 체결하고 주유소를 운영하였는데, 기흥주유소에 석유제품을 공급할 업체는 도로공사가 지정하기로 하였다. 그 후 도로공사와 피고는 1995. 7. 24. 석유제품 공급업체를 별도로 정하지 않은 채 계약기간을 잠정적으로 연장하였다(제2차 운영계약).

(2) 피고는 1990. 9. 28. 원고(쌍용정유)와 대리점 계약을 체결하고 기흥주유소에 유류를 공급받았으나 그 후 원고의 외상공급 축소·외상기일 단축 등 조치로 자금압박에 직면하게 되자 위 계약을 해지한 다음, 1995. 9. 27. 현대정유와 대리점계약을 체결하고 기흥주유소에서 현대정유 석유제품을 판매하면서 주유소 방화벽·캐노피·상호간판·폴사인에 현대정유의 상표를 표시하였다.

(3) 도로공사는 1995. 9. 19. 원고와 사이에 기흥주유소를 포함한 고속도로상의 11개 주유소에 대한 석유제품공급권을 부여하는 내용의 협약을 체결하였다.

(4) 한편 공정거래위원회는 1993. 12.경 고속도로 주유소 운영계약에서 도로공사가 정유업체 선정권한을 갖도록 한 것은 우월적 지위를 남용한 행위로서 공정한 거래질서를 저해할 우려가 있는 행위에 해당하여 「독점규제 및 공정거래에 관한

법률」에 위반된다는 이유로 시정권고를 하였고, 그 후 도로공사의 시정조치불이행에 대하여 유죄판결이 확정되었다. 공정거래위원회는 1995. 8.경에도 도로공사에 위와 같은 취지를 통지하였고, 1995. 10.경 기흥주유소 운영권 계약 연장 관련한 피고의 질의에 대하여도 같은 취지로 회신하였다.

(5) 도로공사와 피고는 1996. 1.경. 주유소운영권 임대차계약을 연장하면서 석유제품 공급정유업체 및 그 상표표시는, 원고가 도로공사에 대하여 청구한 석유제품공급권 확인사건의 판결 결과에 따르기로 하였으며(제3차 운영계약), 1997. 9.경 그 확인사건에서 원고청구 인용판결이 선고되어 확정되었다.

(6) 원고는, 피고가 원고의 기흥주유소에 대한 독점적인 석유제품공급권 보유관계를 잘 알면서 도로공사와 원고의 권리를 침해하는 내용의 계약을 체결하고 기흥주유소에 현대정유의 상표를 표시하고 그 석유제품을 공급받는 것은 원고의 석유제품공급권을 침해한 것이라고 주장하면서, 피고에 대하여 ① 채권침해에 대한 방해배제로서 현대정유의 상표 말소·폴사인 철거 및 원고 생산 석유류제품 이외의 석유류제품의 판매금지를 청구하고, ② 채권침해에 의한 불법행위를 원인으로 하여 원고가 기흥주유소에 석유제품을 공급하지 못함으로 인한 손해의 배상을 구하는 이 사건 소를 제기하였다.

[판결요지]

[1] 정유업체 갑이 한국도로공사와의 계약에 따라 고속도로상의 특정 주유소에 자사의 상표를 표시하고 자사의 석유제품을 공급할 권리를 취득하였다 하더라도 이는 채권적 권리에 불과하여 대세적인 효력이 없으므로 한국도로공사와 위 주유소에 관한 운영계약을 체결한 제3자가 위 주유소에 정유업체 을의 상호와 상표를 표시하고 그 석유제품을 공급받음으로써 갑의 권리를 사실상 침해하였다는 사정만으로 갑이 제3자인 주유소 운영권자에게 을과 관련된 시설의 철거나 상호·상표 등의 말소 및

을 석유제품의 판매금지 등을 구할 수는 없다.

[2] 제3자에 의한 채권침해가 불법행위를 구성할 수는 있으나 제3자의 채권침해가 반드시 언제나 불법행위가 되는 것은 아니고 채권침해의 태양에 따라 그 성립 여부를 구체적으로 검토하여 정하여야 하는바, 독립한 경제주체간의 경쟁적 계약관계에 있어서는 단순히 제3자가 채무자와 채권자간의 계약내용을 알면서 채무자와 채권자간에 체결된 계약에 위반되는 내용의 계약을 체결한 것만으로는 제3자의 고의·과실 및 위법성을 인정하기에 부족하고, 제3자가 채무자와 적극 공모하였다거나 또는 제3자가 기망·협박 등 사회상규에 반하는 수단을 사용하거나 채권자를 해할 의사로 채무자와 계약을 체결하였다는 등의 특별한 사정이 있는 경우에 한하여 제3자의 고의·과실 및 위법성을 인정하여야 한다.

[관련규정] 제205조, 제750조

[해설 및 논평]

1. 해설

(1) 제3자에 의한 채권침해를 원인으로 한 불법행위의 성립요건(판결요지[2])

본 판결은 독립한 경제주체간의 경쟁적 계약관계에 있어서 제3자의 고의·과실 및 위법성을 인정하기 위해서는, 단순히 제3자가 채무자와 채권자간의 계약내용을 알면서 그에 위반되는 내용의 계약을 체결한 것만으로는 부족하고, 제3자가 채무자와 적극 공모하였다거나 또는 제3자가 기망·협박 등 사회상규에 반하는 수단을 사용하거나 채권자를 해할 의사로 채무자와 계약을 체결하였다는 등 특별한 사정이 있어야 한다는 전제에서, 피고는 1993년부터 원고와의 관계가 악화되기 시작하여 대리점계약이 종료된 상태에서 활로를 모색하기 위하여 현대정유와 대리점계약을 체결하였고, 마침 도로공사의 석유제품 공급업체 지정이 불공정거래행위라는 취지의 시정권고가 있었기에

도로공사에게 주유소운영계약상 관련조항의 부당성을 주장하였으며, 도로공사도 시정권고를 수락하고 자신의 판단 하에 피고와 제2차·제3차 운영계약을 체결하게 된 것으로, 이러한 피고의 계약체결 및 운영행위가 원고의 석유제품공급권을 침해하기 위한 도로공사와의 적극 공모에 의해 이루어졌다거나 그 수단이나 목적이 사회상규에 반하여 위법하다고 할 수 없다고 판단하여 원고의 주장을 배척하였다.

(2) 제3자에 의한 채권침해를 원인으로 한 방해배제청구(판결요지[1])

여기의 방해배제청구권은 실질적으로 물권적 청구권과 같은 것이므로, 결국 이 문제는 채권을 어느 정도로 물권과 동일시하여야 하는가의 문제이다. 민법상 절대권인 물권과 상대권인 채권은 엄격히 구별되므로 채권에 기한 방해배제청구권은 원칙적으로 부정되되, 채권이 대항요건을 갖추어 물권화한 경우에 한하여 인정하여야 한다.

본 판결은 원고가 도로공사에 대하여 기흥주유소에 원고의 상표를 표시하고 원고의 석유제품을 공급할 권리가 있다 하더라도 이는 채권적 권리에 불과하여 대세적인 효력이 없으므로, 피고가 현대정유의 상호와 상표를 표시하고 석유제품을 공급받음으로써 원고의 위 권리가 사실상 침해되었다는 사정만으로 곧 제3자인 피고에게 현대정유 관련 시설의 철거나 상호·상표 등의 말소 및 판매금지 등을 구할 수는 없다고 하였다.

2. 논평

본 판결은 채권침해의 위법성 관련하여 위법성설의 입장을 취하면서, 위법성 판단에 관하여「채무자와의 적극 공모」,「기망·협박 등 사회상규에 반하는 수단」,「채권자를 해할 의사」등 상세한 기준을 제시하고 있다. 다만 제3자의 채권침해에 있어서도 고의·과실과 위법성 판단은 분리되는 것이므로, 이를 구분하지 않는 듯한 설시는 적절하다고 할 수 없다.

2. 재고채권(제한종류채권)의 목적물의 특정

◆ 대판 2003. 3. 28, 2000다24856
  [토지소유권이전등기](강의 C-42·47, 채총 [35]·
  [38])

[쟁점] 재고채권(제한종류채권)에서 급부목적물의 특정방법

[사실관계]

본 판결의 사안은 매우 복잡하나, 여기서의 논의와 관련된 부분만을 정리한다.

(1) 피고 A는 1974. 12.경 소외 녹동농업협동조합(이하 소외 조합이라 함)과 사이에 위 피고가 소외 조합에게 금 100만 원을 지급하는 조건으로 소외 조합으로부터 그 명의를 빌려 전남 고흥군에서 공유수면매립면허를 받아 매립공사를 하고 그 공사가 완성되면 매립된 토지의 소유 명의를 소외 조합에게 신탁하기로 약정하였다.

(2) 피고 A는 1977. 4.경 29필지 합계 약 43,000평의 토지를 조성하는 매립공사를 완성하여 그 중 19필지와 같은 리 소재 4필지 도합 23필지 토지를 취득하였다가, 같은 달 8. 소외 B에게 위 19필지를 양도하였다.

(3) 그 후 B는 소외 조합에게 위 19필지에 관한 소유권이전등기 절차의 이행을 요구하였으나 소외 조합이 위 19필지에 부과된 제세공과금 등의 지급문제로 위 요구를 거절하자, B는 1977. 5. 24. 법원으로부터 위 19필지에 관한 가등기가처분 결정을 받고, 같은 날 법원의 촉탁에 의하여 이에 관하여 소외 조합 명의로 각 소유권보존등기를 마친 직후 위 B 명의로 각 소유권이전청구권 보전을 위한 가등기를 마쳤다.

(4) 한편, 1974. 10. 30.경부터 1977. 1.경까지 사이에 피고 A에게 위 매립공사와 관련하여 금 9,203만 원을 빌려주었던 소외 C가 B를 상대로 B가 1977. 9. 2. 피고 A의 위 채무를 인수하면서 금 1억 원을 지급할 때까지 위 19필지에 관하여 위 C 명의로 소유권이전청구권 가등기 및 이에 터잡은 본등기절차를 이행하기로 약정하였다고 주장하면서 제소전 화해신청을 하여, 1977. 9. 3. 당사자 사이에 아래와 같은 내용이 포함된 제소전 화해가 이루어졌다.

1) B는 피고 A의 C에 대한 채무를 인수하여 C에게 금 1억 원을 지급하기로 한다(제1항).

2) 위 금액은 B 명의로 소유권이전등기(C가 가처분한 것에 한하여)가 된 날로부터 3개월 이내에 지급키로 한다(제2항).

3) B 명의로 소유권이전등기가 된 날에 C는 위 19필지에 대한 처분금지가처분 기입등기를 말소함과 동시에 B는 C에게 그 중 7,000평에 대한 가등기(매매예약을 원인으로 한)의 기입등기절차를 이행한다(제3항).

4) 위 제2항의 기간 내에 B가 채무이행을 못할 경우에는 위 7,000평은 C에게 본등기절차를 이행한다(제5항).

(5) C는 그 후 B로부터 위 돈을 지급받지 못하자 위 화해조항상의 7,000평을 위 19필지(25,402평) 중 별지 2. 부동산목록 기재 제6 토지와 제12 토지로 선택한 다음(면적 합계: 6,904평), 1981. 9. 6. 원고에게 위 화해조서상의 권리를 양도하였고, 이에 따라 원고는 같은 달 9. 같은 지원에서 위 화해조서 중 제2, 3, 5항에 대한 승계집행문을 부여받았다.

[판결요지]

제한종류채권에 있어 급부목적물의 특정은, 원칙적으로 종류채권의 급부목적물의 특정에 관하여 민법 제375조 제2항이 적용되므로, 채무자가 이행에 필요한 행위를 완료하거나 채권자의 동의를 얻어 이행할 물건을 지정한 때에는 그 물건이 채권의 목적물이 되는 것이나, 당사자 사이에 지정권의 부여 및 지정의 방법에 관한 합의가 없고, 채무자가 이행에 필요한 행위를 하지 아니하거나 지정권자로 된 채무자가 이행할 물건을 지정하지

아니하는 경우에는 선택채권의 선택권 이전에 관한 민법 제381조를 준용하여 채권의 기한이 도래한 후 채권자가 상당한 기간을 정하여 지정권이 있는 채무자에게 그 지정을 최고하여도 채무자가 이행할 물건을 지정하지 아니하면 지정권이 채권자에게 이전한다고 봄이 상당하다고 할 것인바, 원심이 이와 같은 취지로 채무자인 B가 채권자 C의 최고에도 불구하고 제한종류채권인 판시 화해조서상 이행할 토지의 지정을 회피하자 부득이 채권자인 C가 현실적으로 이행가능하고 면적 7,000평에도 들어맞는 방법으로 이 사건 토지를 지정함으로써 화해조서상의 7,000평은 이 사건 토지로 특정되었다고 판단한 것은 정당하고, 이처럼 제한종류채권의 이행할 물건이 특정된 다음 채권자 C의 승계인인 원고의 신청에 의하여 승계집행문이 부여된 것 역시 적법하다고 할 것이다.

[관련규정] 제375조 제2항, 제381조

[해설 및 논평]

1. 해설

(1) 본 판결에서 특히 살펴보아야 할 점은 두 가지이다. 하나는 재고채권에서 채무자가 이행에 필요한 행위를 하지 않거나 지정권자인 채무자가 지정권을 행사하지 않는 경우에 급부목적물이 어떻게 특정되는지이고, 다른 하나는 본 판결 사안의 경우가 과연 재고채권에 해당하는지이다. 이 둘에 대하여 차례로 본다.

(2) 우리 문헌들은, 종류채권에서 어떤 자에게 지정권이 주어졌는데 지정권자가 지정권을 행사하지 않는 경우에 선택채권에 관한 제381조·제384조를 유추적용할 것인가에 관하여 논의하여 왔으며, 그에 대하여는 긍정설과 부정설(다수설)이 대립하고 있다.

그런데 본 판결은 제한종류채권의 경우에 당사자 사이에 지정권의 부여 및 지정의 방법에 관한 합의가 없고, 채무자가 이행에 필요한 행위를 하지 아니하거나 지정권자로 된 채무자가 이행할 물건을 지정하지 않는 경우에는 선택채권의 선택권 이전에 관한 민법 제381조를 준용할 것이라고 한다. 이는 재고채권의 경우에 위의 소수설과 같은 입장이다.

(3) 본 판결은 7,000평에 대하여 소유권등기를 넘겨받기로 되어 있는 C가 19필지 즉 25,402평에서 7,000평에 약간 미달하는 2필지를 선택한 데 대하여 원심이 특정을 인정한 것은 타당하다고 한다(사실관계 (5) 참조). 이는 C의 채권을 선택채권이 아니고 재고채권이라고 이해하고서 – 전술한 법리에 따라 – 거기에 제381조를 준용한 것이다.

2. 논평

(1) 본 판결이 재고채권에 선택채권에 관한 제381조를 준용한 것은 적절하지 않다. 종류채권에서 지정권은 선택채권에서의 선택권과 달리 목적물을 특정하는 것 이상의 의미를 지니고 있지 않기 때문에, 지정권을 행사하지 않은 때에는 지정권이 부여되지 않은 때처럼 채무자가 이행에 필요한 행위를 완료했을 때 특정이 생긴다고 해야 한다. 만약 채무자가 이행에 필요한 행위를 하지 않은 경우에는 집행법의 문제로 처리할 수 있을 것이다(민사집행법 263조의 의사표시에 갈음한 판결).

(2) 토지와 같은 부대체물 가운데 일정수량을 급부하기로 한 채권이 재고채권인지 선택채권인지 문제된다. 이때에는 구체적인 물건의 개성이 중요시되느냐에 따라 다르며, 개성이 중요시되면 선택채권, 개성이 중요시되지 않으면 재고채권이라고 해야 한다. 그런데 특별한 사정이 없으면 선택채권이 될 것이다(동지 대판 2011. 6. 30, 2010다16090). 본 판결 사안의 경우가 재고채권인지는 단정할 수 없으나 토지의 특성에 비추어 선택채권이라고 보아야 할 가능성이 크다. 만약 그렇다면 거기에는 곧바로 선택채권에 관한 제381조가 직접 적용될 것이다.

[주요 평석 문헌] 오수원, "부대체물을 목적으로 하는 종류채권의 특정," 법학논총(조선대 법학연구소), 15집 2호, 329면 이하.

3. 외화채권

◈ 대판(전원) 1991. 3. 12, 90다2147
    [보험금](강의 C-55, 채총 [42])

[쟁점] 채권액이 외국통화로 지정된 금전채권인 외화채권을 채권자가 우리나라 통화로 환산하여 청구하는 경우의 환산기준시기

[사실관계]

원고(주식회사 동화)는 피고(제일화재해상보험 주식회사)와 1984. 10. 29 원고 소유 참치잡이 어선(제71동화호)에 관하여 피보험자 원고, 보험기간 1984. 10. 29부터 1985. 10. 29까지 보험목적 선체 및 기관 등, 보험가액 및 보험금액 미화 385,000불, 보험료 미화 14,002.45불로 정하고, 해상, 강, 호수, 기타 항해수역에 있어서의 위험, 본선 이외의 사람에 의한 폭력을 수반한 도난, 선장, 사관, 선원 또는 도선자의 과실, 선장, 사관 또는 선원의 악행 등에 의한 보험목적의 전손(현실 또는 추정전손)만을 담보하기로 하는 보험계약을 체결하고 제1, 2회 보험료를 납부하였다.

원고회사의 직원인 선원들이 이 사건 참치잡이 어선을 타고 남태평양 미국령 캐롤라인군도 서남방해역에서 참치잡이 조업을 하던 중 1985. 3. 14 이 사건 어선의 레이다 장비 고장 등으로 인하여 이 사건 어선은 수중 산호초에 좌초되어 버리고, 선원들은 부근 섬으로 대피하였다. 그러자 원주민들이 승선하여 장비 등을 일부 약탈, 파괴하였고, 또한 어선의 조임나사가 풀어진 틈으로 기관실에 해수가 유입, 침수되어 선박손상의 손해가 확대되었다.

피고는 해난구조회사에 의뢰하여 어선을 이초시켜 예인하였으나, 그 손해액은 좌초 및 이초작업 과정에 의하여 발생한 손해부분만 계상하더라도 미화 261,475불에 달하고, 원주민의 약탈 등으로 인하여 확대된 손해부분을 포함시키면 보험가액을 훨씬 초과할 것으로 예상되었다. 이에 따라 원고는 1985. 5. 10 추정전손을 이유로 보험위부(委付)의 통지와 함께 보험금 385,000불의 지급을 청구하였다.

이 사건에서 원고는 보험금을 내국통화로 청구하면서 그 환산의 기준시기를 이행기 즉 지급하여야 할 때로 보고 1985. 3. 26 자, 환금시가에 의하여 구하고 있다.

[판결요지]

(다수의견) 채권액이 외국통화로 지정된 금전채권인 외화채권을 채무자가 우리나라 통화로 변제함에 있어서는 민법 제378조가 그 환산시기에 관하여 외화채권에 관한 같은 법 제376조, 제377조 제2항의 "변제기"라는 표현과는 다르게 "지급할 때"라고 규정한 취지에서 새겨볼 때, 그 환산시기는 이행기가 아니라 현실로 이행하는 때, 즉 현실이행시의 외국환시세에 의하여 환산한 우리나라 통화로 변제하여야 한다고 풀이함이 상당하다. 따라서 채권자가 위와 같은 외화채권을 대용급부의 권리를 행사하여 우리나라 통화로 환산하여 청구하는 경우에도 법원이 채무자에게 그 이행을 명함에 있어서는 채무자가 현실로 이행할 때에 가장 가까운 사실심 변론종결 당시의 외국환 시세를 우리나라 통화로 환산하는 기준시로 삼아야 할 것이다.

(소수의견) 우리 민법은 제378조에서 외국통화의 채무자에게 우리나라 통화로 변제할 수 있는 이른바 대용권을 인정하면서도 채권자에게는 그에 관한 아무런 규정을 두고 있지 아니하므로 채무자에게만 임의채권으로서의 대용권을 인정하고 있는 우리나라 민법 체계에서는 채권자는 특별한 사정이 없는 한 본래의 급부목적인 외국통화의 지급만을 청구할 수밖에 없으며, 가사 이 사건에서와 같이 원심에서 원고가 청구한 대로 우리나라 화폐의 지급을 명하는 판결이 선고되고 이에 대한 피고의 상고가 없어 우리나라 통화에 의한 청구를 용인할 수밖에 없다 하더라도 민법 제378조가 정한 그 환산시기는 재판상의 청구와 재판 외의 청

구를 가릴 것 없이 현실지급시로 보아야 하되 이는 같은 법조에 의하여 채무자가 대용권을 행사하는 경우에 그렇다는 것에 그치므로 이 사건에 있어서와 같이 원고가 그 급부의 목적인 외국통화의 지급을 구하지 아니하고 우리나라 통화에 의한 지급을 구하는 경우에는 민법 제378조에 의할 것이 아니라 "청구할 때"를 환산시기로 잡는 것이 옳다.

[관련규정] 제378조

[해설 및 논평]

1. 해설

(1) 채권자의 대용급부청구권 인정

민법은 제378조에서 외화채권의 경우에 채무자가 대용권을 가지고 있음을 규정하고 있다. 그에 비하여 채권자의 대용권에 대하여는 규정한 바가 없다. 여기서 채권자도 대용권을 가지는지에 관하여 논란이 있을 수 있는데, 본 판결은 채권자가 대용권을 가지고 있음을 전제로 하여 판단하고 있다.

(2) 외화의 환산시기

외화채권을 우리나라 통화로 변제할 경우에 어느 시점의 환율로 환산하여 변제해야 하는지가 문제된다. 이에 관하여 제378조는 「지급할 때」에 있어서의 환산시가에 의하도록 규정하고 있다. 이러한 규정에도 불구하고 과거 판례는 「이행기」의 환율로 환산하여 변제하면 족하다고 하였다(대판 1987. 6. 23, 86다카2107 등). 그와 같은 과거의 판례는 제378조에도 어긋나고 실질적 타당성도 없었다. 그리하여 본 판결은 전원합의체 판결로 「이행기」가 아니고 「현실로 이행하는 때 즉 현실이행시」를 기준으로 하도록 판례를 변경하였다. 새 판례의 이러한 태도는 통설과 같은 입장이다.

(3) 채권자가 대용권을 행사하는 경우의 환산시기

본 판결의 소수의견은 채권자가 대용권을 행사하는 경우에는 현실이행시가 아니고 이행청구시를 기준으로 환산할 것이라고 한다. 그러나 다수의견은 채권자가 대용권을 행사하는 경우에도 현실이행시를 기준으로 하되, 채권자가 재판상 청구를 할 때에는 현실이행시에 가장 가까운 사실심 변론종결시를 환산기준으로 삼을 것이라고 한다.

2. 논평

(1) 민법이 채무자의 대용권만 명문으로 규정하고 채권자의 대용권에 대하여 규정하고 있지 않다고 하여 채권자의 대용권을 부정할 것은 아니다. 채무자에게만 대용권을 인정하면 채무자가 이행을 지체하여 이익을 취할 가능성이 있기 때문이다. 오늘날 국제거래가 널리 보편화되어 있는 점을 고려해도 그렇다. 그런 점에서 볼 때, 본 판결이 채권자의 대용권을 인정한 것은 타당하다. 그런데 이렇게 해석할 경우에는 제378조가 어떤 의미를 가지는지 문제된다. 그 규정은 채권자가 외국통화에 의한 지급을 청구하더라도 채무자는 우리나라 통화로 지급할 수 있다는 취지를 규정한 데 불과하다고 할 것이다(동지 민일영, 95면; 이공현, 121면).

(2) 본 판결이 환산시기를 현실이행시로 판단한 것은 그것이 법문에 어울릴 뿐만 아니라 - 금전채권에서와 마찬가지로 - 실제이행시까지의 유·불리를 채권자에게 부담하게 하는 것으로서 역시 타당하다.

(3) 본 판결이 재판상 청구의 경우에는 환산시기를 사실심 변론종결시로 하는 것에 대하여 현실이행시를 환산시기로 보는 것이 대용급부를 인정하는 제도의 취지에 보다 잘 부합하다는 견해(민일영, 97면)도 있다. 그러나 그럴 경우에 절차법상 여러 가지 문제가 생길 수 있다. 또한 본 판결에 의할 경우 외화채권에 관한 판결주문도 명료해지고 강제집행도 용이하게 된다. 따라서 본 판결의 그 태도도 적절하다.

[주요 평석 문헌] 민일영, "외화채권의 환산," 인권과 정의, 제179호, 90면 이하; 이공현, "외화채권의 변제," 민사판례연구, 14권, 110면 이하.

4. 금전채무불이행의 특칙

◆ 대판 2009. 12. 24, 2009다85342
[대여금](강의 C-57, 채총 [44])

[쟁점] 금전채무불이행의 손해배상액을 정할 때 약정이율이 법정이율보다 낮은 경우 법정이율에 의하여 지연손해금을 정해야 하는지 여부(적극)

[사실관계]

망 소외 1(대법원 판결의 소외인)은 2002. 1. 18. 피고 2의 연대보증 하에 피고 1에게 5,000만 원을 변제기 2004. 1. 18. 약정이율 월 0.1%로 정하여 대여하였다. 그런데 소외 1은 2006. 1. 4. 사망하였으며, 그 상속인으로는 자녀인 원고, 소외 2, 소외 3이 있다. 한편 소외 2, 3은 2008. 10. 29. 소외 1의 피고들에 대한 위 대여금 채권의 상속지분을 원고에게 양도하고, 그 무렵 피고 1에게 위 채권 양도의 통지를 하여 피고 1에게 그 통지가 도달하였다.

[판결요지]

민법 제397조 제1항은 본문에서 금전채무불이행의 손해배상액을 법정이율에 의할 것을 규정하고 그 단서에서 "그러나 법령의 제한에 위반하지 아니한 약정이율이 있으면 그 이율에 의한다"고 정한다. 이 단서규정은 약정이율이 법정이율 이상인 경우에만 적용되고, 약정이율이 법정이율보다 낮은 경우에는 그 본문으로 돌아가 법정이율에 의하여 지연손해금을 정할 것이다.

우선 금전채무에 관하여 아예 이자약정이 없어서 이자청구를 전혀 할 수 없는 경우에도 채무자의 이행지체로 인한 지연손해금은 법정이율에 의하여 청구할 수 있으므로, 이자를 조금이라도 청구할 수 있었던 경우에는 더욱이나 법정이율에 의한 지연손해금을 청구할 수 있다고 하여야 할 것이다.

[관련규정] 제397조 제1항

[해설 및 논평]

1. 해설

(1) 서설

본 판결은, 제397조 제1항 단서는 약정이율이 법정이율 이상인 경우에만 적용되고 약정이율이 법정이율보다 낮은 경우에는 그 본문이 적용되어 법정이율에 의하여 지연손해금을 정할 것이라고 한다. 이러한 본 판결은 아래에 [비교 판결]로 인용한 대판 1995. 10. 12, 95다26797과는 모순을 보인다. 다만, 뒤의 판결의 중점은 채무자의 자인 여부에 좌우되는지에 있으므로, 현재의 판례는 본 판결이라고 할 수 있다.

(2) 제397조 제1항 단서의 「약정이율」의 의미

제397조 제1항은 단서에서 규정하고 있는 「약정이율」은 변제기까지의 약정이율을 가리키는가, 변제기 후의 이율 즉 지연손해금률을 가리키는가, 아니면 그 둘 모두인가? 여기에 관하여는 i) 변제기까지의 이율이라는 견해와 ii) 변제기 후의 이율(지연이율에 관한 합의)이라는 견해가 주장되고 있다.

사견은 i)설이 타당하다는 입장이다. 즉 지연손해금률에 관하여 당사자 사이에 약정이 있는 경우에는 당연히 그에 따르게 될 것이고, 따라서 그 때는 제397조 제1항이 적용되지 않는다. 그 규정은 임의규정이기 때문이다. 당사자가 약정한 이율이 법정이율보다 낮더라도 마찬가지이다. 제397조 제1항은 당사자 사이에 지연손해금률의 약정이 없는 경우를 위해서 두어진 규정이다. 그러면서 그 단서에서 변제기까지의 약정이율이 있는 경우에 대하여는 예외를 규정하고 있는 것이다. 변제기까지의 이율을 정하고 있는 때에는 그 이율로 지연손해금을 계산하도록 하는 것이 합리적이라는 취지에서이다.

본 판결도 명시하지는 않았지만 이와 같은 전제에 서 있는 것으로 생각된다.

(3) 약정이율이 법정이율보다 낮은 경우의 문제

제397조 제1항 단서의 문구로만 보면, 약정이율이 법정이율보다 낮은 경우에 대하여 i) 그 경우에도 제397조 제1항 단서에 따라 약정이율로 지연손해금을 정해야 한다는 견해와 ii) 그 경우에는 제397조 제1항 본문으로 돌아가 법정이율에 따라 지연손해금을 정해야 한다는 견해가 모두 주장될 수 있다.

본 판결은 이들 견해 가운데 ii)설을 채택한 것이다. 본 판결은 그 이유로 여러 가지를 들고 있다. 특히 금전채무에 관하여 아예 이자약정이 없어서 이자청구를 전혀 할 수 없는 경우에도 채무자의 이행지체로 인한 지연손해금은 법정이율에 의하여 청구할 수 있으므로, 이자를 조금이라도 청구할 수 있었던 경우에는 더욱이나 법정이율에 의한 지연손해금을 청구할 수 있다고 하여야 할 것이라고 한다. 그런가 하면, 제397조에 대응하는 의용민법 제419조가 제1항 단서에서 명문으로 「약정이율이 법정이율을 넘는 때」에 한하여 약정이율에 의하도록 정하고 있었는데, 현행민법 제397조 제1항 단서에는 그 부분이 삭제된 것과 관련하여, 민법의 제정과정에서 약정이율이 법정이율보다 낮은 경우에도 그 단서규정이 적용된다는 것이 입법자의 의사였다고 볼 아무런 자료가 없다고도 한다.

아무튼 본 판결에 의하면 금전채무불이행의 경우에 지연손해금은 – 지연손해금률에 대하여는 약정이 없고 변제기까지의 이율에 관하여만 약정이 있는 때에는 – 변제기까지의 약정이율과 법정이율(연 5%, 379조 참조) 중 높은 것에 의하여 정해지게 되며, 그 결과 금전채권의 채권자에게 유리하게 된다.

2. 논평

금전채무의 당사자가 변제기까지의 이율을 낮게 정했다고 하여 변제기 후의 이율도 낮게 인정하는 것은 합리적이지 않다. 본 판결이 이유로 드

는 바와 같이, 금전채무에 관하여 이자를 지급하지 않기로 한 경우에도 지연손해금은 법정이율에 따라 정해지는 것과 비교해볼 때 더욱 그렇다. 그러므로 변제기까지의 약정이율이 법정이율보다 낮은 경우에는 제397조 제1항 본문에 따라 법정이율로 지연손해금을 정하는 것이 적절하다. 결국 본 판결의 태도는 타당하다.

[비교판결] 대판 1995. 10. 12, 95다26797: 금전채무의 불이행으로 인한 손해배상액은 달리 특별한 사정이 없는 한 민법 소정의 법정이율인 연 5푼의 비율에 의한 금원이라 할 것이고(민법 제397조 제1항) 다만 그와 다른 이자율의 약정이 있거나 지연손해금률의 약정이 있는 경우에 한하여 그 별도의 약정에 따른 손해배상액을 인정할 수 있다 할 것인데, 이와 같이 별도의 약정이 있음을 이유로 하여 법정이율보다도 낮은 비율에 의한 지연손해금을 인정하기 위하여는 법정이율보다 낮은 이자율 또는 지연손해금률의 약정이 있다는 점에 관하여 당사자 사이에 다툼이 없거나 증거에 의하여 적극적으로 인정되는 사정이 존재하여야 할 것이고 피고가 법정이자율보다 낮은 비율에 의한 이자율 또는 지연손해금률의 약정이 있음을 자인한다 하여(이 사건에서는 피고가 법정이자율보다 낮은 비율에 의한 이자율의 약정이 있음을 자인하고 있다) 그에 따른 금원의 지급을 명할 수는 없다고 할 것이다.

제3장
채권법총론

5. 원본채권의 시효완성과 이자채권·지연손해금채권

◈ 대판 2008. 3. 14, 2006다2940
[양수금](강의 C-62, A-323, 채총 [48], 민총 [291])

[쟁점] 금전채권의 원금 일부가 변제된 후 나머지 부분에 대하여 소멸시효가 완성된 경우에 시효완성의 효력이 미치는 이자 또는 지연손해금의 범위

[사실관계]

(1) 조흥은행은 피고 2와 어음할인 거래약정을 체결하고 피고 2로부터 각 한보철강공업이 발행한 액면금 3억 원짜리(지급기일 1997. 3. 4)와 2억 원짜리(지급기일 1997. 4. 3)의 약속어음 2매(이하 '이 사건 어음'이라 함)를 배서·양도받고 그 액면금액에서 소정의 할인료를 공제한 금원을 피고 2에게 지급하였다.

(2) 그 후 조흥은행은 이 사건 어음을 그 지급기일에 지급장소에 각 지급제시하였으나 잔고부족으로 지급거절되자, 피고 2와 사이에 1997. 3. 28. 및 같은 해 4. 8. 아래와 같은 내용의 각 일반자금대출계약을 체결하여 그 대출금으로 위 어음할인거래로 인하여 피고 2가 조흥은행에 대하여 부담하게 된 채무를 변제받는 한편, 이 사건 어음은 아래의 각 대출금채권에 대한 담보로 계속 소지하기로 하였다.

1) 1997. 3. 28.자 대출: 대출금 3억 원, 이자 연 15.5%, 변제기 1997. 6. 26., 지연이자 연 18%로 정하였다가 그 후 변제기를 1997. 9. 26.로 연장하였다(이하 '제1대출'이라 함).

2) 1997. 4. 8.자 대출: 대출금 2억 원, 이자 연 15.5%, 변제기 1997. 7. 3., 지연이자 연 18%로 정하였다가 그 후 변제기를 1997. 10. 3.로 연장하였다(이하 '제2대출'이라 하고, 위 제1, 2대출을 '이 사건 대출'이라 함).

3) 피고 1은 이 사건 대출 당시 조흥은행에 대

하여 제1대출금채무에 관하여는 3억 9천만 원의 한도 내에서, 제2대출금채무에 관하여는 2억 6천만 원의 한도 내에서 각 연대보증하였다.

4) 이 사건 대출계약에 적용되는 지연이율은 1997. 8. 5.부터 1997. 12. 11.까지는 연 18%, 1997. 12. 12.부터 1997. 12. 25.까지는 연 20%, 1997. 12. 26.부터 1998. 10. 6.까지는 연 25%, 1998. 10. 7.부터 1999. 1. 28.까지는 연 21%, 1999. 1. 29.부터 현재(항소심 당시)까지는 연 19%이다.

5) 한편, 조흥은행은 피고 2로부터 1997. 8. 27. 제1대출금에 대하여 1997. 6. 26.부터 1997. 8. 27.까지의 이자를, 1997. 8. 4. 제2대출금에 대하여 1997. 7. 3.부터 1997. 8. 4.까지의 이자를 각 지급받았고, 1998. 9. 15.경 6,498,000원을 지급받아 제1대출금의 원금에 충당하였다.

(3) 조흥은행은 1998. 9. 29. 이 사건 대출금채권을 원고(한국자산관리공사, 구 성업공사)에게 양도하고(그 다음날 이 사건 어음도 원고에게 배서·양도함), 1998. 11. 17. 피고들에게 위 채권양도사실을 통지하였다.

(4) 그 후 원고는 한보철강에 대한 회사정리절차에서 이 사건 어음금채권을 정리채권으로 신고하여 1999. 11. 2. 2,902,177원, 2000. 12. 29., 2001. 12. 28., 2002. 12. 31. 각 14,912,934원, 2003. 12. 31. 19,883,913원, 2004. 11. 8. 222,373,768원 등 합계 289,898,660원을 지급받아 제1대출금의 원금의 일부변제에 충당하였다.

(5) 이에 2004. 10. 27. 원고가 피고 1, 2에 대하여 제1, 제2대출의 남은 원금과 이자, 지연손해금의 지급을 청구하는 소를 제기하였다.

[판결요지]

가. 이자 또는 지연손해금은 주된 채권인 원본의 존재를 전제로 그에 대응하여 일정한 비율로 발생하는 종된 권리라 할 것인데, 하나의 금전채권의 원금 중 일부가 변제로 소멸된 후 나머지 원금에 대하여 소멸시효가 완성된 경우, 가분채권인

금전채권의 성질상 변제로 소멸한 원금 부분과 소멸시효 완성으로 소멸한 원금 부분을 구분하는 것이 가능하고, 이 경우 원금에 종속된 권리인 이자 또는 지연손해금 역시 변제로 소멸한 원금 부분에서 발생한 것과 시효완성으로 소멸된 원금 부분에서 발생한 것으로 구분하는 것이 가능하므로, 위 소멸시효 완성의 효력은 소멸시효가 완성된 원금 부분으로부터 그 시효 완성 전에 발생한 이자 또는 지연손해금에는 미치나, 변제로 소멸한 원금 부분으로부터 그 변제 전에 발생한 이자 또는 지연손해금에는 미치지 않는다고 봄이 타당하다.

한편, 은행이 영업행위로서 한 대출금에 대한 변제기 이후의 지연손해금은 그 원본채권과 마찬가지로 상행위로 인한 채권에 관하여 적용될 5년간의 소멸시효를 규정한 상법 제64조가 적용된다.

다. 앞서 든 법리에 의하면, 위 대출금채권은 그 변제기로부터 5년이 되는 날인 2002. 9. 26.이 경과함으로써 소멸시효가 완성되었다 할 것인데, 위 소멸시효 완성의 효력은 소멸시효 완성 전에 이미 변제로 소멸한 원금 부분, 즉, 1999. 11. 2. 변제된 원금 2,902,177원, 2000. 12. 29. 변제된 원금 14,912,934원, 2001. 12. 28. 변제된 원금 14,912,934원으로부터 그 각 변제 전에 발생한 이자 또는 지연손해금에는 미치지 않는다 할 것이므로, 이 부분의 이자 또는 지연손해금 채권에 대하여는 그 각 발생일부터 별도로 5년의 소멸시효가 기산되어야 하고, 따라서 위 변제로 소멸한 각 원금 부분에 대하여 이 사건 소 제기일인 2004. 10. 27.로부터 역산하여 5년이 경과하기 전날인 1999. 10. 27.부터 각 해당 원금 변제일까지의 기간에 발생한 지연손해금채권은 소멸시효가 완성되었다고 볼 수 없다.

[관련규정] 제183조, 상법 제64조

[해설 및 논평]
1. 해설
(1) 금전채무의 이행지체로 인하여 – 변제기 이후에 – 발생하는 지연손해금은 그 성질이 손해

배상금이지 이자가 아니며, 제163조 제1호의 1년 이내의 기간으로 정한 채권도 아니므로 3년의 단기소멸시효 대상이 되지 않는다(대판 1995. 10. 13, 94다57800). 지연손해금채권의 소멸시효기간은 원본채권의 그것과 같다(대판 2010. 9. 9, 2010다28031). 그런데 은행이 그 영업행위로서 한 대출금에 대한 변제기 이후의 지연손해금채권은 상법 제64조에 따라 – 대출금채권과 마찬가지로 – 5년의 시효에 걸린다(이전 판결: 대판 1979. 11. 13, 79다1453).

(2) 이미 변제기가 된 이자채권은 원본채권과는 별도로 3년의 단기소멸시효에 걸린다(163조 1호). 그뿐만 아니라 원본채권이 시효로 소멸하게 되면, 그 이자채권 자체의 시효가 완성되지 않았을지라도 원본채권의 시효소멸의 영향으로 소멸하게 된다. 왜냐하면 우리 민법상 소멸시효는 그 기산일에 소급하여 효력이 생기고(167조), 또 주된 권리의 소멸시효가 완성한 때에는 종된 권리에 그 효력이 미치기 때문이다(183조). 본 판결은 이 점도 분명히 하였다.

(3) 본 판결은 원본채권이 시효로 소멸하면 지연손해금채권도 소멸한다고 한다. 이는 지연손해금채권도 이자채권과 마찬가지로 제183조의 종된 권리로 인식한 결과이다.

(4) 본 판결은 소멸시효 완성의 효력은 변제로 소멸한 원금 부분으로부터 그 변제 전에 발생한 이자 또는 지연손해금에는 미치지 않는다고 하며, 이 부분이 본 판결의 핵심이다.

2. 논평
지연손해금채권은 산정만 이자처럼 할 뿐 손해배상이기 때문에 제183조의 종된 권리라고 보는 것은 부적절하고 다른 손해배상청구권처럼 다루는 것이 바람직하다.

변제로 소멸한 원금 부분과 관련된 내용은 법리적으로는 인정될 수도 있으나, 균형상 시효완성 부분의 경우와 동일하게 다루는 것도 생각해 봄직하다.

제3장
채권법총론

6. 고율의 이자약정

◈ 대판(전원) 2007. 2. 15. 2004다50426
[대여금반환](강의 C-63, A-125, D-400, 채총
[49]·[267], 민총 [126], 채각 [239])

[쟁점] 선량한 풍속 기타 사회질서에 위반하여
무효인 부분의 이자약정을 원인으로 차주가 대주
에게 임의로 지급한 이자의 반환을 청구할 수 있
는지 여부

[사실관계]
(1) 원고는 피고에게 2001. 2. 6. 1,200만 원, 같
은 달 10. 375만 원, 합계 1,575만 원을 각 변제기
는 대여일로부터 15일, 이자는 15일에 10%로 정
하여 대여하면서 선이자를 공제하고 이를 지급하
였다.
(2) 원고는 피고에 대하여 차용금과 그 약정이
율에 의한 지연손해금의 지급을 구하는 이 사건
소를 제기하였다. 이에 대하여 피고는 ① 위 약정
이율은 지나치게 높아 사회질서에 반하여 무효이
며, ② 피고는 1999년부터 2000년 사이에 원고로
부터 7차례에 걸쳐 합계 3,203만 원을 이자 월
40%로 차용하였다가 2001년 2월경까지 그 원리금
으로 약 1억 1천만 원을 변제하였는바, 위 변제액
중 정당한 이율 범위를 초과하는 금원은 부당이득
으로서 피고에게 반환되어야 할 것이므로, 그 부
당이득 반환채권과 피고의 이 사건 차용금채무를
대등액에서 상계한다는 취지로 항변하였다.
(3) 원심은, 이 사건 약정이율은 연 243%(=
10%×365일/15일)에 이르고 이 사건 대여계약 이후
제정된 '대부업의 등록 및 금융이용자 보호에 관
한 법률'(이하 대부업법이라 함)에 의한 제한이율이
연 66%인 점을 고려하면, 연 243%의 이자 약정
중 연 66%를 초과하는 부분은 지나치게 높은 이
율로서 사회질서에 반하여 무효이며, 다만, 약정
된 이율의 일부가 사회질서에 반하는 것으로서 일
부 무효가 된다 하더라도 채무자가 그 이율에 따

라 이자를 임의로 지급한 경우에는 반환을 구할
수 없다고 하여 상계항변을 배척하였다. 이에 대
하여 피고들이 상고하였다.

[판결요지]
[2] 금전 소비대차계약과 함께 이자의 약정을
하는 경우, 양쪽 당사자 사이의 경제력의 차이로
인하여 그 이율이 당시의 경제적·사회적 여건에
비추어 사회통념상 허용되는 한도를 초과하여 현
저하게 고율로 정하여졌다면, 그와 같이 허용할
수 있는 한도를 초과하는 부분의 이자 약정은 대
주가 그의 우월한 지위를 이용하여 부당한 이득을
얻고 차주에게는 과도한 반대급부 또는 기타의 부
당한 부담을 지우는 것이므로 선량한 풍속 기타
사회질서에 위반한 사항을 내용으로 하는 법률행
위로서 무효이다.
[3] 선량한 풍속 기타 사회질서에 위반하여 무
효인 부분의 이자 약정을 원인으로 차주가 대주에
게 임의로 이자를 지급하는 것은 통상 불법의 원
인으로 인한 재산 급여라고 볼 수 있을 것이나,
불법원인급여에 있어서도 그 불법원인이 수익자
에게만 있는 경우이거나 수익자의 불법성이 급여
자의 그것보다 현저히 커서 급여자의 반환청구를
허용하지 않는 것이 오히려 공평과 신의칙에 반하
게 되는 경우에는 급여자의 반환청구가 허용되므
로, 대주가 사회통념상 허용되는 한도를 초과하는
이율의 이자를 약정하여 지급받은 것은 그의 우월
한 지위를 이용하여 부당한 이득을 얻고 차주에게
는 과도한 반대급부 또는 기타의 부당한 부담을
지우는 것으로서 그 불법의 원인이 수익자인 대주
에게만 있거나 또는 적어도 대주의 불법성이 차주
의 불법성에 비하여 현저히 크다고 할 것이어서
차주는 그 이자의 반환을 청구할 수 있다.

[관련규정] 제103조, 제746조

[해설 및 논평]

1. 해설

(1) 우리나라는 종래 이자제한법을 제정하여 (1962년 법 971호) 약정이자를 규제해 왔으나 1997년 국제통화기금(IMF)의 지원과 통제를 받으면서 이를 폐지하였다(1998. 1. 13). 그리하여 제103조·제104조에 의하여 이자를 규제하게 되었는데, 이들 규정이 적용되려면 이율이 극도로 높아야 하고 또한 이를 적용할 경우 이자약정 전체가 무효로 되는 문제가 있었다. IMF의 통제를 벗어난 후 대부업법이 제정되어 대부업자가 대부하는 경우의 약정이자를 규율하게 되었으나 이는 일반 사인 사이의 대차에 있어서의 이자를 제한하는 것은 아니었다. 그리하여 과거의 이자제한법을 부활시켜야 한다는 주장이 제기되는 상황에서 본 판결이 나오게 되었다.

(2) 본 판결은 금전 소비대차계약과 함께 이자의 약정을 하는 경우, 양쪽 당사자 사이의 경제력의 차이로 인하여 그 이율이 사회통념상 허용되는 한도를 초과하여 현저하게 고율로 정하여졌다면, 그와 같이 허용할 수 있는 한도를 초과하는 부분의 이자 약정은 선량한 풍속 기타 사회질서에 위반한 사항을 내용으로 하는 법률행위로서 무효라고 하였다. 종래 과도한 이자의 약정은 불공정한 법률행위에 관한 제104조의 적용대상이라고 보았으나 본 판결은 제103조를 적용하였다. 또한 제103조를 적용하면서도 고율의 이자약정이 무효인 경우 이자 약정 전체를 무효로 보지 않고 상당한 범위를 초과하는 부분만 무효라고 하였다. 이는 일부 무효법리 및 과거 이자제한법이 제한초과 부분만 무효라고 하였던 것에 기인한 것으로 보인다.

(3) 나아가 본 판결은 선량한 풍속 기타 사회질서에 위반하여 무효인 부분의 이자 약정에 기하여 차주가 대주에게 임의로 이자를 지급하는 것은 통상 불법원인급여에 해당하지만, 대주가 사회통념상 허용되는 한도를 초과하는 이율의 이자를 약정하여 지급받은 것은 우월한 지위를 이용하여 부당한 이득을 얻고 차주에게 과도한 반대급부 또는 기타 부당한 부담을 지우는 것으로서, 불법원인이 수익자인 대주에게만 있거나 또는 적어도 대주의 불법성이 차주의 불법성에 비하여 현저히 크다고 할 것이어서 차주는 그 이자의 반환을 청구할 수 있다고 하였다.

(4) 본 판결의 소수의견은 적정이율을 초과하는 이자약정이 제103조 위반으로 무효라 하더라도 그러한 약정에 따라 이자가 지급된 이상 그 불법원인은 대주와 차주 모두에게 있고 일률적으로 대주의 불법성이 차주의 그것에 비해 현저히 크다고 단정할 수 없으므로, 제746조 본문에 따라 차주의 반환청구는 허용될 수 없다고 하였다.

2. 논평

이 판결 선고 후 제정된 이자제한법(2007. 3. 29. 공포, 같은 해 6. 30. 시행)이 「채무자가 최고이자율을 초과하는 이자를 임의로 지급한 경우에는 초과 지급된 이자 상당 금액은 원본에 충당되고, 원본이 소멸한 때에는 그 반환을 청구할 수 있다」(제2조 제4항)는 규정을 두어 본 판결에서 다투어졌던 문제를 입법적으로 해결함으로써 본 판결의 실제적인 중요성은 감소되었다고 할 수 있으나, 사회통념상 허용되는 한도를 초과하여 현저하게 고율로 정해진 이자약정에 대하여 제103조를 적용하면서, 이자약정 전체를 무효로 보지 않고 상당한 범위를 초과하는 부분만 무효라고 하였으며, 나아가 상당한 범위를 초과하여 무효에 해당하는 이자 부분을 이미 지급한 경우 불법원인급여에 있어서의 불법성 비교론을 근거로 반환청구를 허용하였다는 점에서 이론적으로 중요한 의미를 가진다고 할 것이다.

[주요 평석 문헌] 윤진수, "2007년도 주요 민법 관련 판례 회고," 법학(서울대), 49권 1호, 315면 이하; 양창수, "공서양속에 반하는 이자약정에서 임의로 지급된 과잉이자의 반환청구," 민법연구, 9권, 269면 이하.

7. 이행거절

◆ 대판 2005. 8. 19, 2004다53173
  [손해배상(기)등](강의 C-78, 채총 [62])

[쟁점] 계약상 채무자가 계약을 이행하지 않을 의사를 명백히 표시한 경우에 이행기 전이라도 최고 없이 계약을 해제할 수 있는지 여부. 그리고 그러한 의사를 명백히 표시하였는지 여부의 판단 기준

[사실관계]

(1) 원고는 1993년경 피고 1(여자)을 알게 되어 친분관계를 유지하던 중 1997년경 처인 소외인과의 이혼을 고려하면서 그로 인한 재산분할 및 위자료 청구에 대비하여 피고 1 앞으로 실제 채무 없이 명목상의 근저당권설정등기만을 경료해 두기로 하고, 1997. 4. 4. 원고 소유의 인천 강화군 내가면 (지역 생략) 1817-3 전 3,051㎡와 같은 리 1818 대 248㎡(이하 '이 사건 강화군 토지'라 함)에 관하여 채권최고액 1억 5천만 원, 채무자 원고, 근저당권자 피고 1로 된 근저당권설정등기를 마쳤다.

(2) 피고 1은 1998. 9. 1. 자신의 채권자인 A에게 위 근저당권에 관하여 1998. 8. 31.자 채권양도를 원인으로 한 근저당권이전의 부기등기를 해 주었고, 이후 A의 위 근저당권에 기한 임의경매신청으로 2002. 5. 29. 인천지방법원 2002타경33436호로 이 사건 강화군 토지에 관한 임의경매개시결정이 내려져, B가 2002. 10. 25. 위 토지를 경락받아 대금을 완납하였다.

(3) 원고는 이와 같은 경위로 이 사건 강화군 토지에 대한 소유권을 상실하게 되자 피고 1에게 책임을 추궁하였고, 피고 1은 원고와의 금전거래 과정에서 아직 원고로부터 변제받지 못한 금원이 남았다고 주장하면서 이를 거부해 오다가 2002. 11. 29. 원고에게 "본인(피고 1)은 이 사건 강화군 토지를 소유권자인 원고와 채권관계가 아닌 편의상 1억 5천만 원(채권최고액)으로 근저당설정하였

다가 A와의 채권관계로 채권양도하여 경매처분되었으나, 2006년까지 소유권자인 원고에게 위 경매처분된 강화군 토지를 매입하여 소유권이전등기해 줄 것을 무의 각서하고 차후 A와의 채무관계로 피해가 가지 않도록 한다"는 내용의 이행각서(이하 '이 사건 각서'라 함)를 작성해 주었다.

(4) 한편, 피고 1은 2003. 2. 26. 자신의 시누이인 피고 2와 사이에 원심판시 별지 목록 기재 부동산(이하 '이 사건 평택 부동산'이라 함)에 관하여 채권최고액 5억 원의 근저당권설정계약을 체결하고 같은 달 27. 피고 2 앞으로 근저당권설정등기를 마쳐 주었다.

(5) 또한, 피고 1은 이 사건 소송이 원심에 계속 중이던 2004. 3.부터 같은 해 5.까지 사이에 이 사건 평택 부동산을 제3자에게 매도하고 소유권이전등기를 마쳐 주었다.

[판결요지]

계약상 채무자가 계약을 이행하지 아니할 의사를 명백히 표시한 경우에 채권자는 신의성실의 원칙상 이행기 전이라도 이행의 최고 없이 채무자의 이행거절을 이유로 계약을 해제하거나 채무자를 상대로 손해배상을 청구할 수 있고, 채무자가 계약을 이행하지 아니할 의사를 명백히 표시하였는지 여부는 계약 이행에 관한 당사자의 행동과 계약 전후의 구체적인 사정 등을 종합적으로 살펴서 판단하여야 한다.

원심이 인정한 사실 및 기록에 의하면, 피고 1은 이 사건 강화군 토지에 관하여 자신의 명의로 설정되었던 근저당권은 원고에 대한 채권을 담보하기 위한 것이었음에도 원고가 자신과의 불륜관계를 남편에게 폭로하겠다고 협박하면서 이 사건 각서의 작성을 강요하는 바람에 이 사건 각서를 작성하게 되었으므로 이 사건 각서는 무효이고 오히려 원고로부터 변제받을 채권이 아직도 남아 있다고 주장하고 있고, 피고 1이 원심 소송계속 도중 제3자에게 처분한 이 사건 평택 부동산은 피고

1의 유일한 재산인 사실을 알 수 있는바, 사정이 이와 같다면 피고 1은 이 사건 각서상의 채무를 이행할 의사가 없음을 명백하고도 종국적으로 밝혔다고 봄이 상당하므로, 원고는 그 이행기 전이라도 피고 1을 상대로 채무불이행을 원인으로 한 손해배상청구를 할 수 있다고 볼 것이다.

[관련규정] 제390조, 제544조

[해설 및 논평]

1. 해설

대법원은 채무자가 채무를 이행할 의사가 없음을 표시한 경우, 즉 이행거절의 경우에 관하여 특별한 법리를 세워두고 있다. 그런데 대법원은 초기에는 이행거절을 독립한 채무불이행 유형으로 의식하지 못하였으나, 근래에는 하나의 독자적인 채무불이행으로 인정하고 있는 것으로 보인다(특히 대판 2015. 2. 12, 2014다227225 참조).

본 판결은 두 가지의 중요한 판단을 하고 있다. 그 중에 하나는 이행거절의 의사를 명백히 표시한 경우에는 「이행기 전에도」 이행의 최고 없이 해제하거나 손해배상을 청구할 수 있다는 것이고, 다른 하나는 채무자가 이행거절의 의사를 명백히 표시하였는지는 여부는 당사자의 행동이나 구체적인 사정 등을 종합해서 판단해야 한다는 것이다. 이 가운데 전자는 본 판결이 추상적인 법리로서는 처음으로 선언한 것이어서 의미가 크다. 그렇지만 그 법리의 인정근거를 신의칙에서 찾고 있어서 아직은 이행거절의 독자성 인정에 소극적이다.

이행거절의 경우에는 이행이 가능한 상태에 있다. 그렇지만 채무자가 이행하지 않을 의사를 분명히 표시하였기에 이행할 가능성이 없어서 이행불능과 유사하게 된다. 그리하여 본 판결은 이행거절의 경우에는 아직 이행기가 되기 전이라도 채권자가 이행의 최고 없이 계약을 해제할 수 있고 또 최고 없이 손해배상(전보배상)을 청구할 수 있다고 한다.

다음에, 이행거절이 인정되려면 이행하지 않을 의사가 명백하게 표시되어야 한다(대판 2006. 11. 9, 2004다22971은 묵시적인 표시의 경우 명백하고 종국적이어야 한다고 함). 그런데 이행거절 의사가 반드시 명시적으로 표시되어야만 하는 것은 아니고 묵시적으로 표시되어도 무방하다. 본 판결은 이행거절 의사를 묵시적으로 표시하는 것이 인정된다는 전제에서, 그럴 경우에는 계약 이행에 관한 당사자의 행동과 계약 전후의 구체적인 사정 등을 종합적으로 살펴서 그 의사가 명백히 표시되었는지 여부를 판단할 것이라고 한다.

2. 논평

이행거절을 독자적인 채무불이행 유형으로 인정할 것인가에 관하여는 긍정설과 부정설이 대립하고 있다. 저자는 후자의 입장이다. 이행거절의 경우에 특별한 효과를 인정하는 것은 무방하되, 그것은 이행지체의 특수한 경우로 다루면 충분하다. 이행거절의 경우에도 채권자는 이행기까지 기다려 채무를 강제로 실현시킬 수 있고, 또 판례는 이행거절 후 그것의 철회를 인정하고 있어서 더욱 그렇다.

본 판결의 구체적인 내용은 타당하다.

[관련판결] 대판 2003. 2. 26, 2000다40995: 쌍무계약에 있어서 계약당사자의 일방은 상대방이 채무를 이행하지 아니할 의사를 명백히 표시한 경우에는 최고나 자기 채무의 이행제공 없이 그 계약을 적법하게 해제할 수 있으나, 그 이행거절의 의사표시가 적법하게 철회된 경우 상대방으로서는 자기 채무의 이행을 제공하고 상당한 기간을 정하여 이행을 최고한 후가 아니면 채무불이행을 이유로 계약을 해제할 수 없다.

[주요 평석 문헌] 이주원, "이행기 전의 이행거절과 채무불이행," 대법원판례해설, 57호, 318면 이하.

8. 불확정기한

◆ 대판 2005. 10. 7, 2005다38546
　　[분양계약금반환등](강의 C-84, A-271, 채총
　　[66], 민총 [256])

[쟁점] 신축 중인 건물의 분양계약에 따른 중도
금지급기일을 '1층 골조공사 완료시'로 정한 경우
그 중도금지급의무는 불확정기한으로 이행기를
정한 것인지 여부 및 매수인의 중도금지급의무가
이행지체로 되는 시기

[사실관계]

(1) 원고는 2001. 9. 10. 피고와 사이에 피고가
건축 중인 상가 건물 중 1층 103, 104호를 3억
5,890만 원에 분양받는 계약을 체결하면서, 계약
금 5천만 원은 계약시에, 1차 중도금 5천만 원은 1
층 골조공사 완료시에, 2차 중도금 5천만 원은 5
층 골조공사 완료시에, 잔금 2억 890만 원은 준공
시에 각 지급하기로 하되, 원고가 분양대금 납부지
정일로부터 15일 이상 지체하였을 때에는 최고 등
의 절차 없이 일방적으로 해약할 수 있으며 이때
분양대금 중 계약금은 피고에게 귀속되고, 중도금
및 잔금을 그 기일까지 지급하지 못하면 연체료를
가산하기로 약정하고, 계약금을 지급하였다.

(2) 피고는 건물 1층 지붕 콘크리트 타설을 마
친 직후 원고에게 "14일 내에 중도금을 지급할
것"을 통보하고, 2001. 12. 15. 2층 바닥 슬라브 작
업에 들어갔다. 원고는 중도금지급기일연기를 요
청하였고, 피고는 2001. 12. 26.까지, 다시 2002. 1.
4.까지 중도금 납입기일을 연기해주었으나, 원고
가 위 기일까지 중도금을 납입하지 않자 2002. 1.
5 계약해제를 통보하였다.

(3) 원고는 피고의 소유권이전등기의무의 이행
불능으로 인한 해제를 주장하며 계약금 반환을 구
하는 이 사건 소를 제기하였다. 원심은 원고의 중
도금 납부의무 불이행을 이유로 계약은 적법하게
해제되었다고 판단하여 청구를 기각하였다.

[판결요지]

이 사건 중도금 지급기일은 1층 골조공사 '완료
시'라고 되어 있으므로 중도금 지급기일이 도래했
다고 하기 위해서는 일단 1층 골조공사가 모두 마
무리되어 다음 단계로 예정된 공사를 언제든지 시
작할 수 있는 상태가 되어야 할 것이고, 이 사건
과 같은 철근콘크리트건물의 신축공사에 있어서
콘크리트 타설 작업에 이어 다음 단계의 작업을
시작하기 위해서는 타설한 콘크리트가 굳기 위해
통상적으로 얼마간의 양생기간이 필요하다고 할
것이므로, 1층 골조공사가 완료되었다고 하기 위
해서는 1층 지붕이자 2층 바닥을 만들기 위한 콘
크리트 타설 작업을 마친 후 통상적인 양생기간까
지 경과하여야 한다고 보는 것이 상당하다.

뿐만 아니라 채무이행시기가 확정기한으로 되
어 있는 경우에는 기한이 도래한 때로부터 지체책
임이 있으나, 불확정기한으로 되어 있는 경우에는
채무자가 기한이 도래함을 안 때로부터 지체책임
이 발생한다고 할 것인바, 이 사건 중도금 지급기
일을 '1층 골조공사 완료시'로 정한 것은 중도금
지급의무의 이행기를 장래 도래할 시기가 확정되
지 아니한 때, 즉 불확정기한으로 이행기를 정한
경우에 해당한다고 할 것이므로, 중도금 지급의무
의 이행지체의 책임을 지우기 위해서는 1층 골조
공사가 완료된 것만으로는 부족하고 채무자인 원
고가 그 완료 사실을 알아야 한다고 할 것이다.

[관련규정] 제387조 제1항 제2문

[해설 및 논평]

1. 해설

(1) 이 사건 분양계약의 중도금 지급기일은 '1
층 골조공사 완료시'라고 되어 있다. 원심은 '1층
골조공사 완료시'를 1층 지붕의 콘크리트 타설을
마친 날로 보고 그것이 늦어도 2층 바닥의 슬라브
작업에 들어간 2001. 12. 15. 이전이라고 판단하였
다. 그러나 본 판결은 이 사건 공사에서 각 층별

지붕 슬라브 작업과 그 위층의 바닥 슬라브 작업(예컨대, 1층 지붕 및 2층 바닥 슬라브공사)은, 분리된 별도의 공정이 아니라 하나의 공정으로 한꺼번에 이루어졌고, 그렇다면 1층 골조공사 완료시는 1층 지붕 콘크리트 타설이 끝난 후 2층 바닥 슬라브 작업이 시작되기 직전이 아니라 1층 지붕이자 2층 바닥의 슬라브 작업이 완료되었을 때로 보아야 한다고 하였다.

또한 중도금 지급기일이 1층 골조공사 '완료시'로 되어 있으므로, 그 기일이 도래했다고 하기 위해서는 1층 골조공사가 모두 마무리되어 다음 단계로 예정된 공사를 언제든지 시작할 수 있는 상태가 되어야 할 것이고, 철근콘크리트건물 신축공사에서 콘크리트 타설 작업에 이어 다음 단계의 작업을 시작하기 위해서는 타설한 콘크리트가 굳기 위해 통상적으로 얼마간의 양생기간이 필요하므로, 1층 골조공사가 완료되었다고 하기 위해서는 1층 지붕이자 2층 바닥을 만들기 위한 콘크리트 타설 작업을 마친 후 통상적인 양생기간까지 경과하여야 한다고 하였다.

(2) 한편 본 판결은 중도금 지급기일을 '1층 골조공사 완료시'로 정한 것은 이행기를 불확정기한으로 정한 경우에 해당하므로, 중도금 지급의무의 이행지체책임을 지우기 위해서는 1층 골조공사가 완료된 것만으로는 부족하고 채무자인 원고가 그 완료사실을 알아야 한다고 하였다.

(3) 나아가 본 판결은 피고가 "분양대금 납부지정일로부터 15일 이상 지체하였을 때에는 최고 등의 절차 없이 일방적으로 해약할 수 있다"는 조항에 의해 계약을 해제하려면, 원고가 1층 골조공사의 완료 사실을 알게 된 때 또는 그 완료 이후 피고가 중도금 납부일을 지정하였다면 그 지정된 날로부터 15일 이상 중도금 지급이 지체되어야 한다고 하였다.

(4) 따라서 중도금 지급지체의 책임을 묻기 위해서는 하나의 공정으로 이루어지는 1층 지붕이자 2층 바닥 슬라브 작업이 콘크리트 타설 작업

후 통상적인 양생기간을 거쳐 골조공사가 완료되고, 그 완료사실을 원고가 알아야 하며, 나아가 원고가 그러한 사실을 알고도 15일 이상, 만일 골조공사 완료 이후 피고가 중도금 납부일을 지정하였다면 그 날로부터 15일 이상 중도금을 납부하지 않아야 비로소 피고는 최고 없이 계약을 해제할 수 있다고 하였다.

그리하여 본 판결은, 원심이 1층 지붕 슬라브 작업과 2층 바닥 슬라브 작업이 별도의 공정이라고 파악하여 늦어도 2층 콘크리트 타설 작업에 들어가기 전날인 2001. 12. 14.에는 1층 골조공사가 완료되어 중도금의 이행기가 도래하였다고 판단하고, 이 사건 중도금지급기일을 확정기한으로 파악하여 그때로부터 15일이 되는 2001. 12. 29.까지 원고가 중도금과 지연이자를 지급하지 않은 이상 바로 그 다음 날부터 피고는 최고 등 절차 없이 일방적으로 계약을 해제할 수 있으므로 이 사건 분양계약은 원고의 중도금지급의무 불이행에 따른 피고의 2002. 1. 5.자 해약 통고로 해제되었다고 판단하여 원고의 계약금지급청구를 배척한 것을 위법하다고 하여 이를 파기한 것이다.

2. 논평

본 판결은 중도금 지급기일을 '1층 골조공사 완료시'라고 정한 경우 그 약정의 의미를 이 사건 공사의 공정과정을 고려할 때 1층 지붕 콘크리트 타설이 끝난 후 2층 바닥 슬라브 작업이 시작되기 직전이 아니라 '1층 지붕이자 2층 바닥의 슬라브 작업이 완료되었을 때'로 보아야 하고, 콘크리트 타설 작업에 있어서는 통상적인 양생기간까지 경과하여야 한다고 파악하는 한편, 그 이행기의 법적 성격이 '불확정기한'임을 명시적으로 선언하고 그 이행지체책임을 지우기 위해서는 1층 골조공사가 완료된 것만으로는 부족하고 채무자인 원고가 그 완료 사실을 알아야 한다는 점을 분명히 하였다는 점에서 의미가 있다.

9. 기한 없는 채무: 부당이득 반환의무의 이행지체책임

◆ 대판 2010. 1. 28, 2009다24187·24194
[토지명도등·건물명도](강의 C-86, 채총 [67])

[쟁점] 부당이득 반환의무의 지체책임 발생 시기 및 부당이득 반환에서 수익자의 '악의'의 의미

[사실관계]

원고(반소피고. 이하 원고라고 함)는「부동산 실권리자 명의 등기에 관한 법률」(이하 부동산실명법이라고 한다)이 시행된 후에 행하여진 명의신탁약정에 기하여 피고(반소원고. 이하 피고라고 함)가 원고에게 계약의 체결을 위탁하여 원고가 직접의 당사자로서, 위 명의신탁약정에 대하여 알지 못하는 매도인으로부터 이 사건 부동산을 매수하는 계약을 체결하고 원고 앞으로 곧바로 소유권이전등기를 마쳤다.

원고는 피고에 대하여 이 사건 부동산이 원고의 소유임을 전제로 위 부동산 위의 구조물의 철거 및 그 부동산의 명도를 청구하였고(본소), 피고는 피고가 이 사건 부동산의 매수자금으로 제공한 1억 1,300만 원에 대한 부당이득 반환 및 위 부당이득금에 대하여 원고가 피고로부터 위 매수자금을 수령한 날로부터 다 갚는 날까지의 기간에 관한 지연손해금을 청구하였다(반소).

원심은 명의신탁자인 피고와 명의수탁자인 원고 사이의 명의신탁약정은 부동산실명법 제4조 제1항에 의하여 무효이나, 명의수탁자인 원고 명의의 소유권이전등기는 위 법률 제4조 제2항에 의하여 유효한 것으로 취급됨으로써 결국 원고는 이 사건 부동산에 대하여 완전한 소유권을 취득하는 반면에 피고에 대하여 자신이 이 사건 부동산의 취득을 위하여 제공받은 자금을 부당이득으로 반환할 의무가 있다고 한 다음, 피고는 원고에게 이 사건 부동산 위의 구조물을 철거하고 그 부동산을 명도할 의무가 있으며, 원고는 위 부당이득금 1억

1,300만 원 및 이에 대하여 이 사건 부동산에 관하여 원고 앞으로 소유권이전등기가 행하여진 때부터 다 갚는 날까지 지연손해금을 지급할 의무가 있다고 하였다.

이에 대하여 원고가 상고하였다.

[판결요지]

[1] 부당이득 반환의무는 이행기한의 정함이 없는 채무이므로 그 채무자는 이행청구를 받은 때에 비로소 지체책임을 진다.

[2] 부당이득 반환의무자가 악의의 수익자라는 점에 대하여는 이를 주장하는 측에서 입증책임을 진다. 여기서 '악의'라고 함은, 민법 제749조 제2항에서 악의로 의제되는 경우 등은 별론으로 하고, 자신의 이익 보유가 법률상 원인 없는 것임을 인식하는 것을 말하고, 그 이익의 보유를 법률상 원인이 없는 것이 되도록 하는 사정, 즉 부당이득 반환의무의 발생요건에 해당하는 사실이 있음을 인식하는 것만으로는 부족하다. 따라서 계약명의신탁에서 명의수탁자가 수령한 매수자금이 명의신탁약정에 기하여 지급되었다는 사실을 알았다고 하여도 그 명의신탁약정이 부동산실명법 제4조 제1항에 의하여 무효임을 알았다는 등의 사정이 부가되지 아니하는 한 명의수탁자가 그 금전의 보유에 관하여 법률상 원인 없음을 알았다고 쉽사리 말할 수 없다.

[관련규정] 제387조 제2항, 제741조, 제748조 제2항, 부동산실명법 제4조

[해설 및 논평]

1. 해설

(1) 피고는 위 부당이득금에 대하여 원고가 피고로부터 위 매수자금을 수령한 날로부터 다 반환할 때까지의 기간에 관한 지연손해금을 청구하였다. 그 청구가 원고의 부당이득금 반환의무의 이행지체로 인한 손해배상을 구하는 취지인지 또는

부당이득 반환의무를 부담하는 원고에 대하여 악의 수익자로서의 손해배상책임(748조 2항)을 묻는 취지인지는 명확하지 않다.

본 판결은 그 청구가 원고의 이행지체로 인한 손해배상을 구하는 취지라면, 원래 부당이득 반환의무는 이행기한의 정함이 없는 채무이므로 그 채무자는 이행청구를 받은 때에 비로소 지체책임을 지게 되고(387조 2항), 원고가 위와 같이 지연손해금의 지급을 구하는 취지가 담긴 피고의 반소장 부본을 수령하기 전까지는 피고가 매수자금의 반환을 청구한 사실이 없다고 하였다.

한편 피고의 청구가 부당이득 반환의무를 부담하는 원고에 대하여 악의 수익자로서의 손해배상책임을 묻는 취지라고 하더라도, 제748조 제2항의 '악의'는, 자신의 이익 보유가 법률상 원인 없는 것임을 인식하는 것을 말하고, 그 이익의 보유를 법률상 원인이 없는 것이 되도록 하는 사정, 즉 부당이득 반환의무의 발생요건에 해당하는 사실이 있음을 인식하는 것만으로는 부족하므로, 원고가 수령한 매수자금이 명의신탁약정에 기하여 지급되었다는 사실을 알았다고 하여도 그 명의신탁약정이 부동산실명법 제4조 제1항에 의하여 무효임을 알았다는 등의 사정이 부가되지 아니하는 한 원고가 원고 앞으로 소유권이전등기가 행하여진 당시에 이미 그 금전의 보유에 관하여 법률상 원인 없음을 알았다고 할 수 없다고 하였다.

(2) 채무의 이행에 관하여 기한이 정하여져 있지 않은 때에는 채무자는 이행청구를 받은 때로부터 지체책임이 있다(387조 2항). 기한이 없는 채무는 발생과 동시에 이행기에 있게 되고 따라서 소멸시효도 그때부터 진행하게 되나, 이행지체로 되려면 채권자의 최고가 있어야 한다. 이 경우 채무자가 지체책임을 지는 것은 채권자로부터 이행청구를 받은 다음 날부터이다(통설·판례).

(3) 부동산실명법 제4조 제1항, 제2항에 의하면, 명의신탁자와 명의수탁자가 이른바 계약명의신탁 약정을 맺고 명의수탁자가 당사자가 되어 명의신탁약정이 있다는 사실을 알지 못하는 소유자와의 사이에 부동산에 관한 매매계약을 체결한 후 그 소유권이전등기를 수탁자 명의로 마친 경우에는 명의신탁약정의 무효에도 불구하고 명의수탁자는 부동산의 완전한 소유권을 취득하게 되고, 다만 명의수탁자는 명의신탁자에 대하여 부당이득 반환의무를 부담하게 될 뿐이다. 그 계약명의신탁약정이 부동산실명법 시행 후인 경우 명의신탁자는 애초부터 당해 부동산의 소유권을 취득할 수 없었으므로, 위 명의신탁약정의 무효로 인하여 명의신탁자가 입은 손해는 부동산 자체가 아니라 명의수탁자에게 제공한 매수자금이라 할 것이고, 따라서 명의수탁자는 그 부동산 자체가 아니라 명의신탁자로부터 제공받은 매수자금을 부당이득하였다고 할 것이다(대판 2005. 1. 28, 2002다66922).

2. 논평

(1) 부당이득금의 반환을 구하면서 단순히 받은 날부터의 지연손해금을 청구하는 경우 그 취지가 부당이득 반환의무의 이행지체로 인한 손해배상인지 또는 악의의 수익자로서의 손해배상인지에 따라, 전자라면 채권자가 이행청구를 한 사실이 인정되어야 할 것이고 후자라면 수익자의 악의 여부 및 언제부터 악의인지를 판단하여야 할 것이다.

(2) 본 판결의 사안에서 명의수탁자인 원고가 명의신탁 약정이 유효함을 전제로 장기간 명의신탁자인 피고의 신탁부동산에 관한 사용·수익을 인정한 사정 등에 비추어 보면, 단순히 계약명의신탁 약정에 의하여 명의수탁자가 명의신탁자로부터 매수자금을 수령하였다는 사정만으로 명의수탁자를 악의의 수익자라고 단정할 수 없는 것이므로, 본 판결의 결론은 타당하다고 하겠다.

10. 기한이익 상실특약

◈ 대판 2002. 9. 4, 2002다28340
[채무부존재확인](강의 C-88, 채총 [68])

[쟁점] 기한이익 상실특약이 형성권적 기한이익 상실특약으로 추정되는지 여부 및 형성권적 기한이익 상실특약이 있는 할부채무에 있어서 소멸시효의 기산점

[사실관계]

(1) 피고는 1984.경 원고에게 주택융자금 680만원을 1년 거치 19년 분할상환조건(1984. 10. 5~2004. 9. 5)으로 대여하면서 그 담보를 위하여 원고 소유 대지에 관하여 근저당권설정등기를 마쳤다. 피고와 원고는 원고가 이행의무를 한번이라도 지체하거나 가압류·압류 또는 파산선고를 당할 경우 기한의 이익을 잃고 즉시 채무금 전액을 변제하기로 약정하였다. 원고는 1984. 10. 5. 56,670원, 1984. 11. 5. 56,670원, 1985. 10. 17. 676,290원의 이자 또는 지연이자를 지급하였을 뿐 그 이후로는 원금 또는 이자를 상환하지 아니하였다.

(2) 원고는 2001. 3. 27.경 피고에게 차용금채무의 시효소멸을 전제로 채무부존재확인 및 근저당권의 말소를 구하는 이 사건 소를 제기하였다. 원심은, 원고의 채무는 원고가 이자를 납입하지 않기 시작한 1984. 12. 5.경 기한의 이익을 상실함으로써 채무원리금 전액의 변제기가 도래하여 그때부터 소멸시효가 진행되던 중 1985. 10. 17. 이자 납입으로 소멸시효가 중단되었다가 다시 진행되어 그로부터 10년이 경과한 1995. 10. 17.경 시효가 완성되어 소멸하였으므로 피고는 근저당권말소의무가 있다고 하였다. 이에 대하여 피고가 상고하였다.

[판결요지]

[1] 기한이익 상실의 특약은 일정한 사유가 발생하면 채권자의 청구 등을 요함이 없이 당연히 기한의 이익이 상실되어 이행기가 도래하는 것으로 하는 정지조건부 기한이익 상실의 특약과 일정한 사유가 발생한 후 채권자의 통지나 청구 등 채권자의 의사행위를 기다려 비로소 이행기가 도래하는 것으로 하는 형성권적 기한이익 상실의 특약의 두 가지로 대별할 수 있고, 기한이익 상실의 특약이 위의 양자 중 어느 것에 해당하느냐는 당사자의 의사해석의 문제이지만 일반적으로 기한이익 상실의 특약이 채권자를 위하여 둔 것인 점에 비추어 명백히 정지조건부 기한이익 상실의 특약이라고 볼 만한 특별한 사정이 없는 이상 형성권적 기한이익 상실의 특약으로 추정하는 것이 타당하다.

[2] 형성권적 기한이익 상실의 특약이 있는 경우에는 그 특약은 채권자의 이익을 위한 것으로서 기한이익의 상실 사유가 발생하였다고 하더라도 채권자가 나머지 전액을 일시에 청구할 것인가 또는 종래대로 할부변제를 청구할 것인가를 자유로이 선택할 수 있으므로, 이와 같은 기한이익 상실의 특약이 있는 할부채무에 있어서는 1회의 불이행이 있더라도 각 할부금에 대해 그 각 변제기의 도래시마다 그때부터 순차로 소멸시효가 진행하고 채권자가 특히 잔존 채무 전액의 변제를 구하는 취지의 의사를 표시한 경우에 한하여 전액에 대하여 그때부터 소멸시효가 진행한다.

[관련규정] 제387조, 제388조, 제166조 제1항

[해설 및 논평]

1. 해설

(1) 기한이익 상실사유가 있으면 채무자는 기한의 이익을 「주장하지 못하므로」(388조 본문), 채권자는 즉시 이행을 청구할 수 있다. 그러나 기한의 도래가 당연히 의제되는 것은 아니므로, 채권자는 바로 이행을 청구할 수도 있고 종전대로 기한의 존재를 인정할 수도 있다. 채권자가 이행을 청구하면 확정기한이 도래한 경우와 마찬가지로 그때

부터 지체책임을 지게 된다.

(2) 한편 당사자는 일정한 사유가 발생할 경우 기한의 이익이 상실되는 것으로 약정할 수도 있는 바, 그러한 약정이 기한이익 상실의 특약이다. 기한이익 상실의 특약은 ① 일정한 사유가 발생하면 채권자의 청구 등을 요하지 않고 당연히 이행기가 도래하는 것으로 하는 정지조건부 기한이익 상실의 특약과 ② 일정한 사유가 발생한 후 채권자의 통지나 청구 등이 있으면 비로소 이행기가 도래하는 것으로 하는 형성권적 기한이익 상실의 특약이 있다(대판 1997. 8. 29, 97다12990). 본 판결은 나아가 기한이익 상실특약이 위의 양자 중 어느 것에 해당하는가는 당사자의 의사해석의 문제이지만 일반적으로 기한이익 상실특약이 채권자를 위하여 둔 것인 점에 비추어 명백히 정지조건부 기한이익 상실의 특약이라고 볼 만한 특별한 사정이 없는 이상 형성권적 기한이익 상실의 특약으로 추정하는 것이 타당하다고 하였다. 그리하여 이 사건 기한이익 상실약정은 원고가 약정한 이행의무를 한번이라도 지체하였을 때 기한의 이익을 잃고 즉시 채무금 전액을 완제하여야 한다고 되어 있으나, 이를 피고의 의사표시 없이 당연히 기한이익이 상실되는 정지조건부 기한이익 상실의 특약이라고 할 수 없으며, 형성권적 기한이익 상실의 특약으로 보아야 한다고 하였다.

(3) 기한이익 상실특약이 있는 경우 기한이익 상실사유가 발생한 때에 잔액채권의 소멸시효는 언제부터 진행되는지 문제이다. 학설은, 기한이익 상실사유가 발생한 경우 잔존채무 전액에 대한 채권자의 이행청구는 이행지체책임의 성립에 관한 것일 뿐이며, 변제기는 즉시 도래하고 소멸시효도 이때부터 진행한다는 견해와, 전액의 청구가 있는 경우 비로소 소멸시효가 진행하며 전액 청구가 없는 한 각 할부채무는 그 변제기가 도래할 때마다 순차적으로 소멸시효가 진행한다는 견해가 주장되고 있다.

판례는 형성권적 기한이익 상실특약이 있는 할부채무에 있어서는 1회의 불이행이 있더라도 각 할부금에 대해 각 변제기 도래시마다 그때부터 순차로 소멸시효가 진행하고 채권자가 특히 잔존채무 전액의 변제를 청구한 경우에 한하여 전액에 대하여 그때부터 소멸시효가 진행한다고 한다(대판 1997. 8. 29, 97다12990). 본 판결도 이러한 판례의 입장에 따라 형성권적 기한이익 상실의 특약이 있는 이 사건에서 1984. 12. 5.경 기한이익 상실사유가 발생하였더라도 피고의 의사표시가 없는 이상 그때부터 잔존 채무 전액에 관하여 소멸시효가 진행한다고 볼 수는 없다고 하였다.

2. 논평

정지조건부 기한이익 상실의 특약이 있는 경우 잔존채무의 소멸시효는 그 불이행이 있은 때 즉 채무자가 지체에 빠진 때부터 진행하게 되므로 이행지체로 되는 시기와 소멸시효의 기산점이 일치한다. 그러나 형성권적 기한이익 상실특약의 경우에는 지체책임이 발생하는 시기와 소멸시효의 기산점을 구별하여야 한다. 소멸시효는 권리를 행사할 수 있는 때로부터 진행하고(166조 1항), 기한이익 상실사유가 발생하면 채권자는 전액을 청구할 수 있으므로 권리행사가 가능한 시점인 기한이익 상실사유의 발생시부터 소멸시효가 진행한다고 하여야 한다. 또한 청구가 있어야 소멸시효가 진행한다고 보는 것은, 기한의 정함이 없는 채무에 관하여 채권자는 언제든지 이행을 청구할 수 있으므로 채권이 성립한 때부터 소멸시효가 진행한다고 하는 것과 균형이 맞지 않는다. 기한이익 상실사유가 발생한 경우 잔액채권의 소멸시효의 기산점에 관한 본 판결의 태도는 찬성하기 어렵다.

[주요 평석 문헌] 최진갑, "기한이익상실특약이 있는 할부지급채무의 소멸시효 기산점 - 대판 1997. 8. 29, 97다12990 -," 판례연구(부산판례연구회), 11집, 3면 이하.

11. 이행보조자

◆ 대판 2002. 7. 12, 2001다44338
   [손해배상(기)](강의 C-92·93, 채총 [70]·[71])

[쟁점] 제391조 소정의 이행보조자로서의 피용자의 의미

[사실관계]

(1) 원고는 피고로부터 농수산물 도매시장의 냉동창고동을 기계설비를 포함하여 임차하여 농수산물을 보관해 주고 보관료를 받는 창고업자이다. 피고는 위 창고동의 기계설비 내부시설이 노후하여 이를 전면적으로 보수하는 공사를 C회사에게 도급주었다. 그런데 C회사의 피용자 D, E, F가 화재예방조치도 하지 아니한 채 기계설비의 일부인 제상수관 누수를 수선하기 위해 용접작업을 하던 중 용접불꽃이 냉동창고 보온재에 인화되어 화재가 발생하였다.

(2) 원고는 위 화재로 인하여, 냉동창고에 보관하고 있던 임치물이 소실되어 그 가액 상당을 임치인들에게 배상해주었으며 냉동창고가 복구될 때까지 영업을 하지 못하는 손해를 입게 되었다.

(3) 원고는 피고를 상대로 위 손해의 배상을 구하는 이 사건 소를 제기하였다. 원심은 이 사건 화재는 C회사의 피용자들의 과실로 인하여 발생하였고, 위 창고동의 보수공사는 원·피고 사이의 임대차계약에 따라 피고가 임대인의 수선의무에 기하여 C회사에게 도급을 주어 시행한 것으로, C회사 및 그 피용자들은 피고의 이행보조자라고 할 수 있는데, 피고가 이행보조자로 하여금 보수공사를 하게 함에 있어서 이행보조자의 과실로 화재가 발생하였으므로, 피고는 화재로 인하여 원고가 입은 손해를 배상할 책임이 있다고 판단하였다. 이에 대하여 피고가 상고하였다.

[판결요지]

[1] 제391조에서의 이행보조자로서의 피용자라함은 일반적으로 채무자의 의사관여 아래 그 채무의 이행행위에 속하는 활동을 하는 사람이면 족하고, 반드시 채무자의 지시 또는 감독을 받는 관계에 있어야 하는 것은 아니므로 채무자에 대하여 종속적인가 독립적인 지위에 있는가는 문제되지 않는다.

[2] 임대인이 임대차계약상의 약정에 따라 제3자에게 도급을 주어 임대차 목적 시설물을 수선한 경우에는 그 수급인도 임대인에 대하여 종속적인지 여부를 불문하고 이행보조자로서의 피용자라고 보아야 할 것이고, 이러한 수급인이 공사를 하던 중 수급인의 과실로 인하여 화재가 발생한 때에는 임대인은 제391조에 따라 그 화재발생에 귀책사유가 있다 할 것이므로 임차인에 대한 채무불이행상의 손해배상책임이 있다.

[관련규정] 제391조, 제623조

[해설 및 논평]

1. 해설

(1) 채무자의 법정대리인이 채무자를 위하여 이행하거나 채무자가 타인을 사용하여 이행하는 경우에는 법정대리인 또는 피용자의 고의나 과실은 채무자의 고의나 과실로 본다(391조).

이행보조자는 채무자가 채무의 이행을 위하여 사용하는 자이다. 종래의 통설은 이행보조자를 「협의의 이행보조자」와 「이행대행자」로 구분한다.

좁은 의미의 이행보조자는 채무자의 지시에 따라 채무의 이행을 보조하는 자(예: 지붕수리업자의 조수)이다. 이행보조자가 협의의 이행보조자인 경우 언제나 제391조가 적용된다.

이행대행자는 채무자의 이행을 위하여 단순히 보조하는 것이 아니라 독립하여 채무의 전부 또는 일부를 채무자에 갈음하여 이행하는 자이다. 종래의 통설은 ① 명문규정상·특약상·채무의 성질상 대행자의 사용이 허용되지 않는 경우(120조·657조 2항·682조·701조·1103조 2항 등), ② 명문규정상

(122조 등)·채권자의 승낙에 의하여 대행자의 사용이 허용되는 경우, ③ 명문상 또는 특약으로 금지되어 있지도 않고 허용되어 있지도 않아서 채무의 성질상 사용해도 무방한 경우로 나누어, ①의 경우에는 대행자를 사용하는 것 자체가 의무위반(채무불이행)이 되므로 대행자의 고의·과실을 불문하고 채무자의 책임이 생기고, ②의 경우에는 이행대행자의 행위로 인하여 채무불이행이 야기되었더라도 이는 어디까지나 제3자의 행위이므로, 채무자는 원칙적으로 대행자의 선임·감독에 과실이 있는 때에만 책임을 지며(121조·682조 2항·701조·1103조 2항 등), ③의 경우에는 제391조가 적용되어 대행자의 고의·과실이 채무자의 고의·과실로 다루어진다고 한다.

즉 통설에 의하면 ①과 ②의 경우에 대하여 제391조는 적용되지 않는 것으로 된다. 제391조의 취지는 이행보조자에게 고의·과실이 있는 경우 채무자에게 고의·과실이 있는가를 묻지 않고 채무불이행책임을 묻는 것인데, ①과 ②의 경우에는 채무자 자신의 과실에 기하여 책임을 묻게 되기 때문이다.

(2) 이행보조자이기 위하여 그 자의 행위에 대하여 채무자가 간섭을 할 수 있는 가능성이 있어야 하는가, 즉 그 보조자에 관하여 선임·지휘·감독 등을 할 수 있어야 하는가? 이는 주로 협의의 이행보조자와 관련하여 논의되고 있으며, 구체적으로는 우편·철도 등을 이용하는 경우에 그 직원이 이행보조자로 되는지가 문제된다. 여기에 관하여는 학설은 긍정설과 부정설이 대립하고 있다.

판례는 협의의 이행보조자와 이행대행자를 구분하지 않으면서, 제391조에서 이행보조자로서의 피용자라 함은 일반적으로 채무자의 의사관여 아래 그 채무의 이행행위에 속하는 활동을 하는 사람이면 족하고, 반드시 채무자의 지시 또는 감독을 받는 지위에 있어야 하는 것은 아니므로 채무자에 대하여 종속적인가 독립적인 지위에 있는가는 문제되지 않는다고 한다(대판 1999. 4. 13, 98다51077·51084; 대판 2008. 2. 15, 2005다69458 등).

(3) 본 판결도 위와 같은 종래의 판례의 입장에 따라 임차물을 수선할 의무가 있는 임대인으로부터 도급을 받아 목적물을 수선하는 수급인은 임대인에 대하여 종속적인지 여부를 불문하고 이행보조자로서의 피용자라고 보아야 한다고 하였다. 임대차계약에서 임대인은 자신이 부담하는 채무, 특히 수선의무(623조)의 이행을 위하여 사용하는 자의 고의·과실에 대하여 책임을 져야 한다. 예를 들어 목적물의 보수를 제3자에게 도급한 경우에 그 제3자의 고의·과실로 인하여 임차인이 목적물을 사용·수익할 수 없게 된 경우에 그러하다. 여기의 수급인은 통설의 이행대행자 분류에 있어서 ③의 경우에 해당하는 전형적인 예로서 제391조가 적용되므로, 이러한 수급인이 공사를 하던 중 수급인의 과실로 인하여 화재가 발생한 때에는 임대인은 그 화재발생에 귀책사유가 있는 것으로 의제되어 임차인에 대한 채무불이행으로 인한 손해배상책임을 지게 된다.

2. 논평

채무자가 이행을 위하여 사용한 자가 협의의 이행보조자인가 이행대행자인가를 묻지 않고 채무자는 원칙적으로 그들의 고의·과실에 대하여 제391조에 의하여 책임을 진다. 협의의 이행보조자와 이행대행자의 구분은 이행대행자의 사용이 원칙적으로 금지되어 있는 임의대리·위임·임치 등의 경우(통설의 분류에 있어서 ①의 경우)에 의미를 가지게 된다. 그렇게 본다면 오히려 위임 등에 있어서 채무자가 이행을 위하여 사용한 이행대행자에 대해서는 제391조의 이행보조자에 속하지 않는다고 하는 것이 보다 간명할 것이다(민법주해 [IX], 419면(양창수)).

[주요 평석 문헌] 양창수, "이행보조자의 의미와 구분에 관한 약간의 문제," 민법연구, 4권, 169면 이하.

12. 가압류와 이행불능

◆ 대판 2006. 6. 16, 2005다39211
  [대여금](강의 C-102 이하, D-106, 채총 [76],
  채각 [62])

[쟁점] 매도인이 매매목적물의 원소유자에 대하여 가지는 소유권이전등기 청구권 또는 분양권에 대하여 가압류 또는 처분금지가처분 집행이 되어 있는 경우 매매에 따른 소유권이전등기가 불가능한 것인지 여부 및 매도인이 그 가압류 또는 가처분 집행을 모두 해제할 수 없는 무자력 상태에 있다고 인정되는 경우 매도인의 소유권이전등기 의무의 이행불능 여부

[사실관계]
(1) 원고는 2000. 8.경 A공사로부터 토지 약 15,000평을 약 105억 원에 매수하는 내용의 계약을 체결하였고, 피고는 2003. 5.경 원고로부터 위 토지 중 2,000평을 44억 원에 매수하기로 하는 매매계약을 체결하고 계약금 10억 원을 지급하였다.
(2) 2002. 8.경부터 2003. 9.경까지 사이에 원고의 A공사에 대한 위 토지에 대한 소유권이전등기 청구권 또는 분양권에 관하여 19건의 가압류(가압류 청구채권액의 합계는 약 65억 원) 및 처분금지가처분 결정이 집행되었다.
(3) 이에 피고는 2003. 11.경 원고에 대하여 위와 같은 가압류 및 가처분으로 인하여 원고의 피고에 대한 소유권이전등기 의무가 이행불능이 되었다는 이유로 계약을 해제하고 계약금 10억 원의 반환을 요구하였다.
(4) 한편 원고는 2003. 9.경 피고에게 2억 원을 대여한바 있는데, 2004. 2.경 피고에 대하여 위 대여금반환을 구하는 이 사건 소를 제기하였다. 이에 대하여 피고는 위 매매계약을 해제함으로써 발생한 원고에 대한 계약금반환채권 및 손해배상채권으로써 원고의 대여금채권과 대등액에서 상계한다고 항변하였다. 원심은, 원고와 피고 사이의 매매계약 체결 전후에 걸쳐 원고의 A공사에 대한 소유권이전등기 청구권(분양권)에 관하여 가압류 및 처분금지가처분 결정이 집행되어 있다는 사정만으로 원고의 소유권이전등기 의무가 불가능한 것은 아니라고 하여 피고의 상계항변을 배척하였다. 이에 대하여 피고가 상고하였다.

[판결요지]
[1] 채무의 이행이 불능이라는 것은 단순히 절대적·물리적으로 불능인 경우가 아니라 사회생활에 있어서의 경험법칙 또는 거래상의 관념에 비추어 볼 때 채권자가 채무자의 이행의 실현을 기대할 수 없는 경우를 말하는 것인바, 매매목적물에 대하여 가압류 또는 처분금지가처분 집행이 되어 있다고 하여 매매에 따른 소유권이전등기가 불가능한 것은 아니며, 이러한 법리는 가압류 또는 가처분집행의 대상이 매매목적물 자체가 아니라 매도인이 매매목적물의 원소유자에 대하여 가지는 소유권이전등기 청구권 또는 분양권인 경우에도 마찬가지이다.
[2] 매도인의 소유권이전등기 청구권이 가압류되어 있거나 처분금지가처분이 있는 경우에는 그 가압류 또는 가처분의 해제를 조건으로 하여서만 소유권이전등기 절차의 이행을 명받을 수 있는 것이어서, 매도인은 그 가압류 또는 가처분을 해제하지 아니하고서는 매도인 명의의 소유권이전등기를 마칠 수 없고, 따라서 매수인 명의의 소유권이전등기도 경료하여 줄 수 없다고 할 것이므로, 매도인이 그 가압류 또는 가처분 집행을 모두 해제할 수 없는 무자력의 상태에 있다고 인정되는 경우에는 매수인이 매도인의 소유권이전등기 의무가 이행불능임을 이유로 매매계약을 해제할 수 있다.

[관련규정] 제546조, 민사집행법 제276조, 제300조

[해설 및 논평]
1. 해설
채무의 이행불능에 있어서 불능은 절대적·물리적 불능이 아니고 사회관념상 내지 거래관념상

의 불능을 가리킨다. 즉 사회통념에 비추어 볼 때 채무자의 이행을 기대할 수 없는 것을 말한다. 그러한 입장에서 본 판결에서도 매도인이 매매목적물의 원소유자에 대하여 가지는 소유권이전등기 청구권에 대하여 가압류 또는 처분금지가처분 집행이 되어 있다고 하더라도 매매에 따른 소유권이전등기가 불가능한 것은 아니라고 한 것이다. 다만 매도인은 그 가압류 또는 가처분을 해제하지 아니하고서는 매도인 명의의 소유권이전등기를 마칠 수 없고, 따라서 매수인 명의의 소유권이전등기도 경료하여 줄 수 없으므로, 매도인이 그 가압류 또는 가처분 집행을 모두 해제할 수 없는 무자력의 상태에 있다고 인정되는 경우에는 매수인은 매도인의 소유권이전등기 의무가 이행불능임을 이유로 매매계약을 해제할 수 있다고 할 것이다. 이 사건에서 원고는 소유권이전등기 청구권에 대한 가압류와 가처분을 모두 해제하여 원고 명의로 소유권이전등기를 마치고 다시 피고에게 소유권이전등기를 넘겨줄 수 없는 무자력 상태에 있다고 인정되므로, 사회통념상 원고의 등기의무는 이행불능으로 된다고 할 것이다.

2. 논평

본 판결의 결론은 채권가압류의 효력에 관한 일반적 법리에 비추어 보아도 수긍할 수 있다. 채권가압류 집행이 있으면 채무자는 채권을 처분할 수 없으나, 가압류에 위반한 처분행위라도 처분행위 당사자 사이에서는 전적으로 유효하고 단지 가압류채권자 등에 대한 관계에서 상대적으로 무효로 될 뿐이다. 그리하여 채무자와 제3취득자 사이의 거래행위가 있은 후에 가압류의 취소·해제·무효, 피보전권리 소멸 등의 사유가 있으면 위 거래행위는 완전히 유효하게 된다. 더욱이 부동산소유권이전등기 청구권(예를 들면 이 사건에서 원고의 A공사에 대한 소유권이전등기 청구권)에 대한 가압류는 부동산 자체의 처분을 금지하는 대물적 효력이 없고, 채권에 대한 것이지 부동산 자체에 대한 것

이 아니어서 등기부에 공시할 방법도 없으므로, 채무자(원고)와 제3채무자(A공사) 이외의 제3자(가령 피고)에 대해서는 처분금지적 효력을 주장할 수 없다. 따라서 소유권이전등기 청구권이 가압류된 후 제3채무자나 채무자로부터 소유권이전등기를 넘겨받은 제3자에 대하여 가압류채권자는 원인무효를 주장하여 등기말소를 청구할 수 없다(대판 1992. 11. 10, 92다4680).

소유권이전등기 청구권에 대한 압류나 가압류는 그 이전등기 청구권 자체를 처분하여 그 대금으로 채권의 만족을 얻는 것이 아니라, 먼저 채무자 명의로 소유권이전등기를 마쳐 채무자의 책임재산으로 만든 다음 이에 대하여 강제집행을 실시하여 채권을 만족시키는 제도이다. 그러므로 매매에 기한 부동산 소유권이전등기 청구권이 가압류된 경우에도 채무자는 부동산을 다시 제3자에게 처분할 수 있으며(제569조 참조), 채무자 명의의 소유권이전등기가 마쳐진 후 채권자가 이에 대하여 경매를 신청하여 압류·매각되면, 그때 비로소 제3자에 대한 소유권이전의무가 이행불능으로 된다고 할 것이다.

다만 부동산 소유권이전등기 청구권이 가압류된 후 채무자가 제3채무자를 상대로 제기한 소유권이전등기 청구의 소를 무조건 인용하면 채무자의 일방적인 이전등기신청을 저지할 방법이 없기 때문에, 법원은 가압류의 해제를 조건으로 하여서만 청구를 인용할 수 있다. 따라서 채무자가 그 가압류를 모두 해제할 수 없는 무자력의 상태에 있는 경우에는 채무자의 제3자에 대한 소유권이전의무는 사회의 거래통념에 비추어 이행불능으로 된다고 할 것이다.

[참고판결] 대판(전원) 1994. 12. 13, 93다951: 채권의 가압류는 제3채무자에 대하여 채무자에게 지급하는 것을 금지하는 데 그칠 뿐 채무 그 자체를 면하게 하는 것이 아니고, 가압류가 있다 하여도 그 채권의 이행기가 도래한 때에는 제3채무자는 그 지체책임을 면할 수 없다.

13. 대상청구권

◈ 대판 1996. 6. 25. 95다6601
  [부당이득금](강의 C-111·112, D-73, 채총
  [77]·[79]·[80], 채각 [43])

[쟁점] 교환계약의 대상인 양 토지에 대하여
「공공용지의 취득 및 손실보상에 관한 특례법」에
따른 협의취득이 이루어진 경우 쌍방의 소유권이
전등기의무의 이행불능에 대한 귀책사유 유무 및
쌍무계약 당사자 쌍방의 급부가 모두 이행불능이
된 경우에 당사자 일방이 상대방에 대하여 대상청
구권을 행사할 수 있는지 여부

[사실관계]

(1) 원고는 1986. 12. 19. 피고와 사이에 원고
소유의 甲토지와 피고 소유의 乙토지에 대하여 교
환계약을 체결하고 1986. 12. 31.까지 서로 소유권
이전등기를 경료하기로 약정하였다.

(2) 그런데 각 소유권이전등기가 경료되지 않고
있던 중 甲토지 및 乙토지가 모두 한국토지개발공
사가 시행하는 택지개발지구에 편입되자 피고는
1991. 8. 16. 乙토지를 위 공사에 협의매도하여 공
사 명의로 소유권이전등기를 마쳐주었고, 그 직후
원고도 甲토지의 5/6지분을 공사에 협의매도하여
공사 명의로 소유권이전등기를 마쳐주었으며 甲
토지의 1/6지분은 수용됨으로써, 그 보상금으로서
甲토지에 대하여 98,501,439원, 乙토지에 대하여
157,500,000원이 각 지급되었다.

(3) 원고는, 甲토지에 대한 보상금에 대해서는
원고가 피고에게, 乙토지에 대한 보상금에 대해서
는 피고가 원고에게 각각 지급할 의무가 있다고
주장하면서, 피고에 대하여 그 차액의 반환을 구
하는 이 사건 소를 제기하였다.

(4) 원심은 쌍무계약인 위 교환계약은 그 목적
물인 토지가 협의취득 또는 수용됨으로써 당사자
쌍방에게 책임 없는 사유로 그 이행이 불능으로
되어 제537조의 채무자 위험부담주의의 원칙에
따라 원·피고의 소유권이전등기 의무는 모두 소

멸되었다고 판단하여 원고의 청구를 기각하였다.
이에 대하여 원고가 상고하였다.

[판결요지]

[1] 공공사업의 시행자가 공공용지의 취득 및
손실보상에 관한 특례법에 따라 그 사업에 필요한
토지를 협의취득하는 행위는 토지수용의 경우와
는 달리 사경제주체로서 하는 사법상의 법률행위
에 지나지 아니하여, 토지 소유자는 그 협의매수
의 제의에 반드시 응하여야 할 의무가 있는 것은
아니므로, 교환계약의 목적물인 양 토지가 이후
공공사업의 시행자에게 공공용지의 취득 및 손실
보상에 관한 특례법에 따라 각 협의취득되었다면,
쌍방은 그 각 토지에 관한 소유권이전등기의무의
이행불능에 대하여 각 귀책사유가 없다고 단정할
수 없다.

[2] 쌍무계약의 당사자 일방이 상대방의 급부가
이행불능이 된 사정의 결과로 상대방이 취득한 대
상에 대하여 급부청구권을 행사할 수 있다고 하더
라도, 그 당사자 일방이 대상청구권을 행사하려면
상대방에 대하여 반대급부를 이행할 의무가 있는
바, 이 경우 당사자 일방의 반대급부도 그 전부가
이행불능이 되거나 그 일부가 이행불능이 되고 나
머지 잔부의 이행만으로는 상대방의 계약목적을
달성할 수 없는 등 상대방에게 아무런 이익이 되
지 않는다고 인정되는 때에는, 상대방이 당사자 일
방의 대상청구를 거부하는 것이 신의칙에 반한다
고 볼 만한 특별한 사정이 없는 한, 당사자 일방은
상대방에 대하여 대상청구권을 행사할 수 없다.

[관련규정] 제390조, 제537조

[해설 및 논평]
1. 해설

본 판결의 사안에서 원고와 피고가 체결한 교
환계약은 그 목적물인 토지가 협의취득 또는 수용
됨으로써 그 소유권이전등기 절차의 이행이 불능
으로 되었다. 토지수용은 소유권이전등기 의무가

당사자 쌍방에게 책임없는 사유로 불능으로 되는 대표적인 사유이다. 한편 「공공용지의 취득 및 손실보상에 관한 특례법」 - 과거 공익사업 용지의 취득과 손실보상에 관한 제도가 토지수용법과 「공공용지의 취득 및 손실보상에 관한 특례법」으로 이원화되어 있었으나, 2003년 1월 1일부터는 「공익사업을 위한 토지 등의 취득 및 보상에 관한 법률」로 통합하여 공익사업에 필요한 토지 등을 협의 또는 수용의 방법으로 취득하는 절차를 규정하고 있다 - 에 의한 토지의 협의취득의 경우에는 반드시 협의매수제의에 응할 의무가 있는 것은 아니므로, 계약의 목적인 토지가 협의취득된 때에는 그 불능에 대하여 채무자의 귀책사유가 인정된다.

계약상의 채무가 후발적으로 불능으로 되면, 그 불능에 채무자의 고의·과실이 있는 경우에는 이행불능(390조)의 문제로 되고, 그렇지 않은 경우에는 채무가 소멸하며 다만 쌍무계약에 있어서는 위험부담의 문제(537조·538조)가 생기게 된다. 쌍무계약에 있어서 당사자 일방의 채무의 이행이 채무자에게 책임있는 사유로 불능으로 된 경우 채권자는 채무불이행으로 인한 손해배상청구권(전보배상)을 가지게 된다. 이 경우 본래의 채무가 동일성을 유지한 채 손해배상채무로 변경되는 것이므로, 채권자가 손해배상청구권을 행사하려면 반대급부를 이행하여야 한다. 쌍무계약에 있어서 당사자 일방의 채무가 당사자 쌍방에게 책임없는 사유로 이행할 수 없게 된 때에는 채무자는 상대방의 이행을 청구하지 못한다(537조).

대상청구권이 성립하려면 급부(이행)가 후발적인 불능으로 되어야 하며, 채무자에게 책임있는 사유로 인한 것인가 여부는 묻지 않는다. 따라서 쌍무계약의 당사자 일방의 급부가 이행할 수 없게 된 경우 채무자의 귀책사유 유무를 불문하고 채권자는 대상청구권을 행사할 수 있게 될 것이며, 이때 채권자가 대상청구권을 행사하려면 반대급부를 이행할 의무가 있다. 즉 채무자의 귀책사유로 이행불능이 발생한 경우 채권자는 손해배상청구권과 아울러 대상청구권을 가지게 되고 이를 선택적으로 행사할 수 있는데, 어느 권리를 행사하든 채권자는 채무자에 대하여 반대급부를 이행하여야 하며, 채무자에게 책임없는 사유로 급부가 불능으로 된 경우에도 채권자가 대상청구권을 행사하는 때에는 제537조의 규정에도 불구하고 여전히 반대급부의무를 부담한다.

다만, 쌍무계약의 당사자 일방이 상대방의 급부가 불능으로 되어 대상청구권을 행사할 수 있는 경우에 그 당사자 일방의 반대급부도 전부 이행불능이 되거나 일부가 이행불능이 되고 나머지 잔부의 이행만으로는 상대방의 계약목적을 달성할 수 없는 등 상대방에게 아무런 이익이 되지 않는다고 인정되는 때에는, 상대방이 당사자 일방의 대상청구를 거부하는 것이 신의칙에 반한다고 볼 만한 특별한 사정이 없는 한, 당사자 일방은 상대방에 대하여 대상청구권을 행사할 수 없다고 할 것이다.

본 판결의 사안에서도 쌍무계약인 토지교환계약의 목적물인 甲토지 및 乙토지가 모두 협의취득 또는 수용됨으로써 당사자 쌍방의 소유권이전등기의무가 모두 이행불능으로 되었고, 피고가 원고의 대상청구를 거부하는 것이 신의칙에 반한다고 볼 만한 특별한 사정도 인정되지 않으므로, 원고는 피고의 乙토지에 관한 소유권이전등기의무가 이행불능이 된 사정의 결과 피고가 취득한 대상의 급부를 청구할 수 없는 것이다.

2. 논평

쌍무계약에서 당사자 일방의 채무가 채무자에게 책임없는 사유로 불능으로 된 경우 채권자가 대상청구권을 행사하면 그는 제537조의 규정에도 불구하고 반대급부의무를 부담한다. 이는 쌍무계약에 있어서 급부의무와 반대급부의무 사이의 견련성의 당연한 귀결이다. 즉 제537조에서 「상대방의 이행을 청구하지 못한다」는 것은 채권이 이행불능으로 되어 소멸한 점에 한하여 적용되는 것으로 보아야 한다.

14. 계약의 이행을 믿고 지출한 비용의 배상

◈ 대판 2002. 6. 11. 2002다2539
　　[매매대금](강의 C-126, D-124, 채총 [87],
　　채각 [71])

[쟁점] 계약이 이행되리라고 믿고 채권자가 지출한 비용의 배상을 청구할 수 있는지 여부

[사실관계]
　원고들은 1996. 12.경 피고(봉천7구역 1지구 주택개량재개발조합)로부터 피고가 주택재개발사업으로 신축하는 아파트의 1세대씩을 일반분양받았다. 그런데 피고가 건축한 아파트의 일조방해, 조망방해, 사생활침해 및 시야차단 등으로 인한 생활이익 침해가 수인한도를 넘은 것이었으므로, 원고들은 피고와 체결한 아파트 분양계약을 채무불이행을 이유로 해제하였다(해제는 적법한 것으로 인정됨).
　그러면서 원고들은 이 사건 아파트를 분양받기 위하여 국민주택채권을 매입하였다가 액면금액의 34%에 매각함으로써 액면가액의 66%에 상당하는 손해를 입었다고 주장하면서 그 차액 상당의 손해배상을 청구하였다.

[판결요지]
　채무불이행을 이유로 계약해제와 아울러 손해배상을 청구하는 경우에 그 계약이행으로 인하여 채권자가 얻을 이익 즉 이행이익의 배상을 구하는 것이 원칙이지만, 그에 갈음하여 그 계약이 이행되리라고 믿고 채권자 지출한 비용 즉 신뢰이익의 배상을 구할 수도 있다고 할 것이고, 그 신뢰이익 중 계약의 체결과 이행을 위하여 통상적으로 지출되는 비용은 통상의 손해로서 상대방이 알았거나 알 수 있었는지의 여부와는 관계없이 그 배상을 구할 수 있고, 이를 초과하여 지출되는 비용은 특별한 사정으로 인한 손해로서 상대방이 이를 알았거나 알 수 있었던 경우에 한하여 그 배상을 구할 수 있다고 할 것이고, 다만 그 신뢰이익은

과잉배상금지의 원칙에 비추어 이행이익의 범위를 초과할 수 없다고 할 것이다.
　이 사건 분양계약 당시 시행되던 주택공급에 관한 규칙 제15조는 사업주체가 투기과열지구에서 민영주택을 분양하는 경우에 일정 규모를 초과하는 주택에 대하여는 제2종 국민주택채권 매입예정액이 많은 자를 우선하여 입주자로 선정하고, 공급계약을 체결하는 경우에는 제2종 국민주택채권의 매입예정액과 매입액을 확인한 후 매입필증을 제출받도록 규정하고 있었으므로 채권입찰제 분양아파트를 당첨 취득한 경우 그 주택채권의 매입비용은 아파트를 당첨받는 데 있어 필수적으로 필요한 부대비용이라고 보아야 할 것이다. 따라서 원고들이 이 사건 아파트를 채권입찰제의 방식으로 분양받아 그 매입예정 주택채권을 액면가로 매입하였다가 그 액면가에 미달하는 금액으로 매각한 후 피고의 채무불이행으로 인하여 아파트분양계약이 해제된 이상, 원고들로서는 주택채권의 매입가와 그 시세에 상당하는 매각대금의 차액을 신뢰이익으로서의 통상의 손해로서 그 배상을 청구할 수 있다고 할 것이다.

[관련규정] 제390조, 제393조, 제551조

[해설 및 논평]
1. 해설
(1) 서설
　대법원은 여러 판결에서 계약의 일방당사자가 상대방의 이행을 믿고 지출한 비용의 배상청구를 인정하고 있다. 그러한 대법원 판결 가운데에는 그러한 비용을 신뢰이익이라고 명시한 것도 있다(대판 1999. 7. 27, 99다13621부터는 일반적으로 그러함).
(2) 신뢰이익 개념
　본래 신뢰이익은 법률행위의 유효를 믿음으로써 생긴 손해이다. 따라서 계약(내지 채무)이 이행될 것이라고 믿고 지출한 비용은 본래의 의미의 신뢰이익은 아니다. 그러나 계약(내지 채무)의 불이행과 관련해서는 계약의 이행을 믿음으로써 입

은 손해가 신뢰이익이므로, 계약이 이행될 것이라고 믿고 지출한 비용은 신뢰이익에 해당한다고 해야 한다. 다만, 신뢰이익은 손해이기 때문에 지출비용이 유익한 경우에는 제외되고 무익하게 된 경우에만(헛되이 지출한 비용) 신뢰이익이 된다고 할 것이다.

(3) 본 판결의 의미

본 판결은 먼저 채무불이행을 이유로 - 계약의 해제와 함께 - 손해배상을 청구하는 경우에 이행이익의 배상을 구하는 것이 원칙이라고 한다. 우리의 채무불이행법(계약해제의 경우에도 마찬가지임)은 이행이익의 배상을 당연한 전제로 삼고 있기 때문에 그것이 「원칙」이라고 하는 것은 정확하다고 할 수는 없다. 그런데 본 판결은 이행이익 배상이라는 원리를 훼손하지 않으면서 신뢰이익의 배상을 인정하기 위하여 그렇게 판시하고 있다.

본 판결은 이행이익의 배상에 갈음하여 그 계약이 이행되리라고 믿고 채권자가 지출한 비용 즉 신뢰이익의 배상을 구할 수도 있다고 한다. 신뢰이익은 채무불이행과 관계없이 즉 채무가 이행되었더라도 지출되었을 것이어서 제393조에서 말하는 「채무불이행으로 인한」 손해가 아니다. 그렇지만 본 판결은 신뢰이익 가운데 헛되이 지출한 비용만은 배상청구를 인정하는 것이 필요하다는 견지에서 그것의 배상청구를 인정하고 있다. 그러면서 역시 이행이익의 배상이라는 원리를 훼손하지 않게 하기 위해서 「이행이익의 배상에 갈음하여」 신뢰이익의 배상을 구할 수 있다고 한다.

본 판결은 지출비용의 범위에 손해배상 범위에 관한 제393조를 적용하고 있다. 대법원은 초기에는 지출사실을 상대방이 알았거나 알 수 있었고 또 그것이 통상적인 지출비용의 범위에 속한 경우에 배상을 청구할 수 있다고 하였다(대판 1992. 4. 28, 91다29972 등). 그런데 본 판결에 와서 지출비용을 통상 지출비용과 특별 지출비용으로 나누어 그 각각에 대하여 제393조 제1항과 제2항을 적용하였다.

본 판결은 신뢰이익(지출비용)은 과잉배상 금지에 비추어 이행이익의 한도에서만 배상하도록 한다. 이것 역시 이행이익 배상의 원리에 충실하려는 태도이다.

2. 논평

본 판결을 비롯한 지출비용 배상 관련 판례에 대해서는 학자들 사이에 지출비용 배상 자체의 인정 여부(다수는 찬성하나, 반대하는 견해도 있음), 신뢰이익과의 관계, 이행이익에의 초과금지 등을 둘러싸고 논란이 많이 있다.

생각건대 가령 채무불이행으로 인하여 손해를 입었는데 손해(이행이익)를 증명할 수 없는 경우에 지출비용의 배상을 인정하면, 채권자는 손해증명의 어려움으로부터 벗어날 수 있게 되고, 결과적으로 손해분담의 공평이 실현될 수 있다. 그러므로 본 판결과 같이 이행이익의 배상을 대체하는 방법으로 지출비용 배상을 허용하는 것이 바람직하다고 생각한다(독일민법 284조는 명문으로 규정하고 있음). 그런데 지출비용의 배상은 본래의 손해배상이 아니고 또 그것은 이행이익의 한도에서 인정되는 것이므로, 거기에 제393조를 적용해서는 안 된다. 계약의 이행과 인과관계가 있는 것이면 모두 배상범위에 포함시켜야 한다. 만약 그 비용이 지나치게 많은 경우에는 - 지출비용이 이행이익의 한도 내에서만 인정되므로 - 채무자가 이행이익을 초과한다는 점을 증명하여 이행이익만큼만 배상받도록 하면 된다.

[관련판결] 대판 1992. 4. 28, 91다29972: 계약의 일방 당사자가 상대방의 이행을 믿고 지출한 비용도 그러한 지출사실을 상대방이 알았거나 알 수 있었고 또 그것이 통상적인 지출비용의 범위 내에 속한다면 그에 대하여도 이행이익의 한도 내에서는 배상을 청구할 수 있으며 다만 이러한 비용 상당의 손해를 일실이익 상당의 손해와 같이 청구하는 경우에는 중복배상을 방지하기 위하여 일실이익은 제반 비용을 공제한 순이익에 한정된다고 보아야 한다.

15. 계약상 채무불이행의 경우의 위자료

◆ 대판 2004. 11. 12. 2002다53865
[손해배상(기)](강의 C-139 · 140, 채총 [96] · [97])

[쟁점] 계약상의 채무불이행으로 인하여 재산적 손해가 발생한 경우에 위자료를 인정하기 위한 요건. 재산적 손해액의 심리 · 확정이 가능한데도 위자료의 명목으로 사실상 재산적 손해의 전보를 꾀하는 것이 허용되는지 여부(소극)

[사실관계]

원고들은 1994. 5. 무렵 소외 주식회사 삼익이 수원시 권선구 금곡동 79의 2 외 2필지상에 신축하는 삼익 3차아파트를 분양받았거나 혹은 당시 분양받은 사람으로부터 분양계약상 지위를 양도받은 사람들이고, 위 주식회사 삼익은 위 아파트 건축 중인 1996. 2. 6. 회사정리절차 개시결정을 받고 1997. 12. 23. 정리계획 인가결정을 받은 정리회사이다.

원고들은 위 주식회사 삼익(이하 정리회사라고만 함)의 관리인의 입주통보에 따라 분양 잔대금을 지급하고 1996. 9.부터 10. 사이에 입주하였으나, 정리회사는 1998. 6. 23.에 이르러서야 수원시로부터 사용승인을 받았고, 그로 인하여 원고들에 대한 소유권이전등기가 입주일로부터 2년 이상 경과한 같은 해 11. 25. 무렵에야 행하여졌다.

그러자 원고들은 피고(정리회사 주식회사 삼익의 관리인)를 상대로 분양계약상 소유권이전등기 의무의 이행지체를 이유로 각 200만 원씩 위자료를 청구하는 소를 제기하였다.

[판결요지]

가. 원고들이 청구원인사실로 주장하는 바는, 2년여 기간 동안 소유권이전등기가 지연되어 재산권 행사를 하지 못함으로 인하여, 일부 원고들은 주택담보대출을 받지 못하여 고율의 사채이자를 감당하여야 했고, 일부 원고들은 매도시기를 놓치고 미등기 상태에서 급히 매도하는 과정에서 매도가 하락으로 손해를 보았으며, 일부 원고들은 세금혜택을 받지 못하였고, 일부 원고들은 다른 곳으로 이주를 하지 못하여 출 · 퇴근에 곤란을 겪었으며, 위와 같은 손해에 직면하여 입주자대표들이 조속한 이전등기를 위한 활동에 비용을 지출하는 등 재산적 · 정신적 손해를 입었으므로, 위자료로 각 원고 당 200만 원씩의 위자료의 지급을 구한다는 것이고, 이에 대하여 원심은 앞서 제1항에서 본 바와 같은 이유를 들어 원고들에게 일률적으로 100만 원씩의 위자료를 인용하였다.

나. 그러나 원심의 위와 같은 인정과 판단은 쉽게 수긍하기 어렵다.

일반적으로 계약상 채무불이행으로 인하여 재산적 손해가 발생한 경우, 그로 인하여 계약 당사자가 받은 정신적인 고통은 재산적 손해에 대한 배상이 이루어짐으로써 회복된다고 보아야 할 것이므로, 재산적 손해의 배상만으로는 회복될 수 없는 정신적 고통을 입었다는 특별한 사정이 있고, 상대방이 이와 같은 사정을 알았거나 알 수 있었을 경우에 한하여 정신적 고통에 대한 위자료를 인정할 수 있다.

그리고 재산적 손해의 발생이 인정되는데도 입증곤란 등의 이유로 그 손해액의 확정이 불가능하여 그 배상을 받을 수 없는 경우에 이러한 사정을 위자료의 증액사유로 참작할 수는 있다고 할 것이나, 이러한 위자료의 보완적 기능은 재산적 손해의 발생이 인정되는데도 손해액의 확정이 불가능하여 그 손해 전보를 받을 수 없게 됨으로써 피해회복이 충분히 이루어지지 않는 경우에 이를 참작하여 위자료액을 증액함으로써 손해 전보의 불균형을 어느 정도 보완하고자 하는 것이므로, 이 사건과 같이 그 재산적 손해액의 주장 · 입증 및 분류 · 확정이 가능한 계약상 채무불이행으로 인한 손해를 심리 · 확정함에 있어서까지 함부로 그 보완적 기능을 확장하여 편리한 방법으로 위자료의 명목 아래 다수의 계약 당사자들에 대하여 획일적으로 일정 금액의 지급을 명함으로써 사실상 재산적 손해의 전보를 꾀하는 것과 같은 일은 허용될 수 없다.

다. 원고들이 주장하는 위 가.항의 각 불이익을 살펴보면, 모두 계약상 채무불이행으로 인한 재산적 손해에 해당함을 알 수 있는바, 원고들로서는 그것이 통상의 손해라는 점을 주장·입증하거나, 혹은 특별한 사정으로 인한 손해인 경우에는 정리회사가 알았거나 알 수 있었다는 점을 주장·입증함으로써 재산적 손해에 대한 배상을 구할 수 있다 할 것이고, 원심으로서는 그러한 특별한 사정이 존재한다는 점과 상대방이 이와 같은 사정을 알았거나 알 수 있었다는 점에 관하여 심리·판단하였어야 할 것이다.

[관련규정] 제390조, 제393조

[해설 및 논평]

1. 해설

본 판결은 계약상의 채무불이행의 경우에 위자료와 관련하여 중요한 두 가지 내용을 판시하고 있다. 하나는 채무불이행으로 인하여 재산적 손해가 발생한 경우에 위자료청구를 인정할 것인지에 대한 것이고, 다른 하나는 재산적 손해액의 심리·확정이 가능한데도 위자료의 명목으로 사실상 재산적 손해의 전보를 꾀하는 것이 허용되는지에 대한 것이다. 이들 문제에 관하여 대법원이 본 판결에서 처음 태도를 표명한 것은 아니나, 하나의 판결에서 이 두 문제를 함께 판단한 것으로는 드문 것이어서 여기서 특별히 살펴본다. 두 문제를 나누어 적기로 한다.

(1) 채무불이행의 경우의 위자료

민법은 불법행위와 관련해서는 일정한 경우에 비재산적인 손해배상을 인정하는 규정을 두고 있다. 제751조·제752조가 그에 해당한다. 그런데 채무불이행에 관하여는 그와 같은 규정이 없다. 여기서 채무불이행의 경우에도 비재산적인 손해의 배상(즉 위자료)이 인정되는지가 문제된다.

이 문제에 관하여 통설은 긍정하면서, 그 손해는 특별손해로 되는 경우가 많을 것이라고 한다.

그리고 대법원은 이전부터, 채무불이행으로 인하여 계약 당사자가 받은 정신적인 고통은 재산적 손해에 대한 배상이 이루어짐으로써 회복된다고 보아야 할 것이므로, 재산적 손해의 배상만으로는 회복될 수 없는 정신적 고통을 입었다는 특별한 사정이 있고, 상대방이 이와 같은 사정을 알았거나 알 수 있었을 경우에 한하여 정신적 고통에 대한 위자료를 인정할 수 있다고 판시하였다(대판 1993. 11. 9, 93다19115 등). 본 판결은 그러한 대법원의 태도를 다시 확인한 것이다. 이러한 판례는 통설과 같은 취지이다.

(2) 재산적 손해액을 확정할 수 없는 경우의 위자료의 증액

위자료는 비재산적 손해(정신적 손해라고도 함)의 배상이다. 따라서 그것 아래서 재산적 손해의 배상이 허용되어서는 안 된다. 그런데 대법원은 이전부터, 손해전보의 불균형을 해소하기 위하여, 채무불이행의 경우 재산적 손해가 발생한 것은 분명한데 손해액 확정이 불가능하여 그것의 배상을 받을 수 없는 경우에 그러한 사정을 위자료의 증액사유로 삼을 수 있다고 하였다(대판 1984. 11. 13, 84다카722 등). 그런데 재산상 손해액의 확정이 가능한데도 편의로 그 방법을 사용할 수는 없다고 하였다(위 판결 등). 본 판결은 이 같은 판례도 유지하고 있다.

2. 논평

본 판결이 채무불이행의 경우에 특별손해의 하나로 그 요건을 갖춘 때에 위자료청구를 인정한 것은 타당하다. 그러나 재산상 손해배상을 위자료의 방법으로 명하는 것은 옳지 않으며, 산정이 어려워도 재산적 손해 자체로 배상을 하도록 해야 한다.

16. 손해배상의 일부청구와 과실상계

◆ 대판 1976. 6. 22. 75다819
　[손해배상](강의 C-151, 채총 [102])

[쟁점] 손해배상의 일부청구의 경우 과실상계의 방법

[사실관계]

소외 A는 원고(상고인 겸 피상고인)인 주식회사 국민은행(이하 국민은행이라 함)의 직원이고 피고(피상고인 겸 상고인)는 A의 신원보증인이었다. A는 국민은행에 근무하던 중 횡령·편취 등의 불법행위로 국민은행에 합계 10,223,647원의 손해를 입혔다.

그러자 원고는 피고를 상대로 신원보증법에 기초한 손해배상을 청구하는 소를 제기하였다. 그런데 원고는 손해액 전부가 아니고 일부인 500만 원만 청구하였다.

이에 대하여 제1심 법원은 실손해액 중 여러 가지를 참작하여 500만 원의 일부청구를 전부인용하였다. 그러자 피고가 항소하였다.

제2심 법원은 원고에게도 A의 감독 등에 관한 과실이 있는 사실을 확정한 후, 일부청구액 500만 원 중 200만 원의 청구를 인용하였다. 그리고 그 이유로 안분설에 의했음을 들고, 제1심 법원이 취한 외측설이 타당하지 않다고 하였다.

[판결요지]

원심은 그 거시의 증거를 종합하여 원고가 위 A의 불법행위로 인하여 합계 금 10,223,647원의 손해를 입은 사실과 본건에 있어서는 원고에게도 위 A의 감독에 관한 과실 등이 있는 사실을 각 확정한 후 원심 인정의 원고의 과실은 신원보증인인 피고의 책임을 전부 면제할 정도에 이르지는 못하므로 피고는 원고가 입은 손해 금 10,223,647원의 일부로서 원고가 이 사건에서 청구하는 금 5,000,000원 중 원심 인정의 사정과 그 밖의 이 사건에 나타난 모든 사정을 참작하여 금 2,000,000원을 배상함이 타당하다고 설시하고 그 이유로서 이것은 이른바 안분설에 의하여 인정손해액과 일부청구액과의 비율에 따라 감액되는 부분을 안분하고 청구액 이상의 손해액은 이미 소송의 대상이 되지 아니하므로 일부청구액에서 거기에 안분된 감액부분을 공제한 금액만을 인용하는 방법이라고 설명하고 있다.

그러나 일개의 손해배상청구권 중 일부가 소송상 청구되어 있는 경우에 과실상계를 함에 있어서는 손해의 전액에서 과실비율에 의한 감액을 하고 그 잔액이 청구액을 초과하지 않을 경우에는 그 잔액을 인용할 것이고 잔액이 청구액을 초과할 경우에는 청구의 전액을 인용하는 것으로 해석하여야 할 것이며 이와 같이 풀이하는 것이 일부청구를 하는 당사자의 통상적 의사라고 할 것이다. 이는 소위 외측설에 따른 이론인바 외측설에 따라 원고의 청구를 인용한다고 하여도 이것이 당사자 처분권주의에 위배되는 것이라고 할 수는 없는 것이라고 할 것이다. 그렇다면 청구액을 기초로 하여 거기서 과실비율에 의한 감액을 한 잔액만을 인용한 원판결은 일부청구에 있어서의 과실상계에 관한 법리오해 내지는 심리미진으로 인한 이유불비의 위법을 범한 것이라고 아니할 수 없으므로 이에 관한 상고는 이유 있다.

[관련규정] 제396조, 제763조, 신원보증법 제1조

[해설 및 논평]

1. 해설

(1) 서설

본 판결은 불법행위를 이유로 한 손해배상액 중 일부만 청구한 경우에 채권자의 과실상계를 어떻게 해야 하는가에 관하여 판단하고 있다. 채무불이행에 관한 과실상계 규정(396조)은 불법행위의 경우에도 준용되므로(763조), 이 문제는 채무불이행과 불법행위에 공통하는 것이다.

(2) 일부청구가 허용되는지 여부

손해배상액 중 일부만 청구한 경우에 어느 부분에 대하여 과실상계를 하는가를 논의하려면 우선 일부청구 자체가 인정되는지를 살펴보아야 한다. 여기에 관하여는 소송법 학자들 사이에 견해가 나뉜다. 가분채권의 일부청구에 대하여 판결한 경우에 나머지 부분에는 기판력이 미치지 않아 그 부분의 청구를 할 수 있다는 견해(일부청구 긍정설), 나머지 부분의 청구를 할 수 없다는 견해(일부청구 부정설), 일부청구를 명시한 경우에는 나머지 부분에 기판력이 미치지 않으나 명시하지 않은 경우에는 나머지 부분의 청구를 할 수 없다는 견해(절충설. 명시설)가 그것이다. 이 중에 명시설이 다수설이고 판례(대판 1980. 9. 9, 80다60; 대판 1982. 11. 23, 82다카845; 대판 1993. 6. 25, 92다33008)이다.

(3) 과실상계의 방법

명시설에 따라 손해배상의 일부청구가 허용되는 경우에도 구체적으로 어떻게 과실상계를 할 것인가에 관하여는 세 가지 견해가 주장될 수 있다.

첫째는 손해액과 청구액의 비율에 따라서 감액부분을 안분하여 청구액에서 안분된 감액부분을 공제한 나머지 금액만을 인용하는 견해이다. 이 견해를 안분설이라고 한다. 안분설은 결국 청구액에 관하여 과실상계비율을 정하게 된다. 안분설에 의하면, 가령 1,000만 원의 손해액 중 500만 원을 청구한 경우에 채권자의 과실이 60%라면 500만 원의 40%에 해당하는 200만 원만 인용된다. 둘째는 손해의 전액에서 과실상계에 의한 감액을 하여 잔액이 청구액보다 많으면 청구액을 인용하고 잔액이 청구액보다 적으면 잔액을 인용하는 견해이다. 이 견해는 외측설이라고 한다. 외측설에 의하면 위의 예의 경우에는 1,000만 원 중 400만 원이 배상의무 있는 금액이므로 청구액 500만 원 중 400만 원을 인용하게 된다. 셋째는 손해의 전액에서 과실상계한 액을 우선 청구액에서 공제하고 잔액만을 인용하는 견해이다. 이 견해는 내측설이라고 한다. 내측설에 의하면 위의 예의 경우에는

1,000만 원 중 과실상계할 액 600만 원을 청구액 500만 원에서 공제하므로 인용액은 전혀 없게 된다.

이들 이론 가운데 외측설은 채권자에게 유리하고 내측설은 채무자에게 유리하며 안분설은 둘 모두에게 공평하다. 그런데 안분설을 취하게 되면, 채권자가 과실상계를 고려하여 일부만 청구한 때에도(실무상 그런 경우가 많다고 함), 후에 반드시 다시 소를 제기해야 해서 분쟁의 1회적인 해결을 저해하는 단점이 있다.

이러한 세 가지 방법 중 본 판결은 - 원심이 따른 안분설은 비판하고서 - 외측설을 채용하였다. 그러면서 그것이 당사자의 통상적인 의사라고 하였다. 또한 외측설에 따라 원고의 청구를 인용한다고 하여도 이것이 당사자 처분권주의에 위배되는 것도 아니라고 하였다. 한편 이러한 대법원의 태도는 그 후의 판결에서도 여러 번 확인되어 확고해진 상태이다(대판 1977. 2. 8, 76다2113; 대판 2008. 12. 24, 2008다51649; 대판 2008. 12. 11, 2006다5550).

2. 논평

일부청구의 경우 과실상계의 방법은 - 논리적으로 보면 - 일부청구에 대하여 어떤 입장을 취하느냐에 따라 달라져야 한다. 일부청구를 인정하면 안분설을 취하는 것이 적당하고 외측설과는 이론상 어울리기 어렵다. 그에 비하여 일부청구를 부정하면 외측설이 가장 적합하다. 그런데 안분설은 분쟁의 1회적인 해결을 저해하는 문제가 있다. 다른 한편으로 손해배상 사건의 경우 채무자는 어차피 일정액까지는 변제해야 하므로, 채무자보다는 채권자를 더 보호함이 옳다. 이러한 점들을 고려하면 이론적으로는 다소 미흡함이 있어도 실무상으로나 실질적으로 타당성이 있는 외측설을 따라야 한다. 결국 본 판결은 적절하다.

[주요 평석 문헌] 가재환, "일부청구에 있어서의 과실상계의 방법," 법조, 25권 7호, 111면 이하.

제3장
채권법총론

17. 위약벌과 감액
◆ 대판 2013. 12. 26, 2013다63257
[추심금](강의 C-161, 채총 [109])

[쟁점] 손해배상의 예정에 관한 민법 제398조 제2항을 유추적용하여 위약벌을 감액할 수 있는지 여부(소극). 의무 강제에 따른 채권자의 이익에 비해 약정된 벌이 과도하게 무거운 위약금 약정의 효력

[사실관계]
1) 피고는 2011. 3. 15. 소외인과 사이에, 소외인이 피고로부터 유흥주점인 이 사건 점포의 임차권을 보증금 2억 원, 권리금 및 시설대금 3억 3,000만 원(이하 '이 사건 권리금'이라고 함) 등 합계 5억 3,000만 원에 양수하되, 보증금에 상당하는 2억 원은 계약금으로 계약 당일 지급하고, 이 사건 권리금에 상당하는 3억 3,000만 원은 2012. 3. 31.까지 지급하며, 피고는 소외인에게 계약금 수령과 동시에 이 사건 점포를 인도한 뒤 잔대금 수령과 동시에 임대인에 대한 이 사건 점포 임대차보증금 2억 원의 반환채권을 양도하기로 정하면서, 다만 이 사건 점포 인도일부터 잔대금 지급기인 2012. 3. 31.까지는 이 사건 점포에 대한 전대차계약이 체결된 것으로 보아 소외인이 피고에게 차임으로 매월 1,350만 원씩 지급하고, 계약상의 권리·의무를 제3자에게 양도 또는 전대할 수 없으며, 소외인이 월 차임을 3회 이상 체납하거나 권리의 양도 또는 전대 금지 규정을 위반하면 피고는 최고 없이 계약을 해지할 수 있고, 그러한 경우에는 피고가 위약벌로서 계약금 명목으로 수령한 2억 원을 몰취할 수 있다는 내용의 이 사건 위약벌 조항을 정하여 이 사건 임차권 양도 및 전대차계약을 체결하였다.
2) 소외인은 계약 당일 피고에게 임차권 양도의 계약금이자 전대차계약의 보증금에 해당하는 2억 원을 지급하고, 이 사건 점포를 인도받아 유흥주점을 운영하여 오던 중 2011. 8. 15.부터 월 차임을 4회 이상 지급하지 않고, 2011. 11. 7.에는 임차

권을 무단 양도 내지 전전대하기까지 하였다. 이에 피고는 소외인의 의무 위반을 사유로 이 사건 임차권 양도 및 전대차계약을 해지한다는 의사를 표시하여 그 의사표시가 2011. 12. 14. 소외인에게 도달하였다.
3) 한편 피고와 소외인 사이에 2011. 8. 29. '소외인이 피고에게 2012. 4. 1. 이 사건 점포를 인도하고, 2012. 3. 31.까지 3억 3,000만 원을 지급하지 아니하거나 이 사건 점포에 대한 전차권을 제3자에게 양도 내지 전전대하거나 월 차임을 3회 이상 연체할 때에는 즉시 이 사건 점포를 인도한다'는 내용의 제소 전 화해가 성립되었다. 피고는 위와 같은 해지 의사표시 이후인 2011. 12. 29. 위 제소 전 화해조서에 기하여 소외인으로부터 이 사건 점포를 인도받음과 아울러 제3자와 사이에 이 사건 점포에 대한 전대차계약을 다시 체결하였다.

[판결요지]
1. 관련 법리
위약벌의 약정은 채무의 이행을 확보하기 위하여 정해지는 것으로서 손해배상의 예정과는 그 내용이 다르므로 손해배상의 예정에 관한 민법 제398조 제2항을 유추 적용하여 그 액을 감액할 수는 없는 법리이나, 다만 그 의무의 강제에 의하여 얻어지는 채권자의 이익에 비하여 약정된 벌이 과도하게 무거울 때에는 그 일부 또는 전부가 공서양속에 반하여 무효로 된다.
2. 원심의 판단
… 이 사건 위약벌은 그 의무 강제에 따라 피고가 얻는 이익에 비하여 약정된 벌이 지나치게 무거우므로, 이 사건 위약벌 조항 중 임차권 양도대금 5억 3,000만 원의 10%이자 전대차계약의 보증금 2억 원의 26.5%에 해당하는 5,300만 원을 초과한 나머지 부분은 공서양속에 반하여 무효이다.
3. 대법원의 판단
그러나 이 사건 위약벌 조항에 관한 원심의 위와 같은 판단은 앞에서 본 법리에 비추어 다음과

같은 이유로 수긍하기 어렵다.

가. … 이 사건 임차권 양도 및 전대차계약에서 소외인이 피고에게 지급하기로 약정한 이 사건 권리금 3억 3,000만 원이 위와 같은 성질을 가진 권리금에 해당한다면, 원심의 인정과 같이 임차권의 재양도나 전전대의 금지가 약정되고, 양수인 겸 전차인인 소외인의 귀책사유로 이 사건 임차권 양도 및 전대차계약이 해지된 이상, 이 사건 권리금은 본래 그 전액이 양도인 겸 전대인인 피고에게 귀속되어야 한다고 볼 여지가 크다.

그렇다면 이 사건 권리금 3억 3,000만 원이 아직 지급되지 아니한 상태에서 소외인의 귀책사유로 계약이 해지되는 경우 장차 이 사건 권리금의 부지급으로 말미암아 피고가 입게 되는 손해를 전보하기 위하여 그보다 훨씬 적은 보증금 상당의 2억 원을 위약벌로 몰취하기로 약정한 것을 두고 (피고는 이 사건 위약벌 조항이 통상의 위약벌과는 달리 2억 원을 몰취하는 외에 별도의 책임을 묻지 않겠다는 취지로 약정된 것이라고 자인하고 있다), 피고가 얻는 이익에 비하여 약정된 벌이 지나치게 무겁다고 보기는 어렵다.

[관련규정] 제103조, 제398조

[해설 및 논평]
1. 해설

계약을 체결하면서 당사자가 위약금을 약정하는 경우가 있다. 여기의 위약금이란 채무불이행의 경우에 채무자가 채권자에게 지급할 것을 약정한 금전이다. 위약금에는 위약벌의 성질을 가지는 것과 손해배상액의 예정의 성질을 가지는 것이 있는데, 민법은 위약금을 후자로 추정한다(398조 4항).

본 판결은 위약벌에 대하여 두 가지의 판단을 하고 있다. 하나는 제398조 제2항을 유추적용하여 위약벌을 감액할 수 없다는 것이고, 다른 하나는 일정한 경우에는 위약벌의 일부 또는 전부가 공서양속에 반하여 무효로 된다는 것이다.

민법은 제398조 제2항에서 「손해배상의 예정액이 부당히 과다한 경우에는 법원은 적당히 감액할 수 있다」고 규정한다. 그런데 이러한 규정이 위약벌에 관하여는 두어져 있지 않다. 여기서 그 규정을 위약벌에 유추적용할 것인가가 문제되는데 본 판결은 — 이전의 판례에 따라 — 유추적용을 부정한다. 그 이유로 본 판결은 위약벌이 손해배상액의 예정과 내용이 다르다는 것을 든다.

본 판결은 — 역시 이전의 판례처럼 — 「그 의무의 강제에 의하여 얻어지는 채권자의 이익에 비하여 약정된 벌이 과도하게 무거울 때」에는 위약벌의 일부나 전부가 공서양속에 반하여 무효로 된다고 한다. 이는 위약벌에 제103조를 적용한 것이다. 그런데 제103조는 일부 무효를 인정하고 있지는 않아서 문제이다. 아무튼 본 판결에 따르면, 사정에 따라 어떤 때에는 위약벌의 일부가 무효로 될 수 있다. 그리고 그러한 경우에는 실질적으로는 위약벌이 감액된 것과 같게 된다.

2. 논평

본 판결은 일정한 경우에는 위약벌의 전부뿐만 아니라 일부도 공서양속(「공서양속」은 일본민법상의 용어이므로 「사회질서」라고 해야 함)에 반하여 무효로 된다고 하여 실질적으로 위약벌의 감액이라는 결과를 달성하고 있다. 이러한 태도는 제103조에 어긋나지만 결과에서는 타당하다. 그런데 그럴 바에야 아예 위약벌에 제398조 제2항을 유추적용하는 것이 낫다.

[참고판결] 대판(전원) 2022. 7. 21, 2018다248855·248862(다수의견): 위약벌의 약정은 채무의 이행을 확보하기 위하여 정하는 것으로서 손해배상액의 예정과 그 내용이 다르므로 손해배상액의 예정에 관한 민법 제398조 제2항을 유추적용하여 그 액을 감액할 수 없다고 하였다. 위와 같은 현재의 판례는 타당하고 그 법리에 따라 거래계의 현실이 정착되었다고 할 수 있으므로 그대로 유지되어야 한다.

제3장
채권법총론

18. 판결절차에서 간접강제를 명할 수 있는지 여부

◆ 대판(전원) 2021. 7. 22. 2020다248124
  [지역권설정](강의 C-167, 채총 [112])

[쟁점] 판결절차에서 부작위채무 또는 부대체적 작위채무의 이행을 명하면서 동시에 간접강제를 명할 수 있는지 여부(적극)

[사실관계]

(1) 원고(X교회의 담임목사)는 2000. 7. 26. 피고의 남편 망 소외인과 사이에 충남 홍성군 소재 전 26㎡(이 사건 토지)를 300만 원(계약금과 잔금으로 분할 지급하기로 함)에 매도하는 내용의 매매계약(이 사건 1차 매매계약)을 체결하면서, '이 사건 토지 중 북쪽 꼭지점 부근에서 남쪽 도로와 평행선 서쪽의 2평은 교회부지로 인정하며 교회 진입로로 사용하기로 한다.'는 내용의 특약을 하였다.

(2) 이 사건 토지에 관하여는 2000. 9. 6. 원고로부터 소외인 앞으로 2000. 9. 4. 매매를 원인으로 한 소유권이전등기가 마쳐졌는데, 그 등기권리증에는 매도인을 원고, 매수인을 소외인으로 하여 '2000년 9월 4일 이 사건 토지에 대하여 대금을 300만 원(일시불)으로 정하여 매매계약을 체결함'이라는 내용의 매매계약서(이 사건 2차 매매계약서)가 첨부되어 있고, 2011. 10. 24. 다시 소외인의 처인 피고 앞으로 2008. 9. 5. 협의분할에 의한 재산상속을 원인으로 한 소유권이전등기가 마쳐졌다.

(3) 원심은 원고가 피고의 남편인 소외인에게 이 사건 토지 중 '라' 부분을 제외한 나머지 부분만 매도하면서 '라' 부분은 소외인에게 명의신탁하기로 하였고, 다만 이 사건 토지 전체에 관하여 소외인 앞으로 소유권이전등기를 하려고 이 사건 2차 매매계약서를 작성하였을 뿐이라고 판단하였다(대법원도 그 판단이 정당하다고 함).

(4) 원고는 제1심에서 이 사건 토지 중 '나' 부분에 관한 통행권 확인과 통행방해 금지를 청구하였

으나, 원심에서 교환적으로 청구를 변경하면서 이 사건 토지 중 '라' 부분에 관한 소유권이전등기의 말소, 사용방해 금지 및 간접강제를 청구하였다.

제1심은 원고의 청구를 기각하였다. 그런데 원심은 원고가 교환적으로 변경한 청구를 모두 인용하면서 그중 사용방해금지 및 간접강제 청구에 대하여 "피고는 이 사건 토지 중 '라' 부분에 대한 원고의 사용을 방해해서는 아니 되고, 피고가 이를 위반할 경우 원고에게 위반일 1일당 10만 원씩의 배상금을 지급하라."라는 판결을 선고하였다. 그러자 피고가 상고하였고, 대법원은 본 판결에서 피고의 상고를 기각하였다.

[판결요지]

가. 대법원은 부작위채무에 관하여 판결절차의 변론종결 당시에 보아 부작위채무를 명하는 집행권원이 성립하더라도 채무자가 이를 단기간 내에 위반할 개연성이 있고, 또한 판결절차에서 민사집행법 제261조에 의하여 명할 적정한 배상액을 산정할 수 있는 경우에는 판결절차에서도 채무불이행에 대한 간접강제를 할 수 있다고 하였다(대법원 1996. 4. 12. 선고 93다40614, 40621 판결 … 등 참조).

또한 대법원은 부대체적 작위채무에 관하여서도 판결절차의 변론종결 당시에 보아 집행권원이 성립하더라도 채무자가 부대체적 작위채무를 임의로 이행할 가능성이 없음이 명백하고, 판결절차에서 채무자에게 간접강제 결정의 당부에 관하여 충분히 변론할 기회가 부여되었으며, 민사집행법 제261조에 의하여 명할 적정한 배상액을 산정할 수 있는 경우에는 판결절차에서도 채무불이행에 대한 간접강제를 할 수 있다고 하였다(대법원 2013. 11. 28. 선고 2013다50367 판결 참조).

나. 위와 같은 현재의 판례는 타당하므로 그대로 유지되어야 한다. 그 이유는 다음과 같다.

1) … 본안판결에서 동시에 민사집행법 제261조 제1항의 간접강제에 관한 판결을 할 수 있는지 여부에 관하여 이를 명시적으로 금지하는 법 규정은 없다. … 입법자는 채권에 대한 강제이행의 원칙과

집행권원에 기초한 강제집행의 원칙을 규정하였을 뿐 판결절차에서는 어떠한 경우에도 간접강제를 명할 수 없도록 법률을 제정하였다고 볼 수 없다.

2) 판결절차에서 간접강제를 명할 수 있도록 한 이유는 부작위채무와 부대체적 작위채무를 이행하지 않는 경우에 집행의 실효성을 확보하고 집행 공백을 막으려는 데 있다. …

3) 판결절차에서 간접강제를 명하더라도 채무자에게 크게 불리하다고 볼 수 없다. … 판결절차에서도 채권자인 원고가 간접강제를 청구해야만 법원이 간접강제를 명할 수 있으므로, 변론 과정에서 채무자인 피고가 간접강제에 관하여 충분히 의견을 진술할 수 있기 때문이다. …

4) 판례가 제시하는 요건에 따라 판결절차에서 간접강제를 명하는 것은 분쟁의 종국적인 해결에도 이바지한다. …

다. 원심이 원고의 간접강제 청구를 인용하여 간접강제를 명한 것은 위에서 본 법리에 따른 것으로서 정당하다.

(이러한 다수의견에 대하여, 판결절차에서 간접강제를 명할 수는 없다는 대법관 3인의 반대의견과, 대법관 각 1인의 보충의견 두 개가 있음)

[관련규정] 민사집행법 제261조, 제262조, 민법 제389조 제1항, 제3항

[해설 및 논평]

1. 해설

(1) 본 판결 사안에서 원고는 이 사건 토지 일부의 사용방해 금지 및 간접강제를 청구하였다. 그러한 경우에 법원이 부작위채무에 관한 판결절차에서 간접강제를 명할 수 있는지 문제된다.

(2) 대법원은 종래부터, 판결절차의 변론종결 당시에 보아 부작위채무를 명하는 집행권원이 성립하더라도 채무자가 이를 단기간 내에 위반할 개연성이 있고, 또한 판결절차에서 민사집행법 제261조에 의하여 명할 적정한 배상액을 산정할 수 있는 경우에는 판결절차에서도 채무불이행에 대한 간접강제를 할 수 있다고 판시해왔다. 그리고 부대체적 작위채무에 관하여도 유사한 결과를 인정하였다.

본 판결에서 대법원은 전원합의체판결로 그 두 채무, 즉 부작위채무와 부대체적 작위채무(이하 '부작위채무 등'이라 함)에 관하여 판결절차에서 간접강제를 명할 수 있는지를 다시 한번 판단하게 되었다. 그 결과 여러 이유를 들어 현재의 판례를 유지해야 한다고 하였다.

(3) 본 판결이 들고 있는 이유를 살펴본다. 본 판결은 우선 판결절차에서 간접강제를 금지하는 명문규정이 없다고 한다. 그리하여 필요하다면 판결절차에서 간접강제가 허용될 수도 있다는 입장이다. 그리고 부작위채무 등의 경우에는 집행의 실효성을 확보하고 집행을 공백을 막기 위해 판결절차에서 간접강제를 인정할 필요가 있는 반면에, 그렇게 해도 채무자에게는 크게 불리하지 않다고 한다. 그런가 하면 간접강제를 허용하는 것이 분쟁의 종국적인 해결에도 도움이 된다고 한다.

(4) 앞에서 언급한 바와 같이, 판례는 이미 오래 전부터 부작위채무 등에 관하여 판결절차에서 간접강제를 인정하여 실무로 정착되었고, 「언론중재 및 피해구제 등에 관한 법률」제26조 제3항, 「장애인차별금지 및 권리구제 등에 관한 법률」제48조 제3항에서는 그러한 내용이 입법화되기도 하였다. 이러한 사정도 본 판결이 기존의 판례를 유지하는 데 영향을 미쳤을 것으로 생각된다.

2. 논평

본 판결은 부작위채무 등의 경우에 판결절차에서 간접강제를 인정해야 하는 이유 중 하나로 그것을 금지하는 명문규정이 없다는 것을 들었다. 그러나 금지규정이 없다고 하여 집행방법을 자유롭게 창설할 수 있는 것은 아니다. 물론 본 판결은 그에 덧붙여 인정의 필요성과 그에 따른 부작용도 논의하였다. 그렇지만 입법이 아닌 판례로 판결절차에서 간접강제를 인정한 것은 적어도 법리적으로는 적절하지 않다.

19. 채권자지체

◆ 대판 2021. 10. 28, 2019다293036
[소유권이전등기](강의 C-169·170·172,
D-108, 채총 [113]·[114]·[116], 채각 [63])

[쟁점] 채권자지체가 성립하는 경우, 채무자가 채권자에 대하여 손해배상이나 계약 해제를 주장할 수 있는지 여부(원칙적 소극). 신의칙상 채권자에게 급부를 수령할 의무나 급부 이행에 협력할 의무가 있다고 볼 특별한 사정이 있는지 판단하는 기준. 위와 같은 수령의무나 협력의무가 이행되지 않으면 계약 목적을 달성할 수 없거나 채무자에게 계약의 유지를 더 이상 기대할 수 없다고 볼 수 있는 경우, 채무자가 위 의무 위반을 이유로 계약을 해제할 수 있는지 여부(적극)

[사실관계]
(1) 원고는 2018. 8. 1. 피고로부터 충북 옥천군 소재 답 82㎡(이 사건 토지)를 300만 원에 매수하기로 하는 매매계약(이 사건 매매계약)을 체결하고, 피고에게 매매대금을 모두 지급하였다.
(2) 피고는 이 사건 토지에 관한 소유권이전등기 업무를 위임받은 법무사 사무소의 담당자에게 소유권이전등기에 필요한 서류를 교부하였다.
(3) 법무사 사무소의 담당자는 2018. 8. 20. 피고에게 '원고가 이 사건 토지에 관하여 피고가 직접 농지전용과 농지보전부담금 전부를 처리하여 신청해 달라고 … 요구하고 있어 처리가 곤란하다.'는 문자메시지를 보냈다.
(4) 피고는 2018. 8. 22. 원고에게 '이 사건 토지에 관한 농지보전부담금을 부담하라고 하니 이를 계약 해제로 간주하겠다.'는 부동산 매매계약 해지통보서를 보냈다. 이후 피고는 2018. 8. 27. 3,572,250원을 공탁하였다.
(5) 원고는 2018. 11. 2. 피고를 상대로 이 사건 토지에 관하여 소유권이전등기 절차의 이행을 구하는 이 사건 소를 제기하였다. 제1심법원은 이

사건 매매계약이 해제되었음을 이유로 원고의 청구를 기각하였고, 제2심법원은 원고의 항소를 기각하였다. 그러자 원고가 상고하였다.

[판결요지]
민법 제400조는 채권자지체에 관하여 "채권자가 이행을 받을 수 없거나 받지 아니한 때에는 이행의 제공 있는 때로부터 지체책임이 있다."라고 정하고 있다. 채무의 내용인 급부가 실현되기 위하여 채권자의 수령 그 밖의 협력행위가 필요한 경우에, 채무자가 채무의 내용에 따른 이행제공을 하였는데도 채권자가 수령 그 밖의 협력을 할 수 없거나 하지 않아 급부가 실현되지 않는 상태에 놓이면 채권자지체가 성립한다. 채권자지체의 성립에 채권자의 귀책사유는 요구되지 않는다. 민법은 채권자지체의 효과로서 채권자지체 중에는 채무자는 고의 또는 중대한 과실이 없으면 불이행으로 인한 모든 책임이 없고(제401조), 이자 있는 채권이라도 채무자는 이자를 지급할 의무가 없으며(제402조), 채권자지체로 인하여 그 목적물의 보관 또는 변제의 비용이 증가된 때에는 그 증가액은 채권자가 부담하는 것으로 정한다(제403조). 나아가 채권자의 수령지체 중에 당사자 쌍방의 책임 없는 사유로 채무를 이행할 수 없게 된 때에는 채무자는 상대방의 이행을 청구할 수 있다(제538조 제1항).

이와 같은 규정 내용과 체계에 비추어 보면, 채권자지체가 성립하는 경우 그 효과로서 원칙적으로 채권자에게 민법 규정에 따른 일정한 책임이 인정되는 것 외에, 채무자가 채권자에 대하여 일반적인 채무불이행책임과 마찬가지로 손해배상이나 계약 해제를 주장할 수는 없다.

그러나 계약 당사자가 명시적·묵시적으로 채권자에게 급부를 수령할 의무 또는 채무자의 급부 이행에 협력할 의무가 있다고 약정한 경우, 또는 구체적 사안에서 신의칙상 채권자에게 위와 같은 수령의무나 협력의무가 있다고 볼 특별한 사정이

있다고 인정되는 경우에는 그러한 의무 위반에 대한 책임이 발생할 수 있다. 그중 신의칙상 채권자에게 급부를 수령할 의무나 급부 이행에 협력할 의무가 있다고 볼 특별한 사정이 있는지는 추상적·일반적으로 판단할 것이 아니라 구체적 사안에서 계약의 목적과 내용, … 등을 종합적으로 고려해서 개별적으로 판단해야 한다.

이와 같이 채권자에게 계약상 의무로서 수령의무나 협력의무가 인정되는 경우, 그 수령의무나 협력의무가 이행되지 않으면 계약 목적을 달성할 수 없거나 채무자에게 계약의 유지를 더 이상 기대할 수 없다고 볼 수 있는 때에는 채무자는 수령의무나 협력의무 위반을 이유로 계약을 해제할 수 있다.

[관련규정] 제400조, 제401조, 제402조, 제403조, 제538조 제1항

[해설 및 논평]

1. 해설

본 판결에서 최종적인 쟁점은 채권자지체를 이유로 계약을 해제할 수 있는지이다. 대법원은 이 문제에 대하여 본 판결에서 처음으로 판단하였다. 채권자지체가 있는 경우에는 대체로 채권자의 이행지체도 있어서 그때에는 채무자는 채권자의 이행지체를 이유로 해제할 수가 있다. 그런데 본 판결 사안의 경우에는 채권자도 계약에서 명시적으로 정한 의무는 이행했기 때문에 순수하게 채권자지체만을 이유로 해제할 수 있는지가 문제되었다.

(1) 해제와 손해배상의 원칙적인 부정

본 판결은 채권자지체의 경우에 민법이 정한 책임 외에 일반적인 채무불이행책임과 마찬가지로 손해배상청구권이나 해제권은 인정되지 않는다고 한다. 이는 채권자지체의 법적 성질에 관하여 법정책임설을 취한 것이다.

(2) 예외적으로 해제권을 인정함

본 판결은, 계약 당사자가 명시적·묵시적으로 채권자에게 수령의무 또는 협력의무가 있다고 약정한 경우, 또는 구체적 사안에서 신의칙상 채권자에게 수령의무나 협력의무가 있다고 볼 특별한 사정이 있다고 인정되는 경우에는, 그러한 의무 위반에 대한 책임이 발생할 수 있다고 한다. 그러면서 신의칙상 그런 의무가 있다고 볼 특별한 사정이 있는지 판단할 기준을 제시한다.

그리고 채권자에게 계약상 의무로서 수령의무나 협력의무가 인정되는 경우, 그 수령의무나 협력의무가 이행되지 않으면 계약 목적을 달성할 수 없거나 채무자에게 계약의 유지를 더 이상 기대할 수 없다고 볼 수 있는 때에는, 채무자는 수령의무나 협력의무 위반을 이유로 계약을 해제할 수 있다고 한다.

결국 본 판결은 당사자의 약정이나 신의칙상 특별사정에 의하여 수령의무나 협력의무가 인정되고, 그 의무가 — 부수적 급부의무에 머물지 않고 — 주된 의무에 해당하는 경우에는, 예외적으로 채권자지체를 이유로 계약을 해제할 수 있다는 의미이다.

(3) 본 판결 사안의 경우

본 판결 사안에서 원고는 이 사건 매매계약 체결 전에 타인으로부터 공장용지 및 그 위의 공장 건물의 지분(A), 공장용지 뒤쪽의 밭(맹지)(B), 공장 진입로인 이 사건 토지(C)를 매수하여 대금을 모두 지급하고 A와 B의 소유권이전등기도 마쳤으나, C는 피고 명의여서 등기를 이전하지 못하자 그동안의 세금 등을 고려하여 추가로 300만 원을 들여 그 토지를 매수한 것이다. 그렇다면 농지보전부담금(이것의 부담이 원·피고 사이의 궁극적인 다툼임)을 피고가 부담해야 하는 것으로 볼 여지도 있었다. 그리하여 본 판결은 원심판결을 파기·환송한 것이다. 그 후 파기환송심은 원고의 수령의무나 협력의무를 인정하기 어렵다고 하면서 피고의 해제 주장을 받아들이지 않았다.

2. 논평

본 판결은 타당하다.

20. 채권보전의 필요성(1): 특정채권

◈ 대판 2007. 5. 10, 2006다82700 · 82717
[건물명도등 · 지상권설정등기절차이행](강의 C-176
이하, 채총 [119] · [121] · [122] · [124])

[쟁점]

채권자대위권의 행사요건인 채권보전의 필요성
을 인정하기 위한 판단기준 및 물권적 청구권을
피보전권리로 하는 채권자대위권이 인정되는지
여부. 임대인의 임대차계약 해지권이 행사상의 일
신전속권인지 여부

[사실관계]

본 판결의 사안은 매우 복잡하나, 여기서의 논
의와 관련된 부분만을 정리하였다.

(1) 조치원 버스정류장 소유이던 甲토지와 그
지상 乙건물에 관하여 임의경매절차가 진행되어
A가 그 소유권을 취득하였는데, 甲토지상의 丙건
물(미등기)은 경매목적물이 아니어서 그 소유권을
취득하지 못하였다. 그 후 다시 甲토지와 乙건물
에 관하여 임의경매절차가 진행되어 원고가 그 소
유권을 취득하였는데, 丙건물은 근저당권설정자
인 A의 소유가 아니었기 때문에 원고 역시 그 소
유권을 취득하지 못하였다.

(2) 피고들은 조치원 버스정류장으로부터 丙건
물의 일부씩을 임차하여 이를 점유하고 있다.

(3) 원고는 甲토지의 소유자로서 丙건물의 소유
자인 조치원 버스정류장에 대하여 가지는 丙건물
에 대한 철거청구권을 피보전권리로 하여, 조치원
버스정류장을 대위하여 조치원 버스정류장과 피
고 사이의 임대차계약을 해지하고 피고들을 상대
로 丙건물의 명도를 구하는 이 사건 소를 제기하
였다(원고는 조치원 버스정류장을 상대로 하여 이 사
건 채권자대위권 행사의 피보전채권인 철거청구권에
기한 소를 제기하여 승소판결을 선고받았고 그 판결은
확정되었다).

(4) 원심은, 특정채권의 보전을 위한 채권자대

위권은 순차매도 또는 임대차에 있어 소유권이전
등기청구권이나 인도청구권 등의 보전을 위한 경
우에 한하여 예외적으로 인정되는데, 철거청구권
은 이러한 유형의 권리에 해당하지 않으며, 임대
차계약 해지권은 행사상 일신전속권으로서 채권
자대위권의 목적이 될 수 없다고 보아, 원고청구
를 기각하였다. 이에 대하여 원고가 상고하였다.

[판결요지]

[1] 채권자는 채무자에 대한 채권을 보전하기
위하여 채무자를 대위해서 채무자의 권리를 행사
할 수 있는바, 채권자가 보전하려는 권리와 대위
하여 행사하려는 채무자의 권리가 밀접하게 관련
되어 있고 채권자가 채무자의 권리를 대위하여 행
사하지 않으면 자기 채권의 완전한 만족을 얻을
수 없게 될 위험이 있어 채무자의 권리를 대위하
여 행사하는 것이 자기 채권의 현실적 이행을 유
효 · 적절하게 확보하기 위하여 필요한 경우에는
채권자대위권의 행사가 채무자의 자유로운 재산
관리행위에 대한 부당한 간섭이 된다는 등의 특별
한 사정이 없는 한 채권자는 채무자의 권리를 대
위하여 행사할 수 있어야 하고, 피보전채권이 특
정채권이라 하여 반드시 순차매도 또는 임대차에
있어 소유권이전등기 청구권이나 인도청구권 등
의 보전을 위한 경우에만 한하여 채권자대위권이
인정되는 것은 아니며, 물권적 청구권에 대하여도
채권자대위권에 관한 민법 제404조의 규정과 위
와 같은 법리가 적용될 수 있다.

[2] 임대인의 임대차계약 해지권은 오로지 임대
인의 의사에 행사의 자유가 맡겨져 있는 행사상의
일신전속권에 해당하는 것으로 볼 수 없다.

[관련규정] 제404조

[해설 및 논평]

1. 해설

채권자대위권의 요건으로서의 채권보전의 필요

성과 관련하여 판례는 피보전채권이 금전채권인 경우와 금전채권이 아닌 채권, 특히 특정채권인 경우를 다르게 다루고 있다. 피보전채권이 금전채권이거나 금전채권이 아니더라도 손해배상채권으로 귀착할 수밖에 없는 것인 때에는, 「채무자가 무자력하여 그 일반재산이 감소되는 것을 방지할 필요가 있는 경우」 보전의 필요성이 인정된다고 한다.

반면 피보전채권이 특정채권인 때에는 일정한 요건이 구비되어 있는 한 채무자의 무자력은 그 요건이 아니라고 한다. 구비하여야 할 요건은 「채권자가 보전하려는 권리와 대위하여 행사하려는 채무자의 권리가 밀접하게 관련되어 있고 채권자가 채무자의 권리를 대위하여 행사하지 않으면 자기 채권의 완전한 만족을 얻을 수 없게 될 위험이 있어 채무자의 권리를 대위하여 행사하는 것이 자기 채권의 현실적 이행을 유효·적절하게 확보하기 위하여 필요한 경우」이어야 한다. 다만 채권자대위권의 행사가 채무자의 자유로운 재산관리행위에 대한 부당한 간섭이 된다는 등의 특별한 사정이 있는 경우에는 보전의 필요성을 인정할 수 없다고 한다. 그리고 이러한 요건이 갖추어져 있는 한, 순차매도에 있어 소유권이전등기 청구권이나 임차인의 인도청구권 등의 보전을 위한 경우에만 채권자대위권이 인정되는 것은 아니라고 한다. 나아가 본 판결의 사안에서 원고가 조치원 버스정류장에 대하여 가지는 丙건물에 관한 철거청구권은 甲토지의 소유권에 기한 방해배제 청구권으로서 물권적 청구권에 해당하는 것인데, 물권적 청구권에 대하여도 채권자대위권에 관한 제404조의 규정과 위와 같은 법리가 적용될 수 있다고 하였다.

한편 채무자가 제3채무자에 대하여 가지는 권리(피대위권리)는 대위행사에 적합한 것이어야 하며 채무자의 일신에 전속한 권리는 제외된다(404조 1항 단서). 일신전속권에는 「귀속상의 일신전속권」(비양도성·비상속성)과 「행사상의 일신전속권」

(비법정대리성·비채권자대위성)이 있는데, 대위의 목적이 되지 않는 것은 후자이다. 그리하여 본 판결은 임대인의 임대차계약에 대한 해지권은 오로지 임대인의 의사에 행사의 자유가 맡겨져 있는 행사상의 일신전속권으로 보기 어렵다고 하여, 임대인인 조치원 버스정류장이 가지는 임대차계약 해지권도 대위의 목적이 될 수 있다고 하였다. 그리하여 원고가 甲토지의 소유자로서 丙건물의 소유자인 조치원 버스정류장에 대하여 가지는 丙건물에 대한 철거청구권을 보전하기 위하여 조치원 버스정류장을 대위하여 조치원버스정류장과 피고 사이의 임대차계약을 해지하고 피고들을 상대로 丙건물의 명도를 구하는 청구는 채권자대위권의 요건을 모두 갖추었다고 한 것이다.

2. 논평

채권자대위권은 원칙적으로 채무자의 책임재산이 부족한 경우 즉 채무자가 무자력인 때에 행사할 수 있다. 다만 등기청구권을 보전하기 위하여 채무자의 등기청구권을 대위행사하거나 임차권 등을 보전하기 위하여 채무자의 반환청구권을 대위행사하는 것과 같이, 피보전채권이 특정채권이고 대위되는 권리가 그것과 밀접한 경우에는, 제3자에게 피해가 없고 또 등기부의 기재를 실제의 권리변동과 일치시키는 등 합리적인 효과를 인정할 수 있으므로, 예외적으로 채무자의 자력과 관계없이 대위권을 인정하여도 무방할 것이다.

[참고판결] 대판 2001. 5. 8, 99다38699(채총 판례1)

[주요 평석 문헌] 윤진수, "2007년도 주요 민법 관련 판례 회고," 법학(서울대), 49권 1호, 315면 이하.

21. 채권보전의 필요성(2): 금전채권

◆ 대판 2006. 1. 27, 2005다39013
[손해배상(기)](강의 C-178, 채총 [120])

[쟁점] 채권자대위권의 행사요건인 채권보전의 필요성을 인정하기 위한 판단기준

[사실관계]

(1) 원고 A는 그 소유부동산을 B에게 명의신탁하였는데, B는 1980. 6. 17. 위 부동산을 피고 C에게 증여하고 그 소유권이전등기를 마쳤으며, 그 후 피고는 이를 다시 D에게 매도하여 그 소유권이전등기를 마쳐주었다.

(2) B는 1989. 12. 29. 피고에 대하여 위 증여계약의 취소의 의사표시를 하였으며, 1990년 피고와 D를 상대로 그 각 소유권이전등기의 말소를 구하는 소를 제기하여, 피고에 대한 청구는 위 증여계약이 강박에 의한 것인데 B가 1989년경 피고에 대하여 이를 취소하였음을 이유로 인용된 반면, D에 대하여는 D가 제110조 제3항에서 정한 선의의 제3자에 해당한다는 이유로 그 청구가 기각되어 2004. 8. 16. 그 판결이 확정되었다.

(3) 원고는, 피고의 B에 대한 소유권이전등기 말소의무가 위 판결 확정에 의하여 (집행)불능으로 되었으므로 피고는 B에게 부동산의 시가 상당액을 배상할 의무가 있다는 전제에서, B를 대위하여 피고에 대하여 그 배상을 구하는 이 사건 소를 제기하였다.

(4) 원심은, 피고는 원고의 명의수탁자였던 B에 대하여 소유권이전등기 말소의무가 있으나 B가 전득자 D에 대하여 제기하였던 소유권이전등기 말소청구의 소가 패소확정됨으로써, 피고의 B에 대한 위 의무는 불능으로 되었으므로 피고는 B에게 그 가액을 배상할 의무가 있다고 하여, 원고의 청구를 인용하였다. 이에 대하여 피고가 상고하였다.

[판결요지]

채권자는 채무자에 대한 채권을 보전하기 위하여 채무자를 대위해서 채무자의 권리를 행사할 수 있는바, 채권자가 보전하려는 권리와 대위하여 행사하려는 채무자의 권리가 밀접하게 관련되어 있고, 채권자가 채무자의 권리를 대위하여 행사하지 않으면 자기 채권의 완전한 만족을 얻을 수 없게 될 위험이 있어 채무자의 권리를 대위하여 행사하는 것이 자기 채권의 현실적 이행을 유효·적절하게 확보하기 위하여 필요한 경우에는 채권자대위권의 행사가 채무자의 자유로운 재산관리행위에 대한 부당한 간섭이 된다는 등의 특별한 사정이 없는 한 채권자는 채무자의 권리를 대위하여 행사할 수 있어야 한다.

… 이 사건에 있어서 피보전채권이나 피대위채권이 모두 소유권이전등기의무의 이행불능으로 인한 가액배상의 금전채권으로 귀착될 성질의 것이기는 하나, 피보전채권인 원고의 B에 대한 채권은 명의신탁해지를 원인으로 한 소유권이전등기청구권이 변형된 것이고, 피대위채권인 B의 피고에 대한 채권 역시 명의신탁된 이 사건 부동산 중 그 상속지분에 관한 원상회복이 불가능함으로 인하여 가액배상청구권으로 변형된 것으로서 양 채권이 그 발생원인에 있어 직접적인 관련성이 있는 이상, 원고가 피고에 대하여 위 가액배상청구권을 대위행사함에 있어서 일반 금전채권의 경우와 같이 피대위자인 B가 무자력임을 그 요건으로 하여야 한다고 볼 수 없다. …

[관련규정] 제404조

[해설 및 논평]

1. 해설

(1) **원고가 B에 대하여 행사할 수 있는 권리**(피보전채권)

본 판결 사안에서 B는 원고와의 명의신탁약정에 따라 원고소유 부동산에 대하여 자신의 명의로 소유권이전등기를 마쳤다. 이는 부동산물권자로 등기된 자가 명의신탁약정에 의하여 타인 명의로

등기하는 경우(2자간 명의신탁)이다. 부동산실명법이 시행되기 전에 판례는 명의신탁의 유효성을 널리 인정하고 있었다. 이러한 판례에 의하면 이 사건의 경우 원고와 B 사이의 명의신탁약정과 그에 기한 B 명의의 소유권이전등기는 유효하다. 다만 새로 시행된 부동산실명법에 의하여 B명의의 등기를 실명등기하여야 하는 문제는 남는다.

부동산실명법 시행(1995. 7. 1) 전에 명의신탁약정에 의하여 부동산에 관한 물권을 명의수탁자 명의로 등기하도록 한 명의신탁자는 동법 제11조에서 정한 유예기간 이내에 실명등기 등을 하여야 하고, 유예기간이 경과한 날 이후부터 명의신탁약정과 그에 따라 행하여진 등기에 의한 부동산에 관한 물권변동은 무효로 되므로(동법 11조, 12조 1항, 4조 1항·2항 본문), 명의신탁자는 더 이상 명의신탁 해지를 원인으로 하는 소유권이전등기를 청구할 수 없다(대판 2007. 6. 14, 2005다5140 등). 명의신탁자는 소유권에 기한 방해배제청구권을 행사하여 등기말소를 청구할 수 있으며, 부당이득 반환청구로 등기말소를 청구할 수 있다. 그런데 명의수탁자가 그 부동산을 제3자에게 처분함으로써 이를 반환할 수 없게 된 경우에는, 명의신탁자는 명의수탁자에게 가액반환 – 본 판결은 「이행불능을 이유로 한 손해배상」이라고 함 – 을 청구할 수 있으며, 그때 반환하여야 할 가액은 부동산의 시가상당액이다. 따라서 원고는 수탁자 B에 대하여 부동산 시가상당액의 반환을 청구할 수 있다.

(2) B가 피고에 대하여 행사할 수 있는 권리(피대위권리)

B는 피고와 사이에 체결된 증여계약을 취소하였으며 그리하여 피고에 대하여 부당이득 반환으로서 소유권이전등기의 말소를 명하는 확정판결이 있었다. 그런데 피고가 그 취소 전에 선의의 제3자 D에게 부동산을 매도하고 소유권이전등기를 해 줌으로써 피고의 B에 대한 등기말소의무는 불능으로 되었으므로, B는 원물반환 대신 가액반환을 청구할 수 있다(747조 참조). 소유권이전등기

말소의무가 불능으로 된 경우 가액반환액은 불능 당시의 시가상당액이며, 본 판결의 사안에서와 같이 이행판결 확정 후 또는 판결확정과 동시에 급부의무가 집행불능이 되는 때에는 집행불능으로 될 당시의 시가상당액이라고 하여야 한다. 피고의 B에 대한 등기말소의무는 D 앞으로의 이전등기시 또는 증여계약 취소 당시까지는 아직 불능이 되었다고 할 수 없으며, B가 D를 상대로 제기한 소유권이전등기 말소청구소송이 패소확정된 때 비로소 집행불능 상태에 이르렀다고 할 것이다.

(3) 원고가 B의 피고에 대한 권리를 대위행사할 수 있는지 여부

원고의 B에 대한 채권과 B의 피고에 대한 채권은 모두 소유권이전등기 의무의 불능으로 인한 가액반환의 금전채권으로 귀착될 성질의 것이다. 피보전채권인 전자는 「명의신탁약정의 무효로 인한 부당이득 반환(원물반환)청구권」이 변형된 것이고 – 본 판결은 「명의신탁해지를 원인으로 한 소유권이전등기 청구권」이 변형된 것이라고 하였으나 이는 옳지 않다 – , 피대위채권인 후자 역시 「명의신탁된 위 부동산에 관한 증여계약의 취소로 인한 부당이득 반환(원물반환)청구권」이 변형된 것이다. 그리하여 양 채권이 그 발생원인에 있어서 직접적인 관련성이 있는 이상 원고가 피고에 대하여 B의 가액반환청구권을 대위행사함에 있어서 일반 금전채권의 경우와 같이 채무자 B의 무자력임을 그 요건으로 한다고 볼 수 없다는 것이 본 판결의 취지이다.

2. 논평

피보전채권이 등기청구권과 같은 특정채권인 경우에 무자력의 요건을 요구하지 않는 것은 사회적인 요청을 수용하기 위해 불가피하게 허용한다고 하더라도, 본 판결과 같이 피보전채권이 금전채권인 경우까지 무자력 요건을 완화하는 것은 바람직하다고 할 수 없다.

22. 공유물분할청구권이 채권자대위권의 목적이 될 수 있는지 여부

◆ 대판(전원) 2020. 5. 21, 2018다879
　[공유물분할](강의 C-178, 채총 [120])

[쟁점] 금전채권자가 자신의 채권을 보전하기 위하여 채무자가 보유한 부동산에 관한 공유물분할청구권을 대위행사할 수 있는지 여부(원칙적 소극)

[사실관계]

(1) 이 사건 아파트는 본래 소외 2의 소유였는데, 피고 앞으로 협의분할에 의한 상속을 원인으로 한 소유권이전등기가 되었다. 그 뒤 위 소유권이전등기에 관하여 사해행위 취소(취소채권자: 신용보증기금)를 원인으로 이 사건 아파트의 7분의 1 지분(이 사건 공유지분)은 소외 1의, 7분의 6 지분은 피고의 공유로 경정하는 내용의 등기가 이루어졌다.

(2) 이 사건 아파트에는 위 소유권이전등기가 되기 전부터 농업협동조합중앙회 앞으로 채무자 소외 3, 채권최고액 2억 4,000만 원인 근저당권과 채무자 소외 3, 채권최고액 합계 1억 800만 원인 근저당권이 설정되어 있었다.

(3) 사해행위 취소채권자인 신용보증기금이 이 사건 공유지분에 대한 강제경매를 신청하여 경매절차가 개시되었지만, 경매법원은 신용보증기금에게 '이 사건 공유지분의 최저매각가격 5,900만 원이 압류채권자의 채권에 우선하는 부동산의 부담 296,297,784원(근저당권, 체납조세, 공과금)에 미치지 못한다'고 통지하고 경매신청을 기각하였다.

(4) 원고는 한국자산관리공사로부터 소외 1에 대한 양수금채권(이 사건 피보전채권)을 양수한 채권자이다. 한편 소외 1은 원심 변론종결 당시 채무초과로 무자력 상태에 있었다.

(5) 원고는 소외 1을 대위하여 피고를 상대로 공유물분할을 구하는 소를 제기하였다. 이에 대하여 제1심은 소를 각하했고, 원심은 원고의 청구를 인용하였다. 그리고 대법원은 본 판결에서 원심판결을 파기·환송하였다.

[판결요지]

가. … 공유물분할청구권은 공유관계에서 수반되는 형성권으로서 공유자의 일반재산을 구성하는 재산권의 일종이다. 공유물분할청구권의 행사가 오로지 공유자의 자유로운 의사에 맡겨져 있어 공유자 본인만 행사할 수 있는 권리라고 볼 수는 없다. 따라서 공유물분할청구권도 채권자대위권의 목적이 될 수 있다.

나. 권리의 행사 여부는 그 권리자가 자유로운 의사에 따라 결정하는 것이 원칙이다. 채무자가 스스로 권리를 행사하지 않는데도 채권자가 채무자를 대위하여 채무자의 권리를 행사할 수 있으려면 그러한 채무자의 권리를 행사함으로써 채권자의 권리를 보전해야 할 필요성이 있어야 한다. 여기에서 보전의 필요성은 채권자가 보전하려는 권리의 내용, 채권자가 보전하려는 권리가 금전채권인 경우 채무자의 자력 유무, 채권자가 보전하려는 권리와 대위하여 행사하려는 권리의 관련성 등을 종합적으로 고려하여 채권자가 채무자의 권리를 대위하여 행사하지 않으면 자기 채권의 완전한 만족을 얻을 수 없게 될 위험이 있어 채무자의 권리를 대위하여 행사하는 것이 자기 채권의 현실적 이행을 유효·적절하게 확보하기 위하여 필요한지 여부를 기준으로 판단하여야 하고, 채권자대위권의 행사가 채무자의 자유로운 재산관리행위에 대한 부당한 간섭이 되는 등 특별한 사정이 있는 경우에는 보전의 필요성을 인정할 수 없다(대법원 1993. 10. 8. 선고 93다28867 판결 … 등 참조).

다. 채권자가 자신의 금전채권을 보전하기 위하여 채무자를 대위하여 부동산에 관한 공유물분할청구권을 행사하는 것은, 책임재산의 보전과 직접적인 관련이 없어 채권의 현실적 이행을 유효·적절하게 확보하기 위하여 필요하다고 보기 어렵고 채무자의 자유로운 재산관리행위에 대한 부당한 간섭이 되므로 보전의 필요성을 인정할 수 없다. 또한 특정 분할 방법을 전제하고 있지 않은 공유물분할청구권의 성격 등에 비추어 볼 때 그 대위행사를 허용하면 여러 법적 문제들이 발생한다.

따라서 극히 예외적인 경우가 아니라면 금전채권자는 부동산에 관한 공유물분할청구권을 대위행사할 수 없다고 보아야 한다.

이는 채무자의 공유지분이 다른 공유자들의 공유지분과 함께 근저당권을 공동으로 담보하고 있고, 근저당권의 피담보채권이 채무자의 공유지분 가치를 초과하여 채무자의 공유지분만을 경매하면 남을 가망이 없어 민사집행법 제102조에 따라 경매절차가 취소될 수밖에 없는 반면, 공유물분할의 방법으로 공유부동산 전부를 경매하면 민법 제368조 제1항에 따라 각 공유지분의 경매대가에 비례해서 공동근저당권의 피담보채권을 분담하게 되어 채무자의 공유지분 경매대가에서 근저당권의 피담보채권 분담액을 변제하고 남을 가망이 있는 경우에도 마찬가지이다.

(이러한 다수의견에 대하여, 이 사건과 같은 경우에는 공유물분할청구권의 대위행사를 허용해야 한다는 대법관 4인의 반대의견과, 두 개의 보충의견이 있음)

[관련규정] 제268조, 제269조, 제404조 제1항, 제368조, 제481조, 제482조, 민사집행법 제102조, 제140조, 제274조 제1항

[해설 및 논평]
1. 해설

(1) 본 판결에서는, 공유물분할청구권이 채권자대위권의 목적이 되는지, 채권자대위권의 행사요건인 채권보전의 필요성을 어떤 기준으로 판단할 것인지, 금전채권자가 자신의 채권을 보전하기 위하여 채무자가 보유한 부동산에 관한 공유물분할청구권을 대위행사할 수 있는지를 판단했는데, 그 중에 셋째의 점을 중심으로 살펴보기로 한다.

(2) 본 판결 사안에서는 원고가 이 사건 공유지분만을 경매할 경우 경매대가에서 이 사건 근저당권들의 피담보채권 전액을 변제하면(368조 2항) 남을 가망이 없어 그 경매절차가 취소될 가능성이 높다. 그에 비하여, 법원이 공유물분할의 방법 중 하나로 대금분할을 명하여 이 사건 아파트 전부가

경매되고 제368조 제1항에 따라 배당이 이루어지면, 이 사건 공유지분에 상응하는 경매대가에서 공동근저당권의 피담보채권 전액이 아닌 각 공유지분의 경매대가에 비례한 분담액만을 변제하면 되어, 경매 결과에 따라서는 근저당권과 우선권의 부담을 변제한 후 소외 1에게 배분될 몫이 남을 수 있고, 원고는 이를 통해 채권의 만족을 얻을 여지가 있게 된다. 그리하여 원고가 공유물분할청구권을 대위행사하려고 한 것이다.

(3) 그에 대하여 본 판결은 극히 예외적인 경우가 아니라면 금전채권자는 부동산에 관한 공유물분할청구권을 대위행사할 수 없다고 하였다. 그러면서 공유자의 공유물분할청구권을 대위행사를 인정한 과거의 판례(대판 2015. 12. 10, 2013다56297)를 변경하였다.

본 판결이 드는 주요 근거는 다음과 같다. ① 이 사건과 같이 부동산의 각 공유지분이 공동근저당 관계에 있는 경우에도 공유물분할은 책임재산의 보전과는 직접적인 관련이 없다. ② 공유물분할의 방법 중에 공유물 전체를 경매하여 그 대금을 분할하는 방법이 있다고 하여(공유자가 대금분할을 요구할 수는 없음), 일반채권자의 금전채권 만족을 위해 공유물분할청구권의 대위행사를 허용하는 것은 타당하지 않다. ③ 금전채권의 보전을 위한 공유물분할청구권 대위행사는 채무자의 자유로운 재산관리행위에 대한 부당한 간섭이 된다. 특히 다른 공유자의 우선매수청구권(민사집행법 제140조)을 침해하게 된다.

2. 논평
본 판결은 적절하다.

[주요 평석 문헌] 여하윤, "우리 법상 공유물분할청구권의 대위행사를 허용할 것인지 여부 -대법원 2020. 5. 21. 선고 2018다879 전원합의체 판결-," 법조, 69권 5호, 429면 이하; 이소은, "금전채권자의 공유물분할청구권 대위행사와 보전의 필요성 - 대법원 2020. 5. 21. 선고 2018다879 전원합의체 판결을 중심으로-," 법조, 69권 5호, 522면 이하.

23. 임의 비급여 진료행위의 경우에 채권자대위권을 행사할 수 있는지 여부

◆ 대판(전원) 2022. 8. 25, 2019다229202
[손해배상(기)](강의 C-178, 채총 [120])

[쟁점] 채권자대위권의 행사요건인 보전의 필요성을 인정하기 위한 요건 및 이를 판단하는 기준. 채권자인 보험자가 임의 비급여 진료를 받은 피보험자에 대한 부당이득 반환채권을 보전하기 위하여 채무자인 피보험자를 대위하여 제3채무자인 요양기관을 상대로 진료비 상당의 부당이득 반환채권을 행사하는 형태의 채권자대위소송에서 채무자의 자력 유무에 관계없이 보전의 필요성이 인정되는지 여부(소극)

[사실관계]

(1) 원고는 다수의 보험계약자들과 실손의료보험계약을 체결한 보험자이다. 위 실손의료보험계약의 피보험자들은 피고가 운영하는 병원에서 트리암시놀론 주사 치료(이 사건 진료행위)를 받고 진료계약에 따라 피고에게 진료비를 지급하였다. 원고는 실손의료보험계약의 보험계약자 또는 피보험자의 청구에 따라 피보험자에게 진료비 전액이나 일부에 해당하는 보험금을 지급하였다.

(2) 이 사건 진료행위는 「국민건강보험 요양급여의 기준에 관한 규칙」 제9조 [별표 2]에 규정된 비급여대상에 해당하지 않는 이른바 임의 비급여 진료행위에 해당한다.

(3) 원고는, 피고가 수진자인 피보험자들에게 행한 임의 비급여 진료행위가 무효이므로 피보험자들이 수령한 보험금은 법률상 원인 없이 지급된 것이라고 주장하면서, 피보험자들에 대한 보험금 상당의 부당이득 반환채권을 피보전채권으로 피보험자들을 대위하여 피고를 상대로 진료비 상당의 부당이득 반환을 구하는 채권자대위소송을 제기하였다.

(4) 제1심과 항소심은 모두 원고의 청구를 인용

하였다. 그러자 피고가 상고하였다. 그에 대하여 본 판결은 원심판결을 파기하고 자판하면서, 제1심판결을 취소하고 이 사건 소를 각하하였다.

[판결요지]

가. 채권자가 보전하려는 채권이 금전채권인 경우 보전의 필요성에 관한 대법원 판례…

(본 판결은 보전의 필요성에 관하여 판시한 대판(전원) 2020. 5. 21, 2018다879의 법리를 그대로 적고 있음. 그에 관하여 이 책 242면 '[판결요지] 나' 참조)

위 법리에 따르면, 보전의 필요성이 인정되기 위하여는 우선 적극적 요건으로서 채권자가 채권자대위권을 행사하지 않으면 피보전채권의 완전한 만족을 얻을 수 없게 될 위험의 존재가 인정되어야 하고, 나아가 채권자대위권을 행사하는 것이 그러한 위험을 제거하여 피보전채권의 현실적 이행을 유효·적절하게 확보하여 주어야 하며, 다음으로 소극적 요건으로서 채권자대위권의 행사가 채무자의 자유로운 재산관리행위에 대한 부당한 간섭이 된다는 사정이 없어야 한다. 이러한 적극적 요건과 소극적 요건은 채권자가 보전하려는 권리의 내용, 보전하려는 권리가 금전채권인 경우 채무자의 자력 유무, 피보전채권과 채권자가 대위행사하는 채무자의 권리와의 관련성 등을 종합적으로 고려하여 그 인정 여부를 판단하여야 한다.

나. 임의 비급여 진료행위로 발생한 부당이득 반환채권과 보전의 필요성

피보험자가 임의 비급여 진료행위에 따라 요양기관에 진료비를 지급한 다음 실손의료보험계약상의 보험자에게 청구하여 그 진료비와 관련한 보험금을 지급받았는데, 그 진료행위가 위법한 임의 비급여 진료행위로서 무효이고, 동시에 보험자와 피보험자가 체결한 실손의료보험계약상 그 진료행위가 보험금 지급사유에 해당하지 아니하여 보험자가 피보험자에 대하여 보험금 상당의 부당이득 반환채권을 갖게 된 경우, 채권자인 보험자가 금전채권인 부당이득 반환채권을 보전하기 위하

여 채무자인 피보험자를 대위하여 제3채무자인 요양기관을 상대로 진료비 상당의 부당이득 반환채권을 행사하는 형태의 채권자대위소송에서 채무자가 자력이 있는 때에는 보전의 필요성이 인정된다고 볼 수 없다.

(이러한 다수의견에 대하여, 이 사건에서 채무자의 자력 유무와 관계없이 채권자대위권 행사요건인 보전의 필요성이 인정된다는 대법관 5인의 반대의견과, 다수의견에 대한 보충의견이 있음)

[관련규정] 제404조 제1항

[해설 및 논평]
1. 해설
(1) 서설
실제 사회에서 요양기관이 요양급여대상으로 규정되어 있거나 요양급여대상·비급여대상 어느 것으로도 규정되어 있지 않은 진료행위 등을 하고 임의로 (법정)비급여인 것처럼 수진자들에게 진료비를 부담시키는 일이 자주 있다. 이러한 임의 비급여 진료행위는 원칙적으로 무효이고, 따라서 그때 지급한 진료비는 부당이득이 된다.

본 판결 사안에서는 이와 같은 임의 비급여 진료가 행해진 뒤 원고(보험회사)가 실손의료보험의 보험금으로 피보험자가 요양기관에 지급한 진료비를 지급하였다. 그런데 그 진료행위가 무효이고 보험금 지급사유에도 해당하지 않아 피보험자에 대한 원고의 부당이득 반환채권을 보전하기 위하여 피보험자의 요양기관에 대한 부당이득 반환채권을 대위행사하였다. 이 경우 대위권 행사가 허용되는지 문제되었다.

이를 해결하기 위하여 본 판결은 먼저 채권 보전의 필요성에 관한 법리를 분명히 하였다. 그리고 나서 임의 비급여 진료의 경우에 보전의 필요성이 있는지를 판단하였다.

(2) 보전의 필요성에 관한 법리
본 판결은 채권 보전의 필요성에 관하여 대판

(전원) 2020. 5. 21, 2018다879에서 정리한 법리를 그대로 인용하였다. 그런 다음에 그 법리를 적극적 요건과 소극적 요건으로 정리하였다.

나아가 그 요건의 인정 여부를 판단할 때 고려할 사정들을 열거하고 그것 등을 종합적으로 고려하라고 하였다. 그 사정에는 '보전하려는 권리가 금전채권인 경우 채무자의 자력 유무'도 있어서 피보전채권이 금전채권인 경우에는 채무자의 무자력이 원칙적으로 필요함을 보여주고 있다.

(3) 임의 비급여 진료의 경우 보전 필요성이 인정되는지 여부
본 판결은, 임의 비급여 진료행위가 무효인 경우에, 채권자인 보험자가 금전채권인 부당이득 반환채권을 보전하기 위하여 채무자인 피보험자를 대위하여 제3채무자인 요양기관을 상대로 진료비 상당의 부당이득 반환채권을 행사하는 형태의 채권자대위소송에서 채무자가 자력이 있는 때에는 보전의 필요성이 인정되지 않는다고 한다.

본 판결은 그 이유로, 채무자인 피보험자가 자력이 있다면 특별한 사정이 없는 한 채권자인 보험자가 채무자의 채권을 대위하여 행사하지 않아도 자신의 채권의 완전한 만족을 얻을 수 있고, 피보전채권과 채무자의 채권 사이에는 밀접한 관련성을 인정할 수도 없으며, 만약 채무자인 피보험자의 자력이 있는데도 보전의 필요성을 인정한다면 채권자평등주의에 기반한 민사집행법 체계와 조화를 이루지 못할 우려가 있다고 한다. 그리고 보험자가 자력이 있는 피보험자의 요양기관에 대한 권리를 대위하여 행사하는 것은 피보험자의 자유로운 재산관리행위에 대한 부당한 간섭이 될 수 있다고 한다.

2. 논평
본 판결은 근래 우리 대법원이 피보전채권이 금전채권인 경우에 채무자가 무자력이 아니어도 보전의 필요성을 쉽게 인정하던 흐름을 차단한 것으로서 타당하다.

제3장
채권법총론

24. 채권자대위권 행사의 효력: 채무자의 처분권의 제한

◆ 대판(전원) 2012. 5. 17, 2011다87235
[소유권이전등기](강의 C-192, 채총 [127])

[쟁점] 채권자대위권 행사 통지 후에 채무자의 채무불이행을 이유로 통지 전 체결된 약정에 따라 계약이 자동 해제되거나 제3채무자가 계약을 해제한 경우에 제3채무자가 계약해제로써 채권자에게 대항할 수 있는지 여부

[사실관계]

(1) A(채무자)는 2007. 12. 12. 피고(제3채무자)와 피고 소유 토지에 관한 매매계약을 체결하면서 대금과 별도로 양도소득세 상당액을 지급하기로 약정하였으며, 그 무렵 원고(채권자)와 사이에 다시 위 토지에 관한 소유권을 원고에게 이전하여 주기로 약정하였다.

(2) A(채무자)는 대금 및 양도소득세액 지급의무를 이행하지 못하여 2008. 6.경부터 3회에 걸쳐 이행기를 연장해왔으며, 2009. 2. 25. 잔대금만을 지급하면서, 2009. 8. 31.까지 양도소득세액을 지급하지 않으면 계약과 관련된 모든 권리를 포기하고 피고의 모든 손해도 보상하겠다는 각서를 작성하였으나, 결국 위 날짜까지 양도소득세액을 지급하지 못하였다.

(3) 원고는 2009. 4. 14. 피고와 A(채무자)를 상대로, 피고는 A(채무자)로부터 양도소득세액을 지급받음과 동시에 A(채무자)에게 그 소유권이전등기 절차를 이행하고, A(채무자)는 원고에게 그 소유권이전등기 절차를 이행하라는 취지의 이 사건 소를 제기하여, A(채무자)에 대하여는 제1심에서 승소판결을 받아 그 무렵 확정되었다. 피고는 원고의 청구에 대하여, 2009. 2. 25.자 자동 실효 약정에 따라 계약은 자동적으로 실효 또는 해제되었다고 항변하였으며, 원고는 피고의 계약해제는 원고가 대위행사하고 있는 A(채무자)의 피고에 대한 소

유권이전등기 청구권을 처분하는 것에 해당하므로 이로써 원고에게 대항할 수 없다고 주장하였다. 원심은 계약의 실효에 관한 피고의 항변을 받아들여 원고청구를 기각하였고, 이에 대하여 원고가 상고하였다.

[판결요지]

민법 제405조 제2항은 '채무자가 채권자대위권 행사의 통지를 받은 후에는 그 권리를 처분하여도 이로써 채권자에게 대항하지 못한다'고 규정하고 있다. 위 조항의 취지는 채권자가 채무자에게 대위권 행사사실을 통지하거나 채무자가 채권자의 대위권 행사사실을 안 후에 채무자에게 대위의 목적인 권리의 양도나 포기 등 처분행위를 허용할 경우 채권자에 의한 대위권행사를 방해하는 것이 되므로 이를 금지하는 데에 있다. 그런데 채무자의 채무불이행 사실 자체만으로는 권리변동의 효력이 발생하지 않아 이를 채무자가 제3채무자에 대하여 가지는 채권을 소멸시키는 적극적인 행위로 파악할 수 없는 점, 더구나 법정해제는 채무자의 객관적 채무불이행에 대한 제3채무자의 정당한 법적 대응인 점, 채권이 압류·가압류된 경우에도 압류 또는 가압류된 채권의 발생원인이 된 기본계약의 해제가 인정되는 것과 균형을 이룰 필요가 있는 점 등을 고려할 때 채무자가 자신의 채무불이행을 이유로 매매계약이 해제되도록 한 것을 두고 민법 제405조 제2항에서 말하는 '처분'에 해당한다고 할 수 없다. 따라서 채무자가 채권자대위권 행사의 통지를 받은 후에 채무를 불이행함으로써 통지 전에 체결된 약정에 따라 매매계약이 자동적으로 해제되거나, 채권자대위권 행사의 통지를 받은 후에 채무자의 채무불이행을 이유로 제3채무자가 매매계약을 해제한 경우 제3채무자는 계약해제로써 대위권을 행사하는 채권자에게 대항할 수 있다. 다만 형식적으로는 채무자의 채무불이행을 이유로 한 계약해제인 것처럼 보이지만 실질적으로는 채무자와 제3채무자 사이의 합의에

따라 계약을 해제한 것으로 볼 수 있거나, 채무자와 제3채무자가 단지 대위채권자에게 대항할 수 있도록 채무자의 채무불이행을 이유로 하는 계약해제인 것처럼 외관을 갖춘 것이라는 등의 특별한 사정이 있는 경우에는 채무자가 피대위채권을 처분한 것으로 보아 제3채무자는 계약해제로써 대위권을 행사하는 채권자에게 대항할 수 없다.

[관련규정] 제405조 제2항

[해설 및 논평]

1. 해설

본 판결은 채무자가 채무불이행을 이유로 계약이 해제되도록 한 것은 제405조 제2항의 「처분」으로 볼 수 없다고 하였다. 즉 채권자대위권 행사 통지 후에 채무자의 채무불이행을 이유로 통지 전 체결된 약정에 따라 계약이 자동 해제되거나 제3채무자가 계약을 해제한 경우 제3채무자는 계약해제로써 채권자에게 대항할 수 있다는 것이다. 그리하여 채무자가 대위권 행사 통지 후 채무불이행을 이유로 계약이 해제되도록 한 것이 언제나 피대위채권을 처분하는 것에 해당하므로 이로써 채권자에게 대항할 수 없고, 제3채무자도 해제로써 채권자에게 대항할 수 없다는 취지의 종전 판결(대판 2003. 1. 10, 2000다27343)을 변경하였다.

원고는 채무자에 대하여 소유권이전등기 청구권을 가진 채권자이고, 채무자는 피고로부터 위 토지를 매수하면서 양도소득세를 부담하기로 약정하였으며 이후 매매대금을 모두 지급함으로써 양도소득세 상당액의 지급과 상환으로 그 이전등기를 구할 수 있는 채권자이므로, 피고는 원고의 대위권행사에 따라 채무자로부터 양도소득세액을 지급받음과 동시에 채무자에게 등기절차를 이행할 의무가 있다. 그런데 채무자는 계약상 의무를 이행하지 못하여 수차례에 걸쳐 이행기를 연장해 오고 있었고, 이 사건 소가 제기되기 이전인 2009. 2. 25. 최종적으로 2009. 8. 31.까지 양도소득세액

을 지급하지 않으면 그 채무불이행 자체로써 계약을 실효시키기로 하는 특약을 한 것이므로, 채무자가 위 의무를 이행하지 못함으로써 계약은 실효되었고, 이와 같은 채무불이행으로 계약이 실효된 것을 채무자가 대위권행사 통지를 받은 후 제3채무자인 피고에 대한 소유권이전등기 청구권을 처분한 것으로 평가할 수는 없을 것이다.

2. 논평

제405조 제2항의 처분행위의 개념, 합의해제와 법정해제의 구별의 필요성, 채권자대위권이 행사된 경우 제3채무자의 지위, 채권의 압류·가압류 및 채권양도의 경우와의 비교 등 여러 사정에 비추어 볼 때 본 판결의 결론은 타당하다.

한편 채무불이행을 이유로 계약을 해제하려면, 해당 채무가 계약의 「주된 채무」이어야 하며 「부수적 채무」의 불이행의 경우에는 계약을 해제할 수 없는데, 이 사건 매매계약의 체결 및 이행과정, 매매대금과 양도소득세액의 액수 등에 비추어 보면 양도소득세 지급의무는 부수적 채무에 불과하다고 보기 어렵다.

[참고판결] 대판 2007. 6. 28, 2006다85921: 채권자가 채무자와 제3채무자 사이에 체결된 부동산 매매계약에 기한 소유권이전등기 청구권을 보전하기 위해 채무자를 대위하여 제3채무자의 부동산에 대한 처분금지가처분을 신청하여 가처분결정을 받은 경우에는 피보전권리인 소유권이전등기 청구권을 행사한 것과 같이 볼 수 있으므로, 채무자가 그러한 채권자대위권 행사 사실을 알게 된 후에 그 매매계약을 합의해제함으로써 채권자대위권의 객체인 부동산 소유권이전등기 청구권을 소멸시켰다 하더라도 이로써 채권자에게 대항할 수 없고, 그 결과 제3채무자 또한 그 계약해제로써 채권자에게 대항할 수 없다.

[주요 평석 문헌] 김상훈, "채권자대위권행사 통지 후의 해제와 민법 제405조 제2항의 '처분'," 안대희 대법관 재임기념 논문집, 428면 이하.

제3장
채권법총론

25. 채권자취소권: 피보전채권

◆ 대판 1999. 4. 27, 98다56690
[소유권이전등기말소등](강의 C-199·203, 채총
[130]·[132])

[쟁점] 사해행위 당시 아직 성립되지 않은 채권
이 예외적으로 채권자취소권의 피보전채권이 되
기 위한 요건

[사실관계]

(1) 소외 A와 피고 2는 원고회사를 설립하기로
하면서 경매진행 중이던 이 사건 부동산을 피고 2
명의로 낙찰받아 소유권이전등기를 마쳤다가 원
고회사가 설립등기를 마친 후 원고회사 앞으로 소
유권을 이전하기로 약정하였다.

(2) 피고 2는 이 사건 부동산에 관하여 그 명의
로 소유권이전등기를 마쳤으나, 원고회사 앞으로
이전등기신청이 지연되는 사이에 부도를 내게 되
었고, 그 무렵 피고 1에게 자신의 채무변제를 위
하여 이 사건 부동산에 관하여 매매를 원인으로
한 소유권이전등기를 마쳐주었다.

(3) 원고회사는, ① 피고 2에 대하여는 양도약
정을 원인으로 소유권이전등기 절차의 이행을 구
하고, 피고 1에 대하여는 피고 2에 대한 위 등기
청구권을 보전하기 위하여 피고 2를 대위하여 그
소유권이전등기의 말소를 구하는 이 사건 소를 제
기하였다(제2 예비적 청구). 또한 원고는 예비적으
로 ② 피고 2가 부도가 난 상황에서 사해의 의사
로써 공모하여 피고 1에게 매매를 원인으로 하여
소유권이전등기를 마쳤는바, 그로 인하여 원고회
사가 취득한 피고 2에 대한 부당이득 반환청구권
을 보전하기 위하여 피고들 사이의 위 사해행위를
취소하고 피고 1에 대하여 소유권이전등기의 말
소를 구한다는 주장도 하였다(제3 예비적 청구). 원
심은 제2 예비적 청구에 대해서는 피고 2에 대한
청구를 기각하고 피고 1에 대한 소는 각하하였으
며, 제3예비적 청구는 기각하였다. 이에 원고가

상고하였다.

[판결요지]

[1] 채권자취소권에 의하여 보호될 수 있는 채
권은 원칙적으로 사해행위라고 볼 수 있는 행위가
행하여지기 전에 발생된 것임을 요하나, 그 사해
행위 당시에 이미 채권 성립의 기초가 되는 법률
관계가 발생되어 있고, 가까운 장래에 그 법률관
계에 기하여 채권이 성립되리라는 점에 대한 고도
의 개연성이 있으며, 실제로 가까운 장래에 그 개
연성이 현실화되어 채권이 성립된 경우에는, 그
채권도 채권자취소권의 피보전채권이 될 수 있다.

[2] 부동산을 양도받아 소유권이전등기 청구권
을 가지고 있는 자가 양도인이 제3자에게 이를 이
중으로 양도하여 소유권이전등기를 경료하여 줌으
로써 취득하는 부동산 가액 상당의 손해배상채권
은 이중양도행위에 대한 사해행위취소권을 행사할
수 있는 피보전채권에 해당한다고 할 수 없다.

[3] 채권자취소권을 특정물에 대한 소유권이전
등기 청구권을 보전하기 위하여 행사하는 것은 허
용되지 않으므로, 부동산의 제1양수인은 자신의
소유권이전등기 청구권 보전을 위하여 양도인과
제3자 사이에서 이루어진 이중양도행위에 대하여
채권자취소권을 행사할 수 없다.

[관련규정] 제406조

[해설 및 논평]

1. 해설

(1) 채권자취소권은 채무자가 채권자를 해함을
알면서 자기의 일반재산을 감소시키는 행위를 한
경우에 그 행위를 취소하여 채무자의 재산을 원상
회복시킴으로써 모든 채권자를 위하여 채무자의
책임재산을 보전하는 권리이고 등기청구권과 같
은 특정채권을 보전하기 위하여 행사하는 것은 허
용되지 않는다. 그리고 채권자취소권에 의하여 보
호될 수 있는 채권은 원칙적으로 사해행위라고 볼

수 있는 행위가 행하여지기 전에 발생된 것임을 요하고, 예외적으로 그 사해행위 당시에 이미 채권 성립의 기초가 되는 법률관계가 발생되어 있고 가까운 장래에 그 법률관계에 기하여 채권이 성립되리라는 점에 대한 고도의 개연성이 있으며, 실제로 가까운 장래에 그 개연성이 현실화되어 채권이 성립된 경우에는 그 채권도 채권자취소권의 피보전채권이 될 수 있다.

본 판결은 이와 같은 입장에서 이 사건에 대하여 구체적으로 타당한 해결을 꾀하고 있다. 즉, 원고회사의 피고 2에 대한 부당이득 반환채권(본 판결은 이를 손해배상채권의 의미로 선해하였다)은 피고 2가 피고 1에게 이 사건 부동산의 소유권을 이전하여 원고회사의 피고 2에 대한 소유권이전등기 청구권이 이행불능됨으로 인하여 발생한 것이므로, 원고회사가 사해행위라고 주장하는 이 사건 부동산 소유권이전 당시 아직 위 손해배상채권이 발생하지 아니하였고 그 채권 성립에 관한 고도의 개연성 또한 있다고 할 수 없어 원고회사는 피고 2에 대한 부당이득 반환채권을 피보전채권으로 하여 채권자취소권을 행사할 수 없다는 것이다. 또한 피고 2가 피고 1에게 소유권을 이전하기 전에 이미 발생한 원고회사의 피고 2에 대한 소유권이전등기 청구권은 특정채권에 해당하므로, 이를 보전하기 위하여 피고 2와 피고 1 사이에 이루어진 소유권이전등기의 말소를 구하는 채권자취소권을 행사할 수는 없다는 결론에 이르렀다.

(2) 한편 소외 A와 피고 2 사이의 약정은 원고회사로 하여금 직접 피고 2에 대하여 이 사건 부동산의 소유권이전등기 청구권을 취득하게 하는 것을 목적으로 하는 제3자를 위한 계약이고 원고회사는 피고 2에 대하여 수익의 의사표시를 하였으므로, 피고 2는 원고회사에 대하여 소유권이전등기 절차를 이행할 의무를 부담한다. 그러나 피고 2는 채무변제를 위하여 이 사건 부동산의 소유권을 피고 1에게 이전하였고 달리 사회통념상 그 소유권을 회복할 수 있다고 볼 사정도 없으므로, 피고 2의 원고회사에 대한 소유권이전등기 의무는 이행불능으로 되었다고 할 것이다. 그렇다면 원고회사의 피고 1에 대한 채권자대위의 소(제2예비적 청구)는, 피보전채권 즉 원고회사의 피고 2에 대한 양도약정을 원인으로 한 소유권이전등기 청구권의 존재를 인정할 수 없으므로 부적법하다고 할 것이다.

2. 논평

채권자의 채권이 특정채권이든 불특정채권이든 그것이 후에 채무불이행 특히 이행불능에 의하여 손해배상채권으로 변한 때에는 그 자체가 금전채권으로서 피보전채권이 될 수 있다. 다만 그 경우에도 손해배상채권이 발생한 이후에 행하여진 행위만 사해행위로서 취소될 수 있다. 그리하여 부동산의 2중양도의 경우 제1양수인의 손해배상채권은 2중양도행위에 대하여 취소권을 행사할 수 있는 피보전채권이 될 수 없다. 피보전채권의 성립시기에 관하여 예외를 인정하는 판례에 의하더라도, 양도인의 사해행위 즉 제2양수인과 사이의 2중양도행위 당시에는 아직 양수인의 손해배상채권이 성립되리라는 점에 대한 고도의 개연성이 있다고 할 수 없기 때문이다.

[참고판결] 대판 2000. 2. 25, 99다53704: 채권자의 보증채무 이행으로 인한 구상금채권이 채무자의 사해행위 당시 아직 발생하지는 않았으나 그 기초가 되는 신용보증약정은 이미 체결되어 있었고 사해행위 시점이 주채무자의 부도일 불과 한 달 전으로서 이미 주채무자의 재정상태가 악화되어 있었던 경우, 위 구상금채권은 채권자취소권의 피보전채권이 된다고 한 사례.

[주요 평석 문헌] 장희석, "채권자취소권에 의하여 보호되는 피보전채권의 성립시기 등," 판례연구(부산판례연구회), 11집, 89면 이하.

26. 채권자취소권: 피보전채권의 범위

◆ 대판 2002. 4. 12. 2000다63912
[대여금등](강의 C-200, 채총 [131])

[쟁점] 물적 담보에 의하여 채권자에게 우선변
제권이 확보되는 경우에 채권자취소권에 있어서
의 피보전채권의 범위

[사실관계]

(1) 원고는 1996. 6. 25. A, B, C의 연대보증 아
래 D에게 2억 원을, 1997. 10. 24. C의 연대보증
아래 D에게 3억 6,500만 원을 각 대여하였으나, D
는 그 이자의 지급을 연체하던 중 1998. 5. 6.경
그가 운영하던 업체에 부도가 발생하였다.

(2) 피고 1에 대하여 5억 원의 차용금채무를 부
담하고 있던 D는 1998. 4. 2. 제1 내지 3부동산 중
그 소유지분을 피고 1에게 양도담보로 제공하기
로 하고 매매를 원인으로 하여 1998. 4. 16. 피고 1
앞으로 소유권이전등기를 경료하여 주었다.

(3) A, B, C는 제1 내지 3부동산 중 각 소유지
분에 관하여, 제4부동산 중 C의 소유지분에 관하
여, 1998. 4. 2. 피고 2, 피고 3, 피고 4와 사이에
매매계약을 체결하고, 1998. 4. 15. 그 소유권이전
등기를 경료하여 주었다.

(4) 제1, 4 부동산에 관하여는 1990. 6. 14., 제
2, 3 부동산에 관하여는 1990. 6. 25. 각 채권최고
액 2억 5,000만 원으로 한 삼성물산 명의의 근저
당권설정등기가, 제1 내지 4부동산에 관하여는
1996. 2. 6. 채권최고액 3억 원으로 한 삼성물산
명의의 근저당권설정등기가 있었고, 제4부동산 중
1층 점포에 관하여는 1995. 4. 20. 전세금 1억
5,000만 원으로 된 주식회사 고려당 명의의 전세
권설정등기가 경료되어 있었다. 그런데 D의 삼성
물산에 대한 채무가 1998. 12. 26. 모두 변제되어
1999. 1. 28. 삼성물산의 근저당권은 모두 말소되
었고, 제4부동산 위의 전세권도 해지를 원인으로
1998. 8. 26. 말소되었다.

(5) 1998. 4. 2. 당시 D와 C는 채무초과상태였
고, A와 B는 제1 내지 3부동산에 대한 소유지분
외에는 별다른 재산이 없었다.

(6) 원고는 피고들을 상대로, D, A, B, C와 피고
들 사이에 제1 내지 4부동산에 관하여 체결된 매
매계약의 취소와 원상회복(가액반환)을 구하는 취
지의 이 사건 소를 제기하였다.

[판결요지]

주채무자 또는 제3자 소유의 부동산에 대하여
채권자 앞으로 근저당권이 설정되어 채권자에게
우선변제권이 확보되어 있다면 그 범위 내에서는
채무자의 재산처분행위는 채권자를 해하지 아니
하므로 그 담보물로부터 우선변제받을 금액을 공
제한 나머지 채권액에 대하여만 채권자취소권이
인정된다.

[관련규정] 제406조 제1항

[해설 및 논평]

1. 해설

질권·저당권과 같은 물적 담보에 의하여 담보
되는 채권은 우선변제를 받지 못하는 범위에서만
취소권을 행사할 수 있다. 판례도 같은 입장에서
주채무자 또는 제3자 소유의 부동산에 대하여 채
권자 앞으로 근저당권이 설정되어 채권자에게 우
선변제권이 확보되어 있다면 그 범위 내에서는 채
무자의 재산처분행위는 채권자를 해하지 아니하
므로 그 담보물로부터 우선변제받을 금액을 공제
한 나머지 채권액에 대하여만 채권자취소권이 인
정된다고 하고 있다. 이는 담보제공자가 주채무자
인가 또는 제3자인가를 묻지 않고 그 담보물로부
터 우선변제받을 금액을 공제한 나머지 채권액에
대해서만 취소권을 행사할 수 있다는 취지이다.

본 판결의 사건에서는 제3의 물상보증인에 의
해 제공된 담보권의 피담보채권액을 취소채권자
의 피보전채권액에서 공제하여야 하는가가 쟁점

으로 다루어졌다. 피고들은, 1998. 4. 2. 제1 내지 3부동산 중 D, A, B 소유지분을 양도담보로 취득하거나 매수할 당시 원고는 대출금채권 5억 6,500만 원의 담보로 C 소유 토지에 대하여 채권최고액 합계 5억 5,400만 원의 선순위 근저당권을 가지고 있었고, 그 부동산의 시가는 669,664,490원에 이르러 원고의 채권은 위 부동산에 의하여 충분히 담보되므로 D 등이 제1 내지 3부동산 중 그들의 소유 지분을 양도담보로 제공하거나 매도한 행위는 사해행위가 되지 않는다고 항변하였다.

원심은 채권자가 주채무자 아닌 제3자 소유의 재산에 물상담보권을 가지는 경우에는 그 우선변제권에 의하여 채권이 변제되더라도 물상보증인이 주채무자나 연대보증인에 대하여 구상권을 취득·행사하게 되므로 채권자로서는 그 담보가치를 주채무자나 연대보증인의 적극재산으로 평가하고 있는 것은 아니라고 할 것이며, 따라서 그 물상담보에 의하여 우선변제가 확보되는지 여부와 관계없이 D의 원고에 대한 대출금채무 전액을 D, A, B의 소극재산에 포함시켜 사해행위의 성립 여부를 판단하여야 할 것이라는 이유로 이를 배척하였다. 이에 대하여 본 판결은 종래의 다수설과 판례의 입장에 따라 담보제공자가 누구인가를 묻지 않고 그 담보물로부터 우선변제받을 금액을 공제한 나머지 채권액에 대하여서만 채권자취소권을 행사할 수 있다고 한 것이다.

한편 저당권이 설정되어 있는 부동산이 사해행위로 이전된 경우에 사해행위 후의 변제 등으로 저당권설정등기가 말소된 때에는, 그 부동산의 가액에서 저당권의 피담보채권액을 공제한 잔액의 한도 내에서, 채권자의 채권액을 한도로 하여 사해행위를 취소하고 그 가액의 배상을 구할 수 있을 뿐이다. 본 판결의 사안에서도 사해행위 당시 설정되어 있던 삼성물산의 근저당권과 고려당의 전세권이 사해행위 후에 말소되었으므로 그 부동산의 가액에서 피담보채무액을 공제한 잔액의 한도에서 사해행위 취소 및 가액배상이 인정되었다.

2. 논평

피보전채권액에서 우선변제권 있는 채권을 제외하는 이유는 채무자가 책임재산을 처분하더라도 채권자가 변제를 받는데 아무 지장이 없기 때문이다. 그러므로 채권자가 제3자가 제공한 물적담보에 의하여 피보전채권 전액을 우선변제 받을 수 있다면, 채권자취소권을 행사할 수 없다고 하여야 한다. 채무자가 재산을 처분한다고 하여도 그로 인하여 해를 입게 될 피보전채권이 없기 때문이다. 다만 제3자가 담보제공한 부동산의 가액이 피담보채권액보다 적은 경우에는 우선변제를 받지 못하는 차액 상당을 피보전채권으로 하여 사해행위취소를 구할 수 있다.

원심이 채권자가 제3자의 물적담보에서 우선변제를 받을 경우 물상보증인이 채무자에 대하여 구상권을 취득하게 되므로 채권자가 파악하고 있는 담보가치는 본래 채무자의 재산에는 포함되어 있지 않다고 한 것은, 물상보증인이 구상금채권을 취득하면 그만큼 채무자의 소극재산이 증가하므로 책임재산이 줄어들게 된다는 점을 고려한 때문으로 보이지만, 이는 책임재산의 문제이지 피보전채권의 문제는 아니다. 더욱이 물상보증인이 채무자에 대하여 장차 취득하게 될 구상금채권은 처분행위 당시에는 아직 발생하지 않은 채권이다.

채권자취소권은 채무자가 제3자와 행한 완전히 유효한 법률행위를 취소하고 재산을 회복시키는 것이어서 채무자의 재산처분의 자유를 제한하고 거래상대방인 제3자의 이해에 중대한 영향을 미치게 되므로 그 행사는 책임재산 보전을 위하여 불가결한 범위내로 한정하는 것이 채권자취소권 제도의 취지에 부합한다.

[주요 평석 문헌] 윤경, "사해행위취소소송에서 물적 담보를 가진 채권자의 피보전채권의 범위," 대법원판례해설, 40호, 102면 이하.

27. 사해행위(1): 채무자의 자력산정

◆ 대판(전원) 2013. 7. 18, 2012다5643
[대여금및사해행위취소](강의 C-207, 채총 [135])

[쟁점] 채무자와 물상보증인의 공유인 부동산에 관하여 저당권이 설정된 후 채무자가 자신의 지분을 양도한 경우에 그 양도가 사해행위에 해당하는 지를 판단할 때 채무자 소유의 지분이 부담하는 피담보채권액

[사실관계]

(1) 원고(중소기업은행)는 B회사와 사이에 ① 2008. 5. 20. 여신(한도)금액 1억 원의 여신거래약정(제1약정), ② 2008. 10. 7. 여신(한도)금액 6,000만 원의 여신거래약정(제2약정), ③ 2007. 11. 30. 신용카드계약(제3약정)을 각 체결하였고, 갑은 B회사의 대표이사로서 제1, 2, 3약정에 대하여 연대보증을 하였다.

(2) B회사는 제1, 2약정에 대하여는 2010. 4. 1.부터, 제3약정에 대하여는 2010. 3. 23.부터 각 연체를 하기 시작하여, 결국 2010. 5. 13.경 기한의 이익을 상실하였다. B회사가 원고에게 변제해야 할 제1, 2, 3약정에 기한 채무는 각 원금과 그에 대한 지연손해금인데 원금 합계액은 90,041,335원에 이르렀다.

(3) 한편 부부인 갑과 피고는 2003. 4. 2. 서울시 은평구 (상세 생략) 다세대주택 중 301호(이하 이 사건 부동산이라 함)에 관하여 2분의 1 지분씩 소유권이전등기를 마치고, 같은 날 이 사건 부동산 전부에 관하여 한국외환은행에 채무자를 갑, 채권최고액을 1억 3,000만 원으로 하는 근저당권(이하 이 사건 근저당권이라 함)을 설정해 주었다.

(4) 갑은 2010. 3. 15. 채무초과의 상태에서 자신의 유일한 재산인 이 사건 부동산 중 2분의 1 지분(이하 이 사건 지분이라 함)을 자신의 처인 피고에게 증여하는 계약(이하 이 사건 증여계약이라 함)을 체결하고, 2010. 3. 16. 피고 명의로 소유권이

전등기를 마쳐주었다. 이 사건 지분의 시가는 7,500만 원이었다(2011. 1. 1. 기준).

(5) 피고는 2010. 3. 26. 이 사건 부동산에 관하여 농업협동조합중앙회에 채권최고액 1억 800만 원으로 하는 근저당권을 설정하여 주고 농업협동조합중앙회로부터 9,000만 원을 대출받아, 이를 이용하여 이 사건 근저당권의 피담보채무(90,297,813원)를 변제하여 이 사건 근저당권설정등기를 말소하였다.

(6) 이에 원고는 사해행위임을 이유로 이 사건 증여계약의 취소와 가액배상(이 사건 지분의 시가 7,500만 원에서 이 사건 근저당채무 중 1/2 지분 해당액을 공제한 29,851,093원)의 지급을 구하는 소를 제기하였다.

[판결요지]

사해행위 취소의 소에서 채무자가 수익자에게 양도한 목적물에 저당권이 설정되어 있는 경우라면 그 목적물 중에서 일반채권자들의 공동담보에 제공되는 책임재산은 피담보채권액을 공제한 나머지 부분만이라고 할 것이고 그 피담보채권액이 목적물의 가액을 초과할 때는 당해 목적물의 양도는 사해행위에 해당한다고 할 수 없다. 그런데 수 개의 부동산에 공동저당권이 설정되어 있는 경우 책임재산을 산정함에 있어 각 부동산이 부담하는 피담보채권액은 특별한 사정이 없는 한 민법 제368조의 규정 취지에 비추어 공동저당권의 목적으로 된 각 부동산의 가액에 비례하여 공동저당권의 피담보채권액을 안분한 금액이라고 보아야 한다(대법원 2003. 11. 13. 선고 2003다39989 판결 참조). 그러나 그 수 개의 부동산 중 일부는 채무자의 소유이고 다른 일부는 물상보증인의 소유인 경우에는, 물상보증인이 민법 제481조, 제482조의 규정에 따른 변제자대위에 의하여 채무자 소유의 부동산에 대하여 저당권을 행사할 수 있는 지위에 있는 점 등을 고려할 때, 그 물상보증인이 채무자에 대하여 구상권을 행사할 수 없는 특별한 사정이 없는 한

채무자 소유의 부동산에 관한 피담보채권액은 공동저당권의 피담보채권액 전액으로 봄이 상당하다(대법원 2008. 4. 10. 선고 2007다78234 판결 참조). 이러한 법리는 하나의 공유부동산 중 일부 지분이 채무자의 소유이고, 다른 일부 지분이 물상보증인의 소유인 경우에도 마찬가지로 적용된다.

이와 달리 채무자와 물상보증인의 공유인 부동산에 관하여 저당권이 설정되어 있고, 채무자가 그 부동산 중 자신의 지분을 양도하여 그 양도가 사해행위에 해당하는지를 판단할 때 채무자 소유의 부동산 지분이 부담하는 피담보채권액은 원칙적으로 각 공유지분의 비율에 따라 분담된 금액이라는 취지의 대법원 2002. 12. 6. 선고 2002다39715 판결과 대법원 2005. 12. 9. 선고 2005다39068 판결은 이 판결의 견해와 저촉되는 한도에서 변경하기로 한다.

[관련규정] 제368조, 제406조 제1항, 제481조, 제482조

[해설 및 논평]

1. 해설

(1) 서설

본 판결 사안에서는 공동저당권이 설정되어 있는 부동산의 일부 지분을 증여한 경우에 증여계약이 사해행위인지 다투어졌다. 그런데 그 문제는 공동저당권이 설정되어 있는 수개의 부동산 중 일부를 처분한 경우에서도 생기며, 두 경우는 같은 법리가 적용되어야 한다. 그래서 본 판결은 후자에 대하여 먼저 판단한 뒤, 전자에 대하여도 같은 법리를 적용하였다. 한편 종래의 판례(대판 1997. 9. 9. 97다10864 등)에 따르면, 채무자가 양도한 목적물에 저당권이 설정되어 있는 경우에 그 피담보채권액이 목적물의 가액을 초과할 때는 그 목적물의 양도가 사해행위에 해당하지 않는다고 한다. 그러므로 저당권이 설정되어 있는 부동산을 양도한 경우에는 피담보채권액(근저당의 경우 채권최고액이 아니고

실제의 채권액임. 대판 2001. 10. 9. 2000다42618 등)이 목적물의 가액을 초과하는지를 조사해야 한다.

그런데 본 판결 사안에서 피담보채권액이 목적물의 가액을 초과하는지를 판단하려면 양도한 부동산(또는 부동산의 지분)에 대한 피담보채권액을 확정해야 한다. 이것이 본 판결의 주요쟁점이다. 본 판결을 나누어 설명한다.

(2) 공동저당의 경우 피담보채권액 결정의 원칙: 안분설

본 판결은 수개의 부동산에 공동저당권이 설정되어 있는 경우 책임재산을 산정함에 있어 각 부동산이 부담하는 피담보채권액은 특별한 사정이 없는 한 제368조의 규정취지에 비추어 공동저당권의 목적으로 된 각 부동산의 가액에 비례하여 공동저당권의 피담보채권액을 안분한 금액이라고 한다. 이는 종래의 판례를 다시 확인한 것이다.

(3) 공동저당 부동산 중 일부는 채무자의 소유이고 다른 일부는 물상보증인의 소유인 경우: 전액설

본 판결은, 이 경우에는 그 물상보증인이 채무자에 대하여 구상권을 행사할 수 없는 특별한 사정이 없는 한 채무자 소유의 부동산에 관한 피담보채권액은 공동저당권의 피담보채권액 전액으로 볼 것이라고 한다. 그리고 그 법리가 공동저당의 목적물이 부동산 지분인 경우에도 적용된다고 한다. 그러면서 이 경우에 관하여 안분설을 취했던 구 판례를 폐기하여 판례를 통일하였다. 한편 본 판결은 이 경우라도 특별한 사정이 있는 때(그 기준도 밝힘)에는 다시 원칙으로 돌아감을 명백히 하고 있다.

2. 논평

공동저당에서 물상보증인의 변제자대위를 우선시키는 판례에 비추어 볼 때(동시배당에 관하여는 대판 2010. 4. 15. 2008다41475 참조), 본 판결은 타당하다.

[주요 평석 문헌] 김상훈, "채무자와 물상보증인의 공유인(이하 생략)," 대법원판례해설, 97호, 80면 이하; 정수진, "공동저당물 중 일부의(이하 생략)," 민사판례연구, 36권, 417면 이하.

제3장
채권법총론

28. 사해행위(2): 부동산의 매각

◆ 대판 1998. 4. 14, 97다54420
  [사해행위취소등](강의 C-214, 채총 [138])

[쟁점] 연대보증 채무자의 사해행위에 있어서 사해의 의사가 있었는지 여부의 판단기준. 채무자가 유일한 재산을 매각하여 소비하기 쉬운 금전으로 바꾼 경우에 사해행위인지 여부(적극) 및 사해의사 추정 여부(적극)와 수익자의 악의에 관한 증명책임

[사실관계]

(1) 원고는 1995. 3. 20. 소외 S주식회사(이하 소외 회사라 함)와 사이에 여신한도액 6억 5,000만 원, 거래기간 1997. 3. 19.까지로 한 여신한도 거래약정을 체결하고, 다시 1996. 7. 6. 및 같은 해 8. 1. 두 차례에 걸쳐 여신한도액을 3억 1,700만 원과 2억 원을 증액하는 여신한도 거래 추가약정을 각 체결한 뒤, 소외 회사에게 무역금융으로 대출하여 주었고, 소외 A는 1996. 3. 20. 소외 회사의 원고에 대한 위 여신한도 거래약정에 기하여 발생하는 채무 중 3억 6,000만 원을 보증한도액으로 하여 연대보증을 하였다.

(2) 소외 회사는 같은 해 9. 10.경 부도를 내어 같은 달 25. 현재 원고에게 상환하여야 할 대출금 잔액은 이자를 포함하여 11억 3,920만 원에 이른다.

(3) A는 1996. 9. 12. 그 소유의 서울시 성북구 소재 대지와 단층주택(이하 이 사건 부동산이라 함)에 관하여 1996. 8. 25. 매매를 원인으로 하여 그의 형인 피고 앞으로 소유권이전등기를 경료하였다.

(4) A에게는 위 이전등기 경료 당시 이 사건 부동산 이외에는 다른 재산이 없었다.

(5) 이에 원고는 피고를 상대로, 이 사건 부동산에 관한 1996. 8. 25.자 매매계약은 원고의 강제집행을 면하기 위하여 한 사해행위라는 이유로 그 취소를 구하고 이를 원인으로 한 피고 명의의 소유권이전등기의 말소등기절차의 이행을 구하는 소를 제기하였다.

[판결요지]

연대보증 채무자인 A에게 위 매도행위 당시 사해의 의사가 있었는지 여부는 A가 자신의 자산상태가 원고에 대한 위 연대보증채무를 담보하는 데 부족이 생기게 되리라는 것을 인식하였는가 하는 점에 의하여 판단하여야 할 것이고, 원심이 판시한 바와 같이 A가 주채무자인 소외 회사의 자산상태가 채무를 담보하는 데 부족이 생기게 되리라는 것까지 인식하였어야만 사해의 의사를 인정할 수 있는 것은 아니라고 할 것이다.

그런데 채무자가 자기의 유일한 재산인 부동산을 매각하여 소비하기 쉬운 금전으로 바꾸는 행위는 특별한 사정이 없는 한 항상 채권자에 대하여 사해행위가 된다고 볼 것이므로 채무자의 사해의 의사는 추정되는 것이고, 이를 매수한 자가 악의가 없었다는 입증책임은 수익자에게 있다고 할 것인 바(당원 1966. 10. 4. 선고 66다1535 판결, 1997. 5. 23. 선고 95다51908 판결 등 참조), 이 사건에서 원심이 인정한 바와 같이 A가 그 액수의 많고 적음에 관계없이 원고에 대한 연대보증채무가 성립되어 있는 상태에서 그의 유일한 재산인 이 사건 부동산을 친형인 피고에게 매각함으로써 무자력이 되었다면 특별한 사정이 없는 한 그와 같은 매도행위는 원고에 대하여 사해행위가 되고, 이 경우 A의 사해의 의사는 추정된다고 볼 것이므로, 원심으로서는 위 매도행위가 사해행위임을 인정한 후 나아가 A와 피고에게 그러한 의사가 없었다는 피고의 항변에 관하여 판단을 하였어야 할 것이다.

그럼에도 불구하고 원심이 위와 같이 A가 원고의 소외 회사에 대한 실제 대출액이나 소외 회사의 자산상태 등을 알고 있어 채권의 공동담보에 부족이 생길 것을 인식하고 있었다거나 A가 소외 회사에 근무하였다는 등 소외 회사의 상황에 관하여 알고 있었음을 추인할 만한 사정을 인정할 증거가 없다고만 판단하여 원고의 사해행위 주장을 배척한

것은 채증법칙을 위반하여 사실을 오인하였거나 사해행위에 있어서 사해의 의사에 관한 법리를 오해하고 심리를 다하지 아니한 위법을 저질렀다.

[관련규정] 제406조 제1항, 제437조, 민소 제261조

[해설 및 논평]

1. 해설

(1) 서설

본 판결은 크게 두 가지 사항, 즉 연대보증 채무자의 사해행위의 경우에 사해의 의사를 어떤 기준으로 판단해야 하는지와, 채무자가 자기의 유일한 재산인 부동산을 매각한 경우에 그것이 사해행위로 되는지에 관하여 판단하고 있다. 이 둘을 나누어 살펴본다.

(2) 연대보증 채무자의 사해행위에서 사해의사의 판단

채권자취소권이 인정되려면 채무자가 사해행위에 의하여 채권자를 해함을 알고 있었어야 한다(406조 1항 본문). 이것을 사해의 의사라고 한다. 채무자가 연대보증인인 경우에도 사해의 의사가 필요함은 물론이다. 문제는 연대보증인의 사해행위에서 사해의사가 있는지를 연대보증인 자신의 자산상태 등을 근거로 하여 판단해야 하는지, 아니면 주채무자의 자산상태 등을(또는 그것들까지도) 근거로 하여 판단해야 하는지이다. 그에 대하여 본 판결은 전자의 방법으로 판단해야 하고, 주채무자의 자산상태가 채무를 담보하는 데 부족이 생기게 되리라는 것까지 인식했어야만 사해의 의사를 인정할 수 있는 것은 아니라고 하였다.

(3) 채무자가 자기의 유일한 재산인 부동산을 매각한 경우의 문제

대법원은 본 판결 이전에 이미 대판 1966. 10. 4, 66다1535에서, 채무자가 그 채무 있음을 알면서 자기의 유일한 재산인 부동산을 매각하여 소비하기 쉬운 금전으로 바꾸는 행위는 그 매각이 일부 채권자에 대한 정당한 변제에 충당하기 위하여

상당한 가격으로 이루어졌다든가 하는 특별한 사정이 없는 한 항상 채권자에 대하여 사해행위가 된다고 볼 것이므로, 채무자의 사해의 의사는 추정되는 것이고, 이를 매수한 수익자가 악의 없었다는 입증책임은 그 수익자 자신에게 있다고 하였다. 대법원은 그 후에도 — 본 판결 이전이나 이후에 — 여러 판결에서 같은 취지의 판결을 하였다. 그리고 본 판결도 이러한 종래의 판례를 충실하게 따르고 있다.

이에 의하면, 자기의 유일한 재산인 부동산을 매각하여 소비하기 쉬운 금전으로 바꾸는 행위는 원칙적으로 사해행위로 된다. 그런데 그 원칙에는 예외가 있다. 그 매각이 일부 채권자에 대한 정당한 변제에 충당하기 위하여 상당한 가격으로 이루어졌다든가 하는 특별한 사정이 있는 경우가 그렇다. 사해행위에 해당하는 매각의 경우에 채무자의 사해의 의사는 추정된다. 이는 자기의 유일한 재산인 부동산을 매각하여 소비하기 쉬운 금전으로 바꾸는 경우에 한정되며, 모든 사해행위에 그러한 것이 아님을 주의해야 한다. 본 판결도 분명히 그러한 경우에 한정하고 있다. 한편 수익자의 악의는 채권자가 증명할 필요가 없고, 책임을 면하려는 수익자가 자신이 악의가 아니었음을 증명해야 한다.

2. 논평

부동산을 상당한 가격으로 매각하면 매각 전후에 적극재산이 동일하므로 이론상으로는 사해행위가 되지 않게 된다. 그러나 채무자가 유일한 부동산을 매각하면 채권자가 변제받기 어려워진다. 그러한 점을 고려할 때 본 판결이 이해가 된다(사건에 대하여는 채총 [138] 참조). 한편 본 판결이 유일한 부동산의 매각의 경우에 — 법문과 달리 — 채무자의 사해의사를 추정하는 것도 이해할 수 있다.

[주요 평석 문헌] 한명수, "가. 연대보증 채무자의 사해행위에 있어서(이하 생략)," 대법원판례해설, 30호, 68면 이하.

제3장
채권법총론

29. 채권자취소권: 원상회복 방법

◈ 대판 2006. 12. 7, 2006다43620
[구상금등](강의 C-224, 채총 [143])

[쟁점] 근저당권설정계약 중 일부만이 사해행위에 해당하는 경우에 원상회복의 방법

[사실관계]

(1) 원고(신용보증기금)는 X회사와 사이에 2001. 4. 19. 신용보증약정(이하 제1신용보증약정이라 함)을 체결하고, X회사의 금원지급채무를 보증하였다. 또한 원고는 2000. 3. 17. X회사와 사이에 X회사가 I은행으로부터 대출받음에 있어 원고가 이를 보증하기로 하는 신용보증약정(이하 제2신용보증약정이라 함)을 체결하고, X회사가 같은 날 I은행으로부터 1억 3,000만 원을 대출받게 함으로써 X회사의 대출금반환채무를 보증하였다.

한편, X회사의 대표이사인 A, A의 처인 B 및 A가 대표이사로 있는 Y회사는 제1신용보증약정에 따라 X회사가 원고에 대하여 부담하는 구상금채무를 연대보증하였고, A는 제2신용보증약정에 따라 X회사가 원고에 대하여 부담하는 구상금채무를 연대보증하였다.

그런데, X회사가 2003. 3. 28. I은행에 대한 원금을 연체하는 보증사고가 발생하였고, 이에 따라 원고는 2003. 6. 25. I은행에게 104,920,328원을 대위변제하였다. 원고의 제1신용보증약정에 따른 X회사에 대한 사전구상금은 122,463,266원이고, 제2신용보증약정과 관련한 잔여 대위변제금은 45,151,519원이다(59,768,809원은 회수함).

(2) A는 2002. 10. 28. 그 형인 C가 실질적으로 운영하는 피고(Z회사)로부터 사업자금 15억 원을 대여받으면서, 자신의 소유인 별지목록(생략) 기재 각 부동산(이하 이 사건 각 부동산이라 함)에 관하여 피고와 사이에 2002. 10. 28. 근저당권설정계약(이하 이 사건 근저당권설정계약이라 함)을 체결하고, 같은 달 29. 채권최고액 20억 원, 채무자 A, 근저

당권자 피고로 된 근저당권설정등기(이하 이 사건 근저당권설정등기라 함)를 경료하여 주었다.

A는 2002. 7.경 주식회사 H은행으로부터 5억 원을 대출받은 것이 있어 이 사건 각 부동산에는 이 사건 근저당권이 설정되기 전에 이미 H은행 앞으로 설정해 준 채권최고액 5억 2,000만 원, 채무자 Y회사의 근저당권설정등기가 경료되어 있었는데, A는 2002. 10. 28. 피고로부터 대여받은 돈 중 8억 9,000만 원을 출금하여 위 돈 중 401,911,232원을 H은행에 변제한 후 같은 달 30. 이 사건 각 부동산에 설정된 H은행 명의의 근저당권설정등기를 말소시켰다.

(3) 이 사건 부동산에 관하여, 이 사건 근저당권설정등기가 마쳐진 이후 2003. 7. 11. 피보전권리 사해행위 취소로 인한 근저당권설정등기의 말소등기청구권, 채권자 기술신용보증기금으로 된 근저당권처분금지 가처분등기와 2003. 8. 9. 피보전권리 사해행위 취소로 인한 근저당권설정등기의 말소등기청구권, 채권자 K유한회사, J유한회사로 된 근저당권처분금지 가처분등기가 각 경료되어 있다.

(4) A는 이 사건 근저당권설정계약 체결일인 2002. 10. 28. 당시 채무초과상태에 있었다.

(5) 원고는 피고를 상대로, A와 피고 사이에 2002. 10. 28. 체결된 근저당권설정계약을 취소하고, 이 사건 부동산에 관하여 경료된 근저당권설정등기를 말소하라는 취지의 소를 제기하였다.

[판결요지]

사해행위의 취소에 따른 원상회복은 원칙적으로 그 목적물 자체의 반환에 의하여야 하고, 그것이 불가능하거나 현저히 곤란한 경우에 한하여 예외적으로 가액배상에 의하여야 할 것인바, 근저당권설정계약 중 일부만이 사해행위에 해당하는 경우에는 특별한 사정이 없는 한 그 원상회복은 근저당권설정등기의 채권최고액을 감축하는 근저당권변경등기절차의 이행을 명하는 방법에 의하여야 할 것이다.

기록에 의하면, … 사실을 알 수 있는바, 원심과 같이 위 2002. 10. 28.자 근저당권설정계약 중 이에 의하여 담보되는 차용금의 일부 금원으로 선순위 근저당권의 피담보채무를 변제한 부분을 제외한 나머지 부분에 대하여만 사해행위가 성립한다고 본다면, 위 근저당권설정계약의 채권최고액 20억 원에서 변제한 선순위 근저당권의 피담보채무액을 공제한 잔액의 한도에서 사해행위를 취소하고, 근저당권설정등기의 채권최고액 20억 원을 변제한 선순위 근저당권의 피담보채무액으로 감축하는 근저당권변경등기절차의 이행을 명하였어야 한다.

그럼에도 원심은 이와 달리, 피고에게 가액배상을 명하였으니, 여기에는 사해행위취소에 관한 법리를 오해하여 판결에 영향을 준 위법이 있다.

[관련규정] 제406조 제1항

[해설 및 논평]

1. 해설

(1) 서설

본 판결 사안의 경우에 A는 이 사건 부동산에 H은행의 근저당권설정등기가 있는 상태에서 피고에게 근저당권설정등기를 해 주었다. 그런데 이미 담보권이 설정되어 있었으면 그 피담보채권액을 공제한 나머지 부분만이 책임재산이 되므로(대판 1997. 9. 9, 97다10864), A의 피고에 대한 근저당권설정행위는 H은행의 피담보채권액을 제외한 부분(일부)에서만 사해행위로 된다. 여기서 문제는 A의 사해행위를 취소하는 경우에 어떻게 원상회복을 할 것인가이다.

(2) 사해행위 취소의 경우 원상회복 방법

민법은 사해행위의 경우에 그 취소 및 원상회복을 법원에 청구할 수 있다고만 규정한다(406조 1항 본문). 이와 관련하여 대법원은 종래부터, 수익자나 전득자는 원상회복으로서 사해행위의 목적물을 채무자에게 반환해야 하고, 만일 원물반환이 불가능하거나 현저히 곤란한 경우에는 원상회복

의무의 이행으로서 사해행위 목적물의 가액 상당을 배상해야 한다고 판시해왔다(대판 1998. 5. 15, 97다58316). 본 판결도 같다. 이에 의하면, 원물반환이 원칙이며, 원물반환이 가능한 경우에는 가액배상이 인정되지 않는다. 원물반환의 경우에는 다른 채권자들도 배당에 참여할 수 있어서 평등배당이 가능한 데 비하여, 가액반환의 경우에는 취소채권자가 사실상 우선변제를 받게 되므로, 가액배상은 되도록 제한되어야 한다. 그 점은 일부취소의 경우에도 마찬가지이다. 가액배상을 해야 하는 경우로는 목적물이 멸실되거나 상대방의 일반재산에 섞여 특정성을 상실한 경우, 수익자가 목적물을 선의의 전득자에게 양도해버린 경우 등을 들 수 있다.

(3) 근저당권설정계약의 일부만이 사해행위인 경우의 원상회복 방법

본 판결은, 근저당권설정계약 중 일부만이 사해행위에 해당하는 경우에는 특별한 사정이 없는 한 그 원상회복은 근저당권설정등기의 채권최고액을 감축하는 근저당권 변경등기절차의 이행을 명하는 방법에 의할 것이라고 한다. 그러나 만약 사해행위로서 이루어진 근저당권설정등기에 관하여 등기상 이해관계 있는 제3자가 있으면 원칙적으로 원물반환이 불가능한 경우에 해당하므로 가액배상을 명해야 한다. 그런데 본 판결 사안의 처분금지 가처분등기는 이 사건 소송과 동일한 목적을 가진 것이어서 이해관계 있는 제3자가 아니다. 한편 이 사안에서는 다른 채권자들도 배당요구할 것이 명백하므로 원고는 그의 채권액을 초과하여 채권자취소권을 행사할 수 있다.

2. 논평

본 판결에 따르면, 피고의 근저당권의 피담보채권액이 A가 H은행에 변제한 401,911,232원으로 감축될 것인데, 이는 타당하다.

[주요 평석 문헌] 김용관, "사해행위로서 근저당권설정등기가 (이하 생략)," 대법원판례해설, 63호, 109면 이하.

제3장
채권법총론

30. 채권자취소권 행사의 효과(1)

◈ 대판 2008. 6. 12, 2007다37837
[배당금](강의 C-227, 채총 [144])

[쟁점] 채권자가 사해행위 취소권을 행사하여 직접 수령한 가액배상금에 대하여 다른 채권자가 취소채권자를 상대로 채권액에 따른 안분액의 지급을 구할 수 있는지 여부(소극)

[사실관계]

(1) 피고(중소기업중앙회. 취소채권자임)는 두 차례에 걸쳐 소외 회사에게 8,750만 원을 대출해주었고, 소외 A(채무자)는 소회 회사의 대표이사인 소외 B의 처로서 위 각 대출에 기하여 소외 회사가 피고에 대하여 부담하는 채무에 관하여 각 연대보증을 하였다.

(2) 원고(수익자)는 2003. 4. 21. A와 사이에 김포시 북변동 806 풍년마을 (동호수 생략)(이하 이 사건 부동산이라 함)에 관하여 채무자를 A, 근저당권자를 원고, 채권최고액을 8,000만 원으로 한 근저당권설정계약을 체결한 후, 이 사건 부동산에 관하여 원고 명의의 근저당권설정등기를 마쳤다.

(3) 그 후 원고는 2003. 6. 18. A와 사이에 이 사건 부동산에 관한 매매예약을 체결한 후, 이 사건 부동산에 관하여 2003. 6. 18. 원고 명의의 소유권이전청구권 가등기를 마쳤고, 위 가등기에 기하여 2003. 11. 22. 원고 명의의 소유권이전등기를 마쳤다.

(4) 이에 피고는 2004. 1. 3. A에 대하여는 위와 같이 연대보증한 대출금채무의 지급을 구하고, 원고에 대하여는 원고와 A 사이의 이 사건 부동산에 관한 근저당권설정계약 등이 사해행위라고 주장하면서 그 취소 및 가액반환 등을 구하는 소를 제기하여, 2004. 11. 5. 법원으로부터 A는 소외 회사 및 B 등과 연대하여 62,570,250원, 소외 회사 등과 연대하여 8,750만 원 및 위 각 금원에 대한 지연손해금을 지급하고, A와 원고 사이에 이 사건 부동산에 관하여 2003. 4. 21. 체결된 근저당권설정

계약 및 2003. 6. 18. 체결된 매매예약 및 매매계약을 각 138,748,209원의 한도 내에서 취소하고, 원고는 피고에게 138,748,209원 및 이에 대한 지연손해금을 지급하라는 피고 전부 승소판결을 선고받았고, 원고가 항소·상고하였으나 모두 기각되어 그 판결이 확정되었다.

(5) 그 후 원고는 2006. 2. 15. 피고를 피공탁자로 하여 위 제1심 판결에서 가액반환으로 명한 금원과 이자 등을 합한 139,394,434원을 변제공탁하였고, 피고는 2006. 2. 21. 위 공탁금을 출급하였다.

(6) 한편 원고는 A를 상대로 대여금청구의 소를 제기하였는데, 법원은 2005. 12. 14. A는 원고에게 298,880,000원 및 이에 대한 지연손해금을 지급하라는 내용의 화해권고결정을 하였고, 위 화해권고결정은 2006. 2. 15. 확정되었다.

(7) 그 후 원고는 피고를 상대로, 원고 자신도 채권자 중의 1인에 해당하므로 피고가 원고로부터 수령한 금원 중 위 화해권고결정에 기한 원고의 채권액에 대한 안분배당액에 해당하는 80,482,655원 및 이에 대한 지연손해금을 지급하라는 취지의 소를 제기하였다.

[판결요지]

사해행위의 취소와 원상회복은 모든 채권자의 이익을 위하여 그 효력이 있으므로(민법 제407조), 채권자취소권의 행사로 채무자에게 회복된 재산에 대하여 취소채권자가 우선변제권을 가지는 것이 아니라 다른 채권자도 총채권액 중 자기의 채권에 해당하는 안분액을 변제받을 수 있는 것이지만, 이는 채권의 공동담보로 회복된 채무자의 책임재산으로부터 민사집행법 등의 법률상 절차를 거쳐 다른 채권자도 안분액을 지급받을 수 있다는 것을 의미하는 것일 뿐, 다른 채권자가 이러한 법률상 절차를 거치지 아니하고 취소채권자를 상대로 하여 안분액의 지급을 직접 구할 수 있는 권리를 취득한다거나 취소채권자가 인도받은 재산 또는 가액배상금의 분배의무를 부담한다고 볼 수는 없는

것이다. 가액배상금을 수령한 취소채권자가 이러한 분배의무를 부담하지 아니함으로 인하여 사실상 우선변제를 받는 불공평한 결과를 초래하는 경우가 생기더라도, 이러한 불공평은 채무자에 대한 파산절차 등 도산절차를 통하여 시정하거나 가액배상금의 분배절차에 관한 별도의 법률 규정을 마련하여 개선하는 것은 별론으로 하고, 현행 채권자취소 관련 규정의 해석상으로는 불가피한 것이다.

위 법리에 비추어 보면, 원심이 가액배상금을 수령한 취소채권자인 피고에게 다른 채권자들에 대한 가액배상금의 분배의무가 없다고 판단하여, 다른 채권자 겸 수익자인 원고의 채권 안분액 지급 청구를 배척한 것은 정당하고, 거기에 채권자취소권에 대한 법리오해 등의 위법이 없다.

[관련규정] 제407조

[해설 및 논평]

1. 해설

본 판결 사안에서는, 채무자인 A가 수익자인 원고에게 근저당권을 설정해주고 또 이 사건 부동산에 관하여 매매예약 및 매매계약을 체결한 후 소유권이전등기를 하였는데, 취소채권자인 피고가 A의 근저당권설정계약과 매매예약 및 매매계약을 취소하고 원고로부터 가액배상을 받았다. 그러자 원고는 집행권원을 얻은 후 피고에게 피고가 원고로부터 수령한 금액 중 자신의 채권액에 대한 안분액을 지급하라고 하였다. 그에 대하여 본 판결은 원고의 청구를 부정하였다. 본 판결의 논리를 단계적으로 살펴본다.

채권자취소권이 행사되면 원칙적으로 원상회복으로서 사해행위의 목적물 즉 원물을 채무자에게 반환해야 한다. 그렇게 되면 반환받은 물건은 채무자의 일반재산으로 회복되고 모든 채권자를 위하여 공동담보가 된다. 그리하여 취소채권자라고 하여 우선변제를 받지도 못하고, 다른 채권자도 강제집행을 신청하거나 다른 채권자의 집행절차

에 참여할 수 있다. 이 경우 사해행위 취소소송에서 패소한 수익자 겸 채권자도 집행권원을 얻어 다시 채권자로서 집행절차에 참여할 수 있다(대판 2003. 6. 27, 2003다15907).

사해행위의 목적물이 금전이거나, 원물반환이 불가능하거나 현저히 곤란한 때에는 목적물의 가액을 배상해야 한다(판례). 그리고 이때 취소채권자는 직접 자기에게 가액배상금을 지급하라고 할 수 있다(대판 1999. 8. 24, 99다23468·23475 참조. 본 판결 후의 대판 2008. 11. 13, 2006다1442). 나아가 취소채권자는 채무자에 대한 채권과 상계할 수 있다. 그 결과 취소채권자는 사실상 우선변제를 받게 된다.

위에서와 같이 취소채권자가 가액배상금을 수령한 경우에 채무자에 대한 다른 채권자가 자기의 채권액에 따른 안분액을 청구할 수 있는가? 본 판결이 바로 이 문제에 대하여 판단하였다. 본 판결은, 다른 채권자가 취소채권자를 상대로 하여 안분액의 지급을 직접 구할 수 있는 권리를 취득하지도 않고, 취소채권자가 인도받은 재산 또는 가액배상금의 분배의무를 부담하지도 않는다고 한다. 그리고 수익자(본 사안의 원고)인 채권자도 같다고 한다. 본 판결의 이러한 태도는, 종래 대법원이 수익자가 가액배상을 할 때에 수익자 자신도 채권자 중의 1인이라는 이유로 자기의 채권에 대한 안분액의 분배를 청구하거나, 자기의 채권에 해당하는 안분액의 배당요구권으로써 원상회복청구와의 상계를 주장하여 그 안분액의 지급을 거절할 수는 없다고 한 것(대판 2001. 2. 27, 2000다44348)과 같은 맥락에 있다.

2. 논평

본 판결은 법리적으로는 인정될 수 있으나 결과에서 옳지 않다.

[주요 평석 문헌] 서경환, "가액배상금을 수령한 사해행위취소 채권자의 분배의무(소극)," 대법원판례해설, 75호, 69면 이하.

31. 채권자취소권 행사의 효과(2)

◆ 대판 2017. 3. 9, 2015다217980
[소유권이전등기](강의 C-228, 채총 [144])

[쟁점] 채무자가 사해행위 취소로 등기명의를 회복한 부동산을 제3자에게 처분한 경우에, 채무자로부터 제3자에게 마쳐진 소유권이전등기나 이에 기초하여 순차로 마쳐진 소유권이전등기 등은 모두 원인무효의 등기로서 말소되는지 여부(적극) 및 이때 취소채권자나 제407조에 따라 사해행위 취소와 원상회복의 효력을 받는 채권자가 채무자의 책임재산으로 취급되는 부동산에 대한 강제집행을 위하여 원인무효 등기의 명의인을 상대로 등기의 말소를 청구할 수 있는지 여부(적극)

[사실관계]

(1) 주식회사 T리조트(이하 'T리조트'라고 함)는 2006. 2. 17. A영농조합법인이 원고에 대하여 부담하는 투자금 반환 및 수익금 분배 약정에 따른 약정금채무를 연대보증하였다. 그 후 원고는 T리조트를 상대로 지급명령을 신청하여 2012. 10. 3. 134억 원(및 지연손해금)을 지급하라는 내용의 지급명령이 확정되었다.

T리조트는 2008. 2. 14. 주식회사 T지앤지(이하 'T지앤지'라고 함)에 이 사건 부동산(제주시 연동 소재 약 2,500㎡의 대지)을 매도하고 소유권이전등기를 마쳐 주었는데, 그 후 법원 판결로 위 매매계약이 사해행위라는 이유로 취소되고, 2010. 7. 28. 그 원상회복으로 T지앤지 명의의 소유권이전등기가 말소되자, 같은 날 피고 3에게 이 사건 부동산을 다시 매도하고 소유권이전등기를 마쳐주었다. 그 뒤 피고 3 명의의 위 소유권이전등기에 기초하여 L주식회사 명의의 소유권이전청구권 가등기, 피고 J주식회사 명의의 위 소유권이전청구권 가등기의 이전등기와 그 가등기에 기초한 본등기 및 피고 K주식회사 명의의 소유권이전등기가 순차로 마쳐졌다.

(2) 원고는 T리조트의 채권자로서 T리조트를 대위하여 또는 일반 채권자로서 직접 피고들 명의의 등기의 말소를 구하는 소를 제기하였다. 그에 대하여 제1심 법원은 원고의 청구를 모두 기각하였고, 이에 원고가 항소하였으나 항소도 기각되었다. 그러자 원고가 상고하였다.

[판결요지]

사해행위의 취소는 채권자와 수익자의 관계에서 상대적으로 채무자와 수익자 사이의 법률행위를 무효로 하는 데에 그치고 채무자와 수익자 사이의 법률관계에는 영향을 미치지 아니하므로, 채무자와 수익자 사이의 부동산매매계약이 사해행위로 취소되고 그에 따른 원상회복으로 수익자 명의의 소유권이전등기가 말소되어 채무자의 등기명의가 회복되더라도, 그 부동산은 취소채권자나 민법 제407조에 따라 사해행위 취소와 원상회복의 효력을 받는 채권자와 수익자 사이에서 채무자의 책임재산으로 취급될 뿐, 채무자가 직접 그 부동산을 취득하여 권리자가 되는 것은 아니다(대법원 2015. 11. 17. 선고 2012다2743 판결 등 참조).

따라서 채무자가 사해행위 취소로 그 등기명의를 회복한 부동산을 제3자에게 처분하더라도 이는 무권리자의 처분에 불과하여 효력이 없으므로, 채무자로부터 제3자에게 마쳐진 소유권이전등기나 이에 기초하여 순차로 마쳐진 소유권이전등기 등은 모두 원인무효의 등기로서 말소되어야 한다. 이 경우 취소채권자나 민법 제407조에 따라 사해행위 취소와 원상회복의 효력을 받는 채권자는 채무자의 책임재산으로 취급되는 그 부동산에 대한 강제집행을 위하여 위와 같은 원인무효 등기의 명의인을 상대로 그 등기의 말소를 청구할 수 있다고 보아야 한다.

… 이러한 사실관계를 앞서 본 법리에 비추어 살펴보면, 채무자인 T리조트와 수익자인 T지앤지 사이의 이 사건 부동산에 대한 매매계약이 사해행위로 취소되고 그에 따른 원상회복으로 T지앤지 명

의의 소유권이전등기가 말소되었다고 하더라도, T리조트가 이 사건 부동산을 취득하여 권리자가 되는 것은 아니므로, T리조트의 피고 3에 대한 매도행위는 무권리자의 처분에 불과하여 효력이 없고, 이 사건 부동산에 관한 피고 3 명의의 소유권이전등기나 이에 기초하여 순차로 마쳐진 나머지 피고들 명의의 소유권이전등기 등은 모두 원인무효의 등기로서 말소되어야 한다. 한편 원고는 T리조트와 T지앤지 사이의 사해행위가 성립하기 전에 T리조트에 대하여 채권을 취득하여 민법 제407조에 따라 사해행위 취소와 원상회복의 효력을 받는 채권자에 해당한다. 따라서 원고는 T리조트의 책임재산으로 취급되는 이 사건 부동산에 대한 강제집행을 위하여 직접 위와 같은 원인무효 등기의 명의인인 피고들을 상대로 그 등기의 말소를 청구할 수 있다.

[관련규정] 제406조 제1항, 제407조

[해설 및 논평]
1. 해설
(1) 본 판결은 크게 두 가지 점에 대하여 판단하고 있다.

첫째로, 채무자와 수익자 사이의 부동산매매계약이 사해행위로 취소되고 그에 따른 원상회복으로 채무자의 등기명의가 회복된 경우에 채무자가 직접 부동산을 취득하여 권리자가 되는지에 관하여, 그 부동산은 취소채권자나 민법 제407조에 따라 사해행위 취소와 원상회복의 효력을 받는 채권자와 수익자 사이에서 채무자의 책임재산으로 취급될 뿐, 채무자가 직접 그 부동산을 취득하여 권리자가 되는 것은 아니라고 한다. 본 판결의 이러한 판단은 새로운 것이 아니고 기존의 판례를 다시 확인한 것이다.

둘째로, 채무자가 사해행위 취소로 등기명의를 회복한 부동산을 제3자에게 처분한 경우에 채무자로부터 제3자에게 마쳐진 소유권이전등기나 이에 기초하여 순차로 마쳐진 소유권이전등기 등은 모두 원인무효의 등기로서 말소되는지에 대하여

긍정하고, 이때 취소채권자나 제407조에 따라 사해행위 취소와 원상회복의 효력을 받는 채권자가 채무자의 책임재산으로 취급되는 부동산에 대한 강제집행을 위하여 원인무효 등기의 명의인을 상대로 등기의 말소를 청구할 수 있다고 한다. 본 판결의 이 판단은 그 문제를 정면으로 다룬 최초의 것이다(대판 1990. 10. 30, 89다카35421이 소유 명의를 회복한 채무자가 부동산을 처분한 경우에 채무자의 처분이 유효함을 전제로 판단한 바 있으나, 거기에서는 주로 부동산 위의 가압류가 유효한지가 문제되었다).

(2) 판례는 채권자취소의 효력은 채권자와 수익자 사이 또는 채권자와 전득자 사이에만 발생한다고 하는 이른바 상대적 효력을 인정하고 있다. 그런데 다른 한편으로 원상회복으로 채무자 명의로 등기명의가 회복될 수 있음도 인정한다. 그 결과 등기명의를 회복한 채무자가 부동산을 처분한 경우에 그 처분이 유효한지, 그리고 채권자가 양수인 명의의 등기를 말소할 수 있는지가 문제된다. 그와 관련하여 본 판결은 채무자는 권리자가 아니고, 그의 처분은 무효이며, 그 등기는 말소되어야 한다고 한다. 그리고 말소청구의 방법으로 채권자가 채무자를 대위해서 할 수는 없고, 취소채권자나 제407조에 따라 사해행위 취소와 원상회복의 효력을 받는 채권자는 강제집행을 위하여 직접 위와 같은 원인무효 등기의 명의인인 피고들을 상대로 그 등기의 말소를 청구할 수 있다고 한다. 그런데 그 근거를 제시하지 않고 있어서 문제이다.

2. 논평
사해행위 취소의 경우에 상대적 효력설을 취하면서 등기명의 회복도 인정하여 여러 문제가 생기며, 이는 입법으로 개선되어야 한다.

[주요 평석 문헌] 여하윤, "사해행위 취소로 원상회복된 부동산을 채무자가 처분한 행위의 효력," 입법과 정책(국회입법조사처) 9권 3호, 83면 이하; 전원렬, "사해행위 취소 후 복귀한 재산에 대한 채무자의 처분권," 법조, 66권 6호, 368면 이하; 정다영, "채권자취소권 행사의 효과에 관한 연구," 법조, 66권 3호, 698면 이하.

32. 부진정연대채무: 상계의 효력

◈ 대판(전원) 2010. 9. 16, 2008다97218
　[손해배상(기)](강의 C-263·417, D-467, 채총
　[163]·[255], 채각 [287])

[쟁점] 부진정연대채무자 중 1인이 한 상계 내
지 상계계약이 다른 부진정연대채무자에 미치는
효력

[사실관계]
(1) 원고와 쌍용건설은 기업개선작업절차에서
체결된 기업개선작업약정에 따라, 원고의 쌍용건
설에 대한 150억 원의 기업어음 매입채권 및 약
135억 원의 대출금 채권(이하 위 두 채권을 대출금
등 채권이라 함)에 관하여, 원고가 쌍용건설로부터
신주를 발행받고 그 신주인수대금채무와 대출금
등 채권을 상계하기로 합의하여 대출금 등 채권을
주식으로 출자전환하였다.
(2) 원고는 쌍용건설의 임원인 피고에 대하여
분식결산 등 회사의 경영과 관련한 불법행위를 원
인으로 한 손해배상을 구하는 이 사건 소를 제기
하였다.
원심은, 원고와 쌍용건설이 출자전환에 의하여
원고가 발행받는 주식에 대한 신주인수대금채무
와 대출금 등 채권을 상계하기로 합의함으로써 원
고는 대출금 등 채권 전액의 만족을 얻었고, 이러
한 사유는 쌍용건설의 원고에 대한 채무와 부진정
연대채무 관계에 있는 피고의 원고에 대한 손해배
상채무에 절대적 효력을 미쳐 피고의 손해배상채
무도 같은 금액만큼 소멸하였다고 판단하여 청구
를 기각하였다. 이에 대하여 원고가 상고하였다.

[판결요지]
부진정연대채무자 중 1인이 자신의 채권자에
대한 반대채권으로 상계를 한 경우에도 채권은 변
제, 대물변제, 또는 공탁이 행하여진 경우와 동일
하게 현실적으로 만족을 얻어 그 목적을 달성하는
것이므로, 그 상계로 인한 채무소멸의 효력은 소
멸한 채무 전액에 관하여 다른 부진정연대채무자
에 대하여도 미친다고 보아야 한다. 이는 부진정
연대채무자 중 1인이 채권자와 상계계약을 체결
한 경우에도 마찬가지이다. 나아가 이러한 법리는
채권자가 상계 내지 상계계약이 이루어질 당시 다
른 부진정연대채무자의 존재를 알았는지 여부에
의하여 좌우되지 아니한다.

[관련규정] 제418조 제1항, 제496조

[해설 및 논평]
1. 해설
본 판결의 사안에서는 기업개선작업절차에서
채무자인 기업과 채권자인 금융기관 사이에 채무
자가 채권자에게 주식을 발행하여 주고 채권자의
신주인수대금채무와 채무자의 기존 채무를 같은
금액만큼 소멸시키기로 하는 방식으로 출자전환
이 이루어졌다. 본 판결은 이러한 출자전환행위에
의하여 당사자 쌍방이 가지고 있는 같은 종류의
급부를 목적으로 하는 채권을 서로 대등액에서 소
멸시키기로 하는 상계계약이 이루어진 것으로 해
석하였다. 그리하여 상계계약의 효과로서 각 채권
은 당사자들이 그 계약에서 정한 금액만큼 소멸한
다고 하였다.
한편 피고는 쌍용건설의 임원으로서 영업적자
를 기록한 쌍용건설의 대외신인도 하락으로 인한
금융기관 여신, 공사수주 등에서의 불이익을 피하
고자 재무제표를 허위로 작성·공시하도록 지시하
였는바, 이는 주식회사의 이사가 악의 또는 중대
한 과실로 인하여 그 임무를 해태한 경우에 해당
하므로 원고에 대하여 상법 제401조에 따라 손해
배상의무를 부담한다.
이와 같이 금융기관이 회사 임직원의 대규모
분식회계로 인하여 회사의 재무구조를 잘못 파악
하고 회사에 대출을 해 준 경우, 회사의 금융기관
에 대한 대출금채무와 회사 임직원의 분식회계 행

위로 인한 금융기관에 대한 손해배상채무는 서로 동일한 경제적 목적을 가진 채무로서 서로 중첩되는 부분에 관하여는 일방의 채무가 변제 등으로 소멸하면 타방의 채무도 소멸하는 이른바 부진정연대의 관계에 있다(대판 2008. 1. 18, 2005다65579 참조).

부진정연대채무에 있어서 채권을 만족시키는 사유인 변제·대물변제·공탁은 절대적 효력이 있다. 상계에 관하여는 통설은 절대적 효력을 인정하고 있고, 판례는 과거에는 상대적 효력만 있다고 하였으나 본 판결로 판례를 변경하여 그 상계로 인한 채무소멸의 효력은 소멸한 채무 전액에 관하여 다른 부진정연대채무자에 대하여도 미친다고 하여 상계에 절대적 효력을 인정하였다. 본 판결은 그 근거로서 부진정연대채무자 중 1인이 자신의 채권자에 대한 반대채권으로 상계를 한 경우에도 채권은 변제, 대물변제, 또는 공탁이 행하여진 경우와 동일하게 현실적으로 만족을 얻어 그 목적을 달성한다는 점을 들고 있다. 본 판결은 더 나아가 이는 부진정연대채무자 중 1인이 채권자와 상계계약을 체결한 경우에도 마찬가지라고 하였다. 그리고 이러한 법리는 채권자가 상계 내지 상계계약이 이루어질 당시 다른 부진정연대채무자의 존재를 알았는지 여부에 의하여 좌우되지 않는다고 하였다.

그리고 부진정연대채무자 중 1인이 자신의 채권자에 대한 반대채권으로 상계하더라도 그 상계의 효력이 다른 부진정연대채무자에 대하여 미치지 아니한다는 취지의 종전의 판결(대판 1989. 3. 28, 88다카4994 등)의 견해를 이와 저촉되는 한도에서 변경하였다.

그리하여 원고와 쌍용건설이 출자전환에 의하여 원고가 발행받는 주식에 대한 신주인수대금채무와 대출금 등 채권을 상계하기로 합의함으로써 원고는 대출금 등 채권 전액의 만족을 얻었고, 이러한 사유는 쌍용건설의 원고에 대한 채무와 부진정연대채무 관계에 있는 피고의 원고에 대한 손해배상채무에 절대적 효력을 미쳐 피고의 손해배상채무도 같은 금액만큼 소멸하였다는 결론에 이른 것이다.

한편 본 판결에는 위와 같은 다수의견에 대하여 부진정연대채무자 중 1인의 상계에는 절대적 효력을 인정하지 않는 것이 타당하고, 나아가 부진정연대채무자 중 1인이 채권자와 상계계약을 한 경우에도 상계와 달리 볼 것이 아니라는 반대의견이 있었다. 즉 당사자 사이의 계약에 의하여 성립하는 연대채무 관계와는 달리 부진정연대채무 관계는 주로 당사자의 의사에 기하지 아니한 불법행위를 매개로 하여 성립하게 되므로 불법행위 피해자인 채권자의 보호를 위해서는 채권의 담보력을 강화하여 채권자로 하여금 현실적인 채권의 만족을 얻도록 할 필요가 있다는 것이다.

2. 논평

상계는 변제, 대물변제, 공탁과 동일하게 채권의 현실적 만족이라는 결과를 가져오기 때문에, 부진정연대채무자 중 1인이 상계를 하는 경우에는 변제와 마찬가지로 다른 부진정연대채무자에게도 그 효력이 미친다고 보아야 한다. 상계에 상대적 효력만을 인정할 경우에는 채권자의 이중의 채권만족의 위험이 있다. 즉 부진정연대채무자 1인의 상계에 의하여 그의 채권자에 대한 채권(자동채권)도 소멸하는데, 채권자가 다시 다른 부진정연대채무자로부터 이행을 받는다면 채권자는 이중으로 만족을 얻는 결과가 되기 때문이다. 나아가 상계계약에 의하여 계약의 목적이 되었던 양 채권은 대등액에서 소멸함으로써 상계계약은 원칙적으로 상계와 동일한 효력이 있으므로, 부진정연대채무자 1인이 채권자와 체결한 상계계약도 절대적 효력이 인정된다고 하여야 한다.

[주요 평석 문헌] 민정석, "기업개선작업절차에서의 출자전환의 법적성격 및 부진정연대채무자 중 1인이 한 상계 내지 상계계약의 효력," 사법, 15호, 303면 이하.

33. 부진정연대채무자 사이에 채무액이 다른 경우

◆ 대판 2000. 3. 14, 99다67376
[보증채무금청구](강의 C-264·260, 채총 [163])

[쟁점] 금액이 서로 다른 부진정연대채무 중 다액의 채무 일부가 변제 등으로 소멸하는 경우에 먼저 소멸하는 부분(=단독부담 부분)

[사실관계]

(1) 피고(주식회사임)의 재무과장으로서 자금 입출금 등의 업무를 담당하던 소외 1은 쌍성레미콘 주식회사(이하 쌍성레미콘이라고 함)가 원고로부터 대출을 받게 해주려고 쌍성레미콘 대표이사와 공모하여 피고 명의의 근보증서와 이사회 입보결의서 및 약속어음 배서를 위조하여 쌍성레미콘에게 교부하였다. 그리고 쌍성레미콘은 그 서류를 원고(합병 전의 한국장기신용은행)에게 제출하였고, 원고는 위 서류들이 적법하게 작성된 것으로 믿고 그것이 원인이 되어 쌍성레미콘과 금전 소비대차계약을 체결하고 쌍성레미콘에게 1993. 3. 27.부터 같은 해 12월 28일까지 합계 45억 원의 대출금을 지급하였다.

(2) 그 후 원고는 1994. 3. 27. 쌍성레미콘으로부터 중장기운전자금 제1회 원금상환분 222,240,000원을 수령하였고, 1994. 9. 7. 쌍성레미콘의 원고에 대한 예금채권 합계 327,290,618원을 그때까지의 이 사건 대출금에 대한 연체료·이자에 충당하고, 남은 금 184,510,978원을 위 중장기운전자금의 원금 중 대등액과 상계하였다. 그 결과 중장기운전자금 원금 상환분은 합계 406,750,978원(222,240,000 + 184,510,978)이다.

(3) 이에 원고는 피고를 상대로, 연대보증책임 또는 사용자책임을 이유로 위 대출금과 그에 대한 이자 및 지연손해금 중 변제받지 못한 4,095,862,665원(원심 인정과 약간 차이 있음)과 그에 대한 지연손해금의 지급을 구하는 소를 제기하였다.

(4) 그에 대하여 원심은 연대보증책임은 인정될 수 없다고 하고 사용자책임은 인정하였다. 그러면 서 원고도 대출업무를 전문으로 하는 금융기관으로서 대출규정을 제대로 지키지 않았고, 보증계약의 진위 여부를 피고에게 직접 확인하지 않은 등의 잘못이 있다고 하여 30%의 과실상계를 하였다. 그 결과 위 중장기운전자금 원금 상환분 합계 406,750,978원 중 피고의 과실비율 70%에 상응하는 284,725,684원(406,750,978×0.7, 원미만 버림)의 손해배상채무는 소멸하여, 결국 1994. 9. 7. 현재 피고가 배상해야 할 금액은 2,865,274,316원이 남는다고 하였다.

[판결요지]

피고의 사용자책임으로 인한 위 손해배상채무와 쌍성레미콘의 위 대출금채무는 서로 별개의 원인으로 발생한 독립된 채무이나 동일한 경제적 목적을 가진 채무로서 서로 중첩되는 부분에 관하여는 일방의 채무가 변제 등으로 소멸하면 타방의 채무도 소멸하는 이른바 부진정연대의 관계에 있고, 위와 같이 금액이 다른 채무가 서로 부진정연대의 관계에 있을 때 금액이 많은 채무의 일부가 변제 등으로 소멸하는 경우 그 중 먼저 소멸하는 부분은 당사자의 의사와 채무 전액의 지급을 확실히 확보하려는 부진정연대채무제도의 취지에 비추어 볼 때 다른 채무자와 공동으로 채무를 부담하는 부분이 아니라 단독으로 채무를 부담하는 부분으로 보아야 한다.

이 사건에서 쌍성레미콘의 대출금채무 금 4,500,000,000원 중 피고의 손해배상채무와 부진정연대의 관계에 있어 피고와 공동으로 채무를 부담하는 부분은 금 3,150,000,000원뿐이고, 나머지 금 1,350,000,000원 부분은 쌍성레미콘이 단독으로 부담하는 채무이므로 쌍성레미콘의 위 대출금채무 중 위와 같이 금 222,240,000원은 변제로, 금 184,510,978원은 상계로 소멸하였다면 그 합계액이 쌍성레미콘이 단독으로 부담하는 채무액을 넘지 않은 이상 쌍성레미콘의 채무 중 소멸하는 부분은 쌍성레미콘이 단독으로 부담하는 부분이지 피고와 공동으로 부담하는 부분은 아니다. 따라서 위 변제 및 상계에도 불구하고 피고의 손해배상채무는 소멸함이 없이 그대로 남는다.

원심은 이와 달리 위 변제 및 상계금액 중 피고의 과실비율에 해당하는 70% 상당액에 관하여는 피고의 손해배상채무도 소멸한다고 잘못 보았으나, 원심의 위와 같은 판단은 오히려 피고에게 유리하므로 피고만이 상고한 이 사건에서 이를 이유로 원심판결을 파기할 것은 아니다.

[관련규정] 제756조 제1항

[해설 및 논평]

1. 해설

본 판결은 우선 피고의 사용자책임으로 인한 위 손해배상채무와 쌍성레미콘의 대출금채무는 서로 별개의 원인으로 발생한 독립된 채무지만 동일한 경제적 목적을 가진 채무로서 서로 중첩되는 부분에 관하여는 부진정연대의 관계에 있다고 한다(대판 2010. 2. 25, 2009다87621도 같음). 그리고 나서 본 판결은, 원심이 원고의 과실을 30%로 인정한 것이 정당하다고 한 뒤, 본 판결 사안에서와 같이(쌍용레미콘의 대출금채무는 100%이고, 피고의 손해배상채무는 70%) 금액이 다른 채무가 서로 부진정연대의 관계에 있을 때 금액이 많은 채무의 일부가 변제 등으로 소멸하는 경우 그 중 먼저 소멸하는 부분이 어느 부분인지에 대하여 판단하였다. 이 문제를 논의할 때에 당연히 전제가 되는 것은 변제 및 상계는 모든 부진정연대채무자에게 절대적 효력이 있는 사유라는 점이다.

위의 경우에 소액채무자가 그의 채무의 전부 또는 일부를 변제한 때에는, 변제액만큼 다액 채무자의 채무가 소멸하게 되고, 특별한 문제가 없다(대판 2012. 2. 9, 2009다72094). 그런데 다액 채무자가 그의 채무의 일부를 변제한 때에는, 중첩되는 부분의 채무가 먼저 소멸하는가 아니면 중첩되지 않은 부분 즉 다액 채무자만이 부담하는 채무가 먼저 소멸하는가에 따라, 각각 채무자 또는 채권자에게 유리하게 된다. 여기에 관한 이론으로는

중첩되는 부분의 채무가 먼저 소멸한다는 내측설, 중첩되지 않는 채무가 먼저 소멸한다는 외측설, 연대채무자의 책임비율(공동불법행위의 경우에는 과실비율)에 따라 소멸한다는 안분설(과실비율성)이 있다. 그 중에 본 판결은 외측설을 취하여, 다른 채무자와 공동으로 채무를 부담하는 부분이 아니라 단독으로 채무를 부담하는 부분이 소멸한다고 한다. 대법원은 본 판결 후에 유사한 사안에 관하여 본 판결과 같이 외측설을 따랐다(대판 2010. 2. 25, 2009다87621).

과거에 대법원은 다른 한편으로 – 모두 부진정연대채무들인 – 사용자책임과 피용자책임의 경우와 공동불법행위자들의 책임의 경우에 안분설(과실비율설)을 취하고 있었다. 그런데 최근에 전원합의체 판결로 이 판결을 변경하여 외측설로 통일하였다(대판(전원) 2018. 3. 22, 2012다74236).

[관련판결] 대판(전원) 2018. 3. 22, 2012다74236: 금액이 다른 채무가 서로 부진정연대 관계에 있을 때 다액채무자가 일부 변제를 하는 경우 그 변제로 인하여 먼저 소멸하는 부분은 당사자의 의사와 채무 전액의 지급을 확실히 확보하려는 부진정연대채무 제도의 취지에 비추어 볼 때 다액채무자가 단독으로 채무를 부담하는 부분으로 보아야 한다. 이러한 법리는 사용자의 손해배상액이 피해자의 과실을 참작하여 과실상계를 한 결과 타인에게 직접 손해를 가한 피용자 자신의 손해배상액과 달라졌는데 다액채무자인 피용자가 손해배상액의 일부를 변제한 경우에 적용되고, 공동불법행위자들의 피해자에 대한 과실비율이 달라 손해배상액이 달라졌는데 다액채무자인 공동불법행위자가 손해배상액의 일부를 변제한 경우에도 적용된다. 또한 중개보조원을 고용한 개업공인중개사의 공인중개사법 제30조 제1항에 따른 손해배상액이 과실상계를 한 결과 거래당사자에게 직접 손해를 가한 중개보조원 자신의 손해배상액과 달라졌는데 다액채무자인 중개보조원이 손해배상액의 일부를 변제한 경우에도 마찬가지이다.

34. 부진정연대채무자 사이의 구상관계

◆ 대판 2006. 1. 27. 2005다19378
[구상금](강의 C-265. 채총 [164])

[쟁점] 부진정연대채무자 상호간의 구상관계의 존부

[사실관계]

(1) 원고는 인력경비 용역업 등을 영위하는 법인으로서, 1998. 10. 12. 의류 제조·판매업을 영위하는 소외 1 회사(1999. 9. 30. 원고 보조참가인에게 합병되었다. 이하 소외 1 회사라 함)와 사이에 서울에 있는 소외 1 회사의 사업장에 대하여 방범과 방재업무의 제공을 내용으로 하는 경비용역계약(이하 이 사건 경비용역계약이라 함)을 체결하였다. 이에 따라, 원고는 1998. 10. 12.경부터 원고 소속 경비원 2명을 파견하여 소외 1 회사의 경비실에 상주하게 하는 방법으로 1999. 10. 31.까지 소외 1 회사의 사업장에 대한 경비용역을 제공하였다.

(2) 그런데 물류창고 옆 3층 건물 입주기업인 소외 2 회사의 직원인 피고 1이 1999. 6. 초순 05:00경 위 물류창고 뒤편의 유리창문을 열고 들어가 그 창고 안에 있던 소외 1 회사 소유의 숙녀복 20박스 합계 3,000만 원 상당을 가지고 나온 뒤, 소외 2 회사로부터 폐사를 공급받아 오던 피고 2가 사업장 정문을 통하여 운전하여 온 포터 화물차에 함께 싣고 가 이를 절취한 것을 비롯하여, 그 날부터 1999. 11. 19. 07:00경까지 13회에 걸쳐 시가 합계 393,598,400원 상당의 소외 1 회사 내지 원고 보조참가인 및 소외 3 주식회사 소유의 의류를 절취하는 도난사고(이하 이 사건 도난사고라 함)가 발생하였다. 이로 인하여 피고들은 2000. 1. 17.경 절도죄로 기소되어 각 징역 1년에 집행유예 2년의 유죄판결을 받았다.

(3) 피고 1은 위 형사재판 계속 중인 2000. 1. 31. 원고 보조참가인에게 합의금 2,400만 원을 지급하면서 그때까지 회수되지 않은 원고 보조참가인의 도난의류 피해액이 정상가격으로 합계 199,096,600원, 매장공급가격으로 합계 139,367,620원임을 확인해 주었고, 원고 보조참가인은 피고 1에 대한 형사상 처벌을 원하지 않을 뿐만 아니라 민사상 청구도 포기하기로 합의하였다. 또한 피고 2도 같은 해 4. 11. 원고 보조참가인에게 합의금 2,600만 원을 지급하면서 원고 보조참가인의 피해액이 위와 같이 정상가격으로 199,096,600원, 매장공급가격으로 139,367,620원임을 확인해 주었고, 원고 보조참가인은 이 사건 도난사고와 관련하여 피고 2에 대한 민·형사상 청구를 포기하기로 합의하였다.

(4) 원고가 원고 보조참가인을 상대로 경비용역계약에 따른 경비용역대금을 구하는 소를 제기하자, 원고 보조참가인은 2000. 5. 23. 이 사건 도난사고와 관련하여 원고의 경비용역계약상의 채무불이행 또는 불법행위에 따른 손해배상을 구하는 반소를 제기하였는데, 법원은 2001. 9. 4. 원고의 본소청구를 일부 인용하고, 반소에 관하여는 원고의 경비용역계약상의 채무불이행에 기한 손해배상책임을 인정하면서 원고의 과실을 65%, 원고 보조참가인의 과실을 35%로 보아 원고는 원고 보조참가인에게 손해배상으로서 90,588,953원(= 매장공급가 상당의 손해 139,367,620원 × 0.65) 및 이에 대한 지연손해금을 지급하라는 내용으로 원고 보조참가인의 반소청구를 일부 인용하는 판결을 선고하였고, 그 판결은 그 무렵 확정되었다.

(5) 이에 원고는 2001. 11. 6. 원고 보조참가인에게 위 판결에 따른 손해배상금 및 지연손해금으로 합계 96,135,975원을 지급하였다.

(6) 그 후 원고는 피고들을 상대로, 구상금 96,135,975원 및 이에 대한 지연손해금의 지급을 구하는 소를 제기하였다.

[판결요지]

원고의 경비용역계약상 채무불이행으로 인한 손해배상채무와 피고들의 절도라는 불법행위로 인한 손해배상채무는 서로 별개의 원인으로 발생한 독립된 채무이나 동일한 경제적 목적을 가진 채무로서 서로 중첩되는 부분에 관하여는 일방의 채무가 변제 등으로 소멸하면 타방의 채무도 소멸하는 이른바 부진정연대의 관계에 있고, 위와 같은 부진정연대채무의 관계에 있는 복수의 책임주체 내부관계에 있어서는 형평의 원칙상 일정한 부담부분이 있을 수 있으며, 그 부담부분은 각자의 고의 및 과실의 정도에 따라 정하여지는 것으로서 부진정연대채무자 중 1인이 자기의 부담부분 이상을 변제하여 공동의 면책을 얻게 하였을 때에는 다른 부진정연대채무자에게 그 부담부분의 비율에 따라 구상권을 행사할 수 있다.

같은 취지에서 원고가 자기의 부담부분 이상을 변제하여 다른 부진정연대채무자인 피고들에게 그 부담 비율에 따라 구상권을 행사할 수 있다고 판단한 원심판결은 정당하고, 거기에 부진정연대채무에 있어서의 구상관계에 관한 법리를 오해한 잘못이 없다.

[관련규정] 제425조 제1항

[해설 및 논평]

1. 해설

(1) 서설

본 판결에서는 부진정연대채무자들 사이에 구상을 할 수 있는가와 부진정연대채무자 중 1인에 대한 채무면제가 어떤 효력이 있는가가 문제되었다. 그런데 여기서는 전자에 관하여만 논의하기로 한다. 본 판결은 이와 관련해서는 두 부분으로 나누어볼 수 있다. 원고의 경비용역계약상 채무불이행으로 인한 손해배상채무와 피고들의 절도라는 불법행위로 인한 손해배상채무 사이의 관계와, 부진정연대채무들 사이에 구상을 할 수 있는지가 그것이다.

(2) 원고와 피고의 채무의 관계

본 판결은, 원고의 경비용역계약상 채무불이행으로 인한 손해배상채무와 피고들의 절도라는 불법행위로 인한 손해배상채무는 부진정연대의 관계에 있다고 한다.

통설에 의하면, 부진정연대채무는 수인의 채무자가 동일한 내용의 급부에 관하여 각각 독립하여 전부급부의무를 부담하고, 그 중 1인의 전부급부가 있으면 모든 채무자의 채무가 소멸하는 다수당사자의 채무로서, 민법의 연대채무가 아닌 것이라고 한다. 판례는, 기본적으로는 통설과 같은 견지에 있으나, 반드시 양 채무의 발생원인, 채무의 액수 등이 서로 동일할 것을 요하지 않는다고 하며, 액수가 다를 때에는 중첩되는 부분에 관하여 부진정연대채무가 성립한다는 입장이다(대판 2009. 3. 26, 2006다47677). 그리고 실제로 본 판결 전에 임대인의 채무불이행책임과 임대인의 이행보조자의 불법행위책임을 부진정연대채무라고 인정한 바 있다(대판 1994. 11. 11, 94다22446).

(3) 부진정연대채무자들 사이의 구상

본 판결은, 부진정연대채무자들의 내부관계에서는 형평의 원칙상 일정한 부담부분이 있을 수 있으며, 그 부담부분은 각자의 고의 및 과실의 정도에 따라 정하여지는 것으로서 부진정연대채무자 중 1인이 자기의 부담부분 이상을 변제하여 공동의 면책을 얻게 하였을 때에는 다른 부진정연대채무자에게 그 부담부분의 비율에 따라 구상권을 행사할 수 있다고 한다. 판례는 이제까지는 대체로 구상을 인정하지 않고(대판 1975. 12. 23, 75다1193), 공동불법행위의 경우에만 구상을 인정해왔다. 그런데 본 판결은 형평의 원칙을 근거로 일반적으로 구상을 인정하려는 태도를 보인다.

2. 논평

부진정연대채무자 사이에는 주관적 공동관계가 없으므로 부담부분이 없고, 따라서 구상관계가 당연히는 생기지 않는다고 해야 한다. 다만, 채무자들 사이에 특별한 법률관계가 있는 경우에는 예외이다.

[주요 평석 문헌] 김서기, "부진정연대채무의 법률관계에 관한 소고," 일감법학, 32호, 549면 이하.

제3장
채권법총론

35. 보증채무: 주채무에 대한 시효중단

◆ 대판 1986. 11. 25, 86다카1569
　[대여금](강의 C-284, A-301, 채총 [175],
　민총 [277])

[쟁점] 주채무에 관한 판결이 확정되어 소멸시효가 10년으로 된 경우 보증채무의 소멸시효기간

[사실관계]

(1) 원고은행은 1974. 3. 16. A회사에게 1,200만 원을 이자 연 25%, 변제기 1974. 4. 30.로 정하여 대여하였고, B와 C는 같은 날 A회사가 원고에 대하여 부담할 장래의 채무를 연대보증하였다. A회사가 원리금을 지급하지 아니하자 원고는 1975. 4. 21. A회사와 C를 상대로 지급명령을 받아 위 지급명령은 같은 해 5. 7. 확정되었다.

(2) 원고는 1984. 4. 15. B에 대하여 대여원리금의 반환을 구하는 이 사건 소를 제기하였다. B는 A회사의 채무의 변제기인 1974. 4. 30.로부터 5년의 상사소멸시효기간이 경과함으로써 B의 보증채무도 소멸하였으며 그렇지 않다 하더라도 위 지급명령이 확정된 날로부터 다시 5년의 상사소멸시효기간이 경과함으로써 1980. 5. 7. 보증채무는 소멸하였다고 주장하였다.

(3) 원심은, 지급명령신청으로 주채무자에 대하여 시효가 중단됨으로써 보증인인 B에 대한 시효도 중단되었고(제440조), 지급명령의 확정으로 주채무의 소멸시효기간이 10년으로 변경됨에 따라(제165조) 보증채무의 소멸시효기간도 10년으로 변경되었으며, 이 사건 소는 10년 이내에 제기되었다고 하여 피고의 항변을 배척하고 원고의 청구를 인용하였다. 이에 대하여 피고가 상고하였다.

[판결요지]

가. 민법 제165조가 판결에 의하여 확정된 채권, 판결과 동일한 효력이 있는 것에 의하여 확정된 채권은 단기의 소멸시효에 해당한 것이라도 그

소멸시효는 10년으로 한다고 규정하는 것은 당해 판결 등의 당사자 사이에 한하여 발생하는 효력에 관한 것이고 채권자와 주채무자 사이의 판결 등에 의해 채권이 확정되어 그 소멸시효가 10년으로 되었다 할지라도 위 당사자 이외의 채권자와 연대보증인 사이에 있어서는 위 확정판결 등은 그 시효기간에 대하여는 아무런 영향도 없고 채권자의 연대보증인에 대한 채권의 소멸시효기간은 여전히 종전의 소멸시효기간에 따른다.

나. 보증채무가 주채무에 부종한다 할지라도 보증채무는 주채무와는 별개의 독립된 채무의 성질이 있고 민법 제440조가 주채무자에 대한 시효의 중단은 보증인에 대하여 그 효력이 있다고 규정하고 있으나 이는 보증채무의 부종성에 기한 것이라기보다는 채권자보호 내지 채권담보의 확보를 위한 특별규정으로서 이 규정은 주채무자에 대한 시효중단의 사유가 발생하였을 때는 그 보증인에 대한 별도의 중단조치가 이루어지지 아니하여도 동시에 시효중단의 효력이 생기도록 한 것에 불과하고 중단된 이후의 시효기간까지가 당연히 보증인에게도 그 효력을 미치는 것은 아니다.

[관련규정] 제165조, 제440조

[해설 및 논평]

1. 해설

판결에 의하여 확정된 채권, 판결과 동일한 효력이 있는 것에 의하여 확정된 채권은 단기의 소멸시효에 해당한 것이라도 그 소멸시효는 10년으로 한다(165조). 본 판결의 사안에서는 주채무자와 보증인에 대한 채권이 모두 단기시효에 걸리는 것이었는데, 채권자가 주채무자에 대해서만 판결 또는 지급명령을 받아 그 시효기간이 10년으로 된 경우에 보증인에 대한 채권의 시효기간도 10년으로 되는가가 쟁점으로 다투어졌다.

원심은 지급명령의 확정으로 주채무의 소멸시효기간은 10년으로 변경되고 이에 따라 보증채무

도 보증채무의 부종성에 비추어 주채무와 마찬가지로 소멸시효기간이 10년으로 변경되었다고 하여 피고의 소멸시효 항변을 배척하였다. 반면 본 판결은 채권자와 주채무자 사이의 지급명령의 확정에 의하여 주채무의 소멸시효기간이 10년으로 연장되었다고 할지라도 연대보증채무의 소멸시효기간은 여전히 종전의 소멸시효기간에 따른다고 한 것이다.

본 판결은 이와 관련하여 다음의 두 가지 근거를 들고 있다.

하나는 제165조의 적용범위에 관한 것이다. 즉 제165조는 해당 판결 등의 당사자 사이에 한하여 발생하는 효력에 관한 것이고 채권자와 주채무자 사이의 판결 등에 의해 채권이 확정되어 그 소멸시효가 10년으로 되었다 할지라도 위 당사자 이외의 채권자와 연대보증인 사이에 있어서는 위 확정판결 등은 그 시효기간에 대하여는 아무런 영향이 없다는 것이다.

제165조는 확정판결 등이 있었다는 점에 기초하여 시효기간 연장이라는 효과를 인정하고 있으므로, 그러한 효과는 확정판결의 기판력이 미치는 자 즉 원칙적으로 소송의 당사자 사이에서만 그리고 그 확정된 채권에 관해서만 생기는 것으로 보아야 한다는 취지이다.

이와 관련하여 대판 2006. 8. 24, 2004다26287·26294는 제165조 제1항은 단기소멸시효가 적용되는 채권이라도 판결에 의하여 채권의 존재가 확정되면 그 성립이나 소멸에 관한 증거자료의 일실 등으로 인한 다툼의 여지가 없어지고, 법률관계를 조속히 확정할 필요성도 소멸하며, 채권자로 하여금 단기소멸시효 중단을 위해 여러 차례 중단절차를 밟도록 하는 것은 바람직하지 않기 때문인데, 보증채무가 주채무에 부종한다 하더라도 보증채무는 주채무와는 별개의 독립된 채무이어서 주채무가 판결에 의하여 확정되었다고 하더라도 이로써 보증채무 자체의 성립 및 소멸에 관한 분쟁까지 당연히 해결되어 보증채무의 존재가 명확하게

되는 것은 아니므로, 채권자가 보증채무에 대하여 뒤늦게 권리행사에 나선 경우 보증채무 자체의 성립과 소멸에 관한 분쟁에 대하여 단기소멸시효를 적용하여야 할 필요성은 여전히 남는다고 하였다.

다른 하나의 근거는 제440조의 취지에 관한 것인데, 제440조가 주채무자에 대한 시효중단은 보증인에 대하여 효력이 있다고 규정하고 있으나 이는 보증채무의 부종성에 기한 것이라기보다는 채권자보호 내지 채권담보의 확보를 위한 특별규정으로서 이 규정은 주채무자에 대한 시효중단사유가 발생하였을 때는 보증인에 대한 별도의 중단조치가 이루어지지 않더라도 동시에 시효중단의 효력이 생기도록 한 것에 불과하고 중단된 이후의 시효기간까지 당연히 보증인에게도 효력이 미친다는 취지는 아니라는 것이다.

2. 논평

주채무가 시효로 소멸하기 전에 보증채무가 먼저 시효소멸하지 않도록 함으로써 채권의 담보력을 확보한다는 제440조의 취지를 살리려면 그 규정은 시효중단 자체에 대해서뿐만 아니라 중단 후의 시효기간에도 적용된다고 하는 것이 타당할 것이다. 그러나 제165조의 취지를 고려하면 보증채무는 주채무와는 별개의 독립된 채무이어서 주채무가 판결에 의하여 확정되었다고 하더라도 이로 인하여 보증채무 자체의 성립 및 소멸에 관한 분쟁까지 당연히 해결되어 보증채무의 존재가 명확하게 되는 것은 아니므로 보증채무에 대하여 단기소멸시효를 적용하여야 할 필요성은 여전히 남는다고 할 것이다.

[주요 평석 문헌] 박인호, "1. 주채무자에 대한 판결 등이 확정된 경우 보증채무의 소멸시효기간, 2. 금융통화운영위원회의 대출금리의 변경과 당초 약정 금리와의 관계," 대법원판례해설, 6호, 27면 이하; 양창수, "채무자에 대한 판결의 확정과 보증채무의 소멸시효기간," 민법연구, 2권, 151면 이하.

36. 보증채무의 경우 구상권의 제한

◆ 대판 1997. 10. 10, 95다46265
[구상금](강의 C-289, 채총 [177]·[159])

[쟁점] 수탁보증에서 주채무자가 면책행위를 하고도 보증인에게 통지를 하지 않고 있는 동안에 보증인이 사전통지 없이 이중의 면책행위를 한 경우에 보증인이 주채무자에게 구상권을 행사할 수 있는지 여부(소극)

[사실관계]
(1) 고려인삼상사라는 상호로 청량음료 도소매업을 하는 피고 A는 소외 주식회사 일화와 대리점계약을 체결함에 있어 상품공급에 따른 외상판매대금 지급보증에 대한 담보로서 원고 발행의 보증보험증권을 소외 회사에 제공할 목적으로 1990. 12. 18. 원고(대한보증보험 주식회사)와 사이에 피보험자는 소외 회사, 보험금액은 금 50,000,000원, 보험기간은 1990. 12. 22.부터 1992. 12. 21.까지로 하는 내용의 지급계약 보증보험계약을 체결하면서 만일 위 피고 A가 소외 회사와의 계약을 이행하지 아니하여 원고가 보험금을 지급하게 된 때에는 원고가 지급한 보험금액 및 이에 대한 그 지급일 다음날부터 완제일까지 금융기관 소정의 연체대출금 이율에 따른 지연손해금을 지급하기로 약정하였고, 피고 B, 동 C는 위 피고 A의 원고에 대한 채무를 연대하여 보증하였다.
(2) 피고 A와 소외 회사 담당사원인 소외 D는 위 보증보험계약 체결 당시 상품을 공급함에 있어 매월 외상상품 판매대금 중에서 금 21,000,000원은 남겨 두고 나머지 대금에 대하여만 현금 및 어음으로 결제하기로 합의하였고, 이에 따라 피고 A는 소외 회사와의 거래시에 그 달치 상품대금이 얼마인지에 관계없이 매월 금 21,000,000원을 공제한 나머지 상품대금만을 결제하여 옴으로써 거래장부에는 매월 외상잔고는 금 21,000,000원으로 기재되었고, 이와 같은 사정은 위 보증보험계약이

만료되는 1992. 12.경에도 같았는바, 즉 1992. 12. 21.까지 잔여 상품대금은 금 26,739,520원인데, 그후 피고 A가 1992. 12. 24.경 금 2,323,200원 상당의 상품을 외상으로 구입하였고, 한편 피고 A가 금 8,054,720원을 변제하여 1992. 12. 역시 잔여 상품대금은 금 21,000,000원이었다.
(3) 그 후 위 보증보험계약이 만료될 무렵에 위 D는 피고들에게 원고와의 보증보험계약 갱신을 요구하였고 그때마다 피고들은 빠른 시일 내에 갱신하겠다고 하여 위 보증보험계약이 갱신되지는 않은 채 소외 회사와 피고 A와의 대리점계약 및 상품공급은 위와 같은 결제방식으로 계속되어오다가 1993. 4.경에 비로소 중단되었는데, 위 보증보험계약 만료시부터 위 중단시까지 피고와 소외 회사와의 상품공급 및 그 대금변제는 약 3,000~4,000만원에 달하였으며, 한편 1993. 4.경의 거래상황을 보면 상품대금은 27,497,980원이 남았는데, 그 중 금 6,497,980원에 대하여는 피고 A가 위 금액상당의 어음을 소외 회사에게 발행하여 주었고 나머지 금 21,000,000원에 대하여는 거래장부에 미수로 남겨 두었다.
(4) 위 보증보험계약 체결 당시부터 피고 A와의 대리점계약 만료시까지 매월 미수잔고를 금 21,000,000원으로 정리하여 온 소외 회사는 1993. 5.경 위 미수금액은 위 지급보증 보험대상에 당연히 포함된 것으로 생각하고 피고 A로부터 그때까지의 미수금액이 금 21,000,000원이라는 잔여확인서를 건네받아 원고에게 제출하면서 위 금액 상당 보증보험금액의 지급을 요구하였고, 이에 원고도 위 미수잔액이 보증보험 대상채무에 포함된 것으로 하여 소외 회사에게 1993. 7. 23. 금 21,000,000원을 지급하여 주었고 한편 원고는 피고들에 대한 구상금채무를 보전하기 위하여 피고들의 재산을 가압류하느라 금 200,440원을 지출하였다.

[판결요지]
민법 제446조의 규정은 같은 법 제445조 제1항

의 규정을 전제로 하는 것이어서 같은 법 제445조 제1항의 사전 통지를 하지 아니한 수탁보증인까지 보호하는 취지의 규정은 아니라 할 것이므로, 수탁보증에 있어서 주채무자가 면책행위를 하고도 그 사실을 보증인에게 통지하지 아니하고 있던 중에 보증인도 사전 통지를 하지 아니한 채 이중의 면책행위를 한 경우에는 보증인은 주채무자에 대하여 같은 법 제446조에 의하여 자기의 면책행위의 유효를 주장할 수 없다고 봄이 상당하다 할 것이다. 따라서 이 경우에는 이중변제의 기본 원칙으로 돌아가 먼저 이루어진 주채무자의 면책행위가 유효하고 나중에 이루어진 보증인의 면책행위는 무효로 보아야 할 것이므로 보증인은 같은 법 제446조에 기하여 주채무자에게 구상권을 행사할 수 없다고 할 것이다.

돌이켜 이 사건에 관하여 보건대, 원심이 적법하게 인정한 사실관계에 의하면, 주채무자인 피고 A가 자기의 행위로 면책행위를 하고도 그 면책 사실을 수탁보증인인 원고에게 통지하지 아니하고 있던 중에, 그 사실을 모르고 있던 원고가 피고 A에게 사전 통지를 게을리하고 소외 회사에게 보험금을 지급하였다는 것이므로, 위에서 본 법리에 비추어 보면, 원고는 자기의 면책행위의 유효를 주장하여 피고들에게 구상할 수 없다고 할 것이다.

[관련규정] 제446조, 제445조, 제426조

[해설 및 논평]

1. 해설

본 판결 사안에서 주채무자인 피고는 변제충당의 방법으로 채무를 이행하였으나 그 사실을 수탁보증인인 원고에 통지하여 주지 않았고, 그 사이에 원고는 사전통지 없이 2중으로 면책행위를 하게 되었다. 그런 뒤에 원고는 피고들(주채무자와 연대보증인)에 대하여 구상권을 행사하였다. 이에 대하여 본 판결은 수탁보증에 있어서 주채무자는 면책행위 후 통지(사후통지)를 하지 않은 동안에 보

증인도 사전에 통지(사전통지)를 하지 않고 면책행위를 한 경우에는 이중변제의 기본원칙으로 돌아가 먼저 이루어진 주채무자의 면책행위가 유효하므로 보증인은 제446조에 기하여 주채무자에게 구상권을 행사할 수 없다고 한다.

본 판결은 수탁보증인이 사후통지를 하지 않고 보증인이 사전통지를 하지 않은 경우에 종래 통설이 제426조(연대채무에서 구상권 제한)에 관하여 주장해 오던 견해를 그대로 적용한 것이다.

2. 논평

본 판결에서 제446조의 해석에 제426조에 관한 이론을 적용하는 태도 자체는 타당하다. 그것들은 같은 취지의 것이기 때문이다. 그러나 제426조에 관한 이론이 올바른지, 그리하여 본 판결의 내용이 타당한지는 별개의 문제이다.

본 판결의 내용에 대하여는 제426조에 관한 우리의 통설이 타당하다는 이유로 찬성하는 견해가 있다(김만오, 대법원판례해설 29호, 96면 이하). 그런가 하면 그러한 해석은 제446조(제426조 제2항도 같음)를 사실상 사문화하고 실질적 타당성도 없다는 등의 이유로 반대하는 견해도 있다(송덕수, 민사판례연구 24권, 283면 이하). 후자가 저자의 입장인데, 저자는 본 판결 사안과 같은 경우에는 제446조가 적용되어야 하고, 따라서 수탁보증인이 선의이면 사전통지를 하지 않았어도 주채무자에게 구상권을 행사할 수 있다고 새긴다.

[주요 평석 문헌] 송덕수, "수탁보증인이 사전통지 없이 이중의 면책행위를 한 경우의 구상관계," 민사판례연구, 24권, 2002, 250면; 김만오, "주채무자가 채무를 변제하고 사후통지를 하지 않고 있는 동안에 수탁보증인이 사전통지를 하지 아니하고 다시 채무를 변제한 경우의 구상관계," 대법원판례해설, 29호, 1998, 85면.

37. 부동산소유권의 이전등기청구권의 양도

◆ 대판 2001. 10. 9. 2000다51216
[소유권이전등기](강의 C-308, B-88, 채총 [189], 물권 [57])

[쟁점] 부동산의 매매로 인한 소유권이전등기 청구권의 양도성

[사실관계]

(1) 소외 B회사는 1994. 11. 28. 피고 A와 사이에 택지개발 사업지구 내 상업용지를 매수하기로 하는 내용의 분양계약을 체결하였는데, 분양대금 채무를 보증하기 위하여 원고 C로부터 부지매입 보증서를 발급받아 피고에게 제출하였다.

(2) B회사는 1997. 1. 22. D에게 위 분양계약을 원인으로 한 소유권이전등기 청구권을 양도하고, 같은 날 피고 A에게 내용증명 우편으로 이를 통지하여 그 무렵 위 통지가 피고 A에게 도달하였다.

(3) B회사가 분양대금의 지급을 지체하자 원고 C는 피고 A의 보증금지급청구에 따라 1997. 2. 12. 피고 A에게 보증금을 지급하였다. 원고 C는 보증금지급에 따른 구상금채권을 보전하기 위하여 1997. 1. 31. 채무자를 소외 B회사, 제3채무자를 피고 A로 하여 위 분양계약을 원인으로 한 B회사의 소유권이전등기 청구권에 대한 채권압류명령을 받았고 위 명령이 1997. 2. 5. 피고 A에게 송달되었다. 그 후 원고 C는 1999. 8. 30. 위 소유권이전등기 청구권에 대한 추심명령을 받았다.

(4) 원고 C는 추심권 행사로서 피고 A에 대하여 B회사에게 분양계약을 원인으로 한 소유권이전등기 절차의 이행을 구하는 이 사건 소를 제기하였다. 이에 대하여 피고 A는 B회사가 피고 A에 대하여 가지고 있던 소유권이전등기 청구권은 원고 C의 압류가 있기 이전에 이미 제3자 D에게 양도되었으므로 위 압류는 효력이 없다고 항변하였다.

[판결요지]

부동산의 매매로 인한 소유권이전등기 청구권은 물권의 이전을 목적으로 하는 매매의 효과로서 매도인이 부담하는 재산권이전의무의 한 내용을 이루는 것이고, 매도인이 물권행위의 성립요건을 갖추도록 의무를 부담하는 경우에 발생하는 채권적 청구권으로 그 이행과정에 신뢰관계가 따르므로, 소유권이전등기 청구권을 매수인으로부터 양도받은 양수인은 매도인이 그 양도에 대하여 동의하지 않고 있다면 매도인에 대하여 채권양도를 원인으로 하여 소유권이전등기 절차의 이행을 청구할 수 없고, 따라서 매매로 인한 소유권이전등기 청구권은 특별한 사정이 없는 이상 그 권리의 성질상 양도가 제한되고 그 양도에 채무자의 승낙이나 동의를 요한다고 할 것이므로 통상의 채권양도와 달리 양도인의 채무자에 대한 통지만으로는 채무자에 대한 대항력이 생기지 않으며 반드시 채무자의 동의나 승낙을 받아야 대항력이 생긴다.

[관련규정] 제186조, 제449조, 제450조 제1항

[해설 및 논평]

1. 해설

지명채권은 원칙적으로 양도성을 갖는다. 그러나 채권의 성질이 양도를 허용하지 않는 때에는 그 채권은 양도할 수 없다.

본 판결의 사안에서는 부동산의 매매로 인한 소유권이전등기 청구권의 양도성이 쟁점으로 다루어졌다. 피고 A는 B회사가 피고 A에 대하여 가지고 있던 소유권이전등기 청구권은 원고 C의 압류가 있기 이전에 이미 제3자 D에게 양도되었으므로 원고의 압류는 효력이 없다고 항변하였으나, 본 판결은 부동산의 매매로 인한 소유권이전등기 청구권은 성질상 양도가 제한되고 양도에 채무자의 승낙이나 동의를 요하므로, B회사가 제3자 D에게 소유권이전등기 청구권을 양도하고 채무자인 피고 A에게 ─ 확정일자 있는 증서로 ─ 양도의

통지를 하였다 하더라도 이는 피고 A에 대한 대항력이 없다고 한 것이다.

본 판결은 그 근거로서 소유권이전등기 청구권은 매도인의 재산권이전의무의 한 내용을 이루는 것으로서 그 이행과정에 신뢰관계가 따르고, 소유권이전등기 청구권을 매수인으로부터 양수한 양수인은 매도인이 그 양도에 대하여 동의하지 않고 있다면 매도인에 대하여 채권양도를 원인으로 하여 소유권이전등기 절차의 이행을 청구할 수 없기 때문에 권리의 성질상 그 양도가 제한되는 것이라고 하였다. 따라서 매매로 인한 소유권이전등기 청구권은 통상의 채권양도와 달리 양도인의 채무자에 대한 통지만으로는 채무자에 대한 대항력이 생기지 않으며 반드시 채무자의 동의나 승낙을 받아야 대항력이 생긴다고 한 것이다.

판례는 종래 부동산이 전전 양도된 경우 최종양수인이 중간자로부터 소유권이전등기 청구권을 양도받아 직접 최초 양도인에 대하여 소유권이전등기 절차 이행을 청구할 수 있는가와 관련하여, 부동산이 전전 양도된 경우 최종양수인이 최초양도인에게 직접 그 소유권이전등기 청구권을 행사하기 위해서는 중간생략등기에 대한 최초양도인과 중간자의 동의가 있는 외에 최초양도인과 최종양수인 사이에도 그 중간등기생략의 합의가 있었음이 요구되므로, 비록 최종양수인이 중간자로부터 소유권이전등기 청구권을 양도받았다 하더라도 최초양도인이 그 양도에 대하여 동의하지 않고 있다면 최종양수인은 최초양도인에 대하여 채권양도를 원인으로 하여 소유권이전등기 절차 이행을 청구할 수 없다고 하고 있다(대판 1995. 8. 22, 95다15575 등).

이 사건의 경우에는 종래의 판결들의 사안과 달리 부동산 자체의 전전 양도가 행하여진 것이 아니라 단지 분양계약을 원인으로 한 소유권이전등기 청구권의 양도만이 있었다. 이에 대하여 본 판결은 소유권이전등기 청구권은 그 성질상 양도가 제한되며 그 양도에 채무자(매도인)의 동의나

승낙을 요한다고 판단한 것이다.

소유권이전등기 청구권도 재산권의 일종인 이상 원칙적으로 처분의 자유가 인정된다고 하여야 할 것이다. 그런데 소유권이전등기 청구권이 그 권리의 성질상 양도가 제한되고 양도에 채무자의 승낙이나 동의를 요한다고 하여 그 양도를 제한하는 근거에 관하여 본 판결은 소유권이전등기 청구권의 이행과정에 신뢰관계가 따르고 매수인으로부터 소유권이전등기 청구권을 양수하더라도 매도인이 그 양도에 동의하지 않고 있다면 결국 그 소유권이전등기 절차의 이행을 청구할 수 없기 때문이라는 점을 들고 있다.

그러나 소유권이전등기 청구권의 양도 제한 여부는 결국 양수인이 매수인을 거치지 않고 매도인에 대하여 소유권이전등기 청구권의 양도를 이유로 직접 자신에게로 소유권이전등기를 청구할 수 있는가의 문제로 귀결된다고 할 수 있다. 그렇다면 소유권이전등기 청구권의 양도를 제한적으로 해석하는 판례의 입장은 우리 법체계가 금지하는 중간생략등기가 소유권이전등기 청구권을 양도하는 형태로 가능하게 되는 것을 막으려는 취지로 이해할 수 있을 것이다. 즉 소유권이전등기 청구권에 대하여 지명채권양도의 대항요건에 관한 법리를 그대로 적용하여 부동산매매계약을 체결한 매수인이 매도인에 대한 소유권이전등기 청구권을 양도하고 이를 채무자(매도인)에게 통지하여 대항요건을 갖춤으로써 양수인이 매도인에게 직접 소유권이전등기를 청구할 수 있다고 할 경우 중간생략등기 금지규정은 유명무실하게 될 것이기 때문이다(동지 김유진 평석 157면).

[주요 평석 문헌] 김유진, "소유권이전등기 청구권의 양도성, 그에 관한 보전처분의 경합문제," 재판실무연구(광주지방법원), 2002, 151면 이하.

38. 양도금지특약을 위반한 채권양도의 효력

◆ 대판(전원) 2019. 12. 19. 2016다24284
[공사대금](C-309, 채총 [190])

[쟁점] 양도금지특약을 위반한 채권양도의 효력
(원칙적 무효). 채권양수인의 악의 또는 중과실에
대한 주장·증명책임의 소재(=양도금지특약으로 양
수인에게 대항하려는 자)

[사실관계]

(1) 피고(농협 중앙회)는 2009. 5. 27. 유통센터
신축공사에 관하여 총 계약금액 249억 원(그중 건
축공사 부분 계약금액은 23,245,600,000원이며, 그 건축
공사 부분을 '이 사건 공사'라고 함)으로 도급계약(이
사건 도급계약)을 체결하였는데, 이 사건 공사에 관
하여는 A회사를 계약상대자로 하였다.

(2) 이 사건 도급계약에 포함된 공사계약 일반조
건에는 다음과 같은 내용이 있다. "계약상대자인 A
회사 등은 이 공사의 이행을 위한 목적 이외의 목
적을 위하여 이 계약에 의하여 발생한 채권(공사대
금청구권)을 제3자에게 양도하지 못한다(제5조 제1
항, 이하 '이 사건 채권양도금지특약'이라고 한다)."

(3) 원고보조참가인(신용보증기금)은 2009. 6. 18.
A회사가 이 사건 공사와 관련하여 농협은행 X지점
으로부터 대출받은 3,150,000,000원 상당액의 대출
금 채무를 보증하였다. 그러면서 A회사로 하여금
이 사건 공사대금채권 중 보증부대출금액 이상을
농협은행의 X지점에 양도하고, 피고로부터 확정일
자 있는 채권양도 승낙을 받아서 이 사건 공사대금
을 그 대출금의 변제에 충당하도록 하는 특약을 하
였다. 이에 따라 A회사는 2009. 7. 7. 농협은행에 이
사건 공사대금채권 중 3,150,000,000원 부분을 양도
하였고, 피고는 같은 날 위 채권양도를 승낙하였다.

(4) 또한 A회사는, ① 2010. 10. 15. B회사에 이
사건 공사대금채권 중 90,876,280원 부분을 양도
하였고, ② 2010. 10. 22. C회사에 이 사건 공사대

금채권 중 499,230,000원 부분을 양도하였으며(이
하 B회사와 C회사를 통틀어 '채권양수인들'이라고 함),
피고에게 위 각 양도사실을 통지하였다.

(5) A회사는 2010. 10. 21. 이 사건 공사를 완료
하지 못한 상태에서 부도처리되었다. 피고는 2010.
11. 25. A회사를 상대로 위 공사계약 일반조건 제
37조에 따라 이 사건 도급계약을 해제하였다.

(6) A회사의 회생절차 개시신청 등으로 보증사
고가 발생하자 원고보조참가인은 2010. 11. 30. A
회사의 농협은행에 대한 대출원리금 채무액 3,025,
749,621원을 대위변제하였다. 농협은행은 같은 날
원고보조참가인에게, A회사로부터 양수하였던 이
사건 도급계약에 따른 공사대금채권을 양도하였
고, 피고에게 그 양도사실을 통지하였다.

(7) A회사에 대하여 2010. 12. 10. 회생절차가
개시되고 회생계획 인가결정이 있은 후 2017. 1.
25. 회생절차 폐지결정을 받아 2017. 3. 17. 그 폐
지결정이 확정됨과 동시에 파산선고가 내려지고
원고가 파산관재인으로 선임되었다.

(8) 이러한 상태에서 원고가 피고를 상대로 공
사대금채권의 이행을 청구하는 소를 제기하였다.

[판결요지]

다. 다음으로 채권양수인들에 대한 채권양도에
관하여 살펴본다.

1) 채권은 양도할 수 있다. 그러나 채권의 성질
이 양도를 허용하지 아니하는 때에는 그러하지 아
니하다(민법 제449조 제1항). 그리고 채권은 당사자
가 반대의 의사를 표시한 경우에는 양도하지 못한
다. 그러나 그 의사표시로써 선의의 제3자에게 대
항하지 못한다(민법 제449조 제2항).

이처럼 당사자가 양도를 반대하는 의사를 표시
(이하 '양도금지특약'이라고 한다)한 경우 채권은 양
도성을 상실한다. 양도금지특약을 위반하여 채권
을 제3자에게 양도한 경우에 채권양수인이 양도
금지특약이 있음을 알았거나 중대한 과실로 알지
못하였다면 채권 이전의 효과가 생기지 아니한다.

반대로 양수인이 중대한 과실 없이 양도금지특약의 존재를 알지 못하였다면 채권양도는 유효하게 되어 채무자는 양수인에게 양도금지특약을 가지고 그 채무 이행을 거절할 수 없다. 채권양수인의 악의 내지 중과실은 양도금지특약으로 양수인에게 대항하려는 자가 주장·증명하여야 한다(대법원 1999. 12. 28. 선고 99다8834 판결, 대법원 2000. 12. 22. 선고 2000다55904 판결, 대법원 2009. 10. 29. 선고 2009다47685 판결 등 참조).

2) 양도금지특약을 위반하여 이루어진 채권양도는 원칙적으로 그 효력이 없다는 것이 통설이고 앞서 본 바와 같이 이와 견해를 같이하는 상당수의 대법원판결이 선고되어 재판실무가 안정적으로 운영되고 있다. 이러한 판례의 법리는 다음과 같은 이유에서 그대로 유지되어야 한다. …

3) 원심판결 이유를 앞서 본 법리와 기록에 비추어 살펴본다.

A회사가 피고의 동의 없이 이 사건 공사대금채권을 채권양수인들에게 양도한 것은 이 사건 채권양도금지특약을 위반한 채권양도로서 그 효력이 없다는 원심의 판단은 앞서 본 법리에 따른 것으로 정당하다. …

(이러한 다수의견에 대해서는 대법관 4인의 반대의견이 있고, 다수의견에 대한 대법관 2인의 보충의견과 반대의견에 대한 대법관 1인의 보충의견이 있음.

반대의견의 요지: 채권자가 양도금지특약을 위반하여 채권을 양도했어도 채권은 양도인으로부터 양수인에게 이전하는 것이고, 따라서 양수인이 채무자에게 채무 이행을 구할 수 있고 채무자는 양도인이 아닌 양수인에게 채무를 이행할 의무를 진다)

[관련규정] 제185조, 제449조, 제451조 제2항, 제487조, 민사소송법 제288조

[해설 및 논평]
1. 해설
(1) 서설
본 판결 사안은 대단히 복잡하다. 그런데 본 판

결에서 중요하게 판단한 점은 채권자와 채무자가 채권양도를 금지하는 특약을 하였는데, 채권자가 그 특약을 위반하여 채권을 양도한 경우에 채권양도가 유효한지이다. 본 판결 사안에서는 구체적으로 A 회사가 - 본 판결에서 '채권양수인들'이라고 표현한 - B회사와 C회사에게 공사대금채권을 양도한 것의 효력이 문제되었다.

(2) 본 전원합의체 판결 다수의견의 요지와 이유
본 판결에서는 대법관들의 견해가 나뉘었다. 다수의견은 양도금지특약을 위반하여 이루어진 채권양도는 원칙적으로 그 효력이 없다고 한다. 이러한 다수의견은 물권적 효력설이라고 할 수 있다. 그에 비하여 반대의견(소수의견)은 채권자가 양도금지 약속을 위반하여 채권을 양도하면 채권자가 그 위반에 따른 채무불이행책임을 질 뿐이고 채권양도에 따른 법률효과까지 부정할 근거는 없다고 하는데, 이는 채권적 효력설이다.

다수의견은 그 근거로 다음과 같은 이유를 든다. ① 제449조 제2항 본문이 당사자가 양도를 반대하는 의사를 표시한 경우 채권을 양도하지 못한다고 규정한 것은 양도금지특약을 위반한 채권양도의 효력을 부정하는 의미라고 해석하여야 한다. ② 이처럼 해석하는 것이 지명채권의 본질과 특성을 보다 잘 반영할 수 있다. ③ 계약당사자가 그들 사이에 발생한 채권을 양도하지 않기로 약정하는 것은 계약자유의 원칙상 당연히 허용되는 것인데, 민법에서 별도의 규정까지 두어 양도금지특약에 관하여 규율하는 것은 이러한 특약의 효력이 당사자 사이뿐만 아니라 제3자에게까지 미치도록 하는 데 그 취지가 있다고 보아야 한다. ④ 양도금지특약이 있는 경우 채권의 양도성이 상실되어 원칙적으로 채권양도가 일어나지 않는다고 보는 것이 악의의 양수인과의 관계에서 법률관계를 보다 간명하게 처리하는 길이기도 하다.

2. 논평
본 판결은 타당하다. 그런데 입법론적으로는 검토가 필요하다.

39. 채권양도가 해제 또는 합의해제된 경우에 채무자에 대하여 대항하기 위한 요건

◆ 대판 2012. 11. 29, 2011다17953
[대여금](강의 C-314, 채총 [193])

[쟁점] 지명채권의 양도통지를 한 후 양도계약이 해제 또는 합의해제된 경우에 채권양도인이 해제 등을 이유로 다시 원래의 채무자에 대하여 양도채권으로 대항하기 위한 요건

[사실관계]

(1) 원고(주식회사 포디스건축)는 남양주시 와부읍 덕소리 세양아르비채 주상복합 건물의 건축주로서 그 대지를 피고(대한주택보증 주식회사)에게 신탁하였다. 그런데 원고의 채권자 A는 위 신탁이 사해행위라고 주장하며 피고를 상대로 사해신탁취소의 소를 제기하고 위 대지에 관하여 처분금지 가처분 결정을 받았다.

원고는 2006. 4. 27.경 피고에게 4억 원을 대여하였고, 피고는 2006. 4. 27. 위 처분금지가처분을 취소하기 위하여 원고로부터 받은 위 4억 원을 공탁하였다. 한편 원고와 피고는, 피고가 위 사해신탁취소 소송에서 승소할 경우 위 공탁금을 회수하여 이를 원고에게 돌려주기로 약정하였다.

그 후 원고는 위 건물신축에 관한 사업권을 아천세양건설 주식회사에 양도하면서 2007. 2. 16. 피고에 대한 위 대여금 내지 공탁금반환채권도 아천세양건설에 양도하였고, 그 무렵 피고에게 위 채권양도 사실을 통지하였다.

A와 피고 사이의 위 사해신탁취소 소송에서 A가 패소하는 내용의 판결이 2008. 3. 27. 확정되었다.

(2) 피고는 1999. 12. 24. 아천세양건설에 8억 원을 이자 연 5%로 정하여 대여하면서, 2003.부터 12년간 매년 12. 24.에 위 대여금을 균등·분할하여 상환받되, 아천세양건설이 부도처분된 경우 기한의 이익을 상실하여 피고의 요구에 따라 기한

전이라도 차용금의 일부 또는 전부를 즉시 상환하기로 약정하였다.

아천세양건설은 2008. 12. 2. 부도로 인하여 위 대출금채무에 대한 기한의 이익을 상실하였다.

(3) 원고와 아천세양건설은 2009. 3.경 2007. 2. 16. 체결한 위 공탁금반환채권 양도계약을 해제하기로 합의한 후, 2009. 3. 12.경 피고에게 위 합의해제 사실을 통지하였다.

피고는 2009. 4. 27.경 피고의 아천세양건설에 대한 위 대출금채무의 잔액 283,510,140원으로써 위 공탁금반환채권과 대등액에서 상계한다는 뜻을 원고에게 통지하였다.

피고는 2009. 5. 11. 공탁금 424,328,767원을 출급한 후, 앞서 상계의사를 표시한 283,510,140원을 제한 나머지 140,818,627원을 원고에게 지급하였다.

(4) 원고는 피고에 대하여 283,510,140원 및 그에 대한 지연손해금의 지급을 구하는 소를 제기하였다.

[판결요지]

민법 제452조는 '양도통지와 금반언'이라는 제목 아래 제1항에서 '양도인이 채무자에게 채권양도를 통지한 때에는 아직 양도하지 아니하였거나 그 양도가 무효인 경우에도 선의인 채무자는 양수인에게 대항할 수 있는 사유로 양도인에게 대항할 수 있다'고 하고, 제2항에서 '전항의 통지는 양수인의 동의가 없으면 철회하지 못한다'고 하여 채권양도가 불성립 또는 무효인 경우에 선의인 채무자를 보호하는 규정을 두고 있다. 이는 채권양도가 해제 또는 합의해제되어 소급적으로 무효가 되는 경우에도 유추적용할 수 있다고 할 것이므로, 지명채권의 양도통지를 한 후 그 양도계약이 해제 또는 합의해제된 경우에 채권양도인이 그 해제 등을 이유로 다시 원래의 채무자에 대하여 양도채권으로 대항하려면 채권양도인이 채권양수인의 동의를 받거나 채권양수인이 채무자에게 위와 같은 해제 등 사실을 통지하여야 한다. 이 경우 위와

같은 대항요건이 갖추어질 때까지 양도계약의 해제 등을 알지 못한 선의인 채무자는 해제 등의 통지가 있은 다음에도 채권양수인에 대한 반대채권에 의한 상계로써 채권양도인에게 대항할 수 있다고 봄이 상당하다.

[관련규정] 제452조

[해설 및 논평]

1. 해설

(1) 본 판결이 있기 전에 대법원은, 지명채권의 양도통지를 한 후 그 양도계약이 해제된 경우에 양도인이 그 해제를 이유로 다시 원래의 채무자에 대하여 양도채권으로 대항하려면 양수인이 채무자에게 위와 같은 해제 사실을 통지하여야 할 것이라고 하였다(대표적으로 대판 1993. 8. 27, 93다17379).

그런가 하면 대법원은, 지명채권의 양도계약이 합의해제된 경우에도 양수인의 통지가 있어야 채무자에게 대항할 수 있다고 하였다.

그에 비하여 과거에 채권양도가 해제·합의해제된 경우에 제452조가 적용 또는 유추적용되는지에 관하여 대법원이 판단한 적은 전혀 없다. 그러한 내용의 판결은 본 판결이 처음인 것이다.

(2) 본 판결은, 제452조 제1항·제2항이 채권양도가 해제 또는 합의해제되어 소급적으로 무효가 되는 경우에도 유추적용할 수 있다고 할 것이므로, 채권양도인이 그 해제 등을 이유로 다시 원래의 채무자에 대하여 양도채권으로 대항하려면 채권양도인이 채권양수인의 동의를 받거나 채권양수인이 채무자에게 위와 같은 해제 등 사실을 통지하여야 한다고 한다. 그리고 바로 이어서 선의의 채무자는 상계로써 양도인에게 대항할 수 있다고 한다.

본 판결의 이러한 내용은 적어도 기본적인 입장에서 종래의 판례와 차이를 보이는 것이 된다. 그럼에도 불구하고 본 판결은 판례의 변경 여부에 대하여 아무런 언급도 하지 않는다.

(3) 한편 본 판결에서 '채권양도가 해제·합의해제된다'는 것은 정확하게는 준물권행위인 채권양도 자체가 해제·합의해제된다는 의미가 아니고 그 원인행위인 매매·증여 등이 해제·합의해제된다는 뜻이다.

2. 논평

본 판결은 채권양도의 해제·합의해제의 경우에 제452조를 유추적용할 수 있다고 한다. 여기서 유추적용을 인정하는 기본적인 입장은 타당하다. 그러나 452조의 유추적용은 반드시 인정되어야 하는 것이다. 그리고 제452조 제2항은 유추적용되지 않아야 한다.

본 판결이 제452조의 유추적용의 결과로서 양도인이 채무자에 대하여 양도채권으로 대항하기 위해서 그가 양수인의 동의를 받거나 양수인이 채무자에게 해제 등의 사실을 통지해야 한다고 하는데, 제452조의 유추적용과 양수인의 통지와 같은 채무자에 대한 대항요건은 병존해서 인정되어서는 안 되는 것이어서 옳지 않다. 채권양도가 해제·합의해제된 경우에는 제452조 제1항 후단이 유추적용되어 채무자는 선의인 한 양수인에게 생긴 사유로 양도인에 대항할 수 있다고 해야 한다.

본 판결은 대항요건이 갖추어질 때까지 선의인 채무자는 해제 등의 통지가 있은 다음에도 양수인에 대한 반대채권에 의한 상계로써 양도인에게 대항할 수 있다고 한다. 이것이 제452조의 유추적용의 결과인지는 불분명하다. 그런데 상계사유에 한하여 정책적으로 특별한 고려를 하는 것은 인정할 수 있으며, 본 판결은 그 점에서는 타당하다. 그러나 그것은 제452조의 유추적용과는 무관하게 대항사유의 해석상 인정되어야 한다.

[주요 평석 문헌] 송덕수, "채권양도가 해제 또는 합의해제된 경우의 민법 제452조의 유추적용," 법학논집(이화여대 법학연구소), 17권 3호, 421면 이하. 그 외에 송덕수, "채권양도가 해제된 경우에 있어서 채무자의 보호," 민사판례연구, 27권, 209면 이하도 참조.

제3장
채권법총론

40. 채권양도 통지의 동시송달의 경우

◆ 대판(전원) 1994. 4. 26. 93다24223
  [양수금](강의 C-321·322·404, 채총 [197]·
  [198]·[247])

[쟁점] 채권양수인과 동일 채권에 대하여 가압류명령을 집행한 자 사이의 우열결정기준 및 채권양도 통지와 가압류결정 정본이 채무자에게 동시에 도달된 경우 채권양수인, 가압류채권자 및 채무자 사이의 법률관계

[사실관계]

(1) A회사는 피고 B에 대한 7,779,750원의 물품대금채권이 있었는데, 1992. 8. 2. 위 채권 전액을 원고 C에게 양도하고 같은 달 3. 확정일자 있는 내용증명우편으로 위 양도사실을 통지하여 그 통지가 같은 달 4. 피고 B에게 도달하였다.

(2) 한편 A회사의 피고에 대한 위 채권 중 629만 원에 대하여 채권자 D, 채무자 A회사, 제3채무자 피고 B로 된 채권가압류결정의 결정정본이 같은 달 4. 피고 B에게 송달되었다.

(3) 원고는 피고에 대하여 이 사건 양수금 청구의 소를 제기하였다. 원심은 피고는, 원고의 양수채권액 중 가압류채권액에 대해서는 피고가 가압류결정과 채권양도통지를 동시에 받았음을 이유로 대항할 수 있으므로, 양수금에서 가압류채권액을 공제한 나머지에 대한 지급의무가 있다고 판단하였다. 이에 대하여 원고가 상고하였다

[판결요지]

가. 채권이 이중으로 양도된 경우의 양수인 상호간의 우열은 통지 또는 승낙에 붙여진 확정일자의 선후에 의하여 결정할 것이 아니라, 채권양도에 대한 채무자의 인식, 즉 확정일자 있는 양도통지가 채무자에게 도달한 일시 또는 확정일자 있는 승낙의 일시의 선후에 의하여 결정하여야 할 것이고, 이러한 법리는 채권양수인과 동일 채권에 대하여 가압류명령을 집행한 자 사이의 우열을 결정하는 경우에 있어서도 마찬가지이므로, 확정일자 있는 채권양도 통지와 가압류결정 정본의 제3채무자(채권양도의 경우는 채무자)에 대한 도달의 선후에 의하여 그 우열을 결정하여야 한다.

나. 채권양도 통지, 가압류 또는 압류명령 등이 제3채무자에 동시에 송달되어 그들 상호간에 우열이 없는 경우에도 그 채권양수인, 가압류 또는 압류채권자는 모두 제3채무자에 대하여 완전한 대항력을 갖추었다고 할 것이므로, 그 전액에 대하여 채권양수금, 압류전부금 또는 추심금의 이행청구를 하고 적법하게 이를 변제받을 수 있고, 제3채무자로서는 이들 중 누구에게라도 그 채무 전액을 변제하면 다른 채권자에 대한 관계에서도 유효하게 면책되는 것이며, 만약 양수채권액과 가압류 또는 압류된 채권액의 합계액이 제3채무자에 대한 채권액을 초과할 때에는 그들 상호간에는 법률상의 지위가 대등하므로 공평의 원칙상 각 채권액에 안분하여 이를 내부적으로 다시 정산할 의무가 있다.

다. 채권양도의 통지와 가압류 또는 압류명령이 제3채무자에게 동시에 송달되었다고 인정되어 채무자가 채권양수인 및 추심명령이나 전부명령을 얻은 가압류 또는 압류채권자 중 한 사람이 제기한 급부소송에서 전액 패소한 이후에도 다른 채권자가 그 송달의 선후에 관하여 다시 문제를 제기하는 경우 기판력의 이론상 제3채무자는 이중지급의 위험이 있을 수 있으므로, 동시에 송달된 경우에도 제3채무자는 송달의 선후가 불명한 경우에 준하여 채권자를 알 수 없다는 이유로 변제공탁을 함으로써 법률관계의 불안으로부터 벗어날 수 있다.

라. 채권양도 통지와 채권가압류결정 정본이 같은 날 도달되었는데 그 선후관계에 대하여 달리 입증이 없으면 동시에 도달된 것으로 추정한다.

[관련규정] 제450조, 제487조

[해설 및 논평]

1. 해설

본 판결에서는 채권양도의 효력과 관련하여 두 가지 쟁점이 다투어졌다. 하나는 이중양도 및 채권양도와 채권압류 및 전부명령이 경합되는 경우 그 우열을 정하는 기준이다. 본 판결은 채권이 이중으로 양도된 경우 양수인 상호간의 우열은 통지 또는 승낙에 붙여진 확정일자의 선후가 아니라, 채권양도에 대한 채무자의 인식, 즉 확정일자 있는 양도통지가 채무자에게 도달한 일시 또는 확정일자 있는 승낙의 일시의 선후에 의하여 결정하여야 하며, 채권양수인과 동일 채권에 대하여 가압류명령을 집행한 자 사이에서도 확정일자 있는 채권양도통지와 가압류결정 정본의 제3채무자에 대한 도달의 선후에 의하여 우열을 정하여야 한다고 하였다. 그러므로 이 사건에서도 채권양수인인 원고 C와 가압류채권자 D 사이의 우열은 확정일자 있는 채권양도통지와 가압류결정 정본의 제3채무자인 피고에 대한 도달시를 기준으로 판단하여야 한다.

다른 하나는 채권양도통지와 가압류결정이 동시에 도달한 경우의 법률관계에 관한 것이다. 본 판결은 ① 채권양도통지, (가)압류명령 등이 제3채무자에 동시에 송달되어 그들 상호간에 우열이 없는 경우 채권양수인 또는 (가)압류채권자는 모두 제3채무자에 대하여 완전한 대항력을 갖춘 것이므로, 그 채권액 전액을 청구하여 적법하게 변제받을 수 있고, ② 제3채무자는 누구에게라도 채무 전액을 변제하면 다른 채권자에 대한 관계에서도 유효하게 면책되며, ③ 양수채권액과 (가)압류된 채권액의 합계액이 제3채무자에 대한 채권액을 초과하는 경우 각 채권액에 안분하여 내부적으로 정산할 의무가 있다고 하였다. 이 사건에서 원고에 대한 채권양도통지와 채권가압류결정이 피고에게 같은 날 도달되었는바, 그 선후관계에 관하여 달리 입증이 없으므로 양 통지는 동시에 도달된 것으로 추정된다. 그러므로 양수인인 원고와 가압류채권자는 동등한 권리가 있어 원고는 양수금채권 전액을 청구할 수 있고, 가압류채권자는 본압류 및 전부·추심명령을 받아 가압류채권액 전액에 대하여 집행할 수 있다. 다만 변제받은 금액에 대하여 양수채권액과 가압류채권액의 안분비례에 따른 정산의무가 있다.

나아가 본 판결은 제3채무자는 이중지급의 위험이 있을 수 있으므로, 송달의 선후가 불명한 경우에 준하여 채권자를 알 수 없다는 이유로 변제공탁을 할 수 있다고 하였다.

그리하여 본 판결은 채권양도통지와 채권가압류결정 정본이 동시에 제3채무자에게 도달된 경우 양수인의 양수금청구에 대하여 채무자가 채권양도통지와 채권가압류결정 정본을 동시에 송달받은 사실로써 대항할 수 있다는 취지의 판례(대판 1987. 8. 18, 87다카553)를 폐기하였다.

이 사건에서 양수인인 원고는 가압류채권자와 동시에 채권양도의 대항요건을 갖추었는바 채권 전액을 청구할 수 있고, 피고는 원고와 동시에 대항력을 갖춘 가압류채권자가 있음을 들어 대항할 수 없다. 결국 피고는 원고에게 양수채권액 전액을 지급하여야 한다.

2. 논평

본 판결은 채권양도가 경합되거나 채권양도와 채권(가)압류가 경합된 경우의 우열은 통지 또는 결정의 도달선후에 의하여 결정하여야 함을 분명히 하였고(이 점에서는 종전의 판례를 유지하였음), 채권양도통지와 (가)압류결정이 동시에 도달한 경우 양수인 또는 (가)압류채권자 모두 채권 전액을 청구할 수 있게 하되 양자 사이의 정산의무를 인정하였으며, 채권양도통지와 가압류결정이 같은 날 도달되었으나 선후불명인 경우 동시도달을 추정하고, 채무자의 공탁을 가능하게 하였다는 점에서 의의가 있다.

[주요 평석 문헌] 강용현, "채권양도통지와 가압류결정이 동시에 도달된 경우에 양수인이 채무자에 대하여 양수금을 청구할 수 있는가," 대법원판례해설, 21호, 85면 이하.

41. 1차 채권양도의 확정일자 있는 통지 후에 2차로 채권을 양도한 경우

◆ 대판 2016. 7. 14. 2015다46119
[양수금](강의 C-321, 채총 [197])

[쟁점] 양도인이 지명채권을 1차로 양도한 다음 확정일자 있는 증서에 의한 대항요건을 적법하게 갖추었는데 그 후 양도인이 동일한 채권을 2차로 양도한 경우에 제2양수인이 채권을 취득할 수 있는지 여부(소극)와, 이때 양도인이 다른 채무를 담보하기 위하여 제1차 양도계약을 하였더라도 마찬가지인지 여부(적극). 제2차 양도계약 후 양도인과 제1양수인이 제1차 양도계약을 합의해지한 경우에, 그로 인하여 제2양수인이 당연히 채권을 취득하는지 여부(소극)

[사실관계]

(1) 소외 1은 2011. 4. 20. 피고와 이 사건 부동산(아파트)에 관하여 임차보증금(채권적 전세금) 2억 3,000만 원('이 사건 보증금'), 임대차기간 2011. 5. 12.부터 2013. 5. 12.까지인 임대차계약(채권적 전세계약. 이하 '이 사건 임대차계약'이라 함)을 체결하고, 그 무렵 피고에게 보증금 2억 3,000만 원을 지급하였다.

소외 1은 2012. 10. 26. 소외 2와 사이에 이 사건 보증금반환채권을 소외 2에게 양도하기로 하는 내용의 채권양도계약('이 사건 제1차 채권양도계약')을 체결하고, 소외 2는 같은 날 양도인인 소외 1을 대리하여 피고에게 내용증명우편으로 채권양도 사실을 통지하여 그 무렵 그 통지가 피고에게 도달하였다.

원고는 2013. 4. 25. 소외 1에게 2억 6,500만 원을 이자 월 2.2%, 변제기 2014. 4. 24.로 정하여 대여하였다. 소외 1은 원고에 대한 위 차용금채무를 담보하기 위하여 2013. 4. 25. 원고와 사이에 이 사건 보증금반환채권을 원고에게 양도하기로 하는 내용의 채권양도계약('이 사건 제2차 채권양도계

약')을 체결하고, 원고는 2013. 4. 26. 양도인인 소외 1을 대리하여 피고에게 내용증명우편으로 위 채권양도 사실을 통지하여 그 통지가 2013. 4. 27. 피고에게 도달하였다.

제1차 채권양도계약의 양수인인 소외 2는 2013. 5. 30. 피고에게 '제1차 채권양도계약의 당사자인 소외 2와 소외 1 사이에 원만한 합의가 성립되어 더 이상 위 채권양도에 대하여 효력이 없는바, 채무자인 피고는 양도인인 소외 1에게 전세금을 주어도 무방함을 통보하여 드립니다.'라는 내용의 취하서를 내용증명우편으로 발송하여 그 무렵 그 취하서가 피고에게 도달하였다. 이에 피고는 소외 1에게 2014. 5. 1. 2,300만 원, 2014. 6. 2. 2억 700만 원을 각 송금하여 이 사건 보증금 2억 3,000만 원을 모두 반환하였다.

(2) 원고는 피고를 상대로 이 사건 보증금의 반환을 청구하는 소를 제기하였다.

[판결요지]

지명채권의 양도란 채권의 귀속주체가 법률행위에 의하여 변경되는 것으로서 이른바 준물권행위 내지 처분행위의 성질을 가지므로, 그것이 유효하기 위하여는 양도인이 그 채권을 처분할 수 있는 권한을 가지고 있어야 한다. 처분권한 없는 자가 지명채권을 양도한 경우 특별한 사정이 없는 한 채권양도로서 효력을 가질 수 없으므로 양수인은 그 채권을 취득하지 못한다.

양도인이 지명채권을 제1양수인에게 1차로 양도한 다음 제1양수인이 그에 따라 확정일자 있는 증서에 의한 대항요건을 적법하게 갖추었다면 이로써 채권이 제1양수인에게 이전하고 양도인은 그 채권에 대한 처분권한을 상실한다고 할 것이므로, 그 후 양도인이 동일한 채권을 제2양수인에게 양도하였더라도 제2양수인은 그 채권을 취득할 수 없다. 이 경우 양도인이 다른 채무를 담보하기 위하여 제1차 양도계약을 한 것이더라도 대외적으로 채권이 제1양수인에게 이전되어 제1양수인이 채권을 취득하게 되므로 그 후에 이루어진 제2

차 양도계약에 의하여 제2양수인이 채권을 취득하지 못하게 됨은 마찬가지이다.

또한 제2차 양도계약 후 양도인과 제1양수인이 제1차 양도계약을 합의해지한 다음 제1양수인이 그 사실을 채무자에게 통지함으로써 채권이 다시 양도인에게 귀속하게 되었더라도 특별한 사정이 없는 한 양도인이 처분권한 없이 한 제2차 양도계약이 채권양도로서 유효하게 될 수는 없으므로, 그로 인하여 제2양수인이 당연히 그 채권을 취득하게 된다고 볼 수는 없다.

[관련규정] 제450조

[해설 및 논평]

1. 해설

(1) 본 판결은 먼저 지명채권의 양도는 준물권행위 내지 처분행위의 성질을 가지므로, 그것이 유효하기 위하여는 양도인이 그 채권을 처분할 수 있는 권한을 가지고 있어야 하며, 처분권한 없는 자가 지명채권을 양도한 경우 양수인은 그 채권을 취득하지 못한다고 한다.

(2) 본 판결은, 양도인이 지명채권을 1차로 양도한 후 확정일자 있는 증서에 의한 대항요건을 적법하게 갖춘 뒤에 동일한 채권을 2차로 양도한 경우에 제2양수인이 채권을 취득할 수 있는지에 관하여, 제2양수인은 그 채권을 취득할 수 없다고 한다. 그 이유는 제1양도에 대하여 확정일자 있는 통지까지 있었으면 채권은 제1양수인에게 완전히 이전되고 양도인은 그 채권의 처분권한이 없기 때문이라고 한다. 본 판결은 더 나아가 그 경우 양도인이 다른 채무를 담보하기 위하여 제1차 양도계약을 한 것이더라도 마찬가지라고 한다.

(3) 본 판결은, 지명채권이 1차로 양도된 후 확정일자 있는 증서에 의한 대항요건을 적법하게 갖춘 뒤에 양도인이 동일한 채권을 2차로 양도한 경우에 제2차 양도계약 후 양도인과 제1양수인이 제1차 양도계약을 합의해지(이는 정확하게는 채권양도의 효력을 장래에 소멸시키는 합의임)한 때에 그로 인

하여 제2양수인이 당연히 채권을 취득하는지에 관하여, 그로 인하여 제2양수인이 당연히 그 채권을 취득하게 된다고 볼 수는 없다고 한다. 그 이유로는 양도인이 처분권한 없이 한 제2차 양도계약이 채권양도로서 유효하게 될 수는 없다는 점을 든다.

(4) 종래 대법원은, 채무자가 압류 또는 가압류의 대상인 채권을 양도하고 확정일자 있는 통지 등에 의한 채권양도의 대항요건을 갖추었다면, 그 후 채무자의 다른 채권자가 그 양도된 채권에 대하여 압류 또는 가압류를 하더라도 그 압류 또는 가압류 당시에 피압류채권은 이미 존재하지 않는 것과 같아 압류 또는 가압류로서의 효력이 없으며(대판 2010. 10. 28, 2010다57213·57220), 채권압류 및 전부명령 송달 당시에 피전부채권이 이미 제3자에 대한 대항요건을 갖추어 양도되었다가 위 전부명령 송달 후에 위 채권양도계약이 해제되어 동 채권이 원채권자에게 복귀하였다고 하여도 동 채권은 위 압류채권자에게 전부되지 않는다(대판 1981. 9. 22, 80누484)고 하였는데, 이들은 압류 등에 관하여 본 판결과 같은 맥락에 있다.

2. 논평

본 판결의 내용은 처분행위의 이론에 부합하는 것으로서 적절하다. 그런데 이 판결의 결과, 채권의 2중양도의 경우 제1양수인과 제2양수인 사이의 우열이 문제되려면(채총 판례 35 참조) 제2양도가 제1양도에 대한 확정일자 있는 통지 또는 승낙이 있기 전에 있었어야만 한다.

본 판결 사안의 경우에 만약 채권양도가 '해제'되어 소급해서 무효로 되었다면, 제2양도의 원인행위는 유효하지만 채권양도 자체는 무효임이 확정되어 있으므로 양도인의 추인이 없는 한 그 상태만으로 제2양수인이 채권을 취득할 수는 없다고 할 것이다.

[주요평석문헌] 이종환, "채권양도 후 양도계약 합의해지가 이루어진 경우 그 합의해지 전에 동일한 채권을 양수한 자의 지위," 대법원판례해설, 109호, 142면 이하.

42. 이행인수

◆ 대판 1993. 2. 12, 92다23193
[소유권이전등기](강의 C-338, 채총 [205])

[쟁점] 부동산의 매수인이 매매목적물에 관한 채무를 인수하는 한편 그 채무액을 매매대금에서 공제하기로 약정한 경우 그 채무인수의 성질 및 부동산매매계약과 이행인수계약이 함께 이루어진 경우의 법률관계

[사실관계]

(1) 원고는 피고 소유 부동산을 매수하는 계약을 체결하면서, 잔금은 위 부동산에 관하여 설정된 근저당권의 피담보채무와 가압류채무 및 임대차 보증금반환채무를 인수하고 이를 공제한 나머지만을 지급하기로 약정하였다.

(2) 원고는 계약금과 중도금은 지급하였으나 인수한 근저당채무를 제대로 변제하지 않았고, 그리하여 근저당권자의 신청에 따라 임의경매절차가 진행되자 피고가 근저당채무 등을 변제하였다.

(3) 원고는 피고에 대하여 매매에 기한 소유권이전등기를 구하는 이 사건 소를 제기하였다.

[판결요지]

가. 부동산의 매수인이 매매목적물에 관한 근저당권의 피담보채무, 가압류채무, 임대차 보증금반환채무를 인수하는 한편 그 채무액을 매매대금에서 공제하기로 약정한 경우, 다른 특별한 약정이 없는 이상 이는 매도인을 면책시키는 채무인수가 아니라 이행인수로 보아야 하고, 매수인이 위 채무를 현실적으로 변제할 의무를 부담한다고도 해석할 수 없으며 특별한 사정이 없는 한 매수인이 매매대금에서 그 채무액을 공제한 나머지를 지급함으로써 잔금지급의무를 다하였다 할 것이고, 또한 위 약정의 내용은 매도인과 매수인의 계약으로 매수인이 매도인의 채무를 변제하기로 하는 것으로서 매수인은 제3자의 지위에서 매도인에 대하

여만 그의 채무를 변제할 의무를 부담함에 그치므로 채권자의 승낙이 없으면 그에게 대항하지 못할 뿐 당사자 사이에서는 유효하게 성립한다.

나. 채무인수인이 인수채무의 일부인 근저당권의 피담보채무의 변제를 게을리 함으로써 매매목적물에 관하여 근저당권의 실행으로 임의경매절차가 개시되고 매도인이 경매절차의 진행을 막기 위하여 피담보채무를 변제하였다면 매도인은 채무인수인에 대하여 손해배상채권을 취득하는 이외에 이 사유를 들어 매매계약을 해제할 수 있다.

다. 부동산매매계약과 함께 이행인수계약이 이루어진 경우 매수인이 인수한 채무는 매매대금지급채무에 갈음한 것으로서 매도인이 매수인의 인수채무불이행으로 말미암아 또는 임의로 인수채무를 대신 변제하였다면 그로 인한 손해배상채무 또는 구상채무는 인수채무의 변형으로서 매매대금지급채무에 갈음한 것의 변형이므로 매수인의 손해배상채무 또는 구상채무와 매도인의 소유권이전등기 의무는 대가적 의미가 있어 이행상 견련관계에 있다고 인정되고, 따라서 양자는 동시이행의 관계에 있다고 해석함이 공평의 관념 및 신의칙에 합당하다.

[관련규정] 제454조, 제543조, 제536조

[해설 및 논평]

1. 해설

본 판결에서는 부동산매매계약과 이행인수계약이 함께 이루어진 경우의 법률관계가 쟁점으로 다루어졌다. 원고의 소유권이전등기 청구에 대하여 피고는 다음 두 가지 항변을 주장하였다.

(1) 계약해제 항변

피고는 "잔금은 원고가 이 사건 부동산이 타인에게 부담하고 있는 채무를 부담하고 나머지를 지급한다"고 약정한 것은 피고를 대신하여 채권자들에게 현실로 변제하든가 적어도 피고의 채무를 면책적으로 인수한다는 것이었는데, 원고가 이를 이

행하지 아니하여 경매개시결정이 내려지게 되어 피고가 부득이 그 채무를 변제하고 원고의 계약불이행을 이유로 계약을 해제하였다고 항변하였다.

이에 대하여 본 판결은 부동산 매수인이 매매목적물에 관한 근저당권의 피담보채무, 가압류채무, 임대차 보증금반환채무를 인수하는 한편 그 채무액을 매매대금에서 공제하기로 약정한 경우, 다른 특별한 약정이 없는 이상 이는 매도인을 면책시키는 채무인수가 아니라 이행인수로 보아야 하고, 매수인이 위 채무를 현실적으로 변제할 의무를 부담한다고도 해석할 수는 없으며, 특별한 사정이 없는 한 매수인이 매매대금에서 위 채무액을 공제한 나머지를 지급함으로써 잔금지급의무를 다한 것이라고 하였다.

그러나 만약 원고가 인수채무의 일부인 근저당권의 피담보채무의 변제를 게을리 함으로써 근저당권의 실행으로서 임의경매절차가 개시되고 피고가 경매절차의 진행을 막기 위해서 부득이 피담보채무를 변제하였다면, 피고는 원고에 대하여 손해배상채권을 취득하는 이외에, 이 사유를 들어 매매계약을 해제할 수 있다고 하였다. 왜냐하면 원래 원고는 이행을 인수한 채무의 내용에 따라 이행할 의무가 있으므로, 위에서 '매수인이 매매대금에서 위 채무액을 공제한 나머지를 지급함으로써 잔금지급의무를 다한 것'이라고 한 취지는 원고가 인수채무를 그 내용에 따라 성실하게 이행함을(즉, 원고의 인수채무불이행이라는 특별한 사정이 발생하지 아니함) 당연히 그 전제로 삼은 것인바, 만약 원고가 이를 이행하지 아니함으로써 근저당권이 실행되어 피고가 부득이 그 피담보채무를 변제하였다면, 원고가 아직 자기의 매매대금지급의무를 전부 이행하지 아니한 것으로 평가할 수 있는 특별한 사정이 있다고 보아야 하기 때문이라는 것이다. 다만, 피고에게 해제권이 발생하더라도 피고가 해제를 할 때 자기의 반대의무인 소유권이전등기의무의 이행 또는 이행의 제공을 하지 않았으므로 해제는 적법하지 않다고 하였다.

(2) 동시이행 항변

피고는, 원고가 잔대금지급을 지체하여 근저당권자가 임의경매를 신청하였으므로 피고가 부득이 그 피담보채무를 변제하고 나머지 근저당채무와 임대차보증금채무도 일부 변제하였는바, 이들은 모두 원고가 인수하기로 약정한 채무이므로 원고로부터 위 금액을 변제받기 전에는 원고의 청구에 응할 수 없다고 항변하였다.

이에 대하여 본 판결은 부동산매매계약과 함께 이행인수계약이 이루어진 경우, 매수인이 인수한 채무는 매매대금지급채무에 갈음한 것으로서, 피고가 원고의 이 사건 인수채무불이행으로 말미암아(임의경매를 신청한 근저당권자에 대한 관계에서) 또는 임의로 원고를 대신하여(나머지 근저당권자 및 임차인에 대한 관계에서) 위 인수채무를 변제하였다면, 그로 인한 손해배상채무 또는 구상채무는 위 인수채무의 변형으로서 매매대금지급채무에 갈음한 것의 변형이므로, 원고의 위 손해배상채무 또는 구상채무와 피고의 소유권이전등기 의무는 대가적 의미가 있어 이행상 견련관계에 있다고 인정되고, 따라서 양자는 동시이행의 관계에 있다고 하였다.

2. 논평

본 판결은 매매목적물에 관한 근저당권의 피담보채무를 인수한 매수인이 인수채무의 변제를 게을리 함으로써 경매절차가 개시되어 매도인이 경매절차의 진행을 막기 위하여 채무를 변제한 경우 매도인은 이를 이유로 계약을 해제할 수 있다는 점을 확인하고, 매수인의 인수채무불이행 또는 매도인의 임의변제로 인한 매수인의 손해배상채무 또는 구상채무와 매도인의 소유권이전등기 의무가 동시이행의 관계에 있다고 하였다는 점에 의의가 있다.

[주요평석문헌] 김창종, "이행인수의 법률관계," 재판과 판례(대구판례연구회), 7집, 197면 이하.

43. 채권의 준점유자

◈ 대판 1997. 3. 11, 96다44747
[전부금](강의 C-346, 채총 [213])

[쟁점] 무효인 전부명령을 받은 자에 대한 제3
채무자의 변제가 채권의 준점유자에 대한 변제로
서 효력을 발생하기 위한 요건

[사실관계]

(1) A는 1989. 11. 25. 피고 B와 사이에 피고 B
소유의 아파트에 관하여 임대보증금을 5백만 원
으로 한 임대차계약을 체결함으로써 피고 B에게
같은 금액의 임대보증금반환채권을 갖게 되었고,
1990. 12. 4. C에게 위 채권을 양도하고 1993. 3.
15. 피고 B에게 채권양도의 통지(내용증명우편 통
지)를 하였다가 같은 해 4. 6. C의 승낙 없이 임의
로 피고 B에게 위 채권양도를 철회하는 통지를 하
였는데, 그 통지서에는 자기가 C에 대한 채무를
모두 변제하였기 때문에 채권양도통지 사실을 철
회한다고 기재되어 있었다.

(2) A에 대한 채권자인 D는 같은 달 8. 위 임대
보증금반환채권에 대하여 채권압류 및 전부명령을
받은 후, 1994. 9. 12. 위 전부받은 채권을 E에게 양
도하고 피고 B에게 그 채권양도사실을 통지하였다.

(3) E는 1994. 7. 피고 B를 상대로 전부금청구
의 소를 제기하였는데, 피고 B는 위 소송에서 위
임대보증금 반환채권에 관하여 D의 전부명령 외
에도 4차례의 채권가압류, 압류, 전부명령 또는
추심명령이 있었고, C 앞으로의 채권양도가 있었
다가 철회되는 등 법률관계가 복잡하게 얽혀서 E
의 청구에 응할 수 없다는 주장만 되풀이한 결과
1994. 11. 16. 패소판결이 선고 확정되자, 같은 해
12. 10.경 A로부터 아파트를 인도받고 E에게 임대
차보증금을 모두 지급하였다.

(4) 한편 C에 대한 채권자인 원고 F는 피고 B에
대하여 C의 임대보증금반환채권에 관하여 1994.
4. 8. 가압류결정을 받았다가 1995. 6. 12. 가압류

에서 본압류로 전이하는 압류 및 전부명령을 받았
다고 주장하여 전부금 지급을 구하는 이 사건 소
를 제기하였다.

[판결요지]

[1] 무효인 채권압류 및 전부명령을 받은 자에
대한 변제라도 그 채권자가 피전부채권에 관하여
무권리자라는 사실을 알지 못하거나 과실 없이 그
러한 사실을 알지 못하고 변제한 때에는 그 변제
는 채권의 준점유자에 대한 변제로서 유효하다.

[2] 채무자(을)가 제3채무자(병)에 대하여 가지
고 있던 채권에 관하여 제3자(정) 앞으로 대항력
있는 채권양도가 이루어진 후 을이 정의 승낙 없
이 임의로 병에게 채권양도철회의 통지를 한 상태
에서 을에 대한 채권자(갑)가 위 채권에 대하여 채
권압류 및 전부명령을 받고 이어 갑이 제기한 전
부금 소송에서 병이 패소판결을 받고 갑에게 그
금원을 지급한 경우, 법률전문가가 아닌 병으로서
는 을의 채권양도철회 통지로 인하여 채권양도가
없었던 것과 같이 되었다고 믿을 수밖에 없었고,
더욱이 갑이 제기한 전부금 청구의 소에서 전부명
령의 효력을 적극 다투었다가 패소판결을 선고받
았다면, 병이 갑이 유효하게 임대보증금반환채권
을 전부받은 채권자인 것으로 오인한 데 대하여
과실이 있다고 볼 수 없고, 따라서 병의 갑에 대
한 변제는 유효하다고 본 사례.

[관련규정] 제470조

[해설 및 논평]

1. 해설

(1) 전부명령은 추심명령과 함께 금전채권의 현
금화 절차로서, 압류된 금전채권을 집행채권의 변
제에 갈음하여 권면액으로 압류채권자에게 이전
시키는 법원의 명령(결정)이다. 전부명령의 기본적
효력은 피전부채권의 전부채권자에게로의 이전
으로 말미암은 집행채권의 소멸이다. 즉 전부명령

이 제3채무자에게 송달된 때 채무자는 채무를 변제한 것으로 간주되고(민사집행법 231조 본문), 채권자는 제3채무자로부터 변제를 받아 채권의 만족을 얻게 된다. 그러므로 그 금전채권에 관하여 다른 채권자가 압류·가압류 또는 배당요구를 한 경우에도 전부명령의 효력을 인정하게 되면 다른 채권자들을 배제하고 전부채권자에게만 독점적 만족을 주는 것이 되어 채권자평등주의원칙에 반하게 된다. 그리하여 채권압류 등이 경합된 경우에는 압류채권자들 중 한 사람이 전부명령을 얻더라도 그 전부명령은 무효이다(민사집행법 229조 5항 참조).

그런데 판례는 채권압류가 경합된 경우 압류채권자 중 한 사람이 전부명령을 얻은 경우 그 전부명령은 무효이지만 제3채무자가 선의·무과실로 그 전부채권자에게 전부금을 변제하였다면 이는 채권의 준점유자에 대한 변제로서 유효하므로 제3채무자의 채무자에 대한 채무는 소멸하고 제3채무자는 압류채권자에 대하여 2중 변제의 의무를 부담하지 않는다고 한다(대판 1980. 9. 30, 78다1292; 대판 1995. 4. 7, 94다59868 등).

(2) 이 사건은 채권압류가 경합된 경우가 아니라, 채권자가 채권을 양도하고 대항요건을 갖춘 이후에 그 채권에 대한 압류·전부명령이 있었던 경우이다. 이에 대하여 본 판결은 전부채권자 D의 채권압류 및 전부명령은 이미 대항력 있는 채권양도가 이루어진 후에 발하여진 것이어서 무효이지만, 그러한 무효인 전부명령을 받은 자에 대한 변제라도 그가 피전부채권에 관하여 무권리자라는 사실을 알지 못하거나 과실 없이 그러한 사실을 알지 못하고 변제한 때에는 그 변제는 채권의 준점유자에 대한 변제로서 유효하다고 하였다. 그리하여 법률전문가가 아닌 제3채무자 피고 B로서는 A의 채권양도철회 통지로 인하여 채권양도가 없었던 것과 같이 되었다고 믿을 수밖에 없었을 것이고, 더욱이 피고 B는 전부금 채권의 양수인 E가 전부금 청구의 소를 제기하자 그 전부명령의 효력을 적극 다투었다가 패소판결을 선고받았는바, E가 유효하게 임대보증금반환채권을 취득한 채권자인 것으로 오인한 데 대하여 과실이 있다고 볼 수 없으므로, 피고 B의 E에 대한 변제는 유효하다고 한 것이다.

2. 논평

본 판결은 채권압류가 경합되어 전부명령이 무효인 경우가 아니라, 채권자가 채권을 양도하고 대항요건을 갖춘 이후에 그 채권에 대한 압류·전부명령이 있었기 때문에 전부명령이 무효인 경우에 관하여, 무효인 전부채권자에 대한 변제를 채권의 준점유자에 대한 변제로 인정하였다는 점에 의의가 있다. 다만 민법은 동일한 채권에 관하여 양립할 수 없는 법률상의 지위를 취득한 자 사이의 우열을 확정일자 있는 증서에 의한 통지 또는 승낙의 유무와 선후로써 정하도록 규정하고 있으며, 그리하여 전부명령이 제3채무자에게 송달되기 전에 이전된 채권이 이미 다른 사람에게 양도되고 확정일자 있는 양도통지가 제3채무자에게 도달하였다면, 그 전부명령은 이미 양도된 채권에 대한 것이어서 효력이 없다(대판 1997. 6. 27, 95다40977, 40984). 한편 전부명령이 무효인 경우에도 채권자의 채권은 소멸하지 않으며 압류명령도 유효하다. 그럼에도 불구하고 무효인 전부명령을 받은 자에 대한 변제가 채권의 준점유자에 대한 변제로서 유효하다고 하는 것은 채권양도의 대항요건에 관한 민법의 취지나 체계와 맞지 않는다고 할 것이다(김학동 평석 160면).

[참고판결] 대판 1995. 1. 24, 93다32200: 인지판결이 확정되기 전의 정당한 상속인이 채무자에 대하여 소를 제기하고 승소판결까지 받았다면, 그러한 표현상속인에 대한 채무자의 변제는 채권의 준점유자에 대한 변제로서 적법하다고 본 사례

[주요 평석 문헌] 김학동, "무효의 전부채권자에 대한 변제의 효력," 저스티스, 31권 1호, 152면 이하.

44. 변제충당

◆ 대판 1999. 11. 26, 98다27517
   [대여금](강의 C-359, 채총 [222])

[쟁점] 채권자와 채무자 사이에 변제충당의 약정이 있는 경우에 채무자가 그 약정과 달리 지정변제충당을 할 수 있는지 여부(소극)

[사실관계]

(1) 원고(대동은행)는 1995. 4. 14. 소외 회사와 사이에서, 소외 회사가 다른 금융기관으로부터 대출을 받는 데에 원고가 일정 범위에서 지급보증을 한다는 내용의 약정을 하였다. 그리고 피고는 같은 날 위 지급보증약정으로 인하여 소외 회사가 원고에게 부담할 모든 채무를 연대보증을 하였다 (보증한도액: 2억 7천만 원).

(2) 원고는 위 지급보증약정에 따라 지급보증을 하였는데, 소외 회사가 그 대출금을 변제하지 않아 원고가 1995. 11. 7. 보증인으로서 203,164,737원을 지급하였고, 그에 따라 소외 회사와 그 보증인인 피고는 원고에 대하여 위 변제금에 대한 원리금채무(이하 '이 사건 채무'라고 함)를 부담하게 되었다. 그리고 원고는 피고 소유 부동산에 대한 가압류 기타 권리의 보전을 위한 비용으로 1995. 10. 21. 957,860원을 지출하였다.

(3) 소외 회사는 그 밖에도 원고에게 ① 1993. 8. 27. 사채지급보증약정에 따른 대출금 잔액 13억 3,200만 원, ② 1993. 11. 30.의 대출금 잔액 2억 4천만 원, ③ 1994. 8. 26. 어음거래약정에 따른 대출금 2,469,808,116원에 관하여 채무를 부담하고 있었다.

(4) 한편, 소외 회사는 1993. 8. 19. 원고에게 자신이 소유한 5필지 등에 채권최고액을 27억 3천만 원으로 하여 포괄근저당을 설정하였다(이것으로 담보가 부족하다고 하여 피고가 연대보증을 함). 그 뒤 원고는 다른 채권자들과 협의를 거쳐 1997. 2. 25. 대지 등 담보물의 매수인으로부터 25억 7천만 원을 변제받고 위 대지에 관한 근저당권설정등기를 말소하였다.

(5) 그런데 소외 회사 및 피고가 위 각 대출 및 연대보증 약정 당시 적용을 승인한 기업용 은행여신거래 기본약관에 의하면, 채무자가 변제하여야 할 채무가 여러 개인 경우 채무 전액이 변제되지 않을 때에는 원고가 따로 정하는 순서와 방법에 의하여 변제에 충당할 채무를 지정하기로 규정되어 있으며, 원고의 여신정리규정에 의하면, 원고가 정리여신(6개월 이상 연체되었거나 채권회수가 우려되는 여신)을 회수하는 경우 변제 충당의 순서에 관하여, 가지급금 → 대출원금 → 가지급금 이자 → 대출이자의 순서로 충당하고, 포괄 근담보물로부터 회수한 금원을 가지고 여러 개의 대출금 중에서 충당을 할 경우에는, 당초 담보취득 관련 여신의 취급일자 순서로 충당한다고 규정되어 있다.

(6) 원고는 위 변제금을 가지고, 앞서 본 원고의 약관 및 여신관리규정에 따라 소외 회사에 대한 채권보전을 위하여 지출한 가지급금에 가장 먼저 충당을 한 후, 대출 실행일자 순서로 ① 1993. 8. 27.자 사채지급보증약정상의 대출금 잔액 금 1,332,000,000원, ② 1993. 11. 30.자 대출금 잔액 금 240,000,000원에 순차로 충당하고, ③ 잔액을 가지고는 1994. 8. 26.자 어음거래약정상의 대출금 중, 각 건별취급일자(어음할인일자) 순서로 충당을 하였다.

(7) 그 후 원고가 피고를 상대로 연대보증을 근거로 2억 7천만 원의 지급을 구하는 소를 제기하였다. 그에 대하여 피고는 주채무자인 소외 회사 측이 원고에게 1997. 2. 25. 금 25억 7천만 원을 변제하면서 그 일부로써 이 사건 채무에 충당할 것을 지정하였으므로, 이 사건 보증채무는 변제로 소멸하였다고 주장하였다.

[판결요지]

채권자와 채무자 사이에 미리 변제충당에 관한 약정이 있고, 그 약정 내용이 변제가 채권자에 대한 모든 채무를 소멸시키기에 부족한 때에는 채권자가 적당하다고 인정하는 순서와 방법에 의하여 충당하기로 한 것이라면, 변제수령권자가 위 약정에 터잡아 스스로 적당하다고 인정하는 순서와 방법에 좇아 변제충당을 한 이상 그 충당은 효력이 있는 것이므로, 위와 같이 미리 변제충당에 관한 별도의 약정이 있는 경우에는 채무자가 변제를 하면서 위 약정과 달리 특정 채무의 변제에 우선적으로 충당한다고 지정하더라도, 그에 대하여 채권자가 명시적 또는 묵시적으로 동의하지 않는 한 그 지정은 효력이 없어 채무자가 지정한 채무가 변제되어 소멸하는 것은 아니라 할 것이다.

원심이 같은 취지에서, … 원고가 소외 회사로부터 지급받은 위 금 2,570,000,000원을 위 약관과 여신정리규정에 정해진 변제충당의 순서와 방법에 따라 한 위 변제충당은 적법하고, 가사 소외 회사가 변제 당시 이 사건 채무에 우선 변제충당될 것을 지정하였다 하더라도 그 지정은 효력이 없다고 판단함으로써 피고의 주장을 배척한 조치는 정당하고, 거기에 피고가 주장하는 바와 같은 변제충당에 관한 법리오해의 위법이 있다고 할 수 없다.

[관련규정] 제476조

[해설 및 논평]

1. 해설

민법은 변제충당의 방법에 관하여 제476조 내지 제479조를 두고 있다. 그리고 거기에서 지정충당과 법정충당의 두 가지 방법을 정한다. 그런데 지정충당에 관한 제476조와 법정충당에 관한 제477조는 모두 임의규정이다. 따라서 당사자는 합의에 의하여 다른 방법으로 충당을 할 수 있다. 그것이 합의충당 또는 계약충당이다. 이 합의충당은 명문규정이 없지만 사적 자치에 의하여 당연히 인정된다. 그리고 다른 모든 충당에 우선한다. 합의충당이 없을 때 법률규정에 의하여 지정충당·법정충당이 행하여지는 것이다.

합의충당의 경우에 합의는 구체적인 채무에의 충당에 관한 것일 수도 있고, 충당의 방법에 관한 것일 수도 있으며, 어느 것이라도 무방하다. 그리하여 충당방법에 관하여 약정하고 있으면, 그 약정에 따른 방법이 지정충당에 우선한다. 본 판결도 이와 같은 전제에 서 있다. 그리고 그 약정이 「채권자가 적당하다고 인정하는 순서와 방법에 의하여 충당하기로 한 것」이었으면, 변제수령권자가 위 약정에 터잡아 스스로 적당하다고 인정하는 순서와 방법에 좇아 변제충당을 한 이상 그 충당은 효력이 있다고 한다. 대법원의 이러한 태도는 본 판결 전부터 인정되어 왔는데(대판 1987. 3. 24, 84다카1324 등), 본 판결에서 다시 한 번 확인하였다.

그런데 본 판결은 처음으로, 변제충당에 관한 별도의 약정이 있는 경우에는 채무자가 변제를 하면서 위 약정과 달리 특정 채무의 변제에 우선적으로 충당한다고 지정하더라도, 그 지정은 효력이 없어 채무자가 지정한 채무가 변제되어 소멸하는 것은 아니라고 한다. 이는 합의충당을 지정충당에 우선하는 것으로 해석하는 경우에는 당연한 것이다. 약정된 방법과 다른 일방적 지정에 유효성을 인정할 수 없기 때문이다. 그렇지만 그와 다른 견해가 주장될 여지가 있기 때문에 그에 대하여 분명히 할 필요는 있다. 다만, 본 판결은 채무자의 지정에 대하여 채권자가 명시적 또는 묵시적으로 동의를 한 경우에는 충당방법에 관한 약정을 합의로 변경하는 것이 되므로 그 지정의 유효성을 인정한다. 한편 이러한 해석은 채권자(변제자)가 약정된 방법과 다르게 지정한 때에도 마찬가지라고 해야 한다(반대 김충섭 대법원판례해설 142면).

2. 논평

본 판결의 내용은 타당하다.

[주요 평석 문헌] 김충섭, "채권자와 채무자 사이에 변제충당의 약정이 있는 경우, 채무자가 그 약정과 달리 지정변제충당을 할 수 있는지 여부(소극)," 대법원판례해설, 33호, 138면 이하.

제3장
채권법총론

45. 변제의 제공

◈ 대판 1992. 7. 14, 92다5713
  [소유권이전등기](강의 C-370, 채총 [227])

[쟁점] 부동산 매매계약 해제를 위하여 필요한 매도인의 이행제공의 정도

[사실관계]

(1) 피고는 1983. 6. 27. 소외 A에게 피고 소유의 경기도 포천군 소재 전 3392㎡(이 사건 토지라 함)와 이와 인접한 같은 리 279의 2 전 1,427평을 비롯한 3필지 등 4필지와 그 지상건물 약 10여 동 전부를 6,650만 원에 매도하는 계약을 체결하였다(이 사건 토지에는 원래 탄약고가 설치되어 있었는데, 1989년경에 탄약고가 이전되어 가격이 폭등하였음).

(2) A는 잔대금 1,300만 원이 남아 있던 상태에서 같은 해 10.초순경 피고를 찾아가, 잔대금 1,300만 원을 당장 마련하기가 어려우니 우선 위 4필지 토지 중 이 사건 토지를 제외한 나머지 3필지 토지 및 위 279의 2 지상주택에 관하여서만 먼저 소유권이전등기를 해주면, 잔대금에 대하여는 완제일까지 월 3푼의 비율에 의한 이자를 지급하고, 이 사건 토지는 후에 잔대금을 지급한 후 소유권이전등기를 해가겠다고 하였다. 피고는 A의 요청을 받아들여 이 사건 토지를 제외한 나머지 3필지 토지 및 위 279의 2 지상주택에 관하여 먼저 소유권이전등기를 해주되, 이전등기를 해준 후에도 279의 1 지상가옥을 피고가 당분간 임차하여 계속 거주하기로 하고, 그 전세보증금은 300만 원으로 하여 잔대금에서 이를 공제하기로 약정하였다.

(3) 한편 A는 그의 처형인 원고와의 사이에 그의 원고에 대한 차용금채무를 담보하기 위하여 이 사건 토지와 위 279의 2 토지 및 그 지상주택의 소유 명의를 원고 앞으로 이전해 주기로 약정한 뒤, 같은 해 10. 중순경 매도인은 피고, 매수인은 원고, 잔대금 1,000만 원의 지급기일은 1984. 4. 15.로 된 1983. 9. 5.자의 매매계약서와 위 279의 1

지상가옥을 피고가 300만 원에 전세하는 내용의 전세계약서를 작성하여 피고에게 가지고 와서 남은 1,000만 원의 지급기일을 1984. 4. 15.로 하였으면 좋겠다고 부탁하므로 피고는 이를 받아들여 A가 가지고 온 각 계약서에 날인을 해 주고, 같은 달 19. 이 사건 토지를 제외한 나머지 3필지 토지 및 그 지상주택에 관하여 소외 B, C 등의 명의로 소유권이전등기를 해주었다.

(4) 피고는 A가 새로 약정한 잔대금 지급기일인 1984. 4. 15.이 지나도록 약정한 이자의 일부만을 지급할 뿐, 전세보증금 300만 원을 공제한 잔대금 1,000만 원은 지급하지 않은 채 소식이 끊어지자 할 수 없이 1984. 가을경 새로 조성한 농장으로 이사하였다.

(5) 그 후 1986. 2.초순경에 이르러 A가 피고에게 잔대금을 지급하겠다는 연락을 해 오자 피고는 같은 해 2. 4. 매수인을 원고로 한 부동산매도용 인감증명서를 발급받아 놓은 후 같은 해 2. 6. A에게 잔대금 1,000만 원 및 이에 대한 약정이자를 1986. 2. 28.까지 지급하지 않을 때에는 이 사건 토지를 피고 임의로 처분하겠다는 내용의 통고서를 발송하였고, 이에 A가 잔대금 액수는 8,018,000원이라고 다투면서, 같은 해 5. 30.까지 이 사건 토지에 관하여 설정되어 있는 가등기(당시 이 사건 토지에 가등기는 설정되어 있지 않았고 D를 근저당권자로 한 채권최고액 950만 원의 근저당권이 설정되어 있었음)를 말소함과 아울러 A로부터 잔대금 8,018,000원을 수령하고 이 사건 토지에 관한 소유권이전등기 절차를 이행하라는 내용의 답변서를 보내오자, 다시 같은 달 25. A에게 1차로 보낸 통고서 내용과 같은 취지의 통고서를 발송하였고, 같은 달 22. 원고에게도 위와 같은 통고서를 발송하였다.

(6) 피고는 같은 달 27. 이 사건 토지에 설정되어 있던 위의 근저당권설정등기를 말소하였고, 같은 해 2. 28.이 되어도 잔대금 지급이 없자 같은 해 여름경부터 불도저 등을 동원하여 이 사건 토지를 다시 개간하고 그 지상에 약 10동의 건물을

지어 점유해 오고 있다.

(7) 그 뒤 원고는 1989. 4. 3 피고에게 1,000만원을 수령함과 상환으로 이 사건 토지에 관한 소유권이전등기를 하라는 소를 제기하였고, 이에 대하여 피고는 위 매매계약은 A의 이행지체를 이유로 한 피고의 해제권 행사에 의하여 1986. 2. 28 해제되었다고 주장하였다.

[판결요지]

쌍무계약인 부동산매매계약에 있어서는 특별한 사정이 없는 한 매수인의 잔대금지급의무와 매도인의 소유권이전등기서류 교부의무는 동시이행관계에 있다 할 것이고, 이러한 경우에 매도인이 매수인에게 지체의 책임을 지워 매매계약을 해제하려면 매수인이 이행기일에 잔대금을 지급하지 아니한 사실만으로는 부족하고, 매도인이 소유권이전등기신청에 필요한 일체의 서류를 수리할 수 있을 정도로 준비하여 그 뜻을 상대방에게 통지하여 수령을 최고함으로써 이를 제공하여야 하는 것이 원칙이고, 또 상당한 기간을 정하여 상대방의 잔대금채무이행을 최고한 후 매수인이 이에 응하지 아니한 사실이 있어야 하는 것이며, 매도인이 제공하여야 할 소유권이전등기신청에 필요한 일체의 서류라 함은 등기권리증, 위임장 및 부동산매도용 인감증명서 등 등기신청행위에 필요한 모든 구비서류를 말하는 것임은 원심이 설시한 바와 같다고 하겠다.

그러나 그렇다고 하여 매수인의 잔대금의 준비나 제공 여부와는 관계없이 매도인에게 일률적으로 즉시 소유권이전등기가 가능할 정도로 구비서류를 완성하여 매수인에게 현실의 제공을 할 의무까지는 없다고 할 것이고, 매수인으로서는 매도인이 이와 같은 모든 구비서류를 완비하여 제공하지 아니한 때에는 그 잔대금의 지급을 거절할 수 있고 매도인으로서는 매수인이 이와 같은 이유로 잔대금의 지급을 거절할 때에는 이를 이유로 매수인을 지체에 빠뜨릴 수 없다고 할 것이나, 매수인이

매매대금을 준비하지 아니하고 대금지급기일을 넘기는 등 계약을 이행함과 동시에 소유권이전등기를 수령할 준비를 하지 아니한 경우에는 매도인으로서는 부동산매도용 인감증명서를 발급받아 놓고, 인감도장이나 등기권리증 등을 준비하여 놓아, 잔대금수령과 동시에 법무사 등에게 위임하여 이전등기신청행위에 필요한 서류를 작성할 수 있도록 준비함으로써 이행의 제공을 하고 잔대금지급의 최고를 할 수 있다고 보아야 할 것이고, 이와 같은 경우 위의 서류 등은 자신의 집에 소지하고 있음으로써 족하다고 할 것이다.

[관련규정] 제544조, 제460조

[해설 및 논평]

1. 해설

위에 인용한 판결요지 중 첫째 단락은 동시이행관계에 있는 부동산매매계약의 매도인이 갖추어야 하는 이행제공 등의 요건과 제공해야 할 서류에 관하여 원칙을 - 이전의 판례에 좇아 - 판시하고 있다(대판 1987. 9. 8, 86다카1379 등 참조).

그리고 둘째 단락은 매도인의 제공의 정도를 구체적인 상황에 따라 신의칙에 따라 합리적으로 완화할 수 있음을 밝히고 있다. 그러지 않으면 불성실한 채무자에게 대금지급 지연의 구실을 주게 되기 때문이다. 다만, 본 판결에 의하면 반드시 인감증명서는 발급받아 두어야 한다. 그에 비하여 등기신청용 위임장은 인감도장이 있으면 즉시 작성할 수 있으므로 꼭 필요하지는 않다는 입장이다.

2. 논평

본 판결은 실질적으로나 이론적으로나 타당하다.

[주요 평석 문헌] 원유석, "부동산매도인의 매매계약해제를 위한 이행제공의 정도," 민사판례연구, 16권, 67면 이하; 홍성무, "동산매매계약을 해제하기 위하여 필요한 이행제공의 정도," 대법원판례해설, 18호, 205면 이하.

제3장
채권법총론

46. 변제에 의한 대위

◈ 대판 2010. 6. 10, 2007다61113·61120
[구상금등](강의 C-383, 채총 [235])

[쟁점] 제482조 제2항 제4호, 제5호 전문에 의하여 대위비율을 산정할 경우 보증인과 물상보증인의 지위를 겸하는 자를 1인으로 보아야 하는지 여부(적극)

[사실관계]

(1) 망 소외 1(이하 '망인'이라 함)은 ○○그룹의 창업자로서 1982. 4. 9. 사망하였는데, 망인의 재산상속인으로는 본처(1954. 7. 12. 사망함)와의 사이에 장남 피고 1, 장녀 소외 10, 2남 피고 2, 3남 피고 3, 2녀 소외 11, 5남 소외 3, 6남 원고 1이, 1956. 2. 9. 재혼한 처인 원고 2와 사이에 7남 원고 3, 4녀 소외 7이, 소실 소외 12와 사이에 4남 소외 13, 3녀 원고 5가, 소실 소외 14와 사이에 5녀 원고 4가 있었는데, 위 소외 7은 1986. 12. 19. 사망하여 남편 소외 8과 자녀인 원고 6, 7이 공동상속하였다.

(2) 망인은 1940년대부터 부산지역에서 ○○그룹을 일으켜 20여 개의 계열사를 경영하여 오다가 1970년 무렵을 전후하여 경영일선에서 물러나면서, ○○그룹의 주력을 이루는 3개사(주식회사임)인 소외 2회사, 소외 6회사, 소외 5회사를 본처 소생의 1, 2, 3남에게 물려주기로 하고, 소외 2회사는 1남 피고 1에게, 소외 6회사는 2남 피고 2에게, 소외 5회사는 3남 피고 3에게 맡겨 각기 대표이사로서 회사를 경영하도록 하였는데(이하 위 3개 주력회사를 '이 사건 주력 3사'라 함), 그 후 ○○그룹은 1979. 5.경 부도위기에 처하게 되었고, 이에 금융당국과 당시 주거래은행인 피고 은행(당시 상호는 한국상업은행이었는데, 현재 우리은행으로 변경됨)을 비롯한 6개 채권은행은 ○○그룹의 주력사들인 소외 2회사, 소외 6회사, 소외 5회사 및 소외 15회사를 제외한 나머지 계열사들을 처분하거나

통폐합하여 재무구조를 개선하도록 하는 한편 ○○그룹 경영주와 대주주 등 소유의 부동산들을 담보로 구제금융을 해 주기로 방침을 정하고, 이에 따라 피고 은행은 1979. 10. 13. 이 사건 주력 3사와 사이에 채권자 겸 근저당권자를 피고 은행, 채무자를 이 사건 주력 3사, 근저당권설정자를 망인 및 소외 5회사, 피고 1, 2, 3, 채권최고액을 금 400억 원으로 하는 근저당권설정계약을 체결하고, 1979. 10. 31.부터 1979. 11. 2.까지 사이에 망인 소유의 부동산 거의 전부 및 피고 1, 2, 3 등 소유의 일부 부동산에 관하여 피고 은행 앞으로 위 계약에 따른 근저당권설정등기를 경료받으면서 위 400억 원의 범위에서 이 사건 주력 3사에 긴급구제금융을 지원하였다. 그리고 피고 1, 2, 3은 동시에 연대보증인이 되었다.

(3) 그 뒤 이 사건 근저당권 피담보채무는 1981. 6경부터 2002. 7.경까지 사이에 별지(생략)의 기재와 같이 주채무자 및 망인 등 물상보증인 소유 부동산의 자진매각대금 또는 경매배당금으로 전액 변제되었다.

(4) 한편, 1981. 9. 15.자로 망인 명의의 내용의 유언증서가 작성되었는데, 거기에는 망인이 위 3사의 은행채무에 대하여 연대보증(연대보증은 제2심에서 인정되지 않음) 및 그가 소유 부동산 전부를 담보로 제공한 바 있다고 하고, X토지 외 20필지(이하 '이 사건 각 부동산'이라 함)를 소외 2회사에, Y토지를 소외 6회사에, Z토지 등 20필지를 소외 5회사에 각 증여한다고 되어 있고, 그에 따라 소외 2회사는 1983. 3. 4. 이 사건 각 부동산에 관하여 각 1982. 4. 9.자 유증을 원인으로 한 소유권이전등기를 마쳤다.

(5) 이에 원고들은, 망인 소유 재산으로부터 부담부분보다 많은 부분이 변제되었고, 피고 1, 2, 3은 자신들의 부담부분보다 적게 변제하였다는 이유로 물상보증인인 망인의 변제자대위 효과에 따라 피고 1, 2, 3에 대하여 구상금을 청구하였고, 피고 은행에 대하여는 피고 1, 2, 3 소유 부동산에

설정된 피고 은행의 근저당권을 대위할 수 있으므로 이에 대하여 일부 이전을 청구하였다.

[판결요지]

민법 제482조 제2항 제4호, 제5호가 물상보증인 상호간에는 재산의 가액에 비례하여 부담 부분을 정하도록 하면서, 보증인과 물상보증인 상호간에는 보증인의 총 재산의 가액이나 자력 여부, 물상보증인이 담보로 제공한 재산의 가액 등을 일체 고려하지 아니한 채 형식적으로 인원수에 비례하여 평등하게 대위비율을 결정하도록 규정한 것은, 인적 무한책임을 부담하는 보증인과 물적 유한책임을 부담하는 물상보증인 사이에는 보증인 상호간이나 물상보증인 상호간과 같이 상호 이해조정을 위한 합리적인 기준을 정하는 것이 곤란하고, 당사자 간의 특약이 있다는 등의 특별한 사정이 없는 한 오히려 인원수에 따라 대위비율을 정하는 것이 공평하고 법률관계를 간명하게 처리할 수 있어 합리적이며 그것이 대위자의 통상의 의사 내지 기대에 부합하기 때문이다. 이러한 규정 취지는 동일한 채무에 대하여 보증인 또는 물상보증인이 여럿 있고, 이 중에서 보증인과 물상보증인의 지위를 겸하는 자가 포함되어 있는 경우에도 동일하게 참작되어야 하므로, 위와 같은 경우 민법 제482조 제2항 제4호, 제5호 전문에 의한 대위비율은 보증인과 물상보증인의 지위를 겸하는 자도 1인으로 보아 산정함이 상당하다.

[관련규정] 제482조 제2항 제4호, 제5호

[해설 및 논평]
1. 해설
(1) 보증인과 물상보증인을 겸하는 경우의 문제에 관하여

민법은 제482조 제2항에서 법정대위자가 여럿 있는 때에 혼란을 피하고 공평을 유지하기 위하여 그들 사이의 대위의 순서와 비율을 정하고 있다.

그런데 거기서는 보증인이나 물상보증인이 각기 하나의 자격만을 가지고 있는 경우만을 전제로 하고 있고, 동일인이 보증인이면서 물상보증인의 경우에 대하여는 규정하고 있지 않다. 그러한 상황에서 본 판결은 뒤의 문제에 대하여 처음으로 명확한 판단을 하였다.

동일인이 보증인과 물상보증인을 겸하는 경우의 처리에 관하여는 국내외에서 i) 보증인 겸 물상보증인 1인설(보증인 1인설), ii) 물상보증인 1인설, iii) 대위자가 자신의 2중자격이나 상대방의 2중자격 중 하나를 선택해야 하고 선택하면 나머지 자격은 소멸한다는 자격선택설, iv) 물상보증인으로서 1인과 보증인으로서 1인으로 계산하여야 한다는 2인설 등이 주장되고 있다. 그런데 본 판결은 그 중에 보증인 겸 물상보증인 1인설을 채용하였다.

(2) 그 밖의 문제에 관하여

본 판결에는 — 페이지 제한 때문에 부득이 — 위의 판결요지에 인용하지 못한 두 가지의 문제에 대한 중요한 판단도 담겨 있다. 하나는 여러 보증인 또는 물상보증인 중 어느 1인이 자신의 부담부분에 미달하는 대위변제 등을 한 경우에는 제482조 제2항 제5호에 따른 변제자대위를 할 수 없다는 것이고, 다른 하나는 보증인이나 물상보증인이 대위변제 등을 할 당시에 이미 주채무가 감소하거나 증가한 사정이 있는 경우에는 당해 보증인이나 물상보증인의 대위변제액 등이 그의 부담부분을 초과하는지 여부를 판단함에 있어서 그와 같은 사정을 반드시 참작하여야 한다는 것이다.

2. 논평

위 1.(1)에서 열거한 견해는 모두 장단점이 있으나, 본 판결이 채택한 i)설이 민법취지에도 부합하고 가장 간명하다. 그리고 다른 점에 대한 본 판결의 태도도 옳다.

[주요 평석 문헌] 노유경, "보증인과 물상보증인 상호간 변제자대위," 민사판례연구, 34권, 361면 이하.

47. 상계

◆ 대판(전원) 2012. 2. 16, 2011다45521
[추심금](강의 C-426·427, 채총 [260])

[쟁점] 채권압류명령을 받은 제3채무자가 압류
채무자에게 반대채권을 가지고 있는 경우 상계로
써 압류채권자에게 대항하기 위한 요건

[사실관계]

(1) 피고는 A와 공장신축공사를 체결하였고, A
는 공사를 완성하여 2008. 6. 10.경 피고에게 인도
하였다.

(2) 원고는 A로부터 위 공사 일부를 하도급받아
2008. 5. 30. 공사를 완성하였으나 대금 일부를 지
급받지 못하자 지급명령을 신청하여 그 지급명령
이 확정되었다. 원고는 위 하도급채권의 보전을
위하여 채무자를 A, 제3채무자를 피고로 하여 A
의 피고에 대한 공사대금채권에 대하여 가압류결
정을 받아 2008. 6. 30. 피고에게 송달되었다. 원
고는 위 지급명령에 기하여 가압류를 본압류로 이
전하고 A의 피고에 대한 공사대금 일부를 추심하
기로 하는 채권압류 및 추심명령을 받아 2008. 8.
11. 피고에게 송달되었다.

(3) 한편 피고는 2008. 4.경 A로부터 지급기일
2008. 7. 25로 된 약속어음(액면금 1억 원)을 할인하
여 교부받으면서 A에게 8,300만 원을 지급하였다.

(4) 원고는 피고에 대하여 이 사건 추심금 청구
의 소를 제기하였다. 이에 대하여 피고는 A에 할
인하여 준 약속어음에 관한 채권으로 A의 공사대
금채권과 상계한다고 항변하였고, 원고는 위 채권
의 변제기는 가압류의 효력 발생 당시 아직 도래
하지 않아 상계적상에 있지 아니하였으며 자동채
권의 변제기가 수동채권의 변제기 이후이므로 피
고는 압류채권자인 원고에게 상계로써 대항할 수
없다고 주장하였다.

(5) 원심은 제3채무자는 가압류 효력 발생 당시
이미 반대채권을 취득한 이상 그 당시 상계적상에

있지 않고 반대채권의 변제기도 도래하지 않았다
하더라도, 양 채권의 변제기 선후를 불문하고 그
후에 상계적상에 이르면 상계로써 압류채권자에
게 대항할 수 있다는 전제에서, 가압류의 효력발
생일은 2008. 6. 30.이고, 피압류채권인 공사대금
채권의 변제기는 2008. 6. 10.경이며, 약속어음 관
련 대여금채권(반대채권)의 변제기는 공사대금채
권의 변제기 후인 2008. 7. 25.이지만, 반대채권이
가압류 효력 발생 당시 이미 취득되어 있었던 이
상, 반대채권과 공사대금채권의 상계로써 압류채
권자인 원고에게 대항할 수 있다고 판단하여, 상
계로 소멸하고 남은 A의 공사대금채권 범위 내에
서 원고청구를 일부인용하였다. 이에 대하여 원고
가 상고하였다.

[판결요지]

(다수의견) 민법 제498조는 "지급을 금지하는 명
령을 받은 제3채무자는 그 후에 취득한 채권에 의
한 상계로 그 명령을 신청한 채권자에게 대항하지
못한다"라고 규정하고 있다. 위 규정의 취지, 상계
제도의 목적 및 기능, 채무자의 채권이 압류된 경
우 관련 당사자들의 이익상황 등에 비추어 보면,
채권압류명령 또는 채권가압류명령(이하 채권압류
명령의 경우만을 두고 논의하기로 한다)을 받은 제3
채무자가 압류채무자에 대한 반대채권을 가지고
있는 경우에 상계로써 압류채권자에게 대항하기
위하여는, 압류의 효력 발생 당시에 대립하는 양
채권이 상계적상에 있거나, 그 당시 반대채권(자
동채권)의 변제기가 도래하지 아니한 경우에는 그
것이 피압류채권(수동채권)의 변제기와 동시에 또
는 그보다 먼저 도래하여야 한다.

(반대의견) 지급을 금지하는 명령을 받을 당시에
반대채권과 피압류채권 모두의 이행기가 도래한
때에는 제3채무자가 당연히 반대채권으로써 상계
할 수 있고, 반대채권과 피압류채권 모두 또는 그
중 어느 하나의 이행기가 아직 도래하지 아니하여
상계적상에 놓이지 아니하였더라도 그 이후 제3

채무자가 피압류채권을 채무자에게 지급하지 아니하고 있는 동안에 반대채권과 피압류채권 모두의 이행기가 도래한 때에도 제3채무자는 반대채권으로써 상계할 수 있고, 이로써 지급을 금지하는 명령을 신청한 채권자에게 대항할 수 있다.

[관련규정] 제492조 제1항, 제498조

[해설 및 논평]

1. 해설

지급을 금지하는 명령을 받은 제3채무자는 그 후에 취득한 채권에 의한 상계로 그 명령을 신청한 채권자에게 대항하지 못한다(498조). 지급금지 명령을 받은 채권은 압류 또는 가압류된 채권을 가리키며, 그러한 채권의 채무자는 그 채권을 수동채권으로 하여 지급금지 후에 취득한 채권과 상계할 수 없다. 지급금지 전에 취득한 채권과는 상계할 수 있다. 문제는 지급금지 전에 취득한 채권이 압류당시 상계적상에 있어야 하는가인데, 제3채무자가 지급금지채권을 수동채권으로 하는 상계로써 압류채권자에게 대항하기 위한 요건에 관해서 종래 변제기기준설과 무제한설이 주장되고 있다.

변제기기준설은, 압류 당시 양채권이 상계적상에 있는 경우는 물론 그렇지 않더라도 반대채권(자동채권)의 변제기가 피압류채권(수동채권)의 변제보다 먼저 도래하는 때에는 제3채무자는 장래 상계할 기대이익을 가지고 있으며 그러한 기대이익은 정당하고 합리적인 것이어서 당연히 보호되어야 하지만, 자동채권의 변제기가 피압류채권의 변제기보다 나중에 도래하는 경우에는 상계는 허용되지 않는다고 한다.

무제한설은, 제498조의 규정을 반대해석하여 압류당시 반대채권이 성립 또는 취득되어 있는 한 제3채무자의 상계에 대한 기대이익은 정당하다고 하면서, 제3채무자는 양채권의 변제기 선후를 가릴 필요없이 상계적상에 있기만 하면 압류 이전에 취득한 채권을 자동채권으로 하여 압류 후에도 제

한없이 피압류채권과 상계할 수 있다고 한다. 단지 압류 후에 취득한 채권을 자동채권으로 하는 상계만이 금지된다는 것이다. 원심은 이러한 입장에서 피고의 약속어음 관련 대여금채권을 자동채권으로 한 상계주장을 받아들였다.

다수설은 변제기기준설을 취하고 있으며, 판례는 대판 1982. 6. 22, 82다카200 이후 변제기기준설을 따르고 있다. 즉 채권압류명령을 받은 제3채무자가 압류채무자에 대한 반대채권을 가지고 있는 경우에 상계로써 압류채권자에게 대항하기 위해서는, 압류의 효력 발생 당시 양 채권이 상계적상에 있거나, 그 당시 반대채권(자동채권)의 변제기가 도래하지 아니한 경우에는 그것이 피압류채권(수동채권)의 변제기와 동시에 또는 그보다 먼저 도래해야 한다고 한다.

그리하여 이 사건에서도 가압류의 효력이 발생할 당시 피압류채권인 공사대금채권은 이미 변제기가 도래하였으나 반대채권은 변제기가 도래하지 않았기 때문에 그 당시 상계적상에 있었다고 할 수 없고, 나아가 반대채권의 변제기가 공사대금채권의 변제기보다 나중에 도래하므로, 피고는 반대채권에 의한 상계로써 압류채권자인 원고에게 대항할 수 없다는 결론에 이른 것이다.

2. 논평

채권압류에서 제3채무자가 상계로써 압류채권자에게 대항하기 위한 요건에 관한 견해의 차이는 압류의 실효성 확보와 상계에 대한 기대이익 보호라는 압류채권자와 제3채무자의 이해의 조정에 관한 문제이다. 그동안 판례는 변제기기준설에 따라 제498조의 문리해석보다 제3채무자의 상계권 행사의 범위를 좁게 해석함으로써 상계의 담보적 기능에 일정한 제한을 가하여 왔다. 본 판결은 압류된 채권의 상계 허용요건에 관한 변제기기준설에 따른 판례의 입장을 재차 확인한 것이다.

[주요 평석 문헌] 이상주, "압류된 채권에 대한 상계의 허용요건," 안대희 대법관 재임기념 논문집, 361면 이하.

48. 제척기간이 경과한 채권을 자동채권으로 한 상계

◆ 대판 2019. 3. 14, 2018다255648
[물품대금](강의 C-429, 채총 [262])

[쟁점] 매도인이나 수급인의 담보책임을 기초로 한 손해배상채권의 제척기간이 지났으나, 제척기간이 지나기 전 상대방의 채권과 상계할 수 있었던 경우, 매수인이나 도급인이 제495조를 유추적용해서 위 손해배상채권을 자동채권으로 해서 상대방의 채권과 상계할 수 있는지 여부(적극)

[사실관계]

원고는 2012. 4.경 피고에게 폐기물파쇄기와 1호 분쇄기를 제작·설치하기로 하고 수개월 내에 그 제작·설치를 마쳤고, 2013. 4.경 피고에게 2호 분쇄기를 추가로 공급하기로 하고 수개월 내에 그 제작·설치를 마쳤다.

원고가 2015. 3. 23. 피고를 상대로 미지급 대금(66,100,000원)의 지급을 구하는 소를 제기하자, 피고는 2015. 5. 11.자 답변서를 통해서 원고에게 위 도급계약에 따른 하자담보책임을 주장하는 한편 2018. 1. 9.자 준비서면을 통해서 원고가 제작·설치한 이 사건 폐기물파쇄기와 1, 2호 분쇄기의 하자로 인한 손해배상채권을 원고의 위 미지급 대금채권과 상계한다고 주장하였다. 이에 대하여 원고는 피고가 하자담보책임의 제척기간 내에 그 권리를 행사하지 아니하여 이미 제척기간이 도과하였으므로, 피고는 원고에게 하자담보책임에 따른 손해배상채권에 기해 대금채권과 상계할 수 없다고 주장하였다(피고가 원고로부터 1, 2호 분쇄기를 인도받은 날부터 1년 내에 원고에게 하자 보수나 손해배상을 요구했다고 볼 만한 자료는 없다).

원심법원은 민법 제495조는 당사자 쌍방의 채권이 상계적상에 있는 경우 채권·채무관계의 정산 소멸에 관한 당사자의 신뢰를 보호하기 위한 것인데, 공평의 원칙에 비추어 제척기간의 적용을 받는 채권의 경우에도 당사자의 신뢰를 보호함이 상당하고 통상의 거래관념에 부합하며, 이미 상계적상의 상태에 있었음에도 불구하고 상대방 채권의 제척기간이 경과되었거나 곧 경과될 것을 이용하여 상대방의 신뢰에 반한 채권행사를 하는 것은 신의칙에 반할 우려도 있으므로, 제척기간이 경과된 채권의 경우에도 민법 제495조의 유추적용은 허용된다고 판단하였다. 그리하여 피고의 하자보수에 갈음한 손해배상채권은 인도받은 날 이미 발생하여 제척기간이 경과하기 전 원고의 대금지급채권과 상계적상에 있었으므로, 피고는 위 손해배상채권을 자동채권으로 하여 상계할 수 있다고 하였다.

이에 대하여 원고가 상고하였고 대법원은 판결요지와 같은 이유로 상고를 기각하였다.

[판결요지]

민법 제495조는 "소멸시효가 완성된 채권이 그 완성 전에 상계할 수 있었던 것이면 그 채권자는 상계할 수 있다."라고 정하고 있다. 이는 당사자 쌍방의 채권이 상계적상에 있었던 경우에 당사자들은 채권·채무관계가 이미 정산되어 소멸하였거나 추후에 정산될 것이라고 생각하는 것이 일반적이라는 점을 고려하여 당사자들의 신뢰를 보호하기 위한 것이다.

매도인이나 수급인의 담보책임을 기초로 한 매수인이나 도급인의 손해배상채권의 제척기간이 지난 경우에도 민법 제495조를 유추적용해서 매수인이나 도급인이 상대방의 채권과 상계할 수 있는지 문제된다.

매도인의 담보책임을 기초로 한 매수인의 손해배상채권 또는 수급인의 담보책임을 기초로 한 도급인의 손해배상채권이 각각 상대방의 채권과 상계적상에 있는 경우에 당사자들은 채권·채무관계가 이미 정산되었거나 정산될 것으로 기대하는 것이 일반적이므로, 그 신뢰를 보호할 필요가 있다. 이러한 손해배상채권의 제척기간이 지난 경우에도 그 기간이 지나기 전에 상대방에 대한 채권·

채무관계의 정산 소멸에 대한 신뢰를 보호할 필요성이 있다는 점은 소멸시효가 완성된 채권의 경우와 아무런 차이가 없다.

따라서 매도인이나 수급인의 담보책임을 기초로 한 손해배상채권의 제척기간이 지난 경우에도 제척기간이 지나기 전 상대방의 채권과 상계할 수 있었던 경우에는 매수인이나 도급인은 민법 제495조를 유추적용해서 위 손해배상채권을 자동채권으로 해서 상대방의 채권과 상계할 수 있다고 봄이 타당하다.

[관련규정] 제495조, 제667조, 제670조

[해설 및 논평]

1. 해설

민법 제495조는 "소멸시효가 완성된 채권이 그 완성 전에 상계할 수 있었던 것이면 그 채권자는 상계할 수 있다"라고 정하고 있다. 대상판결의 사안에서는 제척기간이 지난 채권에 대하여도 민법 제495조를 유추적용하여 이를 자동채권으로 한 상계가 허용되는지 문제되었는데, 대법원은 "손해배상채권의 제척기간이 지난 경우에도 그 기간이 지나기 전에 상대방에 대한 채권·채무관계의 정산 소멸에 대한 신뢰를 보호할 필요성이 있다는 점은 소멸시효가 완성된 채권의 경우와 아무런 차이가 없다"는 이유로 민법 제495조의 유추적용을 긍정하였다.

원고가 피고와 체결한 계약은 제작물공급계약으로서 그 구체적 계약 내용에 비추어 도급계약의 성질을 지닌다. '완성된 목적물 또는 완성 전의 성취된 부분에 하자'가 있는 경우 도급인은 하자보수에 갈음하여 또는 하자보수와 함께 손해배상을 청구할 수 있고(667조 2항), 하자담보책임에 기한 손해배상청구는 목적물을 인도받은 날로부터 1년 내에 하여야 한다(670조).

피고가 도급인으로서 원고에 대하여 갖는 하자보수를 갈음하는 손해배상채권은 목적물을 인도받은 날부터 1년 내에 행사하여야 하는데(670조 1항), 피고가 분쇄기를 인도받은 날이 명확하지는

않으나, 계약일로부터 수개월 내에 분쇄기가 인도되었을 것으로 보이므로, 피고의 하자담보책임 주장이 담긴 답변서가 원고에게 송달된 2015. 5. 12. 전에 이미 위 제척기간은 도과하였다

한편 피고의 손해배상채권은 이행기의 정함이 없는 채권으로 채권의 성립 이후 언제든지 청구가 가능하여 상계의 요건과 관련해 이행의 청구를 기다릴 것 없이 채권의 성립과 동시에 이행기에 있으므로(대판 2009. 2. 26, 2007다83908 참조), 피고의 하자 보수에 갈음한 손해배상채권은 분쇄기 인도일 무렵 이미 이행기에 있었고, 원고의 피고에 대한 대금채권 역시 분쇄기 인도일에 이행기에 도달해 상계적상에 있었으므로, 피고는 민법 제495조를 유추적용해서 위 손해배상채권을 자동채권으로 해서 원고의 대금채권과 상계할 수 있다.

2. 논평

민법 제495조는 당사자들의 상계에 대한 정당한 신뢰를 보호하기 위한 것이다. 피고의 손해배상채권과 원고의 대금채권은 상계적상에 있었고 특히 양 채권은 동시이행관계에 있으므로(667조 3항), 피고의 손해배상채권의 제척기간이 지난 경우에도 채권채무관계의 정산소멸에 대한 신뢰는 보호가치가 크다. 나아가 제척기간의 경우 중단이 인정되지 않고 직권조사사항이며 소급효가 인정되지 않는 점에서 소멸시효와 차이가 있지만, 청구권에 관한 제척기간은 소멸시효와 유사하게 의무자를 보호하고 시간의 경과에 따른 증명곤란을 구제하는 기능을 하는 점을 고려하면, 민법 제495조를 제척기간이 지난 채권에도 유추적용하는 것이 타당하다. 다만 대상판결 사안과 달리 견련관계가 없는 채권 상호간에도 민법 제495조를 유추적용할 수 있는지에 대해서는 논란의 여지가 있다.

[주요평석문헌] 이동진, "하자담보책임의 제척기간이 도과한 뒤 한 상계의 효력", 법조, 68권 4호, 266면 이하; 이창현, "제척기간이 경과한 채권을 자동채권으로 한 상계", 법조, 68권 6호, 377면 이하.

제3장
채권법총론

채권법각론

1. 청약의 유인

◆ 대판 2007. 6. 1, 2005다5812 · 5829 · 5836
[손해배상(기) · 소유권이전등기등](강의 D-34. 채각
[22])

[쟁점] 아파트 분양광고의 일반적 법적 성질(=
청약의 유인) 및 분양광고의 내용 중 분양자와 수
분양자 사이에 이를 분양계약의 내용으로 하기로
하는 묵시적 합의가 있었다고 볼 수 있는 경우

[사실관계]

본 판결의 사안은 매우 복잡하나 여기서의 논
의와 관련된 부분만을 단순화하여 정리한다.

(1) A회사는 1997년경 이 사건 아파트를 신축 ·
분양하는 과정에서, 입주자를 모집하기 위하여
모델하우스(견본주택)를 설치하고 분양광고를 하
면서 신문광고, 분양안내책자, 사업설명회 및 분
양담당직원들을 통하여 ① 아파트 단지 내에서 게
르마늄 성분을 포함한 온천이 개발되며, ② 아파
트 거실바닥재를 단풍나무원목 바닥재로 시공하
고, ③ 단지 내에 풍성한 유실수를 식재하고 ④
테마공원을 설치하여 쾌적한 생활환경을 조성하
며, ⑤ 일산에서 금촌을 연결하는 4차선 도로가
2001년까지 8차선으로 확장되고, ⑥ 아파트에 인
접하여 서울대학교가 이전할 예정이며, ⑦ A회사
가 전국 유명 콘도 및 휴양시설과 제휴하여 입주
자들이 콘도회원으로서 이를 이용할 수 있으며,
⑧ 문산↔용산을 연결하는 경의선 전철의 복선
화가 이루어져 편리한 교통환경이 조성된다는 내
용을 광고하였다.

(2) 원고들(총 649명)은 A회사와 사이에 분양계
약을 체결하였는데, 분양계약서에는 목적물이 건
물 · 대지면적 및 동 · 호수를 표시한 아파트 1동과
이에 따른 전기, 도로, 상수도시설 기타 부대시설
(공용)로 되어 있었으나, 온천, 바닥재(원목마루),
유실수단지, 테마공원, 서울대학교 이전, 일산과
금촌을 연결하는 도로의 확장, 콘도이용권의 제
공, 전철복선화와 관련하여 아무런 내용이나 조건
이 기재되어 있지 않았다.

(3) 원고들은 2001. 5.경부터 아파트에 입주하
면서 그 명의로 소유권이전등기를 경료하였는데,
분양광고에 포함되었던 위 ①-⑧의 내용들이 이
행되지 않았다는 이유로 채무불이행으로 인한 손
해배상 등을 구하는 이 사건 소를 제기하였다.

[판결요지]

[1] 청약은 이에 대응하는 상대방의 승낙과 결
합하여 일정한 내용의 계약을 성립시킬 것을 목적
으로 하는 확정적인 의사표시인 반면 청약의 유인
은 이와 달리 합의를 구성하는 의사표시가 되지
못하므로 피유인자가 그에 대응하여 의사표시를
하더라도 계약은 성립하지 않고 다시 유인한 자가
승낙의 의사표시를 함으로써 비로소 계약이 성립
하는 것으로서 서로 구분되는 것이다. 그리고 위
와 같은 구분 기준에 따르자면, 상가나 아파트의
분양광고의 내용은 청약의 유인으로서의 성질을
갖는 데 불과한 것이 일반적이라 할 수 있다. 그런
데 선분양 · 후시공의 방식으로 분양되는 대규모
아파트단지의 거래 사례에 있어서 분양계약서에는
동 · 호수 · 평형 · 입주예정일 · 대금지급방법과 시기
정도만이 기재되어 있고 분양계약의 목적물인 아
파트 및 그 부대시설의 외형 · 재질 · 구조 및 실내
장식 등에 관하여 구체적인 내용이 기재되어 있지
아니한 경우가 있는바, 분양계약의 목적물인 아파
트에 관한 외형 · 재질 등이 제대로 특정되지 아니
한 상태에서 체결된 분양계약은 그 자체로서 완결
된 것이라고 보기 어렵다 할 것이므로, 비록 분양
광고의 내용, 모델하우스의 조건 또는 그 무렵 분
양회사가 수분양자에게 행한 설명 등이 비록 청약
의 유인에 불과하다 할지라도 그러한 광고 내용이
나 조건 또는 설명 중 구체적 거래조건, 즉 아파
트의 외형 · 재질 등에 관한 것으로서 사회통념에
비추어 수분양자가 분양자에게 계약 내용으로서
이행을 청구할 수 있다고 보이는 사항에 관한 한

수분양자들은 이를 신뢰하고 분양계약을 체결하는 것이고 분양자들도 이를 알고 있었다고 보아야 할 것이므로, 분양계약시에 달리 이의를 유보하였다는 등의 특단의 사정이 없는 한, 분양자와 수분양자 사이에 이를 분양계약의 내용으로 하기로 하는 묵시적 합의가 있었다고 봄이 상당하다.

[2] 분양계약의 목적물인 아파트의 외형·재질에 관하여 별다른 내용이 없는 분양계약서는 그 자체로서 완결된 것이라고 보기 어려우므로 위 아파트 분양계약은 목적물의 외형·재질 등이 견본주택(모델하우스) 및 각종 인쇄물에 의하여 구체화될 것을 전제로 하는 것이라고 보아, 광고 내용 중 도로확장 등 아파트의 외형·재질과 관계가 없을 뿐만 아니라 사회통념에 비추어 보더라도 수분양자들 입장에서 분양자가 그 광고 내용을 이행한다고 기대할 수 없는 것은 그 광고 내용이 그대로 분양계약의 내용을 이룬다고 볼 수 없지만, 이와 달리 온천 광고, 바닥재(원목마루) 광고, 유실수단지 광고 및 테마공원 광고는 아파트의 외형·재질 등에 관한 것으로서, 콘도회원권 광고는 아파트에 관한 것은 아니지만 부대시설에 준하는 것이고 또한 이행 가능하다는 점에서, 각 분양계약의 내용이 된다고 한 사례.

[관련규정] 제105조, 제527조

[해설 및 논평]

1. 해설

본 판결은 아파트 분양광고에 의하여 분양계약이 체결된 사안에서 광고의 내용이 계약내용이 되는가에 관한 판단기준을 제시하고 있다. 일반적으로 상가나 아파트의 분양광고의 내용은 청약의 유인으로서의 성질을 갖는 것이지만, 선분양·후시공 방식으로 분양되는 대규모 아파트단지의 거래에 있어서 분양광고 내용 중 구체적 거래조건, 즉 아파트의 외형·재질 등에 관한 것으로서 사회통념에 비추어 수분양자가 분양자에게 계약 내용으로서 이행을 청구할 수 있다고 보이는 사항에 관한 것은, 분양자와 수분양자 사이에 이를 분양계약의 내용으로 하기로 하는 묵시적 합의가 있었던 것으로 보아야 한다고 한다. 그리하여 이러한 기준을 적용하여, ㉠「도로확장 및 서울대 이전 광고, 전철복선화에 관한 광고」는 아파트의 외형·재질과 관계가 없고 사회통념상 분양자의 이행을 기대할 수 없는 것들이므로 계약내용을 이룬다고 보기 어렵지만, ㉡「온천 광고, 바닥재(원목마루) 광고, 유실수단지 광고 및 테마공원 광고」는 아파트의 외형·재질 등에 관한 것으로서, ㉢「콘도회원권 광고」는 아파트에 관한 것은 아니지만 부대시설에 준하는 것이고 이행 가능하다는 점에서 계약내용이 된다고 하였다. 광고내용 가운데 분양계약의 내용이 되는 부분은 그 불이행에 대하여 채무불이행책임이 성립하지만 계약내용이 되지 않은 부분에 관해서는 불법행위책임이 성립할 수 있다.

2. 논평

본 판결은 분양광고의 내용이 계약내용으로 되는지를 판단하는 기준을 제시하였는데, 이는 광고가 청약인지 청약의 유인인지를 판단하는 것과 실질적인 차이가 없다. 분양광고 당시에는 청약의 유인에 불과하더라도 계약체결에 있어서 아파트의 외형·재질 등에 관한 것으로서 사회통념상 이행을 청구할 수 있는 부분은 청약이 되었다고 볼 수 있으며, 본 판결은 그러한 해석의 근거를 '묵시적 합의'에서 구하였다(김재형 평석 426면 이하).

[주요 평석 문헌] 김재형, "분양광고와 계약: 청약·청약의 유인·손해배상을 중심으로," 민사판례연구, 31권, 395면 이하.

2. 계약교섭의 중단

◈ 대판 2003. 4. 11. 2001다53059
[손해배상(기)](강의 D-52, 채각 [32])

[쟁점] 계약교섭의 부당한 중도파기가 불법행위를 구성하는지 여부(적극). 계약교섭의 부당한 중도파기로 인한 손해배상책임의 범위(=신뢰손해) 및 신뢰손해의 의미. 계약교섭의 부당한 중도파기로 인하여 인격적 법익이 침해된 경우 그 정신적 고통에 대한 별도의 손해배상을 구할 수 있는지 여부(적극)

[사실관계]

(1) 피고(한국무역협회)는 1996. 1.경 통상산업부와 협의하여 무역센터 부지 내에 수출 1,000억불 달성을 기념하는 영구조형물(이하 이 사건 조형물이라 함)을 건립하기로 계획하고, 그 건립사업의 추진을 위하여 피고 산하에 수출 1,000억불 기념 영구조형물 건립기획위원회(이하 이 사건 위원회라 함)를 결성하였다.

(2) 이 사건 위원회는 1996. 1. 25. 1차 회의를 개최하여 이 사건 조형물의 건립방법에 관하여 분야별로 5인 가량의 작가를 선정하여 조형물의 시안 제작을 의뢰한 후 그 중에서 최종적으로 1개의 시안을 선정하는 것으로 결의하였고, 1996. 2. 12. 2차 회의를 개최하여 시안 제작을 의뢰할 작가로 원고를 비롯하여 소외 A, B, C, D 등 5인을 선정하였다(B는 선정 직후 사퇴함).

(3) 피고는 1996. 3.경 원고, 위 A, C, D(이하 원고 등 4인이라 함)와 사이에, 원고 등 4인은 1996. 5. 15.까지 이 사건 조형물의 시안을 제작하여 피고에게 제출하고 피고는 그에 대한 보수로 1인당 500만 원을 지급하기로 약정하였고, 그 무렵 원고 등 4인에게 시안제작비로 각 500만 원을 지급하였다. 원고 등 4인은 1996. 5.경 위 의뢰에 따라 위 조형물의 시안을 제작하여 피고에게 제출하였다.

(4) 피고는 1996. 6. 24. 심사위원회를 개최하여

조형성 및 상징성을 수정, 보완할 것을 조건으로 원고가 제출한 시안을 이 사건 조형물의 최종 시안으로 선정하였고, 1996. 8. 16. 그 사실을 원고에게 통보하였다.

(5) 피고는 1996년 및 1997년에는 이 사건 조형물 건립사업에 관한 예산으로 무역진흥기금에서 7억 4,000만 원을 배정하였으나 무역센터 확충사업에 관한 세부 설계작업이 지연되는 등의 사유로 사업을 진행하지 못하였고, 1998년 이후에는 사업에 관한 예산을 배정하지도 않았으며, 1999. 5. 하순경 사업부지 확보 및 사업비 조달의 곤란 등을 이유로 이 사건 조형물 건립사업을 취소하였다. 결국 피고는 원고와 사이에 위 선정된 시안을 기초로 한 구체적인 조형물 설립에 관하여 논의조차 하지 못한 상태에서 1999. 6. 8. 원고에게 위 취소 사실을 통보하였다.

(6) 한편 해양수산부는 1998. 11.부터 2010. 13. (원심판결에서 그대로 인용한 것임)까지 사이에 국고 611억 원과 민자 690억 원의 총사업비를 들여 '해상왕 장보고 재조명·평가사업'을 추진하였다. 피고는 그 사업의 일환으로 '해상왕 장보고 상징조형물'을 건립하기로 하였다. 이에 따라 피고는 1999. 8. 20. 이 사건 조형물 건립과정과 같은 방식으로 소외 E를 조형물 제작 및 설치자로 선정한 후 같은 해 11. 29. E와 사이에 대금 8억 5,000만 원에 장보고 기념 상징조형물 제작·납품 및 설치계약을 체결하였고, E는 2000. 5.경 위 상징조형물을 위 부지에 제작하여 설치하였다.

(7) 이에 원고는 피고를 상대로, 주위적으로 채무불이행으로 인한 손해배상으로 4억 3,000만 원(이 중 1억 원은 위자료임)을, 예비적으로 불법행위로 인한 손해배상으로 같은 금액을 청구하는 소를 제기하였다.

[판결요지]

어느 일방이 교섭단계에서 계약이 확실하게 체결되리라는 정당한 기대 내지 신뢰를 부여하여 상

대방이 그 신뢰에 따라 행동하였음에도 상당한 이유 없이 계약의 체결을 거부하여 손해를 입혔다면 이는 신의성실의 원칙에 비추어 볼 때 계약자유 원칙의 한계를 넘는 위법한 행위로서 불법행위를 구성한다고 할 것이다(대법원 2001. 6. 15. 선고 99다40418 판결 참조). 그리고 그러한 불법행위로 인한 손해는 일방이 신의에 반하여 상당한 이유 없이 계약교섭을 파기함으로써 계약체결을 신뢰한 상대방이 입게 된 상당인과관계 있는 손해로서 계약이 유효하게 체결된다고 믿었던 것에 의하여 입었던 손해 즉 신뢰손해에 한정된다고 할 것이고, 이러한 신뢰손해란 예컨대, 그 계약의 성립을 기대하고 지출한 계약준비비용과 같이 그러한 신뢰가 없었더라면 통상 지출하지 아니하였을 비용 상당의 손해라고 할 것이며, 아직 계약체결에 관한 확고한 신뢰가 부여되기 이전 상태에서 계약교섭의 당사자가 계약체결이 좌절되더라도 어쩔 수 없다고 생각하고 지출한 비용, 예컨대 경쟁입찰에 참가하기 위하여 지출한 제안서, 견적서 작성비용 등은 여기에 포함되지 아니한다고 볼 것이다. 한편 그 침해행위와 피해법익의 유형에 따라서는 계약교섭의 파기로 인한 불법행위가 인격적 법익을 침해함으로써 상대방에게 정신적 고통을 초래하였다고 인정되는 경우라면 그러한 정신적 고통에 대한 손해에 대하여는 별도로 배상을 구할 수 있다고 할 것이다.

[관련규정] 제2조, 제393조, 제535조, 제750조, 제751조 제1항, 제763조

[해설 및 논평]

1. 해설

본 판결에서는 계약교섭이 부당하게 파기된 경우에 불법행위가 성립하는지와 그 경우의 손해배상의 범위에 관하여 판시하고 있다(그 외에 원고와 피고 사이에 계약이 성립되었는지에 관하여도 판시를 하고 있으나, 그에 관하여는 논의를 생략함). 둘을 나누어 살펴본다.

(1) 불법행위의 성립 여부

계약교섭이 부당하게 파기된 경우에 불법행위가 성립하는지에 관하여 대법원은 본 판결 이전에 긍정한 바 있다(대판 2001. 6. 15, 99다40418). 본 판결은 이러한 종래의 판례를 다시 확인하였다. 다만, 이전 판결은 그 사안의 경우에는 — 본 판결과 달리 — 불법행위의 요건이 구비되지 않았다고 하였다. 그리고 이러한 법리는 그 후에도 확인되었다(대판 2004. 5. 28, 2002다32301).

본 판결 사안처럼 계약교섭이 부당하게 파기된 경우에 손해배상을 인정하는 데에는 학자들도 대체로 인정하고 있다. 그런데 그 근거에 관하여는 계약체결상의 과실책임을 인정하는 것이 다수설이다. 그런데 판례는 불법행위책임을 인정한 것이다.

(2) 손해배상의 범위

본 판결은 계약교섭을 부당하게 파기한 불법행위로 인한 손해는 계약이 유효하게 체결된다고 믿었던 것에 의하여 입었던 손해 즉 신뢰손해에 한정된다고 하고, 계약 성립에 대한 신뢰가 없었더라면 통상 지출하지 않았을 비용 상당의 손해라고 한다. 한편 본 판결은 일정한 경우에는 위자료도 청구할 수 있다고 한다. 그리고 그 사안에서 원고에게 3,000만 원의 위자료 청구만 인정하였다.

2. 논평

본 판결의 신뢰이익의 개념에는 문제가 있으나, 그 외에는 타당하다.

[주요 평석 문헌] 함윤식, "계약교섭의 부당파기로 인한 책임," 민사판례연구, 27권, 233면 이하.

제4장
채권법각론

3. 동시이행의 항변권: 중도금지급의무를 이행하지 않은 채 잔금지급시기가 된 때

◆ 대판 1991. 3. 27. 90다19930
 [소유권이전등기](강의 D-62, 채각 [38])

[쟁점] 매수인이 선이행하여야 할 중도금지급을 하지 않은 채 잔대금지급일을 경과한 경우 매수인의 대금지급채무와 매도인의 소유권이전등기의무의 관계

[사실관계]

(1) 피고는 원고에게 그 소유 임야를 매도하기로 하는 계약을 체결하면서, 원고가 계약금과 중도금을 먼저 지급하고 잔금은 소유권이전등기와 상환으로 이행하기로 약정하였는데, 원고는 중도금지급기일에 등기부상 소유자 명의의 영수증을 요구하며 중도금 지급을 거절하였다.

(2) 피고는 2차례에 걸쳐 원고에게 중도금 및 잔대금 지급을 최고한 뒤 그 이행이 없자 잔금지급일 이후 원고에게 매매계약해제의 의사표시를 하였다.

(3) 원고는 매매를 원인으로 한 소유권이전등기를 구하는 이 사건 소를 제기하였고, 피고는 원고의 대금채무불이행을 이유로 계약을 해제하였다고 주장하였다. 원심은 피고가 원고에게 대금채무의 이행을 최고함에 있어서 소유권이전등기의무의 이행제공을 하지 않은 점을 들어 피고의 계약해제 항변을 배척하고 원고의 청구를 인용하였다. 이에 대하여 피고가 상고하였다.

[판결요지]

매수인이 선이행하여야 할 중도금지급을 하지 아니한 채 잔대금지급일을 경과한 경우에는 매수인의 중도금 및 이에 대한 지급일 다음날부터 잔대금지급일까지의 지연손해금과 잔대금의 지급채무는 매도인의 소유권이전등기 의무와 특별한 사정이 없는 한 동시이행관계에 있다.

[관련규정] 제536조

[해설 및 논평]

1. 해설

(1) 쌍무계약에 있어서 특약이나 법률의 규정에 의하여 선이행의무를 부담하는 당사자는 동시이행의 항변권을 가지지 못한다(536조 1항 단서). 그러나 선이행의무자가 이행하지 않고 있는 동안 상대방의 채무의 변제기가 된 때에는 종래 선이행의무자였던 자에게 동시이행의 항변권이 인정된다. 동시이행의 항변권의 요건으로서의 변제기 도래는 항변권을 행사할 때 상대방의 채무가 이행기에 있을 것을 요구하는 것일 뿐이며, 처음부터 이행기가 같아야 하는 것은 아니기 때문이다. 가령 부동산매매계약에 있어 매수인이 선이행의무 있는 중도금을 이행하지 않았다 하더라도 계약이 해제되지 않은 상태에서 잔대금지급기일이 도래하여 그때까지 중도금과 잔대금이 지급되지 않고 잔대금과 동시이행관계에 있는 매도인의 소유권이전등기 소요서류가 제공된 바 없이 그 기일이 도과하였다면, 매수인의 중도금 및 잔대금의 지급과 매도인의 소유권이전등기 소요서류의 제공은 동시이행관계에 있게 되며, 그때부터는 매수인은 중도금을 지급하지 않은 데 대한 이행지체의 책임을 지지 않는다(대판 1988. 9. 27, 87다카1029 등).

이와 관련하여 '그때부터는' 지체책임이 생기지 않는 것이 확실하지만, 상대방 채무의 이행기가 되기 전의 지체에 대한 책임도 면제되는지는 위 판결들만으로는 불분명한 점이 있다. 그런데 본 판결은 매수인이 중도금을 지급하지 않은 채 잔금지급일을 경과한 경우에는 「매수인의 중도금 및 이에 대한 지급일 다음날부터 잔대금지급일까지의 지연손해금」과 잔금의 지급채무는 매도인의 소유권이전등기 의무와 동시이행관계에 있다고 하여, 명확하게 상대방의 채무의 이행기가 되기 전의 지체에 대한 책임을 인정하고 있는 것이다. 따라서 선이행의무자는 이전에 지체된 부분에 대한 배상도 제공하

여야 올바른 이행의 제공을 한 것으로 된다.

주의할 것은 본 판결에서「잔대금지급일까지의 지연손해금」은 잔금지급일에 이를 때까지의 지연손해금, 따라서 잔대금지급일 전날까지의 지연손해금을 가리키는 것으로 이해하여야 한다. 왜냐하면 잔대금지급일부터는 동시이행관계에 있게 되므로 그 날부터는 이행하지 않는다고 해도 이행지체로 되지 않기 때문이다.

(2) 이행지체에 있어서 계약해제권이 발생하려면 ① 채무자의 귀책사유에 의한 이행지체가 있을 것, ② 채권자가 상당한 기간을 정하여 이행을 최고하였을 것, ③ 최고기간 내에 이행이나 이행의 제공이 없었을 것이라는 세 가지 요건이 갖추어져야 한다.

①의 요건과 관련하여, 이행지체가 되려면 지체를 정당화하는 사유가 없어야 한다. 쌍무계약상의 채무자는 동시이행의 항변권이 있어서 상대방의 이행의 제공이 있을 때까지는 자기의 제공이 없더라도 이행지체의 책임을 지지 않는다. 따라서 채무자의 지체책임을 발생하게 하려면, 그리고 그것을 이유로 계약을 해제하려면, 상대방(문제되는 채무의 채권자, 가령 이 사건에서는 피고)이 자기채무의 제공을 하고 있어야 한다.

부동산매매계약에 있어서 매도인의 소유권이전등기 의무도 이와 마찬가지이어서, 매도인이 매수인에게 지체책임을 지워 매매계약을 해제하려면 매수인이 이행기에 잔금을 지급하지 않은 것만으로는 부족하고 매도인이 소유권이전등기 신청에 필요한 일체의 서류를 준비하여 그 뜻을 매수인에게 통지하여 수령을 최고함으로써 이를 제공하여야 하며, 또한 상당한 기간을 정하여 잔금채무이행을 최고한 후 매수인이 이에 응하지 않아야 한다. 이때 소유권이전등기 신청에 필요한 일체의 서류란 등기권리증, 위임장 및 부동산매도용 인감증명서 등 등기신청행위에 필요한 모든 구비서류를 말한다(대판 1992. 11. 10, 92다36373).

이 사건에서 매수인의 중도금 및 이에 대한 중

도금지급일 다음날부터 잔금지급일 전일까지의 지연손해금과 잔금의 지급의무는 매도인의 소유권이전등기 의무와 동시이행관계에 있게 되는데, 피고는 원고에게 대금채무의 이행을 최고함에 있어 자기의 소유권이전등기 의무의 이행제공을 하지 않았고 오히려 원고가 잔금지급기일에 피고에게 지체된 중도금과 잔금의 이행제공을 하였기 때문에, 피고는 원고의 이행지체를 이유로 계약을 해제할 수 없다.

2. 논평

본 판결이 선이행의무자가 이행하지 않고 있는 동안 상대방 채무의 변제기가 도래한 때에는 종래 선이행의무자였던 자에게 동시이행의 항변권이 인정되어 그때부터 이행지체책임을 지지 않지만, 상대방 채무의 변제기가 되기 전의 지체에 대한 책임은 여전히 인정된다는 점을 분명히 한 것은 타당하다. 그리고 이 문제에 관하여는 본 판결이 현재의 판례의 태도라고 이해하여야 한다.

한편 동시이행관계 때문에 지체가 성립하지 않은 채 양 채무가 모두 이행기를 도과한 경우 어느 당사자가 변제제공과 함께 상대방의 이행을 구하면 상대방은 그때부터 이행지체에 빠지게 된다.

[참고판결] 대판 1997. 4. 11, 96다31109: 매도인이 매수인으로부터 중도금을 지급받아 원매도인에게 매매잔대금을 지급하지 아니하고서는 토지의 소유권이전등기서류를 갖추어 매수인에게 제공하기 어려운 특별한 사정이 있었고, 매수인도 그러한 사정을 알고 매매계약을 체결하였던 경우, 매도인의 소유권이전등기절차 서류의 제공의무는 매수인의 중도금 지급이 선행되었을 때에 매수인의 잔대금의 지급과 동시에 이를 이행하기로 약정한 것이라고 할 것이므로, 매수인의 중도금 지급의무는 당초 계약상의 잔금지급기일을 도과하였다고 하여도 매도인의 소유권이전등기서류의 제공과 동시이행의 관계에 있다고 할 수 없다고 한 사례.

4. 위험부담

◈ 대판 2009. 5. 28, 2008다98655 · 98662
[소유권이전등기등](강의 D-72, 채각 [43])

[쟁점] 쌍무계약에서 당사자 쌍방의 귀책사유
없이 채무가 이행불능되어 계약관계가 소멸한 경
우 적용되는 법리(=부당이득)

[사실관계]

(1) 원고(반소 피고. 이하 원고라 함)는 2005. 4.
19. 피고(반소 원고. 이하 피고라 함)와 사이에 피고
에게 원고 소유의 별지 목록(생략) 기재 각 부동산
(이하 이 사건 각 부동산이라 하고, 별지 목록 제1 내지
4항 기재 부동산을 이 사건 토지, 별지 목록 제5, 6항
기재 부동산을 이 사건 건물이라 함) 및 이 사건 건물
내에 있는 기계, 기구, 원재료, 부재료 제공품, 집
기비품을 매매대금 4,585,087,000원에 매도하되,
피고가 원고로부터 이 사건 각 부동산에 관한 소
유권이전등기 절차를 이행받으면 계약금 5억 원
을 지급하고, 중도금 35억 2천만 원의 지급에 갈
음하여 이 사건 각 부동산에 관하여 채권자를 중
소기업은행으로 하여 설정된 근저당권의 피담보
채무를 피고가 인수하기로 하며, 잔금 485,087,100
원은 피고가 이 사건 각 부동산에 관한 소유권이
전등기를 마친 후 한 달 이내에 지급하기로 약정
(이하 이 사건 매매계약이라 함)하였다. 다만 그 매
매계약서는 2005. 4. 21. 작성일자를 2005. 4. 7.로
소급하여 작성하였다.

(2) 원고는 이 사건 매매계약에 관한 토지거래
허가를 받은 후 피고에게 이 사건 각 부동산에 관
하여 2005. 4. 25. 소유권이전등기를 마쳐주었고,
피고는 이 사건 각 부동산을 인도받은 다음 2005.
4. 26. 원고에게 이 사건 매매계약의 계약금 5억
원을 자기앞수표로 지급하였다(그 중 2억 원은 정상
적으로 결제되었으나, 나머지 3억 원은 피고가 2005. 4.
27.경 피사취를 이유로 지급거절을 신청하여 2005. 7.
20.경에야 지급되었다).

(3) 그런데 피고가 이 사건 매매계약에 따라 중
도금의 지급에 갈음하여 인수하기로 한 원고의 중
소기업은행에 대한 대출금채무의 이자를 전혀 지
급하지 않자, 중소기업은행은 부동산임의경매를
신청하여 2005. 6. 16. 이 사건 각 부동산 등에 관
하여 경매개시결정이 내려졌고, 위 경매절차에서
2008. 1. 7. 피고가 최고가 매수신고인 결정을 받
아 2008. 1. 25. 그 대금을 완납하였다.

(4) 집행법원은 2008. 3. 6. 위 경매절차의 배당
기일에 실제 배당할 금액 4,360,081,265원 중 1순위
로 근저당권자인 중소기업은행에게 22억 원을, 2순
위로 근저당권자인 신용보증기금에게 427,441,777
원, 근저당권자인 중소기업은행에게 776,838,223원
을, 3순위로 근저당권자인 중소기업은행에게 955,
801,265원을 각 배당하였다.

(5) 원고는 본소로서 피고의 채무불이행을 이유
로 계약을 해제하였는데 피고의 원상회복의무가
이행불능이 되었으므로 손해배상과 이 사건 부동
산을 부당하게 점유·사용함으로 인하여 취득한
임료 상당의 부당이득(합계 2,294,355,408원)을 구하
는 소를, 피고는 반소로서 원고의 채권자의 사해
행위 취소소송이 승소확정 되었으므로 원상회복
으로 이미 지급한 5억 원의 지급과 이 사건 부동
산의 보전 및 개량을 위해 지출한 비용(유익비·필
요비)의 지급을 구하는 소를 제기하였다.

[판결요지]

민법 제537조는 '쌍무계약의 당사자 일방의 채
무가 당사자 쌍방의 책임없는 사유로 이행할 수
없게 된 때에는 채무자는 상대방의 이행을 청구하
지 못한다'라고 규정하여 채무자 위험부담주의를
채택하고 있는바, 쌍무계약에서 당사자 쌍방의 귀
책사유 없이 채무가 이행불능된 경우 채무자는 급
부의무를 면함과 더불어 반대급부도 청구하지 못
한다고 할 것이므로, 쌍방 급부가 없었던 경우에
는 계약관계는 소멸하고 이미 이행한 급부는 법률
상 원인 없는 급부가 되어 부당이득의 법리에 따

라 반환청구할 수 있다고 할 것이다.

원심판결 이유에 의하면, 원심은 피고의 반소청구 중 계약금의 반환을 구하는 청구 부분에 관하여, … 원고는 피고에게 이미 지급받은 계약금을 반환하여야 할 것이라고 판단하는 한편, 원고의 본소청구 중 임료 상당의 부당이득 반환청구 부분에 관하여는, 이 사건 매매계약은 피고의 귀책사유로 인한 채무불이행으로 해제되지 아니하였으므로 피고의 귀책사유로 인하여 이 사건 매매계약이 해제되었음을 전제로 한 원고의 부당이득 반환청구는 나아가 판단할 필요 없이 이유 없다고 판단하였다.

그런데 … 원심이 판단한 바와 같이 이 사건 매매계약이 원고와 피고 쌍방의 책임 없는 사유로 이행불능에 이르게 되었다면, 앞서 본 법리에 비추어 볼 때, 피고는 원고에게 이 사건 각 부동산을 점유·사용함으로 인하여 취득한 임료 상당의 부당이득을 반환할 의무가 있다고 할 것이므로, 결국 원심의 위와 같은 판단유탈의 잘못이 판결 결과에 영향을 미쳤다고 할 것이다.

[관련규정] 제537조, 제741조

[해설 및 논평]
1. 해설
본 판결 사안에서는 원고가 근저당권이 설정되어 있는 이 사건 부동산을 피고에게 매도하였고, 약정에 따라 원고가 피고에게 소유권이전등기를 해준 후 피고가 계약금 5억 원을 지급하였는데, 그 후 피고가 중도금 지급에 갈음하여 인수한 채무의 이자지급을 하지 않자(원심은 피고의 중도금 지급거절은 정당하다고 함) 근저당권자의 신청으로 경매가 되었고, 피고가 경락인(매수인)이 되었다. 그 상태에서 원고는 피고에게 채무불이행을 이유로 손해배상과 임료 상당의 부당이득을 청구했고, 피고는 계약금 5억 원의 반환과 유익비·필요비의 반환을 청구했다.

그에 대하여 원심은 피고의 계약금 반환청구에 대해서는 위험부담의 법리에 따라 청구를 인정한 반면, 원고의 임료 상당의 부당이득 청구에 대해서는 그 법리를 적용하지 않고 청구를 부정하였다(그 외에 원고의 채무불이행을 부정하고, 피고의 비용상환청구도 해제를 전제로 했다고 하면서 부정함). 그에 비하여 본 판결은 원고의 임료 상당의 부당이득 청구에 대한 원심의 판단이 잘못되었다고 하였다.

본 판결은 그러한 결과를 도출하기 위해 먼저 제537조(채무자 위험부담주의)가 적용되는 경우의 구체적인 효과에 대하여 판시하고 있다. 그에 따르면, 쌍방 급부가 없었던 경우에는 계약관계는 소멸하고 이미 이행한 급부는 법률상 원인 없는 급부가 되어 부당이득의 법리에 따라 반환청구할 수 있다고 한다.

그런 뒤에, 원심이 피고의 계약금 반환청구는 인용하면서 원고의 임료 상당의 부당이득 반환청구는 이 사건 매매계약이 해제되었음을 전제로 하는 주장으로서 더 나아가 살펴볼 필요가 없다고 한 것은 판단유탈의 위법이 있다고 하고, 이어서 원심이 판단한 바와 같이 이 사건 매매계약이 원고와 피고 쌍방의 책임 없는 사유로 이행불능에 이르게 되었다면(원심이 피고의 중도금 지급거절은 정당하다고 함), 앞서 본 법리에 비추어 볼 때, 피고는 원고에게 이 사건 각 부동산을 점유·사용함으로 인하여 취득한 임료 상당의 부당이득을 반환할 의무가 있다고 하였다.

2. 논평
본 판결이 제537조의 경우에 관하여 판시한 법리와 그 사안의 경우에 관한 최종 결과는 모두 타당하다.

5. 제3자를 위한 계약과 부당이득

◆ 대판 2005. 7. 22, 2005다7566 · 7573
[손해배상(기)·약정금](강의 D-86, 채각 [51])

[쟁점] 제3자를 위한 계약관계에서 낙약자와 요약자 사이의 법률관계(이른바 기본관계)를 이루는 계약이 해제된 경우 낙약자가 이미 제3자에게 급부한 것에 대해 계약해제에 기한 원상회복 또는 부당이득을 원인으로 제3자에 대하여 그 반환을 구할 수 있는지 여부

[사실관계]

(1) A는 임의경매절차에서 B 소유 공장과 기계기구를 낙찰받은 다음, B와 사이에 위 경매에서 누락된 기계설비(이하 이 사건 물건이라 함)를 추가로 양수하기로 약정하고 그에 따라 대금을 지급하고 이를 인도받았다.

(2) B는 A에 대한 양도사실을 숨긴 채 다시 원고에게 이 사건 물건을 매도하는 계약(이하 이 사건 매매계약이라 함)을 체결하면서, 매매대금을 당시 B가 피고에 대하여 부담하고 있던 대여금채무 원리금 30,826,080원으로 정하여 원고가 피고에게 이를 지급하기로 약정하였고, 이에 따라 원고는 피고에게 2,600만 원을 지급하였다.

(3) 원고는 이 사건 물건에 관하여 A를 상대로 인도청구의 소를 제기하였으나 A가 원고에 앞서 B로부터 이를 매수하고 인도받아 점유함으로써 소유권을 확정적으로 취득하였다는 이유로 원고 패소판결이 선고되어 확정되었다.

(4) 원고는 피고에 대하여, A가 이 사건 물건의 소유권을 취득함으로써 B의 원고에 대한 소유권이전의무는 이행불능임을 이유로 이 사건 매매계약의 해제를 주장하면서, 그 원상회복으로 원고가 지급한 2,600만 원의 반환을 구하는 이 사건 본소를 제기하였다. 이에 대하여 피고는 반소로 원고에게 잔금 4,826,080원의 지급을 구하였다.

[판결요지]

제3자를 위한 계약관계에서 낙약자와 요약자 사이의 법률관계(이른바 기본관계)를 이루는 계약이 해제된 경우 그 계약관계의 청산은 계약의 당사자인 낙약자와 요약자 사이에 이루어져야 하므로, 특별한 사정이 없는 한 낙약자가 이미 제3자에게 급부한 것이 있더라도 낙약자는 계약해제에 기한 원상회복 또는 부당이득을 원인으로 제3자를 상대로 그 반환을 구할 수 없다.

[관련규정] 제539조, 제548조, 제741조

[해설 및 논평]

1. 해설

(1) 이 사건 매매계약의 성격

원고는 B로부터 이 사건 물건을 매수하고, 매매대금은 B가 피고에게 부담하고 있는 채무금 상당을 피고에게 지급함으로써 B에 대한 매매대금의 지급에 갈음하기로 하였고, B의 피고에 대한 채무는 원고가 위와 같이 피고에게 금원을 지급함으로써 일응 소멸하는 관계에 있으므로, 이 사건 매매대금의 지급방법에 관한 약정은 원고를 낙약자, B를 요약자, 피고를 제3자(수익자)로 하여 원고와 B 사이에 기본관계(보상관계) 및 B와 피고 사이에 대가관계(원인관계)가 모두 존재하고, 피고로 하여금 원고에 대하여 대금을 직접 청구할 수 있는 권리를 취득하게 하는 제3자를 위한 계약에 해당한다. 동시에 위 약정은 원고가 B의 피고에 대한 채무를 인수하는 병존적 채무인수에도 해당한다.

(2) 이 사건 매매계약의 해제 및 원고의 잔금지급의무의 존부(반소청구에 대한 판단)

매수인인 원고는 A가 이미 이 사건 물건의 소유권을 취득함으로써 B의 원고에 대한 소유권이전의무가 이행불능임을 이유로 담보책임을 물어 계약을 해제할 수 있고(570조), 기본관계를 이루는 매매계약의 해제를 항변사유로 하여 제3자인 피고에게 대항할 수 있으므로(542조), 위 약정에 따

른 잔금 4,826,080원의 지급을 거절할 수 있다. 이 경우 제3자(수익자)인 피고는 제548조 제1항 단서 의「제3자」에 해당되지 않는다. 이러한 입장에서 원심은 피고의 반소를 기각하였고 피고가 상고를 포기하여 그 부분은 그대로 확정되었다.

(3) 피고의 대금반환의무의 존부(본소청구에 대한 판단)

제3자를 위한 계약에서 낙약자와 요약자 사이 의 기본관계를 이루는 계약이 해제된 경우 그 계 약관계의 청산은 계약당사자인 낙약자와 요약자 사이에 이루어져야 하며, 낙약자가 이미 제3자에 게 급부한 것이 있더라도 낙약자는 원상회복 또는 부당이득을 원인으로 제3자에 대하여 그 반환을 구할 수 없다. 본 판결은 이러한 입장에서 이 사 건 매매계약이 적법하게 해제되었더라도 그 청산 은 계약당사자인 원고와 B 사이에 이루어져야 하 고, 제3자인 피고에 대하여 원상회복 또는 부당이 득반환을 이유로 원고가 지급한 2,600만 원의 반 환을 구할 수 없다고 하였다.

본 판결은 그 근거로서, ① 피고에 대한 원고의 급부는 기본관계를 이루는 매매계약의 당사자인 원고와 B 사이의 채권관계에 기한 급부일 뿐이므 로(제3자인 피고는 이와 직접적인 관련이 없음) 이로 인한 부당이득 반환의무는 당연히 원고와 B 사이 에서만 발생하고, ② 기본관계는 해제로 인하여 무효라 하더라도 대가관계에 아무런 하자가 없는 경우 제3자의 급부수령은 요약자와의 관계에 기 한 정당한 수령으로서 부당이득 반환의 대상이 되 지 않으며 또한 제3자에 대한 낙약자의 급부에 의 하여 요약자가 채무를 면하게 되어 요약자와 제3 자 사이의 유효한 결제를 부인할 필요가 없으므 로, 낙약자로서는 제3자가 아닌 요약자에 대하여 부당이득 반환을 구하여야 하며, ③ 원고가 피고 에 대하여 직접 부당이득 반환청구를 할 수 있다 고 하면, 자기책임 하에 체결된 계약에 따른 위험 부담을 제3자에게 전가시키는 결과가 되어 계약 법의 기본원리에 반한다는 점을 들고 있다.

한편 기본관계를 이루는 계약이 해제된 경우 낙약자는 미지급급부에 대해서는 제542조에 따라 계약해제에 따른 항변으로 제3자에게 그 지급을 거절할 수 있으나, 이미 제3자에게 급부한 것에 대하여 원상회복 또는 부당이득 반환을 구하는 것 과는 별개의 문제이다.

2. 논평

제3자를 위한 계약에 의하여 제3자는 낙약자에 대하여 직접 채권을 취득하고 이에 대응하여 낙약 자는 제3자에 대하여 직접 채무를 부담한다. 낙약 자가 제3자에게 급부를 제공하는 것은 이러한 채 무의 이행이라는 성격을 가지고 있다. 그 후 기본 계약이 무효·취소·해제 등의 사유로 실효되면 제 3자의 채권도 소급하여 소멸하게 되고, 따라서 제3 자가 낙약자로부터 급부로서 수령한 것은 법률상 원인이 없게 되어 부당이득 반환 내지 원상회복의 무를 부담하게 된다고 하여야 한다. 낙약자가 제3 자에게 급부한 후 제3자를 위한 계약이 실효되는 경우 제3자가 요약자에 대하여 가지는 채권은 그 대로 존속한다는 점에서도 그렇게 새기는 것이 타 당하다. 본 판결의 결론에는 찬성하기 어렵다.

[참고판결] 대판 2010. 8. 19, 2010다31860· 31877: 매도인 갑과 매수인 을이 토지거래허가구 역 내 토지의 지분에 관한 매매계약을 체결하면서 매매대금을 병에게 지급하기로 하는 제3자를 위 한 계약을 체결하고 그 후 매수인 을이 그 매매대 금을 병에게 지급하였는데, 토지거래허가를 받지 않아 유동적 무효였던 위 매매계약이 확정적으로 무효가 된 사안에서, 그 계약관계의 청산은 요약 자인 갑과 낙약자인 을 사이에 이루어져야 하므로 특별한 사정이 없는 한 을은 병에게 매매대금 상 당액의 부당이득반환을 구할 수 없다고 한 사례.

6. 제3자를 위한 계약의 수익자가 제548조 제1항 단서의 제3자에 해당하는지 여부

◆ 대판 2021. 8. 19, 2018다244976
[유체동산인도](강의 D-84 · 115 · 117 · 118,
채각 [48] · [50] · [67] · [68])

[쟁점] 제3자를 위한 계약의 의미 및 이에 해당하는지 판별하는 방법. 제548조 제1항 단서에서 정한 계약해제의 소급효가 제한되는 제3자의 의미. 제3자를 위한 계약에서 낙약자와 요약자 사이의 법률관계(기본관계)에 기초하여 수익자가 요약자와 원인관계(대가관계)를 맺음으로써 해제 전에 새로운 이해관계를 갖고 그에 따라 등기 · 인도 등을 마쳐 권리를 취득한 경우, 수익자가 제548조 제1항 단서의 제3자에 해당하는지 여부(적극)

[사실관계]

(1) 피고 승계인수인(담당: 방위사업청)은 함포 등 주요 장비를 원고 등 장비생산업체들로부터 공급받아 에스티엑스조선(주)과 같은 선박건조업체에 관급품으로 공급하여 관급장비를 탑재한 군함을 건조하게 하는 방법으로 군함을 획득하여 왔다. 방위사업청은 같은 방법으로 군함을 획득하기 위하여 원고로부터 76mm 함포를 납품받아 에스티엑스조선에 공급하였고, 에스티엑스조선은 건조 중이던 검독수리 17번 함에 위 함포를 탑재하였는데 위 군함이 침수되는 사고가 발생하는 바람에 탑재되어 있던 위 함포 또한 침수되었다.

(2) 에스티엑스조선은 방위사업청과 사이에 에스티엑스조선이 원고 등 장비생산업체들로부터 침수된 함포 등과 같은 관급장비를 직접 구매하여 방위사업청에 현물로 변상하기로 하는 이 사건 현물변상계약을 체결하는 한편, 원고와 사이에 원고가 침수된 함포와 동일한 이 사건 함포를 방위사업청을 위하여 제작 · 납품하기로 하는 이 사건 함포납품계약을 체결하였다.

(3) 원고가 에스티엑스조선과 사이의 이 사건

함포납품계약에 따라 이 사건 함포를 제작하여 에스티엑스조선의 진해조선소에 납품함으로써 방위사업청은 에스티엑스조선과의 점유매개관계를 통하여 원고로부터 이 사건 함포를 인도받았다.

(4) 그 후 원고는 에스티엑스조선에 대하여 대금 지급 지체를 이유로 이 사건 함포납품계약을 해제한다고 통보하였다. 그리고 에스티엑스조선을 상대로 이 사건 함포의 인도를 구하는 소를 제기하였다. 이에 대하여 제1심은 원고의 청구를 인용하였고, 제2심은 원고의 청구를 기각하였다. 그러자 원고가 상고하였다.

[판결요지]

2. 이 사건 함포납품계약이 제3자를 위한 계약에 해당하는지에 관하여 …

나. 원심은 판시와 같은 이유로 이 사건 함포납품계약이 원고를 낙약자, 에스티엑스조선을 요약자, 방위사업청을 수익자로 하는 제3자를 위한 계약에 해당한다고 판단하였다. … 원심판단에 상고이유 주장과 같이 제3자를 위한 계약에 관한 법리를 오해한 잘못이 없다.

3. 원고가 방위사업청에 대하여 이 사건 함포의 반환을 구할 수 있는지에 관하여

가. … 제3자를 위한 계약에서도 낙약자와 요약자 사이의 법률관계(기본관계)에 기초하여 수익자가 요약자와 원인관계(대가관계)를 맺음으로써 해제 전에 새로운 이해관계를 갖고 그에 따라 등기, 인도 등을 마쳐 권리를 취득하였다면, 수익자는 민법 제548조 제1항 단서에서 말하는 계약해제의 소급효가 제한되는 제3자에 해당한다고 봄이 타당하다.

나. 앞서 본 사실관계를 위 법리에 비추어 살펴보면, 방위사업청이 에스티엑스조선과 체결한 이 사건 현물변상계약은 원고와 에스티엑스조선 사이의 이 사건 함포납품계약에 기초하고 있고, 방위사업청이 해제 전에 원고로부터 이 사건 함포를 인도받아 그 소유권을 취득하였으므로, 방위사업

청은 민법 제548조 제1항 단서에서 말하는 계약해제의 소급효가 제한되는 제3자에 해당한다. 따라서 원고가 그 후 에스티엑스조선과의 이 사건 함포납품계약을 해제하였다고 하더라도 원고는 방위사업청에 대하여 소유권에 기한 물권적 청구권을 행사하여 이 사건 함포의 반환을 구할 수 없다.

[관련규정] 제105조, 제539조, 제548조 제1항

[해설 및 논평]
1. 해설
본 판결 사안에서 궁극적인 쟁점은 원고가 이 사건 함포납품계약을 해제한 경우에 방위사업청에 대하여 이 사건 함포의 반환을 청구할 수 있는지이다. 그런데 이 문제를 해결하려면 먼저 이 사건 함포납품계약이 제3자를 위한 계약인지 판단해야 하고, 그다음 제3자를 위한 계약일 경우에 수익자인 방위사업청이 제548조 제1항 단서의 제3자에 해당하는지를 판단해야 한다.
(1) 이 사건 함포납품계약이 제3자를 위한 계약인지
본 판결은 제3자를 위한 계약의 의의를 언급하고, 이어서 어떤 계약이 제3자를 위한 계약에 해당하는지 판별하는 방법을 제시하고 있다. 본 판결의 이 부분은 기존의 판례를 확인한 것이다. 한편 본 판결은 이 사건 함포납품계약이 피고가 요약자, 원고가 낙약자, 방위사업청이 수익자인 제3자를 위한 계약이라고 하였다.
(2) 제3자를 위한 계약의 수익자가 제548조 제1항 단서의 제3자인지
본 판결은 계약해제가 있으면 계약 이행으로 변동되었던 물권은 당연히 복귀한다고 한 뒤(이는 직접효과설과 아울러 물권적 효과설의 입장임), 그 소급효는 제3자를 해하지 못하는데(548조 1항 단서), 여기의 제3자는 일반적으로 그 해제된 계약으로부터 생긴 법률효과를 기초로 하여 해제 전에 새로운 이해관계를 가졌을 뿐만 아니라 등기·인

도 등으로 권리를 취득한 사람을 말한다고 한다. 본 판결의 이 부분도 종래의 판례와 같다.
나아가 본 판결은, 제3자를 위한 계약에서도 낙약자와 요약자 사이의 법률관계(기본관계)에 기초하여 수익자가 요약자와 원인관계(대가관계)를 맺음으로써 해제 전에 새로운 이해관계를 갖고 그에 따라 등기·인도 등을 마쳐 권리를 취득하였다면, 수익자는 제548조 제1항 단서에서 말하는 계약해제의 소급효가 제한되는 제3자에 해당한다고 한다. 그리고 이 사안에서 방위사업청은 제548조 제1항 단서에서 말하는 계약해제의 소급효가 제한되는 제3자에 해당하고, 따라서 원고는 방위사업청에 대하여 소유권에 기한 물권적 청구권을 행사하여 이 사건 함포의 반환을 구할 수 없다고 한다. 이 부분의 법리나 판단은 최초의 것이다. 그런데 이는 종래의 판례와 불일치한다. 종래의 판례는 계약해제의 경우에 계약관계의 청산이 낙약자와 요약자 사이에 이루어져야 한다는 이유로 제3자에게 반환을 구할 수 없다고 하였다(대판 2005. 7. 22, 2005다7566·7573. 이 책 306면 참조).

2. 논평
제548조 제1항 단서의 제3자로 되려면 해제가 있기 전에 「해제된 계약을 기초로」 「새로이」 이해관계를 맺었어야 한다. 그리고 제3자를 위한 계약에서 대가관계(제3자 수익의 원인관계)는 기본관계를 맺는 원인이 될 뿐이고 해제된 계약이 있은 후에 그것을 기초로 새로이 맺은 관계가 아니다. 본 판결 사안에서 대가관계인 이 사건 현물변상계약(2014. 7. 22)도 기본관계인 이 사건 함포납품계약의 원인에 지나지 않고 이 사건 납품계약(2014. 8. 19)에 기하여 새로 맺은 관계가 아니다. 이론적으로는 물론이고 이 사안에서도 수익자는 제548조 제1항 단서의 제3자로 될 수 없다. 대법원이 방위사업청에 대한 반환청구를 허용하지 않으려면 차라리 원심판결처럼 2005년 판례에 따르는 것이 낫다.

7. 합의해제

◆ 대판 2004. 7. 8, 2002다73203
[근정당권말소](강의 D-90, E-225, 채각 [54],
친상 [283])

[쟁점] 상속재산 분할협의의 전부 또는 일부를 합의해제한 후 다시 새로운 분할협의를 할 수 있는지 여부 및 상속재산 분할협의의 합의해제의 경우 제548조 제1항 단서의 적용 여부

[사실관계]

(1) 이 사건 토지는 원래 A의 소유였는데, A가 1995. 10. 13. 사망한 다음, 그 장남인 B가 1996. 1. 30. 나머지 공동상속인들인 원고들의 동의 없이, C의 피고에 대한 차용금반환채무를 담보하기 위하여 망 A의 명의로 피고에게 근저당권설정등기를 마쳐주었다.

(2) 그 후 B와 원고들은 1999. 1. 19.과 같은 달 21. 이 사건 토지 등을 B가 단독 상속하기로 하는 내용의 상속재산 분할협의(이하 1차 분할협의라고 함)를 하였다가, 다시 1999. 2.경 위 분할협의의 내용에 "B가 1999. 7. 20.까지 상속세, 상속관련 채무를 모두 변제하는 것"을 협의의 정지조건으로 추가하는 내용의 새로운 분할협의(이하 2차 분할협의라고 함)를 하였는데, B가 위에서 정한 기한 내에 이를 이행하지 못하였다.

(3) 원고들은 피고에 대하여 원인무효를 이유로 근저당권의 말소를 구하는 이 사건 소를 제기하였다.

[판결요지]

[1] 상속재산 분할협의는 공동상속인들 사이에 이루어지는 일종의 계약으로서, 공동상속인들은 이미 이루어진 상속재산 분할협의의 전부 또는 일부를 전원의 합의에 의하여 해제한 다음 다시 새로운 분할협의를 할 수 있다.

[2] 상속재산 분할협의가 합의해제되면 그 협의

에 따른 이행으로 변동이 생겼던 물권은 당연히 그 분할협의가 없었던 원상태로 복귀하지만, 민법 제548조 제1항 단서의 규정상 이러한 합의해제를 가지고서는, 그 해제 전의 분할협의로부터 생긴 법률효과를 기초로 하여 새로운 이해관계를 가지게 되고 등기·인도 등으로 완전한 권리를 취득한 제3자의 권리를 해하지 못한다.

[관련규정] 제548조 제1항, 제1013조, 제1015조

[해설 및 논평]

1. 해설

상속재산 분할협의는 공동상속인들 사이에 이루어지는 일종의 계약으로서 상속재산의 분할은 상속개시된 때에 소급하여 그 효력이 있다(1015조 본문). 이 사건에서 B가 망인이나 다른 공동상속인들의 동의 없이 임의로 근저당권설정등기를 마쳤다고 하더라도 이 사건 부동산 중 B의 원래 상속분에 대한 근저당권설정등기는 적법·유효하고, 망인의 재산을 공동상속한 B와 원고들이 이 사건 부동산을 B가 단독 상속하기로 상속재산 분할협의(1차 분할협의)를 하였으므로, 그에 의하여 B는 상속개시된 때인 망인의 사망시로 소급하여 이 사건 부동산을 단독 상속하게 되었다고 할 것이며, 따라서 이 사건 부동산 중 B의 원래 상속분을 제외한 나머지 부분에 대한 근저당권설정등기 역시 유효한 등기가 되었다. 즉 1차 상속재산 분할협의의 소급효에 의하여 피고 명의의 근저당권설정등기는 상속개시 당초부터 적법한 것으로서 실체관계에 부합하는 등기가 된 것이다.

나아가 본 판결은 공동상속인들은 이미 이루어진 상속재산 분할협의의 전부 또는 일부를 전원의 합의에 의하여 해제한 다음 다시 새로운 분할협의를 할 수 있다고 하였다. 합의해제는 계약을 소급하게 무효로 하는 점에서 해제와 같으나 계약이라는 점에서 단독행위인 해제와 본질적으로 다르므로, 합의해제의 효력은 그 내용에 의하여 결정되

고 해제에 관한 제543조 이하의 규정은 적용되지 않는다. 다만, 매매계약이 합의해제된 경우 매수인에게 이전되었던 소유권은 당연히 매도인에게 복귀하며(대판 1982. 7. 27, 80다2968), 합의해제에 있어서도 제548조의 계약해제의 경우와 같이 이로써 제3자의 권리를 해할 수 없다(대판 2005. 6. 9, 2005다6341).

본 판결은 합의해제에 관한 종래 판례의 태도에 입각하여, 상속재산 분할협의가 합의해제되면 그 협의에 따른 이행으로 변동이 생겼던 물권은 당연히 그 분할협의가 없었던 원상태로 복귀하지만, 제548조 제1항 단서의 규정상, 이러한 합의해제를 가지고 그 해제 전의 분할협의로부터 생긴 법률효과를 기초로 하여 새로운 이해관계를 가지게 되고 등기·인도 등으로 완전한 권리를 취득한 제3자의 권리를 해하지 못한다고 하였다.

이 사건에서 원고들과 B 사이에 1999. 2.경 이루어진 새로운 분할협의(2차 분할협의)에 의하여 당초의 분할협의(1차 분할협의)는 적법하게 합의해제되었고, 해제의 물권적 효력에 의하여 이 사건 토지는 원고들과 B의 공유로 환원되었다고 할 수 있다. 그리고 그 새로운 분할협의는 그 정지조건이 성취되지 않아 결국 실효되었다.

그러나 1차 분할협의의 소급효에 의하여 이 사건 토지에 관하여 완전한 근저당권을 취득한 피고는 그 분할협의로부터 생긴 법률효과를 기초로 하여 합의해제가 있기 전에 새로운 이해관계를 가지게 되었으므로, 제548조 제1항 단서의 제3자에 해당된다. 따라서 원고들로서는 1차 분할협의의 합의해제에 해당하는 2차 분할협의를 내세워 피고의 권리를 해하지 못한다고 할 것이다.

원심은 상속재산 분할협의(1차 분할협의)에 대한 변경합의(2차 분할협의)가 있었다고 하더라도 이는 합의당사자인 B와 원고들 사이의 내부에서 채권적 효력만을 가질 뿐이며, 설령 변경합의가 물권적 효력을 가진다고 하더라도, 1차 분할협의에 의하여 적법·유효한 근저당권을 취득한 피고는 제

1015조 단서 소정의 「제3자」에 해당되므로, 위 변경합의로써 피고에게 대항할 수 없다고 판단하여 원고들의 청구를 기각하였다.

그런데 피고를 제1015조 단서의 「제3자」로 본 원심의 판단은 수긍하기 어렵다. 제1015조 단서의 취지는 상속재산 분할협의가 적법하게 이루어진 경우, 그 상속개시 후 상속재산 분할협의시까지 공동상속인의 지분에 관한 권리를 취득한 제3자를 분할의 소급효로부터 보호하고자 하는 것인데, 이 사건에서는 1차 분할협의는 합의해제에 의하여 소멸하였고, 2차 분할협의는 정지조건의 불성취로 실효되어, 현재 어떠한 분할협의도 이루어지지 않은 상태이므로 위 조항이 적용될 여지가 없는 것이다.

결국 원심이 원고들의 청구를 기각한 결론은 정당하지만, 그 근거는 본 판결에서 설시한 바와 같이 피고가 제548조 제1항 단서의 「제3자」에 해당되기 때문에 피고에 대하여 근저당권 설정등기의 말소를 구할 수 없다고 하는 것이 타당하다.

2. 논평

본 판결은 공동상속인들은 이미 이루어진 상속재산 분할협의를 합의해제한 다음 다시 새로운 분할협의를 할 수 있고, 상속재산 분할협의가 합의해제된 경우에도 분할협의에 따른 이행으로 변동이 생겼던 물권은 당연히 분할협의가 없었던 원상태로 복귀하지만, 다만 제548조 제1항 단서가 적용되어 합의해제로써 해제 전의 분할협의로부터 생긴 법률효과를 기초로 새로운 이해관계를 가지게 된 제3자의 권리를 해하지 못한다는 점을 분명히 하였다는 의미가 있다.

[주요 평석 문헌] 박관근, "상속재산 분할협의를 합의해제할 수 있는지 여부와 그 경우에도 민법 제548조 제1항 단서의 규정이 적용되는지 여부," 대법원판례해설, 51호, 189면 이하; 김태창, "상속재산 분할협의와 그 해제," 판례연구(부산판례연구회), 16집, 475면 이하.

8. 실권약관

◆ 대판 1992. 10. 27. 91다32022
　　[소유권이전등기](강의 D-93, 채각 [55])

[쟁점] 부동산 매매계약에서 잔대금지급기일까지 대금을 지급하지 못하면 계약이 자동해제된다는 약정이 있는 경우 계약의 자동해제를 위하여 매도인이 잔대금지급기일에 자기 채무의 이행제공을 하여 매수인을 이행지체에 빠지게 하여야 하는지 여부 및 위와 같은 약정을 한 경우 매도인이 이전등기 소요서류를 갖추었는지 여부를 묻지 않고 매수인의 지급기한도과사실 자체만으로 계약을 실효시키기로 특약을 하였다고 볼 특별한 사정이 있다면 예외를 인정할 수 있는지 여부

[사실관계]

(1) 원고는 1988. 5. 13. 피고로부터 피고 소유 대지 및 그 지상의 미등기 교회건물을 5,900만 원에 매수하기로 하는 매매계약을 체결하였다.

(2) 원고는 자금이 부족하여 계약금도 여러 차례 나누어 지급하였고 중도금기일도 같은 해 6. 13.에서 6. 15.로 연기받았으나 위 연기된 날짜에 중도금을 지급하지 못하여 같은 해 6. 21. 피고로부터 계약을 해제하겠다는 통고를 받자, 같은 해 6. 23. 중도금을 지급하면서 잔금 3,810만 원은 당초 약정된 같은 해 8. 12.까지 틀림없이 지급할 것이며 위 기일을 넘길 경우 매매계약은 자동적으로 해제되고 이미 지급한 계약금과 중도금도 포기할 것을 약속하였다. 원고는 위 약속에도 불구하고 잔금지급기일을 넘기게 되자 같은 해 8. 31. 잔금기일을 같은 해 9. 2.까지 한번만 더 연장해 줄 것을 호소하면서 이번에도 위약하면 계약을 해제하여도 이의가 없을 것을 다짐하였으나, 결국 9. 2. 잔금 중 1천만 원만을 지급하였다.

(3) 피고는 같은 해 9. 13. 원고에게 9. 17.까지 나머지 잔금을 지급하지 않으면 계약이 해제된다는 뜻을 통지하였으나 원고가 위 기일까지 나머지

잔금을 지급하지 않자 같은 해 11. 23. 그 동안 수령하였던 중도금과 일부 잔금을 변제공탁하였다.

(4) 원고는 피고에 대하여 위 대지에 관한 소유권이전등기를 구하는 이 사건 소를 제기하였고, 피고는 8. 31.자 약정에 따라 9. 2. 계약이 자동해제되었다고 항변하였다. 원심은 원고는 수회에 걸친 채무불이행에 책임을 느끼고 1988. 8. 31. 최종적으로 피고와 사이에 9. 2.까지 잔금을 지급하지 않으면 그 불이행 자체로써 계약이 자동적으로 해제된 것으로 하기로 특약을 한 것이고, 9. 2. 잔금 전액을 지급하지 못한 이상 매매계약은 피고의 반대급부의 이행제공과 관계없이 같은 날 해제되었으며, 다만 피고의 9. 13.의 최고는 은혜적으로 한 번 더 지급의무를 이행할 기회를 준 것에 불과하다고 하여 원고청구를 기각하였다.

[판결요지]

가. 부동산 매매계약에 있어서 매수인이 잔대금지급기일까지 그 대금을 지급하지 못하면 그 계약이 자동적으로 해제된다는 취지의 약정이 있더라도 특별한 사정이 없는 한 매수인의 잔대금지급의무와 매도인의 소유권이전등기 의무는 동시이행의 관계에 있으므로 매도인이 잔대금지급기일에 소유권이전등기에 필요한 서류를 준비하여 매수인에게 알리는 등 이행의 제공을 하여 매수인으로 하여금 이행지체에 빠지게 하였을 때에 비로소 자동적으로 매매계약이 해제된다고 보아야 하고 매수인이 그 약정기한을 도과하였더라도 이행지체에 빠진 것이 아니라면 대금 미지급으로 계약이 자동해제된다고는 볼 수 없다.

나. 위와 같은 약정을 한 경우 있어 매도인이 이전등기 소요서류를 갖추었는지 여부를 묻지 않고 매수인의 지급기한 도과사실 자체만으로 계약을 실효시키기로 특약을 하였다고 볼 특별한 사정이 있다고 한 사례.

다. 위와 같은 특약을 한 후 매도인이 약정된 잔대금지급기일에 매수인의 잔대금 일부의 지급

을 거절하지 않고 수령하였다면 특별한 사정이 없는 한 당사자 사이에는 잔대금지급기일을 연기하려는 약정이 있었다고 봄이 상당하고 새로운 잔대금지급기일은 매도인이 최고한 날짜로 연기되었다 할 것이며, 매수인이 그 기한까지 나머지 잔금을 지급하지 아니하면 매매계약은 실효된다고 볼 것이다.

[관련규정] 제544조

[해설 및 논평]

1. 해설

계약을 체결하면서 채무불이행이 있으면 채권자의 특별한 의사표시가 없더라도 당연히 계약이 효력을 잃는다고 약정한 경우의 계약실효조항을 실권약관이라고 한다. 실권약관이 붙은 계약에서는 해제권이 유보되어 있는 것이 아니라 채무불이행을 해제조건으로 하는 조건부 계약이 있는 것으로 해석되므로, 채무불이행이 발생하면 계약은 당연히 효력을 잃는다.

판례는, 중도금을 약정한 일자에 지급하지 않으면 계약이 해제된 것으로 한다는 특약이 있는 실권약관부 매매계약에 있어서는 매수인이 중도금 지급의무를 이행하지 않으면 계약은 그 일자에 자동적으로 해제된 것으로 본다(대판 1980. 2. 12, 79다2035 등). 중도금은 소유권이전등기 의무에 대하여 선이행관계에 있기 때문에 잔대금의 경우와 다르게 취급하고 있는 것으로 보인다.

그러나 부동산 매매계약에 있어서 매수인이 잔대금지급기일까지 대금을 지급하지 못하면 계약이 자동해제된다는 취지의 약정이 있더라도 계약의 자동해제를 위해서는 매도인이 잔대금지급기일에 자기 채무의 이행제공을 하여 매수인을 이행지체에 빠지게 하여야 한다고 한다(대판 1989. 7. 25, 88다카28891 등). 다만 그와 같은 약정을 한 경우에도 매도인이 이전등기 소요서류를 갖추었는지 여부를 묻지 않고 매수인의 지급기한 도과사실 자체만으로 계약을 실효시키기로 특약을 하였다고 볼 특별한 사정이 있는 때에는 예외가 인정된다.

본 판결은 이러한 입장에서 이 사건에서 피고가 이전등기 소요서류를 갖추었는지 여부를 묻지 않고 원고의 지급기한 도과사실 자체만으로 매매계약의 실효를 인정하였다. 나아가 피고가 약정된 잔금지급기일인 9. 2. 매수인의 잔대금 일부의 지급을 거절하지 않고 수령하였다면 특별한 사정이 없는 한 당사자 사이에는 잔대금지급기일을 연기하려는 약정이 있었다고 하여야 하며, 따라서 9. 13.의 최고는 이미 무효로 된 계약에 있어서 단순히 은혜적으로 한 번 더 매수인에게 지급의무를 이행할 기회를 준 것이 아니라, 그 최고에 의하여 지급기일이 비로소 9. 17.로 지정된 것이고, 실권특약의 내용은 잔대금지급기일만이 수정된 채 그대로 유지되므로 매매계약은 원고가 그 기일까지 나머지 잔금을 지급하지 않음으로써 실효되었다고 한 것이다.

2. 논평

본 판결은 잔대금에 대한 자동해제약정을 실권특약으로 해석하고 원고의 잔대금지급의무와 피고의 소유권이전등기 의무를 동시이행관계에 있다고 보는 한 잔대금지급의무 불이행만으로 계약이 자동적으로 해제되었다고 볼 수 없다는 점을 확인하고, 이 사건에서는 피고가 이전등기 소요서류를 갖추었는지 여부를 묻지 않고 원고의 지급기한 도과사실만으로 계약을 실효시키기로 하는 특약을 하였다고 볼 특별한 사정이 있다고 하였다. 나아가 실권특약에 있어서 잔대금 이행기에 매도인이 잔대금 일부만을 수령한 경우의 법률관계를 밝힌 점에서 의미가 있다.

[주요 평석 문헌] 정갑주, "1. 매매잔대금에 대한 실권특약에 있어서 잔대금지급기일의 도과만으로 계약이 자동해제되기로 특약하였다고 본 사례, 2. 위 특약에 있어서 잔대금의 이행기에 매도인이 잔대금의 일부만을 받은 경우의 법률관계," 대법원판례해설, 18호, 401면 이하.

9. 정지조건부 해제

◆ 대판 1981. 4. 14, 80다2381
　[소유권이전등기](강의 D-100·103, 채각 [59]·
　[60])

[쟁점] '일정한 기간 내' 또는 '일정한 일시'를
정하여 상대방의 의무의 이행청구를 최고하는 경
우에 있어서 반대의무의 이행제공시기. 이행최고
기간 내에 이행을 하지 않으면 계약이 당연히 해
제된 것으로 한다는 의사표시의 의미

[사실관계]

(1) 원고는 1977. 11. 23. 피고 등으로부터 그
소유인 서울 (지역 생략) 대 138평을 5,244만 원에
매수함에 있어서 당일 계약금 700만 원, 12. 30.
중도금 2,000만 원, 1978. 4. 30. 잔대금 2,544만
원을 소유권이전등기 서류와 상환으로 각 지급하
기로 하고, 중도금을 지급하면 원고가 건축을 하
는 데 지장이 없도록 피고가 목적부동산에 대한
사용승낙을 하고 1978. 2. 25.까지 위 부동산을 인
도하기로 특약하였고, 원고는 위 계약금과 중도금
을 각 약정기일에 이행하고 피고는 그에 대한 사
용승낙서를 교부해주었다.

(2) 그 후 피고는 목적부동산 위의 타인들의 천
막건물을 철거하게 하는 등 인도준비를 하였는데,
잔금지급기일이 되기 수일 전에 소개인이 피고 A
를 찾아와 원고가 이를 타에 전매하였으니 10만
원을 추가로 받고 제3매수인에게 직접 소유권이
전등기를 해주면 어떠냐고 제의하여 피고가 이를
거절하자, 원고는 4. 30. 잔금제공을 하지 않았고,
피고 A가 5. 2. 잔금 2,544만 원을 즉시 지급하지
않으면 해약되는 것으로 하겠다고 최고하자 원고
가 5. 3. 피고 집에 찾아와 원·피고가 서로 만나
기는 하였으나 의견조정이 되지 않아 상호 이행의
제공 없이 헤어졌다.

(3) 그 후 원고는 계속 중간생략등기를 고집하
면서 양도세 담보를 위한 금액을 더 받고 원고의
요구대로 해달라고 요구하기만 할 뿐 잔금의 제공
이 없자 피고 A는 6. 3. 잔금 2,544만 원을 6. 6.까
지 지급하도록 5. 2.자 최고서와 같은 취지의 최고
를 하였으나 원고가 그 이행을 하지 않아 6. 10.
원·피고 사이의 계약은 원고가 이행하지 않음으
로써 해약되었다는 통고를 원고에게 발송하였다.
그런데 피고 등도 그때까지는 부동산 인도를 위한
준비, 기타 등기이전을 위한 서류 등 즉시이행의
준비가 완전히 되지는 못했다.

(4) 그 사이 원고는 1978. 6. 7. 이 사건 소유권
이전등기 청구의 소를 제기하고, 피고 A는 6. 14.
피고 두 사람의 이름으로 원고에게 피고측 이행준
비가 완료되었으니 6. 21.까지 잔금 2,544만 원을
지급하고 원고 앞으로 소유권이전등기를 받아가
고 만일 그 날까지 이행하지 않으면 계약을 이행
할 의사가 없는 것으로 보아 계약이 해제된 것으
로 하겠다고 최고하고, 등기부상의 소유자 주소와
같은 피고 등의 주민등록 등본, 인감증명, 위임장
용지 등 이전등기에 필요한 일체의 서류를 준비하
고 부동산 인도를 위하여 6. 17. 집행관에게 천막
건물 철거 강제집행을 의뢰하여 6. 21. 새벽 6시경
철거를 완료하였다. 그러고 나서 피고는 집에서
원고의 잔금이행을 기다렸으나 원고측에서 아무
런 연락이 없자, 그 날 오후에는 원고측에게 변호
사 B의 사무실에서 잔금을 이행하여 줄 것을 전하
고, 위 이전등기 소요서류를 지참하여 동 사무실
에서 기다렸으나 역시 아무런 연락이 없어서 그
날 밤 10시경 귀가하였으며, 다음날인 6. 22.에도
역시 원고측의 연락이 없어서 기다리다가 시동생
인 소외 C를 원고의 집에 보내고 자기도 소외 D
와 같이 찾아갔으나 원고를 만날 수 없어서 그 날
오후 5시경 원고에게 이 계약은 해제되었으니 중
도금을 반환받으라는 통보를 하고, 원고가 이를
수령치 않자 6. 30. 중도금으로 받은 2,000만 원을
원고 앞으로 공탁하였다.

[판결요지]

동시이행관계에 있는 의무자 일방이 상대방의 이행지체를 이유로 한 해제권을 취득하기 위하여는, 그 이행청구에 표시된 이행기가 "일정한 기간 내"로 정하여진 경우라면 이행청구한 자가 원칙으로 그 기간 중 이행제공을 계속하여야 하지만 "일정한 일시" 등과 같이 기일로 정하여진 경우에는 그 기일에 이행제공이 있으면 족한 것이어서, 상대방의 이행제공 없이 위 기간이나 기일이 도과됨으로써 해제권이 발생된다 할 것이고, 또 소정의 기간 내에 이행이 없으면 계약은 당연히 해제된 것으로 한다는 뜻을 포함하고 있는 이행청구는 그 이행청구와 동시에 기간 또는 기일 내에 이행이 없는 것을 정지조건으로 하여 미리 해제의 의사를 표시하고 있는 것으로 보아야 한다 할 것인바(본원 1970. 9. 29. 선고 70다1508 판결 참조), 원심이 확정하고 있는 위 사실에 의하면 결국 피고측이 이행제공을 완료한 때가 동년 6. 21 오전임은 소론과 같다 하더라도, … 원고가 동년 6. 19 피고측에 대하여 약정된 일자인 동년 6. 21에 잔대금을 지급할 터이니 피고측의 의무이행도 차질이 없도록 하라는 취지의 통고서를 보낸 바 있고, 피고측도 위 통고서의 내용에 따라 동년 6. 21에 이행준비를 완료한 점에 비추어 피고측의 당초 최고서에 표시된 이행기간(1978. 6. 14부터 동년 6. 21까지)은 이행기일(동년 6. 21)로 변경된 것이 분명하다 할 것이니 위 이행기일에 원고의 잔대금 지급의무에 대한 이행제공이 없었음이 위에서 본 바와 같은 이상, 동일이 경과함으로써 피고측의 위 조건부 해제의사표시는 효력이 발생되고 따라서 본건 매매계약은 원고측의 귀책사유로 인하여 적법하게 해제되었다 할 것이다.

[관련규정] 제543조, 제544조

[해설 및 논평]

1. 해설

본 판결에서 계약해제와 관련하여 두 가지 사항에 관하여 판시하고 있다. 하나는 해제의 요건 중 하나인 이행의 제공을 해야 하는 기간에 관한 것이고, 다른 하나는 해제의 의사표시를 정지조건부로 할 수 있는지에 관한 것이다. 둘을 나누어 살펴본다.

보통의 이행지체의 경우에 계약을 해제하려면 「최고기간 내에 이행이나 이행의 제공이 없을 것」이라는 요건이 필요하다. 그와 관련하여 본 판결은, 이행청구에 표시된 이행기가 「일정한 기간 내」로 정해진 경우라면 이행청구한 자가 원칙으로 그 기간 중 이행제공을 계속해야 하지만 「일정한 일시」 등과 같이 기일로 정해진 경우에는 그 기일에 이행제공이 있으면 족한 것이어서, 상대방의 이행제공 없이 위 기간이나 기일이 도과됨으로써 해제권이 발생된다고 하였다.

본 판결은, 소정의 기간 내에 이행이 없으면 계약은 당연히 해제된 것으로 한다는 뜻을 포함하고 있는 이행청구는 그 이행청구와 동시에 기간 또는 기일 내에 이행이 없는 것을 정지조건으로 하여 미리 해제의 의사를 표시하고 있는 것으로 이해한다. 이는 그러한 해제도 유효하다고 하는 입장이다. 주의할 것은, 이러한 정지조건부 해제는 실권약관이 붙은 계약의 경우와 전혀 다르다는 점이다. 전자는 최고와 해제표시 모두가 있는 경우이고 단지 해제표시가 최고와 함께 미리 행해지는 것일 뿐인 데 비하여, 후자는 「당사자의 약정」에 의해 일정한 사유가 있으면 계약이 당연히 실효(해제)되어 해제표시가 필요하지도 않다.

2. 논평

본 판결은 타당하다.

제4장
채권법각론

10. 사정변경으로 인한 계약해제

◆ 대판 2007. 3. 29. 2004다31302
[매매대금](강의 D-109, A-45, 채각 [64],
민총 [52])

[쟁점] 사정변경으로 인한 계약해제가 인정되는
경우

[사실관계]

(1) 피고(제주시)는 1998. 6. 26. 건설교통부장관
에게 1973. 3. 5. 건설부 고시로 지정된 제주시 지
역 개발제한구역의 해제를 요청하였고, 건설교통
부장관은 1999. 7. 22. 피고 소유의 이 사건 토지
인 제주시 (상세지번 1 생략) 전 453㎡ 및 (상세지번
2 생략) 전 276㎡를 포함한 개발제한구역의 해제
결정을 하였다(이에 따라 실제 2001. 8. 4. 개발제한
구역 해제 고시가 이루어졌다). 이에 따라 피고는 이
사건 토지를 공개매각하기로 결정하고 1999. 10.
8. 이 사건 토지에 관하여 공유재산 매각 입찰공
고를 하였는데, 이 사건 토지의 매각 예정가격을
25,879,500원으로 하고, 그 공고문의 기타사항에는
'매각재산은 공부와 같이 매각하는 것이므로 공부
와 실제와의 불일치 또는 행정상의 제한 등에 책
임을 지지 아니한다'라고 기재하였다. 이 사건 토
지 중 제주시 (상세지번 2 생략) 토지의 1999년도 ㎡
당 개별공시지가는 13,500원이고 연접한 (상세지번
1 생략) 토지도 대동소이할 것이므로 결국 이 사건
토지의 1999년도 개별공시지가는 총 9,841,500원
(면적 729㎡ × ㎡당 개별공시지가 13,500원)이 된다.

(2) 원고는 위 입찰에서 대금 1억 3,400만 원에
이 사건 토지를 낙찰받고, 1999. 10. 29. 피고와의
사이에 이 사건 토지를 위 금액에 매수하기로 하
는 계약을 체결하였고, 그 후 매매대금을 모두 지
급한 다음, 2000. 2. 1. 이 사건 토지에 관하여 원
고 명의의 소유권이전등기를 경료받았다. 위 매매
당시 공유재산 매매계약서 제14조에 의하면, '피
고는 원고에게 이 사건 토지를 인도한 후에 발생

한 일체의 위험부담에 대하여 책임지지 않는다'라
고 규정되어 있다.

(3) 그런데 그 후 피고는 2000. 9. 28. 도시기본
계획 공청회를 거쳐 2000. 10. 5. 도시계획 재정비
수립계획을 결정하고, 2000. 12. 19. 이에 따른 용
역계약을 체결한 다음, 위 용역결과에 기초하여
2001. 9. 17.부터 10. 4.까지 주민의견 청취공람을
실시하고 2002. 4. 29. 이 사건 토지를 포함한 34
필지에 대하여 건축개발을 할 수 없는 공공공지로
편입하기로 최종 결정하였다. 이 사건 토지는 도
시계획법상의 자연녹지지역이자 「제주 국제자유
도시 특별법」상 상대보전지역에 해당되어 만약
피고에 의한 공공공지 편입 결정이 없었다면 관련
법률에 따라 건축개발이 가능하였다.

(4) 원고는 소에서 사정변경을 원인으로 하여
계약을 해제한다는 것을 포함하여 여러 주장을 하
였다.

[판결요지]

사정변경으로 인한 계약해제는 계약성립 당시
당사자가 예견할 수 없었던 현저한 사정의 변경이
발생하였고 그러한 사정의 변경이 해제권을 취득
하는 당사자에게 책임 없는 사유로 생긴 것으로
서, 계약내용대로의 구속력을 인정한다면 신의칙
에 현저히 반하는 결과가 생기는 경우에 계약준수
원칙의 예외로서 인정되는 것이고, 여기에서 말하
는 사정이라 함은 계약의 기초가 되었던 객관적인
사정으로서, 일방당사자의 주관적 또는 개인적인
사정을 의미하는 것은 아니라 할 것이다. 또한, 계
약의 성립에 기초가 되지 아니한 사정이 그 후 변
경되어 일방당사자가 계약 당시 의도한 계약목적
을 달성할 수 없게 됨으로써 손해를 입게 되었다
하더라도 특별한 사정이 없는 한 그 계약내용의
효력을 그대로 유지하는 것이 신의칙에 반한다고
볼 수도 없다 할 것이다. …

원심이 인정한 사실과 기록에 의하면, 이 사건
매매계약은 일반 매수예상자들을 대상으로 한 피

고의 공개매각절차를 거쳐 이루어진 것으로서, 공개매각조건에는 이 사건 토지가 개발제한구역에 속해 있고, 이 사건 토지의 매각 후 행정상의 제한 등이 있을 경우 피고가 이에 대하여 책임을 지지 아니한다는 내용이 명시되어 있으며, 이 사건 매매계약에서도 피고는 이 사건 토지의 인도 후에 발생한 일체의 위험부담에 대하여 책임지지 않는다는 내용이 명시되어 있을 뿐 당시 이 사건 토지상의 건축가능 여부에 관하여 논의가 이루어졌다고 볼 만한 자료를 찾아볼 수 없다.

그렇다면 이 사건 토지상의 건축가능 여부는 원고가 이 사건 토지를 매수하게 된 주관적인 목적에 불과할 뿐 이 사건 매매계약의 성립에 있어 기초가 되었다고 보기 어렵다 할 것이므로, 이 사건 매매계약 후 이 사건 토지가 공공공지에 편입됨으로써 원고가 의도한 음식점 등의 건축이 불가능하게 되었다 하더라도 이러한 사정변경은 이 사건 매매계약을 해제할 만한 사정변경에 해당한다고 할 수 없다 할 것이고, 이러한 사정변경으로 인하여 원고가 의도한 주관적인 매수목적을 달성할 수 없게 되어 손해를 입었다 하더라도 특별한 사정이 없는 한 이 사건 매매계약의 효력을 그대로 유지하는 것이 신의칙에 반한다고 볼 수도 없다 할 것이다.

[관련규정] 제2조, 제543조

[해설 및 논평]

1. 해설

사정변경의 원칙은 중세 카논법(교회법)에 기원을 두고 있다. 카논법의 그 이론은 독일 보통법 초기에는 많이 논의되었으나, 19세기에는 계약은 지켜져야 한다(pacta sunt servanda)는 원칙에 압도되어 잊혀졌었고(사정변경의 원칙과 계약준수의 원칙은 상충되는 원리임), 제1차 세계대전 후에 다시 논의되었다. 그리고 현재에는 여러 나라에서 그 법리가 널리 인정되고 있다.

민법에는 사정변경에 입각한 개별적인 규정은 많이 있으나, 이를 일반적으로 인정하는 규정은 두어져 있지 않다. 그렇지만 학설은 대체로 신의칙의 파생적 원칙으로 이 원칙을 인정하고 있다.

판례는 과거에는 사정변경을 이유로 한 해제를 인정하지 않았다. 그런데 본 판결이 계약준수 원칙의 예외로서 사정변경을 이유로 계약을 해제할 수 있다는 법리를 분명히 인정하였고, 아울러 그 요건을 구체적으로 제시하였다.

본 판결에 따르면, 사정변경을 원인으로 한 해제의 요건은 ① 계약성립 당시 당사자가 예견할 수 없었던 현저한 사정의 변경이 발생하였을 것, ② 그러한 사정의 변경이 해제권을 취득하는 당사자에게 책임 없는 사유로 생겼을 것, ③ 계약내용대로의 구속력을 인정한다면 신의칙에 현저히 반하는 결과가 생길 것 등이다. 그리고 앞의 ①에서 사정은 계약의 기초가 되었던 객관적인 사정으로서, 일방 당사자의 주관적 또는 개인적 사정을 의미하는 것은 아니라고 한다.

한편 본 판결은 그 사안의 경우에, 이 사건 토지상의 건축가능 여부는 원고가 이 사건 토지를 매수하게 된 주관적인 목적에 불과할 뿐 이 사건 매매계약의 성립에 있어 기초가 되었다고 보기 어렵다고 하면서, 사정변경을 원인으로 하여 해제할 수 없다고 하였다.

2. 논평

본 판결이 일정한 요건을 구비한 경우에 사정변경을 이유로 해제할 수 있음을 인정한 것은 타당하다. 그리고 본 판결이 제시한 요건도 적절하다. 그리고 본 판결 사안의 경우에 해제를 인정하지 않은 최종 결론도 그 사안의 특수성에 비추어 보면 납득할 수 있다.

[참고판결] 대판 2017. 6. 8, 2016다249557

[주요 평석 3문헌] 손봉기, "사정변경으로 인한 계약해제가 인정되는지 여부 및 그 요건," 대법원판례해설, 67호, 11면 이하.

11. 부수적 채무의 불이행과 해제

◆ 대결 1997. 4. 7, 97마575
　[부동산처분금지가처분](강의 D-110, 채각 [64])

[쟁점] 부수적 채무의 불이행을 이유로 매매계약을 해제할 수 있는지 여부(소극). 주된 채무와 부수적 채무의 구별 기준

[사실관계]

(1) 부산 북구지역에 위치한 8개 회사의 무주택 근로자들이 각 회사별로 결성한 단위 주택조합이 연합하여 1988. 10. 4. 설립한 신청 외 부산지역근로자주택조합(이하 신청 외 조합이라 함)이 이 사건 상가 건물을 건립하여 분양하였는데, 신청 외 A가 1990. 4. 16. 이 사건 상가 건물 중 지하층 447.18㎡를 분양받아 그 무렵 재항고인(채권자)에게 그 중 285.7㎡를 전매하여 재항고인은 1991. 12. 6. 위 지하층 중 매수부분에 상응하는 28570/44718 지분에 관하여 그 명의로 소유권이전등기를 경료하였다.

(2) 재항고인을 비롯한 이 사건 상가 건물의 수분양자들은 1990. 10.경 채무자(위 조합의 전 조합장)가 신청 외 조합으로부터 이 사건 상가 건물 중 3, 4층 부분을 분양받아 그 곳에 소비조합 형식의 판매점을 개설하려는 계획을 추진하자 그 판매점에서 취급하는 업종이 자신들의 기존 업종과 중복되어 영업에 큰 타격을 받게 될 것을 우려한 나머지 위 3, 4층 부분을 공개입찰 방식에 의하지 않고 특혜분양하였다는 등의 이유로 관계기관에 진정을 함과 아울러 업종을 중복되게 분양함으로써 영세상인들의 생존을 위협케 한다고 호소하는 등 집단민원을 제기하였다.

(3) 이에 신청 외 조합은 신축한 조합아파트 및 이 사건 상가 건물 등의 준공검사를 받는 데에 급급하여 그에 장애되는 민원의 소지를 없애려고 재항고인을 비롯하여 이 사건 상가 건물을 분양받은 사람들에게 1990. 11. 16. 이 사건 상가 건물 중 3,

4층을 분양함에 있어서 지하 및 1, 2층의 영업이 활성화될 수 있도록 지하 및 1, 2층과는 전혀 경업이 되지 않는 품목만 선정하여 분양하겠으며 향후 10년간 지하 및 1, 2층의 영업권에 지장이 없도록 적극 보호하겠다는 내용의 각서를, 또 같은 해 12. 12. 향후 상가를 분양함에 있어 이 사건 상가 건물 내 3, 4층에서는 지하층 및 1, 2층의 지정된 업종의 품목과 중복되는 것은 절대하지 않겠다는 내용의 각서를 각 제공함으로써 이를 약정하였다(이하 이 사건 약정이라 함).

(4) 신청 외 조합은 이 사건 약정을 전후하여 위 3, 4층을 분양받을 채무자에게 직접 또는 조합 회의를 통하여 그 곳에서 지하층 및 1, 2층 점포의 지정된 영업품목과 중복되지 않는 업종만을 취급·운영할 것을 수차 고지하여 그 약속 하에 1990. 12. 15. 채무자에게 이 사건 상가 건물 중 301호 점포 447.18㎡(이하 이 사건 계쟁 점포라 함)를 분양하고, 채무자는 1991. 9. 18. 그 명의로 소유권이전등기를 경료한 후 같은 해 12월경 유통체인업체인 신청 외 신성유통 주식회사에 이를 임대하였다.

(5) 재항고인은 1990. 11.경 분양받은 지하층 점포에서 슈퍼마켓을 열어 현재까지 같은 영업을 계속하고 있으며 위 신성유통 또한 채무자로부터 위 점포를 임대받음과 동시에 슈퍼마켓을 개설하여 영업함으로써 그 취급 업종과 품목이 채권자의 그것과 중복되게 되었다.

(6) 그러자 재항고인은, 신청 외 조합에 대하여 이 사건 약정상의 채무불이행에 따른 손해배상채권을 취득하였으므로(승소확정판결을 받음), 그 손해배상채권을 보전하기 위하여 무자력인 신청 외 조합을 대위하여 채무자에 대하여 이 사건 계쟁 점포에 관한 분양계약을 해제하여 발생한 동 점포의 반환청구권을 피보전권리로 하여 이 사건 계쟁 점포에 대한 처분금지 가처분을 구하는 신청을 하였다.

[결정요지]

채무불이행을 이유로 매매계약을 해제하려면, 당해 채무가 매매계약의 목적 달성에 있어 필요불가결하고 이를 이행하지 아니하면 매매계약의 목적이 달성되지 아니하여 매도인이 매매계약을 체결하지 아니하였을 것이라고 여겨질 정도의 주된 채무이어야 하고(대법원 1994. 12. 22. 선고 93다2766 판결 등 참조), 그렇지 아니한 부수적 채무를 불이행한 데에 지나지 아니한 경우에는 매매계약 전부를 해제할 수 없으며, 계약상의 많은 의무 가운데 주된 채무와 부수적 채무를 구별함에 있어서는 급부의 독립된 가치와는 관계없이 계약을 체결할 때 표명되었거나 그 당시 상황으로 보아 분명하게 객관적으로 나타난 당사자의 합리적 의사에 의하여 결정하되, 계약의 내용·목적·불이행의 결과 등의 여러 사정을 고려하여야 한다.

… 사실관계가 이와 같다면 신청 외 조합이 채무자에게 이 사건 계쟁 점포를 분양할 당시 객관적으로 분명하게 나타난 당사자의 합리적 의사에 비추어 볼 때 채무자에게 부여된 이 사건 경업금지의무는 위 분양계약의 목적 달성에 있어 필요불가결하고 이를 이행하지 아니하면 분양계약의 목적이 달성되지 아니하여 신청 외 조합이 분양계약을 체결하지 아니하였을 것이라고 여겨질 정도의 주된 채무라고 봄이 상당할 것이다.

[관련규정] 제544조, 제563조

[해설 및 논평]

1. 해설

하나의 계약에서 여러 가지의 채무가 생기는 때가 많다. 그러한 경우에 어느 하나의 의무에 관하여 채무불이행이 있어도 계약을 해제할 수 있는지 문제된다. 민법은 제544조에서 「당사자 일방이 그 채무를 이행하지 아니하는 때에는」 일정한 요건 하에 계약을 해제할 수 있다고 하여 어떤 채무든 불이행이 있으면 해제가 가능한 것처럼 보인

다. 그러나 대법원은 이전부터 단지 부수적 채무를 불이행한 경우에는 계약 전부를 해제를 할 수 없다고 하였다(대판 1994. 12. 22, 93다2766 등). 이 법리에서는 부수적 채무가 과연 무엇이고, 그것을 어떻게 판단해야 하는지의 문제가 있다. 본 결정은 이들에 대하여 처음으로 분명히 판시하였다.

본 결정은 매매계약의 경우 주된 채무와 부수적 채무의 의미를 분명히 하고, 후자의 불이행시에는 해제를 할 수 없다고 한다. 그에 의하면, 주된 채무는 해당 채무가 매매계약의 목적 달성에 있어 필요불가결하고 이를 이행하지 않으면 매매계약의 목적이 달성되지 않아 매도인이 매매계약을 체결하지 않았을 것이라고 여겨질 정도의 채무이고, 그렇지 않은 채무가 부수적 채무이다.

다음에 본 결정은, 주된 채무와 부수적 채무를 구별함에 있어서는 급부의 독립된 가치와는 관계없이 계약을 체결할 때 표명되었거나 그 당시 상황으로 보아 분명하게 객관적으로 나타난 당사자의 합리적 의사에 의하여 결정하되, 계약의 내용·목적·불이행의 결과 등의 여러 사정을 고려할 것이라고 한다. 그러면서 그 사안에서 경업금지의무는 주된 채무라고 한다.

2. 논평

사견은 채각 [64] 참조.

[주요 평석 문헌] 곽종훈, "채무불이행을 이유로 계약을 해제하기 위한 채무의 요건," 대법원판례해설, 28호, 102면 이하.

12. 계약해제의 효과

◆ 대판 1977. 5. 24, 75다1394
[손해배상](강의 D−113 이하, B−35·37·70,
채각 [66]·[67], 물권 [28]·[29]·[50])

[쟁점] 계약이 해제되면 변동된 물권도 당연히
복귀하는지 여부(적극)

[사실관계]

(1) 원고는 1971. 5. 8. 동산인 별지목록(생략)
이 사건 물건들(이 물건들은 원고 소유인데 피고 소
유 대지상에 설치됨)을 포함한 X주유소의 시설물
일체와 위 주유소 설치 허가 명의 및 위 주유소
운영에 따른 채권·채무 등을 소외 망 A에게 양도
하고 이 사건 물건들을 포함한 위 시설물 일체를
위 A에게 인도하였다가, 위 A의 계약의무 불이행
을 이유로 같은 해 7. 10. 위 양도계약 해제의 의
사표시를 하였다.

(2) 위 A는 그 후에도 이 사건 물건들을 원고에
게 반환하지 않고 있다가 1972. 4. 3. 사망하였고,
소외 B 등 A의 상속인들이 이를 점유, 위 주유소
를 경영하고 있다가, 위 주유소 대지의 소유자인
피고에 대한 110만 원 정도의 임대료 채무에 대한
대물변제로서 1974. 2. 15. 이 사건 물건들의 소유
권을 피고에게 이전하여 주었다.

(3) 그 후 피고는 이 사건 물건들을 제3자에게
양도 처분하였다.

(4) 이에 원고는 피고를 상대로, 피고가 아무런
권원 없이 원고 소유인 이 사건 물건들을 불법처
분한 것이라고 주장하면서 이 사건 물건들의 시가
상당액의 지급을 구하는 소를 제기하였다.

[판결요지]

민법 제548조 제1항 본문에 의하면 계약이 해
제되면 각 당사자는 상대방을 계약이 없었던 거와
같은 상태에 복귀케 할 의무를 부담한다는 뜻을
규정하고 있는바, 계약에 따른 채무의 이행으로

이미 등기나 인도를 하고 있는 경우에 그 원인행
위인 채권계약이 해제됨으로써 원상회복된다고
할 때 그 이론 구성에 관하여 해제가 있더라도 이
행행위 그 자체는 그대로 효력을 보유하고 다만
그 급부를 반환하여 원상회복할 채권 채무관계가
발생할 뿐이라는 소위 채권적 효과설과 이미 행하
여진 이행행위와 등기나 인도로 물권변동이 발생
하고 있더라도 원인행위인 채권계약이 해제되면
일단 이전하였던 물권은 당연이 복귀한다는 소위
물권적 효과설이 대립되어 있다. 우리의 법제가
물권행위의 독자성과 무인성을 인정하고 있지 않
는 점과 민법 제548조 제1항 단서가 거래안정을
위한 특별규정이란 점을 생각할 때 계약이 해제되
면 그 계약의 이행으로 변동이 생겼던 물권은 당
연히 그 계약이 없었던 원상태로 복귀한다고 봄이
타당하다 할 것이다.

그러므로 원심판결이 위에서 본 바와 같이 계
약해제의 효력이 채권적 효과밖에 없다 하여 원고
와 소외 A 간의 이 사건 물건에 관한 양도계약이
해제되었더라도 원고는 그 물건을 인도받기 전에
는 아직 이에 대한 소유권이 복귀되지 아니한다고
판시하였음은 계약해제에 관한 법리를 오해한 위
법이 있다 할 것이니 이 점에 관한 논지 이유 있
어 원심판결은 파기를 면할 수 없다.

[관련규정] 제548조

[해설 및 논평]

1. 해설

(1) 서설

본 판결 사안을 알기 쉽게 정리하면 다음과 같
다. 원고는 동산인 이 사건 물건들의 소유자로서
그 물건들을 A에게 매도하고 인도하였으나, 매수
인인 A가 채무불이행을 하였고, 그리하여 원고는
A와의 매매계약을 해제하였다. 그럼에도 A는 그
물건들을 반환하지 않고 있다가 A의 사망 후 A의
상속인이 대물변제로 그 물건들의 소유권을 피고

에게 이전해 주었다. 그리고 피고는 다시 다른 제3자에게 처분하였다. 그러한 상태에서 원고는 피고가 자신의 소유물을 권원 없이 처분했다고 주장하면서 그 물건들 상당액의 지급을 청구하였다.

이 사안에서 원고는 해제 당시에 단순히 매매계약을 체결하고 있는 정도에 머물러 있지 않고, 동산인 목적물을 A에게 인도까지 해주었다. 즉 이미 이행을 모두 마친 상태에 있었다. 그러한 상태에서 계약을 해제할 경우에 목적물의 소유권이 어떻게 되는지가 문제된다. 이는 해제의 효과, 그 중에서도 계약이 해제되면 해제된 계약이 소급해서 없었던 것으로 되는지, 그리고 이전(또는 설정)된 물권 등의 권리가 당연히 복귀하는지의 문제이다. 본 판결이 바로 그에 대하여 판단하였다.

(2) 해제의 효과에 관한 학설

계약해제의 효과에 관하여 우리의 학설은 i) 직접효과설과 ii) 청산관계설로 나뉘어 있다(문헌에 관하여는 강의 D-192, 채각 [66] 참조). i) 직접효과설은 해제에 의하여 계약은 처음부터 존재하지 않았던 것으로 되고, 계약에 의한 채권관계는 소급적으로 소멸한다고 한다. 그리고 ii) 청산관계설은 계약은 해제되면 기존의 계약관계는 청산관계로 변경된다고 한다. 이 견해는 해제의 소급효를 인정하지 않는다.

다음에 해제의 소급효를 인정하는 경우에는, 계약의 이행으로서 권리의 이전(또는 설정. 이하 같음)을 목적으로 하는 물권행위나 준물권행위가 행해지고 등기나 인도와 같은 권리의 이전에 필요한 요건이 모두 갖추어져 권리의 이전이 일어난 경우에, 계약이 해제되면 이전된 권리가 당연 복귀하는지가 문제된다(소급효를 인정하지 않는 청산관계설에서는 당연 복귀 문제가 생기지 않음). 여기에 관하여 학설은 a) 채권적 효과설과 b) 물권적 효과설로 나뉘어 있다(문헌에 관하여는 강의 D-195, 채각 [67] 참조). a) 채권적 효과설은 해제가 있더라도 이행행위(물권행위 등) 자체는 그대로 효력을 보유하며 다만 그 급부를 반환하여 원상회복을 시킬

채권관계가 발생한다고 한다. 그에 비하여 b) 물권적 효과설은 채권계약이 해제되면 일단 이전하였던 권리는 당연히 복귀한다고 한다.

(3) 본 판결의 태도

본 판결은, 권리에 관하여 이미 등기나 인도를 하고 있는 경우에 관하여 채권적 효과설과 물권적 효과설을 논의하고 있는 점에 비추어볼 때, 우선 직접효과설을 취하고 있음을 알 수 있다. 그리고 거기서 더 나아가 채권적 효과설과 물권적 효과설의 내용을 설명한 뒤, 두 가지 이유를 들고서 물권적 효과설에 따른 결과가 타당하다고 하였다. 구체적으로, 계약이 해제되면 그 계약의 이행으로 변동이 생겼던 물권은 당연히 그 계약이 없었던 원상태로 복귀한다고 하였다. 그리고 그 이유로, 우리의 법제가 물권행위의 독자성과 무인성을 인정하고 있지 않는 점과 제548조 제1항 단서가 거래안정을 위한 특별규정이란 점을 들고 있다. 그리고 나서 원심판결이 채권적 효과설을 취하여 원고가 그 물건을 인도받기 전에는 아직 그에 대한 소유권이 복귀되지 않는다고 판시한 것은 위법하다고 하였다.

2. 논평

본 판결이 취한 태도는 사견과 같으며, 타당하다. 다만, 본 판결 사안의 경우에 피고는 제548조 제1항 단서의 제3자로서 보호될 여지가 있는데 그에 대하여 검토되지 않은 아쉬움이 있다. 계약의 해제 후에 제3자가 새로운 이해관계를 맺은 경우에도 그가 선의이면 보호되어야 하기 때문이다(부동산에 관하여 대판 1985. 4. 9, 84다카130·131 참조).

제4장
채권법각론

13. 계약해제의 경우 제3자 보호

◈ 대판 2014. 12. 11. 2013다14569
  [소유권이전등기말소등기절차이행등](강의 D-118·119, 채각 [68])

[쟁점] 제548조 제1항 단서에서 말하는 '제3자'의 의미. 매수인과 매매예약을 체결한 후 그에 기한 소유권이전청구권 보전을 위한 가등기를 마친 사람이 위 '제3자'에 포함되는지 여부(적극)

[사실관계]

(1) 원고와 피고 A회사는 2010. 3. 11. 무렵 원고가 위 피고에게 별지표시(생략) 각 토지(이하 이 사건 각 토지라 함)와 위 각 토지에 인접한 서울 성북구 (주소 생략) 제2층 제201호(이하 이 사건 건물이라 함)를 대금 합계 4억 500만 원에 매도하는 내용의 계약을 체결하면서, 이 사건 각 토지의 가격은 2억 5,500만 원, 이 사건 건물의 가격은 1억 5,000만 원으로 각 정하되, 위 매매로 원고가 부담하게 될 양도소득세액을 줄이기 위하여, 이 사건 각 토지에 관하여는 매매대금을 8,700만 원으로 기재한 매매계약서를, 이 사건 건물에 관하여는 매매대금을 3억 1,800만 원으로 기재한 매매계약서를 각 작성하기로 약정하였다(이하 이 사건 매매계약이라 함).

(2) 이 사건 매매계약에 따라 원고와 위 피고는 위 같은 날, ① 이 사건 건물에 관하여는 작성일은 2010. 3. 10., 매매대금은 3억 1,800만 원(계약금 3,180만 원은 계약일에, 잔금 2억 8,620만 원은 2010. 6. 11. 각 지급)으로 각 기재하고, 잔금지급과 동시에 소유권이전등기 서류를 주기로 하는 매매계약서를 작성하고, ② 이 사건 각 토지에 관하여는 작성일 2010. 3. 11., 매매대금 8,700만 원(계약금 870만 원은 계약일에, 잔금 7,830만 원은 2010. 4. 29. 각 지급)으로 각 기재하여, 역시 잔금지급과 동시에 소유권이전등기 서류를 주기로 하는 매매계약서를 작성하였다.

(3) 피고 B회사(피고 A회사와 매매예약을 체결한 자임)는 2010. 3. 11. 원고 명의의 계좌로 3회에 걸쳐 1,500만 원, 1,060만 원, 1,490만 원의 합계 4,050만 원을 입금하였다.

(4) 원고는 이 사건 각 토지에 관한 매매계약서에 기재된 잔금지급일인 2010. 4. 29. 피고 A회사에게 위 각 토지에 관한 소유권이전등기 관련 서류를 주었고, 위 같은 날 위 피고 A회사 명의의 소유권이전등기와 피고 B회사 명의의 소유권이전청구권 가등기가 모두 이루어졌다.

(5) 피고 B회사는 그 다음 날인 2010. 4. 30. 7,830만 원을 원고 명의 계좌로 입금하였다.

(6) 그 후 원고는 피고 A회사를 상대로 이 사건 건물에 대한 매매 잔금 2억 8,620만 원의 지급을 청구하는 소를 제기하였고, 위 법원이 2010. 9. 3. 무변론으로 원고승소판결을 선고하여 그 무렵 위 판결이 확정되었다. 그럼에도 불구하고 위 피고는 매매대금을 지급하지 않았다.

(7) 그러자 원고는 피고 B회사에게는 이 사건 각 토지에 관하여 2010. 4. 29.에 마친 소유권이전청구권 가등기의 말소를, 피고 A회사에게는 이 사건 각 토지에 관하여 2010. 4. 29.에 마친 소유권이전등기의 말소를 구하는 소를 제기하였다. 그리고 그 소장에는 이 사건 매매계약 해제의 의사표시가 기재되었으며, 그 소장이 2011. 6. 7. 피고 A회사에게 송달되었다.

[판결요지]

가. 민법 제548조 제1항 단서에서 말하는 제3자는 일반적으로 그 해제된 계약으로부터 생긴 법률효과를 기초로 하여 해제 전에 새로운 이해관계를 가졌을 뿐만 아니라 등기, 인도 등으로 권리를 취득한 사람을 말하는 것인바(대법원 2005. 1. 14. 선고 2003다33004 판결 등 참조), 매수인과 매매예약을 체결한 후 그에 기한 소유권이전청구권 보전을 위한 가등기를 마친 사람도 위 조항 단서에서 말하는 제3자에 포함된다.

나. 원심판결 이유에 의하면, 원심은, 원고가 원심판시 이 사건 각 토지 등의 매수인인 피고 A회사에 원심판시 이 사건 매매계약의 해제를 통보하기 전에 피고 B회사가 이 사건 각 토지에 관하여 매매예약을 원인으로 한 가등기를 마쳤으므로, 피고 B회사는 민법 제548조 제1항 단서 소정의 제3자에 해당한다고 판단하였다.

위 법리와 기록에 비추어 살펴보면, 원심의 위와 같은 판단은 정당한 것으로 수긍이 가고, 거기에 계약해제의 효과 및 소유권이전청구권 가등기에 관한 법리를 오해한 잘못이 없다.

[관련규정] 제548조 제1항

[해설 및 논평]

1. 해설

(1) 제548조 제1항 단서의 「제3자」의 의미

본 판결은, 이전 판결을 인용하면서, 제548조 제1항 단서에서 말하는 제3자는 일반적으로 그 해제된 계약으로부터 생긴 법률효과를 기초로 하여 해제 전에 새로운 이해관계를 가졌을 뿐만 아니라 등기·인도 등으로 권리를 취득한 사람이라고 한다. 이에 의하면, 그 제3자로 되려면 먼저 해제된 계약으로부터 생긴 법률효과를 기초로 하여 「해제 전에」 새로운 이해관계를 맺었어야 한다. 그리고 거기에서 더 나아가 등기·인도 등으로 권리를 취득했어야 한다. 이것들을 좀 더 살펴보기로 한다.

우선 여기의 제3자는 계약의 해제가 있어도 보호되는 자이다. 그런 점에서 볼 때, 그 제3자로 되려면 해제가 있기 전에 이해관계를 맺었어야 한다. 그리고 본 판결의 문언도 그와 같이 표현되어 있다. 그 결과 본 판결만 보면 「해제 후에」 이해관계를 맺은 자는 제3자에 포함되지 못하는 것으로 보인다. 그러나 우리 판례처럼 직접적 효과설과 함께 물권적 효과설을 취하는 경우에는(이 책 채각 판례12 참조), 여기의 제3자로 되지 않는 자는 보호되지 못한다. 그런데 계약이 해제된 뒤에 계약이 해제되었음을 모르고(선의) 해제된 계약을 기초로 새로운 이해관계를 맺은 자는 보호되어야 한다. 그러기 위해서는 여기의 제3자의 범위가 확장되어야 한다. 그리하여 대법원은 ─ 다른 판결에서 ─ 그러한 태도를 취한다(대판 1985. 4. 9, 84다카130 등).

여기의 제3자로 되려면 등기나 인도가 필요한 권리의 경우에는 그것들까지 갖추어야 한다. 제548조 제1항 단서가 「제3자의 권리를 해하지 못한다」고 규정하고 있어서 그와 같이 해석하는 것이다. 그 결과 가령 매수인은 단순히 계약만 체결하고 있는 것으로는 부족하고 소유권이전등기까지 갖추어야 한다(교환계약의 예: 대판 1997. 12. 26, 96다44860).

(2) 소유권이전청구권 보전의 가등기를 한 자

본 판결은 매수인과 매매예약을 체결한 후 그에 기한 소유권이전청구권 보전을 위한 가등기를 마친 사람도 위 조항 단서에서 말하는 제3자에 포함된다고 한다. 이는 우리 대법원이 가등기는 그에 기한 본등기가 있기 전에는 실체법적 효력이 없다고 하고 있는 점과 어울리지 못한 측면이 있다. 그렇지만 가등기를 한 자도 보호해야 할 필요성이 있어서 그렇게 판시한 것으로 생각된다.

2. 논평

본 판결의 결론은 타당하다. 그러나 해제 후에 이해관계를 맺은 자도 포함되도록 표현되어야 하며, 본등기가 있기 전에 가등기만으로도 실체법적 효력이 있다고 해야 모순이 없게 된다.

제4장
채권법각론

14. 계약해제의 경우 이자지급

◆ 대판 2013. 4. 26, 2011다50509
[분양대금반환등](강의 D-121, 채각 [69])

[쟁점] 계약해제로 인한 원상회복의무가 이행지체에 빠진 이후의 지연손해금률에 관하여 당사자 사이에 별도의 약정이 있는 경우에 그 지연손해금률이 법정이율보다 낮더라도 약정에 따른 지연손해금률이 적용되는지 여부(적극). 계약해제시 반환할 금전에 가산할 이자에 관하여 당사자 사이에 약정이 있는 경우에 이행지체로 인한 지연손해금에 관하여도 그 약정이율이 적용되는지 여부(원칙적 적극) 및 이때 약정이율이 법정이율보다 낮은 경우에 법정이율에 의한 지연손해금을 청구할 수 있는지 여부(적극)

[사실관계]

(1) 피고는 2006. 4. 18. 용인시에 D아파트(이하 이 사건 아파트라 함)의 주택건설사업계획승인을 받아 2006. 6. 16.부터 이 사건 아파트 710세대를 분양하던 이 사건 아파트사업의 시행사이다. 원고 등(선정당사자 및 선정자들)은 피고와 사이에 이 사건 아파트의 각 세대를 분양받기로 하는 계약(이하 이 사건 분양계약이라 한다)을 체결하였다.

(2) 이 사건 분양계약서 제2조 제3항 본문은 "수분양자는 피고의 귀책사유로 인해 입주예정일로부터 3월 이내에 입주할 수 없게 되는 경우 이 계약을 해제할 수 있다"고 하고, 제3조 제2항은 "제2조 제3항에 해당하는 사유로 이 계약이 해제된 때에는 피고는 수분양자에게 공급대금 총액의 10%를 위약금으로 지급한다"고 하며, 그 제3항은 "제1항과 제2항의 경우 피고는 수분양자에게 이미 납부한 대금(단 제1항의 경우에는 위약금을 공제한다)에 대하여는 각각 그 받은 날로부터 반환일까지 연리 3%에 해당하는 이자를 가산하여 수분양자에게 환급한다"고 규정하고 있다.

(3) 원고 등은 이 사건 분양계약에서 약정한 대로 피고에게 계약금 및 중도금의 일부를 지급하였다.

(4) 이 사건 분양계약의 수분양자인 원고 등은 피고의 자금난 등으로 인한 공사 지연으로 이 사건 분양계약상 입주예정일인 2008. 12.경으로부터 3월 이내에 입주할 수 없게 되었다.

(5) 그러자 원고 등은 피고를 상대로, 이 사건 분양계약을 해제하고 분양대금 등의 지급을 구하는 소를 제기하였고, 그 소장 부본이 2009. 3. 25. 피고에게 송달되었다.

[판결요지]

당사자 일방이 계약을 해제한 때에는 각 당사자는 그 상대방에 대하여 원상회복의무가 있고, 이 경우 반환할 금전에는 그 받은 날로부터 이자를 가산하여 지급하여야 한다. 여기서 가산되는 이자는 원상회복의 범위에 속하는 것으로서 일종의 부당이득반환의 성질을 가지는 것이고 반환의무의 이행지체로 인한 지연손해금이 아니다(대법원 2000. 6. 9. 선고 2000다9123 판결 등 참조). 따라서 당사자 사이에 그 이자에 관하여 특별한 약정이 있으면 그 약정이율이 우선 적용되고 약정이율이 없으면 민사 또는 상사 법정이율이 적용된다. 반면 원상회복의무가 이행지체에 빠진 이후의 기간에 대해서는 부당이득 반환의무로서의 이자가 아니라 반환채무에 대한 지연손해금이 발생하게 되므로 거기에는 지연손해금률이 적용되어야 한다. 그 지연손해금률에 관하여도 당사자 사이에 별도의 약정이 있으면 그에 따라야 할 것이고, 설사 그것이 법정이율보다 낮다 하더라도 마찬가지이다(대법원 1995. 10. 12. 선고 95다26797 판결).

한편 계약해제시 반환할 금전에 가산할 이자에 관하여 당사자 사이에 약정이 있는 경우에는 특별한 사정이 없는 한 이행지체로 인한 지연손해금도 그 약정이율에 의하기로 하였다고 보는 것이 당사자의 의사에 부합한다(대법원 2008. 4. 24. 선고 2006다14363 판결 등 참조). 다만 그 약정이율이 법정이율보다 낮은 경우에는 약정이율에 의하지 아니하고 법정이율에 의한 지연손해금을 청구할 수 있다고 봄이 상당하다. 계약해제로 인한 원상회복 시 반환할 금전에 그 받은 날로부터 가산할 이자의 지급의무를 면제하는 약정이 있는 때에도 그 금전반환의무가 이행지체 상태에 빠진 경우에는 법정이율에 의한 지연손해금을 청구할 수 있는 점과 비교해 볼 때 그렇게 보는 것이 논리와 형평의 원리에 맞기 때문이다(대법원 2009. 12. 24. 선고 2009다85342 판결 등 참조).

[관련규정] 제387조, 제397조 제1항, 제548조

[해설 및 논평]

1. 해설

계약이 해제되면 각 당사자는 원상회복의무가 있다(548조 1항 본문). 그리고 해제된 계약에 기한 채무의 이행으로 금전이 급부된 경우에는 금전을 반환해야 하는데, 그 경우에는 금전을 받은 날부터 이자를 붙여서 반환해야 한다(548조 2항). 문제는 얼마만큼의 이자를 지급해야 하는가이다.

본 판결은, 여기서 가산되는 이자는 원상회복의 범위에 속하는 것으로서 일종의 부당이득반환의 성질을 가지는 것이고 반환의무의 이행지체로 인한 지연손해금이 아니라고 한 뒤(이 점은 종래의 판례와 같음), 당사자 사이에 그 이자에 관하여 특별한 약정이 있으면 그 약정이율이 우선 적용되고 약정이율이 없으면 민사 또는 상사 법정이율이 적용된다고 하였다. 종래 대법원은 이자에 관한 약정이 없는 경우에 관하여만, 당사자 쌍방의 의무가 동시이행의 관계에 있는지 여부와는 관계없이 그 받은 날로부터 법정이율인 연 5푼의 비율에 의한 법정이자를 부가하여 지급하여야 한다고 하였는데(대판 2000. 6. 9, 2000다9123 등), 본 판결은 처음으로 이자에 관한 약정이 있는 경우까지 포함하여 판시하였다.

다음에 본 판결은, 원상회복의무가 이행지체에 빠진 이후의 기간에 대해서는 이자가 아니라 반환채무에 대한 지연손해금이 발생하게 되므로 거기에는 지연손해금률이 적용된다고 한 뒤, 그 지연손해금률에 관하여도 당사자 사이에 별도의 약정이 있으면 그에 따라야 할 것이고, 설사 그것이 법정이율보다 낮다 하더라도 마찬가지라고 한다. 이는 금전채무 불이행의 경우에 관한 판례와 같은 입장이다.

나아가 본 판결은, 계약해제시 반환할 금전에 가산할 이자에 관하여 당사자 사이에 약정이 있는 경우에는 특별한 사정이 없는 한 이행지체로 인한 지연손해금도 그 약정이율에 의하기로 하였다고 보는 것이 당사자의 의사에 부합한다고 한다. 그러나 그 약정이율이 법정이율보다 낮은 경우에는 약정이율에 의하지 않고 법정이율에 의한 지연손해금을 청구할 수 있다고 한다. 이는 대법원이, 제397조 제1항 단서규정은 약정이율이 법정이율 이상인 경우에만 적용되고 약정이율이 법정이율보다 낮은 경우에는 그 본문으로 돌아가 법정이율에 의하여 지연손해금을 정해야 한다고 한 것(대판 2009. 12. 24, 2009다85342. 이 책 채총 판례4 참조)과 같은 맥락에 있다.

본 판결은, 이 사안의 경우 지연손해금의 약정이 있다고 볼 수 없으므로 원고 등이 분양대금의 반환을 청구하여 피고가 이행지체에 빠진 이후 기간의 지연손해금 비율은 연 5%로 보아야 하는데, 원심은 연 3%로 잘못 인정했다고 하였다.

한편, 여기의 이자의 반환은 반환의무의 이행지체로 인한 손해배상이 아니므로, 그 이자에는 소촉법 제3조 제1항에 의한 이율을 적용할 수 없다(대판 2000. 6. 23, 2000다16275 등).

2. 논평

본 판결은 금전채무불이행의 경우에 관한 판례와 일관성이 있고, 그 내용도 전반적으로 타당하다.

제4장
채권법각론

15. 매매예약완결권의 귀속

◆ 대판(전원) 2012. 2. 16, 2010다82530
[가등기의본등기절차이행](강의 D-146, B-414,
채각 [83], 물권 [257])

[쟁점] 수인의 채권자가 채권담보를 위해 채무자와 채무자 소유 부동산에 관하여 자신들을 공동매수인으로 하는 1개의 매매예약을 체결하고 공동명의로 가등기를 마친 경우에 매매예약완결권의 귀속형태. 공동명의로 담보가등기를 마친 수인의 채권자가 각자의 지분별로 별개의 독립적인 매매예약완결권을 가지는 경우에 채권자 중 1인이 단독으로 자신의 지분에 관한 청산절차를 이행한 후 소유권이전의 본등기절차 이행을 구할 수 있는지 여부(적극)

[사실관계]

(1) 피고는 소외 6, 7, 8과 연대하여 2005. 3. 11. 원고로부터, 이자는 연 66%로, 상환일은 2005. 6. 10.로 정하여 1억 원을 차용하였다.

(2) 당시 원고는 위 대여금 채권에 대한 담보로, 피고에 대한 다른 채권자들인 소외 1, 2, 3, 4, 5와 공동명의로 피고와 이 사건 부동산(충남 당진군 소재 임야 1,617㎡) 중 피고 소유의 1,617분의 1,607 지분에 관하여 매매예약(이하 이 사건 매매예약이라 함)을 체결하고, 원고는 2,498,265분의 241,050 지분(이하 이 사건 지분이라 함), 소외 1은 2,498,265분의 1,205,250 지분, 소외 2는 2,498,265분의 795,465 지분, 소외 3은 2,498,265분의 120,525 지분, 소외 4는 2,498,265분의 72,315 지분, 소외 5는 2,498,265분의 48,210 지분으로 하여 이 사건 가등기를 마쳤다(가등기한 지분을 모두 더하면 피고의 지분과 같음).

(3) 원고는 2005. 6. 10. 이후 위 대여금 채권의 원리금을 변제받지 못하게 되자, 피고를 상대로 2008. 6. 18. 소를 제기하여 같은 해 9. 9. '피고는 원고에게 대여금 1억 원 및 이에 대하여 2005. 6. 11.부터 2007. 6. 29.까지는 연 66%의, 그 다음날

부터 다 갚는 날까지는 연 30%의 각 비율에 의한 돈을 지급하라'는 취지의 승소판결을 받았고, 위 판결은 당사자들이 항소하지 않아 확정되었다(이하 이 사건 확정판결이라 함).

(4) 원고는 2009. 10. 29. 피고에게 이 사건 부동산에 관한 경매절차에서 이루어진 감정결과에 의하면 이 사건 지분에 대한 가액은 45,380,000으로 평가되고, 위 평가액이 이 사건 확정판결에 기한 당시까지의 원리금 합계 305,483,333원에 미치지 못하므로 청산금이 없다는 취지로 통지하였고, 위 통지는 2009. 11. 2. 피고에게 도달하였다.

(5) 위 통지일까지 이 사건 지분에 관한 소유권의 변동은 없었다.

(6) 원고는 피고를 상대로, 이 사건 부동산 중 2,498,265분의 241,050지분에 관하여 마친 가등기에 기하여 2010. 1. 2. 매매예약 완결을 원인으로 한 소유권이전등기를 구하는 소를 제기하였다.

[판결요지]

1. 수인의 채권자가 각기 그 채권을 담보하기 위하여 채무자와 채무자 소유의 부동산에 관하여 수인의 채권자를 공동매수인으로 하는 1개의 매매예약을 체결하고 그에 따라 수인의 채권자 공동명의로 그 부동산에 가등기를 마친 경우, 수인의 채권자가 공동으로 매매예약완결권을 가지는 관계인지 아니면 채권자 각자의 지분별로 별개의 독립적인 매매예약완결권을 가지는 관계인지는 매매예약의 내용에 따라야 하고, 매매예약에서 그러한 내용을 명시적으로 정하지 않은 경우에는 수인의 채권자가 공동으로 매매예약을 체결하게 된 동기 및 경위, 그 매매예약에 의하여 달성하려는 담보의 목적, 담보 관련 권리를 공동 행사하려는 의사의 유무, 채권자별 구체적인 지분권의 표시 여부 및 그 지분권 비율과 피담보채권 비율의 일치 여부, 가등기담보권 설정의 관행 등을 종합적으로 고려하여 판단하여야 한다.

이와 달리 1인의 채무자에 대한 수인의 채권자

의 채권을 담보하기 위하여 그 수인의 채권자와 채무자가 채무자 소유의 부동산에 관하여 수인의 채권자를 권리자로 하는 1개의 매매예약을 체결하고 그에 따른 가등기를 마친 경우에, 매매예약의 내용이나 매매예약완결권 행사와 관련한 당사자의 의사와 관계없이 언제나 수인의 채권자가 공동으로 매매예약완결권을 가진다고 보고, 매매예약완결의 의사표시도 수인의 채권자 전원이 공동으로 행사하여야 한다는 취지의 대법원 1984. 6. 12. 선고 83다카2282 판결 … 등은 이 판결의 견해와 저촉되는 한도에서 변경하기로 한다.

2. 공동명의로 담보가등기를 마친 수인의 채권자가 각자의 지분별로 별개의 독립적인 매매예약완결권을 가지는 경우, 채권자 중 1인은 단독으로 자신의 지분에 관하여 가등기담보 등에 관한 법률이 정한 청산절차를 이행한 후 소유권이전의 본등기절차이행청구를 할 수 있다고 할 것이다.

[관련규정] 제564조, 가등기담보법 제3조, 제4조

[해설 및 논평]

1. 해설

본 판결은 수인의 채권자가 자기의 채권을 담보하기 위하여 채무자 소유의 부동산에 관하여 매매예약을 하고 가등기를 마친 경우에 매매예약완결권이 그 수인에게 어떠한 모습으로 귀속하는지와 각 채권자가 예약완결권을 행사하여 본등기의 이행을 청구하는 소를 제기할 경우에 공동소송으로 해야 하는지에 관하여 판단하고 있다.

(1) 예약완결권의 귀속형태

본 판결 이전에 대법원은, 복수의 채권자가 자기의 채권을 담보하기 위하여 채무자 소유의 부동산에 관하여 매매예약을 하고 가등기를 마친 경우에 복수채권자는 매매예약완결권을 준공유하는 관계에 있고, 따라서 매매예약 완결의 의사표시는 복수채권자 전원이 공동으로 행사해야 한다고 하였다(대판 1984. 6. 12, 83다카2282 등 다수의 판결. 대

판 2002. 7. 9, 2001다43922·43939는 사안이 다름).

그런데 본 판결이 종래의 판례를 변경하였다. 그러한 경우에 수인의 채권자가 공동으로 매매예약완결권을 가지는 관계인지 아니면 채권자 각자의 지분별로 별개의 독립적인 매매예약완결권을 가지는 관계인지는 매매예약의 내용에 따라야 하고, 매매예약에서 그러한 내용을 명시적으로 정하지 않은 경우에는 여러 사정을 종합적으로 고려하여 판단할 것이라고 한다. 이는 결국 매매예약의 해석에 의하려는 것이다. 본 판결은 종래의 판례에 의할 경우 실질에 부합하지 않고 각각의 채권자의 담보권 행사를 크게 제한하게 된다고 이해한 듯하다.

(2) 필수적 공동소송으로 해야 하는지 여부

이전의 판례는, 채권자가 소유권이전의 본등기절차를 구하는 소는 필수적 공동소송으로서 매매예약완결권을 준공유하고 있던 복수채권자 전원이 제기해야 한다고 하였다(대판 1984. 6. 12, 83다카2282 등). 그런데 본 판결은 채권자가 독립적인 매매예약완결권을 가지는 경우, 채권자 중 1인은 단독으로 소유권이전의 본등기절차 이행청구를 할 수 있다고 한다. 이러한 태도는 위의 권리귀속에 관한 법리와 일관성이 있다.

2. 논평

본 판결은 실질적으로는 타당하나, 근거나 예측가능성 면에서 문제가 있다.

[주요 평석 문헌] 이정일, "수인의 채권자가 (이하 생략)," 판례연구(부산판례연구회), 24집, 545면 이하.

16. 계약금이 일부만 지급된 경우의 계약 해제 문제

◈ 대판 2015. 4. 23. 2014다231378
[손해배상(기)](D-147, 채각 [84])

[쟁점] 계약금 일부만 지급된 경우에 매도인이 계약금의 일부로서 지급받은 금원의 배액을 상환하여 매매계약을 해제할 수 있는지

[사실관계]

(1) 원고는 2013. 3. 25. 피고로부터 서울 서초구 (주소 생략) 디동 1401호를 매매대금 11억 원에 매수하기로 하는 이 사건 매매계약을 체결하면서, 계약금 1억 1,000만 원 중 1,000만 원은 계약 당일에 지급하고, 나머지 1억 원은 다음 날인 2013. 3. 26. 피고의 은행계좌로 송금하기로 약정하였다.

(2) 한편 이 사건 매매계약에는 "매수인이 잔금을 지불하기 전까지 매도인은 계약금의 배액을 배상하고, 매수인은 계약금을 포기하고 이 계약을 해제할 수 있다(제5조)"는 내용이 있다.

(3) 원고는 이 사건 매매계약을 체결한 당일 피고의 은행계좌로 계약금 중 1,000만 원을 송금하였다.

(4) 피고는 다음 날인 2013. 3. 26. 이 사건 매매계약 체결을 중개하였던 공인중개사에게 이 사건 매매계약을 해제하겠다고 통보하고 피고의 은행계좌를 해지하여 폐쇄하였다.

(5) 원고는 이러한 사실을 모른 채 같은 날 11:30경 피고의 은행계좌에 나머지 계약금 1억 원을 송금하려 하였으나 위와 같은 계좌 폐쇄로 송금에 실패하자, 1억 원을 자기앞수표 1장으로 발행하여 공인중개사 사무소를 방문하였고, 공인중개사로부터 피고가 이 사건 매매계약을 해제하려고 피고의 은행계좌를 폐쇄하였다는 사실을 전해 들었다.

(6) 원고는 2013. 3. 27. 피고가 나머지 계약금 1억 원의 수령을 거절한다는 이유로 피고를 피공탁자로 하여 1억 원을 공탁하였다.

(7) 피고는 2013. 3. 27. 원고를 피공탁자로 하

여 2,000만 원을 공탁하고, 같은 날 원고에게 해약통고서를 보냈고, 2013. 3. 29. 위 통고서가 원고에게 도달하였다.

(8) 원고는 2013. 4. 24. 피고에게 '잔금일인 2013. 4. 29.까지 잔금을 지참하여 공인중개사 사무소를 방문할 예정이니 소유권이전등기에 필요한 서류를 교부해 달라'는 취지의 통고서를 보냈고, 그 무렵 위 통고서가 피고에게 도달하였다.

(9) 원고는 2013. 4. 29. 잔금을 지참하고 공인중개사 사무소를 방문하였으나, 피고는 그곳에 나오지 않았다.

(10) 원고는 2013. 6. 3. 피고에게 '피고가 2013. 4. 29. 잔금 기일에 참석하지 않아 현재 이행지체 상태에 빠졌는바, 2013. 6. 7. 오전 10시까지 소유권이전등기에 필요한 서류를 교부하지 않으면 별도의 해제통고 없이 당해 최고서를 통하여 계약해제의 의사표시를 갈음한다'는 내용의 통고서를 보냈고, 2013. 6. 4. 위 통고서가 피고에게 도달하였다.

[판결요지]

다. '계약금 일부만 지급된 경우 그 지급받은 금원의 배액을 상환하고 계약을 해제할 수 있다'는 상고이유 주장에 대하여

1) 피고는, 원고가 계약금을 전부 지급하기 전까지는 이 사건 매매계약의 구속력이 약하므로 피고는 계약금 일부로서 지급받은 1,000만 원의 배액을 상환하면 얼마든지 이 사건 매매계약을 해제할 수 있는데도, 이와 달리 판단한 원심판결에는 계약금 일부만 지급된 경우에 계약의 해제에 관한 법리를 오해한 잘못이 있다고 주장한다.

2) 그러나 앞서 본 바와 같이 원고가 계약금 1억 1,000만 원을 전부 지급하였다고 봄이 타당하므로 피고는 위 계약금의 배액을 상환해야 이 사건 매매계약을 해제할 수 있다. 이와 다른 전제에 선 이 부분 상고이유 주장은 이유 없다.

3) 설령 원고가 계약금 1억 1,000만 원 중 일부인 1,000만 원만을 지급한 것이라고 하더라도, 다

음의 이유로 이 부분 상고이유 주장은 이유 없다.

가) 매매계약이 일단 성립한 후에는 당사자의 일방이 이를 마음대로 해제할 수 없는 것이 원칙이다. 다만 주된 계약과 더불어 계약금계약을 한 경우에는 민법 제565조 제1항의 규정에 따라 해제를 할 수 있기는 하나, 당사자가 계약금 일부만을 먼저 지급하고 잔액은 나중에 지급하기로 약정하거나 계약금 전부를 나중에 지급하기로 약정한 경우, 교부자가 계약금의 잔금 또는 전부를 지급하지 아니하는 한 계약금계약은 성립하지 아니하므로 당사자가 임의로 주계약을 해제할 수는 없다(대법원 2008. 3. 13. 선고 2007다73611 판결 참조).

나) 피고의 주장과 같이 계약금 일부만 지급된 경우 수령자가 매매계약을 해제할 수 있다고 하더라도, 그 해약금의 기준이 되는 금원은 '실제 교부받은 계약금'이 아니라 '약정 계약금'이라고 봄이 타당하다. '실제 교부받은 계약금'의 배액만을 상환하여 매매계약을 해제할 수 있다면 이는 당사자가 일정한 금액을 계약금으로 정한 의사에 반하게 될 뿐 아니라, 교부받은 금원이 소액일 경우에는 사실상 계약을 자유로이 해제할 수 있어 계약의 구속력이 약화되는 결과가 되어 부당하기 때문이다.

따라서 피고가 계약금 일부로서 지급받은 금원의 배액을 상환하는 것으로는 이 사건 매매계약을 해제할 수 없다. 이 점에서도 이 부분 상고이유 주장은 이유 없다.

[관련규정] 제565조 제1항

[해설 및 논평]

1. 해설

본 판결 사안에서는, 부동산 매수인(원고)이 계약금으로 약정된 금액의 일부를 지급한 후 매도인(피고)이 '지급된 금액'의 배액을 제공하면서 매매계약을 해제한 경우에 매수인이 매도인에게 손해배상의 예정의 성질을 가지는 위약계약금 1억 1,000만 원(그 매매계약상 계약금액과 동일한 금액으로 특약을 했음)과 자신이 계약금의 일부로 지급한 1,000만 원의 지급을 청구하였다.

그에 대하여 본 판결은 먼저 교부자가 계약금의 잔금 또는 전부를 지급하지 않는 한 계약금계약은 성립하지 않으므로 당사자가 임의로 주계약을 해제할 수는 없다고 한다. 그러고 나서 계약금의 일부만 지급된 경우 수령자가 매매계약을 해제할 수 있다고 하더라도, 그 해약금의 기준이 되는 금원은 '실제 교부받은 계약금'이 아니라 '약정 계약금'이라고 한다. 그러면서 피고의 상고를 기각하였다. 한편 그 사안에 관하여는 원심은 매수인이 지급한 1,000만 원과 위약금 1억 1,000만 원이 부당히 과다하여 감액한 7,700만 원의 지급의무가 있다고 하였다.

본 판결은 종래의 판례와 통설에 따라 계약금의 교부를 요물계약이라고 파악하고 있다. 그런데 다른 한편으로 계약금이 일부만 지급된 경우에 수령자가 계약을 해제할 수 있다고 하더라도 해약금의 기준이 되는 것은 '약정된 계약금'이라고 한다. 몇몇 문헌들은 본 판결의 이 두 부분이 모순이라고 한다. 그러면서 계약금계약은 요물계약이 아니고 낙성계약이라고 하거나, 뒷부분이 잘못된 것이고 지급된 금액이 기준이 되어야 한다고 주장하기도 한다.

2. 논평

사견으로는 계약금계약을 요물계약으로 이해해도 본 판결이 부당하지 않다고 생각한다. 계약금이 약정된 후 전부나 일부가 지급되지 않은 경우에는 계약금계약은 성립하지 않고 계약금계약의 예약만 성립한다. 그리하여 예약에 따른 효과가 생긴다. 그리고 계약금의 교부자는 미지급된 금액을 지급하여 계약금계약을 성립시키면서 계약을 해제할 수 있고, 수령자는 약정된 금액의 배액을 제공하면서 해제할 수 있다고 할 것이다. 앞의 경우는 제565조에 따른 것이고, 뒤의 경우에는 계약금계약이 성립하지는 않았으나 그것이 제565조의 취지에 반하지 않으면서 당사자의 의사에 부합하기 때문에 인정되어야 한다.

17. 계약금의 성질

◈ 대판 1992. 5. 12, 91다2151
  [소유권이전등기](강의 D-149·150, C-162,
  채각 [85]·[86], 채총 [109])

[쟁점] 매매계약금에 대하여 매수인이 위약하였
을 때에는 이를 무효로 하고 매도인이 위약하였을
때에는 그 배액을 상환할 뜻의 약정이 있는 경우
그 계약금의 성질. 계약금의 배액을 상환하고 하
는 계약해제시 상대방이 이를 수령하지 않는 경우
이를 공탁하여야 유효한지 여부(소극)

[사실관계]

(1) 피고를 대리한 소외 A는 1989. 6. 19. 원고들
을 대리한 소외 B와 사이에 이 사건 부동산(경기도
소재 대 1,385평방미터 및 대 96평방미터에 대한 96분
의 59.5지분)에 관하여 매도인은 피고, 매수인은 원
고 C 외 3인, 총 매매대금은 3,450만 원으로 하되,
계약금 350만 원은 계약 당일에 중도금 1,400만 원
은 같은 해 7. 21에 잔금 1,700만 원은 같은 해 8.
22. 소유권이전등기에 필요한 서류와 상환으로 이
를 지급하며, 매도인이 위약하였을 때에는 계약금
의 배액을 매수인에게 배상하고 매수인이 위약하
였을 때에는 계약을 무효로 하며 계약금 반환청구
를 할 수 없다는 내용의 매매계약을 체결하고, 피
고가 계약 당일 위 계약금 350만 원을 수령하였다.

(2) 피고를 대리한 위 A는 위 계약체결 이틀 후
인 1989. 6. 21. 원고측 중개인인 소외 D를 통하여
해제권 유보에 기한 해제의사를 원고측에 전달한
뒤, 같은 해 6. 30. 원고들의 대리인인 위 B로부터
같은 해 7. 3. 계약금의 배액인 해약금 700만 원을
수령하겠다는 전화연락을 받고 위 날짜에 위 금원
을 지참하여 약속장소에 갔으나 위 B는 나오지 않
았고, 이에 위 A는 다시 전화로 그 다음날 만나
위 금원을 수수하기로 위 B와 약속하였으나 위 B
는 또 약속을 지키지 않았다.

(3) 이에 피고는 같은 해 7. 5.자로 원고 C 앞으

로 위 해약금의 수령을 내용증명 우편으로 촉구하
였고, 그 후인 같은 해 7. 13. 위 A는 위 B를 만났
으나 위 B가 이전과는 달리 위 해약금의 수령을
거절하므로 피고는 같은 해 7. 14. 원고 C를 공탁
물수령인으로 하여 위 해약금 700만 원을 변제공
탁하였다.

(4) 한편 원고 C는 같은 해 7. 5. 위 매매계약의
중도금 및 잔금 합계 3,100만 원을 피고를 공탁물
수령인으로 하여 변제공탁하였다.

(5) 그 후 원고들은 피고를 상대로, 이 사건 부
동산에 관하여 위 매매를 원인으로 한 소유권이전
등기의 이행을 구하는 소를 제기하였다.

[판결요지]

매매당사자 사이에 수수된 계약금에 대하여 매
수인이 위약하였을 때에는 이를 무효로 하고 매도
인이 위약하였을 때에는 그 배액을 상환할 뜻의
약정이 있을 경우에는 특별한 사정이 없는 한 그
계약금은 민법 제398조 제1항 소정의 손해배상액
의 예정의 성질을 가질 뿐 아니라 민법 제565조
소정의 해약금의 성질을 가진 것으로 볼 것이며
(당원 1971. 5. 24. 선고 71다473 판결 참조), 매매당사
자 간에 계약금을 수수하고 계약해제권을 유보한
경우에 매도인이 계약금의 배액을 상환하고 계약
을 해제하려면 계약해제 의사표시 이외에 계약금
배액의 이행의 제공이 있으면 족하고 상대방이 이
를 수령하지 아니한다 하여 이를 공탁하여야 유효
한 것은 아니다(당원 1981. 10. 27. 선고 80다2784 판
결 참조).

[관련규정] 제398조 제1항, 제565조

[해설 및 논평]

1. 해설

계약금은 계약의 체결시에 당사자 일방이 상대
방에게 교부하는 금전 기타의 유가물이다. 계약금
의 종류에는 증약금, 위약계약금(위약벌의 성질을

가지는 것과 손해배상액의 예정의 성질을 가지는 것의 둘이 있음), 해약금 등 여러 가지가 있다. 본 판결은 위약계약금의 특약이 있을 경우 그 성질이 어떠한지와 해약금의 성질도 같이 가지는지에 대하여, 그리고 해약금에 기하여 해제를 하는 경우에 공탁까지 해야 하는지에 대하여 판시하고 있다.

(1) 위약계약금의 특약이 있을 경우 그 성질

계약금이 위약계약금으로 되려면 반드시 당사자 사이에 특약이 있어야 한다. 판례도 손해배상액의 예정의 성질을 가지는 계약금에 관하여 같은 입장이다(대판 1979. 4. 24, 79다217 등). 그 결과 위약금으로 하기로 하는 특약이 없으면 계약이 당사자 일방의 유책사유로 인하여 해제되었다 하더라도 상대방은 계약불이행으로 입은 실제 손해만을 배상받을 수 있을 뿐 계약금이 위약금으로서 상대방에게 당연히 귀속되지 않는다(아래 참고판결(1) 참조).

계약금이 어떤 성질의 것인지는 계약금계약의 해석에 의하여 결정된다. 그런데 불분명한 때에는 해약금으로 추정된다(565조 1항). 문제는 당사자가 위약계약금 특약만 한 경우에 계약금이 그 성질 외에 해약금의 성질도 가지는가이다. 제565조 제1항이 「다른 약정이 없는 한」 해약금의 성질을 가지는 것이라고 규정하고 있기 때문에, 위의 경우에는 위약계약금의 성질만을 갖는다고 새길 여지도 있다. 그런데 본 판결은, 매매당사자 사이에 수수된 계약금에 대하여 매수인이 위약하였을 때에는 이를 무효로 하고 매도인이 위약하였을 때에는 그 배액을 상환할 뜻의 약정이 있을 경우에는 특별한 사정이 없는 한 그 계약금은 제398조 제1항 소정의 손해배상액의 예정의 성질을 가질 뿐 아니라 제565조 소정의 해약금의 성질을 가진다고 한다. 즉 본 판결이 말하는 그러한 특약이 있으면 그것은 원칙적으로 손해배상액의 예정의 성질을 가지는 위약계약금으로 되고(특별한 사정이 있으면 예외임), 제565조의 해약금의 성질도 가진다고 한다.

(2) 해약금에 기한 해제 시 공탁까지 필요한지 여부

해약금에 기하여 해제를 하는 경우에 공탁까지 해야 하는가? 그에 관하여 본 판결은, 계약해제 의사표시 이외에 계약금 배액의 이행의 제공이 있으면 족하고 상대방이 이를 수령하지 않는다 하여 이를 공탁해야 유효한 것은 아니라고 한다. 이는 종래의 판례를 다시 확인한 것이다.

그리고 나서 본 판결은, 원심이 피고의 1989. 7. 3. 변제제공으로 매매계약은 이미 적법하게 해제된 것이므로 매매계약이 여전히 유효하게 존속함을 전제로 하는 원고 C의 위 변제공탁은 효력이 없다고 판단한 것은 옳다고 하였다.

2. 논평

본 판결은 받아들일 만하다.

[참고판결] (1) 대판 1992. 11. 27, 92다23209: 유상계약을 체결함에 있어서 계약금이 수수된 경우 계약금은 해약금의 성질을 가지고 있어서 이를 위약금으로 하기로 하는 특약이 없는 이상 계약이 당사자 일방의 귀책사유로 인하여 해제되었다 하더라도 상대방은 계약불이행으로 입은 실제 손해만을 배상받을 수 있을 뿐 계약금이 위약금으로서 상대방에게 당연히 귀속된다고 할 수 없다.

(2) 대판 1992. 7. 28, 91다33612: 매수인이 계약의 이행에 착수하기 전에는 매도인이 계약금의 배액을 상환하고 계약을 해제할 수 있으나, 이 해제는 통고로써 즉시 효력을 발생하고 나중에 계약금 배액의 상환의무만 지는 것이 아니라 매도인이 수령한 계약금의 배액을 매수인에게 상환하거나 적어도 그 이행제공을 하지 않으면 계약을 해제할 수 없다.

18. 해약금의 효력: 이행기 전의 착수

◆ 대판 1993. 1. 19. 92다31323
[소유권이전등기](강의 D-150, 채각 [86])

[쟁점] 제565조의 경우에 이행기의 약정이 있더라도 이행기 전에 이행에 착수할 수 있는지 여부(한정적극). 매도인이 제565조에 의하여 계약해제의 의사표시를 하고 일정한 기한까지 해약금의 수령을 최고하며 기한을 넘기면 공탁하겠다고 통지한 경우에 매수인이 매도인의 계약해제권을 소멸시키기 위해 이행기 전에 이행에 착수할 수 있는지 여부(소극). 매도인이 제565조에 의한 계약해제를 위하여 한 해약금의 제공이 적법하지 못한 경우 해제권을 보유하는 기간 안에 적법한 제공을 하면 계약이 해제되는지 여부(적극) 및 매도인이 계약해제를 위하여 계약금의 배액을 공탁하는 경우 계약해제 의사표시가 있다고 볼 시점(= 상대방에게 공탁통지가 도달한 때)

[사실관계]

(1) 원고들과 피고(한국토지개발공사)는 1990. 6. 22. 피고 소유의 이 사건 토지를 원고들에게 대금 3,434,639,000원에 매도하는 계약을 체결하면서 피고는 같은 날 원고들로부터 계약금으로 3억 5,000만 원을 수령하고, 같은 해 7. 22. 중도금으로 1,367,329,000원, 같은 해 8. 22. 잔금으로 17억 1,731만 원을 지급받기로 약정하였다.

(2) 그 후 피고가 원고 회사들의 이사인 소외 A에게 이 사건 매매계약의 합의해제를 요청하였으나 A가 이를 거부하였다. 그러자 피고는 1990. 7. 13. 원고들에게 민법 제565조에 의하여 이 사건 매매계약을 해제한다는 의사를 표시하고 계약금의 배액인 7억 원 중 위약금에 대한 법인세 및 방위세 합계 1억 500만 원을 공제한 금액을 같은 달 18.까지 수령할 것을 최고하면서 위 기한 내에 이를 수령하지 않을 경우 공탁하겠다고 통지하여 그 통지가 같은 달 14. 원고들에게 도달하였다. 그 후

위 기한까지 원고들이 위 금액을 수령하지 않고 도리어 중도금 지급기일 전인 같은 달 16.에 2억 원을 피고의 거래은행구좌에 무통장입금으로 예입하자 피고는 같은 달 19. 원고들을 공탁물수령자로 하여 위 해약금 5억 9,500만 원 및 위 입금액 2억 원의 합계 7억 9,500만 원을 공탁하였다.

(3) 이에 원고들은, 피고의 계약금 배액의 공탁일 이전에 중도금의 일부를 피고의 은행예금구좌에 입금하여 이행에 착수하였기에 피고의 민법 제565조에 의한 해제는 그 효력이 없어서 계약이 유효하게 존속함을 전제로, 이 사건 토지에 대한 소유권이전등기의 이행을 구하는 소를 제기하였다.

[판결요지]

[1] 민법 제565조가 해제권 행사의 시기를 당사자의 일방이 이행에 착수할 때까지로 제한한 것은 당사자의 일방이 이미 이행에 착수한 때에는 그 당사자는 그에 필요한 비용을 지출하였을 것이고, 또 그 당사자는 계약이 이행될 것으로 기대하고 있는데 만일 이러한 단계에서 상대방으로부터 계약이 해제된다면 예측하지 못한 손해를 입게 될 우려가 있으므로 이를 방지하고자 함에 있고, 이행기의 약정이 있는 경우라 하더라도 당사자가 채무의 이행기 전에는 착수하지 아니하기로 하는 특약을 하는 등 특별한 사정이 없는 한 이행기 전에 이행에 착수할 수 있다.

[2] 매도인이 민법 제565조에 의하여 계약을 해제한다는 의사표시를 하고 일정한 기한까지 해약금의 수령을 최고하며 기한을 넘기면 공탁하겠다고 통지를 한 이상 중도금 지급기일은 매도인을 위하여서도 기한의 이익이 있다고 보는 것이 옳고, 따라서 이 경우에는 매수인이 이행기 전에 이행에 착수할 수 없는 특별한 사정이 있는 경우에 해당하여 매수인은 매도인의 의사에 반하여 이행할 수 없다고 보는 것이 옳으며, 매수인이 이행기 전에, 더욱이 매도인이 정한 해약금 수령기한 이전에 일방적으로 이행에 착수하였다고 하여도 매

도인의 계약해제권 행사에 영향을 미칠 수 없다.

[3] 매도인이 민법 제565조에 의하여 계약을 해제하고자 하는 경우에는 계약금의 배액을 제공하고 하여야 할 것이나, 이 해약금의 제공이 적법하지 못하다면 해제권을 보유하고 있는 기간 안에 적법한 제공을 한 때에 계약이 해제된다고 볼 것이고, 또 매도인이 계약을 해제하기 위하여 계약금의 배액을 공탁하는 경우에는 공탁원인사실에 계약해제의 의사가 포함되어 있다고 할 것이므로, 상대방에게 공탁통지가 도달한 때에 계약해제 의사표시가 있었다고 보는 것이 옳다.

[관련규정] 제565조

[해설 및 논평]

1. 해설

(1) 민법 제565조 제1항

계약금이 해약금인 경우에는 당사자의 일방이 이행에 착수할 때까지 계약금 교부자는 이를 포기하면서, 수령자는 그 배액을 상환하면서 매매계약을 해제할 수 있다(565조 1항). 그 가운데 수령자가 계약을 해제할 경우에는 해제의 의사표시만으로는 부족하고 계약금의 배액의 제공이 있어야 한다.

(2) 이행기 전에 이행에 착수할 수 있는지

위 규정에 의하면, 해약금에 기하여 해제를 할 수 있는 시기는「당사자 일방이 이행에 착수할 때까지」이다. 문제는 이행기 전에 이행에 착수할 수 있는가이다. 그에 대하여 본 판결은, 이행기의 약정이 있는 경우라 하더라도 당사자가 채무의 이행기 전에는 착수하지 않기로 하는 특약을 하는 등 특별한 사정이 없는 한 이행기 전에 이행에 착수할 수 있다고 한다(최초의 판시). 이에 의하면, 원칙적으로 이행기 전에 착수를 할 수 있다. 그러나 예외적으로 특별한 사정이 있으면 이행기 전에 이행의 착수를 하지 못한다. 그리고 본 판결은 그 예외의 대표적인 예로 당사자가 채무의 이행기 전에는 착수하지 않기로 하는 특약을 한 경우를 들

고 있다. 본 판결의 이 태도는 그 후에도 다시 확인되었다(대판 2002. 11. 26, 2002다46492 등).

(3) 본 판결 사안의 경우에 특별한 사정이 있는지

본 판결은, 매도인이 제565조에 의하여 계약을 해제한다는 의사표시를 하고 일정한 기한까지 해약금의 수령을 최고하며 기한을 넘기면 공탁하겠다고 통지를 한 경우에는 매수인이 이행기 전에 이행에 착수할 수 없는 특별한 사정이 있는 경우에 해당하여 매수인은 매도인의 의사에 반하여 이행할 수 없다고 한다.

(4) 배액 제공이 부적법한 경우의 해제방법

본 판결은, 매도인이 제565조에 의하여 계약을 해제하고자 하는 경우에는 계약금의 배액을 제공하고 하여야 할 것이나, 이 해약금의 제공이 적법하지 못하다면 해제권을 보유하고 있는 기간 안에 적법한 제공을 한 때에 계약이 해제된다고 한다.

그러면서 그 사안의 경우에 피고의 해제를 배척한 원심을 파기하였다.

2. 논평

본 판결은 타당하다.

[참고판결] (1) 대판 2006. 2. 10, 2004다11599: 매매계약의 체결 이후 시가 상승이 예상되자 매도인이 구두로 구체적인 금액의 제시 없이 매매대금의 증액요청을 한 경우에 관하여 이행기 전의 이행의 착수가 허용되어서는 안 될 만한 불가피한 사정이 있지 않다고 한 원심의 판단을 수긍한 사례.

(2) 대판 2024. 1. 4, 2022다256624: (565조에서)'이행의 착수'는 … 단순히 이행의 준비를 하는 것으로는 부족하지만, 반드시 계약 내용에 들어맞는 이행의 제공에까지 이르러야 하는 것은 아니다.

[주요 평석 문헌] 홍성무, "민법 제565조 제1항에 의한 이행의 착수와 이행기의 약정," 대법원판례해설, 19-1호, 139면 이하.

19. 완전물급부청구권의 제한

◆ 대판 2014. 5. 16. 2012다72582
[매매대금반환등](강의 D-171, 채각 [99])

[쟁점] 종류매매에서 하자담보의무의 이행이 공평의 원칙에 반하는 경우에 매수인의 완전물급부청구권 행사를 제한할 수 있는지 여부(적극)와 그 판단기준

[사실관계]

(1) 원고는 2010. 10. 1. 코오롱글로텍 주식회사로부터 「2010년형 BMW 520d 1대」를 매매대금 6,240만 원에 매수하고(이하 '이 사건 매매계약'이라 함), 2010. 10. 10. 코오롱글로텍으로부터 이 사건 자동차를 인도받았다. 이 사건 자동차는 피고 비엠더블유코리아 주식회사가 자동차제조업체인 독일 비엠더블유 본사로부터 수입하여 코오롱글로텍에게 위탁 판매를 한 것인바, 위 매매계약 당시 피고 비엠더블유는 원고에게 이 사건 자동차에 대한 품질보증서(Warranty Booklet)를 교부하였다.

(2) 원고는 이 사건 자동차를 인도받아 운행하던 중 인도받은 지 5일 만인 2010. 10. 15. 이 사건 자동차 계기판의 속도계가 전혀 작동하지 않는 것을 발견하고 2010년형 「BMW Mobility Care」(이하 '긴급출동서비스센터'라 함)로 연락하였으며, 긴급출동서비스센터의 직원이 출동하여 차량에 대한 확인을 하였으나 속도계가 작동하지는 않았다. 원고는 2010. 10. 16. 재차 긴급출동서비스센터에 연락을 하였고, 출동한 긴급출동서비스센터 직원인 소외인의 의견에 따라 이 사건 자동차를 긴급출동서비스센터에 입고하였다. 그 후 위 소외인이 점검한 결과, 이 사건 자동차는 「계기판 자체에 기계적 고장이 발생하여 계기판 전체를 교체해야 하는 것」(이하 '이 사건 결함'이라 함)으로 확인되었다.

(3) 코오롱글로텍은 원고에게 이 사건 결함에 대한 해결책으로 「계기판을 교체하는 보증수리」를 제의하였으나, 원고는 이를 거절하고 2010. 10.

19. 코오롱글로텍 주식회사에게 이 사건 자동차를 새로운 자동차로 교환하여 줄 것을 요구하였다.

(4) 한편 이 사건 하자는 계기판의 속도계 부분의 바늘이 움직이지 않는 것인데, 이 사건 자동차에서는 헤드업 디스플레이 장치를 통해 자동차의 앞 유리에 자동차의 속도가 화면으로 표시되기 때문에 운전자는 굳이 계기판 속도계를 보지 않고도 앞을 보고 운전하는 상태에서 속도를 확인할 수 있고, 실제로 원고는 이 사건 하자를 수리하지 않은 상태에서 헤드업 디스플레이를 사용하여 이 사건 자동차를 운행하고 있다.

그리고 이 사건 자동차는 이 사건 하자처럼 계기판의 일부분에 하자가 발생한 경우에도 계기판 모듈 전체를 교체하도록 설계되어 있는데, 이러한 계기판 모듈은 볼트나 너트로 조여 있지 않고 계기판 탈착과정에서 주변에 흠집이 발생하지 않도록 완충형 받침쇠 두 개로 패널 마운트에 결합되도록 설계되어 있어서 탈착작업이 갈고리 같은 간단한 도구로 흠집 없이 가능하고, 이러한 정비방식은 그 절차도 복잡하지 않으며, 몇 분 만에 교체가 가능하고, 교체비용도 1,407,720원 정도일 뿐 아니라, 정비 후에는 계기판 전체가 정상적인 상태로 회복된다.

이 사건 매매계약의 목적물은 고가의 승용차로서 등록이나 사용으로 인한 가치의 감소가 다른 물건에 비하여 상대적으로 크다고 할 수 있는데, 이 사건 자동차와는 다른 차종이긴 하지만 2012년 2월식 BMW 528i의 경우 주행거리 200km인 경우 가격 하락분이 약 990만 원이고, 2012년 5월식 BMW 730d가 주행거리 1km인 경우 가격하락분이 약 1,000만 원이다.

[판결요지]

민법 제581조 제1항, 제2항, 제580조 제1항, 제575조 제1항에 의하면, 매매의 목적물을 종류로 지정하였는데 그 후 특정된 목적물에 있는 하자가 있는 경우에, 매수인은 그 하자로 인하여 계약의 목

적을 달성할 수 없는 때에는 계약을 해제할 수 있고, 그 하자로 인하여 계약의 목적을 달할 수 없는 정도에 이르지 아니한 때에는 손해배상을 청구할 수 있으며, 또한 이러한 계약의 해제 또는 손해배상의 청구 대신 하자 없는 물건을 청구할 수 있는 권리(이하 '완전물급부청구권'이라 한다)를 갖는다.

다만 이러한 민법의 하자담보책임에 관한 규정은 매매라는 유상·쌍무계약에 의한 급부와 반대급부 사이의 등가관계를 유지하기 위하여 민법의 지도이념인 공평의 원칙에 입각하여 마련된 것인데, 종류매매에서 매수인이 가지는 완전물급부청구권을 제한 없이 인정하는 경우에는 오히려 매도인에게 지나친 불이익이나 부당한 손해를 주어 등가관계를 파괴하는 결과를 낳을 수 있다. 따라서 매매목적물의 하자가 경미하여 수선 등의 방법으로도 계약의 목적을 달성하는 데 별다른 지장이 없는 반면 매도인에게 하자 없는 물건의 급부의무를 지우면 다른 구제방법에 비하여 지나치게 큰 불이익이 매도인에게 발생되는 경우와 같이 하자담보의무의 이행이 오히려 공평의 원칙에 반하는 경우에는, 완전물급부청구권의 행사를 제한함이 타당하다고 할 것이다. 그리고 이러한 매수인의 완전물급부청구권의 행사에 대한 제한 여부는 매매목적물의 하자의 정도, 하자 수선의 용이성, 하자의 치유가능성 및 완전물급부의 이행으로 인하여 매도인에게 미치는 불이익의 정도 등의 여러 사정을 종합하여 사회통념에 비추어 개별적·구체적으로 판단하여야 한다.

(본 판결은 원고의 이 사건 완전물급부청구권의 행사를 허용하지 않음)

[관련규정] 제575조 제1항, 제580조 제1항, 제581조

[해설 및 논평]

1. 해설

(1) 종류매매의 경우에 그 후 특정된 목적물에 하자가 있는 때에 매수인은 계약의 해제나 손해배상의 청구를 하지 않고 하자 없는 물건을 청구할 수 있다(581조 2항). 이를 완전물급부청구권이라고 한다. 이러한 완전물급부청구권이 무제한적으로 인정되는지가 문제된다.

(2) 본 판결은 이 문제에 대하여 처음으로 판시를 하였다. 본 판결은 우선 하자담보책임에 관한 규정이 매매라는 유상·쌍무계약에 의한 급부와 반대급부 사이의 등가관계를 유지하기 위하여 민법의 지도이념인 공평의 원칙에 입각하여 마련된 것이라는 점을 분명히 하고 있다. 그리고 나서 종류매매에서 완전물급부청구권을 제한 없이 인정하면 오히려 매도인에게 지나친 불이익이나 부당한 손해를 주어 등가관계를 파괴하는 결과를 낳을 수 있다고 한다. 따라서 매매목적물의 하자가 경미하여 수선 등의 방법으로도 계약의 목적을 달성하는 데 별다른 지장이 없는 반면 매도인에게 하자 없는 물건의 급부의무를 지우면 다른 구제방법에 비하여 지나치게 큰 불이익이 매도인에게 발생되는 경우와 같이 하자담보의무의 이행이 오히려 공평의 원칙에 반하는 경우에는, 완전물급부청구권의 행사를 제한함이 타당하다고 한다.

이와 같이 본 판결은 완전물급부청구권을 제한할 수 있다고 하며, 그 근거를 민법의 지도이념인 공평의 원칙에서 찾고 있다.

(3) 본 판결은 이어서 완전물급부청구권의 행사에 대한 제한 여부를 결정하는 판단기준도 제시하고 있다.

2. 논평

종류매매의 매수인의 완전물급부청구권도 신의칙에 기하여 제한될 수 있다. 그런데 그럴 경우에는 매우 엄격한 요건 하에 제한적으로 인정되어야 한다. 본 판결 사안의 경우에는 제한이 긍정될 여지가 있다.

[주요 평석 문헌] 김진오, "민법상 완전물급부청구권의 공평의 원칙에 의한 제한의 가부 및 품질보증서 교부행위의 법적 성격," 대법원판례해설, 99호, 222면 이하.

제4장
채권법각론

20. 하자담보책임과 소멸시효

◆ 대판 2011. 10. 13, 2011다10266
[손해배상(기)](강의 D-172, 채각 [99])

[쟁점] 하자담보에 기한 매수인의 손해배상청구권이 소멸시효의 대상이 되는지 여부(적극) 및 소멸시효의 기산점(＝매수인이 매매 목적물을 인도받은 때)

[사실관계]

(1) 원고(한국토지공사와 그것을 승계한 한국토지주택공사)는 1998. 7. 21. A 회사와 사이에 A 회사 소유의 X 토지에 대하여, 1998. 8. 29. B와 사이에 B 소유의 Y 토지에 대하여 각 매매계약을 체결하고, 원고는 X 토지에 대하여는 1998. 9. 14.에, Y 토지에 대하여는 1998. 10. 16. 원고 앞으로 소유권이전등기를 마쳤다.

(2) 원고는 2005. 6. 16. C·D에게 위 각 토지(이 사건 부동산)를 매도하였고, E 회사는 2005. 8. 13. C·D와 사이에 이 사건 부동산의 매수인 지위를 승계하는 계약을 체결하였으며, 원고는 2005. 9. 30. E 회사에 이 사건 부동산에 대한 소유권이전등기를 해주었다.

(3) E 회사는 2006. 8. 초순경 이 사건 부동산 지하에 폐콘크리트와 건설폐토석(이 사건 폐기물)이 매립되어 있는 것을 발견하고, 2006. 8. 7.경 원고에게 그 사실을 통지하였다.

(4) 원고는 E 회사로부터 위와 같은 통지를 받은 직후인 2006. 8. 17.과 2006. 8. 23. 및 2006. 8. 31. 총 3회에 걸쳐 A 회사 및 B에게 이 사건 폐기물의 발견 사실과 피고 회사(A 회사의 소송수계인) 및 B가 위 폐기물을 처리하여 줄 것과 미처리 시 손해배상을 청구할 예정이라는 내용의 내용증명 우편을 발송하였다.

(5) E 회사는 이 사건 폐기물을 처리한 후 원고를 상대로 2006. 11. 9. 그 처리비용 상당의 손해배상청구의 소를 제기하였고, 원고는 위 소송에서

1억 5,000만 원 및 그 지연손해금을 지급하라는 판결을 선고받자 2008. 10. 2. E 회사에게 위 판결금 합계 166,764,765원을 지급하였으며, 위 판결은 2009. 1. 15. 확정되었다.

(6) 원고는 2009. 8. 7. 피고 회사 및 B의 상속인들인 나머지 피고들에게 하자담보책임에 기한 손해배상으로서 원고가 이 사건 폐기물의 처리비용 상당액으로 E 회사에 지급한 금원의 배상을 구하는 이 사건 소를 제기하였다.

(7) 이에 대하여 제1심은 원고의 청구를 기각하였다. 그러자 원고가 항소하였는데, 제2심도 항소를 기각하였다. 제1심·제2심 모두 원고의 손해배상청구권이 소멸시효에 걸려 소멸했다는 이유를 들었다. 이에 원고가 상고하였다.

[판결요지]

매도인에 대한 하자담보에 기한 손해배상청구권에 대하여는 민법 제582조의 제척기간이 적용되고, 이는 법률관계의 조속한 안정을 도모하고자 하는 데에 취지가 있다. 그런데 하자담보에 기한 매수인의 손해배상청구권은 권리의 내용·성질 및 취지에 비추어 민법 제162조 제1항의 채권 소멸시효의 규정이 적용되고, 민법 제582조의 제척기간 규정으로 인하여 소멸시효 규정의 적용이 배제된다고 볼 수 없으며, 이때 다른 특별한 사정이 없는 한 무엇보다도 매수인이 매매 목적물을 인도받은 때부터 소멸시효가 진행한다고 해석함이 타당하다.

…위와 같은 사실관계를 앞서 본 법리에 비추어 살펴보면, 원고의 이 사건 하자담보에 기한 손해배상청구권은 원고가 A 회사 및 B로부터 이 사건 부동산을 인도받았을 것으로 보이는 1998. 9. 14. 내지 1998. 10. 16.부터 소멸시효가 진행된다고 할 것인데, 원고는 그로부터 10년이 경과한 2009. 8. 7.에서야 A 회사 및 나머지 피고들에게 이를 구하는 이 사건 소를 제기하였음이 기록상 분명하므로, 원고의 하자담보책임에 기한 손해배상청구권은 이 사건 소 제기 이전에 이미 소멸시

효 완성으로 소멸되었다고 할 것이다. 원심이 이 사건 부동산에 대하여 계약이 체결된 1998. 7. 21. 내지 1998. 8. 29.경부터 소멸시효가 진행한다고 판단한 것은 적절하다고 할 수 없으나, 원고의 하자담보책임에 기한 손해배상청구권이 이들 부동산을 인도받을 때를 기준으로 하더라도 소멸시효가 완성된 이상 원심의 위와 같은 잘못은 판결 결과에 영향이 없다.

[관련규정] 제162조 제1항, 제580조, 제582조

[해설 및 논평]

1. 해설

(1) 매도인의 하자담보책임

특정물매매에서 매매의 목적물에 하자가 있고 매수인이 선의·무과실인 경우에는, 매수인은 계약해제권(하자로 인하여 계약 목적을 달성할 수 없는 경우)·손해배상청구권을 가진다(580조 1항·575조 1항). 그리고 매수인의 이 권리는 매수인이 그 사실을 안 날로부터 6개월 내에 행사하여야 한다(582조). 이 6개월의 기간은 소멸시효기간이 아니고 제척기간이다. 그리고 판례는 이 기간은 재판상 또는 재판 외에서의 권리행사에 관한 기간이라고 한다(대판 2003. 6. 27, 2003다20190).

(2) 본 판결 사안에서의 쟁점

본 판결 사안에서 원고는 A 회사와 B로부터 이 사건 부동산을 매수하였다. 그런데 그 부동산에는 이 사건 폐기물이 매립되어 있었다. 매매 목적물에 하자가 있는 것이다. 그리고 원고는 하자에 관하여 선의·무과실이었다. 그러므로 원고는 A 회사와 B에 대하여 하자로 인한 손해배상청구권을 가진다. 그 권리는 원고가 하자가 있다는 사실을 안 날부터 6개월 내에 행사할 수 있다. 문제는 원고의 손해배상청구권 행사가 이 사건 부동산의 계약시로부터는 물론 인도시로부터도 10년이 경과했는데, 그래도 그 권리를 행사할 수 있는지이다. 만약 손해배상청구권에 소멸시효 규정이 적용된

다면 그 권리가 시효에 걸려 소멸하기 때문이다.

본 판결이 그에 대하여 처음으로 판단하였다. 구체적으로는 하자담보에 기한 손해배상청구권에 소멸시효 규정이 적용되는지와 소멸시효 규정이 적용되는 경우에 시효의 기산점이 언제인지에 대하여 판시하였다.

(3) 하자담보에 기한 손해배상청구권에 소멸시효 규정이 적용되는지

본 판결은, 하자담보에 기한 매수인의 손해배상청구권은 권리의 내용·성질 및 취지에 비추어 제162조 제1항의 채권 소멸시효의 규정이 적용되고, 제582조의 제척기간 규정으로 인하여 소멸시효 규정의 적용이 배제되지 않는다고 한다. 이는 그 손해배상청구권이 하나의 채권이므로 채권에 관한 소멸시효 규정을 적용하는 것이 옳고, 만약 소멸시효 규정이 적용되지 않는다면 매수인이 선의일 경우에는 아무리 오랜 시간이 지나도 권리관계를 확정 짓지 못할뿐더러 매도인에게 가혹하다는 사고에 입각한 것으로 보인다.

(4) 소멸시효의 기산점이 언제인지

본 판결은, 손해배상청구권에 소멸시효 규정이 적용될 때, 다른 특별한 사정이 없는 한 무엇보다도 매수인이 매매 목적물을 인도받은 때부터 소멸시효가 진행한다고 해석한다. 목적물을 인도받기 전에는 하자로 인한 손해상청구권의 행사를 기대하기 어렵다는 입장에서 그렇게 판단하였다.

(5) 본 판결 사안의 경우

본 판결은, 원고의 손해배상청구권은 원고가 이 사건 부동산을 인도받은 시점부터 10년이 경과한 뒤에 행사했으므로 시효로 소멸했다고 한다.

2. 논평

제척기간이 규정된 권리에 권리행사의 최장기간이 정해져 있지 않은 경우는 소멸시효의 규정을 적용하기보다 해석으로 최장기간을 찾아야 하며(채권 이외의 권리도 같음), 그리하여 일반적인 채권처럼 10년간 행사할 수 있다고 새기는 것이 옳다.

21. 하자담보책임과 채무불이행책임

◈ 대판 2004. 7. 22, 2002다51586
[손해배상(기)](강의 D-172, 채각 [99])

[쟁점] 성토작업을 기화로 다량의 폐기물을 은밀히 매립한 토지의 매도인이 협의취득절차를 통하여 공공사업 시행자에게 이를 매도함으로써 매수인에게 토지의 폐기물 처리비용 상당의 손해를 입게 한 경우에 채무불이행책임과 하자담보책임이 경합적으로 인정되는지 여부(적극). 구 「공공용지의 취득 및 손실보상에 관한 특례법」에 의하여 공공사업의 시행자가 토지를 협의취득하는 경우에 일방 당사자의 채무불이행에 대하여 민법상의 손해배상책임 또는 하자담보책임을 물을 수 있는지 여부(적극)

[사실관계]
(1) 원고(한국수자원공사)는 판시 토지(안산시 소재 잡 144,413㎡)를 포함한 안산시 일대 토지 합계 7,887,814㎡(이하 사업시행지라 함)에 대하여 안산 신도시 2단계 건설사업을 수행하기로 하고, 1992. 3. 11. 당시 건설부장관으로부터 준공예정일을 1996. 12.로 하여 사업실시계획을 승인받았으며, 그 승인은 같은 날 고시되었다.
(2) 원고는 1992. 7.경 안산시장에게 사업시행지의 매수 및 손실보상 등 업무를 위탁하였고 안산시장은 원고를 대리하여 폐지 전 공공용지의 취득 및 손실보상에 관한 특례법에 따라 사업시행지 내에 위치한 판시 토지의 공유지분권자인 피고와 위 토지 취득을 위한 협의를 거쳐 1995. 5. 16. 위 토지에 대한 피고의 지분을 8,758,541,900원에 협의취득하고 이에 따라 1995. 9. 22. 원고 명의로 소유권이전등기가 마쳐졌다.
(3) 피고는 판시 토지가 위와 같이 사업시행지에 포함되자 1992. 6.경 인근 도로 및 지표면보다 약 1m 이상 낮은 위 토지의 보상가격을 높이기 위하여 대지 조성공사를 하였는데, 그 과정에서

토사와 함께 산업폐기물 등을 매립하기로 소외 1 등과 공모하여 1992. 6.경부터 1993. 11. 하순경 사이에 일반폐기물과 특정폐기물 합계 18,500톤을 단속이 뜸한 심야에 집중적으로 실어 운반한 후 판시 토지에 구덩이를 파서 쏟아 붓고 그 위에 다량의 토사를 덮어 외견상으로는 쉽게 발견되지 않도록 하는 방법으로 위 폐기물을 은밀히 매립하였다.
(4) 피고의 폐기물 매립으로 인하여 그 매립부분 주변의 토지에 중금속 등 오염이 확산되고 지하수까지 오염되었는바, 관계법령에 의하여 요구되는 기준에 따라 토지와 지하수의 오염도를 산출하여 이를 정상적인 토지와 지하수로 복구하려면 163억 5,000만 원의 비용(판시 토지를 포함하여 인근 매립지 전체의 복구비용)이 소요된다.
(5) 원고는 환송 후 원심의 변론종결 무렵 이미 위 폐기물처리를 위한 공사도급계약을 체결하고 이에 따라 위 감정결과에서 산출된 비용의 상당부분을 실제 지출하였거나 위 비용의 지출을 전제로 계약을 체결하여 그 계약에 따른 처리공사를 시행하고 있었다.

[판결요지]
매도인이 성토작업을 기화로 다량의 폐기물을 은밀히 매립하고 그 위에 토사를 덮은 다음 도시계획사업을 시행하는 공공사업시행자와 사이에서 정상적인 토지임을 전제로 협의취득절차를 진행하여 이를 매도함으로써 매수자로 하여금 그 토지의 폐기물 처리비용 상당의 손해를 입게 하였다면 매도인은 이른바 불완전이행으로서 채무불이행으로 인한 손해배상책임을 부담하고, 이는 하자 있는 토지의 매매로 인한 민법 제580조 소정의 하자담보책임과 경합적으로 인정된다고 할 것이다.
한편, 피고가 스스로 법령에 의하여 요구되는 정도와 방법에 부합하도록 폐기물을 처리하여 판시 토지를 정상적으로 복구할 것을 기대하기 어려워 원고가 그 처리비용 상당의 손해배상을 구하는 이 사건에서 원고에게 피고가 스스로 폐기물을 처

리할 것만을 청구하거나 손해배상청구에 앞서 이러한 청구를 먼저 행사하여야 할 의무는 없는 것이고, 나아가 폐기물처리비용이 매매대금을 초과한다는 사정은 원고의 손해배상청구권 행사에 아무런 장애가 되지 않는다고 할 것이다.

한편, 폐지 전 공공용지의 취득 및 손실보상에 관한 특례법에 의하여 공공사업의 시행자가 토지를 협의취득하는 행위는 사경제주체로서 행하는 사법상의 법률행위이므로(대법원 1999. 11. 26. 선고 98다47245 판결 등 참조) 그 일방 당사자의 채무불이행에 대하여 민법에 따른 손해배상 또는 하자담보책임을 물을 수 있다.

[관련규정] 제390조, 제580조

[해설 및 논평]
1. 해설
(1) 서설
본 판결이 중요하게 판시한 사항은 하자담보책임과 채무불이행책임이 경합하는지, 불완전이행의 경우 추완청구권 문제, 손해배상범위의 문제, 구 「공공용지의 취득 및 손실보상에 관한 특례법」 (현재의 「공익사업을 위한 토지 등의 취득 및 보상에 관한 법률」)에 의한 협의취득이 사법상의 법률행위라는 것 등이다. 이 가운데 앞의 셋만을 나누어 살펴본다.
(2) 하자담보책임과 채무불이행책임이 경합하는지 여부
매도인의 담보책임(또는 하자담보책임)과 관련한 중요문제의 하나로 담보책임과 채무불이행책임이 경합하여 존재하는지 여부가 있다.
이와 관련하여 과거에 우리 대법원은, 타인의 권리매매의 경우에 그 권리를 취득하여 매수인에게 이전하여야 할 매도인의 의무가 매도인의 귀책사유로 인하여 이행불능이 되었다면 매수인이 매도인의 담보책임에 관한 제570조 단서의 규정에 의해 손해배상을 청구할 수 없다 하더라도 채무불

이행 일반의 규정(546조 · 390조)에 쫓아서 계약을 해제하고 손해배상을 청구할 수 있다고 하여, 두 책임의 경합을 인정하였다(대판 1993. 11. 23, 93다37328). 그런데 물건에 하자가 있는 하자담보책임의 경우에는 판례가 없었다. 그러던 것을 본 판결이 채무불이행책임에 해당하는 불완전이행책임을 하자담보책임과 경합하여 존재한다고 판시하였다. 이는 아마도 이때의 채무불이행책임이 요건 · 효과는 물론 소멸시효도 일반적인 채무불이행과 같다는 입장인 것으로 보인다. 그 결과 매도인은 하자담보책임과 채무불이행책임 중 어느 것이든 요건을 증명하여 주장할 수 있을 것이다.
(3) 추완청구권 문제
본 판결은 그 사안에서 원고가 추완청구만을 하거나 먼저 그 청구를 해야 할 의무는 없다고 하였다. 이것이 불완전이행의 경우에 추완청구 자체를 부정하는 것인지는 불분명하나, 적어도 채권자의 추완청구의무를 부정한 것임은 분명하다.
(4) 손해배상의 범위
원심판결(및 본 판결)은 총 복구비용(16,350,000,000원) 중 피고가 매도한 지분의 비율에 해당하는 9,224,329,639원의 지급을 명하였다. 그리고 그 금액이 지분 매매대금(8,758,541,900원)을 초과하지만 문제가 없다고 한다.

2. 논평
본 판결이 하자담보책임과 채무불이행책임의 경합을 인정하고, 채권자의 추완청구의무를 부정한 것은 적절하다. 그러나 손해배상범위 중 피고 지분 이외 부분이나 다른 토지에 대한 복구비용도 확대손해로서 배상하도록 했어야 한다. 그리고 추완청구권 자체가 부정되는 것이 바람직하다. 왜냐하면 손해배상의 방법으로 민법은 금전배상주의를 취하고 있기 때문이다(394조 참조).

제4장
채권법각론

22. 임차인의 지상물매수청구권

◆ 대판(전원) 1995. 7. 11, 94다34265
[건물명도등](강의 D−208·209·211, 채각 [126])

[쟁점] 토지임차인의 지상물매수청구권이 기간의 정함이 없는 임대차에 있어서 임대인의 해지통고에 의한 임차권소멸의 경우에도 인정되는지 여부 및 지상물매수청구권의 법적 성질과 효과. 임대인의 건물철거 및 부지인도 청구에 대하여 임차인이 지상물매수청구권을 행사한 경우 임대인이 종전 청구를 유지할 것인지 아니면 대금지급과 상환으로 건물인도를 청구할 의사가 있는지에 관한 법원의 석명의무의 존부

[사실관계]

(1) 원고는 1983년경 이 사건 대지에 대한 소유권을 취득하였는데, 피고들은 원고가 소유권을 취득하기 이전부터 위 지상에 건물들을 소유하면서 대지를 점유하고 있었다.

(2) 피고들은 종래 소유자에게 연간 벼 1가마니씩의 임료를 지급하고 있었는데, 원고가 소유권을 취득하자 원고에게 평당 연간 3천 원 내지 5천 원씩의 임료를 지급하여 오다가, 1990년부터는 이를 평당 연간 1만 원으로 인상하여 지급하여 왔다.

(3) 원고는 1992년경 피고들에 대하여 건물의 철거 및 그 대지의 인도를 구하는 이 사건 소를 제기하였다. 피고들은 변론에서 건물의 매수를 청구하였고, 원심은 피고들의 매수청구권 행사에 의하여 원고와 피고들 사이에 건물에 대하여 매매가 성립하였는바, 원고의 이 사건 청구에는 건물대금지급과 동시에 건물명도를 구하는 청구가 포함되어 있다고 할 수 없다고 하여 원고청구를 기각하였다. 이에 대하여 원고가 상고하였다.

[판결요지]

가. 토지임차인의 지상물매수청구권은 기간의 정함이 없는 임대차에 있어서 임대인에 의한 해지통고에 의하여 그 임차권이 소멸된 경우에도 마찬가지로 인정된다.

나. 지상물매수청구권은 이른바 형성권으로서 그 행사로 임대인·임차인 사이에 지상물에 관한 매매가 성립하게 되며, 임차인이 지상물의 매수청구권을 행사한 경우에는 임대인은 그 매수를 거절하지 못하고, 이 규정은 강행규정이므로 이에 위반하는 것으로서 임차인에게 불리한 약정은 그 효력이 없다.

다. 토지임대차 종료시 임대인의 건물철거와 그 부지인도 청구에는 건물매수대금 지급과 동시에 건물명도를 구하는 청구가 포함되어 있다고 볼 수 없다.

라. '다'항의 경우에 법원으로서는 임대인이 종전의 청구를 계속 유지할 것인지, 아니면 대금지급과 상환으로 지상물의 명도를 청구할 의사가 있는 것인지(예비적으로라도)를 석명하고 임대인이 그 석명에 응하여 소를 변경한 때에는 지상물 명도의 판결을 함으로써 분쟁의 1회적 해결을 꾀하여야 한다. 그러므로 이와는 달리 이러한 경우에도 법원에게 위와 같은 점을 석명하여 심리하지 아니한 것이 위법이 아니라는 취지의 당원 1972. 5. 23. 선고 72다341 판결은 이로써 이를 변경한다.

[관련규정] 제283조, 제643조, 635조, 제652조

[해설 및 논평]

1. 해설

건물 기타 공작물의 소유 또는 식목·채염·목축을 목적으로 한 토지임대차의 기간이 만료한 경우에, 건물·수목 기타의 지상시설이 현존한 때에는, 임차인은 계약의 갱신을 청구할 수 있으며(643조, 283조 1항), 임대인이 계약의 갱신을 원하지 않는 때에는 임차인은 상당한 가액으로 건물·수목 기타 지상시설의 매수를 청구할 수 있다(643조·283조 2항).

토지임차인의 지상물매수청구권은 민법규정상

당사자가 정한 임대차의 기간이 만료되고 지상시설이 현존하는 경우에 인정되지만, 기간의 정함이 없는 임대차에 있어서 임대인의 해지통고에 의하여 임차권이 소멸된 경우에도 마찬가지로 인정된다(대판 1977. 6. 7, 76다2324 등). 이때 임차인이 계약갱신청구를 했는지도 묻지 않는다(대판 2009. 11. 26, 2009다70012). 그리고 임차인이 지상물매수청구권을 행사한 경우에는 임대인은 그 매수를 거절하지 못한다. 즉 이 지상물매수청구권은 이른바 형성권으로서, 그 행사로 임대인·임차인 사이에 지상물에 관한 매매가 성립하게 된다.

본 판결은 이러한 전제에서, 원고와 피고들 사이에는 이 사건 대지에 대하여 묵시적으로 건물의 소유를 목적으로 하여 기간의 정함이 없는 임대차계약이 체결되었고, 원고가 건물철거 및 대지인도를 구하는 이 사건 소를 제기하여 그 소장 부본이 피고들에게 송달된 날부터 6월이 경과함으로써 임대차계약은 적법하게 해지되어 종료되었으며, 피고들이 이 사건 변론에서 위 건물의 매수를 청구하고 있는바, 원고와 피고들 사이에는 위 건물에 대하여 시가 상당액을 대금으로 하는 매매가 이루어졌다고 인정하였다. 따라서 피고들은 건물대금을 지급받음과 동시에 원고에 대하여 건물에 대한 소유권이전등기절차를 이행하고 건물을 인도할 의무가 있다.

본 판결은 나아가 원고의 건물철거 및 대지인도청구에는 건물매수대금 지급과 동시에 건물인도를 구하는 청구가 포함되어 있다고 볼 수는 없다는 전제에서, 토지임대인의 지상물철거 및 부지인도청구에 대하여 임차인이 지상물매수청구권을 행사하면 지상물에 관한 매매가 성립하게 되므로 임대인의 청구를 그대로 받아들일 수 없게 되는바, 이 경우 법원으로서는 임대인이 종전의 청구를 계속 유지할 것인지 아니면 대금지급과 상환으로 지상물인도를 청구할 의사가 있는지를 석명하고, 임대인이 석명에 응하여 소를 변경하면 지상물인도의 판결을 하여야 한다고 하였다.

본 판결은 그 근거로서, ① 제소 당시에는 임대인의 청구가 이유 있는 것이었으나 제소 후 임차인의 매수청구권 행사에 의하여 그 청구가 받아들여질 수 없게 된 경우 임대인으로서는 지상물철거 등의 청구에서 전부 패소하는 것보다는 대금지급과 상환으로 지상물인도를 명하는 판결이라도 받겠다는 의사를 가질 수도 있으며, ② 이러한 법원의 석명은, 임차인의 항변에 기초한 것으로서 논리상 예기되는 범위 내에 있는 것이므로, 임차인이 특별히 불리하게 되는 것도 아니고 오히려 지상물인도와 상환으로 대금지급의 판결을 받는 것이 매수청구권을 행사한 임차인의 진의에도 부합한다고 할 수 있고, ③ 법원이 이러한 점을 석명하지 않은 채 임대인의 청구를 기각한다면 또다시 지상물인도 청구의 소를 제기하여야 하므로 쌍방 당사자에게 불리한 결과로 되어 소송경제상으로도 매우 불합리하다는 점을 들고 있다.

그리하여 이와 달리 이러한 법원의 석명의무를 부정한 대판 1972. 5. 23, 72다341을 변경하였다.

2. 논평

토지임대인의 건물철거 및 대지인도청구에 대하여 임차인의 매수청구권이 적법하게 행사되면 법원은 임대인의 청구를 기각하여야 하며, 건물대금지급과 상환으로 건물인도를 명할 수는 없다. 본 판결은 이러한 경우에 법원으로서는 임대인이 청구를 계속 유지할 것인지 아니면 대금지급과 상환으로 지상물인도를 청구할 의사가 있는지를 석명하여야 한다고 함으로써 적절하고 타당한 결론에 이르고 있다.

[주요 평석 문헌] 윤진수, "토지임차인의 매수청구권 행사와 법원의 석명의무," 인권과 정의, 236호, 123면 이하.

23. 토지임대차에서 임차인의 지상물매수청구권의 상대방

◆ 대판 2017. 4. 26. 2014다72449 · 72456
[토지인도등 · 지상물매수청구](강의 D-210. 채각
[126])

[쟁점] 임차인의 지상물매수청구권 행사의 상대
방(=원칙적으로 임차권 소멸 당시 토지소유권을 가진
임대인)과, 임대인이 제3자에게 토지를 양도하는
등으로 토지소유권이 이전된 경우에 임대인의 지
위가 승계되거나 임차인이 토지소유자에게 임차
권을 대항할 수 있다면 새로운 토지소유자를 상대
로 지상물매수청구권을 행사할 수 있는지 여부(적
극). 토지 소유자가 아닌 제3자가 임대차계약의 당
사자로서 토지를 임대한 경우에 토지소유자가 지
상물매수청구권의 상대방이 될 수 있는지 여부(원
칙적 소극)

[사실관계]

(1) 이 사건 토지에 관하여 1963년경 원고(반소
피고. 이하 원고라고만 함)의 형인 A 명의로 소유권
이전등기를 마쳤고, 1989년경 원고의 아버지인 B
명의로 소유권이전청구권 가등기를 마쳤다. 그 후
A는 2002년경 이 사건 토지에 관하여 원고 명의로
소유권이전등기를 마쳤다.

(2) 피고(반소원고. 이하 피고라고만 함)는 이 사
건 토지에 건립된 이 사건 건물을 소유하면서 부
지를 점유하고 있다.

(3) 이 사건 각 토지에 관하여 원고 명의로 소유
권이전등기를 하기 전인 2000년경 B는 피고에게
연 차임 20만 원에 기간을 정하지 않고 건물의 소
유를 목적으로 토지를 임대하였고, 피고로부터 차
임을 지급받아 왔다. B는 원고 명의의 다른 인접
토지에 관해서도 비슷한 방식으로 토지사용의 대
가를 받았다. 원고도 2009년 이전에는 피고가 토지
를 점유 · 사용하는 것에 이의를 제기하지 않았다.

원고가 이 사건 토지 지상의 피고 소유의 이 사
건 건물의 철거와 토지 인도를 구함에 대하여, 피

고는 이 사건 건물에 대하여 지상물매수청구권을
행사한다고 주장하였다.

원심은 B가 이 사건 각 토지의 소유자로서 원고
에게 토지를 명의신탁하였거나, 원고가 토지의 소
유자라고 하더라도 B와 사이에 B가 토지에 관한
권한을 행사하기로 정하였다고 본 다음, B와 피고
가 체결한 임대차계약의 효력이 원고에게도 미친
다고 판단하고, 위 임대차계약이 해지되었음을 전
제로 원고에게 지상물매수청구권을 행사한다는 피
고의 주장을 받아들였다(그리하여 이 사건 건물에 대
한 매매계약 체결을 인정하고, 원고가 건물의 매수대금지
급과 동시에 건물 명도를 구할 의사가 없다고 하므로 원
고의 본소 청구를 기각하고, 반소청구를 인용하여 원고
는 피고에게 건물의 매매대금을 지급할 것을 명하였다).

이에 대하여 원고는 피고가 지상물매수청구권
을 행사하는 기초가 되는 임대차관계가 존재하지
않는다는 이유를 들어 상고하였다.

[판결요지]

[1] … 임차인의 지상물매수청구권은 국민경제
적 관점에서 지상 건물의 잔존 가치를 보존하고
토지소유자의 배타적 소유권 행사로부터 임차인
을 보호하기 위한 것으로서, 원칙적으로 임차권
소멸 당시에 토지소유권을 가진 임대인을 상대로
행사할 수 있다. 임대인이 제3자에게 토지를 양도
하는 등으로 토지소유권이 이전된 경우에는 임대
인의 지위가 승계되거나 임차인이 토지소유자에
게 임차권을 대항할 수 있다면 새로운 토지소유자
를 상대로 지상물매수청구권을 행사할 수 있다.

한편 토지소유자가 아닌 제3자가 토지 임대행
위를 한 경우에는 제3자가 토지소유자를 적법하
게 대리하거나 토지소유자가 제3자의 무권대리행
위를 추인하는 등으로 임대차계약의 효과가 토지
소유자에게 귀속되었다면 토지소유자가 임대인으
로서 지상물매수청구권의 상대방이 된다. 그러나
제3자가 임대차계약의 당사자로서 토지를 임대하
였다면, 토지소유자가 임대인의 지위를 승계하였
다는 등의 특별한 사정이 없는 한 임대인이 아닌

토지소유자가 직접 지상물매수청구권의 상대방이 될 수는 없다.

[2] 갑의 형인 을 명의로 소유권이전등기를 마친 후 갑의 아버지인 병 명의로 소유권이전청구권 가등기를 마친 토지에 관하여 병이 정에게 기간을 정하지 않고 건물의 소유를 목적으로 토지를 임대하였고, 그 후 토지에 관하여 갑 명의로 소유권이전등기를 마쳤는데, 갑이 정을 상대로 토지에 건립된 정 소유의 건물 등의 철거와 토지 인도를 구하자, 정이 건물 등의 매수를 구한 사안에서, 임대인이 아닌 토지소유자는 임대인의 지위를 승계하였다는 등의 특별한 사정이 없는 한 임차인의 지상물매수청구권의 상대방이 될 수 없으므로, 갑이 아닌 병으로부터 토지를 임차한 정은 원칙적으로 임대인이 아닌 토지소유자인 갑을 상대로 지상물매수청구권을 행사할 수 없다고 한 사례.

[관련규정] 제643조

[해설 및 논평]

1. 해설

토지임차인의 지상물매수청구권의 상대방은 원칙적으로 기간만료(또는 해지통고)로 인하여 임차권이 소멸할 당시의 토지소유자인 임대인이다. 임대인이 제3자에게 토지를 양도하는 등으로 토지소유권이 이전된 경우에는 임대인의 지위가 승계되거나 임차인이 토지소유자에게 임차권을 대항할 수 있다면(건물에 관하여 보존등기가 되어 있는 경우. 622조 참조) 토지양수인을 상대로 매수청구권을 행사할 수 있다(대판 1996. 6. 14, 96다14517 등). 그리고 임차권 소멸 당시 토지소유권을 상실하였다면 임대인이었다고 하더라도 매수청구권의 상대방이 될 수 없다(대판 1994. 7. 29, 93다59717).

본 판결의 사안에서 B가 아들 A의 명의였던 토지를 피고에게 임대한 다음 등기명의인이 다른 아들인 원고로 이전되었고, 원고는 피고가 위 토지를 사용·수익하는 것에 관하여 이의를 제기하지 않았다. 그런데 원고는 토지소유자이기는 하지만 임대차계약의 임대인이 아니며, 피고가 건물을 등기하는 등 대항력을 갖춘 토지임차인이라고 할 수도 없다. 임대인이 아닌 토지소유자는 임대인의 지위를 승계하였다는 등의 특별한 사정이 없는 한 지상물매수청구권의 상대방이 될 수 없으므로, B로부터 토지를 임차한 피고는 원칙적으로 임대인이 아닌 토지소유자인 원고를 상대로 지상물매수청구권을 행사할 수 없다. 피고가 주장하는 원고와 B 사이의 명의신탁약정은 인정되지 않았고, 명의신탁약정이 있었다고 하더라도 그러한 약정은 부동산실명법에 따라 무효이므로, 명의수탁자는 지상물매수의무를 부담하지 않는다. 한편 토지소유자인 원고가 토지소유권 취득 당시 이미 체결되어 있었던 임대차계약에 관하여 이의를 제기하지 않음으로써 임대인 B에 대하여 무상의 토지사용을 허락한 것으로 인정되더라도, 원고가 B가 체결한 임대차계약상의 임대인 지위를 승계하였다는 등의 특별한 사정이 없는 한, 일정한 범위에서 B와의 법률관계에 따라 피고의 토지 사용·수익을 수인할 의무를 부담할 수는 있겠으나 지상물매수의무까지 부담한다고 볼 수는 없다(서정원, 평석, 122면 참조).

2. 논평

제3자가 토지소유자를 대리하거나 토지소유자가 제3자의 무권대리행위를 추인하는 등 임대차계약의 효과가 토지소유자에게 직접 귀속되거나, 제3자가 계약의 당사자로 체결한 임대차계약을 토지소유자가 승계한 경우(임차인이 대항력을 갖춘 경우 포함)가 아니라면, 제3자가 토지소유자의 승낙을 받았다는 사정만으로 임대인이 아닌 토지소유자가 지상물매수청구권의 상대방이 된다고 할 수 없다. 본 판결은 지상물매수청구권의 상대방에 관한 기존의 법리가 적용되는 범위를 구체적으로 확인한 것이다.

[주요 평석 문헌] 서정원, "토지 임대차에서 임차인의 지상물매수청구권의 상대방," 대법원판례해설, 111호, 114면 이하.

24. 임대인의 수선의무

◆ 대판 1994. 12. 9, 94다34692 · 34708
[보증금등 · 건물명도등](강의 D-217, 채각 [131])

[쟁점] 임대인이 수선의무를 부담하게 되는 임대 목적물의 파손 · 장해의 정도. 임대인의 수선의무 면제특약시 면제되는 수선의무의 범위를 명시하지 않은 경우에 수선의무 범위의 해석

[사실관계]

(1) 원고는 1991. 1. 15. 피고로부터 6층 건물의 3, 4, 5층 중 국제장여관 방실 35개(이하 '이 사건 여관'이라 함)를 임차보증금 3,000만 원, 차임은 월 300만 원, 임차기간은 1991. 1. 31.부터 2년간으로 정하여 임차한 후, 위 임차보증금을 다 지급하고 그 무렵부터 이 사건 여관을 인도받아 여관영업을 해 오다가 이 사건 변론 종결일 이전 위 임대차계약이 종료되었다.

(2) 그런데 이 사건 여관이 들어 있는 피고 소유의 건물은 지하 1층, 지상 6층으로서 그 용도가 여관, 식당, 다방, 목욕탕, 주유소인데, 원고가 이 사건 여관을 경영하기 위하여 위 여관 부분을 인수받을 당시부터 위 건물의 배관이나 보일러시설이 노후되어 온수가 잘 나오지 않았을 뿐 아니라 보일러도 3대 중 2대는 가동이 되지 않고 1대만이 불완전하나마 작동되고 있었지만 그 성능이 아주 좋지 않았다. 원고는 여관을 경영한 경험이 없고 또 국민학교도 졸업하지 못한 여자로서 이 사건 여관의 시설이 위와 같은 정도로 노후되어 있다는 사실을 모르고 도배만 하면 바로 영업을 할 수 있다는 피고의 대리인인 모 소외 A의 말을 믿고 위 임대차계약을 체결하여 벽지와 장판 도배만을 한 후 여관을 경영하기 시작하였으나, 여관방의 곳곳에 물이 새는 따위로 배관이 시원찮았고 온수나 난방이 처음부터 잘 되지 않았지만 겨우 겨우 지내왔다. 그러나 계속해서 방에 물이 새는 곳이 늘어나고 1991. 8.경에는 배관이 터져 온 여관이

물바다가 되는 바람에 2층에서 하던 목욕탕 수리공사도 2주 가까이 중단되는 일이 벌어졌다. 그 후 참고 여관을 운영해오던 원고는 그 해 9.경에 피고에게 수리를 요구하고, 1991. 10.경부터는 낡은 배관시설 때문에 물이 새고 난방이 안 되어 반 이상의 여관방을 사용할 수 없게 되어 위 A에게 겨울철에 대비하여 난방과 온수 시설을 수리해 달라고 여러 번이나 요구하게 되었는데, 피고도 처음에는 수리공을 보내주었으나 적극적으로 수리에 힘을 들이지는 않았으며, 한편 같은 해 11.부터는 피고가 보낸 수리공에 의하여 보일러실 등이 해체되어 여관 전체를 운영하지 못하게 되고, 또 그 수리공으로부터 그 수리비가 1억 원이 넘는다는 사실을 확인한 다음부터는 피고에게 더욱 강하게 여러 차례에 걸쳐 난방과 배관시설의 수리를 요청하였으나 거부당했다. 원고는 같은 해 12. 24에 이르러 새어나온 물이 복도에 그대로 얼어붙고 또 건물 외벽에 까지 새어나가 고드름이 되어 붙어 있을 정도로 악화되자 그대로는 영업이 불가능하다고 판단하고 난방시설이 완전히 수리될 때까지는 그 해 10월분부터의 차임을 반액으로 감액해 줄 것을 청구한 후 피고로부터 그렇게 해 줄 기미가 전혀 보이지 않자 같은 달 24.에는 피고에 대하여 계약 목적을 달성할 수 없다는 사실을 이유로 위 임대차 계약을 해지하고, 같은 달 27.에는 세무서에 위 여관의 휴업신고를 낸 후 위 여관의 피고측 관리인인 소외 B의 입회 아래 원고의 짐을 싸서 열쇠를 둔 후 이 사건 여관에서 퇴거함으로써 피고에게 이를 명도해 주었다.

(3) 한편 위 임대차 계약 당시 '여관 수리는 임차인이 하고, 보일러 고장을 수리하는 것은 목욕탕을 가동할 때는 원고가 그 수리비의 반을 부담하고 가동하지 않을 때는 그 전액을 부담한다'는 내용의 약정을 한 사실이 있다.

[판결요지]

임대차계약에 있어서 임대인은 목적물을 계약

존속 중 그 사용·수익에 필요한 상태를 유지하게 할 의무를 부담하는 것이므로(민법 제623조), 목적물에 파손 또는 장해가 생긴 경우 그것이 임차인이 별 비용을 들이지 아니하고도 손쉽게 고칠 수 있을 정도의 사소한 것이어서 임차인의 사용·수익을 방해할 정도의 것이 아니라면 임대인은 수선의무를 부담하지 않지만, 그것을 수선하지 아니하면 임차인이 계약에 의하여 정해진 목적에 따라 사용·수익할 수 없는 상태로 될 정도의 것이라면 임대인은 그 수선의무를 부담한다 할 것이고, 이러한 임대인의 수선의무는 특약에 의하여 이를 면제하거나 임차인의 부담으로 돌릴 수 있으나, 그러한 특약에서 수선의무의 범위를 명시하고 있는 등의 특별한 사정이 없는 한 그러한 특약에 의하여 임대인이 수선의무를 면하거나 임차인이 그 수선의무를 부담하게 되는 것은 통상 생길 수 있는 파손의 수선 등 소규모의 수선에 한한다 할 것이고, 대파손의 수리, 건물의 주요 구성부분에 대한 대수선, 기본적 설비부분의 교체 등과 같은 대규모의 수선은 이에 포함되지 아니하고 여전히 임대인이 그 수선의무를 부담한다고 해석함이 상당하다 할 것이다.

[관련규정] 제623조

[해설 및 논평]

1. 해설

(1) 서설

임대인은 임대차계약이 존속하는 동안 임차인이 목적물을 사용·수익에 필요한 상태를 유지하게 할 의무를 부담한다(623조). 이 의무의 결과로 임대인은 사용·수익에 필요한 수선의무를 진다.

본 판결은 임대인의 수선의무와 관련하여 두 가지 중요한 사항에 대하여 판단을 하고 있다. 하나는 목적물이 어느 정도 파손·장해가 생긴 경우에 수선의무를 부담하는지에 대한 것이고, 다른 하나는 임대인의 수선의무 면제특약을 한 경우에 수선의무가 언제나 면제되는지에 대한 것이다.

(2) 수선의무를 발생시키는 파손·장해의 정도

임대 목적물이 어느 정도로 파손·장해가 생긴 경우에 임대인의 수선의무가 발생하는가에 관하여, 본 판결은 그것을 수선하지 아니하면 임차인이 계약에 의하여 정해진 목적에 따라 사용·수익할 수 없는 상태로 될 정도의 것이어야 한다고 하며, 임차인이 별 비용을 들이지 아니하고도 손쉽게 고칠 수 있을 정도의 사소한 것이라면 임대인이 수선의무를 부담하지 않는다고 한다. 그리하여 파손·장해가 생겼다고 하여 언제나 수선의무가 생기지는 않음을 분명히 하였다.

(3) 수선의무 면제특약의 해석

본 판결은 우선 임대인의 수선의무는 특약에 의하여 이를 면제하거나 임차인의 부담으로 돌릴 수 있다고 한다. 즉 그에 관한 한 제623조가 임의규정이라는 의미이다.

다음에 본 판결은 수선의무의 면제특약을 하였다고 하여 예외 없이 수선의무가 면제되는 것이 아니고 다음과 같이 두 가지로 나뉜다는 입장이다. 수선의무 면제특약에서 수선의무의 범위를 명시하고 있는 등의 특별한 사정이 있는 경우에는 면제특약에서 정한 대로 수선의무가 면제된다고 한다. 그러나 그러한 특별한 사정이 없는 경우에는 면제특약에 의하여 임대인이 수선의무를 면하거나 임차인이 그 수선의무를 부담하게 되는 것은 통상 생길 수 있는 파손의 수선 등 소규모의 수선에 한하고, 대규모의 수선은 이에 포함되지 않는다고 해석할 것이라고 한다.

한편 본 판결은 그 사안에서의 특약에 의하여 임차인이 부담할 수선의무의 범위가 구체적으로 명시된 것이 아니고, 그 파손의 정도는 대규모의 수선이 필요한 경우에 해당하므로, 달리 특별한 사정이 없는 한 그 특약에 의하여 임대인인 피고가 수선의무를 면하지 않는다고 한다.

2. 논평

본 판결은 타당하다.

25. 임차 건물에 화재가 발생한 경우 임차인의 책임

◆ 대판(전원) 2017. 5. 18, 2012다86895 · 86901
  [손해배상(기)](강의 D-230, 채각 [137])

[쟁점] 임대차 목적물이 화재 등으로 소멸됨으로써 임차인의 목적물 반환의무가 이행불능이 된 경우에 임차인이 책임을 지기 위한 요건 등. 임대차계약 존속 중에 발생한 화재가 임대인이 지배·관리하는 영역에 존재하는 하자로 발생한 것으로 추단되는 경우에 임대인이 임차인에게 책임을 물을 수 있는지 여부(원칙적 소극). 임차 건물 부분에서 화재가 발생하여 그 외의 건물 부분까지 불에 탄 경우에 임차 외 건물 부분에 발생한 손해에 대하여 임대인이 임차인에게 채무불이행책임을 묻기 위하여 주장·증명해야 할 사항

[사실관계]

이 사건 건물(2층 및 단층 창고)의 소유자인 원고(반소 피고)는 피고(반소 원고)와 2008. 5. 27. 이 사건 건물 1층 중 150평('이 사건 임차목적물')에 관하여 임대차계약('이 사건 임대차계약')을 체결하였고, 피고는 그 무렵 원고에게 위 임대차보증금을 지급하였다.

이 사건 임대차계약 체결 이후, 피고는 이 사건 임차목적물을 사무실·매장·창고 등으로 구획하여 골프용품 보관·판매를 위한 매장으로 사용해 왔고, 원고는 이 사건 건물 2층을 원고 소유의 침대, 소파 등 가구 보관을 위한 물류 창고로 사용하여 왔다.

그런데 2009. 10. 9. 12:05경 이 사건 건물 1층 전면 주출입구와 1층 및 2층 사이에서 연기가 나면서 화염이 치솟아 확대되어 1층 전면 주출입구를 중심으로 한 1층 내지 3층 외벽의 상당부분이 소훼되고, 아울러 이 사건 건물 2층 내부 시설 전부와 옥상 창고 전부, 1층 전면 주출입구 부근 일부가 전소되는 화재('이 사건 화재')가 발생하였다. 이 사건 화재로 인하여 이 사건 임차목적물은 골프

용품 매장으로 더 이상 사용·수익할 수 없는 상태에 이르렀고, 이에 따라 피고는 이 사건 임차목적물을 훼손된 상태로 그대로 둔 채 2009. 10.경 이 사건 건물 인근 건물로 골프용품 매장을 이전하게 되었다(그 외에 피고와 다른 피고인 S보험회사 사이에 두 건의 화재보험계약이 체결되어 있으나 생략함).

[판결요지]

[1] 임대차 목적물이 화재 등으로 인하여 소멸됨으로써 임차인의 목적물 반환의무가 이행불능이 된 경우에, 임차인은 이행불능이 자기가 책임질 수 없는 사유로 인한 것이라는 증명을 다하지 못하면 목적물 반환의무의 이행불능으로 인한 손해를 배상할 책임을 지며, 화재 등의 구체적인 발생 원인이 밝혀지지 아니한 때에도 마찬가지이다. 또한 이러한 법리는 임대차 종료 당시 임대차 목적물 반환의무가 이행불능 상태는 아니지만 반환된 임차 건물이 화재로 인하여 훼손되었음을 이유로 손해배상을 구하는 경우에도 동일하게 적용된다.

한편 임대인은 목적물을 임차인에게 인도하고 임대차계약 존속 중에 그 사용, 수익에 필요한 상태를 유지하게 할 의무를 부담하므로(민법 제623조), 임대차계약 존속 중에 발생한 화재가 임대인이 지배·관리하는 영역에 존재하는 하자로 인하여 발생한 것으로 추단된다면, 그 하자를 보수·제거하는 것은 임대차 목적물을 사용·수익하기에 필요한 상태로 유지하여야 하는 임대인의 의무에 속하며, 임차인이 하자를 미리 알았거나 알 수 있었다는 등의 특별한 사정이 없는 한, 임대인은 화재로 인한 목적물 반환의무의 이행불능 등에 관한 손해배상책임을 임차인에게 물을 수 없다.

[2] [다수의견] 임차인이 임대인 소유 건물의 일부를 임차하여 사용·수익하던 중 임차 건물 부분에서 화재가 발생하여 임차 건물 부분이 아닌 건물 부분(이하 '임차 외 건물 부분'이라 한다)까지 불에 타 그로 인해 임대인에게 재산상 손해가 발생한 경우에, 임차인이 보존·관리의무를 위반하여

화재가 발생한 원인을 제공하는 등 화재 발생과 관련된 임차인의 계약상 의무 위반이 있었음이 증명되고, 그러한 의무 위반과 임차 외 건물 부분의 손해 사이에 상당인과관계가 있으며, 임차 외 건물 부분의 손해가 그러한 의무 위반에 따른 통상의 손해에 해당하거나, 임차인이 그 사정을 알았거나 알 수 있었을 특별한 사정으로 인한 손해에 해당한다고 볼 수 있는 경우라면, 임차인은 임차 외 건물 부분의 손해에 대해서도 민법 제390조, 제393조에 따라 임대인에게 손해배상책임을 부담하게 된다.

종래 대법원은 임차인이 임대인 소유 건물의 일부를 임차하여 사용·수익하던 중 임차 건물 부분에서 화재가 발생하여 임차 외 건물 부분까지 불에 타 그로 인해 임대인에게 재산상 손해가 발생한 경우에, 건물의 규모와 구조로 볼 때 건물 중 임차 건물 부분과 그 밖의 부분이 상호 유지·존립함에 있어서 구조상 불가분의 일체를 이루는 관계에 있다면, 임차인은 임차 건물의 보존에 관하여 선량한 관리자의 주의의무를 다하였음을 증명하지 못하는 이상 임차 건물 부분에 한하지 아니하고 건물의 유지·존립과 불가분의 일체 관계에 있는 임차 외 건물 부분이 소훼되어 임대인이 입게 된 손해도 채무불이행으로 인한 손해로 배상할 의무가 있다고 판단하여 왔다.

그러나 임차 외 건물 부분이 구조상 불가분의 일체를 이루는 관계에 있는 부분이라 하더라도, 그 부분에 발생한 손해에 대하여 임대인이 임차인을 상대로 채무불이행을 원인으로 하는 배상을 구하려면, 임차인이 보존·관리의무를 위반하여 화재가 발생한 원인을 제공하는 등 화재 발생과 관련된 임차인의 계약상 의무 위반이 있었고, 그러한 의무 위반과 임차 외 건물 부분의 손해 사이에 상당인과관계가 있으며, 임차 외 건물 부분의 손해가 의무 위반에 따라 민법 제393조에 의하여 배상하여야 할 손해의 범위 내에 있다는 점에 대하여 임대인이 주장·증명하여야 한다.

(이 다수의견에 대해서는 대법관 2인의 별개의견과

대법관 1인의 별개의견, 대법관 1인의 반대의견이 있음)

[관련규정] 제374조, 제390조, 제393조, 제623조, 제750조 등

[해설 및 논평]

1. 해설

(1) 본 판결은 먼저, 임대차 목적물이 화재 등으로 인하여 소멸됨으로써 임차인의 목적물 반환의무가 이행불능이 된 경우에, 임차인은 이행불능이 자기가 책임질 수 없는 사유로 인한 것이라는 증명을 다하지 못하면 목적물 반환의무의 이행불능으로 인한 손해를 배상할 책임을 진다고 한다(훼손된 경우도 같다고 함). 그리고 화재가 임대인이 지배·관리하는 영역에 존재하는 하자로 인하여 발생한 것으로 추단된다면, 임대인은 화재로 인한 목적물 반환의무의 이행불능 등에 관한 손해배상책임을 임차인에게 물을 수 없다고 한다. 이들은 종래에 인정되던 것이다.

(2) 임차인이 임대인 소유 건물의 일부를 임차하여 사용·수익하던 중 임차 건물 부분에서 화재가 발생하여 임차 외 건물 부분까지 불에 타 그로 인해 임대인에게 재산상 손해가 발생한 경우에 관하여, 임차인의 의무 위반 등 여러 가지를 주장·증명해야 한다고 하면서, 임대인의 주장·증명이 없는 경우에도 임차인이 임차 건물의 보존에 관하여 선량한 관리자의 주의의무를 다하였음을 증명하지 못하는 이상 임차 외 건물 부분에 대해서까지 채무불이행에 따른 손해배상책임을 지게 된다고 판단한 종래의 판례를 변경하였다.

2. 논평

본 판결은 위 (2) 부분에 대해서 근거를 제시하지 않고 있으며 검토가 필요하다.

[주요 평석 문헌] 이현수, "임차건물에 화재가 발생한 경우 임대차 목적물이 아닌 부분에 관한 손해배상의 법리," 민사판례연구, 40권, 255면 이하.

26. 임대차에서 보증금반환의무와 임차물반환의무 사이의 관계

◆ 대판(전원) 1977. 9. 28. 77다1241 · 1242
[가옥명도](강의 D-243, 채각 [144])

[쟁점] 임대차계약의 기간이 만료된 경우에 건물인도의무와 보증금반환의무의 상호관계

[사실관계]

(1) 원고(반소 피고. 이하 원고라고 함)는 피고(반소 원고. 이하 피고라고 함)와 1973. 9. 30. 원고 소유의 별지목록(생략) 기재 건물 중 지하실 건평 47평 6홉 6작(이하 이 사건 건물이라 함)을 임대보증금 350만 원, 월차임 5만 원, 임대차기간 20개월(1975. 5. 31.까지)로 각 약정하여 피고에게 임대하기로 하는 내용의 임대차계약을 체결하였다.

(2) 그에 따라 피고는 이 사건 건물에서 복다방이라는 상호로 다방을 경영해 왔고 현재에도 그 건물을 점유하고 있다.

(3) 그 후 임대차기간이 만료되었는데도 피고가 이 사건 건물의 인도를 거부하자, 원고는 기간 만료를 이유로 그것의 인도(소에서는 「명도」라고 표현하나 저자는 그 용어를 사용하지 않고 「인도」라고 함)와 기간만료 다음날부터 1심 변론종결시까지의 임료(월 5만 원) 상당의 손해배상을 청구하는 소를 제기하였다. 그에 대하여 피고는, 위 임대차계약이 묵시적으로 갱신되었고, 임차보증금을 반환받기까지는 인도청구에 응할 수 없으며, 피고가 다방에 유익한 시설물(6,675,000원 상당)을 설치한 바 있으므로 이 유익비의 상환을 받을 때까지는 명도청구에 응할 수 없고, 위 다방에 피고가 설치한 에어콘 등에 대하여 부속물매수청구권을 행사하니 그 대금 지급이 있을 때까지 인도청구에 응할 수 없다고 항변하면서, 임차보증금 350만 원과 시설비 613만 원 합계 963만 원의 지급을 구하는 소를 반소로 제기하였다.

[판결요지]

(이 판결은 여러 쟁점에 대하여 판단하고 있으나, 다른 사항들은 중요성이 적어 아래에는 한 가지 중요한 사항에 대한 것만 인용함)

원심은 원고의 본소청구 중 건물 명도청구에 대한 피고의 임차보증금 3,500,000원의 반환청구권과의 동시이행의 항변과 피고의 반소청구 중 임차보증금 반환청구에 대하여 임대차 계약이 종료된 경우에 임차인의 임차건물 명도의무는 임대인의 보증금반환의무에 앞선 선이행관계에 있다는 이유로 피고의 위 항변과 반소청구를 모두 배척하였다.

그러나 임대차계약의 기간이 만료된 경우에 임차인이 임차목적물을 명도할 의무와 임대인이 보증금 중 연체차임 등 당해 임대차에 관하여 명도시까지 생긴 모든 채무를 청산한 나머지를 반환할 의무는 모두 이행기에 도달하고 이들 의무 상호간에는 동시이행의 관계가 있다고 보는 것이 상당하다.

따라서 원판결에는 임대차계약 종료시 임차목적물 명도청구권과 보증금반환청구권과의 상호관계에 관한 법리를 오해한 위법이 있다고 할 것이므로 이 점 논지는 이유 있다. 그리고 이에 반대되는 당원 1962. 3. 29. 선고 4294민상939 판결에 표시된 견해는 이 판결로서 이를 폐기하기로 한다.

그러므로 원판결 중 피고의 건물명도의무가 원고의 임차보증금 반환의무에 대하여 선이행관계에 있음을 전제로 한 본소청구 중 피고의 항소를 기각한 부분과 반소청구 중 임차보증금 반환청구에 관한 항소를 기각한 부분을 파기하고 그 부분을 서울고등법원으로 환송 … 한다.

[관련규정] 제536조

[해설 및 논평]
1. 해설
(1) 서설
보증금은 부동산임대차 특히 건물임대차에 있

어서 임대인의 채권(차임채권·손해배상채권 등)을 담보하기 위하여 임대인이나 제3자가 임대인에게 교부하는 금전 기타의 유가물이다. 본 판결은 보증금과 관련하여 두 가지 중요한 사항에 대하여 판단을 하고 있다. 하나는 어느 시점까지 생긴 임차인의 채무가 보증금에서 공제되는지이고, 다른 하나는 임차인의 건물인도의무와 임대인의 보증금반환의무의 관계가 어떻게 되는지이다.

(2) 보증금에서 공제되는 채무

보증금은 임대인의 채권을 담보하는 성질을 가진다. 그런데 어느 시점까지 발생한 것이어야 하는지가 문제된다. 그에 관하여는 임대차 종료시까지의 채권이라는 견해, 건물인도시까지의 채권이라는 견해를 생각할 수 있다. 이 문제는 보증금반환청구권의 발생시기에 관한 입장에 직접 영향을 받는다. 그러나 임대차 종료시에 보증금반환청구권이 발생한다고 하면서 인도시까지 임차인의 채무를 담보한다고 하는 견해도 있다(이재후 평석 149면이 그렇다). 대법원은 처음에는 보증금반환청구권의 발생시기를 임대차 종료시라고 하였으나(대판 1969. 12. 26, 69다853), 그 후에는 임차건물의 인도에 이르기까지의 임대차로 인한 일체의 임대인의 채권을 담보한다고 하였다(대판 1976. 8. 24, 76다1032 등 다수의 판결). 그리고 본 판결도 후자와 같은 입장이다.

(3) 임차인의 건물인도의무와 임대인의 보증금반환의무의 관계

본 판결 이전에 대법원은 임차인의 건물인도의무와 임대인의 보증금반환의무의 관계에 관하여 양자가 동시이행관계에 있다고 한 적도 있고(대판 1962. 2. 15, 4294민상837), 전자가 선이행의무라고 한 것(대판 1962. 3. 29, 4294민상939; 대판 1976. 8. 24, 76다1032)도 있어서 통일되어 있지 않았다. 그러던 것을 본 전원합의체 판결로 뒤의 판결을 폐기하고 앞의 판결로 통일하였다(그런데 대판 1976. 8. 24, 76다1032에 대하여는 언급이 없음).

본래 보증금이 건물인도시까지의 채권을 담보하는 것으로 새긴다면 건물인도의무가 선이행의무라고 하는 것이 자연스럽다. 그런데 그렇게 해석하면 임차인은 보증금을 반환받기가 매우 어려워진다. 그리하여 본 판결은 인도시까지의 채권을 담보한다고 하면서도 두 당사자의 채무가 동시이행관계에 있다고 한다. 동시이행관계에 있는데 무슨 근거로 인도시까지의 채권을 담보하게 되는가에 대하여는 보증금의 성질상 그렇다고 하는 수밖에 없다.

(4) 보증금반환청구권에 대하여 전부명령이 있는 경우

보증금이 건물인도시까지의 채권을 담보한다고 하는 경우에는, 그에 대하여 전부명령이 내려져도 마찬가지의 결과가 인정되어야 한다. 본 판결 후에 대법원은, 제3자가 임차인의 임차보증금 반환청구채권을 전부받았다 하더라도 그 전부명령과 이에 의한 집행채권 소멸의 효력은 명도시에 구체적으로 청산절차를 거치고 남은 금액을 기준으로 하여 발생한다고 하고(대판 1987. 6. 23, 87다카98), 임차보증금을 피전부채권으로 하여 전부명령이 있을 경우에도 제3채무자인 임대인은 임차인에게 대항할 수 있는 사유로서 전부채권자에게 대항할 수 있다고 하였는데(대판 1988. 1. 19, 87다카1315), 이러한 태도는 본 판결과 일관성이 있다.

2. 논평

보증금의 성질상 그것은 인도시까지의 임대인의 채권을 담보한다고 해야 하고, 또 임차인의 보증금반환청구권 확보를 생각할 때 본 판결처럼 동시이행관계를 인정해야 한다.

[주요 평석 문헌] 이재후, "임대차에 있어서 보증금반환의무와 임차목적물 반환의무와의 동시이행관계," 민사판례연구, 1권, 128면 이하.

제4장
채권법각론

27. 주택임차인이 전대한 경우의 임차인의 보호

◆ 대판 2007. 11. 29, 2005다64255
[배당이의](강의 D-255, 채각 [153])

[쟁점] 간접점유의 경우에도 주택임대차보호법(주임법)상 대항요건이 인정되는지 여부(적극). 주택임차인이 임대인의 승낙을 받아 임차주택을 전대하고 그 전차인이 주택을 인도받아 자신의 주민등록을 마친 경우에 임차인이 주택임대차보호법상 대항력을 취득하는지 여부(적극). 임차인이 임대인의 승낙 없이 제3자에게 임차물을 사용·수익하도록 한 행위가 임대인에 대한 배신적 행위라고 인정할 수 없는 특별한 사정이 있는 경우에 임대인이 동의 없는 전대차라는 이유만으로 임대차계약을 해지할 수 있는지 여부(소극). 주택의 전대차가 임대인에 대하여도 적법·유효하다고 평가되는 경우에 전차인이 주택을 인도받아 자신의 주민등록을 마침으로써 임차인의 대항요건이 유지·존속하는지 여부(적극)

[사실관계]

(1) 원고는 1995. 7. 14. X회사와 사이에 경남 고성군 소재 Y아파트 A동 102호(이하 이 사건 아파트라고 함)에 관하여 임대차보증금 1,260만 원, 월임차료 21,000원, 임대차기간 2년으로 정하여 임대차계약을 체결하고, 이 사건 아파트를 인도받아 1994. 11. 19. 주민등록 전입신고를 마쳤다.

(2) 원고는 2000. 2. 8. X회사에게 임대차기간 만료를 이유로 임대차보증금을 반환하여 줄 것을 요구하는 내용증명우편을 발송한 후 2000. 3. 11. 소외 1과 사이에 이 사건 아파트에 관하여 보증금 1,000만 원으로 정하여 전대차계약을 체결하였고, 2000. 4. 17. 진주시로 주민등록을 변경하였다. 소외 1은 2000. 4. 10. 그의 아들인 소외 2를 세대주로 하여 전입신고를 하였다가 2002. 1. 10. 자신을 세대주로 하여 이 사건 아파트로 주민등록 전입신고를 마쳤다.

(3) 한편 피고가 이 사건 아파트를 포함한 위 Y아파트 A동 및 B동 전체에 대한 근저당권자로서 법원에 경매를 신청함에 따라 2003. 6. 27. 경매절차가 개시되었고, 위 경매절차에서 원고는 이 사건 아파트에 관하여 임대차보증금 1,260만 원에 임차한 임차인이라며 권리신고 및 배당요구서를 제출하였으나, 배당기일인 2004. 12. 30. 실제 배당할 금액 1,023,802,262원에서 제1순위로 소액임차인들에게 500만 원씩을, 제2순위로 신청채권자 겸 근저당권자인 피고에게 713,802,262원을 각 배당하는 내용의 배당표가 작성되어 배당이 실시되었고, 원고는 위 배당에서 제외되었다.

(4) 그러자 원고가 배당이의를 제기하였다(원고 배당액을 500만 원으로 경정하라고 함).

[판결요지]

[1] 주택임대차보호법 제3조 제1항에 정한 대항요건은 임차인이 당해 주택에 거주하면서 이를 직접점유하는 경우뿐만 아니라 타인의 점유를 매개로 하여 이를 간접점유하는 경우에도 인정될 수 있다.

[2] 주택임차인이 임차주택을 직접 점유하여 거주하지 않고 그곳에 주민등록을 하지 아니한 경우라 하더라도, 임대인의 승낙을 받아 적법하게 임차주택을 전대하고 그 전차인이 주택을 인도받아 자신의 주민등록을 마친 때에는, 이로써 당해 주택이 임대차의 목적이 되어 있다는 사실이 충분히 공시될 수 있으므로, 임차인은 주택임대차보호법에 정한 대항요건을 적법하게 갖추었다고 볼 것이다.

[3] 임차인이 비록 임대인으로부터 별도의 승낙을 얻지 아니하고 제3자에게 임차물을 사용·수익하도록 한 경우에 있어서도, 임차인의 당해 행위가 임대인에 대한 배신적 행위라고 할 수 없는 특별한 사정이 인정되는 경우에는, 임대인은 자신의 동의 없이 전대차가 이루어졌다는 것만을 이유로 임대차계약을 해지할 수 없으며, 전차인은 그 전

대차나 그에 따른 사용·수익을 임대인에게 주장할 수 있다 할 것이다.

[4] 주택의 전대차가 그 당사자 사이뿐 아니라 임대인에 대하여도 주장할 수 있는 적법, 유효한 것이라고 평가되는 경우에는, 전차인이 임차인으로부터 주택을 인도받아 자신의 주민등록을 마치고 있다면 이로써 주택이 임대차의 목적이 되어 있다는 사실은 충분히 공시될 수 있고 또 이러한 경우 다른 공시방법도 있을 수 없으므로, 결국 임차인의 대항요건은 전차인의 직접점유 및 주민등록으로써 적법, 유효하게 유지, 존속한다고 보아야 한다. 이와 같이 해석하는 것이 임차인의 주거생활의 안정과 임차보증금의 회수확보 등 주택임대차보호법의 취지에 부합함은 물론이고, 또 그와 같이 해석한다고 해서 이미 원래의 임대차에 의하여 대항을 받고 있었던 제3자에게 불측의 손해를 준다거나 형평에 어긋나는 결과가 되는 것도 아니다.

[관련규정] [1] 주임법 제3조 제1항, 민법 제194조. [2] 주임법 제3조 제1항, 민법 제194조, 제629조. [3] 민법 제629조. [4] 주임법 제3조 제1항, 민법 제194조, 제629조

[해설 및 논평]

1. 해설

본 판결 사안에서는 궁극적으로는 주택임차인이 임대인의 동의를 받지 않고 전대를 한 경우에 소액임차인으로서 보호받을 수 있는지가 문제되었다. 그런데 그에 대하여 판단하려면 후술하는 여러 단계의 검토가 필요한데, 본 판결은 이들을 종합하여 그 사안의 경우에 임차인의 대항력을 인정하였다.

(1) 간접점유의 경우

주택의 임차인이 주임법에 의해 대항력을 가지려면 주택을 인도받고 주민등록을 마쳐야 한다(주임법 3조 1항). 그런데 임차인이 주택을 직접점유하고 있어야만 하는지 문제된다. 그에 대하여 종래 대법원은, 간접점유하는 경우에도 인정될 수 있다고 하였고(대판 2001. 1. 19, 2000다55645), 본 판결은 이를 확인하였다.

(2) 임차인이 전대한 경우

대법원은 종래, 주택임차인이 임차주택을 적법하게 전대하고 그 전차인이 주택을 인도받아 자신의 주민등록을 마친 때에는 임차인이 대항력을 가진다고 하였는데(대판 1994. 6. 24, 94다3155 등), 본 판결도 이를 인정하였다. 이러한 판결은 임차인 가족의 주민등록에 대한 것(대판 1988. 6. 14, 87다카3093·3094 등)처럼 주민등록의 개념을 확장하는 측면이 있다(그런데 대판 2001. 1. 19, 2000다55645는 간접점유자의 주민등록은 부적법하다고 함).

(3) 임차인이 무단으로 양도·전대했으나 특별한 사정이 있는 경우

종래 대법원은, 특별한 사정이 있는 때에는 임대인은 자신의 동의 없이 임차권이 이전되었다는 것만을 이유로 임대차계약을 해지할 수 없고 임차권의 이전을 임대인에게 대항할 수 있다고 하였는데(대판 1993. 4. 13, 92다24950 등), 본 판결은 이것도 수용하였다.

(4) 주택의 전대차가 유효한 경우의 효과

본 판결은 주택의 전대차가 임대인에 대하여도 주장할 수 있는 유효한 경우에는 임차인의 대항력이 유지된다고 한다. 이는 본 판결이 처음으로 인정한 것이다.

2. 논평

본 판결은 타당하다.

[주요 평석 문헌] 문광섭, "임대인의 동의 없는 주택의 전대차와 주택임대차보호법상의 대항요건," 대법원판례해설, 71호, 247면 이하.

제4장
채권법각론

28. 주택임대차보호법상 임대인의 지위의 승계

◈ 대판(전원) 2013. 1. 17. 2011다49523
  [추심금](강의 D-257, 채각 [155])

[쟁점] 주택임대차보호법상 대항력을 갖춘 임차인의 임대차보증금 반환채권이 가압류된 상태에서 임대주택이 양도된 경우에 양수인이 채권가압류의 제3채무자 지위를 승계하는지 여부(적극) 및 이 경우 가압류채권자는 양수인에 대하여만 가압류의 효력을 주장할 수 있는지 여부(적극)

[사실관계]

(1) 소외 1(이하 임차인이라 함)은 2002. 4. 7. 소외 2로부터 안산시 상록구 (이하 생략) 다가구주택 202호(이하 이 사건 임대주택이라 함)를 임대차보증금 3,000만 원 임대차기간 2002. 5. 22.부터 2004. 5. 21.까지로 정하여 임차한 다음, 2002. 5. 23. 전입신고를 하고 거주하였다.

(2) 소외 2는 2002. 11. 11. 소외 3에게, 소외 3은 2003. 11. 3. 다시 소외 4에게 이 사건 임대주택의 소유권을 순차로 이전하여 임차인에 대한 임대인의 지위도 순차로 승계되었다.

(3) 원고는 2005. 5. 31. 가압류채무자를 임차인, 제3채무자를 소외 4로 하여 임차인의 소외 4에 대한 임대차보증금 반환채권에 대하여 채권가압류 결정을 받았고, 그 결정이 2005. 6. 20. 소외 4에게 송달되었다.

(4) 피고는 2007. 8. 2. 소외 4로부터 이 사건 임대주택의 소유권을 이전받아 임대인의 지위를 승계한 후, 2007. 10. 10. 임차인에게 임대차보증금 3,000만 원을 반환하였다.

(5) 그 후 원고는 임차인에 대한 구상금 청구소송의 확정판결을 집행권원으로 하여 2009. 11. 26. 채무자를 임차인, 제3채무자를 피고로 하여 위 가압류를 본압류로 이전하는 채권압류 및 추심명령을 받았고, 그 명령이 2009. 11. 30. 피고에게 송달되었다.

(6) 원고는 임차인에 대한 추심채권자로서 피고를 상대로 이 사건 추심금 청구소송을 제기하였다.

[판결요지]

주택임대차보호법 제3조 제3항은 같은 조 제1항이 정한 대항요건을 갖춘 임대차의 목적이 된 임대주택(이하 '임대주택'은 주택임대차보호법의 적용대상인 임대주택을 가리킨다)의 양수인은 임대인의 지위를 승계한 것으로 본다고 규정하고 있는바, 이는 법률상의 당연승계 규정으로 보아야 하므로, 임대주택이 양도된 경우에 그 양수인은 주택의 소유권과 결합하여 임대인의 임대차 계약상의 권리·의무 일체를 그대로 승계하며, 그 결과 양수인이 임대차보증금 반환채무를 면책적으로 인수하고, 양도인은 임대차관계에서 탈퇴하여 임차인에 대한 임대차보증금 반환채무를 면하게 된다 (대법원 1987. 3. 10. 선고 86다카1114 판결, 대법원 2004. 4. 16. 선고 2003다58010 판결 등 참조).

나아가 임차인에 대하여 임대차보증금 반환채무를 부담하는 임대인임을 당연한 전제로 하여 그 임대차보증금 반환채무의 지급금지를 명령받은 제3채무자의 지위는 임대인의 지위와 분리될 수 있는 것이 아니므로, 임대주택의 양도로 임대인의 지위가 일체로 양수인에게 이전된다면 채권가압류의 제3채무자의 지위도 임대인의 지위와 함께 이전된다고 볼 수밖에 없다.

한편 주택임대차보호법상 임대주택의 양도에 양수인의 임대차보증금 반환채무의 면책적 인수를 인정하는 이유는 임대주택에 관한 임대인의 의무 대부분이 그 주택의 소유자이기만 하면 이행가능하고 임차인이 같은 법에서 규정하는 대항요건을 구비하면 임대주택의 매각대금에서 임대차보증금을 우선변제받을 수 있기 때문인데, 임대주택이 양도되었음에도 그 양수인이 채권가압류의 제3채무자의 지위를 승계하지 않는다면 가압류권자는 장차 본집행절차에서 그 주택의 매각대금으로부터 우선변제를 받을 수 있는 권리를 상실하는 중대한 불이익을 입게 된다.

이러한 사정들을 고려하면, 임차인의 임대차보증금 반환채권이 가압류된 상태에서 임대주택이 양도되면 양수인이 채권가압류의 제3채무자의 지위도 승계하고, 가압류권자 또한 임대주택의 양도인이 아니라 양수인에 대하여만 위 가압류의 효력을 주장할 수 있다고 보아야 한다.

(이 판결에는 대법관 5인의 반대의견, 다수의견에 대한 3인의 보충의견이 있음)

[관련규정] 구 주임법 제3조 제3항(현행 동조 4항), 민사집행법 제227조, 제276조, 제291조

[해설 및 논평]

1. 해설

(1) 서설

구 주임법 제3조 제3항(현행 동조 4항에 해당함)은, 임차주택의 양수인은 임대인의 지위를 승계한 것으로 본다고 규정한다. 그 결과 임차인이 대항력을 가지는 경우에 임차주택이 양도되면, 임대차보증금 반환채무도 부동산의 소유권과 함께 일체로서 이전하며, 양도인의 임대인으로서의 지위나 보증금반환채무는 소멸한다(대판 1987. 3. 10, 86다카1114 등). 그런데 주임법상 대항력을 가지는 임차인의 임대차보증금 반환채권이 가압류된 후 주택이 양도된 경우 주택양수인이 임대인의 지위뿐만 아니라 가압류의 제3채무자의 지위도 승계하는지가 문제된다. 이것이 본 판결의 쟁점이다.

(2) 가압류의 제3채무자 승계에 관한 견해

위의 문제에 관하여는 승계긍정설, 승계부정설, 가압류소멸설을 생각해 볼 수 있다(이영창 평석 353면 이하 참조). 승계긍정설은 제3채무자의 지위가 주택양수인에게 승계되어 주택양수인만이 가압류의 제3채무자가 된다는 견해이고, 승계부정설은 제3채무자 지위의 승계를 부정하여 가압류채권자에 대해서는 주택양도인이 여전히 제3채무자

라는 견해이며, 가압류소멸설은 제3채무자 지위의 승계를 부정하면서 임차주택의 양도로 채권가압류결정의 피압류채권이 소멸하였기에 채권가압류결정은 실효되었고, 따라서 주택양도인에게도 가압류의 효력이 미치지 않는다는 견해이다.

(3) 본 판결의 의미와 관련문제

본 판결(다수의견)은 위의 견해들 중 승계긍정설의 입장이다(반대의견은 가압류소멸설임). 그리고 그 주된 근거는 구 주임법 제3조 제3항에서 찾는다. 이러한 본 판결은 금전채권에 대한 가압류의 일반적인 효력에 대하여 중대한 예외를 인정한 것이다.

그런데 본 판결에 의할 경우 주택양수인이 가압류 사실을 모르고 임차인에게 보증금을 반환한 때에 어떻게 그를 보호해야 하는지 문제된다. 본 판결에서는 그것은 쟁점이 아니어서 다루어지지 않았다. 그에 대하여는 채권의 준점유자에 대한 변제로서 보호할 수 있다는 견해도 있으나(470조의 적용 또는 유추적용) 부정하는 견해도 있다.

(4) 본 판결의 사안에 관하여

본 판결은, 그 사안에 관하여 원심이 그 채권가압류 결정이 피고에 대하여는 효력이 미치지 않는다는 이유로 원고의 청구를 배척한 것은 타당하지 않다고 하면서, 원심판결을 파기·환송하였다.

2. 논평

본 판결은 구 주임법 제3조 제3항의 규정이 있는 한 부득이한 것이라고 생각된다. 한편 본 판결에 의할 때 보증금을 임차인에게 반환한 양수인을 채권의 준점유자로 보호할 수는 없다. 그것은 가압류제도를 무력화하는 것이기 때문이다.

[주요 평석 문헌] 이영창, "주택임대차보호법상 대항력 있는 임차보증금반환채권에 대한 가압류의 효력," 양승태 대법원장 재임 3년 주요 판례 평석, 140면 이하; 이혜민, "주택임대차보호법상 임대인 지위 승계의 성질 및 범위," 민사판례연구, 36권, 643면 이하.

제4장
채권법각론

29. 미등기 주택의 임차인의 우선변제

◈ 대판(전원) 2007. 6. 21, 2004다26133
[배당이의](강의 D-261·265, 채각 [158]·[161])

[쟁점] 주택임대차 성립 당시 임대인의 소유였던
대지가 타인에게 양도되어 임차주택과 대지의 소
유자가 서로 달라지게 된 경우에 임차인이 대지의
환가대금에 대하여 우선변제권을 행사할 수 있는
지 여부(적극). 미등기 또는 무허가 건물도 주임법
의 적용대상이 되는지 여부(적극). 미등기 주택의
임차인이 임차주택 대지의 환가대금에 대하여 주
임법상 우선변제권을 행사할 수 있는지 여부(적극)

[사실관계]

(1) 소외 1은 그의 소유인 광주군 퇴촌면 (지번
생략) 대 846㎡(이하 이 사건 대지라고만 함) 지상에
그의 명의로 건축허가를 받아 지상 4층의 다세대
주택을 건축하여 준공검사를 받지 않은 상태에서
타인에게 임대하여 사전입주시켰다. 그 과정에서
원고 1은 1997. 2. 26. 소외 1로부터 위 다세대주
택 중 301호를 보증금 3,500만 원에 임차하여 위
보증금을 지급한 후, 1997. 3. 1. 입주하여 3. 4. 그
곳으로 전입신고를 마치고 3. 8. 위 임대차계약서
에 확정일자까지 받았고, 원고 2도 1997. 2.경 소
외 1로부터 401호를 보증금 3,300만 원에 임차하
여 위 보증금을 지급한 후 1997. 2. 27. 입주하여
같은 날 그 곳으로 전입신고를 마치고 1997. 3. 8.
위 임대차계약서에 확정일자까지 받았다. 원고들
외에도 소외 2, 3, 4가 위 다세대 주택에 임차하였
으나 임대차계약서에 확정일자를 받지는 않았다.

(2) 한편 소외 1은 1998. 2. 24.경 이 사건 대지
와 다세대주택을 그의 처인 소외 5에게 증여하여
이 사건 대지에 관하여는 1998. 2. 25. 위 증여를
원인으로 한 소유권이전등기를 경료하였고, 다세
대주택에 관하여도 그 무렵 위 건축주 명의를 소
외 5로 변경시켰는데, 소외 5는 1998. 10. 7. 이 사
건 대지에 관하여 소외 6 주식회사를 채무자로 하

고 피고를 근저당권자로 하는 채권최고액 2억
4,000만 원의 근저당권설정등기를 경료하였다.

(3) 그런데 위 근저당권의 채무자가 위 대출금
을 변제하지 않자 피고는 이 사건 대지에 관하여
법원에 경매신청을 하였고, 위 신청으로 개시된
부동산경매사건에서, 위 법원은 현황조사를 통하
여 이 사건 대지상에는 4층 빌라가 신축되어 있
고, 각 세대의 임차인들로는 원고들 및 소외 2, 3,
4가 있음을 확인한 후 경매절차를 진행하였는데,
원고 2는 2001. 2. 14, 원고 1은 2001. 2. 15. 각 배
당요구서를 제출하였다.

(4) 이 사건 대지는 최초 감정가가 318,942,000
원이었으나, 2001. 9. 10. 소외 7에게 1억 500만 원
에 낙찰되었다. 위 법원은 배당기일인 2002. 3. 19.
원고들에게는 배당을 전혀 하지 않은 채 위 대지
의 매각대금과 보증금 이자에서 집행비용을 공제
한 103,004,224원 전액을 피고에게 배당하는 것으
로 배당표를 작성하였고, 이에 원고들은 위 배당
부분 중 원고들 배당요구 금액에 관하여 이의를
제기하고(원고 1에게 3,500만 원, 원고 2에게 3,300만
원을 배당하라고 함) 2002. 3. 26. 이 사건 소를 제
기하였다.

(5) 위 다세대주택은 준공 전 사전입주 및 공사
미비로 준공허가를 얻지 못하여 현재까지도 미등
기 상태로 남아 있다.

[판결요지]

[1] 대항요건 및 확정일자를 갖춘 임차인과 소
액임차인은 임차주택과 그 대지가 함께 경매될 경
우뿐만 아니라 임차주택과 별도로 그 대지만이 경
매될 경우에도 그 대지의 환가대금에 대하여 우선
변제권을 행사할 수 있고, 이와 같은 우선변제권
은 이른바 법정담보물권의 성격을 갖는 것으로서
임대차 성립시의 임차 목적물인 임차주택 및 대지
의 가액을 기초로 임차인을 보호하고자 인정되는
것이므로, 임대차 성립 당시 임대인의 소유였던
대지가 타인에게 양도되어 임차주택과 대지의 소

유자가 서로 달라지게 된 경우에도 마찬가지이다.

[2] 어느 건물이 국민의 주거생활의 용도로 사용되는 주택에 해당하는 이상 비록 그 건물에 관하여 아직 등기를 마치지 아니하였거나 등기가 이루어질 수 없는 사정이 있다고 하더라도 다른 특별한 규정이 없는 한 같은 법의 적용대상이 된다.

[3] 대항요건 및 확정일자를 갖춘 임차인과 소액임차인에게 우선변제권을 인정한 주택임대차보호법 제3조의 2 및 제8조가 미등기 주택을 달리 취급하는 특별한 규정을 두고 있지 아니하므로, 대항요건 및 확정일자를 갖춘 임차인과 소액임차인의 임차주택 대지에 대한 우선변제권에 관한 법리는 임차주택이 미등기인 경우에도 그대로 적용된다. …

따라서 종전에 미등기 주택 대지의 환가대금에 대한 소액임차인의 우선변제권에 관하여 이와 견해를 달리한 대법원 2001. 10. 30. 선고 2001다39657 판결은 이를 변경하기로 한다.

[관련규정] [1] 주임법 제3조의 2 제2항, 제8조. [2] 주임법 제1조, 제2조. [3] 주임법 제2조, 제3조의2 제2항, 제8조

[해설 및 논평]
1. 해설
(1) 서설
본 판결 사안에서는 미등기 주택의 임차인이 대지의 소유권이 이전된 경우(주택은 미등기이어서 사실상 양도됨)에 그 대지의 매각대금으로부터 우선변제를 받을 수 있는지가 문제되었다. 그에 대하여 본 판결은, ① 일반적으로 대항요건 및 확정일자를 갖춘 임차인과 소액임차인은 대지가 양도된 경우에도 대지의 환가대금에서 우선변제를 받을 수 있고, ② 그 법리는 임차주택이 미등기인 경우에도 그대로 적용되므로, ③ 미등기 주택의 임차인은 양도된 대지의 환가대금으로부터 우선변제를 받을 수 있다고 한다(그러면서 본 사안의 경우 원고들은 대지의 환가대금으로부터 피고에 우선하여 배당받을 수 있다고 한다). 본 판결을 나누어 살펴본다.

(2) 임차주택의 대지의 환가대금으로부터 우선변제를 받을 수 있는지
본 판결 이전에 대법원은 임차주택의 대지만이 낙찰되거나 대지만이 경매된 경우에도 소액임차인은 대지의 환가대금으로부터 우선변제를 받을 수 있다고 하였다(대판 1996. 6. 14, 96다7595 등). 그러던 것을 본 판결은 확정일자를 갖춘 임차인에게도 인정하였다. 또한 보호되는 주택임차인의 우선변제권이 법정담보물권의 성격을 갖는다고 하고, 따라서 임대차 성립 당시 주택과 대지가 임대인의 소유였으면 그 중 대지가 타인에게 양도된 경우에도 대지의 환가대금으로부터 우선변제를 받을 수 있다고 한다. 이는 처음 인정한 것이다

(3) 미등기주택이 주임법의 적용대상인지
본 판결은 미등기 주택도 주임법의 적용대상이 된다고 한다.

(4) 위 (2)의 법리가 임차주택이 미등기인 경우에도 적용되는지
나아가 미등기 주택의 경우에도 – 전술한 – 대항요건 및 확정일자를 갖춘 임차인과 소액임차인의 임차주택 대지에 대한 우선변제권에 관한 법리는 임차주택이 미등기인 경우에도 그대로 적용된다고 한다. 그 결과 미등기 주택의 임차인은 양도된 대지의 환가대금으로부터 우선변제를 받을 수 있게 된다.

2. 논평
본 판결은 타당하다.

[주요 평석 문헌] 지영난, "미등기주택을 임차하여 주택임대차보호법상 대항력 및 확정일자를 갖춘 임차인이 그 주택 대지환가대금에 대한 우선변제권을 행사할 수 있는지 여부," 대법원판례해설, 68호, 180면 이하.

30. 임대차보증금 반환채권이 금융기관에 양도된 경우 임대차의 대항력 및 우선변제권

◆ 대판 2023. 2. 2, 2022다255126
[구상금](강의 D-263, 채각 [159])

[쟁점] 임차인으로부터 보증금반환채권을 양수하여 우선변제권을 승계한 금융기관이 경매절차에서 보증금 일부를 배당받은 경우, 주택임대차의 대항요건이 존속되는 한 임차인은 위 금융기관이 보증금 잔액을 반환받을 때까지 임차주택 양수인에 대하여 임대차관계의 존속을 주장할 수 있는지 여부(적극)

[사실관계]

(1) 소외인은 소외 2로부터 X 주택을 보증금 210,000,000원, 임대차기간 2018. 2. 3.부터 2년으로 하는 채권적 전세계약을 체결하고, 전세계약서에 확정일자를 부여받고 인도 및 전입신고를 마쳤다.

원고는 2018. 2. 2. 소외인과 사이에 ① 주채무자를 임대인, 보증채권자를 임차인으로 하는 전세보증금 반환보증계약을 체결하였다. 소외인은 위 보증계약에 따른 원고에 대한 채무담보를 위하여 전세보증금 반환채권을 원고에게 양도하고 내용증명우편으로 임대인에게 통지하였다.

(2) 이 사건 전세계약 후 2018. 2. 8. 설정된 근저당권의 실행을 위한 경매절차에서 2020. 1. 10. 피고들이 X 주택의 소유권을 취득하여, 임대인 지위를 승계하였다.

(3) 위 경매에 기한 배당절차에서 원고는 양수인으로서 보증금반환채권 210,000,000원에 대한 배당을 요구하여, 35,670,747원을 배당받았다. 한편 전세계약이 종료되었음에도 피고들이 보증금을 반환하지 않자 소외인의 신청으로 X 주택에 대하여 2020. 6. 12. 임차권등기명령이 이루어졌다.

소외인은 위 보증계약에 따라 원고에게 보증채무

금을 청구하였고, 원고는 주채무자인 임대인을 대위하여 소외인에게 미회수 보증금 174,329,253원(=보증금 210,000,000원 − 배당을 통한 회수금 35,670,747원)을 대위변제하였다.

(4) 원고는 피고를 상대로, 피고가 임대인 지위를 승계하였다고 주장하면서, 원고가 소외인에게 대위변제한 전세보증금 반환채무금에 대한 구상금을 청구하는 이 사건 소를 제기하였다.

(5) 원심은 임차인이 대항력을 취득한 이후 보증금반환채권을 양수한 원고가 우선변제권에 따른 배당요구를 하여 보증금 일부를 배당받더라도 임차인의 대항력이 여전히 유지되므로, 피고들은 임차인에게 배당된 보증금액을 제외한 나머지 보증금을 반환할 의무가 있고, 따라서 이를 대위변제한 원고에게 대위변제금을 지급할 의무가 있다고 하였다. 대법원은 원심의 판단이 정당하다고 하였다.

[판결요지]

주택임대차보호법에 정한 대항력과 우선변제권 두 가지 권리를 겸유하고 있는 임차인이 먼저 우선변제권을 선택하여 임차주택에 대하여 진행되고 있는 경매절차에서 배당요구를 하였으나 보증금 전액을 배당받지 못한 경우 임차인은 여전히 대항요건을 유지함으로써 임대차관계의 존속을 주장할 수 있으므로, 임차인이 대항력을 구비한 후 임차주택을 양수한 자는 그와 같이 존속되는 임대차의 임대인 지위를 당연히 승계한다.

이는 주택임대차보호법 제3조의 2 제7항에서 정한 금융기관이 임차인으로부터 보증금반환채권을 계약으로 양수함으로써 양수한 금액의 범위에서 우선변제권을 승계한 다음 경매절차에서 배당요구를 하여 보증금 중 일부를 배당받은 경우에도 마찬가지이다. 따라서 주택임대차의 대항요건이 존속되는 한 임차인은 보증금반환채권을 양수한 금융기관이 보증금 잔액을 반환받을 때까지 임차주택의 양수인을 상대로 임대차관계의 존속을 주장할 수 있다.

[관련규정] 주임법 제3조 제1항 제4항, 제3조의 2 제2항 제7항, 제3조의 5

[해설 및 논평]

1. 해설

(1) 주택임차인의 대항력과 우선변제권

주택임차인이 주택의 인도와 주민등록을 마치면 임대차는 제3자에 대하여 효력이 생기고, 임차인이 대항요건과 임대차계약증서상 확정일자를 갖춘 경우 경매 등에서 임차주택의 환가대금으로부터 보증금을 우선하여 변제받을 권리가 있다(주임법 3조 1항·3조의 2 2항).

(2) 임차주택에 대한 경매와 임대차관계의 소멸 여부

1) 경매에 의한 임차권 소멸

임차주택에 대하여 경매가 행하여진 경우 임대차는 경락에 따라 소멸하는데, 다만 보증금이 모두 변제되지 아니한, 대항력 있는 임차권은 그러하지 아니하다(주임법 3조의 5).

2) 임차인이 보증금을 배당받지 못한 경우의 법률관계

우선변제권과 대항력을 겸유하고 있는 임차인이 먼저 우선변제권을 선택하여 임차주택에 대한 경매절차에서 보증금 전액에 대하여 배당요구를 하였더라도 보증금 전액을 배당받을 수 없었던 때에는 보증금 중 경매절차에서 배당받을 수 있었던 금액을 공제한 잔액에 관하여 경락인에게 대항하여 이를 반환받을 때까지 임대차관계의 존속을 주장할 수 있다. 이 경우 임차인의 배당요구에 의하여 임대차는 해지되어 종료되고, 다만 임차인이 보증금 잔액을 반환받을 때까지 임대차관계가 존속하는 것으로 의제될 뿐이므로(주임법 4조 2항), 경락인은 임대차가 종료된 상태에서의 임대인의 지위를 승계한다(주임법 3조 4항)(대판 1997. 8. 22. 96다53628).

(3) 금융기관이 보증금반환채권을 양수한 경우의 대항력과 우선변제권

1) 우선변제권을 행사할 수 있는 주택임차인으로부터 보증금반환채권을 양수하더라도 임차권과 분리된 보증금반환채권만을 양수한 이상 그 채권 양수인은 우선변제권을 행사할 수 없다(대판 2010. 5. 27. 2010다10276).

2) 이와 같이 주택임차인이 보증금반환채권을 담보로 전세자금 등을 빌리는 경우 보증금반환채권을 담보로 양수한 금융기관에게 우선변제권이 인정되지 않는 문제점을 해소하기 위하여 주임법 제3조의 2 제7항, 제9항이 신설되었다(2013. 8. 13). 그리하여 은행법에 따른 은행 등 금융기관이 우선변제권을 취득한 임차인의 보증금반환채권을 계약으로 양수한 경우에는 양수한 금액의 범위에서 우선변제권을 승계한다(주임법 3조의 2 7항).

3) 여기서 우선변제권을 행사할 수 있는 주택임차인으로부터 보증금반환채권을 담보로 양수한 금융기관이 임차주택의 경매절차에서 배당요구를 한 경우 임차인의 대항력이 상실되는지 여부가 본 판결의 쟁점이다.

본 판결은 위「2) 임차인이 보증금을 배당받지 못한 경우의 법률관계」와「금융기관이 보증금반환채권을 양수한 경우에 관한 주임법 제3조의 2 제7항」의 논리를 결합하여 결론을 도출하였다. 즉 주택임대차의 대항요건이 존속되는 한 임차인은 여전히 대항력을 가지고 있으면서 금융기관이 보증금 잔액을 반환받을 때까지 임차주택의 양수인을 상대로 임대차관계의 존속을 주장할 수 있다. 따라서 위 경매절차에서 임차주택을 매수한 피고는 임대인 지위를 당연히 승계하므로, 임차인에 대하여 보증금 잔액의 지급의무를 부담한다.

2. 논평

임대차보증금 반환채권을 담보로 활용하는 기회를 보장하고 임차인을 보호한다는 취지에서 본 판결은 타당하다.

제4장
채권법각론

31. 건물건축 도급계약에서 완성된 건물의 소유권 귀속

◈ 대판 1985. 5. 28, 84다카2234
　[소유권이전등기말소](강의 D-286, 채각 [173])

[쟁점] 건물의 준공 후 인도 전에는 건물소유권이 언제나 수급인에게 속하는지 여부. 동업계약을 하고 대지대금의 확보를 위하여 건축허가 명의를 토지소유자로 하였을 경우 건물의 소유권취득자

[사실관계]

(1) 소외 A(1심 피고)는 소외 갑(1심 피고)의 대리인으로서 1980. 7. 16. 소외 을과 사이에 위 갑 소유의 서울특별시 강남구 잠원동 (지번 생략) 전 585평방미터 지상에 이 사건 계쟁건물을 신축한 후 이를 타에 매각하여 각 투자비율에 따라 그 대금을 분배하기로 하는 동업계약을 체결함에 있어 위 갑이 위 토지를 평당 60만 원으로 평가하여 4,824만 원 상당을 그 대지로 제공하고 위 을은 위 건물의 시공 및 분양사무를 담당하되 그 공사비는 설계도면 및 내역서에 의하여 정하기로 약정하였다.

(2) 이에 따라 위 을은 1980. 8. 1.경 위 토지소유자인 위 갑 명의로 건축허가를 받은 후 동년 10. 중순경 원고, 소외 B, 소외 C 등 3인과 사이에 이 사건 건물의 건축공사 도급계약을 맺으면서 그 공사대금은 1, 2층은 평당 65만 원, 지하실은 평당 32만 5천 원으로 하여 도합 4,069만 6천 원으로 정하되 그 공사대금 지급방법은 이 사건 건물이 완공된 후 시공자인 원고 등에게 위 건물의 분양권을 위임하여 그 분양대금에서 위 공사대금을 우선 지급받기로 하며 만약 위 건물이 조속한 시일 내에 분양되지 않을 때에는 위 건물을 금융기관에 담보로 제공하고 융자를 받아 위 공사대금에 우선 충당하기로 약정하였다.

(3) 원고 등은 같은 해 10. 23.경 이 사건 건물의 건축공사에 착공하여 공사를 진행하던 중 동업자인 위 B는 같은 해 11. 17.에, 위 C는 1981. 1.

10.에 각 자금난 등을 이유로 동업관계에서 탈퇴함으로써 원고만이 위 공사를 계속하여 같은 해 5. 20.경 추가공사비를 포함하여 총 공사비 4,511만 원을 들여 이 사건 건물을 완공하였으나, 그 공사비 중 위 을로부터 8백만 원어치의 건축자재와 공사완공 전 공사대금 중 일부금으로 611만 원, 도합 1,411만 원 상당만을 지급받았고 나머지 공사대금 3,100만 원은 아직 지급받지 못했다.

(4) 그런데 위 을은 이 사건 건물이 완공되기도 전인 1981. 2. 20. 건축허가 명의자인 위 갑 명의로 위 건물의 준공검사를 받아 원고의 의사와는 전혀 무관하게 동 건물에 관하여 1981. 3. 13. 접수로 위 갑 명의로의 소유권보존등기를 경료하고, 이어서 같은 해 3. 31.에 1981. 3. 28. 매매를 원인으로 하는 위 A 명의로의 소유권이전등기를 경료한 후, 다시 같은 해 5. 6.과 같은 해 5. 7.에 이 건 건물과 위 토지에 관하여 각 피고 명의로 근저당권설정등기를 경료하면서 위 갑을 연대보증인으로, 을, D를 채무자로 하여 2회에 걸쳐 도합 4,000만 원을 대출받은 후 위 공사대금이나 대지대금 어느 것도 지급하지 않은 채 도주하였다.

(5) 그 후 이 사건 건물에 관하여 1983. 9. 12.자로 같은 해 5. 13. 경락을 원인으로 한 소유권이전등기가 피고 앞으로 경료되고 위 각 근저당권설정등기는 말소되었다.

(6) 원고는 위 건물의 완공일인 1981. 5. 20.경부터 이 사건 건물에 입주하여 현재까지 이를 점유하고 있다.

(7) 원고는 피고에게 이 사건 건물에 관하여 1981. 5. 6. 및 동년 5. 7.에 경료된 근저당권설정등기의 각 말소를 구하는 판결을 구하였다가, 항소심에 이르러 부대항소로서 청구취지를 변경하여, 1983. 5. 13. 경락을 원인으로 한 소유권이전등기의 말소를 구하였다.

[판결요지]

[1] 건물건축도급계약에 있어서는 준공된 건물

을 도급자에게 인도하기까지에는 그 건물은 수급인의 소유라고 함이 일반이라고 할 것이나 사법자치의 원칙에 따라 어떠한 경우에나 그 건물의 소유권을 수급인이 원시취득하는 것이라고는 할 수 없고 당사자의 약정에 의하여 그 소유권의 귀속도 달라질 것이므로 그 소유권의 귀속을 가릴려면 도급인과 수급인의 약정내용을 살펴보아야 하고 도급계약이라는 사실만으로 그 소유권이 수급인에게 귀속한다고는 할 수 없다.

[2] 소외 갑과 을이 갑 소유의 대지위에 건물을 신축한 후 타에 매각하여 각 투자비율에 따라 그 대금을 분배하기로 동업계약을 체결함에 있어 갑이 위 대지대금의 확보를 위하여 건축허가명의를 갑 명의로 하였을 경우에는 다른 특별한 사정이 없는 한 건물이 완공되면 건축허가 명의자의 이름으로 준공검사를 받아 그의 이름으로 가옥대장에 소유자로 등재하고 가옥대장에 등재된 자의 이름으로 소유권보존등기를 하게 됨이 부동산등기법, 건축법 등이 정하는 바에 의하여 명백한바, 이때 위 건축명의를 갑 명의로 한 것은 그 건물의 소유권을 대지 제공자인 갑이 취득하여(그렇지 않다 하더라도 최소한 명의신탁관계는 성립된다) 이를 매각한 다음 그 대금을 투자비율에 따라 분배하기로 한 것이라 할 것이다.

[관련규정] 제664조

[해설 및 논평]
1. 해설
도급의 경우에는 보통 재료를 사용한다. 그럴 때 재료의 공급자는 당사자 사이의 계약으로 정해진다. 그런데 이와 같이 도급인 또는 수급인이 재료를 공급하여 완성된 것이 독립한 존재를 가지게 되면 그 물건의 소유권의 귀속이 문제된다. 본 판결은 완성된 것이 건물일 경우에 그 소유권 귀속에 관하여 판단을 하고 있다.
본 판결은 건물건축 도급계약의 경우 준공된

건물은 도급자에게 인도하기까지에는 그 건물은 수급인의 소유라고 한다. 그런데 이는 수급인이 재료의 전부 또는 주요부분을 제공한 경우에 한정됨을 주의해야 한다(대판 1984. 11. 27, 80다177 등 참조). 대법원은 도급인이 재료의 전부 또는 주요부분을 공급하는 경우에는 완성물의 소유권이 원시적으로 도급인에게 귀속한다고 하기 때문이다(대판 1962. 7. 6, 4292민상876). 본 판결의 이러한 내용은 기존의 판결을 다시 확인한 것이다.
본 판결은 수급인 소유 원칙은 당사자의 특약이 없는 경우에 그러하며, 특약이 있는 경우에는 소유권의 귀속도 달라진다고 한다. 후자의 경우에는 그 특약에 의하여 소유자가 정해질 것이다. 본 판결의 이 내용도 기존의 판례와 같다. 한편 여기의 특약은 – 이전의 판결들에 따르면 – 도급인과 수급인 가운데 어느 하나에게 소유권을 귀속시키는 특약을 가리킨다. 그런데 본 판결은 도급인도 수급인도 아닌 제3자 즉 건축허가 명의자(대지소유자)인 갑에게 귀속시키는 특약을 인정하였다.

2. 논평
본 판결은 수급인에게 속한 건물의 소유권이 건물이 인도되면 도급인에게 이전된다고 하는데, 그 점은 부동산 물권변동 이론에 맞지 않는다. 우리 민법상 부동산 소유권은 인도로 이전되지 않기 때문이다. 그리고 특약에 의해 제3자에게 소유권을 귀속시킨 점도 옳지 않다. 제3자를 위한 물권계약은 허용되지 않는다고 보아야 한다. 그런가 하면 본 판결 사안의 경우에 도급인(을)과 수급인(원고) 사이에 갑에게 소유권을 취득시키겠다는 특약을 인정할 수 있는지도 의문이다. 원고는 갑이 대지소유자이고 을과 동업계약을 맺은 사실만 알고 있었을 뿐이기 때문이다.

[주요 평석 문헌] 김용담, "도급건축물의 소유권귀속," 민사판례연구, 8권, 111면 이하.

32. 연명치료 중단

◈ 대판(전원) 2009. 5. 21. 2009다17417
[무의미한연명치료장치제거등](강의 D-325, 채각
[189])

[쟁점] 연명치료 중단의 허용 기준

[사실관계]

(1) 원고는 저산소증에 의한 뇌손상을 입고 피고 병원의 중환자실에서 인공호흡기를 부착하고 치료를 받고 있는 환자이다.

(2) 원고는 2008. 2. 18. 폐암 발병 여부를 확인하기 위하여 피고 병원에서 기관지 내시경을 이용한 폐종양 조직검사를 받던 중 과다출혈 등으로 인하여 심정지가 발생하였다. 이에 피고 병원의 주치의 등은 심장마사지 등을 시행하여 심박동 기능을 회복시키고 인공호흡기를 부착하였으나 원고는 저산소성 뇌손상을 입고 중환자실로 이송되었다.

(3) 이때부터 현재까지 원고는 지속적 식물인간 상태(persistent vegetative state)에 있으며, 피고 병원의 중환자실에서 인공호흡기를 부착한 상태로 항생제 투여, 인공영양 공급, 수액 공급 등의 치료를 받아오고 있고 인공호흡기를 제거하면 곧 사망에 이르게 된다.

(4) 이러한 상태에서 원고(특별대리인. 민소 62조)는 피고 병원을 상대로 인공호흡기 제거를 구하는 소를 제기하였다.

[판결요지]

(1) 회복불가능한 사망의 단계에 이른 후에 환자가 인간으로서의 존엄과 가치 및 행복추구권에 기초하여 자기결정권을 행사하는 것으로 인정되는 경우에는 특별한 사정이 없는 한 연명치료의 중단이 허용될 수 있다. 한편, 환자가 회복불가능한 사망의 단계에 이르렀는지 여부는 주치의의 소견뿐 아니라 사실조회, 진료기록 감정 등에 나타난 다른 전문의사의 의학적 소견을 종합하여 신중하게 판단하여야 한다.

(2) 환자가 회복불가능한 사망의 단계에 이르렀을 경우에 대비하여 미리 의료인에게 자신의 연명치료 거부 내지 중단에 관한 의사를 밝힌 경우(이하 '사전의료지시'라 한다)에는, 비록 진료 중단 시점에서 자기결정권을 행사한 것은 아니지만 사전의료지시를 한 후 환자의 의사가 바뀌었다고 볼 만한 특별한 사정이 없는 한 사전의료지시에 의하여 자기결정권을 행사한 것으로 인정할 수 있다. 다만, 이러한 사전의료지시는 진정한 자기결정권 행사로 볼 수 있을 정도의 요건을 갖추어야 하므로 의사결정능력이 있는 환자가 의료인으로부터 직접 충분한 의학적 정보를 제공받은 후 그 의학적 정보를 바탕으로 자신의 고유한 가치관에 따라 진지하게 구체적인 진료행위에 관한 의사를 결정하여야 하며, 이와 같은 의사결정 과정이 환자 자신이 직접 의료인을 상대방으로 하여 작성한 서면이나 의료인이 환자를 진료하는 과정에서 위와 같은 의사결정 내용을 기재한 진료기록 등에 의하여 진료 중단 시점에서 명확하게 입증될 수 있어야 비로소 사전의료지시로서의 효력을 인정할 수 있다.

(3) 한편, 환자의 사전의료지시가 없는 상태에서 회복불가능한 사망의 단계에 진입한 경우에는 환자에게 의식의 회복가능성이 없으므로 더 이상 환자 자신이 자기결정권을 행사하여 진료행위의 내용 변경이나 중단을 요구하는 의사를 표시할 것을 기대할 수 없다. 그러나 환자의 평소 가치관이나 신념 등에 비추어 연명치료를 중단하는 것이 객관적으로 환자의 최선의 이익에 부합한다고 인정되어 환자에게 자기결정권을 행사할 수 있는 기회가 주어지더라도 연명치료의 중단을 선택하였을 것이라고 볼 수 있는 경우에는, 그 연명치료 중단에 관한 환자의 의사를 추정할 수 있다고 인정하는 것이 합리적이고 사회상규에 부합된다. 이러한 환자의 의사 추정은 객관적으로 이루어져야 한다. 따라서 환자의 의사를 확인할 수 있는 객관

적인 자료가 있는 경우에는 반드시 이를 참고하여야 하고, 환자가 평소 일상생활을 통하여 가족, 친구 등에 대하여 한 의사표현, 타인에 대한 치료를 보고 환자가 보인 반응, 환자의 종교, 평소의 생활태도 등을 환자의 나이, 치료의 부작용, 환자가 고통을 겪을 가능성, 회복불가능한 사망의 단계에 이르기까지의 치료 과정, 질병의 정도, 현재의 환자 상태 등 객관적인 사정과 종합하여, 환자가 현재의 신체상태에서 의학적으로 충분한 정보를 제공받는 경우 연명치료 중단을 선택하였을 것이라고 인정되는 경우라야 그 의사를 추정할 수 있다.

(4) 환자 측이 직접 법원에 소를 제기한 경우가 아니라면, 환자가 회복불가능한 사망의 단계에 이르렀는지 여부에 관하여는 전문의사 등으로 구성된 위원회 등의 판단을 거치는 것이 바람직하다.

(이러한 다수의견에 대하여 2인의 대법관의 반대의견과 2인의 대법관의 별개의견이 있음)

[관련규정] 헌법 제10조, 민법 제12조, 제680조, 제689조 제1항, 제947조, 「장기 등 이식에 관한 법률」 제3조 제4호, 제39조, 「응급의료에 관한 법률」 제2조, 제3조, 제6조 제2항, 제9조 제2항, 「응급의료에 관한 법률 시행규칙」 제2조

[해설 및 논평]

1. 해설

연명치료란 인공호흡기 등과 같은 의료기술에 의하여 인위적으로 생명을 연장하는 치료를 말한다. 이러한 연명치료를 중단(이는 의료인측의 입장을 반영한 표현이고, 환자측에서는 무의미한 연명치료를 거부할 수 있는 권리라고 해야 함)할 수 있는지, 중단할 수 있다면 어떤 요건하에 그럴 수 있는지 문제된다. 본 판결은 법률에 규정이 없는 상태에서 이들 문제에 대하여 최초로 판단을 하였다. 다만, 본 판결은 환자측의 청구에 대하여 판단한 것이고, 의료인측에서 연명치료를 중단할 수 있는지에 대하여는 판단하지 않았다.

(1) 연명치료 중단의 가능성

본 판결에 따르면, 연명치료 중단은 가능하나, 중단 여부는 극히 제한적으로 신중하게 판단해야 한다고 한다.

(2) 연명치료 중단의 요건

연명치료 중단의 요건은 크게 실체적 요건과 절차적 요건으로 나눌 수 있고, 실체적 요건은 다시 객관적 요건과 주관적 요건으로 세분할 수 있다.

본 판결은 실체적 요건 중 객관적 요건으로, 환자가 회복불가능한 사망의 단계에 이르렀을 것을 요구한다. 그리고 주관적 요건으로, 환자가 미리 의료인에게 자신의 연명치료 거부 내지 중단에 관하여 의사를 밝혔거나(사전 의료지시) 연명치료 중단에 관한 환자의 의사를 추정할 수 있어야 한다고 한다.

본 판결은 「환자 측이 직접 법원에 소를 제기한 경우가 아니라면, 환자가 회복불가능한 사망의 단계에 이르렀는지 여부에 관하여는 전문의사 등으로 구성된 위원회 등의 판단을 거치는 것이 바람직하다」고 한다.

2. 논평 및 기타

본 판결은 전반적으로 받아들일 수 있다. 다만, 본판결은 연명치료 중단의 실체적 요건 중 객관적 요건으로 환자가 회복불가능한 사망의 단계에 이르렀을 것만을 요구하고 있으나, 사견은 의학적 판단으로서 회복불가능성 외에 치료중단 허용 여부의 법적 판단을 위하여 의학적 무의미성도 추가하는 것이 타당하다고 생각한다.

한편 연명치료에 관한 법으로 약칭 연명의료결정법이 제정·시행되고 있다. 그 법으로 인하여 본 판결의 내용은 부분적으로 그대로 유지될 수 없다. 그 법에 관하여는 채각 [189] 참조.

[주요 평석 문헌] 정철, "존엄사의 법적 쟁점," 판례연구(서울지방변호사회), 24집(1), 48면 이하.

제4장
채권법각론

33. 예금주의 결정

◈ 대판(전원) 2009. 3. 19, 2008다45828
[예금반환](강의 D-332, 채각 [194])

[쟁점] 금융실명제 하에서 예금계약의 당사자
확정방법, 예금명의자가 아닌 제3자를 예금계약
의 당사자로 볼 수 있는 예외적인 경우 및 그 인
정방법

[사실관계]

(1) 피고(예금보험공사)는 예금보험에 가입한 금
융기관(부보금융기관)의 예금자에 대한 예금 등 채
권이 지급정지되는 등의 예금자보호법 제2조 제7
호에서 정한 보험사고가 발생한 경우 부보금융기
관에 갈음하여 예금자에게 예금자보호법이 정한
범위 내에서 예금 상당액의 보험금을 지급함으로
써 예금자 등을 보호하고 금융제도의 안정성을 유
지하기 위하여 설립된 특수법인이다.

(2) 원고의 남편 소외인은 2006. 2. 13. 주식회
사 A상호저축은행(이하 A은행이라 함)에 기존에 예
탁해 두었던 정기예금을 해지한 후 다시 A은행에
49,212,873원을 정기예금으로 예치하였고, 같은
날 이와 별도로 원고 명의의 정기예금 계좌가 개
설되어 같은 날 4,200만 원이 예치되었다(이하 이
사건 예금이라 함). 이 사건 예금에 예치된 위 4,200
만 원은 같은 날 소외인 명의의 다른 금융기관에
서 인출된 금원이었다.

(3) 피고의 부보금융기관인 A은행에 대하여
2006. 9. 8. 예금 등 채권의 지급이 정지됨으로써
예금자보호법이 정한 보험사고가 발생하였고, 피
고는 위 보험사고에 대해 2007. 3. 17. 보험금 지
급결정을 하였다.

(4) 피고는 원고, 소외인에게 보험금 가지급금
으로 각 500만 원을 지급하였으나, 2007. 3. 17. 소
외인에게 '이 사건 예금은 소외인의 예금이므로
소외인에게 예금자보호법이 정한 5,000만 원의 한
도 내에서 보험금을 지급할 것'을 통지하였고, 이

후 소외인에게 위 가지급금 합계 1,000만 원을 공
제하고 보험금(4,000만 원)을 지급하였다.

(5) 그러자 원고는 피고를 상대로, 자신이 이
사건 예금의 예금주임을 이유로 4,200만 원의 지
급을 구하는 소를 제기하였다.

[판결요지]

금융실명거래 및 비밀보장에 관한 법률에 따라
실명확인 절차를 거쳐 예금계약을 체결하고 그 실
명확인 사실이 예금계약서 등에 명확히 기재되어
있는 경우에는, 일반적으로 그 예금계약서에 예금
주로 기재된 예금명의자나 그를 대리한 행위자 및
금융기관의 의사는 예금명의자를 예금계약의 당
사자로 보려는 것이라고 해석하는 것이 경험법칙
에 합당하고, 예금계약의 당사자에 관한 법률관계
를 명확히 할 수 있어 합리적이다. 그리고 이와
같은 예금계약 당사자의 해석에 관한 법리는, 예
금명의자 본인이 금융기관에 출석하여 예금계약
을 체결한 경우나 예금명의자의 위임에 의하여 자
금 출연자 등의 제3자(이하 '출연자 등'이라 한다)가
대리인으로서 예금계약을 체결한 경우 모두 마찬
가지로 적용된다고 보아야 한다. 따라서 본인인
예금명의자의 의사에 따라 예금명의자의 실명확
인 절차가 이루어지고 예금명의자를 예금주로 하
여 예금계약서를 작성하였음에도 불구하고, 예금
명의자가 아닌 출연자 등을 예금계약의 당사자라
고 볼 수 있으려면, 금융기관과 출연자 등과 사이
에서 실명확인 절차를 거쳐 서면으로 이루어진 예
금명의자와의 예금계약을 부정하여 예금명의자의
예금반환청구권을 배제하고 출연자 등과 예금계
약을 체결하여 출연자 등에게 예금반환청구권을
귀속시키겠다는 명확한 의사의 합치가 있는 극히
예외적인 경우로 제한되어야 한다. 그리고 이러한
의사의 합치는 금융실명거래 및 비밀보장에 관한
법률에 따라 실명확인 절차를 거쳐 작성된 예금계
약서 등의 증명력을 번복하기에 충분할 정도의 명
확한 증명력을 가진 구체적이고 객관적인 증거에

의하여 매우 엄격하게 인정하여야 한다.

(이 판결에는 대법관 1인의 별개의견, 다수의견에 대한 각 1인의 보충의견 둘이 있음)

[관련규정] 「금융실명거래 및 비밀보장에 관한 법률」 제1조, 제2조 제4호, 제3조 제1항, 제7조, 제8조, 「동 법률 시행규칙」 제3조 제1호, 「특정 금융거래정보의 보고 및 이용 등에 관한 법률」 제5조의 2, 「동 법률 시행령」 제10조의 4, 민법 제105조

[해설 및 논평]
1. 해설

기명식예금의 경우의 예금주 결정에 관한 판례는 1993. 8. 12.의 「금융실명거래 및 비밀보장에 관한 긴급재정경제명령」(이는 1997. 12. 29.에 「금융실명거래 및 비밀보장에 관한 법률」로 대체입법이 되면서 폐기됨)에 의한 금융실명제 실시 이전과 이후가 다르다. 그리고 본 판결에 의해 다시 변화되었다.

금융실명제 전에는, 명의 여하를 불문하고 또 금융기관이 누구를 예금주라고 믿었는가에 관계없이 예금을 실질적으로 지배하고 있는 자를 예금주라고 하였다(객관설).

그런데 금융실명제 후에는, 금융기관으로서는 특별한 사정이 없는 한 주민등록증을 통하여 실명확인을 한 명의자를 당사자라고 보아야 하지만, 특별한 사정으로서 출연자와 금융기관 사이에 명의인이 아닌 출연자에게 금융자산을 귀속시키기로 하는 명시적 또는 묵시적 약정이 있는 경우에는 출연자를 예금주로 볼 것이라고 하였다(대판 2002. 2. 26, 99다68096 등). 그리고 예금명의인이 아닌 출연자에게 예금반환채권을 귀속시키기로 하는 묵시적 약정이 있었다고 보아 출연자를 예금주라고 인정한 사례들도 있었다(대판 2002. 5. 14, 2001다75660 등).

그 후 대법원은 본 전원합의체 판결로 종래의 판례를 변경하였다. 본 판결은, 일반적으로 예금

명의자를 예금계약의 당사자로 보아야 하고, 이러한 법리는 예금명의자 본인이 금융기관에 출석하여 예금계약을 체결한 경우나 제3자(출연자 등)가 대리인으로서 예금계약을 체결한 경우 모두 마찬가지라고 한다. 그리고 나서 출연자 등을 당사자로 볼 수 있으려면, 예금명의자와의 예금계약을 부정하여 예금명의자의 예금반환청구권을 배제하고 출연자 등과 예금계약을 체결하여 출연자 등에게 예금반환청구권을 귀속시키겠다는 명확한 의사의 합치가 있는 극히 예외적인 경우로 제한되어야 한다고 한다(이러한 의사의 합치는 명확한 증명력을 가진 구체적이고 객관적인 증거에 의하여 매우 엄격하게 인정할 것이라고 함). 그러면서 극히 예외적인 경우에 해당하는지 여부를 심리하지 않고, 그에 이르지 않은 명시적 또는 묵시적 약정에 의해서도 예금명의자가 아닌 출연자 등에게 예금반환청구권이 귀속될 수 있다는 취지로 판시한 판결(대판 2000. 3. 10, 99다67031 등)을 이 판결의 견해에 배치되는 범위 내에서 변경하였다. 본 판결에 따르면 묵시적 합의에 의한 예외는 인정될 여지가 전혀 없고, 명시적 합의에 의한 예외도 인정되기 어렵다.

(본 판결은, 그 사안의 경우에 원심이 이 사건 예금계약의 당사자를 소외인으로 판단한 것은 잘못이라고 하면서, 원심판결을 파기·환송하였다)

2. 논평

본 판결은 계약당사자 확정에 관한 일반이론, 특히 타인 명의 행위이론에 어긋나나, 금융실명법의 취지를 살리기 위한 것으로 이해할 수 있다.

[주요 평석 문헌] 고재민, "예금계약의 당사자 확정," 판례연구(부산판례연구회), 21집, 689면 이하. 그리고 송덕수, "타인 명의의 예금계약에 있어서 계약당사자 결정," 법학논집, 3권 1·2호, 229면 이하도 참조.

34. 조합재산의 처분·변경

◈ 대판 2000. 10. 10, 2000다28506·28513
[양도채권금·병합](강의 D-349, 채각 [204])

[쟁점] 업무집행조합원이 수인 있는 경우에 특별사무에 관한 업무집행으로서의 조합재산 처분·변경의 방법

[사실관계]

(1) 피고 A(본 판결 사안에는 피고가 1인이 더 있으나 그 피고에 대한 것은 주된 쟁점이 아니어서 생략함)를 포함한 36명은 1994년 초경 한국토지공사로부터 고양시 소재 화정택지개발지구의 토지를 분양받아 그 지상에 S프라자상가 건물을 신축하여 분양·임대할 목적으로 편의상 각 12명으로 구성된 S프라자 제1, 제2, 제3 조합을 각 결성하였고, 위 각 조합의 조합원들(추후 피고를 포함한 31명으로 확정됨)은 1994. 3. 26. 창립총회를 열어 사업시행의 편의상 단일 조합인 S상가조합(이하 '이 사건 조합'이라고 함)을 결성하고 정관을 제정하였다.

이 사건 조합의 정관에 의하면, 조합의 임원은 조합장 1인, 이사 2인, 감사 1인, 총무 1인으로 하고(8조), 조합장은 조합을 대표하여 회무를 통리하고 총회의 의장이 되고 조합의 대외적인 업무를 행하며(10조), 임원의 선출과 변경, 조합원의 제명, 정관의 제정과 변경, 조합원의 비용부담과 징수방법, 사업시행계획의 수립 및 변경, 상가건축 및 분배처분 계획과 방법, 조합의 해산에 관한 사항 등은 반드시 총회의 의결을 거쳐야만 하되(14조), 그 외의 사항은 임원회가 총회의 권한을 대행할 수 있도록(16조) 되어 있다.

(2) 피고 A는 이 사건 조합의 조합원으로서 1995. 12. 16. 이 사건 조합과 사이에 이 사건 건물 중 1층 106호에 관하여 분양대금을 137,750,000원(평당 1,450만 원)으로, 1층 107호에 관하여 분양대금을 194,850,000원(평당 1,500만 원)으로 각 정하여 분양계약을 체결하였고, 1996. 12. 19. 위 106호 및 107호에 관하여 같은 피고 앞으로 소유권이전등기를 넘겨받았는데, 현재 피고가 이 사건 조합에 납부하지 아니한 분양대금은 85,900,441원이다.

(3) 이 사건 조합은 1997. 5. 26. 원고에게 피고 A에 대한 위 85,900,441원 상당의 분양잔대금 채권을 양도하였고, 1998. 3. 12. 위 피고에게 위 양도사실이 담겨진 채권양도통지서를 내용증명우편으로 발송하여 그 통지서가 그 무렵 위 피고에게 도달하였다.

한편 이 사건 조합은 이 사건 소송의 진행 중에 피고로부터 위 채권의 양도가 다른 조합원의 동의 내지 조합 총회의 결의가 없이 이루어졌으므로 효력이 없다는 취지의 주장이 제기되자, 1999. 11. 12. 임원회를 개최하여 피고에 대한 위 각 채권을 같은 날짜로 원고에게 다시 양도하기로 결의하였고, 2000. 3. 20. 피고에게 각 위 양도사실이 담겨진 채권양도통지서를 내용증명우편으로 발송하여 그 통지서가 그 무렵 피고에게 도달하였다.

[판결요지]

조합재산의 처분·변경에 관한 행위는 다른 특별한 사정이 없는 한 조합의 특별사무에 해당하는 업무집행이며, 업무집행조합원이 수인 있는 경우에는 조합의 통상사무의 범위에 속하지 아니하는 특별사무에 관한 업무집행은 민법 제706조 제2항에 따라 원칙적으로 업무집행조합원의 과반수로써 결정하는 것이므로(대법원 1998. 3. 13. 선고 95다30345 판결 참조) 위와 같이 이 사건 조합의 업무집행조합원들의 의사결정기관인 임원회의 과반수 결의로 이루어진 이 사건 채권의 양도는 다른 특별한 사정이 없는 한 유효한 업무집행이라 할 것이다(물론 조합의 업무집행 방법에 관한 위와 같은 민법 규정은 임의규정이므로 당사자 사이의 약정에 의하여 조합의 업무집행에 관하여 조합원 전원의 동의 또는 조합원 총회의 결의를 요하도록 하는 등 그 내용을 달리 정할 수는 있으나, 원심에서 들고 있는 조합원의 비용부담과 징수방법, 상가건축 및 분배처분 계획과 방법

등은 반드시 조합원 총회의 의결을 거쳐야만 한다는 이 사건 조합 정관 제14조 규정을 보더라도 이 사건 채권양도로 인하여 이미 결정된 조합원의 비용부담과 징수방법에 변경을 가져오거나 상가건축 및 분배처분 계획과 방법에 어떠한 영향을 미치는 것도 아니므로 위 규정이 이 사건 채권양도와 관련한 조합의 업무집행방법에 관하여 그 일반원칙과 달리 조합원 총회의 결의를 요하도록 규정한 것은 아니라 할 것이고, 이 사건 조합이 이 사건 상가건물의 신축공사에 관한 도급계약이나 조합원 개개인과의 분양계약 또는 원고와 사이에 업무대행계약을 체결할 때 전 조합원들이 그 당사자로 되었던 것은 조합에 법인격이 인정되지 않기 때문에 그러한 방식을 취한 것이다).

[관련규정] 제272조, 제706조 제2항

[해설 및 논평]

1. 해설

본 판결 사안에서 피고 A에 대한 이 사건 조합의 분양잔대금 채권은 조합재산이다. 그리고 그 채권을 원고에게 양도한 것은 조합재산의 처분에 해당한다. 그런데 이러한 조합재산의 처분을 어떻게 해야 하는지 문제된다.

민법은 제272조에서 합유물의 처분·변경에는 합유자(조합원) 전원의 동의가 있어야 한다고 규정한다(본문). 그런가 하면 다른 한편으로 조합의 업무집행방법을 규정하는 제706조는, 업무집행자가 따로 없는 경우에는 조합업무의 집행은 조합원의 과반수로써 결정하고(2항 1문), 업무집행자가 있고 그 수가 2인 이상인 때에는 그들의 과반수로써 결정하고(2항 2문), 조합의 통상사무는 각 조합원 또는 각 업무집행자가 단독으로 할 수 있다고 정한다(3항). 여기서 합유물의 처분·변경이 조합의 통상사무가 아니고 특별사무라면 거기에는 서로 충돌하는 두 규정(전원의 동의를 요하는 272조 본문과 과반수로 결정하는 706조 2항)이 적용되게 되어 문제이다.

이에 대하여 학설은 i) 업무집행조합원이 선임되어 있든 선임되어 있지 않든 제272조가 적용된다는 견해, ii) 제706조가 우선 적용되어야 한다는 견해, iii) 업무집행조합원이 없는 경우에는 제272조가 적용되고 업무집행조합원이 있는 경우에는 제706조 제2항이 적용된다는 견해 등으로 나뉘어 있다(강의 D-498, 채각 [204] 참조).

그리고 대법원은 초기에는 적어도 외견상으로는 제272조를 적용하는 것으로 보였다(대판 1990. 2. 27, 88다카11534; 대결 1991. 5. 15, 91마186). 그런데 그 후 대판 1998. 3. 13, 95다30345에서 「업무집행자가 없는 경우에는 조합의 통상사무의 범위에 속하지 아니하는 특별사무에 관한 업무집행은 원칙적으로 조합원의 과반수로써 결정하는 것이고, 조합재산의 처분·변경에 관한 행위는 다른 특별한 사정이 없는 한 조합의 특별사무에 해당하는 업무집행」이라고 하여, 제706조 제2항이 특별규정이라는 입장을 취했다. 그리고 본 판결은 이 판결과 같은 견지에 있다. 다만, 대판 1998. 3. 13, 95다30345는 문제되는 두 규정이 임의규정이어서 그 법리만 인정했을 뿐 사안에 제706조 제2항을 직접 적용하지 못했다.

2. 논평

제271조 이하의 규정은 발생원인이 무엇이든 조합체의 합유에 널리 적용되므로 일반규정이라고 할 수 있으며, 조합계약에 관한 규정은 특별규정이다. 그리고 합유물의 처분·변경은 조합의 특별사무라고 보아야 한다. 따라서 합유물의 처분·변경에는 제706조가 우선적용된다고 해야 한다. 즉 본 판결이 타당하다.

[주요 평석 문헌] 김기정, "조합재산의 처분·변경과 조합의 업무집행," 대법원판례해설, 35호, 97면 이하.

제4장
채권법각론

35. 조합원의 제명

◆ 대판 2021. 10. 28, 2017다200702
[손해배상(기)](강의 D-352, 채각 [206])

[쟁점] 조합원의 제명에 정당한 사유가 있는지 여부

[사실관계]

(1) 원고와 피고들은 2008. 4. 1. 기간을 5년으로 정하여 ○○여성병원(이 사건 병원)을 공동으로 운영하기 위한 동업계약(이 사건 동업계약)을 하였다. 그 주요 내용은 다음과 같다.

출자지분은 피고 1이 5/7, 원고와 피고 2가 1/7씩으로 한다. 피고 1이 병원장으로 경영권을 가진다. 병원의 출자자는 반드시 병원에 근무함을 원칙으로 하고, 노동력 제공에 따른 수당은 월급제로 하여 피고 1에게 경영수당 1,000만 원, 의사직무수당 700만 원, 원고와 피고 2에게 의사직무수당으로 1,400만 원씩 지급한다.

(2) 원고와 피고들은 약정기간 5년이 지난 다음에도 계속 이 사건 병원을 운영하다가 2014. 2.경부터 동업계약의 내용을 변경하여 재계약하는 문제를 논의하였고, 피고 1은 다음 사항을 주요 내용으로 하는 변경안을 제시하였다. ① 약정기간은 2014. 4. 1.부터 3년으로 한다. ② 약정기간이 지난 후 재계약이 성사되지 않으면 해산절차를 거치지 않고 소유 지분을 반환하며 동업에서 탈퇴하고 남은 조합원이 환급금을 지급한다(이 사건 탈퇴조항). ③ 탈퇴 동업자에 대한 환급금은 두 곳의 감정평가기관의 평가를 거쳐 평균값으로 산정한다. ④ 원고와 피고 2에게 지급하던 의사직무수당을 성과급으로 변경한다.

(3) 위 변경안에 대해 피고 2는 동의하였으나, 원고는 의사직무수당을 성과급으로 변경하는 부분에 대해서는 동의 후 번복하고 피고들이 제시한 수정안도 거부하였으며, 이 사건 탈퇴조항에 대해서는 소수 지분 조합원에게 불리하다는 이유로 반대하였다. 원고와 피고들은 4개월 정도 협의하였으나 재계약을 하지 못하였고, 그 과정에서 양측으로 나누어져 심각한 불화가 발생하였다.

(4) 피고 1은 2014. 7. 16. '조합원 지위 변동에 관하여 조합원에 대한 제명조치 및 지분 환급 처리 방안'을 안건으로 원고와 피고 2에게 회의소집을 통지하여 그 다음 날 회의를 개최하였다. 위 회의에서 피고들은 전원 일치로 원고에 대한 제명을 결의하였는데(이 사건 제명결의), 제명사유로 '① 동업 약정기간의 만료, ② 재계약 거부로 인한 조합원 자격 상실, ③ 선량한 관리자로서의 병원 경영에 반하는 행위로 지속적인 동업 불가, ④ 동업자 간 불신감 초래'를 들었다.

(5) 이 사건 제명결의 이후 원고는 진료를 계속하면서 수익금을 배분하지 않는다는 이유로 피고들을 횡령 혐의로 고소하였으나, 피고들은 무혐의 처분을 받았고, 이로 인해 이 사건 병원의 체면과 신용을 손상시키고 피고들에 대한 명예를 훼손하는 등 이 사건 병원에 심각한 피해를 입혔다.'라는 이유로 원고에 대하여 징계해고처분을 하고 2015. 7. 1.자로 원고의 진료실을 폐쇄하였다.

(6) 그러자 원고는 이 사건 제명결의가 무효라고 주장하면서 피고들을 상대로 손해배상을 청구하는 소를 제기하였다. 이에 대하여 제1심은 원고의 청구를 기각했으나, 제2심은 인용하였고, 대법원은 원심판결을 파기·환송하였다.

[판결요지]

1. 민법상 조합에서 조합원의 제명은 정당한 사유가 있는 때에 한하여 다른 조합원의 일치로써 결정한다(제718조 제1항). 여기에서 '정당한 사유가 있는 때'란 특정 조합원이 동업계약에서 정한 의무를 이행하지 않거나 조합업무를 집행하면서 부정행위를 한 경우와 같이 특정 조합원에게 명백한 귀책사유가 있는 경우는 물론이고, 이에 이르지 않더라도 특정 조합원으로 말미암아 조합원들 사이에 반목·불화로 대립이 발생하고 신뢰관계가 근본적으로 훼손되어 특정 조합원이 계속 조합원의 지위를 유지하도록 한다면 조합의 원만한 공동

운영을 기대할 수 없는 경우도 포함한다.

신뢰관계 파탄을 이유로 조합원을 제명한 것에 정당한 사유가 있는지를 판단할 때에는 특정 조합원으로 말미암아 조합의 목적 달성에 방해가 계속되었는지 여부와 그 정도, 제명 이외에 다른 방해 제거 수단이 있었는지 여부, 조합계약의 내용, 그 존속기간과 만료 여부, 제명에 이르게 된 경위 등을 종합적으로 고려해야 한다.

2. 원심판결 이유와 기록에 따르면 다음 사실을 알 수 있다. …

3. 이러한 사실관계를 위에서 본 법리에 비추어 살펴보면, 다음과 같은 결론이 도출된다.

가. 원고와 피고들의 동업관계는 이 사건 동업계약에서 정한 약정기간이 만료한 2013. 3. 31. 이후에도 존속한다고 볼 수 있다. 그러나 … 약정기간 만료 후 이 사건 동업관계는 불안정한 상태에 있게 되므로 조합을 해산하는 것이 아니라면 조합원은 그동안의 조합운영 실적을 바탕으로 동업계약에 관한 재협의를 할 필요가 있다.

원고와 피고들은 약정기간 만료 이후인 2014. 2.부터 이 사건 동업관계에서 7분의 5 지분과 경영권을 가지고 있는 피고 1이 제안한 변경안을 중심으로 새로운 동업계약 체결을 협의하였다. 위 변경안에 기존의 동업계약과 달리 새로 담긴 내용은 성과급제 도입 부분과 이 사건 탈퇴조항인데, 성과급제 도입 부분은 그동안의 조합운영 실적에 비추어 불합리하다고 볼 수 없고, 이 사건 탈퇴조항은 존속기간 만료 후 조합의 해산을 제한하는 것에 지나지 않아 특정 조합원에게 일방적으로 불리한 조항이라고 볼 수 없다.

이러한 상태에서 원고를 제외한 다수 지분권을 가진 조합원이 모두 동의한 변경안이 합리적이라고 볼 여지가 있다면 원고로서도 이를 진중하게 고려할 필요가 있고 받아들일 수 없는 부분에 대해서는 수정 제안을 하는 등 동업관계의 존속을 전제로 신의에 따라 성실하게 재계약을 위한 협의에 임해야 한다.

원심으로서는 이러한 사정을 고려하여 원고가

변경안에 대한 협의를 거부한 것에 합리적인 이유가 있는지, 원고와 피고들 사이의 신뢰관계가 파괴되어 원고와 동업관계를 유지하기 곤란한 사정이 생긴 원인이 무엇인지 등을 심리하여 이 사건 제명결의에 정당한 사유가 있는지 판단해야 한다.

나. 그런데도 원심은 원고의 귀책사유로 재계약이 체결되지 못했다고 볼 수 없다는 이유로 이 사건 제명결의에 정당한 사유가 인정되지 않는다고 보아, 조합원 지위 확인과 함께 이 사건 동업계약에 따른 배당금과 의사직무수당의 지급을 구하는 원고의 청구 중에서 피고들의 공제 항변 부분을 제외한 대부분을 받아들였다. 원심판결에는 조합원의 제명에 관한 민법 제718조 제1항의 '정당한 사유가 있는 때'에 관한 법리를 오해하여 판결에 영향을 미친 잘못이 있다.

[관련규정] 제716조 제1항, 제718조 제1항

[해설 및 논평]
1. 해설
민법상 정당한 사유가 있으면 조합원을 제명할 수 있는데(718조 1항), 어떤 경우에 정당한 사유가 있는 것으로 인정되는지 문제된다. 여기에 관하여 본 판결은, 조합원이 의무를 이행하지 않는 것과 같이 특정 조합원에게 명백한 귀책사유(유책사유)가 있는 경우는 물론이고, 특정 조합원으로 말미암아 신뢰관계가 근본적으로 훼손되어 조합의 원만한 공동운영을 기대할 수 없는 경우도 포함한다고 하였다. 그리고 후자에 해당하는지를 판단할 때에 고려해야 할 사항도 열거하고 있다. 이들은 대법원이 최초로 판단한 것이다.

그리고 본 판결은 특정 조합원으로 말미암아 신뢰관계가 근본적으로 훼손된 경우도 정당한 사유에 해당할 수 있다는 견지에서 그 사안의 경우에 그 점에 대하여 판단해 보았어야 한다고 하였다.

2. 논평
이 판결은 적절하다.

36. 화해기초의 착오

◈ 대판 1990. 11. 9. 90다카22674
[채무부존재확인등](강의 D-363, 채각 [213])

[쟁점] 화해의 기초에 관한 착오의 경우에 화해
계약을 취소할 수 있는지 여부(적극)

[사실관계]

(1) 외과전문의사인 원고가 1989. 2. 20. 17 : 00
경 그가 경영하던 병원에서 피고의 모인 소외 A의
감기몸살을 진료하면서 진통해열제인 판피린 1앰
풀을 근육에 주사하고 타이레놀, 부루펜 등 3회분
의 내복약을 조제하여 주었는데 A가 귀가하여 조
제약 1봉지를 먹고 잠을 자다가 다음날 03 : 00경
사망한 사고가 발생하였다.

(2) 그 후 원고와 피고는 A의 사망이 원고의 의
료과실에 기인한 것으로서 원고에게 책임이 있음
을 전제로 하여 그 손해배상 액수에 관하여 원고
는 피고에게 손해배상조로 1,200만 원을 지급하기
로 하고, 피고측은 이후 민형사상의 책임을 묻지
않는다는 내용의 화해가 이루어졌다.

(3) 그런데 그 후 A의 시체를 부검한 결과, 그
사인은 이 사건 화해계약시에 생각하고 있던 바와
는 달리 원고의 의료과오에 따른 약물중독이 아니
라 원고의 치료행위와는 무관한 우발성 뇌출혈(지
주막 출혈)로 판명되었다.

[판결요지]

민법상 화해계약은 착오를 이유로 취소하지 못
하는 것이지만 화해당사자의 자격 또는 화해의 목
적인 분쟁 이외의 사항에 착오가 있는 때에는 그
러하지 아니하는바, 화해의 목적인 분쟁 이외의
사항이라 함은 분쟁의 대상이 아닌 것으로서 분쟁
의 대상인 사항의 전제 또는 기초되는 사항으로서
양 당사자가 예정한 것이어서 상호 양보의 내용으
로 되지 않고 다툼이 없는 사실로서 양해가 된 것
을 말한다고 할 것인바, 위 망 A의 사인에 관한

착오는 이 사건 화해의 목적인 손해배상의 액수,
민형사사건의 처리문제 등에 관한 것이 아니고 다
툼의 대상도 아니고, 상호 양보의 내용으로 된 바
도 없는 그 전제 내지 기초에 관한 착오이므로 이
를 이유로 위 화해계약을 취소할 수 있다고 할 것
이다. 같은 취지에서 한 원심판결은 정당하고 논
지가 지적하는 대법원판결과도 상치되지 않는다.

[관련규정] 제733조, 제109조

[해설 및 논평]

1. 해설

(1) 서설

본 판결은 두 부분으로 나누어 볼 수 있다. 하
나는 제733조에서 말하는 「화해의 목적인 분쟁 이
외의 사항」의 의미에 대하여 판단한 부분이고, 다
른 하나는 그 사안의 경우에 착오취소를 인정한
부분이다. 그런데 이 둘은 결국 화해계약의 경우
의 착오취소에 관한 제733조를 어떻게 해석하여
그 사안에 적용하느냐의 문제이다.

(2) 화해계약과 착오취소의 관계

제733조는 「화해계약은 착오를 이유로 하여 취
소하지 못한다. 그러나 화해당사자의 자격 또는
화해의 목적인 분쟁 이외의 사항에 착오가 있는
때에는 그러하지 아니하다」고 규정한다. 이 제733
조는 법률행위의 착오에 관한 일반규정인 제109
조에 대하여 예외를 규정하고 있는 특별규정이다.
이 규정 때문에 화해계약은 그것이 법률행위임에
도 불구하고 예외적으로만 착오취소가 인정된다.

제733조의 규정상 화해계약은 원칙적으로 착오
를 이유로 취소를 할 수 없다. 즉 착오가 다툼의
대상인 법률관계 자체에 있는 경우에는 취소가 인
정되지 않는다. 그에 비하여 「당사자의 자격」에
착오가 있거나 「화해의 목적인 분쟁 이외의 사항」
에 착오가 있는 때에는 착오를 이유로 취소할 수
있다(733조 단서). 여기서 「화해의 목적인 분쟁 이
외의 사항」이 무엇인지 문제되나 그에 대하여는

본 판결이 판시를 하고 있으므로 아래에서 살펴보기로 한다.

다음에 제733조 단서가 규정하는 두 가지 착오는 그것에 해당하기만 하면 곧바로(즉 다른 요건의 검토를 요하지 않고) 취소가 인정되는가? 즉 그 착오는 당연히 법률행위 내용의 중요부분의 착오로 되는가? 생각건대 제733조 단서는 동조 본문이 정한 착오취소 금지를 풀어주는 것일 뿐 취소권까지 부여하는 것은 아니다. 제733조 단서가 정하는 착오가 있는 경우에는 제109조의 요건을 갖추어야 취소를 할 수 있는 것이다. 판례도 그러한 입장에 있다(대판 2004. 8. 20, 2002다20353). 따라서 취소가 인정되는 착오가 동기의 착오라면 동기의 착오에 관한 이론의 적용을 받게 된다. 그 착오가 공통의 동기의 착오에 해당한다면 공통의 동기의 착오에 관한 이론의 적용을 받아야 한다. 그런데 판례는 그렇지는 않다. 아래에서 보는 바와 같이 본 판결도 마찬가지이다.

(3) 「화해의 목적인 분쟁 이외의 사항」의 의미

본 판결은, 「화해의 목적인 분쟁 이외의 사항」이라 함은 분쟁의 대상이 아닌 것으로서 분쟁의 대상인 사항의 전제 또는 기초되는 사항으로 양 당사자가 예정한 것이어서 상호 양보의 내용으로 되지 않고 다툼이 없는 사실로서 양해가 된 것을 말한다고 한다. 이 문언에 의하면 화해기초의 착오만이 「화해의 목적인 분쟁 이외의 사항」에 착오가 있는 경우에 해당하는 것처럼 보인다. 화해기초의 착오가 거기에 해당한다는 데 대하여는 이론이 있을 수 없으나, 「분쟁 이외의 사항」에 관한 착오에는 화해기초의 착오가 아닌 것도 있을 수 있다고 보아야 한다. 화해 당사자에 관한 착오도 그 예라고 할 수 있다. 한편 본 판결의 이 판시는 그 후에도 여러 번 반복되고 있다.

(4) 본 판결 사안의 경우

본 판결은, 그 사안의 경우에 원고의 착오는 화해의 전제 내지 기초에 관한 착오이므로 원고는 이를 이유로 위 화해계약을 취소할 수 있다고 하였다. 그리고 제109조의 착오취소의 요건이 갖추어졌는지는 따로 검토하지도 않았다. 그 결과 — 본 판결의 문언상으로는 — 화해의 전제 내지 기초에 관한 착오의 경우에는 당연히 취소가 인정되는 것처럼 보인다. 그러나 — 전술한 그 후의 판례도 고려하고 또 합리적으로 생각할 때 — 그러한 취지는 아니고, 제109조의 요건을 갖춘 것으로 판단한 것이라고 보아야 할 것이다.

2. 논평

화해기초의 착오는 동기의 착오이고, 또한 본 판결 사안의 경우에는 공통의 동기의 착오가 존재한다. 따라서 본 판결 사안은 공통의 동기의 착오에 관한 이론이 적용되어야 한다(공통의 착오에 대하여 입법이 누락됨). 사견은 거기에는 주관적 행위기초론을 적용해야 한다는 입장이다(강의 A−274, 민총 [168] 참조). 그 결과 본 판결 사안의 경우에는 원고에게 화해계약에서 벗어날 수 있는 해제권이 인정된다.

[참고판결] 대판 2004. 8. 20, 2002다20353: 화해계약의 의사표시에 있어 중요부분에 관한 착오의 존재 및 이것이 당사자의 자격이나 목적인 분쟁 이외의 사항에 관한 것이라는 점은 착오를 이유로 화해계약의 취소를 주장하는 자가 입증하여야 할 것이다.

[주요 평석 문헌] 송덕수, "화해기초에 관한 공통의 착오," 법률신문, 2134호, 15면.

제4장
채권법각론

37. 후발손해와 화해

◈ 대판 2000. 3. 23. 99다63176
[채무부존재확인](강의 D-364, A-159, 채각
[214], 민총 [162])

[쟁점] 불법행위로 인한 손해배상에 관하여 가해자와 피해자 사이에 피해자가 일정한 금액을 지급받고 나머지 청구를 포기하기로 한 합의의 해석

[사실관계]

(1) 원고(보험회사)는 1996. 11. 8. 소외 A와 사이에 서울 1토5969호 승용차의 운행 중 발생한 자동차사고로 인하여 A가 제3자에 대하여 부담하게 되는 모든 손해배상책임을 전보하기로 하는 내용의 자동차종합보험계약을 체결하였다.

(2) 피고는 1997. 4. 7. A가 운전하는 위 승용차에 의하여 교통사고를 당하여 우측대퇴골 경부골절, 경부 및 요부 염좌 등의 상해를 입고 1997. 4. 7.경부터 같은 해 10월 20일경까지 양평의료재단 및 원주의료원과 한일정형외과에서 입원치료를 받은 후, 같은 해 10월 20일 한일정형외과에서 위 골절에 대한 수술후유증으로 고관절 운동제한이라는 장해가 남아 옥내근로자로서 10%, 옥외근로자로서 16%의 노동능력을 상실하였다는 후유장해 판정을 받게 되었다.

(3) 그러자 원고와 피고는 위 후유장해 판정 결과를 근거로 협의를 하여, 1997. 12. 4. 원고의 노동능력상실률을 12%로 인정하는 데 상호 동의하고, 피고가 원고로부터 이 사건 사고로 인한 손해배상금 명목으로 3,000만 원을 받는 대신 이 사건 사고로 인한 일체의 권리를 포기하며 향후 민·형사상의 소송이나 이의를 제기하지 않기로 합의하고, 같은 날 원고가 피고에게 손해배상금으로 3,000만 원을 지급하였다. 그런데 이 사건 합의 후에 피고의 우측하지 단축의 후유 장해가 발생하였다.

[판결요지]

불법행위로 인한 손해배상에 관하여 가해자와 피해자 사이에 피해자가 일정한 금액을 지급받고 그 나머지 청구를 포기하기로 합의가 이루어진 때에는 그 후 그 이상의 손해가 발생하였다 하여 다시 그 배상을 청구할 수 없는 것이지만, 그 합의가 손해발생의 원인인 사고 후 얼마 지나지 아니하여 손해의 범위를 정확히 확인하기 어려운 상황에서 이루어진 것이고, 후발손해가 합의 당시의 사정으로 보아 예상이 불가능한 것으로서, 당사자가 후발손해를 예상하였더라면 사회통념상 그 합의금액으로는 화해하지 않았을 것이라고 보는 것이 상당할 만큼 그 손해가 중대한 것일 때에는 당사자의 의사가 이러한 손해에 대해서까지 그 배상청구권을 포기한 것이라고 볼 수 없으므로 다시 그 배상을 청구할 수 있다고 보아야 할 것이다.

그런데 원심이 확정한 사실관계에 의하더라도, 피고는 1997. 4. 7. 이 사건 사고를 당한 후 그 무렵부터 같은 해 10월 20일경까지 우대퇴골 경부골절에 대한 수술을 받고 입원치료를 받았으며, 1997. 12. 4.에 이르러 이 사건 합의를 하였다는 것이고, 한편 원심이 채용한 증거들에 의하면, 피고에게 남은 우측하지단축의 장해는 이 사건 사고로 입은 우대퇴골 경부골절에 대한 수술의 결과 발생한 것인데, 피고는 1997. 7. 28. 이전에 다른 병원에서 우대퇴골 경부골절에 대한 수술을 받은 후 한일정형외과의원에 내원하였음을 알 수 있다.

위와 같은 사정에 비추어 보면, 이 사건 합의는 피고가 이 사건 사고로 인한 손해의 범위를 확인하기 어려운 상황에서 이루어진 것이라고 할 수 없을 뿐만 아니라, 피고의 우측하지단축의 장해는 늦어도 우대퇴부 경부골절에 대한 수술을 받은 1997. 7. 28. 이전에 이미 발생하였다고 할 것인데, 단지 피고가 이 사건 합의 이후에 다시 그에 대한 장해 판정을 받음으로써 비로소 알게 된 것일 뿐이라 할 것이므로 이 사건 합의 이후에 발생한 후발손해라고 할 수 없으며, 더욱이 우측하지 단축

의 장해가 이 사건 합의 이전에 받은 우대퇴부 골
절에 대한 수술로 인하여 발생한 것인 점에 비추
어 이로 인한 손해를 이 사건 합의 당시 예상할
수 없었던 손해라고 단정할 수도 없다.

그러므로 피고의 우측하지단축 장해로 인한 손
해에 대하여 합의의 효력을 제한하는 별도의 명
시적 또는 묵시적인 의사가 있었다고 볼 자료가
없는 이상, 이 사건 합의의 효력은 위 장해로 인
한 손해에도 미친다고 할 것이다. 그럼에도 불구
하고, 원심이 피고의 위 장해로 인한 손해를 이
사건 합의 당시 예견할 수 없었던 손해라고 하여
이에 대하여는 이 사건 합의의 효력이 미치지 아
니한다고 판단하여 원고의 청구를 배척한 것은,
합의의 효력 제한에 관한 법리를 오해하였거나
후유장해의 발생시기에 관한 심리를 다하지 아니
하여 판결 결과에 영향을 미친 위법을 저지른 것
이 … 다.

[관련규정] 제109조, 제733조, 제750조

[해설 및 논평]
1. 해설
교통사고의 피해자가 후유증이 없는 것으로 생
각하고 일정금액을 받으면서 나머지의 손해배상
청구권을 포기하는 합의를 하였는데 그 후에 후유
증이 생겨 오래 치료를 받고 그래도 완치되지 않
아 불구자가 된 경우, 즉 후발손해가 생긴 경우에
피해자가 더 이상 손해배상청구를 할 수 없는지
문제된다.

본 판결은 그러한 경우에 대한 것이다. 그런데
그와 같은 경우에 대하여 대법원은 본 판결과 같
은 한 가지의 방법만으로 판단하고 있지는 않다.
오히려 본 판결이 취한 방법은 – 아래에서 기술
하는 바와 같은 – 종래 대법원이 택한 여러 방법
중 하나다. 다만, 본 판결의 방법이 근래의 주류의
것이기는 하다.

판례는 적은 예외가 있기는 하나, 많은 판결에

서 합의의 해석에 의하여 피해자를 구제하고 있
다. 그 가운데에는 손해배상청구를 포함하는 합의
는 합의 당시에 예상할 수 없었던 적극적 치료비
나 후유증으로 인한 손해배상청구권까지 포기하
는 취지로 볼 수 없다고 한 경우가 많다(한정적 해
석. 대판 1970. 8. 31, 70다1284 등). 1980년대 후반에
는「모든 손해가 확실하게 파악되지 않는 상황 하
에서 조급하게 적은 금액을 받고 위와 같은 합의
가 이루어진 경우」에만 위와 같은 결과를 인정하
는 판결도 나왔다(대판 1988. 4. 27, 87다카74 등). 그
리고 다른 한편으로 본 판결과 같은 기준도 제시
되었다(대판 1991. 4. 9, 90다16078 등). 본 판결은 이
방법을 다시 사용한 것이다. 그런가 하면 대법원
이 합의서의 권리포기 문구가 단순한 예문에 불과
하다거나(대판 1999. 3. 23, 98다64301), 착오를 이유
로 합의의 취소를 인정한 적도 있다(대판 1971. 4.
30, 71다399 등).

여기에 관하여 학설은 여럿으로 나뉘어 대립하
고 있다(강의 D-522, 채각 [214] 참조).

2. 논평
본 판결 사안과 같은 경우에 대법원은 다양한
방법으로 피해자를 구제하고 있다. 그런데 유사한
경우가 각기 다른 이론에 의하여 판단되고 있어
문제이다. 사견으로는, 처음에는 해석의 원칙에
충실하게 해석한 뒤, 신의성실의 원칙에 의하여
피해자를 구제하는 것이 바람직할 것으로 보인다.
즉 피해자를 합의에 구속시키는 것이 신의성실의
원칙에 반할 때에는 권리남용으로 보아 이를 인정
하지 않아야 한다.

[주요 평석 문헌] 최인섭, "불법행위에 의한 손해배상에서의 합
의의 효력부인에 대한 대법원판례의 비판적인 검토," 경기법조,
10호, 189면 이하. 그리고 송덕수, "불법행위의 경우의 손해배상
에 관한 합의의 해석," 민사판례연구, 12집, 89면 이하도 참조.

38. 사무관리

◆ 대판 2010. 1. 14, 2007다55477
[폐기물처리비용](강의 D-368·371, 채각 [216]
이하)

[쟁점] 관리자가 처리한 사무의 내용이 관리자와 제3자 사이에 체결된 계약상의 급부와 그 성질이 동일하다고 하더라도 관리자가 위 계약상 약정된 급부를 모두 이행한 후 본인과의 사이에 별도의 계약이 체결될 것을 기대하고 사무를 처리한 경우에 사무관리 의사가 있다고 볼 수 있는지 여부(적극). 직업 또는 영업에 의하여 유상으로 일하는 사람이 그 직업 또는 영업의 범위 내에서 타인의 사무를 관리한 경우에 통상의 보수 상당 금액을 필요비 또는 유익비로 청구할 수 있는지 여부(적극)

[사실관계]

(1) 대한주택공사는 2003. 3. 10. 피고 및 소외 1 주식회사에게 아파트 신축공사(이하 이 사건 공사라고 함)를 도급하였고, 이와 별도로 2003. 4. 24. 원고(일반폐기물 중간처리 회사)에게 이 사건 공사로 인하여 발생하는 건설폐기물 처리용역을 계약금액 5,764만 원으로 정하여 도급하였다.

(2) 원고는 위 계약에 따라 건설폐기물을 처리하던 중인 2004. 2.경 당초의 계약금액에 따른 물량을 초과하는 건설폐기물이 발생할 것이 예상되자 대한주택공사 및 피고에게 대책을 요구하였는데, 대한주택공사는 초과물량이 발생할 만한 사정이 없다고 하였고 피고는 대한주택공사와 협의하여 초과물량에 대한 용역대금을 지급받을 수 있도록 해 주겠다고만 하였다.

(3) 그 후 원고는 대한주택공사 및 피고로부터 초과물량에 대한 용역대금을 지급해 주겠다는 확실한 약속을 받지 못하자 2004. 9.경 건설폐기물을 반출하는 것을 중단했다가 피고의 요청으로 하는 수없이 재개하여 2005. 2. 10.까지 당초의 계약금액을 초과하는 건설폐기물을 처리하였다.

(4) 이 사건 공사 현장에서 발생한 혼합폐기물은 926.75t으로 이는 원고와 대한주택공사 사이의 당초의 계약물량(136.9t)을 789.9t이나 초과하였다. 그리고 그 처리비용은 모두 184,064,202원인데, 원고는 대한주택공사로부터 위 처리비용 중 52,202,200원만을 지급받았다.

(5) 이에 원고는 피고를 상대로, 받지 못한 처리비용의 지급을 구하는 소를 제기하였다(원고는 당초 지급약정 혹은 폐기물관리법에 의한 폐기물처리 의무를 원인으로 청구를 하다가 제2심에서 사무관리 혹은 부당이득을 원인으로 한 청구를 선택적으로 추가하였다).

[판결요지]

[1] 사무관리가 성립하기 위해서는 관리자가 법적인 의무 없이 타인의 사무를 관리해야 하는바, 관리자가 처리한 사무의 내용이 관리자와 제3자 사이에 체결된 계약상의 급부와 그 성질이 동일하다고 하더라도, 관리자가 위 계약상 약정된 급부를 모두 이행한 후 본인과의 사이에 별도의 계약이 체결될 것을 기대하고 사무를 처리하였다면 그 사무는 위 약정된 의무의 범위를 벗어나 이루어진 것으로서 법률상 의무 없이 사무를 처리한 것이며, 이 경우 특별한 사정이 없는 한 그 사무처리로 인한 사실상의 이익을 본인에게 귀속시키려는 의사, 즉 타인을 위하여 사무를 처리하는 의사가 있다고 봄이 상당하다.

[2] 직업 또는 영업에 의하여 유상으로 타인을 위하여 일하는 사람이 향후 계약이 체결될 것을 예정하여 그 직업 또는 영업의 범위 내에서 타인을 위한 행위를 하였으나 그 후 계약이 체결되지 아니함에 따라 타인을 위한 사무를 관리한 것으로 인정되는 경우에 상법 제61조는 상인이 그 영업범위 내에서 타인을 위하여 행위를 한 때에는 이에 대하여 상당한 보수를 청구할 수 있다고 규정하고 있어 직업 또는 영업의 일환으로 제공한 용역은

그 자체로 유상행위로서 보수 상당의 가치를 가진다고 할 수 있으므로 그 관리자는 통상의 보수를 받을 것을 기대하고 사무관리를 하는 것으로 보는 것이 일반적인 거래 관념에 부합하고, 그 관리자가 사무관리를 위하여 다른 사람을 고용하였을 경우 지급하는 보수는 사무관리 비용으로 취급되어 본인에게 반환을 구할 수 있는 것과 마찬가지로, 다른 사람을 고용하지 않고 자신이 직접 사무를 처리한 것도 통상의 보수 상당의 재산적 가치를 가지는 관리자의 용역이 제공된 것으로서 사무관리 의사에 기한 자율적 재산희생으로서의 비용이 지출된 것이라 할 수 있으므로 그 통상의 보수에 상응하는 금액을 필요비 내지 유익비로 청구할 수 있다고 봄이 타당하고, 이 경우 통상의 보수의 수준이 어느 정도인지는 거래관행과 사회통념에 의하여 결정하되, 관리자의 노력의 정도, 사무관리에 의하여 처리한 업무의 내용, 사무관리 본인이 얻은 이익 등을 종합적으로 고려하여 판단하여야 한다.

[관련규정] [1] 제734조. [2] 제739조 제1항, 상법 제61조

[해설 및 논평]

1. 해설

본 판결은 ① 사무관리 의사가 사무관리의 요건인지, 그리고 계약이 체결될 것을 기대하고 사무를 처리한 경우에 사무관리 의사가 있다고 볼 것인지와, ② 관리자가 보수를 청구할 수 있는지에 대하여 판단하였다.

(1) 사무관리 의사가 사무관리의 요건인지 여부

이 문제는 사무관리제도의 인정근거를 어떻게 이해하느냐에 영향을 받는다. 즉 그 제도가 상호부조의 정신에 기인한 것이라는 견해(사회부조설)는 사무관리 의사가 사무관리의 요건이라고 하나, 재산관계를 합리적으로 조정하려는 제도라고 하는 견해(귀속성설)는 요건이 아니라고 한다. 그리고 사무관리 의사를 요건이라고 하면 사무관리의 성립범위가 좁아진다. 판례는 이전부터 사무관리 의사를 요건으로 보아왔고, 그 점은 본 판결도 같다. 그런데 본 판결은 사무관리제도가 사회생활에서의 상호부조의 이상에 터잡은 것임을 명백히 하였다.

본 판결은, 관리자가 처리한 사무의 내용이 관리자와 제3자 사이에 체결된 계약상의 급부와 그 성질이 동일하다고 하더라도 관리자가 위 계약상 약정된 급부를 모두 이행한 후 본인과의 사이에 별도의 계약이 체결될 것을 기대하고 사무를 처리한 경우에는, 사무관리 의사가 있다고 하였다. 이는 - 사회부조설에서는 쉽지 않게 - 사무관리의 인정범위를 확대한 측면이 있다.

(2) 사무관리자의 보수청구 문제

본 판결은, 직업 또는 영업의 범위에서 사무관리를 한 경우에는 관리자가 통상의 보수에 상응하는 금액을 필요비 내지 유익비로 청구할 수 있다고 한다. 이는 사실상 보수청구를 인정한 것이며, 최초의 판결이다. 그런데 본 판결은 다른 한편으로, 특히 사무관리의 목적이 보수를 지급받아 자신의 경제적 이익을 추구하고자 하는 데 있는 것으로 볼 수 있는 경우에는 사무관리의 성립에 관하여 보다 엄격하고도 신중하게 판단해야 한다고 하여, 사무관리 인정이 지나치게 확대되지 않도록 하고 있다.

2. 논평

본 판결은 적절하다.

[주요 평석 문헌] 박운삼, "사무관리에 있어서 사무관리의사와 보수청구에 관하여," 판례연구(부산판례연구회), 23집, 297면 이하.

제4장
채권법각론

39. 부당이득에서의 수익

◈ 대판 1990. 12. 21. 90다카24076
  [건물명도](강의 D-377, 채각 [223])

[쟁점] 임대차 종료 후 임대차보증금을 반환받지 못한 임차인이 동시이행의 항변권을 행사하여 목적물을 계속 점유하는 경우 불법점유 여부(소극). 임대차 종료 후 임차인이 임차건물을 계속 점유하였으나 사용·수익하지 않은 경우에 임차인의 부당이득 반환의무의 존재 여부(소극)

[사실관계]

(1) 원고는 1979. 4. 9. 피고에게 별지목록(생략) 기재 부동산 중 2층 27평 4홉 4작(이하 이 사건 건물이라고 함)을 임차보증금 250만 원, 월차임 14만 원, 기간 1979. 5. 31.부터 1년으로 정하여 임대한 후 매년 계약을 갱신하여 오다가(1982. 9. 중순경부터는 보증금이 450만 원으로 인상됨), 1988. 5. 31. 월차임 18만 원, 기간을 1년으로 정하여 임대차계약을 갱신하였다.

(2) 원고는 이 사건 부동산이 있는 건물을 개축할 목적으로 1989. 3.말경 피고에게 이 사건 건물의 인도를 요청하여 그 무렵 원고와 피고는 같은 해 5. 30.자로 임대차관계를 종료시켜 이 사건 건물을 인도하기로 약정하고, 원고가 피고에게 같은 해 4. 2.에 200만 원, 같은 해 4. 3.에 100만 원을 보증금의 일부로서 반환하였다.

(3) 피고는 위 건물에서 태권도 도장을 경영해 왔으며, 1989. 3. 6.부터 차임을 연체하였으나, 같은 해 5.31. 그 인근으로 이사를 하였고, 이사를 가면서 보증금 문제가 해결되지 않아 문을 시정하여 두고 열쇠를 보관하고 있다가 1990. 2. 6. 열쇠를 원고에게 교부하여 줌으로써 위 건물 부분을 인도하였다.

(4) 원고는 피고를 상대로, 이 사건 건물의 인도와 1989. 3. 1.부터 인도완료시까지의 차임 상당액의 지급을 구하는 소를 제기하였다.

[판결요지]

임대차계약의 종료에 의하여 발생된 피고의 임차목적물 반환의무와 원고의 연체차임을 공제한 나머지 보증금의 반환의무는 동시이행의 관계에 있는 것이므로 임대차계약 종료 이후에도 피고가 동시이행의 항변권을 행사하여 이 사건 건물을 계속 점유해 온 것이라면 원고가 피고에게 위 보증금 반환의무를 이행하였다거나 그 현실적인 이행의 제공을 하여 피고의 건물명도 의무가 지체에 빠지는 등의 사유로 동시이행항변권을 상실하게 되었다는 점에 관하여 원고의 주장 입증이 없는 이상 피고의 위 건물에 대한 점유는 불법점유라고 할 수 없는 것이다(당원 1988. 4. 12. 선고 86다카2476 판결; 1989. 2. 28. 선고 87다카2114, 2115, 2116 판결; 1989. 10. 27. 선고 89다카4298 판결 참조). 같은 취지의 원심판단은 정당하다.

소론은 원고가 적법하게 임대차보증금 반환채무의 이행의 제공을 하였으나 피고가 억지주장을 내세워 그 수령을 거절하였으므로 피고의 동시이행항변권은 소멸되었다는 취지의 주장이나 이는 당심에 이르러 비로소 제출된 주장으로서 적법한 상고이유가 되지 못한다. 그리고 법률상의 원인 없이 이득하였음을 이유로 한 부당이득의 반환에 있어서 이득이라 함은 실질적인 이익을 가리키는 것이므로 법률상 원인 없이 건물을 점유하고 있다 하여도 이를 사용, 수익하지 않았다면 실질적인 이익을 얻은 것이라고 볼 수 없다(당원 1963. 7. 11. 선고 63다235 판결; 1979. 3. 13. 선고 78다2500, 2501 판결; 1981. 11. 10. 선고 81다378 판결; 1984. 5. 15. 선고 84다카108 판결; 1986. 3. 25. 선고 85다422, 85다카1796 판결 참조).

이 사건에 있어서 피고는 임대차계약 종료 이후에도 이 사건 건물부분을 계속 점유하기는 하였으나 이를 사용, 수익하지 아니하여 실질적인 이득을 얻은 바 없다는 것이므로 그로 인하여 원고에게 손해가 발생하였다 하더라도 피고의 부당이득 반환의무는 성립될 여지가 없는 것이다.

[관련규정] 제536조, 제618조, 제741조, 제750조

[해설 및 논평]

1. 해설

(1) 서설

본 판결 사안에서 원고는 피고의 불법점유 또는 부당이득을 이유로 차임 상당액을 청구하는 데 대하여 판단을 하였다. 불법점유와 부당이득의 문제를 나누어 살펴본다.

(2) 피고의 점유가 불법점유인지 여부

과거의 판례와 같이 임차인의 목적물반환의무가 임대인의 임차보증금 반환의무에 선이행의무라고 보면, 임대차계약 종료 후의 임차인의 목적물 점유는 불법점유로 된다. 그러나 현재의 판례는 임차인의 목적물반환의무와 임대인의 보증금반환의무가 동시이행관계에 있다고 한다(이 책 채각 판례26 참조). 그리고 그러한 동시이행의 항변권을 행사하여 목적물을 점유하는 경우에는 불법점유로 되지 않는다. 대법원은 이를 종래부터 인정해왔고 본 판결에서 다시 확인하였다. 그 결과 본 판결 사안의 경우에 – 피고의 동시이행의 항변권이 소멸했다는 증명이 없어서 – 피고의 이 사건 건물 점유는 불법행위가 아니고, 따라서 원고는 불법행위를 이유로 손해배상을 청구할 수 없다.

(3) 부당이득 반환청구의 문제

민법상 부당이득이 인정되려면 어떤 자가 이익을 얻었어야 한다(741조). 즉 수익이 있어야 한다. 그런데 종래부터 대법원은, 부당이득에 있어서 이득이란 실질적인 이득을 가리키는 것이므로(대판 1963. 7. 11, 63다235 이래 다수의 판결), 법률상 원인없이 건물을 점유하고 있다고 하여도 이를 사용·수익하지 못하였다면 실질적인 이득을 얻었다고 볼 수 없다고 한다(대판 1981. 11. 10, 81다378 이래 다수의 판결). 즉 단순히 사용가능성만 있다고 하여 이득을 얻은 것으로 보지 않는 것이다. 본 판결도 종래의 판례에 따라 같은 취지의 판단을 하였다. 본 판결은 이어서, 그 사안의 경우에는 피고가 이 사건 건물을 계속 점유하기는 하였으나 이를 사용·수익하지 않아서 실질적인 이득을 얻은 바 없으므로 그로 인하여 원고에게 손해가 발생하였다 하더라도 피고의 부당이득 반환의무는 성립될 여지가 없다고 하였다.

대법원은 위와 같은 판시를 건물임대차의 경우에 많이 하였으나, 차량의 임대차의 경우에도 인정한 바 있다(대판 1991. 10. 8, 91다22018·22025).

그런데 대법원은 다른 한편으로, 부동산을 사용하여 영위한 영업이 적자인 경우에도 임료 상당의 이익을 받은 것으로 인정하였는데(대판 1997. 12. 9, 96다47586), 이는 실질적 이득을 고려하여 임차인의 부당이득 반환의무를 부정하는 위의 법리와 일관성이 없다.

2. 논평

본 판결이 동시이행의 항변권이 있는 임차인이 목적물을 점유하고 있는 경우에 불법점유가 아니라고 한 부분은 적절하다. 그리고 본 판결의 실질적 이득 개념과 그에 따른 부당이득 여부의 판단 부분도, 부당이득 제도가 귀속이 정당하지 않은 이익의 위치를 바로잡는 제도라는 점에 비추어볼 때, 수긍할 수 있다. 그러나 일반적으로는 통상적인 이득이 인정되어야 하며, 특별한 사정이 있는 때에 한하여 실질적 이득이 고려되어야 한다.

제4장
채권법각론

40. 편취금전에 의한 변제와 부당이득

◆ 대판 2008. 3. 13, 2006다53733 · 53740
[채무부존재확인 · 채권존재확인등](강의 D-380,
채각 [226])

[쟁점] 편취한 금전을 자신의 채권자에 대한 채무변제에 직접 사용하거나 그 채권자의 다른 채권자에 대한 채무를 대신 변제하는 데 사용한 경우에 위 채권자가 편취행위의 피해자에 대한 관계에서 부당이득을 얻은 것인지 여부(원칙적 소극)

[사실관계]

(1) 원고(반소 피고. 이하 원고라고만 함)들의 경리 업무를 담당하던 소외 1이 아무런 권한 없이 2003. 12. 18.경 원고 A주식회사의 명의로 피고(반소 원고. 이하 피고라고만 함)(신한은행)와 사이에 여신한도금액을 2억 원으로 하는 여신거래약정 및 추가약정을, 2004. 3. 12.경 원고 B주식회사의 명의로 피고와 사이에 여신한도금액을 9억 원으로 하는 여신거래약정 및 추가약정을 각 체결하였다.

(2) 소외 1은 이 사건 각 대출계약일 이후 원고들의 각 대표이사에게 원고들의 피고 은행에 대한 대출채무가 존재하지 않으며, 원고들의 예금 잔고가 22억 원 내지 30억 원 상당이라고 허위 보고를 해 오다가 2004. 5. 11.경 행방을 감추었고, 원고 A주식회사의 대표이사 소외 2는 그 무렵 검찰에 소외 1이 피고에 예치된 원고 A주식회사 명의의 회사 자금 30억 원 상당을 횡령하여 도주하였다는 내용의 고소장을 제출하였다.

(3) 원고 A주식회사 명의의 2003. 12. 18.자 대출계약에 따라 인출된 금원은 원고 B주식회사의 전북은행 보통예금계좌 및 원고 A주식회사의 전북은행 당좌예금계좌에 입금되거나 거래처에 송금되는 등으로 사용되었고, 원고 B주식회사 명의의 2004. 3. 12.자 대출계약에 기한 대출금 9억 원은 같은 날 원고 B주식회사 명의의 피고 은행계좌에 입금되어 당시 위 계좌의 잔액이던 마이너스 6억 98,164,218원을 자동으로 상환하고, 남은 금원은 원고 B주식회사의 전북은행 보통예금계좌 및 원고 A주식회사의 전북은행 당좌예금계좌에 입금되는 등으로 사용되었다.

[판결요지]

부당이득제도는 이득자의 재산상 이득이 법률상 원인을 결여하는 경우에 공평 · 정의의 이념에 근거하여 이득자에게 그 반환의무를 부담시키는 것인바, 채무자가 피해자로부터 편취한 금전을 자신의 채권자에 대한 채무변제에 사용하는 경우 채권자가 그 변제를 수령함에 있어 그 금전이 편취된 것이라는 사실에 대하여 악의 또는 중대한 과실이 없는 한 채권자의 금전취득은 피해자에 대한 관계에서 법률상 원인이 있는 것으로 봄이 상당하며(대법원 2003. 6. 13. 선고 2003다8862 판결 등 참조), 이와 같은 법리는 채무자가 편취한 금원을 자신의 채권자에 대한 채무변제에 직접 사용하지 아니하고 자신의 채권자의 다른 채권자에 대한 채무를 대신 변제하는 데 사용한 경우에도 마찬가지라고 보아야 할 것이다(대법원 2004. 1. 15. 선고 2003다49726 판결 참조).

그런데 원심판결 이유에 의하면, 소외 1은 원고들의 회사자금을 횡령하고 있던 중 이를 은폐할 목적으로 권한 없이 원고들의 명의로 피고와 사이에 이 사건 각 대출계약을 체결하고 그에 기해 이 사건 각 대출금을 지급받음으로써 이를 편취한 다음, 원고들에 대한 위 횡령금을 변제하는 방편으로서, 위 편취한 대출금을 원고들 또는 원고들 거래처의 각 예금계좌에 송금하였을 가능성이 충분하다 할 것이고, 이 경우 원고들 및 원고들의 거래처가 이 사건 각 대출금을 송금받을 당시 그것이 편취된 것이라는 사실에 대하여 원고들에게 악의 또는 중대한 과실이 없는 한, 원고들이 송금받은 금전을 취득하거나 거래처에 대한 채무가 소멸하는 이익을 얻는 것은 피고에 대한 관계에 있어서도 법률상 원인이 있는 것으로 보아야 할 것이다.

따라서 원심으로서는, 소외 1이 원고들의 자금을 실제로 횡령했는지 여부 및 그 횡령액, 소외 1이 피고로부터 편취한 대출금의 구체적인 사용처 및 그 액수, 원고들 또는 원고들의 거래처가 이 사건 각 대출금을 송금받을 당시 그것이 편취된 것이라는 사실에 대하여 원고들에게 악의 또는 중과실이 있었는지 여부 등을 심리한 다음, 원고들의 피고에 대한 부당이득 성립 여부를 판단했어야 함에도 불구하고, 이에 이르지 아니한 채 원고들의 부당이득 반환의무를 인정하고 말았으니, 원심판결에는 부당이득에 관한 법리를 오해하고 나아가 심리를 다하지 아니한 위법이 있다

[관련규정] 제741조

[해설 및 논평]
1. 해설
채무자가 피해자로부터 금전을 편취하여 채무를 변제한 경우에 피해자와 변제수령자 사이에 부당이득이 성립하는지 문제된다. 그런데 그 유형으로는 기본적으로 두 가지가 있다. 하나는 편취자가 자기 채무를 변제한 경우이고(자기채무 변제형), 다른 하나는 자신의 채권자의 채무를 대신 변제한 경우이다(제3자 수익형). 그런가 하면 Y로부터 금전을 편취한 후 다시 X로부터 금전을 편취하여 그 금전으로 자기 채무의 채권자인 Y 또는 Y의 채권자인 Z에게 변제한 경우도 있다(2중편취형). 이 유형은 한 번의 편취가 더 있다는 점이 특수할 뿐이므로 따로 다룰 필요는 없다. 이 유형 중 Y에게 변제한 경우는 자기채무 변제형과 동일하게, Z에게 변제한 경우는 제3자 수익형과 동일하게 다루면 된다.
본 판결 사안은, 원고들(Y)의 자금을 횡령하고 있던 소외 1이 피고(X)로부터 대출금을 편취하여 이를 자신의 원고들(Y)에 대한 횡령금의 변제 또는 원고들(Y)의 거래처(Z)에 대한 채무의 변제에 사용한 경우이므로, 이중편취형(원고들에 대한 변제

부분) 및 제3자 수익형(원고들의 거래처에 대한 변제부분)에 해당한다고 할 수 있다. 그리고 본 판결은 그러한 경우에 관하여 처음으로 분명하게 판시를 하였다.
편취금전으로 채무를 변제한 경우에 부당이득이 성립하는지와 관련해서는 (1) 수익과 손실이 발생하는지, (2) 수익과 손실 사이에 인과관계가 인정되는지, (3) 수익에 법률상 원인이 없는지 등이 문제된다. 그런데 (1)의 인정은 통설·판례가 당연한 것으로 전제하고 있다. (2)에 관하여는 종래 우리 대법원이 피해자의 손실과 채권자의 이득 사이에 인과관계도 인정해오고 있다(대판 2003. 6. 13, 2003다8862 등). 다음에 (3)에 관하여는, 대법원이 이전에 자기채무 변제형의 경우에 「채권자가 그 변제를 수령함에 있어 악의 또는 중대한 과실이 있는 경우에는 채권자의 금전 취득은 피해자에 대한 관계에 있어서 법률상 원인을 결여한 것」으로 볼 것이지만 그 외의 경우에는 법률상 원인이 있다고 하였다(대판 2003. 6. 13, 2003다8862 등). 그리고 본 판결은 그 법리를 제3자 수익형의 경우에도 인정하고, 나아가 2중편취형에 관하여도 마찬가지로 적용하고 있다.

2. 논평
편취금전에 의한 변제의 경우에 법률상 원인이 존재하는지 여부를 판단함에 있어서 본 판결이 변제를 수령한 채권자나 제3자의 악의·중과실 유무를 문제삼는 것은 적절하지 않다. 그보다는 채무관계의 존재 유무에 따라 결정해야 한다. 즉 채무관계가 존재한다면 법률상 원인이 인정되어 부당이득이 되지 않는다고 할 것이다.

[주요 평석 문헌] 송경근, "편취한 금전에 의한 변제와 부당이득의 성립 여부." 대법원판례해설. 75호, 94면 이하.

제4장
채권법각론

41. 전용물소권

◆ 대판 2002. 8. 23. 99다66564 · 66571
[건물명도등 · 공사대금](강의 D-381. 채각 [227])

[쟁점] 계약상의 급부가 계약의 상대방뿐만 아니라 제3자의 이익으로 된 경우에 급부를 한 계약당사자가 계약 상대방에 대하여 계약상의 반대급부를 청구할 수 있는 이외에 그 제3자에 대하여 직접 부당이득 반환을 청구할 수 있는지 여부(소극). 유효한 도급계약에 기하여 수급인이 도급인으로부터 제3자 소유 물건의 점유를 이전받아 이를 수리한 결과 그 물건의 가치가 증가한 경우, 도급인 이외에 수급인도 민법 제203조에 의한 비용상환청구권을 행사할 수 있는 비용지출자에 해당하는지 여부(소극)

[사실관계]

(1) 이 사건 건물에 관하여 원고(반소피고, 이하 '원고'라고만 함)가 1/2 지분, 소외 A, B가 각 1/4 지분으로 공유하고 있다.

(2) 위 A는 공유자인 원고의 동의 없이 1994. 5. 10. 피고(반소원고, 이하 '피고'라고만 한다)에게 이 사건 건물의 1, 2층 창호공사를 2억 5천만 원에 도급하는 계약을 체결하고 피고가 약정기간 내에 위 공사를 완료하였으나 피고에게 공사대금을 지급하지 않았다.

(3) 위 공사로 인하여 이 사건 건물의 가치가 149,779,696원 상당 증가하였다.

[판결요지]

계약상의 급부가 계약의 상대방뿐만 아니라 제3자의 이익으로 된 경우에 급부를 한 계약당사자가 계약 상대방에 대하여 계약상의 반대급부를 청구할 수 있는 이외에 그 제3자에 대하여 직접 부당이득 반환청구를 할 수 있다고 보면, 자기 책임하에 체결된 계약에 따른 위험부담을 제3자에게 전가시키는 것이 되어 계약법의 기본원리에 반하는 결과를 초래할 뿐만 아니라, 채권자인 계약당사자가 채무자인 계약 상대방의 일반채권자에 비하여 우대받는 결과가 되어 일반채권자의 이익을 해치게 되고, 수익자인 제3자가 계약 상대방에 대하여 가지는 항변권 등을 침해하게 되어 부당하므로, 위와 같은 경우 계약상의 급부를 한 계약당사자는 이익의 귀속 주체인 제3자에 대하여 직접 부당이득 반환을 청구할 수는 없다고 보아야 할 것이다.

한편, 유효한 도급계약에 기하여 수급인이 도급인으로부터 제3자 소유 물건의 점유를 이전받아 이를 수리한 결과 그 물건의 가치가 증가한 경우, 도급인이 그 물건을 간접점유하면서 궁극적으로 자신의 계산으로 비용지출과정을 관리한 것이므로, 도급인만이 소유자에 대한 관계에 있어서 민법 제203조에 의한 비용상환청구권을 행사할 수 있는 비용지출자라고 할 것이고, 수급인은 그러한 비용지출자에 해당하지 않는다고 보아야 할 것이다.

위와 같은 법리에 비추어 볼 때, 이 사건에서 위 A로부터 이 사건 건물에 관한 공사를 도급받아 공사를 완료한 피고로서는 이 사건 건물의 공유자 중 1인인 원고에 대하여 직접 부당이득 반환을 청구하거나 유익비상환을 청구할 수 없다고 보아야 할 것임에도 불구하고, 원심은 피고에게 원고에 대한 부당이득 반환 내지 유익비상환청구권이 있다고 판단하였으니, 거기에는 부당이득 반환청구 등에 관한 법리를 오해하여 판결 결과에 영향을 미친 잘못이 있다 할 것이고, 이러한 취지의 상고이유의 주장은 이유 있다.

[관련규정] 제741조, 제194조, 제203조, 제664조

[해설 및 논평]

1. 해설

본 판결의 쟁점은 부당이득 반환청구권이 인정될 것인지와 비용상환청구권이 인정될 것인지이다. 그 중에 여기서는 전자만을 다루기로 한다.

본 판결 사안에서 부당이득 반환청구권을 인정하는 것은 이른바 전용물소권을 인정하는 것이다. 전용물소권이란 계약에 의한 급부가 제3자의 이득으로 된 경우에 급부한 계약당사자의 그 제3자에 대한 부당이득 반환청구권을 인정하는 것을 말한다. 예컨대 수급인 갑이 도급인 을로부터 제3자 병 소유의 건물을 인도받아 수리한 결과 그 물건의 가치가 증가한 경우에, 갑이 을에 대하여 도급계약상의 보수를 청구하는 외에 병에 대하여 부당이득 반환청구를 할 수 있는 것이 그에 해당한다. 본 판결의 사안도 그와 유사하다. 수급인인 피고가 도급인 A로부터 창호공사를 의뢰받아 공사를 한 결과 1/2 지분을 가진 원고에게 이득이 생긴 경우에 피고가 원고에 대하여 부당이득 반환을 주장하고 있기 때문이다.

여기에 관하여 우리의 학설은 전면적으로 부정하는 견해가 다수설이나, 원칙적으로 부정하고 예외적으로 인정하자는 견해도 소수설로서 주장되고 있다.

본 판결 이전에 대법원에서 전용물소권에 관하여 판단한 적이 있다. 대판 1970. 11. 24, 70다1012는, 원고가 고양군수 및 벽제면장으로부터 제방공사를 도급받아 그 공사를 완공함으로써 피고 경기도가 법률상 원인 없이 이득하였다 할지라도 원고는 그 보수금 전액을 위 도급인들로부터 지급받을 권리를 가지고 있는 것이라 할 것이어서 원고에게는 아무런 손해도 있었다고 할 수 없으니 원고의 피고에 대한 부당이득 반환청구는 성립할 수 없다고 하였다. 이는 전용물소권을 부정한 것이라고 할 수 있다. 그런데 대법원이 전용물소권에 관한 법리를 추상적인 법리로, 그리하여 판례로 판시한 것은 본 판결이 처음이다.

본 판결은, 계약상의 급부가 계약의 상대방뿐만 아니라 제3자의 이익으로 된 경우에 급부를 한 계약당사자는 이익의 귀속 주체인 제3자에 대하여 직접 부당이득 반환을 청구할 수는 없다고 한다. 즉 전용물소권을 부정하고 있다. 본 판결은 그 이유로, 제3자에 대하여 직접 부당이득 반환청구를 할 수 있다고 보면, 자기 책임 하에 체결된 계약에 따른 위험부담을 제3자에게 전가시키는 것이 되어 계약법의 기본원리에 반하는 결과를 초래할 뿐만 아니라, 채권자인 계약당사자가 채무자인 계약 상대방의 일반채권자에 비하여 우대받는 결과가 되어 일반채권자의 이익을 해치게 되고, 수익자인 제3자가 계약 상대방에 대하여 가지는 항변권 등을 침해하게 되어 부당하다고 한다.

본 판결의 이러한 태도는 그 후에도 반복되어 확고한 판례가 되었다(대판 2005. 4. 15, 2004다49976; 대판 2010. 6. 24, 2010다9269; 대판 2011. 11. 10, 2011다48568).

2. 논평

생각건대 급부자는 계약상의 채권으로 충분히 보호되므로 전용물소권까지 인정하여 과대하게 보호할 필요는 없다. 따라서 본 판결은 타당하다.

[참고판결] 대판 2013. 6. 27, 2011다17106: 계약상 급부가 계약 상대방뿐 아니라 제3자에게 이익이 된 경우에 급부를 한 계약당사자는 계약 상대방에 대하여 계약상 반대급부를 청구할 수 있는 이외에 제3자에 대하여 직접 부당이득 반환청구를 할 수는 없다고 보아야 하고, 이러한 법리는 급부가 사무관리에 의하여 이루어진 경우에도 마찬가지이다. 따라서 의무 없이 타인을 위하여 사무를 관리한 자는 타인에 대하여 민법상 사무관리 규정에 따라 비용상환 등을 청구할 수 있는 외에 사무관리에 의하여 결과적으로 사실상 이익을 얻은 다른 제3자에 대하여 직접 부당이득 반환을 청구할 수는 없다.

[주요 평석 문헌] 홍성주, "전용물소권과 민법 제203조 소정의 비용상환청구권," 판례연구(부산판례연구회), 14집, 49면 이하.

제4장
채권법각론

42. 삼각관계에서 급부가 된 경우와 부당이득

◆ 대판 2003. 12. 26, 2001다46730
[수분양자지위확인](강의 D-381, 채각 [227])

[쟁점] 계약의 일방 당사자가 계약상대방의 지시 등으로 계약상대방과 또 다른 계약관계에 있는 제3자에게 직접 급부한 경우에 위 제3자를 상대로 부당이득 반환청구를 할 수 있는지 여부(소극)

[사실관계]

(1) 피고(재개발조합임)는 이 사건 상가를 신축한 후 1994. 1. 5. 제1심 공동피고 K유통 주식회사(이하 K유통이라 함)와 사이에 이 사건 상가를 230억 원에 매도하는 매매계약을 체결하고, K유통은 그 무렵부터 이 사건 상가를 호수별로 분할하여 분양업무를 개시하였다.

(2) 원고들은 K유통과 사이에 각 특정부분에 대한 분양계약을 체결한 후 분양대금 중 일부를 K유통에 지급하거나 K유통의 지시에 따라 무통장입금의 방법으로 피고가 개설한 계좌(조흥은행 대흥동지점)로 송금하였으며, 무통장입금표를 K유통에 제시하고 K유통으로부터 다시 입금표를 교부받았다.

(3) K유통은 위 매매계약 당시 입찰보증금 23억 원은 계약금으로 대체하고, 계약 후 3차례에 걸쳐 중도금 및 잔금을 지급하기로 약정하였으나, 이 사건 상가에 대한 공사가 완공된 1994. 9.경까지 약정된 중도금을 지급하지 않고 그로부터 점포를 재분양받은 사람들로 하여금 그 분양대금의 일부를 직접 피고 조합에 송금하게 하는 방법으로 중도금 중 극히 일부에 해당하는 금액만을 지급한 상태에 있다.

(4) 이러한 상태에서 원고들은 - 상고심에서는 - 피고에 대하여 피고 계좌로 송금한 금액을 부당이득으로 반환청구하였다.

[판결요지]

계약의 일방 당사자가 계약상대방의 지시 등으로 급부과정을 단축하여 계약상대방과 또 다른 계약관계를 맺고 있는 제3자에게 직접 급부한 경우, 그 급부로써 급부를 한 계약당사자의 상대방에 대한 급부가 이루어질 뿐 아니라 그 상대방의 제3자에 대한 급부로도 이루어지는 것이므로 계약의 일방 당사자는 제3자를 상대로 법률상 원인 없이 급부를 수령하였다는 이유로 부당이득 반환청구를 할 수 없다.

그런데 원심이 인정한 사실관계에 의하면, 이 사건에서 사실상의 급부관계는 원고들과 피고 사이에 발생하였지만, 그것은 위의 법리에 따라 원고들의 K유통에 대한 급부와 K유통의 피고에 대한 급부가 아울러 이루어진 것으로 볼 수 있으므로, 그렇다면 피고가 원고들로부터 분양대금을 수령한 것은 K유통과의 계약관계에 의한 것으로서 정당하게 수령한 것이 되고, 따라서 원고들은 피고에게 부당이득 반환청구를 할 수 없다고 할 것이다.

원심은 또 원고들이 K유통과 사이의 분양계약이 적법하게 해제되었으므로, 이에 기하여도 피고에게 부당이득 반환청구권을 행사할 수 있다고 부가적으로 판단하고 있으나, 기록상 원고들이 위 분양계약이 해제되었다는 주장을 한 바 없을 뿐만 아니라, 가사 원고들이 위 분양계약을 적법하게 해제하였다고 하더라도 그 계약관계의 청산은 계약의 상대방인 K유통과 사이에 이루어져야 하고, 피고를 상대로 분양대금을 지급한 것이 부당이득이라는 이유로 그 반환을 구할 수 없다. 왜냐하면, 원고들이 제3자인 피고에 대하여 직접 부당이득 반환청구를 할 수 있다고 보면, 자기 책임 하에 체결된 계약에 따른 위험부담을 제3자에게 전가시키는 것이 되어 계약법의 기본원리에 반하는 결과를 초래할 뿐만 아니라 수익자인 제3자가 계약상대방에 대하여 가지는 항변권 등을 침해하게 되어 부당하기 때문이다.

그럼에도 불구하고 원심이 피고가 원고들로부터 분양대금을 송금받음으로써 이를 부당이득하였다고 판단하여 원고들의 부당이득 반환청구를 인용한 것은 부당이득에 관한 법리를 오해하여 판결 결과에 영향을 미친 위법이 있다.

[관련규정] 제741조

[해설 및 논평]

1. 해설

본 판결 사안에서 ― 원고가 피고의 계좌로 송금한 금전에 관하여 보면 ― 원고는 분양계약의 상대방인 K유통의 지시에 따라 K유통과 계약관계를 맺고 있는 피고에게 송금을 하였다. 급부과정이 단축된 경우인 것이다. 그러한 경우에 원고들은 ― 제2예비적 청구로 ― 피고가 금전을 수령한 것은 부당이득이라고 주장하였다. 그러면서 원고들은 그들이 K유통과 체결한 계약을 해제하지는 않았다. 그런데 원심은 해제가 된 것으로 인정하고 피고의 부당이득이라고 하였다. 그에 대하여 본 판결은 원고들의 급부는 ― 계약이 유효하든 해제가 되었든 ― 피고에게 부당이득이 되지 않는다고 하였다. 이는 급부과정이 단축된 경우에 관한 최초의 판단이다. 아래에서 본 판결을 좀 더 자세히 살펴본다.

본 판결은, 계약의 일방 당사자가 계약상대방의 지시 등으로 급부과정을 단축하여 계약상대방과 또 다른 계약관계를 맺고 있는 제3자에게 직접 급부한 경우에는, 그 급부로써 급부를 한 계약당사자의 상대방에 대한 급부가 이루어질 뿐 아니라 그 상대방의 제3자에 대한 급부가 된다고 한다. 가령 A(본 판결 사안에서는 원고)가 그의 계약상대방인 B(K유통)의 지시에 따라 B의 계약상대방인 C(피고)에게 급부를 한 경우에는, 그 급부에 의해 A의 B에 대한 급부가 된 것이고 또한 B의 C에 대한 급부가 된 것이라는 것이다. 그 결과 A의 급부로 C가 이익을 얻기는 하나, 그것은 법률상 원인

(B와의 계약상의 채권)이 있는 것이고 그로 인하여 C는 채권을 잃는 손실을 입으므로, C의 부당이득으로 되지 않게 된다. 그리고 A는 급부로 손실을 입으나, 그럼으로써 B에 대한 채무를 면하게 되므로, A에게 손해가 있지도 않다. 주의할 것은, 이 경우에 A와 B 사이에 제3자를 위한 계약이 체결된 것으로 볼 수는 없다는 점이다. 제3자를 위한 계약의 경우에는 제3자에게 채권이 발생하는데, 위의 경우에는 그렇지 않기 때문이다.

한편 본 판결은, 전술한 법리는 A와 B 사이의 계약이 무효이거나 해제된 경우에도 마찬가지여서 그러한 경우에도 C에게는 부당이득이 되지 않는다고 한다. 본 판결은 그 이유로, 부당이득을 인정하면 계약법의 기본원리에 반하고 C의 항변권을 침해하기 때문이라고 한다. 그러면서 그 경우의 계약관계의 청산은 계약의 상대방인 B(K유통)와 사이에 이루어져야 한다고 한다(무효시 B의 부당이득, 해제시 B의 원상회복의무). 이에 대한 본 판결의 이유는 타당성에 관한 이론적 근거이고, 법적 근거는 이 경우에도 C는 법률상 원인 있는 이익을 얻었기 때문이라고 해야 한다.

본 판결의 법리는 후속판결에 의하여 다시 확인되었다(대판 2008. 9. 11, 2006다46278; 대판 2010. 3. 11, 2009다98706).

2. 논평

본 판결의 내용은 적절하다.

[주요 평석 문헌] 김대원, "재개발조합으로부터 상가건물을 매수한 자로부터 상가를 분양받고 (이하 생략)," 대법원판례해설, 47호, 86면 이하.

제4장
채권법각론

43. 배당절차 종료 후 배당이의 등을 하지 않은 채권자의 부당이득 반환청구

◆ 대판(전원) 2019. 7. 18, 2014다206983
[부당이득금](강의 D-383, 채각 [229])

[쟁점] 배당절차에 참가한 채권자가 배당기일에 출석하고도 이의하지 않아 배당표가 확정된 후에도 그 배당절차에서 배당금을 수령한 다른 채권자를 상대로 부당이득 반환청구를 할 수 있는지 여부(적극)

[사실관계]

(1) 소외인 소유 부동산에 대하여 근저당권자 갑의 신청으로 경매가 개시되었다. 원고와 피고는 소외인에 대한 집행력 있는 정본을 가진 채권자로서 배당요구를 하였다. 배당기일에 근저당권자 갑에게 2순위로 채권액 전부가 배당되고, 일반채권자인 원고와 피고 등에게 6순위로 채권액 중 일정 금액(배당비율 0.53%)이 배당되었다.

(2) 피고는 배당기일에 출석하여 갑에게 배당된 배당금에 관하여 이의하고 갑을 상대로 배당이의의 소를 제기하였다. 피고는 배당이의소송에서 근저당권의 피담보채권의 시효소멸을 주장하였고 갑은 청구를 인낙하였으며, 이에 법원은 갑에게 배당된 배당금을 모두 피고에게 배당하는 것으로 배당표를 경정하는 화해권고결정을 하여 확정되었고, 피고는 경정된 배당표에 따라 위 배당금 전액을 수령하였다.

(3) 원고는 배당기일에 출석하였으나 이의하지 않았고, 피고와 갑 사이의 화해권고결정이 확정된 후 피고를 상대로 피고가 수령한 배당금 중 원고의 채권액에 비례한 안분액에 대하여 부당이득 반환을 구하는 이 사건 소를 제기하였다.

[판결요지]

대법원은 배당받을 권리 있는 채권자가 자신이 배당받을 몫을 받지 못하고 그로 인해 권리 없는 다른 채권자가 그 몫을 배당받은 경우에는 배당이

의 여부 또는 배당표의 확정 여부와 관계없이 배당받을 수 있었던 채권자가 배당금을 수령한 다른 채권자를 상대로 부당이득 반환청구를 할 수 있다는 입장을 취해 왔다.

이러한 법리의 주된 근거는 배당절차에 참가한 채권자가 배당이의 등을 하지 않아 배당절차가 종료되었더라도 그의 몫을 배당받은 다른 채권자에게 그 이득을 보유할 정당한 권원이 없는 이상 잘못된 배당의 결과를 바로잡을 수 있도록 하는 것이 실체법 질서에 부합한다는 데에 있다. 나아가 위와 같은 부당이득 반환청구를 허용해야 할 현실적 필요성(배당이의의 소의 한계나 채권자취소소송의 가액반환에 따른 문제점 보완), 현행 민사집행법에 따른 배당절차의 제도상 또는 실무상 한계로 인한 문제, 민사집행법 제155조의 내용과 취지, 입법 연혁 등에 비추어 보더라도, 종래 대법원 판례는 법리적으로나 실무적으로 타당하므로 유지되어야 한다.

(이 판결에는 3인의 대법관의 반대의견이 있음.

반대의견의 결론: 배당절차 종료 후 배당이의 등을 하지 않은 채권자의 부당이득 반환청구를 허용하는 것은 민사집행법 제155조의 문언과 민사집행법의 전체적인 취지에 반하고, 확정된 배당절차를 민사집행법이 예정하지 않은 방법으로 사후에 실질적으로 뒤집는 것이어서 배당절차의 조속한 확정과 집행제도의 안정 및 효율적 운영을 저해하므로, 이를 허용해서는 안 된다.)

[관련규정] 민사집행법 제155조, 민법 제2조, 제741조

[해설 및 논평]

1. 해설

민사집행법 제155조는 "이의한 채권자가 제154조 제3항의 기간(배당이의의 소제기 증명서류 제출기간)을 지키지 않은 경우에도 배당표에 따른 배당을 받은 채권자에 대하여 소로 우선권 및 그 밖의 권리를 행사하는 데 영향을 미치지 않는다."고 정하고 있다. 이 규정은 구 민사소송법 제593조의

내용을 유지한 것인데, '우선권 및 그 밖의 권리'에 관해서는 평등주의 원칙상 '순위에 의한 우선권'에 한정하지 않고 일반채권자도 배당표에 의해 부당이득을 얻은 사람을 상대로 반환청구를 할 수 있다는 의미로 해석되고 있다. 대법원은 종래 배당을 받아야 할 자가 배당을 받지 못하였다면 배당에 관한 이의 여부나 배당절차 확정 여부와 관계없이 부당이득 반환청구권이 발생하고 이는 우선채권과 일반채권의 관계에서도 같다는 입장을 취해왔다(대판 2007. 2. 9, 2006다39546 등). 본 판결은 종래의 판례가 유지되어야 한다고 판단하였는데, 그 주된 이유는 다음과 같다.

(1) 배당요구가 필요함에도 이를 하지 않아 배당에서 제외된 선순위 채권자는 대신 배당받은 후순위 채권자를 상대로 부당이득 반환청구를 할 수 없다(대판 1997. 2. 25, 96다10263 등). 그러나 채권자가 배당요구를 하여 배당절차에 참가한 이상 어느 채권자가 자신이 배당받을 금액을 넘어 배당을 받았다면 그는 다른 채권자의 손실로 법률상 원인 없이 이득을 얻은 것이다. 배당절차는 실체적 권리를 확인하거나 형성하는 절차가 아니므로 확정된 배당표에 따라 배당이 실시되었다는 사정만으로 이득을 보유할 정당한 권원 즉 '법률상 원인'(민법 제741조)이 있다고 할 수 없다.

(2) 배당이의 소에서는 원고의 청구가 이유 있으면 '배당이의를 하지 않은 다른 채권자의 채권을 참작할 필요 없이' 피고가 배당받을 수 없게 된 금액을 원고의 채권액에 달할 때까지 원고에게 배당하는 것으로 배당표를 경정한다(이른바 '흡수설', 대판 1998. 5. 22, 98다3818 등). 그리하여 당초 권리 없는 피고를 제외하고 배당을 실시하였을 경우의 배당액 이상을 원고가 보유하게 될 수 있는데, 이는 채권자평등 원칙에 부합하지 않으며 배당이의 소를 제기하지 못한 채권자의 부당이득 반환청구를 허용하면 배당결과를 사후적으로라도 채권자평등원칙에 맞게 조정할 수 있다.

(3) 배당표가 실체적 권리관계와 달리 작성될 여지가 크고, 배당표의 조사·판단에 필요한 시간과 정보가 충분히 확보되지 않는 현행 배당절차의 제도상·실무상 한계를 고려할 때, 배당절차에 참가한 채권자의 부당이득 반환청구권을 전면적으로 제한할 경우 진정한 권리자가 부당하게 희생될 우려가 있다.

(4) 배당이의판결의 효력은 오직 소송당사자인 채권자들 사이에만 미치므로, 어느 채권자가 배당이의소송 승소확정판결에 기초하여 경정된 배당표에 따라 배당받은 경우에도 다른 배당요구채권자의 배당받을 몫까지 배당받은 결과로 된다면, 그 다른 배당요구채권자는 배당받은 채권자를 상대로 부당이득 반환을 청구할 수 있다(대판 2007. 2. 9, 2006다39546 판결 등).

본 판결은 이러한 법리에 비추어, 甲에게 잘못 배당되었던 배당금은 채권액 전부를 배당받지 못한 6순위 채권자들에게 평등하게 분배되어야 하고, 피고가 원고의 채권액 비율에 따른 안분액을 포함한 위 배당금 전액을 배당받은 것은 법률상 원인 없이 이익을 얻은 것이므로, 피고는 원고에게 위 금원을 부당이득으로 반환할 의무가 있다고 하였다.

2. 논평

종래 대법원판례에 대해서는 배당절차의 안정성을 해치고 배당절차에 성실하게 참여한 채권자·이해관계인의 수고를 무시하는 결과를 초래한다는 지적이 있다. 그러나 채권자가 배당요구를 하여 배당에 참가한 이상 원래 자신이 배당받아야 할 금액을 받지 못했다면 나중에라도 부당이득으로 반환받는 것은 실체법 질서에 부합한다. 배당표가 실체적 권리관계와 달리 작성될 가능성이 높고 배당이의소송을 거치더라도 실체적 권리가 제대로 실현되기 어려운 경우가 적지 않은 현행 배당절차에 대한 제도보완 없이 부당이득 반환청구권의 행사를 배제하는 것은 채권자평등주의에 반할 염려가 있다. 다수의견에 찬성한다.

[주요평석문헌] 장재형, "배당절차의 완결성에 대한 재논의", 판례연구(서울지방변호사회), 33집 2호, 51면 이하.

제4장
채권법각론

44. 구분소유자가 집합건물 공용부분을 점유·사용한 경우의 부당이득

◈ 대판(전원) 2020. 5. 21. 2017다220744
　[건물인도등](강의 D-286, 채각 [231])

[쟁점] 구분소유자가 집합건물의 공용부분을 정당한 권원 없이 배타적으로 점유·사용한 경우 부당이득이 성립하는지 여부(원칙적 적극)

[사실관계]
(1) 이 사건 건물은 지하 4층, 지상 9층의 상가건물로서 18개의 점포로 구성되어 있는 집합건물이다.
(2) 원고는 집합건물의 소유 및 관리에 관한 법률(집합건물법) 제23조에 따라 이 사건 건물의 구분소유자 전원을 구성원으로 하여 구성된 관리단이다. 피고는 이 사건 건물 1층의 전유부분인 상가 101호, 102호를 매수하여 2012. 2. 2. 소유권이전등기를 마친 다음 2012. 7. 31.부터 골프연습장을 운영하고 있다.
(3) 피고는 2012. 7. 31.경 이 사건 건물 1층의 복도와 로비 477.19㎡(이 사건 복도와 로비)에 골프연습장의 부대시설로 퍼팅연습시설, 카운터, 간이자판기 등 시설물을 설치하고 골프연습장 내부공간처럼 사용하고 있다.
(4) 원고의 규약에 따르면, 원고는 건물을 사용하는 데 공동의 이익에 어긋나는 행위를 하는 구분소유자에게 행위의 정지, 결과의 제거, 행위의 예방에 필요한 조치를 청구할 수 있고(13조), 특정 구분소유자나 제3자에게 일정액의 사용료를 징수하고 일정 기간 공용부분을 전용으로 사용하게 할 수 있으며, 공용부분의 전용사용에 대한 사용료나 임대료 수익금을 원고의 운영경비 등으로 사용하고 그 잔여부분은 각 구분소유자에게 지분비율대로 배당할 수 있다(22조).
(5) 원고는 피고에게 이 사건 복도와 로비를 전유부분처럼 이용하는 것이 규약에 위배된다는 이유로 그 이용을 중단하도록 요구하고 피고가 이를

받아들이지 않자 엘리베이터의 사용금지와 단전조치 등을 결의하였다.
(6) 그 후 원고는 피고를 상대로 이 사건 복도와 로비의 인도와 부당이득의 반환을 구하는 소를 제기하였다. 그에 대하여 제1심은 피고의 무변론을 이유로 원고의 청구를 인용하였고, 제2심은 변경 전의 판례에 따라 원고의 청구를 기각하였다. 그리고 대법원은 원고의 패소부분을 파기한 뒤 환송하였다.

[판결요지]
1) 구분소유자 중 일부가 정당한 권원 없이 집합건물의 복도, 계단 등과 같은 공용부분을 배타적으로 점유·사용함으로써 이익을 얻고, 그로 인하여 다른 구분소유자들이 해당 공용부분을 사용할 수 없게 되었다면, 공용부분을 무단점유한 구분소유자는 특별한 사정이 없는 한 해당 공용부분을 점유·사용함으로써 얻은 이익을 부당이득으로 반환할 의무가 있다. 해당 공용부분이 구조상 이를 별개 용도로 사용하거나 다른 목적으로 임대할 수 있는 대상이 아니더라도, 무단점유로 인하여 다른 구분소유자들이 해당 공용부분을 사용·수익할 권리가 침해되었고 이는 그 자체로 민법 제741조에서 정한 손해로 볼 수 있다. …
2) 이러한 법리는 구분소유자가 아닌 제3자가 집합건물의 공용부분을 정당한 권원 없이 배타적으로 점유·사용하는 경우에도 마찬가지로 적용된다.
3) 이와 달리 집합건물의 복도, 계단 등과 같은 공용부분은 구조상 이를 점포로 사용하는 등 별개의 용도로 사용하거나 그와 같은 목적으로 임대할 수 있는 대상이 아니므로 특별한 사정이 없는 한 구분소유자 중 일부나 제3자가 정당한 권원 없이 이를 점유·사용하였더라도 이로 인하여 다른 구분소유자에게 차임 상당의 이익을 상실하는 손해가 발생하였다고 볼 수 없다고 하여 부당이득이 성립하지 않는다고 판시한 대법원 1998. 2. 10. 선고 96다42277, 42284 판결 … 등을 비롯하여 같은 취지의 대법원판결들은 이 판결의 견해에 배치되

는 범위에서 이를 모두 변경하기로 한다.

4) 원심은 종전 대법원판결에 따라 이 사건 복도와 로비가 구조상 이를 점포로 사용하는 등 별개의 용도로 사용하거나 그와 같은 목적으로 임대할 수 있는 대상임을 인정하기에 부족하다고 보아 원고의 부당이득 반환청구를 배척하였다.

그러나 위 1.가.항에서 본 사실관계를 앞서 본 법리에 비추어 살펴보면 이러한 원심의 판단은 다음과 같은 이유로 수긍하기 어렵다. …

5) 그런데도 원심은 판시와 같은 이유로 원고의 부당이득 반환청구를 기각하였으니 이러한 원심의 판단에는 부당이득에 관한 법리를 오해하여 판결에 영향을 미친 잘못이 있다. …

(이러한 다수의견에 대하여, 종전 대법원판결이 유지되어야 한다는 대법관 1인의 반대의견과, 다수의견에 대한 대법관 각 1인의 두 개의 보충의견이 있음)

[관련규정] 제211조, 제741조, 집합건물의 소유 및 관리에 관한 법률 제3조 제1항, 제5조 제1항, 제10조 제2항, 제11조, 제13조 제2항, 제15조, 제16조, 제17조, 제23조, 제23조의 2

[해설 및 논평]

1. 해설

(1) 본 판결 이전에 대법원은 여러 차례에 걸쳐 (그 판결들은 모두 미간행임), 집합건물의 복도, 계단 등과 같은 공용부분은 구조상 이를 점포로 사용하는 등 별개의 용도로 사용하거나 그와 같은 목적으로 임대할 수 있는 대상이 아니므로 특별한 사정이 없는 한 구분소유자 중 일부나 제3자가 정당한 권원 없이 이를 점유·사용하였더라도 이로 인하여 다른 구분소유자에게 차임 상당의 이익을 상실하는 손해가 발생하였다고 볼 수 없다고 하여, 부당이득의 성립을 부정하였다.

그중 최초의 판결(대판 1998. 2. 10, 96다42277·42284)은 피고가 집합건물의 옥상에 무허가로 건물을 짓고 사용한 데 대하여 부당이득을 인정하지 않았다. 그런데 그 판결은 옥상이 지붕 외에 다른 용도로 사용하거나 타인에게 임대하지 않는 것이

라는 특수성을 고려한 것이고 모든 경우에 부당이득의 성립을 배제하려고 하지는 않은 취지로 보인다. 그럼에도 불구하고 그 후의 대법원판결은 그 판결의 태도를 일반적인 법리로 발전시켜왔다.

그러던 것을 본 판결이 전원합의체 판결로 과거의 판례를 변경하였다.

(2) 본 판결은, 구분소유자 중 일부가 정당한 권원 없이 집합건물의 복도, 계단 등과 같은 공용부분을 배타적으로 점유·사용함으로써 이익을 얻고, 그로 인하여 다른 구분소유자들이 해당 공용부분을 사용할 수 없게 되었다면, 그 구분소유자는 특별한 사정이 없는 한 해당 공용부분을 점유·사용함으로써 얻은 이익을 부당이득으로 반환할 의무가 있다고 한다. 그리고 해당 공용부분이 구조상 이를 별개 용도로 사용하거나 다른 목적으로 임대할 수 있는 대상이 아니더라도, 무단점유로 인하여 다른 구분소유자들이 해당 공용부분을 사용·수익할 권리가 침해되었고 이는 그 자체로 제741조에서 정한 손해로 볼 수 있다고 한다. 이는 일부 구분소유자의 무단점유가 있으면 다른 구분소유자들의 사용·수익권이 침해되고, 그러한 침해가 있으면 구체적인 손해 유무를 묻지 않고 손해 발생을 인정하는 입장이다.

나아가 대법원은, 이러한 법리는 구분소유자가 아닌 제3자가 집합건물의 공용부분을 정당한 권원 없이 배타적으로 점유·사용하는 경우에도 마찬가지로 적용된다고 한다.

2. 논평

본 판결은 타당하다.

[관련판결] 대판(전원) 2022. 8. 25, 2017다257067: 집합건물에서 전유부분 면적 비율에 상응하는 적정 대지지분을 가진 구분소유자는 그 대지 전부를 용도에 따라 사용·수익할 수 있는 적법한 권원을 가지므로, 구분소유자 아닌 대지 공유자는 그 대지 공유지분권에 기초하여 적정 대지지분을 가진 구분소유자를 상대로는 대지의 사용·수익에 따른 부당이득 반환을 청구할 수 없다.

45. 불법원인급여에서 불법성의 비교

◈ 대판 1993. 12. 10. 93다12947
　[손해배상(기)](강의 D-400, 채각 [239])

[쟁점] 수익자의 불법성이 급여자의 불법성보다 현저히 큰 경우에 급여자의 부당이득 반환청구가 인정되는지

[사실관계]

(1) 이 사건 토지인 서울 서초구 방배동 2906의 1 답 624평방미터는 원래 소외 전주이씨 익안대군 영가정파 종중(이하 소외 종중이라 함)의 소유재산인데 위 종중은 그 등기 명의를 그 종중 내 각 지역대표자이던 소외 A, B, C 3인에게 신탁하여 두었었다. 그런데 위 소외인들이 모두 사망하여 이 사건 토지 중 소외 A의 지분(1/3)은 피고 D가, 소외 B의 지분(1/3)은 망 E가, 소외 C의 지분(1/3)은 소외 F가 각 상속하였다가, 위 F가 1981. 사망하여 그 지분을 피고 9인이 각 상속하여 지분에 따른 상속등기가 경료되었다(망 E는 환송 전 항소심 계속 중인 1990. 8. 25. 사망하여 5인이 그 재산을 상속하였다).

(2) 그 후 소외 종중은 1984.경 피고 D, 망 E 및 위 F의 상속인인 피고들(이하 제1심 피고들이라 함)을 상대로 이 사건 토지에 관하여 명의신탁 해지를 원인으로 한 소유권이전등기의 소를 제기하여 1985. 4. 4. 승소판결을 받고, 그 무렵 위 판결이 확정되었으나, 위 판결에 기하여 소외 종중 앞으로의 소유권이전등기는 경료하지 않고 있었다.

(3) 한편 원고(서울특별시)는 1985. 5.경 위 방배동 남태령 일대를 취락구조 개선 사업지구로 지정하고, 공공용지의 취득 및 손실보상에 관한 특례법의 규정에 따라 위 사업지구에 편입된 토지를 협의매수하면서 이 사건 토지가 소외 종중의 소유임을 확인하고 1985. 12. 12. 우선 소외 종중으로부터 토지 사용에 대한 동의를 얻어 취락구조 개선사업을 진행하면서 1986. 5.경 수차례에 걸쳐 소외 종중에 보상협의 공문을 보내어 위 토지를

매수하려 하였으나 소외 종중이 가격이 저렴하다는 이유로 매수에 응하지 않자 위 토지에 대한 명의신탁관계를 잘 알고 있었음에도 위 토지의 명의수탁자들인 제1심 피고들로부터 위 토지를 매수하기로 하고 소외 종중에게는 알리지 않은 채 이 사건 토지의 등기부상 소유자이던 제1심 피고들과 협의하여, 1986. 7. 23. 피고 D와, 같은 해 8. 4. 망 E와, 같은 해 7. 30. 소외 F의 상속인인 피고 9인과 각 해당지분에 관한 매매계약을 체결하고, 위 토지에 대한 협의매매대금 43,992,000원을 제1심 피고들의 각 지분 비율에 따라 지급한 후, 원고 명의로 소유권이전등기를 마쳤다.

그런데 소외 종중은 그 후 원고와 제1심 피고들과의 사이에 이 사건 토지에 관하여 위와 같이 매매계약이 이루어지고 소유권이전등기까지 경료된 사실을 알고, 원고를 상대로 위 소유권이전등기의 말소등기절차 이행청구의 소를 제기하였는바, 1988. 7. 6. 위 소송의 항소심에서 이 사건 토지에 관한 원고 앞으로의 위 소유권이전등기는 원고가 명의수탁자인 제1심 피고들의 배신행위에 적극 가담하여 이루어진 반사회적 법률행위에 기한 등기로서 원인무효의 등기임을 이유로 소외 종중의 청구를 인용하는 판결을 선고하였으며 원고가 위 판결에 대하여 상고허가신청을 하였으나 1988. 10. 25. 기각되어 위 판결이 그대로 확정되었다.

(4) 그러자 원고는 1989. 9. 7. 소외 종중으로부터 이 사건 토지를 대금 7,176만 원에 다시 매수하기에 이르렀다.

(5) 그 후 원고는 제1심 피고들을 상대로 불법행위를 이유로 한 손해배상을 청구하는 소를 제기하였으나 제1심에서 패소하였고, 항소심에서 제2예비적 청구로 매매대금의 반환을 주장한 것으로 보인다. 본 판결은 후자에 대하여 판시한 것이다.

[판결요지]

(1) 민법 제746조는 그 본문에서 불법의 원인으로 인하여 재산을 급여하거나 노무를 제공한 때에

는 그 재산의 반환을 청구하지 못한다고 규정하면서 그 단서에서는 그 불법원인이 수익자에게만 있는 때에는 그러하지 아니하다고 규정하고 있으므로, 어느 급여가 불법원인급여에 해당되고 급여자에게 불법원인이 있는 경우에는 수익자에게 불법원인이 있는지의 여부나 그 수익자의 불법원인의 정도 내지 불법성이 급여자의 그것보다 큰지의 여부를 막론하고 급여자는 그 불법원인급여의 반환을 청구할 수 없는 것이 원칙이라 할 것이다.

그러나 수익자의 불법성이 급여자의 그것보다 현저히 크고, 그에 비하면 급여자의 불법성은 미약한 경우에도 급여자의 반환청구가 허용되지 않는다고 하는 것은 공평에 반하고 신의성실의 원칙에도 어긋난다고 할 것이므로, 이러한 경우에는 민법 제746조 본문의 적용이 배제되어 급여자의 반환청구는 허용된다고 해석함이 상당하다 할 것이다.

(2) 원심판결 이유에 의하면 원심은, … 원고와 제1심 피고들에게 모두 불법성이 있었다고 할 것이나, … 제1심 피고들의 위와 같은 불법성은 … 원고측의 불법성보다 더욱 크다고 할 것이고, 따라서 급여자인 원고측보다 더 큰 불법을 저지른 수령자측인 피고들이 위 매매대금의 지급이 불법원인급여임을 이유로 그 반환을 거절하는 것은 신의칙에 위반되어 허용될 수 없 … 다고 판시하여 위 매매대금의 반환을 구하는 원고의 제2차 예비적 청구는 이유 있다고 … 하였다.

기록에 의하면, 원심의 위와 같은 인정판단은 위와 같은 법리에 따른 것으로 정당하 … 다.

[관련규정] 제746조

[해설 및 논평]
1. 해설
불법원인급여의 원칙과 예외를 규정한 민법 제746조의 본문과 단서를 해석하면, 수령자에게 매우 큰 불법원인이 있을지라도 급부자에게 조금이라도 불법원인이 있으면 급부한 것의 반환을 청구할 수 없게 된다. 그런데 본 판결이 이러한 제746조의 내용을 수정한 이른바 불법성 비교론을 처음으로 채용하였다.

불법성 비교론은 급부자와 수령자의 불법성을 비교하여 수령자 측의 불법성이 급부자 측의 불법성보다 큰 때에는 반환청구를 인정하여야 한다는 이론이다. 이 이론은 일본에서 처음 주장되었고, 제2차대전 후에 일본 최고재판소가 이를 인정하자, 오늘날에는 일본의 통설·판례로 되었다. 그 영향을 받아 우리나라에서도 같은 견해가 주장되었고, 급기야 본 판결에 의하여 판례로 자리잡게 되었다.

불법성 비교론도 급부자와 수령자의 불법성이 어느 정도 차이가 있을 때 반환청구를 인정할 것인가와 관련하여 다양한 모습을 보이고 있다. i) 양자의 불법성을 비교하여 수령자의 불법성이 급부자의 불법성에 비하여 현저하게 커야 한다는 견해, ii) 수령자의 불법성이 급부자의 것보다 조금이라도 크기만 하면 된다는 견해, iii) 불법성을 비교 형량하고 제746조 단서를 적용하여 불법의 차액만큼의 반환청구를 인정하는 것이 타당하다는 견해가 그것이다. 본 판결은 그 중에서 i)설을 택하였다.

2. 논평
불법성 비교론, 특히 본 판결이 채용한 이론은 그것이 제746조에 어긋날 뿐만 아니라 구제해 주고 싶은 자를 모두 구제해 주지도 못하며 그것이 적용될 경우에는 제746조 단서를 곧바로 적용해도 무방하기 때문에 필요하지 않다. 그리고 본 판결 사안의 경우에는 수익자인 피고들의 불법성이 급부자인 원고에 비하여 결코 현저히 크다고 할 수도 없다.

[주요 평석 문헌] 송덕수, "민법 제746조의 적용에 있어서 불법성의 비교," 민사판례연구, 18권, 316면 이하.

46. 불법원인급여와 물권적 청구권의 행사

◆ 대판(전원) 1979. 11. 13. 79다483
  [토지소유권가등기말소등기](강의 D-401, 채각
  [240])

[쟁점] 불법원인급여의 경우에 물권적 청구권을 행사하여 반환청구를 할 수 있는지(소극)

[사실관계]

(1) 이 사건 임야(16,760제곱미터)는 원래 피고의 아버지인 소외인(78세)의 소유였는데, 소외인은 원고(50세)와 불륜관계를 유지하면서 그 대가로 원고에게 그 임야를 증여하여 1977. 9. 9. 그것에 관하여 소유권이전등기를 해 주었다.

(2) 그러자 위 소외인의 아들인 피고는 그 임야를 다시 찾으려고 원고를 기망하여 아무런 원인 없이 1977. 11. 29. 자기 앞으로 가등기를 해 놓았다.

(3) 원고는 뒤늦게 위 임야에 관하여 피고 앞으로 가등기가 된 사실을 알고 위 임야의 소유권에 기하여 피고에 대하여 위 가등기의 말소를 구하는 소를 제기하였다. 이에 대하여 피고는 위 임야에 관하여 원고 앞으로 행해진 소유권이전등기는 그 원인인 법률행위가 불륜한 동서관계의 대가인 반사회질서의 급여로서 무효이므로 원고는 위 임야의 소유자가 될 수 없다고 다투었다.

[판결요지]

민법 제746조는 불법의 원인으로 인하여 재산을 급여한 때에는, 그 이익의 반환을 청구하지 못한다고 규정하고 있는바, 일반의 법리에 따른다면, 불법의 원인에 의한 급여는, 법률상의 원인이 없는 것이 되므로, 부당이득이 되어 그 이익의 반환을 청구할 수 있게 되는 것이나, 이러한 청구를 인정하는 것은, 법의 이념에 어긋나는 행위를 한 사람의 주장을 시인하고 이를 보호하는 것이 되

어, 공평의 이념에 입각하고 있는 부당이득제도의 근본취지에 어긋날 뿐만 아니라, 법률 전체의 이념에도 어긋나게 되기 때문에, 이 규정은 선량한 풍속, 기타 사회질서에 위반한 사항을 내용으로 하는 법률행위를 무효로 하는 민법 제103조와 표리를 이루어, 사회적 타당성이 없는 행위를 한 사람을 보호할 수 없다는 법의 이념을 실현하려고 하는 것이다.

이리하여 민법 제746조는 민법 제103조와 함께 사법의 기저를 이루는 하나의 큰 이상의 표현으로서 이것이 비록 민법 채권편 부당이득의 장에 규정되어 있기는 하나, 이는 일반적으로 사회적 타당성이 없는 행위의 복구가 부당이득의 반환청구라는 형식으로 주장되는 일이 많기 때문이고, 그 근본에 있어서는 단지 부당이득제도만을 제한하는 이론으로 그치는 것이 아니라, 보다 큰 사법의 기본 이념으로 군림하여, 결국 사회적 타당성이 없는 행위를 한 사람은 그 스스로 불법한 행위를 주장하여, 복구를 그 형식 여하에 불구하고 소구할 수 없다는 이상을 표현하고 있는 것이라고 할 것이다.

따라서 급여를 한 사람은 그 원인행위가 법률상 무효라 하여 상대방에게 부당이득을 원인으로 한 반환청구를 할 수 없음은 물론, 그 원인행위가 무효이기 때문에 급여한 물건의 소유권은 여전히 자기에게 있다고 하여, 소유권에 기한 반환청구도 할 수 없는 것이고, 그리하여 그 반사적 효과로서 급여한 물건의 소유권은 급여를 받은 상대방에게 귀속하게 되는 것이라고 해석함이 타당하다고 할 것이다.

이 사건에서 보건대 원심은 제1심 판결을 인용한 그 판결이유에서, 이 사건 임야는 원래 피고의 아버지 소외인의 소유였는데, 그가 원고와 불륜의 내연관계를 맺고 그 대가로 원고에게 이를 증여하여, 소유권이전등기를 넘겨주었다는 취지의 사실을 인정한 다음, 그렇다면 원고는 민법 제746조에 의하여 그대로 그 소유권을 취득한다고 하여, 원

고 앞으로 된 위 소유권이전등기가 불법원인급여를 원인으로 한 것이기 때문에 무효라는 취지의 피고의 주장을 배척하고 있는바, 원심의 위와 같은 판단은 결과적으로 위의 설시와 같은 취지로 보여지므로 정당하고, 거기에 소론과 같은 불법원인급여의 법리를 오해한 위법이 있다고 할 수 없으므로, 논지는 이유 없고, 이 법원이 종전의 다른 판결(대법원 1960. 9. 15 선고 4293민상57 판결; 1977. 6. 28 선고 77다728 판결 등)에서, 이와 다르게 판시한 의견은 모두 이 판결로써 변경하기로 한다.

(이 판결에는 3인의 대법관의 반대의견이 있음. 이 반대의견은 소유권에 기한 반환청구를 인정하자고 함)

[관련규정] 제746조

[해설 및 논평]

1. 해설

(1) 물권적 청구권의 행사 가부

불법한 원인으로 소유권을 이전한 경우에 급부자는 부당이득을 이유로 급부의 반환을 청구할 수 없다. 제746조가 급부의 반환을 금지하고 있기 때문이다. 그런데 그가 소유권에 기하여 반환을 청구할 수 있는지가 문제된다. 이 문제가 생기는 범위는 물권행위의 무인성을 인정하는지 여부에 따라 다르다. 무인론에 의하면 원칙적으로 급부자에게 소유권이 없어서 물권적 청구권을 행사할 수 없게 되고, 따라서 여기의 문제가 생기지 않으나, 유인론에 의하면 급부자에게 소유권이 있으므로 원칙적으로 여기의 문제가 생긴다.

여기에 대하여 대법원은, 본 판결 이전에는, 제746조는 불법의 원인으로 타인에게 재산을 급여한 자가 그 급여행위가 법률상 무효임을 이유로 하여 상대편에게 부당이득을 원인으로 한 급여물의 반환을 청구하지 못하도록 하려는 취지이고, 급여자가 다른 것(물권적 청구권)을 청구원인으로 하여 그 급여한 물건의 반환을 청구하는 경우까지 제한하려는 것이 아니라고 하여, 물권적 청구권을

행사할 수 있다는 입장이었다(대판 1960. 9. 15, 4293민상57; 대판 1977. 6. 28, 77다728). 그런데 본 판결은, 급여를 한 사람은 그 원인행위가 법률상 무효라 하여 상대방에게 부당이득 반환청구를 할 수 없음은 물론 급여한 물건의 소유권은 여전히 자기에게 있다고 하여 소유권에 기한 반환청구도 할 수 없다고 하면서 종래의 판례를 변경하였다.

학설은 일치하여 본 판결에 찬성하고 있다. 학설은 그 이유로, 물권적 청구권에 제746조의 적용을 부인하면 동조의 입법취지를 무시하게 된다는 점, 급부자가 자기에게 소유권이 있다고 하려면 자신이 불법한 행위를 하였음을 주장해야 한다는 점, 만일 유인론이면서 제746조의 적용을 부인하면 동조는 가격반환의 경우 외에는 적용이 없어서 의의를 잃게 된다는 점 등을 든다(곽윤직, 채권각론, 제6판, 367면).

(2) 소유권의 귀속자

본 판결과 같이 소유권에 기한 반환청구도 할 수 없다고 하는 경우에는 물건의 소유권이 누구에게 귀속하는지의 문제가 추가로 생긴다. 그에 관하여 본 판결은, 소유권에 기한 반환청구를 할 수 없는 것의 반사적 효과로서 급여한 물건의 소유권은 급여를 받은 상대방에게 귀속하게 된다고 한다.

2. 논평

본 판결은 모든 점에서 타당하다. 물권적 청구권 행사를 할 수 없다는 점에 관하여 덧붙인다면, 위의 학설이 드는 이유도 옳을 뿐만 아니라, 물권적 청구권의 행사를 인정하면 원물이 남아 있는 경우와 그렇지 않아서 가격반환을 해야 하는 경우(이때는 746조만 적용됨)와의 균형이 맞지 않게 되는 문제점도 생긴다.

[주요 평석 문헌] 서성, "물권적 청구권의 행사에 있어 민법 제746조(불법원인급여)의 적용 여부," 민사판례연구, 3권, 61면 이하.

47. 부당이득의 효과: 운용이익

◆ 대판 2008. 1. 18, 2005다34711
  [손해배상(기)](강의 D-405, 채각 [242])

[쟁점] 부당이득 반환에 있어서 이른바 운용이익의 반환범위

[사실관계]

(1) 원고는 밀양시의 지원을 받아 밀양시 내에 골프장 건설사업을 시행하고자 피고 종중(총종원 400여명, 이연마을 거주 종원 51명)의 종산 부근 55만여 평의 야산 지역을 골프장 건설 적지로 판단하고 이를 매입하기로 하였다.

(2) 그 당시 피고 종중의 종회장이던 소외 5는 원고로부터 특정 임야의 매도를 권유받자 1997. 4. 24. 이연마을에 거주하고 있는 종중원들을 대상으로 임시총회를 개최하였고, 종중원 약 20여명이 모인 자리에서 참석 종중원의 만장일치로 그 임야를 포함한 종중 소유의 17필지 토지(이하 이 사건 임야라 함) 약 20만여 평을 매도하기로 결의하였다.

(3) 원고를 대리한 소외 9와 피고 종중의 대표자인 소외 5 사이에 1997. 4. 30. 원고가 피고 종중으로부터 7억 5,000만 원에 이 사건 임야를 매수하기로 하고(이하 이 사건 매매계약이라 함), 계약 당일 계약금 및 중도금으로 합계 1억 5,000만 원을, 1997. 7. 1. 잔금으로 6억 원을 각 지급한 후, 위 각 임야에 대하여 원고 및 소외 9 앞으로 지분 소유권이전등기를 마쳤다(그 후 모두 원고 명의로 등기함).

(4) 그런데 이 사건 매매계약 체결사실이 다른 종중원들에게 알려지자 소외 4를 비롯한 일부 종중원들이 이 사건 임야의 처분에 반대하면서 소외 10, 11을 위원장으로 하여 (명칭 생략)유산보존위원회를 결성하였고, 1997. 9. 7. 위 유산보존위원회 명의로 임시총회를 개최하여 소외 5를 종회장에서 해임하는 한편 소외 4를 종회장으로 선임하기로 결의하였다.

(5) 피고 종중은 소를 제기하여 2001. 7. 13. 법원으로부터 1997. 4. 24.자 피고 종중의 위 임시총회는 적법한 소집통지 없이 개최되어 무효이고, 이에 기초한 이 사건 매매계약도 무효이며, 그에 기한 소유권이전등기도 원인무효이므로 말소하라는 내용의 판결을 받았고, 그에 기하여 2002. 10. 28.경 등기가 말소됨으로써 이 사건 임야의 소유명의는 피고 종종으로 회복되었다.

(6) 피고 종중은 원고로부터 지급받은 매매대금을 종중원 명의로 된 수개의 정기예금계좌에 예치·관리하였는데, 위 정기예금좌에서 1998. 2. 24.부터 2000. 11. 14.까지 5회에 걸쳐 합계 47,079,030원을 인출하여 피고 종중의 세금 등에 사용하였고, 위 말소등기 판결이 확정되자 2002. 2. 23. 위 정기예금 계좌에 남아있는 원리금 976,796,544원을, 2002. 5. 3. 위 정기예금이자 중 일부를 예치한 보통예금계좌에 있던 20,992,457원을 각 인출하여 원고에게 반환하였다(반환액 합계 997,789,001원).

[판결요지]

부당이득 반환의 경우, 수익자가 반환해야 할 이득의 범위는 손실자가 입은 손해의 범위에 한정되고, 여기서 손실자의 손해는 사회통념상 손실자가 당해 재산으로부터 통상 수익할 수 있을 것으로 예상되는 이익 상당이라 할 것이며(대법원 1997. 7. 11. 선고 96다31581 판결 참조), 부당이득한 재산에 수익자의 행위가 개입되어 얻어진 이른바 운용이익의 경우, 그것이 사회통념상 수익자의 행위가 개입되지 아니하였더라도 부당이득된 재산으로부터 손실자가 통상 취득하였으리라고 생각되는 범위 내에서는 반환해야 할 이득의 범위에 포함된다고 할 것이다(대법원 1995. 5. 12. 선고 94다25551 판결, 대법원 2006. 9. 8. 선고 2006다26328, 26335 판결 참조).

금전을 정기예금에 예치함에는 예치자의 특별한 노력이나 비용, 수완 등을 필요로 하지 않고, 실제로 피고 역시 별다른 노력이나 비용 등을 들

이지 않고 이 사건 매매대금을 정기예금에 예치하여 그 이자를 수령하였으며, 또한 이 사건 매매대금이 정기예금에 예치되어 있던 기간의 대부분은 외환위기 직후인 1997.말부터 2002. 2.까지로서 예금의 이율이 역사상 이례적으로 높던 시기이므로 일반인의 경우 여유자금이 있다면 통상 은행에 예금할 가능성이 상당히 높다고 할 것이고, 위 매매대금과 같은 거액의 금전을 장기간 예금하는 경우에는 보통예금보다는 정기예금에 예치하는 것이 일반적이라고 볼 수 있으므로 사정이 이와 같다면 다른 특별한 사정이 없는 한, 위 정기예금이자 상당액은 사회통념상 피고의 행위가 개입되지 아니하였더라도 위 매매대금으로부터 원고가 통상 취득하였으리라고 생각되는 범위 내의 이익으로 볼 수 있어, 피고가 반환해야 할 이득의 범위에 포함되는 것으로 보아야 할 것이다.

이와 다른 판단을 한 원심판결에는 부당이득 반환책임에 관한 법리를 오해함으로써 판결에 영향을 미친 위법이 있다 할 것이다.

[관련규정] 제741조, 제748조

[해설 및 논평]

1. 해설

본 판결에서는 비법인사단의 불법행위에 관하여도 판단하고 있으나, 그 문제는 앞에서 살펴본 바 있어서 생략하고(이 책 민총 판례46 참조) 부당이득에 관하여만 본다.

본 판결은 부당이득과 관련하여 먼저 – 종래의 판례에 따라 – 수익자가 반환해야 할 이득의 범위는 손실자가 입은 손해의 범위에 한정되고, 여기서 손실자의 손해는 사회통념상 손실자가 해당 재산으로부터 통상 수익할 수 있을 것으로 예상되는 이익 상당이라고 한다. 그런 뒤에 운용이익도 반환해야 하되, 부당이득된 재산으로부터 손실자가 통상 취득하였으리라고 생각되는 범위 내에서 반환하면 된다고 한다. 그리고 나서 – 본 판결 사안에서 무효인 매매계약의 – 매도인인 피고 종중이 매매대금을 정기예금에 예치하여 얻은 이자를 부당이득으로 반환해야 하는지에 대하여 판단하였다. 본 판결 중 운용이익의 반환에 관한 내용은 종래의 판례를 따른 것이나, 정기예금이자의 반환에 관한 부분은 최초의 것이다. 운용이익에 대하여 좀 더 살펴본다.

운용이익이란 수익자가 이득을 운용하여 얻은 이익이다. 부당이득의 반환범위와 관련하여 이 운용이익도 전부를 반환해야 하는지 문제된다. 이에 대하여는 학설이 대립되나(강의 D–405, 채각 [242] 참조), 판례는 본 판결 이전부터 수익자가 통상 취득할 수 있었을 범위에서 반환해야 한다고 하였으며(대판 1995. 5. 12, 94다25551), 본 판결은 그것을 다시 확인하였다.

다음에 본 판결은 매매대금을 예치하여 얻은 정기예금이자(외환위기 직후의 것이어서 고율이었음)에 대해 여러 이유를 들어 부당이득으로 반환할 범위에 포함된다고 하였다.

운용이익의 반환을 인정할 경우 쌍무계약이 무효 또는 취소된 때에는 제201조 제1항과 관련하여 형평성 문제가 제기될 수 있다. 그러나 그때에는 제201조가 적용되지 않고 계약에 관한 규정(가령 587조의 유추적용)만으로 해결해야 한다.

2. 논평

운용이익은 전부를 반환해야 한다.

[주요 평석 문헌] 김종수, "매매계약이 무효인 경우, 매도인의 대금 운용이익의 반환 여부," 판례연구(부산판례연구회), 21집, 1면 이하.

48. 책임능력 있는 미성년자의 감독의무자 책임

◈ 대판(전원) 1994. 2. 8. 93다13605
[손해배상(기)](강의 D-441, 채각 [268])

[쟁점] 책임능력 있는 미성년자에 대한 감독의무자의 손해배상책임의 요건과 증명책임

[사실관계]

(1) 소외 A는 이 사건 사고 당시 17세 9개월 남짓 된 고등학교 3학년 학생이었고, 1990. 10. 8. 오토바이 운전면허를 취득한 바 있다.

(2) A는 1991. 6. 18. 수원시 권선구 인계동에 있는 옛성다방 앞길에서 친구 소유의 오토바이를 빌려 타고 가다가 횡단보도상에서 전방주시의무 태만, 일단정지 또는 서행의무 위반으로 원고 B를 충격하여 전치 약 11개월을 요하는 경골 골절 등의 상해를 입혔다.

[판결요지]

1. 민법 제750조에 대한 특별규정인 민법 제755조 제1항에 의하여 책임능력 없는 미성년자를 감독할 법정의 의무 있는 자가 지는 손해배상책임은 그 미성년자에게 책임이 없음을 전제로 하여 이를 보충하는 책임이고, 그 경우에 감독의무자 자신이 감독의무를 해태하지 아니하였음을 입증하지 아니하는 한 책임을 면할 수 없는 것이나, 반면에 미성년자가 책임능력이 있어 그 스스로 불법행위책임을 지는 경우에도 그 손해가 당해 미성년자의 감독의무자의 의무위반과 상당인과관계가 있으면 감독의무자는 일반불법행위자로서 손해배상책임이 있다 할 것이므로(당원 1991. 11. 8. 선고 91다32473 판결, 1992. 5. 22. 선고 91다37690 판결, 1993. 8. 27. 선고 93다22357 판결 각 참조), 이 경우에 그러한 감독의무 위반사실 및 손해발생과의 상당인과관계의 존재는 이를 주장하는 자가 입증하여야 할 것이다.

소론이 인용하는 당원 1984. 7. 10. 선고 84다카474 판결의 해석은 위와 같은 견해와 저촉되는 것이므로 이를 변경하기로 한다.

2. 이 사건에서 원심은 제1심판결이유를 인용하여, 소외 A는 그가 오토바이를 운전하던 중 일으킨 이 사건 교통사고 당시 만 17세 9개월 남짓 된 고등학교 3학년생으로서 자기 행위에 대한 책임을 변식할 지능이 있었으므로 그 부모인 피고들은 피해자인 원고 B와, 그 가족인 나머지 원고들에 대하여 민법 제755조 제1항에 의한 손해배상책임이 없고, 위 A는 이 사건 사고를 일으키기 8개월여 전에 원동기장치 자전거 운전면허를 취득하였는데, 그 판시와 같은 원고들의 입증만으로는 피고들이 위 A에 대한 감독을 게을리한 과실이 있고, 그로 말미암아 위 사고가 발생하였다고 인정하기에 부족하고, 달리 증거가 없으므로 피고들에게는 민법 제750조에 의한 손해배상책임이 없다고 판시하여 원고들의 청구를 모두 기각하였는바, 기록에 나타난 증거관계에 비추어 보면 이러한 원심의 인정 및 판단은 정당하고, 거기에 소론이 지적하는 바와 같은 미성년자의 감독의무자의 손해배상책임이나, 입증책임에 관한 법리오해 또는 채증법칙 위반의 위법이 없다.

[관련규정] 제750조, 제755조 제1항, 구 민소 제261조

[해설 및 논평]

1. 해설

미성년자가 가해행위를 한 경우에 그 미성년자에게 책임능력이 없는 때에는 그는 불법행위책임을 지지 않는다(753조). 그때에는 책임능력 없는 그 미성년자를 감독할 법정의무 있는 자 또는 감독의무자에 갈음하여 그 미성년자를 감독하는 자(대리감독자)가 자신이 감독의무를 게을리하지 않았음을 증명하지 못하는 한 책임을 지게 된다(755조). 그에 비하여 가해행위를 한 미성년자에게 책

임능력이 있는 때에는 그 미성년자가 피해자에 대하여 직접 손해배상책임을 부담하며, 미성년자의 감독의무자는 적어도 제755조에 의해서는 책임을 지지 않는다. 왜냐하면 동조는 제753조 또는 제754조에 따라 무능력자에게 책임이 없는 경우에만 책임무능력자의 감독의무자에게 책임을 지우고 있기 때문이다.

여기서 가해행위를 한 미성년자에게 책임능력이 있는 한 피해자는 언제나 그 미성년자만을 상대로 하여 손해배상청구를 하여야 하는지 문제된다. 이를 긍정하여도 형식적으로는 피해자에게 불리하지 않다. 법적으로 미성년자에 대한 손해배상청구권이 인정되기 때문이다. 그러나 미성년자는 그에게 책임능력이 있을지라도 손해배상을 할 자력이 없는 것이 보통이어서, 피해자는 미성년자를 상대방으로 해서는 충분히 구제받기가 어려워진다. 따라서 피해자가 자신의 손해를 모두 배상받기 위하여서는 미성년자에게 책임능력이 있는 때에도 그의 친권자 등의 감독의무자에게 배상청구를 할 수밖에 없게 된다.

책임능력 있는 미성년자의 감독의무자의 책임에 관하여 본 판결 이전의 판례는 두 가지로 나뉘어 있었다. 하나는 제755조의 규정상 불법행위자에게 그 행위 당시에 책임능력이 있었느냐의 여부에 불구하고 감독책임자는 배상책임을 진다는 것이고(대판 1984. 7. 10, 84다카474), 다른 하나는 책임능력이 있는 미성년자의 불법행위로 인하여 손해가 발생한 경우 그 발생된 손해가 당해 미성년자의 감독의무자의 의무위반과 상당인과관계가 있으면 감독의무자는 일반 불법행위자로서 손해배상의무가 있다는 것이다(대판 1989. 5. 9, 88다카2745 등). 전자는 제755조를 확대적용한 것이고, 후자는 감독의무자에게 일반불법행위 책임을 인정한 것이다. 이 중에 판례의 주류는 후자였다.

그런데 본 판결이 전자의 판결(755조를 확대적용한 것)을 폐기하고 판례를 후자로 통일하였다.

본 판결은, 미성년자가 책임능력이 있어 그 스스로 불법행위책임을 지는 경우에도 그 손해가 당해 미성년자의 감독의무자의 의무위반과 상당인과관계가 있으면 감독의무자는 일반불법행위자로서 손해배상책임이 있다는 점 외에, 이 경우에 그러한 감독의무 위반사실 및 손해발생과의 상당인과관계의 존재는 이를 주장하는 자가 증명할 것이라고도 한다. 감독의무자에 대하여 제755조를 적용하지 않고 제750조를 적용하는 한 후자의 법리는 당연한 것이다.

책임능력 있는 미성년자의 감독의무자 책임에 관하여 학설은 몇 가지로 나뉘나, 다수설은 본 판결과 같은 태도이다(강의 D-441, 채각 [268] 참조).

2. 논평

본 판결의 태도는 이론상 부당하지 않다. 그러나 그 이론을 제대로 적용할 경우 그 요건이 갖추어지는 경우가 얼마나 있을지 의문이다. 제750조의 과실은 제755조에서의 과실과는 달리 구체적인 가해행위에 대한 것이어서 그 과실이 쉽게 인정될 수 없고, 친권자의 감독의무위반과 미성년자에 의한 손해발생 사이에 상당인과관계도 인정되기 어렵기 때문이다. 그러다 보니 판결 중에는 무리하게 불법행위의 성립을 인정한 것들이 대부분이다(대판 1992. 5. 22, 91다37690도 그 중 하나임. 그에 비하여 본 판결은 그 사안의 경우에 감독의무자의 불법행위책임을 인정하지 않고 있음). 그러한 판결은 결과에서는 타당할지 몰라도 불법행위의 일반이론, 특히 상당인과관계 이론을 흔들리게 하여 문제이다.

[주요 평석 문헌] 김성수, "책임능력 있는 미성년자의 불법행위에 대한 친권자의 책임," 재판과 판례(대구판례연구회), 7집, 379면 이하; 이전오, "미성년자의 불법행위에 대한 감독의무자의 책임," 판례연구(서울지방변호사회), 8집, 207면 이하. 그 외에 송덕수, "책임능력있는 미성년자의 불법행위에 대한 감독의무자의 책임," 법률신문, 2187호, 15면도 참조.

49. 미성년 자녀에 대한 비양육친의 감독의무 유무

◈ 대판 2022. 4. 14. 2020다240021
　[손해배상(기)](강의 D-441, 채각 [268])

[쟁점] 이혼으로 인하여 부모 중 1명이 친권자 및 양육자로 지정된 경우 그렇지 않은 부모가 미성년자의 부모라는 사정만으로 미성년 자녀에 대한 감독의무를 부담하는지 여부(원칙적 소극)

[사실관계]

(1) A(남. 당시 만 17세)는 2018. 8. 3. B(여. 당시 만 16세)와 성관계를 하던 중 휴대폰 카메라로 B가 속옷만 입거나 나체인 모습을 B의 의사에 반하여 촬영하였다.

(2) A는 2018. 8. 19. B가 연락을 받지 않는다는 이유로, B에게 카카오톡 메시지로 위 사진을 전송하면서 이를 유포하겠다고 협박하였다. B는 2018. 8. 20. 01:00경 A가 보낸 메시지와 사진을 모자이크 처리하여 자신의 SNS에 게시하였고, 같은 날 10:30경 친구를 만나 죽고 싶다는 이야기를 한 다음, 같은 날 12:25경 투신하여 자살하였다. A는 B에 대한 사진 촬영 및 협박 행위에 관하여 소년보호처분을 받았다.

(3) 피고는 A의 아버지로, A가 만 2세였을 때 A의 어머니인 C와 협의이혼을 하였고, A의 친권자 및 양육자로 C가 지정되었다.

(4) B의 유족인 원고들은 A·C·피고를 상대로 손해배상청구의 소를 제기하였다. 이에 대하여 제1심·제2심은 셋 모두에게 책임을 인정하였다(A 60%, C 40%, 피고 10%). 그러자 피고가 상고하였는데, 대법원은 원심판결을 파기·환송하였다.

[판결요지]

1) 미성년자가 책임능력이 있어 스스로 불법행위책임을 지는 경우에도 그 손해가 미성년자의 감독의무자의 의무 위반과 상당인과관계가 있으면 감독의무자는 민법 제750조에 따라 일반불법행위자로서 손해배상책임이 있다. 이 경우 그러한 감독의무 위반사실과 손해 발생과의 상당인과관계는 이를 주장하는 자가 증명하여야 한다.

2) 미성년 자녀를 양육하며 친권을 행사하는 부모는 자녀를 경제적으로 부양하고 보호하며 교양할 법적인 의무가 있다(민법 제913조). 부모와 함께 살면서 경제적으로 부모에게 의존하는 미성년자는 부모의 전면적인 보호·감독 아래 있으므로, 그 부모는 미성년자가 타인에게 불법행위를 하지 않고 정상적으로 학교 및 사회생활을 하도록 일반적, 일상적으로 지도와 조언을 할 보호·감독의무를 부담한다. 따라서 그러한 부모는 미성년자의 감독의무자로서 위 나. 1)항에서 본 것처럼 미성년자의 불법행위에 대하여 손해배상책임을 질 수 있다.

3) 그런데 이혼으로 인하여 부모 중 1명이 친권자 및 양육자로 지정된 경우 그렇지 않은 부모(이하 '비양육친'이라 한다)에게는 자녀에 대한 친권과 양육권이 없어 자녀의 보호·교양에 관한 민법 제913조 등 친권에 관한 규정이 적용될 수 없다. 비양육친은 자녀와 상호 면접교섭할 수 있는 권리가 있지만(민법 제837조의 2 제1항), 이러한 면접교섭제도는 이혼 후에도 자녀가 부모와 친밀한 관계를 유지하여 정서적으로 안정되고 원만한 인격발달을 이룰 수 있도록 함으로써 자녀의 복리를 실현하는 것을 목적으로 하고, 제3자와의 관계에서 손해배상책임의 근거가 되는 감독의무를 부과하는 규정이라고 할 수 없다. 비양육친은 이혼 후에도 자녀의 양육비용을 분담할 의무가 있지만, 이것만으로 비양육친이 일반적, 일상적으로 자녀를 지도하고 조언하는 등 보호·감독할 의무를 진다고 할 수 없다. 이처럼 비양육친이 미성년자의 부모라는 사정만으로 미성년 자녀에 대하여 감독의무를 부담한다고 볼 수 없다.

다만 비양육친도 부모로서 자녀와 면접교섭을 하거나 양육친과의 협의를 통하여 자녀 양육에 관여할 가능성이 있는 점을 고려하면, ① 자녀의 나이와 평소 행실, 불법행위의 성질과 태양, 비양육친과 자녀 사이의 면접교섭의 정도와 빈도, 양육환경, 비양육친의 양육에 대한 개입 정도 등에 비추어 비양육친이 자녀에 대하여 실질적으로 일반적이고 일상적인 지도, 조언을 함으로써 공동 양육자에 준하여 자녀를 보호·감독하고 있었거나, ② 그러한 정도에는 이르지 않더라도 면접교섭 등을 통해 자녀의 불법행위를 구체적으로 예견할 수 있었던 상황에서 자녀가 불법행위를 하지 않도록 부모로서 직접 지도, 조언을 하거나 양육친에게 알리는 등의 조치를 취하지 않은 경우 등과 같이 비양육친의 감독의무를 인정할 수 있는 특별한 사정이 있는 경우에는, 비양육친도 감독의무 위반으로 인한 손해배상책임을 질 수 있다.

[관련규정] 제750조, 제755조 제1항, 제837조의2 제1항, 제913조, 민사소송법 제288조

[해설 및 논평]

1. 해설

본 판결 사안에서는 책임능력이 있는 미성년 아들(A)의 행위로 인하여 타인(B)이 사망한 경우에 친권자도 양육자도 아닌 아버지(비양육친인 피고)가 불법행위책임을 지는지 문제되었다. 본 판결은 이에 대하여 최초로 판시를 하였다.

(1) 책임능력 있는 미성년자의 친권자 책임

민법 제755조는 책임능력이 없어서 불법행위책임을 지지 않는 경우에 책임무능력자를 감독할 법정의무자(대리감독자도 같음)가 ― 감독의무를 게을리하지 않았음을 증명하지 못하는 한 ― 책임을 지도록 하고 있다. 그에 비하여 가해자가 책임능력이 있으면 제755조에 의하여 친권자에게 책임을 물을 수는 없다. 그런데 특히 미성년자는 변제자력이 없어서 문제이다. 피해자 보호를 위해서는 이때도 감독의무자의 책임을 인정할 필요가 있다. 이와 관련하여 본 판결은, 미성년자가 책임능력

이 있어 스스로 불법행위책임을 지는 경우에도 그 손해가 미성년자의 감독의무자의 의무 위반과 상당인과관계가 있으면 감독의무자는 민법 제750조에 따라 일반불법행위자로서 손해배상책임이 있으며, 이 경우 그러한 감독의무 위반사실과 손해 발생과의 상당인과관계는 이를 주장하는 자가 증명하여야 한다고 한다. 이는 종래의 판례를 따른 것이다(대판(전원) 1994. 2. 8, 93다13605 참조).

나아가 본 판결은, 미성년 자녀를 양육하며 친권을 행사하는 부모는 미성년자가 타인에게 불법행위를 하지 않고 정상적으로 학교 및 사회생활을 하도록 일반적, 일상적으로 지도와 조언을 할 보호·감독의무를 부담하고, 따라서 그러한 부모는 미성년자의 감독의무자로서 미성년자의 불법행위에 대하여 손해배상책임을 질 수 있다고 한다.

(2) 책임능력 있는 미성년 자녀의 비양육친의 책임 여부

문제는 이혼으로 인하여 부모 중 1명이 친권자 및 양육자로 지정된 경우 그렇지 않은 부모(즉 비양육친)도 친권자와 동일하게 책임을 지는지이다. 그에 대하여 본 판결은, 비양육친이 미성년자의 부모라는 사정만으로 미성년 자녀에 대하여 감독의무를 부담한다고 볼 수 없다고 한다. 다만, 비양육친이 자녀에게 실질적으로 일반적, 일상적인 지도와 조언을 하여 왔다거나 자녀의 불법행위를 구체적으로 예견할 수 있었다는 등의 특별한 사정이 있는 경우에는 비양육친도 감독의무 위반으로 인한 손해배상책임을 질 수 있다고 한다.

(3) 본 판결 사안의 경우

본 판결은, 피고는 A의 아버지이지만 A가 어릴 때 C와 이혼한 이후로 A의 친권자 및 양육자가 아니므로, 특별한 사정이 없는 한 B의 유족인 원고들에 대하여 감독의무 위반으로 인한 손해배상책임을 부담하지 않는다고 한다.

2. 논평

본 판결은 현재의 법상으로는 무난하다.

50. 명의대여자의 사용자책임

◆ 대판 1994. 10. 25. 94다24176
[손해배상(산)](강의 D-445, 채각 [272])

[쟁점] 어떤 사업에 관하여 자기 명의를 사용할 것을 허용한 경우에 명의사용자의 그 업무수행상 불법행위에 대하여 사용자책임이 있는지 여부. 명의대여의 경우 제756조 소정의 사용자책임의 요건으로서의 사용관계 유무의 결정기준

[사실관계]

(1) 피고 회사의 대표이사인 소외 A는 1992. 10. 초순경 대구고등법원으로부터 그 법원장 관사 건물에 대한 페인트 도색공사의 도급을 의뢰받았으나 피고 회사로서는 이를 도급받을 처지가 되지 못하여 그 공사를 처남의 친구로서 평소 잘 알고 지내던 소외 B에게 소개를 해 주었다. 그리고 자신의 명의로 사업자등록이 되어 있지 않은 B로부터 부탁을 받아 A는 B가 그 공사를 도급받을 수 있도록 피고 회사 명의의 견적서 및 세금계산서를 발행해 주었다.

(2) 이에 따라 B는 피고 회사 명의로 위 도색공사를 도급받았으나 피고 회사의 관여 없이 도장공인 원고 C 등을 일용노동자로 고용하여 독자적으로 위 공사를 시행하였다. 그러던 중 B가 도색작업용인 3단의 철골구조물을 설치하면서 각 단의 앞뒤에 X자형의 받침대를 설치하거나 창틀 등에 고정시키지 않고 C에게 도색작업을 지시한 과실로 위 철골구조물이 옆으로 넘어지는 바람에 그 위에 놓인 사다리에 올라가 도색작업을 하던 C가 지면으로 떨어져 상해를 입었다.

(3) 이에 원고 C는 피고 회사를 상대로, 피고 회사는 명의대여자로서 제756조에 의하여 이 사건 사고로 인하여 원고가 입은 손해를 배상할 책임이 있다고 주장하면서 이 사건 소를 제기하였다.

[판결요지]

타인에게 어떤 사업에 관하여 자기의 명의를 사용할 것을 허용한 경우에 그 사업이 내부관계에 있어서는 타인의 사업이고 명의자의 고용인이 아니라 하더라도 외부에 대한 관계에 있어서는 그 사업이 명의자의 사업이고, 또 그 타인은 명의자의 종업원임을 표명한 것과 다름이 없으므로 명의사용을 허가받은 사람이 업무수행을 함에 있어 고의 또는 과실로 다른 사람에게 손해를 끼쳤다면 명의사용을 허락한 사람은 민법 제756조에 의하여 그 손해를 배상할 책임이 있다고 할 것이다(당원 1959. 2. 19. 선고 4290민상829 판결; 1969. 1. 28. 선고 67다2522 판결 등 참조).

명의대여관계의 경우 민법 제756조가 규정하고 있는 사용자책임의 요건으로서의 사용관계가 있느냐 여부는 실제적으로 지휘, 감독을 하였느냐의 여부에 관계없이 객관적으로 보아 사용자가 그 불법행위자를 지휘, 감독해야 할 지위에 있었느냐의 여부를 기준으로 결정하여야 할 것이다(당원 1987. 12. 8. 선고 87다카459 판결 참조).

이 사건에서와 같이 일정한 수준의 기술인력과 장비 시설 등 자격요건을 구비하지 않고는 할 수 없는 건설관계사업의 경우, 피고 회사가 그러한 사업명의를 타인에게 대여하였을 때에는 그에 따른 위험을 방지하기 위하여 명의대여자인 피고 회사는 명의사용인 소외 B로 하여금 불법행위로 인해 타인에게 손해를 입게 하지 않도록 지휘, 감독해야 할 의무와 책임을 부담하고 있다고 할 것이다.

그럼에도 불구하고 원심이 피고 회사가 소외 B로 하여금 이 사건 도색공사에 관하여 자기의 명의를 사용할 것을 허용한 사실을 인정하면서도 위와 같은 법리에 착안하지 아니하고, 명의대여자인 피고 회사가 그 명의를 빌린 소외 B를 사실상으로 지휘, 감독하는 관계에 있었다고 보기 어렵다는 이유만으로 피고에게 아무런 책임이 없다고 단정한 원심판결은 사용자책임에 관한 법리를 오해한

위법이 있 … 다.

[관련규정] 제756조

[해설 및 논평]
1. 해설
본 판결은 세 부분으로 나누어 살펴볼 수 있다. 명의대여의 경우에 사용자책임을 인정한 부분, 명의대여의 경우 사용자책임의 요건 중 하나인「사용관계」를 어떻게 판단할 것인가에 대한 부분, 본 판결 사안의 경우에 사용관계가 있는지에 대한 판단부분이 그것이다.

(1) 명의대여와 사용자책임
본 판결은 종래의 판례에 따라서, 명의사용을 허가받은 사람이 업무수행을 함에 있어 고의 또는 과실로 다른 사람에게 손해를 끼쳤다면 명의사용을 허락한 사람은 제756조에 의하여 그 손해를 배상할 책임이 있다고 한다. 본 판결의 이 부분만 보면 다른 요건이 더 필요하지 않은 것처럼 보인다. 그러나 그 아래에서「사용관계」에 대하여 추가로 판시하고 있으므로 그 요건도 구비해야 한다.

(2) 명의대여의 경우「사용관계」의 판단
사용자책임이 인정되려면 사용관계가 존재해야 한다. 그런데 본 판결은, 명의대여관계의 경우에 사용관계가 있느냐 여부는 실제적으로 지휘, 감독을 하였느냐의 여부에 관계없이 객관적으로 보아 사용자가 그 불법행위자를 지휘, 감독해야 할 지위에 있었느냐의 여부를 기준으로 결정하여야 할 것이라고 한다(종래도 같음). 이는 피해자보호를 위한 것이다. 그리고 이 법리의 결과 — 직무행위에 관한 외형이론의 경우와 달리 — 피해자가 명의대여관계를 알았거나 중대한 과실로 인하여 알지 못하였어도 사용자책임이 인정된다.

(3) 본 판결 사안의 경우
본 판결은, 그 사안에서의 사건에서와 같이 일정한 수준의 기술인력과 장비 시설 등 자격요건을 구비하지 않고는 할 수 없는 건설관계사업의 경우에 피고 회사가 그러한 사업명의를 타인에게 대여하였을 때에는, 그에 따른 위험을 방지하기 위하여 명의대여자인 피고 회사는 명의사용자인 B로 하여금 불법행위로 인해 타인에게 손해를 입게 하지 않도록 지휘, 감독해야 할 의무와 책임을 부담하고 있다고 한다. 즉 사용관계가 인정된다는 것이다. 그리하여 피고 회사의 사용자책임을 인정하였다.

한편 과거에 대법원이 숙박업허가 명의대여의 경우에 사용자책임을 부정한 적이 있다(대판 1993. 3. 26, 92다10081). 숙박업은 허가명의자에 중점을 두어 그 허가기준을 마련하고 있는 것이 아니라 시설물을 기준으로 하여 허가를 하고 있고, 허가명의를 양도하는 경우 등에도 별다른 제한 없이 그 지위를 승계하는 것으로 규정하고 있음을 이유로 든다. 이 판결을 참고해서 보면, 우리 판례는 명의자의 자격이 중요한 법률관계에서는 명의대여자에게 예외 없이 객관적으로 사용관계를 인정하나, 명의대여라고 하여 언제나 사용관계를 인정하는 것은 아니다.

2. 논평
본 판결은 받아들일 만하다.

[주요 평석 문헌] 안철규, "명의대여자의 사용자책임," 재판과 판례(대구판례연구회), 5집, 277면 이하; 이혁우, "타인이 공사를 도급받을 수 있도록 명의만을 대여하여 준 자도 (이하 생략)," 대법원판례해설, 22호, 215면 이하.

제4장
채권법각론

51. 사용자책임의 요건

◆ 대판 1999. 1. 26. 98다39930
[약속어음금](강의 D-446, 채각 [273])

[쟁점] 민법 제756조 소정의 사용자책임의 요건인 '사무집행에 관하여'의 의미 및 판단기준. 피해자에게 피용자의 불법행위에 대한 악의 또는 중과실이 인정되는 경우 사용자책임의 성립 여부(소극) 및 사용자책임이 면제되는 피해자의 중대한 과실의 의미

[사실관계]

(1) 소외 1은 1993. 7.경부터 피고 은행 양재동 지점에서 여신대상기업의 재무상태나 사업성 여부를 검토하는 여신심사 및 품의·사후관리 업무 등을 담당하는 심사역(직급: 대출담당 차장)으로 근무하여 왔다.

(2) 피고 은행에 있어 심사역은 내부적인 업무만을 처리할 뿐 대외적으로 피고 은행을 대리하여 대출실행이나 수신업무를 할 수 있는 권한이 없고, 피고 은행은 심사역의 업무를 제외한 제반 업무를 통할하고 소속직원을 지휘·감독하기 위해 영업통할책임자를 두고 있으며 영업통할책임자가 대출실행이나 수신업무를 담당하고 있다.

(3) 그런데 위 소외 1은 1995. 12. 초순경 그가 담당하고 있던 소외 한도중공업 주식회사(이하 한도중공업이라고만 함)의 대표이사인 소외 갑으로부터 한도중공업이 자금난에 빠져 있으므로 한도중공업 발행의 이 사건 약속어음에 피고 은행 명의의 배서를 하여 줌으로써 한도중공업이 돈을 차용하는데 신용을 높여 달라는 부탁을 받고, 피고 은행의 거래처인 한도중공업의 부도를 막기 위해 임의로 창구직원이 보관·사용하는 고무인과 약인을 이 사건 약속어음의 이면에 압날하여 위 갑에게 교부하였다. 소외 한도중공업 주식회사가 발행한 이 사건 어음의 이면에는 제1배서인으로 피고 주식회사 한미은행 양재지점(이것이 소외 1이 고무인 등을 압

날한 것임), 제2배서인으로 소외 삼리기계 주식회사, 제3배서인으로 원고가 각 기재되어 있다.

(4) 원고는, 위 소외 1이 위 배서와 관련한 권한이 있다는 등의 이유로 피고는 이 사건 어음의 배서인으로서 소지인인 원고에게 이 사건 어음금을 지급할 책임이 있고, 위 배서가 효력이 없다면 피고는 소외 1의 사용자로서 그 사무집행에 관하여 원고가 입은 이 사건 어음금 상당의 손해를 배상할 책임이 있다고 하면서, 이 사건 소를 제기하였다.

[판결요지]

원심이 위 소외 1의 배서위조행위가 외관상으로 보더라도 그 직무권한 내의 행위와 밀접하여 권한 내의 행위로 보이지 아니하고 또한 원고가 이 사건 어음을 취득함에 있어 위 소외 1의 배서위조행위가 피고 은행의 사무집행행위에 해당하지 않음을 중대한 과실로 알지 못하였다고 하여 피고의 사용자책임을 부인한 것은 다음과 같은 이유로 수긍하기 어렵다.

민법 제756조에 규정된 사용자책임의 요건인 사무집행에 관하여라는 뜻은 피용자의 불법행위가 외형상 객관적으로 사용자의 사업활동 내지 사무집행행위 또는 그와 관련된 것이라고 보여질 때에는 행위자의 주관적 사정을 고려함이 없이 이를 사무집행에 관하여 한 행위로 본다는 것이고, 외형상 객관적으로 사용자의 사무집행에 관련된 것인지의 여부는 피용자의 본래 직무와 불법행위와의 관련 정도 및 사용자에게 손해발생에 대한 위험창출과 방지조치 결여의 책임이 어느 정도 있는지를 고려하여 판단하여야 하는 것이며(대법원 1995. 10. 13. 선고 94다38168 판결, 1996. 1. 26. 선고 95다46890 판결 등 참조), 피용자의 불법행위가 외관상 사무집행의 범위 내에 속하는 것으로 보이는 경우에 있어서도 피용자의 행위가 사용자나 사용자에 갈음하여 그 사무를 감독하는 자의 사무집행행위에 해당하지 않음을 피해자 자신이 알았거나 중대한 과실로 인하여 알지 못한 경우에는 사용자

책임을 물을 수 없다고 할 것인데(대법원 1996. 12. 10. 선고 95다17595 판결, 1998. 3. 27. 선고 97다19687 판결 등 참조), 이 경우 중대한 과실이라 함은 거래의 상대방이 조금만 주의를 기울였더라면 피용자의 행위가 그 직무권한 내에서 적법하게 행하여진 것이 아니라는 사정을 알 수 있었음에도 만연히 이를 직무권한 내의 행위라고 믿음으로써 일반인에게 요구되는 주의의무에 현저히 위반하는 것으로 거의 고의에 가까운 정도의 주의를 결여하고, 공평의 관점에서 상대방을 구태여 보호할 필요가 없다고 봄이 상당하다고 인정되는 상태를 말한다고 할 것이다(대법원 1998. 7. 24. 선고 97다49978 판결 참조).

[관련규정] 제756조

[해설 및 논평]

1. 해설

본 판결 사안에서 원고가 주장한 것은 크게 두 가지이다. 하나는 소외 1의 배서행위가 유효하다는 것이고, 다른 하나는 소외 1의 배서행위가 무효라고 하면 소외 1의 행위가 사무집행에 관한 행위에 해당하므로 소외 1의 사용자인 피고 은행이 사용자책임을 져야 한다는 것이다. 그런데 여기서는 후자에 관하여만 논의하기로 한다.

사용자책임이 인정되려면 피용자가 「그 사무집행에 관하여」 손해를 가했어야 한다(756조 1항 본문). 여기서 어떤 행위가 사무집행에 관한 행위인지 문제된다. 그에 대하여 대법원은 이른바 외형이론을 취하고 있다. 그런데 초기의 판례는, 원칙적으로 피용자의 직무범위에 속하는 행위이어야 할 것이지만 직무집행행위 자체는 아닐지라도 그 행위의 외형으로 관찰하여 마치 직무범위 내에 속하는 것과 같이 보이는 행위도 포함된다고 하였다. 그런데 근래에는 본 판결과 같이 판시하고 있다. 즉 「사용자책임의 요건인 사무집행에 관하여라는 뜻은 피용자의 불법행위가 외형상 객관적으

로 사용자의 사업활동 내지 사무집행행위 또는 그와 관련된 것이라고 보여질 때에는 행위자의 주관적 사정을 고려함이 없이 이를 사무집행에 관하여 한 행위로 본다는 것이고, 외형상 객관적으로 사용자의 사무집행에 관련된 것인지의 여부는 피용자의 본래 직무와 불법행위와의 관련 정도 및 사용자에게 손해발생에 대한 위험창출과 방지조치 결여의 책임이 어느 정도 있는지를 고려하여 판단하여야 하는 것」이라고 한다. 대법원은 이전부터 여러 차례 이렇게 판시하였으며, 그것을 본 판결에서 다시 한 번 명백히 하였다. 이러한 외형이론은 기준이 불명확하다는 단점은 있으나, 피해자를 두텁게 보호할 수 있는 장점이 있다.

한편 본 판결은, 피용자의 불법행위가 외관상 사무집행의 범위 내에 속하는 것으로 보이는 경우에 있어서도 피용자의 행위가 사용자나 사용자에 갈음하여 그 사무를 감독하는 자의 사무집행행위에 해당하지 않음을 피해자 자신이 알았거나 중대한 과실로 인하여 알지 못한 경우에는 사용자책임을 물을 수 없다고 한다. 즉 피해자가 악의이거나 선의이지만 중과실이 있는 경우에는 사용자책임이 인정되지 않는다는 것이다. 이는 본래 외형이론이 피용자와 거래한 상대방의 신뢰를 보호하려는 데서 출발하였기 때문에 두어진 제한이다. 본 판결의 이러한 판시도 이전에 행하였던 것을 되풀이한 것이다.

본 판결은 이 경우의 중과실이 어떠한 것인지에 대하여도 판시하고 있다. 그 내용도 종래 있었던 것이다.

2. 논평

본 판결의 태도는 타당하다.

[주요 평석 문헌] 이석웅, "사용자책임의 요건인 직무관련성의 의미 및 판단기준과 사용자책임이 면책되는 중과실의 의미," 대법원판례해설, 32호, 157면 이하.

52. 가해자 불명의 공동불법행위

◈ 대판 2008. 4. 10. 2007다76306
[구상금](강의 D-463, 채각 [284])

[쟁점] 제760조 제2항의 입법취지 및 개별행위와 손해발생 사이의 인과관계에 관한 증명책임의 소재(=개별 행위자)

[사실관계]
(1) 망 소외 1이 2002. 10. 23. 23:10경 혈중알콜농도 0.21%의 술에 취한 상태에서 그 소유의 오토바이(이하 1차량이라 함)를 운전하여 천안시 직산방면에서 평택방면으로 진행하던 중 천안시 성환읍 매주리 성환자동차 매매상사 앞 노상에 이르러 중앙선을 침범한 과실로 때마침 반대차선에서 마주 오던 소외 2 운전의 차량(이하 2차량이라 함)과 충돌하여 그 충격으로 자신이 진행하던 차로로 떨어졌고, 이어서 위 1차량을 뒤따르던 번호 불상(뺑소니)의 차량(이하 3차량이라 함)이 망 소외 1을 2차로 충돌하여 1차량 진행방향 1차로로 떨어졌으며, 그로부터 약 5분 후 위 3차량을 뒤따르던 피고 운전의 차량(이하 4차량이라 함)이 망 소외 1을 충돌하여 약 20m가량 끌고 진행하였다.
(2) 그 후 망 소외 1은 위 사고로 인한 경수 손상을 원인으로 사망(이하 이 사건 사고라고 함)하였다. 그런데 소외 1이 3차례에 걸친 충돌사고 중 어느 사고로 인하여 사망에 이르게 된 것인지는 정확히 알 수 없다.
(3) 원고는 자동차손해배상보장법 및 그 시행령에 의하여 건설교통부장관으로부터 자동차손해배상보장사업에 관한 업무를 위탁받은 보험회사로서, 2003. 6. 13. 정부를 대행하여 피해자의 유족들에게 자동차손해배상보장법 제26조 제1항(책임보험금 지급)에 의하여 보상금 8천만 원을 지급하였다.
(4) 그 후 원고는 이 사건 사고에 책임이 있는 피고(2차량 운전자와 공동불법행위라고 주장함)를 상대로, 원고가 지급한 보상금에 대한 구상금의 지급을 구하는 소를 제기하였다.

[판결요지]
1. 민법 제760조 제2항은 같은 조 제1항에서 말하는 공동의 불법행위로 보기에 부족한, 여러 사람의 행위가 경합하여 손해가 생긴 경우, 입증책임을 덜어줌으로써 피해자를 보호하려는 입법정책상의 고려에 따라 각각의 행위와 손해 발생 사이의 인과관계를 법률상 추정한 것이므로, 이러한 경우 개별 행위자가 자기의 행위와 손해 발생 사이에 인과관계가 존재하지 아니함을 입증하면 면책되고, 손해의 일부가 자신의 행위에서 비롯된 것이 아님을 입증하면 배상책임이 그 범위로 감축된다(대법원 2006. 2. 24. 선고 2005다57189 판결 참조).
2. … 앞서 본 바와 같은 법리를 기초로 위와 같은 사정들 및 기록에 비추어 살펴보면, 위와 같은 3차례의 충돌에 의한 이 사건 교통사고로 인하여 위 피해자가 사망에 이르게 된 손해는, 설사 민법 제760조 제1항에 기한 협의의 공동불법행위로 인한 손해에 해당한다고 인정할 수 없다고 하더라도, 적어도 민법 제760조 제2항에서 말하는 이른바 가해자 불명의 공동불법행위로 인한 손해에는 해당한다고 볼 여지가 있고, 따라서 이 사건 교통사고와 관련된 피고를 포함한 '공동 아닌 수인'의 각각의 행위(다만, 고의 또는 과실에 의한 위법·유책한 행위임을 전제로 하는 것이다)와 위 손해 발생 사이의 상당인과관계는 일응 법률상 추정되므로, 위 3차 충돌사고를 야기한 차량의 운전자인 피고가 위 법조항에 따른 공동불법행위자로서의 책임을 면하기 위하여서는 자기의 행위와 위 손해 발생 사이에 상당인과관계가 존재하지 아니함을 적극적으로 주장·입증하여야 할 것이다.
그럼에도 원심이 위와 같이 피고 운전 차량에 의한 위 3차 충돌 당시 망 소외 1이 생존하였음이 인정되지 아니하는 이상 피고의 위 운전행위와 망 소외 1의 사망 사이에 상당인과관계가 존재한다고 할 수 없다는 취지로 판단한 것은, ⋯ 민법 제760조 제2항에 기한 공동불법행위책임의 주장에 관하여 그 판단을 누락하였거나, ⋯ 민법 제760조 제2항에 관한 법리를 오해한 위법이 있다고 할 것이다.

[관련규정] 제760조 제2항, 민소 제288조

[해설 및 논평]

1. 해설

본 판결 사안에서 원고는 3차 사고와 피해자의 사망 사이에 연관이 없다는 점을 피고가 증명하지 못하는 한 제760조 제1항 및 제2항에 기하여 피고는 공동불법행위책임을 면할 수 없다는 취지의 주장을 하였다. 그런데 본 판결에서는 제760조 제1항에 대하여는 판단을 유보하고 동조 제2항에 관하여만 판단하였다.

제760조 제2항에 관한 판결은 극히 드물다. 이는 대법원이 협의의 공동불법행위의 요건인 행위의 관련·공동성을 객관적 관련·공동으로 충분하다고 하여 공동불법행위를 넓게 인정하고, 공동행위자와 손해발생 사이의 상당인과관계가 인정되면 협의의 공동불법행위를 인정하고 인과관계가 부정되면 아예 공동불법행위를 부정하는 경향에 그 원인이 있는 듯하다. 그러나 협의의 공동불법행위와 가해자 불명의 공동불법행위는 따로 규정되어 있고 요건도 다르므로, 두 불법행위는 올바르게 구분되어야 하며, 동조 제2항도 적극적으로 적용되어야 한다.

협의의 공동불법행위와 가해자 불명의 공동불법행위는 요건과 관련해서는 우선, 전자에서는 각 행위자의 가해행위들 사이에 관련·공동성이 있어야 하나(공동의 불법행위라고 규정하므로) 후자에서는 수인이 공동성은 없이 가해할 위험성이 있는 행위를 했으면 충분하다. 그리고 – 판례에 의하면 – 전자에서는 공동불법행위자들의 각 행위가 각자 독

립하여 손해와 그 상당인과관계가 인정되어야 하나(대판 1997. 8. 29, 96다46903. 그런데 판례는 이를 넓게 인정함), 후자에서는 공동불법행위자들의 각 행위와 손해 사이의 상당인과관계의 존부가 불분명한 상태이면 충분하다. 그리고 요건의 증명과 관련해서는, 전자에서는 피해자측에서 상당인과관계를 포함한 요건 전부를 주장·증명해야 하나, 후자에서는 상당인과관계의 존재는 피해자측이 증명할 필요가 없고(나머지는 피해자측이 증명), 오히려 면책을 주장하는 가해자가 상당인과관계가 부존재함을 주장·증명해야 한다. 본 판결은 바로 이 점에 대해서 처음으로 판시한 것이다. 다음에 효과와 관련해서, 전자에서는 공동불법행위자는 그들 사이에서의 내부적인 구상관계에서는 자신의 기여도에 따른 책임의 제한 등이 가능하나 피해자에 대한 관계에서는 그것이 불가능하지만(대판 2005. 11. 10, 2003다66066; 대판 1998. 6. 12, 96다55631 참조), 후자에서는 – 공간되지 않은 판례에 따르면 – 행위자가 자신의 기여도에 대한 증명을 통하여 배상책임의 면책 또는 제한을 받는 것이 허용된다(강승준 평석 213면).

2. 논평

본 판결은 적절하다.

[주요 평석 문헌] 강승준, "민법 제760조 제2항에 있어서 개별행위와 손해 발생 사이의 인과관계에 관한 증명책임," 대법원판례해설, 75호, 201면 이하.

제4장
채권법각론

53. 공동불법행위에서의 과실상계

◆ 대판 1998. 6. 12, 96다55631
[손해배상(자)](강의 D-465, 채각 [286])

[쟁점] 공동불법행위의 성립요건. 공동불법행위
책임에 대한 과실상계에 있어서 피해자의 공동불
법행위자 각인에 대한 과실비율이 다른 경우에 피
해자 과실의 평가방법

[사실관계]

(1) 소외 1이 1994. 9. 20. 12:30경 그레이스 승
합차를 운전하여 경북 군위군 소재 편도 1차선인
5번 국도상을 시속 약 50km로 중앙선을 침범하여
운행하다가 반대편에서 진행해 오던 소외 A 운전
의 프레스토 승용차의 앞 좌측 부분을 위 그레이
스 승합차의 앞범퍼 좌측 부분으로 들이받았다(이
하 1차 충돌사고라 함).

(2) 피고는 소나타 승용차를 운전하여 위 프레
스토 승용차의 바로 뒤를 따라 내리막 커브길인
위 도로를 운행하던 중 위와 같이 충돌되어 도로
가장자리에 걸쳐 있는 프레스토 승용차를 미처 피
하지 못하고 위 소나타 승용차의 앞범퍼 우측 부
분으로 위 프레스토 승용차의 좌측 앞문짝 부분을
들이받았다(이하 2차 충돌사고라 함).

(3) 위 교통사고로 인하여 위 프레스토 승용차
의 운전자인 A가 사망하고, 위 프레스토 승용차에
동승하고 있던 A의 가족들인 원고 B, C, D, E가
상해를 입었다.

(4) 피고가 2차 충돌사고를 일으키게 된 것은
내리막 커브 길에서 전방을 제대로 주시하지 않고
다소간 과속한 상태에서 앞차와의 안전거리를 유
지하지 않고 운행했기 때문이다.

(5) 이러한 상태에서 원고들은 원래 소외 1과
피고를 공동피고로 하여 손해배상청구소송을 제
기하였는데, 제1심 계속 중에 「조정에 갈음하는
결정」이 확정되어 원고들과 소외 1 사이에는 소의
취하가 있는 것으로 보게 되었다. 그리하여 그 후

에는 피고에 대해서만 소송이 진행되었다.

[판결요지]

공동불법행위의 성립에는 공동불법행위자 상호
간에 의사의 공통이나 공동의 인식이 필요하지 아
니하고 객관적으로 각 그 행위에 관련공동성이 있
으면 족하고 그 관련공동성 있는 행위에 의하여
손해가 발생하였다면 그 손해배상책임을 면할 수
없으며(당원 1982. 6. 8. 선고 81다카1130 판결, 1988.
4. 12. 선고 87다카2951 판결, 1997. 11. 28. 선고 97다
18448 판결 등 참조), 또한 공동불법행위책임은 가
해자 각 개인의 행위에 대하여 개별적으로 그로
인한 손해를 구하는 것이 아니라 그 가해자들이
공동으로 가한 불법행위에 대하여 그 책임을 추궁
하는 것으로, 법원이 피해자의 과실을 들어 과실
상계를 함에 있어서는 피해자의 공동불법행위자
각인에 대한 과실비율이 서로 다르더라도 피해자
의 과실을 공동불법행위자 각인에 대한 과실로 개
별적으로 평가할 것이 아니고 그들 전원에 대한
과실로 전체적으로 평가하여야 하는 것이다(당원
1991. 5. 10. 선고 90다14423 판결, 1997. 4. 11. 선고 97
다3118 판결 등 참조).

사실관계가 원심이 확정한 바와 같다면, 소외 1
과 피고에 의하여 발생한 위 1, 2차 충돌사고는
객관적으로 보아 그 행위에 관련공동성이 있다고
할 것이므로 소외 1과 피고는 공동불법행위자로
서 위 1, 2차 충돌사고로 야기된 위 사망이나 상
해로 인한 손해배상책임의 전부에 대하여 연대책
임을 부담한다고 할 것이고, 이 사건 사고를 야기
함에 있어서 피고보다는 오히려 위 소외 1에게 보
다 큰 과실이 있다거나 망인과 원고들 측의 손해
가 주로 위 소외 1에 의한 1차 충돌사고로 인하여
일어난 것으로 피고에 의한 2차 충돌사고는 이 사
건 손해에 기여한 정도가 비교적 작다는 등의 사
정이 인정된다고 하여 달리 볼 것은 아니라고 하
겠다.

원심이, 위 1, 2차 충돌사고가 공동불법행위에

해당하므로 피고는 위 1, 2차 충돌사고로 야기된 사망이나 상해의 결과에 대하여 위 소외 1과 연대하여 손해배상책임이 있다고 판단하고서도, 앞에서 본 바와 같은 사정 등을 들어 망인 및 원고들과 피고 사이에 있어서 피고가 부담하여야 할 책임 부분은 전체의 30%로 봄이 상당하다고 판단하고 만 조치는 이유모순에 해당할 뿐 아니라 공동불법행위자의 손해배상책임에 관한 법리를 오해한 나머지 판결에 영향을 미친 위법을 저지른 것이라고 할 것이다.

[관련규정] 제750조, 제760조, 제763조, 제396조

[해설 및 논평]

1. 해설

본 판결은 공동불법행위와 관련하여 두 가지 중요한 사항에 대하여 판단하고 있다. 하나는 공동불법행위를 성립시키는 각 가해행위 사이의 관련·공동성의 의미에 대한 것이고, 다른 하나는 피해자의 과실을 어떻게 평가할 것인가에 대한 것이다. 이들 문제에 관한 본 판결은 최초의 것은 아니며, 종래의 판례를 다시 확인한 것이다.

(1) 관련·공동성의 의미

공동불법행위가 성립하려면 각 행위자의 가해행위 사이에 관련·공동성이 있어야 한다. 그런데 이 관련·공동성의 의미에 대하여는 논란이 있다. 학설은 i) 행위자들 사이에 공모 내지 공동의 인식이 필요하다는 주관적 공동설, ii) 행위자들의 공모 내지 공동의 인식은 필요하지 않으며 객관적으로 관련·공동하고 있으면 된다고 하는 객관적 공동설 등 여러 견해로 나뉘어 있다(강의 D-461, 채각 [283] 참조).

본 판결은, 공동불법행위의 성립에는 공동불법행위자 상호간에 의사의 공통이나 공동의 인식이 필요하지 아니하고 객관적으로 각 그 행위에 관련 공동성이 있으면 족하다고 하여 객관적 공동설의 입장에 있다.

(2) 과실상계 문제

공동불법행위의 경우에 피해자의 과실을 참작할 때 공동불법행위자 각자에 대하여 별도로 정할 수 있는지 전원에 대한 과실로 전체적으로 평가해야 하는지 문제된다. 여기에 관하여 본 판결은, 피해자의 공동불법행위자 각인에 대한 과실비율이 서로 다르더라도 피해자의 과실을 공동불법행위자 각인에 대한 과실로 개별적으로 평가할 것이 아니고 그들 전원에 대한 과실로 전체적으로 평가하여야 할 것이라고 한다. 그리고 그 사안에서 소외 1과 피고는 손해배상책임의 전부에 대하여 연대책임을 부담한다고 하면서 피고의 책임을 일부만 인정한 원심을 파기하였다.

그런데 대법원은 다른 판결에서, 피해자가 공동불법행위자들을 모두 피고로 삼아 한꺼번에 손해배상청구의 소를 제기한 경우와 달리 공동불법행위자별로 별개의 소를 제기하여 소송을 진행하는 경우에는 각 소송에서 제출된 증거가 서로 다르고 이에 따라 교통사고의 경위와 피해자의 손해액산정의 기초가 되는 사실이 달리 인정됨으로 인하여 과실상계비율과 손해액도 서로 달리 인정될 수 있다고 한다(대판 2001. 2. 9, 2000다60227). 이 판결에 따르면, 공동불법행위에서 피해자의 과실을 전체적으로 평가해야 한다는 본 판결의 내용은 공동불법행위자별로 별개의 소를 제기하여 소송을 진행하는 경우에는 인정되지 않을 수 있게 된다.

2. 논평

본 판결은 적절하다.

[주요 평석 문헌] 권순일, "공동불법행위와 과실상계," 법조, 47권 11호, 140면 이하; 이광범, "공동불법행위자의 기여율에 따른 감책이 가능한지 여부," 판례실무연구, 3권, 121면 이하; 정태윤, "공동불법행위에서의 과실상계," 민사판례연구, 22권, 306면 이하.

제4장
채권법각론

54. 불법행위로 인한 손해배상채권의 소멸시효

◈ 대판 1998. 11. 10, 98다34126
[손해배상(기)](강의 D-509·510·427, 채각
[316]·[317]·[259])

[쟁점] 담보물을 멸실·훼손하거나 담보가치를 감소시킨 불법행위로 인하여 발생한 손해배상채권의 범위 및 발생시기. 불법행위로 인한 손해배상청구권의 단기 소멸시효의 기산일인 민법 제766조 제1항 소정의 '그 손해 및 가해자를 안 날'의 의미와 형사소추와의 관계. 법인의 대표자가 가해자에 가담하여 법인에 대한 공동불법행위가 성립하는 경우에 그로 인한 손해배상청구권의 단기 소멸시효의 기산점

[사실관계](이 사실관계는 곽종훈, 대법원판례해설, 31호, 37면·38면에서 약간 수정하여 인용함)

(1) 피고 A는 원고 조합(법인인 지역 농업협동조합임)의 조합장으로, 피고 B는 원고 조합의 전무로, 피고 C는 원고 조합의 판매·대부·신용부장으로, 피고 D는 원고 조합의 판매계에서 대출 담보물인 인삼을 관리하는 담당서기로 각 근무하였다(다른 피고들도 있으나 논점과 직접 관련이 없어서 생략함).

(2) 원고 조합은 1990.경부터 인삼을 위탁판매의 대상품목으로 결정하였다. 그리고 인삼상인들이 원고 조합으로 인삼을 가져오면 그들과 위탁판매계약을 체결한 뒤 판매위탁을 받은 인삼을 담보삼아 인삼 시가 조사표의 약 80%에 상응하는 액수의 금전을 위탁자에게 대출금 형식으로 지급하고, 원고 조합은 담보물인 인삼을 수탁자별로 창고에 보관해 왔다.

(3) 이와 같이 보관된 인삼은 원고 조합이 이를 직접 판매해야 하지만, 인삼상인들이 인삼시세를 더 잘 알고 있을 뿐더러 인삼은 오래 보관하면 변질이 될 우려가 있기 때문에, 원고 조합은 인삼상인들로 하여금 위탁한 인삼을 직접 팔아 대출금을

상환하도록 하되, 판매를 위하여 보관 중인 인삼을 인삼상인들에게 출고해 주려면 인삼상인들로부터 대출금을 상환받거나 동일한 담보물인 인삼을 추가로 받아 이를 재입고하도록 규정하고 있었다.

(4) 그런데 1) 피고 B, C는 공모하여 1992. 10. 2.부터 1993. 9. 7.까지 사이에 인삼상인들에게 원고 조합이 대출담보조로 보관하고 있던 인삼 합계 50,991근 시가 1,025,114,000원 상당을 대출금의 상환이나 추가담보의 제공 없이 출고하여 주었고, 2) 피고 B, D는 같은 방법으로 1990. 5. 20.경부터 1991. 8. 24.까지 사이에 인삼 합계 14,424근 시가 합계 394,822,000원 상당을 부당 출고해 주었다.

(5) 그리고 피고 A는 원고 조합의 조합장으로서 피고 B, C, D가 위와 같이 담보물인 인삼을 부당 출고하고 있다는 사실을 알았음에도 불구하고 이를 묵인 내지 방치하여 왔다.

(6) 이러한 상태에서 원고는, 피고들에 대하여 위와 같은 배임행위로 인하여 원고 조합이 입은 손해로서 부당 출고된 인삼의 시가 상당액 및 이에 대한 지연손해금의 지급을 구하는 소를 제기하였다.

[판결요지]

[1] 담보물을 권한 없이 멸실·훼손하거나 담보가치를 감소시키는 행위는 위법한 행위로서 불법행위를 구성하며, 이때 채권자가 입게 되는 손해는 담보 목적물의 가액의 범위 내에서 채권최고액을 한도로 하는 피담보채권액으로 확정될 뿐 그 피담보채무의 변제기가 도래하여 그 담보권을 실행할 때 비로소 발생하는 것은 아니다.

[2] 민법 제766조 제1항에서 규정하는 불법행위의 단기시효는 형사상의 소추와는 전혀 별도 관점에서 설정한 민사관계에 고유한 시효제도이므로 그 시효기간은 관련 형사사건의 소추 여부 및 그 결과에 영향을 받지 않고 오직 피해자나 그 법정대리인이 '그 손해 및 가해자를 안 날'로부터 진행

한다.

[3] 법인의 경우 불법행위로 인한 손해배상청구권의 단기 소멸시효의 기산점인 '손해 및 가해자를 안 날'이라 함은 통상 대표자가 이를 안 날을 뜻하지만, 법인의 대표자가 가해자에 가담하여 법인에 대하여 공동불법행위가 성립하는 경우에는, 법인과 그 대표자는 이익이 상반하게 되므로 현실로 그로 인한 손해배상청구권을 행사하리라고 기대하기 어려울 뿐만 아니라 일반적으로 그 대표권도 부인된다고 할 것이므로, 단지 그 대표자가 손해 및 가해자를 아는 것만으로는 부족하고, 적어도 법인의 이익을 정당하게 보전할 권한을 가진 다른 임원 또는 사원이나 직원 등이 손해배상청구권을 행사할 수 있을 정도로 이를 안 때에 비로소 위 단기시효가 진행한다고 해석함이 상당하다.

[관련규정] [1] 제387조 제1항, 제393조, 제750조. [2] 제766조 제1항. [3] 제766조 제1항

[해설 및 논평]
1. 해설

본 판결은 세 가지 중요한 사항에 대하여 판단을 하고 있다. 아래에서 그 각각에 대하여 나누어 살펴보기로 한다.

(1) 담보물의 멸실 · 훼손과 불법행위

본 판결은 우선, 담보물을 권한 없이 멸실 · 훼손하거나 담보가치를 감소시키는 행위는 위법한 행위로서 불법행위를 구성한다고 한다. 그리고 이때 채권자가 입게 되는 손해는 담보 목적물의 가액의 범위 내에서 채권최고액을 한도로 하는 피담보채권액으로 확정될 뿐 그 피담보채무의 변제기가 도래하여 그 담보권을 실행할 때 비로소 발생하는 것은 아니라고 한다(지원림 평석은 이 법리의 일반화에는 반대함).

(2) 제766조 제1항의 단기시효와 형사소추와의 관계

본 판결은 제766조 제1항에서 규정하는 불법행위의 단기시효와 형사상의 소추 사이의 관계에 대하여 처음으로 판단을 하였다. 본 판결에 따르면, 제766조 제1항의 단기시효는 형사상의 소추와는 전혀 별도 관점에서 설정한 민사관계에 고유한 시효제도이므로 그 시효기간은 관련 형사사건의 소추 여부 및 그 결과에 영향을 받지 않는다고 한다.

(3) 법인에 대한 불법행위의 경우 단기시효의 기산점

법인이 불법행위로 손해를 입은 경우에 제766조 제1항의 단기시효가 누가 손해 및 가해자를 안 때부터 기산하는지 문제된다. 여기에 대하여 본 판결은 통상 법인의 대표자가 이를 안 날을 뜻한다고 한다. 그런데 법인의 대표자가 불법행위에 가담하여 법인에 손해를 가한 경우에는 위의 원칙을 적용해서는 안 될 것이다. 그리하여 본 판결은 그 경우에는, 단지 그 대표자가 손해 및 가해자를 아는 것만으로는 부족하고, 적어도 법인의 이익을 정당하게 보전할 권한을 가진 다른 임원 또는 사원이나 직원 등이 손해배상청구권을 행사할 수 있을 정도로 이를 안 때에 비로소 위 단기시효가 진행한다고 한다. 그러면서 그 사안에서는, 원고 조합의 감사들이 피고들의 부정사실을 적발하여 낸 자체 감사의 종료시점부터 단기시효가 진행된다고 하였다.

2. 논평

본 판결은 위의 둘째와 셋째의 법리를 처음 판시한 것으로서 의미가 크다.

[주요 평석 문헌] 곽종훈, "불법행위로 인한 손해배상청구권에 관한 단기소멸시효의 기산점," 대법원판례해설, 31호, 36면 이하; 지원림, "담보권 침해와 손해배상," 민사법학, 18호, 342면 이하.

55. 불법행위의 경우 손해배상의 범위

◆ 대판(전원) 2004. 3. 18, 2001다82507
[손해배상(기)](강의 D-519·520·501, 채각
[324]·[310])

[쟁점] 불법행위로 영업용 물건이 멸실된 경우에 교환가치 상당액 이외에 휴업손해도 배상할 범위에 포함되는지 여부(적극). 불법행위에 의하여 재산권이 침해된 경우에 위자료를 인정하기 위한 요건

[사실관계]

(1) 피고 소유 77톤의 X선박은 1999. 7. 11. 항해상의 과실로 소외 망 A가 소유자 겸 선장인 19톤의 Y선박과 충돌하였다.

(2) 이 선박충돌로 인하여 X선박은 손상이 없었으나 Y선박은 우현 기관실 외판 등에 손상이 생겨 선미부가 침몰하기 시작하였고, A를 비롯한 Y선박의 선원 전원이 X선박으로 옮겨 탄 후 예인을 하는 도중에 Y선박은 완전히 침몰하였다.

(3) 위 A는 사고 후에 다른 배(9.7톤)를 시가 7,000만 원에 구입한 후 1999. 11. 9.부터 조업을 재개하였으나 이 사건 제1심 계속 중에 사망하였다. 그런데 사망원인에 대한 자료는 기록상 나타나지 않았다.

(4) A의 상속인(A의 사망 후 A의 소송을 수계함)인 원고들은 A가 이 사건 사고의 충격으로 사망하였다고 주장하면서, 피고를 상대로 ① Y선박의 시가 상당 손해, ② 휴업손해(이 사건의 경우 1999. 7. 11.부터 1999. 11. 9.경까지 약 4개월), ③ 위자료(A가 자식과 같은 Y선박과 생업을 잃어 충격을 받았고 그로 인하여 사망했다는 이유)의 지급을 구하는 소를 제기하였다.

[판결요지]

[1] 불법행위로 영업용 물건이 멸실된 경우, 이를 대체할 다른 물건을 마련하기 위하여 필요한 합리적인 기간 동안 그 물건을 이용하여 영업을 계속하였더라면 얻을 수 있었던 이익, 즉 휴업손해는 그에 대한 증명이 가능한 한 통상의 손해로서 그 교환가치와는 별도로 배상하여야 하고, 이는 영업용 물건이 일부 손괴된 경우, 수리를 위하여 필요한 합리적인 기간 동안의 휴업손해와 마찬가지라고 보아야 할 것이다.

이와 달리 불법행위로 영업용 선박, 자동차, 건물 등의 물건이 멸실된 경우에 그 물건의 교환가격 상당액의 배상 이외에 그 물건을 대체할 다른 물건의 제조 또는 구입시까지의 기간 동안 그 멸실된 물건을 사용·수익하지 못하여 입은 손해의 배상을 구할 수 없다는 취지로 판시한 대법원 2001. 1. 16. 선고 2000다29325 판결 … 을 비롯하여 이 판결의 견해에 배치되는 판결들은 그 배치되는 범위 내에서 이를 변경하기로 한다.

따라서 이와 반대의 견해에서 대체 선박을 마련하는 데 필요한 합리적인 기간 및 그 기간 동안의 조업수입액 등에 관하여 심리하지 아니한 채 원고들의 위 청구를 배척한 원심판결에는 불법행위로 인하여 영업용 물건이 멸실된 경우의 손해배상액 산정에 관한 법리를 오해하여 판결에 영향을 미친 위법이 있다 할 것이다.

[2] 일반적으로 타인의 불법행위 등에 의하여 재산권이 침해된 경우에는 그 재산적 손해의 배상에 의하여 정신적 고통도 회복된다고 보아야 할 것이므로 재산적 손해의 배상에 의하여 회복할 수 없는 정신적 손해가 발생하였다면, 이는 특별한 사정으로 인한 손해로서 가해자가 그러한 사정을 알았거나 알 수 있었을 경우에 한하여 그 손해에 대한 위자료를 청구할 수 있는 것이다(대법원 1996. 11. 26. 선고 96다31574 판결 등 참조).

따라서 이 사건 선박충돌 사고로 위 A가 입게 된 정신적 고통을 위자할 의무가 있다고 하기 위해서는 위 A에게 위와 같은 특별한 사정이 있고, 피고가 이를 알았거나 알 수 있었어야 할 것인데, 원심이 이러한 점에 관하여 제대로 심리·판단을

하지 않은 채 만연히 앞서 설시한 이유만으로 피고에게 정신적 손해에 대하여도 위자할 의무가 있다고 판단하였으니 이는 재산권 침해로 인한 위자료의 인정에 관한 법리오해, 심리미진 내지 이유불비의 위법을 저지른 것이라고 할 것이다.

[관련규정] [1] 제393조, 제750조, 제763조. [2] 제393조, 제750조, 제751조, 제763조

[해설 및 논평]

1. 해설

본 판결에서 중요하게 판단한 사항은 아래의 두 가지이다.

(1) 영업용 물건이 멸실된 경우에 휴업손해의 배상 문제

영업용 물건이 멸실된 경우에 그 물건의 교환가치는 당연히 배상되어야 한다. 그런데 그 외에 대체할 물건을 구할 때까지의 기간 동안 영업을 하였으면 얻을 수 있었던 이익, 즉 휴업손해도 추가적으로 배상해야 하는지 문제된다.

여기에 대하여 본 판결 이전에 판례는 두 갈래로 나뉘어 있었다. 그 중 주류의 판례는 물건의 수리가 가능한지 여부에 따라 다르게 파악하여, 수리가 불가능한 경우에는 교환가치만을 배상하도록 하고(대판 1980. 12. 9, 80다1840 등 다수의 판결), 수리가 가능한 경우에는 수리비 외에 수리기간 동안의 휴업손해(또는 임차손해)까지 배상하도록 하였다. 그에 비하여 소수의 판결만이, 영업용 차량의 수리가 불가능한 경우에 수익상실을 통상손해로 배상하도록 하였다(대판 1990. 8. 14, 90다카7569 등). 이와 같은 판례, 특히 주류의 판례는 부당하다는 지적을 받고 있었다.

그러한 상황에서 본 판결은 종래의 주류 판례를 변경하여, 모든 영업용 물건의 멸실의 경우에는 대체할 다른 물건을 마련하기 위하여 필요한 합리적인 기간 동안 그 물건을 이용하여 영업을 계속하였더라면 얻을 수 있었던 이익, 즉 휴업손

해를 배상해야 한다고 판시하였다. 그리고 본 판결은 휴업손해를 ─ 물건의 수리가 가능한 경우와 마찬가지로 ─ 통상손해로 인정하였다.

(2) 불법행위에 의하여 재산권이 침해된 경우의 위자료

본 판결은, 일반적으로 타인의 불법행위 등에 의하여 재산권이 침해된 경우에는 그 재산적 손해의 배상에 의하여 정신적 고통도 회복된다고 하면서 재산적 손해의 배상에 의하여 정신적 손해가 발생하였다면, 그것은 특별손해로서 그것의 배상 요건을 갖춘 경우에 한하여 그 배상을 청구할 수 있다고 한다. 이는 종래의 판례를 다시 확인한 것이다.

2. 논평

본 판결이 영업용 물건의 멸실의 경우에 휴업손해를 통상손해로서 배상하게 한 것은 타당하다. 판례는 앞으로 ─ 이와 같은 맥락에서 ─ 비영업용 물건의 멸실의 경우에도 대체물을 사용하는 데 필요한 비용의 배상을 인정해야 한다.

[주요 평석 문헌] 김제완, "선박의 침몰로 인한 손해의 산정: 물건의 멸실에 있어서 사용이익의 상실과 수익의 상실의 배상 여부," 저스티스, 89호, 217면 이하; 박재형, "영업용 물건의 멸실로 인한 손해배상의 범위," 재판과 판례(대구판례연구회), 15집, 503면 이하; 박효관, "영업용 물건이 불법행위로 멸실 또는 훼손되어 수리불가능한 경우 휴업손해의 배상 여부," 판례연구(부산판례연구회), 16집, 405면 이하; 장상균, "영업용 물건의 멸실로 인한 손해배상의 범위," 대법원판례해설, 49호, 37면 이하.

제4장
채권법각론

친족상속법

1. 가족관계등록부의 정정

◆ 대결 2012. 4. 13, 2011스160
[등록부정정(출생연월일)](강의 E-4, 친상 [9])

[쟁점] 가족관계등록부 기록사항 중 출생연월일·사망일시를 가족관계등록법 제104조에서 정한 가족관계등록부 정정 대상으로 볼 수 있는지 여부(원칙적 적극)

[사실관계]

(1) 사건 본인(신청인이자 재항고인)의 모 A는 1984. 3. 21. 신청 외인 B와 혼인신고를 하였다가 2009. 9. 28. 이혼신고를 하였다.

(2) A는 사건 본인을 2007. 12. 18. 출산하였는데 개인적 사정으로 출생신고를 하지 못하다가 2010. 8. 27.에 뒤늦게 출생신고를 하면서 법적 제재를 피하기 위하여 사건 본인의 출생연월일을 2010. 7. 31.(친생추정의 종기인 이혼 후 300일이 경과한 직후)로 허위신고 하였고, 사건 본인은 모의 혼외자로 기록되었다.

(3) A는 사건 본인의 법정대리인으로서 2011.에 사건 본인의 가족관계등록부에 기록된 출생연월일을 2007. 12. 18.로 정정하고자 법원에 가족관계등록부 정정허가신청을 하였다.

[결정요지]

1. 가족관계의 등록 등에 관한 법률(이하 '법'이라 한다) 제104조는 가족관계등록부의 기록이 법률상 허가될 수 없는 것 또는 그 기재에 착오나 누락이 있다고 인정한 때에는 이해관계인은 사건 본인의 등록기준지를 관할하는 가정법원의 허가를 받아 등록부의 정정을 신청할 수 있도록 규정하고 있다. 법이 이러한 간이한 절차에 의해 가족관계등록부의 기록사항을 정정할 수 있도록 한 취지를 고려하면, 정정하려고 하는 가족관계등록부의 기록사항이 신분관계에 중대한 영향을 미치기 때문에 그 기록사항에 관련된 신분관계의 존부에 관하여 직접적인 쟁송방법이 가사소송법 등에 마련되어 있는 경우에는 법 제107조에 따라 그 사건의 확정판결 등에 의해서만 가족관계등록부의 기록사항을 정정할 수 있다. 그러나 이와 달리 가족관계등록부의 기록사항과 관련하여 가사소송법 등에 직접적인 쟁송방법이 없는 경우에는 법 제104조에 따라 정정할 수 있다 할 것인바, 가사소송법 등이 사람이 태어난 일시 또는 사망한 일시를 확정하는 직접적인 쟁송방법을 별도로 정하고 있지 아니하므로 특별한 사정이 없는 한 가족관계등록부 기록사항 중 출생연월일·사망일시는 법 제104조에 의한 가족관계등록부 정정의 대상으로 봄이 상당하다.

2. … 원심은 재항고인이 2007. 12. 18. 출생한 사실은 소명되나, 재항고인의 법정대리인은 1984. 3. 21. 신청외인과 혼인신고를 한 후 2009. 9. 28. 이혼신고를 한 사실이 인정되므로, 재항고인의 출생연월일에 관한 등록부 정정을 허가할 경우 재항고인은 민법 제844조에 따라 신청 외인의 자로 추정되게 되어 친족법 또는 상속법상 중대한 영향을 미칠 수 있으므로, 친생자관계부존재확인의 소 등의 절차를 거쳐 위 추정을 번복한 후 등록부 정정을 허가하여야 한다는 이유로 이 사건 신청을 기각한 제1심을 유지하였다.

3. 그러나 원심의 이와 같은 판단은 앞서 본 법리에 비추어 볼 때 다음과 같은 이유로 그대로 수긍하기 어렵다.

먼저 이 사건 소명자료로 제출된 재항고인에 대한 출생증명서, 의무기록지, 입·퇴원확인서, 출생 직후의 사진 및 현재 사진, 인후보증서 등을 종합하여 보면 재항고인의 실제 생년월일은 가족관계등록부의 기록사항과 달리 2007. 12. 18.인 것으로 보인다.

그리고 재항고인에 대한 가족관계등록부 기록사항 중 출생연월일의 정정은 특별한 사정이 없는 한 법 제104조에 의한 가족관계등록부 정정의 대상이다.

한편 민법 제844조는 처가 혼인 중에 포태한 자

는 부의 자로 추정하고, 혼인성립의 날로부터 2백일 후 또는 혼인관계 종료의 날로부터 3백일 내에 출생한 자는 혼인 중에 포태한 것으로 추정한다고 규정하고 있는데, 출생신고는 그 신고에 의해 창설적 효력이 생기는 창설적 신고가 아니라 이른바 보고적 신고에 불과하므로 위 친생추정규정에서 말하는 출생이란 '가족관계등록부에 신고된 출생일'을 기준으로 하는 것이 아니라 '실제 출생한 때'를 기준으로 한다고 보아야 한다. 따라서 가족관계등록부상의 출생연월일이 정정되었다는 사정만으로 친생추정의 효력이 미치는 등 신분관계에 중대한 영향을 미친다고 볼 수 없으므로 법 제104조에 의한 가족관계등록부의 정정을 불허할 사유가 될 수 없다.

[관련규정] 가족관계등록법 제104조, 제107조

[해설 및 논평]

1. 해설

본 결정에서 쟁점은 출생연월일이 가족관계등록부에 실제와 다르게 기록된 경우에 어떤 절차에 따라 정정되어야 하는가이었다. 그런데 그 사안에서는 사건 본인의 출생연월일을 실제와 같이 정정하는 경우 이미 이혼한 그의 모의 남편의 친생자로 추정되는 문제가 생기게 되었다.

(1) 가족관계등록부 정정절차

가족관계등록부의 정정절차는 가족등록법(이하 여기서는 법이라 함)이 규정하고 있다. 그 절차는 우선 ① 시·읍·면의 장이 직권으로 정정할 수 있는 경우와 ② 일정한 신청권자의 신청에 의한 경우의 둘로 나누어지며, 그것들 안에서 다시 세분된다. 그런데 여기서는 ②만이 문제되므로, 그에 관하여만 기술한다.

가족관계등록부는 일정한 경우에는 신청권자의 신청이 있어야 정정될 수 있다. 그런데 신청권자가 신청을 하려면 – 정정사유에 따라 – 가정법원의 허가 또는 법원의 확정판결을 받아야 한다. 그 결과 신청권자의 신청에 의한 경우는 가정법원의 허가를 받아야 하는 경우(법 104조·105조)와 법원의 확정판결을 받아야 하는 경우(법 107조)로 나누어진다.

이들 경우 중 법 제104조에 의한 정정과 법 제107조에 의한 정정 사이의 구별이 문제된다. 그에 관하여 종래 대법원은, 호적법 제120조(현행 법 104조에 해당함)에 의한 호적정정은 정정할 사항이 경미한 경우에 한하는 것이고, 정정할 사항이 친족법상 또는 상속법상 중대한 영향을 미칠 만한 것은 확정판결에 의하지 않으면 그 정정을 할 수 없다고 하였다(대결 1973. 11. 14, 73마872 등). 그리고 정정하려고 하는 호적기재사항과 관련된 신분관계의 존부에 관하여 직접적인 쟁송방법이 가사소송법 제2조에 규정되어 있는 것이 후자에 해당한다고 하였다(대결(전원) 1993. 5. 22, 93스14–16).

(2) 본 결정

본 결정은 전술한 종전의 판례를 따라서, 가족관계등록부의 기록사항에 관련된 신분관계의 존부에 관하여 직접적인 쟁송방법이 가사소송법 등에 마련되어 있는 경우에는 법 제107조에 따라 그 사건의 확정판결 등에 의해서만 가족관계등록부의 기록사항을 정정할 수 있으나, 이와 달리 직접적인 쟁송방법이 없는 경우에는 법 제104조에 따라 정정할 수 있다고 한다. 그리고 가사소송법 등이 사람이 태어난 일시 또는 사망한 일시를 확정하는 직접적인 쟁송방법을 별도로 정하고 있지 않으므로 특별한 사정이 없는 한 가족관계등록부 기록사항 중 출생연월일·사망일시는 법 제104조에 의한 가족관계등록부 정정의 대상이라고 한다.

그리고 본 결정은 가족관계등록부상의 출생연월일이 정정되었다는 사정만으로 친생추정의 효력이 미치는 등 신분관계에 중대한 영향을 미치지 않으므로 그것이 정정을 불허할 사유가 될 수 없다고 한다.

2. 논평

본 결정은 타당하다. 다만, 제844조 문제는 정정신청의 취지와 직접 관계가 없다고만 했어야 한다.

2. 약혼의 해제사유

◈ 대판 1995. 12. 8, 94므1676 · 1683
[손해배상(기)](강의 E-11, 친상 [21]·[22])

[쟁점] 약혼시 학력, 경력 및 직업 등을 상대방에게 사실대로 고지할 신의성실의 원칙상의 의무가 있는지 여부 및 학력 등을 속인 당사자의 위자료 지급의무. 상대방의 학력 등을 정확히 확인하지 않은 채 경솔하게 약혼한 잘못이 중대한 과실에 해당하는지 여부

[사실관계]

(1) 원고(반소 피고. 이하 원고라고만 함)는 서울시 산하 세종문화회관 소속 기능직 8등급 공무원으로 재직 중이고 피고(반소 원고. 이하 피고라고만 함)는 간호보조원 자격을 취득한 후 한국방송통신대학 법학과에 재학 중이던 1991. 11. 11.경, 원고와 피고는 중매로 맞선을 본 후 같은 달 21.경 양가 부모 등이 참석한 가운데 같은 해 12. 22. 결혼식을 올리기로 약속하였다.

(2) 원고는 피고와 맞선을 볼 당시 피고에게 자신이 전주고등학교 부설 방송통신고등학교를 나왔음에도 불구하고 전주고등학교를 졸업하였으며, 당시 서울시 산하 세종문화회관 소속 기능직 8등급 공무원이었음에도 불구하고 서울시 일반행정직 7급 공무원으로 세종문화회관에 파견근무하고 있는 것처럼 거짓말을 하였으며, 이와 같이 속은 사실을 알게 된 피고는 1991. 12. 11.경 이를 이유로 원고에게 약혼해제의 의사표시를 하였다.

(3) 원고는 피고의 약혼해제가 부당하다는 이유로 그로 인한 손해배상을 구하는 이 사건 본소를 제기하였고, 피고도 원고에 대하여 위자료지급을 구하는 반소를 제기하였다.

[판결요지]

[1] 약혼은 혼인할 것을 목적으로 하는 혼인의 예약이므로 당사자 일방은 자신의 학력, 경력 및 직업과 같은 혼인의사를 결정하는 데 있어 중대한 영향을 미치는 사항에 관하여 이를 상대방에게 사실대로 고지할 신의성실의 원칙상의 의무가 있다.

[2] 종전에 서로 알지 못하던 갑과 을이 중매를 통하여 불과 10일간의 교제를 거쳐 약혼을 하게 되는 경우에는 서로 상대방의 인품이나 능력에 대하여 충분히 알 수 없기 때문에 학력이나 경력, 직업 등이 상대방에 대한 평가의 중요한 자료가 된다고 할 것인데 갑이 학력과 직장에서의 직종·직급 등을 속인 것이 약혼 후에 밝혀진 경우에는 갑의 말을 신뢰하고 이에 기초하여 혼인의 의사를 결정하였던 을의 입장에서는 갑의 이러한 신의성실의 원칙에 위반한 행위로 인하여 갑에 대한 믿음이 깨어져 애정과 신뢰에 바탕을 둔 인격적 결합을 기대할 수 없어 약혼을 유지하여 혼인을 하는 것이 사회생활관계상 합리적이라고 할 수 없으므로 제804조 제8호 소정의 '기타 중대한 사유가 있는 때'에 해당하여 갑에 대한 약혼의 해제는 적법하다.

[3] '[2]'항의 경우 을로서도 갑의 학력이나 직급 등을 시간을 갖고 정확히 확인하여 보지 않은 채 경솔하게 약혼을 한 잘못은 있지만, 이를 가리켜 을에게 중대한 과실이 있다고 할 수 없고 약혼의 해제에 대한 귀책사유가 갑에게 있는 이상 이러한 을의 잘못은 갑의 을에 대한 위자료 액수를 산정함에 있어 참작할 사정에 불과하다.

[관련규정] 제804조 제8호, 제806조, 제763조

[해설 및 논평]

1. 해설

(1) 약혼해제사유

민법 제804조는 당사자 한쪽에 일정한 사유가 있는 경우 상대방은 약혼을 해제할 수 있다고 하고, 제1호 내지 제8호의 해제사유를 규정하고 있다. 동조 제8호의 「기타 중대한 사유가 있는 때」에 해당하는지 여부는 구체적인 경우의 사정을 종

합하여 사회관념에 비추어 판단하여야 하나, 재산 상태의 중대한 착오, 심한 불구자로 된 경우, 약혼 중의 폭행·모욕, 간음 외의 부정행위 등이 그에 해당할 수 있고, 그러나 임신불능은 여기에 해당되지 않는다.

이와 관련하여 본 판결은 혼인이란 법률상, 사회생활상 중요한 의미를 가지는 신분상 계약으로서 그 본질은 양성간의 애정과 신뢰에 바탕을 둔 인격적 결합에 있고, 약혼은 혼인할 것을 목적으로 하는 혼인의 예약이므로, 당사자 일방은 자신의 학력, 경력 및 직업과 같은 혼인의사를 결정하는 데 있어 중대한 영향을 미치는 사항에 관하여 이를 상대방에게 사실대로 고지할 신의성실의 원칙상의 의무가 있다고 하였다.

그러한 전제에서 이 사건에서 종전에 서로 알지 못하던 원고와 피고가 중매를 통하여 불과 10일간의 교제를 거쳐 약혼을 하게 되는 경우에는 서로 상대방의 인품이나 능력에 대하여 충분히 알 수 없기 때문에 학력이나 경력, 직업 등이 상대방에 대한 평가의 중요한 자료가 된다고 할 것인데 원고가 위 인정과 같이 학력과 직장에서의 직종·직급 등을 속인 것이 약혼 후에 밝혀진 경우에는 원고의 말을 신뢰하고 이에 기초하여 혼인의 의사를 결정하였던 피고의 입장에서 보면 원고의 이러한 신의성실의 원칙에 위반한 행위로 인하여 원고에 대한 믿음이 깨어져 원고와의 사이에 애정과 신뢰에 바탕을 둔 인격적 결합을 기대할 수 없게 되었다 할 것이므로 원고와의 약혼을 유지하여 혼인을 하는 것이 사회생활 관계상 합리적이라고 할 수 없으며 따라서 제804조 제8호 소정의 「기타 중대한 사유가 있는 때」에 해당한다고 할 것이므로 피고의 약혼해제는 적법하다고 하였다.

그리하여 피고의 약혼해제가 부당하다는 이유로 그로 인한 손해배상을 구하는 원고의 본소청구를 기각하고, 위와 같이 약혼관계가 해소됨으로 인하여 피고가 상당한 정신적 고통을 받았을 것임은 경험칙상 명백하므로 원고는 피고에게 위자료를 지급할 의무가 있다고 하여 피고의 반소청구를 일부인용하였다.

(2) 약혼해제로 인한 손해배상의무

약혼을 해제한 때에는 당사자 일방(이는 해제자가 될 것임)은 과실있는 상대방에 대하여 이로 인한 손해배상을 청구할 수 있다(806조 1항). 그 손해에는 재산상의 손해, 예를 들어 예를 들면 약혼식 비용, 중매 사례금, 쓸모없게 된 혼인준비 손해 외에 정신상 고통에 대한 것도 포함된다(806조 2항). 정신상 고통에 대한 배상청구권 즉 위자료청구권은 양도 또는 승계되지 않는다(806조 3항 본문). 그러나 당사자 사이에 이미 그 배상에 관한 계약이 성립되거나 소를 제기한 후에는 승계된다(806조 3항 단서).

약혼해제사유에 해당하여 약혼이 해제된 경우 해제자의 상대방뿐만 아니라 해제자에게도 과실이 있는 때에는 과실상계의 법리가 적용되어야 한다(396조·763조). 이와 관련하여 본 판결은 피고로서도 원고의 학력이나 직급 등을 시간을 갖고 정확히 확인하지 않은 채 경솔하게 약혼을 한 잘못은 있지만 이를 중대한 과실이라고는 할 수 없고, 약혼해제에 대한 귀책사유가 원고에게 있는 이상 이러한 피고의 잘못은 원고의 위자료 액수를 산정함에 있어 참작할 사정에 불과하다고 하였다.

2. 논평

본 판결은, 약혼당사자는 학력, 경력 및 직업 등을 상대방에게 사실대로 고지할 신의성실의 원칙상의 의무가 있음을 분명히 하고, 이러한 신의성실의 원칙에 위반한 행위는 그로 인하여 상대방에 대한 믿음이 깨어져 애정과 신뢰에 바탕을 둔 인격적 결합을 기대할 수 없게 되므로 제804조 제8호 소정의 「기타 중대한 사유가 있는 때」에 해당한다고 함으로써, 「기타 중대한 사유가 있는 때」에 관한 판단기준을 구체화하는 데 기여하였다는 의의가 있다.

3. 약혼예물의 반환

◆ 대판 1996. 5. 14, 96다5506
[물품인도](강의 E-11, A-417, 친상 [23], 민총 [251])

[쟁점] 약혼예물 수수의 법적 성질 및 혼인 해소의 경우 그 소유권의 귀속관계

[사실관계]

(1) 원고는 1991. 7. 8. 피고들의 아들인 A와 혼인신고를 하면서 A로부터 이 사건 물건들을 혼인예물로 증여받아 보관하다가 독일로 유학가면서 피고들에게 이를 맡겨두었다. 원고와 A는 행복한 결혼생활을 하여 오다가 A가 원고와 프랑스 국적의 외국인 남자와의 관계를 의심하게 되면서 부부싸움을 하다가 원고가 1993. 2. 25. 일방적으로 귀국함으로써 별거하게 되었다.

(2) 그 후 A가 원고를 상대로 부정행위를 하였다는 이유로 이혼청구의 소를 제기하였고 원고도 A가 폭력, 욕설을 하였다는 이유로 반소를 제기하여, 원고의 부정행위를 이유로 한 이혼판결이 선고되었다. 원고는 피고들에 대하여 이 사건 물건들의 반환을 구하는 이 사건 소를 제기하였다.

[판결요지]

약혼예물의 수수는 약혼의 성립을 증명하고 혼인이 성립한 경우 당사자 내지 양가의 정리를 두텁게 할 목적으로 수수되는 것으로 혼인의 불성립을 해제조건으로 하는 증여와 유사한 성질을 가지므로, 예물의 수령자측이 혼인 당초부터 성실히 혼인을 계속할 의사가 없고 그로 인하여 혼인의 파국을 초래하였다고 인정되는 등 특별한 사정이 있는 경우에는 신의칙 내지 형평의 원칙에 비추어 혼인 불성립의 경우에 준하여 예물반환의무를 인정함이 상당하나, 그러한 특별한 사정이 없는 한 일단 부부관계가 성립하고 그 혼인이 상당 기간 지속된 이상 후일 혼인이 해소되어도 그 반환을 구할 수는 없으므로, 비록 혼인 파탄의 원인이 며느리에게 있더라도 혼인이 상당 기간 계속된 이상 약혼예물의 소유권은 며느리에게 있다.

[관련규정] 제147조, 제554조, 제800조

[해설 및 논평]

1. 해설

(1) 약혼예물의 반환문제

약혼을 하는 경우 당사자가 보통 예물 등을 교환하게 되는데 약혼이 해제되는 때에는 이를 반환하여야 하는지가 문제된다. 이에 대하여 학설은 i) 약혼예물 수수를 혼인의 불성립을 해제조건으로 하는 증여라고 보고, 약혼이 해제되면 예물은 부당이득 반환의 법리에 따라 반환되어야 하나, 과실이 있는 당사자는 신의칙상 자신이 제공한 예물의 반환청구권이 없다는 견해(다수설), ii) 유책당사자도 반환청구권이 있다는 견해로 나뉘어 있다. 판례는 약혼예물의 수수는 혼인불성립을 해제조건으로 하는 증여와 유사한 성질의 것이기는 하나, 약혼의 해제에 관하여 과실이 있는 유책자는 그가 제공한 약혼예물은 이를 적극적으로 반환을 청구할 권리가 없다고 한다(대판 1976. 12. 28, 76므 41·42).

(2) 혼인이 성립하였다가 해소된 경우의 예물반환문제

일단 혼인이 성립하였다가 파탄되어 이혼한 경우 예물을 반환하여야 하는가에 관하여 학설은 일단 혼인(사실혼 포함)이 성립한 경우에는 그 후에 혼인이 해소되더라도 예물 등의 반환문제는 생기지 않으나, 혼인성립 후 극히 짧은 기간 내에 해소된 경우에는 혼인이 성립하지 않은 경우에 준하여 해결하는 것이 타당하다고 한다. 판례는 「약혼예물의 수수는 혼인 불성립을 해제조건으로 하는 증여와 유사한 성질의 것이므로, 시어머니가 며느리에게 교부한 약혼예물은 그 혼인이 성립되어 상당 기간 지속된 이상 며느리의 소유」라고 하였다

(대판 1994. 12. 27, 94므895).

본 판결도 이러한 입장에서 약혼예물의 수수는 약혼성립을 증명하고, 혼인이 성립한 경우 당사자 내지 양가의 정리를 두텁게 할 목적으로 수수되는 것으로 혼인불성립을 해제조건으로 하는 증여와 유사한 성질을 가지므로, 예물수령자가 당초부터 성실히 혼인을 계속할 의사가 없고 그로 인하여 혼인의 파국을 초래하였다고 인정되는 등 특별한 사정이 있는 경우에는 신의칙 내지 형평의 원칙에 비추어 혼인불성립의 경우에 준하여 예물반환의무를 인정함이 상당하지만, 그러한 특별한 사정이 없는 한 일단 부부관계가 성립하고 혼인이 상당기간 지속된 이상 후일 혼인이 해소되더라도 반환을 구할 수는 없다고 하였다. 그리하여 이 사건에서 비록 원고와 A의 혼인파탄의 원인이 원고에게 있더라도 혼인이 상당기간 계속된 이상 이 사건 물건의 소유권은 며느리인 원고에게 있다고 하여 원고의 반환청구를 인용한 원심의 판단을 지지하였다.

2. 논평

(1) 예물수수에서 양가의 정리를 두텁게 한다는 목적은 그 자체로는 증여라는 법률행위의 동기를 형성할 뿐 법률행위의 내용이 될 수 없으므로, 혼인성립이라는 동기의 실현불능을 이유로 증여의 효력을 소멸시킬 수는 없다. 한편 예물교부를 지향하는 증여계약에서 혼인성립이라는 증여목적이 동기를 넘어 법률행위의 조건으로 되는 경우도 있을 수 있으며, 이때에는 약혼예물수수는 혼인의 불성립을 해제조건으로 하는 증여라고 할 것이다. 그리고 해제조건이 성취되면 증여의 효력은 장래에 대해서 소멸하며 소급효는 인정되지 않는다(147조 2항). 또한「해제조건부증여로 인한 부동산소유권이전등기를 마쳤다 하더라도 그 해제조건이 성취되면 그 소유권은 증여자에게 복귀」(대판 1992. 5. 22, 92다5584)하는 것이므로, 증여자는 소유권에 기한 반환청구권을 당연히 취득한다. 따라

서 약혼예물반환의 근거는 원상회복이나 부당이득이 아니라 소유권에 기한 물권적 청구권이라고 할 것이다(박동진, "약혼예물의 교부와 그 반환청구권의 법리," 가족법연구 19권 2호, 235면).

(2) 약혼해제의 경우 과실이 있는 당사자의 예물반환청구를 인정하지 않는 통설·판례는 이로써 유책당사자에게 일종의 제재를 가하는 것인데, 민법상 그렇게 새길 근거는 없으며 제재는 손해배상책임의 부과만으로 하여야 한다. 따라서 어떤 경우이든 반환이 인정된다고 해야 한다.

(3) 예물의 법적 성질에 비추어 볼 때 일단 혼인이 성립한 경우에는 예물수령자는 반환의무가 없다고 할 것이며, 다만 ① 당초부터 성실히 혼인을 계속할 의사가 없는 경우로서 ② 그로 인하여 혼인의 파국을 초래하였다고 인정되거나 ③ 혼인이 상당기간 지속되지 못하는 등 특별한 사정이 있는 때에는 혼인불성립의 경우에 준하여 예물반환의무를 인정함이 상당하다. 따라서 그러한 사정이 없는 한 비록 혼인파탄의 원인이 예물수령자에게 있더라도 반환의무는 없다고 하여야 한다. 본 판결은 약혼예물 수수의 법적 성질에 관한 종래 판례의 입장에서 나아가 혼인해소의 경우 그 소유권의 귀속관계 및 유책배우자의 반환청구권에 관하여 설시한 최초의 판결이라는 의미가 있다. 그리고 유책배우자의 반환청구권을 인정한 점에서 본 판결의 결론이 타당하다.

[참고판결] 대판 1976. 12. 28, 76므41·42: 약혼예물의 수수는 혼인불성립을 해제조건으로 하는 증여와 유사한 성질의 것이나 약혼의 해제에 관하여 과실이 있는 유책자로서는 그가 제공한 약혼예물을 적극적으로 반환청구할 권리가 없다.

[주요 평석 문헌] 지대운, "약혼예물수수의 법적 성질 및 혼인해소의 경우 그 소유권의 귀속관계," 대법원판례해설, 26호, 41면 이하.

4. 성전환자의 성별정정

◆ 대결(전원) 2022. 11. 24. 2020스616
[등록부정정](강의 E-14, 친상 [26])

[쟁점] 현재 혼인 중에 있지 않은 성전환자에게 미성년 자녀가 있는 경우 성별정정을 허가할 수 있는지 여부(적극) 및 그 판단 기준

[사실관계]

(1) 신청인은 1985. 10. 31.에 태어나 남자로 출생신고 되었다. 그런데 어린 시절부터 여성으로서의 귀속감을 가지고 머리를 기르거나 여자 옷을 입는 것에 거부감을 느끼지 않았고, 초등학교에 들어가서도 남자아이들보다 여자아이들과 주로 어울려 놀았다. 신청인은 사춘기가 되어 얼굴 형태와 체격, 목소리가 남성적으로 변해가는 것에 정신적 고통을 느꼈다. 그러나 부모의 기대 등을 이유로 학창 시절은 물론, 대학교를 졸업하고 사회생활을 시작할 때까지도 자신의 성적 정체성을 숨긴 채 생활하였다.

(2) 신청인은 2012. 8. 10. A(여자)와 혼인신고를 하여 법률상 부부가 되었고, 그 사이에 미성년 자녀 2인(쌍둥이. 2012. 10. 20.생)을 두었다. 신청인은 2018. 6. 19. 성립된 이혼조정으로 A와 이혼하였다.

(3) 신청인은 2013. 11. 29. 정신의학과 의원에서 '성주체성장애(성전환증)' 진단을 받았고, 이후 지속적으로 호르몬치료를 받으면서 2018. 11. 13. 태국에 있는 성형외과에서 고환과 음경을 제거하고 여성의 외부성기 모양을 갖추는 등의 수술을 받았다. 그리고 2018. 12.경부터 현재까지 여성의 옷차림, 머리 모양을 하고 사회적으로 여성으로서 생활하고 있다.

(4) 이러한 상태에서 신청인이 가족관계등록부상 성별정정 허가 신청을 하였다. 이에 대하여 제1심은 허가 신청을 기각하였고, 제2심도 신청인의 항고를 기각하였다. 그러자 신청인이 재항고하였다.

[판결요지]

3. 미성년 자녀가 있는 성전환자의 성별정정 허가 여부 및 그 판단 기준

인간은 누구나 자신의 성정체성에 따른 인격을 형성하고 삶을 영위할 권리가 있다. 성전환자도 자신의 성정체성을 바탕으로 인격과 개성을 실현하고 우리 사회의 동등한 구성원으로서 타인과 함께 행복을 추구하며 살아갈 수 있어야 한다. 이러한 권리를 온전히 행사하기 위해서 성전환자는 자신의 성정체성에 따른 성을 진정한 성으로 법적으로 확인받을 권리를 가진다. 이는 인간으로서의 존엄과 가치에서 유래하는 근본적인 권리로서 행복추구권의 본질을 이루므로 최대한 보장되어야 한다.

한편 미성년 자녀를 둔 성전환자도 부모로서 자녀를 보호하고 교양하며(민법 제913조), 친권을 행사할 때에도 자녀의 복리를 우선해야 할 의무가 있으므로(민법 제912조), 미성년 자녀가 있는 성전환자의 성별정정 허가 여부를 판단할 때에는 성전환자의 기본권의 보호와 미성년 자녀의 보호 및 복리와의 조화를 이룰 수 있도록 법익의 균형을 위한 여러 사정들을 종합적으로 고려하여 실질적으로 판단하여야 한다. 따라서 위와 같은 사정들을 고려하여 실질적으로 판단하지 아니한 채 단지 성전환자에게 미성년 자녀가 있다는 사정만을 이유로 성별정정을 불허하여서는 아니 된다. 그 이유는 다음과 같다.

가. 미성년 자녀가 있는 성전환자의 성별정정 허가 여부에 관하여 …

나. 성별정정 허가 여부에 관한 판단 기준

1) 미성년 자녀를 둔 성전환자의 성별정정을 허가할지 여부를 판단할 때에는 성전환자 본인의 인간으로서의 존엄과 가치, 행복추구권, 평등권 등 헌법상 기본권을 최대한 보장함과 동시에 미성년 자녀가 갖는 보호와 배려를 받을 권리 등 자녀의 복리를 염두에 두어야 한다. 따라서 이때에는 성전환자의 성별정정에 필요한 일반적인 허가 기준

을 충족하였는지 외에도 미성년 자녀의 연령 및 신체적·정신적 상태, 부 또는 모의 성별정정에 대한 미성년 자녀의 동의나 이해의 정도, 미성년 자녀에 대한 보호와 양육의 형태 등 성전환자가 부 또는 모로서 역할을 수행하는 모습, 성전환자가 미성년 자녀를 비롯한 다른 가족들과 형성·유지하고 있는 관계 및 유대감, 기타 가정환경 등 제반 사정을 고려하여 성전환자의 성별정정 허가 여부가 미성년 자녀의 복리에 미치는 영향을 살펴 성별정정을 허가할 것인지를 판단하여야 한다. …

4. 판례 변경

그러므로 성전환자에게 미성년 자녀가 있는 경우 성전환자의 가족관계등록부상 성별정정이 허용되지 않다는 취지의 대법원 2011. 9. 2. 자 2009스117 전원합의체 결정을 비롯하여 그와 같은 취지의 결정들은 이 결정의 견해에 배치되는 범위에서 모두 변경하기로 한다.

[관련규정] 헌법 제10조, 제11조 제1항, 제36조 제1항, 민법 제912조, 제913조, 가족관계등록법 제104조

[해설 및 논평]

1. 해설

본 결정 사안에서 성별정정을 신청한 본인은 성전환자인데 그는 혼인 중에 있지는 않고 미성년 자녀를 두고 있다. 그러한 경우에 성별정정을 허가할 수 있는지 문제되었다. 그리고 이 문제에 대하여 본 결정이 판단을 하였다. 그런데 본 결정을 제대로 이해하려면 그 이전에 있었던 두 번의 전원합의체 결정을 먼저 살펴보아야 한다.

(1) 대결(전원) 2006. 6. 22, 2004스42

우리 대법원은 이 결정에서 처음으로 성전환자의 성별정정을 허용하였다. 이 결정은 우선 성의 결정에 대해, 이제는 성의 결정에 있어 생물학적 요소와 정신적·사회적 요소를 종합적으로 고려하여야 한다고 하였다. 그리고 여러 사정을 종합적

으로 고려하여 사람의 성에 대한 평가 기준에 비추어 사회통념상 신체적으로 전환된 성을 갖추고 있다고 인정될 수 있는 경우가 있으며, 이와 같은 성전환자는 출생시와는 달리 전환된 성이 법률적으로도 그 성전환자의 성이라고 평가받을 수 있다고 한다. 나아가 호적법에는 출생시 호적에 기재된 성별란의 기재를 위와 같이 전환된 성에 따라 수정하기 위한 절차 규정이 따로 마련되어 있지 않으나, 성전환자에 해당함이 명백한 사람에 대하여는 호적정정에 관한 호적법 제120조(현행 가족관계등록법 104조에 해당함: 저자 주)의 절차에 따라 호적의 성별란 기재의 성을 전환된 성에 부합하도록 수정할 수 있다고 한다. 다만, 이 호적정정 허가는 현재의 진정한 성별을 확인하는 취지의 결정이므로 호적정정허가 결정이나 이에 기초한 호적상 성별란 정정의 효과는 기존의 신분관계 및 권리의무에 영향을 미치지 않는다고 한다.

(2) 대결(전원) 2011. 9. 2, 2009스117

그 후 대법원은 이 결정에서, 현재 혼인 중에 있거나 미성년인 자녀를 둔 성전환자의 성별정정은 허용되지 않는다고 하였다. 두 가지 경우에 예외적으로 성별정정을 부정한 것이다. 본 결정의 원심은 이 판례를 따른 것이다.

(3) 본 결정

본 결정은 성전환자의 성별정정 허가 여부를 판단할 때에는 성전환자의 기본권의 보호와 미성년 자녀의 보호 및 복리와의 조화를 이룰 수 있도록 법익의 균형을 위한 여러 사정들을 종합적으로 고려하여 실질적으로 판단하여야 한다고 한 뒤, 그러한 사정들을 고려하여 실질적으로 판단하지 않은 채 단지 성전환자에게 미성년 자녀가 있다는 사정만을 이유로 성별정정을 불허하여서는 안 된다고 하였다. 그러면서 원심결정을 파기·환송하였다.

2. 논평

본 결정은 적절하다.

5. 혼인의 무효

◈ 대판 1996. 11. 22, 96도2049
[공정증서원본불실기재·불실기재공정증서원본
행사](강의 E-19, 친상 [34])

[쟁점] 제815조 제1호의 '당사자 간에 혼인의
합의가 없는 때'의 의미 및 다른 목적을 달성하기
위한 방편으로서 한 혼인의 효력(무효)

[사실관계]

(1) 피고인 1은 A, B 등과 공모하여 1995. 10.
중순경 중국 흑룡강성 목단강시 서안구에서 A의
소개로 만난 중국 조선족 여자인 B로 하여금 국내
에 취업할 수 있도록 입국시켜 줄 목적으로 B와
위장결혼하기로 약속하여 그 무렵 결혼사진을 촬
영하고 목단강 시청에 가서 사진을 첨부하여 혼인
신고를 하고 결혼증을 발급받아 목단강시 공증처
에서 혼인공증을 받은 다음, 같은 해 11. 4. 귀국
하여 같은 달 25. 위 피고인의 본적지인 전남 신
안군 압해면 사무소에서 위 면사무소 호적담당 공
무원에게 마치 B와 결혼한 것처럼 허위내용의 혼
인신고서를 제출하여 위 공무원으로 하여금 공정
증서원본인 호적부에 불실의 사실을 기재하게 하
고, 그 무렵 위 사무소에 이를 비치하게 하여 행
사하였다.

(2) 피고인 2는 A, B와 공모하여 같은 해 8.말경
위 목단강시 서안구에서 A의 소개로 만난 중국 조
선족 여자인 C와 위와 같은 목적으로 위장결혼하
기로 약속하여 그 무렵 같은 곳에서 같은 방법으
로 혼인신고를 하고 결혼증을 발급받아 혼인공증
을 받은 다음, 같은 해 9. 2. 귀국하여 같은 달 15.
위 피고인의 본적지인 서울 강동구청 시민봉사실
호적계에서 위 구청 호적담당 공무원에게 마치 C
와 결혼한 것처럼 허위내용의 혼인신고서를 제출
하여 위 공무원으로 하여금 공정증서 원본인 호
적부에 불실의 사실을 기재하게 하고, 그 무렵 위
사무소에 이를 비치하게 하여 이를 행사하였다.

[판결요지]

우리나라 섭외사법 제15조 제1항 단서에 의하
면 혼인의 방식은 혼인거행지의 법에 의하도록 되
어 있기는 하나, 같은 법 제15조 제1항 본문은 혼
인의 성립요건은 각 당사자에 관하여 그 본국법에
의하여 정한다고 규정하고 있고, 같은 법 제16조
제1항은 "혼인의 효력은 부(夫)의 본국법에 의한
다"고 규정하고 있으므로, 이 사건 혼인이 중국에
서 중국의 방식에 의하여 성립되었다 하더라도 혼
인의 실질적 성립요건을 구비한 것으로서 유효한
지 여부는 부(夫)인 피고인들의 본국법인 우리나
라 법에 의하여 정하여져야 할 것이다.

그런데 우리나라 민법 제815조 제1호는 '당사자
간에 혼인의 합의가 없는 때'에는 그 혼인은 무효
로 한다라고 규정하고 있고, 이 혼인무효 사유는
당사자 간에 사회관념상 부부라고 인정되는 정신
적, 육체적 결합을 생기게 할 의사를 갖고 있지
않은 경우를 가리킨다고 해석할 것이므로, 당사자
사이에 비록 혼인의 계출 자체에 관하여 의사의
합치가 있어 일응 법률상의 부부라는 신분관계를
설정할 의사는 있었다고 인정되는 경우라도 그것
이 단지 다른 목적을 달성하기 위한 방편에 불과
한 것으로서 그들 간에 참다운 부부관계의 설정을
바라는 효과의사가 없을 때에는 그 혼인은 민법
제815조 제1호의 규정에 따라 그 효력이 없다고
해석하여야 할 것이다(대법원 1985. 9. 10. 선고 85도
1481 판결 참조).

[관련규정] 제815조

[해설 및 논평]

1. 해설

(1) 서설

본 판결은 형사판결이다. 그런데 그 안에 혼인
의 무효와 관련하여 판단한 부분도 있다. 여기서
는 그 점에 관하여 살펴본다. 한편 본 판결 사안
에서는 한국인과 외국인 사이의 혼인에 법적인 판

단을 해야 했다. 그럴 경우에는 판단에 앞서서 적용될 법, 즉 준거법을 결정해야 하며, 그 결정은 구 섭외사법(현행의 국제사법)에 의하게 된다. 혼인과 관련된 구 섭외사법과 현재의 국제사법 규정이 동일하지는 않다. 그런데 여기서는 우리 법 하에서의 혼인의 무효를 검토하려고 하므로 국제사법 문제는 논의하지 않기로 한다. 본 판결은 우리 법상 혼인의 무효에 대하여 판단하였다.

(2) 가장혼인의 무효

제815조 제1호는「당사자 간에 혼인의 합의가 없는 때」에는 혼인이 무효라고 규정한다. 혼인의 합의는 혼인의 의사의 합치이므로, 여기서 우선 혼인의 의사가 어떠한 의미인지 문제된다. 혼인의 사에 관하여 학설은 i) 부부로서 정신적·육체적으로 결합하여 생활공동체를 형성할 의사라고 하는 실질적 의사설, ii) 혼인의사는 효과의사 속에 신고의사(혼인신고에 의하여 법률상의 부부관계를 형성하려는 의사)가 당연히 내포되어 있다고 하는 견해, iii) 사회습속적 유형과 법정책적 가치판단을 종합적으로 고려하여 혼인의사를 판단해야 한다는 견해로 나뉘어 있다(자세한 문헌은 강의 E-16, 친상 [27] 참조). 그리고 판례는 과거부터 실질적 의사설을 취하고 있으며(대판 1983. 9. 27, 83므22), 본 판결도 같다.

본 판결은 거기에서 더 나아가, 당사자 사이에 비록 혼인의 계출 자체에 관하여 의사의 합치가 있어 법률상의 부부라는 신분관계를 설정할 의사는 있었다고 인정되는 경우라도 그것이 단지 다른 목적을 달성하기 위한 방편에 불과한 것으로서 그들 간에 참다운 부부관계의 설정을 바라는 효과의사가 없을 때에는 그 혼인은 제815조 제1호의 규정에 따라 그 효력이 없다고 한다. 즉 가장혼인은 무효라고 한다. 이는 종래의 판결(대판 1985. 9. 10, 85도1481)을 다시 확인한 것이다. 종래의 그 판결은, 피고인이 공소 외 1을 미국인 공소 외 2와 위장결혼시켜 미국으로 이주하게 할 목적으로(참다운 부부관계의 설정을 바라는 효과의사는 없이) 주한

미대사관으로부터 발급받은 결혼증명서와 함께 동인들에 대한 혼인신고서를 그곳 국제결혼 담당 직원에게 제출하여 그 직원으로 하여금 공소 외 1의 본적지 관할인 성동구청장에 위 서류를 우송하게 한 경우에 관하여, 본 판결과 같은 취지로 판결을 하였다.

이들 판결에 의하면, 혼인의사에 부부관계라는 신분관계를 설정할 의사 즉 혼인신고를 하려는 의사(812조 1항의 의사)와 그들 간에 참다운 부부관계 설정을 바라는 효과의사가 있고, 그 둘 중 전자가 있어도 후자가 없으면 제815조 제1호에 따라 혼인이 무효라고 한다.

(3) 이혼무효와의 관련

대법원은 과거부터 당사자 간에 이혼의 합의가 없을 때에 협의이혼을 무효라고 해왔으나(규정은 없음), 근래 이혼무효에 관하여 매우 신중한 태도를 보이고 있다. 즉 대법원은, 일시적으로나마 그 법률상의 부부관계를 해소하려는 당사자 간의 합의하에 협의이혼신고가 된 이상, 그 협의이혼에 다른 목적이 있다 하더라도 양자 간에 이혼의 의사가 없다고는 말할 수 없고, 따라서 그 협의이혼은 무효로 되지 않는다고 한다(대판 1993. 6. 11, 93므171 등).

이와 같이 협의이혼의 판례는 혼인무효에 관한 본 판결의 태도와 일치하지 않는다. 그에 관하여, 협의이혼의 신고는 가정법원의 확인이라는 실질적 심사를 받은 후에 수리되는 제도의 특수성에 비추어 다른 신고, 예컨대 혼인·입양·입양신고와는 그 성질을 달리하므로, 두 경우에 차이를 보여도 무방하다는 견해가 있다(박기동 평석 649면).

2. 논평

본 판결은 타당하다.

[주요 평석 문헌] 박기동, "가장혼인신고가 공정증서 원본 불실기재죄에 해당하는지 여부," 대법원판례해설, 27호, 631면 이하.

6. 혼인취소의 효과

◆ 대판 1996. 12. 23. 95다48308
  [토지인도등](강의 E-28·186, 친상 [46]·[238]·
  [254])

[쟁점] 부부 일방이 사망하여 상대방 배우자가
상속받은 후에 혼인이 취소된 경우 이미 이루어진
상속관계가 소급하여 무효로 되거나 부당이득으
로 되는지 여부

[사실관계]
  (1) 甲은 재일교포로서 1964. 5. 12. 당시 그가
거주하던 일본에서 재일교포 乙과 결혼식을 올리
고 그 무렵 동경도 신숙구장에게 일본 소정의 방
식에 따라 혼인신고를 마쳤으나, 우리나라 민법과
호적법에 의하여 재외공관장에게 신고하거나 甲
의 본적지에 혼인신고를 하지 않았다. 甲과 乙 사
이에 1965년에서 1973년에 걸쳐 A, B, C가 출생하
였다.
  (2) 甲은 1979년경부터 고향인 제주도를 왕래하
면서 丙과 내연관계를 맺었고, 1980년경 그 사이
에 D가 출생하였다. 그 무렵까지도 甲의 우리나라
호적부에는 乙과의 혼인사실이나 A, B, C의 출생
사실이 등재되지 않았으며, 1981. 2.경 丙과의 혼
인신고가 마쳐져 丙이 甲의 처로, D가 유일한 자
로 등재되었다.
  (3) 甲이 1989. 8. 9 사망하자 丙과 D는 甲의 소
유였던 이 사건 부동산에 관하여 2분의 1지분씩
공동으로 상속하였음을 원인으로 같은 해 11. 30.
소유권이전등기를 마친 후 이를 점유·사용하여
왔다.
  (4) 한편 甲은 생전에 일본인 E와 내연관계를
맺어 그 사이에 1969년에서 1976년에 걸쳐 F, G,
H, I가 출생하였는데, 甲 사망 후 F, G, H, I는 인
지청구의 소를 제기하여 甲의 자임을 인지한다는
심판이 선고되어 확정되었다.
  (5) 乙은 1990. 2.경 甲과 丙의 중혼사실을 알고

서 甲과 丙의 혼인취소를 청구하였고, 취소심판이
선고되어 1991. 12. 10. 확정되었다.
  (6) 乙, A, B, C, F, G, H, I는 丙과 D를 상대로
이 사건 부동산에 관하여 丙과 D의 상속분을 넘
는 지분에 관한 등기말소를 청구하여 승소판결이
선고되어 1992. 6. 16. 확정되었다.
  (7) 乙, A, B, C는 丙과 D에 대하여 이 사건 부
동산의 인도와 그 점유·사용으로 인한 부당이득
반환을 구하는 이 사건 소를 제기하였다. 한편 乙
은 위 혼인취소심판에 의하여 丙은 甲의 배우자로
서의 자격을 상실하였고 따라서 丙이 甲의 사망으
로 인하여 상속한 이 사건 부동산에 대한 40분의
3의 지분은 소급하여 乙에게 귀속되어야 한다고
주장하면서 丙에 대하여 그 소유권이전등기의 말
소를 청구하였다.

[판결요지]
  민법 제824조는 "혼인의 취소의 효력은 기왕에
소급하지 아니한다"고 규정하고 있을 뿐 재산상속
등에 관해 소급효를 인정할 별도의 규정이 없는
바, 혼인 중에 부부 일방이 사망하여 상대방이 배
우자로서 망인의 재산을 상속받은 후에 그 혼인이
취소되었다는 사정만으로 그 전에 이루어진 상속
관계가 소급하여 무효라거나 또는 그 상속재산이
법률상 원인 없이 취득한 것이라고는 볼 수 없다.

[관련규정] 제824조

[해설 및 논평]
1. 해설
(1) 이 사건 부동산에 대한 상속관계
  원고 乙은 혼인거행지인 일본법이 정하는 방식
에 따라 甲과 혼인신고를 마쳤으므로 구 섭외사법
제15조 제1항(현행 국제사법 제36조에 해당함)에 의
하여 우리나라 법률에 의한 혼인신고 여부에 관계
없이 유효하게 혼인이 성립하였고, 따라서 乙과
원고 A, B, C는 당연히 甲의 상속인으로 된다. 피

고 丙은 우리나라 법률에 따라 甲과 혼인신고를 마친 이상 유효한 혼인이 성립하였으며, 그 혼인이 중혼에 해당하더라도 甲이 사망할 때까지 취소되지 않았으므로 丙과 피고 D도 甲의 상속인으로 된다. 또한 F, G, H, I 등 혼인외 출생자들도 인지심판의 확정으로 甲이 사망한 때에 소급하여 상속인 자격을 취득한다. 그러므로 이 사건 부동산은 원·피고들과 F, G, H, I가 공동으로 상속하였다고 할 것이다.

(2) 원고 乙의 피고 丙에 대한 소유권이전등기 말소청구에 관한 판단

제824조는 혼인취소의 소급효를 인정하지 않고 있으므로, 혼인취소판결이 확정된 경우 그 효력은 장래에 향해서만 그 혼인관계를 해소시킬 뿐이고 그 혼인으로 인하여 기왕에 형성된 법률관계는 재산상 법률관계이든 신분상 법률관계이든 아무 영향을 받지 않으므로, 취소사유 있는 혼인의 배우자가 혼인취소 전에 재산상속인이 되었다면 후에 그 혼인이 취소되더라도 일단 취득한 재산상속인으로서의 지위에는 아무런 변동이 없다고 할 것이다. 따라서 재산상속관계에 있어서 혼인취소의 효력이 기왕에 소급함을 전제로 한 원고 乙의 피고 丙에 대한 소유권이전등기 말소 주장은 타당하지 않다.

(3) 부동산인도 및 부당이득 반환청구에 관한 판단

원고들과 피고들 및 F, G, H, I가 이 사건 부동산을 공동상속하였고, 피고들은 甲 사망 후 이를 독점적, 배타적으로 점유·사용하고 있으므로, 피고들은 원고들에게 이를 인도하고 그 임료상당액 중 원고들 상속분에 해당하는 금액을 점유·사용으로 인한 부당이득으로 반환할 의무가 있다

(4) 그리하여 본 판결은 부부일방이 사망하여 상대방 배우자가 상속을 받은 후 그 혼인이 취소되더라도 이미 이루어진 상속관계가 소급하여 무효라거나 또는 그 상속재산이 법률상 원인 없이 취득한 것이라고 볼 수 없다는 전제에서, 원고 乙의 피고 丙에 대한 소유권이전등기 말소청구를 기

각하고 원고들의 피고들에 대한 부동산인도 및 부당이득 반환청구를 일부인용한 원심판결의 판단을 지지하였다.

2. 논평

이 사건에서는 부부일방이 사망하여 배우자가 상속을 받은 후 혼인이 취소된 경우 이미 이루어진 상속관계가 소급하여 무효로 되는가가 쟁점으로 다루어졌다. 본 판결은 민법이 혼인취소의 소급효를 인정하지 않고 있는 것을 근거로 중혼취소가 피고 丙의 상속에 영향을 주지 않는다고 하였다. 학설은 i) 혼인취소가 생존배우자의 상속에 영향을 미치지 않는다는 견해와 ii) 부부일방의 사망후 혼인이 취소된 때에는 사망한 때 혼인이 소멸한 것으로 보아야 하므로 생존배우자는 상속권을 잃는다는 견해가 있다. 제824조는 신분관계·재산관계를 구별하지 않고 혼인취소의 소급효를 부정하고 있고, 부부일방의 사망 후 혼인이 취소되더라도 그때까지 존재하였던 혼인관계는 아무 영향을 받지 않으며, 이는 중혼배우자가 취소판결 전에 사망한 경우에도 마찬가지이다. 따라서 본 판결이 혼인 중 부부 일방이 사망하여 상대방 배우자가 상속받은 후 그 혼인이 취소되더라도 그 전에 이루어진 상속관계가 소급하여 무효라거나 또는 그 상속재산이 법률상 원인 없이 취득한 것이라고는 볼 수 없다고 한 것은 타당하다고 할 것이다.

한편 중혼배우자 일방이 사망한 경우 그 후에 혼인이 취소되더라도 전혼과 후혼의 배우자 모두 상속권을 갖게 된다. 이때 배우자들의 상속분에 관하여 원심판결은 원고 乙과 피고 丙은 모두 망인의 배우자였으므로 배우자 1인의 상속분을 2분의 1씩 나누어 상속한다고 하였고, 대법원에서는 이 문제는 다루어지지 않았다. 민법은 중혼의 경우에도 취소될 때까지는 유효한 혼인으로 인정하고 있으므로 두 배우자 모두 본래의 상속분을 취득한다고 새기는 것이 바람직하다.

7. 부부의 정조의무와 제3자의 불법행위

◈ 대판(전원) 2014. 11. 20, 2011므2997
[손해배상(기)](강의 E-30, 친상 [49])

[쟁점] 제3자가 부부의 일방과 부정행위를 함으로써 부부공동생활을 침해하거나 유지를 방해하고 그에 대한 배우자로서 권리를 침해하여 배우자에게 정신적 고통을 가하는 행위가 불법행위를 구성하는지 여부(원칙적 적극). 부부가 아직 이혼하지 않았지만 실질적으로 부부공동생활이 파탄되어 회복할 수 없을 정도의 상태에 이른 경우에 제3자가 부부의 일방과 한 성적인 행위가 배우자에 대하여 불법행위를 구성하는지 여부(소극)와 그러한 법률관계는 재판상 이혼청구가 계속 중에 있다거나 재판상 이혼이 청구되지 않은 상태라고 하더라도 마찬가지인지 여부(적극)

[사실관계]

(1) 원고는 1992. 10. 19. 처인 소외인과 혼인신고를 마친 법률상 부부로서 슬하에 아들 둘(1994년생·1995년생)을 두고 있었다. 원고와 소외인은 경제적인 문제, 성격 차이 등으로 불화를 겪었는데, 소외인은 원고로부터「우리는 부부가 아니다」라는 말을 듣고 2004. 2.경 자녀들을 남겨둔 채 가출하여 이때부터 별거가 시작되었고, 원고는 소외인이 가출한 이후 소외인을 설득하려는 별다른 노력 없이 소외인을 비난하면서 지내왔다.

(2) 결국 소외인은 2008. 4.경 원고를 상대로 이혼소송을 제기하여 2008. 9. 26. 이혼판결을 받았으나, 원고가 이에 불복하여 항소하였고 이후 소외인을 상대로 반소를 제기하여 위 항소심에서 2010. 6. 18.「본소 및 반소에 의하여, 소외인과 원고는 이혼한다」는 등의 내용으로 판결이 선고되었으며, 원고가 다시 불복하여 진행된 상고심에서 2010. 9. 30. 상고기각됨으로써 위 항소심판결이 그대로 확정되었다.

(3) 피고는 2006. 봄경 계룡산 등산모임에서 소외인을 알게 되어 간간히 연락을 주고받고, 여러 차례 금전거래를 하는 등 친밀하게 지내 오던 중 위 이혼재판이 진행되던 2009. 1. 29. 밤에 소외인이 홀로 거주하는 서울 서초구 (주소 생략) 다세대주택 104호에 찾아가 소외인과 서로 키스하고, 몸을 애무하였다.

(4) 원고는 2009. 2. 13. 피고와 소외인을 간통죄로 고소하였으나, 2009. 8. 10. 증거불충분으로 혐의 없음 결정을 받았다.

(5) 그 후 원고는 피고를 상대로 3,000만 원의 위자료 지급을 청구하였다.

[판결요지]

부부는 동거하며 서로 부양하고 협조하여야 하는 의무를 진다(민법 제826조). 부부는 정신적·육체적·경제적으로 결합된 공동체로서 서로 협조하고 보호하여 부부공동생활로서의 혼인이 유지되도록 상호 간에 포괄적으로 협력할 의무를 부담하고 그에 관한 권리를 가진다. 이러한 동거의무 내지 부부공동생활 유지의무의 내용으로서 부부는 부정행위를 하지 아니하여야 하는 성적(性的) 성실의무를 부담한다. 이에 따라 부부의 일방이 부정행위를 한 경우에 이는 민법 제840조에 따라 재판상 이혼사유가 되고, 부부의 일방은 그로 인하여 배우자가 입게 된 정신적 고통에 대하여 불법행위에 의한 손해배상의무를 진다.

한편 제3자도 타인의 부부공동생활에 개입하여 그 부부공동생활의 파탄을 초래하는 등 그 혼인의 본질에 해당하는 부부공동생활을 방해하여서는 아니 된다. 제3자가 부부의 일방과 부정행위를 함으로써 혼인의 본질에 해당하는 부부공동생활을 침해하거나 그 유지를 방해하고 그에 대한 배우자로서의 권리를 침해하여 배우자에게 정신적 고통을 가하는 행위는 원칙적으로 불법행위를 구성한다(대법원 2005. 5. 13. 선고 2004다1899 판결 등 참조).

이와 같이 제3자가 부부의 일방과 부정행위를 하여서는 아니 되는 것은 혼인의 본질에 해당하는 부부공동생활이 보호되고 유지되어야 하기 때문이다. 그런데 민법 제840조는 '혼인을 계속하기 어려운 중대한 사유가 있을 때'를 이혼사유로 삼고 있으며, 부부간의 애정과 신뢰가 바탕이 되어야 할 혼인의 본질에 해당하는 부부공동생활 관계가 회복할 수 없을 정도로 파탄되고 그 혼인생활의 계속을 강제하는 것이 일방 배우자에게 참을 수 없는 고통이 되는 경우에는 위 이혼사유에 해당할 수 있다(대법원 2010. 7. 15. 선고 2010므1140 판결 등 참조). 이에 비추어 보면 부부가 장기간 별거하는 등의 사유로 실질적으로 부부공동생활이 파탄되어 실체가 더 이상 존재하지 아니하게 되고 객관적으로 회복할 수 없는 정도에 이른 경우에는 혼인의 본질에 해당하는 부부공동생활이 유지되고 있다고 볼 수 없다. 따라서 비록 부부가 아직 이혼하지 아니하였지만 이처럼 실질적으로 부부공동생활이 파탄되어 회복할 수 없을 정도의 상태에 이르렀다면, 제3자가 부부의 일방과 성적인 행위를 하더라도 이를 두고 부부공동생활을 침해하거나 그 유지를 방해하는 행위라고 할 수 없고 또한 그로 인하여 배우자의 부부공동생활에 관한 권리가 침해되는 손해가 생긴다고 할 수도 없으므로 불법행위가 성립한다고 보기 어렵다. 그리고 이러한 법률관계는 재판상 이혼청구가 계속 중에 있다거나 재판상 이혼이 청구되지 않은 상태라고 하여 달리 볼 것은 아니다.

(본 판결에는 대법원 3인 공동의 별개의견과 대법관 2인 공동의 보충의견이 있음)

[관련규정] 제751조, 제826조, 제840조

[해설 및 논평]

1. 해설

본 판결은 먼저, 부부는 부정행위를 하지 않아야 하는 성적 성실의무를 부담하며, 따라서 부부의 일방이 부정행위를 한 경우에는 배우자에게 불법행위책임을 진다고 한다. 그리고 제3자가 부부의 일방과 부정행위를 함으로써 배우자에게 정신적 고통을 가하는 행위는 원칙적으로 불법행위를 구성한다고 한다. 이러한 내용은 기존의 학설이 인정하던 내용과 같으며, 후자에 관하여는 판례도 있었다.

그런데 부부 사이의 성적 성실의무가 언제까지 존속하는지, 그리고 어떤 경우에 제3자가 부부의 일방과 성적인 행위를 하더라도 부부공동생활을 침해하거나 그 유지를 방해하는 행위가 되지 않는지 문제된다. 법률혼이 존재하는 한 그러한 의무가 있다고 할 것은 아니기 때문이다.

여기에 관하여 본 판결(다수의견)은, 비록 부부가 아직 이혼하지 않았지만 실질적으로 부부공동생활이 파탄되어 회복할 수 없을 정도의 상태에 이르렀다면, 제3자가 부부의 일방과 성적인 행위를 하더라도 부부공동생활을 침해하거나 그 유지를 방해하는 행위라고 할 수 없다고 한다. 그리고 이러한 법률관계는 재판상 이혼청구가 계속 중에 있다거나 재판상 이혼이 청구되지 않은 상태라도 동일하다고 한다.

이에 대하여 별개의견은, 다수의견이 제시하는 기준만으로는 부족하고, 혼인의 본질에 해당하는 부부공동생활의 실체가 소멸되고 이를 회복할 수 없는 상태에서 부부 일방이 배우자로부터 이혼의사를 전달받았거나, 그의 재판상 이혼청구가 제840조 제6호에 따라 이혼이 허용될 수 있는 상황이었고 실제 재판상 이혼을 청구하여 혼인관계의 해소를 앞두고 있는 경우에 그렇다고 한다.

2. 논평

부부가 부담하는 성적 성실의무가 법률혼이 계속되는 한 존속한다고 하는 것은 개인의 성적 자기결정권을 과도하게 제한하는 부당한 측면이 있다. 따라서 일정한 요건을 갖춘 경우에는 그 의무가 존재하지 않는다고 해야 한다. 그럴 경우에 그 기준을 어떻게 세울지가 문제되는데, 그에 관하여는 본 판결에 따라도 무방할 것이다.

제5장
친족상속법

8. 부부재산의 귀속

◈ 대판 1986. 9. 9, 85다카1337·1338
[소유권이전등기청구권가등기말소·지분소유권
이전등기](강의 E-33, 친상 [52])

[쟁점] 부부의 일방이 혼인 중 그의 명의로 부동산을 취득한 경우에 그 부동산을 취득함에 있어서 상대방의 협력이 있었다거나 혼인생활에 있어 내조의 공이 있었다는 것만으로 특유재산의 추정을 번복할 수 있는 사유가 되는지 여부(소극)

[사실관계]

(1) 원고(남. 반소 피고. 이하 원고라 함)와 피고(여. 반소 원고. 이하 피고라 함)는 1970. 12. 9. 혼인신고를 마친 법적 부부이다.

(2) 이 사건 부동산 중 대지는 원·피고의 혼인 후에 원고가 소외인으로부터 매수하여 1974. 7. 22. 원고 명의로 소유권이전등기가 되었고, 그 지상주택은 그 무렵에 신축되어 1974. 10. 19. 원고 명의로 소유권보존등기가 되었다.

(3) 피고는 원고와의 가정불화가 심해지자 자신 몫의 재산을 확보하려는 의도에서 1983. 11. 23. 원고의 호주머니에서 인감도장을 몰래 꺼내다가 관할 동사무소에서 마치 원고가 피고에게 인감증명서 발급을 위임한 것처럼 가장하여 원고의 인감증명서를 발급받은 다음, 법무사(사법서사)에게 부탁하여 등기권리증도 없이 이 사건 부동산에 관하여 같은 해 11. 26. 피고 앞으로 소유권이전청구권가등기를 경료하였다.

(4) 이에 원고는 자신 명의의 부동산에 관한 피고의 가등기는 원인 없이 경료된 무효인 등기라고 주장하면서 그 말소를 구하는 소를 제기하였다. 그러자 피고가 반소를 제기하여, 주위적으로, 이 사건 부동산은 원·피고가 1974. 10. 19.에 700만 원의 대지구입비 및 건축비용을 들여 신축하여 원고 단독 명의로 등기한 것으로서, 피고가 위 신축으로 인한 부채금 450만 원을 자신이 원고에게 명의신탁한 바 있던 서울 성북구 정릉동의 부동산을 480만 원에 매각하여 그 대금 전액으로 충당한 바 있으니, 이 사건 부동산 중 위 금액 비율인 48/70 지분을 피고가 원고에게 명의신탁한 것이라고 할 것이며, 예비적으로, 설사 그렇지 않다고 하더라도, 이 사건 부동산은 원고와 피고의 혼인 중 공동의 노력으로 취득한 공유재산이므로, 적어도 그 1/2 지분은 피고의 소유로서 그 지분을 명의신탁한 것이라고 해야 한다고 하면서 그 지분에 대한 소유권이전등기를 구하였다.

[판결요지]

부부의 일방이 혼인 중 그의 명의로 취득한 부동산은 그의 특유재산으로 추정되는 것으로서 그 부동산을 취득함에 있어 상대방의 협력이 있었다거나 혼인생활에 있어 내조의 공이 있었다는 것만으로는 위 추정을 번복할 수 있는 사유가 되지 못하고, 그 부동산을 부부 각자가 대금의 일부씩을 분담하여 매수하였다거나 부부가 연대채무를 부담하여 매수하였다는 등의 실질적 사유가 주장 입증되는 경우에 한하여 위 추정을 번복하고 그 부동산을 부부의 공유로 인정할 수 있다고 할 것이다.

기록에 의하면, 원심이 인용한 제1심 판결이 피고가 남편인 원고 명의로 취득된 이 사건 부동산의 매수자금 중 48/70을 부담하여 매수하였다는 피고주장에 부합하는 피고의 동생인 제1심 증인 소외인의 증언을 믿을 수 없다 하여 이를 배척하고, 그 밖에 이를 인정할 만한 증거 없다 하여 위 주장을 받아들이지 아니하고 이 사건 부동산이 원·피고의 혼인생활 중 취득되었다는 것만으로는 이 사건 부동산이 그 명의자인 원고의 특유재산이라는 추정을 번복하고, 원·피고의 공유재산이라고 인정할 사유가 되지 못한다고 하여 반소청구를 모두 기각하였는바, 그와 같은 판단은 정당한 것으로 보이고, 거기에 채증법칙을 위배하여 사실을 오인하거나 부부간의 특유재산에 관한 법리를 오해한 위법이 없다.

[관련규정] 제830조

[해설 및 논평]

1. 해설

(1) 서설

본 판결 사안에서는 부부의 일방이 혼인 중 그의 명의로 부동산을 취득한 경우에 그 부동산을 취득함에 있어서 상대방의 협력이 있었다거나 혼인생활에 있어 내조의 공이 있었다는 것만으로 특유재산의 추정을 번복할 수 있는 사유가 되는지가 다투어졌다. 이는 부부재산 귀속에 관한 문제이다.

(2) 민법상의 부부재산제

혼인을 한 당사자가 혼인 당시에 재산을 가지고 있거나 혼인 후에 새로이 재산을 취득하는 경우 그 재산의 귀속과 관리가 문제된다. 여기에 관하여 민법은 우선 그들의 합의에 의하여 재산관계를 정하도록 하고(829조. 부부재산계약), 그러한 합의가 없는 경우에는 민법이 규정하는 부부재산제(별산제)를 일률적으로 적용하도록 하고 있다(830조 이하).

부부로 될 자는 혼인이 성립하기 전에 그 재산에 관하여 자유롭게 계약을 체결할 수 있다(829조 1항 참조). 그 계약을 부부재산계약이라고 한다.

부부재산계약이 체결되지 않거나 그것이 효력을 잃은 때에는 민법이 정한 바에 의한다. 이것이 법정재산제이다. 법정재산제의 종류 즉 입법태도에는 부부별산제, 부부공유제, 관리공통제 등 여러 가지가 있는데, 민법은 이 가운데 별산제를 채용하고 있다. 그에 의하면, 부부의 일방이 혼인 전부터 가진 고유재산과 혼인 중 자기의 명의로 취득한 재산은 그 특유재산으로 한다(830조 1항). 그리고 부부의 누구에게 속한 것인지 분명하지 않은 재산은 부부의 공유로 추정한다(830조 2항).

(3) 본 판결의 내용

대법원은 본 판결이 선고되기 전만 해도 - 적어도 공간된 판례에서는 - 「부부의 일방이 혼인 중 자기의 명의로 취득한 재산의 귀속」에 관하여 판시한 적이 없다. 그러니 본 판결이 그에 관한 첫 판결이다. 그리고 본 판결은 실제에서 매우 자주 문제될 수 있는 가사노동이 부부재산의 귀속에 어떤 영향을 주게 되는지를 판단하였다. 그런 점에서 매우 중요한 판결이다.

본 판결은 먼저 제830조 제1항에서 「그 특유재산으로 한다」는 것을 명의자의 특유재산으로 「추정한다」는 의미로 해석한다. 그러면서 그 부동산을 취득함에 있어 상대방의 협력이 있었다거나 혼인생활에 있어 내조의 공이 있었다는 것만으로는 위 추정을 번복할 수 있는 사유가 되지 못한다고 한다. 나아가 그 부동산을 부부 각자가 대금의 일부씩을 분담하여 매수하였다거나 부부가 연대채무를 부담하여 매수하였다는 등의 실질적 사유가 주장 입증되는 경우에 한하여 위 추정을 번복하고 그 부동산을 부부의 공유로 인정할 수 있다고 한다.

이러한 본 판결의 태도는 후속판결에 의해 다시 확인되었다(대판 1992. 12. 11, 92다21982).

2. 논평

본 판결은 제830조의 해석으로서 형식적으로는 타당하다고 할 수 있고, 따라서 받아들일 수 있다. 그러나 처의 가사노동을 지나치게 소극적으로 평가한 것으로서 실질적으로는 부당하다. 그리고 본 판결은 1990년 민법개정시에 신설된 이혼한 배우자의 재산분할청구권 제도(839조의 2)의 취지에도 맞지 않는다. 제830조의 개정이 필요하다고 하겠다.

[주요 평석 문헌] 성기창, "부부의 일방이 혼인중 자기명의로 취득한 재산이 부부의 공유로 인정되는 경우," 대법원판례해설, 6호, 109면 이하.

9. 가장이혼

◈ 대판 1993. 6. 11, 93므171
  [이혼무효등](강의 E-41, 친상 [63]·[64])

[쟁점] 일시적으로 법률상 부부관계를 해소할 의사로써 한 협의이혼신고의 효력 유무(적극)

[사실관계]

(1) 망 소외 1과 피고는 1962. 6. 26. 혼인신고를 마친 법률상 부부로서, 망 소외 1이 처갓집에 들어가 농사일에 종사하던 중 1980. 5.경부터 장인인 망 소외 2 및 장모인 원고 1과 불화하여 장인이 망 소외 1에게 나갈 것을 요구하자 사위의 신분으로는 그 동안의 농사일을 한 것에 대한 노임을 청구할 수 없는 것으로 오인하고, 노임청구를 하기 위한 방편으로 피고와 합의하에 1981. 1. 16. 협의이혼신고를 하였다.

(2) 그런데 그 후에도 피고와 망 소외 1은 계속하여 부부관계를 유지해 왔다.

(3) 이에 원고 1(및 원고 1의 다른 딸인 원고 2)은 위 협의이혼신고의 무효를 구하는 소를 제기하였다(그 외에 호주상속이 잘못되어 상속지분도 다르다는 주장도 함).

[판결요지]

이혼의 효력발생 여부에 관한 형식주의 아래에서의 이혼신고의 법률상 중대성에 비추어, 협의이혼에 있어서의 이혼의 의사는 법률상의 부부관계를 해소하려는 의사를 말한다 할 것이므로, 일시적으로나마 그 법률상의 부부관계를 해소하려는 당사자 간의 합의하에 협의이혼신고가 된 이상, 그 협의이혼에 다른 목적이 있다 하더라도 양자 간에 이혼의 의사가 없다고는 말할 수 없고 따라서 그 협의이혼은 무효로 되지 아니한다 할 것이다(당원 1976. 9. 14. 선고 76도107 판결; 1981. 7. 28. 선고 80므77 판결 참조).

따라서 피고와 망 소외 1이 일시적으로나마 이혼신고를 하기로 하는 합의하에 협의이혼신고를 한 사실이 인정되는 이상, 그 이혼신고를 함에 있어 사실상의 부부관계까지 해소할 의사는 없었고 망 소외 1이 그 장인, 장모를 상대로 노임청구를 하기 위한 목적이 있었다 하더라도 이혼의사가 결여되어 무효라고는 할 수 없는 것이다.

[관련규정] 제834조, 제836조

[해설 및 논평]

1. 해설

우리 문헌들은 대부분 혼인에 있어서와 마찬가지로 협의이혼의 경우에도 협의이혼의 성립요건을 실질적 요건과 형식적 요건으로 나누고, 전자에는 ① 당사자 사이에 이혼의사의 합치가 있을 것과 ② 피성년후견인은 부모 등의 동의를 얻을 것이 있고, 후자는 가정법원의 확인을 받은 이혼신고라고 한다. 그러면서 ①에서 이혼의사가 실질적 의사인지 여부를 논의한다(강의 E-41, 친상 [60] 참조). 그리고 이혼의사에 관하여 학설은 i) 혼인관계를 실제로 해소하려는 의사라고 하는 실질적 의사설, ii) 이혼신고를 하려는 의사라고 하는 형식적 의사설, iii) 협의이혼의 유형에 따라 다르게 별도의 이론구성을 하여야 한다는 견해로 나뉘어 있다.

판례는 초기에는 명백한 실질적 의사설의 입장이었으나(대판 1961. 4. 27, 4293민상536; 대판 1967. 2. 7, 66다2542), 근래에는 이혼무효에 매우 신중한 태도를 보이고 있다(대판 1975. 8. 1, 75도1712 이래 다수의 판결. 특히 본 판결). 이를 놓고 문헌들은 대부분 최근의 판례가 형식적 의사설을 취하고 있다고 한다(본 판결에 관여한 재판연구관의 평석도 같음. 최세모 평석 382면 참조). 그러나 사견은 이 문제를 이해하는 방식뿐만 아니라 판례에 대한 이해도 다수의 문헌과 다르며, 그에 대하여는 아래에서 기술한다.

아무튼 본 판결에 따르면, 이혼의사는 법률상의

부부관계를 해소하려는 의사이므로, 일시적으로 나마 그 법률상의 부부관계를 해소하려는 당사자 간의 합의하에 협의이혼신고가 된 이상, 그 협의이혼에 다른 목적이 있다 하더라도 양자 간에 이혼의 의사가 없다고는 말할 수 없고, 따라서 그 협의이혼은 무효로 되지 않는다.

2. 논평

우리의 다수 문헌이 협의이혼의 성립요건을 기술하는 방법은 법률행위의 요건에 관하여 성립요건과 유효요건을 구분하지 못한데서 기인하는 잘못된 것이다. 협의이혼의 성립요건과 이혼의사 문제는 다음과 같이 설명해야 한다.

(1) 협의이혼의 성립요건

민법은 협의이혼의 성립요건으로 이혼신고만을 규정하고 있다(836조). 그러나 협의이혼도 일종의 계약이기 때문에 그것이 성립하려면 당사자 사이에 이혼의 합의가 있어야 한다.

협의이혼을 성립시키기 위한 합의는 외형적인 의사표시의 일치로서 충분하다. 그리고 그러한 의사표시와 그것들의 일치인 합의는 이혼신고가 있을 때 그것에 포함되어서 행해지게 된다. 따라서 협의이혼이 성립하기 위하여 합의가 따로 행해질 필요는 없다.

협의이혼은 가정법원의 확인을 받아 가족관계등록법이 정한 바에 의하여 신고함으로써 그 효력이 생긴다(836조 1항).

(2) 협의이혼의 무효 문제

민법에는 협의이혼의 무효에 관한 규정이 없으나(이는 입법상 누락된 것임), 가사소송법이 이혼무효의 소에 대하여 규정하고 있다(가사소송법 2조 1항 가류사건 2)). 재판상 이혼은 무효로 될 수 없으므로, 거기의 이혼은 협의이혼만을 가리킨다.

민법에는 명문의 규정이 없으나 혼인무효에 관한 제815조 제1호를 유추적용하여 「당사자 간에 이혼의 합의가 없는 때」에는 협의이혼이 무효라고 하여야 한다. 이는 본인의 의사를 존중하는 친

족법상의 행위의 본질상 당연하다. 그리고 이혼의사 문제는 여기서 논의해야 한다. 여기의 이혼의 합의가 이혼의사의 합치이기 때문이다.

그리고 이혼을 무효로 만드는 「당사자 간에 이혼의 합의가 없는 때」에 있어서 이혼의사는 당연히 실질적 의사 즉 혼인관계를 해소하려는 의사이어야 하며, 이혼신고를 하려는 의사는 아무런 의미도 없다. 그러므로 여기서는 반드시 실질적 의사설을 취해야 한다. 그리고 협의이혼은 그것이 여러 법률관계에 중대한 영향을 미칠 뿐만 아니라 가정법원의 의사확인을 거쳐 이루어지므로 그것의 무효인정은 신중해야 한다.

한편 사견은 본 판결을 포함한 최근의 대법원 판결이 아직도 실질적 의사설을 취하고 있으며, 단지 특별한 사정이 있는 경우에만 이혼의사를 인정하려는 것일 뿐이라고 이해한다. 특히 이혼의사의 의미를 협의이혼의 무효의 관점에서 논의할 경우에는 반드시 실질적 의사설을 취해야 하기 때문에도 그렇다. 그리고 본 판결이 협의이혼의 무효를 쉽게 인정하지 않는 태도도 바람직하다.

[유사판결] (1) 대판 1976. 9. 14, 76도107: 피고인들이 해외로 이주할 목적으로 이혼신고를 하였다 하더라도 일시적이나마 이혼할 의사가 있었다고 보여지므로 혼인 및 이혼의 효력발생여부에 있어서 형식주의를 취하는 이상 피고인 등의 이건 이혼신고는 유효하다.

(2) 대판 1981. 7. 28, 80므77: 청구인은 피청구인이 외국이민을 떠났다가 3년 후에 다시 귀국하여 혼인신고를 하여 주겠다고 하여 이를 믿고 이혼신고를 하였다면 별다른 사정이 없는 한 당사자 간에 일시적이나마 법률상의 부부관계를 해소할 의사가 있었다고 할 것이니 그 이혼신고는 유효하다.

[주요 평석 문헌] 최세모, "소위 가장이혼의 효력," 대법원판례해설, 19-1호, 377면 이하.

제5장
친족상속법

10. 재판상 이혼: 유책주의

◆ 대판(전원) 2015. 9. 15. 2013므568
[이혼](강의 E-45·50, 친상 [68] 이하)

[쟁점] 제840조 제6호 이혼사유에 관하여 유책
배우자의 이혼청구를 허용할 것인지 여부(원칙적
소극). 예외적으로 유책배우자의 이혼청구를 허용
할 수 있는 경우 및 판단기준

[사실관계]

(1) 원고(남편)와 피고(처)는 1976. 3. 9. 혼인신고
를 마친 법률상 부부로서 그들 사이에 성년인 자녀
3명을 두고 있다. 그런데 원고는 2000. 1.경 집을
나와 원고의 딸을 출산한 소외인과 동거하고 있다.

(2) 피고는 원고가 집을 나간 후 혼자서 세 자
녀를 양육하였다. 피고는 직업이 없고 원고로부터
생활비로 지급받은 월 100만 원 정도로 생계를 유
지하였는데 그나마 2012. 1.경부터는 원고로부터
생활비를 지급받지 못하고 있다. 그리고 피고는
원심 변론종결 당시 만 63세가 넘는 고령으로서
위암 수술을 받고 갑상선 약을 복용하고 있는 등
건강이 좋지 않으며 원고와의 혼인관계에 애착을
가지고 혼인을 계속할 의사를 밝히고 있다.

(3) 이러한 상태에서 원고가 피고를 상대로 재
판상 이혼을 청구하였다.

[판결요지]

[1] 이혼에 관하여 파탄주의를 채택하고 있는
여러 나라의 이혼법제는 우리나라와 달리 재판상
이혼만을 인정하고 있을 뿐 협의상 이혼을 인정하
지 아니하고 있다. 우리나라에서는 유책배우자라
하더라도 상대방 배우자와 협의를 통하여 이혼을
할 수 있는 길이 열려 있다. 이는 유책배우자라도
진솔한 마음과 충분한 보상으로 상대방을 설득함
으로써 이혼할 수 있는 방도가 있음을 뜻하므로,
유책배우자의 행복추구권을 위하여 재판상 이혼
원인에 있어서까지 파탄주의를 도입하여야 할 필

연적인 이유가 있는 것은 아니다.

우리나라에는 파탄주의의 한계나 기준, 그리고
이혼 후 상대방에 대한 부양적 책임 등에 관해 아
무런 법률조항을 두고 있지 아니하다. 따라서 유
책배우자의 상대방을 보호할 입법적인 조치가 마
련되어 있지 아니한 현 단계에서 파탄주의를 취하
여 유책배우자의 이혼청구를 널리 인정하는 경우
유책배우자의 행복을 위해 상대방이 일방적으로
희생되는 결과가 될 위험이 크다.

유책배우자의 이혼청구를 허용하지 아니하고
있는 데에는 중혼관계에 처하게 된 법률상 배우자
의 축출이혼을 방지하려는 의도도 있는데, 여러
나라에서 간통죄를 폐지하는 대신 중혼에 대한 처
벌규정을 두고 있는 것에 비추어 보면 이에 대한
아무런 대책 없이 파탄주의를 도입한다면 법률이
금지하는 중혼을 결과적으로 인정하게 될 위험이
있다.

가족과 혼인생활에 관한 우리 사회의 가치관이
크게 변화하였고 여성의 사회 진출이 대폭 증가하
였더라도 우리 사회가 취업, 임금, 자녀양육 등 사
회경제의 모든 영역에서 양성평등이 실현되었다
고 보기에는 아직 미흡한 것이 현실이다. 그리고
우리나라에서 이혼율이 급증하고 이혼에 대한 국
민의 인식이 크게 변화한 것이 사실이더라도 이는
역설적으로 혼인과 가정생활에 대한 보호의 필요
성이 그만큼 커졌다는 방증이고, 유책배우자의 이
혼청구로 인하여 극심한 정신적 고통을 받거나 생
계유지가 곤란한 경우가 엄연히 존재하는 현실을
외면해서도 아니 될 것이다.

[2] 이상의 논의를 종합하여 볼 때, 민법 제840
조 제6호 이혼사유에 관하여 유책배우자의 이혼
청구를 원칙적으로 허용하지 아니하는 종래의 대
법원판례를 변경하는 것이 옳다는 주장은 아직은
받아들이기 어렵다.

그러나 유책배우자의 이혼청구를 허용하지 아
니하는 것은 혼인제도가 요구하는 도덕성에 배치
되고 신의성실의 원칙에 반하는 결과를 방지하려

는 데 있으므로, 혼인제도가 추구하는 이상과 신의성실의 원칙에 비추어 보더라도 책임이 반드시 이혼청구를 배척해야 할 정도로 남아 있지 아니한 경우에는 그러한 배우자의 이혼청구는 혼인과 가족제도를 형해화할 우려가 없고 사회의 도덕관·윤리관에도 반하지 아니하므로 허용될 수 있다.

그리하여 상대방 배우자도 혼인을 계속할 의사가 없어 일방의 의사에 따른 이혼 내지 축출이혼의 염려가 없는 경우는 물론, 나아가 이혼을 청구하는 배우자의 유책성을 상쇄할 정도로 상대방 배우자 및 자녀에 대한 보호와 배려가 이루어진 경우, 세월의 경과에 따라 혼인파탄 당시 현저하였던 유책배우자의 유책성과 상대방 배우자가 받은 정신적 고통이 점차 약화되어 쌍방의 책임의 경중을 엄밀히 따지는 것이 더 이상 무의미할 정도가 된 경우 등과 같이 혼인생활의 파탄에 대한 유책성이 이혼청구를 배척해야 할 정도로 남아 있지 아니한 특별한 사정이 있는 경우에는 예외적으로 유책배우자의 이혼청구를 허용할 수 있다.

유책배우자의 이혼청구를 예외적으로 허용할 수 있는지 판단할 때에는, 유책배우자 책임의 태양·정도, 상대방 배우자의 혼인계속의사 및 유책배우자에 대한 감정, 당사자의 연령, 혼인생활의 기간과 혼인 후의 구체적인 생활관계, 별거기간, 부부간의 별거 후에 형성된 생활관계, 혼인생활의 파탄 후 여러 사정의 변경 여부, 이혼이 인정될 경우의 상대방 배우자의 정신적·사회적·경제적 상태와 생활보장의 정도, 미성년 자녀의 양육·교육·복지의 상황, 그 밖의 혼인관계의 여러 사정을 두루 고려하여야 한다.

(이 판결에는 6인의 대법관의 반대의견이 있음)

[관련규정] 제810조, 제816조 제1호, 제826조 제1항, 제834조, 제840조, 헌법 제36조 제1항

[해설 및 논평]

1. 해설

본 판결에서는 혼인 파탄에 책임이 있는 배우자 즉 유책배우자가 이혼을 청구한 데 대하여 이혼을 허용해야 하는가가 문제되었다.

언제 재판상 이혼을 허용할 것인가, 즉 재판상 이혼원인을 어떻게 정할 것인가에 관하여는 두 가지의 입법주의가 있다. 하나는 부부의 일방에게 책임이 있는 경우에 다른 일방이 이혼을 청구할 수 있는 유책주의이고, 다른 하나는 책임과 관계 없이 혼인이 파탄에 이르게 되면 이혼을 청구할 수 있는 파탄주의이다.

우리 민법은 제840조 제1호 내지 제5호에서 재판상 이혼원인이 되는 이혼사유를 '배우자에 부정한 행위가 있었을 때'와 같이 구체적·개별적으로 열거하고 있는 외에, 제6호에서 '기타 혼인을 계속하기 어려운 중대한 사유가 있을 때'를 이혼사유로 규정하고 있다. 이 규정의 해석과 관련하여 대법원은 일찍부터 제840조가 원칙적으로 유책주의를 채택하고 있는 것으로 해석하여 왔다. 그러면서도 대법원은 제6호 이혼사유에 관하여, 상대방 배우자도 이혼의 반소를 제기하고 있는 경우 등 일정한 때에는 예외적으로 유책배우자의 이혼청구를 허용하였다.

그런데 근래 많은 이유로 유책배우자의 이혼청구를 일반적으로 허용해야 한다는 주장이 강하게 제기되어 대법원이 본 판결에서 그 문제에 대하여 판단을 하게 되었다. 이는 제840조 제6호 이혼사유에 관하여 유책배우자의 이혼청구를 원칙적으로 허용하지 않는 종래의 판례를 변경할 것인가의 문제이다. 그리고 판례를 변경하면 우리 민법을 사실상 파탄주의로 운영하게 된다.

이에 관하여 본 판결은 여러 이유를 들어 위의 주장은 아직은 받아들이기 어렵고, 그 사안에서 원고는 이혼을 청구할 수 없다고 하였다.

2. 논평

본 판결은 적절하다.

제5장
친족상속법

11. 악의의 유기로 인한 이혼

◆ 대판 1998. 4. 10, 96므1434
[이혼및위자료등](강의 E-47, 친상 [70])

[쟁점] 제840조 제2호 소정의 '배우자가 악의로
다른 일방을 유기한 때'의 의미. 악의의 유기로 인
한 이혼청구권의 제척기간

[사실관계](사실관계는 조해섭 평석 189면 이하를
주로 참고함)

(1) 원고 A(처, 1920. 생)와 피고 B(남편, 1923. 생)
는 1938. 결혼식을 올리고 1941. 1. 혼인신고를 마
친 부부로서 경기 포천군 군내면 유교리 농촌이
그 생활 터전이었다.

(2) 원고 A와 피고 B 사이에는 1남 3녀가 있었
으나 장남이 1970. 6. 사망하고 차녀가 1984년경
사망함으로써 현재는 출가한 두 딸만 남아 있다.

(3) 피고 B는 외아들이 사망하자 대를 이을 아
들을 본다는 이유로 1970. 11.경 피고 C(1937. 10.
생)를 소실로 들여 서울에서 동서생활을 시작하여
그녀와 사이에 1남 1녀를 출산하였다.

(4) 원고는 남편인 피고 B가 피고 C와 동거한
이래 포천군 유교리 집에서 1973.경까지 막내딸과
함께 생활하였으나 막내딸도 고교 졸업 후 서울로
떠나게 되자 그 후부터 혼자 살다가(피고 B는 한
달에 두세 번 정도 유교리 집을 다녀갔을 뿐임), 1979.
3.경(당시 원고의 나이 59세)에 유교리 집을 떠나 딸
들의 집에서 기거하였다.

[판결요지]

1. (2) 민법 제840조 제2호 소정의 배우자가 악
의로 다른 일방을 유기한 때라 함은 배우자가 정
당한 이유 없이 서로 동거, 부양, 협조하여야 할
부부로서의 의무를 포기하고 다른 일방을 버린 경
우를 뜻한다 할 것인바(대법원 1986. 5. 27. 선고 86
므26 판결), 이 사건에 있어 원심이 인정한 바와 같
이 피고 B가 1970. 11.경 이래 피고 C와 부첩(夫

妾)관계를 맺고 서울에서 동서(同棲)생활을 하면서
이 사건 이혼청구 당시까지 20년 이상 원고로 하
여금 홀로 경기 포천군 D 소재 집이나 출가한 딸
들의 집 등에서 기거하게 한 이상, 설사 피고 B가
원고의 생활을 위하여 맏사위와 딸의 공동명의로
주택을 마련해 주었다 하더라도 피고 B의 위와 같
은 축첩행위 자체가 부당하게 동거의무를 불이행
한 것으로서 악의의 유기에 해당함에 충분하다고
할 것이다.

같은 취지의 원심판단에 악의의 유기에 관한
법리를 오해한 위법이 있다고 할 수 없다.

(3) 악의의 유기를 원인으로 하는 재판상 이혼
청구권이 법률상 그 행사기간의 제한이 없는 형성
권으로서 10년의 제척기간에 걸린다고 하더라도
이 사건에 있어서와 같이 피고 B가 피고 C와 부첩
관계를 계속 유지함으로써 민법 제840조 제2호에
해당하는 배우자가 악의로 다른 일방을 유기하는
것이 이혼청구 당시까지 존속되고 있는 경우에는
기간 경과에 의하여 이혼청구권이 소멸할 여지는
없다고 할 것이다(대법원 1996. 11. 8. 선고 96므1243
판결 참조).

같은 취지의 원심판단에 악의의 유기를 원인으
로 한 이혼청구권의 소멸에 관한 법리를 오해한
위법이 있다고 할 수 없다.

[관련규정] 제840조, 제842조

[해설 및 논평]

1. 해설

(1) 서설

본 판결의 주요쟁점은 크게 ① 악의의 유기로
인한 이혼청구권, ② 이혼한 부부의 재산분할, ③
부첩관계가 있는 경우의 손해배상의 셋으로 나눌
수 있다. 그 가운데 여기서는 ② ③은 제외하고
①에 대하여만 판결이유를 인용하고 설명하기로
한다. ①은 다시 본 판결 사안에서 피고 B의 행위
가 제840조 제2호의 악의의 유기에 해당하는지와

그것에 해당할 경우에 이혼청구권이 소멸했는지의 둘로 나누어진다.

(2) 악의의 유기인지 여부

본 판결 사안에서는 먼저 피고 B의 행위가 원고 A에 대한 악의의 유기(840조 2호)인지가 문제되었다. 그리하여 본 판결은 악의의 유기의 의미를 판시하고 있다. 그에 의하면 악의의 유기는 배우자가 정당한 이유 없이 서로 동거, 부양, 협조하여야 할 부부로서의 의무를 포기하고 다른 일방을 버린 경우를 뜻한다고 한다. 이는 종래의 판례를 따른 것이다(대판 1986. 5. 27, 86므26 참조).

여기서 한 가지 짚고 넘어갈 것은 배우자가 부부 사이의 동거·부양·협조의무를 모두 포기하여야 악의의 유기가 되는 것인가, 특히 부양의무는 이행하면서 동거하지 않는 경우에도 악의의 유기에 해당하는가이다. 부양의무의 불이행이 유기에서 핵심이겠으나, 부양의무를 이행한 경우에 부당한 동거의무의 불이행만으로도 유기로 인정될 수 있다고 할 것이다. 본 판결은 이러한 관점에서 피고 B가 원고 A가 거주할 주택을 마련해 주었다고 하더라도 악의의 유기에 해당한다고 하였다.

(3) 악의의 유기로 인한 이혼청구권이 소멸했는지 여부

재판상 이혼청구권은 형성권, 그 중에서도 재판상 행사해야 하는 형성권에 해당한다. 그 결과 그 권리에 대하여 권리행사기간이 정해져 있으면 그것은 소멸시효기간이 아니고 제척기간이라고 하게 된다.

민법은 제840조 제1호의 이혼사유인 배우자의 부정행위(841조 참조)와 동조 제6호의 기타 혼인을 계속하기 어려운 중대한 사유(842조)에 대하여는 권리행사기간 규정을 두고 있으나, 동조 제2호인 악의의 유기에 대하여는 권리행사기간 규정을 두고 있지 않다. 그렇지만 악의의 유기의 경우에 언제까지라도 이혼청구권을 행사할 수 있다고 할 것은 아니다. 판례는 형성권의 일종인 매매예약의 예약완결권에 대하여 당사자가 행사기간을 정하지

않은 때에는 예약이 성립한 때부터 10년의 기간(제척기간) 내에 행사해야 한다고 한다(대판 1992. 7. 28, 91다44766·44773 등). 악의의 유기로 인한 이혼청구권도 이와 동일하게 볼 수 있을 것이다. 그런데 본 판결은 그 점을 확정적으로 판시하지는 않았다.

악의의 유기로 인한 이혼청구권이 10년의 제척기간에 걸린다고 할 때 그 기간이 언제부터 기산하는가가 문제된다. 종래의 판례에 따르면, 형성권의 제척기간은 원칙적으로 발생한 때부터 기산한다고 한다. 그런데 다른 한편으로 판례는, 제840조 제6호에 해당하는 혼인을 계속하기 어려운 중대한 사유가 이혼청구 당시까지 계속되고 있는 경우에는 제842조가 적용될 여지가 없다고도 한다(대판 1996. 11. 8, 96므1243). 본 판결은 종래의 이러한 판례와 같은 맥락에서, 피고 B가 피고 C와 부첩관계를 계속 유지함으로써 배우자가 악의로 다른 일방을 유기하는 것이 이혼청구 당시까지 존속되고 있는 경우에는 기간 경과에 의하여 이혼청구권이 소멸할 여지가 없다고 한다. 결국 제840조 제2호의 이혼사유의 경우에 권리행사의 기산점은 악의의 유기가 종료한 때가 될 것이다.

2. 논평

본 판결이 악의의 유기에 대하여 의미를 정리한 것과 본 판결 사안의 경우에 B의 행위가 악의의 유기에 해당한다는 것, 그리고 악의의 유기로 인한 이혼청구권은 악의의 유기가 계속되는 한 소멸하지 않는다고 한 점은 모두 적절하다.

[주요 평석 문헌] 조해섭, "악의의 유기로 인한 이혼청구권의 (이하 생략)," 대법원판례해설, 30호, 189면 이하.

12. 재판상 이혼: 유책배우자의 이혼청구

◆ 대판 2022. 6. 16. 2021므14258
[이혼등](강의 E-14. 친상 [73])

[쟁점] 유책배우자의 이혼청구를 허용할 수 있는 경우 및 그 판단 기준. 이때 상대방 배우자가 혼인계속의사가 있는지 판단하는 기준 및 고려하여야 할 사항

[사실관계]

(1) 원고와 피고는 2010. 3. 25. 혼인신고를 마친 부부이고, 그 사이에 2010. 12. 출생한 딸인 사건본인을 두고 있다.

(2) 원고는 피고와의 크고 작은 갈등으로 2011년경에는 부부상담을 받고, 2013년경에는 변호사를 선임하여 이혼소송을 준비하였다가 피고 등의 사과를 받고 철회하였는데, 그 후에도 갈등을 극복하지 못하여 2016. 5.말경 집을 나가 피고를 상대로 이혼 등 청구의 소를 제기하였다(종전 이혼소송). 이 소송에서 법원은 2017. 7. 5. "원고에게 혼인관계 파탄에 대한 더 큰 책임이 있다."라는 이유로 원고의 청구를 기각하였고, 이 판결은 그 무렵 확정되었다. 피고는 종전 이혼소송이 제기된 직후 원고를 상대로 위자료 및 재산분할청구권을 보전하기 위한 채권가압류를 하면서도 이혼 등의 본안소송을 제기하지 않았고, 오히려 종전 이혼소송에서 이혼에 반대한다는 의사를 밝혔다.

(3) 원고는 종전 이혼소송 후에도 여전히 피고와 별거한 채 혼인생활로 돌아가지 못하고 있다.

(4) 원고는 별거 후 피고에게 사건본인의 양육비를 지급하다가 종전 이혼소송에서 패소하자 2017. 7. 지급을 중단하였으나, 피고의 청구에 의한 부양료 등 사건에서 법원이 부양료 및 양육비로 매월 50만 원의 지급을 명하는 사전처분을 하자 2018. 11.경부터 다시 피고에게 매월 50만 원씩을 지급하였다. 피고는 별거 이전 원고 명의로 임차하였던 아파트에서 별거 이후에도 계속 사건본인

과 거주하고 있고, 원고는 2018. 3.경 위 아파트의 소유권을 취득하면서 담보대출 받았던 대출금 채무를 변제해 오고 있다.

(5) 원고가 별거 후 사건본인과 직접 연락하려고 하면, 피고는 사건본인을 만나기 위해서는 자신에게 연락하고 집으로 들어오라고 요구하였다. 또한 피고는 아파트의 잠금장치를 변경한 후, 원고에게 열쇠 교부를 거절하면서 원고가 먼저 집으로 들어와야 한다는 태도를 바꾸지 않았다. 그러나 원고는 관계 개선이 선행되어야 한다는 입장이어서 쌍방의 견해차를 전혀 좁히지 못했다.

(6) 원고는 2019. 9.경 이 사건 이혼청구의 소를 제기하였다. 피고는 이 사건 소송계속 중 일관하여 이혼할 생각이 없다는 의사를 밝혔다. 이에 대하여 제1심과 제2심은 원고의 이혼청구를 기각하였다. 그러자 원고가 상고하였고 대법원은 본 판결에서 원심판결을 파기·환송하였다.

[판결요지]

1) 재판상 이혼원인에 관한 민법 제840조는 원칙적으로 유책주의를 채택하고 있는 것으로 해석되며, 민법 제840조 제6호의 이혼사유에 관하여도 혼인생활의 파탄에 주된 책임이 있는 배우자는 그 파탄을 사유로 하여 이혼을 청구할 수 없는 것이 원칙이다. 그러나 이혼청구 배우자의 유책성을 상쇄할 정도로 상대방 배우자 및 자녀에 대한 보호와 배려가 이루어진 경우, … 등 혼인 파탄의 책임이 반드시 이혼청구를 배척해야 할 정도로 남아 있지 않은 경우 그러한 배우자의 이혼청구는 예외적으로 허용될 수 있다. …

2) 민법 제826조 제1항에 따라, 부부는 정신적·육체적·경제적으로 결합된 공동체로서 서로 협조하고 보호하여 부부공동생활로서의 혼인이 유지되도록 상호 간에 포괄적으로 협력할 의무를 부담한다.

3) 상대방 배우자의 혼인계속의사를 인정하려면 소송 과정에서 그 배우자가 표명하는 주관적

의사만을 가지고 판단할 것이 아니라, 혼인생활의 전 과정 및 이혼소송이 진행되는 중 드러난 상대방 배우자의 언행 및 태도를 종합하여 그 배우자가 악화된 혼인관계를 회복하여 원만한 공동생활을 영위하려는 노력을 기울임으로써 혼인유지에 협조할 의무를 이행할 의사가 있는지 객관적으로 판단하여야 한다. …

4) 과거에 일방 배우자가 이혼소송을 제기하였다가 유책배우자라는 이유에서 기각 판결이 확정되었더라도 … 장기간의 별거가 고착화된 경우, 이미 혼인관계가 와해되었고 회복될 가능성이 없으며 상대방 배우자에 대한 보상과 설득으로 협의에 의하여 이혼을 하는 방법도 불가능해진 상태까지 이르렀다면, 종전 이혼소송의 변론종결 당시 현저하였던 일방배우자의 유책성이 상당히 희석되었다고 볼 수 있고, 이는 현재 이혼소송의 사실심 변론종결 시를 기준으로 판단하여야 한다.

5) 다만 이 경우 일방 배우자의 유책성을 상쇄할 정도로 상대방 배우자 및 자녀에 대한 보호와 배려가 이루어졌어야 함은 위에서 본 바와 같으므로, … 이혼에 불응하는 상대방 배우자가 혼인의 계속과 양립하기 어려워 보이는 언행을 하더라도, 그 이혼거절의사가 이혼 후 자신 및 미성년 자녀의 정신적·사회적·경제적 상태와 생활보장에 대한 우려에서 기인한 것으로 볼 여지가 있는 때에는 혼인계속의사가 없다고 섣불리 단정하여서는 안 된다.

또한 자녀가 미성년자인 경우에는 혼인의 유지가 경제적·정서적으로 안정적인 양육환경을 조성하여 자녀의 복리에 긍정적 영향을 미칠 측면과 더불어 부모의 극심한 분쟁상황에 지속적으로 자녀를 노출시키거나 자녀에 대한 부양 및 양육을 방기하는 등 파탄된 혼인관계를 유지함으로써 오히려 자녀의 복리에 부정적 영향을 미칠 측면에 관하여 모두 심리·판단하여야 한다.

[관련규정] 제826조 제1항, 제840조

[해설 및 논평]

1. 해설

(1) 유책배우자의 이혼청구와 관련하여 본 판결은 먼저 대판(전원) 2015. 9. 15, 2013므568(이 책 428면 참조)이 정립한 원칙을 재확인하고, 이어서 유책배우자의 이혼청구를 인용할지를 판단할 때 중요하게 고려해야 하는 혼인계속의사에 대하여 판단기준을 제시하였다.

(2) 본 판결은 이혼청구 배우자의 유책성을 상쇄할 정도로 상대방 배우자 및 자녀에 대한 보호와 배려가 이루어진 경우, 세월의 경과에 따라 파탄 당시 현저하였던 유책배우자의 유책성과 상대방 배우자가 받은 정신적 고통이 약화되어 쌍방의 책임의 경중을 엄밀히 따지는 것이 더 이상 무의미할 정도가 된 경우(이는 예시라고 보아야 함)에 유책배우자의 이혼청구를 허용할 수 있다고 한다.

(3) 유책배우자의 이혼청구에서는 상대방에게 혼인계속의사가 있는지를 중요하게 고려하게 된다. 그와 관련하여 본 판결은 부부 사이에는 「혼인관계 회복 노력의무」(이는 826조 1항의 협력의무에서 도출됨)가 있는데, 그러한 노력을 하지 않았으면 혼인계속의사를 인정하지 않을 수 있다는 입장에 있다. 그리하여 상대방 배우자의 혼인계속의사를 인정하려면 그 배우자가 표명하는 주관적 의사만을 가지고 판단할 것이 아니라, 그 배우자가 악화된 혼인관계를 회복하여 원만한 공동생활을 영위하려는 노력을 기울임으로써 혼인유지에 협조할 의무를 이행할 의사가 있는지 객관적으로 판단할 것이라고 한다.

(4) 본 판결은, 과거에 이혼소송에서 패소한 경우에도 사정에 따라서는 이혼청구가 허용될 수 있음도 밝혔다. 그리고 혼인계속의사를 판단할 때 고려할 사항(생활보장이 우려되는 경우와 자녀가 미성년자인 경우)도 언급하였다.

2. 논평

본 판결은 적절하다.

제5장
친족상속법

13. 과거의 양육비 상환청구

◈ 대결(전원) 1994. 5. 13, 92스21
[양육자지정등](강의 E-52·53, 친상 [75]·[76])

[쟁점] 부모 중 한쪽만이 자녀를 양육하게 된 경우에 양육비청구 이전의 과거의 양육비의 상환을 청구할 수 있는지 여부. 과거의 양육비의 분담 범위를 정하는 기준

[사실관계](사실관계는 박삼봉 평석을 주로 참고함)
(1) 청구인(여. 35세. 대학원졸. 회사원)과 상대방 (남. 36세. 대학원졸. 대학 조교수)은 1986. 3. 24.에 혼인하여 1987. 4. 29.에 사건 본인(아들)을 출산하였고, 1990. 8. 4. 이혼심판(이혼원인: 상대방의 귀책사유)이 확정되어 이혼하였으며(이혼신고는 1990. 12. 6.에 함), 아들의 출산 당시부터 청구인과 상대방의 사이가 나빴기 때문에 상대방은 아들을 볼 기회가 거의 없었고, 이혼 후에도 청구인이 아들을 양육하여 왔다. 청구인은 현재 재혼 의사가 없고, 상대방은 재혼할 가능성이 있다.
(2) 청구인은 현재 청구인 소유의 아파트(1억 원 상당)에서 아들과 함께 거주하고 있고, 회사원으로 월 30만 원 내지 70만 원의 수입 외에, 월 평균 30만 원의 부수입을 올리고 있으며, 직장 근무시 친정 어머니가 아들을 돌보고 있다. 청구인은 이혼 위자료로서 2,000만 원의 승소판결을 받아 현재까지 약 1,500만 원을 상대방의 급료 중에서 집행하였다.
(3) 상대방은 국립대 조교수로서 연간 총소득이 약 1,130만 원 정도 되고, 혼자서 하숙생활을 하고 있으며, 본가는 시골에서 가난하게 생활하고 있다.
(4) 사건 본인은 유치원에 다니는데, 양육비는 월 25만 원 정도 든다.

[결정요지]
부모는 그 소생의 자녀를 공동으로 양육할 책임이 있고, 그 양육에 소요되는 비용도 원칙적으로 부모가 공동으로 부담하여야 하는 것이며, 이는 부모 중 누가 친권을 행사하는 자인지 또 누가 양육권자이고 현실로 양육하고 있는 자인지를 물을 것 없이 친자관계의 본질로부터 발생하는 의무라고 할 것이다.

그러므로 어떠한 사정으로 인하여 부모 중 어느 한쪽만이 자녀를 양육하게 된 경우에, 그와 같은 일방에 의한 양육이 그 양육자의 일방적이고 이기적인 목적이나 동기에서 비롯한 것이라거나 자녀의 이익을 위하여 도움이 되지 아니하거나 그 양육비를 상대방에게 부담시키는 것이 오히려 형평에 어긋나게 되는 등 특별한 사정이 있는 경우를 제외하고는, 양육하는 일방은 상대방에 대하여 현재 및 장래에 있어서의 양육비중 적정 금액의 분담을 청구할 수 있음은 물론이고, 부모의 자녀 양육의무는 특별한 사정이 없는 한 자녀의 출생과 동시에 발생하는 것이므로 과거의 양육비에 대하여도 상대방이 분담함이 상당하다고 인정되는 경우에는 그 비용의 상환을 청구할 수 있다고 보아야 할 것이다.

다만 한쪽의 양육자가 양육비를 청구하기 이전의 과거의 양육비 모두를 상대방에게 부담시키게 되면 상대방은 예상하지 못하였던 양육비를 일시에 부담하게 되어 지나치고 가혹하며 신의성실의 원칙이나 형평의 원칙에 어긋날 수도 있으므로, 이와 같은 경우에는 반드시 이행청구 이후의 양육비와 동일한 기준에서 정할 필요는 없고, 부모 중 한쪽이 자녀를 양육하게 된 경위와 그에 소요된 비용의 액수, 그 상대방이 부양의무를 인식한 것인지 여부와 그 시기, 그것이 양육에 소요된 통상의 생활비인지 아니면 이례적이고 불가피하게 소요된 다액의 특별한 비용(치료비등)인지 여부와 당사자들의 재산 상황이나 경제적 능력과 부담의 형평성등 여러 사정을 고려하여 적절하다고 인정되는 분담의 범위를 정할 수 있다고 볼 것이다.

당원의 종전 판례 중 상대방에게 과거의 양육

비를 청구하지 못한다고 한 견해(1967. 1. 31. 선고 66므40 판결 등)와 아버지의 인도요구에 불응하고 스스로 자녀를 양육한 생모는 자활능력이 있건 없건 또 과거의 것이든 장래의 것이든 소생자의 아버지에게 부양료를 청구할 수 없다고 한 견해 (1976. 6. 22. 선고 75므17, 18 판결 등)는 이를 변경하기로 한다.

(이 결정의 다수의견에는 대법관 4인의 반대의견, 다수의견에 대한 1인의 대법관의 보충의견이 있음)

[관련규정] 제837조, 가소 제2조 제1항 나목 (2) 마류 제3호

[해설 및 논평]

1. 해설

본 결정이 판시한 중요사항은 ① 자녀의 양육비를 누가 부담하는지, ② 과거의 양육비를 상환청구할 수 있는지, ③ 과거의 양육비 청구가 가사비송사건에 해당하는지의 셋이다.

(1) 자녀의 양육비 부담의무자

민법은 자녀의 양육비 부담의무자에 대하여 명시적으로 규정하고 있지 않다. 그렇지만 민법상 자녀에 대한 부양의무는 제913조에 의하여 발생한다고 해야 한다(성년인 자녀에 대한 의무는 974조·975조에 근거함). 그리고 제833조에 비추어볼 때 부모 사이에 특별한 약정이 없으면 양육비는 부모가 공동으로 부담해야 한다. 본 판결도 이와 같은 태도를 취하고 있다.

(2) 과거의 부양료 상환청구

부모가 혼인 중에 있어서 자녀를 공동으로 양육하고 있을 경우에는 양육비의 분담이 문제되지 않는다. 그런데 이혼이나 그 밖의 사유로 부모 중 한쪽이 자녀를 양육하게 될 경우에는 양육비 부담자가 결정되어야 한다. 부모가 이혼한 경우에는, 양육비의 부담은 부모의 협의에 의하여 정하고, 협의가 이루어지지 않거나 협의할 수 없는 때에는 가정법원이 직권으로 또는 당사자의 청구에 따라 이를 결정한다(837조 1항·4항). 이러한 협의나 가정법원의 결정이 있으면 그에 따라 양육비를 청구하면 된다. 그리고 부모의 협의나 가정법원의 결정이 없는 경우에도 현재나 장래의 양육비는 양육비 부담의무자에게 청구하면 된다. 문제는 양육자가 양육비를 이미 지출하고 나서 그것의 상환을 청구할 수 있는가이다.

본 결정은, 양육하는 일방은 상대방에 대하여 현재 및 장래에 있어서의 양육비 중 적정금액의 분담을 청구할 수 있음은 물론이고, 부모의 자녀 양육의무는 특별한 사정이 없는 한「자녀의 출생과 동시에 발생하는 것이므로」(당연발생설) 과거의 양육비에 대하여도 상대방이 분담함이 상당하다고 인정되는 경우에는 그 비용의 상환을 청구할 수 있다고 한다. 다만, 한쪽의 양육자가 양육비를 청구하기 이전의 과거의 양육비 모두를 상대방에게 부담시키게 되면 상대방은 예상하지 못하였던 양육비를 일시에 부담하게 되어 지나치고 가혹하며 신의성실의 원칙이나 형평의 원칙에 어긋날 수도 있으므로, 이와 같은 경우에는 반드시 이행청구 이후의 양육비와 동일한 기준에서 정할 필요는 없다고 하여 예외를 인정한다.

(3) 과거의 양육비 상환청구가 가사비송사건인지

본 결정의 반대의견은, 협의의 요청이나 심판청구가 있기 전에 지출된 비용의 상환청구는 성질상 민사소송사항이고 가사소송법이 정한 가정법원의 관할 사항이 아니라고 한다. 그러나 본 결정은 이혼 당사자 간의 자의 양육비에 관한 쟁송은 가사소송법 제2조 제1항 나목 (2) 마류 제3호의 가사비송사건이라고 한다.

2. 논평

본 결정은 모든 점에서 타당하다.

[주요 평석 문헌] 박삼봉, "부모의 자녀 양육의무와 과거의 양육비 상환청구," 김용준 화갑기념논문집, 456면 이하.

제5장
친족상속법

14. 재산분할청구(1): 퇴직급여채권

◆ 대판(전원) 2014. 7. 16, 2013므2250
  [이혼등](강의 E-59, 친상 [86])

[쟁점] 부부 일방이 이혼 당시 아직 퇴직하지 않은 채 직장에 근무하고 있는 경우에 퇴직급여채권이 재산분할의 대상에 포함되는지 여부(적극) 및 그 대상 채권의 범위

[사실관계]

(1) 원고(아내)와 피고(남편)는 1997. 1. 25. 혼인신고를 마친 법률상 부부로서 슬하에 자녀로 사건본인들을 두었다. 원고는 교사, 피고는 연구원으로서, 서로 근무지역이 달라 대부분의 혼인기간 동안 주말부부로 지내왔다.

(2) 원고는 결혼 후부터 시댁과의 갈등, 직장, 생활비 문제로 피고와 자주 다투었고, 화를 참지 못한 피고로부터 폭행을 당하기도 하였다. 또한 원고는 2008. 8. 1. 피고의 동생과의 시비 끝에 길에서 밀쳐져 3주의 치료를 요하는 부상을 입었다.

(3) 피고는 2009.경부터 부동산 중개업자인 소외인과 가깝게 지내면서 하루에도 수차례 연락을 하였고, 때로는 각자의 자녀를 동반하고 대청댐, 전주 등으로 여행을 다녔다.

(4) 2009.경 이후 원·피고의 사이는 점점 더 악화되었고, 원고는 2010. 10. 18. 피고와의 이혼과 함께 위자료·재산분할·사건본인의 양육비를 청구하는 소를 제기하였다. 한편 피고는 항소심 변론과정과 상고이유에서 원고가 장래 취득할 예상 퇴직급여액을 기준으로 퇴직급여채권을 분할하여 달라고 주장하였다.

[판결요지]

가. 민법 제839조의 2에 규정된 재산분할제도는 혼인 중에 부부 쌍방이 협력하여 이룩한 재산을 이혼 시에 청산·분배하는 것을 주된 목적으로 하는 제도이므로, 그 재산이 누구 명의로 되어 있는지 또는 그 관리를 누가 하고 있는지를 묻지 않고 분할의 대상이 된다(대법원 1999. 6. 11. 선고 96므1397 판결, 대법원 2013. 6. 20. 선고 2010므4071, 4088 전원합의체 판결 등 참조).

한편 근로자퇴직급여보장법, 공무원연금법, 군인연금법, 사립학교교직원연금법이 각 규정하고 있는 퇴직급여는 사회보장적 급여로서의 성격 외에 임금의 후불적 성격과 성실한 근무에 대한 공로보상적 성격도 지닌다(대법원 1995. 9. 29. 선고 95누7529 판결, 대법원 1995. 10. 12. 선고 94다36186 판결 등 참조). 그리고 이러한 퇴직급여를 수령하기 위하여는 일정기간 근무할 것이 요구되는바, 그와 같이 근무함에 있어 상대방 배우자의 협력이 기여한 것으로 인정된다면 그 퇴직급여 역시 부부 쌍방의 협력으로 이룩한 재산으로서 재산분할의 대상이 될 수 있는 것이다.

나. 물론 퇴직급여채권은 퇴직이라는 급여의 사유가 발생함으로써 현실화되는 것이므로(대법원 1992. 9. 14. 선고 92다17754 판결, 대법원 2014. 4. 24. 선고 2013두26552 판결 등 참조), 이혼 시점에서는 어느 정도의 불확실성이나 변동가능성을 지닐 수밖에 없다. 그러나 그렇다고 하여 퇴직급여채권을 재산분할의 대상에서 제외하고 단지 장래의 그 수령가능성을 재산분할의 액수와 방법을 정하는 데 필요한 기타 사정으로만 참작하는 것은 부부가 혼인 중 형성한 재산관계를 이혼에 즈음하여 청산·분배하는 것을 본질로 하는 재산분할제도의 취지에 맞지 않고, 당사자 사이의 실질적 공평에도 반하여 부당하다. 이는 다음과 같은 점을 고려할 때 더욱 그러하다. (생략)

다. 위와 같은 재산분할제도의 취지 및 여러 사정들에 비추어 볼 때, 비록 이혼 당시 부부 일방이 아직 재직 중이어서 실제 퇴직급여를 수령하지 않았더라도 이혼소송의 사실심 변론종결 시에 이미 잠재적으로 존재하여 그 경제적 가치의 현실적 평가가 가능한 재산인 퇴직급여채권은 재산분할의 대상에 포함시킬 수 있으며, 구체적으로는 이혼소송의 사실심 변론종결 시를 기준으로 그 시점

에서 퇴직할 경우 수령할 수 있을 것으로 예상되는 퇴직급여 상당액의 채권이 그 대상이 된다고 할 것이다.

이와 달리 앞에서 본 바와 같이 부부 일방이 아직 퇴직하지 아니한 채 직장에 근무하고 있을 경우 그의 퇴직급여는 재산분할의 대상에 포함시킬 수 없고 단지 장래의 그 수령가능성을 분할의 액수와 방법을 정하는 데 필요한 기타 사정으로 참작하면 충분하다는 취지로 설시한 이제까지의 대법원판결들은 이 판결의 견해에 배치되는 범위 내에서 이를 모두 변경한다.

[관련규정] 제839조의 2

[해설 및 논평]

1. 해설

본 판결이 있기 전에 대법원은, 부부 일방이 이혼 당시 이미 퇴직하여 수령한 퇴직금은 재산분할의 대상이 되지만(대판 1995. 3. 28, 94므1584), 이혼 당시 아직 퇴직하지 않은 채 직장에 근무하고 있는 경우에는 그의 퇴직일과 수령할 퇴직금이 확정되었다는 등의 특별한 사정이 없는 한 그가 장차 퇴직금을 받을 개연성이 있다는 사정만으로 그 장래의 퇴직금을 청산의 대상이 되는 재산에 포함시킬 수는 없고, 위와 같이 장래 퇴직금을 받을 개연성이 있다는 사정은 제839조의 2 제2항 소정의 분할의 액수와 방법을 정하는 데 필요한 기타 사정으로 참작하면 충분하다고 하였다(대판 1995. 5. 23, 94므1713·1720; 대판 1998. 6. 12, 98므213 등). 대법원은, 다만 이혼 후 부부 일방이 퇴직하여 퇴직금을 수령하였고 재산분할청구권의 행사기간이 경과하지 않았으면 수령한 퇴직금 중 혼인한 때로부터 이혼소송의 사실심 변론종결일까지의 기간 중에 제공한 근로의 대가에 해당하는 퇴직금 부분은 분할의 대상인 재산이 된다고 하였다(대결 2000. 5. 2, 2000스13).

그런데 본 판결로 퇴직급여채권에 관하여 판례를 변경하였다. 본 판결은 먼저, 비록 이혼 당시

부부 일방이 아직 재직 중이어서 실제 퇴직급여를 수령하지 않았더라도 이혼소송의 사실심 변론종결 시에 이미 잠재적으로 존재하여 그 경제적 가치의 현실적 평가가 가능한 재산인 퇴직급여채권은 재산분할의 대상에 포함시킬 수 있다고 한다. 그런 뒤에 구체적인 분할대상은 이혼소송의 사실심 변론종결시를 기준으로 그 시점에서 퇴직할 경우 수령할 수 있을 것으로 예상되는 퇴직급여 상당액의 채권이라고 한다. 그러면서 부부 일방이 아직 퇴직하지 않은 채 직장에 근무하고 있을 경우 그의 퇴직급여는 재산분할의 대상에 포함시킬 수 없고 단지 장래의 그 수령가능성을 분할의 액수와 방법을 정하는 데 필요한 기타 사정으로 참작하면 충분하다고 한 이제까지의 대법원판결들을 변경한다고 한다.

2. 논평

대법원이 종래 장래의 퇴직금을 청산대상으로 삼지 않고 기타 사정으로 참작만 하도록 한 이유는, 이혼 당시 아직 퇴직하지 않은 경우에는 퇴직 시점을 알 수 없어 장래 수령할 퇴직금을 산정하기 어렵고, 회사의 파산 등 사정변경으로 인하여 실제 퇴직금의 전부 또는 일부를 수령하지 못하게 될 가능성도 배제할 수 없으며, 기타 사정으로만 참작하더라도 공평한 재산분할이 가능하다고 판단한 데 있다. 그러나 종래의 판례에 따르면 많은 경우에 공평한 재산분할이 되지 못할뿐더러 여러 경우 사이에 불균형이 초래될 가능성이 크다. 그리고 장래의 채권의 불확실성은 적절한 분할방법을 선택하는 방법으로 대처할 수 있다. 이러한 점에서 볼 때, 본 판결이 판례를 변경한 것은 타당하다. 그런데 궁극적으로는 입법의 방법으로 해결하는 것이 바람직하다(공무원연금법 46조의 3 참조).

[주요 평석 문헌] 배인구, "장래의 퇴직급여채권과 재산분할," 가족법연구, 29권 2호, 179면 이하; 이진기, "재산분할의 대상으로서 [장래의] 퇴직급여채권," 가족법연구 28권 3호, 383면 이하.

15. 재산분할청구(2): 채무초과의 경우

◆ 대결(전원) 2013. 6. 20, 2010므4071 · 4088
[이혼·이혼및재산분할등](강의 E-60, 친상 [87])

[쟁점] 부부가 이혼할 때 쌍방의 소극재산 총액이 적극재산 총액을 초과하여 재산분할을 한 결과가 결국 채무의 분담을 정하는 것이 되는 경우에도 재산분할청구를 받아들일 수 있는지 여부(적극) 및 이 경우 채무를 분담하게 할지 여부와 분담의 방법 등을 정하는 기준

[사실관계]

(1) 원고(반소 피고 · 남편)와 피고(반소 원고 · 아내)는 2001. 10. 16. 혼인신고를 마친 법률상 부부로서 슬하에 자녀는 없다. 결혼 후 원고는 사회활동가로 활동하였고, 피고는 개인과외를 하면서 가정경제를 전담하는 외에 가족, 지인으로부터 차용하거나 보험대출을 받는 등의 방법으로 원고의 활동비, 선거비용 등을 뒷받침하여 왔다.

(2) 원고는 2006. 8. 31. 피고의 학교후배 소외 2랑 성관계를 하였고, 이를 목격한 피고는 이혼을 생각했으나 친정어머니의 설득으로 혼인관계를 계속하였다. 원고는 이후 건강관리 등을 하다가 2006. 11.경 문화재수리기술자 자격증을 취득하기 위하여 한옥학교에 입학하였고, 피고는 원고에게 입학금 400만 원과 생활비를 지원해 주었다. 원고는 2007. 5.경 목수 일을 하여 처음으로 피고에게 월급을 가져다주었으나, 이후 계속하여 피고로부터 장비구입비 등을 지원받았다.

(3) 2007. 11.경 원고는 원고의 친구 소외 3과 그 동거녀를 만나는 자리에 피고가 같이 가지 않았다는 이유로 피고를 다른 사람과 비교하여 비난하고 자신의 외도를 정당화하는 말을 하여 피고에게 큰 상처를 주었다. 그럼에도 오히려 원고가 피고에게 이혼을 요구하였고, 이때부터 원고와 피고는 잠자리도 하지 않고 대화도 하지 않았다.

(4) 2008. 6.경 원고는 피고에게 문화재수리기술자 재응시 시험공부를 위하여 다시 경제적인 지원을 해 달라고 요구하였고, 피고는 몸이 좋지 않다는 이유로 이를 거절하였다. 이로 인한 다툼 끝에 원고는 시험이 끝나는 대로 이혼하자고 하면서 2008. 6. 14. 집을 나가버렸다. 원고와 피고는 2008. 10.경부터 이혼을 전제로 피고의 빚 청산 문제를 논의하였으나 의견의 일치를 보지 못하여 협의이혼에 이르지 못하였다.

(5) 이에 원고는 본소로서 이혼을 청구하였고, 피고는 반소로서 이혼, 위자료로 5,000만 원의 지급, 재산분할로 2억 원의 지급을 구하는 소를 제기하였다. 그 중에 피고의 재산분할청구 부분만 항소 · 상고되었다.

(6) 원고의 적극재산으로는 우체국 보험 해약환급금 5,509,190원과 대구은행 예금채권 234,820원이, 소극재산으로는 대구은행 대출금채무 3,529,280원이 있고, 피고의 적극재산으로는 1억 8,500만 원 상당의 아파트가 있고, 소극재산으로는 위 아파트 임대차보증금 반환채무 1억 원, 국민은행 대출금채무 96,045,008원, 삼성화재 대출금채무 11,776,021원, 대한생명 대출금채무 15,870,000원, 교보생명 대출금채무 3,180,000원 등 총 226,871,029원의 채무가 있다. 그 결과 원고와 피고의 총 재산가액 190,744,010원(=1억 8,500만 원+5,509,190원+234,820원)에서 채무액 230,400,309원(=3,529,280원+226,871,029원)을 공제하면 남는 금액이 없다.

[결정요지]

이혼 당사자 각자가 보유한 적극재산에서 소극재산을 공제하는 등으로 재산상태를 따져 본 결과 재산분할청구의 상대방이 그에게 귀속되어야 할 몫보다 더 많은 적극재산을 보유하고 있거나 소극재산의 부담이 더 적은 경우에는 적극재산을 분배하거나 소극재산을 분담하도록 하는 재산분할은 어느 것이나 가능하다고 보아야 하고, 후자의 경우라고 하여 당연히 재산분할청구가 배척되어야 한다고 할 것은 아니다. 그러므로 소극재산의 총

액이 적극재산의 총액을 초과하여 재산분할을 한 결과가 결국 채무의 분담을 정하는 것이 되는 경우에도 법원은 그 채무의 성질, 채권자와의 관계, 물적 담보의 존부 등 일체의 사정을 참작하여 이를 분담하게 하는 것이 적합하다고 인정되면 그 구체적인 분담의 방법 등을 정하여 재산분할청구를 받아들일 수 있다 할 것이다. 그것이 부부가 혼인 중 형성한 재산관계를 이혼에 즈음하여 청산하는 것을 본질로 하는 재산분할제도의 취지에 맞고, 당사자 사이의 실질적 공평에도 부합한다.

이와 달리 부부의 일방이 청산의 대상이 되는 채무를 부담하고 있어 총 재산가액에서 채무액을 공제하면 남는 금액이 없는 경우에는 상대방의 재산분할청구는 받아들여질 수 없다고 한 대법원 1997. 9. 26. 선고 97므933 판결 등은 위 견해에 저촉되는 범위에서 이를 모두 변경한다.

다만 재산분할청구 사건에 있어서는 혼인 중에 이룩한 재산관계의 청산뿐 아니라 이혼 이후 당사자들의 생활보장에 대한 배려 등 부양적 요소 등도 함께 고려할 대상이 되므로, 재산분할에 의하여 채무를 분담하게 되면 그로써 채무초과 상태가 되거나 기존의 채무초과 상태가 더욱 악화되는 것과 같은 경우에는 그 채무부담의 경위, 용처, 채무의 내용과 금액, 혼인생활의 과정, 당사자의 경제적 활동능력과 장래의 전망 등 제반사정을 종합적으로 고려하여 채무를 분담하게 할지 여부 및 그 분담의 방법 등을 정할 것이고, 적극재산을 분할할 때처럼 재산형성에 대한 기여도 등을 중심으로 일률적인 비율을 정하여 당연히 분할 귀속되게 하여야 한다는 취지는 아니라는 점을 덧붙여 밝혀둔다.

(이 판결에는 대법관 2인의 반대의견, 대법관 각 2인과 1인의 별개의견이 있음)

[관련규정] 제839조의 2, 제843조

[해설 및 논평]
1. 해설

본 결정 사안에서 원고는 적극재산이 소극재산을 초과하나 피고는 소극재산이 적극재산을 초과하고, 원·피고의 총 소극재산이 총 적극재산을 초과하고 있다. 그러한 상태에서 피고가 재산분할청구를 하였다.

본 결정 이전에 대법원은, 부부의 총재산가액에서 위 채무액을 공제하면 남는 금액이 없는 경우에는 상대방의 재산분할 청구는 인정되지 않는다고 하였다(대판 2002. 9. 4, 2001므718 등).

그에 대하여 본 결정은 종래의 판례를 변경하고, 소극재산의 총액이 적극재산의 총액을 초과하여 재산분할을 한 결과가 결국 채무의 분담을 정하는 것이 되는 경우에도 재산분할청구를 할 수 있다고 하였다. 그런데 본 결정은 채무초과의 경우에 언제나 당연히 분할해야 한다고 하지 않고, 일체의 사정을 참작하여 이를 분담하게 하는 것이 적합하다고 인정되면 그리할 것이라고 한다. 그리고 구체적인 분담의 방법(가령 면책적 또는 병존적 채무인수, 금전지급)도 제한하지 않고, 제반사정을 종합적으로 고려하여 채무를 분담하게 할지 여부 및 그 분담의 방법 등을 정할 것이고, 적극재산을 분할할 때처럼 일률적인 비율을 정하여 당연히 분할 귀속되게 해야 하는 것은 아니라고 하였다. 본 결정이 위와 같은 입장을 취한 데에는 재산분할청구 사건이 비송사건이라는 점도 크게 고려된 것으로 생각된다.

2. 논평

본 결정은 부부 사이의 실질적 공평을 추구한 것으로서 타당하다.

[주요 평석 문헌] 김문희, "부부가 이혼할 때 소극재산이 (이하 생략)," 판례연구(부산판례연구회), 25집, 619면 이하; 이승원, "부부 쌍방의 총소극재산이 (이하 생략)," 양승태 대법원장 재임 3년 주요 판례 평석, 203면 이하.

제5장
친족상속법

16. 재산분할청구(3): 권리의 성립시기 · 채권자대위권

◈ 대판 1999. 4. 9, 98다58016
　[가처분이의](강의 E-62·63, C-176, 친상 [90]·
　[91], 채총 [119])

[쟁점] 이혼으로 인한 재산분할청구권의 성립시기 및 이를 보전하기 위하여 채권자대위권을 행사할 수 있는지 여부

[사실관계]

(1) 채권자 A는 B와 혼인신고를 마친 법률상 처로서 이혼 등 청구의 소를 제기하여 1998. 4. 28.경 "A와 B는 이혼한다. B는 A에게 위자료로 2억 원, 재산분할로서 4억 원을 지급하라"는 등의 취지의 판결을 받았으며, 그 소는 현재 항소심 계속 중이다.

(2) A가 B에 대하여 이혼으로 인한 위자료 및 재산분할청구권이 있음을 전제로 그 권리에 기해 B를 대위하여 B가 C에 대하여 가지는 X부동산에 관한 명의신탁 해지를 원인으로 한 소유권이전등기 청구권을 피보전권리로 삼아 C를 상대로 부동산 처분금지가처분 신청을 하여 1997. 1. 9. C는 X부동산에 대하여 매매, 양도, 전세권, 저당권, 임차권의 설정 기타 일체의 처분행위를 하여서는 안 된다는 이 사건 가처분결정이 내려졌다. 이에 C가 가처분이의를 신청하였고, 원심은 이 사건 가처분결정을 취소하고 A의 가처분신청을 각하하였다. 그러자 A가 상고하였다.

(3) 한편 B는 X부동산 외에도 서울 소재 대지와 주택, 경기도 소재 공장용지와 공장건물 등 시가 4억 8천만 원 상당의 부동산(제3자 명의의 담보권이 설정되어 있음), 입회비 1,400만 원의 콘도회원권 2구좌, 제3자 명의로 은행에 예치하였다가 최근에 인출한 3억 원 이상의 현금 등을 현재 소지하고 있다.

[판결요지]

이혼으로 인한 재산분할청구권은 협의 또는 심판에 의하여 그 구체적 내용이 형성되기까지는 그 범위 및 내용이 불명확·불확정하기 때문에 구체적으로 권리가 발생하였다고 할 수 없으므로 이를 보전하기 위하여 채권자대위권을 행사할 수 없고, 위자료청구권을 피보전권리로 하는 경우에도 채무자의 무자력이 인정되지 아니하는 한 보전의 필요성이 있다고 할 수 없어 권리보호의 자격이 없다.

[관련규정] 제404조, 제839조의 2

[해설 및 논평]

1. 해설

채권자대위권이 성립하려면 ① 채권자가 자기의 채권을 보전할 필요가 있어야 한다(404조 1항 본문). 따라서 우선 채권자의 채권이 존재하여야 하고, 그 채권의 보전 필요성이 있어야 한다. 판례에 의하면 피보전채권이 금전채권이거나 금전채권이 아니더라도 손해배상채권으로 귀착할 수밖에 없는 것인 때에는, 「채무자가 무자력하여 그 일반재산이 감소되는 것을 방지할 필요가 있는 경우」에 보전의 필요성이 인정된다(대판 1969. 11. 25, 69다1665 등). 그 밖에 ② 채무자가 제3자에 대하여 대위행사에 적합한 권리를 가지고 있고, ③ 채무자가 스스로 그의 권리를 행사하지 않으며, ④ 채권자의 채권이 이행기에 있어야 한다. 한편 채권자대위소송에 있어서 대위에 의해 보전될 채권자의 채무자에 대한 권리 자체가 존재하지 않거나 존재하더라도 그 보전의 필요성이 인정되지 않는 경우 채권자는 스스로 원고가 되어 채무자의 제3채무자에 대한 권리를 행사할 권능이 없는 것이므로 그 대위소송은 당사자적격을 결여하여 부적법하다고 할 것이며(대판 2002. 5. 10, 2000다55171), 이러한 법리는 채권자대위에 의한 보전처분의 신청에 있어서도 마찬가지이다.

이 사건 가처분신청은 A가 남편 B에 대하여 위자료 및 재산분할청구권이 있음을 전제로 그 권리

에 기하여 B를 대위하여 C를 상대로 B가 C에 대하여 가지는 X부동산에 관한 명의신탁 해지를 원인으로 한 소유권이전등기 청구권을 피보전권리로 삼아 제기한 것이다.

이혼에 의한 재산분할청구권은 이혼을 한 당사자 일방이 다른 일방에 대하여 재산분할을 청구할 수 있는 권리로서 이혼이 성립한 때에 그 법적 효과로서 비로소 발생하는 것인바(대판 1998. 11. 13, 98므1193), 본 판결은 협의 또는 심판에 의하여 그 구체적 내용이 형성되기까지는 그 범위 및 내용이 불명확·불확정하기 때문에 구체적으로 권리가 발생하였다고 할 수 없으므로 이를 보전하기 위하여 채권자대위권을 행사할 수 없다고 하였다. 따라서 이 사건에서도 A와 B 사이의 협의 또는 심판에 의해 구체적 내용이 형성되기 전에는 그 범위와 내용이 불확정·불명확하여 아직 현실의 구체적 권리로 존재한다고 하기 어렵고 이행기가 도래하였다고 보기는 더욱 어려우므로, 협의 또는 심판을 통해 구체적 내용이 형성되어야 비로소 대위에 의해 보전될 권리적격을 갖추게 되고 A도 그 권리에 기해 B의 C에 대한 권리를 대위행사할 수 있게 된다.

한편 본 판결은 이혼을 원인으로 한 위자료 청구권을 피보전권리로 하는 경우에도 채무자의 무자력이 인정되지 않는 한 보전의 필요성이 있다고 할 수 없어 권리보호의 자격이 없다고 하였다. 위자료청구권은 금전채권이므로 보전의 필요성 즉 B의 무자력이 인정되어야 대위에 의해 보전될 권리적격이 있어 A도 그 권리에 기해 B의 C에 대한 권리를 대위행사할 수 있게 된다.

그리하여 이 사건에서는 재산분할에 관한 심판 내용이 포함되어 있는 이혼 등 판결은 현재 항소심 계속 중으로 아직 확정되지 않았고, B는 X부동산 외에도 대지와 주택, 공장용지와 공장건물 등 부동산, 콘도회원권, 현금 등을 소지하고 있어 무자력 상태에 있다고 볼 수 없으며, 결국 A가 보전하고자 하는 재산분할청구권과 위자료청구권은, 아직 권리로서의 구체적 범위 및 내용이 확정되지

않고 이행기도 도래하지 않았거나 보전의 필요성이 인정되지 않으므로, A의 이 사건 가처분신청은 스스로 신청인이 되어 B의 C에 대한 권리를 대위 행사할 당사자적격이 없는 자에 의해 제기된 것으로서 부적법하다고 한 원심의 판단을 지지하였다.

2. 논평

본 판결은, 재산분할청구권은 이혼이 성립한 때에 그 법적 효과로서 비로소 발생한다는 종래 판례의 입장에서 나아가 권리의 성립시기에 관하여 협의 또는 심판에 의하여 구체적 내용이 형성되기까지는 그 범위 및 내용이 불명확·불확정하기 때문에 구체적으로 권리가 발생하였다고 할 수 없다는 점을 밝힌 최초의 판결이라는 의의가 있다. 이러한 판례의 입장에 의하면 이혼의 소 계속 중 또는 이혼 후 재산분할심판 계속 중 청구인이 사망하는 경우에는 재산분할청구권은 상속될 수 없게 된다. 한편 이혼으로 인한 재산분할청구권은 그 자체로는 권리자의 의사를 존중하여야 하므로 대위권의 목적(피대위권리)이 될 수 없으나, 협의 또는 심판에 의하여 구체적인 금전채권 또는 급부청구권으로 변화된 뒤에는 대위권의 목적으로 된다고 하여야 한다(민법주해[9], 765면(김능환)).

[참고판결] (1) 대판 1998. 11. 13, 98므1193: 재산분할청구권은 … 이혼이 성립한 때에 그 법적 효과로서 비로소 발생하는 것이므로, … 법원이 이혼과 동시에 재산분할을 명하는 판결을 하는 경우에도 이혼판결은 확정되지 아니한 상태이므로, 그 시점에서 가집행을 허용할 수는 없다.

(2) 대판 2001. 9. 25, 2001므725·732: 법원이 이혼과 동시에 재산분할로서 금전의 지급을 명하는 판결을 하는 경우 그 금전지급채무에 관하여는 그 판결이 확정된 다음날부터 이행지체책임을 지게 되고, 따라서 소송촉진 등에 관한 특례법 제3조 제1항 단서에 의하여 같은 조 본문에 정한 이율이 적용되지 아니한다.

17. 재산분할청구(4): 채권자취소권

◆ 대판 2000. 7. 28, 2000다14101
  [사해행위취소등](강의 E-64, 친상 [91])

[쟁점] 이혼에 따른 재산분할청구권에 의하여 재산을 취득하는 것이 사해행위로서 채권자취소의 대상이 되기 위한 요건 및 그 증명책임의 소재 (=채권자)

[사실관계]

(1) 원고는 1997. 6. 21. 소외 X회사에게 기업일반자금 대출명목으로 2억 원을, 같은 달 23. 기업당좌대출 명목으로 2억 원을 각 대출하여 주었는데, X회사의 대표이사인 A의 조카이자 X회사의 전무이사인 소외 B는 X회사의 원고에 대한 위 각 채무를 연대보증하였다.

(2) B는 1991.경부터 피고를 만나 동거하다가 1994. 12. 30. 혼인신고를 마쳤고, 1998. 3. 20.경 가정불화로 말미암아 협의에 의한 이혼을 약정함에 있어 B는 피고에게 그의 유일한 재산인 이 사건 부동산 전체를 이혼에 따른 위자료 등 명목으로 증여하기로 하였다. 그 후 B는 이 사건 부동산에 관하여 피고에게 1998. 3. 24.자 증여를 원인으로 하여 소유권이전등기를 경료하여 주었다.

(3) 한편 X회사는 자금사정의 악화로 경영상 어려움을 겪던 중 1998. 4. 2. 부도가 발생하였다.

(4) 이에 원고는 피고를 상대로, 사해행위임을 이유로 피고와 B 사이의 이 사건 부동산에 관한 증여계약의 취소와 위 부동산에 관한 소유권이전등기의 말소를 구하는 소를 제기하였다.

[판결요지]

이미 채무초과 상태에 있는 채무자가 이혼을 함에 있어 자신의 배우자에게 재산분할로 일정한 재산을 양도함으로써 결과적으로 일반 채권자에 대한 공동담보를 감소시키는 결과로 되어도, 위 재산분할이 민법 제839조의2 제2항 규정의 취지에 따른 상당한 정도를 벗어나는 과대한 것이라고 인정할 만한 특별한 사정이 없는 한 사해행위로서 채권자에 의한 취소의 대상으로 되는 것은 아니라고 할 것이고, 다만 위와 같은 상당한 정도를 벗어나는 초과부분에 관한 한 적법한 재산분할이라고 할 수 없기 때문에 그 취소의 대상으로 될 수 있다고 할 것인바, 위와 같이 상당한 정도를 벗어나는 과대한 재산분할이라고 볼 만한 특별한 사정이 있다는 점에 관한 입증책임은 채권자에게 있다고 할 것이다.

원심판결 이유와 기록에 의하면, 피고는 1991년 경부터 위 소외인을 만나 동거하다가 1994. 12. 30. 혼인신고를 마쳤는바, 1998. 3. 20.경 가정불화로 말미암아 협의에 의한 이혼을 약정함에 있어 위 소외인은 피고에게 이 사건 부동산 전체를 이혼에 따른 위자료 등 명목으로 증여하기로 함으로써 실질적으로 협의에 의한 재산분할로 이 사건 부동산을 양도한 사실이 인정되는바, 이에 의하면 피고가 이 사건 부동산을 취득한 것은 일응 이혼으로 인한 협의 재산분할에 따른 것으로서 적법한 것으로 보여져 사해행위 취소의 대상이 된다고 할 수 없을 것이다. 그러나 한편 기록에 의하여 인정되는 피고와 위 소외인이 서로 만나 동거하면서 혼인에 이르게 된 경위, 위 소외인이 이 사건 부동산을 분양받을 수 있었던 사정, 피고와 위 소외인이 파경에 이르게 된 경위 및 양자가 이혼 후 소유하게 되는 재산의 정도와 함께 위 소외인이 피고에게 이 사건 부동산 전체를 재산분할로 양도함으로써 위 소외인에게 집행 가능한 재산은 전무해지는 반면 채권자인 원고의 승계참가인이 위 소외인에 대하여 가지는 채권은 원금만 하여도 금 4억 원에 이르는 사실 및 기타 제반 사정을 참작하면 위 소외인이 피고에게 이 사건 부동산 전체를 재산분할로서 양도하는 것은 그 상당성을 넘는 것이라고 보여지므로, 사실심인 원심 법원으로서는 피고와 위 소외인의 이혼으로 인한 재산분할과 관련된 위와 같은 제반 사정을 좀 더 심리한 후 피고가 위 소외인으로부터 받을 수 있는 위자료를 제외한 상당한 재산분할의 액수를 확정한 다음 그 상당한 정도를 초과하는 부분에 한하여 사해행위로서 그 취소를 명하였어야 할 것이다.

그럼에도 불구하고, 원심은 이 사건 부동산의 증여가 이혼에 수반되는 상당한 재산분할이라고 볼 만한 증거가 없다는 이유로 피고가 이 사건 부동산을 증여받은 것이 사해행위에 해당하지 않는다는 주장을 배척하였는바, 이에는 재산분할에 이르게 된 사정에 관한 심리미진 내지 사해행위 취소의 대상으로서의 재산분할에 관한 법리오해의 위법이 있다고 하지 않을 수 없다.

[관련규정] 제406조, 제839조의 2

[해설 및 논평]

1. 해설

(1) 서설

본 판결에서는 이혼에 있어서의 재산분할이 사해행위로 될 수 있는지, 만약 된다면 어떤 범위에서 그러한지, 그 요건을 누가 증명해야 하는지가 문제되었다.

(2) 재산분할이 사해행위로 될 수 있는지 여부

채권자취소권은 채무자의 책임재산을 보전하기 위한 것이므로 취소의 대상이 되는 사해행위는 직접 재산권을 목적으로 하는 법률행위이어야 한다(406조 1항 참조). 그런데 이혼에 있어서의 재산분할은 친족행위로서의 성격과 재산행위로서의 성격을 함께 가지고 있어서 그것이 채권자취소권의 대상이 될 수 있는지에 대하여 여러 견해가 주장될 수 있다.

우리 민법에는 1990년 개정시에 재산분할청구권 제도가 신설되었는데, 그 이전에 대법원은, 재산분여행위를 사해행위로 보려면 이혼에 따른 재산분여행위가 상당정도를 넘는 과대한 것인지, 그리고 잔유재산과 채권자의 채권액을 비교하여 그 채권자취소권의 범위를 확정하여야 할 것이라고

하였다(대판 1984. 7. 24, 84다카68. 그런데 대판 1990. 11. 23, 90다카24762에서는 상당성의 언급이 없음).

그리고 재산분할청구권 제도가 신설된 후에는 - 공간된 판결로서는 - 본 판결이 처음으로 판시를 하였다. 본 판결은, 재산분할이 제839조의2 제2항 규정의 취지에 따른 상당한 정도를 벗어나는 과대한 것이라고 인정할 만한 특별한 사정이 없는 한 사해행위로서 채권자에 의한 취소의 대상으로 되는 것은 아니라고 할 것이고, 다만 위와 같은 상당한 정도를 벗어나는 초과부분에 관한 한 적법한 재산분할이라고 할 수 없기 때문에 그 취소의 대상으로 될 수 있다고 하였다. 요약하면 재산분할은 상당한 정도를 벗어난 경우에만 예외적으로 초과부분만 사해행위가 될 수 있다는 것이다. 이는 우리의 통설과 같은 입장이다.

(3) 위자료의 취급

재산분할이 상당 정도를 벗어났는지를 판단할 때 위자료 부분을 제외해야 하는가? 이에 관하여 본 판결은, 피고가 위 소외인으로부터 받을 수 있는 위자료를 제외한 상당한 재산분할의 액수를 확정한 다음 그 상당한 정도를 초과하는 부분에 한하여 사해행위로서 그 취소를 명했어야 한다고 한다. 이는 재산분할의 성격의 문제와도 관련된다. 우리 판례는 재산분할이 부부의 공동재산의 청산에 부양적 성격이 가미된 것이라고 이해하므로, 그런 입장에서 볼 때 위자료를 제외해야 한다.

(4) 상당한 정도 초과의 증명책임

본 판결은 상당한 정도를 벗어나는 과대한 재산분할이라고 볼 만한 특별한 사정이 있다는 점에 관한 증명책임은 채권자에게 있다고 한다. 이는 대법원이 재산분할청구권을 보호하기 위해 상당성 초과를 특별사정으로 이해한 결과이다.

2. 논평

본 판결은 타당하다.

18. 사실혼

◈ 대판 1995. 3. 28, 94므1447
[사실상혼인관계존재확인](강의 E-73·74, 친상
[100]·[101])

[쟁점] 과거의 법률관계가 확인의 소의 대상이
될 수 있는 경우. 사실혼관계에 있던 당사자 일방
이 사망한 경우에 검사를 상대로 사실혼관계 존부
확인청구를 할 수 있는지 여부

[사실관계]

(1) 원고는 1968. 6. 27.생의 미혼녀로서 1991.
1. 중순경 친구의 소개로 1964. 8. 10.생의 미혼남
인 망 A를 만나 사귀다가 같은 해 2. 24.경부터 A
가 경영하던 구두방에서 A와 동거생활을 시작하
였다.

(2) A는 구두방을 경영하여 얻은 수입으로 원고
를 부양하고, 원고는 가사 일을 맡아 A를 뒷바라
지하면서 A의 모친으로서 경북에 거주하고 있는
피고보조참가인(이하 참가인이라 함)을 수시로 방
문하여 참가인의 집안일을 거들어 주었다. 그리고
같은 해 추석에 원고와 A가 참가인의 집에서 참가
인의 가족들과 인사를 나누고 A의 망부에 대한 차
례를 올리게 되자 참가인의 가족들과 원고의 가족
들도 원고와 A를 사실상 부부로 인정하게 되었다.

(3) 1991. 12.경 구두방 영업이 여의치 않은 상
태에서 점포의 임대차기간이 만료되자 A는 구두
방 영업을 그만두고 다른 직장을 구하기 위하여
서울로 갔다. 그런데 1992. 2.경까지도 A가 안정된
직장을 구하지 못하였으나 원고와 A가 무한정 떨
어져 생활하기가 곤란하여 원고는 간단한 취사도
구와 의복만을 준비한 채 서울로 올라가 공사현장
부근 여관에 거처를 정한 후 그 곳에서 A와 동거
생활을 계속하였다.

(4) 1992. 5. 25. A가 지하철 공사현장에서 작업
을 하던 중 터널에 추락하여 중상을 입고 병원에
입원하게 되자 원고는 그때부터 같은 해 5. 27. A

가 사망할 때까지 A를 간병하였고, A의 시신을 화
장한 후에는 원고가 그 뼛가루를 산천에 뿌렸다.

(5) 그 후 산업재해보상보험법상 유족급여의 수
급권을 둘러싸고 원고와 참가인(A의 모친) 사이에
분쟁이 생기자 원고가 A와의 사실혼 존재의 확인
을 구하는 이 사건 소를 제기하였다.

[판결요지]

일반적으로 과거의 법률관계는 확인의 소의 대
상이 될 수 없는 것이나, 혼인, 입양과 같은 신분
관계나 회사의 설립, 주주총회의 결의무효, 취소
와 같은 사단적 관계, 행정처분과 같은 행정관계
와 같이 그것을 전제로 하여 수많은 법률관계가
발생하고 그에 관하여 일일이 개별적으로 확인을
구하는 번잡한 절차를 반복하는 것보다 과거의 법
률관계 그 자체의 확인을 구하는 편이 관련된 분
쟁을 일거에 해결하는 유효 적절한 수단일 수 있
는 경우에는 예외적으로 확인의 이익이 인정되는
것이다(당원 1978. 7. 11. 선고 78므7 판결 참조).

그런데 사실혼 배우자는, 구 산업재해보상보험
법 제3조 제3항(1994. 12. 22. 법률 제4826호로 전문
개정되기 전의 것. 개정법상으로는 제4조 제3호)뿐 아
니라, 공무원연금법 제3조 제1항 제2호, 선원법시
행령 제29조 제1호, 근로기준법시행령 제61조 제1
항 제1호, 군인연금법 제3조 제1항 제4호, 독립유
공자 예우에 관한 법률 제5조 제1항 제1호 등에서
각종의 급여 등을 받을 권리자로 규정되어 있는
등 법률상의 배우자가 아님에도 불구하고 특별한
법적 취급을 받고 있다.

이에 따라 사실혼관계는 여러 가지 법률관계의
전제가 되어 있고, 그 존부 확인청구는 그 법률관
계들과 관련된 분쟁을 일거에 해결하는 유효 적절
한 수단일 수 있는 것이다.

따라서 이 사건에서와 같이 사실혼관계에 있던
당사자 일방이 사망하였더라도, 현재적 또는 잠재
적 법적 분쟁을 일거에 해결하는 유효 적절한 수
단이 될 수 있는 한, 그 사실혼관계 존부 확인청

구에는 확인의 이익이 인정되는 것이고, 이러한 경우 친생자관계 존부 확인청구에 관한 민법 제865조와 인지청구에 관한 민법 제863조의 규정을 유추적용하여, 생존 당사자는 그 사망을 안 날로부터 1년 내에 검사를 상대로 과거의 사실혼관계에 대한 존부확인청구를 할 수 있다고 보아야 한다(당원 1983. 3. 8. 선고 81므76 판결; 1994. 6. 28. 선고 94므321 판결 등 참조).

[관련규정] 구 민소 제228조, 구 가소 제2조 제1항 가(2) 제1호, 민법 제865조, 제863조

[해설 및 논평]

1. 해설

본 판결에서는 사실혼관계에 있던 당사자 일방이 사망한 경우에 남은 일방이 검사를 상대로 하여 과거의 사실혼관계의 존부 확인을 구할 수 있는지가 문제되었다. 이것이 긍정되려면 우선 민법이나 가사소송법에 명문규정이 없음에도 불구하고 검사를 상대방으로 하여 소를 제기할 수 있어야 하고, 또한 과거의 사실관계 특히 과거의 사실혼관계에 대한 확인청구가 가능해야 한다.

(1) 검사가 당사자로 될 수 있는지

민법은 친생자관계 존부 확인의 소를 제기할 경우에 당사자 일방이 사망한 때에는 검사를 상대로 하여 소를 제기할 수 있다고 규정한다(865조 2항). 또한 가사소송법에 따르면, 혼인의 무효·취소의 소, 이혼무효의 소를 제기할 경우에 상대방이 될 사람이 사망한 때에는 검사를 상대방으로 한다(가소 24조 3항). 아버지를 정하는 소의 경우도 같다(가소 27조 4항).

그런데 이와 같은 명문규정이 없는 경우에는 검사를 상대방으로 하여 소를 제기할 수 없는가? 여기에 관하여 종래 판례는 명문규정이 없는 경우에도 민법이나 구 인사소송법(현재의 가소에 흡수됨)의 관련규정을 유추적용하여 이를 인정하였다(대판 1970. 7. 21, 70므18). 본 판결도 종래의 판례에 따라 친생자관계 존부 확인청구에 관한 제865조와 인지청구에 관한 제863조의 규정을 유추적용하여, 생존 당사자는 그 사망을 안 날로부터 1년 내에(865조 2항이 개정되어 현재는 사망을 안 날로부터 2년 내임) 검사를 상대로 과거의 사실혼관계에 대한 존부 확인청구를 할 수 있다고 하였다.

(2) 과거의 법률관계의 확인의 이익

이전에 통설과 판례는 과거의 법률관계는 확인의 소의 대상이 될 수 없다고 하였다. 그런데 제한된 범위에서 확인의 이익을 인정하는 견해가 주장되었고, 대법원도 그러한 견해를 받아들여 과거의 혼인관계의 무효확인을 구할 정당한 법률상의 이익이 있다고 하였다(대판 1978. 7. 11, 78므7). 본 판결은 이러한 근래의 판례를 따르고 있다.

(3) 과거의 사실혼관계의 확인의 이익

대법원은 과거에 본 판결 사안에서와 같이 사실혼관계에 있던 당사자 일방이 사망하고 난 후 과거의 사실혼관계 존부 확인청구를 하는 경우에 대하여 판단한 적이 있다(대판 1983. 3. 8, 81므76). 그런데 그때는 제척기간에 관하여 판단하였고, 과거의 사실혼관계의 확인의 이익에 대하여 정면으로 다루지는 않았다. 그렇지만 제척기간은 확인의 이익의 인정을 전제할 경우에 비로소 논의될 수 있는 것이므로, 대법원은 그때 이미 과거의 사실혼관계에 대한 확인의 이익을 인정한 셈이다. 그에 비하여 본 판결은 그 문제를 정면으로 다루면서 확인의 이익을 인정하였다.

2. 논평

본 판결은 타당하다.

[주요 평석 문헌] 부구욱, "당사자 일방이 사망한 경우의 사실혼 존재 확인청구," 대법원판례해설, 23호, 315면 이하.

제5장
친족상속법

19. 인공수정 자녀 등에 대한 친생추정

◈ 대판(전원) 2019. 10. 23. 2016므2510
[친생자관계부존재확인](강의 E-76 · 77, 친상
[104] · [105])

[쟁점] 아내가 혼인 중 제3자의 정자를 제공받아 인공수정으로 자녀를 출산한 경우에 그 자녀가 남편의 자녀로 추정되는지 여부(적극). 인공수정에 동의한 남편이 나중에 이를 번복하고 친생부인의 소를 제기할 수 있는지 여부(소극). 혼인 중 아내가 임신하여 출산한 자녀가 남편과 혈연관계가 없다는 점이 밝혀진 경우에도 친생추정이 미치는지 여부(적극)

[사실관계]

(1) 원고(남자)는 소외인(여자)과 1985. 8. 2. 혼인신고를 마친 부부였다. 원고는 소외인과 결혼 후인 1992년경 ○○○병원에서 무정자증 진단을 받았다. 이에 소외인은 원고의 동의를 얻어 제3자로부터 정자를 제공받아 시험관시술을 통한 인공수정 방법으로 임신한 다음 (일자 1 생략) 위 병원에서 피고 1을 출산하였다.

(2) 원고는 1993. 3. 29. 피고 1의 출생에 대해서 아무런 문제도 제기하지 않은 채 자신과 소외인의 자녀로 피고 1의 출생신고를 마쳤다.

(3) 소외인은 혼외 관계를 통해 피고 2를 임신하여 (일자 2 생략) 피고 2를 출산하였다. 원고는 1997. 8. 6. 원고와 소외인의 자녀로 피고 2의 출생신고를 마쳤다.

(4) 원고와 소외인은 혼인 이후 이 사건 소 제기 무렵까지 피고 1, 2와 함께 동거해 왔다. 이때까지 원고가 피고들과의 친자관계에 대해서 별다른 이의를 제기하였다고 볼만한 사정은 없다.

(5) 원고와 소외인은 이혼소송에까지 이르러 결국 2015. 10. 30. 이혼하기로 하는 내용으로 조정이 성립하였다.

(6) 이 사건 법원에서는 피고 1이 ○○○병원에서 제3자의 정자 제공에 의한 시험관시술을 통해 출생하였는지, 이때 원고가 동의를 하였는지 등을 확인하기 위해 위 병원에 사실조회를 하였으나, 위 병원은 의료기록 보존기간이 지나 진료기록이 없다고 회신하였다.

[판결요지]

[1] [다수의견] (가) 친생자와 관련된 민법 규정, 특히 민법 제844조 제1항(이하 '친생추정 규정'이라 한다)의 문언과 체계, 민법이 혼인 중 출생한 자녀의 법적 지위에 관하여 친생추정 규정을 두고 있는 기본적인 입법 취지와 연혁, 헌법이 보장하고 있는 혼인과 가족제도 등에 비추어 보면, 아내가 혼인 중 남편이 아닌 제3자의 정자를 제공받아 인공수정으로 자녀를 출산한 경우에도 친생추정 규정을 적용하여 인공수정으로 출산한 자녀가 남편의 자녀로 추정된다고 보는 것이 타당하다.

(나) 정상적으로 혼인생활을 하고 있는 부부 사이에서 인공수정 자녀가 출생하는 경우 남편은 동의의 방법으로 자녀의 임신과 출산에 참여하게 되는데, 이것이 친생추정 규정이 적용되는 근거라고 할 수 있다. 남편이 인공수정에 동의하였다가 나중에 이를 번복하고 친생부인의 소를 제기하는 것은 허용되지 않는다. 나아가 인공수정 동의와 관련된 현행법상 제도의 미비, 인공수정이 이루어지는 의료 현실, 민법 제852조에서 친생자임을 승인한 자의 친생부인을 제한하고 있는 취지 등에 비추어 이러한 동의가 명백히 밝혀지지 않았던 사정이 있다고 해서 곧바로 친자관계가 부정된다거나 친생부인의 소를 제기할 수 있다고 볼 것은 아니다.

부부가 정상적인 혼인생활을 하고 있는 경우 출생한 인공수정 자녀에 대해서는 남편의 동의가 있었을 개연성이 높다. 따라서 혼인 중 출생한 인공수정 자녀에 대해서는 다른 명확한 사정에 관한 증명이 없는 한 남편의 동의가 있었던 것으로 볼 수 있다. 동의서 작성이나 그 보존 여부가 명백하지 않더라도 인공수정 자녀의 출생 이후 남편이 인공수정 자녀라는 사실을 알면서 출생신고를 하는 등 인공수정 자녀를 자신의 친자로 공시하는 행위를 하거나, 인공수정 자녀의 출생 이후 상당기간 동안 실질적인 친자관계를 유지하면서 인공수정 자녀를 자신의 자녀로 알리는 등 사회적으로 보아 친자관계를 공시·용인해 왔다고 볼 수 있는 경우에는 동의가 있는 경우와 마찬가지로 취급하여야 한다.

(이러한 다수의견에 대해서는 대법관 3인의 제1별개의견, 대법관 1인의 제2별개의견이 있음.

제1별개의견의 요지: 혼인 중인 남편과 아내가 인공수정 자녀의 출생에 관하여 의사가 합치되어 이를 토대로 제3자의 정자를 제공받아 인공수정이라는 보조생식시술에 동의함으로써 자녀가 출생하였다면 그 자녀는 그 부부의 친생자로 보아야 한다.

제2별개의견의 요지: '제3자 정자제공형 인공수정'(남편의 동의를 얻은 경우에 한함)에 있어서는 남편과 출생한 자녀 사이에 제844조의 친생추정 규정을 적용함이 타당하다)

[2] [다수의견] 민법 제844조 제1항(이하 '친생추정 규정'이라 한다)의 문언과 체계, 민법이 혼인 중 출생한 자녀의 법적 지위에 관하여 친생추정 규정을 두고 있는 기본적인 입법 취지와 연혁, 헌법이 보장하고 있는 혼인과 가족제도, 사생활의 비밀과 자유, 부부와 자녀의 법적 지위와 관련된 이익의 구체적인 비교 형량 등을 종합하면, 혼인 중 아내가 임신하여 출산한 자녀가 남편과 혈연관계가 없다는 점이 밝혀졌더라도 친생추정이 미치지 않는다고 볼 수 없다.

(이러한 다수의견에 대해서는 대법관 3인의 별개의견과 대법관 1인의 반대의견이 있음.

제1별개의견의 요지: 혈연관계가 없음이 과학적으로 증명되었더라도 사회적 친자관계가 형성되어 있는 경우에는 함부로 친생추정 예외의 법리로써 친자관계를 부정할 수 없다.

반대의견의 요지: 일정한 요건 하에 친생추정의 예외를 인정하는 종래의 대법원 판례는 유지되어야 하며, 오히려 확대해석할 필요가 있다)

[관련규정] 헌법 제10조, 제17조, 제36조 제1항, 민법 제2조 제1항, 제844조, 제846조, 제847조, 제852조, 제865조

[해설 및 논평]

1. 해설

본 판결은 남편 아닌 제3자의 제공 정자에 의한 인공수정으로 출생한 자녀가 남편의 친생자로 추정되는지, 남편이 친생부인의 소를 제기할 수 있는지와, 혼인 중 출생한 자녀가 남편과 혈연관계가 없다는 점이 밝혀진 경우에 친생추정이 미치지 않는지에 대하여 판단하고 있다. 본 판결은 이들에 대하여 최초로 판시한 것이다.

(1) 인공수정 자녀의 경우 친생추정 여부와 친생부인의 소 제기 가부

본 판결은 인공수정 중 자녀가 제3자 제공 정자에 의하여 인공수정으로 출생한 경우에 대해서만 판단하였다. 그러면서 그러한 자녀에게도 친생추정 규정이 적용되어 남편의 친생자로 추정된다고 한다. 그리고 남편이 인공수정에 동의했을 경우에는 그것을 번복하고 친생부인의 소를 제기할 수 없다고 한다. 또 이러한 동의가 명백히 밝혀지지 않았던 사정이 있다고 해서 곧바로 친자관계가 부정된다거나 친생부인의 소를 제기할 수 있다고 볼 것은 아니라고 한다.

(2) 혈연관계가 없음이 밝혀진 경우

본 판결은 남편과 자녀 사이에 혈연관계가 없음이 밝혀졌더라도 친생추정 규정이 미친다고 한다. 그와 관련하여 다음을 주의해야 한다. 종래 우리 대법원은 처가 부의 자를 포태할 수 없음이 외관상 명백한 경우에 친생추정이 미치지 않는다고 하여 왔다(대판(전원) 1983. 7. 12, 82므59(이 책 448면) 등). 본 판결은 종래의 그 판결에 대해서는 전혀 판단하지 않았다. 종래의 판례와 다른 사안에 대해서 판단한 것이다. 따라서 그 판례는 현재에도 유지된다.

2. 논평

본 판결은 타당하다.

제5장
친족상속법

20. 친생자 추정이 미치지 않는 자(子)

◆ 대판(전원) 1983. 7. 12, 82므59
[친생부인](강의 E-77·78, 친상 [105]·[106])

[쟁점] 처가 부(夫)의 자(子)를 포태할 수 없음이 외관상 명백한 경우에 부가 그 출생자의 친자관계를 부인하는 방법

[사실관계]

(1) 청구인과 청구 외 1(여)은 1931. 5. 30. 혼인신고를 마친 법률상의 부부였는데, 1980. 2. 29. 수원지방법원에서의 이혼심판확정으로 같은 해 3. 11 이혼신고가 이루어졌다.

(2) 그런데 청구 외 1은 1941. 10.경 청구 외 2(남)와 눈이 맞아 가출을 하여 그 이래 청구인과 별거하던 중 1944. 1. 15. 피청구인을 출산하였다.

(3) 청구인은 피청구인의 나이가 18세 되던 해인 1962.경 피청구인의 출생을 알게 되었다. 청구인은 피청구인의 출생을 안 날부터 1년 내에 친생부인의 소를 제기하지 않았으며, 1981. 1. 26. 친생자관계 부존재 확인의 소를 제기하였다.

[판결요지]

민법 제844조는 친생자(혼인중의 출생자)의 추정에 관하여 ① 처가 혼인 중에 포태한 자는 부의 자로 추정한다. ② 혼인성립의 날로부터 200일 후 또는 혼인관계 종료의 날로부터 300일 내에 출생한 자는 혼인 중에 포태한 것으로 추정한다고 규정하고 제846조 이하에 그 추정을 받는 경우의 친생부인의 소를 규정하고 있으나 위 제844조는 부부가 동거하여 처가 부(夫 이하 같다)의 자를 포태할 수 있는 상태에서 자를 포태한 경우에 적용되는 것이고 부부의 한쪽이 장기간에 걸쳐 해외에 나가 있거나 사실상의 이혼으로 부부가 별거하고 있는 경우 등 동서의 결여로 처가 부의 자를 포태할 수 없는 것이 외관상 명백한 사정이 있는 경우에는 그 추정이 미치지 않는다고 할 것이다. 왜냐하면 위 제844조는 제846조 이하의 친생부인의 소에 관한 규정과 더불어 부부가 정상적인 혼인생활을 영위하고 있는 경우를 전제로 가정의 평화를 위하여 마련한 것이라 할 것이어서 그 전제사실을 갖추지 아니한 위와 같은 경우에까지 이를 적용하여 요건이 엄격한 친생부인의 소에 의하게 함은 도리어 제도의 취지에 반하여 진실한 혈연관계에 어긋나는 부자관계의 성립을 촉진시키는 등 부당한 결과를 가져올 수 있기 때문이다. 위 견해에 저촉되는 종전의 당원 견해(1968. 2. 27 선고 67므34 판결, 1975. 7. 22 선고 75다65 판결 등)는 이를 변경하기로 한다. 이 사건에 있어서 청구인의 주장에 의하면 피청구인의 모인 청구 외 1이 위에서와 같은 이유로 가출을 하여 그때부터 청구인과 별거하였고 별거한 지 약 2년 2개월 후에 피청구인을 출산하였다는 것이므로 위와 같은 경우에는 위에서 설시한 바와 같이 위 제844조의 추정이 미치지 아니하고 따라서 친자관계 부존재 확인소송을 제기할 수 있다고 보아야 할 것인데 원심이 그 판시와 같은 이유로 부적합하다고 판단하였음은 필경 친생자의 추정에 관한 법리를 오해하고 본안에 들어가 심리하지 아니한 위법이 있다.

(이 판결에는 대법관 4인의 반대의견이 있음.

반대의견의 요지: 민법 제844조는 제846조 이하의 친생부인의 소에 관한 규정과 더불어 혼인 중에 포태한 자를 일률적으로 부의 자로 추정하는 일반원칙을 정하고 부가 이를 부인하는 예외적 경우에는 친생부인의 소에 의하여 사실을 입증하여 이를 번복할 수 있게 하고 있으므로 일반원칙에 어긋난 예외적 경우를 미리 상정하여 위 추정을 제한적으로 해석하는 것은 위 법조의 근본취지에 반하고, 위 제844조 소정의 혼인은 모든 법률혼을 의미하므로 그 추정범위를 부부가 정상적인 혼인생활을 영위하는 경우로 제한함은 법조의 명문에 반하고, 나아가 친생부인의 소의 제기기간의 제한은 부자관계의 신속한 확정을 위한 것임에도 이를 이유로 오히려 친생 추정의 규정을 제한적으로 해석하려고 하는 것은 본말을 전도한 것이다)

[관련규정] 제844조, 제846조, 제847조

[해설 및 논평]

1. 해설

[주의할 점: 헌법재판소는 개정 전 제844조 제2항 중 '혼인관계 종료의 날로부터 300일 내에 출생한 자'에 관한 부분에 대하여 헌법불합치결정을 하였다(헌재 2015. 4. 30, 2013헌마623). 그 후 헌법재판소의 결정취지를 고려하여 제844조 제2항이 개정되었다(2017. 10. 31). 구체적으로는 제844조 제2항이 동조 제2항과 제3항으로 분리되고, 동조 제3항의 경우에 관하여 친생부인의 허가청구제도(854조의 2)와 인지 허가청구제도(855조의 2)가 신설되었다. 여기의 해설은 이러한 개정이 있기 전의 민법에 따른 것이다. 그렇지만 개정 후에도 본 판결의 내용은 영향을 받을 까닭이 없다]

본 판결 당시의 민법에 따르면, 처가 혼인 중에 포태한 자는 부(夫)의 자(子)로 추정되고(844조 1항), 혼인 성립의 날로부터 200일 후 또는 혼인관계 종료의 날로부터 300일 내에 출생한 자는 혼인 중에 포태한 것으로 추정된다(844조 2항). 그리고 이 추정을 번복하려면 반드시 친생부인의 소에 의하여야 하고, 그 소는 부 또는 처가 친생부인의 사유가 있음을 안 날부터 2년 내에 제기하여야 한다(847조 1항. 개정 전에는 「1년 내에」). 이와 같이 민법은 친생자에 관하여 강력하게 추정하고 그 번복을 아주 까다롭게 규정하면서, 거기에 대하여 예외는 전혀 인정하지 않고 있다. 그 결과 민법의 문언에 의하면 부부의 별거 등으로 처가 부의 자를 포태할 가능성이 전혀 없는 경우에도 추정을 면할 수 없게 된다.

이에 대하여 본 판결이 있기 전부터 학자들은 처가 부의 자를 포태할 수 없는 것이 객관적으로 명백한 사정이 있는 경우에는 친생자 추정을 인정하지 않아야 한다고 주장하였다. 그 점은 지금도 마찬가지이다. 그런데 구체적으로 어떤 범위에서 친생자 추정을 배제할 것인가에 관하여는 견해가 나뉜다. 부가 행방불명인 경우, 부가 장기간 수감·입원·외국체재 등으로 부재 중인 경우, 혼인관계

가 파탄되어 사실상 이혼상태로 별거 중인 경우, 부와 자간에 명백한 인종의 차이가 있는 경우에 대하여는 다툼이 없다. 그러나 부와 자의 혈액형이 배치되거나 부가 생식불능인 경우에 대하여는 여러 견해가 주장되고 있다(강의 E-101, 친상 [105] 참조).

우리 대법원은 친생자 추정에 관하여 처음에는 예외를 인정하지 않았다(대판 1968. 2. 27, 67므34). 그러다가 본 판결이 판례를 변경하였다. 본 판결(다수의견)은, 제844조는 부부가 동거하여 처가 부의 자를 포태할 수 있는 상태에서 자를 포태한 경우에 적용되는 것이고, 동서의 결여로 처가 부의 자를 포태할 수 없는 것이 외관상 명백한 사정이 있는 경우에는 친생자 추정이 미치지 않는다고 한다. 그러면서 그러한 사정이 있는 경우로 부부의 한쪽이 장기간에 걸쳐 해외에 나가 있거나 사실상의 이혼으로 부부가 별거하고 있는 경우를 들고 있다. 이는 이른바 외관설을 채용한 것이다. 본 판결은 그 이유로, 제844조가 제846조 이하의 친생부인의 소에 관한 규정과 더불어 부부가 정상적인 혼인생활을 영위하고 있는 경우를 전제로 가정의 평화를 위하여 마련한 것이라는 점을 든다. 그에 대하여 본 판결의 소수의견은 제844조를, 근원적으로 부부간의 정절과 가정의 평화를 기대하는 법의 정신을 그 바탕으로 하며 혼인을 비롯한 우리나라 신분법 체계에 연유하는 것으로 풀이하면서, 친생자 추정 규정을 제한적으로 해석할 것이 아니라고 한다.

친생자 추정이 미치지 않는 경우에는 친생부인의 소를 제기할 수도 있지만 친생자관계 부존재 확인의 소에 의하여 친자관계를 부정할 수도 있다.

한편 대법원은 자와 부가 혈연관계가 없음이 밝혀진 경우에도 친생자추정이 인정된다고 한다(이 책 447면 참조).

2. 논평

본 판결은 타당하다.

[주요 평석 문헌] 정귀호, "친생자의 추정과 친생부인의 소." 민사판례연구, 6권, 185면 이하.

21. 친생부인의 소

❖ 대판 2014. 12. 11. 2013므4591
[친생부인](강의 E-79, 친상 [107])

[쟁점] 제846조, 제847조 제1항에서 정한 친생부인의 소의 원고적격이 있는 '처(妻)'는 자의 생모에 한정되는지 여부(적극) 및 여기에 '재혼한 처(妻)'가 포함되는지 여부(소극)

[사실관계]

(1) 망 소외 1(남편·이하 망인이라 함)은 소외 2(아내)와 1943. 6. 27. 혼인신고를 마친 법률상 부부였고, 원고 2는 1945. 7. 23. 출생하였는데 가족관계등록부상 망인과 소외 2 사이에 자녀로 기재되어 있다. 피고는 1953. 11. 12. 출생하였는데, 그 출생신고는 망인이 1955. 4. 25.에 하였으며, 그 출생신고의 기재에 따라 피고의 가족관계등록부에 "부"로 망인이, "모"로 소외 2가 각 기재되어 있다. 망인은 1955. 6. 5. 소외 2와 협의이혼 신고를, 1956. 6. 7. 원고 1과 혼인신고를 각 마쳤다. 망인은 2006. 10. 19. 사망하였다.

(2) 망인이 사망한 이후 망인의 상속재산에 관하여 원고 1과 피고 사이에 분쟁이 발생하였고, 그러던 도중 원고 1은 2010. 10. 29. 피고가 망인의 친생자가 아니라는 이유로 친생자관계 부존재 확인의 소(이하 이전 소송이라 함)를 제기하였다.

(3) 이전 소송 과정에서 2011. 4. 25. '원고 2와 가족관계등록부상 망인과 원고 1의 자녀로 기재되어 있는 소외 3은 그 아버지가 동일한 사람이나, 피고는 원고 2 및 소외 3과 그 아버지가 다른 사람이고, 원고 2와 피고는 그 어머니가 동일한 사람이나, 원고 2 및 피고와 소외 3은 그 어머니가 다른 사람'이라는 내용의 유전자감정 결과가 나왔다(즉 원고 2와 소외 3의 부(父)는 망인이고, 피고의 부(父)는 망인이 아닌 제3자라는 결과이다).

(4) 이전 소송에서 제1, 2심에서는 "망인과 피고 사이의 친생자관계가 존재하지 아니함을 확인한다"는 내용으로 원고 승소판결이 선고되었으나, 2012. 10. 11. 대법원에서 '피고에 대하여 친생추정이 미치므로 피고에 대하여 친생자관계 부존재 확인의 소가 아니라 친생부인의 소에 의하여야 한다'는 이유로 "제1심 판결을 취소하고, 소를 각하한다"는 내용으로 원고 패소판결(대법원 2012므1892)이 선고되었다.

(5) 원고들은 위 대법원 판결에 따라 2012. 10. 22. 다시 이 사건 소를 제기하였다.

[판결요지]

다. …

1) 제846조에서의 '부부의 일방'은 제844조의 경우에 해당하는 '부부의 일방', 즉 제844조 제1항에서의 '부'와 '자를 혼인 중에 포태한 처'를 가리키고, 그렇다면 이 경우의 처는 '자의 생모'를 의미하며, 제847조 제1항에서의 '처'도 제846조에 규정된 '부부의 일방으로서의 처'를 의미한다고 해석되므로, 결국 친생부인의 소를 제기할 수 있는 처는 자의 생모를 의미한다.

2) 우리 민법은 부자(父子)관계를 결정함에 있어 '가정의 평화' 또는 '자의 복리'를 위하여 혼인 중 출생자를 부의 친생자로 강하게 추정하면서도, '혈연진실주의'를 채택하여 일정한 경우에 그 친생자임을 부인하는 소를 제기할 수 있도록 하고 있다. 구 민법(2005. 3. 31. 법률 제7427호로 개정되기 전의 것) 당시에는 부(夫)만 친생부인의 소를 제기할 수 있도록 규정하였으나, 위 민법 개정으로 부 외에 처도 친생부인의 소를 제기할 수 있게 되었는데, 그 개정 이유는 부만 친생부인의 소를 제기할 수 있도록 하는 것은 혈연진실주의 및 부부평등의 이념에 부합되지 아니한다는 취지에서였다. 즉 부부가 이혼하여 처가 자의 생부와 혼인한 경우, 부부가 화해의 전망 없이 상당한 기간 별거하고 있는 경우, 부가 친생부인은 하지 않은 채 단지 보복적 감정에서 자를 학대하는 경우 등에는 생모도 친생부인을 할 수 있도록 하는 것이 주된

개정 이유였다. 이러한 개정 이유에 비추어 보아도 친생부인의 소를 제기할 수 있는 '처'는 '자의 생모'만을 의미한다고 보는 것이 옳다.

3) 위와 같은 민법 규정의 입법 취지, 개정 연혁과 체계 등에 비추어 보면, 민법 제846조, 제847조 제1항에서 정한 친생부인의 소의 원고적격이 있는 '부, 처'는 자의 생모에 한정되고, 여기에 '재혼한 처'는 포함되지 않는다고 해석하는 것이 옳다.

라. 그런데도 원심은 그 판시와 같은 이유로 '재혼한 처'도 친생부인의 소를 제기할 수 있다고 판단하였는바, 이러한 원심판결에는 친생부인의 소에 있어서의 원고적격에 관한 법리를 오해한 위법이 있다.

[관련규정] 제844조 제1항, 제846조, 제847조 제1항

[해설 및 논평]
1. 해설
본 판결에서는 망인(소외 1)의 후처(원고 1)가 가족관계등록부에 망인과 – 이혼한 – 전처(소외 2) 사이의 자녀로 기재되어 있지만 실제로는 망인의 자녀가 아닌 자(피고)에 대하여 친생부인의 소를 제기할 수 있는지가 문제되었다.

이와 관련하여 민법은 제844조 제1항에서 「처가 혼인 중에 포태한 자는 부의 자로 추정한다」고 규정하고, 제846조에서는 「부부의 일방은 제844조의 경우에 그 자가 친생자임을 부인하는 소를 제기할 수 있다」고 하며, 제847조 제1항에서는 「친생부인(親生否認)의 소(訴)는 부(夫) 또는 처(妻)가 다른 일방 또는 자(子)를 상대로 하여 그 사유가 있음을 안 날부터 2년 내에 이를 제기하여야 한다」고 규정한다. 이들 규정 가운데 제846조의 「부부의 일방」과 제847조 제1항의 「처(妻)」에 재혼한 처도 포함되는지가 문제이다.

이에 대하여 판단하면서 본 판결은 먼저 논리

적으로 제847조 제1항에서의 「처」는 자의 생모를 의미한다고 한다. 그 이유를 다음과 같이 설명한다. 제846조에서의 「부부의 일방」은 제844조의 경우에 해당하는 「부부의 일방」, 즉 제844조 제1항에서의 「부」와 「자를 혼인 중에 포태한 처」를 가리키고, 그렇다면 이 경우의 처는 「자의 생모」를 의미하며, 제847조 제1항에서의 「처」도 제846조에 규정된 「부부의 일방으로서의 처」를 의미한다고 해석된다는 것이다.

다음에 본 판결은 제846조와 제847조의 개정이 유도 해석의 중요한 기준으로 삼고 있다. 2005년 민법개정 전에는 친생부인의 소를 「부(夫)」만 제기할 수 있었다. 그런데 민법을 개정하여 「처」도 그 소를 제기할 수 있도록 하였다. 그에 관하여 본 판결은, 부부가 이혼하여 처가 자의 생부와 혼인한 경우, 부부가 화해의 전망 없이 상당한 기간 별거하고 있는 경우, 부가 친생부인은 하지 않은 채 단지 보복적 감정에서 자를 학대하는 경우 등에는 생모도 친생부인을 할 수 있도록 하는 것이 주된 개정 이유였다고 하면서, 이러한 개정 이유에 비추어 보아도 친생부인의 소를 제기할 수 있는 「처」는 「자의 생모」만을 의미한다고 보는 것이 옳다고 한다.

그러고 나서 본 판결은 결론적으로, 친생부인의 소의 원고적격이 있는 「처」는 자의 생모에 한정되고, 여기에 「재혼한 처」는 포함되지 않는다고 하며, 원심이 「재혼한 처」도 친생부인의 소를 제기할 수 있다고 한 것은 부당하다고 하였다.

2. 논평
본 판결은 적절하다.

22. 인지의 효력(1): 인지 후 후순위상속인이 출현한 경우

◈ 대판 1993. 3. 12. 92다48512
[손해배상(자)](강의 E-88·230, 친상 [117]·
[289])

[쟁점] 혼인 외의 출생자가 부 사망 후 인지의 소에 의하여 친생자로 인지받은 경우 피인지자보다 후순위 상속인인 피상속인의 직계존속이나 형제자매는 피인지자의 출현으로 자신이 취득한 상속권을 소급하여 잃게 되는지 여부

[사실관계]

(1) 피고 E회사 소속의 청소차량 운전기사 A가 1990. 6. 27. 난지도 쓰레기매립장 내에서 쓰레기 하차작업 도중 차량전복 사고로 사망함으로써 E는 A가 입은 재산상 내지 정신상 손해에 관하여 사용자책임에 기한 배상의무를 부담하게 되었다.

(2) A는 1989. 6. 29. B와의 사이에 C를 출산하였으나 사망할 때까지 B와의 혼인신고나 C의 출생신고를 하지 않아, 위 사고 당시 A의 모인 D가 단독상속인의 지위에 있었다. E는 1990. 7. 6. D와의 사이에 위 사고로 인한 손해배상문제에 관하여 합의를 함에 있어, E는 D에게 산업재해보상보험금과 별도로 1억 원을 지급하고 D는 위 사고에 터 잡은 일체의 청구를 포기하기로 약정하였다.

(3) B는 1990. 7. 7. 단독으로 혼인신고를 마치고 1989. 6. 29.생인 C를 A의 자로 호적에 등재한 다음 E로부터 산재보험금을 수령하였으며, 그 후 B와 C는 D가 한 합의의 효력을 부인하고 E를 상대로 1991. 1.경 위 사고에 따른 손해배상청구의 소를 제기하였다.

(4) 한편 이 사건 소의 계속 중인 1991. 7. 18. C가 검사를 상대로 제기한 인지청구의 소에서 C가 A의 친생자임을 인지한다는 판결이 내려져 확정되었다.

(5) 원심은, 우선 B는 A의 사실혼배우자이므로

A의 손해배상청구권을 상속할 수 없고, C의 청구에 대해서는 인지판결 확정에 의하여 C가 위 사고 시에 소급하여 A의 손해배상청구권을 상속하게 되었다 할 것이나(860조 본문), 인지의 소급효는 제3자가 취득한 권리를 해하지 못하므로(동조 단서), E가 인지판결 확정 전에 A의 상속인이었던 D와의 사이에 A의 손해배상청구권에 관하여 합의한 행위의 효과는 인지에 의하여 아무런 영향도 받지 않으며, 그 합의의 효력으로써 A의 손해배상청구권은 이미 소멸하였다고 판단하여, B와 C의 청구 중 A의 손해액을 청구하는 부분을 기각하였다. 이에 원고들이 상고하였다.

[판결요지]

민법 제860조는 인지의 소급효는 제3자가 이미 취득한 권리에 의하여 제한받는다는 취지를 규정하면서 민법 제1014조는 상속개시 후의 인지 또는 재판의 확정에 의하여 공동상속인이 된 자는 그 상속분에 상응한 가액의 지급을 청구할 권리가 있다고 규정하여 제860조 소정의 제3자의 범위를 제한하고 있는 취지에 비추어 볼 때, 혼인 외의 출생자가 부의 사망 후에 인지의 소에 의하여 친생자로 인지받은 경우 피인지자보다 후순위 상속인인 피상속인의 직계존속 또는 형제자매 등은 피인지자의 출현과 함께 자신이 취득한 상속권을 소급하여 잃게 되는 것으로 보아야 하고, 그것이 민법 제860조 단서의 규정에 따라 인지의 소급효 제한에 의하여 보호받게 되는 제3자의 기득권에 포함된다고는 볼 수 없다.

[관련규정] 제860조, 제1014조

[해설 및 논평]

1. 해설

이 사건에서는 혼인 외의 출생자가 부 사망 후 인지의 소에 의하여 친생자로 인지받은 경우 피인지자보다 후순위 상속인인 피상속인의 직계존속

이 상속권을 소급하여 잃게 되는지가 쟁점으로 다루어졌다. 본 판결은 이에 대하여, 피인지자보다 후순위 상속인인 피상속인의 직계존속 또는 형제자매 등은 피인지자의 출현과 함께 자신이 취득한 상속권을 소급하여 잃게 되는 것으로 보아야 하고, 그것이 제860조 단서의 규정에 따라 인지의 소급효 제한에 의하여 보호받게 되는 제3자의 기득권에 포함된다고 할 수 없다고 하였다.

그와 같은 태도에 입각하여 이 사건에서 A의 사망 당시 호적상 그의 모인 D가 단독상속인으로 되어 있었으나 나중에 C가 인지의 소에 의하여 A의 친생자로 사후인지받은 것이라면, 이에 따라 C보다 후순위 상속인인 D는 상속권을 소급하여 잃게 되고 그 대신 C가 적법한 상속권에 기하여 A의 이 사건 손해배상청구권을 단독으로 승계취득하게 되는 것이며, 이른바 표현상속인에 불과한 D가 취득하였던 원래의 상속권은 제860조 단서의 인지의 소급효 제한에 의하여 보호받게 되는 제3자의 기득권으로 볼 수 없다고 하였다. 그렇다면 D가 인지판결 확정 전에 E와의 사이에 A의 손해배상청구권을 상속하였음을 전제로 그 손해배상문제에 관한 합의를 하였다 하더라도, 이는 상속권 없는 자가 한 상속재산에 관한 약정이어서 적법한 상속권자인 C에 대하여 아무런 효력을 미칠 수 없고, 따라서 C는 위 합의에 불구하고 다시 E를 상대로 이 사건 손해배상청구권을 적법하게 행사할 수 있다는 것이다.

본 판결은 나아가 E의 D에 대한 손해배상채무의 일부 변제는 D가 표현상속인으로서 채권의 준점유자에 해당한다고 볼 수 있으므로, E가 D의 상속권한에 관하여 선의, 무과실인 한 경우에 따라 유효하다고 볼 여지가 있고, 그러한 경우라면 C는 D에 대하여 그 변제액 범위 내에서 부당이득 반환청구를 할 수 있다고 하였다.

그리하여 원심이 인지판결 확정 전에 E와 D 사이에 행하여진 합의의 효과는 인지에 의하여 영향을 받지 않으며 그 합의에 의하여 A의 손해배상청

구권이 이미 소멸하였다고 판단한 부분을 파기한 것이다.

2. 논평

인지의 소급효 제한에 관한 제860조 단서의 해석에 관하여 종래 판례는 피인지자보다 후순위 상속인이 취득한 상속권은 제860조 단서의 「제3자의 취득한 권리」에 포함시켜 해석할 수 없다고 하여 피상속인의 채무자가 인지판결 확정 전에 후순위 상속인에게 변제하였어도 다시 피인지자에게 변제하여야 한다고 하였다(대판 1974. 2. 26, 72다1739). 통설은 이 경우에도 제1014조가 유추적용되어야 한다고 하나, 본 판결은 제860조 단서의 해석에 관하여 종래 판례의 태도를 취하면서 이 경우 제470조에 의한 채권의 준점유자에 대한 변제가 성립할 수 있다는 점을 밝힌 점에 의의가 있다.

[참고판결] 대판 1995. 1. 24, 93다32200: 혼인 외의 자의 생부가 사망한 경우, 혼인 외의 출생자는 그가 인지청구의 소를 제기하였다고 하더라도 그 인지판결이 확정되기 전에는 상속인으로서의 권리를 행사할 수 없고, 그러한 인지판결이 확정되기 전의 정당한 상속인이 채무자에 대하여 소를 제기하고, 나아가 승소판결까지 받았다면, 채무자로서는 그 상속인이 장래 혼인 외의 자에 대한 인지판결이 확정됨으로 인하여 소급하여 상속인으로서의 지위를 상실하게 될 수 있음을 들어 그 권리행사를 거부할 수 없으므로, 그러한 표현상속인에 대한 채무자의 변제는, 특별한 사정이 없는 한, 채무자가 표현상속인이 정당한 권리자라고 믿은 데에 과실이 있다 할 수 없으므로, 채권의 준점유자에 대한 변제로서 적법하다고 본 사례

[주요 평석 문헌] 김용균, "사후인지받은 혼인 외의 자보다 후순위 상속인이 피상속인의 손해배상에 관하여 한 합의의 효력," 대법원판례해설, 19–1호, 418면 이하.

23. 인지의 효력(2): 모자관계에서의 인지의 소급효 제한 문제

◆ 대판 2018. 6. 19, 2018다1049
[소유권이전등기말소](강의 E-88·81, 친상
[117]·[110])

[쟁점] 인지를 요하지 않는 모자관계에서 인지의 소급효 제한에 관한 제860조 단서가 적용 또는 유추적용되는지 여부(소극)와, 제1014조를 근거로 자가 모의 다른 공동상속인이 한 상속재산에 대한 분할 또는 처분의 효력을 부인하지 못하는지 여부(소극). 이는 다른 공동상속인이 이미 상속재산을 분할 또는 처분한 이후에 모자관계가 친생자관계 존재 확인판결의 확정 등으로 비로소 명백히 밝혀졌다 하더라도 마찬가지인지 여부(적극)

[사실관계]

(1) 소외 1(여)과 소외 2(남)는 1960. 4. 18. 혼인하여 1960. 5. 20. 피고 1을 출산하였고, 1961. 9. 14. 이혼하였다. 소외 1은 소외 3(남)과 사실혼 관계를 유지하면서 원고(선정당사자)와 선정자들(이하 통틀어 '원고 등'이라 한다)을 출산하였는데, 소외 3은 원고 등을 당시 법률상 배우자인 소외 4(여)와 사이의 친생자로 출생신고하였다.

소외 1은 별지 1~3목록 기재 각 부동산('이 사건 부동산')을 소유하고 있다가 2015. 1. 27. 사망하였고, 피고 1은 2015. 6. 8.과 2015. 6. 9. 이 사건 부동산에 관하여 각 '2015. 1. 27. 상속'을 원인으로 하는 소유권이전등기를 마쳤다. 그리고 피고 1은 2015. 6. 25. 피고 2에게 별지 1목록 기재 부동산을 매매대금 1억 3,000만 원에 매도하고, 2015. 7. 2. 그에 관한 소유권이전등기를 마쳐주었다.

원고 등은 2016. 2. 12. 소외 4와 친생자관계 부존재, 소외 1과 친생자관계 존재의 확인을 구하는 소를 제기하였고, 그 인용판결이 2016. 7. 1. 확정되었다. 그 후 원고 등은 2016. 7. 27. 가족관계등록부에 소외 1을 '모'로 기록하는 것으로 정정하였다.

(2) 원고 등은 피고 1 명의의 소유권이전등기와 피고 2 명의의 소유권이전등기 가운데 원고 등의 법정상속분에 해당하는 부분의 말소를 구하는 소를 제기하였다. 그에 대하여 제1심 법원은 원고의 청구를 모두 인용하였다. 그러자 피고가 항소하였는데, 제2심 법원은, 원고 등은 제1014조의 '상속개시 후의 재판의 확정에 의하여 공동상속인이 된 자'에 해당하여 피고 1을 상대로 별지 1목록 기재 부동산을 처분하고 피고 2로부터 수령한 매매대금에 대하여 그 상속분에 따라 가액지급청구권만을 행사할 수 있을 뿐, 피고 2에게 소유권이 확정적으로 귀속된 별지 1목록 기재 부동산에 대한 처분의 효력은 부인하지 못한다고 하면서, 원고의 피고들에 대한 별지 1목록 기재 부동산 중 4/5 지분에 관한 소유권이전등기 말소청구 부분은 취소하였다(원고의 나머지 청구 부분은 인용함). 이에 원고가 상고하였는데, 대법원은 원심판결을 파기·환송하였다(원고의 청구 전부 인정 취지).

[판결요지]

민법 제860조는 그 본문에서 "인지는 그 자의 출생시에 소급하여 효력이 생긴다."고 하면서 단서에서 "그러나 제삼자의 취득한 권리를 해하지 못한다."라고 하여 인지의 소급효를 제한하고 있고, 민법 제1014조는 "상속개시 후의 인지 또는 재판의 확정에 의하여 공동상속인이 된 자가 상속재산의 분할을 청구할 경우에 다른 공동상속인이 이미 분할 기타 처분을 한 때에는 그 상속분에 상당한 가액의 지급을 청구할 권리가 있다."라고 규정하고 있다.

그런데 혼인 외의 출생자와 생모 사이에는 생모의 인지나 출생신고를 기다리지 아니하고 자의 출생으로 당연히 법률상의 친자관계가 생기고(대법원 1967. 10. 4. 선고 67다1791 판결 참조), 가족관계등록부의 기재나 법원의 친생자관계 존재 확인판결이 있어야만 이를 인정할 수 있는 것이 아니다(대법원 1992. 7. 10. 선고 92누3199 판결 참조). 따라서 인지를 요하지 아니하는 모자관계에는 인지의 소급효 제한에 관한 민법 제860조 단서가 적용 또는 유추적용 되지 아니하며, 상속개시 후의 인지 또는 재판의 확정에 의하여 공동상속인이 된 자의 가액지급청구권을 규정한 민법 제1014조를 근거로 자가 모의 다른 공동상속인이 한 상속재산에 대한 분할 또는 처분의 효력을 부인하지 못한다고 볼 수도 없다. 이는 비록 다른 공동상속인이 이미 상속재산을 분할 또는 처분한 이후에 그 모자관계가 친생자관계 존재 확인판결의 확정 등으로 비로소 명백히 밝혀졌다 하더라도 마찬가지이다.

[관련규정] 제860조, 제1014조

[해설 및 논평]
1. 해설
(1) 본 판결에서 문제가 된 것은 모자관계에 제860조 단서가 적용되는지, 자가 제1014조를 근거로 모의 다른 상속인이 한 상속재산에 대한 분할 또는 처분의 효력을 부인할 수 있는지, 그리고 다른 공동상속인이 이미 상속재산을 분할 또는 처분한 이후에 그 모자관계가 친생자관계 존재 확인판결의 확정 등으로 비로소 명백히 밝혀진 경우에도 이 법리가 적용되는지이다. 이들에 관한 본 판결의 판단은 본 판결에서 처음 행한 것이다.
(2) 혼인 외의 출생자와 생부 사이의 부자관계와 달리 혼인 외의 출생자와 생모 사이의 모자관계는 인지나 출생신고를 기다리지 않고 자의 출생으로 당연히 생기므로, 따로 인지할 필요가 없으며, 모가 인지하더라도 단지 모자관계를 확인하는 의미만을 가질 뿐이다. 이는 종래부터 인정되어온 판례이기도 하다. 본 판결은 이러한 이유를 들어, 혼인 외의 자와 생모 사이의 모자관계에는 제860조 단서가 적용되거나 유추적용되지 않는다고 한다.
(3) 본 판결은 위에서와 같은 이유로, 상속개시 후의 인지 또는 재판의 확정에 의하여 공동상속인이 된 자의 가액지급청구권을 규정한 제1014조를 근거로 자가 모의 다른 공동상속인이 한 상속재산

에 대한 분할 또는 처분의 효력을 부인하지 못한다고 볼 수도 없다고 한다. 결국 다른 공동상속인의 처분의 효력을 부인할 수 있다는 입장이다.
(4) 나아가 본 판결은 전술한 두 가지 법리(모자관계에 860조 단서가 적용되지 않는다는 것과 자가 1014조를 근거로 다른 공동상속인의 처분의 효력을 부인할 수 있다는 것)는 비록 다른 공동상속인이 이미 상속재산을 분할 또는 처분한 이후에 그 모자관계가 친생자관계 존재 확인판결의 확정 등으로 비로소 명백히 밝혀졌다 하더라도 같다고 한다.
종래 통설은 친생자관계 존재 확인의 소를 제기하여 공동상속인으로 된 자는 제1014조에 기하여 가액지급청구권만을 가진다고 해석해오고 있다(친상 [288] 참조). 그런데 본 판결에 따르면, 적어도 혼인 외의 자가 생모(피상속인)에 대하여 친생자관계 존재 확인의 소를 제기하여 모자관계가 확정된 자는 가액지급청구권을 가지지 못하고, 오히려 다른 공동상속인에게 재산분할을 청구할 수 있게 된다. 그리고 다른 공동상속인으로부터의 양수인에게 등기말소를 청구할 수 있게 된다. 그런데 이 판결로 혼인 외의 자가 생부(피상속인)를 상대로 친생자관계 존재 확인의 소를 제기한 경우에까지 판례가 동일하다고 단정할 수는 없다.

2. 논평
혼인 외의 자와 생모 사이의 경우가 특수해서 모자관계에 제860조의 단서가 적용되지 않는다는 점은 이해할 수 있다. 그러나 생모가 피상속인인 경우라도 다른 공동상속인이 재산분할 기타의 처분을 한 때에는, 인지나 재판의 확정에 의하여 공동상속인이 된 자는 제1014조의 가액지급청구권만 갖는다고 해야 한다(동지 이동진, 평석). 그것이 등기의 공신력은 인정하지 않는 우리 법제 하에서 거래의 안전과 제3자를 보호하는 길이기도 하다.

[주요 평석 문헌] 이동진, "공동상속인 중 1인의 상속재산처분과 민법 제1014조," 법률신문, 4623호(2018. 7. 25.자).

제5장
친족상속법

24. 친생자관계 존부 확인의 소

◆ 대판(전원) 2001. 5. 24. 2000므1493
[친생자관계존부확인](강의 E-90, 친상 [120])

[쟁점] 입양의 의사로 친생자 출생신고를 하고 거기에 입양의 실질적 요건이 모두 구비되어 있는 경우에 입양의 효력발생 여부(적극) 및 이 경우에 친생자관계 부존재 확인청구가 가능한지 여부(한정 소극). 양부모가 이혼하여 양모가 양부의 가를 떠났을 경우에 양모자관계가 소멸하는지 여부(소극)

[사실관계]

(1) 소외 망 A(여)는 1954.경 소외 B와 결혼하였으나 혼인신고를 하지 않은 채 동거를 해 왔다.

(2) A와 B는 그들 사이에 자식이 없자 B의 형인 소외 망 C와 - 위 C와 내연관계에 있던 - 소외 D 사이에서 1958. 3. 4. 출생한 피고(여)를 B와 A 사이에 출생한 자녀로 입적시키기로 하고 대락권자인 C와 D의 승낙을 얻어 1961. 9. 28. B와 A가 혼인신고를 함과 동시에 피고를 B와 A 사이에 출생한 자녀로 출생신고를 하였다.

(3) 피고는 3살 때(1961년)부터 B를 아버지로, A를 어머니로 하여 함께 생활하였고 B와 A는 피고를 자식으로 양육하였는데 피고가 초등학교 3학년이 되었을 때(1966년)부터 B와 A의 관계가 나빠져 서로 별거하기에 이르자 피고는 생모인 D와 함께 생활하였다.

(4) A는 B와 별거하다가 소외 망 E를 알게 되어 E와 사이에 1967. 8. 10. 원고를 출산하였다.

(5) A는 B와 이혼을 하려고 했으나 B가 협의이혼에 응하지 않자 이혼소송을 제기하여 1970 11. 22. 법원으로부터 이혼심판을 받아 1971. 9. 15. B와 이혼신고를 하고, 같은 해 12. 23. E와 혼인신고를 하면서 원고를 A와 E 사이에 출생한 자식으로 같은 해 12. 27. 출생신고를 하였다.

(6) A는 1999. 2. 20. 사망하였는데 피고에 대하여 친생자관계에 있지 않다는 등의 이의 제기를

한 바는 전혀 없었다.

(7) 원고는 A가 사망한 이후 피고가 여전히 호적상 A의 딸로 되어 있어 상속권을 주장할 염려가 있자 피고와 A 사이에 친생자관계가 없음의 확인을 구하는 이 사건 소를 제기하였다.

[판결요지]

[1] 당사자가 양친자관계를 창설할 의사로 친생자 출생신고를 하고 거기에 입양의 실질적 요건이 모두 구비되어 있다면 그 형식에 다소 잘못이 있더라도 입양의 효력이 발생하고, 양친자관계는 파양에 의하여 해소될 수 있는 점을 제외하고는 법률적으로 친생자관계와 똑같은 내용을 갖게 되므로 이 경우의 허위의 친생자 출생신고는 법률상의 친자관계인 양친자관계를 공시하는 입양신고의 기능을 발휘하게 되는 것이며, 이와 같은 경우 파양에 의하여 그 양친자관계를 해소할 필요가 있는 등 특별한 사정이 없는 한 그 호적기재 자체를 말소하여 법률상 친자관계의 존재를 부인하게 하는 친생자관계 부존재 확인청구는 허용될 수 없는 것이다(대법원 1977. 7. 26. 선고 77다492 전원합의체 판결 등 참조).

[2] 그리고 민법 제776조는 "입양으로 인한 친족관계는 입양의 취소 또는 파양으로 인하여 종료한다"라고 규정하고 있을 뿐 '양부모의 이혼'을 입양으로 인한 친족관계의 종료사유로 들고 있지 않고, 구관습시대에는 오로지 가계계승(家系繼承)을 위하여만 양자가 인정되었기 때문에 입양을 할 때처럼 전혀 입양당사자가 되지 못하였으므로 양부모가 이혼하여 양모가 부(父)의 가(家)를 떠났을 때에는 입양당사자가 아니었던 양모와 양자의 친족관계가 소멸하는 것은 논리상 가능하였으나, 처를 부와 함께 입양당사자로 하는 현행 민법 아래에서는(1990. 1. 13. 개정 전 민법 제874조 제1항은 "처가 있는 자는 공동으로 함이 아니면 양자를 할 수 없고 양자가 되지 못한다"고 규정하였고, 개정 후 현행 민법 제874조 제1항은 "배우자 있는 자가 양자를 할 때에는

배우자와 공동으로 하여야 한다"고 규정하고 있다) 부부공동입양제가 되어 처도 부와 마찬가지로 입양당사자가 되기 때문에 양부모가 이혼하였다고 하여 양모를 양부와 다르게 취급하여 양모자관계만 소멸한다고 볼 수는 없는 것이다. 따라서 이와 견해를 달리 하여 양부모가 이혼하여 양모가 양부의 가를 떠났을 경우에는 양부관계는 존속하지만 양모관계는 소멸한다는 취지의 대법원 1979. 9. 11. 선고 79므35, 36 판결은 이를 폐기하기로 한다.

[**관련규정**] [1] 제138조, 제865조, 제878조, 가소 제2조 제1항 가 (1) 제4호. [2] 제776조, 제874조 제1항, 구 민법(1990. 1. 13. 개정 전의 것) 제874 조 제1항

[**해설 및 논평**]
1. 해설
본 판결에서 중요하게 판시한 사항은 ① 당사자가 양친자관계를 창설할 의사로 친생자 출생신고를 하고 거기에 입양의 실질적 요건이 모두 구비되어 있는 경우에 입양의 효력이 발생한다는 점, ② 위 ①의 경우에 친생자관계 부존재 확인청구가 허용되는지, ③ 양부모가 이혼하여 양모가 양부의 가를 떠났을 경우에 양모자관계가 소멸하는지의 셋이다. 이들 가운데 ①에 관하여는 후에 다른 판례를 가지고 검토하려고 하며(이 책 친상 판례26 참조), 여기서는 ①은 당연한 것으로 전제하고서 나머지 둘에 관하여만 살펴본다.
(1) 입양의 효력이 발생하는 경우에 친생자관계 부존재 확인청구가 허용되는지 여부
여기서 전제하기로 한 우리 판례에 의하면, 당사자가 양친자관계를 창설할 의사로 친생자 출생신고를 하고 거기에 입양의 실질적 요건이 모두 구비되어 있다면 입양의 효력이 발생한다. 그런데 그러한 경우에 법률상 친자관계의 존재를 부인하게 하는 친생자관계 부존재 확인청구를 허용할 것인지가 문제된다. 만약 이를 허용한다면 판례가

입양의 효력을 인정한 것이 사실상 무의미해지게 된다. 그리하여 본 판결 이전부터 대법원은, 그러한 경우에는 파양에 의하여 그 양친자관계를 해소할 필요가 있는 등 특별한 사정이 없는 한 그 호적기재 자체를 말소하여 법률상 친자관계의 존재를 부인하게 되는 친생자관계 부존재 확인청구는 허용될 수 없다고 하였다(대판 1988. 2. 23, 85므86 등). 본 판결은 그러한 종래의 판결을 따른 것이다. 여기서「파양에 의하여 그 양친자관계를 해소할 필요가 있는 등 특별한 사정」이 있는 경우란 파양의 사유 또는 그에 준하는 사유가 있는 경우라고 할 것이다.
(2) 양부모가 이혼한 경우에 양모자관계가 소멸하는지
과거에 대법원은 양부모가 이혼하여 양모가 양부의 가를 떠났을 경우는 양부관계는 존속하지만 양모관계는 소멸된다고 하였다(대판 1979. 9. 11, 79 므35). 그런데 본 판결은, 처를 부와 함께 입양당사자로 하는 현행 민법 아래에서는(1990. 1. 13. 개정 후) 부부공동입양제가 되어 처도 부와 마찬가지로 입양당사자가 되기 때문에 양부모가 이혼하였다고 하여 양모를 양부와 다르게 취급하여 양모자관계만 소멸한다고 볼 수 없다고 하였다. 그러면서 구 판례를 변경하였다.

2. 논평
본 판결은 타당하다.

[**주요 평석 문헌**] 김용빈, "양부모가 이혼하여 양모가 양부의 가를 떠났을 경우, 양모자관계가 소멸하는지 여부," 대법원판례해설, 36호, 231면 이하. 그 밖에 한상호, "입양의 효력이 있는 (이하 생략)," 대법원판례해설, 9호, 239면 이하도 참조.

25. 친생자관계 존부 확인의 소의 원고 적격 범위

◈ 대판(전원) 2020. 6. 18. 2015므8351
[친생자관계존부확인](강의 E-91, 친상 [121])

[쟁점] 친생자관계 존부 확인의 소의 원고적격 범위. 제777조에서 정한 친족은 그와 같은 신분관계에 있다는 사실만으로 당연히 친생자관계 존부 확인의 소를 제기할 수 있는지(소극)

[사실관계]

(1) 소외 1은 2010. 8. 15. 건국훈장 4등급 애국장 포상대상자로 결정되었고, 소외 1의 자녀로는 장남 소외 4, 장녀 소외 2, 차녀 소외 5가 있었다. 소외 4와 그의 배우자 및 자녀들, 소외 5와 그의 배우자는 위 포상대상자 결정일 이전에 모두 사망하였고, 소외 5의 자녀로는 소외 6(생년월일 생략, 남)이 유일하게 생존해 있었다.

(2) 소외 6은 2010. 8. 30. 광주지방보훈청장에게 소외 1의 손자로서 구 「독립유공자 예우에 관한 법률」(2012. 2. 17.에 개정되기 전의 것. 이하 '구 독립유공자예우법'이라고 함) 제6조에 따라 독립유공자 유족등록신청을 하여 2011. 11. 24. 독립유공자 선순위 유족으로 등록되었다.

(3) 한편 소외 3(1933. 8. 21.생. 여)은 2011. 11. 25. 광주지방보훈청장에게 자신이 소외 1의 장녀 소외 2의 자녀로서 소외 1의 손자녀 중 선순위자라고 주장하면서 독립유공자 유족등록신청을 하였으나, 광주지방보훈청장은 2011. 11. 30. 이를 거부하였다. 이에 소외 3은 광주지방보훈청장을 상대로 독립유공자등록거부취소의 소(광주지방법원 2011구합4510호)를 제기하여 전부 승소판결을 받았고, 그 후 항소 및 상고를 거쳐 그대로 확정되었다.

(4) 그러자 소외 1의 장남 소외 4(사망)의 손자인 원고가 검사를 상대로 소외 1과 소외 2 사이에 친생자관계가 존재하지 않는다는 확인을 구하는 등의 이 사건 소를 제기하였다. 이에 대하여 제1심법원은 원고의 청구를 기각하였다. 그 후 원고가 항소하였고, 항소심법원은 원고의 원고적격을 부정하고 이 사건 소를 각하하였다. 이에 대해 원고가 상고하였다.

[판결요지]

2. 민법 제865조에 의한 친생자관계 존부 확인의 소의 원고적격

가. 친생자관계 존부 확인의 소의 제기권자

… 민법 제865조 제1항(이하 '이 사건 조항'이라 한다) … 의 규정 형식과 문언 및 체계, 위 각 규정들이 정한 소송절차의 특성, 친생자관계 존부 확인의 소의 보충성 등을 고려하면, 친생자관계 존부 확인의 소를 제기할 수 있는 자는 이 사건 조항에서 정한 제소권자로 한정된다고 봄이 타당하다.

나. 원고적격의 구체적 범위

(1) 친생자관계의 당사자로서 부, 모, 자녀 …

(2) 자녀의 직계비속과 그 법정대리인 …

(3) 성년후견인, 유언집행자, 부(夫) 또는 처(妻)의 직계존속이나 직계비속

… 민법 제848조, 제850조, 제851조의 제소권자인 성년후견인, 유언집행자, 부 또는 처의 직계존속이나 직계비속은 위 규정들에 의하여 소를 제기할 수 있는 요건을 갖춘 경우에 한하여 원고적격이 있다고 봄이 옳다. … 이들이 위와 같은 요건을 구비하지 못한 경우에는 위 각 규정에 의하여 친생자관계 존부 확인의 소를 제기할 원고적격이 당연히 있다고 할 수 없다.

(4) 이해관계인

이해관계인은 이 사건 조항에 열거된 민법 제862조에 따라 다른 사유를 원인으로 하여 친생자관계 존부 확인의 소를 제기할 수 있다. 여기서 이해관계인은 다른 사람들 사이의 친생자관계가 존재하거나 존재하지 않는다는 내용의 판결이 확정됨으로써 일정한 권리를 얻거나 의무를 면하는 등 법률상 이해관계가 있는 제3자를 뜻한다. …

가족관계등록부상으로는 아무런 친족관계가 나

타나지 않더라도 스스로 자녀의 생부 또는 생모라고 주장하면서 친생자관계 존부 확인의 소를 제기한 사람은 그 판결결과에 따라 당사자와의 친생자관계 자체에 직접적인 영향을 받게 되므로 이해관계인에 포함된다.

결국 친생자관계 존부 확인의 소를 제기한 원고가 앞서 (1), (2), (3)에서 본 바와 같이 당연히 원고적격이 인정되는 경우가 아니라면, 여기서 말하는 이해관계인에 해당하는 경우에만 원고적격이 있다. …

3. 민법 제777조에서 정한 친족은 당연히 친생자관계 존부 확인의 소를 제기할 수 있는지 여부

… 구 인사소송법 등의 폐지와 가사소송법의 제정·시행, 호주제 폐지 등 가족제도의 변화, 신분관계 소송의 특수성, 가족관계 구성의 다양화와 그에 대한 당사자 의사의 존중, 법적 친생자관계의 성립이나 해소를 목적으로 하는 다른 소송절차와의 균형 등을 고려할 때, 민법 제777조에서 정한 친족이라는 사실만으로 당연히 친생자관계 존부 확인의 소를 제기할 수 있다고 한 종전 대법원 판례는 더 이상 유지될 수 없게 되었다고 보아야 한다.

4. 이 사건에 대한 판단 …

(1) 원고는 소외 1의 직계비속(증손자)으로 소외 1과 친족관계에 있지만, 이 사건 조항에 따라 당연히 원고적격이 인정되는 사람에 해당하지 않는다.

(2) … 구 독립유공자예우법이 정한 기준에 따르면 소외 1의 증손자에 불과한 원고는 … 원고가 소외 1과 소외 2 사이의 친생자관계 부존재 확인 판결을 받더라도 독립유공자의 유족으로 등록될 수 없다. …

(3) 소외 1과 소외 2 사이 및 소외 7과 소외 2 사이에 각 친생자관계가 존재하지 않는다는 내용의 확인판결이 확정되더라도 원고는 이에 대해 법률상 이해관계를 가진다고 할 수 없다. 따라서 이 사건 소는 원고적격을 갖추지 못한 사람이 제기한 것으로 부적법하다고 보아야 한다.

(이러한 다수의견에 대해서는 대법관 3인에 의한 별개의견과 대법관 3인에 의한 보충의견이 있음)

[관련규정] 제777조, 제865조, 제845조, 제846조, 제848조, 제850조, 제851조, 제862조, 제863조, 구 인사소송법 제35조, 제26조, 구 「독립유공자 예우에 관한 법률」(2012. 2. 17. 개정되기 전의 것) 제5조, 제6조, 제12조

[해설 및 논평]

1. 해설

본 판결은 먼저 제865조에 의한 친생자관계 확인 존부의 소의 원고적격에 대하여 판단하였다. 그에 따르면 친생자관계 존부 확인의 소의 보충성 등을 고려할 때 친생자관계 존부 확인의 소를 제기할 수 있는 자는 제865조에서 정한 제소권자로 한정된다고 한다. 그리고 구체적으로 ① 친생자관계의 당사자로서 부, 모, 자녀, ② 자녀의 직계비속과 그 법정대리인, ③ 성년후견인, 유언집행자, 부(夫) 또는 처(妻)의 직계존속이나 직계비속, ④ 이해관계인이 그 범위에 해당한다고 한다.

그리고 나서 본 판결은 제777조에서 정한 친족이 당연히 원고적격을 가지는지에 대하여 판단하였다. 종래 대법원은 제777조에서 정한 친족이라는 사실만으로 당연히 친생자관계 존부 확인의 소를 제기할 수 있다고 하였다(대판 2004. 2. 12, 2003 므2503 등). 거기의 친족을 제865조의 이해관계인으로 인정한 것이다. 그런데 본 판결은 구 인사소송법의 폐지 및 가사소송법의 제정과 그 밖의 여러 사정을 고려할 때 종래의 판결은 유지될 수 없다고 하였다. 그 결과 거기의 친족이라도 이해관계인이 아니면 원고가 될 수 없게 되었다.

2. 논평

본 판결은 종래의 사건과 같은 것으로서(친상 5판, [121]), 타당하다.

26. 입양신고 대신 출생신고를 한 경우

◆ 대판(전원) 1977. 7. 26, 77다492
[소유권이전등기말소](강의 E-96, 친상 [126]·
[127])

[쟁점] 양친자관계 창설을 목적으로 입양신고에
갈음하여 친생자로 출생신고를 한 경우의 효력

[사실관계]

(1) 이 사건 임야의 원래의 소유자인 소외 A는
그의 처 소외 B와의 사이에 아들이 없어 9촌 조카
인 소외 C를 데려와 양자로 삼았으나 입양신고를
하지 않고 입양신고에 갈음하여 친생 장남으로 출
생신고를 하였다.

(2) 그 후 A는 소외 D를 소실로 얻어 동거하던
중 D와 사이에 소외 E를 출산하였고 B가 사망하
자 D와 혼인신고를 함으로서 E가 호적상 친생 차
남으로 되었다.

(3) A는 E가 출생한 후로는 C를 자식(양자)으로
생각하지 않고 C 자신도 자식으로 행세하지 않았
으므로 서로 따로 살아왔고 A의 봉양을 E가 맡았
고 A가 1944. 5. 2 사망하자 E와 함께 C도 상주 노
릇을 하고 C가 호주상속신고까지 마쳤으나 복상
제사 등은 E만이 단독으로 하였으며 그 유산도 사
실상 E가 관리하였다.

(4) 한편 A가 사망하자 호적상 장남인 C가 A의
호주상속인으로서 A의 유산을 상속하였고 그 후
C마저 사망하자 그 처자들이 다시 그를 공동상속
하였는데 원고가 1974. 11. 16. 그들로부터 상속재
산인 이 사건 임야를 매수하였다. 그런데 E는 G와
공모하여 A가 이미 사망하였음에도 불구하고 A
명의의 매도증서, 인감증명 등을 위조하여 E, F
이름으로 순차로 소유권이전등기를 거친 다음 G
에게 소유권이전등기를 해주었다.

(5) 이에 원고가 G를 상대로 소유권이전등기의
말소를 구하는 소를 제기한 것으로 보인다.

[판결요지]

본시 신분행위의 신고라는 형식을 요구하는 실
질적 이유는 당사자 사이에 신고에 대응하는 의사
표시가 있었음을 확실히 하고 또 이를 외부에 공
시하기 위함이라 할 것이다. 입양신고 역시 당사
자의 입양에 관한 합의의 존재와 그 내용을 명백
히 하여 실질적 요건을 갖추지 아니한 입양을 미
리 막아 보자는 것이 그 기본이라고 본다면 당사
자 사이에 양친자관계를 창설하려는 명백한 의사
가 있고 나아가 기타 입양의 성립요건이 모두 구
비된 경우에 입양신고 대신 친생자 출생신고가 있
다면 형식에 다소 잘못이 있더라도 입양의 효력이
있다고 해석함이 타당하다 할 것이다. 다시 말하
여 허위의 친생자 출생신고라도 당사자 간에 법률
상 친자관계를 설정하려는 의사표시가 명백히 나
타나 있고 양친자관계는 파양에 의하여 해소될 수
있다는 점을 제외하고는 법률적으로 친생자관계
와 똑같은 내용을 가지고 있는 것이므로 허위의
친생자 출생신고는 법률상 친자관계의 존재를 공
시하는 신고로서 입양신고의 기능을 발휘한다고
도 볼 수 있다 할 것이다.

이러한 해석은 혼인신고가 위법하여 무효인 경
우에도 무효한 혼인 중 출생한 자를 그 호적에 출
생신고하여 등재한 이상 그 자에 대한 인지의 효
력이 있다는 당원판결(1971. 11. 15. 선고 71다1983판
결)과 대비하여 볼 때 더욱 명백해진다 하겠다. 그
렇다면 미성년자를 양자로 한 이 사건에 있어 마
땅히 입양의 실질적 성립요건이 완비되었는지에
관하여 좀 더 심리판단한 후에 그 요건이 모두 구
비되었다면 친생자 출생신고에 입양신고로서의
효력이 있다고 보아 입양이 성립된 것으로 보아야
할 것임에도 불구하고 원심은 입양신고의 요식성
만을 중시한 나머지 C가 A의 상속인이 될 수 없다
고 판단한 것은 입양의 효력에 관한 법리를 오해
하였거나 심리를 미진하여 판결에 영향을 미친 위
법이 있다 할 것이고 이 점을 논란하는 취지의 상
고논지는 이유 있다.

이 판결에 저촉되는 종전의 당원 판례(1967. 7. 18. 선고 67다1004 판결)는 폐기하기로 한다.

(이 판결에는 5인의 대법관의 반대의견이 있음)

[관련규정] 제138조, 제878조

[해설 및 논평]
1. 해설
본 판결 사안에서는 다른 사람의 자녀를 자기의 친생자로서 허위의 출생신고를 하고 사실상의 양친자관계로서의 생활사실이 있었을 때 법률상 입양으로서의 효력을 인정할 수 있을 것인가가 문제되었다.

(1) 판례의 변경
대법원은 – 공간되지 않은 판결에서 – 처음에는 위와 같은 경우에 입양의 효력이 발생한다고 해석하였다(대판 1947. 11. 25, 4280민상126). 그런데 그 후 – 전원합의부에 의하지 않고 소부에서 – 그와 같은 경우에 입양된 것으로 인정할 수 없다고 하여 종전의 판례를 변경하였다(대판 1967. 7. 18, 67다1004). 그러던 것을 본 판결이 전원합의체 판결로, 당사자 사이에 양친자관계를 창설하려는 명백한 의사가 있고 나아가 기타 입양의 성립요건이 모두 구비된 경우에 입양신고 대신 친생자 출생신고가 있다면 형식에 다소 잘못이 있더라도 입양의 효력이 있다고 하였고, 그러면서 바로 전의 판례를 폐기하였다.

(2) 본 판결의 내용과 의미
다른 사람의 자녀를 입양의 의사로 허위의 친생자 출생신고를 하고 사실상의 양친자관계로서의 생활사실이 있는 경우에 본 판결이 입양의 효력을 인정한 것은 무효행위의 전환을 인정한 것이다(138조 참조).
그리고 본 판결에 의하면, 친생자 출생신고만으로는 불충분하고 이른바 입양의 실질적 성립요건(사건은 성립요건이 아니고 장애사유라고 봄)도 모두 갖추어야 한다. 그런데 구체적으로 어떤 요건을

갖추어야 하는지에 관하여는 본 판결이 판시하지 않고 있다. 대법원은 그 후 대판 2000. 6. 9, 99므1633·1640에서, 입양의 실질적 요건이 구비되어 있다고 하기 위하여는 입양의 합의가 있을 것, 15세 미만자는 법정대리인의 대낙이 있을 것, 양자는 양부모의 존속 또는 연장자가 아닐 것 등 민법 제883조 각 호 소정의 입양의 무효사유가 없어야 함은 물론 감호·양육 등 양친자로서의 신분적 생활사실이 반드시 수반되어야 하는 것으로서, 입양의 의사로 친생자 출생신고를 하였다 하더라도 위와 같은 요건을 갖추지 못한 경우에는 입양신고로서의 효력이 생기지 않는다고 하였다.
본 판결에 의할 때 입양 효력의 발생시기가 문제된다. 판례는, 친생자 출생신고 당시 입양의 실질적 요건을 갖추지 못하여 입양신고로서의 효력이 생기지 않았더라도 그 후에 입양의 실질적 요건을 갖추게 된 경우에는 무효인 친생자 출생신고는 소급적으로 입양신고로서의 효력을 갖게 된다고 한다(대판 2000. 6. 9, 99므1633·1640).

(3) 본 판결이 현행법 하에서 유지될지 여부
2012년에 개정된 민법에 의하면, 미성년자를 입양하려는 사람은 가정법원의 허가를 받아야 한다(867조 1항). 이는 과거에는 없었던 것이다. 이러한 규정이 있는데 미성년자를 입양할 의사로 출생신고를 하는 것은 이 규정을 회피하는 것이 된다. 따라서 이와 같은 규정이 있는 현행법 아래에서는 적어도 미성년자에 관한 한 본 판결이 그대로 유지되기는 어려울 것이다.

2. 논평
본 판결은 개정 전의 민법 하에서는 타당하다.

[참고판결] 대판 2018. 5. 15, 2014므4963은 2012. 2. 10.에 개정되기 전의 민법상 본 판결의 취지를 인정할 수 있다고 한다.

[주요 평석 문헌] 정귀호, "허위의 친생자 출생신고와 입양의 효력," 민사판례연구, 1권, 171면 이하.

27. 조부모가 미성년의 손자녀를 입양할 수 있는지

◈ 대결(전원) 2021. 12. 23, 2018스5
[미성년자입양허가](강의 E-99, 친상 [129])

[쟁점] 조부모가 손자녀를 입양할 수 있는지 여부(적극). 조부모에 의한 미성년 손자녀 입양의 허가 여부를 판단하는 기준과 이때 법원이 고려하여야 할 요소

[사실관계]

(1) 사건본인의 친생모(1996년생)는 사건본인의 친생부와 사이에 사건본인을 임신하였고, 2014. 10. 15. 혼인신고 후 사건본인을 낳았다. 사건본인이 생후 7개월이 되었을 무렵 친생모는 사건본인을 자신의 부모(즉 사건본인의 조부모)인 재항고인들 집에 두고 갔고, 그때부터 재항고인들이 사건본인을 양육하고 있다. 친생모와 친생부는 2015. 9. 18. 협의이혼하였다.

(2) 재항고인들은 사건본인의 입양에 대한 허가를 청구하면서, 사건본인의 친생부모와 교류가 없고 사건본인이 재항고인을 부모로 알고 성장하였으며 가족이나 친척, 주변 사람들도 재항고인들을 사건본인의 부모로 대하고 있다고 주장하였다. 사건본인의 친생부모는 재항고인들의 입양에 동의하였다.

(3) 제1심은 재항고인의 입양허가 청구를 기각하였고, 제2심도 제1심의 결정을 유지하였다. 그러자 재항고인들이 재항고를 하였고, 대법원은 본 결정에서 원심결정을 파기하고 사건을 새로 설치된 가정법원으로 이송하였다.

[결정요지]

[다수의견] (가) 입양은 출생이 아니라 법에 정한 절차에 따라 원래는 부모·자녀가 아닌 사람 사이에 부모·자녀 관계를 형성하는 제도이다. 조부모와 손자녀 사이에는 이미 혈족관계가 존재하지만 부모·자녀 관계에 있는 것은 아니다. 민법은 입양의 요건으로 동의와 허가 등에 관하여 규정하고 있을 뿐이고 존속을 제외하고는 혈족의 입양을 금지하고 있지 않다(민법 제877조 참조). 따라서 조부모가 손자녀를 입양하여 부모·자녀 관계를 맺는 것이 입양의 의미와 본질에 부합하지 않거나 불가능하다고 볼 이유가 없다.

조부모가 자녀의 입양허가를 청구하는 경우에 입양의 요건을 갖추고 입양이 자녀의 복리에 부합한다면 이를 허가할 수 있다. 다만 조부모가 자녀를 입양하는 경우에는, 양부모가 될 사람과 자녀 사이에 이미 조손(祖孫)관계가 존재하고 있고 입양 후에도 양부모가 여전히 자녀의 친생부 또는 친생모에 대하여 부모의 지위에 있다는 특수성이 있으므로, 이러한 사정이 자녀의 복리에 미칠 영향에 관하여 세심하게 살필 필요가 있다.

(나) 법원은 조부모가 단순한 양육을 넘어 양친자로서 신분적 생활관계를 형성하려는 실질적인 의사를 가지고 있는지, 입양의 주된 목적이 부모로서 자녀를 안정적·영속적으로 양육·보호하기 위한 것인지, 친생부모의 재혼이나 국적 취득, 그 밖의 다른 혜택 등을 목적으로 한 것은 아닌지를 살펴보아야 한다. 또한 친생부모의 입양동의가 자녀 양육과 입양에 관한 충분한 정보를 제공받은 상태에서 자발적이고 확정적으로 이루어진 것인지를 확인하고 필요한 경우 가사조사, 상담 등을 통해 관련 정보를 제공할 필요가 있다. 그 밖에 조부모가 양육능력이나 양부모로서의 적합성과 같은 일반적인 요건을 갖추는 것 외에도, 자녀와 조부모의 나이, 현재까지의 양육 상황, 입양에 이르게 된 경위, 친생부모의 생존 여부나 교류 관계 등에 비추어 조부모와 자녀 사이에 양친자관계가 자연스럽게 형성될 것을 기대할 수 있는지를 살피고 조부모의 입양이 자녀에게 도움이 되는 사항과 우려되는 사항을 비교·형량하여, 개별적·구체적인 사안에서 입양이 자녀의 복리에 적합한지를 판단하여야 한다. 심리 과정에서는 입양되는 자녀가 13세 미만인 경우에도 자신의 의견을 형성할 능력이 있다면 자녀의 나이와 상황에 비추어 적절한 방법으

로 자녀의 의견을 청취하는 것이 바람직하다.

(이러한 다수의견에 대하여, 대법관 3인의 반대의견과 반대의견에 대한 대법관 1인의 보충의견이 있음)

[관련규정] 제772조, 제866조, 제867조, 제869조, 제870조, 제871조, 제874조, 제877조, 제882조의 2, 제883조, 제932조, 제974조 제1호, 입양특례법 제3조 제1항, 제2항, 제4조, 제12조 제4항, 제13조, 입양특례법 시행규칙 제11조 제1항, 아동복지법 제4조, 가사소송법 제2조 제1항 제2호 (가)목, 제45조의 9 제1항, 가사소송규칙 제23조 제1항, 가족관계의 등록 등에 관한 법률 제9조, 제15조, 아동의 권리에 관한 협약 제12조, 제21조

[해설 및 논평]

1. 해설

(1) 서설

2012. 2. 10.에 개정된 민법에 따르면, 미성년자를 입양하려는 사람은 가정법원의 허가를 받아야 한다(867조 1항). 그리고 양자가 될 미성년자는 부모의 동의를 받아야 한다(870조 1항 본문).

본 결정 사안의 경우 사건본인에게 친생부모가 있는데도 조부모가 사건본인을 양자로 입양하기 위하여 입양허가 신청을 하였다. 사건본인의 친생부모는 사건본인의 입양에 동의를 하였다. 이 경우에 가정법원이 조부모의 입양신청에 허가를 해줄 수 있는지가 문제된다.

(2) 대법원의 종래의 태도

과거 대법원은 공간되지 않은 결정에서 조부모가 미성년의 손자녀를 친양자로 입양하려는 데 대하여 가족 내부 질서와 친족관계에 혼란을 초래한다는 이유로 입양을 불허했다고 한다(대결 2010. 12. 24, 2010스151). 그에 비하여 손자녀의 일반입양에 대하여는 판단한 적이 없고, 본 결정이 최초의 것이다.

(3) 본 결정의 태도와 주요이유

본 결정은, 조부모가 미성년 손자녀의 입양허가를 청구하는 경우에 입양의 요건을 갖추고 입양이 자녀의 복리에 부합한다면 이를 허가할 수 있다고 한다. 그 주요 이유를 옮기면 다음과 같다. ① 민법

제867조의 문언과 그 개정 취지와 더불어 아동권리협약과 입양특례법 규정 등을 고려하면, 가정법원이 미성년자의 입양을 허가할 것인지 판단할 때에는 '입양될 자녀의 복리에 적합한지'를 최우선적으로 고려하여야 한다. ② 민법은 입양의 요건으로 동의와 허가 등에 관하여 규정하고 있을 뿐이고 존속을 제외하고는 혈족의 입양을 금지하고 있지 않다(877조 참조). 따라서 조부모가 손자녀를 입양하여 부모 · 자녀 관계를 맺는 것이 입양의 의미와 본질에 부합하지 않거나 불가능하다고 볼 이유가 없다. ③ 조부모에 의한 손자녀 입양이 전통이나 관습에 배치되는 것도 아니다. 그리고 대법원은 민법이 존속 또는 연장자를 양자로 하지 못하도록 규정하고 있을 뿐 소목지서를 요구하고 있지는 않으므로 재종손자를 사후양자로 선정하는 행위가 위법하지 않다고 판결하였다(대판 1991. 5. 28, 90므347 참조).

(4) 조부모의 입양허가 청구 사건에서 심리할 사항

본 결정은 조부모가 미성년 손자녀를 입양하는 경우에는 특수성이 있으므로 여러 가지 사항을 심리해야 한다고 하면서, 그러한 사항으로 입양의 의사와 목적, 친생부모의 입양 동의, 입양되는 자녀의 의견 청취, 부모 · 자녀 관계가 자연스럽게 형성될 가능성과 친족관계 혼란 문제, 입양과 후견의 관계를 열거하고 있다.

(5) 친양자입양의 경우 문제

앞에서 언급한 바와 같이, 친양자입양에 관하여는 과거에 대법원이 입양을 불허한 바 있다. 그런데 친양자입양의 경우에는 일반입양에서와 달리 양자의 입양 전의 친족관계가 종료되어 문제가 적게 발생하기 때문에도 나중에는 손자녀의 친양자입양도 허용될 가능성이 크다.

2. 논평

본 결정은 부득이한 해석으로 받아들일 수밖에 없다. 그러나 입양허가에 신중을 기해야 한다. 현재 복리에 부합한 듯이 보였지만 후에 그렇지 않은 것으로 판명날 수도 있기 때문이다.

제5장
친족상속법

28. 이해상반행위

◆ 대판 2002. 1. 11. 2001다65960
[채무부존재확인](강의 E-124·125, 친상 [161]
이하)

[쟁점] 친권자인 모가 자신이 연대보증한 채무
의 담보로 자신과 자의 공유인 토지 중 자의 공유
지분에 관하여 법정대리인의 자격으로 근저당권
설정계약을 체결한 행위가 제921조 제1항의 이해
상반행위에 해당하는지 여부(적극). 제921조 제1항
의 이해상반행위 여부의 판단에 있어서 행위의 동
기나 연유를 고려하여야 하는지 여부(소극)

[사실관계]

(1) 이 사건 토지(부산 소재 답 2,377㎡)는 원래
소외 1의 소유이었는데, 소외 1이 1990. 4. 20. 사
망하여 그 처인 소외 2, 자녀인 원고와 소외 3, 4
가 이를 공동으로 상속하였다.

(2) 소외 2는 고철도매업을 경영하면서 1995년
5월경부터 피고로부터 금원을 차용하였는데, 1998
년 10월경까지 차용금 합계액이 1억 2,000만 원에
이르렀다.

(3) 소외 2는 1998. 10. 15. 당시 성년이던 소외
3의 동의를 얻어 피고와 사이에, 위 1억 2,000만
원의 채무에 관하여 주채무자를 소외 3으로 하고,
소외 2를 연대보증인으로 하는 채무인수계약을
체결하였고, 같은 날 소외 3의 위 1억 2,000만 원
의 채무를 담보하기 위하여 피고와 사이에, 이 사
건 토지 중 자신의 공유지분에 관하여는 공유지분
권자로서, 이 사건 토지 중 미성년자이던 원고의
공유지분에 관하여는 그 법정대리인의 자격으로,
각각 근저당권설정계약을 체결함으로써 이 사건
토지 중 원고의 공유지분(50분의 6 지분)에 관하여
이 사건 근저당권설정등기가 경료되었다.

(4) 그 후 성년에 도달한 원고는 피고를 상대로
이 사건 근저당권설정등기의 말소를 구하는 소를
제기하였다. 그 소에서 원고는, 1억 2,000만 원 차

용금 채무의 실제 채무자는 소외 3이 아니라 친권
자인 소외 2이고, 따라서 소외 2가 원고의 친권자
로서 이 사건 토지 중 원고의 공유지분에 관하여
근저당권설정계약을 체결한 행위는 제921조 제1
항의 이해상반행위임에도 소외 2가 특별대리인을
선임하지 않고 원고를 대리하여 근저당권설정계
약을 체결하였으므로, 위 근저당권설정등기는 원
인무효이어서 말소되어야 한다고 주장하였다.

[판결요지]

[1] 친권자인 모가 자신이 연대보증한 차용금
채무의 담보로 자신과 자의 공유인 토지 중 자신
의 공유지분에 관하여는 공유지분권자로서, 자의
공유지분에 관하여는 그 법정대리인의 자격으로
각각 근저당권설정계약을 체결한 경우, 위 채권의
만족을 얻기 위하여 채권자가 위 토지 중 자의 공
유지분에 관한 저당권의 실행을 선택한 때에는,
그 경매대금이 변제에 충당되는 한도에 있어서 모
의 책임이 경감되고, 또한 채권자가 모에 대한 연
대보증책임의 추구를 선택하여 변제를 받은 때에
는, 모는 채권자를 대위하여 위 토지 중 자의 공
유지분에 대한 저당권을 실행할 수 있는 것으로
되는바, 위와 같이 친권자인 모와 자 사이에 이해
의 충돌이 발생할 수 있는 것이, 친권자인 모가
한 행위 자체의 외형상 객관적으로 당연히 예상되
는 것이어서, 모가 자를 대리하여 위 토지 중 자
의 공유지분에 관하여 위 근저당권설정계약을 체
결한 행위는 이해상반행위로서 무효라고 보아야
한다.

[2] 법정대리인인 친권자와 그 자 사이의 이해
상반의 유무는 전적으로 그 행위 자체를 객관적
으로 관찰하여 판단하여야 할 것이지 그 행위의
동기나 연유를 고려하여 판단하여야 할 것은 아
니다.

[관련규정] 제921조

[해설 및 논평]

1. 해설

본 판결에서 판시한 중요사항은 ① 법정대리인이 친권자와 그 자 사이의 이행상반행위를 판단하는 기준, ② 그 사안에서 법정대리인인 모가 그 자를 대리하여 행한 근저당권설정행위가 이해상반행위에 해당하는지 여부이다. 둘을 나누어 살펴본다.

(1) 이해상반행위의 판단기준

어떤 행위가 이해상반행위에 해당하는지의 판단에 관하여 학설은 i) 형식적(외형적·객관적·추상적) 판단설, ii) 실질적 판단설, iii) 실질관계를 고려한 형식적 판단설로 나뉘어 있다(문헌에 관하여는 친상 [161] 참조). i)설은 이해상반행위의 성립 여부는 전적으로 그 행위 자체 또는 행위의 외형만으로 결정해야 하는 것이고, 해당 행위를 하기에 이른 친권자의 의도 또는 그 행위의 실질적 효과 등을 고려할 것이 아니라고 한다. 그리고 ii)설은 행위의 형식 여하를 불문하고 동기·연유·결과 등을 고려하여 실질적으로 이해상반행위를 판단해야 한다는 견해이다. iii)설은 기본적으로는 형식적 판단설을 취하되 실질관계를 어느 정도 고려하여 이해상반행위인지를 판단해야 한다는 견해이다.

그리고 본 판결 이전부터 판례는, 이해상반행위란 행위의 객관적 성질상 친권자와 자 사이 또는 친권에 복종하는 수인의 자 사이에 이해의 대립이 생길 우려가 있는 행위를 가리키는 것으로서, 친권자의 의도나 그 행위의 결과 실제로 이해의 대립이 생겼는가의 여부는 묻지 않는다고 하여, 형식적 판단설의 입장이었다(대판 1993. 4. 13, 92다54524 등). 본 판결은 이러한 종래의 판례를 충실하게 따르고 있다. 그러면서 그 행위의 동기나 연유를 고려하여 판단하여야 할 것이 아님을 덧붙인다.

(2) 본 판결 사안의 경우

본 판결 사안에서는 친권자인 모가 자신이 연대보증한 채무의 담보로 자신과 자의 공유인 토지 중 자의 공유지분에 관하여 법정대리인의 자격으로 근저당권설정계약을 체결한 행위가 이해상반행위에 해당하는지가 다투어졌다.

사실 이와 같은 경우에 외형상 이해의 대립이 있는지를 판단하기는 쉽지 않다. 그리고 과거에 대법원은 유사한 경우에 이해상반행위가 아니라고 판단한 바 있다. 즉 미성년자의 친권자인 모가 자기 오빠의 제3자에 대한 채무의 담보로 미성년자 소유의 부동산에 근저당권을 설정하는 행위(대판 1991. 11. 26, 91다32466)와, 친권자인 모가 자신이 대표이사로 있는 주식회사의 채무 담보를 위하여 자신과 미성년인 자의 공유재산에 대하여 자의 법정대리인 겸 본인의 자격으로 근저당권을 설정한 행위(대판 1996. 11. 22, 96다10270)는 모두 이해상반행위에 해당하지 않는다고 하였었다. 그러한 시각에서 보면 본 판결 사안의 경우에도 동일하게 판단할 수도 있었다.

그런데 본 판결은 단순한 외형에서 한 단계 더 나아가 채권자가 근저당권을 실행하거나 모로부터 변제를 받는 경우를 살펴 모와 자 사이에 충돌이 생길 수 있고, 따라서 이해상반행위라고 하였다. 이러한 본 판결은 형식적 판단설을 취하면서도 행위의 직접적인 외형만을 기준으로 하지 않고 구상관계, 자의 재산에 의한 변제의 충당·대위 등 간접적이지만 비교적 쉽게 상반성이 객관적으로 예상되는 사항도 판단기준으로 삼음으로써 이해상반행위의 성립 범위를 확대하였다(동지 윤장원 평석 423면).

2. 논평

본 판결은 받아들일 만하나, 구 판결들과 실질적으로 모순됨은 검토를 요한다.

[주요 평석 문헌] 윤장원, "민법 제921조 소정의 이해상반행위 해당 여부," 판례연구(부산판례연구회), 14집, 399면 이하.

29. 부양

◈ 대판 2012. 12. 27. 2011다96932
　[구상금](강의 E-160·162·164·30, 친상
　[205] 이하, [49])

[쟁점] 부부간의 상호부양의무와 부모의 성년
자녀에 대한 부양의무의 우선순위 및 2차 부양의
무자의 1차 부양의무자에 대한 상환청구 가능 여
부(적극). 부부간의 부양의무를 이행하지 않은 부
부의 일방을 상대로 상대방의 친족이 과거의 부양
료 상환청구를 하는 경우에 상환의무의 존부 및
범위를 정할 때 고려하여야 할 사항. 부부간의 부
양의무를 이행하지 않은 부부의 일방에 대하여 상
대방의 친족이 구하는 부양료의 상환청구가 민사
소송사건에 해당하는지 여부(적극)

[사실관계]
　(1) 원고는 소외인의 모이고, 피고는 소외인의
배우자이다.
　(2) 소외인은 2006. 11. 14. 경막 외 출혈, 외상
성 뇌지주막하 출혈, 두개골 골절, 출혈성 뇌좌상
등으로 발생한 의식저하 및 마비증세로 2006. 11.
15. 고려대학교 의료원 안암병원에서 개두술 및
혈종제거술을 받았으며, 2009. 12. 29. 현재까지
의식이 혼미하고 마비증세가 지속되고 있다.
　(3) 그러한 상태에서 원고는, 자신이 피고가 부
담해야 할 모든 병원 비용과 재활치료비를 대신
하여 지급해 왔으므로 피고는 원고에게 위 병원
비 등 합계 164,060,377원에서 보험금으로 충당한
8,000만 원을 제외한 나머지 84,060,377원을 부당
이득금 또는 구상금으로 반환하여야 할 의무가 있
다고 주장하면서, 그 금액의 지급을 구하는 소를
제기하였다.

[판결요지]
　[1] 민법 제826조 제1항에 규정된 부부간 상호
부양의무는 혼인관계의 본질적 의무로서 부양을

받을 자의 생활을 부양의무자의 생활과 같은 정도
로 보장하여 부부공동생활의 유지를 가능하게 하
는 것을 내용으로 하는 제1차 부양의무이고, 반면
부모가 성년의 자녀에 대하여 직계혈족으로서 민
법 제974조 제1호, 제975조에 따라 부담하는 부양
의무는 부양의무자가 자기의 사회적 지위에 상응
하는 생활을 하면서 생활에 여유가 있음을 전제로
하여 부양을 받을 자가 자력 또는 근로에 의하여
생활을 유지할 수 없는 경우에 한하여 그의 생활
을 지원하는 것을 내용으로 하는 제2차 부양의무
이다. 이러한 제1차 부양의무와 제2차 부양의무는
의무이행의 정도뿐만 아니라 의무이행의 순위도
의미하는 것이므로, 제2차 부양의무자는 제1차 부
양의무자보다 후순위로 부양의무를 부담한다. 따
라서 제1차 부양의무자와 제2차 부양의무자가 동
시에 존재하는 경우에 제1차 부양의무자는 특별
한 사정이 없는 한 제2차 부양의무자에 우선하여
부양의무를 부담하므로, 제2차 부양의무자가 부양
받을 자를 부양한 경우에는 소요된 비용을 제1차
부양의무자에 대하여 상환청구할 수 있다.
　[2] 부부간의 부양의무 중 과거의 부양료에 관
하여는 특별한 사정이 없는 한 부양을 받을 사람
이 부양의무자에게 부양의무의 이행을 청구하였
음에도 불구하고 부양의무자가 부양의무를 이행
하지 아니함으로써 이행지체에 빠진 후의 것에 관
하여만 부양료의 지급을 청구할 수 있을 뿐이므
로, 부양의무자인 부부의 일방에 대한 부양의무
이행청구에도 불구하고 배우자가 부양의무를 이
행하지 아니함으로써 이행지체에 빠진 후의 것이
거나, 그렇지 않은 경우에는 부양의무의 성질이나
형평의 관념상 이를 허용해야 할 특별한 사정이
있는 경우에 한하여 이행청구 이전의 과거 부양료
를 지급하여야 한다. 그리고 부부 사이의 부양료
액수는 당사자 쌍방의 재산 상태와 수입액, 생활
정도 및 경제적 능력, 사회적 지위 등에 따라 부
양이 필요한 정도, 그에 따른 부양의무의 이행정
도, 혼인생활 파탄의 경위와 정도 등을 종합적으

로 고려하여 판단하여야 한다. 따라서 상대방의 친족이 부부의 일방을 상대로 한 과거의 부양료 상환청구를 심리·판단함에 있어서도 이러한 점을 모두 고려하여 상환의무의 존부 및 범위를 정하여야 한다.

[3] 가사소송법 제2조 제1항 제2호 나. 마류사건 제1호는 민법 제826조에 따른 부부의 부양에 관한 처분을, 같은 법 제2조 제1항 제2호 나. 마류사건 제8호는 민법 제976조부터 제978조까지의 규정에 따른 부양에 관한 처분을 각각 별개의 가사비송사건으로 규정하고 있다. 따라서 부부간의 부양의무를 이행하지 않은 부부의 일방에 대한 상대방의 부양료 청구는 위 마류사건 제1호의 가사비송사건에 해당하고, 친족간의 부양의무를 이행하지 않은 친족의 일방에 대한 상대방의 부양료 청구는 위 마류사건 제8호의 가사비송사건에 해당한다 할 것이나, 부부간의 부양의무를 이행하지 않은 부부의 일방에 대하여 상대방의 친족이 구하는 부양료의 상환청구는 같은 법 제2조 제1항 제2호 나. 마류사건의 어디에도 해당하지 아니하여 이를 가사비송사건으로 가정법원의 전속관할에 속하는 것이라고 할 수는 없고, 이는 민사소송사건에 해당한다고 봄이 타당하다.

[관련규정] [1], [2] 제826조 제1항, 제974조 제1호, 제975조. [3] 가소 제2조 제1항 제2호

[해설 및 논평]

1. 해설

본 판결이 판시한 중요사항은 ① 부부간의 상호부양의무와 부모의 성년 자녀에 대한 부양의무의 우선순위 문제, ② 부양의무를 이행하지 않은 부부의 일방을 상대로 상대방의 친족이 과거의 부양료 상환청구를 할 수 있는지, ③ 부양의무를 이행하지 않은 부부의 일방에 대하여 상대방의 친족이 구하는 부양료의 상환청구가 민사소송사건에 해당하는지의 셋이다.

(1) 부양의무의 우선순위 문제

민법상 명문의 규정이 없음에도 불구하고 종래 문헌들은 일반적으로 부양의무에 제1차적인 부양의무와 제2차적인 부양의무의 두 종류가 있으며, 부부 사이의 부양의무와 미성년 자녀에 대한 부모의 부양의무가 전자에 해당하고, 그 밖의 부양의무 있는 친족 사이의 부양의무가 후자에 해당한다고 한다. 그리고 부양순위에 있어서 전자가 후자에 우선한다고 한다. 그에 비하여 여기에 관한 판례는 없었다. 그런데 본 판결이 처음으로, 부부간 상호부양의무는 제1차 부양의무이고 부모의 성년 자녀에 대한 부양의무는 제2차 부양의무이며, 제2차 부양의무자는 제1차 부양의무자보다 후순위로 부양의무를 부담한다고 판시하였다.

(2) 과거의 부양료 상환청구 문제

종래 대법원은 부부간의 부양의 경우에 과거의 부양료에 관하여는 특별한 사정이 없는 한 지급을 청구할 수 없다고 하였다(대판 1991. 11. 26, 91므375, 91므382 등). 본 판결도 그와 같은 태도를 취하면서 특별한 사정에 대하여 판단하고 있다.

(3) 친족의 부양료 상환청구의 관할 문제

본 판결은, 부부간의 부양의무를 이행하지 않은 부부의 일방에 대하여 상대방의 친족이 구하는 부양료의 상환청구는 가사비송사건이 아니고 민사소송사건에 해당한다고 한다. 이는 가정법원의 권한에 속하는 사건의 열거(가소 2조 1항·2항)를 예시적 열거가 아니고 제한적 열거로 해석하는 기존의 판례(통설도 같음)에 따른 것이다.

2. 논평

본 판결은 타당하다.

[주요 평석 문헌] 김승정, "배우자 사이의 부양의무와 직계혈족 사이의 부양의무의 우선순위," 대법원판례해설, 93호, 197면 이하.

30. 동시사망추정과 대습상속

◆ 대판 2001. 3. 9, 99다13157
[소유권이전등기말소](강의 E-177·184·188,
A-333, 친상 [226]·[235]·[240]·[261])

[쟁점] 동시사망으로 추정되는 경우 대습상속의
가능 여부 및 피상속인의 자녀가 상속개시 전에
전부 사망한 경우 피상속인의 손자녀의 상속의 성
격(대습상속)

[사실관계]

(1) A는 처 B와 사이에 딸 C, 아들 D를 두었고,
C는 피고와 혼인하여 그 사이에 딸 E, 아들 F가
있었으며, D는 처 G와 사이에 딸 H를 두고 있
었다.

(2) A 부부와 아들 D 가족 전부 및 딸 C와 그
자녀들 등 피고를 제외한 가족 전원이 1997. 8. 6.
미합중국 자치령 괌(Guam)에서 함께 탑승 중이던
항공기의 추락사고로 모두 사망하였고, 당시 A에
게 다른 직계비속이나 직계존속은 없었다.

(3) 피고는 A의 소유이던 X부동산에 관하여 상
속을 원인으로 소유권이전등기를 마쳤다.

(4) 원고들은 A의 형제자매들로서, A는 직계비
속인 자녀 및 손자 손녀들 및 처와 함께 동시에
사망하였고, 당시 그의 직계존속이 존재하지 않았
으므로, 원고들이 제1000조 제1항 제3호에 의하여
X부동산을 포함한 그의 재산을 상속하는 것인데,
피고는 법률상 A의 재산을 대습상속할 지위에 있
지 않으면서 상속인 지위를 참칭하여 X부동산에
관하여 상속을 원인으로 소유권이전등기를 하였
다고 주장하면서, 그 말소를 구하는 이 사건 소를
제기하였다.

[판결요지]

[1] 대습상속제도는 대습자의 상속에 대한 기대
를 보호함으로써 공평을 꾀하고 생존 배우자의 생
계를 보장하여 주려는 것이고, 동시사망 추정규정

도 자연과학적으로 엄밀한 의미의 동시사망은 상
상하기 어려운 것이나 사망의 선후를 입증할 수
없는 경우 동시에 사망한 것으로 다루는 것이 결
과에 있어 가장 공평하고 합리적이라는 데에 그
입법취지가 있는 것인바, 상속인이 될 직계비속이
나 형제자매(피대습자)의 직계비속 또는 배우자(대
습자)는 피대습자가 상속개시 전에 사망한 경우에
는 대습상속을 하고, 피대습자가 상속개시 후에
사망한 경우에는 피대습자를 거쳐 피상속인의 재
산을 본위상속을 하므로 두 경우 모두 상속을 하
는데, 만일 피대습자가 피상속인의 사망, 즉 상속
개시와 동시에 사망한 것으로 추정되는 경우에만
그 직계비속 또는 배우자가 본위상속과 대습상속
의 어느 쪽도 하지 못하게 된다면 동시사망 추정
이외의 경우에 비하여 현저히 불공평하고 불합리
한 것이라 할 것이고, 이는 대습상속제도 및 동시
사망 추정규정의 입법 취지에도 반하는 것이므로,
제1001조의 「상속인이 될 직계비속이 상속개시
전에 사망한 경우」에는 「상속인이 될 직계비속이
상속개시와 동시에 사망한 것으로 추정되는 경
우」도 포함하는 것으로 합목적적으로 해석함이
상당하다.

[2] 피상속인의 자녀가 상속개시 전에 전부 사
망한 경우 피상속인의 손자녀는 본위상속이 아니
라 대습상속을 한다.

[관련규정] 제30조, 제1000조, 제1001조, 제1003
조 제2항

[해설 및 논평]

1. 해설

**(1) 동시사망으로 추정되는 경우 대습상속 가능
여부**

이 사건에서 A는 그의 처는 물론 직계비속인
아들, 딸과 손자 손녀들 및 직계비속의 배우자인
며느리 등과 함께 동일한 위난으로 사망하였는바
제30조에 의하여 모두 동시에 사망한 것으로 추정

된다. 이와 관련하여 피상속인 A와 피대습자 C의 동시사망이 추정되는 경우 피고의 대습상속이 가능한지가 쟁점으로 다루어졌다.

원고들은, 우리 민법의 「상속개시 전에」라는 규정은 일본 민법규정의 「상속개시 이전에」라는 표현과 달리 상속개시 시점인 피상속인의 사망보다 앞서는 시점을 가리키는 것으로 상속인이 될 직계비속 또는 형제자매가 피상속인과 동시에 사망한 경우는 여기에 포함되지 않으므로, C가 A와 동시에 사망한 것으로 추정되는 이 사건에서 C의 배우자인 피고는 A를 대습상속할 수 없다고 주장하였다.

이에 대하여 본판결은 제1001조의 「상속인이 될 직계비속이 상속개시 전에 사망한 경우」에는 「상속인이 될 직계비속이 상속개시와 동시에 사망한 것으로 추정되는 경우」도 포함하는 것으로 합목적적으로 해석함이 상당하다고 판시하였다. 그 근거로서, 대습상속제도는 대습자의 상속에 대한 기대를 보호함으로써 공평을 꾀하고 생존 배우자의 생계를 보장하여 주려는 것이고, 동시사망 추정규정도 사망의 선후를 입증할 수 없는 경우 동시에 사망한 것으로 다루는 것이 가장 공평하고 합리적이라는 데에 입법취지가 있는 것인바, 상속인이 될 직계비속이나 형제자매(피대습자)의 직계비속 또는 배우자(대습자)는 피대습자가 상속개시 전에 사망한 경우에는 대습상속을 하고, 피대습자가 상속개시 후에 사망한 경우에는 피대습자를 거쳐 피상속인의 재산을 본위상속을 하므로 두 경우 모두 상속을 하는데, 만일 피대습자가 피상속인의 사망, 즉 상속개시와 동시에 사망한 것으로 추정되는 경우에는 본위상속과 대습상속 어느 쪽도 하지 못하게 되는 것은 불공평하고 불합리하며, 대습상속제도 및 동시사망 추정규정의 취지에도 반한다는 점을 들고 있다. 그리하여 피고의 처인 C가 피상속인인 A와 동시에 사망한 것으로 추정된다는 점이 피고가 A를 대습상속하는 데에 장애가 되지 않는다고 하여 원고들의 청구를 기각한 원심의 판단을 지지하였다.

(2) 피상속인의 자녀가 상속개시 전에 전부 사망한 경우 손자녀의 상속의 성격(대습상속)

원고들은, 상속인이 될 자녀 전원이 상속개시 전에 사망하거나 결격자가 된 경우에는 손자녀 등 다음 순위의 직계비속이 1순위의 본위상속을 하게 될 뿐, 상속인이 될 자녀를 피대습자로 한 대습상속을 하는 것은 아니므로, 대습상속은 단독상속으로는 불가능하고 피대습자와 같은 촌수의 다른 직계비속이 생존하여 공동상속인의 지위가 유지·보존된 경우에 한하여 공동상속으로만 가능하며, 따라서 상속인이 될 직계비속인 C와 같은 촌수의 다른 직계비속 D 또한 피상속인 A와 동시에 사망하여 상속개시 당시 상속순위가 유지·보존되지 않은 이상 C의 배우자인 피고는 대습상속을 할 수 없다고 주장하였다.

그러나 본 판결은 피상속인의 자녀가 상속개시 전에 전부 사망한 경우 피상속인의 손자녀는 본위상속이 아니라 대습상속을 한다고 봄이 상당하다고 하여, 피고의 대습상속을 인정한 원심의 판단을 지지하였다.

2. 논평

피대습자가 피상속인보다 먼저 사망했으면 피대습자의 직계비속과 배우자가 대습상속을 했을 것이고, 또 피대습자가 피상속인보다 나중에 사망했으면 피대습자가 일단 상속한 뒤에 그의 직계비속 등에게 다시 상속되는 점을 고려할 때, 동시사망이 추정되는 경우에는 법문에도 불구하고 대습상속이 인정되어야 한다. 그리고 피상속인의 자녀들이 상속개시 전에 모두 사망 또는 결격된 경우, 손자녀들이 본래의 고유한 상속인으로서 상속하는지 대습상속을 하는지에 따라서 상속인과 상속분이 달라질 수 있는바, 본위상속이라고 할 경우 사망한 자녀의 생존배우자가 상속에서 제외되는 문제가 생기므로, 대습상속이라고 하여야 한다. 본 판결의 결론은 타당하다.

제5장
친족상속법

31. 특별수익자가 있는 경우의 상속채무의 분담방법

◈ 대판 1995. 3. 10. 94다16571
   [소유권이전등기](강의 E-200·204, 친상 [255]·
   [260])

[쟁점] 공동상속인 중에 특별수익자가 있는 경우의 상속분의 산정방법

[사실관계]

(1) X부동산은 원래 A의 소유였는데, 그가 1988. 12. 7. 사망하고 장남 B, 차남인 피고 C, 3남 D, 장녀인 원고 E가 공동상속인이 되었으며, 그 후 D가 다른 상속인들과 협의하여 X부동산에 대해서만은 상속을 포기하기로 약정함에 따라, 1989. 5. 18. X부동산 중 B가 3/7 지분, 원고와 피고가 각 2/7 지분에 관하여 상속을 원인으로 이전등기를 마치고, 다시 원고의 지분에 관하여 1990. 12. 23. 피고 앞으로 매매를 원인으로 이전등기가 마쳐졌다.

(2) A는 사망하기 전인 1988. 6. 1. 원고 앞으로 장래 그의 교육비 등에 사용하도록 대비하기 위하여 F투자신탁회사에 액면 5천만 원짜리 장기공사채 2구좌 합계 1억 원을 예탁하여 두었다. A가 사망 당시 가지고 있던 재산은, 적극재산으로 X부동산의 가액을 포함한 합계 598,749,200원, 소극재산으로 제세공과금 채무, 사업용 부채, X부동산에 관한 근저당채무, 차용금채무 등 합계 270,821,705원, 그리하여 적극재산에서 소극재산을 공제한 순재산액은 327,927,495원 정도에 상당하였다.

(3) 원고는, X부동산 중 2/7 지분은 원고가 상속받은 것인데도 불구하고 그에 관하여 B가 전혀 대리권 없이 피고 앞으로 이전등기를 마친 것이므로 이는 원인무효의 등기라고 주장하면서 피고에 대하여 그 말소를 구하는 이 사건 소를 제기하였다.

(4) 원심은, A가 사망 당시 가지고 있던 327,927,495원 상당의 상속재산가액과 A가 원고에게 생전에 증여한 1억 원을 합한 427,927,495원이 원고를 비롯한 A의 공동상속인들이 상속받게 될 총상속재산가액이고, 원고의 법정상속분율은 2/9이므로, 이를 기초로 하여 원고의 상속분을 계산하면 95,094,998원(= 427,927,495×2/9)이 되고, 따라서 원고는 이미 A로부터 그 생전에 1억 원을 증여받음으로써 자신의 상속분보다 많은 이익을 얻은 특별수익자에 해당하므로, 결국 원고는 제1008조가 정한 바에 따라 X부동산에 관하여 더 이상 상속할 권리가 없다고 보아 원고의 청구를 배척하였다. 이에 원고가 상고하였다.

[판결요지]

가. 민법 제1008조는 공동상속인 중에 피상속인으로부터 재산의 증여 또는 유증을 받은 특별수익자가 있는 경우에 공동상속인들 사이의 공평을 기하기 위하여 그 수증재산을 상속분의 선급으로 다루어 구체적인 상속분을 산정함에 있어 이를 참작하도록 하려는 데 그 취지가 있다.

나. 공동상속인 중에 특별수익자가 있는 경우의 구체적인 상속분의 산정을 위해서는, 피상속인이 상속개시 당시에 가지고 있던 재산의 가액에 생전 증여의 가액을 가산한 후, 이 가액에 각 공동상속인별로 법정상속분율을 곱하여 산출된 상속분의 가액으로부터 특별수익자의 수증재산인 증여 또는 유증의 가액을 공제하는 계산방법에 의하여 할 것이고, 여기서 이러한 계산의 기초가 되는 "피상속인이 상속개시 당시에 가지고 있던 재산의 가액"은 상속재산 가운데 적극재산의 전액을 가리키는 것으로 보아야 옳다.

[관련규정] 제1008조

[해설 및 논평]

1. 해설

공동상속인 중 1인 또는 수인이 피상속인으로부터 재산의 증여 또는 유증을 받은 경우에 그 특

별수익을 고려하지 않고 상속한다면 불공평하게 된다. 그리하여 민법은 특별수익자는 그 수증재산이 자기의 상속분에 달하지 못한 때에는 그 부족한 부분의 한도에서 상속분이 있다고 규정한다(제1008조). 따라서 공동상속인 중에 특별수익자가 있는 경우의 구체적인 상속분의 산정방법은, 먼저 피상속인이 상속개시 당시 가지고 있던 재산의 가액에 생전 증여의 가액을 가산한 후, 이 가액에 각 공동상속인별로 법정상속분율을 곱하여 산출된 상속분의 가액을 정한다. 이 가액이 각 공동상속인의 상속분이 되나, 특별수익자의 상속분은 이 가액에서 수증재산인 증여 또는 유증의 가액을 공제한 것이 된다. 이것이 특별수익의 반환제도이다.

이 사건에서는 공동상속인 중에 특별수익자가 있는 경우의 상속채무의 분담방법이 쟁점으로 다루어졌다. 즉 특별수익자가 있는 경우의 구체적인 상속분 계산의 기초가 되는 "피상속인이 상속개시 당시 가지고 있던 재산의 가액"을 산정함에 있어서 원심은 이를 적극재산 중에서 상속채무에 해당되는 소극재산을 공제한 차액의 순재산액으로 파악하여 여기에 생전증여의 가액을 합산하였으나, 본 판결은 상속재산 가운데 적극재산의 전액만을 가리키는 것으로 보아야 한다고 한 것이다.

본 판결은 그 근거로, 만일 이를 적극재산으로부터 소극재산을 공제한 순재산액이라고 파악하면, 자기의 법정상속분을 초과하여 특별이익을 얻은 초과특별수익자는 상속채무를 전혀 부담하지 않게 되어 다른 공동상속인에 대하여 심히 균형을 잃게 되는 부당한 결과에 이르게 된다는 점을 들고 있다.

그리하여 상속인들은 상속재산인 적극재산에 증여재산을 합한 가액을 상속분에 따라 상속하고, 소극재산도 그 비율대로 상속한다. 그리고 특별수익자는 적극재산에 증여재산을 합한 가액에 자신의 법정상속분율을 곱하여 산출된 상속분 가액이 자신이 받은 생전증여 가액에 미달하는 경우에는 더 이상 상속재산에 관하여 상속분을 주장할 수 없게 된다.

그러한 입장에서 본 판결은 원심이 상속재산인 적극재산에서 소극재산을 공제한 순재산액에 원고의 수증재산을 합산하여 여기에 원고의 법정상속분율을 곱하여 산출된 상속분이 원고의 수증재산가액에 미달하므로, 원고는 X부동산에 관하여 더 이상 상속할 권리가 없다고 판단한 것을 위법하다고 하여 파기하였다.

결국 이 사건에서 A가 사망 당시 가지고 있던 적극재산 598,749,200원에 원고의 수증재산 1억 원을 합한 698,749,200원에 원고의 법정상속분율 2/9을 곱하면 원고의 상속분은 155,277,600원이 되므로, 여기서 특별수익으로 받은 생전증여 1억 원을 공제한 55,277,600원에 대하여 원고는 상속분을 주장할 수 있다. 그리고 원고는 상속채무 270,821,705원 가운데 2/9에 해당하는 약 60,182,601원의 채무도 상속하게 된다.

2. 논평

특별수익자가 있는 경우의 구체적인 상속분 계산의 기초가 되는「피상속인이 상속개시 당시 가지고 있던 재산의 가액」을 산정함에 있어서 이를 적극재산에서 소극재산을 공제한 순재산액이라고 파악할 경우 초과특별수익자는 상속채무를 전혀 부담하지 않게 되어 부당하므로, 이는 상속재산 가운데 적극재산만을 가리키는 것으로 보아야 한다. 특별수익의 반환제도의 취지가 특별수익자가 있는 경우 공동상속인들 사이의 공평을 기하기 위한 것이라는 점, 그리고 상속채무가 원칙적으로 상속재산분할의 대상이 될 수 없다는 점에 비추어 볼 때 본 판결의 입장은 타당하다. 본 판결은 공동상속인 중에 특별수익자가 있는 경우의 구체적인 상속분의 산정방법과 그 산정의 기초가 되는「피상속인이 상속개시 당시 가지고 있던 재산의 가액」이 상속재산 가운데 적극재산 전액만을 가리킨다는 점을 설시한 최초의 판결이라는 의미가 있다.

32. 상속재산 분할에서 초과특별수익자가 있는 경우의 처리 방법 등

◆ 대결 2022. 6. 30, 2017스98·99·100·101[상속재산 분할](강의 E-200·203·224·227, 친상[255]·[267]·[281]·[284]·[286])

[쟁점] 상속재산 분할의 기준이 되는 구체적 상속분을 산정하는 방법과 공동상속인 중 초과특별수익자가 있는 경우의 처리 방법. 가정법원이 상속재산 중 특정 재산을 일부 상속인 소유로 현물분할을 하는 방식으로 상속재산 분할을 하는 경우 심리할 사항과 필요한 조치 등

[사실관계]

(1) 피상속인은 1979년 사망하였는데, 청구인(반심판상대방)측은 피상속인보다 먼저 사망한 배우자와 사이의 장남(청구인 2), 피상속인의 재혼배우자(청구인 1) 및 재혼 배우자와 사이의 자녀들(상대방 제외)이고, 상대방 측은 먼저 사망한 배우자와 사이의 자녀(청구인 2 제외)나 그 상속인들 및 재혼 배우자와 사이의 자녀 중 상대방이다.

(2) 피상속인은 상속개시 당시 여러 부동산을 보유하고 있었고, 상속개시 이후 그중 일부 부동산이 수용 또는 협의취득되어 상속인들이 각 법정상속분에 따라 보상금을 수령했고, 일부 부동산의 일부 상속인들 법정상속분이 매각되어 처분되었으며, 나머지 부동산은 협의분할에 따라 청구인 2가 그 소유권이전등기를 마쳤다.

[판결요지]

가. 구체적 상속분 산정

상속재산 분할은 법정상속분이 아니라 특별수익(피상속인의 공동상속인에 대한 유증이나 생전 증여 등)이나 기여분에 따라 수정된 구체적 상속분을 기준으로 이루어진다.

구체적 상속분을 산정함에 있어서는, 상속개시 당시를 기준으로 상속재산과 특별수익재산을 평가하여 이를 기초로 하여야 하고, 공동상속인 중 특별수익자가 있는 경우 구체적 상속분 가액의 산정을 위해서는, 피상속인이 상속개시 당시 가지고 있던 재산 가액에 생전 증여의 가액을 가산한 후, 이 가액에 각 공동상속인별로 법정상속분율을 곱하여 산출된 상속분의 가액으로부터 특별수익자의 수증재산인 증여 또는 유증의 가액을 공제하는 계산방법에 의한다. 이렇게 계산한 상속인별 구체적 상속분 가액을 전체 공동상속인들 구체적 상속분 가액 합계액으로 나누면 상속인별 구체적 상속분 비율, 즉 상속재산 분할의 기준이 되는 구체적 상속분을 얻을 수 있다.

한편 위와 같이 구체적 상속분 가액을 계산한 결과 공동상속인 중 특별수익이 법정상속분 가액을 초과하는 초과특별수익자가 있는 경우, 그러한 초과특별수익자는 특별수익을 제외하고는 더 이상 상속받지 못하는 것으로 처리하되(구체적 상속분 가액 0원), 초과특별수익은 다른 공동상속인들이 그 법정상속분율에 따라 안분하여 자신들의 구체적 상속분 가액에서 공제하는 방법으로 구체적 상속분 가액을 조정하여 위 구체적 상속분 비율을 산출함이 바람직하다. 결국 초과특별수익자가 있는 경우 그 초과된 부분은 나머지 상속인들의 부담으로 돌아가게 된다. …

라. 상속재산 중 특정 재산을 일부 상속인이 소유하도록 하는 현물분할에 있어서 심리할 사항과 필요한 조치

가정법원이 상속재산 분할을 함에 있어 분할 대상이 된 상속재산 중 특정 재산을 일부 상속인 소유로 현물분할 한다면, 전체 분할 대상 재산을 분할시 기준으로 평가하여, ① 그 특정 재산 가액이 그의 구체적 상속분에 따른 취득가능 가액을 초과하는 상속인이 있는 경우 그 차액을 정산하도록 하여야 하고(앞서 구체적 상속분을 산정함에 있어 유증이나 생전 증여 등으로 인한 초과특별수익과 달리, 산정된 구체적 상속분에 따른 취득가능 가액을 초과하여 분할받게 되는 부분은 다른 상속인들에게 정산해야

한다), ② 그 특정 재산 가액이 그의 구체적 상속분에 따른 취득가능 가액을 초과하지 않을 경우에도 위와 같은 현물분할을 반영하여 상속인들 사이의 지분율을 다시 산정해서 남은 분할 대상 상속재산은 수정된 지분율로 분할해야 한다.

이를 위해 전체 분할 대상 상속재산의 분할시 기준 평가액에 상속인별 구체적 상속분을 곱하여 산출된 상속인별 취득가능 가액에서 각자 소유로 하는 특정 재산의 분할시 기준 평가액을 공제하는 방법으로 구체적 상속분을 수정한 지분율을 산정할 수 있다.

[관련규정] 제269조, 제1008조, 제1008조의 2, 제1009조, 제1013조, 가사소송규칙 제115조 제2항

[해설 및 논평]

1. 해설

(1) 상속재산 분할에서 기준이 되는 상속분이 무엇인지와 그 상속분의 산정방법

본 결정은 상속재산 분할에서 기준이 되는 상속분은 법정상속분이 아니고 특별수익이나 기여분에 따라 수정된 구체적 상속분이라고 한다.

본 결정은 구체적 상속분을 산정하는 방법에 대하여 상세히 판시하고 있다. 그에 따르면, 상속개시 당시를 기준으로 상속재산과 특별수익재산을 평가하여 이를 기초로 삼고, 공동상속인 중 특별수익자가 있는 경우 피상속인이 상속개시 당시 가지고 있던 재산 가액에 생전 증여의 가액을 가산한 후 이 가액에 각 공동상속인별로 법정상속분율을 곱하여 산출된 상속분의 가액으로부터 특별수익자의 수증재산인 증여 또는 유증의 가액을 공제하는 방법에 의한다고 한다. 그리고 이렇게 계산한 상속인별 구체적 상속분 가액을 전체 공동상속인들 구체적 상속분 가액 합계액으로 나누면 상속인별 구체적 상속분 비율, 즉 상속재산 분할의 기준이 되는 구체적 상속분을 얻을 수 있다고 한다.

(2) 초과특별수익자가 있는 경우의 처리 방법

공동상속인 중에 피상속인으로부터 재산의 증여 또는 유증을 받은 자(특별수익자)가 있는 경우에 특별수익의 가액이 수익자의 상속분을 초과하는 때에는 수익자는 상속재산으로부터 더 이상 상속받을 수는 없다(1008조의 2). 그런데 그 초과 부분을 반환해야 하는가? 여기에 관하여는 학설이 대립하고 있으나, 공동상속인의 유류분을 침해한 경우에만 반환해야 한다는 견해가 옳다(친상 [260] 참조). 이렇게 특별수익자가 초과액을 반환하지 않게 되면, 상속재산 가액이 각 상속인이 취득해야 할 액에 부족하게 된다. 그 경우 그 부족액(초과분)을 각 상속인에게 어떻게 분담시킬지 문제된다.

본 결정은 그에 대하여, 초과특별수익자가 있는 경우 그러한 초과특별수익자는 특별수익을 제외하고는 더 이상 상속받지 못하는 것으로 처리하되, 초과특별수익은 다른 공동상속인들이 그 법정상속분율에 따라 안분하여 자신들의 구체적 상속분 가액에서 공제하는 방법으로 구체적 상속분 가액을 조정하여 구체적 상속분 비율을 산출할 것이라고 한다. 즉 공동상속인이 초과분을 구체적 상속분율이 아니고 법정상속분율에 따라 부담하라는 것이다.

(3) 특정 재산을 일부 상속인 소유로 현물분할을 하는 방식으로 상속재산 분할을 하는 경우의 문제

본 결정은, 상속재산 중 특정 재산을 일부 상속인 소유로 현물분할을 하는 경우, 그 특정 재산 가액이 그의 구체적 상속분에 따른 취득가능 가액을 초과하는 상속인이 있는 때에는 그 차액을 정산해야 하고, 그렇지 않은 때에도 수정된 지분율로 분할해야 한다고 한다. 그러면서 수정 지분율의 산정 방법도 제시하였다(판결요지 라. 참조).

2. 논평

본 판결은 무난하다.

33. 공동상속재산의 공동소유

◆ 대판 1997. 6. 24. 97다8809
[구상금](강의 E-214, 친상 [273])

[쟁점] 금전채무가 공동상속된 경우에 상속재산
분할의 대상이 될 수 있는지 여부(소극). 상속재산
분할의 대상이 될 수 없는 상속채무에 대하여 공
동상속인들 사이에 분할의 협의가 있는 경우에 그
협의의 의미

[사실관계]

(1) 원고(신용보증기금)는 소외 망 A(이하 망인이
라고 함)와 사이에 1986. 12. 1. 보증기간은 같은
날부터 1995. 11. 30.까지, 보증금액은 1억 7,760만
원으로 하는 내용의 신용보증계약(이하 제1차 신용
보증계약이라고 함)을, 1심 공동피고인 X회사와 사
이에 1990. 3. 31. 보증기간은 같은 날부터 1991.
3. 29.까지, 보증금액은 3억 원으로 하는 내용의
신용보증계약(이하 제2차 신용보증계약이라고 함)을
각 체결하면서, 신용보증 의뢰인(피보증인)인 망인
또는 X회사는 신용보증인인 원고가 피보증인의
채권자에 대하여 보증채무를 이행한 때에는 원고
가 변제한 금원 및 이에 대한 그 지급일부터 완제
일까지 원고가 정한 비율에 의한 약정지연손해금
과 보증금액(차용원금)에 대한 보증기한 다음날부
터 대위변제일까지의 연 1푼 5리의 비율에 의한
위약금, 원고가 구상채무를 변제받기 위하여 지출
한 제반 법적절차비용을 지급하기로 약정하였고,
1심 공동피고들인 B, C는 제1차 신용보증계약과
관련하여 망인이 원고에 대하여 부담하는 모든 채
무를, 망인, B, C는 제2차 신용보증계약과 관련하
여 X회사가 원고에 대하여 부담하는 모든 채무를
각 연대보증하였다.

(2) 원고는 위 각 신용보증계약에 따라 별지 일
람표(생략)의 기재와 같이 망인 또는 X회사를 피
보증인으로 하여 각 은행 및 금융회사에 신용보증
서를 발급하여 주었고, 망인과 X회사는 위 각 신
용보증서를 담보로 하여 위 각 은행 등으로부터
산업기술향상시설자금 등 명목으로 5차례에 걸쳐
합계 4억 7,760만 원을 대출받았다.

(3) 그 후 X회사는 1989. 8. 25. 원고의 승낙하
에 망인으로부터 제1차 신용보증계약상의 지위를
승계하였고, 그 대신 망인은 X회사의 원고에 대한
제1차 신용보증계약상의 채무를 연대보증하였다.

(4) 그런데 X회사가 1991. 2. 12. 당좌수표를 부
도내고 어음교환소로부터 거래정지처분을 받음으
로써 위 각 대출금에 대한 기한의 이익을 상실하
고 이를 변제하지 못하게 되자, 원고가 신용보증인
으로서 위 각 은행 등에 원금 168,513,438원, 이자
11,658,598원 합계 480,172,036원을 대위변제하였
는데, 원고가 1992. 5. 13. 제1차 신용보증계약에 따
른 대위변제원금 169,914,575원 중 19,205,185원을
회수하여 대위변제금이 460,966,851원(480,172,036
원 - 19,205,185원)이 남았고, 그 외 일부 회수금
19,205,185원에 대한 대위변제일로부터 회수일까지
의 지연손해금 3,566,902원이, 각 대출금을 변제하
지 못함으로써 위약금 844,540원이 각 발생하였으
며, 원고는 위 구상금채권을 보전하기 위하여 가압
류비용 등으로 합계 298,900원을 지출하였다.

(5) 한편 원고는 약정지연손해금의 비율을 1992.
2. 29.까지는 연 1할 9푼, 그 다음날부터 1993. 2.
28.까지는 연 2할 1푼, 그 다음날부터 1993. 7. 31.
까지는 연 2할, 그 다음날부터 현재까지는 연 1할
7푼으로 각 변경하여 적용하고 있다.

(6) 망인은 1992. 12. 23. 사망하였고, 그 자녀인
피고와 B가 망인의 원고에 대한 위 각 신용보증계
약상의 연대보증채무를 1/2 지분씩 각 상속하였
다. 그리고 1996. 3. 22. 공동상속인인 B와 피고
사이에 상속재산을 협의분할하면서 B가 채무를
포함한 모든 상속재산을 단독 상속하기로 하였다.

(7) 원고는 제2심에서는 피고에 대하여 X회사,
B, C(이들은 1심 공동피고임)와 연대하여 원고에게
232,838,596원 및 그 지연손해금을 지급하라고 하
였다.

[판결요지]

[1] 금전채무와 같이 급부의 내용이 가분인 채무가 공동상속된 경우, 이는 상속 개시와 동시에 당연히 법정상속분에 따라 공동상속인에게 분할되어 귀속되는 것이므로, 상속재산 분할의 대상이 될 여지가 없다.

[2] 상속재산 분할의 대상이 될 수 없는 상속채무에 관하여 공동상속인들 사이에 분할의 협의가 있는 경우라면 이러한 협의는 민법 제1013조에서 말하는 상속재산의 협의분할에 해당하는 것은 아니지만, 위 분할의 협의에 따라 공동상속인 중의 1인이 법정상속분을 초과하여 채무를 부담하기로 하는 약정은 면책적 채무인수의 실질을 가진다고 할 것이어서, 채권자에 대한 관계에서 위 약정에 의하여 다른 공동상속인이 법정상속분에 따른 채무의 일부 또는 전부를 면하기 위하여는 민법 제454조의 규정에 따른 채권자의 승낙을 필요로 하고, 여기에 상속재산 분할의 소급효를 규정하고 있는 민법 제1015조가 적용될 여지는 전혀 없다.

[관련규정] [1] 제1013조. [2] 제454조, 제1013조, 제1015조

[해설 및 논평]

1. 해설

상속이 개시되면 상속재산이 곧바로 상속인에게 이전되나, 상속인이 복수인 때에는 즉시 분할할 수가 없어 일단 공동으로 승계하는 수밖에 없다. 이 경우에 법률관계가 문제된다. 여기에 관하여 민법은 공동상속의 경우에 상속인은 각자의 상속분에 따라 피상속인의 권리의무를 승계하지만(1007조), 상속재산은 그들의 공유로 한다고 규정한다(1006조).

제1006조의 공유의 의미에 관하여는 i) 합유설과 ii) 공유설(다수설)이 나뉘어 대립하고 있으며, 판례는 공유설을 취하고 있다(대판 1993. 2. 12, 92다29801; 대판 1996. 2. 9, 94다61649).

본 판결에서는 먼저 상속재산의 공유와 관련하여 가분채무에 대하여 구체적으로 어떤 효과가 생기는지를 판단하고 있다. 그에 따르면, 가분채무는 각 공동상속인에게 그의 상속분에 따라 분할된다고 한다. 본래 합유설에 의하면, 채권·채무는 상속재산 분할까지는 당연히 분할되는 것이 아니라 불가분적으로 공동상속인 전원에게 귀속된다고 한다. 그리고 공유설에 의하면, 채권·채무가 불가분의 것이면 공유관계가 생기고, 그 목적이 가분이라면 법률상 당연히 공동상속인 사이에 분할된다고 한다(그런데 예외를 인정하기도 함). 판례는 공유설을 취하고 있기 때문에, 본 판결이 가분채무에 관하여 각 공동상속인에게 분할된다고 한 것이다. 학설은 − 공유설이 다수설인데도 − 여기에 관하여는 다수가 불가분채무설을 취하고 있다(문헌은 강의 E−268, 친상 [273] 참조).

위의 본 판결 법리에 의하면, 가분채무가 공동상속되는 경우에는 상속개시와 동시에 법정상속분에 따라 각 상속인에게 분할귀속되므로 상속재산 분할협의의 대상이 되지 않는다. 그러나 상속인들의 협의로 공동상속인 중 1인이 법정상속분을 초과하여 채무를 부담할 수도 있다. 그런데 본 판결에 의하면, 그러한 약정은 면책적 채무인수의 실질을 가지는 것이어서 그 약정에 의하여 다른 공동상속인이 채무를 면하려면 채권자의 승낙(454조 참조)이 필요하다고 한다. 그러면서 거기에 상속재산 분할의 소급효를 규정하고 있는 제1015조는 적용될 여지가 없다고 한다. 가분채무의 경우에 채무가 분할귀속된다고 보면, 이는 논리적으로 당연한 귀결이라고 할 것이다.

2. 논평

공동상속의 경우에 가분채무가 각 공동상속인에게 분할귀속된다고 새기는 본 판결은 채권자의 보호에 미흡하게 되는 문제가 있으나, 상속재산을 공유라고 규정하는 제1006조에는 충실한 해석이다.

34. 상속재산의 분할

◈ 대결 2016. 5. 4, 2014스122
   [상속재산분할](강의 E-223·224, 친상 [281])

[쟁점] 가분채권이 상속재산 분할의 대상이 될 수 있는지 여부(원칙적 소극)와 상속재산 분할의 대상이 될 수 있는 경우. 상속개시 당시 상속재산을 구성하던 재산이 그 후 처분되거나 멸실·훼손되는 등으로 상속재산 분할 당시 상속재산을 구성하지 않게 된 경우에 상속재산 분할의 대상이 될 수 있는지 여부(소극)와 그 대가로 취득하게 된 대상재산(代償財産)이 상속재산 분할의 대상이 될 수 있는지 여부(적극)

[사실관계]

(1) 피상속인은 2008. 7. 11. 사망하였고, 피상속인의 상속인으로는 자녀들(4인)인 청구인 및 상대방 1, 2, 3이 있다. 피상속인은 상속개시 당시 상대방 1에 대한 9,000만 원(1억 1,000만 원 − 간병비 2,000만 원), 상대방 2에 대한 1억 원의 부당이득 반환채권(이들 채권은 상대방 1이 피상속인의 하나은행 계좌를 무단으로 해지하여 간병비를 지급하고 나머지를 나누어 가진 데 따른 것임)과 우리은행에 4억 원의 예금채권을 보유하고 있었다.

그리고 피상속인의 우리은행에 대한 채권의 경과는 다음과 같다. 피상속인은 2008. 4. 21. 우리은행에 4억 원을 정기예금으로 예치한 뒤, 2008. 4. 21. 청구 외 1(대판: 청구 외인)의 우리은행에 대한 대출금 1억 3,340만 원의 담보로 위 정기예금 채권에 관하여 근질권을 설정하여 주었고, 우리은행은 2009. 4. 23. 만기 해지금 중 112,523,517원을 청구 외 1에 대한 대출금 채권과 상계하였으며(청구 외 1은 2009. 7. 31. 상대방 1에게 117,151,163원 상당을 변제하였다), 나머지 302,118,211원을 일시예치금으로 별단예금하였다. 우리은행은 2010. 8. 26. 위 별단예금 계좌에서 150,909,110원을 상대방 1, 상대방 2 앞으로, 75,454,551원은 청구인 앞으

로, 75,454,550원은 상대방 3 앞으로 각 공탁하였다(30만 원은 공탁비용으로 지출).

한편 청구 외 3은 피상속이 사망하기 전에 피상속인을 상대로 사실혼 파기로 인한 위자료 및 재산분할 청구의 소를 제기하였고, 그 결과 '청구인과 상대방들은 각 5,000만 원과 이에 대한 지연손해금을 지급하라'는 내용의 판결이 확정되었다. 청구 외 3은 위 확정판결을 집행권원으로 하여 상대방 1, 상대방 2의 위 공탁금출급청구권 중 100,465,752원에 관하여 압류·추심명령을 받아 그 채권배당절차에서 이를 배당받았고, 상대방 1은 위 공탁금 중 25,376,304원을, 상대방 2가 25,376,303원을 각 배당받았다. 또한 청구 외 3은 위 확정판결을 집행권원으로 하여 상대방 3의 위 공탁금출급청구권에 관하여 압류·추심명령을 받은 다음 65,030,821원을 추심하였고, 위 상대방은 2011. 12. 9. 나머지 공탁금 10,423,729원을 출급하였다. 그 결과 위 공탁금 중 청구인에 대한 공탁금 외에 상대방들에 대한 공탁금은 위와 같이 모두 출급되었다.

(2) 이러한 상태에서 청구인은 피상속인의 재산에 대한 분할을 구하는 심판청구를 하였다.

[결정요지]

[1] 금전채권과 같이 급부의 내용이 가분인 채권은 공동상속되는 경우 상속개시와 동시에 당연히 법정상속분에 따라 공동상속인들에게 분할되어 귀속되므로 상속재산 분할의 대상이 될 수 없는 것이 원칙이다(대법원 2006. 7. 24.자 2005스83 결정 등 참조).

그러나 가분채권을 일률적으로 상속재산 분할의 대상에서 제외하면 부당한 결과가 발생할 수 있다. 예를 들어 공동상속인들 중에 초과특별수익자가 있는 경우 초과특별수익자는 초과분을 반환하지 아니하면서도 가분채권은 법정상속분대로 상속받게 되는 부당한 결과가 나타난다. 그 외에도 특별수익이 존재하거나 기여분이 인정되어 구체적인 상속분이 법정상속분과 달라질 수 있는 상

황에서 상속재산으로 가분채권만이 있는 경우에는 모든 상속재산이 법정상속분에 따라 승계되므로 수증재산과 기여분을 참작한 구체적 상속분에 따라 상속을 받도록 함으로써 공동상속인들 사이의 공평을 도모하려는 민법 제1008조, 제1008조의 2의 취지에 어긋나게 된다.

따라서 이와 같은 특별한 사정이 있는 때는 상속재산 분할을 통하여 공동상속인들 사이에 형평을 기할 필요가 있으므로 가분채권도 예외적으로 상속재산 분할의 대상이 될 수 있다고 봄이 타당하다.

[2] 상속개시 당시에는 상속재산을 구성하던 재산이 그 후 처분되거나 멸실·훼손되는 등으로 상속재산 분할 당시 상속재산을 구성하지 아니하게 되었다면 그 재산은 상속재산 분할의 대상이 될 수 없다.

다만 상속인이 그 대가로 처분대금, 보험금, 보상금 등 대상재산(代償財産)을 취득하게 된 경우에는, 대상재산은 종래의 상속재산이 동일성을 유지하면서 형태가 변경된 것에 불과할 뿐만 아니라 상속재산 분할의 본질이 상속재산이 가지는 경제적 가치를 포괄적·종합적으로 파악하여 공동상속인에게 공평하고 합리적으로 배분하는 데에 있는 점에 비추어, 그 대상재산이 상속재산 분할의 대상으로 될 수는 있을 것이다.

[관련규정] 제1008조, 제1008조의 2, 제1013조

[해설 및 논평]

1. 해설

(1) 본 결정에서는 먼저 가분채권이 상속재산 분할의 대상이 되는지에 대하여 판단하였다. 그에 따르면, 가분인 채권은 공동상속되는 경우 상속개시와 동시에 당연히 법정상속분에 따라 공동상속인들에게 분할되어 귀속되므로 상속재산 분할의 대상이 될 수 없는 것이 원칙이라고 한다. 이는 종래의 대법원의 태도(공간되지는 않은 대법원 결정)에 따른 것이다. 그런데 본 결정은 이 원칙에 대

하여 예외를 인정한다. 가분채권을 일률적으로 상속재산 분할의 대상에서 제외하면 부당한 결과가 발생할 수 있으므로, 공동상속인들 중에 초과특별수익자가 있는 경우와 특별수익이 존재하거나 기여분이 인정되는 경우와 같이 특별한 사정이 있는 때에는 예외적으로 상속재산 분할의 대상이 될 수 있다고 한다.

이 문제에 대해서는 분할부정설, 분할인정설, 절충설(원칙적으로 부정하고 예외적으로 인정하는 견해) 등이 있다. 본 결정은 그 중에서 절충설을 취한 것이다. 그리고 그 중에서도 초과특별수익자가 있는 경우 등과 같이 특별한 사정이 있는 경우에 예외적으로 분할을 인정하는 입장이다.

(2) 다음에 본 결정은, 상속개시 당시에는 상속재산을 구성하던 재산이 그 후 처분되거나 멸실·훼손되는 등으로 상속재산 분할 당시 상속재산을 구성하지 않게 되었다면 그 재산은 상속재산 분할의 대상이 될 수 없다고 한 뒤, 다만 상속인이 그 대가로 처분대금, 보험금, 보상금 등 대상재산(이 대상재산은 물상대위의 객체나 대상청구권에서의 대체이익과는 다름)을 취득하게 된 경우에는, 그 대상재산이 상속재산 분할의 대상으로 될 수 있다고 한다. 이는 종래 일반적인 견해와 같은 태도이다.

2. 논평

본 결정의 내용은 받아들일 만하다. 다만, (2) 논점의 이유에 '동일성 유지'라는 점은 적절하지 않다. 한편 위 (1)의 논점에 관하여 절충설을 취한다고 해도 가분채권이 일단 공동상속인에게 법정상속분만큼 귀속한다는 전제는 유지된다고 보아야 한다(동지 이정민 평석).

[주요 평석 문헌] 권재문, "상속재산이 변형된 가분채권과 상속재산 분할," 동북아법연구(전북대 동북아법연구소), 11권 1호, 265면 이하; 방응환, "가분채권과 대상재산에 대한 상속재산 분할," 대법원판례해설, 107호, 437면 이하; 이정민, "가분채권(가분채권), 대상재산(대상재산)과 상속재산 분할," 민사판례연구, 40권, 775면 이하.

35. 상속회복청구권의 성질

◆ 대판(전원) 1991. 12. 24, 90다5740
  [토지소유권보존등기말소](강의 E-233, 친상
  [292] 이하)

[쟁점] 진정한 상속인임을 전제로 그 상속으로
인한 재산권의 귀속을 주장하고 참칭상속인 또는
자기들만이 재산상속을 하였다는 일부 공동상속
인들을 상대로 상속재산인 부동산에 관한 등기의
말소 등을 청구하는 경우에 그 청구원인 여하에
불구하고 제999조 소정의 상속회복청구의 소라고
해석할 것인지 여부(적극). 상속개시일로부터 10년
을 경과한 후에 상속권의 침해가 있는 경우라도
10년의 제척기간 경과로 인하여 상속회복청구권
은 소멸되었다고 보아야 할 것인지 여부(적극)

[사실관계]

(1) 이 사건 토지(울산시 중구 복산동 소재 분묘지
1048㎡)의 원 소유자인 망 소외 1은 1964. 3. 3. 사
망하였고, 그에게는 처인 망 소외 2, 장남인 망 소
외 3, 차남인 피고, 3남인 소외 4, 4남, 5남인 원고
들, 딸(출가녀)인 소외 5가 있었고, 또 망 소외 3에
게는 딸인 소외 6이 있었는데, 장남인 망 소외 3에
대하여 1967. 5. 31. 생사불명기간 만료를 원인으
로 하여 1975. 3. 21. 실종선고가 내려지자, 피고는
1975. 4. 4. 자기가 망 소외 1의 호주상속인이라고
신고하여 호적에 등재한 후, 민법 제996조에 따라
이 사건 토지를 승계하였다고 보존등기 신청을 하
여 1979. 2. 19. 피고 명의로 등기를 마쳤다.

(2) 그 후 원고들은, 이 사건 토지는 원·피고
및 망 소외 2, 소외 4, 소외 5 등이 공동상속한 것
임에도 피고가 자기 단독명의로 보존등기를 마친
것이므로 피고의 상속지분을 초과한 부분은 원인
무효라고 주장하면서 1989. 2. 14. 위 보존등기 말
소를 구하는 소를 제기하였다.

[판결요지]

[1] 민법(1990. 1. 13. 법률 제4199호로 개정되기 전
의 것, 이하 같다)이 규정하는 상속회복의 소는 호
주상속권이나 재산상속권이 참칭호주나 참칭재산
상속인으로 인하여 침해된 때에 진정한 상속권자
가 그 회복을 청구하는 소를 가리키는 것이나, 재
산상속에 관하여 진정한 상속인임을 전제로 그 상
속으로 인한 소유권 또는 지분권 등 재산권의 귀
속을 주장하고, 참칭상속인 또는 자기들만이 재산
상속을 하였다는 일부 공동상속인들을 상대로 상
속재산인 부동산에 관한 등기의 말소 등을 청구하
는 경우에도, 그 소유권 또는 지분권이 귀속되었
다는 주장이 상속을 원인으로 하는 것인 이상 그
청구원인 여하에 불구하고 이는 민법 제999조 소
정의 상속회복청구의 소라고 해석함이 상당하다
는 것이 당원의 견해이다(당원 1981. 1. 27. 선고 79
다854 판결 참조). …

원고의 이 사건 청구는 이 사건 토지는 원·피
고 및 망 소외 2, 소외 4, 5 등이 공동상속한 것임
에도 피고가 자기 단독 명의로 보존등기를 마친
것이므로 피고의 상속지분을 초과한 부분은 원인
무효라고 주장하고 이의 말소를 청구하는 것인
바, 이는 결국 이 사건 토지에 대한 지분권이 상
속을 원인으로 하여 원고들에게 귀속되었음을 주
장하고 자기만이 상속하였다는 피고를 상대로 상
속재산에 관한 등기의 일부 말소를 구하는 것이
므로 민법 제999조의 재산상속회복청구의 소에
해당한다.

따라서 이와 같은 취지의 원심판단은 정당하고,
거기에 재산상속회복의 소에 관한 법리를 오해한
위법이 있다고 할 수 없고, 논지는 이유 없다.

[2] 원고들의 이 사건 소가 재산상속회복청구의
소인 이상 민법 제999조에 의하여 준용되는 민법
제982조 제2항 소정의 제척기간의 적용이 있다 할
것이며, 상속개시일로부터 10년을 경과한 후에 상
속권의 침해가 있는 경우라도 10년의 제척기간 경
과로 인하여 상속회복청구권은 소멸되었다고 보

아야 한다(당원 1981. 1. 27. 선고 79다854 판결; 1989. 1. 17. 선고 87다카2311 판결 각 참조).

(이 판결에는 대법관 각 4인, 1인, 1인의 반대의견이 있음)

[관련규정] 구 민법(1990. 1. 13. 개정되기 전의 것) 제982조(제999조)

[해설 및 논평]
1. 해설
본 판결이 판시한 주요사항은 ① 상속회복청구권의 법적 성질, ② 상속개시일로부터 10년을 경과한 후에 상속권의 침해가 있는 경우의 문제이다. 둘을 나누어 살펴본다.
(1) 상속회복청구권의 법적 성질
상속회복청구권의 법적 성질에 관하여 학설은 i) 상속자격확정설, ii) 집합권리설, iii) 독립권리설, iv) 소권설 등으로 나뉘어 대립하고 있다(그 내용에 관하여는 강의 E−289, 친상 [292] 참조).
판례는 변천을 겪었다. 대법원은 처음에는, 민법상 상속권회복청구의 소에 관한 제도가 있다 하더라도 이와 별도로 상속재산에 관한 물권에 기한 소송을 제기할 수 있으며 이 소는 상속권회복청구에 관한 민법규정에 영향을 받지 않는다고 하였다(대판 1977. 11. 22, 77다1744). 이는 독립권리설의 입장인 것으로 보인다. 그런데 그 후, 재산상속에 관하여 진정한 상속인임을 전제로 그 상속으로 인한 소유권 또는 지분 등 재산권의 귀속을 주장하여 상속재산인 부동산에 관한 등기의 말소 등을 청구하는 경우에는 청구원인 여하에 불구하고 제999조 소정의 상속회복청구의 소라고 해석하여야 하므로 제982조 제2항 소정의 제척기간의 적용이 있다고 하여, 집합권리설로 변경하였다(대판 1978. 12. 13, 78다1811). 그리고 그러한 판결이 계속되다가, 대판(전원) 1981. 1. 27, 79다854가 그 입장을 다시 확실히 하였다. 그리고 본 전원합의체 판결에서 그 입장을 재확인하였다. 다만, 이전과 달리

본 판결에는 반대의견이 있는 점이 특별하나, 그것은 아래 (2)에서 설명하는 부당한 결과를 피하기 위하여 주장된 것으로 생각된다.
(2) 상속개시일로부터 10년을 경과한 후에 상속권의 침해가 있는 경우의 문제
2002. 1. 14.에 민법이 개정되기 전에는, 그리하여 본 판결 사안에 적용되는 민법에서도 상속회복청구권은 「상속이 개시된 날로부터」 10년이 경과하면 소멸하는 것으로 규정되어 있었다(개정 전 982조·999조). 그런데 상속권의 침해가 상속개시일로부터 10년이 경과한 후에 생긴 경우에도 그 규정이 적용되는지 문제되었다. 그에 대하여 본 판결은 그 경우에도 상속회복청구권이 소멸한다고 하였다. 본 판결의 그와 같은 결론은 법규정에는 어긋나지 않으나 실질적으로는 대단히 부당하다. 그리하여 2002. 1. 14.에 민법을 개정하여 「상속권의 침해행위가 있는 날부터」 10년이 경과하면 소멸하는 것으로 하였다. 그 결과 본 판결의 해당 부분은 현행법 아래에서는 인정될 여지가 없고, 따라서 당연히 선례로서의 의미도 없다.

2. 논평
위 1.(2)에 관하여는 관련 규정이 개정되어 논평할 필요가 없다. 다음에 위 1.(1)에 관하여 사견은 판례의 집합권리설에 반대하며 독립권리설에 찬성한다. 다만, 개별적인 청구권을 행사하더라도 상대방이 상속회복청구권의 상대방인 한 상속회복청구권의 제척기간의 적용을 받아야 한다는 입장이다.

[주요 평석 문헌] 김영갑, "공동상속인 사이의 재산상속회복청구권과 제척기간," 민사재판의 제문제, 7권, 575면 이하.

제5장
친족상속법

36. 상속회복청구권 소멸의 효과와 참칭 상속인

◆ 대판 1998. 3. 27, 96다37398
[소유권보존등기말소](강의 E-235·241, 친상 [295]·[296]·[303])

[쟁점] 상속회복청구권이 제척기간의 경과로 소멸된 경우에 참칭상속인이 상속개시일로 소급하여 상속인의 지위 및 상속재산의 소유권을 취득하는지 여부(적극). 상속회복청구권의 상대방이 되는 참칭상속인의 의미. 아무 근거 없이 피상속인의 호적에 호주상속신고를 한 것으로 기재되어 있으나 상속재산인 미등기부동산에 관하여 등기를 마치거나 점유한 적이 없고 호적상으로도 피상속인의 법정상속인에 해당할 여지가 없는 자가 참칭상속인에 해당하는지 여부(소극)

[사실관계]

(1) 경남 창원군 (지역 생략) 산 83 임야 2정 4단 4무보에 관하여 국가가 1917. 11. 10. 이를 사정받았다가 피고 A의 조부인 소외 망 B가 1931. 9. 14. 그 소유권을 취득하였다.

(2) 위 산 83 임야는 1937. 2. 26. 분필되어 산 83의 1 임야 2정 4단 2무보와 산 83의 2 임야 2무보가 되었고, 그 후 1965. 5. 10. 위 산 83의 1 임야에서 밭으로 개간된 부분이 산 83의 3 임야 5단 1무보(5,058㎡)로 분필되었으며(이 사건 토지임), 이 산 83의 3 임야는 같은 날 지목이 전(田)으로 변경되었다.

(3) B는 호주로 있다가 그 자녀로서 장남인 소외 C, 차남인 소외 D를 비롯한 3남 2녀를 두고 1940. 2. 1. 사망하였고, C는 그의 처인 소외 E와 사이에 피고 A 등 4녀를 두고 1915. 9. 23. 사망하였으며, B의 처는 1934. 4. 8. 사망하였고, B의 직계존속도 모두 이미 사망하였기 때문에, B의 사망으로 인하여 E가 B의 호주 및 재산을 상속하였으나 그 후 C의 사후양자가 입양되지 않은 상태에서

1964. 3. 11. 사망하였다. 그리고 D는 슬하에 장남인 소외 망 F를 비롯한 3남 3녀를 두었고, F는 그 슬하에 장남인 소외 G, 4남인 소외 H를 비롯한 4남 3녀를 두었다.

(4) X재단법인 이사장이었던 소외 I는 1974. 10. 15. 공원묘지사업을 경영하기 위하여 이 사건 부동산을 포함하여 그 부근에 있는 약 20필지의 부동산을 매수하였다. 그런데 I는 H가 이 사건 토지의 소유자인 줄 알고 H로부터 그 부동산을 매수하였다. 그리고 원고(Y법인)는 I로부터 이 사건 토지를 포함한 위 20여필지의 부동산을 매수하였다. 그런데 이 사건 토지에 관하여는 미등기 상태로 두었다.

(5) 한편 피고 A는 1992. 11.경 이 사건 토지에 관하여 B 명의로 종합토지세가 부과되자 그때서야 이 사건 토지의 존재를 알게 되었다. 그 후 피고는 다른 상속인들로부터 이 사건 토지에 관한 상속포기를 받은 후「부동산 소유권이전등기 등에 관한 특별조치법」에 따라 피고 명의로 소유권보존등기를 경료하였고, 이어서 자신의 딸인 피고 J 명의로 같은 달 14. 증여를 원인으로 한 소유권이전등기를 경료하였다.

(6) 이에 원고는 피고 A에게는 이 사건 토지에 경료된 소유권보존등기의 말소를, 피고 J에게는 소유권이전등기의 말소를 구하는 소를 제기하였다. 원고는 그 이유로 A의 상속회복청구권이 소멸했다는 점을 들었다(기타 생략).

[판결요지]

[1] 상속회복청구권이 제척기간의 경과로 소멸하게 되면 상속인은 상속인으로서의 지위 즉 상속에 따라 승계한 개개의 권리의무 또한 총괄적으로 상실하게 되고, 그 반사적 효과로서 참칭상속인의 지위는 확정되어 참칭상속인이 상속개시의 시로부터 소급하여 상속인으로서의 지위를 취득한 것으로 봄이 상당하므로, 상속재산은 상속 개시일로 소급하여 참칭상속인의 소유로 된다.

[2] 상속회복청구의 상대방이 되는 참칭상속인이라 함은 정당한 상속권이 없음에도 재산상속인임을 신뢰케 하는 외관을 갖추거나 상속인이라고 참칭하면서 상속재산의 전부 또는 일부를 점유함으로써 진정한 상속인의 재산상속권을 침해하는 자를 가리킨다.

[3] 상속재산인 미등기 부동산을 임의로 매도한 자가 아무 근거 없이 피상속인의 호적에 호주상속신고를 한 것으로 기재되어 있으나, 상속재산인 미등기 부동산에 관하여 상속인이라고 참칭하면서 등기를 마치거나 점유를 한 바가 없고, 또한 피상속인의 호적에 의하더라도 피상속인의 시동생의 손자로서 피상속인의 법정상속인에 해당할 여지가 없어 그 유산에 대하여 상속권이 없음이 명백한 경우, 그 자를 상속회복청구의 상대방이 되는 참칭상속인에 해당한다고 볼 수 없다.

[관련규정] 제999조

[해설 및 논평]

1. 해설

본 판결 사안의 경우 구 관습과 현행법에 의하면 A가 이 사건 토지의 정당한 상속인이다. 문제는 A의 상속회복청구권이 제척기간의 경과로 소멸하고 H가 그 토지의 소유권을 취득하는지, 그리하여 원고의 청구가 정당한지 여부이다. 이 문제에 대한 결론을 도출하기 위해서 본 판결은 ① 상속회복청구권이 소멸한 경우의 효과, ② 참칭상속인의 의미, ③ 본 판결 사안의 경우에 H가 참칭상속인인지에 대하여 판단하고 있다.

(1) 상속회복청구권이 소멸한 경우의 효과

민법은 상속회복청구권이 제척기간(999조 2항 참조)의 경과로 소멸한 경우에 구체적으로 어떤 효과가 발생하는지에 관하여 명문의 규정을 두고 있지 않다. 그 경우에 상속인이 참칭상속인에게 상속재산의 반환을 청구하지 못함은 분명하다. 그런데 그 재산의 소유권이 누구에게 있는지는 불분

명하다. 여기에 관하여 본 판결은 종래의 판례에 따라서, 그 경우에는 상속인은 상속인으로서의 지위 즉 상속에 따라 승계한 개개의 권리의무 또한 총괄적으로 상실하게 되고, 그 반사적 효과로서 참칭상속인의 지위는 확정되어 참칭상속인이 상속개시의 시로부터 소급하여 상속인으로서의 지위를 취득한 것으로 보았다.

(2) 참칭상속인의 의미

본 판결은, 참칭상속인이라 함은 정당한 상속권이 없음에도 재산상속인임을 신뢰케 하는 외관을 갖추거나 상속인이라고 참칭하면서 상속재산의 전부 또는 일부를 점유함으로써 진정한 상속인의 재산상속권을 침해하는 자라고 한다. 이것도 역시 종래의 판례와 같다. 이에 의하면, 외관만 갖춘 자도, 재산을 점유만 한 자도 참칭상속인으로 되는 것으로 보인다. 그런데 과연 그러한지는 불분명하다. 아마도 부동산은 등기를 해야 하고, 동산은 점유해야 하는 것으로 생각된다. 다만, 본 판결에서는 미등기부동산의 경우에는 점유만으로 충분하다는 입장이 아닌가 한다.

(3) H가 참칭상속인인지 여부

본 판결은, H는 피고 A의 상속재산인 이 사건 토지를 임의로 매도한 자에 불과하고 이 사건 토지에 관하여 E의 상속인이라고 참칭하면서 등기를 마치거나 점유를 한 바가 없으므로 참칭상속인이 아니라고 한다. 그 결과 H는 이 사건 토지의 소유권을 취득하지 못한다고 한다.

2. 논평

본 판결은 종래의 판결을 다시 확인한 것으로서 타당하다.

[주요 평석 문헌] 김상철, "상속회복청구권이 제척기간의 경과로 인하여 소멸한 경우 상속재산의 귀속 및 미등기부동산에 대한 참칭상속인," 대법원판례해설, 30호, 213면 이하.

37. 한정승인의 효과

◈ 대판(전원) 2010. 3. 18, 2007다77781
   [배당이의](강의 E-253, 친상 [319])

[쟁점] 한정승인이 이루어진 경우에 상속채권자가 상속재산에 관하여 한정승인자로부터 담보권을 취득한 고유채권자에 대하여 우선적 지위를 주장할 수 있는지 여부(소극)

[사실관계]

(1) 망 소외 1(이하 망인이라 함)이 2002. 11. 7. 사망하자 망인의 법정상속인들 중 자녀들은 상속을 포기하고 처인 소외 2가 서울가정법원에 원심판결의 별지 기재 상속재산목록을 첨부해 한정승인신고를 하여 위 법원이 2003. 4. 30. 이를 수리하였다.

(2) 그 후 소외 2는 2003. 5. 29. 위 상속재산목록 제1, 2 부동산(이하 이 사건 각 부동산이라 함)에 관하여 상속을 원인으로 한 소유권이전등기를 마치고, 2003. 7. 28. 피고에게 채권최고액 1천만 원의 근저당권을 설정하여 주었다.

(3) 한편 망인에게 금전을 대여했던 원고는 망인의 사망에 따라 소외 2를 상대로 대여금청구의 소를 제기하여, 2004. 4. 27. '소외 2는 원고에게 5억 원 및 이에 대한 지연손해금을 망인으로부터 상속받은 재산의 한도 내에서 지급하라'는 내용의 판결을 선고받고, 위 판결의 가집행선고에 기하여 그 판결금 중 2억 원을 청구채권으로 하여 2004. 9. 16. 이 사건 각 부동산 등에 관하여 강제경매신청을 하였다.

(4) 이에 따라 강제경매절차를 진행한 경매법원은 2006. 5. 3. 배당기일에서 이 사건 각 부동산에 관하여 근저당권자인 피고가 상속채권자인 원고에 대한 관계에서 우선변제권을 주장할 수 있음을 전제로 하여, 실제 배당할 금액 중 위 근저당권의 채권최고액에 해당하는 1천만 원을 피고에게 먼저 배당하고, 나머지 금전은 원고를 포함한 일반 채권자들에게 안분하여 배당하는 취지의 배당표를 작성하였고, 원고는 위 배당기일에 피고의 위 배당액에 대하여 이의하였다.

[판결요지]

[다수의견] 법원이 한정승인신고를 수리하게 되면 피상속인의 채무에 대한 상속인의 책임은 상속재산으로 한정되고, 그 결과 상속채권자는 특별한 사정이 없는 한 상속인의 고유재산에 대하여 강제집행을 할 수 없다. 그런데 민법은 한정승인을 한 상속인(이하 '한정승인자'라 한다)에 관하여 그가 상속재산을 은닉하거나 부정소비한 경우 단순승인을 한 것으로 간주하는 것(제1026조 제3호) 외에는 상속재산의 처분행위 자체를 직접적으로 제한하는 규정을 두고 있지 않기 때문에, 한정승인으로 발생하는 위와 같은 책임제한 효과로 인하여 한정승인자의 상속재산 처분행위가 당연히 제한된다고 할 수는 없다. 또한 민법은 한정승인자가 상속재산으로 상속채권자 등에게 변제하는 절차는 규정하고 있으나(제1032조 이하), 한정승인만으로 상속채권자에게 상속재산에 관하여 한정승인자로부터 물권을 취득한 제3자에 대하여 우선적 지위를 부여하는 규정은 두고 있지 않으며, 민법 제1045조 이하의 재산분리 제도와 달리 한정승인이 이루어진 상속재산임을 등기하여 제3자에 대항할 수 있게 하는 규정도 마련하고 있지 않다. 따라서 한정승인자로부터 상속재산에 관하여 저당권 등의 담보권을 취득한 사람과 상속채권자 사이의 우열관계는 민법상의 일반원칙에 따라야 하고, 상속채권자가 한정승인의 사유만으로 우선적 지위를 주장할 수는 없다. 그리고 이러한 이치는 한정승인자가 그 저당권 등의 피담보채무를 상속개시 전부터 부담하고 있었다고 하여 달리 볼 것이 아니다.

(이 판결에는 3인의 대법관의 반대의견과 대법관 2인의 다수의견에 대한 보충의견이 있음.

반대의견의 요지: 한정승인자의 상속재산은 상속채권자의 채권에 대한 책임재산으로서 상속채권자에게

우선적으로 변제되고 그 채권이 청산되어야 한다. 그리고 그 반대해석상, 한정승인자의 고유채권자는 상속채권자에 우선하여 상속재산을 그 채권에 대한 책임재산으로 삼아 이에 대하여 강제집행할 수 없다고 보는 것이 형평에 맞으며, 한정승인제도의 취지에 부합한다. 이와 같이, 상속채권자가 한정승인자의 고유재산에 대하여 강제집행할 수 없는 것에 대응하여 한정승인자의 고유채권자는 상속채권자에 우선하여 상속재산에 대하여 강제집행할 수 없다는 의미에서, 상속채권자는 상속재산에 대하여 우선적 권리를 가진다. 또한 한정승인자가 그 고유채무에 관하여 상속재산에 담보물권 등을 설정한 경우와 같이, 한정승인자가 여전히 상속재산에 대한 소유권을 보유하고 있어 상속채권자가 그 재산에 대하여 강제집행할 수 있는 한에 있어서는, 그 상속재산에 대한 상속채권자의 우선적 권리는 그대로 유지되는 것으로 보아야 한다. 따라서 한정승인자의 고유채무를 위한 담보물권 등의 설정등기에 의하여 상속채권자의 우선적 권리가 상실된다고 보는 다수의견은 상속채권자의 희생 아래 한정승인자로부터 상속재산에 관한 담보물권 등을 취득한 고유채권자를 일방적으로 보호하려는 것이어서, 상속의 한정승인 제도를 형해화시키고 제도적 존재 의미를 훼손하므로 수긍하기 어렵다)

[관련규정] 제1005조, 제1026조 제3호, 제1028조, 제1030조, 제1031조, 제1032조, 제1033조, 제1034조, 제1036조, 제1037조, 제1038조, 제1045조, 제1049조

[해설 및 논평]

1. 해설

상속의 한정승인이 있는 경우 상속인은 채무 전부를 승계하지만 책임의 범위가 상속재산에 한정된다(1028조·1029조 참조). 즉 한정상속인은 물적 유한책임을 진다. 그런데 한정승인의 경우에도 상속재산 중 적극재산의 소유권이 한정상속인에게 귀속하기 때문에, 한정상속인의 채권자는 그 재산에 대하여 강제집행을 하려고 할 수 있다. 그

런가 하면 한정승인의 경우에도 한정상속인이 상속재산을 처분하는 것을 명문으로 금지하고 있지 않기 때문에, 한정상속인이 상속재산을 매도하거나 그 위에 담보권을 설정하는 일이 생길 수 있다. 이들 경우에는 피상속인의 채권자 즉 상속채권자와, 한정상속인의 채권자 또는 그 상속인으로부터 재산을 매수한 자나 담보권을 취득한 자 사이에 이해관계가 대립하게 된다.

본 판결은 이들 여러 경우 가운데 한정상속인이 상속부동산 위에 타인에게 저당권 등의 담보권을 설정해준 때에 담보권을 취득한 자와 상속채권자 사이의 우열관계에 대하여 전원합의체 판결로 최초로 판단을 한 것이다.

본 판결(다수의견)은 세 가지 이유를 들고서 한정승인자로부터 상속재산에 관하여 저당권 등의 담보권을 취득한 사람과 상속채권자 사이의 우열관계는 민법상의 일반원칙에 따라야 하고, 상속채권자가 한정승인의 사유만으로 우선적 지위를 주장할 수는 없으며, 그러한 이치는 한정승인자가 그 저당권 등의 피담보채무를 상속개시 전부터 부담하고 있었다고 해도 같다고 한다.

2. 논평

본 판결에 의할 경우 상속채권자의 보호에 소홀하게 된다. 그렇지만 한정승인의 경우 상속채권자를 담보권자에 우선시킬 법적 근거가 없고, 만약 상속채권자를 우선시키면 한정승인의 등기가 행해지지 않는 현실에서 제3자보호 내지 거래의 안전이 심하게 침해된다. 따라서 본 판결은 타당하다. 그런데 장차에는 한정승인의 등기제도를 도입하여 상속채권자를 우선시켜야 할 것이다.

[주요 평석 문헌] 나진이, "상속재산에 관한 강제집행절차에 있어 한정승인자의 고유채권자와 상속채권자 사이의 우열관계," 민사판례연구, 34권, 647면 이하; 박종훈, "한정승인과 상속채권자의 우선변제권," 판례연구(부산판례연구회), 22집, 739면 이하.

38. 상속의 포기

◆ 대결(전원) 2023. 3. 23, 2020그42
[승계집행문부여에대한이의](강의 E-259,
친상 [325])

[쟁점] 피상속인의 배우자와 자녀 중 자녀 전부
가 상속을 포기한 경우, 배우자가 단독상속인이
되는지 여부(적극)

[사실관계]

(1) 피신청인은 망 신청외 3(망인) 등을 상대로
구상금 청구의 소를 제기하여 2011. 2. 16. 승소판
결을 받았고, 이 판결은 2011. 3. 31. 확정되었다.

(2) 망인은 아내와 사이에 4명의 자녀들을 두었
고 2015. 4. 16. 사망하였는데 신청인들은 망인의
사망 당시 그의 손자녀들로서 만 18세 또는 만 10
세였다.

(3) 망인이 사망하자 그의 아내는 상속한정승인
신고를 하여 2015. 8. 7. 수리심판을 받았고, 4명
의 자녀들은 모두 상속포기 신고를 하여 2015. 8.
3. 수리심판을 받았다.

(4) 피신청인은 망인의 아내와 손자녀들인 신청
인들이 망인을 공동상속하였다는 이유로 이들을
상대로 망인에 대한 위 확정판결에 관하여 승계집
행문 부여신청을 하여 2020. 2. 6. 승계집행문을
부여받았다(이 사건 승계집행문).

(5) 신청인들은 망인의 상속인이 아니라는 이유
로 이 사건 승계집행문 부여에 대한 이의를 신청
하였다. 이에 대하여 원심은 신청인의 신청을 기각
하였다. 그러자 신청인이 특별항고를 하였는데, 대
법원은 본 결정에서 원심결정을 파기·환송하였다.

[판결요지]

**2. 피상속인의 배우자와 자녀 중 자녀 전부가
상속을 포기한 경우의 상속인**

가. … 입법 연혁에 비추어 보면, 구 관습이 적
용될 때는 물론이고 제정 민법 이후 현재에 이르

기까지 배우자는 상속인 중 한 사람이고 다른 혈
족 상속인과 법률상 지위에서 차이가 없다.

나. … 1) …2) … 3) … 민법 제1043조의 '상속
인이 수인인 경우' 역시 민법 제1000조 제2항의
'상속인이 수인인 때'와 동일한 의미로서 같은 항
의 '공동상속인이 되는' 경우에 해당하므로 그 공
동상속인에 배우자도 당연히 포함되며, 민법 제
1043조에 따라 상속포기자의 상속분이 귀속되는
'다른 상속인'에도 배우자가 포함된다.

4) 이에 따라 공동상속인인 배우자와 여러 명의
자녀들 중 일부 또는 전부가 상속을 포기한 경우
의 법률효과를 본다.

가) 공동상속인인 배우자와 자녀들 중 자녀 일
부만 상속을 포기한 경우에는 민법 제1043조에 따
라 그 상속포기자인 자녀의 상속분이 배우자와 상
속을 포기하지 않은 다른 자녀에게 귀속된다.

이와 동일하게 공동상속인인 배우자와 자녀들
중 자녀 전부가 상속을 포기한 경우 민법 제1043
조에 따라 상속을 포기한 자녀의 상속분은 남아
있는 '다른 상속인'인 배우자에게 귀속되고, 따라
서 배우자가 단독상속인이 된다.

나) 이에 비하여 피상속인의 배우자와 자녀 모
두 상속을 포기한 경우 민법 제1043조는 적용되지
않는다. …

다. … 특히 상속의 포기는 피상속인의 상속재
산 중 소극재산이 적극재산을 초과하는 경우의 상
속에서 중요한 의미를 가진다. … 상속을 포기한
피상속인의 자녀들은 피상속인의 채무가 자신은
물론 자신의 자녀에게도 승계되는 효과를 원천적
으로 막을 목적으로 상속을 포기한 것이라고 보는
것이 자연스럽다. …

라. … 피상속인의 배우자와 자녀 중 자녀 전부
가 상속을 포기한 경우 배우자가 단독상속인이 된
다고 해석함으로써 법률관계를 간명하게 확정할
수 있다. …

마. 판례 변경의 타당성
이상에서 살펴본 바와 같이 상속에 관한 입법

례와 민법의 입법 연혁, 민법 조문의 문언 및 체계적·논리적 해석, 채무상속에서 상속포기자의 의사, 실무상 문제 등을 종합하여 보면, 피상속인의 배우자와 자녀 중 자녀 전부가 상속을 포기한 경우에는 배우자가 단독상속인이 된다고 봄이 타당하다.

이와 달리 피상속인의 배우자와 자녀 중 자녀 전부가 상속을 포기한 경우 배우자와 피상속인의 손자녀 또는 직계존속이 공동상속인이 된다는 취지의 대법원 2015. 5. 14. 선고 2013다48852 판결은 이 판결의 견해에 배치되는 범위 내에서 변경하기로 한다.

3. 이 사건에 관한 판단

망인의 배우자와 자녀 중 자녀 전부가 상속을 포기하였으므로 배우자만이 단독상속인이 된다. 그런데도 원심은 망인의 배우자와 손자녀인 신청인들이 공동상속인이라는 이유로 이 사건 승계집행문 부여에 대한 이의신청을 기각하였다. 이러한 원심의 조치에는 … 잘못이 있다.

(이 판결에는 종래의 판례가 유지되어야 한다는 대법관 2인의 반대의견이 있음)

[관련규정] 제1000조 제1항·제2항, 제1003조 제1항, 제1005조, 제1009조, 제1019조, 제1042조, 제1043조

[해설 및 논평]

1. 해설

(1) 서설

본 결정 사안에서는 망인(피상속인)의 배우자와 자녀 4인, 손자녀 2인이 있다. 그런데 공동상속인인 배우자와 자녀 4인 중 자녀 4인 모두가 상속을 포기하였다. 그러한 경우에 망인의 재산을 배우자와 손자녀 2인이 공동상속하는지, 아니면 배우자가 단독상속하는지 문제된다. 여기에 관하여는 판례가 변하였다. 한편 이 사안에서는 손자녀가 상속인이 되는지에 따라 이 사건 승계집행문 부여의

정당성 여부가 가려지게 된다.

(2) 자녀 전부가 상속을 포기한 경우에 관한 종래의 판례

얼마 전에 대법원은, 상속을 포기한 자는 상속개시된 때부터 상속인이 아니었던 것과 같은 지위에 놓이게 된다는 이유로, 피상속인의 배우자와 자녀 중 자녀 전부가 상속을 포기한 경우에는 배우자와 피상속인의 손자녀 또는 직계존속이 공동으로 상속인이 되고, 피상속인의 손자녀와 직계존속이 존재하지 않으면 배우자가 단독으로 상속인이 된다고 하였다(대판 2015. 5. 14, 2013다48852). 이 판결에 따르면 본 결정 사안에서는 망인의 재산을 배우자와 손자녀가 공동으로 상속하게 된다.

(3) 본 결정에 의한 판례의 변경

그런데 대법원은 본 결정에서 여러 이유를 들어, 피상속인의 배우자와 자녀 중 자녀 전부가 상속을 포기한 경우에는 배우자가 단독상속인이 된다고 하였다. 그러면서 종래의 판례를 변경하였다. 종래의 판례는 문제된 경우에 제1043조의 적용을 배제하여 그 규정의 의미를 크게 감소시켰는데, 본 결정은 그 규정을 적용하여 실효성을 살렸다. 본 결정에 따르면 그 사안에서는 망인의 재산을 배우자가 단독으로 상속하게 된다.

(4) 본 결정 사안에서의 결론

본 결정 사안에서 만약 망인의 손자녀가 상속인이라면 그에 대한 승계집행문 부여가 적법하지만, 손자녀가 상속인이 아니라면 위법하게 된다. 본 결정의 원심법원은 — 종래의 판례에 입각하여 — 망인의 배우자와 손자녀인 신청인들이 공동상속인이라는 이유로 이 사건 승계집행문 부여에 대한 이의신청을 기각하였다. 그에 대하여 본 결정은 망인의 배우자가 단독상속인이라고 보고, 원심의 이의신청 기각은 잘못이라고 하였다.

2. 논평

본 결정의 결론은 저자가 과거부터 주장하던 것(친상, 제1판, [325] 참조)으로서 타당하다.

제5장 친족상속법

39. 구수증서에 의한 유언

◆ 대판 2006. 3. 9, 2005다57899
[유언무효확인의소](강의 E-277, 친상 [348])

[쟁점] 유언자의 진정한 의사에 합치하나 제1065조 내지 제1070조에 정해진 요건과 방식에 어긋나는 유언의 효력(무효). 증인이 제3자에 의하여 미리 작성된, 유언의 취지가 적혀 있는 서면에 따라 유언자에게 질문을 하고 유언자가 동작이나 간략한 답변으로 긍정하는 방식이 제1070조에서 정한 '유언취지의 구수'에 해당하는지 여부

[사실관계]

(1) 유언자 소외 1은 1997. 11. 중순경 갑작스러운 체중감소로 입원하여 만성 골수성 백혈병 및 위암 초기라는 진단을 받아 즉시 위암 종양 제거 수술을 하고 퇴원하였으나 증세가 다시 악화되어 1997. 12. 9. 입원하여 치료를 받았다.

(2) 소외 1은 계속된 치료에도 불구하고 생명이 위독한 상태에 이르렀는데, 1998. 1. 3. 토요일 병실에서 변호사 소외 5, 소외 6, 소외 7의 입회하에 구수증서에 의한 유언의 방식으로 "유언자 소유의 별지 목록 기재 재산을 유언자의 배우자인 소외 2에게 모두 상속한다. 별지 목록에 기재되어 있지 않은 유언자의 기타 소유재산도 모두 소외 2에게 상속한다. 유언집행자로 X주식회사의 비서실장인 피고를 지정한다"는 취지의 이 사건 유언서가 작성되었다. 이 사건 유언서에는 X주식회사의 직원인 소외 3과 운전기사인 소외 4가 증인으로 참여하여 각자 서명, 무인하였고, 유언자로서 소외 1의 이름이 기재된 외에 그 무인이 찍혀 있다.

(3) 위 소외 1은 1998. 1. 5. 급성신부전으로 사망하였는데(이하 위 소외 1을 망인이라 함), 망인의 유언집행자로 지정된 피고는 이 사건 유언서에 대한 검인청구를 하여 1998. 2. 12. 검인절차를 마쳤다.

(4) 망인은 1938. 2. 22. 소외 8과 혼인하였다가 1955. 1. 4. 협의이혼한 후 1955. 1. 6. 소외 2와 혼인하였는데, 소외 9는 망인과 소외 8 사이에서 출생한 장남으로서 1976. 8. 13. 소외 10과 혼인하였다가 1999. 12. 27. 이혼한 후 2000. 11. 14. 사망하였고, 원고 1, 2는 망 소외 9와 소외 10 사이의 자녀이다.

(5) 망인의 유언서 작성 과정은 다음과 같다. 망인은 입원치료 중이던 1998. 1. 3.경 가족들에게 유언을 하겠다는 의사를 밝혀서, Y법무법인 소속 변호사 소외 5, 소외 6, 소외 7을 사실상 입회시킨 가운데 구수증서에 의한 유언을 하게 되었다. 당시 망인의 정신상태는 비교적 양호하였으나 병세의 악화로 기력이 쇠진하여 자필증서나 비밀증서를 작성하기 어려웠던 것은 물론이고, 간단한 외마디 말이나 손동작으로 자신의 의사를 표시하는 외에 유언의 전체 취지를 스스로 구술하여 녹음한다는 것은 기대하기 어려웠다. 이에 망인은 구수증서에 의한 유언을 하기로 하고 위 입회 변호사들 가운데 한 사람이 병실에 있던 가족 등으로부터 전해들은 망인의 유언취지를 확인하여 물어보면 '음', '어' 하는 소리와 함께 고개를 끄덕여 동의를 표시하거나 아주 간단한 말로 맞다는 대답을 하였다. 증인인 소외 3은 위와 같이 망인의 대답으로 확인된 유언의 취지를 필기하여 이 사건 유언서로 작성한 후 이를 낭독하였고, 망인과 증인 소외 3, 소외 4는 그 내용을 확인한 후 각자 서명, 무인하였는데, 망인도 소외 3 등의 도움을 받아 침대에서 반쯤 일어나 앉은 상태에서 유언장에 직접 서명, 무인하였다. 망인은 이 사건 유언서를 작성한 이틀 후에 사망하였다.

(6) 그 후 원고 1, 2는 1998. 1. 3. 구수증서에 의하여 한 유언의 무효확인을 구하는 소를 제기하였다.

[판결요지]

민법 제1065조 내지 제1070조가 유언의 방식을 엄격하게 규정한 것은 유언자의 진의를 명확히 하

고 그로 인한 법적 분쟁과 혼란을 예방하기 위한 것이므로, 법정된 요건과 방식에 어긋난 유언은 그것이 유언자의 진정한 의사에 합치하더라도 무효라고 하지 않을 수 없고(대법원 1999. 9. 3. 선고 98다17800 판결 등 참조), 민법 제1070조 소정의 '구수증서에 의한 유언'은 유언자가 2인 이상의 증인의 참여로 그 1인에게 유언의 취지를 구수하고 그 구수를 받은 자가 이를 필기낭독하여 유언자와 증인이 그 정확함을 승인한 후 각자 서명 또는 기명날인하여야 하는 것인바, 여기서 '유언취지의 구수'라 함은 말로써 유언의 내용을 상대방에게 전달하는 것을 뜻하는 것이므로, 증인이 제3자에 의하여 미리 작성된, 유언의 취지가 적혀 있는 서면에 따라 유언자에게 질문을 하고 유언자가 동작이나 간략한 답변으로 긍정하는 방식은, 유언 당시 유언자의 의사능력이나 유언에 이르게 된 경위 등에 비추어 그 서면이 유언자의 진의에 따라 작성되었음이 분명하다고 인정되는 등의 특별한 사정이 없는 한 민법 제1070조 소정의 유언취지의 구수에 해당한다고 볼 수 없다 할 것이다.

그런데 … 위 인정 사실을 앞서 본 법리에 비추어 보면, 망인이 유언취지의 확인을 구하는 변호사의 질문에 대하여 고개를 끄덕이거나 "음", "어"라고 말한 것만으로는 민법 제1070조 소정의 유언의 취지를 구수한 것으로 볼 수는 없다.

[관련규정] 제1065조, 제1066조, 제1067조, 제1068조, 제1069조, 제1070조

[해설 및 논평]
1. 해설
본 판결은 크게 세 부분, 즉 유언 일반에 대한 부분, 구수증서 유언에 관한 부분, 본 판결 사안에 관한 부분으로 나누어 살펴볼 수 있다.
종래 대법원은 법정된 요건과 방식에 어긋난 유언은 그것이 유언자의 진정한 의사에 합치하더라도 무효라고 하였다(대판 1999. 9. 3, 98다17800

등). 본 판결도 이러한 종래의 판례와 같이 판시하고 있다.

본 판결은 먼저, 「구수증서에 의한 유언」에서 「유언취지의 구수」라 함은 말로써 유언의 내용을 상대방에게 전달하는 것을 뜻한다고 하여 구수의 의미를 분명히 하였다. 그런 뒤에 증인이 제3자에 의하여 미리 작성된, 유언의 취지가 적혀 있는 서면에 따라 유언자에게 질문을 하고 유언자가 동작이나 간략한 답변으로 긍정하는 방식은 원칙적으로 제1070조 소정의 유언취지의 구수에 해당한다고 볼 수 없다고 한다. 다만, 유언 당시 유언자의 의사능력이나 유언에 이르게 된 경위 등에 비추어 그 서면이 유언자의 진의에 따라 작성되었음이 분명하다고 인정되는 등의 특별한 사정이 있는 경우에는 예외를 인정한다. 그러한 경우로는 유언자가 공증인을 부르러 보내면서 유언자의 의식이 뚜렷한 상태에서 유언취지를 미리 작성하여 보내서 공증인이 그에 맞추어 서면을 작성해 온 경우를 들 수 있다.

본 판결은 그 사안의 경우에 망인이 유언취지의 확인을 구하는 질문에 고개를 끄덕이거나 "음", "어"라고 말한 것만으로는 제1070조의 유언의 취지를 구수한 것으로 볼 수는 없다고 한다. 망인의 언동은 구수증서 유언의 마지막 단계인 승인에 해당하며, 첫 단계인 구수에는 미치지 못한다는 것이다. 그리고 예외를 인정하여야 할 만할 사정도 없다고 보았다.

2. 논평
본 판결은 타당하다.

[주요 평석 문헌] 홍승면, "구수증서에 의한 유언에 있어서 유언취지의 구수," 대법원판례해설, 60호, 146면 이하.

40. 유류분반환청구의 상대방

◆ 대판 2002. 4. 26, 2000다8878
[유류분청구](강의 E-305·307·309, 친상 [382]
이하)

[쟁점] 유류분반환청구권 행사의 방법 및 그로
인한 소멸시효의 중단. 유류분반환청구권의 행사
에 의하여 반환되어야 할 유증 또는 증여의 목적
이 된 재산이 타인에게 양도된 경우에 양수인에
대하여도 그 재산의 반환을 청구할 수 있는지 여
부(한정 적극)

[사실관계]

(1) 소외 1은 1995. 1. 14. 그 소유의 소외 2 주
식회사 주식 21,100주(이하 이 사건 주식이라 함)를
장남인 피고와 차남인 소외 3에게 1/2씩 유증(이하
이 사건 유증이라 함)한 다음, 같은 해 5. 31. 사망하
였고, 소외 3은 그 직후 증여받은 주식 10,550주를
피고에게 다시 증여하였다. 망인의 유족으로는 처
인 소외 4, 자녀들인 원고, 피고, 소외 3, 소외 5,
소외 6 등이 있다.

(2) 원고는 1996. 1. 11. 피고를 비롯한 나머지
유족들을 상대로 서울가정법원에 이 사건 유증이
망인의 정신이 혼미한 상태에서 이루어져 무효라
고 주장하면서 이 사건 주식 및 소외 7 주식회사
의 주식 80,000주, 별지목록(생략) 일부 기재 각 부
동산 등에 대하여 상속재산 분할심판청구를 하였
다. 이 심판절차에서 피고가 1996. 8. 14.자 준비
서면을 제출하면서 이 사건 유증의 증거로 유언공
정증서를 제출하였는데, 원고는 같은 해 11. 13.
그 진정성립을 인정하였다. 그 후 원고는 1997. 2.
4.자 준비서면에서 이 사건 유증이 적법하더라도
그 유증으로 인하여 원고의 유류분이 침해되었다
는 이유로, 예비적으로 이 사건 주식에 대하여 유
류분청구를 하고, 이어서 같은 해 3. 3.자 청구취
지 변경서를 통하여 이 사건 주식을 제외한 나머
지 재산을 심판청구의 범위에서 제외하고 새로이

전북 장수군 (지역 생략) 산 2-2 임야 20정 9단 9
무보를 그 분할대상으로 추가하였다가, 같은 해 5.
28. 이 사건 주식에 대한 유류분반환 주장을 철회
하였다.

(3) 서울가정법원이 1997. 6. 11. 이 임야에 대
하여는 분할의 대상이 되는 상속재산임을 인정하
고 이를 경매에 부쳐 그 대금에서 경매비용을 공
제한 나머지 금액을 원고와 나머지 유족들의 각
상속지분에 따라 분배할 것을 명하고, 이 사건 유
증이 무효라고 볼 증거가 없다는 이유로 이 사건
주식에 대하여는 상속재산 분할청구를 기각하는
심판을 하자, 상대방인 나머지 유족들이 그 패소
부분에 관하여 항고하였고, 원고는 항고심이 계속
중이던 1998. 2. 5. 이 사건 주식 부분에 대하여
부대항고를 제기하였다가 같은 해 5. 1. 이를 취하
하였다. 서울고등법원은 같은 해 6. 5. 상대방의
항고를 기각하는 결정을 하였고, 상대방이 같은
달 25. 재항고를 하였으나, 1999. 12. 22. 대법원에
서 재항고기각결정이 내려짐으로써 확정되었다.

(4) 원고는 1998. 8. 13. 이 사건 주식의 유증과
관련하여 위 주식 중 1,623주(21,100×1/13)의 양도
를 구하는 유류분반환청구 소송을 제기하였다.

[판결요지]

1. 유류분반환청구권의 행사는 재판상 또는 재
판 외에서 상대방에 대한 의사표시의 방법으로 할
수 있고, 이 경우 그 의사표시는 침해를 받은 유증
또는 증여행위를 지정하여 이에 대한 반환청구의
의사를 표시하면 그것으로 족하며, 그로 인하여 생
긴 목적물의 이전등기청구권이나 인도청구권 등을
행사하는 것과는 달리 그 목적물을 구체적으로 특
정하여야 하는 것은 아니고, 민법 제1117조에 정한
소멸시효의 진행도 그 의사표시로 중단된다(대법원
1995. 6. 30. 선고 93다11715 판결 참조).

2. 유류분반환청구권의 행사에 의하여 반환하여
야 할 유증 또는 증여의 목적이 된 재산이 타인에
게 양도된 경우 그 양수인이 양도 당시 유류분권

리자를 해함을 안 때에는 양수인에 대하여도 그 재산의 반환을 청구할 수 있다고 보아야 할 것이다.

기록에 의하면, 피고는 망인의 사망 직후 소외 3으로부터 그가 소유한 이 사건 주식 중 10,550주를 증여받을 당시 이로 인하여 원고의 유류분을 침해하게 된다는 사정을 알고 있었던 것으로 보이므로, 이에 대하여도 원고의 유류분반환청구권 행사는 허용되어야 할 것이다.

[관련규정] 제1115조, 제1117조

[해설 및 논평]

1. 해설

본 판결이 판시한 주요사항은 ① 유류분반환청구권 행사의 방법 및 그로 인한 소멸시효의 중단과 ② 유류분반환청구권 행사의 상대방의 둘이다. 그런데 유류분반환청구권의 법적 성질을 어떻게 파악하느냐가 이들과 직접적 또는 간접적으로 관련되어 있다.

(1) 유류분반환청구권의 법적 성질

유류분반환청구권의 법적 성질에 관하여 학설은 i) 형성권설과 ii) 청구권설로 나뉘어 대립하고 있다. i)설은 반환청구권을 행사하면 유증 또는 증여계약은 유류분을 침해하는 한도에서 실효하고 목적물 위의 권리는 당연히 유류분권리자에게 복귀한다고 한다(물권적 효력). 그에 비하여 ii)설은 반환청구권이 유증 또는 증여받은 자에 대하여 유류분이 부족한 만큼의 재산의 인도나 반환을 요구하는 순수한 채권적 청구권이라고 한다. 그리고 판례는 형성권설로 보인다(대판 2013. 3. 14, 2010다42624 등 참조).

(2) 유류분반환청구권 행사의 방법 등

유류분반환청구권 행사방법에 관하여는 민법상 제한이 없다. 따라서 그 권리는 상대방에 대한 의사표시로 행사하면 되고, 그 의사표시를 반드시 소송상 해야 할 필요도 없다. 대법원도 이전부터 그러한 태도를 취해 왔으며, 그 점은 본 판결도

같다.

그런데 반환청구의 의사표시를 할 때 목적물을 특정해야 하는지 문제된다. 이에 대하여 본 판결은 – 종래의 판례에 따라 – 그 의사표시는 침해를 받은 유증 또는 증여행위를 지정하여 이에 대한 반환청구의 의사를 표시하면 그것으로 족하며, 그로 인하여 생긴 목적물의 이전등기청구권이나 인도청구권 등을 행사하는 것과는 달리 그 목적물을 구체적으로 특정해야 하는 것은 아니라고 한다.

한편 반환청구의 의사표시가 있으면 제1117조에 정한 소멸시효의 진행도 중단된다고 한다.

(3) 유류분반환청구권 행사의 상대방

유류분반환청구권의 상대방은 반환청구의 대상으로 되는 증여 또는 유증의 수증자와 그 포괄승계인, 유언집행자이다. 그 외에 목적재산의 양수인도 상대방이 되는지 문제된다. 그에 대하여 본 판결은 목적재산이 타인에게 양도된 경우에 그 양수인이 양도 당시 유류분권리자를 해함을 안 때에는 양수인에 대하여도 그 재산의 반환을 청구할 수 있다고 한다.

2. 논평

본 판결 중 위 1.(3)과 관련된 부분은 부당하다. 그 부분은 논리보다는 실질적 타당성만을 염두에 둔 것으로 보인다. 형성권설에 의하면 양수인도 상대방이 될 수 있으나 악의자에 한정할 근거가 없고, 청구권설에 의하면 양수인은 상대방이 될 수 없기 때문이다. 사견은 유류분반환청구권은 청구권설로 보아야 한다는 입장이다.

[주요 평석 문헌] 우성만, "유류분반환청구권의 (이하 생략)," 판례연구(부산판례연구회), 14집, 429면 이하; 조원철, "유류분반환청구권의 행사에 의하여 (이하 생략)," 대법원판례해설, 40호, 279면 이하.

제5장
친족상속법

41. 유류분반환에 관한 여러 문제

◆ 대판 2013. 3. 14, 2010다42624 · 42631
[유류분반환 · 손해배상(기)](강의 E-303 · 304 ·
306 · 307 · 308, 친상 [382] 이하, 채총 [67])

[쟁점] 증여 또는 유증을 받은 재산 등의 가액
이 자기 고유의 유류분액을 초과하는 수인의 공동
상속인이 유류분권리자에게 반환하여야 할 재산
과 범위를 정하는 기준 및 어느 공동상속인 1인이
수개의 재산을 유증받아 각 수유재산으로 유류분
권리자에게 분담액을 반환하는 경우에 반환하여
야 할 각 수유재산의 범위를 정하는 방법. 유류분
반환청구권의 행사로 생기는 원물반환의무 또는
가액반환의무의 지체책임의 발생시기. 유류분권
리자의 가액반환청구에 대하여 반환의무자가 원
물반환을 주장하며 가액반환에 반대의사를 표시
한 경우에 법원이 가액반환을 명할 수 있는지 여
부(원칙적 소극). 유류분권리자의 유류분반환청구
권 행사에 의하여 그의 유류분을 침해하는 증여
또는 유증이 소급적으로 실효된 경우에 반환의무
자가 부당이득으로 반환하여야 하는 목적물 사용
이익의 범위

[사실관계]

(1) 망 소외 1(2005. 9. 20. 사망)의 상속인으로는
처인 소외 2, 딸 원고, 아들 피고, 딸 소외 3 등 4
인이 있다. 망인은 생전에 소외 2, 피고, 소외 3(이
하 이들 3인을 피고 등이라 함)에게 부동산 등을 증
여해 왔고, 1997. 4. 11. 일부 부동산을 피고 등에
게 유증한다는 유언공정증서를 작성하여 그 재산
이 피고 등에게 유증되었다.

(2) 원고는 망인으로부터 재산을 증여받거나 유
증받지 못하자 피고를 상대로 이 사건 유류분반환
청구의 소를 제기하였다(당초 소외 3도 제1심 공동
피고로 삼아 제소하였다가 2009. 12. 28. 소외 3과 합의
한 후 소를 취하하였음).

[판결요지]

[1] 증여 또는 유증을 받은 재산 등의 가액이
자기 고유의 유류분액을 초과하는 수인의 공동상
속인이 유류분권리자에게 반환하여야 할 재산과
범위를 정할 때에, 수인의 공동상속인이 유증받은
재산의 총 가액이 유류분권리자의 유류분 부족액
을 초과하는 경우에는 유류분 부족액의 범위 내에
서 각자의 수유재산을 반환하면 되는 것이지 이를
놓아두고 수증재산을 반환할 것은 아니다. 이 경
우 수인의 공동상속인이 유류분권리자의 유류분
부족액을 각자의 수유재산으로 반환할 때 분담하
여야 할 액은 각자 증여 또는 유증을 받은 재산
등의 가액이 자기 고유의 유류분액을 초과하는 가
액의 비율에 따라 안분하여 정하되, 그 중 어느
공동상속인의 수유재산의 가액이 그의 분담액에
미치지 못하여 분담액 부족분이 발생하더라도 이
를 그의 수증재산으로 반환할 것이 아니라, 자신
의 수유재산의 가액이 자신의 분담액을 초과하는
다른 공동상속인들이 위 분담액 부족분을 위 비율
에 따라 다시 안분하여 그들의 수유재산으로 반환
하여야 한다. 나아가 어느 공동상속인 1인이 수개
의 재산을 유증받아 각 수유재산으로 유류분권리
자에게 반환하여야 할 분담액을 반환하는 경우,
반환하여야 할 각 수유재산의 범위는 특별한 사정
이 없는 한 민법 제1115조 제2항을 유추적용하여
각 수유재산의 가액에 비례하여 안분하는 방법으
로 정함이 타당하다.

[3] 유류분반환청구권의 행사로 인하여 생기는
원물반환의무 또는 가액반환의무는 이행기한의 정
함이 없는 채무이므로, 반환의무자는 그 의무에 대
한 이행청구를 받은 때에 비로소 지체책임을 진다.

[4] 우리 민법은 유류분제도를 인정하여 제1112
조부터 제1118조까지 이에 관하여 규정하면서도
유류분의 반환방법에 관하여는 별도의 규정을 두
고 있지 않다. 다만 제1115조 제1항이 "부족한 한
도에서 그 재산의 반환을 청구할 수 있다"고 규정
한 점 등에 비추어 볼 때 반환의무자는 통상적으

로 증여 또는 유증 대상 재산 자체를 반환하면 될 것이나 원물반환이 불가능한 경우에는 가액 상당액을 반환할 수밖에 없다. 원물반환이 가능하더라도 유류분권리자와 반환의무자 사이에 가액으로 이를 반환하기로 협의가 이루어지거나 유류분권리자의 가액반환청구에 대하여 반환의무자가 이를 다투지 않은 경우에는 법원은 가액반환을 명할 수 있지만, 유류분권리자의 가액반환청구에 대하여 반환의무자가 원물반환을 주장하며 가액반환에 반대하는 의사를 표시한 경우에는 반환의무자의 의사에 반하여 원물반환이 가능한 재산에 대하여 가액반환을 명할 수 없다.

[6] 유류분권리자가 반환의무자를 상대로 유류분반환청구권을 행사하는 경우 그의 유류분을 침해하는 증여 또는 유증은 소급적으로 효력을 상실하므로, 반환의무자는 유류분권리자의 유류분을 침해하는 범위 내에서 그와 같이 실효된 증여 또는 유증의 목적물을 사용·수익할 권리를 상실하게 되고, 유류분권리자의 목적물에 대한 사용·수익권은 상속개시의 시점에 소급하여 반환의무자에 의하여 침해당한 것이 된다. 그러나 민법 제201조 제1항은 "선의의 점유자는 점유물의 과실을 취득한다"고 규정하고 있고, 점유자는 민법 제197조에 의하여 선의로 점유한 것으로 추정되므로, 반환의무자가 악의의 점유자라는 사정이 증명되지 않는 한 반환의무자는 목적물에 대하여 과실수취권이 있다고 할 것이어서 유류분권리자에게 목적물의 사용이익 중 유류분권리자에게 귀속되었어야 할 부분을 부당이득으로 반환할 의무가 없다. 다만 민법 제197조 제2항은 "선의의 점유자라도 본권에 관한 소에 패소한 때에는 그 소가 제기된 때로부터 악의의 점유자로 본다"고 규정하고 있고, 민법 제201조 제2항은 "악의의 점유자는 수취한 과실을 반환하여야 하며 소비하였거나 과실로 인하여 훼손 또는 수취하지 못한 경우에는 그 과실의 대가를 보상하여야 한다"고 규정하고 있으므로, 반환의무자가 악의의 점유자라는 점이 증명된 경우에는 악의의 점유자로 인정된 시점부터, 그렇지 않다고 하더라도 본권에 관한 소에서 종국판결에 의하여 패소로 확정된 경우에는 소가 제기된 때로부터 악의의 점유자로 의제되어 각 그때부터 유류분권리자에게 목적물의 사용이익 중 유류분권리자에게 귀속되었어야 할 부분을 부당이득으로 반환할 의무가 있다.

[관련규정] 제197조, 제201조, 제741조, 제1115조, 제1116조

[해설 및 논평]

1. 해설

본 판결이 최초로 판시한 4가지 사항에 관하여만 지면관계상 간략하게 살펴본다.

판결요지[1]에서는 공동상속인이 유류분권리자에게 반환할 때 우선 각자의 수유재산을 반환하면 된다고 한다. 이는 제1116조를 적용한 것이다. 그리고 각인이 분담액을 정할 때 또는 1인이 유증받은 여러 재산에 분담액을 정할 때에는 제1115조 제2항을 유추적용한다.

판결요지[3]에서는 유류분반환청구권의 행사로 생기는 원물반환의무 또는 가액반환의무의 지체책임의 발생시기를 부당이득 반환의무처럼 보고 있다(형성권설 입장).

판결요지[4]에서는 유류분반환의 방법(원물반환의 원칙)을, 판결요지[6]에서는 원물반환시 사용이익의 반환 여부에 대하여 판시한다.

2. 논평

판결요지[6]을 제외하고는 무난하다.

[주요 평석 문헌] 오영준, "수증재산이나 수유재산의 (이하 생략)," 대법원판례해설, 95호, 202면 이하.

제2부

객관식 연습

1. 관습법과 사실인 관습에 관한 다음 설명 중 옳지 않은 것은? (판례에 의함)

① 관습법은 바로 법원으로서 법령과 같은 효력을 갖는 관습으로서 법령에 저촉되지 않는 한 법칙으로서의 효력이 있다.

② 관습법과 사실인 관습은 모두 당사자의 주장 입증을 기다림이 없이 법원이 직권으로 이를 확정하여야 한다.

③ 사적 자치가 인정되지 않는 분야 즉 그 분야의 제정법이 주로 강행규정일 경우에는 그 강행규정 자체에 결함이 있거나 강행규정 스스로가 관습에 따르도록 위임한 경우 등 이외에는 사실인 관습에 법적 효력을 부여할 수 없다.

④ 가정의례준칙 규정과 충돌하는 관습법은 그 가정의례준칙 규정이 임의규정일지라도 효력이 인정되지 않는다.

⑤ 사실인 관습은 법령으로서의 효력이 없는 단순한 관행으로서 법률행위의 당사자의 의사를 보충한다.

[해설] 대판 1983. 6. 14, 80다3231(민총 판례1) 참조. 이 판결에 따르면, 관습법은 당사자의 주장 입증을 기다림이 없이 법원이 직권으로 이를 확정하여야 하나, 이와 같은 효력이 없는 사실인 관습은 그 존재를 당사자가 주장 입증하여야 한다.

[정답] ②

2. 관습법과 종중에 관한 다음 설명 중 옳지 않은 것은? (판례에 의함)

① 사회의 거듭된 관행으로 생성된 사회생활규범이 관습법으로 승인되었다고 하더라도 사회 구성원들이 그러한 관행의 법적 구속력에 대하여 확신을 갖지 않게 되었다거나, 사회를 지배하는 기본적 이념이나 사회질서의 변화로 인하여 그러한 관습법을 적용하여야 할 시점에 있어서

의 전체 법질서에 부합하지 않게 되었다면, 그러한 관습법은 법적 규범으로서의 효력이 부정될 수밖에 없다.

② 종중 구성원의 자격을 성년 남자만으로 제한하는 종래의 관습법은 이제 더 이상 법적 효력을 가질 수 없게 되었다.

③ 성년 여자가 종중에의 가입의사를 표명한 경우 그 성년 여자가 당해 종중 시조의 후손이 아니라는 등 그 가입을 거부할 정당하고 합리적인 이유가 없는 이상 가입의사를 표명함으로써 종중 구성원이 된다고 보아야 한다.

④ 종중 구성원의 자격은 민법 제1조가 정한 바에 따라 조리에 의하여 보충될 수밖에 없다.

⑤ 종중 구성원의 자격에 관하여 변경된 대법원의 견해는 그 판결 선고 이후의 종중 구성원의 자격과 이와 관련하여 새로이 성립되는 법률관계에 대하여만 적용되나, 그 판결의 사건 청구에 대하여만은 변경된 견해가 소급하여 적용된다.

[해설] 대판(전원) 2005. 7. 21, 2002다1178(민총 판례2) 참조. 이 판결에 따르면, 공동선조와 성과 본을 같이 하는 후손은 성별의 구별 없이 성년이 되면 당연히 그 구성원이 된다고 보는 것이 조리에 합당하다고 한다(③은 다수의견에 반대하는 별개의견의 입장임).

[정답] ③

3. 다음 중 신의성실의 원칙 또는 금반언의 원칙에 반하지 않는 경우는? (판례에 의함)

① 동일한 건물에 대하여 이중으로 소유권보전등기를 한 원고가 위 보전등기가 유효하다고 하여 이를 믿은 피고와 사이에 근저당권설정계약을 체결하고 그 등기를 경료하게 한 경우에 위 근저당권설정등기를 유발한 원고가 그 등기가 무효라고 주장하는 때

② 농지의 명의수탁자가 적극적으로 농가이거나 자경의사가 있는 것처럼 하여 소재지 관서의 증명을 받아 그 명의로 소유권이전등기를 마치고 그 농지에 관한 소유자로 행세하면서, 한편으로 증여세 등의 부과를 면하기 위하여 농가도 아니고 자경의사도 없었음을 들어 농지개혁법에 저촉되기 때문에 그 등기가 무효라고 주장하는 경우

③ 지방자치단체가 그 행정재산인 토지를 매도한 후 20년 가까이 경과하고 공용폐지까지 된 이제 와서 당해 토지가 매매 당시에 행정재산임을 내세워 무효라고 주장하는 경우

④ 원고가 그의 친딸을 위하여 견고한 건물을 신축하게 하였다가 이것이 제3자의 강제경매 신청에 의하여 피고들에게 경락되자 그 뜻을 바꾸어 신축한 지 얼마 되지 않은 이 사건 건물의 철거를 구하는 경우

⑤ 근저당권자가 담보로 제공된 건물에 대한 담보가치를 조사할 당시 대항력을 갖춘 임차인이 그 임대차 사실을 부인하고 임차보증금에 대한 권리주장을 않겠다는 내용의 확인서를 작성해준 경우에, 그 후 그 건물에 대한 경매절차에서 이를 번복하여 대항력 있는 임대차의 존재를 주장함과 아울러 근저당권자보다 우선적 지위를 가지는 확정일자부 임차인임을 주장하여 그 임차보증금 반환채권에 대한 배당요구를 하는 경우

[해설] ① 동일한 건물에 대하여 이중으로 소유권보전등기를 한 원고가 위 보전등기가 유효하다고 하여 이를 믿은 피고와 사이에 근저당권설정계약을 체결하고 그 등기를 경료케 한 경우에 위 이중의 소유권보전등기는 무효로서 말소되어야 할 운명인 이상 위 무효인 보전등기에 기한 근저당권설정등기가 원고에 대하여는 무효가 아니라고 볼 수 없음이 명백하므로 위 근저당권설정등기를 원고가 유발하였다 하더라도 동 등기가 무효라는 원고의 주장을 금반언의 원칙과 신의성실의 원칙에 반한다고 할 수 없다(대판 1968. 4. 24, 68다219). ② 대판 1990.

7. 24, 89누8224(민총 판례3) 참조. ③ 대판 1986. 10. 14, 86다카204 참조. ④ 대판 1991. 6. 11, 91다9299 참조. ⑤ 대판 1997. 6. 27, 97다12211 참조.
[정답] ①

4. 실효의 원칙에 관한 다음 설명 중 옳지 않은 것은? (판례에 의함)

① 소를 제기할 수 있는 권리와 같은 공법상의 권리도 실효할 수 있다.

② 실효의 원칙이 적용되기 위하여 필요한 요건으로서의 실효기간(권리를 행사하지 않은 기간)의 길이와, 의무자인 상대방이 권리가 행사되지 아니하리라고 신뢰할 만한 정당한 사유가 있었는지의 여부는 일률적으로 판단할 수 있는 것이 아니라, 구체적인 경우마다 권리를 행사하지 않은 기간의 장단과 함께 권리자 측과 상대방 측 쌍방의 사정 및 객관적으로 존재하는 사정 등을 모두 고려하여 사회통념에 따라 합리적으로 판단하여야 한다.

③ 사용자와 근로자 사이의 고용관계(근로자의 지위)의 존부를 둘러싼 노동분쟁의 경우에는 실효의 원칙이 다른 법률관계에 있어서보다 더욱 적극적으로 적용되어야 할 필요가 있다.

④ 대법원은 실효의 원칙에 관한 모든 판결에서 권리자가 실제로 권리를 행사할 수 있는 기회가 있었어야 한다는 것을 실효의 원칙이 적용되기 위한 필수적인 요건으로 요구하고 있다.

⑤ 징계해임 처분의 효력을 다투는 분쟁에 있어서는, 징계사유와 그 징계해임 처분의 무효사유 및 징계해임 된 근로자가 그 처분이 무효인 것을 알게 된 경위는 물론, 그 근로자가 그 처분의 효력을 다투지 않을 것으로 사용자가 신뢰할 만한 다른 사정, 사용자가 다른 근로자를 대신 채용하는 등 새로운 인사체제를 구축하여 기업을 경영하고 있는지의 여부 등을 모두 참작하여야 한다.

[해설] 대판 1992. 1. 21, 91다30118(민총 판례4) 참조. 이 판결은「권리자가 실제로 권리를 행사할 수 있는 기회가 있었어야 한다는 것」을 권리실효의 요건으로 들고 있으나, 그것을 요건으로 들고 있지 않은 판결도 있다.

[정답] ④

5. 권리남용 금지에 관한 다음 설명 중 옳은 것을 모두 고른 것은? (판례에 의함)

> ㄱ. 권리남용이 인정되려면 언제나 행위자에게 가해의 의사나 목적이 있어야 한다.
> ㄴ. 권리남용이 인정되기 위하여 언제나 행위자에게 가해의 의사나 목적이 있어야 하는 것은 아니다.
> a. 권리의 행사가 상대방에게 고통이나 손해를 주기 위한 것이라는 주관적 요건은 권리자의 정당한 이익을 결여한 권리행사로 보여지는 객관적인 사정에 의하여 추인할 수 있다.
> b. 권리남용을 성립시키는 주관적 요건과 객관적 요건은 별개의 것이기 때문에 객관적인 사정이 가해의 의사나 목적이라는 주관적 요건을 추인할 수는 없다.

① ㄱ, a　　② ㄱ, b
③ ㄴ, a　　④ ㄴ, b
⑤ ㄴ

[해설] 대판 1993. 5. 14, 93다4366(민총 판례5) 참조. 이 판결은 권리남용의 요건으로 주관적 요건도 들고 있으나, 모든 판례가 주관적 요건을 요구하고 있지는 않다.

[정답] ③

6. 갑은 1955. 2. 15. 을로부터 X시 Y동 683 답 1,552평방미터(이하 A토지라고 함)에 관한 소유권이전등기를 경료받고도 그 후 실제로는 위 648 답 1,593평방미터(이하 B토지라고 함)를 계속 경작하여 왔다. 그러다가 갑은 1980. 3. 21. 병과 사이에, 갑이 현실적으로 경작하고

있는 B토지를 매매의 목적물로 하여 매매계약을 체결하였으나, 등기부상의 지번과 현실적으로 점유·경작하고 있는 지번이 서로 다른 사실을 모른 채 A토지에 관한 등기서류를 병에게 교부하였고, 병 역시 그러한 사실을 모른 채 B토지를 갑으로부터 인도받아 현재에 이르기까지 이를 경작하고 있다. 그런데 병은 A토지에 관하여 1980. 3. 25. 자신의 명의로 소유권이전등기를 마쳤으며, 위와 같이 등기부상의 지번과 현실적으로 점유·경작하는 토지의 지번이 서로 다르다는 사실은 1993. 12.경 A토지의 상속인인 정이 알려주어 처음 알게 되었다. 현재는 1994. 1.이다. 이 경우에 관한 다음 설명 중 옳지 않은 것은? (판례에 의함)

① 갑과 병 사이의 매매계약의 목적물은 B토지이다.
② A토지에 관하여 행해진 병 명의의 소유권이전등기는 무효이다.
③ A토지에 관하여 병 명의로 등기된 기간이 10년이 넘었지만, 정은 병에게 그 등기의 말소를 청구할 수 있다.
④ 갑이나 병은 모두 착오를 이유로 매매계약을 취소할 수 없다.
⑤ 병은 갑에 대하여 B토지의 소유권이전등기의 청구를 할 수 없다.

[해설] 대판 1996. 8. 20, 96다19581·19598(민총 판례6) 참조. ③ A토지에 관한 병 명의의 등기는 정의 소유권을 방해하는 것이므로 정은 물권적 청구권(방해제거청구권)을 행사하여 병 명의의 등기의 말소를 청구할 수 있다. 그리고 그 권리는 소유권에 기한 물권적 청구권으로서 소멸시효에 걸리지도 않는다. ④ 자연적 해석의 경우에는 양당사자 모두에 대하여 의사와 표시가 일치하기 때문에 착오가 존재하지 않으며, 따라서 본 문제의 경우에 갑이나 병은 누구도 매매계약을 착오를 이유로 취소할 수 없다. ⑤ 문제의 경우에 매매계약이 B토지에 관하여 성립했기 때문에 매수인 병은 매도인 갑에 대하여 그 계약에 기하여 B토지의 소유권이전등기 청구권을 가진다. 다만, 그 등기청구권이 발생한 지 10년 경과하여 소멸시효에 걸려 소멸했는지가 문제된다.

그런데 판례에 따르면, 부동산을 매수한 자가 그 목적물을 인도받은 경우에는 매수인의 등기청구권이 소멸시효에 걸리지 않는다(대판(전원) 1976. 11. 6, 76다148 등). 따라서 판례에 의하면, 문제의 경우에 현재에도 병은 갑에 대하여 B토지의 소유권이전등기를 청구할 수 있다.

[정답] ⑤

7. 지적장애인의 의사능력 판단에 관한 다음 설명 중 옳지 않은 것은? (판례에 의함)

① 지적장애를 가진 사람이 장애인복지법령에 따라 지적장애인 등록을 하지 않았다거나 등록 기준을 충족하지 못하였다고 해서 반드시 의사능력이 있다고 단정할 수 없다.

② 지적장애를 가진 사람에게 의사능력이 있는지를 판단할 때 단순히 그 외관이나 피상적인 언행만을 근거로 의사능력을 쉽게 인정해서는 안 된다.

③ 의학적 진단이나 감정 등을 통해 확인되는 지적장애의 정도를 고려해서 법률행위의 구체적인 내용과 난이도, 그에 따라 부과되는 책임의 중대성 등에 비추어 볼 때 지적장애를 가진 사람이 과연 법률행위의 일상적 의미뿐만 아니라 법률적인 의미나 효과를 이해할 수 있는지를 살펴보아야 한다.

④ 법률행위가 이루어지게 된 동기나 경위 등에 비추어 합리적인 의사결정이라고 보기 어려운 사정이 존재하는지는 살펴볼 필요가 없다.

⑤ 특별한 사정이 없는 한 지능지수가 70 이하인 사람은 교육을 통한 사회적·직업적 재활이 가능하더라도 지적장애인으로서 장애인복지법령에 따른 보호의 대상이 된다.

[해설] 대판 2022. 5. 26, 2019다213344(민총 판례 7) 참조. ④ 이 판결에 따르면, 법률행위가 이루어지게 된 동기나 경위 등에 비추어 합리적인 의사결정이라고 보기 어려운 사정이 존재하는지도 살펴보아야 한다.

[정답] ④

8. 갑은 18세 1개월 남짓 되던 때에 L카드회사로부터 신용카드를 발급받았다. 갑은 그 당시 영어 과외를 하여 월 60만 원을 조금 넘는 정도의 수입을 얻고 있었다. 갑은 카드 발급 직후부터 약 3개월 동안 그 신용카드를 이용하여 병 등의 가맹점들로부터 합계 2,197,880원 상당의 음식(피자 등)·의류·화장품·핸드백·신발·문구·영화표·고속버스승차권·호텔숙박권 등을 신용구매하고 L카드회사로부터 직접 합계 138만 원의 현금서비스를 제공받았다. 그런데 갑이 L카드회사와 신용카드 이용계약을 체결할 때나 가맹점들로부터 신용구매계약을 체결할 때에는 그의 법정대리인의 동의를 전혀 받지 않았다. 이 경우에 관한 다음 설명 중 옳지 않은 것은? (판례에 의함)

① 갑은 법정대리인의 동의가 없었음을 이유로 L카드회사와 체결한 신용카드 이용계약을 취소할 수 있다.

② 갑이 법정대리인의 동의 없이 신용구매계약을 체결한 후에 법정대리인의 동의 없음을 사유로 들어 그 계약을 취소하는 것은 신의칙에 위반된다.

③ 갑이 당시 스스로 얻고 있던 소득에 대하여는 법정대리인의 묵시적 처분허락이 있었고, 각 신용구매계약은 위와 같이 처분허락을 받은 재산범위 내의 처분행위에 해당하므로, 갑은 각 신용구매계약을 취소할 수 없다.

④ 갑이 법률행위를 함에 있어서 요구되는 법정대리인의 동의는 언제나 명시적이어야 하는 것은 아니고 묵시적으로도 가능하다.

⑤ 갑의 신용구매계약에 법정대리인의 처분허락이 있다고 볼 수 있는지 여부를 판단함에 있어서는, 미성년자의 연령·지능·직업·경력, 법정대리인과의 동거 여부, 독자적인 소득의 유무와 그 금액, 경제활동의 여부, 계약의 성질·체결경위·내용, 기타 제반 사정을 종합적으로 고려하여야 할 것이고, 위와 같은 법리는 처분허락을 받은 재산의 범위 내라면 특별한 사정

이 없는 한 신용카드를 이용하여 재화와 용역을 신용구매한 후 사후에 결제하려는 경우와 곧바로 현금구매하는 경우를 달리 볼 필요는 없다.

[해설] 대판 2007. 11. 16, 2005다71659·71666·71673(민총 판례8) 참조.

[정답] ②

9. 갑은 공인중개사 을의 소개로 그의 X토지를 병에게 10억 원에 매도하는 내용의 매매계약을 체결하였고, 그 계약은 약정한 대로 이행되었다. 그리고 갑은 을과 협의하여 을에게 중개수수료로 300만 원을 지급하였다. 그런데 여기에 적용되는 법령은 중개수수료는 거래가액의 0.9퍼센트를 초과할 수 없도록 규정하고, 그것을 위반하는 경우의 처벌규정도 두고 있다. 이 경우에 관한 다음 설명 중 옳은 것은? (판례에 의함)

① 중개수수료에 관한 제한규정은 강행법규이어서 중개수수료에 관한 약정이 전부 무효로 되고, 따라서 을은 갑에게 300만 원을 반환해야 한다.
② 중개수수료에 관한 제한규정은 강행법규이나 중개수수료에 관한 약정이 전부 무효로 되지는 않고 0.9퍼센트를 초과하는 부분만 무효로 되며, 따라서 을은 갑에게 210만 원을 반환해야 한다.
③ 중개수수료에 관한 제한규정은 단속규정이어서 중개수수료에 관한 약정이 전부 유효하고, 따라서 을은 갑에게 300만 원을 반환할 의무가 없다.
④ 중개수수료에 관한 제한규정은 단속규정이나 중개수수료에 관한 약정 중 제한을 초과한 부분은 무효로 되며, 따라서 을은 갑에게 210만 원을 반환해야 한다.
⑤ 갑이 을에게 지급한 300만 원은 불법원인급여이나 불법성이 을에게만 있으므로 을은 갑에게

300만 원을 반환해야 한다.

[해설] 대판(전원) 2007. 12. 20, 2005다32159(민총 판례9) 참조. 이 판결은, 부동산 중개수수료에 관한 제한규정들은 중개수수료 약정 중 소정의 한도를 초과하는 부분에 대한 사법상의 효력을 제한하는 이른바 강행법규에 해당한다고 한다.

[정답] ②

10. 부동산의 이중매매가 공서양속에 반하여 무효로 되는지에 관한 다음 설명 중 옳지 않은 것은? (판례에 의함)

① 부동산의 이중매매가 공서양속에 반하여 무효로 되는지를 판단할 때에는 법률행위가 공서양속에 반하는지 여부의 판단에서 일반적으로 참작되는 제반 사정을 종합적으로 살펴보아야 한다.
② 부동산의 이중매매가 공서양속에 반한다고 하려면, 다른 특별한 사정이 없는 한 상대방에게도 그러한 무효의 제재, 보다 실질적으로 말하면 나아가 그가 의도한 권리취득 자체의 좌절을 정당화할 만한 책임귀속사유가 있어야 한다.
③ 부동산의 이중매매가 공서양속에 반하여 무효로 되는지를 판단함에 있어서 제2의 양도채권자가 당해 계약의 성립과 내용에 어떠한 방식으로 관여하였는지는 중요하게 고려할 것이 아니다.
④ 매수인이 매도인의 배임행위에 적극 가담하여 이루어진 매매계약은 사회정의 관념에 위반된 민법 103조 소정 반사회적 법률행위에 해당하여 무효이다.
⑤ 소유자의 제2의 소유권양도의무를 발생시키는 원인이 되는 매매 등의 계약이 소유자의 의무위반행위를 유발시키는 계기가 된다는 것만을 이유로 이를 공서양속에 반하여 무효라고 할 것은 아니다.

[해설] 대판 2013. 10. 11, 2013다52622(민총 판례

10) 참조. 이 판결은, 제2의 양도채권자(제2매수인)에게 무효의 제재를 정당화할 만한 책임귀속사유가 있는지를 판단함에 있어서는, 그가 당해 계약의 성립과 내용에 어떠한 방식으로 관여하였는지(당원의 많은 재판례가 이 문제와 관련하여 제시한 '소유자의 배임행위에 적극 가담하였는지' 여부라는 기준은 대체로 이를 의미한다)를 일차적으로 고려할 것이라고 한다. 한편 본 판결에도 불구하고 ④는 현재에도 여전히 판례라고 해야 한다.

[정답] ③

11. 성공보수약정에 관한 다음 설명 중 옳지 않은 것은? (판례에 의함)

① 형사사건에서의 성공보수약정은 선량한 풍속 기타 사회질서에 위반되는 것으로 평가할 수 있다.

② 민사사건에서의 성공보수약정은 원칙적으로 유효하다.

③ 어느 법률행위가 이에 위반되어 민법 제103조에 의하여 무효인지 여부는 그 법률행위가 유효로 인정될 경우의 부작용, 거래자유의 보장 및 규제의 필요성, 사회적 비난의 정도, 당사자 사이의 이익균형 등 제반 사정을 종합적으로 고려하여 사회통념에 따라 합리적으로 판단하여야 한다.

④ 전원합의체 판결이 판례를 변경하여 형사사건에 관한 성공보수약정이 선량한 풍속 기타 사회질서에 위반되는 것으로 평가할 수 있다고 하더라도, 그 판결이 선고되기 전에 이루어진 성공보수약정은 그 판결에 해당하는 것을 제외하고는 무효로 되지 않는다.

⑤ 어느 법률행위가 선량한 풍속 기타 사회질서에 위반되어 민법 제103조에 의하여 무효인지 여부는 그 법률행위가 이루어진 때를 기준으로 판단하여야 한다.

[해설] 대판(전원) 2015. 7. 23, 2015다200111(민총 판례11) 참조. 이 판결에 따르면, 형사사건에서의 성공보수약정에 대한 새 판례는 그 판결의 해당 사건

에도 적용되지 않는다고 한다(④는 옳지 않음).

[정답] ④

12. 불공정한 법률행위(폭리행위)에 관한 다음 설명 중 옳지 않은 것은? (판례에 의함)

① 폭리행위가 성립하려면 객관적 요건과 주관적 요건의 두 요건이 갖추어져야 한다.

② 폭리행위가 되려면 먼저 급부와 반대급부 사이에 현저한 불균형이 있어야 하는데, 그 판단에 있어서 피해 당사자의 궁박·경솔·무경험의 정도가 고려될 것은 아니다.

③ 피해 당사자가 궁박, 경솔 또는 무경험의 상태에 있었다고 하더라도 그 상대방 당사자에게 위와 같은 피해 당사자 측의 사정을 알면서 이를 이용하려는 의사, 즉 폭리행위의 악의가 없었다면 불공정한 법률행위는 성립하지 않는다.

④ 궁박이라 함은 급박한 곤궁을 의미하는 것으로서 경제적 원인에 기인할 수도 있고, 정신적 또는 심리적 원인에 기인할 수도 있다.

⑤ 당사자가 궁박의 상태에 있었는지 여부는 그의 신분과 재산상태 및 그가 처한 상황의 절박성의 정도 등 제반 상황을 종합하여 구체적으로 판단하여야 한다.

[해설] 대판 1996. 11. 12, 96다34061(민총 판례12) 참조. ② 급부와 반대급부 사이의 현저한 불균형의 판단에 있어서는 피해 당사자의 궁박·경솔·무경험의 정도가 아울러 고려되어야 한다(대판 2010. 7. 15, 2009다50308).

[정답] ②

13. 회사 직원인 A 또는 공무원인 B의 일괄 사직서 제출에 관한 다음 설명 중 옳지 않은 것은? (판례에 의함)

① B가 일괄 사표를 제출하였다가 선별수리하는 형식으로 의원면직된 경우에 그 사직원에 따른 의원면직은 비진의표시에 해당한다.

② 효과의사에 대응하는 내심의 의사가 있으면 비

진의표시가 인정되지 않는다.

③ A가 강제해직조치의 일환으로 일괄 사직서를 작성 제출할 당시 그 사직서에 기하여 의원면직 처리될지 모른다는 점을 인식하였다고 하더라도 이것만으로써 그의 내심에 사직의 의사가 있는 것이라고 할 수 없다.

④ 민법 제107조는 사인의 공법행위에는 적용되지 않으므로 B의 사직원 제출을 받아들여 의원면직 처분한 것을 당연무효라고 할 수 없다.

⑤ 비진의 의사표시에 있어서의 진의란 특정한 내용의 의사표시를 하고자 하는 표의자의 생각을 말하는 것이지 표의자가 진정으로 마음속에서 바라는 사항을 뜻하는 것은 아니다.

[해설] 대판 1991. 7. 12, 90다11554(민총 판례13) 참조. 이 판결에 따르면, ③은 옳다. 그리고 대판 1992. 8. 14, 92누909 등은, 공무원들이 일괄 사표를 제출하였다가 선별수리하는 형식으로 의원면직되었다고 하더라도 그 사직원에 따른 의원면직은 비진의표시가 아니며, 설사 비진의표시라고 하여도 제107조는 사인의 공법행위에는 적용되지 않으므로 사직원 제출을 받아들여 의원면직 처분한 것을 당연무효라고 할 수 없다고 한다(①은 옳지 않고, ④는 옳음). ⑤ 대판 1993. 7. 16, 92다41528 참조. ②는 당연히 옳다.

[정답] ①

14. A조합은 법에 의하여 B조합의 조합원 중 설비공사업 면허를 받은 자를 조합원으로 하여 설립된 조합으로, 법에 따라 A조합의 조합원이 되는 자의 B조합에 대한 출자금을 이체받고 B조합이 A조합의 조합원이 되는 자와의 관계에서 가지는 권리·의무를 업무개시일부터 승계하게 되었다. 그리고 S회사는 B조합과 사이에 S회사가 B조합으로부터 선급금 지급보증을 비롯한 각종 보증을 받기로 하고, S회사는 B조합이 위와 같이 보증한 금액을 보증채권자에게 납입한 경우 납입금 등을 B조합에게 지급한다는 내용의 한도거래용 보증채무약정을 체결하였고, 이때 주식회사 X, Y, Z(이하 3개 회사라

함)가 S회사가 위의 약정에 의하여 B조합에 대하여 부담하는 구상금채무를 연대보증하였다. 한편 K의료센타(K센타라 함)의 대표이사 갑은 S회사의 대표이사이던 을과 사이에, 사실은 K센타와 S회사 사이에 병원 별관 보수공사 도급계약이 체결된 사실이 없음에도 마치 그러한 계약이 체결된 것처럼 가장하여 공사대금 13억 2천만 원, 선급금 6억 6천만 원으로 하여 하도급주었다는 허위 내용의 하도급계약서를 작성하였다. 그리고 B조합은 앞서 본 보증계약에 기하여 K센타와 S회사 간의 위 하도급계약서가 진정하게 성립된 것으로 믿고 6억 6천만 원의 선급금 지급보증서를 발급하였다가, S회사가 위 공사에 착공도 하지 않고서 부도로 파산하게 되자, 같은 해 K센타의 대표이사인 위 갑에게 선급금 지급보증서에 따라 6억 6천만 원을 지급하였다. 그 후 B조합은 – 과거에 B조합의 조합원이었고 이제는 A조합의 조합원인 – 3개 회사가 S회사의 피고 조합에 대한 구상금채무를 연대보증하였다는 이유로 A조합에게 이체하여야 할 3개 회사의 출자금 중 선급금 6억 6천만 원에 대한 3개 회사의 분담액 합계 466,030,534원을 유보하고 그 나머지 출자금만을 이체하였다. 이 경우에 대한 다음 설명 중 옳은 것은? (판례에 의함)

① 제108조 제2항의 제3자의 범위는 권리관계에 기초하여 형식적으로 파악해야 하므로, B조합은 거기의 선의의 제3자에 해당하고, A조합은 B조합에게 하도급계약의 무효를 주장할 수 없다.

② 제108조 제2항의 제3자의 범위는 권리관계에 기초하여 형식적으로 파악해야 하므로, B조합은 거기의 선의의 제3자에 해당하지 않고, A조합은 B조합에게 하도급계약의 무효를 주장할 수 있다.

③ 제108조 제2항의 제3자의 범위는 허위표시행위를 기초로 하여 새로운 법률상 이해관계를 맺었는지 여부에 따라 실질적으로 파악해야 하므로, B조합은 거기의 선의의 제3자에 해당하고, A조합은 B조합에게 하도급계약의 무효를

주장할 수 없다.

④ 제108조 제2항의 제3자의 범위는 허위표시행위를 기초로 하여 새로운 법률상 이해관계를 맺었는지 여부에 따라 실질적으로 파악해야 하므로, B조합은 거기의 선의의 제3자에 해당하지 않고, A조합은 B조합에게 하도급계약의 무효를 주장할 수 있다.

⑤ 제108조 제2항의 제3자의 범위는 허위표시행위를 기초로 하여 새로운 법률상 이해관계를 맺었는지 여부에 따라 실질적으로 파악해야 하므로, B조합은 거기의 선의의 제3자에 해당하지만, A조합은 허위표시행위의 당사자가 아니므로 B조합에게 하도급계약의 무효를 주장할 수 없다.

[해설] 대판 2000. 7. 6, 99다51258(민총 판례14) 참조. 이 판결에 따르면, 제108조 제2항의 제3자의 범위는 권리관계에 기초하여 형식적으로만 파악할 것이 아니라 허위표시행위를 기초로 하여 새로운 법률상 이해관계를 맺었는지 여부에 따라 실질적으로 파악하여야 하고, 선의의 제3자에 대하여는 허위표시의 당사자뿐만 아니라 그 누구도 허위표시의 무효를 대항하지 못한다고 한다. 그리고 문제의 경우에 B조합은 선의의 제3자라고 하였다.

[정답] ③

15. 갑은 자신이 지분소유권을 가지고 있는 X토지의 관리를 위해 을에게 가장 매매예약을 등기원인으로 지분소유권 이전등기청구권 가등기를 마쳐주었다. 그 후 을이 가등기에 기한 본등기의 이행을 구하는 소를 제기하였고, 그 소송이 공시송달로 진행된 결과 을의 승소판결이 선고되어 외형상 확정되었다. 그러나 그 뒤 갑이 추완항소를 제기하여 가등기의 등기원인인 매매예약이 갑과 을의 통정한 허위의 의사표시에 의한 것으로 무효라는 이유로 제1심판결을 취소하고 을의 청구를 기각하는 판결이 선고·확정되었다. 그런데 그 토지에 관하여 을이 갑의 추완항소 이전에 발급받았던 송달증명원 및 확정증명원을 가지고 확정판결을 원인으로 지분소유권 이전등기를 마쳤고, 을의 남편인 병

이 재산분할을 원인으로 지분소유권 이전등기를 마쳤으며, 그 후 정과 무가 그 토지에 관하여 매매를 원인으로 지분소유권 이전등기를 순차로 마쳤다. 이 경우에 관한 다음 설명 중 옳지 않은 것은? (판례에 의함)

① X토지에 관한 을 명의의 본등기는 갑과 을 사이의 허위 가등기 설정이라는 통정한 허위의 의사표시 자체에 기한 것이 아니다.

② 을 명의의 본등기를 비롯하여 그 후 무에 이르기까지 순차적으로 마쳐진 각 지분소유권 이전등기는 우리 법제 하에서는 특별한 사정이 없는 한 무효이다.

③ 병 명의의 지분소유권 이전등기는 을 명의의 가등기와는 서로 단절된 것으로 평가된다.

④ 병 내지 그 후 지분소유권 이전등기를 마친 자들에게 신뢰의 대상이 될 수 있는 '외관'은 을 명의의 가등기가 아니라 단지 을 명의의 본등기일 뿐이다.

⑤ 병 명의의 본등기와 그 후 무에 이르기까지 순차적으로 마쳐진 각 지분소유권 이전등기의 효력 유무는 을 명의의 본등기가 갑과 을 사이의 통정한 허위의 의사표시가 실체적으로는 철회되었음에도 불구하고 그 외관인 을 명의의 가등기가 미처 제거되지 않고 잔존하는 동안에 마쳐졌는지, 을 명의의 가등기가 제거된 후에 마쳐졌는지에 따라 차이가 있다.

[해설] 대판 2020. 1. 30, 2019다280375(민총 판례 15) 참조. ⑤와 관련하여 이 판결은, 병 내지 그 후 지분소유권 이전등기를 마친 자들은 을 명의의 허위 가등기 자체를 기초로 하여 새로운 법률상 이해관계를 맺은 제3자의 지위에 있다고 볼 수 없으며, 이는 갑의 추완항소를 계기로 갑과 을 사이의 통정한 허위의 의사표시가 실체적으로는 철회되었음에도 불구하고 그 외관인 을 명의의 가등기가 미처 제거되지 않고 잔존하는 동안에 을 명의의 본등기가 마쳐졌다고 하여 달리 볼 수 없다고 한다.

[정답] ⑤

16. 갑은 을로부터 을의 소유인 고양시 소재 답 2,115평방미터(이하 X토지라고 함)를 1억 7,200만 원에 매수하였는데, 계약금 2천만 원은 당일 지급하였고, 중도금 8천만 원은 계약일부터 1개월 후에, 잔금 7,200만 원은 계약일부터 2개월 후에 각 지급하기로 약정하였다. 그리고 갑은 약정된 시기에 을에게 위 중도금 중 7천만 원을 지급하였다. 한편 X토지는 개발제한구역 내에 있는 농업진흥지역에 속하는 농지로서 도시계획에 따라 그 중 650평방미터(약 197평)가 분할되어 고양시 소유로 편입되었다. 그런데 매매계약 체결 당시에 중개인들이 X토지 중 약 20~30평 정도만 도로에 편입될 것이라 하여 갑은 그렇게 알고 X토지에 주택을 신축하기 위하여 그 토지를 매수하였고 이러한 점 등은 모두 계약 체결 과정에서 현출되어 갑·을이 알고 있었다. 이 경우에 대한 다음 설명 중 옳은 것은? (판례에 의함)

① 갑의 착오는 내용(의미)의 착오이고 중요부분의 착오이어서, 갑은 매매계약을 취소할 수 있다.

② 갑의 착오는 내용(의미)의 착오이나 중요부분의 착오가 아니어서, 갑은 매매계약을 취소할 수 없다.

③ 갑의 착오는 동기의 착오이나 동기가 표시되어 법률행위의 내용으로 되었고 중요부분의 착오이어서, 갑은 매매계약을 취소할 수 있다.

④ 갑의 착오는 동기의 착오이나 동기가 법률행위의 내용으로 되지 않아서, 갑은 매매계약을 취소할 수 없다.

⑤ 갑의 착오는 동기의 착오지만 동기가 표시되어 법률행위의 내용으로 되었고 중요부분의 착오이기도 하나 갑에게 중대한 과실이 있어서, 갑은 매매계약을 취소할 수 없다.

[해설] 대판 2000. 5. 12, 2000다12259(민총 판례 16) 참조.

[정답] ③

17. 갑은 국유지 지상에 건물을 신축하여 국방부에 기부채납하는 대신 그 대가로 그 대지 및 건물에 대한 사용·수익권을 받기로 하였고, 갑과 국방부는 약정대로 시행하였다. 갑과 국방부 담당자는 건물의 기부채납과 기부채납에 따른 사용료 면제의 승인과정에서 그 건물을 대한민국에게 기부채납하고 사용료를 면제받는 것이 부가가치세 부과대상인지 여부에 대하여 전혀 알지 못하고 있었고, 따라서 갑·대한민국(국가) 사이에 부가가치세를 고려하지 않은 채 갑의 그 대지 및 건물에 대한 사용료의 면제기간이 계산되었다. 그런데 그 대지와 건물의 소재지 관할 세무서는 갑과 국가 사이의 기부채납과 사용료 면제를 전체적으로 볼 때 경제적 대가관계가 있는 유상 기부행위에 해당한다고 보고, 갑에게 부가가치세를 납부하라는 과세처분을 하였고, 갑은 그 세금을 납부하였다. 다음 중 옳은 설명을 고른 것은? (판례에 의함)

ㄱ. 갑은 국방부와 체결한 계약을 착오를 이유로 취소할 수 있다.

ㄴ. 갑과 국방부가 착오가 없을 때에 약정하였을 것으로 보이는 내용으로 당사자의 의사를 보충하여 계약을 해석할 수 있다.

ㄷ. 갑은 국방부와 체결한 계약을 신의칙에 기하여 해제할 수 있다.

a. 이 경우에 부가가치세는 갑이 부담하여야 하므로 갑은 국가에 대하여 납부한 세금으로 금액의 반환청구를 할 수 없다.

b. 이 경우에 부가가치세는 국가가 부담하여야 하므로 갑은 국가에 대하여 세금으로 납부한 금액의 반환청구를 할수 있다.

① ㄱ, a   ② ㄱ, b
③ ㄴ, a   ④ ㄴ, b
⑤ ㄷ, a

[해설] 대판 2006. 11. 23, 2005다13288(민총 판례 17) 참조.

[정답] ③

18. A회사 대표이사 갑과 그 회사의 이사인 을은 제3자에게 정의 신원보증서류라고 속여 A회사와 B보증보험회사(B회사라 함) 사이의 이행보증보험계약에 연대보증을 서게 하기로 공모한 후, 을이 갑의 지시에 따라 정의 아버지이자 자신의 매형인 무에게 직장동료 중 가까운 사람에게 부탁하여 정의 신원보증서류를 작성해 달라고 요구하였다. 이에 속은 무는 직장 동료인 병에게 아들의 신원보증을 하여 달라고 부탁하여, 다시 이에 속은 병이 위 이행보증보험약정서를 정을 위한 신원보증서류로 알고서 그 연대보증인란에 서명, 날인하였다. 이 경우에 병의 행위에 대한 설명 중 옳은 것을 모두 고른 것은? (판례에 의함)

> ㄱ. 기명날인의 착오(서명의 착오)
> ㄴ. 표시상의 착오
> ㄷ. 동기의 착오
> ㄹ. 중요부분의 착오
> ㅁ. 사기에 의한 의사표시
> a. 이 경우에는 제109조가 적용된다.
> b. 이 경우에는 제110조가 적용된다.

① ㄱ, ㄴ, ㄹ, ㅁ, a, b
② ㄱ, ㄴ, ㄹ, a
③ ㄱ, ㄷ, ㄹ, a
④ ㄱ, ㄷ, ㅁ, b
⑤ ㄷ, ㅁ, b

[해설] 대판 2005. 5. 27, 2004다43824(민총 판례 18) 참조. 이 경우에는 중요부분의 착오도 인정된다.
[정답] ②

19. D회사는 지하 4층, 지상 5층의 상가건물을 신축하여 그 중 2층 및 3층 합계 756평(이하 X상가라 함)을 첨단 오락타운으로 만들고 X상가에 대한 권리를 1구좌당 6평씩 총 126구좌로 나누어 그 중 26구좌는 D회사 소유로 하고, 나머지 100구좌는 일반에게 분양할 계획 하에, I건설회사에게 X상가건물 신축공사를 도급주어 그 공사를 진행하였다. D회사는 수차례에 걸쳐 X상가에 대한 일반분양광고를 하면서 X상가는 분양계약자들에게 상가에 관한 지분소유권 이전등기를 경료해 주는 지분상가로서, 공유지분권자들이 X상가를 담보로 금융기관으로부터 대출받은 시설자금으로 X상가에 컴퓨터게임기기 등의 설비를 갖춘 첨단 오락타운을 만들되, 오락타운의 경영·관리는 전문경영인에게 위탁 경영시키는 방식으로 공동으로 오락타운을 경영함으로써 공유지분 한 구좌당 월 100만 원의 임대 및 운영수익을 확보할 수 있다는 취지로 광고를 하였고, 분양상담이나 계약체결시에도 위와 같은 내용을 갑을 비롯한 분양계약자들에게 설명하여 주었다. 그 후 갑은 D회사와 사이에, X상가 분양계약을 체결하였다. 그 후 X상가 분양을 마친 결과 일반분양분 100구좌 중 59구좌만이 갑을 비롯한 49명에게 분양되었는데, 경기침체로 인하여 오락타운의 사업전망이 불투명해졌다. 이에 D회사는 총회소집을 하여 X상가의 운영방안을 논의하여 X상가의 상당부분을 컴퓨터게임기기 관련 공급업체에게 분할임대를 주어 개장하였는데, 이러한 분할임대방안에 의할 경우 분양계약자들의 한 구좌 당 월 임대수입 예상액은 133,000원(분양대금의 0.33% 정도임)이다. 이 경우에 갑은 D회사와 체결한 계약을 D회사의 사기 또는 갑의 착오를 이유로 취소하려고 한다. 그에 관한 다음 설명 중 옳은 것은? (판례에 의함)

① 위탁경영으로 일정 수익을 보장한다는 D회사의 광고는 기망행위가 아니어서 갑은 사기를 이유로 취소할 수 없고, 그의 착오를 이유로 취소할 수도 없다.
② 위탁경영으로 일정 수익을 보장한다는 D회사의 광고는 기망행위가 아니어서 갑은 사기를 이유로 취소할 수 없으나, 그의 착오를 이유로 취소할 수는 있다.
③ 위탁경영으로 일정 수익을 보장한다는 D회사의 광고는 기망행위나 위법성이 없어서 갑은 사기를 이유로 취소할 수 없고, 그의 착오를 이유로 취소할 수도 없다.
④ 위탁경영으로 일정 수익을 보장한다는 D회사

의 광고는 기망행위이고 위법성도 있어서 갑은 사기를 이유로 취소할 수 있지만, 그의 착오를 이유로 취소할 수는 없다.
⑤ 위탁경영으로 일정 수익을 보장한다는 D회사의 광고는 기망행위이고 위법성도 있어서 갑은 사기를 이유로 취소할 수 있고, 그의 착오를 이유로 취소할 수도 있다.

[해설] 대판 2001. 5. 29. 99다55601(민총 판례19) 참조. 이 판결은 원심판결을 인용하여, 문제와 같은 경우에 원심이, 피고 D토건(본 문제의 D회사)이 이 사건 상가에 첨단 오락타운을 조성하고 전문경영인에 의한 위탁경영을 통하여 일정 수익을 보장한다는 취지의 광고를 하였다고 하여 이를 가리켜 피고 D토건이 원고들(본 문제의 갑)을 기망하여 이 사건 분양계약을 체결하게 하였다거나 원고들이 분양계약의 중요부분에 관하여 착오를 일으켜 이 사건 상가분양계약을 체결하게 된 것이라 볼 수 없다고 판단한 것은 정당하다고 하였다.
[정답] ①

20. A는 S은행 H지점에서 당좌예금 담당대리의 업무를 취급하던 사람으로서, M회사의 대표이사인 을로부터 예금주들에게 은행이자와 시중의 사채이자와의 차액을 미리 지급하는 조건으로 예금을 조성해 이를 부정인출하여 사업자금을 조달해 달라는 부탁을 받았다. 그리하여 A는 사채중개인들과 공모하여 예금주들을 모을 방안을 마련하였다. A가 마련한 방안에 따라, 예금주들은 사채중개인들이나 그 하수인들로부터 S은행 H지점에 정기예금을 하면 은행의 정기예금이자 외에 은행이자와 사채이자의 차액을 별도로 지급받을 수 있다는 말을 듣고 자신이 직접 가거나 심부름꾼을 보내 예금을 하였다. 그런데 이들은 모두 예금을 하면서 사채중개인 등의 지시에 따라 피고은행지점 창구직원에게 「3개월 만기의 통장식 정기예금을 하러왔다」고 말하고, 예금거래신청서에 주소, 성명만을 기재하고 예금액란은 공란으로 하여 도장과 함께 교부하였으며, 예금액은 보통 5천만원 또는 1억 원 단위로 하였기 때문에, A 또는

그로부터 평소 지시를 받은 위 은행창구 여직원들은 돈의 규모와 예금의사 표현방법에 비추어 예금주들이 사채중개인들의 권유를 받았음을 알 수 있었다. 따라서 이들은 그 예금을 쉽게 부정인출하기 위하여 예금상황을 컴퓨터에 입력시키지 않고 손으로 예금액을 기입한 이른바 수기식통장을 작성하여 예금주들에게 교부하였다. 그리고 이 예금주들은 그 수기식통장을 사채중개인에게 제시하고서 약속된 사례금을 받았다. 한편 병은 A가 선정한 사채중개인의 하수인인 정으로부터 위와 같은 말을 듣고서, 위 H지점이 원고의 주소지와는 멀리 떨어져 있기는 하지만 사례금을 지급받을 생각으로, 그의 직원인 무를 H지점에 보내 1억 원을 3개월 만기의 통장식 정기예금을 예입하도록 하고 A의 이름으로 작성된 수기식 정기예금통장을 발행받았다. A는 1억 원 중 100만 원만을 정상적으로 예금으로 입금처리하고, 그 나머지는 위와 같은 방법으로 횡령하였다. 병은 이 예금을 한 후 만기일에 위 H지점 예금창구에서 다시 만기를 3개월간 연장하고, 그때까지의 이자를 지급받은 한편 정을 통하여 사례금 명목으로 예금시와 갱신시에 합계 276만 원을 지급받았다. 이 경우에 관한 다음 설명 중 옳지 않은 것은? (판례에 의함)
① A는 당좌예금대리이고 일반예금대리가 아니므로 표현대리가 문제되나 병으로서는 A에게 대리권이 있다고 믿을 만한 정당한 이유가 있다고 할 것이다.
② S은행은 병에게 사용자책임을 질 가능성이 있다.
③ 이 경우에 민법 제107조 제1항 단서를 유추적용하면 A의 행위는 S은행의 대리행위로 성립할 수 없다.
④ A가 대리권의 범위를 넘어서서 대리행위를 했기 때문에, A의 대리행위는 무권대리가 되고, 따라서 병의 예금계약은 S은행에게는 효력이 없다.
⑤ 병은 A의 표시의사가 진의가 아닌 것을 알았거나 중대한 과실로 이를 알 수 없었다고는 할 수 없을지라도 적어도 통상의 주의만 기울였으면 이를 알 수 있었을 것이라고 인정할 수 있다.

[해설] 대판 1987. 7. 7, 86다카1004(민총 판례20) 참조.

[정답] ④

[해설] 대판 1995. 9. 29, 94다4912(민총 판례21) 참조.

[정답] ④

21. 자신의 명의로 사업자 등록을 할 수 없는 사정이 있던 A가 평소 친분이 있던 B 모르게 그의 명의로 문구류 판매업을 시작하면서 S사무기 회사(S회사)와의 사이에 S회사가 공급하는 사무기기 등에 관한 대리점 계약을 체결하고, 위 대리점계약상의 영업보증금의 지급담보를 위하여 B의 승낙도 없이 마치 자신이 B인 것처럼 임의로 B의 명의를 사용하여 대한보증보험 주식회사(이하 대한보증보험이라 함)와의 사이에 피보험자를 S회사로 하는 지급계약 보증보험계약(보험금액 1천만 원)을 체결하였다. 그런데 그 후 A가 위 영업보증금의 지급을 지체하자 S회사가 위 대리점계약을 해지하고 대한보증보험에게 보험금의 지급을 청구하여 대한보증보험은 S회사에게 보험금 1천만 원을 지급하였다. 그 뒤 대한보증보험은 S회사가 수령한 보험금은 법률상 효력이 없는 계약에 기한 것으로서 부당이득이라는 이유로 S회사에 대하여 그것의 반환을 청구하였다. 이 경우에 관한 다음 설명 중 옳은 것은? (판례에 의함)

① 보증보험계약의 당사자는 A이고 보증보험계약은 유효하므로, 대한보증보험은 S회사에게 보험금의 반환을 청구할 수 없다.

② 보증보험계약의 당사자는 A이고 보증보험계약은 무효이므로, 대한보증보험은 S회사에게 보험금의 반환을 청구할 수 있다.

③ 보증보험계약의 당사자는 B이고 보증보험계약은 유효하므로, 대한보증보험은 S회사에게 보험금의 반환을 청구할 수 없다.

④ 보증보험계약의 당사자는 B이고 보증보험계약은 무효이므로, 대한보증보험은 S회사에게 보험금의 반환을 청구할 수 있다.

⑤ 보증보험계약의 당사자는 A와 B이고 보증보험계약은 유효하므로, 대한보증보험은 S회사에게 보험금의 반환을 청구할 수 없다.

22. 호텔과 골프장을 운영하는 A회사는 일본국 법인인 주식회사 에소루(이하 에소루라 함)와 사이에, A회사가 운영하는 호텔 등의 시설이용에 우대를 받을 수 있는 회원(이하 우대회원이라 함)을 일본국 내에 주소를 둔 자를 대상으로 모집하기 위한 계약(이하 이 사건 계약이라고 함)을 체결하면서, 그 계약의 효력은 A회사가 대한민국 외환관리법령에 따라 재무부장관이 정하는 외환관리상의 허가·승인 또는 인증(이하 외환관리허가라고 함)을 얻는 날 발생한다는 특약을 두었다. 에소루는 그 후 A회사가 외환관리허가를 얻지 못하고 있는 가운데, 자신을 '판매원', 소외 주식회사 에소루 골프(이하 에소루 골프라고 함)를 A회사의 '일본 연락사무소 및 총대리점'으로 기재한 회원안내 책자를 발간하고, A회사의 총대리점인 에소루 골프가 A회사가 운영하는 호텔 등의 시설에 대한 우대회원을 모집한다는 광고를 게재하는 한편, B회사의 사무실에서 그에 대한 설명회를 개최한 후, 회원가입을 희망하는 10여명의 시찰단으로 하여금 A회사가 운영하는 호텔 등의 시설을 4일간 이용하도록 알선하였다. 한편 에소루 골프가 입회계약를 체결할 때는 A회사 이름이 기재된 입회신청서 서식을 사용하였으며, 입회계약을 체결한 자에게는 A회사가 운영하는 컨트리클럽의 이름으로 개설한 구좌로 예탁금 등을 납입할 것을 청구하고, 그 납입자에게는 A회사 명의의 회원카드와 보증금 및 입회금의 영수증 및 예탁증서와 A회사 명의의 입회승인통지서를 사용하였다. 그리고 A회사는 에소루 측이 위와 같은 명칭 등을 사용하여 회원모집 안내를 하거나 입회계약을 체결하는 것을 알면서도 묵인해주고 있었다. 이에 B회사는 법인회원으로 에소루 골프와 입회계약을 체결하고 그 보증금 및 입회금으로 합계 480만 엔의 일화를 에소루 골프가 지정하는 은행구좌에 입금하였으나, 그로부터 2년 반쯤이 지났을 때 에소루가 부도를 내고 도산하였고, B회사는 A

회사로부터 외환관리허가가 이루어지지 않았다는 이유로 우대회원의 대우를 받지 못하였다. 그러자 B회사는 A회사를 상대로 A회사가 B회사에게 우대회원 대우를 해주지 않음을 이유로 입회계약을 해제하고 B회사가 납부한 보증금 및 입회금의 반환을 청구하려고 한다. 그에 대한 다음 설명 중 옳은 것은? (판례에 의함)

① 에소루 골프가 A회사를 대리하여 입회계약을 체결한 것이 아니므로, B회사는 A회사에 대하여 보증금 및 입회금의 반환을 청구하지 못한다.

② 에소루 골프가 A회사를 대리할 대리권을 가지고 있고 그 대리권의 범위 안에서 A회사를 대리하여 입회계약을 체결한 것이므로, B회사는 A회사에 대하여 보증금 및 입회금의 반환을 청구할 수 있다.

③ 에소루 골프가 B회사와 체결한 입회계약은 A회사에 대하여 민법 제125조의 표현대리가 성립될 수가 있으므로, B회사는 A회사에 대하여 보증금 및 입회금의 반환을 청구할 수 있다.

④ 에소루 골프가 B회사와 체결한 입회계약은 A회사에 대하여 민법 제126조의 표현대리가 성립될 수가 있으므로, B회사는 A회사에 대하여 보증금 및 입회금의 반환을 청구할 수 있다.

⑤ 에소루 골프는 A회사를 대리할 대리권이 전혀 없이 A회사를 대리하여 입회계약을 체결하였고 표현대리가 성립할 여지도 없으므로, B회사는 A회사에 대하여 보증금 및 입회금의 반환을 청구할 수 없다.

[해설] 대판 1998. 6. 12, 97다53762(민총 판례22) 참조. 이 판결에 따르면, 본 문제의 경우에 A회사가 자신의 명의사용을 묵인한 것이 제125조의 대리권 수여표시에 해당하여 A회사에 대하여 제125조의 표현대리가 성립할 수 있다고 한다.

[정답] ③

23. 갑은 아파트 건축업자인 을과 갑 소유의 대 300평을 대금 1억 500만 원에 을에게 매도하는 계약을 체결하면서 그 날 계약금 1,500만 원을 지급받았다. 계약 당시 갑과 을은 을이 그 토지 위에 X아파트를 짓되 X아파트 건축허가 명의자가 갑이므로 위 아파트 분양 편의를 위하여 갑이 X아파트분양권을 형식상 을에게 위임하는 방식을 취하고 을이 그 아파트를 매각하여 대지대금을 지급하기로 약정한 뒤, 갑은 을에게 갑 명의의 분양위임장을 작성 교부하였다. 그런데 을이 위 위임장으로 X아파트 18세대 중 일부를 분양하면서 토지대금을 지급하지 않아 1980. 9. 15. 갑과 을은 위 아파트분양권 위임을 합의지한 후 갑은 위 아파트분양 위임장을 회수함과 동시에 을은 갑의 입회 하에 X아파트를 매각하기로 약정하였다. 그럼에도 을이 계속 위 아파트를 분양하므로 1981. 3. 7.에 갑은 을과 합의 하에 을로부터 X아파트 모두에 대한 분양권을 위 대지대금조로 양수받아 을이 이미 분양한 14세대에 대하여는 갑이 이를 분양받은 사람들에게 새로운 분양계약서를 작성해주고 그때까지 분양하지 않은 비동 103호를 포함한 나머지 4세대분은 갑이 분양하기로 하였다. 그리하여 갑은 그 무렵 X아파트 분양사무실 입구에 갑이 분양한다는 취지의 입간판까지 세워 두었다. 그런데 그 후인 1981. 3. 25.에 을은 자기가 갑으로부터 분양권을 위임받은 양 가장하여 병에게 위의 비동 103호를 1,450만 원에 매도하고 그 대금을 모두 받았다. 한편 1982. 2. 23. 갑은 그 103호를 정에게 매도하고 같은 해 3. 6. 정 앞으로 소유권이전등기를 마쳤다. 그러자 그 직후 병은 갑을 상대로 소를 제기하여, 병이 갑의 대리인인 을로부터 비동 103호를 위와 같이 매수하였는데 갑이 이를 정에게 매도하고 그 소유권이전등기까지 경료하였으므로 이 사건 소장의 송달로서 위 매매계약을 해제하고 매매대금 1,450만 원의 반환을 구한다고 주장하였다. 이 경우에 관한 설명 중 옳은 것을 고른 것은? (판례에 의함)

ㄱ. 병의 유권대리 주장 속에는 무권대리에 속하는 표현대리의 주장이 포함되어 있다.

ㄴ. 병의 유권대리 주장 속에는 무권대리에 속하는 표현대리의 주장이 포함되어 있지 않다.

ㄷ. 표현대리는 유권대리에 해당하기 때문에 병의 유권대리 주장 속에는 당연히 표현대리의 주장이 포함되어 있다.

a. 문제의 경우에 법원은 나아가 표현대리의 성립 여부를 심리 판단할 필요가 있다.

b. 문제의 경우에 법원은 나아가 표현대리의 성립 여부를 심리 판단할 필요가 없다.

① ㄱ, a　　　　② ㄱ, b
③ ㄴ, a　　　　④ ㄴ, b
⑤ ㄷ, a

[해설] 대판(전원) 1983. 12. 13. 83다카1489(민총 판례23) 참조. 이 판결은, 유권대리에 관한 주장 가운데 무권대리에 속하는 표현대리의 주장이 포함되어 있다고 볼 수 없으며, 따로 표현대리에 관한 주장이 없는 한 법원은 나아가 표현대리의 성립 여부를 심리 판단할 필요가 없다고 한다.

[정답] ④

24. 갑은 1979. 7. 7. 을의 처인 병에게 350만 원을 이자는 월5푼, 변제기는 같은 해 9. 7.로 정하여 대여하였다. 그리고 위 변제기 전인 같은 해 8. 20. 갑과 병간에 을이 대한주택공사로부터 분양받은 X아파트를 700만 원에 갑이 매수하기로 하되, 갑은 을이 위 아파트를 타인에게 전세 놓아 부담하고 있는 350만 원의 전세보증금 반환채무를 인수하기로 하고 나머지 350만 원은 위 대여금으로 충당하기로 하는 X 아파트 매매계약을 체결하였다. 그런데 병이 위와 같은 금원차용행위나 매매계약을 체결함에 있어서 을로부터 대리권을 수여받았다고 인정할 만한 증거는 없다. 오히려 병은 그의 남편인 을 모르게 집에 보관되어 있는 을 명의의 인감을 가지고 나와 자기 마음대로 위임장 등을 만들어 소지하고 있다가 갑으로부터 위 금원을 차용할 당시나 갑과 위 매매계약을 체결할 때 그가 소지하고 있던 을 명의의 인감을 매매계약서 등에 날인하고 위임장 등을 갑에게 교부하였다. 이 경우에 X아파트의 매매계약에 관한 다음 설명 중 옳은 것은? (판례에 의함)

① 병은 을을 대리할 권리가 전혀 없으므로, 갑은 을에게 X아파트 매매계약의 이행을 청구할 수 없다.

② 병의 일상가사대리권은 제126조의 표현대리에서 기본대리권이 되나, 이 경우에는 제126조의 표현대리가 성립하지 않으므로, 갑은 을에게 X 아파트 매매계약의 이행을 청구할 수 없다.

③ 병의 일상가사대리권은 제126조의 표현대리에서 기본대리권이 되고, 이 경우에 그에 기초하여 제126조의 표현대리가 성립하므로, 갑은 을에게 X아파트 매매계약의 이행을 청구할 수 있다.

④ 을은 병에게 대리권을 수여했고, 이 경우에 병이 그 대리권을 넘어서 행위를 했지만 제126조의 표현대리가 성립하므로, 갑은 을에게 X아파트 매매계약의 이행을 청구할 수 있다.

⑤ 을은 병에게 대리권을 수여했고, 이 경우에 병이 그 대리권의 범위 안에서 계약을 체결했으므로, 갑은 을에게 X아파트 매매계약의 이행을 청구할 수 있다.

[해설] 대판 1981. 8. 25. 80다3204(민총 판례24) 참조. 이 판결은, 일상가사대리권을 기본대리권으로 인정하나, 본 문제의 경우에 을이 병에게 대리권을 부여했으리라고 갑이 믿음에 정당한 객관적 사정이 있었다고는 인정되지 않는다고 하면서 제126조의 표현대리의 성립을 부정한다.

[정답] ②

25. 갑은, 농지개혁법에 의하여 부천시 (상세 생략) 전 850평방미터(이하 X부동산이라 함)와 부천시 (상세 생략) 전 843평방미터(이하 Y부동산이라 함)를 각 분배받아 그 대금을 상환하여 오던 갑의 아들인 A가 한국전쟁 때 의용군으로 참전하여 그 생사가 분명하지 않게 되자 1958. 11. 20. 위 A를 대신하여 그 대금의 상

환을 완료하고 1963. 6. 18. A의 명의로 소유권이전등기를 경료하였다. 갑은 인천지방법원에 A에 대한 실종선고를 청구하여 1977. 12. 20. 위 법원으로부터 같은 달 10.자로 그 실종기간이 만료되었다는 내용의 실종선고를 받음으로써 A의 단독 재산상속인이 되었는데, 위 실종기간 만료 전인 1964. 9. 12.에 가정형편이 어렵자 A의 대리인인 것처럼 위 A의 인장을 사용하여 X부동산을 B에게, Y부동산을 C에게 각 매도하였다. 그 뒤 B는 X부동산을 을에게 매도하였고, C는 Y부동산을 병에게 매도하였다. 그리고 X부동산에 관하여는 1981. 4. 7. 「부동산 소유권이전등기 등에 관한 특별조치법」(이하 특조법이라 함)에 의하여 을 명의로 소유권이전등기가 경료되고, 이에 터잡아 1983. 12. 27. 병 명의로 소유권이전등기가 순차 경료되었으며, Y부동산에 관하여는 1985. 1. 23. 특조법에 의하여 병 명의로 소유권이전등기가 경료되었다. 현재는 1992. 1.이다. 이 경우에 갑이 을에게 X부동산의 소유권이전등기의 말소를, 그리고 병에게 X·Y부동산의 소유권이전등기의 말소 및 그 부동산들을 점유·사용한 데 따른 이득을 반환하라고 청구할 수 있는가? 그에 관한 다음 설명 중 옳은 것은? (판례에 의함)

① 갑이 X·Y부동산을 매도한 행위는 무권대리행위이나, 갑은 을과 병에게 X·Y부동산의 소유권이전등기의 말소를 청구할 수도 없고 병에게 이득의 반환을 청구할 수도 없다.

② 갑이 X·Y부동산을 매도한 행위는 무권대리행위이고, 갑은 을과 병에게 X·Y부동산의 소유권이전등기의 말소를 청구할 수는 없으나 병에게 이득의 반환을 청구할 수는 있다.

③ 갑이 X·Y부동산을 매도한 행위는 무권대리행위이고, 갑은 을과 병에게 X·Y부동산의 소유권이전등기의 말소를 청구할 수는 있으나 병에게 이득의 반환을 청구할 수는 없다.

④ 갑이 X·Y부동산을 매도한 행위는 무권대리행위이고, 갑은 을과 병에게 X·Y부동산의 소유권이전등기의 말소를 청구할 수도 있고 병에게

이득의 반환을 청구할 수도 있다.

⑤ X·Y부동산은 갑이 매도할 당시 갑의 소유였으므로 갑의 처분은 당연히 유효하고, 따라서 갑은 을과 병에게 X·Y부동산의 소유권이전등기의 말소를 청구할 수도 없고 병에게 이득의 반환을 청구할 수도 없다.

[해설] 대판 1994. 9. 27. 94다20617(민총 판례25) 참조. 이 판결은, 본 문제의 경우에 을과 병 앞으로 경료된 위 각 소유권이전등기가 무효의 등기라고 주장하여 그 등기의 말소를 청구하거나 위 각 부동산의 점유로 인한 부당이득금의 반환을 구하는 것은 금반언의 원칙이나 신의성실의 원칙에 반하여 허용될 수 없다고 하였다.

[정답] ①

26. 구 국토이용관리법(현행 「국토의 이용 및 계획에 관한 법률」)상의 허가 없이 체결한 계약에 관한 다음 설명 중 옳지 않은 것은? (판례에 의함)

① 허가를 받기 전에는 물권적 효력은 물론 채권적 효력도 발생하지 않아 무효이다.

② 허가받을 것을 전제로 한 거래계약은 허가를 받을 때까지는 법률상 미완성의 법률행위로서 소유권 등 권리의 이전 또는 설정에 관한 거래의 효력이 전혀 발생하지 않음은 확정적 무효의 경우와 다를 바 없다.

③ 허가받을 것을 전제로 한 거래계약은 허가받기 전의 상태에서는 거래계약의 채권적 효력도 전혀 발생하지 않으므로 권리의 이전 또는 설정에 관한 어떠한 내용의 이행청구도 할 수 없다.

④ 계약의 쌍방 당사자는 공동으로 관할관청의 허가를 신청할 의무가 있고, 이러한 의무에 위배하여 허가신청절차에 협력하지 않는 당사자에 대하여 상대방은 협력의무의 이행을 소송으로써 구할 이익이 있다.

⑤ 허가받을 것을 전제로 한 거래계약은 일단 허가를 받으면 그 계약은 그때부터 유효화되므로

허가 후에 새로이 거래계약을 체결할 필요가 없다.

[해설] 대판(전원) 1991. 12. 24, 90다12243(민총 판례26) 참조. 이 판결에 따르면, 허가받을 것을 전제로 한 거래계약은 일단 허가를 받으면 그 계약은 그때부터가 아니고 소급하여 유효한 계약이 된다.

[정답] ⑤

27. A시는 X임야 561평방미터를 갑으로부터 「공공용지의 취득 및 손실보상에 관한 특례법」에 의하여 협의취득하면서 위 임야에 관한 손실보상금으로 3억 2,347만 원을 갑에게 지급하였다. 그런데 위 임야에 관하여 갑 명의로 마쳐진 소유권이전등기 중 갑의 법정상속분 19/25를 넘는 부분(6/25지분)은 을의 상속분에 해당한다. 이에 을은 갑을 상대로, 갑이 수령한 X임야에 대한 손실보상금 중 을의 지분에 상당한 금원의 반환을 구하는 소를 제기하였다. 이 경우에 관한 다음 설명 중 옳지 않은 것은? (판례에 의함)

① A시가 무권리자인 갑으로부터 을의 지분에 해당하는 X임야 중 6/25 지분을 협의취득하였다고 하더라도 이는 원인무효가 되어, 을은 그 지분에 대한 소유권을 상실하지 않는다.
② 을은 그의 지분에 대한 A시의 협의취득이 유효함을 전제로 갑이 수령한 X임야에 대한 손실보상금 중 을의 지분에 상당한 금전의 반환을 구하고 있는데, 이는 을이 무권리자인 갑의 처분행위를 묵시적으로 추인한 것이라고 보아야 한다.
③ 위 ②의 경우에 갑의 처분행위의 효력이 을에게 발생함은 사적 자치의 원칙에 비추어 당연하다.
④ 을의 추인은 명시적으로뿐만 아니라 묵시적인 방법으로도 가능하며 그 의사표시는 갑이나 그 상대방인 A시 중 어느 쪽에 하여도 무방하다.
⑤ 갑에 의한 처분행위를 을이 추인한 경우에는, 을은 갑에 대하여 갑이 그 처분행위로 인하여

얻은 이득의 반환을 구할 수 없다.

[해설] 대판 2001. 11. 9, 2001다44291(민총 판례27) 참조. 이 판결에 따르면, 무권리자에 의한 처분행위를 권리자가 추인한 경우에 권리자는 무권리자에 대하여 무권리자가 그 처분행위로 인하여 얻은 이득의 반환을 구할 수 있다고 한다.

[정답] ⑤

28. I시는 건설교통부와 한국도로공사가 시행하는 인천신공항 고속도로 건설사업에 편입될 토지의 용지보상 업무를 위탁받아 시행함에 있어, X토지가 그 도로부지로 편입되게 되자, 「공공용지의 취득 및 손실보상에 관한 특례법」(이하 공특법이라고 함)에 정한 절차에 따라 이를 취득하기 위하여 소유인인 갑에게 협의를 요청하였다. I시는 위 협의에 앞서 공특법이 정하는 바에 따라 대금액을 결정하기 위하여 A감정평가법인과 B감정평가법인에게 토지가격에 대한 감정평가를 의뢰하여, 평방미터당 A법인은 76,000원으로, B법인은 74,000원으로 평가한 감정서를 각 제출받은 후, 그 두 감정가격의 산술평균치인 75,000원을 갑에게 대금 결정기준액으로 제시하였다. 그 결과 I시와 갑 사이에 매매대금을 평방미터당 75,000원을 기초로 하여 산정한 금액으로 정하여 협의매수가 성립되어, 이에 따라 I시가 갑으로부터 X토지를 매수하는 계약을 체결하고, 그 무렵 갑에게 각 해당 금액을 지급하였다. 협의매수가 이루어진 후 위 두 법인은, X토지에 대한 최초 평가시 용도지역 인정에 착오가 있어 자연녹지 개발제한구역을 생산녹지로 잘못 알고 평가하였음을 발견하고 평방미터당 A법인은 41,000원으로, B법인은 40,000원으로 다시 평가하여 작성한 정정서를 I시에게 통보하였고, 이에 I시는 그 무렵 갑에게 그러한 사정을 통지하면서, 이미 지급한 매매대금 중 정정된 두 감정가격의 산술평균치인 40,500원을 기준으로 계산한 금액을 초과하는 금액(평방미터당 34,500원)을 반환할 것을 요청하였다. 한편 I시가 갑에 대한 협의요청시, 공특법이 정한 방법에 따라 두 개의 감정평가기관의 평가액을 산술평균한 금액을

기준으로 결정한다는 점 및 그에 따라 평방미터당 75,000원씩으로 산출한 금액을 서면으로 통지·제시하였고, 그 후 갑과 협의매수 계약시 그러한 내용을 설명하였으며, 매매계약서 '물건의 표시'란에 그 대금 결정 내역에 관하여 단가와 면적을 기재함과 아울러, 대금결정 방법에 관하여도 매매계약서 제1조 제1항에 '가격은 공특법 제4조 및 동법 시행령 제2조 관련 조항의 규정에 따라 산정된 단가를 쌍방 협의에 의하여 정하였음'을 명시하였다. I시는 초과금액의 반환을 청구하면서 착오를 이유로 일부를 취소한다고 주장하였다. 이 경우에 관한 다음 설명 중 옳지 않은 것은? (판례에 의함)

① I시는 착오를 이유로 하여 의사표시의 일부를 취소할 수 없다.
② I시는 협의매수계약 내용의 중요한 부분에 관하여 착오에 빠졌다.
③ I시에게 착오를 일으킨 데 대하여 중대한 과실이 있다고 하기는 어렵다.
④ I시의 착오는 동기의 착오이다.
⑤ I시는 목적물의 시가에 관하여 착오에 빠졌다.

[해설] 대판 1998. 2. 10, 97다44737(민총 판례28) 참조. 이 판결은 문제의 경우에 I시에게 의사표시의 일부취소를 인정하였다.

[정답] ①

29. 후에 파산한 A회사와 그 노동조합 사이에 맺어진 단체협약 제23조는 회사가 경영상 또는 불가항력적 사유로 조합원을 감축하고자 할 때에는 해당 조합원에게 30일 이전에 통보하고, 해고수당으로 평균임금 3개월분을 지급한다고 규정하고 있으며, 또 1998. 7. 31.자 및 1999. 2. 8.자 각 특별단체협약에서는 A회사는 자구노력의 일환으로 인원을 감축하되, 그 방법은 희망퇴직의 형식으로 하고, 감원 대상자에게는 희망퇴직수당으로 평균임금 5개월분을 지급하는 것으로 되어 있다. A회사는 2000. 11. 18. 자구노력의 일환으로 모든 관리직 직원들을 상대로 희망퇴직을 실시하면서 2000. 11. 20.부터 2000. 11. 24.까지 사이에 희망퇴직을 신청하는 직원들에게는 회사정리계획 인가결정일로부터 1개월 이내에 평균임금 3개월분의 퇴직위로금을 지급하겠다고 하였다. 그 후 A회사에 대하여 2000. 11. 24. 회사정리절차가 개시되고 관리인이 선임되자, 관리인은 2000. 11. 20.부터 2000. 11. 24.까지 희망퇴직을 신청한 직원이 449명에 불과하여 추가적인 인력 구조조정을 시행하는 과정에서 2000. 11. 29. 갑을 구조조정 대상자로 선정하여 통보하면서 갑이 2000. 12. 4.부터 2000. 12. 8.까지 희망퇴직 신청을 하는 경우에 종전과 동일하게 회사정리계획 인가결정일로부터 1개월 이내에 평균임금 3개월분의 퇴직위로금을 지급하겠다고 하였다. 그러자 갑은 A회사와 근로계약을 합의해지하는 의사표시로서 희망퇴직을 신청하고, A회사가 이를 승낙함으로써 2000. 12. 31. 갑은 A회사에서 퇴직하였다. 이 경우에 A회사의 퇴직위로금 지급채무의 이행기 도래시기에 관한 설명으로 옳은 것은? (판례에 의함)

① 회사정리계획 인가는 조건이므로, 정리계획이 인가된 때에만 기한이 도래하고 회사정리절차가 폐지되어 정리계획 인가를 받을 수 없는 것으로 확정된 때에는 기한이 도래하지 않는다.
② 회사정리계획 인가는 조건이므로, 정리계획이 인가된 때와 회사정리절차가 폐지되어 정리계획 인가를 받을 수 없는 것으로 확정된 때에 모두 기한이 도래한다.
③ 회사정리계획 인가는 불확정기한이므로, 정리계획이 인가된 때와 회사정리절차가 폐지되어 정리계획 인가를 받을 수 없는 것으로 확정된 때에 모두 기한이 도래한다.
④ 회사정리계획 인가는 불확정기한이므로, 정리계획이 인가된 때에만 기한이 도래하고 회사정리절차가 폐지되어 정리계획 인가를 받을 수 없는 것으로 확정된 때에는 기한이 도래하지 않는다.
⑤ 회사정리계획 인가는 불확정기한이므로, 정리계획이 인가된 때에는 기한이 도래하지 않고 회사

정리절차가 폐지되어 정리계획 인가를 받을 수 없는 것으로 확정된 때에만 기한이 도래한다.

[해설] 대판 2003. 8. 19, 2003다24215(민총 판례 29) 참조. 이 판결에 따르면, ③과 같이 된다.

[정답] ③

30. 소멸시효의 기산점에 관한 다음 설명 중 옳지 않은 것은? (판례에 의함)

① 당사자가 본래의 기산일보다 뒤의 날짜를 기산일로 하여 주장하는 경우는 물론이고 특별한 사정이 없는 한 그 반대의 경우에도 법원은 당사자가 주장하는 기산일을 기준으로 소멸시효를 계산하여야 한다.

② 주택임대차보호법에 따른 임대차에서 그 기간이 끝난 후 임차인이 보증금을 반환받기 위해 목적물을 점유하고 있는 경우 보증금반환채권에 대한 소멸시효는 진행하지 않는다.

③ 임치물 반환청구권의 소멸시효는 임치인이 임치계약을 해지한 때부터 진행한다.

④ 집합건물의 하자보수에 갈음한 손해배상청구권의 소멸시효기간은 각 하자가 발생한 시점부터 별도로 진행한다.

⑤ 임대차 존속 중 차임을 연체하더라도 임대차 종료 후 목적물 인도 시에 임대차보증금에서 일괄 공제하는 방식에 의하여 정산하기로 약정한 경우와 같은 특별한 사정이 없는 한 차임채권의 소멸시효는 임대차계약에서 정한 지급기일부터 진행한다.

[해설] 대판 2022. 8. 19, 2020다220140(민총 판례 30) 참조. ① 대판 1995. 8. 25, 94다35886 참조. 소멸시효의 기산일은 소멸시효 항변의 법률요건을 구성하는 구체적인 사실에 해당하므로 변론주의 적용 대상이다. ② 대판 2020. 7. 9, 2016다244224 · 244231(민총 판례31) 참조. ③ 대판 2022. 8. 19, 2020다220140(민총 판례30) 참조. 임치계약이 성립하여 임치물이 수치인에게 인도된 때부터 진행한

다. ④ 대판 2009. 2. 26, 2007다83908 참조. ⑤ 대판 2016. 11. 25, 2016다211309.

[정답] ③

31. 소멸시효에 관한 다음 설명 중 옳지 않은 것은? (판례에 의함)

① 채권을 일정한 기간 행사하지 않으면 소멸시효가 완성하지만, 채권을 계속 행사하고 있다고 볼 수 있다면 소멸시효가 진행하지 않는다.

② 임대차가 종료함에 따라 발생한 임차인의 목적물반환의무와 임대인의 보증금반환의무는 동시이행관계에 있으므로, 임차인이 목적물을 반환했든 반환하지 않았든 임차인의 보증금반환채권은 소멸시효가 진행하지 않는다.

③ 임대차 종료 후 임차인이 보증금을 반환받기 위해 목적물을 점유하는 경우 보증금반환채권에 대한 권리를 행사하는 것으로 보아야 하고, 임차인이 임대인에 대하여 직접적인 이행청구를 하지 않았다고 해서 권리의 불행사라는 상태가 계속되고 있다고 볼 수 없다.

④ 만일 임차인이 임대차 종료 후 보증금을 반환받기 위해 목적물을 점유하여 적극적인 권리행사의 모습이 계속되고 있는데도 보증금반환채권이 시효로 소멸한다고 보면, 임차인은 목적물반환의무를 그대로 부담하면서 임대인에 대한 보증금반환채권만 상실하게 되어 부당하다.

⑤ 임대차기간이 끝난 후 보증금을 반환받지 못한 임차인이 목적물을 점유하는 동안 "임대차기간이 끝난 경우에도 임차인이 보증금을 반환받을 때까지는 임대차관계가 존속되는 것으로 본다."라고 정하고 있는 주택임대차보호법 제4조 제2항에 따라 법정임대차관계가 유지되고 있는데도 임차인의 보증금반환채권은 그대로 시효가 진행하여 소멸할 수 있다고 한다면, 이는 위 규정의 입법 취지를 훼손하는 결과를 가져오게 되어 부당하다.

[해설] 대판 2020. 7. 9, 2016다244224 · 244231(민총 판례31) 참조. ② 이 판결에 따르면, 주택임대차보호법에 따른 임대차에서 그 기간이 끝난 후 임차인이 보증금을 반환받기 위해 목적물을 점유하고 있는 경우에 보증금반환채권에 대한 소멸시효는 진행하지 않는다. 그리고 이러한 소멸시효 진행의 예외는 어디까지나 임차인이 임대차 종료 후 목적물을 적법하게 점유하는 기간으로 한정되고, 임차인이 목적물을 점유하지 않거나 동시이행항변권을 상실하여 정당한 점유권원을 갖지 않는 경우에 대해서까지 인정되는 것은 아니다.

[정답] ②

32. 갑은 을로부터 금전을 빌리면서 그 담보를 위하여 갑 소유 부동산에 관하여 근저당권설정등기를 마쳐 주었다. 그 후 갑이 을을 상대로 피담보채권인 대여금채권의 부존재를 이유로 근저당권설정등기의 말소를 청구한 소송에서, 을이 이에 적극적으로 응소하여 청구기각의 판결을 구하고 위 대여금채권이 유효하게 성립 · 존재한다는 답변내용을 제출함으로써 그 주장이 인용되어 원고 패소판결이 선고 · 확정되었다. 다음 설명 중 옳지 않은 것은? (판례에 의함)

① 시효를 주장하는 자가 원고가 되어 소를 제기한 데 대하여 피고로서 응소하여 그 소송에서 적극적으로 권리를 주장하고 그것이 받아들여진 경우도 시효중단사유로서의 재판상의 청구에 포함된다.

② 을이 위 소송에서 응소하여 한 위 담보목적의 대여금채권의 존재에 관한 주장은 소멸시효의 중단사유가 되는 재판상의 청구에 준하는 것으로 볼 수 있다.

③ 을의 채권에 대하여는 을의 응소행위에 의하여 일단 소멸시효의 진행이 중단되었다가 위 재판이 확정된 시점부터 새로이 그 시효가 진행된다.

④ 응소행위로 인한 시효중단의 효력은 을이 현실적으로 권리를 행사하여 응소한 때에 발생하며 갑이 소를 제기한 때로 소급하지 않는다.

⑤ 시효중단사유로서의 재판상의 청구로 인정되기 위해서는 그 청구된 권리가 판결의 주문에서 판단되어 기판력이 발생하는 소송물이어야 한다.

[해설] ①②③⑤ 대판(전원) 1993. 12. 21, 92다47861 (민총 판례32) 참조.
④ 대판 2005. 12. 23, 2005다59383 · 59390 참조.

[정답] ⑤

33. 갑은 을을 상대로, 갑이 을에게 1997. 2. 말경 6,000만 원, 1997. 4. 초경 1억 원을 각 대여하였다고 주장하며 대여금 1억 6,000만 원 및 이에 대한 지연손해금 청구의 소를 제기하여, 2004. 11. 11. 전부승소 판결을 선고받고 2004. 12. 7. 그 판결이 확정되었다. 갑은 2014. 11. 4. 위 대여금 채권의 시효중단을 위한 후소를 제기하려고 한다. 이 경우에 관한 다음 설명 중 옳은 것은? (판례에 의함)

① 갑은 이행소송은 제기할 수 있으나, 재판상의 청구가 있다는 점에 대하여만 확인을 구하는 형태의 새로운 방식의 확인소송은 제기할 수 없다.

② 갑은 재판상의 청구가 있다는 점에 대하여만 확인을 구하는 형태의 새로운 방식의 확인소송은 제기할 수 있으나, 이행소송을 제기할 수는 없다.

③ 갑은 이행소송도 제기할 수 있고, 재판상의 청구가 있다는 점에 대하여만 확인을 구하는 형태의 새로운 방식의 확인소송도 제기할 수 있다.

④ 갑은 이행소송과 새로운 방식의 확인소송은 제기할 수 없고, 전소 판결로 확정된 채권 그 자체를 확인의 대상으로 삼는 청구권 확인소송만 제기할 수 있다

⑤ 갑은 이행소송, 새로운 방식의 확인소송, 청구권 확인소송의 어느 것도 제기할 수 없다.

[해설] 대판(전원) 2018. 10. 18, 2015다232316(민총 판례33) 참조. 이 판결은, 채권자가 이행소송과 재판상의 청구가 있다는 점에 대하여만 확인을 구하는 형태의 새로운 방식의 확인소송 중 자신의 상황과 필요에 보다 적합한 것을 선택하여 제기할 수 있다고 한다.

[정답] ③

34. 갑은 을로부터 신체침해를 당하여 – 후에 최종적으로 확정된 바에 의하면 – 1,000만 원의 손해를 입었다. 이 경우에 갑이 을을 상대로 손해배상액 중 400만 원의 지급을 청구하는 소를 제기하였다. 그런데 그 구체적인 모습은 다음 두 경우이다. 하나는 갑이 400만 원을 청구하면서 손해배상액의 일부의 청구임을 명시한 경우이다(첫째 경우). 다른 하나는 손해배상을 구하는 소장을 제출하면서 – 일부청구임을 명시하지는 않고 – 다만 앞으로 시행될 법원의 신체감정결과에 따라 청구금액을 확장할 뜻을 명백히 표시하였다(둘째의 경우). 이들 두 경우에 청구된 부분(400만 원)과 나머지 부분(600만 원)에 대하여 소멸시효가 중단되는지에 관한 다음 설명 중 옳은 것은? (판례에 의함)

① 첫째 경우이든 둘째 경우이든 400만 원과 600만 원 부분 모두에 관하여 소멸시효가 중단된다.

② 첫째 경우에는 400만 원에 대하여는 소멸시효가 중단되나 600만 원에 대하여는 시효가 중단되지 않고, 둘째 경우에는 400만 원과 600만 원 부분 모두에 대하여 시효가 중단된다.

③ 첫째 경우나 둘째의 경우나 모두 400만 원에 대하여는 소멸시효가 중단되나 600만 원에 대하여는 시효가 중단되지 않는다.

④ 첫째 경우에는 400만 원에 대하여는 소멸시효가 중단되나 600만 원에 대하여는 시효가 중단되지 않고, 둘째 경우에는 400만 원에 대하여는 시효가 중단되지 않으나 600만 원에 대하여는 시효가 중단된다.

⑤ 첫째 경우에는 모든 부분에 대하여 소멸시효가 중단되나, 둘째 경우에는 모든 부분에 대하여 시효가 중단되지 않는다.

[해설] 대판 1992. 4. 10, 91다43695(민총 판례 34) 참조. 이 판결은, 문제에서의 둘째 경우에는 모든 부분에 대하여 시효가 중단된다고 하였다.

[정답] ②

35. 갑의 채무를 대위변제한 을은 갑의 을에 대한 구상금채무를 연대보증한 병과 갑을 상대로 구상금청구의 소를 제기하였다가 강제조정결정이 내려져 확정되었다. 그로부터 9년 4개월이 지난 후 을은 그 결정을 집행권원으로 하여 병 소유 부동산에 관한 경매개시결정을 받았고, 그 후 을이 갑과 병을 상대로 재산명시신청을 하여 재산명시결정이 갑과 병에게 송달되었다. 갑과 병이 재산명시결정을 송달받은 때부터 6월 내에 구상금채무가 변제 등으로 모두 소멸하였다고 주장하면서 청구이의의 소를 제기하자, 을은 응소하여 적극적으로 구상금채무의 존재를 주장하였지만 갑이 제1심판결에 항소한 후 소취하서를 제출하여 갑의 을에 대한 소가 소취하로 종료되었다. 을은 그때부터 6월내에 갑의 을에 대한 구상금채무에 대하여 재판상 청구 등 다른 시효중단조치를 취하지 않았다. 다음 설명 중 옳지 않은 것은? (판례에 의함)

① 갑의 을에 대한 소가 소취하로 종료된 때부터 6월내에 주채무인 구상금채무에 대하여 재산상 청구 등 다른 시효중단조치를 취하지 않아 을의 응소행위로 인한 시효중단의 효력은 소멸하였다.

② 주채무인 갑의 을에 대한 구상금채무는 이미 강제조정결정이 확정된 때로부터 10년이 경과함으로써 소멸시효가 완성되었다.

③ 을의 신청에 의한 경매개시결정으로 병 소유 부동산이 압류됨으로써 또는 병이 제기한 소에 대한 을의 응소행위로 병의 을에 대한 연대보증채무 자체의 소멸시효는 중단되었다.

④ 을은 강제조정결정 확정일로부터 10년이 지나기 전에 병과 주채무자 갑을 상대로 재산명시신청을 하였고, 갑의 소제기에 응소하여 적극적으로 권리를 주장하였으므로, 갑의 을에 대한 구상금채무의 소멸시효는 중단되었다.

⑤ 주채무인 갑의 을에 대한 구상금 채무가 소멸시효 완성으로 소멸된 이상 병의 을에 대한 연대보증채무도 그 채무 자체의 시효중단에 불구하고 부종성에 따라 당연히 소멸한다.

[해설] 대판 2012. 1. 12, 2011다78606(민총 판례35) 참조.

[정답] ④

36. 불법행위의 피해자인 갑은 1982. 10. 20.에 치료가 종료되어 그 다음날부터 치료비채권을 행사할 수 있었다. 그런데 갑은 1985. 7. 6.에 가해자인 을에게 치료비의 지급을 최고하였고, 1985. 11. 28. 치료비 지급을 청구하는 소를 제기하였다가 이를 취하하였다. 그러고 나서 1986. 3. 31. 다시 치료비 지급을 청구하는 소를 제기하였다. 이 경우에 1986. 3. 31. 현재 갑의 치료비채권의 소멸시효 완성 여부에 관한 다음 설명 중 옳은 것은? (판례에 의함)

① 지급 최고에 의하여 시효가 중단되고, 소 제기 후 취하에 의하여 다시 시효가 중단되어, 1986. 3. 31. 현재 갑의 치료비채권은 시효가 완성되지 않았다.

② 소 제기 후 취하에 의하여 다시 시효가 중단되지는 않지만, 지급 최고에 의하여 시효가 중단되어, 1986. 3. 31. 현재 갑의 치료비채권은 시효가 완성되지 않았다.

③ 소 제기 후 취하에 의하여 다시 시효가 중단되지는 않지만, 지급 최고에 의하여 시효가 중단되었으나, 6개월 내에 보완조치가 없어서, 1986. 3. 31. 현재 갑의 치료비채권은 시효가 완성되었다.

④ 소 제기 후 취하에 의하여 시효가 중단될 수 있으나, 소 제기 후 취하 당시 이미 시효가 완성되어 1986. 3. 31. 현재 갑의 치료비채권은 시효가 완성되었다.

⑤ 지급 최고나 소 제기 후 취하에 의하여 시효가 중단되지 않아서, 1986. 3. 31. 현재 갑의 치료비채권은 시효가 완성되었다.

[해설] 대판 1987. 12. 22, 87다카2337(민총 판례36) 참조. 갑의 치료비채권은 불법행위에 의한 손해배상채권으로서 손해 및 가해자를 안 날부터 3년의 시효

에 걸린다(766조 1항. 그 2항의 10년 시효 문제는 생략함). 그리하여 그 채권은 1985. 10. 20.에 시효가 완성한다. 그리고 앞의 판결에 따르면, 재판상 청구를 한 뒤 취하하면 최고로서의 효력이 생긴다. 또한 최고를 여러 번 거듭하다가 재판상 청구 등을 한 경우에 있어서의 시효중단의 효력은 항상 최초의 최고시에 발생하는 것이 아니라 재판상 청구 등을 한 시점을 기준으로 하여 이로부터 소급하여 6월 이내에 한 최고시에 발생한다고 한다. 그에 의하면, 본 문제의 경우 최고가 「지급 최고」와 「소 제기 후 취하」의 두 번이 있었으므로, 그때에는 1986. 3. 31.의 소 제기부터 소급하여 6월 이내에 한 최고인 「소 제기 후 취하」의 시점에 시효중단의 효력이 생기며, 「지급 최고」시에 생기지 않는다. 그런데 「소 제기 후 취하」가 치료비채권의 시효기간 만료(1985. 10. 20) 후에 행해져서, 치료비채권은 이미 시효로 소멸한 것이 된다. 앞의 판결도 그렇게 판결하였다.

[정답] ④

37. 갑은 을에 대하여 대여금채권이 있음을 이유로 1982. 1. 29. 을 소유의 X부동산에 관하여 법원에 부동산 가압류신청을 하였다. 그리고 법원은 1982. 2. 6. X부동산에 대하여 가압류결정을 하였고, 그에 따라 1982. 2. 8. 접수로 당일에 가압류기입등기가 되었다(현재까지도 유지됨). 그런데 이보다 먼저 X부동산에 관하여 1981. 10. 10. 접수로 병 명의의 소유권이전청구권 가등기가 되어 있었다. 한편 갑은 가압류사건의 피보전채권에 관한 본안소송으로서 을을 상대로 대여금소송을 제기하여 1982. 4. 28. 을은 갑에게 910만 원 및 그에 대한 지연손해금을 지급하라는 판결을 받았고, 이 판결은 그 무렵 확정되었다. 갑은 1985. 10. 3. 사망하였고, 정이 상속재산 협의분할에 의하여 갑의 법적 지위를 그대로 승계하였다. 현재는 1999. 1.이다. 이 경우에 현재의 시점에서 갑(또는 정)의 을에 대한 대여금채권의 소멸시효에 관한 다음 설명 중 옳은 것은? (판례에 의함)

① 1982. 1. 29.에 시효가 중단된 뒤 즉시 다시 진행하고, 소 제기에 의해 중단된 뒤 판결확정시부터 다시 진행하여, 현재 시효가 완성되었다.

② 1982. 1. 29.에 시효가 중단된 뒤 1982. 2. 8.부

터 다시 진행하고, 소 제기에 의해 중단된 뒤 판결확정시부터 다시 진행하여, 현재 시효가 완성되었다.

③ 1982. 1. 29.에 시효가 중단된 뒤 1982. 2. 8.부터 다시 진행하고, 소 제기에 의해 중단된 뒤 판결확정시부터 다시 진행하여, 현재 시효가 완성될 경우이지만, 병 명의의 가등기가 있어서 시효가 완성되지 않는다.

④ 가압류에 의하여 시효가 중단되고 가압류에 의한 시효중단의 효력은 가압류의 집행보전의 효력이 존속하는 동안 계속되나, 갑의 본안의 승소판결에 가압류에 의한 시효중단의 효력이 흡수되어 소멸하므로, 현재 시효가 완성되었다.

⑤ 가압류에 의하여 시효가 중단되고 가압류에 의한 시효중단의 효력이 가압류의 집행보전의 효력이 존속하는 동안 계속되며, 갑의 본안의 승소판결에 가압류에 의한 시효중단의 효력이 흡수되어 소멸하지 않으므로, 현재 시효가 완성되지 않았다.

[해설] 대판 2000. 4. 25, 2000다11102(민총 판례 37) 참조.

[정답]　⑤

38. 압류 · 가압류에 의한 시효중단에 관한 다음 설명 중 옳지 않은 것은? (판례에 의함)

① 채권자가 1개의 채권 중 일부에 대하여 가압류를 하는 취지는 1개의 채권 중 어느 특정 부분을 지정하여 압류하는 것이 아니다.

② 1개의 채권의 일부에 대한 가압류는 유효한 채권 부분을 대상으로 한 것이고, 유효한 채권 부분이 남아 있는 한 거기에 가압류의 효력이 계속 미친다.

③ 1개의 채권 중 일부에 대하여 가압류를 하였는데, 채권의 일부에 대하여만 소멸시효가 중단되고 나머지 부분은 이미 시효로 소멸한 경우, 가압류의 효력은 시효로 소멸하지 않고

잔존하는 채권 부분에 계속 미친다.

④ 1개의 채권 중 일부에 대한 가압류 후 그 채권 중 일부에 대한 전부명령이 발령된 경우 시효중단된 부분은 선행 가압류 부분과 후행 전부명령 부분에 안분비례하여 할당된다.

⑤ 전부명령이 먼저 발령되고 나중에 가압류가 이루어진 경우, 전부명령 채권자가 시효 중단된 채권으로부터 우선 만족을 얻게 되고 그만큼 후행 가압류 등 채권자는 만족을 얻지 못하게 된다.

[해설] 대판 2016. 3. 24, 2014다13280 · 13297(민총 판례38) 참조. 1개의 채권 중 일부에 대한 가압류 후 그 채권 중 일부에 대한 전부명령이 발령된 경우에도 가압류의 효력이 미치는 유효한 채권의 범위는 달라지지 않는다. 따라서 시효중단된 부분이 선행 가압류 부분과 후행 전부명령 부분에 안분비례하여 할당된다고 할 수 없다.

[정답]　④

39 임차권등기명령에 따른 임차권등기가 있는 경우에 관한 다음 설명 중 옳은 것은? (판례에 의함)

① 그 등기에는 압류 또는 가압류, 가처분에 준하는 효력이 있으므로, 그 등기가 있는 때에 임대차 보증금반환채권의 소멸시효가 중단되고, 그 등기가 존속하는 한 소멸시효는 진행하지 않는다.

② 그 등기에는 압류 또는 가압류, 가처분에 준하는 효력이 있으므로, 그 등기가 있는 때에 임대차 보증금반환채권의 소멸시효가 중단되나, 그 등기가 있는 후 즉시 소멸시효가 다시 진행한다.

③ 그 등기에는 압류 또는 가압류, 가처분에 준하는 효력이 없으므로, 그 등기가 있는 때에 임대차 보증금반환채권의 소멸시효가 중단되고, 그 등기가 있는 후 즉시 소멸시효가 다시 진행한다.

④ 그 등기에는 압류 또는 가압류, 가처분에 준하는 효력이 없으나, 지급명령과 같은 효력이 있어서 그 등기가 있는 때에 임대차 보증금반

환채권의 소멸시효가 중단된다.

⑤ 그 등기는 소멸시효의 진행에 아무런 영향이 없다

[해설] 대판 2019. 5. 16, 2017다226629(민총 판례 39) 참조. 이 판결은, 임차권등기명령에 따른 임차권등기에는 제168조 제2호에서 정하는 소멸시효 중단사유인 압류 또는 가압류, 가처분에 준하는 효력이 있다고 볼 수 없다고 한 뒤, 원심이 원고의 임차권등기명령에 따른 임차권등기가 소멸시효의 진행에 아무런 영향이 없다는 것을 전제로 하여 판단한 것이 타당하다고 하였다.

[정답] ⑤

---

40. 다음에 열거된 자 중 소멸시효의 완성을 주장할 수 있는 자를 올바르게 모두 고른 것은? (판례에 의함)

> ㄱ. 채권자대위소송의 제3채무자
> ㄴ. 채권담보의 목적으로 매매예약의 형식을 빌어 소유권이전청구권 보전을 위한 가등기가 경료된 부동산을 양수하여 소유권이전등기를 마친 제3자
> ㄷ. 후순위 담보권자

① ㄱ, ㄴ, ㄷ　　　　② ㄱ, ㄴ
③ ㄱ, ㄷ　　　　　　④ ㄴ, ㄷ
⑤ ㄴ　　　　　　　　⑥ ㄷ

[해설] 대판 2021. 2. 25, 2016다232597(민총 판례 40) 참조. 판례에 의하면, 채권자가 채권자대위권을 행사하여 제3자에 대하여 하는 청구에 있어서, 제3채무자는 채무자가 채권자에 대하여 가지는 항변으로 대항할 수 없고, 채권의 소멸시효가 완성된 경우 이를 원용할 수 있는 자는 원칙적으로는 시효이익을 직접 받는 자뿐이고, 채권자대위소송의 제3채무자는 이를 행사할 수 없다(대판 2004. 2. 12, 2001다10151). 그리고 채권담보의 목적으로 매매예약의 형식을 빌어 소유권이전청구권 보전을 위한 가등기가 경료된 부동산을 양수하여 소유권이전등기를 마친 제3자는 당해 가등기담보권의 피담보채권의 소

멸에 의하여 직접 이익을 받는 자이므로, 그 가등기담보권에 의하여 담보된 채권의 채무자가 아니더라도 그 피담보채권에 관한 소멸시효를 원용할 수 있다(대판 1995. 7. 11, 95다12446).

[정답] ⑤

---

41. 채무자가 소멸시효의 완성을 주장하는 것이 신의성실의 원칙에 반하여 권리남용으로서 허용될 수 없는지에 관한 판례의 설명으로 옳지 않은 것은? (판례에 의함)

① 채무자가 시효완성 전에 채권자의 권리행사나 시효중단을 불가능 또는 현저히 곤란하게 하였거나 그러한 조치가 불필요하다고 믿게 하는 행동을 한 경우에는 소멸시효 완성 주장이 허용되지 않는다.

② 객관적으로 채권자가 권리를 행사할 수 없는 장애사유가 있었던 경우에는 소멸시효 완성 주장이 허용되지 않는다.

③ 일단 시효완성 후에 채무자가 시효를 원용하지 않을 것 같은 태도를 보여 권리자로 하여금 그와 같이 신뢰하게 한 경우에는 소멸시효 완성 주장이 허용되지 않는다.

④ 채권자보호의 필요성이 크고 같은 조건의 다른 채권자가 채무의 변제를 수령하는 등의 사정이 있어 채무이행의 거절을 인정함이 현저히 부당하거나 불공평하게 되는 등의 특별한 사정이 있는 경우에는 소멸시효 완성 주장이 허용되지 않는다.

⑤ 채권자가 권리를 행사할 수 없는 법률상의 장애사유는 없고 단지 사실상의 장애사유만 있는 경우에는 소멸시효 완성 주장이 신의성실의 원칙에 반하지 않는다.

[해설] 대판 2002. 10. 25, 2002다32332(민총 판례 41) 참조. 이 판결에 따르면, ②에서 장애사유에는 사실상의 장애사유도 포함된다. 따라서 채권자가 권리를 행사할 수 없는 사실상의 장애사유만 있는 경우에도 소멸시효 완성 주장이 허용되지 않는다.

[정답] ⑤

42. X토지의 소유자인 갑은 1985. 3. 15.에 편지를 써놓고 집을 나간 뒤에 생사를 알 수 없었다. 그러자 갑의 처인 을은 법원에 갑의 재산관리인 선임신청을 하여 을 자신이 1988. 5. 20.에 재산관리인으로 선임되었다. 그 뒤 1991. 4. 22. 을은 갑의 재산관리인으로서 X토지를 병에게 증여하고 당일에 병 명의로 소유권이전등기를 하였다. 이때 을이 법원의 허가를 받았는지는 불분명하다. 한편 갑의 장녀인 정은 2002. 5. 10.에 법원에 갑에 대하여 실종선고를 청구하여 법원은 2003. 3. 11. 갑에 대하여 실종선고를 하였다. 정이 병을 상대로 위 등기의 말소를 청구한 경우에 대한 설명 중 옳은 것을 고른 것은? (판례에 의함)

> ㄱ. 을은 X토지의 증여시에 재산관리인으로서의 권한이 없었다.
> ㄴ. 을은 X토지의 증여시에 재산관리인으로서의 권한이 있었다.
> ㄷ. 병 명의의 등기는 적법하게 경료된 것으로 추정된다.
> ㄹ. 병 명의의 등기는 적법하게 경료된 것으로 추정되지 않는다.
> ㅁ. 법원의 처분허가가 있었다는 것은 병이 증명해야 한다.
> ㅂ. 법원의 처분허가가 있었다는 것은 병이 증명할 필요가 없으며, 법원의 처분허가 없이 위조된 허가결정 등으로 등기를 경료했다는 사실을 정이 증명해야 한다.

① ㄱ, ㄷ, ㅁ   ② ㄴ, ㄷ, ㅁ
③ ㄴ, ㄷ, ㅂ   ④ ㄴ, ㄹ, ㅁ
⑤ ㄴ, ㄹ, ㅂ

[해설] 대판 1991. 11. 26. 91다11810(민총 판례42) 참조. 이 판결에 따르면, 을의 처분이 비록 갑에 대한 사망의제 시점(1990. 3. 15. 만료시) 후에 있었지만, 재산관리인 선임결정 취소가 없는 한 을은 여전히 관리권을 가지고 있고, 또한 을의 처분행위에 기하여 경료된 등기는 그 경료에 필요한 법원의 처분허가 등 모든 절차를 거쳐 적법하게 경료된 것이라고 추정되며, 이 경우 법원의 처분허가 없이 위조된 허가결정 등으로 등기를 경료하였다는 사실은 위 등기의 추정력을 번복시켜 그 등기의 말소를 구하는 정에게 증명책임이 있다.

[정답] ③

43. 갑은 1991. 6. 19. A주식회사로부터 신축 중인 지하 5층, 지상 15층의 오피스텔 및 상가건물(이하 이 사건 건물이라 함) 중 5층 2호를 분양받고, 1992. 3. 30.까지 계약금과 1, 2차 중도금 합계 2억 5,428만 원을 지급하였다. 그런데 A회사는 위 분양계약에 앞서 1991. 6. 10. B회사와 사이에 이 사건 건물 신축공사에 관하여 공사도급계약을 체결하였는데, 예상과 달리 분양이 저조하여 일부 공사대금의 지급을 지체하자 B회사는 1992. 8. 지하 5층 지상 7층까지의 골조공사만 시행한 채 공사를 중단하여 현재(1996. 5. 9.)까지 공사가 사실상 중단된 상태로 남아 있다. 한편 을은 종전부터 여러 회사를 사실상 지배하면서 이들 회사를 내세워 그 회사 명의로 또는 자신의 개인 명의로 빌딩 또는 오피스텔 등의 분양사업을 해왔고, 이러한 사업의 일환으로 이 사건 건물의 분양 및 관리를 위하여 1991. 5. 3. A회사 전 대표이사인 병으로부터 A회사의 주식을 양수한 다음 자신이 A회사의 대표이사로 취임하였다. A회사 주식은 모두 5,000주인데 현재 외형상을 등 4인 명의로 분산되어 있으나 실질적으로는 을이 위 주식의 대부분을 소유하고 있고, 주주총회나 이사회의 결의 역시 외관상 회사로서의 명목을 갖추기 위한 것일 뿐 실질적으로는 법적 절차가 지켜지지 않은 채 을 개인의 의사대로 회사 운영에 관한 일체의 결정이 이루어져 왔다. A회사 사무실은 현재 폐쇄되어 그 곳에 근무하는 직원은 없고, A회사가 수분양자들로부터 지급받은 분양대금 약 78억 원 중 30억 원 가량은 을이 임의로 자신의 명의로 병으로부터 이 사건 건물의 부지인 이 사건 대지를 매입하는 자금으로 사용하였고 A회사의 재산과 을 개인의 재산이 제대로 구분되어 있지도 않다. A회사가 시행하는 이 사건 공사는 발주금액만도 166억 원 가량에 이르고 이 사건 건물의 분양대금도 수백억 원에 이른 데에 반하여 A회사의 자본금은 5천만 원에 불과할

뿐만 아니라 이마저도 명목상의 것에 불과하고 위 분양대금으로 매수한 이 사건 대지는 을 개인 명의로 소유권이전등기가 경료되어 있고 나머지 분양대금 역시 그 용도가 명확히 밝혀지지 않은 채 모두 사용되어 A회사의 실제 자산은 사실상 전혀 없다. 그리하여 갑은 1996. 5. 9.(현재)에 A회사의 채무불이행을 이유로 위 분양계약을 해제하였다. 이 경우에 관한 다음 설명 중 옳은 것을 모두 고른 것은? (판례에 의함)

ㄱ. 갑은 이미 지급한 분양금의 지급을 을에게 청구할 수 있다.

ㄴ. 갑은 이미 지급한 분양금의 지급을 을에게 청구할 수 없다.

ㄷ. 위 ㄱ.의 근거는 신의성실의 원칙이다.

ㄹ. 위 ㄱ.의 근거는 회사의 법인성이다.

ㅁ. 이 경우는 법인격이 형해화한 경우이다.

ㅂ. 이 경우는 법인격이 남용된 경우이다.

ㅅ. 갑은 이미 지급한 분양금의 지급을 A회사에게 청구할 수 있다.

ㅇ. 갑은 이미 지급한 분양금의 지급을 A회사에게 청구할 수 없다.

---

① ㄱ, ㄷ, ㅁ, ㅅ ② ㄱ, ㄷ, ㅂ, ㅅ
③ ㄱ, ㄷ, ㅁ, ㅇ ④ ㄱ, ㄹ, ㅁ, ㅅ
⑤ ㄴ, ㅅ

[해설] 대판 2001. 1. 19, 97다21604(민총 판례43) 참조. 이 판결에 따르면, 문제의 경우에 해제는 적법하고, 갑은 해제에 의한 원상회복으로 그가 이미 지급한 분양금의 반환을 청구할 수 있다고 한다. 그리고 이 판결은 문제의 경우를 법인격이 형해화한 경우로 파악하며, 법인격 부인의 근거를 신의칙에서 찾는다. 그리고 문제의 경우에 갑이 을과 A회사 모두에 대하여 반환청구를 할 수 있다고 한다.
[정답] ①

44. 교회의 법률관계에 관한 다음 설명 중 옳지 않은 것은? (판례에 의함)

① 특정 교단에 소속된 지교회는 독립된 법인 아닌 사단이다.

② 일부 교인들이 교회를 탈퇴하여 그 교회 교인으로서의 지위를 상실하게 되면 탈퇴가 개별적인 것이든 집단적인 것이든 이와 더불어 종전 교회의 총유 재산의 관리처분에 관한 의결에 참가할 수 있는 지위나 그 재산에 대한 사용·수익권을 상실하고, 종전 교회는 잔존 교인들을 구성원으로 하여 실체의 동일성을 유지하면서 존속하며 종전 교회의 재산은 그 교회에 소속된 잔존 교인들의 총유로 귀속됨이 원칙이다.

③ 교단에 소속되어 있던 지교회의 교인들의 일부가 소속 교단을 탈퇴하기로 결의한 다음 종전 교회를 나가 별도의 교회를 설립하여 별도의 대표자를 선정하고 나아가 다른 교단에 가입한 경우, 그 교회는 종전 교회에서 집단적으로 이탈한 교인들에 의하여 새로이 법인 아닌 사단의 요건을 갖추어 설립된 신설 교회라 할 것이어서, 원칙적으로 그 교회 소속 교인들은 더 이상 종전 교회의 재산에 대한 권리를 보유할 수 없게 된다.

④ 교단 탈퇴 및 변경에 관한 결의를 하였으나 이에 찬성한 교인이 의결권을 가진 교인의 3/4에 이르지 못한다면 종전 교회의 동일성은 여전히 종전 교단에 소속되어 있는 상태로서 유지되고, 따라서 교단변경 결의에 찬성하고 나아가 종전 교회를 집단적으로 탈퇴하거나 다른 교단에 가입한 교인들은 교인으로서의 지위와 더불어 종전 교회 재산에 대한 권리를 상실한다.

⑤ 실질적으로 지교회의 해산 등 교회의 유지와 모순되는 결과를 수반하는 교단변경 결의, 나아가 기독교가 아닌 전혀 다른 종교를 신봉하는 단체로 변경하는 등 교회의 존립목적에 본질적으로 위배되는 교단변경 결의는 정관이나 규약 변경의 한계를 넘어서는 것이므로 허용될 수 없다.

[해설] 대판(전원) 2006. 4. 20. 2004다37775(민총 판례44) 참조. 문제의 지문들 중 ④의 '3/4'만 옳지 않아서 '2/3'로 바로잡아야 하고, 나머지는 모두 옳다.

[정답] ④

45. 갑은 그의 생존시인 1956. 4. 10. 그 소유의 서울 (지역 생략) 223 대 760평(이하 이 사건 부동산이라 함)을 재단법인 Z사의 설립을 위하여 동 법인의 기본재산으로 기부하였고, 갑이 1956. 4. 30. 사망한 뒤에는, 그 호주상속인 (갑의 동생)이며 병의 부(父)인 을이 1960. 1. 23. 이 사건 부동산을 포함한 수십 필지의 부동산의 기부승낙서에 의하여 재단법인 Z사의 설립허가신청서를 문교부에 제출하여 1960. 5. 9. 그 설립허가에 얻어서 1960. 5. 20. 동 법인설립등기까지 경료하였다. 그런데 그 뒤인 1965. 3. 10. 위 토지에 관하여 정(갑의 다른 동생) 명의로 소유권이전등기가 경료되고, 이어서 나머지 정의 유일한 유족인 아들 무에게 소유권이전등기가 경료되었다. 한편 갑은 1956. 4. 30.(기부행위 한 후) 사망함으로써 을이 그 호주상속을 하였다가, 을 역시 1969. 12. 3. 사망함으로써 병이 단독상속인이 되었다. 현재는 1972. 1.이다. 이 경우에 관한 다음 설명 중 옳지 않은 것은? (판례에 의함)

① 이 사건 부동산의 소유권은 갑(을)과 Z사 사이에서는 1960. 5. 20.에 Z사에 귀속된다.

② Z사는 무에게 이 사건 부동산의 소유권이전등기의 말소를 청구할 수 없다.

③ Z사와 무 사이에서는 Z사 명의로 이 사건 부동산의 소유권이전등기를 한 때에 그 부동산의 소유권이 Z사에 귀속하게 된다.

④ 위 ③이 맞는다면 그것은 여기에 민법 제186조가 적용된 결과이다.

⑤ Z사는 병에게 이 사건 부동산에 관하여 소유권이전등기의 청구를 할 수 있다.

[해설] 대판(전원) 1979. 12. 11. 78다481(민총 판례 45) 참조. 이 판결은, 출연자와 재단법인 사이에서는 법인 성립시에 법인의 재산이 되나, 제3자에 대한 관계에서는 법인의 성립 외에 등기를 필요로 한다고 한다. 이 판결에 따르면 ③과 같이 되나, 그것은 이 판결의 이론에 의한 것이고 제186조를 적용한 결과가 아니다(④는 옳지 않음). 그리고 다른 지문은 모두 옳다.

[정답] ④

46. 1993. 4.경 무주택 직장인과 지역주민들이 3개의 직장주택조합과 2개의 지역주택조합(이 5개의 주택조합을 위 단위조합들이라 함)을 각 결성하였고, 위 단위조합들의 조합장들은 1993. 7.경 조합주택의 건축 및 분양사업 등을 효율적으로 추진하기 위해 위 단위조합들의 각 조합원 전원을 조합원으로 하는 A연합주택조합(A조합이라 함)을 결성하여 건축사업을 추진하기로 결의하였다. 위 단위조합들은 1994. 5. 3. 구청으로부터 아파트 2동 162세대를 건설하는 사업계획의 승인을 받고 같은 날 건축허가도 받았다. 위 사업계획에 의하면 이 아파트 중 148세대는 조합원들에게 공급하고, 나머지 14세대(이하 이 사건 임의분양분이라고 함)는 비조합원에게 임의분양하도록 되어 있었다. 위 단위조합들의 조합장들은 1994. 6. 3.경 각 조합원들을 대표하여 A조합의 규약을 제정하고, 위 규약에 따라 단위조합들의 각 조합장들로 구성된 임원회의에서 갑을 A조합의 조합장으로 선출한 후 J건설을 아파트 건축사업대행사로 지정하였다. 그런데 J건설이 1994. 6.경 부도나면서 건축사업의 대행업무를 수행할 수 없게 되자, A조합의 조합장인 갑은 1995. 6.경 소외 X주식회사를 설립하여 J건설을 대신하여 건축사업 대행업무를 하였다. 한편 이 사건 임의분양분에 대한 분담금을 납부하여 오던 임시 조합원 14명 중 4명이 그 지위를 포기함에 따라 추가로 4세대를 임의분양할 수 있게 되었다. 그러자 A조합의 조합장인 갑과 X회사의 고문인 을, X회사의 회장 병 등은 위 추가 임의분양분 4세대를 중복분양하여 분양금을 편취하기로 공모한 후, 부동산 브로커들을 동원하여 A조합의 자금사정이 좋지 않아 분양금을 일시불로 납입하는 조건으로 미분양된 아파트 14세대를 시가보다 싼값에 분양한다고 선전하면서 분양희망자들을 유인케 하

여 1996. 1.경부터 1997. 8.경까지 사이에 직접 또는 부동산 브로커들을 통하여 정을 비롯한 108명에게 위 4세대를 중복분양하여 그 분양대금 합계 15,676,378,000원을 편취하였다. 정은 조합원들에게 분양되고 남은 14세대를 분양받을 수 있다는 말을 부동산중개업자들로부터 듣고 갑, 을 등과 사이에 매매계약을 체결한 후 A조합 조합장의 직인이 날인된 아파트 분양계약서 및 분양대금완납증명서를 교부받았다. 정은 동·호수 추첨 현장에 와서 비로소 중복분양 사실을 알고 강력히 항의하였는데, 이에 대하여 갑, 을, 병은 정이 A조합의 임의분양분 수분양자임을 확인하고, 1997. 8. 30.까지 동·호수 추첨이 이루어지도록 하겠다는 내용의 각서를 작성해 주었다. 현재는 1998. 1.이다. 이 경우에 관한 다음 설명 중 옳지 않은 것은? (판례에 의함)

① 이 경우에는 갑의 행위가 그 자신의 사리를 도모하기 위한 것이어서 정은 A조합에게 손해배상책임을 물을 수 없다.

② A조합은 비법인사단이고, 거기에는 민법 제35조 제1항이 유추적용된다.

③ 갑의 행위는 직무행위로 규정되지 않은 것일지라도 외관상, 객관적으로 직무에 관한 행위라고 인정할 수 있는 것이라면 직무에 관한 행위에 해당한다.

④ 갑의 행위가 직무에 관한 행위에 해당하지 않음을 정 자신이 알았으면 정은 A조합에게 손해배상책임을 물을 수 없다.

⑤ 갑의 행위가 직무에 관한 행위에 해당하지 않음을 정 자신이 중대한 과실로 인하여 알지 못한 경우에는 A조합에게 손해배상책임을 물을 수 없으나, 문제의 경우에는 정에게 중과실이 없다.

[해설] 대판 2003. 7. 25, 2002다27088(민총 판례 46) 참조. 이 판결에 따르면, 비법인사단의 대표자의 행위가 대표자 개인의 사리를 도모하기 위한 것이었거나 혹은 법령의 규정에 위배된 것이었다 하더라도 외관상, 객관적으로 직무에 관한 행위라고

인정할 수 있는 것이라면 제35조 제1항의 직무에 관한 행위에 해당한다.

[정답] ①

47. X회사는 K건설주식회사(K건설이라 함)와, K건설이 재단법인 Y병원(Y법인이라 함)으로부터 도급받은 도로 포장공사에 소요될 레미콘 납품계약을 체결하고, 위 계약에 따라 K건설에 58,552,397원 상당의 레미콘을 납품하였다. Y법인은 Y병원의 유지 운영을 목적으로 갑의 주도 하에 설립된 재단법인인데, 위 계약 당시에는 Y법인의 전임 이사장이 이사 승인취소로 이사직 및 대표권을 상실하고 이사장 직무대리로 을이 선임되어 있었으나 을은 Y병원의 업무만으로도 바빴기 때문에 형식상으로만 Y법인의 업무를 수행하고 Y법인의 사무처장인 병에게 인장을 맡겨두고 동시에 위 병원의 원장인 갑에게 병원과 관련된 업무처리를 맡김에 따라 갑이 실질적으로 Y법인의 업무를 집행해 왔다. 한편 X회사와 K건설 사이에 위와 같은 레미콘 공급계약을 체결함에 있어 X회사가 병에게 Y법인이 위 물품대금의 지급을 보증해 줄 것을 요구하자, 병이 갑의 승인을 얻어 K건설이 X회사로부터 공급받은 레미콘 대금은 K건설이 물품공급량 및 대금을 확인한 후 Y법인이 X회사에게 직접 지급하기로 하는 내용의 약정을 함과 동시에 이사장 직무대리 을의 내부결재만을 받아 K건설의 X회사에 대한 물품대금 지급채무를 연대보증하기로 하고, 계약서 2통을 작성하여 X회사와 K건설에 보내주었다. 그런데 Y법인의 정관 제10조에 의하면, 법인이 예산으로 정한 외에 의무부담이나 권리의 포기는 이사회의 결의로써 노회와 설립자의 승인을 얻어 주무청의 인가를 받도록 규정되어 있다(그 내용이 등기되어 있지는 않음). 그럼에도 불구하고 Y법인이 연대보증계약을 체결하면서 그러한 절차를 밟지는 않았다. 다만, X회사는 Y법인의 정관 제10조의 규정내용을 알고 있었다. 이 경우에 관한 다음 설명 중 옳은 것을 고른 것은? (판례에 의함)

ㄱ. Y법인의 정관 제10조의 규정내용은 대표권 제한에 해당한다.

ㄴ. Y법인의 정관 제10조의 규정내용은 대표권 제한에 해당하지 않는다.

ㄷ. Y법인의 정관 제10조의 규정내용은 등기하지 않아도 제3자에게 대항할 수 있다.

ㄹ. Y법인의 정관 제10조의 규정내용은 등기하지 않으면 제3자에게 대항할 수 없다.

ㅁ. Y법인의 정관 제10조의 규정내용은 등기하지 않아도 X회사에게는 대항할 수 있다.

ㅂ. Y법인의 정관 제10조의 규정내용은 등기하지 않으면 X회사에게도 대항할 수 없다.

① ㄱ, ㄷ, ㅁ ② ㄱ, ㄷ, ㅂ
③ ㄱ, ㄹ, ㅁ ④ ㄱ, ㄹ, ㅂ
⑤ ㄴ, ㄹ, ㅂ

[해설] 대판 1992. 2. 14, 91다24564(민총 판례47) 참조. 이 판결에 따르면, 문제의 경우 Y법인의 정관 제10조의 규정내용은 대표권 제한에 해당하고, 그러한 대표권 제한은 등기하지 않으면 악의의 자를 포함하여 모든 제3자에게 대항할 수 없다. 따라서 본 문제에서 X회사가 비록 악의의 자이기는 하지만 대표권 제한이 등기가 되어 있지 않으므로, Y법인은 대표권 제한을 가지고 X회사에 대하여도 대항할 수 없다. 그 결과 X회사는 Y법인에게 연대보증계약에 기초하여 이행을 청구할 수 있다.

[정답] ④

48. 유체·유골의 귀속자와 관련한 다음 설명 중 옳은 것은? (판례에 의함)

① 분묘에 안치되어 있는 선조의 유체·유골은 제1008조의 3 소정의 제사용 재산인 분묘와 함께 그 제사주재자에게 승계되나, 피상속인 자신의 유체·유골은 제사용 재산과 달리 공동상속인에게 승계된다

② 적장자가 우선적으로 제사상속인이 되는 관습에 기초하여, 공동상속인 중 종손이 있다면 그가 제사주재자의 지위를 유지할 수 없는 특별한 사정이 없는 한 유체·유골의 귀속자가 된다.

③ 제사주재자는 우선적으로 망인의 공동상속인들 사이의 협의에 의해 정하되, 협의가 이루어지지 않는 경우에는 제사주재자의 지위를 유지할 수 없는 특별한 사정이 있지 않는 한 망인의 장남(장남이 이미 사망한 경우에는 장손자)이 유체·유골의 귀속자가 되고, 공동상속인들 중 아들이 없는 경우에는 망인의 장녀가 귀속자가 된다

④ 공동상속인들 사이에 협의가 이루어지지 않는 경우에는 제사주재자의 지위를 인정할 수 없는 특별한 사정이 있지 않는 한 피상속인의 직계비속 중 남녀·적서를 불문하고 최근친의 연장자가 유체·유골의 귀속자로 우선한다.

⑤ 공동상속인들 사이에 협의가 성립되지 않아 망인의 유체·유해에 대한 권리의무의 귀속이 다투어지는 경우, 법원은 망인의 명시적·추정적 의사, 망인이 생전에 공동상속인들과 형성한 동거·부양·왕래·소통 등 생활관계, 장례 경위 및 장례 이후 유체·유해나 분묘에 대한 관리상태, 공동상속인들의 의사 및 협의가 불성립된 경위, 향후 유체·유해나 분묘에 대한 관리 의지와 능력 및 지속가능성 등 제반 사정을 종합적으로 고려하여 누가 유체·유해의 귀속자로 가장 적합한 사람인지를 개별적·구체적으로 판단하여야 하며, 여기에는 배우자가 포함된다.

[해설] 대판(전원) 2023. 5. 11, 2018다248626(민총 판례48) 참조. ① 피상속인 자신의 유체·유골 역시 제사용 재산에 준하여 그 제사주재자에게 승계된다(대판(전원) 2008. 11. 20, 2007다27670). ②는 초기 판례이고, ③은 2008년 전원합의체 판결의 내용이다. ⑤는 본 판결의 별개의견이다.

[정답] ④

제2장 물권법

1. 갑은 X토지 소유자인 을과, 장차 갑이 을로부터 X토지를 1억 원에 매매하기로 예약을 체결하고 매매예약을 원인으로 한 소유권이전청구권 가등기를 하였다. 그 후 갑은 그가 을에 대하여 가지게 될 X토지의 소유권이전청구권을 병에게 양도하고 그 양도에 관하여 등기를 해주려고 한다. 이 경우에 관한 설명 중 옳은 것을 고른 것은? (판례에 의함)

> ㄱ. 갑은 X토지의 소유권이전청구권을 병에게 양도할 수 있다.
> ㄴ. 갑은 X토지의 소유권이전청구권을 병에게 양도할 수 없다.
> a. 그에 관하여는 갑과 병의 공동신청으로 가등기에 대한 부기등기의 형식으로 할 수 있다.
> b. 그에 관하여는 갑과 병의 공동신청으로 독립한 가등기의 형식으로 할 수 있다.
> c. 그에 관하여는 등기를 할 수 없다.

① ㄱ, a   ② ㄱ, b
③ ㄱ, c   ④ ㄴ, b
⑤ ㄴ, c

[해설] 대판(전원) 1998. 11. 19, 98다24105(물권 판례1) 참조.

[정답] ①

2. X토지의 소유자인 갑은 그 토지를 을에게 매도하고 대금을 모두 받은 뒤 인도해주었다. 갑으로부터 X토지를 매수하여 인도받은 을은 그 토지를 1년간 사용수익하다가 병에게 그 토지를 다시 매도하고 인도해주었다. 병이 X토지를 매수하여 인도받아 사용한 기간은 12년이 넘는다. 한편 X토지에 관하여는 갑이 을에게 등기를 넘겨주지 않아서 그 토지는 현재까지도 갑 명의로 소유권등기가 되어 있다. 이 경우에 X토지의 소유권이전등기에 관한 다음 설명 중

옳은 것은? (판례에 의함)

① 을의 소유권이전등기 청구권과 병의 소유권이전등기 청구권이 모두 소멸시효에 걸려 소멸하였기 때문에 병은 등기를 할 수 없다.
② 을의 소유권이전등기 청구권은 소멸시효에 걸려 소멸했으나 병의 소유권이전등기 청구권은 존재하기 때문에 병은 갑에게 자신의 등기청구권을 행사하여 등기를 할 수 있다.
③ 을의 소유권이전등기 청구권은 존재하고 있으나 병의 소유권이전등기 청구권이 소멸시효에 걸려 소멸하였기 때문에 병은 등기를 할 수 없다.
④ 을의 소유권이전등기 청구권과 병의 소유권이전등기 청구권이 모두 존재하기 때문에 병은 을의 등기청구권을 대위행사하고 또 자신의 등기청구권을 행사하여 등기를 할 수 있다.
⑤ 병의 소유권이전등기 청구권이 소멸시효에 걸려 소멸했지만 을의 소유권이전등기 청구권이 존재하기 때문에 병은 을의 등기청구권을 행사하여 등기를 할 수 있다.

[해설] 대판(전원) 1999. 3. 18, 98다32175(물권 판례2) 참조. 판례에 의하면 을과 병의 등기청구권이 시효로 소멸하지 않으며, ④와 같이 된다.

[정답] ④

3. X토지에 관하여는 원래 갑(장남)·을·병(이들은 모두 사망함)의 3형제 명의로 공유등기가 되어 있었다(공유지분은 1/3씩으로 동일함). 그런데 1970. 8. 7. 「임야소유권 이전등기 등에 관한 특별조치법」(법률 제2111호. 이하 특별조치법이라고만 함)에 의하여 갑의 처 정이 X토지에 관하여 정의 단독 명의로 소유권이전등기를 하였다. 그러자 을의 처 무와 그녀의 자녀들(이하 무 등이라 함)이 정을 상대로 소를

제기하였고, 그 소에서 무 등은 X토지는 갑·을·병의 공유임에도 정이 허위의 보증서 및 확인서를 발급받아 특별조치법에 의하여 정 단독 명의로 소유권이전등기를 마친 것이므로, 을의 지분 1/3에 관하여는 원인무효인 그 소유권이전등기를 말소해야 한다고 주장하였다. 그에 대하여 정은, X토지는 처음에 갑의 단독 소유였는데 을과 병에게 1/3씩 명의신탁했던 것이고, 그 후 정이 갑으로부터 증여를 받았으며, 그것을 갑·을·병으로부터 매수한 것처럼 보증서 등을 만들어 특별조치법에 의해 소유권이전등기를 했다고 주장하였다. 그러나 정의 주장과 제시 증거는 신빙성이 의심스러웠다. 이 경우에 관한 설명 줄 옳은 것은? (판례에 의함)

① 정의 증여사실 주장만으로 정의 등기의 추정력이 깨지지 않고 증여사실에 대하여는 판단할 필요가 없으므로, 정은 을의 지분 1/3에 관하여 등기를 말소할 필요가 없다.

② 정의 증여사실 주장만으로 정의 등기의 추정력이 깨지지 않고 증여사실에 대하여 판단해야 하나, 그래도 정은 을의 지분 1/3에 관하여 등기를 말소할 필요가 없다.

③ 정의 증여사실 주장만으로 정의 등기의 추정력이 깨지지 않으나 증여사실에 대하여 판단해야 하고 그 판단결과 정의 등기의 추정력은 깨지므로, 정은 을의 지분 1/3에 관하여 등기를 말소해야 한다.

④ 정의 증여사실 주장만으로 정의 등기의 추정력이 깨지고 증여사실에 대하여는 판단할 필요가 없으므로, 정은 을의 지분 1/3에 관하여 등기를 말소해야 한다.

⑤ 정의 증여사실 주장만으로 정의 등기의 추정력이 깨지고 증여사실에 대하여 판단해야 하며, 그 판단결과 정은 을의 지분 1/3에 관하여 등기를 말소해야 한다.

[해설] 대판(전원) 2001. 11. 22, 2000다71388·71395(물권 판례3) 참조. 이 판결은, 특별조치법에 따라 등기를 마친 자가 보증서나 확인서에 기재된 취득원인이 사실과 다름을 인정하더라도 그가 다른 취득원인에 따라 권리를 취득하였음을 주장하는 때에는, 특별한 사정이 없는 한 그 사유만으로 특별조치법에 따라 마쳐진 등기의 추정력이 깨진다고 볼 수는 없으며, 그 밖의 자료에 의하여 새로이 주장된 취득원인 사실에 관하여도 진실이 아님을 의심할 만큼 증명되어야 그 등기의 추정력이 깨진다고 한다. 그에 따르면, 문제의 경우에 정의 증여사실 주장만으로는 등기의 추정력이 깨지지 않으나, 증여사실에 대하여는 판단을 해야 하는데, 증여사실에 관하여 진실이 아님을 의심할 만큼 증명되었기에, 정의 등기의 추정력은 깨졌다. 그리하여 정은 등기를 말소해야 한다.

[정답] ③

4. (제1사례) 갑은 을에게 속아서 그의 X토지를 을에게 헐값으로 파는 계약을 체결하고 X토지에 관하여 소유권이전등기도 해주었다. 그 뒤 을은 X토지를 병에게 비싸게 팔고 등기도 넘겨주었다. 병은 을과 계약을 체결할 당시 갑과 을 사이의 관계를 전혀 알지 못하였다. 그 후 갑은 을에게 속은 것을 알고 을에게 그와 체결한 매매계약을 취소한다고 하였다.

(제2사례) A는 B에게 속아서 그의 Y토지를 B에게 헐값으로 파는 계약을 체결하고 그에 관하여 소유권이전등기도 해주었다. 그 얼마 뒤 A는 B에게 속은 것을 알고 B에게 그와 체결한 매매계약을 취소한다고 하였다. 그런데 그 후 A가 Y토지에 관하여 자신의 명의로 등기를 하기 전에 B는 Y토지를 C에게 비싸게 팔고 등기도 넘겨주었다. C는 B와 계약을 체결할 당시 A와 B 사이의 관계를 알지 못하였다.

이 두 사례에 관한 설명 중 옳지 않은 것은? (판례에 의함)

① 제1사례에서 병은 계약 당시 갑의 의사표시가 사기에 의한 의사표시인지를 몰랐을 경우에 선의로 인정된다.

② 제2사례에서 C는 계약 당시 A의 취소가 있었다는 사실을 알지 못한 경우에 선의로 인정된다.

③ 제1사례에서 갑은 병에게 취소를 가지고 대항하지 못한다.

④ 제2사례에서 A는 C에게 취소를 가지고 대항할
　　수 있다.
⑤ 제2사례에서 A와 B 사이의 계약이 취소된 후
　　에 C가 B와 계약을 체결했지만 그렇다고 하여
　　C·B 사이의 계약이 무효로 되는 것은 아니다.

[해설] 대판 1975. 12. 23, 75다533(물권 판례4) 참
조. 이 판결에 따르면, 제2사례에서 A는 C에게 취
소를 가지고 대항하지 못한다.

[정답]　④

5. 갑은 미등기인 X토지에 관하여 소유자로서 소
유권보존등기를 하였다. 그 후 을은 갑으로부
터 그 토지를 매수하였는데, 그 토지가 미등기
인 줄 알고 갑으로부터 소유권이전등기를 받지
않고 그의 명의로 다시 소유권보존등기를 하였
다. 한편 X토지에 관하여는 어떤 연유에서인지
갑의 사망 후 병 명의로 소유권이전등기가 되
었다. 그 뒤 을은 병에게 소유권이전등기의 말
소를 청구하였다. 이 경우에 관한 다음 설명
중 옳은 것은? (판례에 의함)

① 제2등기는 언제나 무효이므로, 을의 말소청구
　　는 허용되지 않는다.
② 제2등기라도 실체관계에 부합하는 등기는 언
　　제나 유효하므로, 을의 말소청구는 허용된다.
③ 제2등기는 원칙적으로 무효이고 예외적으로
　　유효한데, 이 경우에 을의 등기는 유효하므로,
　　을의 말소청구는 허용된다.
④ 제2등기는 원칙적으로 무효이고 예외적으로
　　유효한데, 이 경우에 을의 등기는 무효이므로,
　　을의 말소청구는 허용되지 않는다.
⑤ 을과 병의 등기는 모두 유효하나, 을의 말소청
　　구는 허용되지 않는다.

[해설] 대판(전원) 1990. 11. 27, 87다카2961, 87다
453(물권 판례5) 참조. 이 판결은 2중등기의 효력
에 관하여 절충설을 취하고 있는데, 그에 따르면 2
중등기의 경우 제2등기가 원칙적으로 무효이고 제1
등기가 원인무효인 때에 한하여 제2등기가 유효하
게 된다. 그리고 제1등기가 원인무효가 아닌 한 제2

등기가 비록 그 부동산의 매수인에 의하여 이루어
진 경우에도 무효로 된다. 그런데 문제의 경우에는
제1등기(갑의 소유권보존등기)가 원인무효가 아니
므로 제2등기(을의 소유권보존등기)가 원칙에 따라
무효로 된다. 그 결과 을의 말소청구는 허용되지 않
는다.

[정답]　④

6. X토지의 소유자인 갑은 택지개발 분양회사 대
표인 을에게 그 토지를 ㎡당 35만 원에 매도하
는 계약을 체결하였다. 그리고 갑은 그 토지를
을 명의로 등기하기 전에 분양할 수 있도록 위
임장과 인감증명서(이하 위임장 등이라 함)를
교부해달라고 하는 을의 요청에 따라 위임장
등을 작성하여 을에게 교부하였다. 그 후 을은
택지를 개발하면서 X토지가 포함된 토지를 병
에게 ㎡당 50만 원에 분양하는 계약을 체결하
였다. 그러면서 갑으로부터 받은 위임장 등을
병에게 교부하였다. 그리고 병은 분양계약에서
정한 기일에 분양대금을 모두 지급하였다. 그런
데 그 뒤 갑은 X토지의 대금을 ㎡당 100만 원
으로 인상하지 않으면 그 토지에 대하여 소유권
이전등기를 해줄 수 없다고 고집을 부렸고, 그러
자 을은 갑을 설득하여 ㎡당 55만 원으로 대금
을 인상하기로 하였고, 그 대금을 일정 기일까지
지급하겠으며 그러지 못하면 X토지를 원상복구
하고 민·형사상 모든 책임을 지겠다는 지불각
서를 교부하였다. 그런데 을은 지급기일까지 대
금을 지급하지 않았다. 이 경우에 관한 다음 설
명 중 옳지 않은 것은? (판례에 의함)

① 갑·을(회사)·병 사이에는 중간생략등기의 합
　　의가 존재한다.
② 갑은 을(회사)에 대하여 인상된 매매대금청구
　　권을 행사할 수 있다.
③ 갑은 인상된 매매대금이 지급되지 않았음을 이
　　유로 병 명의로의 소유권이전등기 의무의 이행
　　을 거절할 수 있다
④ 갑은 을(회사) 명의로 소유권이전등기를 경료
　　해 줄 의무의 이행과 동시에 을(회사)에 대하
　　여 인상된 매매대금의 지급을 구하는 내용의
　　동시이행의 항변권을 가지고 있다

⑤ 병은 갑과 을(회사)의 매매계약에 의해 중간생략의 소유권이전등기 청구권을 취득하였으므로 갑에게 등기청구를 할 수 있다.

[해설] 대판 2005. 4. 29, 2003다66431(물권 판례 6) 참조. ⑤ 학설 중에는 중간생략등기의 합의가 있는 경우에 제3자를 위한 계약에 의해 최종양수인이 등기청구권을 취득한다고 하는 견해가 있으나, 판례는 그것을 인정한 바가 없다.

[정답] ⑤

7. X토지의 소유자인 갑은 채권자의 강제집행을 피하기 위해서 을과 사이에 X토지를 갑이 을에게 파는 것처럼 거짓으로 계약서를 꾸미고 그에 기초하여 그 토지에 관하여 을 명의로 소유권이전등기를 하였다. 그런데 그 후 을이 X토지가 자신의 명의로 등기되어 있는 것을 이용하여 선의의 병으로부터 금전을 빌리고 그 채권을 담보하기 위하여 병 명의로 저당권설정등기를 해주었다. 이 경우에 관한 설명 중 옳지 않은 것은? (판례에 의함)

① 을 명의의 소유권이전등기는 무효이다.
② 갑은 을에게 을 명의의 소유권이전등기의 말소를 청구할 수 있다.
③ 갑은 병에게 저당권설정등기의 말소를 청구할 수 없다.
④ 갑은 을에게 소유권이전등기를 청구할 수는 없다.
⑤ 갑은 병의 승낙이 없으면 을 명의의 소유권이전등기를 말소할 수 없다.

[해설] 대판(전원) 1990. 11. 27, 89다카2398(물권 판례7) 참조. 본 문제의 경우에 을 명의의 등기는 가장매매에 기초한 것이어서 무효이고, 따라서 갑은 그 등기의 말소를 청구할 수 있다. 그런데 병은 선의의 제3자이어서 병의 저당권설정등기에 대하여는 말소를 청구할 수 없다(108조 2항). 그리고 등기의 말소를 신청하는 경우에 그 말소에 대하여 등기상 이해관계 있는 제3자가 있을 때에는 제3자의 승낙이 있어야 하므로(부동법 57조 1항), ⑤는 옳다. 한편 앞의 판결에 의하면, 진정한 등기명의의 회복을 원인으로 한 소유권이전등기 절차의 이행을 직

접 구할 수 있다. 그러므로 ④는 옳지 않다.

[정답] ④

8. X토지의 소유자 갑은 을에게 그 토지를 매도하는 내용의 계약을 체결하고 매매예약을 원인으로 하여 을 명의로 소유권이전청구권 가등기를 해주었다. 그 후 농지개혁법이 요구하는 소재지 관서의 증명을 얻지 못하여 을 명의로 본등기를 할 수 없자 갑은 을과의 계약을 해제하였다. 그 후 갑은 을과의 계약이 해제된 것으로 알고 병에게 X토지를 매도하고 대금 중 대부분을 약속어음으로 받으면서 을의 가등기는 병이 해결하기로 약정하고, 병 명의로 소유권이전등기도 해주었다. 그런데 갑은 을로부터 받은 약속어음을 제3자에게 교부하여 할인하였으나 지급거절이 되었고, 그리하여 갑은 X토지를 다시 정에게 매도하는 계약을 체결하였다. 그런데 갑은 그가 곧바로 정에게 소유권이전등기를 해줄 수 없어서 을에게 을이 가등기를 포기하여 갑과 정이 그것을 유용하도록 하고 그 대가를 지급하기로 하였다. 그 후 갑은 을의 가등기에 기하여 을 명의로 소유권이전의 본등기를 해주었고, 정이 을로부터 매수한 것처럼 하여 정 명의로 소유권이전등기를 하였다. 이 경우에 관한 다음 설명 중 옳지 않은 것은? (판례에 의함)

① 이 경우에 갑과 을 사이의 가등기 유용의 합의는 병에 대하여는 효력이 없다.
② 이 경우에 만약 병의 등기가 을의 가등기 포기 후 가등기 유용의 합의 전에 행하여졌다면 갑과 을 사이의 가등기 유용의 합의는 병에 대하여는 효력이 없다.
③ 이 경우에 만약 병의 등기가 가등기 유용의 합의 후에 행하여졌다면 갑과 을 사이의 가등기 유용의 합의는 병에 대하여는 효력이 없다.
④ 무효인 저당권설정등기뿐만 아니라 무효인 가등기에 관하여도 유용의 합의를 할 수 있다.
⑤ 가등기에 관한 유용의 합의가 언제나 유효한 것은 아니다.

[해설] 대판 1989. 10. 27, 87다카425(물권 판례8) 참조. ③ 무효인 등기의 유용의 합의가 이루어지기

전에 이해관계 있는 제3자가 생긴 경우에만 그 합의가 그 제3자에 대하여 무효로 된다.

[정답] ③

9. 갑은 그의 X토지 위에 종합시장 건물을 지어 각 부분을 병 등 38명에게 분양하였다. 그런데 그 토지 중 1/2 지분에 관하여만 대지권등기를 하고, 공터에 해당하는 1/2 지분은 남겨서 갑 명의로 공유지분등기를 하였다. 그에 관하여는 분양계약을 체결할 때 분양받은 자들과 합의를 하였었다. 그리고 갑은 이 공터를 다른 점포와 구별하여 경계를 표시하여 별도로 임대하여 이용하였다. 그 후 갑의 그 1/2 지분에 대하여 저당권이 실행되어 경매가 되었고 을이 그 지분을 매수하였는데, 경매절차에서 그 지분이 공터에 대한 것이라고 특별히 언급되지는 않았다. 그 뒤 을은 병 등 점포 소유자들에게 그들이 대지권등기가 되어 있지 않은 1/2 지분 중 자신의 지분에 해당하는 부분에 대하여 법률상 원인 없이 배타적으로 사용하고 있다고 하면서 그에 대한 차임 상당액을 지급하라고 청구하였다. 이 경우에 관한 다음 설명 중 옳지 않은 것은? (판례에 의함)

① 갑과 병 등 38명과는 구분소유적 공유관계가 성립한다.

② 이 경우에는 「부동산 실권리자 명의 등기에 관한 법률」이 적용되지 않는다.

③ 을과 병 등 38명 사이에는 구분소유적 공유관계가 성립한다.

④ 갑과 병 등 38명 사이에는 상호명의신탁이 성립한다.

⑤ 상호명의신탁은 당사자들 사이에서뿐만 아니라 그 당사자 1인의 지분을 경매로 취득한 자와의 사이에서도 성립할 수 있다.

[해설] 대판 2008. 2. 15, 2006다68810 · 68827(물권 판례9) 참조. 상호명의신탁, 그리하여 구분소유적 공유관계는 당사자들 사이에서뿐만 아니라 그 당사자 1인의 지분을 경매로 취득한 자와의 사이에서도 성립할 수 있는데, 그러려면 집행법원이 공유

지분이 아닌 특정 구분소유 목적물에 대한 평가를 하게 하고 그에 따라 최저경매가격을 정한 후 경매를 실시했어야 한다(앞의 판결 참조).

[정답] ③

10. 갑은 X농지의 소유권을 취득하였으나, 농지법에 따라 그 지역 군수로부터 '농지를 소유할 자격이 없으므로 일정한 기간 내에 X농지를 처분하라'는 내용의 농지처분의무 통지를 받았다. 그러자 갑은 을과 X농지에 관한 명의신탁약정을 하고, 을 앞으로 그 농지에 관한 소유권이전등기를 마쳤다. 을은 X농지에서 경작하면서 임대료로 매년 쌀 두 가마를 갑에게 보냈다. 그 후 갑이 사망하였고, 갑의 처인 병이 상속재산 협의분할로 그 농지에 관한 갑의 권리를 취득하였다. 그 뒤에 을이 사망하였고, 을의 처인 정이 협의분할에 의한 상속을 원인으로 하여 X농지에 관한 소유권이전등기를 마쳤다. 이 경우에 관한 다음 설명 중 옳은 것은? (판례에 의함)

① X농지에 관한 정의 소유권이전등기는 농지법 위반 문제가 없으면 불법원인급여가 아닌데, 농지법 위반이 있으므로 불법원인급여에 해당한다.

② X농지에 관한 정의 소유권이전등기는 농지법 위반 문제가 없으면 불법원인급여에 해당하는데, 농지법 위반이 있으므로 불법원인급여가 아니다.

③ X농지에 관한 정의 소유권이전등기는 농지법 위반 문제에 관계없이 언제나 불법원인급여에 해당한다.

④ X농지에 관한 정의 소유권이전등기는 농지법 위반 문제에 관계없이 언제나 불법원인급여가 아니다.

⑤ X농지에 관한 정의 소유권이전등기가 불법원인급여가 아니라도, 병이 정에게 진정명의 회복을 원인으로 하여 소유권이전등기를 청구할 수는 없다.

[해설] 대판(전원) 2019. 6. 20, 2013다218156(물권 판례10) 참조. 이 판결에 따르면, X농지에 관한 정

의 소유권이전등기가 불법원인급여가 아니라면, 병은 정에게 소유권이전등기의 말소를 청구하지 않고 진정명의 회복을 원인으로 한 소유권이전등기를 청구할 수 있다.

[정답] ④

11. 갑은 을에게 180억 원의 채권을 가지고 있다. 갑은 사업이 매우 어려운 을과 타인으로부터 부동산을 매수하여 채무를 조금이라도 변제할 수 있는 방안을 의논하였다. 그리하여 갑은 을과 사이에 병이 매수인이 되어 정으로부터 X토지를 낙찰받도록 하고 그 자금의 일부를 을이 제공하며 나머지는 병이 대출을 받아 지급하게 하기로 약정하였다. 그 후 을은 이 계획을 병에게 말하여 병의 승낙을 받았다. 그에 따라 병은 입찰에 참가하여 X토지를 13억 원에 낙찰 받았다. 그리고 을은 병에게 매수대금의 일부로 6억 원을, 취득세와 등록세로 1억 3천만 원을 지급하였으며, 병은 을로부터 받은 금액에 자신이 대출받은 금액을 더하여 입찰대금을 모두 지급하고 그의 명의로 소유권이전등기도 마쳤다. 현재 을은 채무를 변제할 자력이 전혀 없는 상태에 있다. 이 경우에 관한 다음 설명 중 옳지 않은 것은? (판례에 의함)

① 갑은 을이 병에 대하여 가지고 있는 채권을 대위행사할 수 있다.
② 병은 X토지의 소유권을 완전히 취득한다.
③ 갑은 정에게 X토지의 소유권이전등기를 청구할 수 없다.
④ 을은 병에게 자신이 제공한 매매대금 상당액을 부당이득으로 반환청구할 수 있다.
⑤ 을은 병에게 자신이 제공한 취득세와 등록세 상당액을 부당이득으로 반환청구할 수 없다.

[해설] 대판 2010. 10. 14, 2007다90432(물권 판례 11) 참조.

[정답] ⑤

12. 3자간 등기명의신탁에서 명의수탁자가 명의신탁 부동산을 자기 마음대로 처분한 경우에 대한 다음 설명 중 옳지 않은 것은? (판례에 의함)

① 명의신탁자는 부동산 소유자가 아니고 명의신탁자와 명의수탁자 사이에 위탁신임관계를 인정할 수도 없어 명의수탁자가 명의신탁자의 재물을 보관하는 자라고 할 수 없으므로, 명의수탁자가 신탁 부동산을 임의로 처분해도 명의신탁자에 대한 관계에서 횡령죄가 성립하지 않는다.
② 3자간 등기명의신탁에서 명의수탁자의 임의처분 등을 원인으로 제3자 앞으로 소유권이전등기가 된 경우, 특별한 사정이 없는 한 제3자는 유효하게 소유권을 취득한다.
③ 명의수탁자가 명의신탁자의 채권인 소유권이전등기 청구권을 침해한다는 사정을 알면서도 명의신탁받은 부동산을 자기 마음대로 처분하였다면 이는 사회통념상 사회질서나 경제질서를 위반하는 위법한 행위가 된다.
④ 명의수탁자의 임의처분으로 명의신탁자의 채권이 침해된 이상 형법상 횡령죄의 성립 여부와 관계없이 명의수탁자는 명의신탁자에 대하여 민사상 불법행위책임을 부담한다.
⑤ 매도인의 명의신탁자에 대한 소유권이전등기 의무는 소멸하지 않고 여전히 존재한다.

[해설] 대판 2022. 6. 9, 2020다208997(물권 판례 12) 참조. ① 대판(전원) 2016. 5. 19, 2014도6992. ⑤ 수탁자가 처분한 경우에는 명의신탁 부동산의 소유권을 제3자가 확정적으로 취득함으로써 매도인의 명의신탁자에 대한 소유권이전등기 의무는 이행불능이 되어 명의신탁자로서는 부동산 소유권을 이전받을 수 없게 된다.

[정답] ⑤

13. 갑은 병의 X토지를 매수하고 싶은데 자신이 외부에 드러나는 것이 꺼려졌다. 그래서 을과 사이에 을이 계약의 당사자가 되어 갑이 제공한 금전으로 병으로부터 X토지를 매수하기로

하는 약정을 하였다. 그 약정에 따라 을이 매수인이 되어 병으로부터 X토지를 5,000만 원에 매수하는 계약을 체결하였다. 그리고 을은 갑으로부터 받은 5,000만 원으로 대금을 지급하고 자신의 명의로 소유권이전등기도 마쳤다. 그런데 계약 당시 병은 갑과 을 사이의 약정을 알고 있었다. 그 후 을은 X토지가 자신의 명의로 등기되어 있는 것을 이용하여 그 토지를 정에게 6,000만 원에 팔고 등기도 넘겨주었다. 이 경우에 관한 다음 설명 중 옳지 않은 것은? (판례에 의함)

① X토지의 소유권은 최종적으로 정이 취득한다.
② 병이 을로부터 매매대금의 반환청구를 받을 여지는 없다.
③ 갑은 병에 대하여 X토지의 소유권이전등기를 청구할 수 없다.
④ 을은 병에 대하여 불법행위를 한 것이 된다.
⑤ 병은 을에게 손해배상으로 1,000만 원을 청구할 수 있다.

[해설] 대판 2013. 9. 12, 2010다95185(물권 판례13) 참조. ① 문제의 사안은 계약명의신탁에서 매도인이 악의인 때에 수탁자가 명의신탁된 부동산을 제3자에게 처분한 경우이다. 그러한 경우에 부동산의 소유권은 제3자가 취득한다(부동산실명법 4조 3항). ③ 갑과 병 사이에는 계약관계가 없어서 갑은 병에게 등기를 청구할 수 없다. ⑤ 앞의 판결에 따르면, 병에게는 손해가 없어서 손해배상을 청구할 수 없다고 한다. 참고로 말하면, 사견에 따르면, 이 경우에 병은 6,000만 원의 손해를 입었고, 따라서 을에게 그 금액을 손해배상으로 청구할 수 있으며, 받은 대금 5,000만 원은 을에게 반환해야 한다. 그래서 – 병이 상계하면 – 결과적으로 병은 1,000만 원의 손해배상을 청구할 수 있게 된다.

[정답] ⑤

14. 갑은 자신이 소유하고 있고 또 자신의 명의로 등기되어 있는 X토지를 Y토지와 Z토지로 분할한 뒤, 을과의 명의신탁약정에 따라 Y토지에 관하여 매매를 원인으로 하여 을 명의로 소유권이전등기를 해두었다. 그 후 병은 Y토지가 실질적으로 자신의 소유인데 을에게 명의신탁을 한 것이라고 주장하면서 을을 상대로 명의신탁 해지를 원인으로 한 소유권이전등기의 소를 제기하였고, 그 소에서 을이 인낙을 하여 승소하자, 병은 그에 기초하여 자신의 명의로 소유권이전등기를 마쳤다. 그런 뒤에 Y토지를 바로 정에게 증여하고 소유권이전등기도 해주었다. 그 후 다른 소송에서 병이 Y토지의 실질적 소유자라는 증거가 없음이 드러났다. 이 경우에 관한 다음 설명 중 옳지 않은 것은? (판례에 의함)

① 병은 명의신탁약정 및 물권변동의 무효를 가지고 대항할 수 없는 제3자가 아니고, 병의 등기는 무효이다.
② 병의 소유권취득은 을의 배임행위에 적극가담하여 이루어진 반사회적 법률행위이다.
③ 병은 을과 사이에 새로운 법률원인으로 이해관계를 맺은 자가 아니다.
④ 정은 을과 사이에 새로운 법률관계를 맺은 자이어서 정의 등기는 유효하다.
⑤ 정은 병의 등기를 승계한 자이다.

[해설] 대판 2005. 11. 10, 선고 2005다34667 · 34674(물권 판례14) 참조. 이 판결에 따르면, 정은 무효인 병 명의의 등기를 승계하였을 뿐 명의수탁자인 을과 사이에 새로운 이해관계를 맺은 것이 아니어서 부동산실명법 제4조 제3항이 정한 제3자에 해당하지 않으므로 정 명의의 등기도 무효라고 한다.

[정답] ④

15. 양돈업자 갑은 사료공급업자인 을과 사이에 을에 대한 사료대금채무를 담보하기 위하여 갑이 을로부터 1억 원을 빌리는 내용의 금전소비대차계약을 체결하고, 그 차용금반환채무의 불이행시 을이 즉시 강제집행을 개시하여도 이의가 없음을 인낙하는 취지의 공정증서를 작성 · 교부하면서, 그 차용금반환채무의 담보로 갑의 X농장에서 사육하고 있던 돼지 전부를 점유개정의 방법으로 을에게 양도하는 내용의 양도담보계약을 체결하였다. 그 후 갑은 이번에는 병과 사이에 채무액을 2억 원으로 하고 나머지는 을에 대한 것과 모두 동일하게 계약을 하고 또

공정증서도 교부하였다. 한편 을은 갑의 채무가 1억 원을 초과하자 갑과 사이에 채무액을 2억 원으로 하는 계약을 체결하고 위와 같은 공정증서를 받았다. 그 뒤 갑이 부도가 나자 을과 병의 신청에 의해 X농장의 돼지들이 경매되어 1억 3천만 원을 배당할 수 있게 되었다. 이 경우에 관한 다음 설명 중 옳지 않은 것은? (판례에 의함)

① 을은 갑과의 계약 당시 선의취득에 의해 돼지들에 대하여 소유권을 취득한다.

② 병은 돼지들에 대하여 양도담보권을 취득하지 못한다.

③ 이 경우에 갑은 을과 병에게 점유개정의 방법으로 인도를 한 것이다.

④ 1억 3천만 원은 모두 을에게 배당된다.

⑤ 이 경우는 2중으로 양도담보가 된 경우이다.

[해설] 대판 2005. 2. 18, 2004다37430(물권 판례 15) 참조. ① 을은 선의취득이 아니고 점유개정에 의한 소유권양도에 의해 돼지들에 대하여 소유권을 취득하게 되는 것이다. 한편 여기의 돼지들은 이미 소유권이 이전되었기 때문에 병은 선의취득에 의하지 않는 한 돼지들의 소유권을 취득하지 못하는데, 점유개정의 방법으로는 선의취득을 할 수 없으므로, 병은 돼지들에 대하여 양도담보권을 취득하지 못한다(②는 옳음). ④ 이 경우에 양도담보권을 취득한 을의 피담보채권액이 2억 원으로 증액되어서 1억 3천만 원 전부가 을에게 배당된다.

[정답]　①

16. 갑은 병으로부터 X대지와 그 위에 서있는 가옥을 매수하고 소유권이전등기를 마쳤다. 그 후 갑은 X대지 위에 있는 가옥을 헐고 새 가옥을 신축하였다. 그러면서 X대지와 맞닿아 있는 국가 소유의 Y대지와의 경계에 설치된 철조망을 임의로 걷어내고 Y대지 위에 담장을 둘러치고 차고와 창고를 축조하였으며 담장 안쪽 토지를 자기 집 마당으로 사용하였다. 그렇게 한 지 7년이 될 무렵 갑은 그의 대지와 가옥을 을에게 팔고 등기를 이전해주었다. 그리고 을은 Y대지 위의 차고·창고와 마당을 이전에 갑이

했던 것처럼 똑같이 사용하고 있다. 을이 갑으로부터 대지와 가옥을 매수한 지 14년이 되었을 때 을은 국가를 상대로 부동산 점유취득시효의 완성을 원인으로 한 소유권이전등기를 구하는 소를 제기하였다. 이 경우에 관한 설명 중 옳지 않은 것은? (판례에 의함)

① 갑의 점유는 평온·공연한 것으로 추정되지 않는다.

② 을은 자신의 점유 외에 갑의 점유를 아울러 주장할 수 있으나, 그 경우에는 갑의 점유의 하자도 승계한다.

③ 갑은 점유 개시 당시에 소유권 취득의 원인이 될 수 있는 법률행위 기타 법률요건이 없이 그와 같은 법률요건이 없다는 사실을 잘 알면서 타인 소유의 부동산을 무단점유하였다.

④ 이 경우에는 갑의 점유에서 소유의 의사가 있는 점유라는 추정은 깨어진다.

⑤ 특별한 사정이 없는 한 갑의 점유는 타주점유이다.

[해설] 대판(전원) 1997. 8. 21, 95다28625(물권 판례16) 참조. ① 이 경우에 갑의 점유가 평온·공연한 것으로 추정되지 못할 이유가 없다(197조 1항 참조). ② 제199조 제2항 참조.

[정답]　①

17. X토지에 관하여 갑 명의로 그 소유권이전등기가 경료되었다가 매매를 원인으로 하여 그로부터 을 명의로 소유권이전등기가 경료되었다. 을이 사망하자 상속을 원인으로 하여 병 명의로 소유권이전등기가 경료되었으며, 갑은 을에게 소유권이전등기를 경료한 후에도 위 토지를 점유하다가 사망함으로써 상속인 정이 그 점유를 승계하여 점유하고 있다. 다음 설명 중 옳지 않은 것은? (판례에 의함)

① 소유권이전등기가 경료되어 있는 경우 등기명의자는 그 전소유자에 대하여도 적법한 등기원인에 의하여 소유권을 취득한 것으로 추정되므로, 갑은 X토지를 을에게 매도하였다고 추정된다.

② 부동산을 타인에게 매도하여 그 인도의무를 지고 있는 매도인인 갑의 점유는 타주점유로 변경된다.

③ 갑의 점유가 타주점유이므로 상속인의 정의 점유가 자주점유가 되기 위해서는 정이 소유자에 대하여 소유의 의사가 있는 것을 표시하거나 새로운 권원에 의하여 다시 소유의 의사로써 점유를 시작하여야 한다.

④ 점유자의 승계인은 자기의 점유만을 주장할 수도 있고, 자기의 점유와 전 점유자의 점유를 아울러 주장할 수도 있다.

⑤ 점유자의 승계인이 전 점유자의 점유를 아울러 주장하는 경우에는 그 하자도 승계하므로, 갑의 점유의 하자를 승계하지 않기 위해서 정은 갑의 점유를 떠나 자기만의 점유를 주장할 수 있다.

[해설] 대판 1997. 12. 12, 97다40100(물권 판례17) 참조.

[정답] ⑤

18. A회사는 볼링장을 운영하기 위하여 건물을 지었으나 그 시설자금이 부족하자 이를 B에게 임대하였고, B는 C리스로부터 리스자금을 받아 볼링기계 등을 설치하고 각종 내장공사를 한 뒤 영업을 시작하였다. 그 후 그 건물에 대하여 담보권실행경매가 실시되어 D가 그 건물을 낙찰받아 소유권이전등기를 마쳤고, 부동산 인도명령 집행을 통하여 건물을 인도받아 볼링장을 경영하고 있다. B는 D에게 볼링장 영업을 위하여 내장공사 등에 지출한 비용에 관하여 유익비상환청구를 하였다. 다음 설명 중 옳지 않은 것은? (판례에 의함)

① B는 점유회복 당시의 소유자 D에 대하여 제203조 제2항에 따라 지출비용의 상환을 구할 수 있다.

② 제203조 제2항에 의한 점유자의 회복자에 대한 유익비상환청구권은 점유자가 적법하게 점유할 권리를 가지지 않아 소유자의 소유물반환청

구에 응하여야 할 의무가 있는 경우에 성립되는 것이다.

③ 점유자는 그 비용을 지출할 당시의 소유자가 누구이었는지 관계없이 점유회복 당시의 소유자 즉 회복자에 대하여 비용상환청구권을 행사할 수 있다.

④ B는 A회사에 대하여 제626조 제2항에 의한 임대차계약상의 유익비상환청구를 할 수 있다.

⑤ B는 D의 목적물인도청구에 대하여 A회사에 대한 유익비상환청구권에 기한 유치권으로써 대항할 수 있다.

[해설] 대판 2003. 7. 25, 2001다64752(물권 판례18) 참조.

[정답] ①

19. 갑은 서울특별시 소재 공장용지를 소유하고 있다. 그런데 을(한국전력 주식회사)이 3년 전부터 갑의 동의나 승낙을 받지 않고 갑의 공장용지 위로 고압송전선을 설치하였다. 그리하여 갑은 을에게 공장용지 중 사용하지 못하고 있는 토지 부분에 대하여 다음 표와 같이 임료 상당액, 임료 상당액에 대한 이자, 임료 상당액 및 그 이자에 대한 지연손해금을 청구하였다. 을이 지급해야 할 내용을 모두 올바르게 고른 것은? (판례에 의함)

> ㄱ. 을이 점유를 시작한 때부터 현재까지의 임료 상당액
> ㄴ. 임료 상당액 전부에 대한 연 5푼의 이자
> ㄷ. 점유시부터 청구시까지 임료 상당액 및 그 이자에 대한 지연손해금
> ㄹ. 청구시 이후 현재까지 임료 상당액 및 그 이자에 대한 지연손해금

① 없음　　　　　　　② ㄱ

③ ㄱ, ㄹ　　　　　　④ ㄱ, ㄴ, ㄹ

⑤ ㄱ, ㄴ, ㄷ, ㄹ

[해설] 대판 2003. 11. 14, 2001다61869(물권 판례 19) 참조. 을은 악의의 점유자이므로, 제748조 제2항에 따라 받은 이익인 ㄱ.과 그에 대한 이자인 ㄴ.을 반환해야 한다. 그리고 을의 반환채무(임료 상당액과 그 이자)는 부당이득 반환의무로서 이행기를 정하지 않은 채무이므로, 이행청구를 받은 뒤부터는 지연손해금도 지급해야 한다(387조 2항 참조).

[정답] ④

20. 갑의 아버지 을은 1967. 타인으로부터 전 5,000㎡인 토지를 매수한 뒤, 1971. 그 토지를 20필지로 분할하여 19필지는 여러 사람들에게 매도하였다. 그리고 남은 1필지(X토지라고 함)는 을이 관할구청에 지목을 도로로 변경해달라고 신청하여 지목이 변경되었으며, 그 토지는 분할된 토지의 매수인과 그 위에 건축된 주택의 거주자들에게 통행로로 제공되어 2011. 현재까지 40여 년간 통행로로 사용되어 왔다. 그런데 1976. 서울특별시는 도시계획시설 결정에 따라 X토지를 10차로의 자동차전용 간선도로인 천호대로 부지의 일부로 편입하여 도로를 설정한 후 일반 공중의 교통에 제공하고 있다. 그러나 X토지가 무상제공 토지라는 등의 이유로 현재까지도 을이나 갑에게 보상은 하지 않았다. 한편 1976.에 을이 사망하여 X토지에 관하여는 상속을 원인으로 하여 갑 명의로 소유권이전등기가 되었다. 이러한 상황에서 갑은 서울특별시에 차임 상당액을 지급하라고 청구하였다. 이 경우에 관한 다음 설명 중 옳은 것은? (판례에 의함)

① 을(갑)은 X토지의 배타적 사용·수익권을 영구적·대세적으로 포기한 것이므로, 서울시는 갑에게 임료 상당의 부당이득을 반환할 의무가 없다.

② 을(갑)은 X토지의 배타적 사용·수익권을 영구적·대세적으로 포기한 것은 아니지만 포기를 한 것이므로, 서울시는 갑에게 임료 상당의 부당이득을 반환할 의무가 없다.

③ 을(갑)은 X토지의 배타적 사용·수익권을 포기하였지만 객관적 사정이 현저히 변경되었으므로, 서울시는 갑에게 임료 상당의 부당이득을 반환해야 한다.

④ 을(갑)은 X토지의 배타적 사용·수익권을 전혀 포기하지 않았으므로, 서울시는 갑에게 임료 상당의 부당이득을 반환해야 한다.

⑤ 을(갑)은 X토지의 배타적 사용·수익권을 영구적·대세적으로 포기한 것이지만, 서울시는 갑에게 임료 상당의 부당이득을 반환해야 한다.

[해설] 대판 2013. 8. 22, 2012다54133(물권 판례 20) 참조.

[정답] ③

21. 갑은 1995. 5. 29. 을(갑의 부, 1994년경 사망)로부터 X토지를 협의분할 상속받았다. X토지 중 별지(생략) 'ㄱ'부분 지하에는 인근에 위치한 주택들에서 나오는 오수가 유입되는 우수관(이 사건 우수관)이 매설되어 있는데, 그 지상에 을이 1987. 3. 3. Y단독주택을 건축하여 건축물대장에 소유자로 등록하여 사용해 오다가 갑이 2011년경 이후 이를 철거하여 현재는 나대지 상태이다. 이 사건 우수관은 토지를 소유하던 을을 포함한 마을 주민들이 1970～1980년경 새마을운동 사업을 추진하면서 주민회의를 거쳐 악취 및 경관 문제를 해결하기 위한 방안으로 X토지를 관통하던 도랑을 대체하여 매설되었으며, 그것의 매설로써 X토지 중 실제 밭으로 이용할 수 있는 면적이 증대되었다. 한편 Y단독주택이 철거되기 전까지 을과 갑은 이 사건 우수관의 매설 및 관리책임의 주체인 A시장에게 이 사건 우수관의 철거 또는 부당이득 반환을 요구한 적이 없다. 이 경우에 관한 다음 설명 중 옳지 않은 것은? (판례에 의함)

① 이 사건 우수관의 설치 당시에 을이 그 우수관 설치 부분에 관한 사용·수익권을 상실하는 것은 아니다.

② 을이 독점적·배타적인 사용·수익권을 포기한 것으로 인정되는지를 판단하려면 여러 사정을 종합적으로 고찰하고 토지 소유자의 소

유권 보장과 공공의 이익 사이에 비교형량을 하여야 한다.
③ 갑은 이 사건 우수관의 철거를 청구할 수 없다.
④ 갑은 이 사건 우수관의 설치로 X토지를 사용하지 못한 데 대하여 차임 상당액을 부당이득으로 반환청구할 수 없다.
⑤ 만약 병이 갑으로부터 X토지를 매수한 경우에는 병은 특별한 사정이 없는 한 그가 소유권을 취득한 이후의 기간에 대해서 부당이득 반환청구를 할 수 있다.

[해설] 대판(전원) 2019. 1. 24, 2016다264556(물권 판례21) 참조. 이 판결에 따르면, 원소유자의 독점적·배타적인 사용·수익권의 행사가 제한되는 토지의 특정승계인은, 특별한 사정이 없는 한, 독점적이고 배타적인 사용·수익권을 행사할 수 없다고 한다.
[정답] ⑤

22. 주위토지통행권에 관한 다음 설명 중 옳지 않은 것은? (판례에 의함)
① 주위토지통행권에 기초하여 통행로의 폭이나 위치 등을 정함에 있어서는 피통행지의 소유자에게 가장 손해가 적게 되는 방법이 고려되어야 한다.
② 토지의 이용방법에 따라서는 자동차 등이 통과할 수 있는 통로의 개설도 허용되지만 단지 토지이용의 편의를 위해 다소 필요한 상태라고 여겨지는 정도에 그치는 경우까지 자동차의 통행을 허용할 것은 아니다.
③ 주위토지통행권이 있음을 주장하여 확인을 구하는 특정의 통로 부분이 민법 제219조에 정한 요건을 충족한다고 인정되지 않을 경우에는 다른 토지 부분에 주위토지통행권이 인정된다고 할지라도 원칙적으로 그 청구를 기각하여야 한다.
④ 통행권의 확인을 구하는 특정의 통로 부분 중 일부분이 민법 제219조에 정한 요건을 충족하

여 주위토지통행권이 인정된다면 특별한 사정이 없는 한 그 청구를 전부 기각하여야 한다.
⑤ 주위토지통행권의 본래적 기능발휘를 위해서는 그 통행에 방해가 되는 담장과 같은 축조물도 위 통행권의 행사에 의하여 철거되어야 한다.

[해설] 대판 2006. 6. 2, 2005다70144(물권 판례22) 참조. ④ 앞의 판결에 따르면, 통행권의 확인을 구하는 특정의 통로 부분 중 일부분이 민법 제219조에 정한 요건을 충족하여 주위토지통행권이 인정된다면, 그 일부분에 대해서만 통행권의 확인을 구할 의사는 없음이 명백한 경우가 아닌 한 그 청구를 전부 기각할 것이 아니라, 그 부분에 한정하여 청구를 인용해야 한다.
[정답] ④

23. 갑은 1993. 10. 28. 을 소유의 X부동산에 대하여 법원으로부터 가압류결정을 받았고, 1993. 11. 2. 그에 따른 가압류등기가 마쳐졌다. 그리고 병은 1992. 2. 29. 을로부터 X부동산을 매수한 다음 1993. 11. 22. 소유권이전등기를 마침으로써 그 소유권을 취득하였다. 그 후 갑은 2014. 5. 27. 법원 판결의 집행력 있는 정본에 기초하여 강제경매를 신청하였고, 이에 따라 2014. 5. 28. X부동산에 관하여 위 가압류를 바탕으로 한 강제경매 개시결정의 등기가 마쳐졌다. 그러자 병은 갑을 상대로 제3자 이의의 소를 제기하였고, 그 소에서 그는 1993. 11. 22.부터 20년간 이 사건 부동산을 소유의 의사로 평온·공연하게 점유하여 그에 대한 점유 취득시효가 완성되었다고 주장하였다. 이 경우에 대한 다음 설명 중 옳은 것을 고른 것은? (판례에 의함)

ㄱ. 병은 점유 취득시효에 의하여 X부동산의 소유권을 원시취득한다.
ㄴ. 병은 점유 취득시효에 의하여 X부동산의 소유권을 취득하지 못한다.
a. 갑의 가압류는 소멸한다.
b. 갑의 가압류는 소멸하지 않는다.

가. 만약 X부동산에 관하여 2014. 1. 5.에 정의
명의로 등기된 경우에는, 그때부터는 병의
점유는 점유 취득시효의 기초가 되는 점유로
된다.

나. 만약 X부동산에 관하여 2014. 1. 5.에 정의
명의로 등기된 경우에도, 병의 점유는 점유
취득시효의 기초가 되는 점유로 되지 않는다.

① ㄱ, a   ② ㄱ, b

③ ㄴ, a, 가   ④ ㄴ, a, 나

⑤ ㄴ, b, 가   ⑥ ㄴ, b, 나

[해설] 대판 2016. 10. 27, 2016다224596(물권 판례
23) 참조.

[정답] ⑤

24. X토지(대지)는 1950년경에 갑 명의로 소유권
보존등기가 되었는데, 그 후 매매를 원인으로
하여 순차적으로 각각 1982. 2. 15.에 을 명의
로, 1988. 3. 25.에 병 명의로, 1988. 9. 10.에
정 명의로 소유권이전등기가 되었다. 그런데 X
토지의 일부분인 A부분은 무가 1960. 2. 27.
X토지와 인접해 있는 Y토지(대지)를 국가로부
터 불하받으면서 A부분이 거기에 포함된 것으
로 알고 텃밭으로 점유·사용하던 것을 기(己)
가 1961. 1.경 무로부터 Y토지를 매수하여 인
도받아 A부분도 2005년 현재까지 역시 텃밭
으로 소유의 의사로 평온·공연하게 점유를 계
속해오고 있다. 이 경우에 A부분에 관하여 기
가 점유 취득시효에 의해 소유권을 취득할 수
있는지가 문제되었다. 그에 관한 다음 설명 중
옳은 것은? (판례에 의함)

① A부분은 토지의 일부분이어서 시효취득이 불
가능하다.

② 기는 1981. 1.경에 이미 취득시효에 의해 소유
권을 취득한 상태이다.

③ 점유취득시효의 기산점은 언제나 임의로 선택할
수 없고, 기의 20년간의 점유 후에 소유명의가
변경되었으므로, 기는 시효취득을 할 수 없다.

④ 1982. 2. 15.에 등기가 된 뒤 소유명의가 변경
되지 않았으면 기가 1982. 2. 15.을 기산점으로
삼아 시효취득을 할 수 있는데, 그 후 소유명
의가 변경되었으므로 1982. 2. 15.을 기산점으
로 선택할 수 없어서 기는 시효취득을 할 수
없다.

⑤ 1982. 2. 15.의 등기 후에 소유명의가 변경되었
더라도 1982. 2. 15.을 기산점으로 선택할 수
있어서 기는 시효취득을 할 수 있다.

[해설] 대판(전원) 2009. 7. 16, 2007다15172·15189
(물권 판례24) 참조. ① 토지의 일부분도 시효취득
을 할 수 있다.

[정답] ⑤

25. X토지는 원래 갑의 소유였는데, 을이 매수하
여 1964. 5. 7.에 을 명의로 등기를 하였고, 또
을로부터 병이 매수하여 1967. 11. 6.에 병 명
의로 등기를 하였다. 한편 정은 1956. 11. 8.
X토지 중 A부분을 갑으로부터 매수하여 등기
는 하지 않은 채 점유해오다가 1986. 2. 16.
무에게 매도하여 1995년 현재까지 무가 점유
하여 사용하고 있다. 이 경우에 관한 다음 설
명 중 옳은 것은? (판례에 의함)

① 무는 1976. 11. 8. 취득시효 완성을 이유로 직
접 자기에게 소유권이전등기를 해 줄 것을 청
구할 수 있다.

② 무는 1976. 11. 8. 취득시효 완성을 이유로 정의
갑에 대한 등기청구권을 대위행사할 수 있다.

③ 위 ①, ②는 모두 불가능하다.

④ 무는 법적으로 이미 소유권을 취득한 상태이다.

⑤ 무는 1987. 11. 6. 취득시효 완성을 이유로 직접
자기에게 소유권이전등기를 청구할 수 있다.

[해설] 대판(전원) 1995. 3. 28, 93다47745(물권 판
례25) 참조. 이 판결에 따르면, ①은 불가능하고, ②
가 가능하다.

[정답] ②

26. 부동산의 점유 취득시효에 관한 다음 설명 중 옳지 않은 것은? (판례에 의함)

① 부동산에 관한 점유 취득시효가 완성된 후에 그 취득시효를 주장하거나 이로 인한 소유권이전등기 청구를 하기 이전에는 그 등기명의인인 부동산 소유자로서는 특단의 사정이 없는 한 그 시효취득 사실을 알 수 없는 것이므로 이를 제3자에게 처분하였다 하더라도 그로 인한 손해배상책임을 부담하지 않는다.

② 등기명의인인 부동산 소유자가 그 부동산의 인근에 거주하는 등으로 그 부동산의 점유·사용관계를 잘 알고 있고 시효취득을 주장하는 권리자가 등기명의인을 상대로 취득시효 완성을 원인으로 한 소유권이전등기 청구소송을 제기하여 등기명의인이 그 소장 부본을 송달받은 경우에, 그 이후 등기명의인이 그 부동산을 제3자에게 매도한 때에는, 등기명의인은 이로 인하여 시효취득자가 입은 손해를 배상할 책임이 있다.

③ 위 ②의 경우에 등기명의인이 제3자에게 저당권을 설정해 준 때에는 매도한 때와 달리 손해배상책임이 없다.

④ 부동산의 소유자가 취득시효의 완성 사실을 알 수 있는 경우에 부동산 소유자가 부동산을 제3자에게 처분하였고 부동산을 취득한 제3자가 부동산 소유자의 이와 같은 행위에 적극 가담하였다면 이는 사회질서에 반하는 행위로서 무효이다.

⑤ 부동산 점유자에게 시효취득으로 인한 소유권이전등기 청구권이 있다고 하더라도 이로 인하여 부동산 소유자와 시효취득자 사이에 계약상의 채권·채무관계가 성립하는 것은 아니므로, 그 부동산을 처분한 소유자에게 채무불이행 책임을 물을 수 없다.

[해설] 대판 1999. 9. 3, 99다20926(물권 판례26) 참조. ③ 앞의 판결에 따르면, 저당권설정은 매도와 마찬가지로 처분에 해당하여 그 효과도 동일하다. ④ 대판 1998. 4. 10, 97다56495 등 참조. ⑤ 대판 1995. 7. 11, 94다4509 참조.

[정답] ③

27. X토지는 갑의 조부의 명의로 사정을 받은 후 소유권보존등기를 하지 않은 채 갑의 부(父)를 거쳐 1981. 7. 1. 갑 명의로 소유권보존등기가 되었다. 그런데 X토지 중 일정부분은 을이 1969.경부터 병에게 병 소유의 건물부지로 임대하여 그로부터 차임조로 매년 6만 원씩 수령함으로써 1995. 현재까지 계속하여 점유하여 왔다. 한편 1993. 2. 15. A시(市)는 X토지를 수용하였고, A시는 갑에게 수용보상금을 지급하였다. 이 경우에 관한 다음 설명 중 옳은 것은? (판례에 의함)

① 을은 언제나 갑에게 수용보상금의 반환을 청구할 수 있다.

② 을은 그가 X토지의 수용 전까지 취득시효를 주장한 경우에만 갑에게 수용보상금의 반환을 청구할 수 있다.

③ 을은 그가 X토지의 수용 전까지 취득시효를 원인으로 한 등기청구권을 행사한 경우에만 갑에게 수용보상금의 반환을 청구할 수 있다.

④ 을은 그가 X토지의 수용 전까지 취득시효를 주장하였거나 취득시효를 원인으로 한 등기청구권을 행사한 경우에만 갑에게 수용보상금의 반환을 청구할 수 있다.

⑤ 을은 그가 X토지의 수용 전까지 취득시효를 원인으로 한 등기청구의 소를 제기한 경우에만 갑에게 수용보상금의 반환을 청구할 수 있다.

[해설] 대판 1996. 12. 10, 94다43825(물권 판례27) 참조.

[정답] ④

28. X토지에 관하여는 8.15해방과 6.25사변 등으로 등기부나 토지대장 등 지적공부가 모두 멸실되었는데, 1956. 10. 15. 멸실회복등기로 갑

명의의 소유권이전등기가 되었다. 그리고 갑은 1979. 7. 6. 사망하여 을이 갑의 재산을 상속하였다. 한편 X토지에서 분할된 Y토지에 관하여는 1983. 4. 4. 병 명의의 소유권보존등기가 되었고, 그 이후 1995년 현재까지 병이 소유의 의사로 평온·공연하게 선의이며 과실없이 점유하고 있다. 이 경우에 관한 다음 설명 중 옳은 것은? (판례에 의함)

① 이 경우에는 갑 명의의 이전등기와 병 명의의 보존등기가 존재하므로 2중등기 문제가 아니지만, 병의 등기는 무효이다.

② 이 경우에도 등기명의인을 달리하는 2중등기 문제가 생기며, 병의 등기는 유효하다.

③ 병은 등기부 취득시효를 할 수 없다.

④ 갑의 이전등기는 타인의 등기부 취득시효의 기초인 등기로 될 수 없다.

⑤ 이 경우에는 등기는 둘이지만 해당하는 토지의 범위가 다르므로 2중등기 문제가 아니며, 병의 등기는 유효하다.

[해설] 대판(전원) 1996. 10. 17. 96다12511(물권 판례28) 참조. 이 경우에는 갑 명의의 이전등기와 병 명의의 보존등기가 존재하지만 갑의 이전등기의 기초가 된 보존등기와 병의 보존등기가 명의인을 달리한 2중등기이다. 또한 등기가 된 토지의 범위가 다르지만 중복되는 범위에서 역시 2중등기이다. 따라서 2중등기에 관한 판례가 적용되며, 그에 따르면 제2등기인 병의 등기가 무효이다. 그리고 무효인 제2등기는 등기부 취득시효의 기초인 등기로 될 수 없다. 그러므로 병은 등기부 취득시효를 할 수 없다(③은 타당함). 그에 비하여 갑의 등기는 당연히 등기부 취득시효의 기초인 등기로 될 수 있다.

[정답] ③

29. X토지에 대하여는 일제 강점기에 갑의 명의로 사정(査定)이 되었으며, 을은 갑의 유일한 상속인이다. 그런데 그 토지가 미등기어서 1974.에 대한민국(국가) 명의로 소유권보존등기가 되었다. 그리고 국가는 그 토지를 병에게 매도하고 1997. 12. 2.자 매매를 원인으로 하여 1998. 1. 22. 소유권이전등기를 해주었다. 그 후 을은

국가에게는 보존등기의 말소를 구하는 소를, 병에게는 이전등기의 말소를 구하는 소를 제기하여, 국가에 대하여는 승소했으나, 병에 대하여는 병이 등기부 취득시효를 한 것으로 인정되어 패소하였다. 이 경우에 관한 다음 설명 중 옳은 것은? (판례에 의함)

① 을은 국가에 대하여 채무불이행으로 인한 손해배상청구권과 불법행위로 인한 손해배상청구권을 선택적으로 행사할 수 있다.

② 을은 국가에 대하여 채무불이행으로 인한 손해배상청구권은 행사할 수 없으나, 불법행위로 인한 손해배상청구권은 행사할 수 있다.

③ 을은 국가에 대하여 채무불이행으로 인한 손해배상청구권은 행사할 수 있으나, 불법행위로 인한 손해배상청구권은 행사할 수 없다.

④ 을은 국가에 대하여 채무불이행으로 인한 손해배상청구권도 불법행위로 인한 손해배상청구권도 모두 행사할 수 없다.

⑤ 을은 국가에 대하여 채무불이행으로 인한 손해배상청구권과 불법행위로 인한 손해배상청구권을 선택적으로 행사할 수 있으며, 병에 대하여 이전등기를 청구할 수 있다.

[해설] 대판(전원) 2012. 5. 17. 2010다28604(물권 판례29) 참조. 이 판결에 따르면, 물권적 청구권의 실현 불능의 경우에는 채무불이행으로 인한 손해배상청구권은 인정되지 않는다. 그에 비하여 불법행위로 인한 손해배상청구권은 인정될 수 있다. 그리고 등기부 취득시효가 인정되는 경우에 취득자에게 이전등기를 청구할 수는 없다.

[정답] ②

30. 갑과 을은 X토지 중 각 1/2 지분을 공유하고 있던 중 각 사망하였고, 병은 을의 상속인으로서 1992. 11. 28. 이 사건 토지 중 을의 지분 1/2에 관하여 1992. 6. 28.자 협의분할에 의한 상속을 원인으로 한 지분권이전등기를 경료하였다. 정은 갑의 장남으로서, 갑이 1995년경 사망하면서 갑을 단독상속하였다. 정은 2011

년경부터 현재까지 이 사건 토지 중 Y부분에 소나무를 식재하고 이를 점유하고 있다. 다음은 이 경우의 병의 정에 대한 Y부분의 인도청구와 방해배제청구에 관한 설명이다. 그 중 옳은 것은? (판례에 의함)

① 인도청구는 보존행위로서 허용되고, 방해배제청구도 인정된다.
② 인도청구는 보존행위는 아니지만 허용되고, 방해배제청구도 인정된다.
③ 인도청구는 허용되지 않으나, 방해배제청구는 인정된다.
④ 인도청구와 방해배제청구가 모두 인정되지 않는다.
⑤ 갑의 지분이 2/3인 경우에도 결과가 같다.

[해설] 대판(전원) 2020. 5. 21, 2018다287522(물권판례30) 참조. 이 판결은, 소수 지분권자가 독점적으로 점유하는 경우에 인도청구를 부정하고 방해배청구를 인정하는 것이며, 점유자가 과반수의 지분을 가지고 있는 경우에는 종래의 판례가 변경되지 않아서 방해배제도 구할 수 없다(대판 2002. 5. 14, 2002다9738 등).   **[정답]** ③

31. A종중은 1985. 6. 14. 원주시 소재 X임야에 관하여 소유권보존등기를 마쳤다. 갑은 X임야가 자신의 소유라고 주장하면서 A종중을 상대로 소유권보존등기 말소의 소를 제기하여 'A종중은 갑에게 X임야에 관하여 진정명의 회복을 원인으로 한 소유권이전등기 절차를 이행하라'는 내용의 승소판결을 받았다. 그 후 A종중의 항소와 상고가 모두 기각되어, 원고는 2009. 10. 20. X임야에 관하여 진정명의 회복을 원인으로 한 소유권이전등기를 마쳤다. 한편 X임야에는 분묘 6기, 즉 (나)(1990. 설치. 피고 2의 모), (다)(1989. 설치), (라)(1987. 설치), (마)(2007. 설치. 피고 1의 부), (바)(1987. 설치), (사)(1733. 설치. A종중 시조)분묘가 설치되어 있다. 그리고 피고 1은 이 사건 종중의 종손으로서 (다)·(라)·(마)·(바)·(사)분묘와

그 분묘기지에 대하여, 피고 2는 (나)분묘와 그 분묘기지에 대하여 각 보존·관리 및 봉제사를 위하여 점유하고 있다.
 이러한 상태에서 원고는 2011. 12. 27. 피고 1, 2를 상대로, 분묘 굴이(掘移), 비석 등 철거, 해당 토지부분의 인도를 구하는 소를 제기하였다. 이 경우에 관한 다음 설명 중 옳은 것은? (판례에 의함)

① (나)·(다)·(라)·(마)·(바)·(사)분묘는 모두 옮겨야 한다.
② (나)·(다)·(라)·(마)·(바)분묘는 옮겨야 한다.
③ (나)·(마)분묘만은 옮겨야 한다.
④ (마)분묘만은 옮겨야 한다.
⑤ 분묘들은 모두 옮기지 않아도 된다.

[해설] 대판(전원) 2017. 1. 19, 2013다17292(물권판례31) 참조. 이 판결은, 타인 소유의 토지에 분묘를 설치한 경우에 20년간 평온·공연하게 분묘의 기지를 점유하면 지상권과 유사한 관습상의 물권인 분묘기지권을 시효로 취득한다는 점은 오랜 세월 동안 지속되어 온 관습 또는 관행으로서 법적 규범으로 승인되어 왔고, 이러한 법적 규범이 장사법(법률 제6158호) 시행일인 2001. 1. 13. 이전에 설치된 분묘에 관하여 현재까지 유지되고 있다고 한다. 그에 의하면, (마)분묘만은 옮겨야 하나, 다른 분묘는 분묘기지권을 취득하였기에 옮기지 않아도 된다. 한편 ②는 위 판결의 소수의견에 따른 것이다.   **[정답]** ④

32. X임야 중 400㎡ 지상에는 1940. 7.경 사망한 A의 조부와 1961. 4.경 사망한 A의 부의 각 분묘가 설치되어 있고, A는 현재(2014년)까지 그 분묘들을 수호·관리해 왔다. B는 2014년경 이 사건 임야의 지분 일부를 경매로 취득한 다음, A를 상대로 그 분묘들의 기지 점유에 따른 지료지급을 청구하였다. 이 경우에 관한 다음 설명 중 옳은 것은? (판례에 의함)

① A는 지료를 지급할 의무가 없다.
② A는 분묘를 설치한 때부터의 지료를 지급해

야 한다.

③ A는 B가 임야의 소유권을 취득한 때부터의 지료를 지급해야 한다.

④ A는 B가 지료를 청구한 날부터의 지료를 지급할 의무가 있다.

⑤ A의 분묘기지 점유는 허용되지 않으며, A는 분묘를 설치한 때부터 손해배상이나 부당이득 반환을 해야 한다.

[해설] 대판(전원) 2021. 4. 29, 2017다228007(물권 판례32) 참조. 장사에 관한 법률의 시행일(2001. 1. 13.) 이전에 타인의 토지에 분묘를 설치한 다음 20년간 평온·공연하게 그 분묘의 기지를 점유함으로써 분묘기지권을 시효로 취득하였더라도, 분묘기지권자는 토지소유자가 분묘기지에 관한 지료를 청구하면 그 청구한 날부터의 지료를 지급할 의무가 있다고 보아야 한다.

[정답] ④

33. 강제경매의 목적이 된 토지 또는 그 지상 건물에 관하여 강제경매를 위한 압류나 그 압류에 선행한 가압류가 있기 이전에 저당권이 설정되어 있다가 강제경매로 저당권이 소멸한 경우에 관습법상 법정지상권의 성립요건인 '토지와 그 지상 건물이 동일인 소유에 속하였는지'를 판단하는 기준시기는 언제인가? (판례에 의함)

① 저당권 설정 당시
② 가압류의 효력이 발생한 때
③ 압류의 효력이 발생한 때
④ 매각대금을 완납한 때
⑤ 소유권이전등기를 한 때

[해설] 대판 2013. 4. 11, 2009다62059(물권 판례33) 참조.

[정답] ①

34. 갑은 을과 사이에 을의 A건물에 관하여 임대차계약을 체결하였다. 그 후 갑이 을에게 임차보증금채권을 담보하기 위하여 A건물의 B부분

에 관하여 전세권을 설정하여 줄 것을 요구하자, 을은 A건물의 B부분에 관하여 전세금을 위 임대차의 임차보증금과 같은 금액으로 하고, 존속기간을 1997. 3. 1.까지로 정하여 전세권설정계약을 체결하고 갑을 전세권자로 한 전세권설정등기를 마쳐 주었다. 을은 전세권의 존속기간 만료 전 6월부터 1월까지 사이에 갑에 대하여 전세권의 갱신거절의 통지나 조건을 변경하지 아니하면 갱신하지 않는다는 뜻의 통지를 하지 않았고, 한편 갑도 전세권의 존속기간이 만료된 이후에도 계속하여 이 사건 건물을 점유·사용하여 왔다. 그 후 갑은 1998. 3. 30. 당좌거래정지처분을 받게 되자 그 날 근로자들의 대표인 병에게 이 사건 건물에 대한 임차보증금반환채권을 양도하고, 1998. 3. 31.자의 확정일자부 우편으로 그 채권양도사실을 을에게 통지하였다. 그런데 그 뒤 갑의 채권자인 정이 병을 상대로 사해행위 취소의 소를 제기하여 위의 채권양도가 통정한 허위표시라는 취지로 주장하자 병은 1999. 3. 31. 위의 임차보증금반환채권을 갑에게 다시 양도하고 그 양도통지를 하여 1999. 4. 6. 그 통지가 을에게 도달하였다. 정은 1998. 5. 7. A건물에 대한 갑의 전세권을 가압류한 후 갑을 상대로 어음금 등의 청구소송을 제기하여 승소하게 되자 그 판결에 기하여 1999. 8. 11. 갑의 을에 대한 전세금반환채권에 대하여 채권압류 및 전부명령을 받았으며, 그 명령은 그 무렵 을에게 송달되어 그대로 확정되었는데 그 채권압류 및 전부명령에는 압류 및 전부명령의 대상인 전세금반환채권이 채무자인 갑이 병에게 양도하였다가 다시 양도받은 채권으로 되어 있었다. 한편 갑의 채권자들이 1998. 4. 3.부터 1998. 11. 30.까지 사이에 갑의 피고들에 대한 전세금반환채권에 대하여 16건의 전세권부 채권가압류 결정을 받았다.

이 경우에 갑이 병에게 전세금반환채권을 양도한 것은 유효한가? 그리고 정은 소외 회사의 임차보증금채권 또는 전세금반환채권을 적법하게 전부받았음을 이유로 을에게 그 지급을 청구할 수 있는가? 이 두 물음에 대한 답을 차례대로 옳게 기술한 것은? (판례에 의함)

① 유효. 청구할 수 있다.
② 유효. 청구할 수 없다.
③ 무효. 청구할 수 있다.
④ 무효. 청구할 수 없다.
⑤ 무효. 전세금반환채권으로는 청구할 수 없으나 임차보증금채권으로는 청구할 수 있다.

[해설] 대판 2002. 8. 23, 2001다69122(물권 판례 34) 참조. 이 판결(및 그 원심판결)에 따르면, 본 문제의 경우에는 전세권설정계약을 체결하고 전세권설정등기를 마쳤으므로 갑이 병에게 양도한 채권은 임차보증금반환채권이 아니라 전세금반환채권이고, 정이 압류 및 전부받은 채권 역시 A건물에 대한 전세금반환채권이라고 한다. 그리고 갑이 1998. 3. 30. A에게 양도한 것은 A건물에 대한 전세금반환채권이라 할 것인데, 전세금반환채권은 전세권이 존속하는 동안에는 전세권과 분리하여 양도할 수 없으므로 그 채권양도는 무효이고, 따라서 갑의 채권자들이 가압류한 상태에서 정이 전세금반환채권을 전부받은 것은 무효이므로 정은 전세금의 반환을 청구할 수 없다고 한다.
[정답] ④

35. 서울 은평구 A지역의 토지 소유자를 대표하는 갑은 2002. 2. 1. 을에게 각 대지상에 7동의 다세대주택(총 56세대)을 재건축하는 공사(재건축공사라고 함)를 도급주었다. 병은 2002. 7.경 을로부터 재건축공사 중 창호와 기타 잡철부분 공사(이 사건 공사라고 함)를 하도급받았는데, 그 공사대금의 지급에 관하여는 현금으로 50%를, 완공된 주택으로 50%를 지급받기로 약정하였다. 병은 2003. 5.경 을로부터 하도급받은 이 사건 공사를 완료하였는데, 당시까지 을로부터 지급받은 공사대금은 1억 1천만 원이었고, 병와 을은 나머지 공사대금에 관하여 2003. 6. 19. 서울 은평구 A지역 지상에 신축된 빌라(제4동) 301호와 302호를 병에게 대물변제하기로 약정하였으나, 을은 위 대물변제약정을 이행하지 않았다. 병은 을로부터 총 공사대금 267,387,000원 중 157,387,000원을 지급받지 못하게 되자 2003. 5.경부터 이 사건 주택을 점유하기 시작하였고, 2003. 5. 13. 재

건축조합장인 갑에게 공사대금채권에 기하여 이 사건 주택을 포함한 7세대의 주택에 대하여 유치권을 행사한다는 통지를 하였으며, 병은 2005. 1. 20. 현재 나머지 주택에 대한 점유는 상실하고, 이 사건 주택만을 점유하고 있는데, 이 사건 주택에 대한 공사대금은 합계 3,542,263원이다. 한편 정은 2003. 4. 25. 위 재건축공사가 이루어진 부지상에 신축된 주택 중의 하나인 이 사건 주택에 관하여 무 등과 공유로 소유권보존등기를 마쳤다가, 2003. 12. 3. 다른 공유자들의 지분을 모두 이전받아 이를 단독소유하게 되었다. 이러한 상태에서 정은 병을 상대로 이 사건 주택의 인도를 구하는 소를 제기하였다. 이 경우에 관한 다음 설명 중 옳은 것은? (판례에 의함)

① 법원은 병에 대하여 을로부터 3,542,263원을 지급받음과 동시에 이 사건 주택을 인도할 것을 명해야 한다.
② 이 사건 주택은 이 사건 공사로 인한 공사대금채권 잔액 157,387,000원 전부를 담보하는 것으로 보아야 하며, 따라서 병은 그 금액을 지급받을 때까지는 이 사건 주택을 인도하지 않아도 된다.
③ 병의 유치권은 인정되지 않으므로, 병은 이 사건 주택을 인도해야 한다.
④ 병은 을로부터 3,542,263원을 지급받아야 하지만, 정은 채무자가 아니므로 병은 이 사건 주택을 인도해야 한다.
⑤ 병은 을로부터 157,387,000원을 지급받아야 하지만, 정은 채무자가 아니므로 병은 이 사건 주택을 인도해야 한다.

[해설] 대판 2007. 9. 7, 2005다16942(물권 판례 35) 참조. 이 판결에 따르면, 병은 공사대금 잔액 전부에 관하여 유치권을 가지며, 따라서 그는 그 금액을 지급받을 때까지는 이 사건 주택을 인도하지 않아도 된다. 유치권은 불가분성이 있기 때문이다. ①은 이 판결에 의하여 파기된 원심판결의 입장이다. 그리고 유치권은 채무자가 아니 제3자에 대하여도 행사할 수 있다.
[정답] ②

36. A토건회사는 B로부터 관광단지 조성을 위한 토목공사를 하기로 약정하고 공사를 하던 중 B가 기성공사대금을 지급하지 않자 공사를 중단하고 공사를 하던 55필지의 토지를 점유하고 있다. 그 후 A는 그 토지 중 8필지에 관하여 각 그 일부에 화장실 및 창고를 지어 C와 함께 사용하거나 D에게 차고지로 사용하게 하고 있다. 이 경우에 관한 다음 설명 중 옳은 것은? (판례에 의함)

① B는 A에게 일부에 관하여서라도 유치권의 소멸을 청구할 수 없다.

② B는 A에게 유치권 전부의 소멸을 청구할 수 있고, 그러면 A의 유치권은 전부 소멸한다.

③ B가 A에게 유치권 전부의 소멸을 청구하면 A의 유치권은 전부 소멸하나, 일부의 소멸을 청구하면 그 청구한 부분의 유치권만 소멸한다.

④ B는 A에게 8필지에 관하여서만 유치권의 소멸을 청구할 수 있고, 그 청구가 있으면 그 8필지 위의 유치권은 모두 소멸한다.

⑤ B가 A에게 유치권의 소멸을 청구하면 A의 유치권은 8필지 중 선관주의를 위반하여 점유하는 그 부분에 관해서만 소멸한다.

[해설] 대판 2022. 6. 16, 2018다301350(물권 판례 36) 참조. 이 판결에 따르면, A가 선관주의를 위반하여 점유하고 있는 유치물인 8필지에 관하여서 해당하는 필지들 전부 위에 존재하는 A의 유치권이 소멸한다. 해당 필지 중 부적당하게 점유하는 부분에 관해서만 유치권이 소멸하는 것이 아니다.

[정답] ④

37. A회사는 B회사로부터 상가를 임대차기간 5년, 보증금 10억 원, 차임 월 천만 원으로 정하여 임차하였다. 그리고 그 무렵 B회사에 임대차보증금 10억 원을 지급하였다. 그 뒤 A회사와 B회사는 A회사의 B회사에 대한 임대차보증금 반환채권을 담보하기 위하여 C은행에 대한 B회사 명의의 10억 원의 예금채권에 대하여 A회사를 질권자, B회사를 채무자 겸 질권설정자, C은행을 제3채무자로 하는 질권설정계약을 체결하였다. 그리고 A회사는 같은 날 C은행으로부터 확정일자 있는 질권설정승낙서를 교부받았다. 그 후 A회사는 - B회사와 의논 중이던 담보변경이 된 줄 알고 - C은행에 모사전송의 방법으로 질권해제통지서를 전송하였고, C은행 직원은 질권해제통지서를 모사전송 받은 직후 질권설정자인 B회사에 예금채권을 변제하였다. 한편 A회사는 임대차계약 후 상가에서 슈퍼를 운영하다가 영업 부진으로 운영을 중단하고, 상가를 B회사에 인도하였다(임대차는 합의해지됨). 이 경우에 질권설정계약에 관한 설명 중 옳은 것을 모두 고른 것은? (판례에 의함)

ㄱ. 채권양도에 관하여 양도인이 채무자에게 양도통지를 한 경우에 관한 제452조 제1항은 이 경우와 거리가 멀기 때문에 이 경우에 적용되거나 유추적용되지 않는다.

ㄴ. 이 경우에 질권설정계약이 합의해지된 때에는, B회사가 그 해지를 이유로 C은행에게 원래의 채권으로 대항하려면 A회사가 C은행에게 해지사실을 통지해야 한다.

ㄷ. A회사가 C은행에게 질권설정계약의 해지사실을 통지하였다면, 설사 아직 해지가 되지 않았다고 하더라도 C은행이 선의인 경우에는 B회사에게 대항할 수 있는 사유로 A회사에게 대항할 수 있다.

ㄹ. A회사의 해지통지가 있었다면 그 해지사실은 추정되고, 그렇다면 해지통지를 믿은 C은행의 선의 또한 추정되어서 C은행이 악의라는 점은 그 선의를 다투는 A회사가 증명할 책임이 있다.

① ㄱ, ㄴ, ㄷ, ㄹ ② ㄱ, ㄴ, ㄷ
③ ㄴ, ㄷ, ㄹ ④ ㄴ, ㄹ
⑤ ㄷ, ㄹ

[해설] 대판 2014. 4. 10, 2013다76192(물권 판례 37) 참조. 이 판결에 의하면, 거기에 제452조 제1항이 유추적용된다.

[정답] ③

38. 갑은 1996. 11. 29. 을에게 그들 소유의 X토지를 계약금 5,000만 원, 중도금 및 잔대금 각 2억 원, 합계 4억 5,000만 원에 매도하면서, 을이 그의 명의로 소유권이전등기를 하기 전에 X토지를 금융기관에 담보로 제공하여 대출받는 돈으로 중도금 및 잔대금을 지급하기로 하되, 잔대금의 지급을 담보하기 위하여 액면 2억 원의 당좌수표를 발행·교부함과 아울러 X토지에 갑이 지정하는 사람 명의로 채권최고액을 2억 원으로 하는 근저당권설정등기를 하기로 약정하였다. 이에 따라 갑은 1996. 12. 5. 그와 병 사이에 아무런 금전대차 관계가 없음에도 불구하고 형식상 갑이 갑의 처인 병으로부터 2억 원을 이율 연 2할 5푼으로 정하여 차용한다는 내용의 차용금증서를 작성하고, 같은 날 이를 피담보채권으로 하여 X토지에 관하여 채무자를 갑, 근저당권자를 병, 채권최고액을 2억 원으로 하는 근저당권설정등기(제1순위 근저당권이라 함)를 한 후, 을로부터 액면 2억 원의 당좌수표를 발행·교부받으면서 1997. 3. 18.까지 잔대금 2억 원을 지급받기로 하고, 을에게 근저당권설정등기에 필요한 일체의 서류를 교부하였다. 을은 갑으로부터 교부받은 근저당권설정서류를 이용하여 무에게 X토지에 관하여 1996. 12. 17. 채무자를 정, 근저당권자를 무, 채권최고액을 2억 6,000만 원으로 하는 근저당권설정등기와 같은 달 24일 채무자를 기, 근저당권자를 무, 채권최고액을 2억 6,000만 원으로 하는 근저당권설정등기를 해주고, 같은 달 18일과 27일 무로부터 정 및 경 명의로 합계 4억 원을 대출받았다. 이 경우에 지1순위 근저당권설정등기는 유효한가? (판례에 의함)

① 채권자가 아닌 제3자를 근저당권자로 등기하였기 때문에 그 등기는 무효이다.
② 채무자가 아닌 제3자를 채무자로 등기하였기 때문에 그 등기는 무효이다.
③ 금전대차 관계가 없기 때문에 그 등기는 무효이다.
④ 허위표시를 원인으로 한 것이어서 그 등기는 무효이다.
⑤ 그 등기는 유효하다.

[해설] 대판(전원) 2001. 3. 15, 99다48948(물권 판례38) 참조. 이 판결에 따르면, 특별한 사정이 있는 경우에는 채권자 아닌 제3자를 근저당권자로, 또 채무자 아닌 제3자를 채무자로 한 등기도 유효하다고 한다.

[정답] ⑤

39. 이 사건 대지 및 이 사건 1층은 갑의 소유였는바, 갑은 1979. 10.경 이 사건 1층과는 외견상 하나의 건물로 보이나 구조상 1층과 2층으로 구분이 확실하고, 독립하여 소유권의 객체가 되는 이 사건 2층을 건축하였다. 갑은 1980. 4. 8. 이 사건 2층은 준공검사조차 받지 않아 등기가 경료되어 있지 않은 이유로 이 사건 대지 및 1층에 대하여만 자신을 채무자, 을을 근저당권자로 하여 근저당권설정등기를 해주었고 그 근저당권에 기한 경매절차에서 병이 경락받아 1984. 4. 4. 그 대금을 완납하고 병 명의로 소유권이전등기를 마쳤다. 갑은 1984. 9. 7. 이 사건 2층에 대하여 소유권보존등기를 마치고 거주하다가 1986. 5. 17. 자신을 채무자, 정을 근저당권자로 하여 근저당권설정등기를 하였고, 그 근저당권에 기한 경매절차에서 1987. 2. 28. 정이 경락받아 1987. 4. 20. 그의 명의로 소유권이전등기를 마쳤고, 1990. 2. 1. 무가 이를 매수하여 그의 명의로 소유권이전등기를 마쳤다. 현재는 1995. 9. 28.이다. 이 경우에 관한 다음 설명 중 옳지 않은 것은? (판례에 의함)

① 갑은 이 사건 2층을 소유하기 위한 법정지상권을 취득하였다.
② 정은 이 사건 2층을 소유하기 위한 법정지상권을 취득하였다.
③ 무는 이 사건 2층을 소유하기 위한 법정지상권을 취득하였다.
④ 갑이나 정이 병에게 토지사용 대가를 지급하지 않았더라도 병은 무에게 그 책임을 물을 수 없다.
⑤ 토지사용의 대가에 관하여 정한 바 없다면 병은 무에게 법정지상권 소멸청구를 할 수 없다.

[해설] 대판 1996. 4. 26, 95다52864(물권 판례39) 참조. 이 판결에 따르면, 병이 이 사건 대지를 취득할 때에 갑은 이 사건 2층을 소유하기 위한 법정지상권을 취득한다. 건물의 일부만을 위해서도 법정지상권이 성립하기 때문이다. 그리고 정은 저당권의 효력에 의하여 부동산의 소유권을 취득할 때 그것의 종된 권리도 등기 없이 취득하게 된다. 그런데 무는 법정지상권을 취득할 수 있는 지위에 있기는 하나, 그에 관하여 등기를 해야 그 권리를 취득하게 된다. 한편 지료에 관한 약정은 등기하지 않으면 지상권의 양수인에게 대항하지 못한다. 그리고 법정지상권에 관한 지료가 결정된 바 없다면 법정지상권자가 지료를 지급하지 않았다고 하더라도 지료지급을 지체한 것으로는 볼 수 없으므로 법정지상권자가 2년 이상의 지료를 지급하지 않았음을 이유로 하는 토지소유자의 지상권소멸청구는 인정되지 않는다. 더구나 무는 법정지상권자도 아니어서 그에게 법정지상권 소멸청구를 할 수는 없다.

[정답] ③

40. 이 사건 대지 위에는 단층주택이 건축되어 있었는데, 위 대지 및 단층주택을 매수하여 소유권을 취득한 갑은 1989. 2. 11. 위 대지 및 단층주택을 공동담보로 제공하여 개봉단위농업협동조합 앞으로 근저당권설정등기를 마쳐 주었다가, 그 후 1991. 12. 5. 위 근저당권의 실행에 의하여 위 대지 및 단층주택에 관한 임의경매절차가 개시되었다. 그런데 갑은 그 전인 1991. 9. 30.경 을에게 위 단층주택의 철거와 이 사건 3층 주택의 신축공사를 도급주었는데, 을은 1991. 10.경 위 단층주택을 철거하고 이 사건 3층 주택(이 사건 신축건물이라 함)의 신축공사를 시행하여 1992. 3.경 완공하였으나, 준공검사를 받지는 못하고 있고, 이 사건 신축건물은 갑과 을이 일부씩 나누어 점유하고 있다. 한편 위 임의경매절차에서는 위 단층주택이 이미 철거되었다는 이유로 위 단층주택에 대한 경매절차는 취소되고, 이 사건 대지에 대한 경매절차만이 속행되어 1992. 4. 23. 병이 이 사건 대지를 경락받았다. 그 후 이 사건 대지의 소유권은 병으로부터 정을 거쳐 1994. 10. 11. 무에게로 순차 이전되었다. 무는 1994. 9. 6. 을로부터 이 사건 신축건물을 대금 1억

3,800만 원에 매수하기로 약정하고 계약금 2,000만 원을 을에게 지급한 후, 이 사건 신축건물이 갑의 소유라는 취지의 이 사건 제1심판결이 선고되자 다시 1997. 12. 18. 갑으로부터 이 사건 신축건물을 대금 1억 4,400만 원에 매수하기로 약정하고 계약금 1,500만 원을 갑에게 지급하였다. 이 경우에 관한 다음 설명 중 옳은 것은? (판례에 의함)

① 공동저당권 설정 후에 재건축한 경우에는 언제나 법정지상권을 취득하므로, 갑은 이 사건 신축건물을 위한 법정지상권을 취득한다.

② 공동저당권 설정 후에 재건축한 경우에는 언제나 법정지상권을 취득하지 못하므로, 갑은 이 사건 신축건물을 위한 법정지상권을 취득하지 못한다.

③ 공동저당권 설정 후에 재건축한 경우에 구 건물과 동일성이 있는 때에는 법정지상권을 취득하므로, 갑은 이 사건 신축건물을 위한 법정지상권을 취득한다.

④ 공동저당권이 설정된 후 단층주택이 철거되고 이 사건 신축건물이 신축되었으나, 그 신축건물에 관하여 개봉단위농업협동조합이 이 사건 대지에 대한 것과 동일한 순위의 공동저당권을 설정받지 못하였으므로, 갑은 이 사건 신축건물을 위한 법정지상권을 취득하지 못한다.

⑤ 공동저당권이 설정된 후 단층주택이 철거되고 이 사건 신축건물이 신축되어 토지와 신축건물의 소유자가 달라졌으므로, 갑은 이 사건 신축건물을 위한 법정지상권을 취득하지 못한다.

[해설] 대판(전원) 2003. 12. 18, 98다43601(물권 판례40) 참조. 이 판결에 따르면, 동일인의 소유에 속하는 토지 및 그 지상건물에 관하여 공동저당권이 설정된 후 그 지상건물이 철거되고 새로 건물이 신축된 경우에는, 그 신축건물의 소유자가 토지의 소유자와 동일하고, 토지의 저당권자에게 신축건물에 관하여 토지의 저당권과 동일한 순위의 공동저당권을 설정해 주는 등 특별한 사정이 없는 한, 저당물의 경매로 인하여 토지와 그 신축건물이 다른

소유자에 속하게 되더라도 그 신축건물을 위한 법정지상권은 성립하지 않는다. 그런 문제의 사안에서 신축건물에 관하여 개봉단위농업협동조합이 이 사건 대지에 대한 것과 동일한 순위의 공동저당권을 설정받지 못하였으므로, 갑은 이 사건 신축건물을 위한 법정지상권을 취득하지 못한다.

[정답] ④

41. 이 사건 대지는 원래 갑의 소유로서 갑은 1967. 12. 9.경 그 대지 위에 이 사건 건물을 신축하였는데, 그 후 이 사건 대지에 관하여 을과 사이에 근저당권 설정계약을 체결하여 1970. 3. 30. 근저당권 설정등기를 을 앞으로 경료하였다. 병은 1970. 9. 갑으로부터 이 사건 대지와 건물을 매수하여 이를 명도받아 점유·사용하면서, 건물은 미등기인 채로 두었으나, 대지에 관하여는 1970. 10. 1.에 매매를 원인으로 한 소유권이전등기를 마쳤다. 그 후 을의 근저당권의 실행으로 이 사건 대지에 관하여 1973. 3. 13.에 경락허가 결정을 원인으로 한 소유권이전등기가 을 명의로 경료되고, 이에 터잡아 1978. 6. 26. 같은 날짜 매매로 인한 소유권이전등기가 정 앞으로 마쳐졌다. 한편 병이 이 사건 건물의 소유인 갑을 대위하여 이 사건 건물에 관하여 1978. 3. 20. 갑 앞으로 소유권 보존등기를 경료함과 동시에 같은 날에 1970. 9. 23.자 매매를 원인으로 한 소유권이전등기를 병 앞으로 마쳤다. 그리고 위 건물매매에서 병은 갑으로부터 법정지상권을 양도받기로 하는 채권계약을 체결하였다. 이 경우에 관한 다음 설명 중 옳지 않은 것은? (판례에 의함)

① 갑은 이 사건 건물을 소유하기 위한 법정지상권을 취득한다.
② 갑은 정에게 법정지상권 설정등기청구권을 행사할 수 있다.
③ 병은 갑에게 법정지상권 이전등기청구권을 가진다.
④ 병은 갑을 대위하여 정에게 법정지상권 설정등기청구권을 행사할 수 있다.
⑤ 병은 법정지상권을 취득하지 못했으므로 정이

대지소유권에 기하여 이 사건 건물의 철거청구를 하면 그에 따라야 한다.

[해설] 대판(전원) 1985. 4. 9, 84다카1131·1132(물권 판례41) 참조. 이 판결에 따르면, 이 사건 대지에 대한 법정지상권을 취득할 지위에 있는 병에 대하여 정이 대지소유권에 기하여 건물철거를 구함은 지상권의 부담을 용인하고 또한 그 설정등기절차를 이행할 의무 있는 자가 그 권리자를 상대로 한 청구라 할 것이어서 신의성실의 원칙상 허용될 수 없다.

[정답] ⑤

42. A회사는 이 사건 대지 위에 지상 6층, 지상 20층 규모의 오피스텔(이하 '이 사건 건물'이라고 함)을 건축하여 분양하기로 하고, 건축허가를 받아 1996. 9. 6. 공사에 착수하였으며, 1996. 5. 1.부터 분양을 개시하여 총 468세대 중 371세대를 분양하였다. A회사는 1996. 12. 7. 이 사건 대지를 당시 소유자이던 서울시로부터 매수한 뒤 같은 달 9. B은행으로부터 이 사건 건물 건축자금 180억 원(이하 '이 사건 대여금채권'이라고 함)을 차용하면서 이 사건 대지에 관하여 채권최고액 143억 원의 근저당권(이하 '이 사건 근저당권'이라고 함)을 위 B은행 앞으로 설정하여 주었다. A회사가 1998. 1. 14. 이 사건 건물의 건축 공사를 지하 1층까지 완성한 상태에서 부도를 내자, A회사로부터 이 사건 건물을 개별 분양받은 수분양자들이 중심이 되어 C조합을 결성하였고, C조합은 1998. 2. 24. A회사로부터 이 사건 건물 건축사업의 시행권을 양수한 뒤 공사를 재개하여 현재(2003. 8. 21)는 지하층(지하 6층부터 지하 1층, 이하 '이 사건 지하 구축물'이라고 함)의 공사를 마친 상태인데, 이 사건 지하구축물은 공동가설공사, 건축공사, 전기공사 등의 공정이 모두 이루어졌으며, 지하 1층 내지 지하 6층까지의 기둥, 지붕 및 주벽 등의 시공이 완료되었다. 갑은 2000. 12. 22. B은행으로부터 B은행이 A회사에 대하여 가지고 있는 이 사건 대여금채권과 이 사건 근저당권을 함께 양수한 뒤 2001. 3. 20. 근저당권자의 지위에서 이 사

건 근저당권 실행을 위한 임의경매신청을 하였고, 경매법원은 이 사건 대지를 9,273,784,000원, 이 사건 지하구축물을 196억 9,000만 원으로 감정·평가한 뒤 이 사건 지하구축물을 이 사건 대지의 부합물로 보아 경매목적물에 포함시켜 경매절차를 진행시켰고, 이에 2002. 10. 24. 이 사건 대지 및 이 사건 지하구축물이 대금 252억 6,000만 원에 낙찰되었는데, C조합이 위 경락허가결정에 대하여 항고한 결과, 항고심 법원은 2003. 3. 7. 이 사건 지하구축물은 이 사건 대지의 부합물이 아닌 별개의 독립한 부동산이므로 이 사건 지하구축물을 이 사건 대지의 부합물로 보아 입찰대상 목적물에 포함시킨 위 경락허가결정이 부당하다고 하여 이를 취소하였고, 위 항고심 결정에 대하여 갑이 재항고하였으나 재항고심은 2003. 7. 11. 위 재항고를 기각하였다. 이 경우에 관한 다음 설명 중 옳은 것은? (판례에 의함)

① 갑은 C조합에 대하여 저당권에 기한 방해배제청구권을 가지며, 건축공사 중지를 청구할 수도 있다.

② 갑은 C조합에 대하여 저당권에 기한 방해배제청구권은 가지나, 건축공사 중지를 청구할 수는 없다.

③ 갑은 C조합에 대하여 저당권에 기한 방해배제청구권은 없으나, 건축공사 중지를 청구할 수는 있다.

④ 갑은 C조합에 대하여 저당권에 기한 방해배제청구권을 가지지 못하며, 건축공사 중지를 청구할 수도 없다.

⑤ 갑은 C조합과 합의한 경우에만 건축공사 중지를 청구할 수 있다.

[해설] 대판 2006. 1. 27, 2003다58454(물권 판례 42) 참조. 이 판결에 따르면 ①과 같이 된다.

[정답] ①

43. 근저당권에 관한 다음 설명 중 옳지 않은 것은? (판례에 의함)

① 당사자 사이에 하나의 기본계약에서 발생하는 동일한 채권을 담보하기 위하여 여러 개의 부동산에 근저당권을 설정하면서 각각의 근저당권 채권최고액을 합한 금액을 우선변제 받기 위하여 공동근저당권의 형식이 아닌 개별 근저당권의 형식을 취한 경우, 이러한 근저당권은 민법 제368조가 적용되는 공동근저당권이 아니라 피담보채권을 누적적으로 담보하는 근저당권에 해당한다.

② 누적적 근저당권은 공동근저당권과 달리 담보의 범위가 중첩되지 않으므로, 누적적 근저당권을 설정받은 채권자는 여러 개의 근저당권을 동시에 실행할 수도 있고, 여러 개의 근저당권 중 어느 것이라도 먼저 실행하여 그 채권최고액의 범위에서 피담보채권의 전부나 일부를 우선변제 받은 다음 피담보채권이 소멸할 때까지 나머지 근저당권을 실행하여 그 근저당권의 채권최고액 범위에서 반복하여 우선변제를 받을 수 있다.

③ 채권자가 하나의 기본계약에서 발생하는 동일한 채권을 담보하기 위하여 채무자 소유의 부동산과 물상보증인 소유의 부동산에 누적적 근저당권을 설정받았는데 물상보증인 소유의 부동산이 먼저 경매되어 매각대금에서 채권자가 변제를 받은 경우, 물상보증인은 변제자대위에 의하여 종래 채권자가 보유하던 채무자 소유 부동산에 관한 근저당권을 대위 취득하여 행사할 수 있다.

④ 누적적 근저당권은 각 근저당권의 담보 범위가 중첩되지 않고 서로 다르므로, 피담보채권이 각 근저당권별로 자동으로 분할된다고 해석된다.

⑤ 누적적 근저당권의 피담보채권액이 각각의 채권최고액을 합한 금액보다 큰 경우에는 채권자만이 모든 근저당권으로부터 만족을 받게 되므로 물상보증인의 변제자대위가 인정될 여지가 없다.

[해설] 대판 2020. 4. 9. 2014다51756·51763(물권 판례43) 참조. 누적적 근저당권은 모두 하나의 기본계약에서 발생한 동일한 피담보채권을 담보하기 위한 것이다. 누적적 근저당권은 각 근저당권의 담보 범위가 중첩되지 않고 서로 다르지만 이러한 점을 들어 피담보채권이 각 근저당권별로 자동으로 분할된다고 볼 수도 없다. 이는 동일한 피담보채권이 모두 소멸할 때까지 자유롭게 근저당권 전부 또는 일부를 실행하여 각각의 채권최고액까지 우선변제를 받고자 누적적 근저당권을 설정한 당사자의 의사에 반하기 때문이다.

[정답] ④

44. 갑이 을에 대한 2,000만 원의 채권을 위하여 을의 X토지(시가 2,000만 원)와 물상보증인 병의 Y토지(시가 2,000만 원)에 각각 1번저당권 설정등기를 하였고, 정과 무가 각각 X토지와 Y토지에 1,000만 원과 2,000만 원의 채권을 위하여 2번저당권 설정등기를 하였다. 그 후 갑이 Y토지를 먼저 경매하여 그 경매대가 2,000만 원으로부터 그의 채권 2,000만 원 전부를 변제받았다. 이 경우에 관한 다음 설명 중 옳지 않은 것은? (판례에 의함)

① 갑의 1번저당권은 목적을 달성하였기 때문에 말소되어야 한다.
② 병은 갑의 1번저당권을 등기 없이 취득하여 행사할 수 있다.
③ 무는 갑의 1번저당권에 대하여 물상대위를 할 수 있으며, 그 결과 2,000만 원의 채권 전부를 변제받을 수 있다.
④ 정은 전혀 우선변제를 받지 못한다.
⑤ 이 경우에는 변제자대위가 우선한다.

[해설] 대판 1994. 5. 10. 93다25417(물권 판례44) 참조. 이 판결에 따르면, 물상보증인이 변제자대위에 의하여 취득하는 저당권에 대하여 다른 물상보증인은 그 등기의 말소청구를 하지 못한다. 말소청구를 할 수 없는 것은 채무자도 마찬가지라고 해야 한다. 또한 이 판결은 후순위저당권자의 대위보다 물상보증인의 변제자대위를 우선시킨다.

[정답] ①

45. 가등기담보에 관한 다음 설명 중 옳지 않은 것은? (판례에 의함)

① 가등기담보법은 재산권 이전의 예약에 의한 가등기담보에 있어서 재산의 예약 당시의 가액이 차용액 및 이에 붙인 이자의 합산액을 초과하는 경우에 한하여 적용된다.
② 가등기담보법은 재산권 이전의 예약 당시 재산에 대하여 선순위 근저당권이 설정되어 있는 경우에는 재산의 가액에서 피담보채무액을 공제한 나머지 가액이 차용액 및 이에 붙인 이자의 합산액을 초과하는 경우에만 적용된다.
③ 가등기담보법이 적용되지 않는 경우에도 채권자가 채권담보의 목적으로 부동산에 가등기를 경료하였다가 그 후 변제기까지 변제를 받지 못하여 위 가등기에 기한 소유권이전의 본등기를 경료한 경우에는, 그 본등기도 채권담보의 목적으로 경료된 것으로서 정산절차를 예정하고 있는 이른바 '약한 의미의 양도담보'가 된다.
④ 위 ③의 경우에 당사자들 사이에 채무자가 변제기에 피담보채무를 변제하지 않으면 채권채무관계는 소멸하고 부동산의 소유권이 확정적으로 채권자에게 귀속된다는 명시의 특약이 있으면 예외이다.
⑤ 위 ③의 경우에는 채무의 변제기가 도과하기 전에 한하여 채권자가 담보권을 실행하여 정산절차를 마치기 전에는 채무자는 언제든지 채무를 변제하고 채권자에게 위 가등기 및 그 가등기에 기한 본등기의 말소를 청구할 수 있다.

[해설] 대판 2006. 8. 24. 2005다61140(물권 판례45) 참조. 이 판결에 따르면, 약한 의미의 양도담보가 된 경우에는 채무의 변제기가 도과한 후에도 채권자가 담보권을 실행하여 정산절차를 마치기 전에는 채무자는 언제든지 채무를 변제하고 채권자에게 위 가등기 및 그 가등기에 기한 본등기의 말소를 청구할 수 있다.

[정답] ⑤

46. 가등기담보에 관한 다음 설명 중 옳지 않은 것은? (판례에 의함)

① 가등기담보권자가 담보권 실행을 하여 담보 목적 부동산의 소유권을 취득하기 위하여는 그 채권의 변제기 후에 소정의 청산금 평가액 또는 청산금이 없다고 하는 뜻을 채무자에게 통지하여야 한다.

② 위 ①의 통지는 물상보증인뿐만 아니라 담보가등기 후 소유권을 취득한 제3취득자에게도 하여야 하며, 채무자와 물상보증인 · 제3취득자의 전부 또는 일부에 대하여 위 통지를 하지 않으면 청산기간이 진행할 수 없게 된다.

③ 가등기담보권자는 청산통지를 하지 않았으면 그 후 적절한 청산금을 지급하거나 실제 지급할 청산금이 없다고 하더라도 가등기에 기한 본등기를 청구할 수 없다.

④ 청산통지가 누락되었어도 가등기담보권자가 본등기를 마쳤으면 목적물의 소유권을 취득한다.

⑤ 가등기담보법상 처분정산형 담보권 실행은 허용되지 않는다.

[해설] 대판 2002. 4. 23, 2001다81856(물권 판례 46) 참조.

[정답] ④

47. 갑은 1991. 8.경 을에게 싱글환편기와 양면환편기 총 15대를 대금 1억 3,050만 원에 매도하고 위 대금 전액을 리스 자금으로 갑이 을에게 대여한 것으로 하여 변제기를 1991. 11. 20.로 하고 변제기 이후에는 연 2할 5푼의 비율에 의한 지연손해금을 지급하기로 약정하고, 위 대여금에 대한 담보조로 을 소유의 편직기 4대(이 사건 물건)에 양도담보를 설정하고 점유개정의 형식으로 소유권을 갑에게 양도하고 을이 계속 점유하기로 하였다. 한편 병은 을에 대한 1992. 3. 26. 집행력 있는 판결정본에 기하여 을이 점유하고 있던 이 사건 물건을 압류하였다. 이 경우에 관한 다음 설명 중 옳은 것은? (판례에 의함)

① 갑은 단순히 양도담보권이라는 담보권만을 취득하며, 제3자이의의 소에 의하여 병의 강제집행의 배제를 구할 수 없다.

② 갑은 양도담보권이라는 담보권만을 취득하나, 제3자이의의 소에 의하여 병의 강제집행의 배제를 구할 수는 있다.

③ 갑은 제3자에 대한 관계에 있어서는 그 물건의 소유자임을 주장하고 그 권리를 행사할 수 있으며, 제3자이의의 소를 제기함으로써 병의 강제집행의 배제를 구할 수 있다.

④ 갑은 제3자에 대한 관계에 있어서는 그 물건의 소유자임을 주장하고 그 권리를 행사할 수 없으나, 제3자이의의 소를 제기함으로써 병의 강제집행의 배제를 구할 수는 있다.

⑤ 갑은 제3자에 대한 관계에 있어서는 그 물건의 소유자임을 주장하고 그 권리를 행사할 수 있으나, 제3자이의의 소를 제기함으로써 병의 강제집행의 배제를 구할 수는 없다.

[해설] 대판 1994. 8. 26, 93다44739(물권 판례47) 참조.

[정답] ③

48. 갑은 1985. 3. 20. 을과 당시 을이 갑에 대하여 부담하고 있던 채무 4억 1,000만 원과 장래 부담하게 될 채무를 한도액 14억 원으로 하여 이를 담보할 목적으로 을이 경영하는 양만장 내에 있던 뱀장어를 약 100만 마리로 추산하여 이를 일괄하여 갑에게 소유권을 양도하고 이를 인도하되 점유개정에 의하여 을이 계속하여 위 뱀장어를 점유하고 관리 · 사육하면서 갑의 승낙 하에 이를 처분할 수 있음과 동시에 장래에 있어서 위 양만장에 입식하는 뱀장어도 100만 마리의 한도 내에서 위 담보의 목적으로 되어 갑이 그 소유권을 갖기로 하되 위 뱀장어는 치만(새끼뱀장어)을 구입하여 양만장에 입식시킨 후 약 1년 내지 1년 6월정도 사육한 성만이 되었을 때가 그 성장도와 경제성에 비추어 상품으로서의 가치가 가장 높아 그때에

처분하여야 하고 또한 이를 위해서는 계속적으로 치만을 구입하여 양만장에 입식시켜야 하는데 을도 위 양만장 내에 있던 뱀장어 중 적정크기의 뱀장어를 갑의 승낙 하에 처분하여 그 대금을 채무변제와 인건비, 사육비 및 치만 구입비 등에 사용하기로 하는 내용의 양도담보계약을 체결하였다. 그 후 X회사는 1986. 6. 17. 을에 대한 광주지방법원 86카5489호 유체동산 가압류결정에 기하여 을의 양만장 내에 있던 뱀장어에 대한 가압류집행을 하고, Y회사도 1986. 9. 6. 위 뱀장어에 대하여 위 을에 대한 위 법원 86카7983호 유체동산 가압류결정에 기하여 강제집행을 하였다. 한편 위 가압류물건인 뱀장어는 그 보존관리에 특별한 주의가 필요하고 사육에 많은 비용을 요하게 되어 광주지방법원 소속 집달관은 1986. 9. 6. 위 양만장 내의 뱀장어 26,500킬로그램을 사육불능에 따른 특수보존처분으로서 이를 경매하여 환가한 대금 180,366,750원 중 경매비용을 공제한 나머지 176,875,500원을 보관하게 되었다. 그리고 위 보관금에 대하여 Z회사, 병, 정 및 무 등이 각 집행력 있는 공정증서정본에 기하여 강제집행을 하였다. 이 경우에 관한 다음 설명 중 옳지 않은 것은? (판례에 의함)

① 갑과 을 사이에는 뱀장어에 관하여 양도담보계약이 성립하고, 갑은 담보권을 취득한다.
② 양도담보의 목적물은 뱀장어 100만 마리이며 양만장 내의 모든 뱀장어가 아니다.
③ 뱀장어가 성장을 계속할지라도 양도담보의 성립에는 지장이 없다.
④ 을이 뱀장어를 반입하였다 하더라도 그때마다 별도의 양도담보권 설정계약을 맺거나 점유개정의 표시를 해야 하는 것은 아니다.
⑤ X회사, Y회사 등이 뱀장어에 대하여 가압류나 강제집행을 한 것은 부당하다.

[해설] 대판 1990. 12. 26, 88다카20224(물권 판례 48) 참조. 이 판결에 따르면, 위의 경우에 양도담보의 목적물은 뱀장어 100만 마리가 아니고, 양만장 내의 뱀장어 등 어류 전부이다. 그리고 이 판결은 그 사안에서 Y회사, Z회사, 병, 정, 무 등이 뱀장어에 대하여 행한 가압류 내지 강제집행은 부당하다고 하였다(그 판결에서 X회사는 피고가 아니어서 그에 대하여는 판단하지 않았으나, 다른 피고들과 동일하게 보아야 함).

[정답] ②

제3장 채권법총론

1. 한국도로공사(이하 '도로공사'라고 함)는 원고
(쌍용정유)와 사이에 기흥주유소를 포함한 고
속도로상의 11개 주유소에 대한 석유제품공급
권을 부여하는 내용의 협약을 체결하였다. 피
고는 1992. 7.경 도로공사와 기흥주유소 운영
계약을 체결하고 주유소를 운영하였는데, 기흥
주유소에 석유제품을 공급할 업체는 도로공사
가 지정하기로 하였다. 피고는 1990. 9.경 원
고와 대리점 계약을 체결하고 기흥주유소에
유류를 공급받았으나, 그 후 원고의 외상공급
축소ㆍ외상기일 단축 등 조치로 자금압박에 직
면하게 되자 위 계약을 해지한 다음, 1995. 9.
경 현대정유와 대리점계약을 체결하고 기흥주
유소에서 현대정유 석유제품을 판매하면서 주
유소 방화벽ㆍ캐노피ㆍ상호간판ㆍ폴사인에 현
대정유의 상표를 표시하였다. 한편 도로공사와
피고는 1995. 7.경 석유제품 공급업체를 별도
로 정하지 않은 채 계약기간을 잠정적으로 연
장하였다. 원고는 피고에 대하여, (1) 원고의
도로공사에 대한 기흥주유소 석유제품공급권의
침해에 대한 방해배제로서 현대정유의 상표 말
소ㆍ폴사인 철거 및 원고 생산 석유류제품 이
외의 석유류제품의 판매금지 및 (2) 채권침해
에 의한 불법행위를 원인으로 한 손해배상을
청구하였다. 다음 중 옳지 않은 것은? (판례에
의함)

① 원고가 도로공사에 대하여 기흥주유소에 원고
의 상표를 표시하고 원고의 석유제품을 공급할
권리가 있다 하더라도 이는 채권적 권리에 불
과하여 대세적인 효력이 없다.

② 피고가 현대정유의 상호와 상표를 표시하고 석
유제품을 공급받음으로써 원고의 도로공사에
대한 석유제품 공급권이 사실상 침해되었다고
하더라도 제3자인 피고에게 현대정유 관련 시
설의 철거나 상호ㆍ상표 등의 말소 및 판매금
지 등을 구할 수는 없다.

③ 피고가 원고의 기흥주유소에 대한 독점적인 석

유제품공급권 보유관계를 잘 알면서 도로공사
와 원고의 권리를 침해하는 내용의 계약을 체
결하고 기흥주유소에 현대정유의 상표를 표시
하고 그 석유제품을 공급받는 것은 원고의 석
유제품공급권을 침해한 것으로 피고의 고의ㆍ
과실 및 위법성을 인정할 수 있다.

④ 독립한 경제주체간의 경쟁적 계약관계에서 제
3자가 채무자와 적극 공모하였다거나 또는 제3
자가 기망ㆍ협박 등 사회상규에 반하는 수단을
사용하거나 채권자를 해할 의사로 채무자와 계
약을 체결하였다는 등의 특별한 사정이 있는
경우 제3자의 채권침해에 의한 불법행위가 성
립할 수 있다.

⑤ 원고는 도로공사에 대한 석유제품공급권 및 상
표표시권을 보전하기 위하여 도로공사의 피고
에 대한 「기흥주유소에 원고의 상표를 표시하
고 원고의 제품 외에 다른 제품을 공급받지 않
을 것을 청구할 권리」를 대위행사할 수 있다.

[해설] 대판 2001. 5. 8, 99다38699(채총 판례1)
참조.

[정답] ③

2. 갑은 공유수면 매립 사업자 병으로부터 매립지
19필지 25,402평을 매수하여 자신의 명의로
등기도 마쳤다. 한편 갑에 대하여 1억 원의 채
권을 가지고 있는 을은 갑과 제소전 화해를 하
였는데, 그 내용 중에는 갑이 정해진 기한 내
에 채무를 변제하지 못하면 을에게 위의 19필
지 가운데 7,000평에 대하여 소유권등기를 해
주겠다는 것이 포함되어 있었다. 그 후 을은
갑으로부터 채무를 변제받지 못하자 화해조항
상의 7,000평을 지정해서 이전해달라고 하였
다. 그런데 갑이 그마저도 하지 않자 위 19필
지 중 다른 토지들로서는 7,000평이 되지 않

고 또 부적당하기도 하여 특정한 2필지를 선택하여(면적 합계: 6,904평) 자신의 명의로 소유권이전등기를 하였다. 이 경우에 관한 다음 설명 중 옳은 것을 고른 것은? (판례에 의함)

> ㄱ. 을이 갑에 대하여 가지고 있는 7,000평 토지에 관한 채권은 제한종류채권이다.
>
> ㄴ. 을이 갑에 대하여 가지고 있는 7,000평 토지에 관한 채권은 선택채권이다.
>
> ㄷ. 을이 갑에 대하여 가지고 있는 7,000평 토지에 관한 채권은 특정물채권이다.
>
> a. 을이 2필지에 관하여 등기한 것은 제381조에 따른 것으로 정당하다.
>
> b. 이 경우에 을의 소유권 취득은 인정되지 않는다.

① ㄱ, a   ② ㄱ, b
③ ㄴ, a   ④ ㄴ, b
⑤ ㄷ, b

[해설] 대판 2003. 3. 28, 2000다24856(채총 판례 2) 참조. 이 판결에 따르면, 사안의 경우에 을의 채권은 제한종류채권이고 거기에는 제381조가 준용된다. 그 결과 을의 선택은 정당한 특정으로 인정된다.

[정답] ①

3. A회사는 B보험회사와 A회사 소유 참치잡이 어선에 관하여 피보험자 A, 보험기간 1년, 보험목적 선체 및 기관 등, 보험가액 및 보험금액 미화 385,000달러, 보험료 미화 14,002.45달러로 하는 보험계약을 체결하고 제1, 2회 보험료를 납부하였다. A회사의 직원인 선원들이 이 어선을 타고 남태평양에서 참치잡이 조업을 하던 중 고장으로 인하여 이 어선은 수중 산호초에 좌초되어 버리고, 선원들은 부근 섬으로 대피하였다. 그러자 원주민들이 승선하여 장비 등을 일부 약탈, 파괴하였고, 또한 어선의 기관실에 해수가 유입되어 선박손상의 손해가 확대되었다. 이에 따라 A회사는 추정전손을 이유로 보험금 385,000달러의 지급을 청구하였다. 그

런데 그것을 우리나라 통화로 지급하라고 하였다. 이 경우에 대한 다음 설명 중 옳은 것을 고른 것은? (판례에 의함)

> ㄱ. A회사는 우리나라 통화로 변제할 것을 청구할 수 없다.
>
> ㄴ. A회사는 우리나라 통화로 변제할 것을 청구할 수 있다.
>
> a. A회사 또는 B회사의 대용권이 인정될 경우 달러의 환산시기는 이행기이다.
>
> b. A회사 또는 B회사의 대용권이 인정될 경우 달러의 환산시기는 현실이행시이다.
>
> c. A회사 또는 B회사의 대용권이 인정될 경우 달러의 환산시기는 이행청구시이다.

① ㄱ, a   ② ㄱ, b
③ ㄱ, c   ④ ㄴ, a
⑤ ㄴ, b   ⑥ ㄴ, c

[해설] 대판(전원) 1991. 3. 12, 90다2147(채총 판례 3) 참조.

[정답] ⑤

4. 갑은 을에게 1,000만 원을 변제기 1년 후, 이자 월 0.1%로 하여 빌려주었다. 그런데 대여시부터 2년이 될 때까지 을은 갑에게 전혀 지급을 하지 않았다. 이 경우에 을이 갑에게 변제기까지 지급했어야 할 이자와 변제기 후의 지연손해금을 차례대로 옳게 적은 것은? (판례에 의함)

① 120,000원, 120,000원
② 120,000원, 240,000원
③ 120,000원, 500,000원
④ 500,000원, 120,000원
⑤ 500,000원, 500,000원

[해설] 대판 2009. 12. 24, 2009다85342(채총 판례 4) 참조. 변제기까지의 이자는 약정에 따라 연 1.2%를 지급해야 하므로 12,000원이다. 그리고 판례에

따르면, 변제기까지의 약정이율이 법정이율보다 낮은 경우에는 법정이율(연 5%)에 따라 지연손해금을 정해야 한다. 따라서 1년분의 지연손해금은 500,000원이다.

[정답] ③

5. 갑 은행은 을과 어음할인 거래약정을 체결하고 을로부터 병회사가 발행한 액면금 3억 원짜리와 2억 원짜리의 약속어음 2매를 배서·양도받고 그 액면금액에서 소정의 할인료를 공제한 금원을 을에게 지급하였다. 그 후 갑 은행은 위 어음들을 그 지급기일에 지급장소에 각 지급제시하였으나 잔고부족으로 지급거절되자, 을과 사이에 1개월 간격으로 일반자금대출계약(제1, 제2대출)을 체결하여 그 대출금으로 위 어음할인거래로 인하여 을이 갑 은행에 대하여 부담하게 된 채무를 변제받는 한편, 위 어음은 각 대출금채권에 대한 담보로 계속 소지하기로 하였다. 제1대출은 3억 원을 변제기 1년, 이자 월 1%로 대출한 것이고, 제2대출은 2억 원을 변제기 1년 이자 월 1%로 대출한 것이다. 그 후 갑 은행은 C회사의 정리절차에서 위 어음금채권을 정리채권으로 신고하여 제1대출채무에 관하여만 변제기까지의 이자와 원금 1억 원에 충당하였다. 그 시점은 변제기부터 1년이 되었을 때였다. 그 후에는 을이 경제적으로 매우 어려워 제2대출의 변제기부터 6년이 지난 현재까지 갑 은행은 전혀 금전을 지급하지 못하고 있다. 이 경우에 현재 시점에서 을이 갑 은행에게 지급하여야 할 것을 바르게 고른 것은? (판례에 의함)

> 제1대출 관련: 남은 원금 2억 원(A라 함), 변제충당한 1억 원에 대한 변제기 후 1년간의 지연손해금(B라 함), 남은 원금 2억 원에 대한 6년 1개월간의 지연손해금(C라 함)
> 제2대출 관련: 원금 2억 원(D라 함), 원금에 대한 변제기까지의 이자(E라 함), 원금에 대한 변제기 후 6년간의 지연손해금(F라 함)

① A, B, C, D, E, F

② A, D, E
③ B, C, E, F
④ B, C, F
⑤ B

[해설] 대판 2008. 3. 14, 2006다2940(채총 판례5) 참조. 판례에 따르면, 본 문제의 경우 대출금채권의 시효기간은 상사채권이어서 5년이고(상법 64조), 그것의 지연손해금채권의 시효기간도 같다. 그리고 금전채권의 원본채권이 소멸시효에 걸려 소멸하면 그에 대한 이자채권도 따라서 소멸한다(183조). 그런데 금전채권의 일부가 변제된 뒤에 나머지 부분의 소멸시효가 완성된 경우(일부변제로 인해 나머지 부분의 시효가 중단되었으면 다시 시효가 완성되어야 할 것임)에 변제된 원금으로부터 발생한 이자나 지연손해금은 나머지 부분의 시효소멸에 영향을 받지 않고 존속한다. 본 문제의 경우 B가 바로 그것이다.

[정답] ⑤

6. 원고는 피고에게 2001. 2. 6. 1,575만 원을 변제기는 대여일로부터 15일, 이자는 15일에 10%로 정하여 대여하면서 선이자를 공제하고 이를 지급하였다. 그 후 원고는 피고에 대하여 차용금과 그에 대한 약정이율에 의한 지연손해금의 지급을 청구하는 소를 제기하였다. 이에 대하여 피고는 ① 위 약정이율은 지나치게 높아 사회질서에 반하여 무효이며, ② 피고는 1999년경 원고로부터 3,203만 원을 이자 월 40%로 차용하였다가 2001년 2월경까지 그 원리금으로 약 1억 1천만 원을 변제하였는바, 위 변제액 중 정당한 이율 범위를 초과하는 금원은 부당이득이라 할 것이므로, 그 부당이득 반환채권과 피고의 이 사건 차용금채무를 대등액에서 상계한다고 항변하였다. 다음 중 옳지 않은 것은? (판례에 의함)

① 원고와 피고가 금전소비대차계약과 함께 이자의 약정을 하면서 그 이율을 사회통념상 허용되는 한도를 초과하여 현저하게 고율로 정하였다면, 그와 같은 과도한 이자의 약정은 선량한 풍속 기타 사회질서에 위반한 사항을 내용으로

하는 법률행위로서 무효이다.

② 고율의 이자약정이 무효라 하더라도 이자 약정 전체가 무효인 것은 아니며, 상당한 범위를 초과하는 부분만 무효로 된다.

③ 불법원인급여에 있어서도 그 불법원인이 수익자에게만 있는 경우이거나 수익자의 불법성이 급여자의 그것보다 현저히 커서 급여자의 반환청구를 허용하지 않는 것이 오히려 공평과 신의칙에 반하게 되는 경우에는 급여자의 반환청구가 허용된다.

④ 적정이율을 초과하는 이자약정이 제103조 위반으로 무효라 하더라도 그러한 약정에 따라 이자가 지급된 이상 그 불법원인은 대주와 차주 모두에게 있고, 대주의 불법성이 차주의 그것에 비해 현저히 크다고 단정할 수 없으므로 제746조 본문에 따라 차주의 반환청구는 허용될 수 없다.

⑤ 현행 이자제한법상 채무자가 최고이자율을 초과하는 이자를 임의로 지급한 경우에는 초과 지급된 이자 상당 금액은 원본에 충당되고, 원본이 소멸한 때에는 그 반환을 청구할 수 있다.

[해설] 대판(전원) 2007. 2. 15, 2004다50426(채총 판례6) 참조. ⑤ 이자제한법 제2조 제4항.

[정답] ④

7. 계약상의 채무자가 이행거절을 한 경우에 관한 다음 설명 중 옳지 않은 것은? (판례에 의함)

① 이행기가 되기 전이라도 최고 없이 해제할 수 있다.

② 쌍무계약에서는 채권자가 자기 채무를 제공하지 않고 해제할 수 있다.

③ 이행거절의사는 반드시 명시적으로 표시해야 하는 것이 아니고 묵시적으로 표시해도 된다.

④ 채무의 이행을 최고하지 않고 전보배상을 청구할 수도 있다.

⑤ 한번 이행거절을 했으면 그것을 철회할 수는 없다.

[해설] 대판 2005. 8. 19, 2004다53173(채총 판례7) 참조. 한편 판례는 이행거절을 한 후 철회를 할 수 있다고 한다(대판 2003. 2. 26, 2000다40995 등).

[정답] ⑤

8. 원고는 2001. 9.경 피고와 사이에 피고가 건축 중인 상가 건물 1층에 대하여 분양계약을 체결하면서, 계약금은 계약시에, 1차 중도금은 1층 골조공사 완료시에, 2차 중도금은 5층 골조공사 완료시에, 잔금은 준공시에 각 지급하기로 하되, 원고가 분양대금 납부지정일로부터 15일 이상 지체하였을 때에는 최고 등의 절차 없이 일방적으로 해약할 수 있으며 이때 분양대금 중 계약금은 피고에게 귀속되는 것으로 약정하고 계약금을 지급하였다. 피고는 1층 지붕 콘크리트 타설을 마친 직후 원고에게 "14일 내에 중도금을 지급할 것"을 통보하고, 2001. 12. 15. 2층 바닥 슬라브 작업에 들어갔다. 피고는 원고의 요청에 따라 중도금지급기일을 2002. 1. 4.까지로 연기해주었으나, 원고가 위 기일까지 중도금을 납입하지 않자 2002. 1. 5 계약해제를 통보하였다. 다음 중 옳지 않은 것은? (판례에 의함)

① 중도금 지급기일을 '1층 골조공사 완료시'로 정한 것은 이행기를 확정기한으로 정한 경우에 해당한다.

② 1층 골조공사가 완료되었다고 하기 위해서는 1층 지붕이자 2층 바닥을 만들기 위한 콘크리트 타설 작업을 마친 후 통상적인 양생기간까지 경과하여야 한다.

③ 중도금 지급의무의 이행지체책임을 지우기 위해서는 1층 골조공사가 완료된 것만으로는 부족하고 채무자인 원고가 그 완료 사실을 알아야 한다.

④ 원고가 1층 골조공사가 완료 사실을 알고도 15일 이상, 만일 골조공사 완료 이후 피고가 중

도금 납부일을 지정하였다면 그 날로부터 15일 이상 중도금을 납부하지 않아야 비로소 피고는 최고 없이 계약을 해제할 수 있다.

⑤ 채무이행시기가 불확정기한으로 되어 있는 경우 소멸시효기간의 기산점은 기한이 객관적으로 도래한 때이며 채권자가 기한 도래의 사실을 알았는지 여부, 그에 대한 과실 유무는 묻지 않는다.

[해설] 대판 2005. 10. 7, 2005다38546(채총 판례 8) 참조.

[정답] ①

9. 갑은 부동산실명법이 시행된 후에 행하여진 명의신탁약정에 기하여, 을이 갑에게 계약의 체결을 위탁하여 갑이 직접의 당사자로서, 위 명의신탁약정에 대하여 알지 못하는 매도인으로부터 X부동산을 매수하는 계약을 체결하고 갑 앞으로 곧바로 소유권이전등기를 마쳤다. 이 경우에 관한 설명 중 옳지 않은 것은? (판례에 의함)

① 을과 갑 사이의 명의신탁약정은 부동산실명법 제4조 제1항에 의하여 무효이다.

② 갑은 X부동산에 대하여 완전한 소유권을 취득한다.

③ 갑은 을에 대하여 X부동산의 취득을 위하여 제공받은 자금을 부당이득으로 반환할 의무가 있다.

④ 갑은 위 매수자금에 대하여 을로부터 이를 수령한 날로부터 다 반환할 때까지 지연손해금을 지급할 의무가 있다.

⑤ 갑이 위 매수자금이 명의신탁약정에 기하여 지급되었다는 사실을 알았다고 하여도 그 명의신탁약정이 무효임을 알았다는 등의 사정이 부가되지 아니하는 한 그 금전의 보유에 관하여 법률상 원인 없음을 알았다고 할 수 없다.

[해설] 대판 2010. 1. 28, 2009다24187 · 24194(채총

판례9) 참조. 부당이득 반환의무는 이행기한의 정함이 없는 채무이므로 그 채무자는 이행청구를 받은 때에 비로소 지체책임을 진다.

[정답] ④

10. 피고는 1984.경 원고에게 주택융자금 680만원을 1년 거치 19년 분할상환조건(1984. 10. 5.~2004. 9. 5)으로 대여하면서 원고가 이행의무를 한번이라도 지체하거나 가압류 · 압류 또는 파산선고를 당할 경우 기한의 이익을 잃고 즉시 채무금 전액을 변제하기로 약정하였다. 원고는 1984. 10. 5. 56,670원, 1984. 11. 5. 56,670원, 1985. 10. 17. 676,290원의 이자 또는 지연이자를 지급하였을 뿐 그 이후로는 원금 또는 이자를 상환하지 않았다. 원고는 2001. 3. 27.경 피고에게 차용금채무의 시효소멸을 전제로 채무부존재 확인청구의 소를 제기하였다. 다음 중 옳지 않은 것은? (판례에 의함)

① 원고의 채무는 원고가 이자를 납입하지 않기 시작한 1984. 12. 5.경 기한의 이익을 상실함으로써 채무원리금 전액의 변제기가 도래하여 그 때부터 소멸시효가 진행되던 중 1985. 10. 17. 이자납입으로 소멸시효가 중단되었다가 다시 진행되어 그로부터 10년이 경과한 1995. 10. 17.경 시효가 완성되었다.

② 이 사건 기한이익 상실약정은 피고의 의사표시 없이 당연히 기한이익이 상실되는 정지조건부 기한이익 상실특약이라고 할 수 없으며 형성권적 기한이익 상실의 특약으로 보아야 한다.

③ 정지조건부 기한이익 상실의 특약이 있는 경우 이행지체로 되는 시기와 소멸시효의 기산점이 일치한다.

④ 형성권적 기한이익 상실의 특약이 있는 경우 기한이익의 상실사유가 발생하더라도 채권자는 나머지 전액을 일시에 청구할 것인지 아니면 할부변제를 청구할 것인지를 자유로이 선택할 수 있다.

⑤ 원고가 1984. 12. 5.경 약정한 채무를 불이행하였더라도 피고의 청구 등 의사표시가 없는 이

상 그때부터 잔존채무 전액에 관하여 소멸시효가 진행한다고 볼 수는 없다

[해설] 대판 2002. 9. 4. 2002다28340(채총 판례 10) 참조.

[정답] ①

11. 원고는 피고로부터 농수산물 도매시장의 냉동창고동을 기계설비를 포함하여 임차하여 농수산물을 보관해 주고 보관료를 받는 창고업자이다. 피고는 위 창고동의 기계설비 내부시설이 노후하여 이를 전면적으로 보수하는 공사를 C회사에게 도급주었는데, C회사의 피용자 D, E, F가 화재예방조치도 하지 아니한 채 기계설비의 일부인 제상수관 누수 수선을 위해 용접작업을 하던 중 용접불꽃이 냉동창고 보온재에 인화되어 화재가 발생하였다. 원고는 위 화재로 인하여, 냉동창고에 보관하고 있던 임치물이 소실되어 그 가액 상당을 임치인들에게 배상해주었으며 냉동창고가 복구될 때까지 영업을 하지 못하는 손해를 입게 되었다. 원고는 피고를 상대로 위 손해의 배상을 청구하였다. 다음 중 옳지 않은 것은? (판례에 의함)

① 제391조에서의 이행보조자로서의 피용자는 반드시 채무자의 지시 또는 감독을 받는 관계에 있어야 하는 것은 아니므로 채무자에 대하여 종속적인가 독립적인 지위에 있는가는 문제되지 않는다.

② C는 이 사건 수선공사에 있어서 피고에 대하여 종속적인지 여부를 불문하고 피고의 이행보조자로서의 피용자라고 할 수 있다.

③ D, E, F도 피고의 이행보조자에 해당된다.

④ 임대인이 임대차계약상의 약정에 따라 제3자에게 도급을 주어 임대차 목적 시설물을 수선한 경우 공사 도중 수급인의 과실로 인하여 화재가 발생한 때에는 임대인은 그 화재발생에 귀책사유가 있다.

⑤ 피고는 원고에 대하여 채무불이행을 원인으로

한 손해배상책임이 있다.

[해설] 대판 2002. 7. 12. 2001다44338(채총 판례 11) 참조.

[정답] ④

12. B는 A로부터 X토지를 매수하는 내용의 매매계약을 체결한 다음 이를 다시 C에게 매도하기로 하는 매매계약을 체결하였다. 그런데 그 무렵 이후 B의 A에 대한 X토지에 대한 소유권이전등기 청구권에 관하여 19건의 가압류(가압류 청구채권액의 합계는 약 65억 원) 및 처분금지가처분 결정이 집행되었다. C는 B에 대하여 위와 같은 가압류 및 가처분으로 인하여 B의 C에 대한 소유권이전등기 의무가 이행불능이 되었다는 이유로 계약을 해제하고 계약금의 반환을 요구하였다. 다음 중 옳지 않은 것은? (판례에 의함)

① B의 A에 대한 소유권이전등기 청구권에 대하여 가압류 또는 가처분이 집행되어 있더라도 B와 C 사이의 매매에 따른 소유권이전등기가 불가능한 것은 아니다.

② B는 그 가압류 또는 가처분을 모두 해제하지 않고서는 B 명의로 소유권이전등기를 마칠 수 없고 따라서 C 명의로 소유권이전등기를 넘겨줄 수 없다.

③ B의 A에 대한 소유권이전등기 청구권에 대한 가압류가 있더라도 그 이행기가 도래한 때에는 A는 이행지체책임을 지게 된다.

④ B가 그 가압류 또는 가처분 집행을 모두 해제할 수 없는 무자력의 상태에 있다고 인정되는 경우에도 C는 이행불능을 이유로 매매계약을 해제할 수는 없다.

⑤ 소유권이전등기 청구권이 가압류된 후 제3채무자나 채무자로부터 소유권이전등기를 넘겨받은 제3자에 대하여 가압류채권자는 원인무효를 주장하여 등기말소를 청구할 수 없다.

객관식 연습

[해설] 대판 2006. 6. 16, 2005다39211(채총 판례 12) 참조. ③ 대판(전원) 1994. 12. 13, 93다951. ⑤ 대판 1992. 11. 10, 92다4680.

[정답] ④

13. 원고는 1986. 12. 19. 피고와 사이에 원고 소유의 甲토지와 피고 소유의 乙토지에 대하여 교환계약을 체결하고 1986. 12. 31.까지 서로 소유권이전등기를 경료하기로 약정하였는데, 각 소유권이전등기가 경료되지 않고 있던 중 甲토지와 乙토지가 모두 한국토지개발공사가 시행하는 택지개발지구에 편입되자 피고는 1991. 8. 16. 乙토지를 위 공사에 협의매도하고 그 소유권이전등기를 넘겨주었고, 그 직후 원고도 甲토지의 5/6지분을 공사에 협의매도하여 그 소유권이전등기를 넘겨주었으며 甲토지의 1/6지분은 수용됨으로써, 그 보상금으로서 甲토지에 대하여 98,501,439원, 乙토지에 대하여 157,500,000원이 각 지급되었다. 원고는, 甲토지에 대한 보상금에 대해서는 원고가 피고에게, 乙토지에 대한 보상금에 대해서는 피고가 원고에게 각각 지급할 의무가 있다고 주장하면서, 피고에 대하여 그 차액의 반환을 구하는 이 사건 소를 제기하였다. 다음 중 옳지 않은 것은? (판례에 의함)

① 甲토지 가운데 위 공사에 수용된 1/6지분에 관한 원고의 피고에 대한 교환계약상의 소유권이전의무는 당사자 쌍방에게 책임없는 사유로 불능으로 되었다.

② 乙토지에 관한 피고의 원고에 대한 교환계약상의 소유권이전의무의 이행불능에 대하여는 피고의 귀책사유가 인정된다.

③ 쌍무계약의 당사자 일방의 급부가 채무자에게 책임없는 사유로 불능으로 된 경우에도 채권자는 대상청구권을 행사할 수 있다.

④ 위 1/6지분에 관한 원고의 교환계약상의 소유권이전의무의 불능에 대하여 피고가 대상청구권을 행사하는 경우 피고는 제537조에 의하여 반대급부의무를 부담하지 않는다.

⑤ 원고가 乙토지의 불능을 원인으로 피고에 대하

여 대상청구권을 행사하는 경우 원고는 반대급부의무를 부담한다.

[해설] 대판 1996. 6. 25, 95다6601(채총 판례13) 참조.

[정답] ④

14. 다음은 채무자의 채무불이행을 이유로 계약을 해제하고 손해배상을 청구하는 경우에 채무자가 이행할 것을 믿고 채권자가 지출한 비용에 관한 설명이다. 옳지 않은 것은? (판례에 의함)

① 그 계약이행으로 인하여 채권자가 얻을 이익 즉 이행이익의 배상을 구하는 것이 원칙이다.

② 그 경우에는 이행이익의 배상에 갈음하여 그 계약이 이행되리라고 믿고 채권자가 지출한 비용 즉 신뢰이익의 배상을 구할 수도 있다.

③ 계약이 이행되리라고 믿고 채권자가 지출한 비용 중 계약의 체결과 이행을 위하여 통상적으로 지출되는 비용은 통상의 손해로서 상대방이 알았거나 알 수 있었는지의 여부와는 관계없이 그 배상을 구할 수 있다.

④ 계약이 이행되리라고 믿고 채권자가 지출한 비용 중 통상적으로 지출되는 비용을 초과하여 지출되는 비용은 배상을 청구할 수 없다.

⑤ 그 계약이 이행되리라고 믿고 채권자가 지출한 비용은 과잉배상금지의 원칙에 비추어 이행이익의 범위를 초과할 수 없다.

[해설] 대판 2002. 6. 11, 2002다2539(채총 판례14) 참조. 그 신뢰이익 중 계약의 체결과 이행을 위하여 통상적으로 지출되는 비용을 초과하여 지출되는 비용은 특별한 사정으로 인한 손해로서 상대방이 이를 알았거나 알 수 있었던 경우에만은 그 배상을 구할 수 있다.

[정답] ④

15. 계약상의 채무불이행의 경우의 위자료에 관한 다음 설명 중 옳지 않은 것은? (판례에 의함)

① 계약상 채무불이행으로 인하여 재산적 손해가 발생한 경우에 그로 인하여 계약 당사자가 받은 정신적인 고통은 일반적으로 재산적 손해에 대한 배상이 이루어짐으로써 회복된다고 보아야 한다.

② 계약상 채무불이행의 경우에는, 재산적 손해의 배상만으로는 회복될 수 없는 정신적 고통을 입었다는 특별한 사정이 있고 상대방이 이와 같은 사정을 알았거나 알 수 있었을 때에 한하여, 정신적 고통에 대한 위자료를 인정할 수 있다.

③ 재산적 손해의 발생이 인정되는데도 입증곤란 등의 이유로 그 손해액의 확정이 불가능하여 그 배상을 받을 수 없는 경우에 그러한 사정을 위자료의 증액사유로 참작할 수 있다

④ 계약상 채무불이행의 경우에 재산적 손해액의 주장·입증 및 분류·확정이 가능한 때에도 위자료의 명목으로 손해배상을 하는 것이 허용된다.

⑤ 아파트를 분양받은 사람들이 2년여 기간 동안 소유권이전등기가 지연되어 재산권 행사를 하지 못함으로써 주택담보대출을 받지 못하여 고율의 사채이자를 감당하여야 했거나 매도시기를 놓치고 미등기 상태에서 급히 매도하는 과정에서 매도가 하락으로 손해를 본 것은 위자료 문제가 아니고 재산적 손해에 해당한다.

[해설] 대판 2004. 11. 12. 선고 2002다53865(채총 판례15) 참조. 이 판결은 재산적 손해액의 확정이 가능한 경우에는 위자료 명목으로 손해배상을 명할 수 없다고 한다. 그리고 이 판결은 ⑤와 같이 판단하였다.

[정답] ④

16. X회사의 직원인 갑은 회사에서 근무를 하면서 금전을 횡령하거나 편취하는 방법으로 X회사에 1,000만 원의 손해를 입혔다. 그러자 X회사는 갑의 신원보증인에게 500만 원의 손해배상을 청구하는 소를 제기하였다(신원보증인의 책임이 인정되는 경우임). 그런데 X회사에게는

갑의 감독 등에 관하여 과실이 있었고, 과실비율은 60%였다. 이 경우에 법원은 다음 중 어느 금액에 관하여 인용 판결을 해야 하는가? (판례에 의함)

① 500만 원   ② 400만 원
③ 250만 원   ④ 200만 원
⑤ 0원

[해설] 대판 1976. 6. 22, 75다819(채총 판례16) 참조. 판례에 따르면, 손해배상액 중 일부만 청구한 경우에는, 손해의 전액에서 과실비율에 의한 감액을 하고 그 잔액이 청구액을 초과하지 않을 경우에는 그 잔액을 인용할 것이고 잔액이 청구액을 초과할 경우에는 청구의 전액을 인용하여야 한다. 본 문제의 경우에 손해의 전액(1,000만 원)에서 과실비율에 의해 감액한 후의 잔액은 400만 원(1,000만 원의 40%)이고, 그 잔액이 청구액(500만 원)을 초과하지 않으므로 법원은 그 잔액 400만 원을 인용하는 판결을 해야 한다.

[정답] ②

17. 위약벌에 관한 설명 중 옳은 것을 모두 고른 것은? (판례에 의함)

> ㄱ. 위약금은 위약벌로 추정된다.
> ㄴ. 위약벌은 제398조 제2항을 유추적용하여 감액할 수 있다.
> ㄷ. 위약벌은 그 전부가 공서양속에 반하여 무효로 될 수 있다.
> ㄹ. 위약벌의 약정 자체가 제103조에 위반되어 무효로 될 수 있다.
> ㅁ. 위약벌의 지급의 강제에 의하여 얻어지는 채권자의 이익에 비하여 약정된 벌이 과도하게 무거운 때에는 위약벌의 일부만이 무효로 된다.

① ㄱ, ㄴ, ㄷ, ㄹ, ㅁ
② ㄴ, ㄷ, ㄹ, ㅁ
③ ㄷ, ㄹ, ㅁ
④ ㄷ, ㅁ

⑤ ㄷ, ㄹ

[해설] 대판 2013. 12. 26, 2013다63257(채총 판례 17) 참조. 이 판결에 따르면 ㅁ.의 경우 위약벌의 전부가 무효로 될 수도 있다. 그리고 위약금은 손해배상액의 예정으로 추정된다. ㄹ.도 당연히 옳은 것이다.

[정답] ⑤

18. 채무의 판결절차에서 간접강제를 명할 수 있는지에 관한 다음 설명 중 옳은 것은? (판례에 의함)

① 우리 법제상 모든 채무의 판결절차에서 간접강제를 명할 수 없다.

② 물건급부의무에 관하여만 일정한 요건 하에 판결절차에서 간접강제를 명할 수 있다.

③ 부작위채무에 관하여만 일정한 요건 하에 판결절차에서 간접강제를 명할 수 있다.

④ 부대체적 작위채무에 관하여만 일정한 요건 하에 판결절차에서 간접강제를 명할 수 있다.

⑤ 부작위채무와 부대체적 작위채무에 관하여만 일정한 요건 하에 판결절차에서 간접강제를 명할 수 있다.

[해설] 대판(전원) 2021. 7. 22, 2020다248124(채총 판례18) 참조

[정답] ⑤

19. 채권자지체 관한 다음 설명 중 옳지 않은 것은? (판례에 의함)

① 채권자지체의 성립에 채권자의 귀책사유는 요구되지 않는다.

② 채권자지체가 성립하는 경우 그 효과로서 원칙적으로 채권자에게 민법 규정에 따른 일정한 책임이 인정되는 것 외에, 채무자가 채권자에 대하여 일반적인 채무불이행책임과 마찬가지로 손해배상이나 계약 해제를 주장할 수는 없다.

③ 계약 당사자가 명시적·묵시적으로 채권자에게 급부를 수령할 의무 또는 채무자의 급부 이행에 협력할 의무가 있다고 약정한 경우에 채권자가 그 의무를 위반한 때에는, 채무자는 언제나 계약을 해제할 수 있다.

④ 구체적 사안에서 신의칙상 채권자에게 위와 같은 수령의무나 협력의무가 있다고 볼 특별한 사정이 있다고 인정되는 경우에는 그러한 의무 위반에 대한 책임이 발생할 수 있다.

⑤ 신의칙상 채권자에게 급부를 수령할 의무나 급부 이행에 협력할 의무가 있다고 볼 특별한 사정이 있는지는 추상적·일반적으로 판단할 것이 아니라 구체적 사안에서 계약의 목적과 내용, 급부의 성질, 거래 관행, 객관적·외부적으로 표명된 계약 당사자의 의사, 계약 체결의 경위와 이행 상황, 급부의 이행 과정에서 채권자의 수령이나 협력이 차지하는 비중 등을 종합적으로 고려해서 개별적으로 판단해야 한다.

[해설] 대판 2021. 10. 28, 2019다293036(채총 판례19) 참조. ③ 계약 당사자가 명시적·묵시적으로 채권자에게 급부를 수령할 의무 또는 채무자의 급부 이행에 협력할 의무가 있다고 약정한 경우 또는 구체적 사안에서 신의칙상 채권자에게 위와 같은 수령의무나 협력의무가 있다고 볼 특별한 사정이 있다고 인정되는 경우라고 하여 의무위반시 언제나 계약을 해제할 수 있는 것이 아니다. 그러한 의무가 인정되는 경우에, 그 수령의무나 협력의무가 이행되지 않으면 계약 목적을 달성할 수 없거나 채무자에게 계약의 유지를 더 이상 기대할 수 없다고 볼 수 있는 때에만, 채무자가 수령의무나 협력의무 위반을 이유로 계약을 해제할 수 있다.

[정답] ③

20. 조치원 버스정류장 소유이던 甲토지와 그 지상 乙건물에 관한 임의경매절차에서 A가 그 소유권을 취득하였는데, 甲토지상의 丙건물(미등기)은 경매목적물이 아니어서 그 소유권을

취득하지 못하였다. 그 후 다시 甲토지와 乙건물에 관하여 임의경매절차가 진행되어 원고가 그 소유권을 취득하였는데, 丙건물은 근저당권설정자인 A의 소유가 아니었기 때문에 원고 역시 그 소유권을 취득하지 못하였다. 한편 피고들은 조치원 버스정류장으로부터 丙건물의 일부씩을 임차하여 이를 점유하고 있다. 원고는 丙건물의 소유자인 조치원 버스정류장에 대하여 가지는 丙건물에 대한 철거청구권을 보전하기 위하여 조치원 버스정류장을 대위하여 조치원 버스정류장과 피고 사이의 임대차계약을 해지하고 피고들을 상대로 丙건물의 명도를 구하는 이 사건 소를 제기하였다. 다음 중 옳지 않은 것은? (판례에 의함)

① 피보전채권이 특정채권이라 하여 반드시 순차 매도 또는 임대차에 있어 소유권이전등기청구권이나 인도청구권 등의 보전을 위한 경우에 한하여 채권자대위권이 인정되는 것은 아니다.

② 임대인인 조치원 버스정류장이 가지는 임대차계약 해지권은 행사상의 일신전속권이라고 할 수 없으므로 채권자대위권의 목적이 될 수 있다.

③ 원고가 조치원 버스정류장에 대하여 가지는 丙건물에 관한 철거청구권은 소유권에 기한 방해배제청구권이므로 채권자대위권의 피보전권리가 될 수 없다.

④ 부동산소유권이 전전양도된 경우 최후의 양수인은 중간취득자를 대위하여 최초의 양도인에 대하여 중간취득자 앞으로 이전등기를 할 것을 청구할 수 있다.

⑤ 원고가 조치원 버스정류장을 상대로 丙건물의 철거를 구하는 소를 제기하여 승소판결을 선고받아 그 판결이 확정되면, 채권자대위권 행사함에 있어서 제3채무자인 피고는 원고의 철거청구권의 존재를 다툴 수 없다.

[해설] 대판 2007. 5. 10, 2006다82700·82717(채총판례20) 참조. ② 대판 1966. 1. 15, 65다1313 참조.
[정답] ③

21. 원고 A는 그 소유부동산을 B에게 명의신탁하였는데, B는 1980. 6. 17. 위 부동산을 피고에게 증여하고 그 소유권이전등기를 마쳤으며, 그 후 피고는 이를 다시 D에게 매도하여 그 소유권이전등기를 마쳐주었다. B는 1989. 12. 29. 피고에 대하여 위 증여계약의 취소의 의사표시를 하였으며, 1990년 피고와 D를 상대로 그 각 소유권이전등기의 말소를 구하는 소를 제기하여, 피고에 대한 청구는 위 증여계약이 강박에 의한 것인데 B가 1989년경 피고에 대하여 이를 취소하였음을 이유로 인용된 반면 D에 대하여는 D가 제110조 제3항에서 정한 선의의 제3자에 해당한다는 이유로 그 청구가 기각되어 2004. 8. 16. 그 판결이 확정되었다. 원고는, 피고의 B에 대한 소유권이전등기말소의무가 위 판결 확정에 의하여 (집행)불능으로 되었음을 이유로 피고는 B에게 부동산의 시가 상당액을 배상할 의무가 있다는 전제에서, B를 대위하여 피고에 대하여 그 배상을 구하는 이 사건 소를 제기하였다. 다음 중 옳지 않은 것은? (판례에 의함)

① 부동산실명법이 시행되기 전의 명의신탁에 관한 판례이론에 의하면 원고와 B 사이의 명의신탁약정과 그에 기한 B 명의의 소유권이전등기는 유효하다.

② 부동산실명법 시행 후 실명화 등 조치 없이 유예기간이 경과하여 B 명의의 등기는 무효로 되었으므로, 원고는 B에 대하여 부당이득 반환으로 등기말소를 청구할 수 있는데 이때 원물반환이 불가능하므로 부동산 시가 상당액의 가액반환을 청구할 수 있다.

③ B는 피고와 사이에 이 사건 명의신탁 부동산에 관하여 체결된 증여계약을 취소하였으므로 피고에 대하여 부당이득 반환청구권을 가진다.

④ 피고가 B의 취소가 있기 전에 선의의 제3자 D에게 부동산을 매도하고 소유권이전등기를 해줌으로써 피고의 B에 대한 등기말소의무는 불능으로 되었으므로 B는 원물반환 대신 가액반환을 청구할 수 있다.

⑤ 원고가 B에 대한 부당이득 반환채권을 보전하기 위하여 B의 피고에 대한 부당이득 반환청구권을 대위행사함에 있어서 원고의 채권이 금전채권이 므로 채무자 B의 무자력을 그 요건으로 한다.

[해설] 대판 2006. 1. 27, 2005다39013(채총 판례 21) 참조.

[정답] ⑤

22. 판례는, 극히 예외적인 경우가 아니라면 금전채권자는 부동산에 관한 공유물분할청구권을 대위행사할 수 없다고 한다. 판례가 그 근거로 들고 있는 이유로 적절하지 않은 것은?

① 공유자에 대하여 금전채권을 가진 사람은 공유자의 공유지분에 대한 강제집행을 통해서 채권의 만족을 얻는 것이 원칙이고, 공유물분할청구권 행사가 강제집행의 대상이 되는 채무자의 책임재산 감소를 방지한다거나 공유물분할청구권 행사로 책임재산이 늘어난다고 일반적으로 말할 수 없다.

② 부동산의 각 공유지분이 공동근저당 관계에 있는 경우에도 공유물분할은 책임재산의 보전과는 직접적인 관련이 없다.

③ 공유물분할의 방법 중에 공유물 전체를 경매하여 그 대금을 분할하는 방법이 있다고 하여, 일반채권자의 금전채권 만족을 위해 공유물분할청구권의 대위행사를 허용하는 것은 타당하지 않다.

④ 금전채권의 보전을 위한 공유물분할청구권 대위행사는 채무자의 자유로운 재산관리행위에 대한 부당한 간섭이 된다.

⑤ 공유물분할청구권은 원칙적으로 그 행사가 오로지 공유자의 자유로운 의사에 맡겨져 있어 공유자 본인만 행사할 수 있는 권리이다.

[해설] 대판(전원) 2020. 5. 21, 2018다879(채총 판례22) 참조. 이 판결은, 공유물분할청구권은 공유관계에서 수반되는 형성권으로서 공유자의 일반재산

을 구성하는 재산권의 일종이고, 공유물분할청구권의 행사가 오로지 공유자의 자유로운 의사에 맡겨져 있어 공유자 본인만 행사할 수 있는 권리라고 볼 수는 없으며, 따라서 공유물분할청구권도 채권자대위권의 목적이 될 수 있다고 한다. 그리고 이것은 공유물분할청구권 대위행사를 부정하는 이유와도 관계가 없다.

[정답] ⑤

23. 채권자대위권 행사에서 채권자가 보전하려는 채권이 금전채권인 경우에 보전의 필요성에 관한 다음 설명 중 옳지 않은 것은? (판례에 의함)

① 보전의 필요성이 인정되기 위하여는 적극적 요건으로서 채권자가 채권자대위권을 행사하지 않으면 피보전채권의 완전한 만족을 얻을 수 없게 될 위험의 존재가 인정되어야 하고, 나아가 채권자대위권을 행사하는 것이 그러한 위험을 제거하여 피보전채권의 현실적 이행을 유효·적절하게 확보하여 주어야 한다.

② 보전의 필요성이 인정되기 위하여는 소극적 요건으로서 채권자대위권의 행사가 채무자의 자유로운 재산관리행위에 대한 부당한 간섭이 된다는 사정이 없어야 한다.

③ 적극적 요건과 소극적 요건은 채권자가 보전하려는 권리의 내용, 피보전채권과 채권자가 대위행사하는 채무자의 권리와의 관련성 등을 종합적으로 고려하여 그 인정 여부를 판단하여야 하며, 채무자의 자력 유무는 중요하지 않다.

④ 피보험자가 임의 비급여 진료행위에 따라 요양기관에 진료비를 지급한 다음 실손의료보험계약상의 보험자에게 청구하여 그 진료비와 관련한 보험금을 지급받았는데, 그 진료행위가 위법한 임의 비급여 진료행위로서 무효이고, 동시에 보험자와 피보험자가 체결한 실손의료보험계약상 그 진료행위가 보험금 지급사유에 해당하지 아니하여 보험자가 피보

험자에 대하여 보험금 상당의 부당이득 반환
채권을 갖게 된 경우, 채권자인 보험자가 금
전채권인 부당이득 반환채권을 보전하기 위
하여 채무자인 피보험자를 대위하여 제3채무
자인 요양기관을 상대로 진료비 상당의 부당
이득 반환채권을 행사하는 형태의 채권자대
위소송에서 채무자가 자력이 있는 때에는 보
전의 필요성이 인정된다고 볼 수 없다.
⑤ 채권자대위권 행사에서 보전의 필요성을 위
한 적극적 요건을 인정하기 위해서는 단순히
채권자가 보전하려는 채권과 대위하여 행사하
려는 권리 사이에 사실상의 관련성이 있다는
사정만으로는 부족하고 두 권리의 내용이나
특성상 보전하려는 권리의 실현 또는 만족을
위하여 대위하려는 권리의 행사가 긴밀하게
필요하다는 등의 밀접한 관련성이 요구된다.

[해설] 대판(전원) 2022. 8. 25, 2019다229202(채
총 판례23) 참조. ③ 피보전채권이 금전채권인 경우
에 채무자에게 자력이 있는 때에는 특별한 사정이
없는 한 보전의 필요성이 인정되지 않는다. 따라서
채무자의 자력은 매우 중요한 고려요소이다.
[정답] ③

24. 을은 갑과 X토지에 관한 매매계약을 체결하
면서 대금과 별도로 양도소득세액을 지급하기
로 약정하였고, 그 무렵 병과 사이에 X토지의
소유권을 병에게 이전하여 주기로 약정하였다.
을은 대금 및 양도소득세액 지급의무를 이행하
지 못하여 수차례에 걸쳐 이행기를 연장해오다
가 최종적으로 변제기를 6개월 연장받으면서
그 최종변제기까지 의무를 이행하지 못하면 계
약과 관련된 모든 권리를 포기하고 갑의 모든
손해도 보상하겠다는 각서를 작성하였다. 한편
병은 갑에 대하여, 을로부터 대금 등을 지급받
음과 동시에 을에게 X토지의 소유권이전등기
절차를 이행할 것을 구하는 채권자대위소송을
제기하였고, 을은 그 최종변제기까지 그 의무
를 이행하지 못하였다. 다음 설명 중 옳지 않
은 것은? (판례에 의함)

① 채권자가 채무자에게 대위권 행사사실을 통지
하거나 채무자가 대위권 행사사실을 안 후에
채무자가 대위의 목적인 권리의 양도나 포기
등 처분행위를 하더라도 채권자에게 대항하지
못한다.
② 을이 대위권행사의 통지를 받은 후에 채무를
불이행함으로써 통지 전에 체결된 약정에 따라
매매계약이 자동적으로 해제되었으므로, 이는
채무자가 대위권행사 통지 후 대위의 목적인
권리를 처분하는 것에 해당하여 을과 갑은 이
로써 병에게 대항할 수 없다.
③ 을이 병의 대위권 행사 사실을 알게 된 후 갑
과 사이에 매매계약을 합의해제함으로써 갑에
대한 소유권이전등기 청구권을 소멸시키더라
도 을과 갑은 이로써 병에게 대항할 수 없다.
④ 을이 부담하는 양도소득세액 지급의무는, 그
불이행이 있더라도 계약을 해제할 수 없는 '부
수적 채무'에 불과하다고 보기는 어렵다.
⑤ 일반적으로 매수인이 이행기까지 대금을 지급
하지 못하면 계약이 자동 해제된다는 약정이
있더라도 매도인의 이행의 제공이 없는 한 이
행기 도과만으로 자동 해제된다고 할 수 없으
나, 이 사안과 같이 매수인이 수회에 걸친 불
이행에 책임을 느끼고 기한유예를 요청하면서
최종기일까지 이행하지 못하면 자동적인 해제
를 감수하겠다고 약정하였다면, 최종기일에 잔
금을 지급하지 못함으로써 계약은 자동적으로
실효된다.

[해설] ①②③④ 대판(전원) 2012. 5. 17, 2011다
87235(채총 판례24) 참조. ⑤ 대판 1996. 3. 8, 95
다55467 참조.
[정답] ②

25. 갑은 을에게 그 소유인 X부동산을 이전하기
로 약정하였으나 을 앞으로 소유권이전등기가
지연되는 사이에 부도를 내게 되자 그 무렵 병
에게 채무변제를 위하여 X부동산에 관하여 매

매를 원인으로 한 소유권이전등기를 마쳐주었다. 을은 갑이 병에게 소유권을 이전함으로써 자신의 소유권이전등기 청구권이 이행불능으로 되었다고 주장하면서, 이로 인한 손해배상청구권을 보전하기 위하여 갑과 병 사이의 사해행위를 취소하고 병 명의의 소유권이전등기의 말소를 구하는 채권자취소의 소를 제기하였다. 다음 설명 중 옳지 않은 것은? (판례에 의함)

① 채권자취소권에 의하여 보호될 수 있는 채권은 원칙적으로 사해행위가 행하여지기 전에 발생한 것이어야 하는데, 을의 갑에 대한 손해배상채권은 갑이 병에게 X부동산의 소유권을 이전하여 을의 소유권이전등기 청구권이 이행불능으로 됨으로써 비로소 발생한 것이므로, 사해행위 당시 아직 발생하였다고 할 수 없다.

② 예외적으로 사해행위 당시 이미 채권 성립의 기초가 되는 법률관계가 발생되어 있고 가까운 장래에 그 법률관계에 기하여 채권이 성립되리라는 점에 대한 고도의 개연성이 있으며, 실제로 가까운 장래에 그 개연성이 현실화되어 채권이 성립된 경우에는 피보전채권이 될 수 있지만, 갑과 병의 사해행위 당시 을이 장차 갑에 대하여 손해배상청구권을 행사하게 되는 사태가 발생하리라는 점에 대한 고도의 개연성이 있었다고는 할 수 없다.

③ 오히려 을은 갑이 병에게 소유권을 이전하기 전에 이미 발생한 을의 갑에 대한 소유권이전등기 청구권을 보전하기 위하여 갑과 병 사이의 사해행위를 취소하고 그 소유권이전등기의 말소를 구할 수 있다.

④ 을이 갑에 대하여 소유권이전등기를 구하는 소를 제기하고 이에 대하여 갑이 X부동산의 소유권을 병에게 이전하였다고 이행불능의 항변을 하는 경우 달리 갑이 그 소유권을 회복할 수 있는 사정이 없다면 법원은 이를 기각하여야 한다.

⑤ 위 ④의 경우 을이 갑에 대한 소유권이전등기 청구권을 보전하기 위하여 갑을 대위하여 병에 대하여 그 소유권이전등기의 말소를 구하는 채권자대위의 소를 함께 제기한 때에는 법원은 피보전채권의 부존재를 이유로 이를 각하하여야 한다.

[해설] 대판 1999. 4. 27. 98다56690(채총 판례25) 참조.

[정답] ③

26. 원고는 1996. 6. 25. A의 연대보증 아래 B에게 5억 원을 대여하였는데 B는 그 이자의 지급을 연체하던 중 1998. 5. 6.경 부도가 발생하였다. 피고에 대하여 3억 원의 차용금채무를 부담하고 있던 B는 1998. 4. 2. A와 공유하고 있는 X부동산 중 그 소유지분을 피고 1에게 양도담보로 제공하기로 하고 1998. 4. 16. 피고 앞으로 소유권이전등기를 마쳐주었으며, A는 X부동산 중 그 소유지분에 관하여 1998. 4. 2. A와 공유하고 있는피고 2와 사이에 매매계약을 체결하고, 1998. 4. 15. 그 소유권이전등기를 마쳐주었다. 한편 X부동산에 관하여는 1990. 6. 14 채권최고액 2억 5천만 원으로 한 삼성물산 명의의 근저당권설정등기가 있었는데, B의 삼성물산에 대한 채무가 1998. 12. 26. 모두 변제되어 1999. 1. 28. 삼성물산의 근저당권은 말소되었다. 1998. 4. 2. 당시 B와 A는 채무초과상태였다. 원고는 피고들을 상대로, B, A와 피고들 사이에 X부동산에 관하여 체결된 계약의 취소와 원상회복을 구하는 취지의 소를 제기하였다. 다음 설명 중 옳지 않은 것은? (판례에 의함)

① 피고들이 1998. 4. 2. X부동산 중 B, A 소유지분을 양도담보로 취득하거나 매수할 당시 원고는 대출원리금채권 5억 5천만 원의 담보로 주채무자 B 소유 Y토지에 대하여 채권최고액 6억 원의 선순위 근저당권을 가지고 있고 그 부동산의 시가가 7억 원이라면, B와 A가 X부동산 중 그 소유지분을 처분한 것은 사해행위가 되지 않는다.

② 위 ①에서, Y토지의 시가가 3억 원이리면, 원고는 그로부터 우선변제를 받지 못하는 차액 상당을 피보전채권으로 하여 사해행위취소를 구할 수 있다.

③ 위 ①에서, 원고가 주채무자 B가 아니라 제3자 C 소유 Z토지에 대하여 근저당권을 가지는 경우라면 원고는 근저당권에 의하여 우선변제를 받을 수 있는지 여부와 관계없이 B에 대한 채권 전액을 피보전채권으로 하여 취소권을 행사할 수 있다.

④ 저당권이 설정되어 있는 부동산이 사해행위로 이전된 경우 사해행위는 부동산의 가액에서 저당권의 피담보채권액을 공제한 잔액의 범위 내에서만 성립한다.

⑤ 사해행위 당시 설정되어 있던 삼성물산의 근저당권이 사해행위 후 말소되었으므로 원고는 그 부동산의 가액에서 위 피담보채무액을 공제한 잔액의 한도에서 사해행위 취소 및 가액배상을 구하여야 한다.

[해설] 대판 2002. 4. 12, 2000다63912(채총 판례 26) 참조.

[정답] ③

27. 을은 B회사와 사이에 ① 2008. 5. 20. 여신(한도)금액 1억 원의 여신거래약정(제1약정), ② 2008. 10. 7. 여신(한도)금액 6,000만 원의 여신거래약정(제2약정), ③ 2007. 11. 30. 신용카드계약(제3약정)을 각 체결하였고, 갑은 B회사의 대표이사로서 제1, 2, 3약정에 대하여 연대보증을 하였다. B회사는 제1, 2약정에 대하여는 2010. 4. 1.부터, 제3약정에 대하여는 2010. 3. 23.부터 각 연체를 하기 시작하여, 결국 2010. 5. 13.경 기한의 이익을 상실하였다. B회사가 을에게 변제해야 할 제1, 2, 3약정에 기한 채무는 각 원금과 그에 대한 지연손해금인데 원금 합계액은 90,041,335원에 이르렀다. 한편 부부인 갑과 병은 2003. 4. 2. 서울시 은평구 소재 다세대주택 중 301호(X부동산

이라 함)에 관하여 2분의 1 지분씩 소유권이전등기를 마치고, 같은 날 X부동산 전부에 관하여 주식회사 한국외환은행에 채무자를 갑, 채권최고액을 1억 3,000만 원으로 하는 근저당권(이하 이 사건 근저당권이라 함)을 설정해 주었다. 갑은 2010. 3. 15. 채무초과의 상태에서 자신의 유일한 재산인 X부동산 중 2분의 1 지분(이하 이 사건 지분이라 함)을 자신의 처인 병에게 증여하는 계약(이하 이 사건 증여계약이라 함)을 체결하고, 2010. 3. 16. 병 명의로 소유권이전등기를 마쳐주었다. 그런데 증여계약 당시 병이 갑의 근저당권 피담보채무 또는 그 이행을 인수하기로 약정한 경우와 같이 병이 구상권을 행사하지 않기로 하였다고 볼 수 있는 특별한 사정이 있는지는 불분명하다. 현재(2011. 1.) X부동산 중 2분의 1 지분의 시가는 7,500만 원이다. 그 후 병은 2010. 3. 26. X부동산에 관하여 농업협동조합중앙회에 채권최고액 1억 800만 원으로 하는 근저당권을 설정하여 주고 농업협동조합중앙회로부터 9,000만 원을 대출받아, 이를 이용하여 이 사건 근저당권의 피담보채무(90,297,813원)를 변제하여 이 사건 근저당권설정등기를 말소하였다.

이 경우에 증여계약 당시 (1) 병이 갑에게 구상권을 행사하지 않기로 하였다고 볼 수 있는 특별한 사정이 없는 때(첫째 경우)와 (2) 병이 갑에게 구상권을 행사하지 않기로 하였다고 볼 수 있는 특별한 사정이 있는 때(둘째 경우)에 증여계약이 사해행위가 되는지에 관하여 옳게 설명한 것은? (판례에 의함)

① 두 경우 모두 사해행위이다.

② 첫째 경우에는 사해행위이나, 둘째 경우에는 사해행위가 아니다.

③ 첫째 경우에는 사해행위가 아니나, 둘째 경우에는 사해행위이다.

④ 두 경우 모두 사해행위가 아니다.

⑤ 이 두 경우처럼 부동산의 일부 지분에 근저당권이 설정된 경우는 별개의 부동산에 근저당권이 설정된 경우와는 다른 법리가 적용된다.

객관식 연습

[해설] 대판(전원) 2013. 7. 18, 2012다5643(채총 판례27) 참조. 이 판결은, 수개의 부동산 중 일부는 채무자의 소유이고 다른 일부는 물상보증인의 소유인 경우에 채무자 소유의 부동산에 관한 피담보채권액은 공동저당권의 피담보채권액 전액으로 보나, 물상보증인이 채무자에 대하여 구상권을 행사할 수 없는 특별한 사정이 있는 경우에는 각 부동산의 가액에 비례하여 공동저당권의 피담보채권액을 안분한 금액이라고 한다. 그리고 이 법리는 하나의 공유부동산 중 일부 지분이 채무자의 소유이고, 다른 일부 지분이 물상보증인의 소유인 경우에도 마찬가지라고 한다. 그런데 본 문제의 경우 채무자 소유 지분의 시가는 7,500만 원이고, 채무 전액은 90,297,813원이며, 지분에 안분한 채무액은 45,148,906.5원이다. 한편 판례에 따르면, 피담보채권액이 목적물의 가액을 초과할 때는 당해 목적물의 양도는 사해행위에 해당하지 않는다. 따라서 첫째 경우에는 피담보채권액(전액인 90,297,813원)이 목적물의 가액(7,500만 원)을 초과하므로 지분의 증여계약이 사해행위가 아니고, 둘째 경우에는 피담보채권액(안분한 채무액인 45,148,906.5원)이 목적물의 가액(7,500만 원)을 초과하지 않으므로 증여계약이 사해행위에 해당한다. 그리고 이 둘째 경우에 근저당권이 말소되었으면 목적물의 가액에서 저당권의 피담보채무액을 공제한 잔액의 한도에서 사해행위를 일부 취소하고 그 가액의 배상을 명하여야 한다. 그런데 가액배상의 범위를 산정할 때에는 – 사해행위 당시가 아니고 – 사실심 변론종결시를 기준으로 부동산 가액을 산정하고(대판 1999. 9. 7, 98다41490), 피담보채권액은 그 변제된 피담보채권액을 공제하여야 한다. 그리하여 본 문제의 경우에 목적물의 가액이 동일하다면, 목적물의 가액에서 채무액을 공제한 금액이 29,851,093.5원이므로, 그 금액의 배상이 인정될 것이다.

[정답] ③

28. 갑은 1995. 3. 20. S회사와 사이에 여신한도액 6억 5,000만 원, 거래기간 1997. 3. 19.까지로 한 여신한도 거래약정을 체결하고, 다시 1996. 7. 6. 및 같은 해 8. 1. 두 차례에 걸쳐 여신한도액을 3억 1,700만 원과 2억 원을 증액하는 여신한도 거래 추가약정을 각 체결한 뒤, S회사에게 무역금융으로 대출하여 주었고, 을은 1996. 3. 20. S회사의 갑에 대한 위 여신

한도 거래약정에 기하여 발생하는 채무 중 3억 6,000만 원을 보증한도액으로 하여 연대보증을 하였다. S회사는 같은 해 9. 10.경 부도를 내어 같은 달 25. 현재 갑에게 상환하여야 할 대출금 잔액은 이자를 포함하여 11억 3,920만 원에 이른다. 을은 1996. 9. 12. 자신이 소유하는 소유의 서울시 성북구 소재 대지와 단층주택에 관하여 1996. 8. 25. 매매를 원인으로 하여 그의 형인 병 앞으로 소유권이전등기를 경료하였다. 을에게는 소유권이전등기 경료 당시 위 부동산 이외에는 다른 재산이 없었다. 이 경우에 관한 다음 설명 중 옳지 않은 것은? (판례에 의함)

① 을이 주채무자인 S회사의 자산상태가 채무를 담보하는 데 부족이 생기게 되리라는 것까지 인식하였어야만 사해의 의사를 인정할 수 있는 것은 아니다.

② 을의 사해의 의사는 추정된다.

③ 부동산매매가 상당한 가격으로 이루어졌어도 사해행위가 된다.

④ 위 ③의 경우에 특별한 사정이 있으면 예외이다.

⑤ 병이 갑의 S회사에 대한 실제 대출액이나 S회사의 자산상태 등을 알고 있어 채권의 공동담보에 부족이 생길 것을 인식하고 있었다거나 병이 S회사에 근무하였다는 등 S회사의 상황에 관하여 알고 있었음을 추인할 만한 사정을 인정할 증거가 없으면 을의 부동산매매는 사해행위로 될 수 없다.

[해설] 대판 1998. 4. 14, 97다54420(채총 판례28) 참조. 이 판결은, 본 문제의 경우에 을의 사해의사는 추정되고, 병이 자신이 악의가 아니었음을 증명해야 한다고 하면서, 그 경우에는 일단 사해행위임을 인정하고 병의 항변에 대하여 판단할 것이라고 한다. 따라서 ⑤가 옳지 않다.

[정답] ⑤

29. 갑(신용보증기금)은 X회사와 사이에 2001. 4. 19. 신용보증약정(이하 제1신용보증약정이라 함)

을 체결하고, X회사의 금원지급채무를 보증하였다. 또한 갑은 2000. 3. 17. X회사와 사이에 X회사가 I은행으로부터 대출받음에 있어 갑이 이를 보증하기로 하는 신용보증약정(이하 제2신용보증약정이라 함)을 체결하고, X회사가 같은 날 I은행으로부터 1억 3,000만 원을 대출받게 함으로써 X회사의 대출금반환채무를 보증하였다. 한편, X회사의 대표이사인 A, A의 처인 B 및 A가 대표이사로 있는 Y회사는 제1신용보증약정에 따라 X회사가 갑에 대하여 부담하는 구상금채무를 연대보증하였고, A는 제2신용보증약정에 따라 X회사가 갑에 대하여 부담하는 구상금채무를 연대보증하였다. 그런데, X회사가 2003. 3. 28. I은행에 대한 원금을 연체하는 보증사고가 발생하였고, 이에 따라 갑은 2003. 6. 25. I은행에게 104,920,328원을 대위변제하였다. 갑의 제1신용보증약정에 따른 X회사에 대한 사전구상금은 122,463,266원이고, 제2신용보증약정과 관련한 잔여 대위변제금은 45,151,519원이다.

A는 2002. 10. 28. 그 형인 C가 실질적으로 운영하는 을(Z회사)로부터 사업자금 15억 원을 대여받으면서, 자신의 소유인 이 사건 각 부동산(시가 1,540,306,000원)에 관하여 을과 사이에 2002. 10. 28. 근저당권설정계약(이하 이 사건 근저당권설정계약이라 함)을 체결하고, 같은 달 29. 채권최고액 20억 원, 채무자 A, 근저당권자 을로 된 근저당권설정등기(이하 이 사건 근저당권설정등기라 함)를 경료하여 주었다. A는 2002. 7.경 주식회사 H은행으로부터 5억 원을 대출받은 것이 있어 이 사건 각 부동산에는 이 사건 근저당권이 설정되기 전에 이미 H은행 앞으로 설정해 준 채권최고액 5억 2,000만 원, 채무자 Y회사의 근저당권설정등기가 경료되어 있었는데, A는 2002. 10. 28. 을로부터 대여받은 돈 중 8억 9,000만 원을 출금하여 위 돈 중 401,911,232원을 H은행에 변제한 후 같은 달 30. 이 사건 각 부동산에 설정된 H은행 명의의 근저당권설정등기를 말소시켰다. A는 이 사건 근저당권설정계약 체결일인 2002. 10. 28. 당시 채무초과상태에 있었다.

이 사건 부동산에 관하여, 이 사건 근저당권설정등기가 마쳐진 이후 2003. 7. 11. 피보전권리 사해행위 취소로 인한 근저당권설정등기의 말소등기청구권, 채권자 기술신용보증기금으로 된 근저당권처분금지 가처분등기와 2003. 8. 9. 피보전권리 사해행위 취소로 인한 근저당권설정등기의 말소등기청구권, 채권자 K유한회사, J유한회사로 된 근저당권처분금지 가처분등기가 각 경료되어 있다.

이 경우에 A와 을이 체결한 근저당권설정계약에 관한 다음 설명 중 옳은 것은(권리행사기간은 문제삼지 말 것)? (판례에 의함)

① 그 계약은 전 범위에서 사해행위가 아니므로 취소할 수 없다.

② 그 계약은 전 범위에서 사해행위이므로 근저당권설정등기를 말소해야 한다.

③ 그 계약은 H은행에게 변제한 금액을 제외한 범위에서 사해행위이고, 원상회복의 방법으로 을의 근저당권의 피담보채권을 401,911,232원으로 감축하는 변경등기를 해야 한다.

④ 그 계약은 전 범위에서 사해행위이므로, 이 사건 부동산의 시간인 1,540,306,000원을 배상해야 한다.

⑤ 그 계약은 H은행에게 변제한 금액을 제외한 범위인 1,138,394,768원(이 사건 각 부동산의 시가 1,540,306,000원 – 소멸된 근저당권의 피담보채무액 401,911,232원)에서 사해행위인데, 갑의 피보전채권액이 167,614,785원(사전구상금 122,463,266원 + 잔여 대위변제금 45,151,519원)으로 사해행위 범위보다 적으므로, 후자의 금액에 관하여 취소하고 그 금액을 가액으로 배상해야 한다.

[해설] 대판 2006. 12. 7, 2006다43620(채총 판례29) 참조. 판례에 따르면, 본 문제의 경우에 갑의 피보전채권액은 167,614,785원(사전구상금 122,463,266원 + 잔여 대위변제금 45,151,519원)이다(지연손해금은 무시함). 그리고 A가 무자력의 상태에서 을에게 근저당권을 설정해 준 행위는

사해행위이다. 다만, 그 당시 이미 H은행의 근저당권이 설정되어 있었으므로 H은행의 피담보채권의 범위에서는 사해행위가 아니며, 그 금액을 제외한 범위에서만 사해행위가 된다. 한편 앞의 판결에 의하면, 근저당권설정계약 중 일부만이 사해행위에 해당하는 경우에는 특별한 사정이 없는 한 그 원상회복은 근저당권설정등기의 채권최고액을 감축하는 근저당권 변경등기절차의 이행을 명하는 방법에 의해야 한다. 따라서 본 문제의 경우에는 근저당권설정등기의 채권최고액 20억 원을 변제한 선순위 근저당권의 피담보채무액인 401,911,232원으로 감축하는 근저당권변경등기를 해야 한다.

[정답] ③

30. 을은 두 차례에 걸쳐 X회사에게 8,750만 원을 대출해주었고, A는 X회사의 대표이사인 B의 처로서 위 각 대출에 기하여 X회사가 을에 대하여 부담하는 채무에 관하여 각 연대보증을 하였다. 갑은 2003. 4. 21. A와 사이에 Y부동산에 관하여 채무자를 A, 근저당권자를 갑, 채권최고액을 8,000만 원으로 한 근저당권설정계약을 체결한 후, Y부동산에 관하여 갑 명의의 근저당권설정등기를 마쳤다. 그 후 갑은 2003. 6. 18. A와 사이에 Y부동산에 관한 매매예약을 체결한 후, Y부동산에 관하여 2003. 6. 18. 갑 명의의 소유권이전청구권 가등기를 마쳤고, 위 가등기에 기하여 2003. 11. 22. 갑 명의의 소유권이전등기를 마쳤다. 이에 을은 2004. 1. 3. A에 대하여는 위와 같이 연대보증한 대출금채무의 지급을 구하고, 갑에 대하여는 갑과 A 사이의 Y부동산에 관한 근저당권설정계약 등이 사해행위라고 주장하면서 그 취소 및 가액반환 등을 구하는 소를 제기하여, 2004. 11. 5. 법원으로부터 A는 X회사 및 B 등과 연대하여 62,570,250원, X회사 등과 연대하여 8,750만 원 및 위 각 금원에 대한 지연손해금을 지급하고, A와 갑 사이에 Y부동산에 관하여 2003. 4. 21. 체결된 근저당권설정계약 및 2003. 6. 18. 체결된 매매예약 및 매매계약을 각 138,748,209원의 한도 내에서 취소하고, 갑은 을에게 138,748,209원 및 이에 대한 지연손해금을 지급하라는 피고 전부 승소

판결을 선고받았고, 갑이 항소·상고하였으나 모두 기각되어 그 판결이 확정되었다. 그 후 갑은 2006. 2. 15. 을을 피공탁자로 하여 위 제1심 판결에서 가액반환으로 명한 금원과 이자 등을 합한 139,394,434원을 변제공탁하였고, 을은 2006. 2. 21. 위 공탁금을 출급하였다. 한편 갑은 A를 상대로 대여금청구의 소를 제기하였는데, 법원은 2005. 12. 14. A는 갑에게 298,880,000원 및 이에 대한 지연손해금을 지급하라는 내용의 화해권고결정을 하였고, 위 화해권고결정은 2006. 2. 15. 확정되었다. 이 경우에 관한 다음 설명 중 옳지 않은 것은? (판례에 의함)

① 갑이 을의 사해행위 취소 재판에서 갑 자신도 사해행위 취소의 효력을 받는 채권자 중의 1인이라는 이유로 을에 대하여 총채권액 중 자기의 채권에 대한 안분액의 분배를 청구하였으면 그 청구가 받아들여졌을 것이다.

② 을이 공탁금을 출급한 것은 정당하다.

③ 갑이 아니고 A에 대한 제3의 채권자가 있다면, 그는 을에게 안분액의 지급을 직접 구할 수 없다.

④ 을은 A의 채권자에 대하여 인도받은 재산 또는 가액배상금의 분배의무를 부담하지 않는다.

⑤ 갑이 을의 사해행위 취소 재판에서 원상회복에 대하여 총채권액 중 자기의 채권에 해당하는 안분액의 배당요구권으로써 원상회복청구와의 상계를 주장하여 그 안분액의 지급을 거절할 수는 없다.

[해설] 대판 2008. 6. 12. 2007다37837(채총 판례 30) 참조. ①⑤ 대판 2001. 2. 27. 2000다44348에 따르면, 수익자가 가액배상을 할 때에 수익자 자신도 채권자 중의 1인이라는 이유로 자기의 채권에 대한 안분액의 분배를 청구하거나, 자기의 채권에 해당하는 안분액의 배당요구권으로써 원상회복 청구와의 상계를 주장하여 그 안분액의 지급을 거절할 수는 없다고 한다.

[정답] ①

31. T리조트는 2006. 2. 17. A영농조합법인이 갑
에 대하여 부담하는 투자금 반환 및 수익금 분
배 약정에 따른 약정금채무를 연대보증하였다.
그리하여 갑은 T리조트에 대하여 134억 원의
금전채권을 가지고 있다. 한편 T리조트는 2008.
2. 14. 주식회사 T지앤지에 X부동산(대지)을 매
도하고 소유권이전등기를 마쳐 주었는데, 그 후
법원 판결로 위 매매계약이 사해행위라는 이유
로 취소되고, 2010. 7. 28. 그 원상회복으로 T
지앤지 명의의 소유권이전등기가 말소되자, 같
은 날 을에게 X부동산을 다시 매도하고 소유권
이전등기를 마쳐 주었다. 그 뒤 을 명의의 위
소유권이전등기에 기초하여 병 명의의 소유권
이전등기 및 정 명의의 소유권이전등기가 순차
로 마쳐졌다. 현재는 2012. 10. 3.이다.
    이 경우에 대한 다음 설명 중 옳은 것을 고른
것은? (판례에 의함)

ㄱ. T리조트 명의로 등기명의가 회복되면 T리
    조트는 X부동산의 소유권을 취득한다.
ㄴ. T리조트 명의로 등기명의가 회복된다고 하
    여 T리조트가 직접 X부동산의 소유권을 취
    득하는 것은 아니다.
a. T리조트의 처분은 무효이고, 을·병·정 명의
    의 등기는 무효이다.
b. T리조트의 처분은 유효하고, 을·병·정 명의
    의 등기도 유효하다.
가. 갑은 T리조트를 대위하여 을·병·정에게 등
    기말소를 청구할 수 있다.
나. 갑은 직접 을·병·정에게 등기말소를 청구
    할 수 있다.
다. 위 가, 나를 모두 할 수 있다.
라. 위 가, 나를 모두 할 수 없다.

① ㄱ, a, 가   ② ㄱ, a, 나
③ ㄴ, a, 가   ④ ㄴ, a, 나
⑤ ㄴ, b, 가   ⑥ ㄴ, b, 나
⑦ ㄱ, b, 다   ⑧ ㄴ, a, 라

[해설] 대판 2017. 3. 9, 2015다217980(채총 판례

31) 참조.
[정답] ④

32. A은행은 B회사에 대하여 대출금채권을 가지
고 있으며 B회사의 임원 C에 대하여는 분식결
산에 기하여 위 대출금을 편취한 불법행위를
원인으로 한 손해배상청구권을 가지고 있었다.
B회사에 대한 기업개선작업 절차에서 A은행이
B회사에 대한 대출금채권에 상응하여 B회사의
신주를 발행받고 그 신주인수대금채무를 위 채
권과 상계하기로 합의하였다. 한편 A는 C에
대하여 위 불법행위로 인한 손해배상을 청구하
였다. 다음 설명 중 옳지 않은 것은? (판례에
의함)

① 채무자인 B회사가 채권자인 A은행에게 주식
을 발행하여 주고 A은행의 신주인수대금채무
와 B회사의 대출금채무를 같은 금액만큼 소멸
시키기로 하는 출자전환이 이루어진 경우 이
는 쌍방의 채권을 서로 대등액에서 소멸시키
기로 하는 상계계약이 이루어진 것으로 볼 수
있다.
② A은행이 C의 대규모 분식회계로 인하여 B회사
의 재무구조를 잘못 파악하고 B회사에 대출을
해 준 경우, B회사의 A은행에 대한 대출금채무
와 C의 분식회계로 인한 A은행에 대한 손해배
상채무는 서로 동일한 경제적 목적을 가진 채
무로서 서로 중첩되는 부분에 관하여 일방의
채무가 변제 등으로 소멸하면 타방의 채무도
소멸하는 관계에 있다.
③ B회사가 자신의 A은행에 대한 신주인수대금채
권으로 상계한 경우 그 상계로 인한 채무소멸
의 효력은 C에 대하여도 미친다.
④ A은행의 신주인수대금채무와 B회사의 대출금
채무를 같은 금액만큼 소멸시키기로 하는 상계
계약으로 인한 채무소멸의 효력은 C에 대해서
는 인정되지 않는다.
⑤ A은행이 대출금채권 일부를 B회사의 신주로
대물변제 받고 그 나머지 금액을 면제한 경우

A은행은 면제한 금액 상당을 추가로 C로부터 변제받을 수 있다.

[해설] ①③④⑤ 대판(전원) 2010. 9. 16, 2008다 97218(채총 판례32) 참조. ⑤ 위 판결에 대해서는 A은행과 B회사는 위 출자전환에 의하여 대출금 등 채권에 관하여 그 출자전환이 이루어질 당시 A은행이 발행받는 신주의 시가 상당을 대물로 변제받고 그 나머지 금액은 면제한 것으로 해석하여야 한다는 취지의 반대의견이 있었다. ② 대판 2008. 1. 18, 2005다65579 참조.

[정답] ④

33. 갑(주식회사임)의 재무과장으로서 자금 입출금 등의 업무를 담당하던 을은 S회사가 병(은행)으로부터 대출을 받게 해주려고 S회사의 대표이사와 공모하여 갑 명의의 근보증서와 이사회 입보결의서 및 약속어음 배서를 위조하여 S회사에게 교부하였다. 그리고 S회사는 그 서류를 병에게 제출하였고, 병은 위 서류들이 적법하게 작성된 것으로 믿고 그것이 원인이 되어 S회사와 금전 소비대차계약을 체결하고 S회사에게 10억 원의 대출금을 지급하였다. 그런데 병에게는, 대출업무를 전문으로 하는 금융기관으로서 대출규정을 제대로 지키지 않았고 보증계약의 진위 여부를 갑에게 직접 확인하지 않은 등의 잘못이 있어서, 30%의 과실이 인정된다. 그 후 병은 S회사로부터 2억 원의 변제를 받았다. 이 경우에 관한 다음 설명 중 옳은 것은? (판례에 의함. 그리고 이자나 지연손해금은 무시함)

① 갑의 사용자책임으로 인한 손해배상채무와 S회사의 대출금채무는 부진정연대의 관계에 있으며, 현재 갑의 채무는 7억 원이다.
② 갑의 사용자책임으로 인한 손해배상채무와 S회사의 대출금채무는 부진정연대의 관계에 있으며, 현재 갑의 채무는 5억 6천만 원이다.
③ 갑의 사용자책임으로 인한 손해배상채무와 S회사의 대출금채무는 부진정연대의 관계에 있으며, 현재 갑의 채무는 5억 원이다.

④ 갑의 사용자책임으로 인한 손해배상채무와 S회사의 대출금채무는 연대채무의 관계에 있으며, 현재 갑의 채무는 8억 원이다.
⑤ 갑의 사용자책임으로 인한 손해배상채무와 S회사의 대출금채무는 전혀 관계가 없으며, 현재 갑의 채무는 7억 원이다.

[해설] 대판 2000. 3. 14, 99다67376(채총 판례33) 참조. 이 판결에 따르면, 본 문제의 경우에는 갑의 손해배상채무와 S회사의 대출금채무가 부진정연대의 관계에 있으며, S회사가 2억 원을 변제하면 S회사가 단독으로 채무를 부담하는 부분이 먼저 소멸한다(외측설). 그 결과 현재 갑의 채무액은 소멸 부분이 전혀 없어서 7억 원이 된다. ②는 안분설(과실비율설), ③은 내측설에 의한 것이다.

[정답] ①

34. 갑은 인력경비 용역업 등을 영위하는 법인으로서, 1998. 10. 12. 의류 제조·판매업을 영위하는 A회사와 사이에 A회사의 사업장에 대하여 방범과 방재업무의 제공을 내용으로 하는 경비용역계약을 체결하였다. 이에 따라, 갑은 1998. 10. 12.경부터 갑 소속 경비원 2명을 파견하여 A회사의 경비실에 상주하게 하는 방법으로 1999. 10. 31.까지 A회사의 사업장에 대한 경비용역을 제공하였다. 그런데 물류창고 옆 3층 건물 입주기업인 B회사의 직원인 을이 1999. 6. 초순 05:00경 위 물류창고 뒤편의 유리창문을 열고 들어가 그 창고 안에 있던 A회사 소유의 숙녀복 20박스 합계 3,000만 원 상당을 가지고 나온 뒤, B회사로부터 폐사를 공급받아 오던 병이 사업장 정문을 통하여 운전하여 온 포터 화물차에 함께 싣고 가 이를 절취한 것을 비롯하여, 그 날부터 1999. 11. 19. 07:00경까지 13회에 걸쳐 시가 합계 393,598,400원 상당의 A회사 소유의 의류를 절취하는 도난사고가 발생하였다. 이로 인하여 을과 병은 2000. 1. 17.경 절도죄로 기소되어 각 징역 1년에 집행유예 2년의 유죄판결을 받았다. 을은 위 형사재판 계속 중인 2000. 1. 31. A회사에게 합의금 2,400만 원을 지급하면서 그때까지 회수되

지 않은 A회사의 도난의류 피해액이 정상가격으로 합계 199,096,600원, 매장공급가격으로 합계 139,367,620원임을 확인해 주었고, A회사는 을에 대한 형사상 처벌을 원하지 않을 뿐만 아니라 민사상 청구도 포기하기로 합의하였다. 또한 병도 같은 해 4. 11. A회사에게 합의금 2,600만 원을 지급하면서 A회사의 피해액이 위와 같이 정상가격으로 199,096,600원, 매장공급가격으로 139,367,620원임을 확인해 주었고, A회사는 이 사건 도난사고와 관련하여 병에 대한 민·형사상 청구를 포기하기로 합의하였다. 갑이 A회사를 상대로 경비용역계약에 따른 경비용역대금을 구하는 소를 제기하자, A회사는 2000. 5. 23. 이 사건 도난사고와 관련하여 갑의 경비용역계약상의 채무불이행 또는 불법행위에 따른 손해배상을 구하는 반소를 제기하였는데, 법원은 2001. 9. 4. 갑의 본소청구를 일부 인용하고, 반소에 관하여는 갑의 경비용역계약상의 채무불이행에 기한 손해배상책임을 인정하면서 갑의 과실을 65%, A회사의 과실을 35%로 보아 갑은 A회사에게 손해배상으로서 90,588,953원(= 매장공급가 상당의 손해 139,367,620원 × 0.65) 및 이에 대한 지연손해금을 지급하라는 내용으로 A회사의 반소청구를 일부 인용하는 판결을 선고하였고, 그 판결은 그 무렵 확정되었다. 이에 갑은 2001. 11. 6. A회사에게 위 판결에 따른 손해배상금 및 지연손해금으로 합계 96,135,975원을 지급하였다. 갑은 을과 병을 상대로, 구상금 96,135,975원 및 이에 대한 지연손해금의 지급을 청구하려고 한다. 이 경우에 관한 다음 설명 중 옳은 것을 고른 것은? (판례에 의함)

ㄱ. 갑의 경비용역계약상 채무불이행으로 인한 손해배상채무와 을과 병의 절도라는 불법행위로 인한 손해배상채무는 부진정연대의 관계에 있다.
ㄴ. 갑의 경비용역계약상 채무불이행으로 인한 손해배상채무와 을과 병의 절도라는 불법행위로 인한 손해배상채무는 아무런 관계도 없다.

ㄷ. 갑은, A회사가 을과 병에게 행한 면제의 효력이 갑에게 미치지 않는다면, 을과 병에게 그 부담 비율에 따라 구상권을 행사할 수 있다.
ㄹ. 갑은, A회사가 을과 병에게 행한 면제의 효력이 갑에게 미치는지에 관계없이, 을과 병에게 구상권을 행사할 수 없다.
ㅁ. A회사가 을과 병에 대하여 손해배상에 관한 권리를 포기하거나 채무를 면제하는 의사표시를 한 것은 갑에 대하여 그 효력이 미친다.
ㅂ. A회사가 을과 병에 대하여 손해배상에 관한 권리를 포기하거나 채무를 면제하는 의사표시를 한 것은 갑에 대하여 그 효력이 미치지 않는다.

① ㄱ, ㄷ, ㅁ　　② ㄱ, ㄷ, ㅂ
③ ㄱ, ㄹ　　④ ㄴ, ㄷ, ㅁ
⑤ ㄴ, ㄹ

[해설] 대판 2006. 1. 27, 2005다19378(채총 판례 34) 참조. 이 판결은, 부진정연대채무자 상호간에 있어서 채권의 목적을 달성시키는 변제와 같은 사유는 채무자 전원에 대하여 절대적 효력을 발생하지만 그 밖의 사유는 상대적 효력을 발생하는 데에 그치는 것이므로 피해자가 채무자 중의 1인에 대하여 손해배상에 관한 권리를 포기하거나 채무를 면제하는 의사표시를 하였다 하더라도 다른 채무자에 대하여 그 효력이 미친다고 볼 수는 없다 할 것이고, 이러한 법리는 채무자들 사이의 내부관계에 있어 1인이 피해자로부터 합의에 의하여 손해배상채무의 일부를 면제받고도 사후에 면제받은 채무액을 자신의 출재로 변제한 다른 채무자에 대하여 다시 그 부담 부분에 따라 구상의무를 부담하게 된다 하여 달리 볼 것은 아니라고 한 뒤, 위와 같은 취지에서 피해인 원고 보조참가인(문제의 경우 A회사)이 피고들(문제의 경우 을과 병)에 대하여 어떠한 민·형사상 청구를 하지 않기로 합의하여 채무를 면제하였으므로 원고(문제의 경우 갑)의 구상금 청구에 응할 수 없다는 피고들의 주장을 배척한 원심의 조치는 정당하다고 한다. 참고로 말하면, 본 판결의 원심판결은, 원고와 피고들이 부진정연대관계

로 공동책임을 지는 부분에 있어서 원고의 부담부분은 20%, 피고들의 부담부분은 80%로 정함이 상당하다고 하였다.

[정답] ②

35. 원고 은행은 1974. 3. 16. A회사에게 1,200만 원을 이자 연 25%, 변제기 1974. 4. 30.로 정하여 대여하였고, B와 C는 같은 날 A회사가 원고에 대하여 부담할 장래의 채무를 연대보증하였다. A회사가 원리금을 지급하지 아니하자 원고는 1975. 4. 21. A회사와 C를 상대로 지급명령을 받아 위 지급명령은 같은 해 5. 7. 확정되었다. 원고는 1984. 4. 15. B에 대하여 대여원리금의 반환을 구하는 이 사건 소를 제기하였다. 다음 설명 중 옳지 않은 것은? (판례에 의함)

① 원고 은행의 지급명령 신청으로 A회사에 대하여 소멸시효가 중단됨으로써 보증인인 B에 대한 소멸시효도 중단되었다.

② 지급명령에 대하여 이의신청이 없거나, 이의신청을 취하하거나 각하결정이 확정된 때에는 지급명령은 확정판결과 같은 효력이 있다.

③ 지급명령 신청으로 중단되었던 A회사에 대한 소멸시효는 그 지급명령이 확정된 때로부터 새로 진행한다.

④ 위 지급명령의 확정으로 본래 5년이었던 A회사의 채무의 소멸시효기간은 10년으로 연장되었다.

⑤ 보증채무의 부종성에 비추어 위 지급명령의 확정에 의하여 B의 채무의 소멸시효기간도 5년에서 10년으로 변경된다.

[해설] 대판 1986. 11. 25, 86다카1569(채총 판례35) 참조. ② 민소 제474조. ③ 제178조 제2항.

[정답] ⑤

36. 청량음료 도소매업을 하는 갑은 음료회사인 X회사와 대리점계약을 체결하였다. 그런 뒤에 X회사의 요구에 따라 갑의 외상대금 지급채무를 담보하기 위하여 을에게 보증계약을 체결해

달라고 부탁하였고, 그리하여 을은 X회사와 연대보증계약을 체결하였다. 그 후 갑은 X회사로부터 3,000만 원에 해당하는 음료를 공급받고 그 대금을 지급하였다. 그런데 갑이 그 사실에 대한 통지를 을에게 하지 않고 있던 중에 X회사가 갑으로부터 대금지급을 받지 않은 것으로 알고 을에게 3,000만 원을 청구하였고, 을은 갑이 지급한 사실을 모른 채 갑에게 통지를 하지 않고서 그 금액을 X회사에 지급하였다. 그러고 나서 을은 갑에게 구상을 하려고 하였다. 이 경우에 관한 다음 설명 중 옳지 않은 것은? (판례에 의함)

① 제446조는 이 경우에 직접 적용할 수 있는 규정이 아니며, 민법에는 이 경우에 대하여 직접 적용할 규정이 없다.

② 제446조는 제445조 제1항을 전제로 한다.

③ 갑의 변제가 유효하다.

④ 을은 그가 선의이기 때문에 갑에게 구상권을 행사할 수 있다.

⑤ 구상을 할 수 있는지는 을이 보증보험회사로서 보증보험계약을 체결한 경우에도 같다.

[해설] 대판 1997. 10. 10, 95다46265(채총 판례36) 참조. 본 판결에 따르면, 이 경우에는 이중변제의 기본원칙으로 돌아가 먼저 이루어진 주채무자 갑의 면책행위가 유효하고 나중에 이루어진 보증인 을의 면책행위는 무효로 보아야 할 것이므로, 을은 제446조에 기하여 갑에게 구상권을 행사할 수 없다. 그리고 판례는 보증보험이 실질적으로 보증의 성격을 가진다고 보아 보증보험계약에도 그 성질에 반하지 않는 한 보증에 관한 규정을 적용하며(본 판결을 포함하여 여러 판결이 있음), 본 판결은 보증보험의 경우의 구상에 대하여 보증에서와 같은 결과를 인정하였다.

[정답] ④

37. B는 A와 사이에 그 소유 토지를 매수하기로 하는 내용의 매매계약을 체결하였는데, 그 후 B는 D에게 위 매매를 원인으로 한 소유권이전등기 청구권을 양도하고 A에게 내용증명우편으로 이를 통지하였다. B에 대하여 구상금채권

을 가지고 있던 C는 이를 보전하기 위하여 채무자를 B, 제3채무자를 A로 하여 위 매매를 원인으로 한 소유권이전등기 청구권에 대하여 채권압류명령을 받아 그 명령이 A에게 송달되었다. 그 후 C는 위 소유권이전등기 청구권에 대한 추심명령을 받아 A를 상대로 B에게 소유권이전등기 절차를 이행할 것을 구하는 소를 제기하였다. 이에 대하여 A는 B가 A에 대하여 가지고 있던 소유권이전등기 청구권은 C의 압류가 있기 이전에 이미 제3자 D에게 양도되었으므로 위 압류는 효력이 없다고 항변하였다. 다음 설명 중 옳지 않은 것은? (판례에 의함)

① B의 소유권이전등기 청구권에 대하여 양도금지특약이 존재하는 경우 양수인 D가 양도금지에 관하여 악의이거나 선의이더라도 중대한 과실이 있는 때에는 A는 D에게 대항할 수 있다.

② D는 A가 그 양도에 대하여 동의하지 않고 있다면 A에 대하여 채권양도를 원인으로 하여 소유권이전등기 절차의 이행을 청구할 수 없다.

③ 매매로 인한 소유권이전등기 청구권은 권리의 성질상 양도가 제한되고 그 양도에 채무자의 승낙이나 동의를 요한다.

④ B가 A에 대하여 확정일자 있는 증서로 D에 대한 양도사실을 통지하였더라도 A에 대한 대항력이 생기지 않으며 반드시 A의 동의나 승낙을 받아야 대항력이 생긴다.

⑤ B와 D 사이에 부동산 자체에 관한 매매계약을 체결하고 D가 B로부터 소유권이전등기 청구권을 양도받은 경우에는 A가 그 양도에 대하여 동의하지 않고 있더라도 D는 A에 대하여 자신에게로 소유권이전등기를 구할 수 있다.

[해설] 대판 2001. 10. 9, 2000다51216(채총 판례 37) 참조. ① 대판 1999. 2. 12, 98다49937 등. ⑤ 대판 1995. 8. 22, 95다15575 등.

[정답] ⑤

38. (1) 채권자 갑은 채무자 을과 채권양도금지특약을 맺었다. 그럼에도 불구하고 갑은 을에 대

한 채권을 그러한 특약이 있음을 모르고 모른데 과실이 없는 병에게 양도하고 양도사실을 을에게 통지하였다. (2) 채권자 A는 채무자 B와 채권양도금지특약을 맺었다. 그럼에도 불구하고 A는 B에 대한 채권을 그러한 특약이 있음을 몰랐지만 모른 데 중대한 과실이 있는 C에게 양도하고 양도사실을 B에게 통지하였다. 이 두 경우에 관한 설명 중 옳은 것은? (판례에 의함)

① 을은 병에게, B는 C에게 변제해야 한다.

② 을은 병에게, B는 A에게 변제해야 한다.

③ 을은 갑에게, B는 C에게 변제해야 한다.

④ 을은 갑에게, B는 A에게 변제해야 한다.

⑤ 이 문제에 관하여 민법에는 규정이 없다.

[해설] 대판(전원) 2019. 12. 19, 2016다24284(채총 판례38) 참조. 이 판결에 의하면, 양도금지특약을 위반하여 채권을 제3자에게 양도한 경우에 채권양수인이 양도금지특약이 있음을 알았거나 중대한 과실로 알지 못하였다면 채권 이전의 효과가 생기지 아니하나, 양수인이 중대한 과실 없이 양도금지특약의 존재를 알지 못하였다면 채권양도는 유효하게 되어 채무자는 양수인에게 양도금지특약을 가지고 그 채무 이행을 거절할 수 없다. 그리고 제449조 제2항이 그에 관한 규정이다.

[정답] ②

39. A회사는 B회사에 대하여 4억 원의 공탁금반환채권을 가지고 있다. 그 후 A회사는 건물신축에 관한 사업권과 함께 공탁금반환채권도 C회사에 양도하였고, 그 무렵 B회사에게 그 채권양도 사실을 통지하였다. 그런데 B회사는 위의 일들이 있기 전에 C회사에 8억 원을 대여하였는데, C회사는 대출금채무에 대한 기한의 이익을 상실한 상태에 있다. 한편 그 뒤 A회사와 C회사는 공탁금반환채권 양도계약을 해제하기로 합의한 후, B회사에게 위 합의해제 사실을 통지하였다. 이 경우에 관한 다음 설명 중 옳지 않은 것은? (판례에 의함)

① 이 경우에는 제452조 제1항이 유추적용된다.

② C회사가 B회사에게 채권양도계약의 해제사실

을 통지한 경우에는 A회사가 본래의 채권으로 B회사에게 대항할 수 있다.

③ A회사가 C회사의 동의를 받은 경우에는 A회사가 본래의 채권으로 B회사에게 대항할 수 있다.

④ B회사는 일정한 대항요건이 갖추어질 때까지 양도계약의 해제 등을 알지 못한 경우에도 해제통지가 있은 뒤에는 B회사에 대한 반대채권에 의한 상계로써 A회사에게 대항할 수 없다.

⑤ 이 경우에는 제452조 제2항이 유추적용된다.

[해설] 대판 2012. 11. 29, 2011다17953(채총 판례 39) 참조. 이 판결에 의하면, B회사는 일정한 대항요건이 갖추어질 때까지 양도계약의 해제 등을 알지 못한 경우에는 해제통지가 있은 뒤에도 B회사에 대한 반대채권에 의한 상계로써 A회사에게 대항할 수 있다.

[정답] ④

40. A회사는 피고 B에 대하여 7,779,750원의 물품대금채권이 있었는데, 1992. 8. 2. 위 채권 전액을 원고 C에게 양도하고 같은 달 3. 확정일자 있는 내용증명우편으로 위 양도사실을 통지하여 그 통지가 같은 달 4. 피고 B에게 도달하였다. 한편 A회사의 피고에 대한 위 채권 중 6,290,000원에 대하여 채권자 D, 채무자 A회사, 제3채무자 피고 B로 된 채권가압류결정의 결정정본이 같은 달 4. 피고 B에게 송달되었다. 원고는 피고에 대하여 양수금 청구의 소를 제기하였다. 다음 중 옳지 않은 것은? (판례에 의함)

① 피고는 가압류결정과 채권양도통지를 동시에 받았음을 이유로 대항할 수 있으므로, 원고에게 채권양수금 7,779,750원에서 가압류채권액 6,290,000원을 공제한 나머지 금 1,489,750원 및 그 지연손해금만을 지급할 의무가 있다.

② 채권양수인인 원고 C와 가압류채권자 D 사이의 우열은 확정일자 있는 채권양도통지와 가압류결정 정본의 제3채무자인 피고에 대한 도달시를 기준으로 판단하여야 한다.

③ 원고에 대한 채권양도통지와 채권가압류결정은 동시에 도달된 것으로 추정된다.

④ 원고는 양수금채권 전액을 청구할 수 있고, 가압류채권자는 본압류 및 전부·추심명령을 받아 가압류채권액 전액에 대하여 집행할 수 있으나, 다만 변제받은 금액에 대하여 정산의무가 있다.

⑤ 피고는 이중지급의 위험이 있을 수 있으므로, 채권자를 알 수 없다는 이유로 변제공탁을 할 수 있다.

[해설] 대판(전원) 1994. 4. 26, 93다24223(채총 판례40) 참조.

[정답] ①

41. 갑은 2011. 4. 20. 을과 이 사건 부동산(아파트)에 관하여 임차보증금(채권적 전세금) 2억 3,000만 원('이 사건 보증금'), 임대차기간 2011. 5. 12.부터 2013. 5. 12.까지인 임대차계약(이하 '이 사건 임대차계약'이라 함)을 체결하고, 그 무렵 을에게 보증금 2억 3,000만 원을 지급하였다. 갑은 2012. 10. 26. 병과 사이에 이 사건 보증금반환채권을 병에게 양도하기로 하는 내용의 채권양도계약('이 사건 제1차 채권양도계약')을 체결하고, 병은 같은 날 양도인인 갑을 대리하여 을에게 내용증명우편으로 채권양도 사실을 통지하여 그 무렵 그 통지가 을에게 도달하였다. 정은 2013. 4. 25. 갑에게 2억 6,500만 원을 이자 월 2.2%, 변제기 2014. 4. 24.로 정하여 대여하였다. 갑은 정에 대한 위 차용금채무를 담보하기 위하여 2013. 4. 25. 정과 사이에 이 사건 보증금반환채권을 정에게 양도하기로 하는 내용의 채권양도계약('이 사건 제2차 채권양도계약')을 체결하고, 정은 2013. 4. 26. 양도인인 갑을 대리하여 을에게 내용증명우편으로 위 채권양도 사실을 통지하여 그 통지가 2013. 4. 27. 을에게 도달하였다. 제1차 채권양도계약의 양수인인 병은 2013. 5. 30. 을에게 '제1차 채권양도계약의 당사자인 병과 갑 사이에 원만한 합의가 성립

되어 더 이상 위 채권양도에 대하여 효력이 없는바, 채무자인 을은 양도인인 갑에게 전세금을 주어도 무방함을 통보하여 드립니다.'라는 내용의 취하서를 내용증명우편으로 발송하여 그 무렵 그 취하서가 을에게 도달하였다. 이에 을은 갑에게 2014. 5. 1. 2,300만 원, 2014. 6. 2. 2억 700만 원을 각 송금하여 이 사건 보증금 2억 3,000만 원을 모두 반환하였다. 현재는 2014. 7. 1.이다.

이 경우에 대한 다음 설명 중 옳은 것을 고른 것은? (판례에 의함)

ㄱ. 갑이 정에게 한 이 사건 제2차 채권양도계약으로 정은 채권을 취득하나 그 채권을 가지고 병에게 대항하지는 못한다.

ㄴ. 갑이 정에게 한 이 사건 제2차 채권양도계약으로 정은 채권을 취득하지 못한다.

a. 갑이 다른 채무를 담보하기 위하여 병에게 이 사건 제1차 채권양도계약을 한 경우에도, 이 사건 제2차 채권양도계약으로 정은 채권을 취득하나 그 채권을 가지고 병에게 대항하지는 못한다.

b. 갑이 다른 채무를 담보하기 위하여 병에게 이 사건 제1차 채권양도계약을 한 경우에는, 이 사건 제2차 채권양도계약으로 정은 채권을 취득하지 못한다.

가. 이 경우에 제1차 채권양도계약이 합의해제되어 정은 채권을 취득한다.

나. 이 경우에 제1차 채권양도계약이 합의해제되었더라도 정은 채권을 취득하지 못한다.

---

① ㄱ, a, 가   ② ㄱ, a, 나

③ ㄱ, b, 가   ④ ㄱ, b, 나

⑤ ㄴ, a, 가   ⑥ ㄴ, a, 나

⑦ ㄴ, b, 가   ⑧ ㄴ, b, 나

[해설] 대판 2016. 7. 14, 2015다46119(채총 판례41) 참조.

[정답] ⑧

---

42. 원고는 피고 소유의 부동산을 매수하는 계약을 체결하면서, 잔금은 위 부동산에 관하여 설정된 근저당권의 피담보채무와 가압류채무 및 임대차 보증금반환채무를 인수하고 이를 공제한 나머지만을 지급하기로 약정하였다. 그런데 원고는 인수한 근저당채무를 제대로 변제하지 않았고, 그리하여 근저당권자의 신청에 따라 임의경매절차가 진행되자 피고가 근저당채무 등을 변제하였다. 다음 중 옳지 않은 것은? (판례에 의함)

① 원고는 근저당권의 피담보채무와 가압류채무 및 임대차 보증금반환채무를 현실적으로 변제할 의무를 부담한다고 할 수 없으며, 특별한 사정이 없는 한 매매대금에서 위 채무액을 공제한 나머지를 지급함으로써 잔금지급의무를 다한 것이다.

② 원고가 인수채무인 근저당권의 피담보채무의 변제를 게을리하여 근저당권이 실행되고 피고가 경매절차의 진행을 막기 위해서 부득이 피담보채무를 변제하였다면 피고는 원고에 대하여 손해배상채권을 취득한다.

③ 위 ②의 경우 원고가 매매대금지급의무를 전부 이행하지 않은 것으로 평가할 수 있으므로 피고는 이를 이유로 매매계약을 해제할 수 있다.

④ 위 ③의 경우 피고는 자기의 반대의무인 소유권이전등기의무의 이행 또는 이행의 제공을 하지 않더라도 계약을 해제할 수 있다.

⑤ 원고가 피고에 대하여 매매를 원인으로 한 소유권이전등기를 청구하는 경우 피고는 원고의 인수채무불이행 또는 피고의 임의변제로 인한 원고의 손해배상채무 또는 구상채무와 피고의 소유권이전등기 의무의 동시이행을 항변할 수 있다.

[해설] 대판 1993. 2. 12, 92다23193(채총 판례42) 참조.

[정답] ④

43. 임차인 A는 임대인 B에 대한 임대차 보증금 반환채권을 C에게 양도하고 확정일자 있는 증서로 B에게 통지하였는데, 얼마 후 A는 C의 승낙 없이 임의로 B에게 위 채권양도를 철회한다는 통지를 하였다. 그 후 A의 채권자 D는 A의 임대차보증금채권에 대하여 압류 및 전부명령을 받은 다음 B를 상대로 전부금 청구의 소를 제기하였다. B는 이 소송에서 패소하여 임대차보증금을 D에게 지급하였다. 다음 중 옳지 않은 것은? (판례에 의함)

① D의 채권압류 및 전부명령은 이미 C에 대한 대항력 있는 채권양도가 이루어진 후에 발하여진 것이어서 무효이다.

② B의 D에 대한 변제는 채권의 준점유자에 대한 변제로서 유효하므로, 이로써 B의 A에 대한 임대차보증금반환채무는 소멸한다.

③ B가 D를 정당한 임대차보증금 채권자라고 오인한 데 대하여 과실이 있다고 보기 어렵다.

④ B는 C에 대하여 2중변제의 의무를 부담하지 않으나, D에 대하여 전부명령의 무효를 주장하여 부당이득반환을 청구할 수 있다.

⑤ 채권압류가 경합되어 전부명령이 무효인 경우에도 제3채무자가 선의·무과실로 그 전부채권자에게 변제하면 이는 채권의 준점유자에 대한 변제로서 유효하다.

[해설] 대판 1997. 3. 11, 96다44747(채총 판례43) 참조. ④「채권압류가 경합된 경우에 그 압류채권자 중의 한 사람이 전부명령을 얻은 경우 그 전부명령은 무효이지만 제3채무자가 선의·무과실로 그 전부 채권자에게 전부금을 변제하였다면 이는 채권의 준점유자에 대한 변제로서 유효하므로 제3채무자의 채무자에 대한 채무는 소멸되고 제3채무자는 압류채권자에 대하여 2중 변제의 의무를 부담하지 아니하며 전부채권자에 대하여 전부명령의 무효를 주장하여 부당이득반환청구도 할 수 없다(대판 1980. 9. 30, 78다1292)」. ⑤ 대판 1995. 4. 7, 94다59868 등.

[정답] ④

44. A회사는 B은행으로부터 차례로 3억 원(X채무라고 함), 2억 원(Y채무라고 함), 5억 원(Z채무라고 함)의 대출을 받았다. 그 후 A회사는 다른 한편으로 B은행과 사이에, A회사가 다른 금융기관으로부터 대출을 받을 때 일정 범위에서 B은행이 지급을 보증하기로 하는 약정을 맺었다. 그리고 같은 날 갑은 B은행과 사이에, A회사의 지급보증약정으로 인하여 A회사가 B은행에 대하여 부담할 모든 채무를 연대보증하는 내용의 계약을 체결하였으며, 보증한도액은 2억 7천만 원이었다. 그 직후 A회사는 다른 은행으로부터 4억 원의 대출을 받았는데 그 대출금을 A회사가 변제하지 못하여 B은행이 변제하였다. A회사가 B은행으로부터 대출을 받거나 갑이 연대보증을 할 당시 기업용 은행여신거래 기본약관에 의하면, 채무자가 변제하여야 할 채무가 여러 개인 경우 채무 전액이 변제되지 않을 때에는 B은행이 따로 정하는 순서와 방법에 의하여 변제에 충당할 채무를 지정하기로 규정되어 있었고, B은행의 여신정리규정에 의하면 포괄 근담보물로부터 회수한 금원을 가지고 여러 개의 대출금 중에서 충당을 할 경우에는 당초 담보취득 관련 여신의 취급일자 순서로 충당한다고 규정되어 있었다. 그 후 A회사는 B은행 명의로 근저당권이 설정되어 있는 A회사의 토지들을 B은행을 비롯한 채권자들과 협의하여 매각하였고, 그 대금 중 9억 원을 B은행에 지급하였다. 그러면서 A회사는 그 금액으로 맨 먼저 갑의 채무 2억 7천만 원의 변제에 충당한다고 하였다. 그에 대하여 B은행은 여신거래 기본약관과 B은행의 여신정리규정에 따라 X채무, Y채무에 5억 원을 충당하고, 나머지 4억 원은 Z채무에 충당한다고 하였다. 이 경우에 관한 설명 중 옳은 것은? (판례에 의함)

① 기업용 여신거래 기본약관과 B은행의 여신관리규정이 유효하므로, B은행이 지정한 대로 충당된다.

② 기업용 여신거래 기본약관과 B은행의 여신관리규정이 유효했으나, A회사의 충당지정에 의하여 그것들이 무효로 되고, A회사가 지정한

대로 충당된다.

③ 기업용 여신거래 기본약관과 B은행의 여신관리규정이 유효했으나, A회사의 충당지정에 의하여 그것들이 무효로 되고, 법률규정에 의하여 B은행이 지정한 대로 충당된다.

④ 기업용 여신거래 기본약관과 B은행의 여신관리규정은 처음부터 무효이고, 법률규정에 의하여 B은행이 지정한 대로 충당된다.

⑤ 기업용 여신거래 기본약관과 B은행의 여신관리규정은 처음부터 무효이고, A회사가 지정한 대로 충당된다.

[해설] 대판 1999. 11. 26, 98다27517(채총 판례44) 참조. 이 판결에 의하면, 당사자가 충당방법을 약정하고 있으면(약관에 의한 것이라도 그것을 계약내용으로 주장할 수 있으면 동일함), 그에 따른 충당이 유효하고, 약정과 다른 채무자의 충당지정은 효력이 없다.

[정답] ①

---

45. 부동산매매계약의 경우 매도인의 계약해제와 관련된 다음 설명 중 옳지 않은 것은? (판례에 의함)

① 부동산매매계약에 있어서는 특별한 사정이 없는 한 매수인의 잔대금지급의무와 매도인의 소유권이전등기서류 교부의무는 동시이행관계에 있다.

② 부동산매매계약에서 매도인의 소유권이전등기서류 교부의무와 매수인의 잔대금지급의무가 동시이행관계에 있는 경우에, 매도인이 매수인에게 지체의 책임을 지워 매매계약을 해제하려면, 매수인이 이행기일에 잔대금을 지급하지 하지 않은 사실만으로는 부족하고 매도인이 소유권이전등기 신청에 필요한 일체의 서류를 수리할 수 있을 정도로 준비하여 그 뜻을 상대방에게 통지하여 수령을 최고함으로써 이를 제공하여야 하는 것이 원칙이다.

③ 매도인이 해제하려면 상당한 기간을 정하여 상대방의 잔대금채무이행을 최고한 후 매수인이 이에 응하지 않은 사실이 있어야 한다.

④ 매도인이 제공하여야 할 소유권이전등기 신청에 필요한 일체의 서류라 함은 등기권리증, 위임장 및 부동산매도용 인감증명서 등 등기신청행위에 필요한 모든 구비서류를 가리킨다.

⑤ 설사 매수인이 매매대금을 준비하지 않고 대금지급기일을 넘기는 등 계약을 이행함과 동시에 소유권이전등기를 수령할 준비를 하지 않은 경우에도 매도인으로서는 등기신청행위에 필요한 모든 구비서류를 갖추어 놓아 즉시 등기신청을 할 수 있는 상태에 있지 않으면 해제를 할 수 없다.

[해설] 대판 1992. 7. 14, 92다5713(채총 판례45) 참조.

[정답] ⑤

---

46. A회사는 B은행으로부터 400억 원의 대출을 받았다. 그러면서 그 대출금채권을 담보하기 위하여 시가 380억 원인 A회사의 부동산, 시가 8억 원인 갑의 부동산, 시가 6억 원인 을의 부동산, 시가 3억 원인 병의 부동산, 시가 3억 원인 정의 부동산에 각각 근저당권이 설정되었다. 그리고 을, 병, 정은 그 대출금채무에 대하여 연대보증도 하였다. 그리고 이러한 담보와 관련하여 갑, 을, 병, 정 사이에 내부적으로 부담할 비율에 관하여 약정한 바는 없다. 그 후 이들 근저당권이 모두 실행되어 각 시가에 해당하는 매각대금으로 400억 원의 채무가 모두 변제되었다. 이 경우에 갑이 을, 병, 정에게 구상할 수 있는 금액을 차례대로 옳게 기술한 것은? (판례에 의함)

① 전혀 구상할 수 없다.

② 3억 원, 1억 5천만 원, 1억 5천만 원

③ 2억 원, 2억 원, 2억 원

④ 2억 4천만 원, 1억 2천만 원, 1억 2천만 원

⑤ 4억 원, 2억 원, 2억 원

[해설] 대판 2010. 6. 10, 2007다61113 · 61120(채총 판례46) 참조. 이 판결은 제482조 제2항 제4호, 제5호 전문에 의하여 대위비율을 산정할 경우 보증인과 물상보증인의 지위를 겸하는 자를 1인(보증인 1인처럼 다룸)으로 본다. 그런데 이 판결은 더 나아가, 보증인 또는 물상보증인 중 어느 1인이 자신의 부담부분에 미달하는 대위변제 등을 한 경우에는 제482조 제2항 제5호에 따른 변제자대위를 할 수 없다고 한다. 이 판결에 따르면, 본 문제 사안의 경우에 갑의 부담부분은 — 을 · 병 · 정을 1인으로 보아 계산하면 — 100억 원(= 400억 원×1/4)인데, 갑은 그의 부담부분인 100억 원에 미달하는 8억 원으로 변제한 것이 되어, 을 · 병 · 정 누구에게도 전혀 구상할 수가 없다. 본 문제에서 달리 만약 8억 원이 갑의 부담부분은 넘는 경우라면 — 명확하지는 않으나 — 아마도 ③과 같이 될 것으로 생각한다. 그런데 만약 물상보증인 사이에서는 재산 가액에 따라 조정해야 한다는 수정이론을 취하면 ②와 같이 된다.

[정답] ①

47. 피고는 A와 공장 신축공사를 체결하였고 A는 공사를 완성하여 2008. 6. 10.경 피고에게 인도하였다. 원고는 A로부터 위 공사 일부를 하도급받아 2008. 5. 30. 공사를 완성하였으나 대금 일부를 지급받지 못하자 지급명령을 신청하여 그 지급명령이 확정되었다. 원고는 2008. 6. 23. 위 하도급채권의 보전을 위하여 채무자를 A, 제3채무자를 피고로 하여 A의 피고에 대한 공사대금채권에 대하여 가압류결정을 받아 2008. 6. 30. 피고에게 송달되었다. 원고는 위 지급명령에 기하여 가압류를 본압류로 이전하고 A의 피고에 대한 공사대금 일부를 추심하기로 하는 채권압류 및 추심명령을 받아 2008. 8. 11. 피고에게 송달되었다. 한편 피고는 2008. 4.경 A로부터 지급기일 2008. 7. 25로 된 약속어음(액면금 1억 원)을 할인하여 교부받으면서 A에게 83,000,000원을 지급한바 있다. 원고는 피고에 대하여 추심금 청구의 소를 제기하였다. 다음 중 옳지 않은 것은? (판례에 의함)

① 지급금지명령을 받은 채권의 채무자는 그 채권을 수동채권으로 하여 지급금지 후에 취득한 채권과 상계할 수 없다.

② 이 사건 가압류의 효력발생일은 2008. 6. 30.이다.

③ 가압류 효력 발생 당시 약속어음 관련 대여금채권을 이미 취득하고 있었으므로 피고는 위 대여금채권과 공사대금채권의 상계로써 압류채권자인 원고에게 대항할 수 있다.

④ 가압류의 효력이 발생할 당시 피압류채권인 공사대금채권은 이미 변제기가 도래하였으나 반대채권은 변제기가 도래하지 아니하였기 때문에 그 당시 상계적상에 있었다고 할 수 없다.

⑤ 반대채권의 변제기가 공사대금채권의 변제기보다 나중에 도래하므로, 피고는 반대채권에 의한 상계로써 압류채권자인 원고에게 대항할 수 없다.

[해설] 대판(전원) 2012. 2. 16, 2011다45521(채총 판례47) 참조. ① 제498조.

[정답] ③

48. 상계에 관한 다음 설명 중 옳지 않은 것은? (판례에 의함)

① 소멸시효가 완성된 채권이 그 완성 전에 상계할 수 있었던 것이면 그 채권자는 상계할 수 있다.

② 임대차 존속 중 차임채권의 소멸시효가 완성된 경우 임대인은 소멸시효가 완성된 차임채권을 자동채권으로 삼아 임대차보증금 반환채무와 상계할 수 없지만, 이 경우 연체차임을 임대차보증금에서 공제할 수는 있다.

③ 수급인의 담보책임을 기초로 한 도급인의 손해배상채권이 상대방의 채권과 상계적상에 있는 경우에 당사자들은 채권 · 채무관계가 이미 정산되었거나 정산될 것으로 기대하는 것이 일반적이므로, 그 신뢰를 보호할 필요가 있다.

④ 두 채권이 상계적상에 있었더라도 상계를 하지 않고 있는 동안 변제 기타의 사유로 소멸한 경우 상계를 할 수 없다.

⑤ 수급인의 담보책임을 기초로 한 도급인의 손
   해배상채권이 수급인의 채권과 상계할 수 있
   었더라도 그 후 제척기간이 지난 경우 도급인
   은 그 손해배상채권을 자동채권으로 하여 상
   계할 수 없다.

[해설] 대판 2019. 3. 14, 2018다255648(채각 판례
48) 참조. 매도인이나 수급인의 담보책임을 기초로
한 손해배상채권의 제척기간이 지났으나, 제척기간
이 지나기 전 상대방의 채권과 상계할 수 있었던
경우, 매수인이나 도급인이 민법 제495조를 유추적
용해서 위 손해배상채권을 자동채권으로 해서 상대
방의 채권과 상계할 수 있다.
① 민법 제495조. ② 대판 2016. 11. 25, 2016다
211309. ④ 쌍방의 채무가 상계적상에 있었는데, 채
무자가 그 수동채권에 관하여 상계 의사표시를 하
지 않고 변제 등의 사유로 소멸한 경우에는 이를
수동채권으로 하여 상계할 수 없다(대판 1979. 8.
28, 79다1077)

[정답] ⑤

객관식 연습

제4장 채권법각론

1. A회사는 아파트를 신축 · 분양하는 과정에서 입주자모집을 위하여 모델하우스(견본주택)를 설치하고 분양광고를 하면서 신문광고, 분양안내 책자, 사업설명회 및 분양담당직원들을 통하여 ① 단지 내 온천 개발, ② 원목 바닥재 시공, ③ 단지 내 유실수 식재 ④ 테마공원 설치, ⑤ 일산과 금촌을 연결하는 도로의 확장, ⑥ 서울대학교 이전, ⑦ 입주자들에 대한 콘도이용권 제공, ⑧ 문산 ↔ 용산을 연결하는 경의선 전철의 복선화 등의 내용을 광고하였다. 원고들은 A회사와 분양계약을 체결하였는데, 분양계약서에는 ⓐ 목적물이 건물 · 대지면적 및 동 · 호수를 표시한 아파트 1동과 이에 따른 전기, 도로, 상수도시설 기타 부대시설(공용)로 되어 있었으며 온천, 바닥재(원목마루), 유실수단지, 테마공원, 서울대학교 이전, 일산과 금촌을 연결하는 도로의 확장, 콘도이용권의 제공, 전철복선화와 관련하여 아무런 내용이나 조건이 기재되어 있지 않았다. 다음 중 옳지 않은 것은? (판례에 의함)

① 청약의 유인은 피유인자가 그에 대응하여 의사표시를 하더라도 계약이 성립하지 않는다.

② 분양광고내용이 청약의 유인에 불과하더라도 그 가운데 구체적 거래조건, 즉 아파트의 외형 · 재질 등에 관한 것으로서 사회통념상 분양자에게 이행을 청구할 수 있는 사항에 관한 것은 이를 분양계약의 내용으로 하기로 하는 묵시적 합의가 있었던 것으로 보아야 한다.

③ 「도로확장 및 서울대 이전 광고, 전철복선화에 관한 광고」는 아파트의 외형 · 재질과 관계가 없고 사회통념상 분양자의 이행을 기대할 수 없는 것들이므로 계약내용을 이룬다고 보기 어렵다.

④ 분양광고내용이 청약의 유인에 불과하더라도 수분양자들은 그 내용을 신뢰하여 그와 같은 조건을 구비한 아파트를 공급받기로 하는 분양

계약을 체결한 것이므로 그 불이행에 대하여 분양자의 채무불이행책임이 성립한다.

⑤ 「온천 광고, 바닥재(원목마루) 광고, 유실수단지 광고 및 테마공원 광고」는 아파트의 외형 · 재질 등에 관한 것이고 「콘도회원권 광고」는 부대시설에 준하는 것으로서 이행 가능하므로 계약내용이 된다고 할 수 있다.

[해설] 대판 2007. 6. 1, 2005다5812 · 5829 · 5836 (채총 판례1) 참조.

[정답] ④

2. 계약교섭의 부당파기에 관한 다음 설명 중 옳지 않은 것은? (판례에 의함)

① 어느 일방이 교섭단계에서 계약이 확실하게 체결되리라는 정당한 기대 내지 신뢰를 부여하여 상대방이 그 신뢰에 따라 행동하였음에도 상당한 이유 없이 계약의 체결을 거부하여 손해를 입혔다면 이는 신의성실의 원칙에 비추어 볼 때 계약자유 원칙의 한계를 넘는 위법한 행위로서 불법행위를 구성한다.

② 아직 계약체결에 관한 확고한 신뢰가 부여되기 이전 상태에서 계약교섭의 당사자가 계약체결이 좌절되더라도 어쩔 수 없다고 생각하고 지출한 비용, 예컨대 경쟁입찰에 참가하기 위하여 지출한 제안서, 견적서 작성비용 등도 손해배상범위에 포함된다.

③ 계약교섭의 부당파기로 인한 손해는 일방이 신의에 반하여 상당한 이유 없이 계약교섭을 파기함으로써 계약체결을 신뢰한 상대방이 입게 된 상당인과관계 있는 손해로서 계약이 유효하게 체결된다고 믿었던 것에 의하여 입었던 손해 즉 신뢰손해에 한정된다.

④ 예컨대 그 계약의 성립을 기대하고 지출한 계

약준비비용과 같이 그러한 신뢰가 없었더라면 통상 지출하지 아니하였을 비용 상당의 손해를 배상해야 한다.

⑤ 그 침해행위와 피해법익의 유형에 따라서는 계약교섭의 파기가 인격적 법익을 침해함으로써 상대방에게 정신적 고통을 초래하였다고 인정되는 경우라면 그러한 정신적 고통에 대한 손해에 대하여는 별도로 배상을 구할 수 있다.

[해설] 대판 2003. 4. 11, 2001다53059(채각 판례2) 참조. 이 판결에 따르면, ②의 비용은 배상범위에 포함되지 않는다.

[정답] ②

3. 피고는 원고에게 그 소유 임야를 매도하기로 하는 계약을 체결하였는데, 원고는 중도금지급기일에 등기부상 소유자 명의의 영수증을 요구하며 중도금 지급을 거절하였다. 피고는 2차례에 걸쳐 원고에게 중도금 및 잔대금 지급을 최고하였으나 그 이행이 없자 잔금지급일 이후 원고에게 매매계약 해제의 의사표시를 하였다. 한편 원고는 피고에 대하여 매매를 원인으로 한 소유권이전등기 청구의 소를 제기하였다. 다음 중 옳지 않은 것은? (판례에 의함)

① 중도금지급기일에 피고가 원고에 대하여 중도금지급을 청구하는 경우 원고는 피고의 소유권이전등기 소요서류의 제공과의 동시이행을 주장할 수 없다.

② 원고는 잔금지급기일부터는 중도금지급의무의 이행지체에서 벗어나게 된다.

③ 원고의 중도금 및 이에 대한 지급일 다음날부터 잔대금지급일까지의 지연손해금과 잔금의 지급채무는 매도인의 소유권이전등기 의무와 동시이행관계에 있게 된다.

④ 원고가 잔금지급기일까지 중도금과 잔금을 지급하지 않았으므로, 이 사건 매매계약은 피고의 해제의사표시에 의하여 적법하게 해제되었다. 따라서 법원은 원고청구를 기각하여야

한다.

⑤ 계약이 해제되지 않은 상태에서 잔금지급기일 이후에 피고가 소유권이전등기 소요서류의 제공과 함께 원고에 대하여 이행을 청구하면 원고는 그때부터 중도금 및 잔금지급의무에 관하여 이행지체에 빠지게 된다.

[해설] 대판 1991. 3. 27, 90다19930(채각 판례3) 참조. ⑤ 매수인에게 지체책임을 지워 매매계약을 해제하려면 매수인이 이행기에 잔금을 지급하지 않은 것만으로는 부족하고 매도인이 소유권이전등기 신청에 필요한 일체의 서류를 준비하여 그 뜻을 매수인에게 통지하여 수령을 최고함으로써 이를 제공하여야 하며, 또한 상당한 기간을 정하여 잔금채무 이행을 최고한 후 매수인이 이에 응하지 않아야 한다. 대판 1992. 11. 10, 92다36373 참조.

[정답] ④

4. 갑은 2005. 4. 19. 을과 사이에 을에게 갑 소유의 이 사건 각 부동산 및 이 사건 건물 내에 있는 기계, 기구, 원재료, 부재료 제공품, 집기 비품을 매매대금 4,585,087,000원에 매도하되, 을이 갑으로부터 이 사건 각 부동산에 관한 소유권이전등기 절차를 이행받으면 계약금 5억 원을 지급하고, 중도금 35억 2천만 원의 지급에 갈음하여 이 사건 각 부동산에 관하여 채권자를 A은행으로 하여 설정된 근저당권의 피담보채무를 을이 인수하기로 하며, 잔금 485,087,100원은 을이 이 사건 각 부동산에 관한 소유권이전등기를 마친 후 한 달 이내에 지급하기로 약정(이하 이 사건 매매계약이라 함)하였다. 갑은 이 사건 매매계약에 관한 토지거래허가를 받은 후 을에게 이 사건 각 부동산에 관하여 2005. 4. 25. 소유권이전등기를 마쳐주었고, 을은 이 사건 각 부동산을 인도받은 다음 2005. 4. 26. 갑에게 이 사건 매매계약의 계약금 5억 원을 자기앞수표로 지급하였다. 그런데 을이 이 사건 매매계약에 따라 중도금의 지급에 갈음하여 인수하기로 한 갑의 A은행에 대한 대출금채무의 이자를 전혀 지급하지 않자(을의 중도금 지급거절은 정당한 것으로 가

정함), A은행은 부동산 임의경매를 신청하여 2005. 6. 16. 이 사건 각 부동산 등에 관하여 경매개시결정이 내려졌고, 위 경매절차에서 2008. 1. 7. 을이 최고가 매수신고인 결정을 받아 2008. 1. 25. 그 대금을 완납하였다. 그리고 집행법원은 2008. 3. 6. 위 경매절차의 배당기일에 실제 배당할 금액 4,360,081,265원 중 1순위로 근저당권자인 A은행에게 22억 원을, 2순위로 근저당권자인 신용보증기금에게 427,441,777원, 근저당권자인 A은행에게 776,838,223원을, 3순위로 근저당권자인 A은행에게 955,801,265원을 각 배당하였다. 이 경우에 관한 다음 설명 중 옳지 않은 것은 (권리행사기간의 문제는 무시할 것)? (판례에 의함)

① 민법 제537조가 적용되어야 한다.

② 이 경우에 갑과 을이 모두 급부를 하지 않았다면 계약관계는 소멸한다.

③ 갑은 을로부터 지급받은 계약금을 을에게 반환해야 한다.

④ 을은 그가 이 사건 부동산을 인도받아 점유·사용한 데 대하여는 갑에게 아무런 책임도 질 필요가 없다.

⑤ 이 경우의 반환에는 부당이득의 법리가 적용된다.

[해설] 대판 2009. 5. 28, 2008다98655(채각 판례 4) 참조. 이 판결은, 제537조가 적용되면, 쌍방 급부가 없었던 경우에는 계약관계는 소멸하고 이미 이행한 급부는 법률상 원인 없는 급부가 되어 부당이득의 법리에 따라 반환청구할 수 있다고 한다. 나아가 그 법리에 의할 때, 본 문제의 경우, 을은 갑에게 이 사건 각 부동산을 점유·사용함으로 인하여 취득한 임료 상당의 부당이득을 반환할 의무가 있다고 한다.

[정답] ④

5. A는 임의경매절차에서 B 소유 공장과 기계기구를 낙찰받은 다음, B와 사이에 위 경매에서 누락된 기계설비(이하 이 사건 물건이라 함)를 추가로 양수하기로 하고 그에 따라 대금을 지급하고 이를 인도받았다. B는 A에 대한 양도 사실을 숨긴 채 다시 원고에게 이 사건 물건을 매도하는 계약(이하 이 사건 매매계약이라 함)을 체결하면서, 매매대금을 당시 B가 피고에 대하여 부담하고 있던 대여금채무 원리금 30,826,080원으로 정하여 원고가 피고에게 이를 지급하기로 약정하였고, 이에 따라 원고는 피고에게 2,600만 원을 지급하였다. 원고는 이 사건 물건에 관하여 A에 대하여 인도청구의 소를 제기하였으나 A가 원고에 앞서 B로부터 이를 매수하고 인도받아 점유함으로써 소유권을 확정적으로 취득하였다는 이유로 원고패소 판결이 선고되어 확정되었다. 원고는 피고에 대하여, A가 이 사건 물건의 소유권을 취득함으로써 B의 원고에 대한 소유권이전의무는 이행불능임을 이유로 이 사건 매매계약의 해제를 주장하면서, 그 원상회복으로 원고가 지급한 2,600만 원의 반환을 구하는 이 사건 본소를 제기하였다. 이에 대하여 피고는 반소로 원고에게 잔금 4,826,080원의 지급을 구하였다. 다음 중 옳지 않은 것은? (판례에 의함)

① 매매대금의 지급방법에 관한 약정은 원고를 낙약자, B를 요약자, 피고를 제3자(수익자)로 하여 피고로 하여금 원고에 대하여 대금을 직접 청구할 수 있는 권리를 취득하게 하는 제3자를 위한 계약에 해당한다.

② 위 약정은 원고가 B의 피고에 대한 채무를 인수하는 병존적 채무인수에도 해당한다.

③ 원고는 B의 소유권이전의무가 불능임을 이유로 피고의 동의 없이 매매계약을 해제하고 잔금 4,826,080원의 지급을 거절할 수 있다.

④ 위 ③의 경우에 피고는 제548조 제1항 단서의 '제3자'에 해당되지 않는다.

⑤ 기본관계를 이루는 계약이 해제된 경우 낙약자는 제542조에 의하여 계약해제에 따른 항변으로 제3자(수익자)에게 대항할 수 있으므로, 원고는 피고에게 원상회복 또는 부당이득반환으로서 2,600만 원의 반환을 구할 수 있다.

[해설] 대판 2005. 7. 22, 2005다7566·7573(채각 판례5) 참조.

[정답] ⑤

6. 제3자를 위한 계약과 계약해제에 관한 다음 설명 중 옳지 않은 것은? (판례에 의함)

① 어떤 계약이 제3자를 위한 계약에 해당하는지 여부는 계약 체결의 목적, 계약에서의 당사자 행위의 성질, 계약으로 인하여 당사자 사이 또는 당사자와 제3자 사이에 생기는 이해득실, 거래 관행, 제3자를 위한 계약제도가 갖는 사회적 기능 등 제반 사정을 종합하여 계약 당사자의 의사를 합리적으로 해석함으로써 판별할 수 있다.

② 계약이 적법하게 해제되면 그 효력이 소급적으로 소멸하므로 그 계약상 의무에 기하여 실행된 급부는 원상회복을 위하여 부당이득으로 반환되어야 하고, 그 계약의 이행으로 변동이 되었던 물권은 당연히 그 계약이 없었던 상태로 복귀한다.

③ 계약해제의 소급효는 제3자의 권리를 해할 수 없으므로, 계약해제 이전에 계약으로 인하여 생긴 법률효과를 기초로 하여 새로운 권리를 취득한 제3자가 있을 때에는 그 계약해제의 소급효는 제한을 받아 그 제3자의 권리를 해하지 않는 한도에서만 생긴다.

④ 계약해제의 소급효가 제한되는 제3자는 일반적으로 그 해제된 계약으로부터 생긴 법률효과를 기초로 하여 해제 전에 새로운 이해관계를 가졌을 뿐만 아니라 등기·인도 등으로 권리를 취득한 사람을 말한다.

⑤ 제3자를 위한 계약에서 낙약자와 요약자 사이의 법률관계(기본관계)에 기초하여 수익자가 요약자와 원인관계(대가관계)를 맺음으로써 해제 전에 새로운 이해관계를 갖고 그에 따라 등기·인도 등을 마쳐 권리를 취득한 경우에, 수익자는 민법 제548조 제1항 단서에서 말하는 계약해제의 소급효가 제한되는 제3자에 해당하지 않는다.

[해설] 대판 2021. 8. 19, 2018다244976(채각 판례6) 참조. ⑤ 이 판결에 따르면, 제3자를 위한 계약에서도 낙약자와 요약자 사이의 법률관계(기본관계)에 기초하여 수익자가 요약자와 원인관계(대가관계)를 맺음으로써 해제 전에 새로운 이해관계를 갖고 그에 따라 등기·인도 등을 마쳐 권리를 취득하였다면, 수익자는 민법 제548조 제1항 단서에서 말하는 계약해제의 소급효가 제한되는 제3자에 해당한다고 한다.

[정답] ⑤

7. 이 사건 토지는 원래 A의 소유였는데, A가 1995. 10. 13. 사망한 다음, 그 장남인 B가 1996. 1. 30. 나머지 공동상속인들인 원고들의 동의 없이, C의 피고에 대한 차용금반환채무를 담보하기 위하여 망 A의 명의로 피고에게 근저당권설정등기를 마쳐주었다. 그 후 B와 원고들은 1999. 1.경 이 사건 토지 등을 B가 단독 상속하기로 하는 내용의 상속재산 분할협의('1차 분할협의')를 하였다가, 다시 1999. 2.경 위 분할협의 내용에 "B가 1999. 7. 20.까지 상속세, 상속관련 채무를 모두 변제하는 것"을 협의의 정지조건으로 추가하는 내용의 새로운 분할협의('2차 분할협의')를 하였는데, B가 위에서 정한 기한 내에 이를 이행하지 못하였다. 다음 중 옳지 않은 것은? (판례에 의함)

① B가 망인이나 다른 공동상속인들의 동의 없이 임의로 근저당권설정등기를 마쳤다고 하더라도 이 사건 부동산 중 B의 원래 상속분에 대한 근저당권설정등기는 적법·유효하다.

② 1차 상속재산 분할협의의 소급효에 의하여 피고 명의의 근저당권설정등기는 상속개시 당초부터 적법한 것으로서 실체관계에 부합하는 등기가 되었다.

③ 원고들과 B 사이에 1999. 2.경 이루어진 2차 분할협의에 의하여 1차 분할협의는 합의해제되었고, 해제의 물권적 효력에 의하여 이 사건

토지는 원고들과 B의 공유로 환원되었다.

④ 피고는 제1015조 단서 소정의 '제3자'에 해당되므로 원고들은 피고에 대하여 근저당권의 말소를 구할 수 없다.

⑤ 1차 분할협의에 의하여 완전한 근저당권을 취득한 피고는 그 분할협의의 법률효과를 기초로 합의해제에 해당하는 2차 분할협의가 있기 전에 새로운 이해관계를 가지게 된 자라고 할 것이다.

[해설] 대판 2004. 7. 8, 2002다73203(채각 판례7) 참조.

[정답] ④

8. 원고는 1988. 5. 13. 피고로부터 피고 소유 대지를 5,900만 원에 매수하기로 하는 매매계약을 체결하였다. 원고는 계약금도 여러 차례 나누어 지급하였고 중도금기일도 같은 해 6. 13.에서 6. 15.로 연기받았으나 위 연기된 날짜에 중도금을 지급하지 못하여 6. 21. 피고로부터 계약을 해제하겠다는 통고를 받자, 6. 23. 중도금을 지급하면서 잔금 3,810만 원은 당초 약정된 8. 12.까지 틀림없이 지급할 것이며 위 기일을 넘길 경우 계약은 자동해제되고 이미 지급한 계약금과 중도금도 포기할 것을 약속하였다. 원고는 위 약속에도 불구하고 잔금지급기일을 넘기게 되자 8. 31. 잔금기일을 9. 2.까지 한번만 더 연장해 줄 것을 호소하면서 이번에도 위약하면 계약을 해제하여도 이의가 없을 것을 다짐하였으나, 결국 9. 2. 잔금 중 1천만 원만을 지급하였다. 피고는 9. 13. 원고에게 9. 17.까지 나머지 잔금을 지급하지 않으면 계약이 해제된다는 뜻을 통지하였으나 원고가 위 기일까지 나머지 잔금을 지급하지 않자 11. 23. 그동안 수령한 중도금과 일부 잔금을 변제공탁하였다. 원고는 피고에 대하여 위 대지에 관한 소유권이전등기를 구하는 소를 제기하였고, 피고는 8. 31.자 약정에 따라 9. 2. 계약이 자동해제되었다고 항변하였다. 다음 중 옳지 않은 것은? (판례에 의함)

① 원고는 수회에 걸친 채무불이행에 책임을 느끼고 1988. 8. 31. 최종적으로 피고와 사이에 9. 2.까지 잔금을 지급하지 않으면 그 불이행 자체로써 계약이 자동적으로 해제된 것으로 하기로 하는 실권특약을 한 것으로 볼 수 있다.

② 중도금을 약정한 일자에 지급하지 않으면 계약이 해제된 것으로 한다는 특약이 있는 실권약관부 매매계약에 있어서는 매수인이 중도금 지급의무를 이행하지 않으면 계약은 그 일자에 자동적으로 해제된다.

③ 잔대금에 관하여 실권특약이 있더라도 계약의 자동해제를 위해서는 원칙적으로 피고는 잔대금지급기일에 자기 채무의 이행제공을 하여 원고를 이행지체에 빠지게 하여야 하지만, 특별한 사정이 있는 때에는 예외가 인정되므로, 피고가 이전등기 소요서류를 갖추었는지 여부를 묻지 않고 원고의 지급기한 도과만으로 매매계약의 실효를 인정할 수 있을 것이다.

④ 피고가 약정된 잔금지급기일인 9. 2. 매수인의 잔대금 일부의 지급을 거절하지 않고 수령하였다면 잔대금지급기일을 연기하려는 약정이 있었다고 할 수 있다.

⑤ 원고가 9. 2. 잔금 전액을 지급하지 못한 이상 계약은 피고의 반대급부의 이행제공과 관계없이 같은 날 해제되었으며, 피고의 9. 13.자 최고는 이미 무효로 된 계약에 있어서 단순히 은혜적으로 한 번 더 매수인에게 지급의무를 이행할 기회를 준 것에 불과하다.

[해설] 대판 1992. 10. 27, 91다32022(채총 판례8) 참조. ① 대판 1980. 2. 12, 79다2035 등.

[정답] ⑤

9. 갑은 1977. 11. 23. 을로부터 그 소유인 X토지(대지 138평)를 5,244만 원에 매수함에 있어서 당일 계약금 700만 원, 12. 30. 중도금 2,000만 원, 1978. 4. 30. 잔대금 2,544만 원

을 소유권이전등기 서류와 상환으로 각 지급하기로 하고, 중도금을 지급하면 갑이 건축을 하는 데 지장이 없도록 을이 목적부동산에 대한 사용승낙을 하고 1978. 2. 25.까지 위 부동산을 인도하기로 특약하였고, 갑은 위 계약금과 중도금을 각 약정기일에 이행하고 을은 그에 대한 사용승낙서를 교부해주었다. 그 후 을은 목적부동산 위의 타인들의 천막건물을 철거하게 하는 등 인도준비를 하였는데, 잔금지급기일이 되기 수일 전에 소개인이 을을 찾아와 갑이 이를 타에 전매하였으니 10만 원을 추가로 받고 제3매수인에게 직접 소유권이전등기를 해주면 어떠냐고 제의하여 을이 이를 거절하자, 갑은 4. 30. 잔금제공을 하지 않았고, 을이 5. 2. 잔금 2,544만 원을 즉시 지급하지 않으면 해약되는 것으로 하겠다고 최고하자 갑이 5. 3. 을의 집에 찾아와 갑과 을이 서로 만나기는 하였으나 의견조정이 되지 않아 상호 이행의 제공 없이 헤어졌다. 그 후 갑은 계속 중간생략등기를 고집하면서 양도세 담보를 위한 금액을 더 받고 갑의 요구대로 해달라고 요구하기만 할 뿐 잔금의 제공이 없자 을은 6. 3. 잔금 2,544만 원을 6. 6.까지 지급하도록 5. 2.자 최고서와 같은 취지의 최고를 하였으나 갑이 그 이행을 하지 않아 6. 10. 갑과 을 사이의 계약은 갑이 이행하지 않음으로써 해약되었다는 통고를 갑에게 발송하였다. 그런데 을도 그때까지는 부동산 인도를 위한 준비, 기타 등기이전을 위한 서류 등 즉시이행의 준비가 완전히 되지는 못했다. 그 사이 갑은 1978. 6. 7. X토지의 소유권이전등기 청구의 소를 제기하고, 을은 6. 14. 갑에게 이행준비가 완료되었으니 6. 21.까지 잔금 2,544만 원을 지급하고 갑 앞으로 소유권이전등기를 받아가고 만일 그 날까지 이행하지 않으면 계약을 이행할 의사가 없는 것으로 보아 계약이 해제된 것으로 하겠다고 최고하고, 등기부상의 소유자 주소와 같은 을의 주민등록 등본, 인감증명, 위임장 용지 등 이전등기에 필요한 일체의 서류를 준비하고 부동산 인도를 위하여 6. 17. 집행관에게 천막건물 철거 강제집행을 의뢰하여 6. 21. 새벽 6시경 철거를 완료하였다. 그러고 나서 을은 집에서 갑의 잔금이행을 기다렸으나 갑측에서 아무런 연락이 없자, 그 날 오후에는 갑측에게 변호사 B의 사무실에서 잔금을 이행하여 줄 것을 전하고, 위 이전등기 소요서류를 지참하여 동 사무실에서 기다렸으나 역시 아무런 연락이 없어서 그 날 밤 10시경 귀가하였으며, 다음날인 6. 22.에도 역시 갑측의 연락이 없어서 기다리다가 시동생인 C를 갑의 집에 보내고 자기도 D와 같이 찾아갔으나 갑을 만날 수 없어서 그 날 오후 5시경 갑에게 이 계약은 해제되었으니 중도금을 반환받으라는 통보를 하고, 갑이 이를 수령치 않자 6. 30. 중도금으로 받은 2,000만 원을 갑 앞으로 공탁하였다. 한편 갑은 동년 6. 19 을측에 대하여 약정된 일자인 동년 6. 21에 잔대금을 지급할 터이니 을측의 의무이행도 차질이 없도록 하라는 취지의 통고서를 보낸 바 있다. 이 경우에 관한 다음 설명 중 옳지 않은 것은? (판례에 의함)

① 을의 5. 2.자, 6. 3.자 최고에 의해 갑과 을 사이의 계약이 해제되지 않았다.
② 을의 6. 14.자 최고는 정지조건부 최고로서 유효하다.
③ 이 경우에는 을측의 당초 최고서에 표시된 이행기간(1978. 6. 14부터 동년 6. 21까지)은 이행기일(동년 6. 21)로 변경되었다.
④ 을의 6. 22.의 행적으로 보아 이 경우에는 계약이 해제되지 않았다.
⑤ 이 경우에 계약에 실권약관이 붙어 있는 것은 아니다.

[해설] 대판 1981. 4. 14, 80다2381(채각 판례9) 참조. 이 판결은, 본 문제의 경우에 관하여, 피고(문제의 경우 을)측의 당초 최고서에 표시된 이행기간(1978. 6. 14부터 동년 6. 21까지)은 이행기일(동년 6. 21)로 변경된 것이 분명하다 할 것이니 위 이행기일에 원고(문제의 경우 갑)의 잔대금지급의무에 대한 이행제공이 없었음이 위에서 본 바와 같은 이상, 동일(즉 6. 21.)이 경과함으로써 피고측의 위 조건부 해제의사표시는 효력이 발생되고, 따라서 본건 매매계약은 원고측의 귀책사유로 인하여 적법하게 해제되었다고 한다.

[정답] ④

10. 제주시는 1998. 6. 26. 건설교통부장관에게 1973. 3. 5. 건설부 고시로 지정된 제주시 지역 개발제한구역의 해제를 요청하였고, 건설교통부장관은 1999. 7. 22. 제주시 소유의 X토지를 포함한 개발제한구역의 해제결정을 하였다. 이에 따라 제주시는 X토지를 공개매각하기로 결정하고 1999. 10. 8. X토지에 관하여 공유재산 매각 입찰공고를 하였는데, 이 사건 토지의 매각 예정가격을 25,879,500원으로 하고, 그 공고문의 기타사항에는 '매각재산은 공부와 같이 매각하는 것이므로 공부와 실제와의 불일치 또는 행정상의 제한 등에 책임을 지지 아니한다'라고 기재하였다. X토지의 1999년도 개별공시지가는 총 9,841,500원이었다. 한편 갑은 위 입찰에서 대금 1억 3,400만 원에 X토지를 낙찰받고, 1999. 10. 29. 제주시와 X토지를 위 금액에 매수하기로 하는 계약을 체결하였고, 그 후 매매대금을 모두 지급한 다음, 2000. 2. 1. X토지에 관하여 갑 명의의 소유권이전등기를 경료받았다. 위 매매 당시 공유재산 매매계약서 제14조에 의하면, '제주시는 갑에게 X토지를 인도한 후에 발생한 일체의 위험부담에 대하여 책임지지 않는다'라고 규정되어 있다. 그런데 그 후 제주시는 2000. 9. 28. 도시기본계획 공청회를 거쳐 2000. 10. 5. 도시계획 재정비 수립계획을 결정하고, 2000. 12. 19. 이에 따른 용역계약을 체결한 다음, 위 용역결과에 기초하여 2001. 9. 17.부터 10. 4.까지 주민의견 청취공람을 실시하고 2002. 4. 29. X토지를 포함한 34필지에 대하여 건축개발을 할 수 없는 공공공지로 편입하기로 최종 결정하였다. X토지는 도시계획법상의 자연녹지지역이자 「제주 국제자유도시 특별법」상 상대보전지역에 해당되어 만약 제주시에 의한 공공공지 편입 결정이 없었다면 관련 법률에 따라 건축개발이 가능하였다. 이 경우에 관한 다음 설명 중 옳은 것은? (판례에 의함)

① 우리 민법상 사정변경을 원인으로 하는 해제는 인정되지 않으며, 문제의 경우에 갑은 제주시와 체결한 계약을 해제할 수 없다.

② 우리 민법상 사정변경을 원인으로 하는 해제가 일정한 요건하에 인정되며, 문제의 경우에 갑은 제주시와 체결한 계약을 해제할 수 있다.

③ 우리 민법상 사정변경을 원인으로 하는 해제가 일정한 요건하에 인정되기는 하나, 문제의 경우에는 그 요건이 구비되지 않아서 갑은 제주시와 체결한 계약을 해제할 수 없다.

④ 우리 민법상 사정변경을 원인으로 하는 해제는 인정되지 않으나, 문제의 경우에 갑은 목적 부도달의 법리를 근거로 제주시와 체결한 계약을 해제할 수 있다.

⑤ 우리 민법상 사정변경을 원인으로 하는 해제는 인정되지 않으나, 문제의 경우에 갑은 신의칙을 근거로 제주시와 체결한 계약을 해제할 수 있다.

[해설] 대판 2007. 3. 29, 2004다31302(채각 판례 10) 참조. 이 판결은, 우리 민법상 사정변경을 원인으로 하는 해제가 일정한 요건하에 인정되지만, 본 문제와 동일한 그 사안에서는 해제요건이 구비되지 않았다고 하면서(사정이 객관적 사정이어야 하는데 주관적 사정이라고 함) 해제를 인정하지 않았다. ④의 목적 부도달의 법리는 우리의 사정변경의 원칙에 해당하는 영미법상의 이론이다.

[정답] ③

11. 부수적 채무에 관한 다음 설명 중 옳지 않은 것은? (판례에 의함)

① 상가의 일부 층을 먼저 분양하면서 그 수분양자에게 장차 나머지 상가의 분양에 있어 상가 내 기존 업종과 중복되지 않는 업종을 지정하여 기존 수분양자의 영업권을 보호하겠다고 약정한 경우에 그 약정에 기한 영업권 보호 채무는 분양계약의 주된 채무이다.

② 영상물 제작공급계약의 수급인이 내부적인 문제로 영상물제작 일정에 다소의 차질이 발생하여 예정된 일자에 시사회를 준비하지 못한 경

우에 도급인은 채무불이행을 이유로 그 계약을 해제할 수 있다.

③ 계약상의 많은 의무 가운데 주된 채무와 부수적 채무를 구별함에 있어서는 급부의 독립된 가치와는 관계없이 계약을 체결할 때 표명되었거나 그 당시 상황으로 보아 분명하게 객관적으로 나타난 당사자의 합리적 의사에 의하여 결정하되, 계약의 내용·목적·불이행의 결과 등의 여러 사정을 고려하여야 한다.

④ 채무불이행을 이유로 매매계약을 해제하려면, 당해 채무가 매매계약의 목적 달성에 있어 필요불가결하고 이를 이행하지 않으면 매매계약의 목적이 달성되지 않아 매도인이 매매계약을 체결하지 않았을 것이라고 여겨질 정도의 주된 채무이어야 하고, 그렇지 않은 부수적 채무를 불이행한 데에 지나지 않은 경우에는 매매계약 전부를 해제할 수 없다.

⑤ 매매목적물에 관하여 매도인이 다른 사람과 사이에 소송이 계속 중이고 그 소송에서 매도인이 패소하게 되면 매수인이 그 매매의 목적을 달성할 수 없게 되어 있어서 매도인이 그 패소의 판결이 확정되는 경우의 계약금반환채무를 담보하기 위하여 매수인에게 일정한 담보를 제공하기로 하였다면, 매수인은 그 계약금을 지급한 후라도 매도인에게 위 담보의 제공을 요구할 수 있다 할 것이므로, 위 담보제공의 특약을 단지 매수인에게 위 담보제공이 있을 때까지 계약금 지급을 거절할 수 있는 권능을 부여한 것에 지나지 않는 것으로 해석할 수는 없다 할 것이고, 또 위 특약의 이행 여부는 매수인이 그 계약금의 일부를 이미 현실지급한 경우에는 매수인의 지위가 불안한 것임에 비추어 중대한 의미를 갖는다 할 것이므로 위 특약을 계약상 부수적인 의무를 규정한 것에 불과한 것으로 단정할 수 없다.

[해설] 대결 1997. 4. 7, 97마575(채각 판례11) 참조.

② 영상물 제작공급계약의 수급인이 내부적인 문제로 영상물제작 일정에 다소의 차질이 발생하여 예정된 일자에 시사회를 준비하지 못한 경우에, 그와 같은 의무불이행은 그 계약의 목적이 된 주된 채무를 이행하는 과정에서의 부수된 절차적인 의무의 불이행에 불과하므로, 도급인은 그와 같은 부수적인 의무의 불이행을 이유로 계약을 해제할 수 없다 (대판 1996. 7. 9, 96다14364). ⑤ 대판 1987. 9. 8, 87다카655 참조.

[정답] ②

12. 갑은 동산인 이 사건 물건들(이 물건들은 갑의 소유인데 을 소유 대지상에 설치됨)을 포함한 X주유소의 시설물 일체와 위 주유소 설치 허가 명의 및 위 주유소 운영에 따른 채권·채무 등을 A에게 양도하고 이 사건 물건들을 포함한 위 시설물 일체를 A에게 인도하였다가, A의 계약의무 불이행을 이유로 위 양도계약 해제의 의사표시를 하였다. 그런데 A는 그 후에도 이 사건 물건들을 갑에게 반환하지 않고 있다가 사망하였고, B 등 A의 상속인들이 이를 점유, 위 주유소를 경영하고 있다가, 위 주유소 대지의 소유자인 을에 대한 임대료 채무에 대한 대물변제로서 이 사건 물건들의 소유권을 을에게 이전하여 주었다. 대물변제 당시 을은 갑이 A와 체결한 계약을 해제한 것을 알고 있었다. 그 후 을은 이 사건 물건들을 병에게 양도 처분하였다. 그리고 병도 그 물건들을 매수할 당시 을과 마찬가지로 갑이 A와 체결한 계약을 해제한 것을 알고 있었다. 이 경우에 관한 다음 설명 중 옳은 것은? (판례에 의함)

① 갑이 A와 체결한 계약은 처음부터 없었던 것으로 되고, 현재 이 사건 물건들의 소유권은 갑에게 있다.

② 갑이 A와 체결한 계약은 처음부터 없었던 것으로 되고, 현재 이 사건 물건들의 소유권은 을에게 있다.

③ 갑이 A와 체결한 계약은 처음부터 없었던 것으로 되고, 현재 이 사건 물건들의 소유권은 병에게 있다.

④ 갑이 A와 체결한 계약은 유효하고, 현재 이 사

건 물건들의 소유권은 을에게 있다.
⑤ 갑이 A와 체결한 계약은 유효하고, 현재 이 사건 물건들의 소유권은 병에게 있다.

[해설] 대판 1977. 5. 24, 75다1394(채각 판례12) 참조. 이 판결은, 해제의 소급효를 인정하는 전제에 있고, 또 계약이 해제되면 그 계약의 이행으로 변동이 생겼던 물권은 당연히 그 계약이 없었던 원상태로 복귀한다고 한다. 다만, 제548조 1항 단서에 의하여 제3자가 보호될 수 있으나, 본 문제에서 을과 병은—다른 판례에 의하면(부동산의 경우)—해제 후에 이해관계를 맺은 악의의 자이어서 보호되지 않는다.
[정답] ①

13. 갑은 그의 X토지를 을에게 매도하기로 하는 계약을 체결하면서 중도금을 받을 때에 그 토지의 소유권이전등기에 필요한 서류를 교부하기로 하였다. 그리하여 갑은 을로부터 중도금을 받으면서 X토지의 소유권이전등기 서류를 교부하였고, 을은 서류를 받자마자 자신의 명의로 소유권이전등기를 하였다(아래의 (1), (2)는 별개의 사안임). (1) 을은 X토지에 관하여 등기를 마친 당일 병과 그 토지에 관하여 매매예약을 하고 병 명의의 소유권이전청구권 보전의 가등기를 마쳐주었다. 그 후 을이 갑에게 잔금을 지급하지 않자 갑은 을과 체결한 매매계약을 해제하였다. (2) 그 후 을이 갑에게 잔금을 지급하지 않자 갑은 을과 체결한 매매계약을 해제하였다. 그럼에도 불구하고 을은 X토지를 정에게 매도하고 정 명의로 소유권이전등기를 해주었다. 정은 을과 계약을 체결할 때 갑이 계약을 해제한 사실을 알지 못했다.
이 두 경우에 관한 다음 설명 중 옳은 것은? (판례에 의함)
① 갑은 (1)의 경우 병에게 가등기 말소를 청구할 수 있고, (2)의 경우 정에게 소유권이전등기의 말소를 청구할 수 있다.
② 갑은 (1)의 경우 병에게 가등기 말소를 청구할 수 있으나, (2)의 경우 정에게 소유권이전등기

의 말소를 청구할 수는 없다.
③ 갑은 (1)의 경우 병에게 가등기 말소를 청구할 수 없으나, (2)의 경우 정에게 소유권이전등기의 말소를 청구할 수 있다.
④ 갑은 (1)의 경우 병에게 가등기 말소를 청구할 수 없고, (2)의 경우 정에게 소유권이전등기의 말소를 청구할 수 없다.
⑤ 갑은 (1)과 (2)의 경우 갑은 아예 해제를 할 수 없다.

[해설] 대판 2014. 12. 11, 2013다14569(채각 판례13) 참조. 이 판결은, 매수인과 매매예약을 체결한 후 그에 기한 소유권이전청구권 보전을 위한 가등기를 마친 사람도 제548조 제1항 단서에서 말하는 제3자에 포함된다고 한다. 그리고 대판 1985. 4. 9, 84다카130 등은, 계약해제로 인한 원상회복등기 등이 이루어지기 이전에 계약의 해제를 주장하는 자와 양립되지 않는 법률관계를 가지게 되었고 계약해제 사실을 몰랐던 제3자에 대하여는 계약해제를 주장할 수 없다고 한다.
[정답] ④

14. 갑은 A시에 D아파트(이하 이 사건 아파트라 함)의 주택건설사업계획승인을 받아 이 사건 아파트 710세대를 분양하던 이 사건 아파트사업의 시행사이다. 을은 갑과 사이에 이 사건 아파트의 한 세대를 분양받기로 하는 계약(이하 이 사건 분양계약이라 함)을 체결하였다. 갑과 을이 체결한 이 사건 분양계약의 계약서 제2조 제3항 본문은 "수분양자는 갑의 귀책사유로 인해 입주예정일로부터 3월 이내에 입주할 수 없게 되는 경우 이 계약을 해제할 수 있다"고 하고, 제3조 제2항은 "제2조 제3항에 해당하는 사유로 이 계약이 해제된 때에는 갑은 수분양자에게 공급대금 총액의 10%를 위약금으로 지급한다"고 하며, 그 제3항은 "제1항과 제2항의 경우 갑은 수분양자에게 이미 납부한 대금(단 제1항의 경우에는 위약금을 공제한다)에 대하여는 각각 그 받은 날로부터 반환일까지 연리 3%에 해당하는 이자를 가산하여 수분양자에게 환급한다"고 규정하고 있다. 을은 이

사건 분양계약에서 약정한 대로 갑에게 계약금 및 중도금의 일부를 지급하였다. 그런데 이 사건 분양계약의 수분양자인 을은 갑의 자금난 등으로 인한 공사 지연으로 이 사건 분양계약상 입주예정일인 2008. 12.경으로부터 3월 이내에 입주할 수 없게 되었다. 그러자 을은 갑을 상대로 이 사건 분양계약을 해제하고 분양대금 등의 지급을 구하는 소를 제기하였고, 그 소장 부본이 2009. 3. 25. 갑에게 송달되었다. 이 경우에 관한 다음 설명 중 옳지 않은 것은? (판례에 의함)

① 을의 계약해제는 무효가 아니다.

② 이 사건 아파트 입주예정일로부터 3개월이 경과한 2009. 4. 1.경 이 사건 분양계약이 해제되었다.

③ 을이 각 분양대금 지급일부터 이 사건 분양계약의 해제로 인하여 분양대금 반환의무가 발생한 때까지 동안에 발생하는 이자는 이 사건 분양계약서 제3조 제3항에 의한 연 3%의 약정이율에 의해야 한다.

④ 이 경우에는 갑과 을 사이에 이행지체의 경우에 적용할 지연손해금률에 관하여 별도의 약정이 있었다고 보기 어렵다.

⑤ 갑은 을의 해제가 효력이 발생한 뒤에는 이 사건 분양계약서 제3조 제3항에 따른 연 3%의 약정이율에 따른 금액을 가산해서 지급해야 한다.

[해설] 대판 2013. 4. 26. 2011다50509(채각 판례 14) 참조. 이 판결에 따르면, 소장 부본이 2009. 3. 25. 을에게 송달되었으므로, 그에 따라 이 사건 아파트 입주예정일로부터 3개월이 경과한 2009. 4. 1.경 이 사건 분양계약이 해제되고, 갑은 그 다음 날인 2009. 4. 2.부터 을에 대한 분양대금 반환의무 등을 지체하게 되었다고 한다. 그리고 원상회복의무가 이행지체에 빠진 이후의 기간에 대해서는 부당이득 반환의무로서의 이자가 아니라 반환채무에 대한 지연손해금이 발생하게 되므로 거기에는 지연손해금률이 적용되어야 하고, 그 지연손해금률에 관하여도 당사자 사이에 별도의 약정이 있으면 그

에 따라야 할 것이고, 설사 그것이 법정이율보다 낮다 하더라도 마찬가지라고 한다. 그런데—본 문제와 유사한—그 사안의 경우에 지연손해금률에 관한 약정이 있다고 보기 어렵다고 한다. 한편 계약해제시 반환할 금전에 가산할 이자에 관하여 당사자 사이에 약정이 있는 경우에는 특별한 사정이 없는 한 이행지체로 인한 지연손해금도 그 약정이율에 의하기로 했다고 보는 것이 당사자의 의사에 부합하지만, 그 약정이율이 법정이율보다 낮은 경우에는 약정이율에 의하지 않고 법정이율에 의한 지연손해금을 청구할 수 있다고 한다. 이에 의하면, ⑤에서 2009. 4. 2.부터는 3%가 아니고 5%의 법정이율에 따라 지연손해금을 지급해야 한다.

[정답] ⑤

15. 갑은 A, B, C와 연대하여 2005. 3. 11. 을로부터, 이자는 연 66%로, 상환일은 2005. 6. 10.로 정하여 1억 원을 차용하였다. 당시 을은 위 대여금 채권에 대한 담보로, 갑에 대한 다른 채권자들인 D, E, F, G, H와 공동명의로 갑과 X토지 중 갑 소유의 1,617분의 1,607 지분에 관하여 매매예약(이하 이 사건 매매예약이라 함)을 체결하고, 을은 2,498,265분의 241,050 지분(이하 이 사건 지분이라 함), D는 2,498,265분의 1,205,250 지분, E는 2,498,265분의 795,465 지분, F는 2,498,265분의 120,525 지분, G는 2,498,265분의 72,315 지분, H는 2,498,265분의 48,210 지분으로 하여 이 사건 가등기를 마쳤다. 을은 2005. 6. 10. 이후 위 대여금 채권의 원리금을 변제받지 못하게 되자, 갑을 상대로 2008. 6. 18. 소를 제기하여 같은 해 9. 9. '갑은 을에게 대여금 1억 원 및 이에 대하여 2005. 6. 11.부터 2007. 6. 29.까지는 연 66%의, 그 다음날부터 다 갚는 날까지는 연 30%의 각 비율에 의한 돈을 지급하라'는 취지의 승소판결을 받았고, 위 판결은 당사자들이 항소하지 않아 확정되었다(이하 이 사건 확정판결이라 함). 을은 2009. 10. 29. 갑에게 이 사건 부동산에 관한 경매절차에서 이루어진 감정결과에 의하면 이 사건 지분에 대한 가액은 45,380,000으로 평가되고, 위 평가액이 이 사건 확정판결에 기한 당시까지의 원리금 합계 305,483,333원에 미치지 못하므로 청산금이

없다는 취지로 통지하였고, 위 통지는 2009. 11. 2. 갑에게 도달하였다. 위 통지일까지 이 사건 지분에 관한 소유권의 변동은 없었다. 이 경우에 관한 다음 설명 중 옳은 것은?(권리행사기간 문제는 무시할 것) (판례에 의함)

① 을은 D, E, F, G, H와 공동으로 매매예약완결권을 가지고, 매매예약완결의 의사표시도 그들 전원이 공동으로 행사하여야 하며, 을이 단독으로 이 사건 지분에 관하여 가등기에 기한 본등기절차의 이행을 구할 수도 없다.

② 을은 D, E, F, G, H와 공동으로 매매예약완결권을 가지고, 매매예약완결의 의사표시도 그들 전원이 공동으로 행사하여야 하나, 을이 단독으로 이 사건 지분에 관하여 가등기에 기한 본등기절차의 이행을 구할 수 있다.

③ 을과 D, E, F, G, H는 각자의 지분별로 별개의 독립적인 매매예약완결권을 가지고, 채권자 중 1인인 을은 단독으로 이 사건 담보목적물 중 이 사건 지분에 관하여 매매예약완결권을 행사할 수 있고, 또한 을은 단독으로 이 사건 지분에 관하여 가등기에 기한 본등기절차의 이행을 구할 수 있다.

④ 을과 D, E, F, G, H는 각자의 지분별로 별개의 독립적인 매매예약완결권을 가지고, 채권자 중 1인인 을은 단독으로 이 사건 담보목적물 중 이 사건 지분에 관하여 매매예약완결권을 행사할 수 있으나, 을이 단독으로 이 사건 지분에 관하여 가등기에 기한 본등기절차의 이행을 구할 수는 없다.

⑤ 이 경우는 본래의 매매예약이 아니기 때문에 을은 매매예약완결권 자체를 가지지 못한다.

[해설] 대판(전원) 2012. 2. 16, 2010다82530(채각 판례15) 참조. 이 판결은 본 문제와 같은 경우에 ③과 같이 판단하였다.

[정답] ③

16. 갑은 을과 사이에 그의 X부동산을 을에게 10억 원에 매도하는 계약을 체결하였다. 그러면서 을이 갑에게 계약금으로 1억 원을 지급하기로 했고, 그중 1,000만 원을 계약 당일에 송금하고 나머지 9,000만 원은 계약 다음날 송금하기로 약정하였다. 그 약정에 따라 을이 계약 당일에 1,000만 원을 갑에게 송금하였다. 그런데 그날 밤 갑이 계약금에 근거하여 을과 체결한 계약을 해제하려고 한다. 이 경우에 관한 다음 설명 중 옳은 것을 고른 것은? (판례에 의함)

ㄱ. 계약금교부도 하나의 계약이며, 요물계약이다.
ㄴ. 계약금교부도 하나의 계약이며, 낙성계약이다.
a. 이 경우 계약금계약은 1,000만 원에 관하여 성립한다.
b. 이 경우 계약금계약은 1,000만 원에 관하여도 성립하지 않는다.
c. 이 경우 계약금계약은 1억 원에 관하여 성립한다.
가. 이 경우 갑이 매매계약을 해제할 수 있다고 하더라도, 그가 해제하려면 을에게 2,000만 원을 제공해야 한다.
나. 이 경우 갑이 매매계약을 해제할 수 있다고 하더라도, 그가 해제하려면 을에게 2억 원을 제공해야 한다.

① ㄱ, a, 가　　② ㄱ, a, 나
③ ㄱ, b, 가　　④ ㄱ, b, 나
⑤ ㄴ, b, 나　　⑥ ㄴ, c, 나

[해설] 대판 2015. 4. 23, 2014다231378(채각 판례 16) 참조. 이 판결에 의하면, 계약금계약은 요물계약이며, 계약금의 일부가 지급되었다고 해도 계약금계약이 그 일부에 관해서 성립하는 것이 아니고 전혀 성립하지 않는다고 한다. 그리고 계약금이 일부만 지급된 경우에 매도인의 해제가 인정된다고 해도 그 기준금액은 실제로 지급된 금액이 아니고 약정된 금액이라고 한다.

[정답] ④

17. 갑을 대리한 A는 1989. 6. 19. 을을 대리한 B와 사이에 X토지에 관하여 매도인은 갑, 매수인은 을, 총 매매대금은 3,450만 원으로 하되, 계약금 350만 원은 계약 당일에 중도금 1,400만 원은 같은 해 7. 21에 잔금 1,700만 원은 같은 해 8. 22. 소유권이전등기에 필요한 서류와 상환으로 이를 지급하며, 매도인이 위약하였을 때에는 계약금의 배액을 매수인에게 배상하고 매수인이 위약하였을 때에는 계약을 무효로 하며 계약금 반환청구를 할 수 없다는 내용의 매매계약을 체결하고, 갑이 계약 당일 위 계약금 350만 원을 수령하였다. 갑을 대리한 A는 위 계약체결 이틀 후인 1989. 6. 21. 을측 중개인인 D를 통하여 해제권 유보에 기한 해제의사를 을측에 전달한 뒤, 같은 해 6. 30. 을의 대리인인 위 B로부터 같은 해 7. 3. 계약금의 배액인 해약금 700만 원을 수령하겠다는 전화연락을 받고 위 날짜에 위 금원을 지참하여 약속장소에 갔으나 B는 나오지 않았고, 이에 A는 다시 전화로 그 다음날 만나 위 금액을 수수하기로 B와 약속하였으나 B는 또 약속을 지키지 않았다. 이에 갑은 같은 해 7. 5.자로 을 앞으로 위 해약금의 수령을 내용증명 우편으로 촉구하였고, 그 후인 같은 해 7. 13. A는 B를 만났으나 B가 이전과는 달리 위 해약금의 수령을 거절하므로 갑은 같은 해 7. 14. 을을 공탁물수령인으로 하여 위 해약금 700만 원을 변제공탁하였다. 한편 을은 같은 해 7. 5. 위 매매계약의 중도금 및 잔금 합계 3,100만 원을 갑을 공탁물수령인으로 하여 변제공탁하였다. 이 경우에 관한 다음 설명 중 옳은 것은? (판례에 의함)

① 이 경우의 계약금은 손해상액의 예정의 성질을 가지는 위약계약금이면서 아울러 해약금의 성질을 가지며, 갑과 을 사이의 매매계약은 7. 14.에 해제되었다.

② 이 경우의 계약금은 손해상액의 예정의 성질을 가지는 위약계약금이면서 아울러 해약금의 성질을 가지며, 갑과 을 사이의 매매계약은 7. 3.에 해제되었다.

③ 이 경우의 계약금은 손해상액의 예정의 성질을 가지는 위약계약금이면서 아울러 해약금의 성질을 가지나, 갑의 해제가 효력이 발생하기 전에 을이 이행에 착수하여 갑은 매매계약을 해제할 수 없으며, 따라서 갑과 을 사이의 매매계약은 유효하다.

④ 이 경우의 계약금은 손해상액의 예정의 성질을 가지는 위약계약금이고 해약금은 아니어서 해약금에 기한 해제는 할 수 없으며, 따라서 갑과 을 사이의 매매계약은 유효하다.

⑤ 이 경우의 계약금은 손해상액의 예정의 성질을 가지는 위약계약금일 뿐이지만 신의성실의 원칙상 해제가 인정되며, 갑과 을 사이의 매매계약은 7. 14.에 해제되었다.

[해설] 대판 1992. 5. 12. 91다2151(채각 판례17) 참조. 이 판결은, 본 문제와 같은 경우에 원심을 인용하여, 매매계약은 갑이 1989. 7. 3. 해약금을 변제제공함으로써 갑의 해제권 행사에 의하여 그 효력이 소멸되었다고 할 것이고 비록 을의 1989. 7. 5.자 변제공탁이 1989. 7. 14.자 피고의 해약금 변제공탁보다는 앞서긴 하나 피고의 위 1989. 7. 3. 변제제공으로 위 매매계약은 이미 적법하게 해제된 것이므로 위 매매계약이 여전히 유효하게 존속함을 전제로 하는 을의 위 변제공탁은 효력이 없다고 하였다.

[정답] ②

18. 갑(회사)과 을은 1990. 6. 22. 을 소유의 이 사건 토지를 갑에게 대금 3,434,639,000원에 매도하는 계약을 체결하면서 을은 같은 날 갑으로부터 계약금으로 3억 5,000만 원을 수령하고, 같은 해 7. 22. 중도금으로 1,367,329,000원, 같은 해 8. 22. 잔금으로 17억 1,731만 원을 지급받기로 약정하였다. 그 후 을이 갑의 이 사인 A에게 이 사건 매매계약의 합의해제를 요청하였으나 A가 이를 거부하였다. 그러자 을은 1990. 7. 13. 갑에게 민법 제565조에 의하여 이 사건 매매계약을 해제한다는 의사를 표시하고 계약금의 배액인 7억 원 중 위약금에 대한 법인세 및 방위세 합계 1억 500만 원을 공제한 금액을 같은 달 18.까지 수령할 것을 최고

하면서 위 기한 내에 이를 수령하지 않을 경우 공탁하겠다고 통지하여 그 통지가 같은 달 14. 갑에게 도달하였다. 그 후 위 기한까지 갑이 위 금액을 수령하지 않고 도리어 중도금 지급기일 전인 같은 달 16.에 2억 원을 을의 거래은행구좌에 무통장입금으로 예입하자 을은 같은 달 19. 갑을 공탁물수령자로 하여 위 해약금 5억 9,500만 원 및 위 입금액 2억 원의 합계 7억 9,500만 원을 공탁하였다. 이 경우에 관한 다음 설명 중 옳은 것은? (판례에 의함)

① 갑과 을 사이의 매매계약은 1990. 7. 13.에 해제되었다.
② 갑은 이행기 전에 이행에 착수할 수 있고, 을이 계약을 해제하기 전에 갑이 이행에 착수했으므로, 갑과 을 사이에 계약은 해제되지 않고 존속한다.
③ 갑은 이행기 전에 이행에 착수할 수 있으나, 이행기 전에 착수하려면 을의 동의를 얻어야 하는데 을의 동의 없이 갑이 일방적으로 이행에 착수했으므로, 갑과 을 사이에 계약은 해제되지 않고 존속한다.
④ 이 경우는 매수인인 갑이 이행기 전에 이행에 착수할 수 없는 특별한 사정이 있는 경우에 해당하여, 갑은 을의 의사에 반하여 이행할 수 없다.
⑤ 을이 1990. 7. 19.에 한 공탁과 관련해서는 계약해제의 의사표시가 없으므로, 계약은 해제되지 않는다.

[해설] 대판 1993. 1. 19, 92다31323(채각 판례18) 참조. 이 판결은, 본 문제와 같은 경우에는 매수인인 갑은 이행기 전에 이행에 착수할 수 없는 특별한 사정이 있는 경우에 해당하여 갑은 을의 의사에 반하여 이행할 수 없다고 보는 것이 옳을 것이고, 갑이 그 이행기 전에 더욱이 을이 정한 해약금 수령기한 이전에 일방적으로 이행에 착수하였다고 하여도 을의 계약해제권 행사에 영향을 미칠 수 없다고 한다. 그리고 매도인이 제565조에 의하여 계약을 해제하고자 하는 경우에는 계약금의 배액을 제공하고 하여야 할 것이나, 이 해약금의 제공이 적법하지 못하다면 해제권을 보유하고 있는 기간 안에

적법한 제공을 한 때에 계약이 해제된다고 볼 것이고, 또 매도인이 계약을 해제하기 위하여 계약금의 배액을 공탁하는 경우에는 그 공탁원인사실에 계약해제의 의사가 포함되어 있다고 할 것이므로, 상대방에게 그 공탁통지가 도달한 때에는 계약해제 의사표시가 있었다고 보는 것이 옳다고 한다. ① 1990. 7. 13.에는 배액 제공이 없었으므로 계약은 해제되지 않았다.

[정답] ④

19. 갑은 A회사로부터 「2010년형 BMW 520d 1대」를 매수하고 자동차(X자동차라 함)를 인도받았다. X자동차는 B회사가 독일 BMW 본사로부터 수입하여 A회사에게 위탁판매를 한 것이다. 갑은 X자동차를 인도받아 운행하던 중 인도받은 지 5일 만에 자동차 계기판의 속도계가 전혀 작동하지 않아 그 자동차를 비엠더블유 서비스센터에 입고하였는데, 점검결과 X자동차는 「계기판 자체에 기계적 고장이 발생하여 계기판 전체를 교체해야 하는 것」으로 확인되었다. A회사는 갑에게 X자동차의 결함에 대한 해결책으로 계기판을 교체하는 보증수리를 제의하였으나, 갑은 이를 거절하고 A회사에게 X자동차를 새로운 자동차로 교환하여 줄 것을 요구하였다. 한편 X자동차의 하자는 계기판의 속도계 부분의 바늘이 움직이지 않는 것인데, X자동차에서는 헤드업 디스플레이 장치를 통해 자동차의 앞 유리에 자동차의 속도가 화면으로 표시되기 때문에 운전자는 굳이 계기판 속도계를 보지 않고도 앞을 보고 운전하는 상태에서 속도를 확인할 수 있다. 그리고 X자동차는 계기판의 일부분에 하자가 발생한 경우에도 계기판 모듈 전체를 교체하도록 설계되어 있는데, 이러한 계기판 모듈은 볼트나 너트로 조여 있지 않고 계기판 탈착과정에서 주변에 흠집이 발생하지 않도록 완충형 받침쇠 두 개로 패널 마운트에 결합되도록 설계되어 있어서 탈착작업이 갈고리 같은 간단한 도구로 흠집 없이 가능하고, 교체비용도 140여만 원 정도이다. 또한 X자동차는 고가의 승용차로서 등록이나 사용으로 인한 가치의 감소가 다른 물건에 비하여 상대적으로 크다고 할 수 있는데, 이 사건

자동차와는 다른 차종이긴 하지만 2012년 2월식 BMW 528i의 경우 주행거리 200km인 경우 가격 하락분이 약 990만 원이고, 2012년 5월식 BMW 730d가 주행거리 1km인 경우 가격하락분이 약 1,000만 원이다.

이 경우에 관한 설명 중 옳지 않은 것은? (판례에 의함)

① 갑이 행사하는 권리는 인정되지 않는다.

② 갑의 권리는 하자로 인하여 계약의 목적을 달성할 수 없는 경우에만 인정된다.

③ 민법에 갑의 권리를 제한하는 구체적인 규정은 없다.

④ 갑의 권리는 민법의 지도이념인 공평의 원칙에 기하여 제한할 수 있다.

⑤ 갑의 권리행사에 대한 제한 여부는 매매목적물의 하자의 정도, 하자 수선의 용이성, 하자의 치유가능성 및 완전물급부의 이행으로 인하여 매도인에게 미치는 불이익의 정도 등의 여러 사정을 종합하여 사회통념에 비추어 개별적·구체적으로 판단하여야 한다.

[해설] 대판 2014. 5. 16, 2012다72582(채각 판례 19) 참조. ① 문제의 경우에 갑의 권리는 완전물급부청구권인데, 앞의 판결은 갑의 그 권리를 인정하지 않았다. ② 판례는 공평의 원칙에 기초하여 완전물급부청구권을 제한하며, 계약 목적과 관련하여 제한 여부를 판시한 적이 없다.

[정답] ②

20. 원고는 1998. 7. 21. A 회사와 사이에 A 회사 소유의 X 토지에 대하여, 1998. 8. 29. B와 사이에 B 소유의 Y 토지에 대하여 각 매매계약을 체결하고, 원고는 X 토지에 대하여는 1998. 9. 14.에, Y 토지에 대하여는 1998. 10. 16. 원고 앞으로 소유권이전등기를 마쳤다. 원고는 2005. 6. 16. C·D에게 위 각 토지(이 사건 부동산)를 매도하였고, E 회사는 2005. 8. 13. C·D와 사이에 이 사건 부동산의 매수인 지위를 승계하는 계약을 체결하였

으며, 원고는 2005. 9. 30. E 회사에 이 사건 부동산에 대한 소유권이전등기를 해주었다. E 회사는 2006. 8. 초순경 이 사건 부동산 지하에 폐콘크리트와 건설폐토석(이 사건 폐기물)이 매립되어 있는 것을 발견하고, 2006. 8. 7.경 원고에게 그 사실을 통지하였다. 원고는 그때까지 이 사건 폐기물의 매립 사실을 알지 못했고 알 수도 없었다. E 회사는 이 사건 폐기물을 처리한 후 원고를 상대로 2006. 11. 9. 그 처리비용 상당의 손해배상청구의 소를 제기하였고, 원고는 위 소송에서 1억 5,000만 원 및 그 지연손해금을 지급하라는 판결을 선고받자 2008. 10. 2. E 회사에게 위 판결금 합계 166,764,765원을 지급하였으며, 위 판결은 2009. 1. 15. 확정되었다. 원고는 2009. 8. 7. 피고 회사(A 회사의 소송수계인) 및 B의 상속인들인 나머지 피고들에게 하자담보책임에 기한 손해배상으로서 원고가 이 사건 폐기물의 처리비용 상당액으로 E 회사에 지급한 금원의 배상을 구하는 이 사건 소를 제기하였다.

이 경우에 관한 다음 설명 중 옳은 것은? (판례에 의함)

① 원고의 손해배상청구권은 존재하고 있으므로 법원은 원고의 청구를 인용해야 한다.

② 원고의 손해배상청구권은 2006. 8. 7.경부터 6개월의 제척기간이 경과하여 소멸했으므로, 법원은 원고의 청구를 기각해야 한다.

③ 원고의 손해배상청구권은 X 토지에 관하여는 1998. 7. 21.부터, Y 토지에 관하여는 1998. 8. 29.부터 10년의 소멸시효기간의 경과로 소멸했으므로, 법원은 원고의 청구를 기각해야 한다.

④ 원고의 손해배상청구권은 X 토지에 관하여는 1998. 9. 14.부터, Y 토지에 관하여는 1998. 10. 16.부터 10년의 소멸시효기간의 경과로 소멸했으므로, 법원은 원고의 청구를 기각해야 한다.

⑤ 원고의 손해배상청구권은 X 토지에 관하여는 1998. 7. 21.부터, Y 토지에 관하여는 1998. 8. 29.부터 10년의 제척기간의 경과로 소멸했으므로, 법원은 원고의 청구를 기각해야 한다.

[해설] 대판 2011. 10. 13. 2011다10266(채각 판례 20) 참조. 이 판결은, 하자담보에 기한 매수인의 손해배상청구권에는 제162조 제1항의 채권 소멸시효의 규정이 적용되고, 이때 다른 특별한 사정이 없는 한 매수인이 매매 목적물을 인도받은 때부터 소멸시효가 진행한다고 한다. 그리고 이 문제의 사안에서는 인도일이 분명치 않으나 소유권이전등기 시에 인도가 있었을 것으로 본다.

[정답] ④

21. 갑은 X토지(잡 144,413㎡)를 포함한 안산시 일대 토지 합계 7,887,814㎡(이하 사업시행지라 함)에 대하여 안산 신도시 2단계 건설사업을 수행하기로 하고, 1992. 3. 11. 당시 건설부장관으로부터 준공예정일을 1996. 12.로 하여 사업실시계획을 승인받았으며, 그 승인은 같은 날 고시되었다. 갑은 1992. 7.경 안산시장에게 사업시행지의 매수 및 손실보상 등 업무를 위탁하였고 안산시장은 갑을 대리하여 폐지 전 공공용지의 취득 및 손실보상에 관한 특례법에 따라 사업시행지 내에 위치한 X토지의 공유지분권자인 을과 위 토지 취득을 위한 협의를 거쳐 1995. 5. 16. 위 토지에 대한 을의 지분을 8,758,541,900원에 협의취득하고 이에 따라 1995. 9. 22. 갑 명의로 소유권이전등기가 마쳐졌다. 을은 X토지가 위와 같이 사업시행지에 포함되자 1992. 6.경 인근 도로 및 지표면보다 약 1m 이상 낮은 위 토지의 보상가격을 높이기 위하여 대지 조성공사를 하였는데, 그 과정에서 토사와 함께 산업폐기물 등을 매립하기로 병 등과 공모하여 1992. 6.경부터 1993. 11. 하순경 사이에 일반폐기물과 특정폐기물 합계 18,500톤을 단속이 뜸한 심야에 집중적으로 실어 운반한 후 X토지에 구덩이를 파서 쏟아 붓고 그 위에 다량의 토사를 덮어 외견상으로는 쉽게 발견되지 않도록 하는 방법으로 위 폐기물을 은밀히 매립하였다. 을의 폐기물 매립으로 인하여 그 매립부분 주변의 토지에 중금속 등 오염이 확산되고 지하수까지 오염되었는바, 관계법령에 의하여 요구되는 기준에 따라 토지와 지하수의 오염도를 산출하여 이를 정상적인 토지와 지하수로 복구하려면 163억 5,000만 원의 비용(X토지를 포함하여 인근 매립지 전체의 복구비용)이 소요된다. 갑은 위 폐기물처리를 위한 공사도급계약을 체결하고 이에 따라 위 감정결과에서 산출된 비용의 상당부분을 실제 지출하였거나 위 비용의 지출을 전제로 계약을 체결하여 그 계약에 따른 처리공사를 시행하고 있다. 이 경우에 관한 다음 설명 중 옳지 않은 것은? (판례에 의함)

① 을은 제580조에 의한 책임을 진다.
② 을은 불완전이행책임을 진다.
③ 을의 하자담보책임과 채무불이행책임이 경합하여 존재한다.
④ 폐기물처리비용이 매매대금을 초과하여도 갑의 손해배상청구권 행사에 장애가 되지는 않는다.
⑤ 갑은 을이 스스로 폐기물을 처리할 것만을 청구하거나 적어도 손해배상청구에 앞서 그러한 청구를 먼저 해야 한다.

[해설] 대판 2004. 7. 22. 2002다51586(채각 판례 21) 참조. 이 판결은, 본 문제와 같은 사안에서 원고(문제의 갑)에게 피고(문제의 을)가 스스로 폐기물을 처리할 것만을 청구하거나 손해배상청구에 앞서 이러한 청구를 먼저 행사해야 할 의무는 없다고 한다. 참고로 말하면, 본 문제의 경우에 을은 사기를 이유로 한 불법행위책임도 질 가능성이 있다.

[정답] ⑤

22. 원고는 1983년경 이 사건 대지에 대한 소유권을 취득하였는데, 피고들은 원고가 소유권을 취득하기 이전부터 위 지상에 건물들을 소유하면서 대지를 점유하고 있었다. 피고들은 종래 소유자에게 연간 벼 1가마니씩 임료를 지급하고 있었는데, 원고가 소유권을 취득하자 원고에게 평당 연간 3천 원 내지 5천 원씩 임료를 지급하여 오다가, 1990년부터는 이를 평당 연간 1만 원으로 인상하여 지급하여 왔다. 원고는 1992년경 피고들에 대하여 건물의 철거 및 그 대지의 인도를 구하는 이 사건 소를 제기하였는데, 피고들은 변론에서 위 건물의 매수를

청구하였다. 이 경우에 관한 다음 설명 중 옳지 않은 것은? (판례에 의함)

① 피고들이 건물의 매수를 청구함으로써 원고와 피고들 사이에는 위 건물에 대하여 시가 상당액을 대금으로 하는 매매가 성립하게 되고 원고는 이를 거절할 수 없다.

② 피고들은 건물대금을 지급받음과 동시에 원고에 대하여 건물에 대한 소유권이전등기 절차를 이행하고 건물을 명도할 의무가 있다.

③ 피고들이 건물매수청구권을 행사하기 전에 먼저 계약갱신청구를 하여야 하는 것은 아니다.

④ 원고의 건물철거 및 대지인도청구에는 그 청구가 받아들여지지 않을 경우 예비적으로 건물매수대금 지급과 동시에 건물명도를 구하는 청구가 포함되어 있다고 볼 수 있다.

⑤ 법원으로서는 바로 임대인의 청구를 기각할 것이 아니라 임대인이 종전의 청구를 계속 유지할 것인지 아니면 대금지급과 상환으로 지상물명도를 청구할 의사가 있는지를 석명하여야 한다.

[해설] 대판(전원) 1995. 7. 11. 94다34265(채각 판례22) 참조. ③ 대판 2009. 11. 26. 2009다70012.
[정답] ④

23. 임차인의 지상물매수청구권에 관한 다음 설명 중 옳지 않은 것은? (판례에 의함)

① 건물 소유를 목적으로 하는 토지 임대차에서 임대차 기간이 만료되거나 기간을 정하지 않은 임대차의 해지통고로 임차권이 소멸한 경우 임차인은 임대인에게 상당한 가액으로 건물의 매수를 청구할 수 있다.

② 임차인의 지상물매수청구권은 원칙적으로 임차권 소멸 당시 토지소유권을 가진 임대인을 상대로 행사할 수 있다.

③ 임대인이 제3자에게 토지를 양도하여 토지소유권이 이전된 경우 임대인의 지위가 승계되

거나 임차인이 토지소유자에게 임차권을 대항할 수 있다면 새로운 토지소유자를 상대로 지상물매수청구권을 행사할 수 있다.

④ 토지소유자가 아닌 제3자가 토지 임대행위를 한 경우 제3자가 토지소유자를 적법하게 대리하거나 토지소유자가 제3자의 무권대리행위를 추인하는 등 임대차계약의 효과가 토지소유자에게 귀속되었다면 토지소유자가 임대인으로서 지상물매수청구권의 상대방이 된다.

⑤ 토지소유자가 아닌 제3자가 임대차계약의 당사자로서 토지를 임대한 경우 토지소유자가 임차인이 토지를 점유·사용하는 것에 이의를 제기하지 않았다면 임차인은 토지소유자를 상대로 지상물매수청구권을 행사할 수 있다.

[해설] 대판 2017. 4. 26. 2014다72449 · 72456(채각 판례23) 참조. 토지소유자가 아닌 제3자가 임대차계약의 당사자로서 토지를 임대하였다면, 토지소유자가 임대인의 지위를 승계하였다는 등의 특별한 사정이 없는 한 임대인이 아닌 토지소유자가 직접 지상물매수청구권의 상대방이 될 수는 없다.
[정답] ⑤

24. 임대인의 수선의무에 관한 다음 설명 중 옳은 것을 고른 것은? (판례에 의함)

> ㄱ. 수선의무 면제특약에서 수선의무의 범위를 명시하고 있는 등의 특별한 사정이 있는 경우에는 그 특약에서 정한 대로 수선의무가 면제된다.
>
> ㄴ. 수선의무 면제특약에서 수선의무의 범위를 명시하고 있는 등의 특별한 사정이 있는 경우에는 소규모의 수선에 관하여만 수선의무가 면제된다.
>
> ㄷ. 수선의무 면제특약에서 수선의무의 범위를 명시하고 있는 등의 특별한 사정이 없는 경우에는 그 특약에서 정한 대로 수선의무가 면제된다.

ㄹ. 수선의무 면제특약에서 수선의무의 범위를
명시하고 있는 등의 특별한 사정이 없는 경
우에는 소규모의 수선에 관하여만 수선의
무가 면제된다.
ㅁ. 경제적 약자인 임차인이 보호되어야 하므
로, 수선의무 면제특약은 특별한 사정이 없
는 한 무효이다.

① ㄱ, ㄷ   ② ㄱ, ㄹ
③ ㄴ, ㄷ   ④ ㄴ, ㄹ
⑤ ㅁ

[해설] 대판 1994. 12. 9, 94다34692(채각 판례24)
참조.

[정답] ②

25. 임차 건물에 화재가 발생한 경우에 관한 다음
설명 중 옳은 것을 모두 고른 것은? (판례에
의함)

가. 임대차 목적물이 화재 등으로 인하여 소멸
됨으로써 임차인의 목적물 반환의무가 이
행불능이 된 경우에, 임차인은 이행불능이
자기가 책임질 수 없는 사유로 인한 것이라
는 증명을 다하지 못하면 목적물 반환의무
의 이행불능으로 인한 손해를 배상할 책임
을 진다.
나. 위 가.의 법리는 화재 등의 구체적인 발생
원인이 밝혀지지 아니한 때에는 적용되지
않는다.
다. 위 가.의 법리는 임대차 종료 당시 임대차
목적물 반환의무가 이행불능 상태는 아니
지만 반환된 임차 건물이 화재로 인하여 훼
손되었음을 이유로 손해배상을 구하는 경
우에도 동일하게 적용된다.
라. 임대차계약 존속 중에 발생한 화재가 임대
인이 지배·관리하는 영역에 존재하는 하자

로 인하여 발생한 것으로 추단된다면, 특별
한 사정이 없는 한, 임대인은 화재로 인한
목적물 반환의무의 이행불능 등에 관한 손
해배상책임을 임차인에게 물을 수 없다.
마. 임차인이 임대인 소유 건물의 일부를 임차
하여 사용·수익하던 중 임차 건물 부분에
서 화재가 발생하여 임차 외 건물 부분까지
불에 타 그로 인해 임대인에게 재산상 손해
가 발생한 경우에, 건물의 규모와 구조로
볼 때 건물 중 임차 건물 부분과 그 밖의
부분이 상호 유지·존립함에 있어서 구조상
불가분의 일체를 이루는 관계에 있다면, 임
차인은 임차 건물의 보존에 관하여 선량한
관리자의 주의의무를 다하였음을 증명하지
못하는 이상 임차 외 건물 부분이 소훼되어
임대인이 입게 된 손해도 채무불이행으로
인한 손해로 배상할 의무가 있다

① 가, 나, 다, 라, 마
② 가, 다, 라, 마
③ 가, 다, 라
④ 다, 라
⑤ 라, 마

[해설] 대판(전원) 2017. 5. 18, 2012다86895·86901
(채각 판례25) 참조.

[정답] ③

26. 갑은 을과 1973. 9. 30. 갑 소유의 X건물 중
지하실 건평 47평 6홉 6작(이하 Y건물이라
함)을 임대보증금 350만 원, 월차임 5만 원,
임대차기간 20개월(1975. 5. 31.까지)로 각 약
정하여 을에게 임대하기로 하는 내용의 임대차
계약을 체결하였다. 그에 따라 을은 Y건물에서
복다방이라는 상호로 다방을 경영해 왔고 현재
(1975. 6. 30.)에도 그 건물을 점유하고 있다.
그런데 차임은 전혀 지급하지 않고 있다. 그리

고 갑은 1975. 5. 9.에 을에게 임대차계약을 갱신하지 않겠다고 통지를 보냈다. 그럼에도 불구하고 임대차기간이 만료된 지 한 달이 되도록 을이 Y건물의 인도를 거부하고 있다. 을은 차임을 지급하지 않은 것을 제외하고는 갑에게 손해를 준 것이 없다. 이 경우에 관한 다음 설명 중 옳은 것을 고른 것은? (판례에 의함)

> ㄱ. 갑은 보증금 250만 원의 반환의무가 있다.
> ㄴ. 갑은 보증금 245만 원의 반환의무가 있다.
> a. 을의 건물인도의무는 갑의 보증금반환의무에 선행하는 의무이다.
> b. 갑의 보증금반환의무는 을의 건물인도의무에 선행하는 의무이다.
> c. 갑의 보증금반환의무과 을의 건물인도의무는 동시이행관계에 있다.

① ㄱ, a   ② ㄱ, c
③ ㄴ, a   ④ ㄴ, b
⑤ ㄴ, c

[해설] 대판(전원) 1977. 9. 28, 77다1241·1242(채각 판례26) 참조. 이 판결은, 임대차계약의 기간이 만료된 경우에 임차인이 임차목적물을 명도할 의무와 임대인이 보증금 중 연체차임 등 당해 임대차에 관하여 명도시까지 생긴 모든 채무를 청산한 나머지를 반환할 의무는 모두 이행기에 도달하고, 이들 의무 상호간에는 동시이행의 관계가 있다고 한다. 따라서 갑은 임대차기간 20개월분의 차임 100만 원 외에 기간 만료 후의 1개월분의 차임 5만 원도 공제하고 반환하면 된다.

[정답] ⑤

27. 주택의 임대차에 관한 다음 설명 중 옳지 않은 것은? (판례에 의함)

① 주택임대차보호법 제3조 제1항에 정한 대항요건은 임차인이 당해 주택에 거주하면서 이를 직접점유하는 경우뿐만 아니라 타인의 점유를 매개로 하여 이를 간접점유하는 경우에도 인정될 수 있으나, 그 경우에는 원칙적으로 간접점

유자의 주민등록이 되어 있어야 한다.
② 주택임차인이 임차주택을 직접점유하여 거주하지 않고 그곳에 주민등록을 하지 않은 경우라 하더라도, 임대인의 승낙을 받아 적법하게 임차주택을 전대하고 그 전차인이 주택을 인도받아 자신의 주민등록을 마친 때에는, 임차인은 주택임대차보호법에 정한 대항요건을 적법하게 갖추었다.
③ 임차인이 비록 임대인으로부터 별도의 승낙을 얻지 않고 제3자에게 임차물을 사용·수익하도록 한 경우에 있어서도, 임차인의 당해 행위가 임대인에 대한 배신적 행위라고 할 수 없는 특별한 사정이 인정되는 경우에는, 임대인은 자신의 동의 없이 전대차가 이루어졌다는 것만을 이유로 임대차계약을 해지할 수 없으며, 전차인은 그 전대차나 그에 따른 사용·수익을 임대인에게 주장할 수 있다.
④ 주택의 전대차가 그 당사자 사이뿐 아니라 임대인에 대하여도 주장할 수 있는 적법·유효한 것이라고 평가되는 경우에는, 임차인의 대항요건은 전차인의 직접점유 및 주민등록으로써 적법·유효하게 유지·존속한다.
⑤ 임차인이 그 가족과 함께 그 주택에 대한 점유를 계속하고 있으면서 그 가족의 주민등록은 그대로 둔 채 임차인만 주민등록을 일시 다른 곳으로 옮긴 경우라면 전체적으로나 종국적으로 주민등록의 이탈이라고 볼 수 없는 만큼 임대차의 제3자에 대한 대항력을 상실하지 않는다.

[해설] 대판 2007. 11. 29, 2005다64255(채각 판례27) 참조. ① 주택임대차보호법 제3조 제1항의 대항력은 임차인이 타인의 점유를 매개로 하여 주택을 간접점유하는 경우에도 인정될 수 있으나, 그 경우 당해 주택에 실제로 거주하지 않는 간접점유자인 임차인의 주민등록은 주민등록법 소정의 적법한 주민등록이라고 할 수 없고, 당해 주택에 실제로 거주하는 직접점유자가 자신의 주민등록을 마친 경우에 한하여 그 임차인의 임대차가 제3자에 대하여 적

법하게 대항력을 취득할 수 있다(대판 2001. 1. 19, 2000다55645). ⑤는 대판 1989. 1. 17, 88다카143의 내용이다.

[정답] ①

28. 갑은 2002. 4. 7. 을로부터 안산시 상록구 (자세한 지역 생략) 다가구주택 202호(X임대주택이라 함)를 임대차보증금 3,000만 원 임대차기간 2002. 5. 22.부터 2004. 5. 21.까지로 정하여 임차한 다음, 2002. 5. 23. 전입신고를 하고 거주함으로써 주택임대차보호법상 대항력을 갖추었다. 을은 2002. 11. 11. 병에게, 병은 2003. 11. 3. 다시 정에게 X임대주택의 소유권을 순차로 이전하였다. 한편 A는 2005. 5. 31. 가압류채무자를 갑, 제3채무자를 정으로 하여 갑의 정에 대한 임대차보증금 반환채권에 대하여 채권가압류결정을 받았고, 그 결정이 2005. 6. 20. 정에게 송달되었다. 그리고 B는 2007. 8. 2. 정으로부터 X임대주택의 소유권을 이전받고, 2007. 10. 10. 갑에게 임대차보증금 3,000만 원을 반환하였다. 현재는 2010. 1.이다. 이 경우에 가압류의 효력에 관한 다음 설명 중 옳은 것은? (판례에 의함)

① 이 경우에 가압류는 처음부터 무효이어서 A는 누구에게도 가압류의 효력을 주장할 수 없다.

② B가 채권가압류의 제3채무자의 지위를 승계하고, A는 정이 아니라 B에 대하여만 가압류의 효력을 주장할 수 있다.

③ B가 채권가압류의 제3채무자의 지위를 승계하나, B는 그 지위를 병존적으로 승계하므로, A는 정과 B 모두에 대하여 가압류의 효력을 주장할 수 있다.

④ B가 채권가압류의 제3채무자의 지위를 승계하지 않고, A는 정에 대하여만 가압류의 효력을 주장할 수 있다.

⑤ B가 채권가압류의 제3채무자의 지위를 승계하지 않고, 또한 X임차주택의 양도로 채권가압류결정의 피압류채권이 소멸하였기에 채권가압류 결정은 실효되었고, 따라서 병에게도 가압류의 효력이 미치지 않는다.

[해설] 대판(전원) 2013. 1. 17. 2011다49523(채각 판례28) 참조. 이 판결은, 문제의 경우에 채권가압류의 효력은 X임대주택의 양수인으로서 임대인의 지위 일체를 승계한 B에게 미친다고 한다. ⑤는 본 판결의 반대의견의 입장(가압류소멸설)이고, ④는 승계부정설의 입장이다.

[정답] ②

29. A는 그의 소유인 광주군 퇴촌면 (지번 생략) 대 846㎡(이하 이 사건 대지라고만 함) 지상에 그의 명의로 건축허가를 받아 지상 4층의 다세대주택을 건축하여 준공검사를 받지 않은 상태에서 타인에게 임대하여 사전입주시켰다(위 다세대주택은 준공 전 사전입주 및 공사미비로 준공허가를 얻지 못하여 현재까지도 미등기 상태로 남아 있다). 그 과정에서 B는 1997. 2. 26. A로부터 위 다세대주택 중 301호를 보증금 3,500만 원에 임차하여 위 보증금을 지급한 후, 1997. 3. 1. 입주하여 3. 4. 그 곳으로 전입신고를 마치고 3. 8. 위 임대차계약서에 확정일자까지 받았고, C도 1997. 2.경 A로부터 401호를 보증금 3,300만 원에 임차하여 위 보증금을 지급한 후 1997. 2. 27. 입주하여 같은 날 그 곳으로 전입신고를 마치고 1997. 3. 8. 위 임대차계약서에 확정일자까지 받았다. 원고들 외에도 D, E, F가 1997. 4.경에 보증금 각 3,500만 원으로 위 다세대 주택에 임차하여 거주하면서 주민등록도 마쳤으나 임대차계약서에 확정일자를 받지는 않았다. 한편 A는 1998. 2. 24.경 이 사건 대지와 다세대주택을 그의 처인 G에게 증여하여 이 사건 대지에 관하여는 1998. 2. 25. 위 증여를 원인으로 한 소유권이전등기를 경료하였고, 다세대주택에 관하여도 그 무렵 위 건축주 명의를 G로 변경시켰는데, G는 1998. 10. 7. 이 사건 대지에 관하여 X주식회사를 채무자로 하고 H를 근저당권자로 하는 채권최고액 2억 4,000만 원의 근저당권설정등기를 경료하였다. 그런데 위 근저당권의 채무자가 위 대출금을 변제하지 않자 H는 이 사건 대지에 관하여 법원에 경매신청을 하였고, 위 신청으로 개시된 부동산경매사건에서, 위 법원은 현황조사를 통하여 이 사건 대지상에는 4층

빌라가 신축되어 있고, 각 세대의 임차인들로는 B, C, D, E, F가 있음을 확인한 후 경매절차를 진행하였는데, C는 2001. 2. 14, B는 2001. 2. 15. 각 배당요구서를 제출하였다. 이 사건 대지는 최초 감정가가 318,942,000원이었으나, 2001. 9. 10. I에게 1억 500만 원에 낙찰되었다. 그리고 위 대지의 매각대금과 보증금 이자에서 집행비용을 공제한 나머지(그리하여 배당할 수 있는 금액)는 103,004,224원이다. 현재는 2002. 3. 26.이다. 이 경우의 배당에 관한 다음 설명 중 옳은 것은? (판례에 의함)

① 배당할 수 있는 103,004,224원은 모두 H에게 배당해야 한다.
② 103,004,224원을 B, C, H에게 그들의 채권액의 비율로 배당해야 한다.
③ 103,004,224원에서 먼저 B와 C에게 각각 3,500만 원과 3,300만 원을 배당하고, 남은 것을 H에게 배당해야 한다.
④ 103,004,224원에서 먼저 B와 C에게 각각 3,500만 원과 3,300만 원을 배당하고, 나머지를 D, E, F에게 같은 금액으로 배당해야 한다.
⑤ 103,004,224원을 B, C, D, E, F에게 그들의 채권액의 비율로 배당해야 한다.

[해설] 대판(전원) 2007. 6. 21, 2004다26133(채각 판례29) 참조. 이 판결은, 대항요건 및 확정일자를 갖춘 임차인과 소액임차인은 임차주택과 그 대지가 함께 경매될 경우뿐만 아니라 임차주택과 별도로 그 대지만이 경매될 경우에도 그 대지의 환가대금에 대하여 우선변제권을 행사할 수 있고, 임대차 성립 당시 임대인의 소유였던 대지가 타인에게 양도되어 임차주택과 대지의 소유자가 서로 달라진 경우에도 마찬가지라고 한다. 그리고 이 법리는 임차주택이 미등기인 경우에도 그대로 적용된다고 한다. 이 판결에 따르면, 문제의 경우에 미등기 다세대주택의 임차인인 B와 C는 H가 이 사건 대지에 대한 근저당권을 설정받기 전에 대항요건 및 확정일자를 갖추었으므로, H의 근저당권에 기하여 신청된 이 사건 대지에 관한 경매절차에서 그 대지의 환가대금으로부터 H의 채권에 우선하여 보증금을 배당받을 수 있다(B와 C의 우선변제권은 법정담보

물권의 성격임). 그에 비하여 D, E, F는 확정일자를 받지 않아서 우선변제권이 없다.

[정답] ③

30. 임대차의 대항력 및 우선변제권에 관한 다음 설명 중 옳지 않은 것은? (판례에 의함)
① 주임법에 정한 대항력과 우선변제권 두 가지 권리를 겸유하고 있는 임차인이 먼저 우선변제권을 선택하여 경매절차에서 배당요구를 하였으나 보증금 전액을 배당받지 못한 경우, 그 보증금 중 경매절차에서 배당받을 수 있었던 금액을 공제한 잔액에 관하여 경락인에게 대항하여 이를 반환받을 때까지 임대차관계의 존속을 주장할 수 있다
② 위 ①의 경우 임차인의 배당요구에 의하여 임대차는 해지되어 종료되고, 주임법 제4조 제2항에 의하여 임차인이 보증금 잔액을 반환받을 때까지 임대차관계가 존속하는 것으로 의제될 뿐이므로, 경락인은 임대차가 종료된 상태에서의 임대인의 지위를 승계한다.
③ 주임법상의 대항력과 우선변제권의 두 가지 권리를 함께 가지고 있는 임차인이 우선변제권을 선택하여 제1경매절차에서 보증금 전액에 대하여 배당요구를 하였으나 보증금 전액을 배당받을 수 없었던 경우 제2경매절차에서 우선변제권에 의한 배당을 받을 수 없다.
④ 우선변제권을 행사할 수 있는 주택임차인으로부터 임차보증금 반환채권을 양수하더라도 임차권과 분리된 임차보증금 반환채권만을 양수한 이상 채권양수인은 임차주택에 대한 경매절차에서 주임법상의 임차보증금 우선변제권자로서 배당요구를 할 수 없다.
⑤ 주임법 제3조의 2 제7항에서 정한 금융기관이 임차인으로부터 보증금반환채권을 양수함으로써 우선변제권을 승계한 다음 경매절차에서 배당요구를 하여 보증금 중 일부를 배당받은 경우, 임차인은 대항요건이 존속하더라도

임차주택 양수인을 상대로 더 이상 임대차관계의 존속을 주장할 수 없다.

[해설] 대판 2023. 2. 2. 2022다255126(채각 판례 30) 참조. ①② 대판 1997. 8. 22. 96다53628 참조. ② 대판 1996. 7. 12. 94다37646 참조. ③ 대판 2006. 2. 10. 2005다21166 참조. ④ 대판 2010. 5. 27. 2010다10276 참조. ⑤ 대판 2023. 2. 2. 2022다255126(채각 판례 30) 참조.

[정답] ⑤

31. 갑은 을과 사이에, 갑 소유의 X토지 위에 이 사건 건물을 신축한 후 이를 타에 매각하여 각 투자비율에 따라 그 대금을 분배하기로 하는 동업계약을 체결하면서, 갑이 X토지를 그 대지로 제공하고 을은 위 건물의 시공 및 분양사무를 담당하되 그 공사비는 설계도면 및 내역서에 의하여 정하기로 약정하였다. 이에 따라 을은 X토지 소유자인 갑 명의로 건축허가를 받은 후 병과 사이에 이 사건 건물의 건축공사 도급계약을 맺으면서, 그 공사대금 지급방법은 이 사건 건물이 완공된 후 시공자인 병에게 위 건물의 분양권을 위임하여 그 분양대금에서 위 공사대금을 우선 지급받기로 하며, 만약 위 건물이 조속한 시일 내에 분양되지 않을 때에는 위 건물을 금융기관에 담보로 제공하고 융자를 받아 위 공사대금에 우선 충당하기로 약정하였다. 그 후 병이 이 사건 건물을 완공하였으나, 그 공사비 중 반 이상을 지급받지 못했다. 그런데 을은 이 사건 건물이 완공되기도 전에 건축허가 명의자인 갑 명의로 위 건물의 준공검사를 받아 병의 의사와는 전혀 무관하게 그 건물에 관하여 갑 명의로의 소유권보존등기를 하였다. 이 경우에 관한 다음 설명 중 옳은 것은? (판례에 의함)

① 이 사건 건물의 소유권은 갑이 원시취득한다.
② 이 사건 건물의 소유권은 을이 원시취득한다.
③ 이 사건 건물의 소유권은 병이 원시취득한다.
④ 이 사건 건물은 을과 병이 공유한다.
⑤ 이 사건 건물은 갑·을·병이 공유한다.

[해설] 대판 1985. 5. 28. 84다카2234(채각 판례31) 참조. 이 판결은, 문제의 경우에 – 도급인(을)과 수급인(병) 사이에 그들 중 하나가 아니고 제3자인 – 건축허가 명의자 갑에게 소유권을 귀속시키는 특약이 있었다고 인정하여, 갑에게 소유권이 귀속된다고 하였다.

[정답] ①

32. 연명치료 중단에 관한 요건을 모두 고른 것은? (판례에 의함)

> ㄱ. 환자가 회복불가능한 사망의 단계에 이르렀어야 한다.
> ㄴ. 치료가 의학적으로 무의미해야 한다.
> ㄷ. 환자가 미리 의료인에게 자신의 연명치료 거부 내지 중단에 관하여 의사를 밝혔거나 연명치료 중단에 관한 환자의 의사를 추정할 수 있어야 한다.
> ㄹ. 환자가 회복불가능한 사망의 단계에 이르렀는지 여부에 관하여는 전문의사 등으로 구성된 위원회 등의 판단을 반드시 거쳐야 한다.

① ㄱ, ㄴ, ㄷ, ㄹ   ② ㄱ, ㄴ, ㄷ
③ ㄱ, ㄷ, ㄹ   ④ ㄱ, ㄴ, ㄹ
⑤ ㄱ, ㄷ

[해설] 대판(전원) 2009. 5. 21. 2009다17417(채각 판례32) 참조. 이 판결에 따르면, ㄱ과 ㄷ은 필요하나, ㄹ은 반드시 필요하지는 않고 그렇게 하는 것이 바람직할 뿐이다. 그리고 ㄴ도 요구되지 않는다.

[정답] ⑤

33. 을(예금보험공사)은 예금보험에 가입한 금융기관(부보금융기관)의 예금자에 대한 예금 등 채권이 지급정지되는 등의 예금자보호법 제2조 제7호에서 정한 보험사고가 발생한 경우 부보금융기관에 갈음하여 예금자에게 예금자보호법이 정한 범위 내에서 예금 상당액의 보험금을 지급함으로써 예금자 등을 보호하고 금융제도의 안정성을 유지하기 위하여 설립된 특수법

인이다. 갑의 남편 병은 2006. 2. 13. 주식회사 A상호저축은행(이하 A은행이라 함)에 기존에 예탁해 두었던 정기예금을 해지한 후 다시 A은행에 49,212,873원을 정기예금으로 예치하였고, 같은 날 이와 별도로 갑 명의의 정기예금 계좌가 개설되어 같은 날 4,200만 원이 예치되었다(이하 이 사건 예금이라 함). 이 사건 예금에 예치된 위 4,200만 원은 같은 날 병 명의의 다른 금융기관에서 인출된 금원이었다. 을의 부보금융기관인 A은행에 대하여 2006. 9. 8. 예금 등 채권의 지급이 정지됨으로써 예금자보호법이 정한 보험사고가 발생하였고, 을은 위 보험사고에 대해 2007. 3. 17. 보험금 지급결정을 하였다. 을은 갑, 병에게 보험금 가지급금으로 각 500만 원을 지급하였으나, 2007. 3. 17. 병에게 '이 사건 예금은 병의 예금이므로 병에게 예금자보호법이 정한 5,000만 원의 한도 내에서 보험금을 지급할 것'을 통지하였고, 이후 병에게 위 가지급금 합계 1,000만 원을 공제하고 보험금(4,000만 원)을 지급하였다. 이 경우에 A은행과 병이 체결한 이 사건 예금계약의 당사자에 관한 다음 설명 중 옳은 것은? (판례에 의함)

① A은행과 병 사이에 병을 당사자로 하기로 하는 명시적인 약정이 있으므로 병이 당사자가 된다.
② A은행과 병 사이에 병을 당사자로 하기로 하는 묵시적인 약정이 있으므로 병이 당사자가 된다.
③ 예금명의자인 갑이 당사자가 된다.
④ 예금명의자인 갑과 예금의 실질적 지배자인 병이 함께 당사자가 된다.
⑤ 예금명의자인 갑이 당사자가 되나, 그 계약은 「금융실명거래 및 비밀보장에 관한 법률」을 위반하여 무효이다.

[해설] 대판(전원) 2009. 3. 19, 2008다45828(채각 판례33) 참조. 이 판결은, 예금명의자가 아닌 출연자 등을 예금계약의 당사자라고 볼 수 있으려면, 금융기관과 출연자 등과 사이에서 실명확인 절차를 거쳐 서면으로 이루어진 예금명의자와의 예금계약을 부정하여 예금명의자의 예금반환청구권을 배제하고 출연자 등과 예금계약을 체결하여 출연

자 등에게 예금반환청구권을 귀속시키겠다는 명확한 의사의 합치가 있는 극히 예외적인 경우로 제한되어야 한다고 한다. 그리고 이 판결은 문제의 경우에 예외를 인정하지 않고 ③과 같은 취지로 판시하였다.

[정답] ③

34. 갑을 포함한 31명은 고양시 소재 화정택지개발지구의 토지를 분양받아 그 지상에 S프라자 상가 건물을 신축하여 분양·임대할 목적으로 창립총회를 열어 S상가조합(이하 'S조합'이라고 함)을 결성하고 정관을 제정하였다. S조합의 정관에 의하면, 조합의 임원은 조합장 1인, 이사 2인, 감사 1인, 총무 1인으로 하고(8조), 조합장은 조합을 대표하여 회무를 통리하고 총회의 의장이 되고 조합의 대외적인 업무를 행하며(10조), 임원의 선출과 변경, 조합원의 제명, 정관의 제정과 변경, 조합원의 비용부담과 징수방법, 사업시행계획의 수립 및 변경, 상가 건축 및 분배처분 계획과 방법, 조합의 해산에 관한 사항 등은 반드시 총회의 의결을 거쳐야만 하되(14조), 그 외의 사항은 임원회가 총회의 권한을 대행할 수 있도록(16조) 되어 있다. 갑은 S조합의 조합원으로서 S조합과 사이에 이 사건 건물 중 1층 106호에 관하여 분양대금을 137,750,000원(평당 1,450만 원)으로, 1층 107호에 관하여 분양대금을 194,850,000원(평당 1,500만 원)으로 각 정하여 분양계약을 체결하였고, 위 106호 및 107호에 관하여 갑 앞으로 소유권이전등기를 넘겨받았는데, 현재 갑이 S조합에 납부하지 아니한 분양대금은 85,900,441원이다. S조합은 임원회를 개최하여 갑에 대한 위 채권을 을에게 양도하기로 결의하였고, 갑에게 위 양도사실이 담겨진 채권양도통지서를 내용증명우편으로 발송하여 그 통지서가 갑에게 도달하였다. 이 경우에 S조합이 갑에 대한 채권을 을에게 양도한 행위가 유효한지 여부와 그 이유를 옳게 기술한 것은? (판례에 의함)

① 조합원 전원의 동의가 없으므로 제272조에 따라 무효이다.
② 조합의 통상사무이므로 제706조 제3항에 따라

각 조합원 또는 각 업무집행자가 단독으로 할 수 있어서 유효하다.

③ 조합의 특별사무인데 조합원 전원의 동의가 없으므로 제706조 제2항에 따라 무효이다.

④ 조합의 특별사무인데 업무집행조합원 전원의 동의가 없으므로 제706조 제2항에 따라 무효이다.

⑤ 조합의 특별사무이고 업무집행조합원 과반수가 결의하였으므로 제706조 제2항에 따라 유효하다.

[해설] 대판 2000. 10. 10, 2000다28506·28513 (채각 판례34) 참조. 이 판결은, 조합재산의 처분·변경에 관한 행위는 다른 특별한 사정이 없는 한 조합의 특별사무에 해당하는 업무집행이며, 업무집행조합원이 수인 있는 경우에는 조합의 통상사무의 범위에 속하지 아니하는 특별사무에 관한 업무집행은 제706조 제2항에 따라 원칙적으로 업무집행조합원의 과반수로써 결정하는 것이므로 위와 같이 S조합의 업무집행조합원들의 의사결정기관인 임원회의 과반수 결의로 이루어진 이 사건 채권의 양도는 다른 특별한 사정이 없는 한 유효한 업무집행이라고 한다.

[정답] ⑤

35. 조합원의 제명에 관한 다음 설명 중 옳지 않은 것은? (판례에 의함)

① 민법상 조합에서 조합원의 제명은 정당한 사유가 있는 때에 한하여 다른 조합원의 일치로써 결정한다.

② 조합업무를 집행하면서 부정행위를 한 경우와 같이 특정 조합원에게 명백한 귀책사유가 있는 경우에는 조합원을 제명할 수 있다.

③ 특정 조합원으로 말미암아 조합원들 사이에 반목·불화로 대립이 발생하고 신뢰관계가 근본적으로 훼손되어 특정 조합원이 계속 조합원의 지위를 유지하도록 한다면 조합의 원만한 공동운영을 기대할 수 없는 경우에는 조합원을 제명할 수 있다.

④ 신뢰관계 파탄을 이유로 조합원을 제명한 것에 정당한 사유가 있는지를 판단할 때에는 특정 조합원으로 말미암아 조합의 목적 달성에 방해가 계속되었는지 여부와 그 정도, 제명 이외에 다른 방해제거 수단이 있었는지 여부, 조합계약의 내용, 그 존속기간과 만료 여부, 제명에 이르게 된 경위 등을 종합적으로 고려해야 한다.

⑤ 조합원이 출자의무를 이행하지 않는 것은 조합원을 제명할 정당한 사유에 해당한다고 할 것인데, 그와 같은 출자의무의 불이행을 이유로 조합원을 제명하려면 출자의무의 이행을 지체하고 있는 당해 조합원에게 다시 상당한 기간을 정하여 출자의무의 이행을 최고하여야 한다.

[해설] 대판 2021. 10. 28, 2017다200702(채각 판례35) 참조. ① 제718조 제1항 참조. ⑤ 대판 1997. 7. 25, 96다29816은, 조합원이 출자의무를 이행하지 않는 것은 민법 제718조 제1항에서 정한 조합원을 제명할 정당한 사유에 해당한다고 할 것인바, 그와 같은 출자의무의 불이행을 이유로 조합원을 제명함에 있어 출자의무의 이행을 지체하고 있는 당해 조합원에게 다시 상당한 기간을 정하여 출자의무의 이행을 최고하여야 하는 것은 아니라고 한다.

[정답] ⑤

36. 외과전문의사인 갑이 어느 날 17 : 00경 그가 경영하던 병원에서 을의 모인 병의 감기몸살을 진료하면서 진통해열제인 판피린 1앰풀을 근육에 주사하고 타이레놀, 부루펜 등 3회분의 내복약을 조제하여 주었는데 병이 귀가하여 조제약 1봉지를 먹고 잠을 자다가 다음날 03 : 00경 사망한 사고가 발생하였다. 그 후 갑과 을은 병의 사망이 갑의 의료과실에 기인한 것으로서 갑에게 책임이 있음을 전제로 하여 그 손해배상 액수에 관하여 갑은 을에게 손해배상조로 1,200만 원을 지급하기로 하고, 을은 이후 민형사상의 책임을 묻지 않는다는 내용의 화해가 이루어졌다. 그런데 그 후 병의 시체를

부검한 결과, 그 사인은 갑과 을이 계약 당시에 생각하고 있던 바와는 달리 갑의 의료과오에 따른 약물중독이 아니라 갑의 치료행위와는 무관한 우발성 뇌출혈(지주막 출혈)로 판명되었다. 이 경우에 관한 다음 설명 중 옳은 것은? (판례에 의함)

① 갑과 을에게 공통하는 동기의 착오가 존재하므로, 갑은 계약을 해제할 수 있다.

② 갑에게 착오가 있으나, 그 착오는 중요부분의 착오가 아니어서, 갑은 계약을 취소할 수 없다.

③ 갑의 착오는 일방적인 동기의 착오이어서 갑은 아무런 권리도 가지지 못한다.

④ 갑은 착오를 이유로 을과 체결한 계약을 취소할 수 있다.

⑤ 제733조의 규정상 갑은 착오취소권을 가지지 못하나, 제110조에 의하여 취소권을 가질 여지는 있다.

[해설] 대판 1990. 11. 9, 90다카22674(채각 판례 36) 참조. 이 판결은, 문제의 경우 병의 사인에 관한 착오는 화해의 목적인 손해배상의 액수, 민형사 사건의 처리문제 등에 관한 것이 아니고 다툼의 대상도 아니고, 상호 양보의 내용으로 된 바도 없는 그 전제 내지 기초에 관한 착오이므로 이를 이유로 위 화해계약을 취소할 수 있다고 한다.

[정답] ④

37. 교통사고 등으로 신체침해가 발생한 경우에 피해자가 후유증이 없는 것으로 생각하고 일정 금액을 받으면서 나머지의 손해배상청구권을 포기하는 합의를 하였는데 그 후에 후유증이 생겨 오래 치료를 받고 그래도 완치되지 않아 불구자가 되었다. 이 경우에 관한 우리 판례의 태도와 거리가 먼 것은?

① 착오를 이유로 합의를 취소할 수 있다.

② 손해배상청구를 포함하는 합의는 합의 당시에 예상할 수 없었던 적극적 치료비나 후유증으로 인한 손해배상청구권까지 포기하는 취지로 볼 수 없다.

③ 피해자를 합의에 구속시키는 것이 신의성실의 원칙에 반할 때에는 권리남용으로 보아 이를 인정하지 않아야 한다.

④ 모든 손해가 확실하게 파악되지 않는 상황 하에서 조급하게 적은 금액을 받고 합의가 이루어진 경우에는 그 합의 당시 피해자가 포기한 손해배상청구권은 그 당시에 예측이 가능했던 손해에 대한 것뿐이라고 해석해야 한다.

⑤ 그 합의가 손해발생의 원인인 사고 후 얼마 지나지 않아 손해의 범위를 정확히 확인하기 어려운 상황에서 이루어진 것이고, 후발손해가 합의 당시의 사정으로 보아 예상이 불가능한 것으로서, 당사자가 후발손해를 예상하였더라면 사회통념상 그 합의금액으로는 화해하지 않았을 것이라고 보는 것이 상당할 만큼 그 손해가 중대한 것일 때에는 당사자의 의사가 이러한 손해에 대해서까지 그 배상청구권을 포기한 것이라고 볼 수 없다.

[해설] 대판 2000. 3. 23, 99다63176(채각 판례37)과 이 판결의 해설 참조.

[정답] ③

38. 대한주택공사는 2003. 3. 10. A회사에게 아파트 신축공사(이하 이 사건 공사라고 함)를 도급하였고, 이와 별도로 2003. 4. 24. B회사(일반폐기물 중간처리 회사)에게 이 사건 공사로 인하여 발생하는 건설폐기물 처리용역을 계약금액 5,764만 원으로 정하여 도급하였다. B회사는 위 계약에 따라 건설폐기물을 처리하던 중인 2004. 2.경 당초의 계약금액에 따른 물량을 초과하는 건설폐기물이 발생할 것이 예상되자 대한주택공사 및 A회사에게 대책을 요구하였는데, 대한주택공사는 초과물량이 발생할 만한 사정이 없다고 하였고 A회사는 대한주택공사와 협의하여 초과물량에 대한 용역대금을 지급받을 수 있도록 해 주겠다고만 하였다. 그 후 B회사는 대한주택공사 및 A회사로부터 초과물량에 대한 용역대금을 지급해 주겠다는 확

실한 약속을 받지 못하자 2004. 9.경 건설폐기물을 반출하는 것을 중단했다가 A회사의 요청으로 하는 수없이 재개하여 2005. 2. 10.까지 당초의 계약금액을 초과하는 건설폐기물을 처리하였다. 이 사건 공사 현장에서 발생한 혼합폐기물은 926.75t으로 이는 B회사와 대한주택공사 사이의 당초의 계약물량(136.9t)을 789.9t이나 초과하였다. 그리고 그 처리비용은 모두 184,064,202원인데, B회사는 대한주택공사로부터 위 처리비용 중 52,202,200원만을 지급받았다. 현재는 2006. 1.이다. 이 경우에 B회사가 A회사에게 받지 못한 건설폐기물 처리비용을 청구할 수 있는지에 관한 다음 설명 중 옳은 것은? (판례에 의함)

① B회사의 사무관리는 인정되지 않고, A회사가 부당이득을 한 것도 아니므로, B회사는 그 처리비용을 청구할 수 없다.

② B회사의 사무관리는 인정되지 않으나, A회사가 부당이득을 한 것이므로, B회사는 그 처리비용을 부당이득으로 반환청구할 수 있다.

③ B회사의 사무관리가 인정되고, 사무관리자는 보수청구권이 있으므로, B회사는 그 처리비용을 청구할 수 있다.

④ B회사의 사무관리가 인정되고, 직업 또는 영업의 범위에서 사무관리를 한 경우 사무관리자는 통상의 보수에 상응하는 금액을 필요비 내지 유익비로 청구할 수 있으므로, B회사는 그 처리비용을 청구할 수 있다.

⑤ B회사의 사무관리가 인정되나, 사무관리자는 보수청구권이 없으므로, B회사는 그 처리비용을 청구할 수 없다.

[해설] 대판 2010. 1. 14, 2007다55477(채각 판례 38) 참조.
[정답] ④

39. 갑은 1979. 4. 9. 을에게 X부동산 중 2층 27평 4홉 4작(이하 이 사건 건물이라고 함)을 임차보증금 250만 원, 월차임 14만 원, 기간 1979.

5. 31.부터 1년으로 정하여 임대한 후 매년 계약을 갱신하여 오다가(1982. 9.중순경부터는 보증금이 450만 원으로 인상됨), 1988. 5. 31. 월차임 18만 원, 기간을 1년으로 정하여 임대차계약을 갱신하였다. 갑은 X부동산을 개축할 목적으로 1989. 3.말경 을에게 이 사건 건물의 인도를 요청하여 그 무렵 갑과 을은 같은 해 5. 30.자로 임대차관계를 종료시켜 이 사건 건물을 인도하기로 약정하고, 갑이 을에게 같은 해 4. 2.에 200만 원, 같은 해 4. 3.에 100만 원을 보증금의 일부로서 반환하였다. 을은 위 건물에서 태권도 도장을 경영해 왔으며, 1989. 3. 6.부터 차임을 연체하였으나, 같은 해 5. 31. 그 인근으로 이사를 하였고, 이사를 가면서 보증금 문제가 해결되지 않아 문을 시정하여 두고 열쇠를 보관하고 있다가 1990. 2. 6. 열쇠를 갑에게 교부하여 줌으로써 위 건물 부분을 인도하였다. 현재는 1989. 9.이다. 이 경우에 갑은 을에게 임대차계약 종료 이후에 을이 이 사건 건물을 점유하고 있는 데 대하여 차임 상당액을 청구하려고 한다. 그에 관한 다음 설명 중 옳은 것을 고른 것은? (판례에 의함)

ㄱ. 이 사건 건물에 대한 을의 점유는 불법점유이므로, 갑은 불법행위를 이유로 차임 상당액을 청구할 수 있다.

ㄴ. 이 사건 건물에 대한 을의 점유는 불법점유가 아니므로, 갑은 불법행위를 이유로 차임 상당액을 청구할 수 없다.

ㄷ. 이 사건 건물에 대한 을의 점유는 보증금을 받기 위한 것으로서 법률상 원인 있는 것이므로, 갑은 부당이득을 이유로 차임 상당액을 청구할 수 없다.

ㄹ. 이 사건 건물에 대한 을의 점유는 법률상 원인 없는 것이지만, 을이 그 건물을 사용·수익하지 않아서 실질적인 이익을 얻지 않았으므로, 갑은 부당이득을 이유로 차임 상당액을 청구할 수 없다.

ㅁ. 이 사건 건물에 대한 을의 점유는 법률상 원인 없는 것이고, 을의 점유로 갑이 손실을

입었으므로, 갑은 부당이득을 이유로 차임 상당액을 청구할 수 있다.

① ㄱ, ㄷ   ② ㄱ, ㄹ

③ ㄱ, ㅁ   ④ ㄴ, ㄹ

⑤ ㄴ, ㅁ

[해설] 대판 1990. 12. 21, 90다카24076(채각 판례 39) 참조.

[정답] ④

---

40. A회사의 경리 업무를 담당하던 갑이 아무런 권한 없이 A회사의 명의로 B은행과 사이에 여신한도금액을 2억 원으로 하는 여신거래약정 및 추가약정을 체결하였다. 갑은 A회사의 대표이사에게 A회사의 B은행에 대한 대출채무가 존재하지 않으며, A회사의 예금 잔고가 22억 원 내지 30억 원 상당이라고 허위 보고를 해 오다가 행방을 감추었고, A회사의 대표이사 을은 그 무렵 검찰에 갑이 B은행에 예치된 A회사 명의의 회사 자금 30억 원 상당을 횡령하여 도주하였다는 내용의 고소장을 제출하였다. 한편 갑은 도주하기 전에 A회사 명의의 대출계약에 따라 인출한 금전 중 일부는 자신이 횡령한 금전을 채우기 위해 A회사의 은행계좌에 입금하였고(ㄱ부분), 나머지는 A회사가 거래처인 C회사에 대하여 부담하고 있는 채무의 변제를 위해 송금하였다(ㄴ부분). 갑이 A회사의 은행계좌에 입금할 당시 A회사는 그 금전이 편취한 것임을 알지 못했으나 알지 못한 데 경과실이 있었고, 갑이 C회사에 송금할 당시 C회사는 그 사실을 알고 있었다. 이 경우에 ㄱ부분과 ㄴ부분에 관하여 B은행이 A회사와 C회사에 부당이득을 이유로 반환을 청구할 수 있는가? (판례에 의함)

① ㄱ부분과 ㄴ부분 모두 반환청구를 할 수 없다.

② ㄱ부분은 반환청구를 할 수 없으나, ㄴ부분은 반환청구를 할 수 있다.

③ ㄱ부분은 반환청구를 할 수 있으나, ㄴ부분은 반환청구를 할 수 없다.

④ ㄱ부분과 ㄴ부분 모두 반환청구를 할 수 있다.

⑤ 이는 불법행위 문제이므로 부당이득은 문제도 되지 않는다.

[해설] 대판 2008. 3. 13, 2006다53733·53740(채각 판례40) 참조. 이 판결에 따르면, 편취금전으로 변제한 경우에, 변제수령자(편취자의 채권자나 그 채권자의 채권자)가 악의이거나 그에게 중과실이 있는 때에는 부당이득이 성립하나, 그 외의 경우에는 설사 경과실이 있더라도 부당이득이 성립하지 않는다고 한다.

[정답] ②

---

41. X건물은 갑이 1/2 지분, 을, 병이 각각 1/4 지분으로 공유하고 있다. 을은 공유자인 갑의 동의 없이 정에게 X건물의 1, 2층 창호공사를 2억 5천만 원에 도급하는 계약을 체결하고 정이 약정기간 내에 위 공사를 완료하였으나 정에게 공사대금을 지급하지 않았다. 위 공사로 인하여 X건물의 가치는 1억 5천만 원 정도 증가하였다. 이 경우에 정이 갑에 대하여 X건물 가치 증가분 중 갑의 지분비율에 해당하는 7,500만 원을 부당이득으로 반환청구하거나 제203조를 근거로 비용상환청구를 할 수 있는가? (판례에 의함)

① 두 권리를 선택적으로 행사할 수 있다.

② 부당이득으로 반환청구를 할 수는 있으나, 비용상환청구를 할 수는 없다.

③ 부당이득으로 반환청구를 할 수는 없으나, 비용상환청구를 할 수는 있다.

④ 두 권리 모두 행사할 수 없다.

⑤ 두 권리를 동시에 행사할 수 있다.

[해설] 대판 2002. 8. 23. 선고 99다66564·66571(채각 판례41) 참조. 이 판결에 따르면, 문제의 경우에는 부당이득 반환청구도 할 수 없고(전용물소권이 부정됨), 비용상환청구도 할 수 없다. 그 판결은, 비용상환청구권을 행사할 수 없는 이유로, 문제의 경우에는 도급인 을만이 비용상환청구권을 가지는 비용지출자이고 수급인인 정은 비용지출자가 아니기 때문이라고 설명한다.

[정답] ④

42. 갑(재개발조합임)은 이 사건 상가를 신축한 후 K유통 주식회사(이하 K유통이라 함)와 사이에 이 사건 상가를 230억 원에 매도하는 매매계약을 체결하고, K유통은 그 무렵부터 이 사건 상가를 호수별로 분할하여 분양업무를 개시하였다. 을은 K유통과 사이에 상가 중 X부분에 대한 분양계약을 체결한 후 분양대금 중 일부는 K유통에 지급하고(A금액) K유통의 지시에 따라 무통장입금의 방법으로 갑이 개설한 계좌로 송금하였으며(B금액), 무통장입금한 것에 대해서는 무통장입금표를 K유통에 제시하고 K유통으로부터 다시 입금표를 교부받았다. 그런데 K유통이 갑에게 계약금밖에 지급하지 않아 을은 분양받은 X상가를 인도받지 못하고 있다. 이 경우에 B금액에 대한 다음 설명 중 옳은 것을 고른 것은? (판례에 의함)

> ㄱ. B금액은 을과 K유통 사이에 체결된 계약이 유효한 경우에 갑에게 부당이득이 된다.
> ㄴ. B금액은 을과 K유통 사이에 체결된 계약이 유효한 경우에 갑에게 부당이득이 되지 않는다.
> ㄷ. B금액은 을과 K유통 사이에 체결된 계약이 해제된 경우에 갑에게 부당이득이 된다.
> ㄹ. B금액은 을과 K유통 사이에 체결된 계약이 해제된 경우에 갑에게 부당이득이 되지 않는다.
> ㅁ. 을과 K유통 사이에 체결된 계약이 해제된 경우에는 K유통이 B금액의 반환의무를 진다.
> ㅂ. 을과 K유통 사이에 체결된 계약이 해제된 경우에 K유통은 B금액의 반환의무를 지지 않는다.

① ㄱ, ㄷ, ㅁ 　② ㄱ, ㄷ, ㅂ
③ ㄴ, ㄷ, ㅂ 　④ ㄴ, ㄹ, ㅁ
⑤ ㄴ, ㄹ, ㅂ

[해설] 대판 2003. 12. 26, 2001다46730(채각 판례 42) 참조. 이 판결에 따르면, K유통의 지시에 의해 을이 갑에게 한 급부는, 을과 K유통이 체결한 계약이 유효하든 그것이 해제되든, 갑에게는 부당이득이 되지 않는다. 그리고 을과 K유통이 체결한 계약이 해제되면, 그 계약관계는 을과 K유통 사이에서 청산되어야 하므로, K유통은 해제로 인한 원상회복의무로서 B금액의 반환의무가 있다.

[정답] ④

43. 다음 설명 중 옳지 않은 것은? (판례에 의함)
① 배당받을 권리 있는 채권자가 자신이 배당받을 몫을 받지 못하고 그로 인해 권리 없는 다른 채권자가 그 몫을 배당받은 경우 배당이의 여부 또는 배당표의 확정 여부와 관계없이 배당받을 수 있었던 채권자는 배당금을 수령한 다른 채권자를 상대로 부당이득 반환청구를 할 수 있다.
② 배당절차에 참가한 채권자가 배당이의 등을 하지 않아 배당절차가 종료되었더라도 그의 몫을 배당받은 다른 채권자에게 그 이득을 보유할 정당한 권원이 없는 이상 부당이득 반환청구를 허용하여 잘못된 배당의 결과를 바로잡을 수 있도록 하는 것이 실체법 질서에 부합한다.
③ 적법한 배당요구가 필요함에도 이를 하지 않아 배당에서 제외된 선순위 채권자는 대신 배당받은 후순위 채권자를 상대로 부당이득 반환을 청구할 수 없다.
④ 채권자가 적법한 소환을 받아 배당기일에 출석하여 자기의 의견을 진술할 기회를 부여받고도 이러한 기회를 이용하지 않은 채 배당절차가 종료되었다면, 그 배당절차에서 배당받은 다른 채권자를 상대로 부당이득 반환청구의 소를 제기하여 새삼스럽게 자신의 실체법적 권리를 주장하는 것은 허용될 수 없다.
⑤ 채권자가 제기한 배당이의의 소에서는 원고의 청구가 이유 있으면 '배당이의를 하지 않은 다른 채권자의 채권을 참작할 필요 없이' 피고가 배당받을 수 없게 된 금액을 원고의

채권액에 달할 때까지 원고에게 배당하는 것으로 배당표를 경정한다.

[해설] ①② 대판(전원) 2019. 7. 18. 2014다206983 (채각 판례43) 참조. 배당받을 권리 있는 채권자가 자신이 배당받을 몫을 받지 못하고 그로 인해 권리 없는 다른 채권자가 그 몫을 배당받은 경우, 배당이 의 여부 또는 배당표의 확정 여부와 관계없이 배당받을 수 있었던 채권자가 배당금을 수령한 다른 채권자를 상대로 부당이득 반환청구를 할 수 있다. ④는 위 판결의 반대의견의 입장임. ③ 대판 1997. 2. 25, 96다10263. ⑤ 대판 1998. 5. 22, 98다3818.

[정답] ④

44. 판례는, 구분소유자 중 일부가 정당한 권원 없이 집합건물의 복도, 계단 등과 같은 공용부분을 배타적으로 점유 · 사용함으로써 이익을 얻고, 그로 인하여 다른 구분소유자들이 해당 공용부분을 사용할 수 없게 되었다면, 공용부분을 무단점유한 구분소유자는 특별한 사정이 없는 한 해당 공용부분을 점유 · 사용함으로써 얻은 이익을 부당이득으로 반환할 의무가 있다고 한다. 다음 설명 중 이 판례가 들고 있는 이유와 거리가 먼 것은?

① 집합건물법에 따르면, 각 공유자는 전원의 공유에 속하는 공용부분을 그 용도에 따라 사용할 수 있고, 규약에 달리 정한 바가 없으면 그 지분비율에 따라 공용부분에서 생기는 이익을 취득한다.

② 구분소유자 중 일부가 정당한 권원 없이 집합건물의 복도, 계단 등과 같은 공용부분을 배타적으로 사용하는 경우 다른 구분소유자들은 해당 공용부분을 사용할 수 없게 되는 불이익을 입게 된다. 다만, 해당 공용부분을 구조상 별개 용도로 사용하는 것이 불가능하거나 다른 목적으로 임대할 수 없는 경우는 예외이다.

③ 구분소유자 중 일부가 집합건물법에서 정한 절차를 거치지 않고 정당한 권원 없이 공용부분을 배타적으로 사용하였다면 해당 공용부분에 대한 다른 구분소유자들의 사용 · 수익권을 침해하여 그에 해당하는 손해를 가한 것이다.

④ 일반적으로 부동산의 무단점유 · 사용에 대하여 차임 상당액을 부당이득으로 반환해야 한다고 보는 이유는 해당 부동산의 점유 · 사용으로 인한 이익을 객관적으로 평가할 때 그 부동산 사용에 관한 권리가 당사자 간의 합의로 설정된다고 가정하였을 경우 약정되었을 대가로 산정하는 것이 합리적이기 때문이다.

⑤ 정당한 권원 없이 집합건물의 공용부분을 배타적으로 점유하여 사용한 자는 부동산의 점유 · 사용 그 자체로 부당한 이익을 얻게 된다. 이로 인하여 다른 구분소유자들은 해당 공용부분을 사용할 수 있는 가능성이 원천적으로 봉쇄되는 손해를 입었으므로 이로써 민법 제741조에 따른 부당이득 반환의 요건이 충족되었다고 볼 수 있다.

[해설] 대판(전원) 2020. 5. 21, 2017다220744(채각 판례44) 참조. 이 판결은 다음과 같이 판시한다. 「구분소유자 중 일부가 정당한 권원 없이 집합건물의 복도, 계단 등과 같은 공용부분을 배타적으로 사용하는 경우 다른 구분소유자들은 해당 공용부분을 사용할 수 없게 되는 불이익을 입게 된다. 즉 다른 구분소유자들의 해당 공용부분에 대한 사용권이 침해되는 것이다. <u>이는 해당 공용부분을 구조상 별개 용도로 사용하는 것이 불가능하거나 다른 목적으로 임대할 수 없더라도 마찬가지이다.</u>」

[정답] ②

45. X토지는 A종중 소유인데 A종중은 그 토지를 종중 명의로 등기하지 않고 종중원 가운데 각 지역의 대표인 갑, 을, 병의 공유로 등기해 두었다. 그 후 A종중은 갑, 을, 병을 상대로 X토지에 관하여 명의신탁 해지를 원인으로 한 소유권이전등기의 소를 제기하여 승소판결을 받고 그 판결이 확정되었으나, 그 판결에 기하여 A종중 앞으로 소유권이전등기는 하지 않고

있었다. 한편 B시(市)는 취락구조 개선사업을 진행하면서 그 사업지구에 포함된 X토지가 A종중의 소유임을 확인하고 「공익사업을 위한 토지 등의 취득 및 보상에 관한 법률」에 기하여 A종중으로부터 그 토지를 협의매수하려고 하였다. 그런데 A종중이 가격이 저렴하다는 이유로 거절하여 매수를 하지 못하였다. 그러자 B시는 갑, 을, 병으로부터 X토지를 매수하였고 그에 관하여 소유권이전등기도 마쳤다. 그 후 A종중은 B시를 상대로 소유권이전등기의 말소등기절차 이행청구의 소를 제기하여 승소판결을 받았고, 그 판결이 확정되었다. 그러자 B시는 A종중으로부터 X토지를 다시 매수하였다. 그러고 나서 B시는 갑, 을, 병을 상대로 B시가 지급한 매매대금을 부당이득을 이유로 반환하라고 청구하였다. 이 경우에 B시의 청구에 관한 설명 중 옳은 것을 고른 것은? (판례에 의함)

ㄱ. 거기에는 제746조 본문이 적용된다.
ㄴ. 거기에는 제746조 단서가 적용된다.
ㄷ. 거기에는 수익자의 불법성이 급여자의 그것보다 현저히 크고, 그에 비하면 급여자의 불법성은 미약한 경우에는 급여자의 반환청구는 허용된다는 이론이 적용된다.
ㄹ. 거기에는 수령자의 불법성이 급여자의 것보다 조금이라도 크기만 하면 반환청구가 허용된다는 이론이 적용된다.
a. 갑, 을, 병은 매매대금을 반환할 필요가 없다.
b. 갑, 을, 병은 매매대금을 반환해야 한다.

① ㄱ, a   ② ㄴ, b
③ ㄷ, a   ④ ㄷ, b
⑤ ㄹ, b

[해설] 대판 1993. 12. 10, 93다12947(채각 판례45) 참조.
[정답] ④

46. X임야는 원래 병의 아버지인 갑(78세)의 소유였는데, 갑은 을(50세)과 불륜관계를 유지하면

서 그 대가로 을에게 그 임야를 증여하여 그것에 관하여 소유권이전등기를 해 주었다. 그러자 갑의 아들인 병은 그 임야를 다시 찾으려고 을을 기망하여 아무런 원인 없이 1977. 11. 29. 자기 앞으로 가등기를 해 놓았다. 이 경우에 관하여 옳은 설명을 모두 고른 것은? (판례에 의함)

ㄱ. 병은 을에게 소유권에 기하여 X임야의 소유권이전등기의 말소를 청구할 수 있다.
ㄴ. 병은 을에게 소유권에 기하여 X임야의 소유권이전등기의 말소를 청구할 수 없다.
ㄷ. 병은 을에게 부당이득을 이유로 X임야의 소유권이전등기의 말소를 청구할 수 있다.
ㄹ. 병은 을에게 부당이득을 이유로 X임야의 소유권이전등기의 말소를 청구할 수 없다.
ㅁ. X임야의 소유권은 갑에게 속한다.
ㅂ. X임야의 소유권은 을에게 속한다.
ㅅ. 병은 가등기를 말소해야 한다.
ㅇ. 병은 가등기를 말소할 의무가 없다.

① ㄱ, ㄷ, ㅁ, ㅇ   ② ㄴ, ㄹ, ㅂ, ㅅ
③ ㄱ, ㄷ, ㅁ, ㅅ   ④ ㄴ, ㄹ, ㅁ, ㅇ
⑤ ㄴ, ㄷ, ㅂ, ㅅ

[해설] 대판(전원) 1979. 11. 13, 79다483(채각 판례 46) 참조. 이 판결은, 불법원인급여를 한 사람은 그 원인행위가 법률상 무효라 하여 상대방에게 부당이득을 원인으로 한 반환청구를 할 수 없음은 물론, 그 원인행위가 무효이기 때문에 급여한 물건의 소유권은 여전히 자기에게 있다고 하여, 소유권에 기한 반환청구도 할 수 없는 것이고, 그리하여 그 반사적 효과로서 급여한 물건의 소유권은 급여를 받은 상대방에게 귀속하게 되는 것이라고 해석함이 타당하다고 한다. 그리고 본 문제의 경우에 가등기는 원인 없이 이루어진 것이어서 소유자인 을은 병에게 가등기의 말소를 청구할 수 있다.
[정답] ②

47. A는 밀양시의 지원을 받아 밀양시 내에 골프장 건설사업을 시행하고자 B종중(총종원 400여명, 이연마을 거주 종원 51명)의 종산 부근 55만여 평의 야산 지역을 골프장 건설 적지로 판단하고 이를 매입하기로 하였다. 그 당시 B종중의 종회장이던 C는 A로부터 특정 임야의 매도를 권유받자 1997. 4. 24. 이연마을에 거주하고 있는 종원들을 대상으로 임시총회를 개최하였고, 종중원 약 20여명이 모인 자리에서 참석 종중원의 만장일치로 그 임야를 포함한 종중 소유의 17필지 토지(이하 이 사건 임야라 함) 약 20만여 평을 매도하기로 결의하였다. A를 대리한 E와 B종중의 대표자인 C 사이에 1997. 4. 30. A가 B종중으로부터 7억 5,000만 원에 이 사건 임야를 매수하기로 하고(이하 이 사건 매매계약이라 함), 계약 당일 계약금 및 중도금으로 합계 1억 5,000만 원을, 1997. 7. 1. 잔금으로 6억 원을 각 지급한 후, 위 각 임야에 대하여 A 및 E 앞으로 지분소유권이전등기를 마쳤다(그 후 모두 A 명의로 등기함). 그런데 이 사건 매매계약 체결사실이 다른 종중원들에게 알려지자 D를 비롯한 일부 종중원들이 이 사건 임야의 처분에 반대하면서 유산보존위원회를 결성하였고, 1997. 9. 7. 위 유산보존위원회 명의로 임시총회를 개최하여 C를 종회장에서 해임하는 한편 D를 종회장으로 선임하기로 결의하였다. B종중은 소를 제기하여 2001. 7. 13. 법원으로부터 1997. 4. 24.자 B종중의 위 임시총회는 적법한 소집통지 없이 개최되어 무효이고, 이에 기초한 이 사건 매매계약도 무효이며, 그에 기한 소유권이전등기도 원인무효이므로 말소하라는 내용의 판결을 받았고, 그에 기하여 2002. 10. 28.경 등기가 말소됨으로써 이 사건 임야의 소유명의는 B종종으로 회복되었다. 한편 B종중은 A로부터 지급받은 매매대금을 종중원 명의로 된 수개의 정기예금계좌에 예치·관리하였는데, 위 정기예금계좌에서 1998. 2. 24.부터 2000. 11. 14.까지 5회에 걸쳐 합계 47,079,030원(이자임)을 인출하여 피고 종중의 세금 등에 사용하였다. 현재는 2003. 1.이다. 다음은 이 경우에 A가 B종중에게 B종중이 사용한 정기예금이자 상당액을 부당이득으로 청구할 수 있는지에 관한 설명이다. 옳은 것은? (판례에 의함)

① 그 정기예금이자는 매매대금으로부터 A가 통상 취득했으리라고 생각되는 범위 내의 운용이익이라고 볼 수 있어, A는 B종중에게 그것을 청구할 수 있다.

② 그 정기예금이자는 매매대금으로부터 A가 통상 취득했으리라고 생각되는 범위 내의 운용이익이라고 볼 수 있으나 운용이익은 반환을 구할 수 없으므로, A는 B종중에게 그것을 청구할 수 없다.

③ 그 정기예금이자는 매매대금으로부터 A가 통상 취득했으리라고 생각되는 범위를 넘는 운용이익이지만 운용이익은 모두 반환해야 하므로, A는 B종중에게 그것을 청구할 수 있다.

④ 그 정기예금이자는 매매대금으로부터 A가 통상 취득했으리라고 생각되는 범위를 넘는 운용이익이므로, A는 B종중에게 그것을 청구할 수 없다.

⑤ 그 정기예금이자는 아예 A의 수익이라고 볼 수 없어서 반환청구의 대상이 되지 않으며, 따라서 A는 B종중에게 그것을 청구할 수 없다.

[해설] 대판 2008. 1. 18, 2005다34711(채각 판례 47) 참조. 이 판결은, 부당이득한 재산에 수익자의 행위가 개입되어 얻어진 이른바 운용이익의 경우, 그것이 사회통념상 수익자의 행위가 개입되지 않았더라도 부당이득된 재산으로부터 손실자가 통상 취득했으리라고 생각되는 범위 내에서는 반환해야 할 이득의 범위에 포함된다고 한 뒤, 문제의 경우에 ①과 같이 판시하였다.

[정답] ①

48. 갑은 17세의 정상적인 고등학생 을로부터 폭행을 당하여 상해를 입었다. 그리고 병은 을의 아버지이다. 이 경우에 관한 설명 중 옳은 것을 모두 고른 것은? (판례에 의함)

ㄱ. 갑은 제755조를 근거로 병에게 손해배상청구를 할 수 있다. 이 경우에 병은 감독을 게

을리하지 않았다는 것을 증명하지 않는 한 배상책임을 면할 수 없다.

ㄴ. 병은 갑의 상해가 그(병)의 의무위반과 상당인과관계가 있으면 갑에게 일반불법행위자로서 손해배상책임이 있다.

ㄷ. ㄴ의 경우에 그러한 감독의무 위반사실 및 손해발생과의 상당인과관계의 존재는 갑이 증명하여야 한다.

ㄹ. 갑은 을에게 불법행위를 이유로 손해배상청구를 할 수 있다.

① ㄱ, ㄴ, ㄷ, ㄹ   ② ㄱ, ㄴ, ㄷ
③ ㄴ, ㄷ   ④ ㄴ, ㄹ
⑤ ㄴ, ㄷ, ㄹ

[해설] 대판(전원) 1994. 2. 8, 93다13605(채각 판례48) 참조. 이 판결에 따르면 제755조에 의한 책임(ㄱ)은 인정되지 않는다. 그에 비하여 ㄴ, ㄷ, ㄹ은 모두 옳다.

[정답] ⑤

49. A(남. 당시 만 17세)는 2018. 8. 3. B(여. 당시 만 16세)와 성관계를 하던 중 휴대폰 카메라로 B가 속옷만 입거나 나체인 모습을 B의 의사에 반하여 촬영하였다. A는 2018. 8. 19. B가 연락을 받지 않는다는 이유로, B에게 카카오톡 메시지로 위 사진을 전송하면서 이를 유포하겠다고 협박하였다. B는 2018. 8. 20. 01:00경 A가 보낸 메시지와 사진을 모자이크 처리하여 자신의 SNS에 게시하였고, 같은 날 10:30경 친구를 만나 죽고 싶다는 이야기를 한 다음, 같은 날 12:25경 투신하여 자살하였다. 피고는 A의 아버지로, A가 만 2세였을 때 A의 어머니인 C와 협의이혼을 하였고, A의 친권자 및 양육자로 C가 지정되었다. 그리하여 피고는 이혼 후 A를 거의 만나지도 않았다.

이 경우에 B의 유족인 원고에 대하여 불법행위책임을 지는 자를 모두 열거한 것으로 옳은 것은? (판례에 의함)

① A, C, 피고
② A, C
③ A, 피고
④ C, 피고
⑤ 아무도 없음

[해설] 대판 2022. 4. 14, 2020다240021(채각 판례 49) 참조. A는 책임능력이 있는 가해자로서, C는 친권자 및 양육자로서 제750조에 의해 불법행위책임을 진다. 그러나 피고는 비양육친으로서 감독의무자책임을 지지 않는다.

[정답] ②

50. A회사의 대표이사인 갑은 1992. 10. 초순경 대구고등법원으로부터 그 법원장 관사 건물에 대한 페인트 도색공사의 도급을 의뢰받았으나 A회사로서는 이를 도급받을 처지가 되지 못하여 그 공사를 처남의 친구로서 평소 잘 알고 지내던 을에게 소개를 해 주었다. 그리고 자신의 명의로 사업자등록이 되어 있지 않은 을로부터 부탁을 받아 갑은 을이 그 공사를 도급받을 수 있도록 A회사 명의의 견적서 및 세금계산서를 발행해 주었다. 이에 따라 을은 A회사 명의로 위 도색공사를 도급받았으나 A회사의 관여 없이 도장공인 병을 일용노동자로 고용하여 독자적으로 위 공사를 시행하였다. 그러던 중 을이 도색작업용인 3단의 철골구조물을 설치하면서 각 단의 앞뒤에 x자형의 받침대를 설치하거나 창틀 등에 고정시키지 않고 병에게 도색작업을 지시한 과실로 위 철골구조물이 옆으로 넘어지는 바람에 그 위에 놓인 사다리에 올라가 도색작업을 하던 병이 지면으로 떨어져 상해를 입었다. 이 경우에 A회사가 병에게 사용자책임을 지는지에 관한 다음 설명 중 옳은 것은? (판례에 의함)

① 본래 명의대여자는 사용자책임을 져야 하나, 이 경우에는 병에게 중대한 과실이 있어서 A회사가 책임을 지지 않는다.

② 명의대여의 경우에는 다른 요건이 없이도 명의대여자가 당연히 사용자책임을 지므로, A회사

는 책임을 진다.
③ A회사는 명의대여자이고 객관적으로 보아 을을 지휘·감독해야 할 지위에 있었으므로 사용자책임을 진다.
④ A회사는 명의대여자이고 실질적으로 을을 지휘·감독하고 있었으므로 사용자책임을 진다.
⑤ A회사는 명의대여자이나 을을 사실상으로 지휘·감독하는 관계에 있지 않았기 때문에 사용자책임을 지지 않는다.

[해설] 대판 1994. 10. 25, 94다24176(채각 판례50) 참조. 이 판결은, 명의대여의 경우에 사용자책임의 요건으로서의 사용관계가 있느냐 여부는 실제적으로 지휘·감독을 하였느냐의 여부에 관계없이 객관적으로 보아 사용자가 그 불법행위자를 지휘·감독해야 할 지위에 있었느냐의 여부를 기준으로 결정할 것이라고 한다.
[정답] ③

51. 사용자책임의 요건 중 하나인 '사무집행에 관하여 제3자에게 손해를 가했을 것'과 관련된 다음 설명 중 옳지 않은 것은? (판례에 의함)
① 피용자의 불법행위가 외형상 객관적으로 사용자의 사업활동 내지 사무집행행위 또는 그와 관련된 것이라고 보여질 때에는 이를 사무집행에 관하여 한 행위로 본다.
② 사무집행에 관하여 한 행위인지를 판단할 때에는 행위자의 주관적 사정을 고려해야 한다.
③ 피용자의 불법행위가 외관상 사무집행의 범위 내에 속하는 것으로 보이는 경우에 있어서도 피용자의 행위가 사용자나 사용자에 갈음하여 그 사무를 감독하는 자의 사무집행행위에 해당하지 않음을 피해자 자신이 알았거나 중대한 과실로 인하여 알지 못한 경우에는 사용자책임을 물을 수 없다.
④ 외형상 객관적으로 사용자의 사무집행에 관련된 것인지의 여부는 피용자의 본래 직무와 불법행위와의 관련 정도 및 사용자에게 손해발

생에 대한 위험창출과 방지조치 결여의 책임이 어느 정도 있는지를 고려하여 판단하여야 한다.
⑤ ③의 경우 중대한 과실이라 함은 거래의 상대방이 조금만 주의를 기울였더라면 피용자의 행위가 그 직무권한 내에서 적법하게 행하여진 것이 아니라는 사정을 알 수 있었음에도 만연히 이를 직무권한 내의 행위라고 믿음으로써 일반인에게 요구되는 주의의무에 현저히 위반하는 것으로 거의 고의에 가까운 정도의 주의를 결여하고, 공평의 관점에서 상대방을 구태여 보호할 필요가 없다고 봄이 상당하다고 인정되는 상태를 말한다.

[해설] 대판 1999. 1. 26, 98다39930(채각 판례51) 참조. 이 판결에 따르면, 사용자책임의 요건인 사무집행에 관하여라는 뜻은 피용자의 불법행위가 외형상 객관적으로 사용자의 사업활동 내지 사무집행행위 또는 그와 관련된 것이라고 보여질 때에는 행위자의 주관적 사정을 고려함이 없이 이를 사무집행에 관하여 한 행위로 본다는 것이라고 한다.
[정답] ②

52. 갑이 2002. 10. 23. 23:10경 혈중알콜농도 0.21%로 술에 취한 상태에서 그가 소유한 오토바이(이하 1차량이라 함)를 운전하여 천안시 직산방면에서 평택방면으로 진행하던 중 천안시 성환읍 매주리 성환자동차 매매상사 앞 노상에 이르러 중앙선을 침범한 과실로 때마침 반대차선에서 마주오던 을이 운전하던 차량(이하 2차량이라 함)과 충돌하여 그 충격으로 자신이 진행하던 차로로 떨어졌고, 이어서 위 1차량을 뒤따르던 번호 불상의(뺑소니)의 차량(이하 3차량이라 함)이 갑을 2차로 충돌하여 1차량 진행방향 1차로로 떨어졌으며, 그로부터 약 5분 후 위 3차량을 뒤따르던 병이 운전하던 차량(이하 4차량이라 함)이 갑을 충돌하여 약 20m가량 끌고 진행하였다. 그 후 갑은 위 사고로 인한 경수 손상을 원인으로 사망(이하 이 사건 사고라고 함)하였다. 그런데 갑이 3차례

에 걸친 충돌사고 중 어느 사고로 인하여 사망에 이르렀고 어느 시점에 사망한 것인지는 정확히 알 수 없다. 정은 자동차손해배상보장법 및 그 시행령에 의하여 건설교통부장관으로부터 자동차손해배상보장사업에 관한 업무를 위탁받은 보험회사로서, 2003. 6. 13. 정부를 대행하여 피해자의 유족들에게 자동차손해배상보장법 제26조 제1항(책임보험금 지급)에 의하여 보상금 8천만 원을 지급하였다. 그러한 상태에서 정은 이 사건 사고에 책임이 있는 병(2차량 운전자와 공동불법행위라고 주장함)에게 정이 지급한 보상금에 대한 구상금의 지급을 청구하려고 한다. 현재는 2004. 1.이다. 이 경우에 병의 책임 유무에 관한 다음 설명 중 옳은 것은? (판례에 의함)

① 병과 2차량 운전자의 협의의 공동불법행위이고, 협의의 공동불법행위에서는 각 행위자의 가해행위와 손해 사이의 상당인과관계가 법률상 추정되므로, 병은 구상금의 지급책임이 있다.

② 병과 2차량 운전자의 협의의 공동불법행위인데, 정이 병의 가해행위와 갑의 사망 사이의 상당인과관계를 증명하지 못했으므로, 병은 구상금의 지급책임이 없다.

③ 병과 2차량 운전자의 가해자 불명의 공동불법행위이고, 가해자 불명의 공동불법행위에서는 각 행위자의 가해행위와 손해 사이의 상당인과관계가 법률상 추정되므로, 병은 구상금의 지급책임이 있다.

④ 병과 2차량 운전자의 가해자 불명의 공동불법행위인데, 정이 병의 가해행위와 갑의 사망 사이의 상당인과관계를 증명하지 못했으므로, 병은 구상금의 지급책임이 없다.

⑤ 이 경우는 협의의 공동불법행위도 아니고 가해자 불명의 공동불법행위도 아니며, 정이 병의 가해행위와 갑의 사망 사이의 상당인과관계를 증명하지도 못했으므로, 병은 구상금의 지급책임이 없다.

[해설] 대판 2008. 4. 10. 2007다76306(채각 판례

52) 참조. 문제의 사안은 앞의 판결 사안을 조금 변형하였다. 즉 어느 시점에 사망했는지도 불확실하게 한 점이 그렇다. 그렇게 한 이유는, 이 사건 사고(3차 충돌사고) 당시에 갑이 생존해 있었으면 협의의 공동불법행위로 될 가능성이 크고, 그 사고 당시에 이미 사망한 상태였으면 가해자 불명의 공동불법행위로도 되지 않아 병은 아무런 책임도 지지 않기 때문이다. 그럼에도 견해에 따라서는 이 경우에 협의의 공동불법행위라고 인정할 여지가 전혀 없지는 않다. 그러나 본 문제에서 상당인과관계가 있음이 주어지지 않았고, 특히 그 증명을 피해자측에서 해야 하므로, 가해자 불명의 공동불법행위로만 된다고 해야 한다. 그리고 앞의 판결은 문제와 같은 경우에 대하여 ③처럼 판시하였다.

[정답] ③

53. 갑은 그레이스 승합차를 운전하여 편도 1차선인 5번 국도상을 시속 약 50km로 중앙선을 침범하여 운행하다가 반대편에서 진행해 오던 을 운전의 프레스토 승용차의 앞 좌측 부분을 위 그레이스 승합차의 앞범퍼 좌측 부분으로 들이받았다. 그리고 병은 소나타 승용차를 운전하여 위 프레스토 승용차의 바로 뒤를 따라 내리막 커브길인 위 도로를 운행하던 중 위와 같이 충돌되어 도로 가장자리에 걸쳐 있는 프레스토 승용차를 미처 피하지 못하고 위 소나타 승용차의 앞범퍼 우측 부분으로 위 프레스토 승용차의 좌측 앞문짝 부분을 들이받았다). 이 교통사고로 인하여 위 프레스토 승용차의 운전자인 을이 사망하고, 위 프레스토 승용차에 동승하고 있던 을의 처인 정이 상해를 입었다. 병이 2차 충돌사고를 일으키게 된 것은 내리막 커브길에서 전방을 제대로 주시하지 않고 다소간 과속한 상태에서 앞차와의 안전거리를 유지하지 않고 운행했기 때문이다. 이 경우에 정이 (1) 갑과 병을 상대로 한꺼번에 손해배상청구의 소를 제기하는 때와 (2) 갑과 병에 대하여 따로따로 손해배상청구의 소를 제기하는 때에 을의 과실을 어떻게 참작해야 하는지를 옳게 설명한 것은?

① 두 경우 모두 을의 과실을 갑과 병 각인에 대한 과실로 개별적으로 평가할 것이 아니고 그들 전

원에 대한 과실로 전체적으로 평가하여야 한다.

② (1)에서는 을의 과실을 갑과 병 각인에 대한 과실로 개별적으로 평가할 것이 아니고 그들 전원에 대한 과실로 전체적으로 평가하여야 하나, (2)에서는 갑과 병 각인에 대하여 과실상계비율과 손해액이 서로 달리 인정될 수 있다.

③ (1)에서는 갑과 병 각인에 대하여 과실상계비율과 손해액이 서로 달리 인정될 수 있으나, (2)에서는 을의 과실을 갑과 병 각인에 대한 과실로 개별적으로 평가할 것이 아니고 그들 전원에 대한 과실로 전체적으로 평가하여야 한다.

④ 두 경우 모두 갑과 병 각인에 대하여 과실상계비율과 손해액이 서로 달리 인정될 수 있다.

⑤ 어느 경우든 정이 주장하는 바에 따라야 한다.

[해설] 대판 1998. 6. 12, 96다55631(채각 판례53) 및 대판 2001. 2. 9, 2000다60227 참조. 대판 1998. 6. 12, 96다55631은, 피해자의 공동불법행위자 각인에 대한 과실비율이 서로 다르더라도 피해자의 과실을 공동불법행위자 각인에 대한 과실로 개별적으로 평가할 것이 아니고 그들 전원에 대한 과실로 전체적으로 평가하여야 할 것이라고 한다. 그리고 대판 2001. 2. 9, 2000다60227은, 피해자가 공동불법행위자들을 모두 피고로 삼아 한꺼번에 손해배상청구의 소를 제기한 경우와 달리 공동불법행위자별로 별개의 소를 제기하여 소송을 진행하는 경우에는 각 소송에서 제출된 증거가 서로 다르고 이에 따라 교통사고의 경위와 피해자의 손해액산정의 기초가 되는 사실이 달리 인정됨으로 인하여 과실상계비율과 손해액도 서로 달리 인정될 수 있다고 한다.

[정답] ②

54. 다음 설명 중 옳은 것을 모두 고른 것은? (판례에 의함)

> ㄱ. 담보물을 권한 없이 멸실·훼손하거나 담보가치를 감소시키는 행위는 위법한 행위로서 불법행위를 구성하며, 이때 채권자가 입게 되는 손해는 담보 목적물의 가액의 범위 내에서 채권최고액을 한도로 하는 피담보채권

> 액으로 확정될 뿐 그 피담보채무의 변제기가 도래하여 그 담보권을 실행할 때 비로소 발생하는 것은 아니다.
>
> ㄴ. 민법 제766조 제1항에서 규정하는 불법행위의 단기시효의 시효기간은 관련 형사사건의 소추 여부 및 그 결과에 직접 영향을 받는다.
>
> ㄷ. 법인의 대표자가 가해자에 가담하여 법인에 대하여 공동불법행위가 성립하는 경우에는, 단지 그 대표자가 손해 및 가해자를 아는 것만으로는 부족하고, 적어도 법인의 이익을 정당하게 보전할 권한을 가진 다른 임원 또는 사원이나 직원 등이 손해배상청구권을 행사할 수 있을 정도로 이를 안 때에 비로소 위 단기시효가 진행한다.

① ㄱ, ㄴ, ㄷ   ② ㄱ, ㄷ
③ ㄴ, ㄷ   ④ ㄱ, ㄴ
⑤ ㄷ

[해설] 대판 1998. 11. 10, 98다34126(채각 판례54) 참조. 이 판결에 따르면, 제766조 제1항에서 규정하는 불법행위의 단기시효는 형사상의 소추와는 전혀 별도 관점에서 설정한 민사관계에 고유한 시효제도이므로 그 시효기간은 관련 형사사건의 소추 여부 및 그 결과에 영향을 받지 않고 오직 피해자나 그 법정대리인이 '그 손해 및 가해자를 안 날'로부터 진행한다(ㄴ은 옳지 않음).

[정답] ②

55. 갑 소유 77톤의 X선박은 항해상의 과실로 을이 소유자 겸 선장인 19톤의 Y선박과 충돌하였다. 이 선박충돌로 인하여 X선박은 손상이 없었으나 Y선박은 우현 기관실 외판 등에 손상이 생겨 선미부가 침몰하기 시작하였고, 을을 비롯한 Y선박의 선원 전원이 X선박으로 옮겨 탄 후 예인을 하는 도중에 Y선박은 완전히 침몰하였다. 을은 사고를 당한 지 몇 달 후에 사망하였다. 그런데 사망원인은 분명하지 않다. 그 뒤 을의 상속인인 병은 갑을 상대로 Y선박

의 시가 상당 손해, 약 4개월 동안의 휴업손해, 위자료(을이 자식과 같은 X선박과 생업을 잃어 충격을 받았고 그로 인하여 사망했다는 이유)의 지급을 구하는 소를 제기하였다. 이 경우의 휴업손해와 위자료에 대한 다음 설명 중 옳은 것은? (판례에 의함)

① 그 둘은 모두 통상손해이며, 따라서 갑은 휴업손해도 배상해야 하고 위자료도 지급해야 한다.

② 갑은 휴업손해는 통상손해로서 배상해야 하나, 정신적 손해는 특별손해이므로 특별손해의 요건을 갖춘 경우에 한하여 위자료를 지급할 의무가 있다.

③ 휴업손해와 정신적 손해는 모두 특별손해이므로, 갑은 그 각각에 대하여 특별손해의 요건을 갖춘 경우에 한하여 배상할 의무가 있다.

④ 갑은 휴업손해는 배상할 필요가 없고, 정신적 손해는 통상손해이므로 당연히 위자료를 지급해야 한다.

⑤ 갑은 휴업손해는 배상할 필요가 없고, 정신적 손해는 특별손해이므로 특별손해의 요건을 갖춘 경우에 한하여 위자료를 지급할 의무가 있다.

[해설] 대판(전원) 2004. 3. 18, 2001다82507(채각 판례55) 참조.

[정답] ②

제5장 친족상속법

1. 갑의 모 A는 1984. 3. 21. B와 혼인신고를 하였다가 2009. 9. 28. 이혼신고를 하였다. A는 갑을 2007. 12. 18. 출산하였는데 개인적 사정으로 출생신고를 하지 못하다가 2010. 8. 27.에 뒤늦게 출생신고를 하면서 법적 제재를 피하기 위하여 갑의 출생연월일을 2010. 7. 31.로 허위신고 하였고, 갑은 모의 혼외자로 기록되었다. A는 갑의 법정대리인으로서 2011. 1. 현재에 갑의 가족관계등록부에 기록된 출생연월일을 2007. 12. 18.로 정정하고자 법원에 가족관계등록부 정정허가신청을 하였다. 이 경우에 관한 다음 설명 중 옳은 것은? (판례에 의함)

① A가 B와 혼인한 적이 없었으면 법원이 친생자관계 부존재 확인의 소 등의 절차를 거쳐 위 추정을 번복한 후 등록부 정정을 허가하여야 하나, 문제의 사안에서는 갑의 출생연월일에 관한 가족관계등록부 정정을 허가할 경우 갑이 민법 제844조에 따라 B의 자로 추정되게 되어 친족법 또는 상속법상 중대한 영향을 미칠 수 있으므로 등록부 정정을 허가해서는 안 된다.

② A가 B와 혼인한 적이 있든 없든 법원은 친생자관계 부존재 확인의 소 등의 절차를 거쳐 위 추정을 번복한 후 등록부 정정을 허가해야 한다.

③ A가 B와 혼인한 적이 있든 없든 법원은 곧바로 등록부 정정을 허가할 수 있다.

④ A가 B와 혼인을 한 적이 없는 경우에만 법원이 곧바로 등록부 정정을 허가할 수 있다.

⑤ 이 경우에는 법원의 허가를 받을 필요 없이 등록부가 정정된다.

[해설] 대결 2012. 4. 13. 2011스160(친상 판례1) 참조. 이 결정은, 가족관계등록부 기록사항 중 출생연월일·사망일시는 가족관계등록법 제104조에 의한 가족관계등록부 정정의 대상이라고 한다. 그리고 제844조의 친생추정은 불허사유가 될 수 없다고 한다. 그 결과 문제의 경우에는 법원이 바로 등록부의

정정허가를 할 수 있다.

[정답] ③

2. 원고와 피고는 1991. 11.경 맞선을 본 후 같은 달 21.경 양가 부모 등이 참석한 가운데 같은 해 12. 22. 결혼식을 올리기로 약속하였다. 원고는 피고와 맞선을 볼 당시 피고에게 자신이 전주고등학교 부설 방송통신고등학교를 나왔음에도 불구하고 전주고등학교를 졸업하였으며, 당시 서울시 산하 세종문화회관 소속 기능직 8등급 공무원이었음에도 불구하고 서울시 일반행정직 7급 공무원으로 세종문화회관에 파견 근무하고 있는 것처럼 거짓말을 하였으며, 이와 같이 속은 사실을 알게 된 피고는 1991. 12. 11.경 이를 이유로 원고에게 약혼해제의 의사표시를 하였다. 원고는 피고의 약혼해제가 부당하다는 이유로 그로 인한 손해배상을 구하는 소를 제기하였고(본소) 피고도 원고에 대하여 위자료지급을 구하는 반소를 제기하였다. 다음 중 옳지 않은 것은? (판례에 의함)

① 약혼의 당사자 일방은 자신의 학력, 경력 및 직업과 같은 혼인의사를 결정하는 데 있어 중대한 영향을 미치는 사항에 관하여 상대방에게 사실대로 고지할 신의성실의 원칙상의 의무가 있다.

② 약혼당사자 일방이 위 ①항의 신의성실의 원칙에 위반한 행위를 한 경우 이는 제804조 제8호 소정의 「기타 중대한 사유가 있는 때」에 해당한다고 할 것이므로 상대방은 약혼을 해제할 수 있다.

③ 원고가 학력과 직장에서의 직종·직급 등을 속인 것이 약혼 후에 밝혀진 경우에는 원고의 말을 신뢰하여 혼인의사를 결정하였던 피고의 입장에서 보면, 원고에 대한 믿음이 깨어져 애정과 신뢰에 바탕을 둔 인격적 결합을 기대할 수 없게 되었다 할 것이므로, 원고와의 약혼을 유

지하여 혼인을 하는 것이 사회생활 관계상 합리적이라고 할 수 없다.

④ 피고로서도 원고의 학력이나 직급 등을 시간을 갖고 정확히 확인하지 않은 채 경솔하게 약혼을 한 중대한 과실이 있으므로, 피고의 약혼해제 주장은 부당하며, 따라서 그로 인한 손해배상을 구하는 원고의 본소청구는 인용될 것이다.

⑤ 약혼관계가 해소됨으로 인하여 피고가 상당한 정신적 고통을 받았을 것임은 경험칙상 명백하므로 원고는 피고에게 위자료를 지급할 의무가 있다.

[해설] 대판 1995. 12. 8, 94므1676 · 1683(친족상속법 판례2) 참조.

[정답] ④

3. 원고는 1991. 7. 8. 피고들의 아들인 A와 혼인신고를 하면서 A로부터 이 사건 물건들을 혼인예물로 증여받아 보관하다가 독일로 유학가면서 피고들에게 이를 맡겨두었다. 원고와 A는 행복한 결혼생활을 해 오다가 A가 원고와 프랑스 국적의 외국인 남자와의 관계를 의심하게 되면서 부부싸움을 하다가 원고가 1993. 2. 25. 일방적으로 귀국함으로써 별거하게 되었다. 그 후 A가 원고를 상대로 부정행위를 하였다는 이유로 이혼청구의 소를 제기하였고 원고도 A가 폭력, 욕설을 하였다는 이유로 반소를 제기하여, 원고의 부정행위를 이유로 이혼판결이 선고되었다. 원고는 피고들에 대하여 이 사건 물건들의 반환을 청구하였다. 다음 중 옳지 않은 것은? (판례에 의함)

① 약혼예물의 수수는 혼인 불성립을 해제조건으로 하는 증여와 유사한 성질의 것이다.

② 만일 A가 원고에게 약혼예물을 제공한 후 A의 부정행위를 이유로 약혼이 해제되었다면 A는 자신이 제공한 약혼예물에 대하여 원고에게 반환을 청구할 수 없을 것이다.

③ A가 원고에게 교부한 약혼예물은 특별한 사정이 없는 한 혼인이 성립되어 상당기간 지속된

이상 원고의 소유이다.

④ 원고가 당초부터 성실히 혼인을 계속할 의사가 없고 그로 인하여 혼인의 파국을 초래하였다고 인정되는 등 특별한 사정이 있다면 원고는 예물을 반환하여야 한다.

⑤ 혼인이 상당기간 지속되었지만 혼인파탄의 원인이 원고에게 있으므로 A는 원고에 대하여 예물반환을 청구할 수 있다.

[해설] 대판 1996. 5. 14, 96다5506(친상 판례3) 참조. ② 대판 1976. 12. 28, 76므41 · 42 참조.

[정답] ⑤

4. 성전환자와 관련한 다음 설명 중 옳지 않은 것은? (판례에 의함)

① 성의 결정에 있어서는 생물학적 요소와 정신적 · 사회적 요소를 종합적으로 고려하여야 한다.

② 여러 사정을 종합적으로 고려하여 사람의 성에 대한 평가 기준에 비추어 사회통념상 신체적으로 전환된 성을 갖추고 있다고 인정될 수 있는 경우가 있다 할 것이며, 이와 같은 성전환자는 출생시와는 달리 전환된 성이 법률적으로도 그 성전환자의 성이라고 평가받을 수 있을 것이다.

③ 성전환자에 해당함이 명백한 사람에 대하여는 가족관계등록법 제104조의 절차에 따라 가족관계등록부 성별란 기재의 성을 전환된 성에 부합하도록 수정할 수 있도록 허용하여야 한다.

④ 성전환자에 해당함이 명백한 사람에 대하여 가족관계등록부에 성별정정이 된 경우에, 성별정정의 효과는 기존의 신분관계 및 권리의무에 영향을 미치지 않는다.

⑤ 성전환자가 혼인 중에 있거나 미성년자인 자녀가 있는 경우에는, 가족관계등록부에 기재된 성별을 정정하여, 그 배우자나 미성년자인

자녀의 법적 지위와 그에 대한 사회적 인식에 곤란을 초래하는 것까지 허용할 수는 없으므로, 현재 혼인 중에 있거나 미성년자인 자녀를 둔 성전환자의 성별정정은 허용되지 않는다.

[해설] 대결(전원) 2022. 11. 24. 2020스616(친상 판례4) 참조. ①②③④에 관하여는 대결(전원) 2006. 6. 22. 2004스42 참조. ⑤는 대결(전원) 2011. 9. 2. 2009스117의 내용인데, 그 결정은 대결(전원) 2022. 11. 24. 2020스616의 의견에 배치되는 범위에서 변경되었다. 따라서 현재의 판례상 성전환자에게 미성년 자녀가 있다는 사정만을 이유로 성별정정을 불허해서는 안 된다.

[정답] ⑤

5. 갑은, 한국인 을과 미국인 병 사이에 참다운 부부관계의 설정을 바라는 효과의사는 없는데도 을을 단지 미국으로 이주하게 할 목적으로, 병과 위장결혼을 하게 하여 주한 미대사관으로부터 발급받은 결혼증명서와 함께 을과 병에 대한 혼인신고서를 그곳 국제결혼 담당직원에게 제출하여, 그 직원으로 하여금 을의 등록기준지 관할인 성동구청장에 위 서류를 우송하게 하였다. 이 경우에 을과 병 사이의 혼인에 관한 다음 설명 중 옳은 것은? (판례에 의함)

① 을과 병 사이에 법률상의 부부라는 신분관계를 설정할 의사와 사회관념상 부부라고 인정되는 정신적·육체적 결합을 생기게 할 의사가 모두 있으므로, 을과 병 사이의 혼인은 유효하다.
② 을과 병 사이에 법률상의 부부라는 신분관계를 설정할 의사는 없으나 사회관념상 부부라고 인정되는 정신적·육체적 결합을 생기게 할 의사가 있으므로, 을과 병 사이의 혼인은 유효하다.
③ 을과 병 사이에 사회관념상 부부라고 인정되는 정신적·육체적 결합을 생기게 할 의사는 없으나 법률상의 부부라는 신분관계를 설정할 의사가 있으므로, 을과 병 사이의 혼인은 유효하다.
④ 을과 병 사이에 법률상의 부부라는 신분관계를

설정할 의사는 있으나 사회관념상 부부라고 인정되는 정신적·육체적 결합을 생기게 할 의사가 없으므로, 을과 병 사이의 혼인은 무효이다.
⑤ 을과 병 사이에 법률상의 부부라는 신분관계를 설정할 의사도 사회관념상 부부라고 인정되는 정신적·육체적 결합을 생기게 할 의사도 없으므로, 을과 병 사이의 혼인은 무효이다.

[해설] 대판 1996. 11. 22. 96도2049(친상 판례5) 참조. 대판 1985. 9. 10. 85도1481도 참조(본 문제의 사안은 이 판결의 것임). 이들 판결은, 당사자 사이에 비록 혼인의 계출 자체에 관하여 의사의 합치가 있어 법률상의 부부라는 신분관계를 설정할 의사는 있었다고 인정되는 경우라도 그것이 단지 다른 목적을 달성하기 위한 방편에 불과한 것으로서 그들 간에 참다운 부부관계의 설정을 바라는 효과의사가 없을 때에는 그 혼인은 제815조 제1호의 규정에 따라 그 효력이 없다고 한다.

[정답] ④

6. 甲은 재일교포로서 1964년경 일본에서 乙과 결혼식을 올리고 동경도 신숙구장에게 일본법에 따라 혼인신고를 마쳤으나 우리나라 민법과 호적법에 의하여 재외공관장에게 신고하거나 甲의 본적지에 혼인신고를 하지 않았으며, 그 후 甲과 乙 사이에 A, B, C가 출생하였다. 한편 甲은 고향인 제주도를 왕래하면서 丙과 내연관계를 맺었고 1980년경 그 사이에 D가 출생하였다. 甲은 1981년경 丙과 혼인신고를 하여 甲의 호적부에 丙이 甲의 처로, D가 유일한 자로 등재되었다. 甲이 1989. 8. 9 사망하자 丙과 D는 甲 소유였던 X부동산에 관하여 2분의 1지분씩 공동상속을 원인으로 소유권이전등기를 마쳤다. 다음 중 옳지 않은 것은? (판례에 의함)

① 乙은 우리나라 법률에 의하여 혼인신고를 하지 않았더라도 甲과 사이에 유효하게 혼인이 성립하였으며, 따라서 甲의 상속인으로 된다.
② 甲과 丙은 우리나라 법률에 따라 혼인신고를 마쳤으므로 유효한 혼인이 성립한다.

③ 혼인취소심판에 의하여 丙은 장래를 향하여 甲의 배우자로서의 자격을 상실하므로, 丙이 甲의 사망으로 인하여 상속한 X부동산에 대한 지분은 乙에게 귀속되어야 한다.

④ 하급심판결에 의하면 원고 乙과 피고 병은 배우자 1인의 상속분을 2분의 1씩 나누어 상속한다.

⑤ X부동산은 乙, 丙, A, B, C, D가 공동으로 상속하였다.

[해설] 대판 1996. 12. 23, 95다48308(친상 판례6) 참조.

　　　　　　　　　　　　　　　 [정답]　③

7. 다음 중 제3자가 부부의 일방과 성적인 행위를 하더라도 부부공동생활을 침해하거나 그 유지를 방해하는 행위가 되지 않는 경우를 모두 옳게 고른 것은? (판례에 의함)

> ㄱ. 실질적으로 부부공동생활이 파탄되어 회복할 수 없을 정도의 상태에 이른 경우
> ㄴ. 부부공동생활이 파탄되어 이를 회복할 수 없는 상태에 이른 후에 그러한 상황을 인식하고 있는 부부 일방이 배우자에게 이혼의사를 표시한 경우
> ㄷ. 제840조 제6호에 의하여 이혼이 가능한 파탄상태에서 실제로 부부 일방으로부터 이혼청구가 있었던 경우
> ㄹ. 법률상 이혼이 확정된 경우

① ㄱ, ㄴ, ㄷ, ㄹ　　② ㄴ, ㄷ, ㄹ
③ ㄱ, ㄴ, ㄹ　　　　④ ㄴ, ㄷ
⑤ ㄹ

[해설] 대판(전원) 2014. 11. 20, 2011므2997(친상 판례7) 참조. 이 판결은 ㄱ.의 경우에 그렇다고 하며, 재판상 이혼청구가 계속 중에 있다거나 재판상 이혼이 청구되지 않은 상태라고 마찬가지라고 한다. 따라서 이 판결에 따르면, 다른 모든 경우에도

제3자의 성적인 행위가 부부 일방의 배우자에 대하여 불법행위가 되지 않는다.

　　　　　　　　　　　　　　　 [정답]　①

8. 갑(남편)과 을(처)은 1970. 12. 9. 혼인신고를 마친 법적 부부이다. 이 사건 부동산 중 대지는 갑·을의 혼인 후에 갑이 병으로부터 매수하여 1974. 7. 22. 갑 명의로 소유권이전등기가 되었고, 그 지상주택은 그 무렵에 신축되어 1974. 10. 19. 갑 명의로 소유권보존등기가 되었다. 을은 갑과의 가정불화가 심해지자 자신 몫의 재산을 확보하려는 의도에서 1983. 11. 23. 갑의 호주머니에서 인감도장을 몰래 꺼내다가 관할 동사무소에서 마치 갑이 을에게 인감증명서 발급을 위임한 것처럼 가장하여 갑의 인감증명서를 발급받은 다음, 법무사(사법서사)에게 부탁하여 등기권리증도 없이 이 사건 부동산에 관하여 같은 해 11. 26. 을 앞으로 소유권이전청구권 가등기를 경료하였다. 이에 갑은 자신 명의의 부동산에 관한 을의 가등기는 원인 없이 경료된 무효인 등기라고 주장하면서 그 말소를 구하는 소를 제기하였다. 그러자 을이 반소를 제기하여, 이 사건 부동산은 갑과 을의 혼인 중 공동의 노력으로 취득한 공유재산이므로, 적어도 그 1/2 지분은 을의 소유로서 그 지분을 명의신탁한 것이라고 해야 한다고 하면서 그 지분에 대한 소유권이전등기를 구하였다. 이 경우에 관한 다음 설명 중 옳은 것은? (판례에 의함)

① 부부의 일방이 혼인 중 그의 명의로 취득한 부동산은 그의 특유재산으로 되고 거기에는 예외가 없으므로, 을의 반소청구는 기각되어야 한다.

② 부부의 일방이 혼인 중 그의 명의로 취득한 부동산은 그의 특유재산으로 추정되고, 그 부동산을 취득함에 있어 상대방의 협력이 있었다거나 혼인생활에 있어 내조의 공이 있었다는 것만으로는 위 추정을 번복할 수 있는 사유가 되지 못하므로, 을의 반소청구는 기각되어야 한다.

③ 부부의 일방이 혼인 중 그의 명의로 취득한 부동산은 그의 특유재산으로 추정되나, 그 부동

산을 취득함에 있어 상대방의 협력이 있었거나 혼인생활에 있어 내조의 공이 있었다면 위 추정이 번복되므로, 을의 반소청구는 인용되어야 한다.

④ 부부의 일방이 혼인 중 그의 명의로 취득한 부동산은 부부의 공유로 추정되므로, 을의 반소청구는 인용되어야 한다.

⑤ 부부의 일방이 혼인 중 그의 명의로 취득한 부동산은 부부 쌍방의 협력으로 이룩한 재산으로서 부부의 공유로 추정되므로, 을의 반소청구는 인용되어야 한다.

[해설] 대판 1986. 9. 9, 85다카1337 · 1338(친상 판례8) 참조. 이 판결은, 본 문제의 경우에 이 사건 부동산이 갑과 을의 혼인생활 중 취득되었다는 것만으로는 이 사건 부동산이 그 명의자인 갑의 특유재산이라는 추정을 번복하고 갑과 을의 공유재산이라고 인정할 사유가 되지 못하며, 따라서 반소청구를 기각할 것이라고 한다.

[정답] ②

9. 다음 중 옳은 것을 모두 고른 것은? (판례에 의함)

ㄱ. 갑과 을이 일시적으로나마 이혼신고를 하기로 하는 합의하에 협의이혼신고를 한 사실이 인정되는 이상, 그 이혼신고를 함에 있어 사실상의 부부관계까지 해소할 의사는 없었고 갑이 그 장인, 장모를 상대로 노임청구를 하기 위한 목적이 있었다 하더라도 이혼의사가 결여되어 무효라고는 할 수 없다.

ㄴ. 피고인들이 해외로 이주할 목적으로 이혼신고를 하였다 하더라도 일시적이나마 이혼할 의사가 있었다고 보여지므로 혼인 및 이혼의 효력발생 여부에 있어서 형식주의를 취하는 이상 피고인 등의 이건 이혼신고는 유효하다.

ㄷ. 청구인은 피청구인이 외국이민을 떠났다가

3년 후에 다시 귀국하여 혼인신고를 하여 주겠다고 하여 이를 믿고 이혼신고를 하였다면 별다른 사정이 없는 한 당사자 간에 일시적이나마 법률상의 부부관계를 해소할 의사가 있었다고 할 것이니 그 이혼신고는 유효하다.

① ㄱ, ㄴ, ㄷ   ② ㄱ, ㄴ
③ ㄴ, ㄷ   ④ ㄱ, ㄷ
⑤ ㄷ

[해설] 대판 1993. 6. 11, 93므171(친상 판례9) 참조. 박스 속의 ㄱ, ㄴ, ㄷ은 각각 차례로 대판 1993. 6. 11, 93므171, 대판 1976. 9. 14, 76도107, 대판 1981. 7. 28, 80므77에서 판시한 내용이다.

[정답] ①

10.
갑(남편)과 을(처)은 1976. 3. 9. 혼인신고를 마친 법률상 부부로서 그들 사이에 성년인 자녀 3명을 두고 있다. 그런데 갑은 2000. 1.경 집을 나와 갑의 딸을 출산한 병과 동거하고 있다. 을은 갑이 집을 나간 후 혼자서 세 자녀를 양육하였다. 을은 직업이 없고 갑으로부터 생활비로 지급받은 월 100만 원 정도로 생계를 유지하였는데 그나마 2012. 1.경부터는 갑으로부터 생활비를 지급받지 못하고 있다. 그리고 을은 2012. 현재 만 63세가 넘는 고령으로서 위암 수술을 받고 갑상선 약을 복용하고 있는 등 건강이 좋지 않으며 갑과의 혼인관계에 애착을 가지고 혼인을 계속할 의사를 밝히고 있다. 이러한 상태에서 갑이 을을 상대로 재판상 이혼을 청구하였다. 이 경우에 관한 다음 설명 중 옳은 것은? (판례에 의함)

① 민법 제840조 제6호는 파탄주의를 규정한 것이므로, 그 규정에 의해 갑의 이혼청구는 허용된다.

② 민법 제840조 제6호는 파탄주의를 규정한 것이나, 이 경우에는 갑의 의사에 따른 이혼 내지 축출이혼의 염려가 있으므로 예외적으로 갑의

이혼청구가 허용되지 않는다.

③ 민법 제840조 제6호는 파탄주의를 규정한 것이나, 이 경우에는 갑의 유책성을 상쇄할 정도로 상대방 배우자 및 자녀에 대한 보호와 배려가 이루어지지 않았으므로 예외적으로 갑의 이혼청구가 허용되지 않는다.

④ 민법 제840조는 유책주의를 규정한 것이나, 이 경우에는 세월의 경과에 따라 혼인파탄 당시 현저하였던 갑의 유책성과 을이 받은 정신적 고통이 점차 약화되어 쌍방의 책임의 경중을 엄밀히 따지는 것이 더 이상 무의미할 정도가 되었으므로 예외적으로 갑의 이혼청구가 허용된다.

⑤ 민법 제840조는 유책주의를 규정한 것이고, 혼인파탄에 주된 책임이 있는 갑의 이혼청구를 허용해야 할 특별한 사정도 없으므로 갑의 이혼청구는 허용되지 않는다.

[해설] 대판(전원) 2015. 9. 15, 2013므568(친상 판례10) 참조.

[정답] ⑤

11. A(처, 1920. 생)와 B(남편, 1923. 생)는 1938. 결혼식을 올리고 1941. 1. 혼인신고를 마친 부부로서 경기 포천군 X리 농촌이 그 생활 터전이었다. A와 B 사이에는 1남 3녀가 있었으나 장남이 1970. 6. 사망하고 차녀가 1984년경 사망함으로써 현재는 출가한 두 딸만 남아 있다. B는 외아들이 사망하자 대를 이을 아들을 본다는 이유로 1970. 11.경 C(1937. 10. 생)를 소실로 들여 서울에서 동서생활을 시작하여 그녀와 사이에 1남 1녀를 출산하였다. A는 남편인 B가 C와 동거한 이래 포천군 X리의 집에서 1973.경까지 막내딸과 함께 생활하였으나 막내딸도 고교 졸업 후 서울로 떠나게 되자 그 후부터 혼자 살다가(B는 한 달에 두세 번 정도 X리의 집을 다녀갔을 뿐이), 1979. 3.경(당시 A의 나이 59세)에 X리의 집을 떠나 딸의 집에서 기거하였다. 그리고 B는 A가 딸의 집에서

지낼 수 있도록 딸의 집을 마련해 주었다. 현재는 1994. 4.이다. 이 경우에 관한 다음 설명 중 옳은 것은? (판례에 의함)

① A가 B의 축첩행위에 동의했기 때문에, A는 악의의 유기를 이유로 이혼을 청구할 수 없다.

② B가 A를 부양했으므로 악의의 유기가 아니며, 따라서 A는 악의의 유기를 이유로 이혼을 청구할 수 없다.

③ B의 행위는 악의의 유기에 해당하나, A가 B를 용서했으므로, A는 이혼을 청구할 수 없다.

④ B의 행위는 악의의 유기에 해당하나, A의 이혼청구권이 제척기간의 경과로 소멸했으므로, A는 이혼을 청구할 수 없다.

⑤ B의 행위는 악의의 유기에 해당하고, A의 이혼청구권은 소멸하지 않았으므로, A는 이혼을 청구할 수 있다.

[해설] 대판 1998. 4. 10, 96므1434(친상 판례11) 참조.

[정답] ⑤

12. 유책배우자의 이혼청구와 관련한 다음 설명 중 옳지 않은 것은? (판례에 의함)

① 이혼청구 배우자의 유책성을 상쇄할 정도로 상대방 배우자 및 자녀에 대한 보호와 배려가 이루어진 경우, 그러한 배우자의 이혼청구는 예외적으로 허용될 수 있다.

② 과거에 일방 배우자가 이혼소송을 제기하였다가 유책배우자라는 이유에서 기각 판결이 확정되었으면 그러한 배우자의 이혼청구는 허용될 수 없다.

③ 상대방 배우자의 혼인계속의사를 인정하려면 소송 과정에서 그 배우자가 표명하는 주관적 의사만을 가지고 판단할 것이 아니라, 혼인생활의 전 과정 및 이혼소송이 진행되는 중 드러난 상대방 배우자의 언행 및 태도를 종합하여 그 배우자가 악화된 혼인관계를 회복하여 원만한 공동생활을 영위하려는 노력을 기울

임으로써 혼인유지에 협조할 의무를 이행할 의사가 있는지 객관적으로 판단하여야 한다.

④ 이혼에 불응하는 상대방 배우자가 혼인의 계속과 양립하기 어려워 보이는 언행을 하더라도, 그 이혼거절의사가 이혼 후 자신 및 미성년 자녀의 정신적·사회적·경제적 상태와 생활보장에 대한 우려에서 기인한 것으로 볼 여지가 있는 때에는 혼인계속의사가 없다고 섣불리 단정하여서는 안 된다.

⑤ 상대방 배우자의 혼인계속의사를 판단할 때에 자녀가 미성년자인 경우에는 혼인의 유지가 경제적·정서적으로 안정적인 양육환경을 조성하여 자녀의 복리에 긍정적 영향을 미칠 측면과 더불어 부모의 극심한 분쟁상황에 지속적으로 자녀를 노출시키거나 자녀에 대한 부양 및 양육을 방기하는 등 파탄된 혼인관계를 유지함으로써 오히려 자녀의 복리에 부정적 영향을 미칠 측면에 관하여 모두 심리·판단하여야 한다.

[해설] 대판 2022. 6. 16, 2021므14258(친상 판례 12) 참조. ② 이 판결은, 과거에 이혼소송에서 패소한 경우에도 사정에 따라서는 이혼청구가 허용될 수 있다고 한다.

[정답] ②

13. 갑(여. 35세. 대학원졸. 회사원)과 을(남. 36세. 대학원졸. 대학 조교수)은 1986. 3. 24.에 혼인하여 1987. 4. 29.에 아들 병을 출산하였고, 1990. 8. 4. 이혼심판(이혼원인: 상대방의 귀책사유)이 확정되어 이혼하였으며(이혼신고는 1990. 12. 6.에 함), 병의 출산 당시부터 갑과 을의 사이가 나빴기 때문에 을은 병을 볼 기회가 거의 없었고, 이혼 후에도 갑이 아들을 양육하여 왔다. 갑은 현재 재혼 의사가 없고, 을은 재혼할 가능성이 있다. 갑은 현재 갑 소유의 아파트(1억 원 상당)에서 병과 함께 거주하고 있고, 회사원으로 월 30만 원 내지 70만 원의 수입 외에, 월 평균 30만 원의 부수입을 올리고

있으며, 직장 근무시 친정 어머니가 병을 돌보고 있다. 갑은 이혼 위자료로서 2,000만 원의 승소판결을 받아 현재까지 약 1,500만 원을 을의 급료 중에서 집행하였다. 을은 국립대 조교수로서 연간 총소득이 약 1,130만 원 정도 되고, 혼자서 하숙생활을 하고 있으며, 본가는 시골에서 가난하게 생활하고 있다. 병은 유치원에 다니는데, 양육비는 월 25만 원 정도 든다. 양육비 청구일은 1991. 10.이다. 이 경우에 관한 다음 설명 중 옳지 않은 것은? (판례에 의함)

① 갑과 을은 그 소생의 자녀를 공동으로 양육할 책임이 있고, 그 양육에 소요되는 비용도 원칙적으로 갑과 을이 공동으로 부담하여야 하는 것이며, 이는 그들 중 누가 친권을 행사하는 자인지 또 누가 양육권자이고 현실로 양육하고 있는 자인지를 물을 것 없이 친자관계의 본질로부터 발생하는 의무이다.

② 갑은 을에 대하여 현재 및 장래에 있어서의 양육비 중 적정금액의 분담을 청구할 수 있다.

③ 갑은 과거의 양육비에 대하여도 을에게 그 비용의 상환을 청구할 수 있다.

④ 협의의 요청이나 심판청구가 있기 전에 지출된 양육비의 상환청구는 성질상 민사소송사항이고 가사소송법이 정한 가정법원의 관할 사항이 아니다.

⑤ 한쪽의 양육자가 양육비를 청구하기 이전의 과거의 양육비 모두를 상대방에게 부담시키게 되면 상대방은 예상하지 못하였던 양육비를 일시에 부담하게 되어 지나치고 가혹하며 신의성실의 원칙이나 형평의 원칙에 어긋날 수도 있으므로, 이와 같은 경우에는 반드시 이행청구 이후의 양육비와 동일한 기준에서 정할 필요는 없으나, 문제의 경우는 그에 해당하지 않는다.

[해설] 대결(전원) 1994. 5. 13, 92스21(친상 판례13) 참조. ⑤ 이 결정은, 원심이 본 문제의 경우에 과거의 양육비와 현재 및 장래의 양육비를 동일하게 월

8만 원으로 정한 데 대하여 정당한 것으로 수긍이 간다고 하였다.

[정답] ④

14. 교사인 갑(여)과 국책연구기관의 연구원인 을(남)은 부부이고, 그들 사이에는 자녀 2명이 있다. 그런데 직장관계로 갑과 다른 곳에서 거주하던 을은 부동산중개업자인 병과 가까워져 병과 함께 여행을 다니기도 하였다. 그리고 갑은 결혼 초부터 시댁과의 갈등이 심해 을과 자주 다투었고, 을과 을의 동생으로부터 폭행을 당하기도 하였다. 그 뒤 갑은 을을 상대로 이혼과 함께 위자료와 재산분할을 청구하는 소를 제기하였다. 이 경우에 퇴직금 또는 퇴직급여채권의 재산분할과 관련한 설명(이혼 당시에 퇴직한 경우와 근무 중인 경우를 가정함) 중 옳은 것을 고른 것은? (판례에 의함)

> (가) 갑과 을이 모두 이혼 당시에 이미 퇴직한 경우의 퇴직금
> ㄱ. 갑과 을의 퇴직금은 모두 재산분할대상이 된다.
> ㄴ. 갑의 퇴직금은 재산분할대상이 아니고, 을의 퇴직금은 재산분할대상이다.
> (나) 갑과 을이 모두 이혼 당시에 퇴직하지 않고 근무 중인 경우의 퇴직급여채권
> a. 갑과 을의 퇴직급여채권은 모두 재산분할대상이 된다.
> b. 갑의 퇴직급여채권은 재산분할대상이 아니고, 을의 퇴직급여채권은 재산분할대상이다.
> c. 갑과 을의 퇴직급여채권은 모두 재산분할대상이 아니다.

① ㄱ, a　　② ㄱ, b
③ ㄱ, c　　④ ㄴ, a
⑤ ㄴ, b　　⑥ ㄴ, c

[해설] 대판(전원) 2014. 7. 16. 2013므2250(친상 판례14) 참조. 재산분할청구는 이혼에 책임이 있는지와 관계가 없다. 따라서 혼인관계 파탄에 책임이 있

는 당사자도 재산분할을 청구할 수 있다. 그리고 퇴직한 자의 퇴직금은 당연히 재산분할대상이 되고, 그에 관한 판례는 변경된 적이 없다. 그에 비하여 앞의 판결은 장래의 퇴직급여채권도 재산분할대상이 된다고 하여, 원칙적으로 기타 사정으로 참작만 하던 종래의 판례를 변경하였다. 그리고 그 사안에서 교사와 연구원의 퇴직급여채권이 모두 재산분할대상이 된다고 하였다.

[정답] ①

15. 갑과 을은 혼인신고를 한 법적 부부이다. 그런데 갑이 간통을 하여 을은 갑을 상대로 이혼 및 위자료의 지급과 함께 재산분할청구를 하였다. 갑의 적극재산으로는 우체국 보험 해약환급금 5,509,190원과 대구은행 예금채권 234,820원이, 소극재산으로는 대구은행 대출금채무 3,529,280원이 있고, 을의 적극재산으로는 1억 8,500만 원 상당의 아파트가 있고, 소극재산으로는 위 아파트 임대차보증금 반환채무 1억 원, 국민은행 대출금채무 96,045,008원, 삼성화재 대출금채무 11,776,021원, 대한생명 대출금채무 15,870,000원, 교보생명 대출금채무 3,180,000원 등 총 226,871,029원의 채무가 있다. 그 결과 갑과 을의 총 재산가액 190,744,010원(= 1억 8,500만 원 + 5,509,190원 + 234,820원)에서 채무액 230,400,309원(=3,529,280원 + 226,871,029원)을 공제하면 남는 금액이 없다. 그런데 을이 부담한 채무는 갑과 을의 생활비나 갑을 지원하기 위해서 부담하게 된 것이었다. 이 경우의 재산분할에 관한 다음 설명 중 옳은 것은? (판례에 의함)

① 갑과 을의 총 적극재산 가액이 채무액보다 적어서 을의 재산분할청구는 인정될 수 없다.
② 을의 채무 전부에 관하여 갑에게 분담이 인정될 수 있다.
③ 갑의 순재산 2,214,730원을 한도로 재산분할이 인정될 수 있다.
④ 갑의 적극재산 5,744,010원을 한도로 재산분할이 인정될 수 있다.
⑤ 갑의 적극재산 5,744,010원과 을의 적극재산 1억 8,500만 원 상당의 아파트에 대하여 재산분

할이 인정될 수 있다.

[해설] 대결(전원) 2013. 6. 20. 2010므4071 · 4088 (친상 판례15) 참조. 이 결정은 본 문제와 같은 경우에 관하여, 을(반소원고)과 갑(반소피고)의 순재산관계를 기초로 채무초과의 실질적인 이유 등을 살펴보고 을 명의로 된 채무 일부를 갑도 분담하게 하는 것이 합당하다고 할 만한 사정이 인정된다면 적절한 분담방법을 정하여 을의 재산분할청구를 받아들일 수 있다고 한다. ①은 변경 전의 판례이자 본 판결의 반대의견, 본 판결에 의하여 파기된 원심판결의 입장이다. ③은 상대방 순재산 한도설로서 본 판결의 제1별개의견의 입장이다. ④는 상대방 적극재산 한도설로서 본판결의 제2별개의견의 입장이다. ⑤와 같이 주장하는 견해는 없다.

[정답] ②

16. 채권자 A는 B와 혼인신고를 마친 법률상 처로서 이혼 등 청구의 소를 제기하여 1998. 4. 28.경 "A와 B는 이혼한다. B는 A에게 위자료로 2억 원, 재산분할로서 4억 원을 지급하라"는 등의 취지의 판결을 받았으며 그 소는 현재 항소심 계속 중이다. A가 B에 대하여 이혼으로 인한 위자료 및 재산분할청구권이 있음을 전제로 그 권리에 기해 B를 대위하여 B가 C에 대하여 가지는 X부동산에 관한 명의신탁해지를 원인으로 한 소유권이전등기청구권을 피보전권리로 삼아 C를 상대로 부동산처분금지가처분신청을 하였다. 다음 중 옳지 않은 것은? (판례에 의함)

① A의 B에 대한 채권의 보전의 필요성이 인정되지 않는 경우 법원은 A의 가처분신청을 부적법 각하하여야 한다.
② A의 B에 대한 채권이 존재하지 않는 경우에는 A의 가처분신청은 기각될 것이다.
③ A의 B에 대한 재산분할청구권은 아직 구체적으로 권리가 발생하였다고 할 수 없다.
④ A의 B에 대한 이혼을 원인으로 한 위자료 청구권은 이혼의 시점에서 확정, 평가되는 것이며, 재산분할청구권과 달리 이혼에 의하여 비로소 창설되는 것은 아니다.

⑤ B가 상당히 많은 재산을 가지고 있다면 A가 B에 대한 위자료청구권을 피보전권리로 삼은 사건 가처분신청은 당사자적격의 흠결로 부적법하게 된다.

[해설] 대판 1999. 4. 9. 98다58016(친상 판례16) 참조. ④ 대판 1993. 5. 27. 92므143은 다음과 같이 판시한다. 「이혼위자료청구권은 상대방 배우자의 유책불법한 행위에 의하여 혼인관계가 파탄상태에 이르러 이혼하게 된 경우 그로 인하여 입게 된 정신적 고통을 위자하기 위한 손해배상청구권으로서 이혼시점에서 확정, 평가되고 이혼에 의하여 비로소 창설되는 것이 아니며, 이혼위자료청구권의 양도 내지 승계의 가능 여부에 관하여 민법 제806조 제3항은 약혼해제로 인한 손해배상청구권에 관하여 정신상 고통에 대한 손해배상청구권은 양도 또는 승계하지 못하지만 당사자간에 배상에 관한 계약이 성립되거나 소를 제기한 후에는 그러하지 아니하다고 규정하고 같은 법 제843조가 위 규정을 재판상 이혼의 경우에 준용하고 있으므로 이혼위자료청구권은 원칙적으로 일신전속적 권리로서 양도나 상속 등 승계가 되지 아니하나 이는 행사상 일신전속권이고 귀속상 일신전속권은 아니라 할 것인바, 그 청구권자가 위자료의 지급을 구하는 소송을 제기함으로써 청구권을 행사할 의사가 외부적 객관적으로 명백하게 된 이상 양도나 상속 등 승계가 가능하다.」

[정답] ②

17. 갑과 을은 혼인신고를 마친 부부이다. 갑은 유일한 부동산으로 혼인 후에 갑 명의로 매수한 시가 5억 원의 아파트가 있고, 병에게 1억 원의 채무를 부담하고 있다. 그런데 갑이 간통을 하여 을과 협의이혼을 하면서 갑은 병에 그 아파트를 위자료 등의 명목으로 증여하고 소유권이전등기도 해주었다. 그러자 병은 갑과 을 사이의 증여계약을 사해행위를 이유로 취소하는 소를 제기하였다. 이 경우에 관한 다음 설명 중 옳은 것은? (판례에 의함)

① 갑과 을의 증여계약은 신분행위이어서 전 범위에서 사해행위 취소의 대상이 되지 않는다.
② 갑과 을의 증여계약은 위자료의 지급에 해당해

서 전 범위에서 사해행위 취소의 대상이 되지 않는다.

③ 갑과 을의 증여계약은 병을 해치는 행위이므로 전 범위에서 사해행위 취소의 대상이 될 수 있다.

④ 갑과 을의 증여계약은 일종의 재산분할로서 상당한 정도를 벗어나지 않으면 사해행위 취소의 대상이 아니나, 상당한 정도를 벗어나면 전 범위에서 취소의 대상이 될 수 있다.

⑤ 갑과 을의 증여계약은 일종의 재산분할로서 상당한 정도를 벗어나지 않으면 사해행위 취소의 대상이 아니나, 상당한 정도를 벗어나면 초과 부분만은 취소의 대상으로 될 수 있다.

[해설] 대판 2000. 7. 28, 2000다14101(친상 판례 17) 참조.

[정답] ⑤

18. 갑은 1968. 6. 27.생의 미혼녀로서 1991. 1. 중순경 친구의 소개로 1964. 8. 10.생의 미혼 남인 을을 만나 사귀다가 같은 해 2. 24.경부터 A가 경영하던 구두방에서 A와 동거생활을 시작하였다. 을은 구두방을 경영하여 얻은 수입으로 갑을 부양하고, 갑은 가사 일을 맡아 을을 뒷바라지하면서 을의 모친으로서 경북에 거주하고 있는 병을 수시로 방문하여 참가인의 집안일을 거들어 주었다. 그리고 같은 해 추석에 갑과 을이 병의 집에서 병의 가족들과 인사를 나누고 을의 망부에 대한 차례를 올리게 되자 병의 가족들과 갑의 가족들도 갑과 을을 사실상 부부로 인정하게 되었다. 그런데 1992. 5. 25. 을이 지하철 공사현장에서 작업을 하던 중 터널에 추락하여 중상을 입고 병원에 입원하게 되자 갑은 그때부터 같은 해 5. 27. 을이 사망할 때까지 을을 간병하였고, 을의 시신을 화장한 후에는 갑이 그 뼛가루를 산천에 뿌렸다. 그 후 산업재해보상보험법상 유족급여의 수급권을 둘러싸고 갑과 병 사이에 분쟁이 생기자 1992. 7. 갑이 을과의 사실혼 존재의 확인을 구하는 소를 제기하였다. 이 경우에 관한

다음 설명 중 옳은 것은? (판례에 의함)

① 과거의 법률관계는 확인의 소의 대상이 될 수 없어서, 이 소는 부적법하다.

② 과거의 법률관계도 언제나 확인의 소의 대상이 될 수 있으나, 이 경우에는 검사를 상대방으로 소를 제기할 수 있다는 규정이 없어서, 이 소는 부적법하다.

③ 이 경우와 같이 사실혼관계에 있던 당사자 일방이 사망하였더라도, 현재적 또는 잠재적 법적 분쟁을 일거에 해결하는 유효 적절한 수단이 될 수 있는 한, 그 사실혼관계 존부 확인청구에는 확인의 이익이 인정되나, 이 경우에는 검사를 상대방으로 소를 제기할 수 있다는 규정이 없어서, 이 소는 부적법하다.

④ 이 경우는 과거의 법률관계 그 자체의 확인을 구하는 편이 관련된 분쟁을 일거에 해결하는 유효 적절한 수단일 수 있는 경우는 아니지만, 검사를 상대방으로 소를 제기할 수 있다.

⑤ 이 경우와 같이 사실혼관계에 있던 당사자 일방이 사망하였더라도, 현재적 또는 잠재적 법적 분쟁을 일거에 해결하는 유효 적절한 수단이 될 수 있는 한, 그 사실혼관계 존부 확인청구에는 확인의 이익이 인정되며, 이 경우에는 검사를 상대방으로 소를 제기할 수 있다.

[해설] 대판 1995. 3. 28, 94므1447(친상 판례18) 참조.

[정답] ⑤

19. 갑은 을과 1985. 8. 2. 혼인신고를 마친 부부였다. 갑은 을과 결혼 후인 1992년경 X병원에서 무정자증 진단을 받았다. 이에 을은 갑의 동의를 얻어 제3자로부터 정자를 제공받아 시험관시술을 통한 인공수정 방법으로 임신한 다음 위 병원에서 병을 출산하였다. 갑은 1993. 3. 29. 병의 출생에 대해서 아무런 문제도 제기하지 않은 채 자신과 을의 자녀로 병의 출생신고를 마쳤다. 그런가 하면 을은 혼외관계를

통해 정을 임신하여 정을 출산하였다. 갑은 1997. 8. 6. 갑과 을의 자녀로 정의 출생신고를 마쳤다. 갑과 을은 혼인 이후 2013년 무렵까지 병·정과 함께 동거해 왔다. 이때까지 갑이 병·정과의 친자관계에 대해서 별다른 이의를 제기하였다고 볼만한 사정은 없다. 갑과 을은 이혼소송에까지 이르러 결국 2015. 10. 30. 이혼하기로 하는 내용으로 조정이 성립하였다. 병이 X병원에서 제3자의 정자 제공에 의한 시험관시술을 통해 출생하였는지, 이때 갑이 동의를 하였는지 등은 진료기록이 보존기간이 지나 폐기되어 알 수 없다. 이 경우에 관한 설명으로 옳은 것을 고른 것은? (판례에 의함)

> ㄱ. 병은 갑의 자로 추정된다.
> ㄴ. 병은 갑의 자로 추정되지 않는다.
> a. 갑은 병에 대하여 친생부인의 소를 제기할 수 있다.
> b. 갑은 병에 대하여 친생부인의 소를 제기할 수 없다.
> 가. 정은 갑의 자로 추정된다.
> 나. 정에게는 갑의 친생자추정이 미치지 않는다.

① ㄱ, a, 가
② ㄱ, b, 가
③ ㄱ, b, 나
④ ㄴ, b, 가
⑤ ㄴ, b, 나

[해설] 대판(전원) 2019. 10. 23, 2016므2510(친상 판례19) 참조. 이 판결에 의하면, 병은 갑의 자로 추정되고, 갑은 병을 자신의 자녀로 승인했으므로 친생부인의 소를 제기할 수 없다고 한다. 그리고 정과 같이 혈연관계가 없음이 밝혀진 경우에도 친생자추정이 인정된다고 한다.
[정답] ②

20. 갑(남)과 을(여)은 2009. 5. 20. 혼인신고를 마친 법률상의 부부였다. 그런데 을은 2011. 1.경 병(남)과 눈이 맞아 가출을 하여 그 이래

갑과 별거하던 중 2014. 3. 15. 정을 출산하였다. 갑은 2014. 3. 30.에 정의 출생사실을 알았다. 현재는 2016. 2. 1.이다. 이 경우에 관한 다음 설명 중 옳은 것은? (판례에 의함)

① 갑은 정에 대하여 부자관계를 부정할 방법이 없다.
② 갑은 오직 친생부인의 소를 제기하는 방법으로만 정과의 부자관계를 부정할 수 있을 뿐이다.
③ 갑은 오직 친생자관계 부존재 확인의 소를 제기하여 정과의 부자관계를 부정할 수 있을 뿐이다.
④ 갑은 친생부인의 소를 제기할 수도 있고, 친생자관계 부존재 확인의 소를 제기하여 정과의 부자관계를 부정할 수도 있다.
⑤ 을은 친생자관계 부존재 확인의 소를 제기하여 갑과 정 사이의 부자관계를 부정할 수 없다.

[해설] 대판(전원) 1983. 7. 12, 82므59(친상 판례 20) 참조. 이 판결에 따르면, 문제의 경우에는 병에게 친생자 추정이 미치지 않으므로, 갑은 친생부인의 소를 제기할 수도 있고(2년 내에, 847조 1항), 친생자관계 부존재 확인의 소를 제기할 수도 있다. 그리고 을도 친생자관계 부존재 확인의 소를 제기할 수 있다(865조 1항 참조).
[정답] ④

21. 갑은 을과 1943. 6. 27. 혼인신고를 마친 법률상 부부였고, 병은 1945. 7. 23. 출생하였는데 가족관계등록부상 갑과 을 사이에 자녀로 기재되어 있다. 정은 1953. 11. 12. 출생하였는데, 그 출생신고는 갑이 1955. 4. 25.에 하였으며, 그 출생신고의 기재에 따라 정의 가족관계등록부에 "부"로 갑이, "모"로 을이 각 기재되어 있다. 갑은 1955. 6. 5. 을과 협의이혼신고를, 1956. 6. 7. 무와 혼인신고를 각 마쳤다. 그런데 최근에 정의 출생에 대하여 의심이 생겨 유전자감정을 하였는데, 그 결과 정은 을의 자녀나 갑의 자녀는 아니라는 것이 밝혀졌다. 이 경우에 정에 대하여 친생부인의 소를 제기할 수 있는 자를 모두 열거한 것은? (판례에

에 의함)

① 갑, 을, 무   ② 갑, 을
③ 갑, 무   ④ 갑
⑤ 을

[해설] 대판 2014. 12. 11, 2013므4591(친상 판례21) 참조. 친생부인의 소는 부(夫)와 처가 제기할 수 있는데(846조·847조), 앞의 판결에 의하면 거기의 처는 자의 생모만을 의미하고 거기에 재혼한 처는 포함되지 않는다.

[정답] ②

22. E회사 소속의 청소차량 운전기사 A가 1990. 6. 27. 난지도 쓰레기매립장 내에서 쓰레기 하차작업 도중 차량전복 사고로 사망함으로써 E는 A가 입은 재산상 내지 정신상 손해에 관하여 사용자책임에 기한 배상의무를 부담하게 되었다. A는 1989. 6. 29, B와의 사이에 C를 출산하였으나 사망할 때까지 B와의 혼인신고나 C의 출생신고를 하지 않아, 위 사고 당시 A의 모인 D가 단독상속인의 지위에 있었다. E는 1990. 7. 6. D와의 사이에 위 사고로 인한 손해배상문제에 관하여 합의를 함에 있어, E는 D에게 산업재해보상보험금과 별도로 1억 원을 지급하고 D는 위 사고에 터잡은 일체의 청구를 포기하기로 약정하였다. B는 1990. 7. 7. 단독으로 혼인신고를 마치고 1989. 6. 29.생인 C를 A의 자로 호적에 등재하였고, 그 후 B와 C는 D가 한 합의의 효력을 부인하고 E를 상대로 1991. 1.경 위 사고에 따른 손해배상청구의 소를 제기하였다. 한편 이 사건 소의 계속 중인 1991. 7. 18. C가 검사를 상대로 제기한 인지청구의 소에서 C가 A의 친생자임을 인지한다는 판결이 내려져 확정되었다. 다음 중 옳지 않은 것은? (판례에 의함)

① B는 A의 사실혼배우자이므로 그 자신의 고유의 위자료청구권을 행사할 수 있음은 별론으로 하고 A의 손해배상청구권을 상속할 수 없다.

② 인지판결 확정에 의하여 C는 위 사고시에 소급하여 A의 손해배상청구권을 상속하게 되었다.

③ 인지의 소급효는 제3자가 취득한 권리를 해하지 못하므로 E가 인지판결 확정 전에 A의 상속인이었던 D와의 사이에 A의 손해배상청구권에 관하여 합의한 행위의 효과는 인지에 의하여 영향을 받지 않는다.

④ C는 D와 E 사이의 합의에 불구하고 다시 E를 상대로 A의 손해배상청구권을 행사할 수 있다.

⑤ E의 D에 대한 손해배상채무의 일부 변제가 채권의 준점유자에 대한 변제로 인정되는 때에는 C는 D에 대하여 그 변제액 범위 내에서 부당이득반환을 청구를 할 수 있다.

[해설] 대판 1993. 3. 12, 92다48512(친상 판례22) 참조.

[정답] ③

23. A(여)와 B(남)는 1960. 4. 18. 혼인하여 1960. 5. 20. 을을 출산하였고, 1961. 9. 14. 이혼하였다. A는 C와 사실혼 관계를 유지하면서 갑을 출산하였는데, C는 갑을 당시 법률상 배우자인 D와 사이의 친생자로 출생신고하였다. A는 별지 1~3목록 기재 각 부동산('이 사건 부동산')을 소유하고 있다가 2015. 1. 27. 사망하였고, 을은 2015. 6. 8.과 2015. 6. 9. 이 사건 부동산에 관하여 각 '2015. 1. 27. 상속'을 원인으로 하는 소유권이전등기를 마쳤다. 그리고 을은 2015. 6. 25. 병에게 별지 1목록 기재 부동산을 매매대금 1억 3,000만 원에 매도하고, 2015. 7. 2. 그에 관한 소유권이전등기를 마쳐주었다. 갑은 2016. 2. 12. D와 친생자관계 부존재, A와 친생자관계 존재의 확인을 구하는 소를 제기하였고, 그 인용판결이 2016. 7. 1. 확정되었다. 그 후 갑은 2016. 7. 27. 가족관계등록부에 A를 '모'로 기록하는 것으로 정정하였다. 현재는 2016. 8. 5.이다. 이 경우에 대한 다음 설명 중 옳은 것은? (판례에 의함)

① 갑과 A 사이의 모자관계에는 인지의 소급효 제한에 관한 민법 제860조 단서가 적용 또는 유추적용되지 않는다.

② 갑은 을과 병과 체결한 부동산매매계약이 자신의 법정상속분에 해당하는 부분에서 무효라고 주장할 수 없으며 가액지급청구권만 가진다.

③ 갑은 을에게 상속을 원인으로 마친 소유권이전등기를 자신의 법정상속분에 해당하는 부분에 관하여 말소하라고 청구할 수 없다.

④ 갑은 병에게 을이 마쳐준 소유권이전등기를 자신의 법정상속분에 해당하는 부분에서 말소하라고 청구할 수 없다.

⑤ 갑과 A 사이의 모자관계는 친생자관계 존재 확인의 소가 확정됨으로써 비로소 인정된다.

[해설] 대판 2018. 6. 19. 2018다1049(친상 판례23) 참조. 이 판결에 따르면, 갑은 을에게 상속을 원인으로 한 소유권이전등기를 자신의 법정상속분의 범위에서 말소하라고 청구할 수 있고, 그 범위에서 을의 처분의 무효를 주장할 수 있으며, 병에게 그 범위에서 소유권이전등기의 말소를 청구할 수 있다.

[정답] ①

24. 망 A(여)는 1954.경 B(남)와 결혼하였으나 혼인신고를 하지 않은 채 동거를 해 왔다. A와 B는 그들 사이에 자식이 없자 B의 형인 망 C와 ― 위 C와 내연관계에 있던 ― D 사이에서 1958. 3. 4. 출생한 갑(여)을 B와 A 사이에 출생한 자녀로 입적시키기로 하고 대락권자인 C와 D의 승낙을 얻어 1961. 9. 28. B와 A가 혼인신고를 함과 동시에 갑을 B와 A 사이에 출생한 자녀로 출생신고를 하였다. 갑은 3살 때(1961년)부터 B를 아버지로, A를 어머니로 하여 함께 생활하였고 B와 A는 갑을 자식으로 양육하였는데 갑이 초등학교 3학년이 되었을 때(1966년)부터 B와 A의 관계가 나빠져 서로 별거하기에 이르자 갑인 생모인 D와 함께 생활하였다. A는 B와 별거하다가 망 E를 알게 되어 E와 사이에 1967. 8. 10. 을을 출산하였다. A는 B와 이혼을 하려 했으나 B가 협의이혼에 응하지 않자 이혼소송을 제기하여

1970 11. 22. 법원으로부터 이혼심판을 받아 1971. 9. 15. B와 이혼신고를 하고, 같은 해 12. 23. E와 혼인신고를 하면서 을을 A와 E 사이에 출생한 자식으로 같은 해 12. 27. 출생신고를 하였다. A는 1999. 2. 20. 사망하였는데 갑에 대하여 친생자관계에 있지 않다는 등의 이의 제기를 한 바는 전혀 없다. 을은 A가 사망한 이후 갑이 여전히 호적상 A의 딸로 되어 있어 상속권을 주장할 염려가 있자 갑과 A 사이에 친생자관계가 없음의 확인을 구하는 소를 제기하였다. 그리고 을은 그 소에서 A와 갑 사이에는 양모자관계에 있었던 적이 없으나, 설사 양모자관계가 있었더라도 A가 B와 이혼을 했으므로 그 관계가 소멸했다고 주장한다. 이 경우에 관한 설명 중 옳은 것을 고른 것은? (판례에 의함)

> ㄱ. A와 갑 사이에는 입양의 효력이 있다.
> ㄴ. A와 갑 사이에는 친생친자관계가 인정된다.
> ㄷ. 을은 친생자관계의 부존재 확인을 구할 이익이 있다.
> ㄹ. 을은 친생자관계의 부존재 확인을 구할 이익이 없다.
> ㅁ. A가 이혼함으로써 A와 갑 사이의 양모자관계는 소멸하였다.
> ㅂ. A가 이혼했더라도 A와 갑 사이의 양모자관계는 소멸하지 않는다.

① ㄱ, ㄷ, ㅁ   ② ㄱ, ㄷ, ㅂ
③ ㄱ, ㄹ, ㅁ   ④ ㄱ, ㄹ, ㅂ
⑤ ㄴ

[해설] 대판(전원) 2001. 5. 24. 2000므1493(친상 판례24) 참조. 이 판결은 본 문제의 경우에, 갑과 A 사이에는 양모자관계가 성립되었다 할 것인데, 이와 같이 허위의 출생신고가 법률상의 친자관계인 양친자관계를 공시하는 입양신고의 기능을 발휘하게 되는 경우 그 양친자관계를 해소하여야 하는 등 특단의 사정이 없는 한 그 호적의 기재를 말소하여 법률상 친자관계를 부정하게 되는 친생자관계의 부존재 확인을 구할 이익이 없다고 하였다. 그리고 양

부모가 이혼하였다고 하여 양모자관계만 소멸하지도 않는다고 하였다.

[정답] ④

25. 친생자관계 존부 확인의 소에 관한 다음 설명 중 옳지 않은 것은? (판례에 의함)

① 친생자관계 존부 확인의 소를 제기할 수 있는 자는 민법 제865조에서 정한 제소권자로 한정된다.

② 민법 제848조, 제850조, 제851조의 제소권자인 성년후견인, 유언집행자, 부 또는 처의 직계존속이나 직계비속은 그 규정들에 의하여 소를 제기할 수 있는 요건을 갖춘 경우에 한하여 원고적격이 있다.

③ 가족관계등록부상으로는 아무런 친족관계가 나타나지 않더라도 스스로 자녀의 생부 또는 생모라고 주장하면서 친생자관계 존부 확인의 소를 제기한 사람은 그 판결 결과에 따라 당사자와의 친생자관계 자체에 직접적인 영향을 받게 된다고 하여 이해관계인에 포함되는 것은 아니다.

④ 민법 제865조의 이해관계인은 다른 사람들 사이의 친생자관계가 존재하거나 존재하지 않는다는 내용의 판결이 확정됨으로써 일정한 권리를 얻거나 의무를 면하는 등 법률상 이해관계가 있는 제3자를 뜻한다.

⑤ 민법 제777조에서 정한 친족이라는 사실만으로 당연히 친생자관계 존부 확인의 소를 제기할 수 있는 것은 아니다.

[해설] 대판(전원) 2020. 6. 18, 2015므8351(친상 판례25) 참조. ③ 이 판결은, 가족관계등록부상으로는 아무런 친족관계가 나타나지 않더라도 스스로 자녀의 생부 또는 생모라고 주장하면서 친생자관계 존부 확인의 소를 제기한 사람은 그 판결결과에 따라 당사자와의 친생자관계 자체에 직접적인 영향을 받게 되므로 이해관계인에 포함된다고 한다.

[정답] ③

26. 다른 사람의 자녀를 입양을 하려고 하면서 입양신고 대신에 친생자 출생신고를 한 경우에 관한 다음 설명 중 옳지 않은 것은? (판례에 의함)

① 일정한 요건을 갖춘 때에는 입양의 효력이 인정된다.

② 무효행위의 전환이론이 적용된다.

③ 그 경우에 설사 입양의 효력이 인정되더라도 그 후 당사자 간에 친생자관계 부존재 확인의 확정판결이 있는 경우에는 그 확정일 이후부터는 양친자관계의 존재를 주장할 수 없다.

④ 그 경우에 효력이 인정되려면 입양의 실질적 요건을 반드시 갖추어야 한다.

⑤ 친생자 출생신고 당시 입양의 실질적 요건을 갖추지 못하여 입양신고로서의 효력이 생기지 않았더라도 그 후에 입양의 실질적 요건을 갖추게 된 경우에는 무효인 친생자 출생신고는 입양의 실질적 요건을 갖추게 된 때에 입양신고로서의 효력을 갖게 된다.

[해설] 대판(전원) 1977. 7. 26, 77다492(친상 판례26) 참조. ③ 대판 1993. 2. 23, 92다51969 참조. 다른 판례에 의하면, 그와 같은 경우에는 파양에 의하여 그 양친자관계를 해소할 필요가 있는 등 특별한 사정이 없는 한 그 호적기재 자체를 말소하여 법률상 친자관계의 존재를 부인하게 되는 친생자관계 부존재 확인청구는 허용될 수 없다고 한다(대판 1988. 2. 23, 85므86; 대판(전원) 2001. 5. 24, 2000므1493(이 책 친상 판례24)). 그런데 다른 한편으로 대판 1993. 2. 23, 92다51969는 ③과 같이 판시한다. 일단 친생자관계 부존재 확인의 확정판결이 있으면 판결의 기판력을 인정해야 한다는 것이다. ⑤ 대판 2000. 6. 9, 99므1633·1640은 친생자 출생신고 당시 입양의 실질적 요건을 갖추지 못하여 입양신고로서의 효력이 생기지 않았더라도 그 후에 입양의 실질적 요건을 갖추게 된 경우에는 무효인 친생자 출생신고는 「소급적으로」 입양신고로서의 효력을 갖게 된다고 한다.

[정답] ⑤

27. 대법원은 조부모가 자녀의 입양허가를 청구하는 경우에 입양의 요건을 갖추고 입양이 자녀의 복리에 부합한다면 이를 허가할 수 있다고 한다. 여기에 관한 대법원의 태도에 어긋나는 것은?

① 가정법원이 미성년자의 입양을 허가할 것인지 판단할 때에는 '입양될 자녀의 복리에 적합한지'를 최우선적으로 고려하여야 한다.

② 조부모가 손자녀를 입양하여 부모·자녀 관계를 맺는 것이 입양의 의미와 본질에 부합하지 않거나 불가능하다고 볼 이유가 없다.

③ 손자녀의 입양이 이루어져도 입양 전의 친족관계는 존속하므로, 친생부모와 자녀는 여전히 친자관계에 있다.

④ 민법은 입양의 요건으로 동의와 허가 등에 관하여 규정하고 있을 뿐이고 존속을 제외하고는 혈족의 입양을 금지하고 있지 않다.

⑤ 우리나라는 유엔의 「아동의 권리에 관한 협약」에 가입하지 않아서 그 협약은 우리나라에 효력이 없으므로 손자녀 입양의 해석에 그 협약 규정의 취지를 고려할 수는 없다.

[해설] 대결(전원) 2021. 12. 23, 2018스5(친상 판례 27) 참조. ⑤ 우리나라는 유엔의 「아동의 권리에 관한 협약」에 가입하여 1991. 12. 20. 국내에서 발효되었다. 그리고 본 결정은, 입양제도를 인정하거나 허용하는 당사국은 아동의 최선의 이익이 최우선적으로 고려되도록 보장하여야 한다고 정한 그 협약 제21조의 취지도 고려하고 있다.

[정답] ⑤

28. 다음 중 친권자와 그 자의 이해상반행위에 해당하는 것은? (판례에 의함)

① 미성년자의 친권자인 모가 자기 오빠의 제3자에 대한 채무의 담보로 미성년자 소유의 부동산에 근저당권을 설정하는 행위

② 법정대리인인 친권자가 부동산을 매수하여 이를 그 자에게 증여하는 행위

③ 친권자인 모가 자신이 연대보증한 채무의 담보로 자신과 자의 공유인 토지 중 자의 공유지분에 관하여 법정대리인의 자격으로 근저당권설정계약을 체결한 행위

④ 법정대리인인 친권자가 부동산을 미성년자인 자에게 명의신탁하는 행위

⑤ 친권자인 모가 자신이 대표이사로 있는 주식회사의 채무 담보를 위하여 자신과 미성년인 자의 공유재산에 대하여 자의 법정대리인 겸 본인의 자격으로 근저당권을 설정한 행위

[해설] 대판 2002. 1. 11, 2001다65960(친상 판례 28) 참조. ① 대판 1991. 11. 26, 91다32466은 이해상반행위가 아니라고 한다. ② 대판 1981. 10. 13, 81다649는 이해상반행위가 아니라고 한다. ④ 대판 1998. 4. 10, 97다4005는 이해상반행위가 아니라고 한다. ⑤ 대판 1996. 11. 22, 96다10270은 이해상반행위가 아니라고 한다.

[정답] ③

29. 부양에 관한 다음 설명 중 옳지 않은 것은? (판례에 의함)

① 부부간의 부양의무를 이행하지 않은 부부의 일방에 대하여 상대방의 친족이 구하는 부양료의 상환청구는 민사소송사건이 아니고 가사비송사건으로서 가정법원의 전속관할에 속한다.

② 부모가 성년의 자녀에 대하여 직계혈족으로서 민법 제974조 제1호, 제975조에 따라 부담하는 부양의무는 부양의무자가 자기의 사회적 지위에 상응하는 생활을 하면서 생활에 여유가 있음을 전제로 하여 부양을 받을 자가 자력 또는 근로에 의하여 생활을 유지할 수 없는 경우에 한하여 그의 생활을 지원하는 것을 내용으로 하는 제2차 부양의무이다.

③ 제1차 부양의무자와 제2차 부양의무자가 동시에 존재하는 경우에 제1차 부양의무는 특별한 사정이 없는 한 제2차 부양의무자에 우선하여 부양의무를 부담하므로, 제2차 부양의무자

가 부양받을 자를 부양한 경우에는 소요된 비용을 제1차 부양의무자에 대하여 상환청구할 수 있다.

④ 부부간의 부양의무 중 과거의 부양료에 관하여는 특별한 사정이 없는 한 부양을 받을 사람이 부양의무자에게 부양의무의 이행을 청구하였음에도 불구하고 부양의무자가 부양의무를 이행하지 않음으로써 이행지체에 빠진 후의 것에 관하여만 부양료의 지급을 청구할 수 있다.

⑤ 부부 사이의 부양료 액수는 당사자 쌍방의 재산 상태와 수입액, 생활정도 및 경제적 능력, 사회적 지위 등에 따라 부양이 필요한 정도, 그에 따른 부양의무의 이행정도, 혼인생활 파탄의 경위와 정도 등을 종합적으로 고려하여 판단하여야 한다.

[해설] 대판 2012. 12. 27, 2011다96932(친상 판례 29) 참조. 이 판결은, 부부간의 부양의무를 이행하지 않은 부부의 일방에 대하여 상대방의 친족이 구하는 부양료의 상환청구는 같은 법 제2조 제1항 제2호 나. 마류사건의 어디에도 해당하지 아니하여 이를 가사비송사건으로 가정법원의 전속관할에 속하는 것이라고 할 수는 없고, 이는 민사소송사건에 해당한다고 한다.

[정답] ①

30. A는 처 B와 사이에 딸 C, 아들 D를 두었고, C는 피고와 혼인하여 그 사이에 딸 E, 아들 F가 있었으며, D는 처 G와 사이에 딸 H를 두고 있었는데, A 부부와 아들 D 가족 전부 및 딸 C와 그 자녀들 등 피고를 제외한 가족 전원이 1997년경 함께 탑승 중이던 항공기 추락사고로 모두 사망하였고, 당시 A에게 다른 직계비속이나 직계존속은 없었다. 그 후 피고는 A의 소유이던 X부동산에 관하여 상속을 원인으로 소유권이전등기를 마쳤다. 원고들은 A의 형제자매들로서, 피고는 법률상 A의 재산을 대습상속할 지위에 있지 않으면서 상속인 지위를 참칭하여 X부동산에 관하여 상속을 원인으로 소유권이전등기를 하였다고 주장하면서 그 말소를 청구하

였다. 다음 중 옳지 않은 것은? (판례에 의함)

① A는 그의 처는 물론 직계비속인 아들, 딸과 손자 손녀들 및 직계비속의 배우자인 며느리 등과 함께 동일한 위난으로 사망하였는바 민법 제30조에 의하여 모두 동시에 사망한 것으로 추정된다.

② 민법 제1001조의 「상속개시 전에」라는 규정은 상속개시 시점인 피상속인의 사망보다 앞서는 시점을 가리키는 것이므로, 상속인이 될 직계비속 또는 형제자매가 피상속인과 동시에 사망한 경우는 여기에 포함되지 않는다.

③ 피고의 처인 C가 피상속인 A와 동시에 사망한 것으로 추정된다는 점은 피고가 A를 대습상속하는 데에 장애가 되지 않는다.

④ 피상속인의 자녀가 상속개시 전에 전부 사망한 경우 피상속인의 손자녀는 본위상속이 아니라 대습상속을 한다.

⑤ 대습상속은 피대습자와 같은 촌수의 다른 직계비속이 생존하여 공동상속인의 지위가 유지·보존된 경우에 한하여 공동상속으로만 가능한 것은 아니며, 단독상속으로도 가능하다.

[해설] 대판 2001. 3. 9, 99다13157(친상 판례30) 참조.

[정답] ②

31. X부동산은 원래 A의 소유였는데, 그가 1988년경 사망하고 처 B, 장남인 피고 C, 차남 D, 장녀인 원고 E가 공동상속인이 되었으며, 그 후 D가 X부동산에 대해서만은 상속을 포기하기로 함에 따라, X부동산 중 B가 3/7지분, 원고와 피고가 각 2/7지분에 관하여 상속등기를 마쳤고, 그 후 원고의 지분에 관하여 피고 앞으로 매매를 원인으로 이전등기가 마쳐졌다. A는 사망하기 전 원고 앞으로 장래 교육비 등에 사용하도록 투자신탁회사에 장기공사채 1억원을 예탁하여 두었다. A가 사망 당시 가지고 있던 적극재산은 X부동산의 가액을 포함한

598,749,200원, 소극재산은 270,821,705원이었다. 원고는, X부동산 중 2/7지분은 원고가 상속받은 것인데 그에 관하여 B가 전혀 대리권 없이 피고 앞으로 이전등기를 마친 것이라고 주장하면서 그 말소를 청구하였다. 다음 중 옳지 않은 것은? (판례에 의함)

① 공동상속인 중 피상속인으로부터 재산의 증여 또는 유증을 받은 자가 있는 경우에 그 특별수익자는 수증재산이 자기의 상속분에 달하지 못한 때에는 그 부족한 부분의 한도에서 상속분이 있다.

② 특별수익자가 있는 경우 구체적인 상속분은, 피상속인이 상속개시 당시에 가지고 있던 재산의 가액에 생전증여의 가액을 가산한 후, 이 가액에 특별수익자의 법정상속분율을 곱하여 산출된 상속분 가액으로부터 특별수익자의 수증재산의 가액을 공제하여 산정한다.

③ A가 사망 당시 가지고 있던 적극재산에서 소극재산을 공제한 순재산액 327,927,495원에 원고에 대한 생전증여 1억 원을 합한 427,927,495원이 총 상속재산가액이므로 여기에 원고의 법정상속분율은 2/9이므로, 이를 기초로 하여 원고의 상속분을 계산하면 95,094,998원(= 427,927,495×2/9)이 되고 따라서 원고는 초과특별수익자에 해당하므로 X부동산에 관하여 더 이상 상속할 권리가 없다.

④ 특별수익자가 있는 경우의 구체적인 상속분 계산의 기초가 되는 "피상속인이 상속개시 당시 가지고 있던 재산의 가액"을 적극재산에서 소극재산을 공제한 순재산액이라고 파악할 경우 초과특별수익자는 상속채무를 부담하지 않게 된다.

⑤ 금전채무가 공동상속된 경우 이는 상속개시와 동시에 법정상속분에 따라 공동상속인에게 분할되어 귀속되므로 상속재산분할의 대상이 될 여지가 없다.

[해설] 대판 1995. 3. 10, 94다16571(친상 판례31)

참조. ⑤ 대판 1997. 6. 24, 97다8809 참조.

[정답] ③

32. 상속재산 분할과 관련한 다음 설명 중 옳지 않은 것은? (판례에 의함)

① 상속재산 분할은 법정상속분이 아니라 특별수익이나 기여분에 따라 수정된 구체적 상속분을 기준으로 이루어진다.

② 구체적 상속분을 산정함에 있어서는, 상속개시 당시를 기준으로 상속재산과 특별수익재산을 평가하여 이를 기초로 하여야 하고, 공동상속인 중 특별수익자가 있는 경우 구체적 상속분 가액의 산정을 위해서는, 피상속인이 상속개시 당시 가지고 있던 재산 가액에 생전증여의 가액을 가산한 후, 이 가액에 각 공동상속인별로 법정상속분율을 곱하여 산출된 상속분의 가액으로부터 특별수익자의 수증재산인 증여 또는 유증의 가액을 공제하는 계산방법에 의한다.

③ 구체적 상속분 가액을 계산한 결과 공동상속인 중 특별수익이 법정상속분 가액을 초과하는 초과특별수익자가 있는 경우, 초과특별수익은 다른 공동상속인들이 그 법정상속분율에 따라 안분하여 자신들의 구체적 상속분 가액에서 공제하는 방법으로 구체적 상속분 가액을 조정하여 구체적 상속분 비율을 산출하여야 한다.

④ 가정법원이 상속재산 분할을 함에 있어 분할 대상이 된 상속재산 중 특정 재산을 일부 상속인 소유로 현물분할 한다면, 전체 분할 대상 재산을 분할시 기준으로 평가하여, 그 특정 재산 가액이 그의 구체적 상속분에 따른 취득가능 가액을 초과하는 상속인이 있는 경우 그 차액을 정산하도록 하여야 한다.

⑤ 가정법원이 상속재산 분할을 함에 있어 분할 대상이 된 상속재산 중 특정 재산을 일부 상속인 소유로 현물분할 한 경우, 전체 분할 대

상 재산을 분할시 기준으로 평가하여, 그 특정 재산 가액이 그의 구체적 상속분에 따른 취득 가능 가액을 초과하지 않을 때에는 상속인들 사이의 지분율을 다시 산정할 필요가 없다.

[해설] 대결 2022. 6. 30. 2017스98·99·100·101 (친상 판례32) 참조. ⑤ 가정법원이 상속재산 분할을 함에 있어 분할 대상이 된 상속재산 중 특정 재산을 일부 상속인 소유로 현물분할 한 경우, 전체 분할 대상 재산을 분할시 기준으로 평가하여, 그 특정 재산 가액이 그의 구체적 상속분에 따른 취득가능 가액을 초과하지 않을 경우에도 위와 같은 현물분할을 반영하여 상속인들 사이의 지분율을 다시 산정해서 남은 분할 대상 상속재산은 수정된 지분율로 분할해야 한다.

[정답] ⑤

33. 신용보증기금(갑이라 함)은 을(제1차 신용보증계약) 및 X회사(제2차 신용보증계약)와 각각 신용보증계약을 체결하면서, 신용보증 의뢰인(피보증인)인 을 또는 X회사는 신용보증인인 갑이 피보증인의 채권자에 대하여 보증채무를 이행한 때에는 갑이 변제한 금액 및 이에 대한 지연손해금을 지급하기로 약정하였고, 병과 정은 제1차 신용보증계약과 관련하여 을이 갑에 대하여 부담하는 모든 채무를, 을·병·정은 제2차 신용보증계약과 관련하여 X회사가 갑에 대하여 부담하는 모든 채무를 각 연대보증하였다. 그 뒤 갑은 위 각 신용보증계약에 따라 을 또는 X회사를 피보증인으로 하여 각 은행 및 금융회사에 신용보증서를 발급하여 주었고, 을과 X회사는 위 각 신용보증서를 담보로 하여 여러 은행 등으로부터 산업기술향상시설자금 등 명목으로 5차례에 걸쳐 합계 4억 7,760만원을 대출받았다. 그 후 X회사는 갑의 승낙하에 을로부터 제1차 신용보증계약상의 지위를 승계하였고, 그 대신 을은 X회사의 갑에 대한 제1차 신용보증계약상의 채무를 연대보증하였다. 그런데 그 얼마 뒤 X회사가 당좌수표를 부도내고 어음교환소로부터 거래정지처분을 받음으로써 위 각 대출금에 대한 기한의 이익을 상실하고 이를 변제하지 못하게 되자, 갑이 신용보증인으

로서 각 은행 등에 원금과 이자를 합하여 4억 8,000만 원을 대위변제하였는데, 그 중 2,000만 원을 회수하여 대위변제금이 4억 6,000만 원이 남았다(지연손해금은 생략함). 그 뒤 을이 사망하였고, 그 자녀인 병과 무가 을의 갑에 대한 위 각 신용보증계약상의 연대보증채무를 1/2 지분씩 각 상속하였다. 그리고 을이 사망한 지 몇 년이 지나고 나서 병과 무가 상속재산을 협의분할하면서 병이 채무를 포함한 모든 상속재산을 단독상속하기로 하였다. 이 경우에 관한 다음 설명 중 옳은 것은? (판례에 의함)

① 병은 X회사·정과 연대하여, 그리고 무는 X회사·병·정과 연대하여 원고에게 각각 2억 3,000만 원을 지급해야 한다.

② 병과 무는 불가분채무자로서 갑에게 4억 6,000만 원을 지급해야 한다.

③ 병과 무는 각각 갑에게 2억 3,000만 원씩의 채무만을 부담한다.

④ 병은 갑에게 4억 6,000만 원의 채무를 부담하고, 무는 갑에게 채무를 부담하지 않는다.

⑤ 병과 무는 갑에게 4억 6,000만 원의 연대보증채무를 부담한다.

[해설] 대판 1997. 6. 24. 97다8809(친상 판례33) 참조. 이 판결에 따르면, 금전채무와 같이 급부의 내용이 가분인 채무가 공동상속된 경우에는 채무가 상속 개시와 동시에 당연히 법정상속분에 따라 공동상속인에게 분할되어 귀속된다. 그 결과 위 문제의 경우에 4억 6,000만 원을 지급해야 하는 을의 연대보증채무는 병과 무에게 절반씩(즉 2억 3,000만 원씩) 나뉘어 귀속된다. 그런데 상속된 채무가 연대보증채무이므로 병과 무도 귀속된 채무에 관하여 각 채무자들과 연대보증채무를 부담한다고 할 것이다. 그리고 병과 무가 재산분할 협의를 하여 병이 채무를 단독으로 부담하기로 한 것은 협의분할이 아니고 면책적 채무인수인데, 채권자인 갑의 승낙이 없어서 효력이 없다. 그 결과 ①과 같이 된다. 위 판결의 원심판결(서울고판 1997. 1. 17. 96나42491)도 참조.

[정답] ①

34. 상속재산 분할에 관한 다음 설명 중 옳은 것을 고른 것은? (판례에 의함)

ㄱ. 금전채권과 같이 급부의 내용이 가분인 채권은 공동상속되는 경우 상속개시와 동시에 당연히 법정상속분에 따라 공동상속인들에게 분할되어 귀속되므로 언제나 상속재산 분할의 대상이 될 수 없다.

ㄴ. 금전채권과 같이 급부의 내용이 가분인 채권은 공동상속되는 경우 언제나 상속재산 분할의 대상이 될 수 있다.

ㄷ. 금전채권과 같이 급부의 내용이 가분인 채권은 공동상속되는 경우 상속개시와 동시에 당연히 법정상속분에 따라 공동상속인들에게 분할되어 귀속되므로 원칙적으로 상속재산 분할의 대상이 될 수 없으나, 일정한 경우에는 예외적으로 상속재산 분할의 대상이 될 수 있다.

a. 상속개시 당시에는 상속재산을 구성하던 재산이 그 후 처분되거나 멸실·훼손되는 등으로 상속재산 분할 당시 상속재산을 구성하지 아니하게 되었다면, 상속인이 그 대가로 처분대금, 보험금, 보상금 등 대상재산(代價財産)을 취득하게 된 경우에도, 언제나 상속재산 분할의 대상으로 될 수 없다.

b. 상속개시 당시에는 상속재산을 구성하던 재산이 그 후 처분되거나 멸실·훼손되는 등으로 상속재산 분할 당시 상속재산을 구성하지 아니하게 되었다면, 상속인이 그 대가로 처분대금, 보험금, 보상금 등 대상재산(代價財産)을 취득하게 된 경우는 물론이고 그렇지 않은 경우에도, 언제나 상속재산 분할의 대상으로 될 수 있다.

c. 상속개시 당시에는 상속재산을 구성하던 재산이 그 후 처분되거나 멸실·훼손되는 등으로 상속재산 분할 당시 상속재산을 구성하지 아니하게 되었다면, 그 재산은 상속재산 분할의 대상이 될 수 없으나, 다만 상속인이 그 대가로 처분대금, 보험금, 보상금 등 대상재산(代償財産)을 취득하게 된 경우에는, 그 대상재산이 상속재산 분할의 대상으로 될 수 있다.

① ㄱ, a　　② ㄱ, b
③ ㄱ, c　　④ ㄴ, a
⑤ ㄴ, b　　⑥ ㄴ, c
⑦ ㄷ, a　　⑧ ㄷ, b
⑨ ㄷ, c

[해설] 대결 2016. 5. 4. 2014스122(친상 판례[34] 참조.
[정답] ⑨

35. 상속회복청구권에 관한 다음 설명 중 옳은 것은? (판례에 의함)

① 민법 제999조의 상속회복청구권은 개별적 청구권과 다른 독립된 별개의 권리라고 보아야 한다.

② 다른 공동상속인의 상속권을 부인하고 자기(들)만이 상속하였다고 주장하는 공동상속인 중의 1인 또는 수인이나, 다른 공동상속인의 상속권을 부정하지는 않은 채 사실상 상속재산을 배타적으로 점유, 관리하고 있는 공동상속인 등은 상속회복청구의 상대방인 참칭상속권자에 해당한다고 볼 수 없다.

③ 재산상속에 관하여 진정한 상속인임을 전제로 그 상속으로 인한 소유권 또는 지분권 등 재산권의 귀속을 주장하고, 참칭상속인 또는 자기들만이 재산상속을 하였다는 일부 공동상속인들을 상대로 상속재산인 부동산에 관한 등기의 말소 등을 청구하는 경우에도, 그 소유권 또는 지분권이 귀속되었다는 주장이 상속을 원인으로 하는 것인 이상 그 청구원인 여하에 불구하고 이는 민법 제999조 소정의 상속회복청구의 소라고 해석해야 한다.

④ 공동상속인 상호간의 지분권 침해를 둘러싼 분쟁에 관하여서는 상속회복청구에 관한 민법 규정의 적용이 없다.

⑤ 이미 상속이 개시된 후에 상속권자가 아니면서 상속권자인 것처럼 가장하여 상속재산을 차지한 자는 진정한 상속권자의 상속권을 침해하는 것이 아니라 진정한 상속권자의 상속재산에 대한 소유권을 침해하는 것으로 보아야 한다.

[해설] 대판(전원) 1991. 12. 24, 90다5740(친상 판례35) 참조. ③만이 본 판결의 다수의견이고, 나머지는 모두 반대의견들의 견해이다.

[정답] ③

36. 갑은 을이 피상속인 병(여자)으로부터 상속한 미등기 토지(X토지)를 병의 시동생의 손자인 정이 소유인 줄 알고 정으로부터 매수하였다. 그리고 현재 갑이 X토지를 점유하고 있다. 그런데 갑이 정으로부터 X토지를 매수할 당시 정은 그 토지를 점유하고 있지 않았다. 다만, 그 토지에 가까운 마을에는 병의 친척으로 정만 살고 있을 뿐이었다. 을이 상속회복청구권을 행사할 수 있는 기간은 이미 지났다. 이 경우에 관한 다음 설명 중 옳은 것은? (판례에 의함)

① 정은 참칭상속인이고, 을은 갑에게 상속회복청구권을 행사하여 X토지를 반환받을 수 있다.

② 정은 참칭상속인이 아니므로, 을은 갑에게 소유권에 기하여 X토지의 반환을 청구할 수 있다.

③ 정은 참칭상속인이 아니나, 을은 갑에게 소유권에 기하여 X토지의 반환을 청구할 수 없다.

④ 정은 참칭상속인이고 X토지는 정의 소유에 속하였다가 그 소유권이 갑에게 이전되었으므로, 을은 갑에게 X토지의 반환을 청구할 수 없다.

⑤ 정은 참칭상속인이나 X토지는 을의 소유에 속하므로, 을은 갑에게 소유권에 기하여 X토지의 반환을 청구할 수 있다.

[해설] 대판 1998. 3. 27, 96다37398(친상 판례36) 참조. 이 판결에 따르면, 본 문제의 경우에 정은 법정상속인이 될 수 있는 자도 아니고 X토지에 관하여 그의 명의로 등기되어 있거나 X토지를 점유하고 있지도 않으므로 참칭상속인이 아니다. 정은 소유권을 침해한 자일 뿐이다. 따라서 을은 정이나 갑에게 소유권에 기하여 반환청구권을 행사할 수 있다.

[정답] ②

37. 갑은 병으로부터 금전을 빌려 3억 원의 금전채무를 부담하고 있다. 그리고 갑은 유일한 재산인 X토지를 소유하고 있었다. 그런데 갑이 사망하자 갑의 법정상속인들 중 자녀들은 상속을 포기하고 처인 을이 한정승인신고를 하였다. 그 후 을은 X토지에 관하여 상속을 원인으로 한 소유권이전등기를 마치고, 그 뒤 정에게 채권최고액 5천만 원의 근저당권을 설정하여 주었다(실제 채권액은 1억 원임). 한편 망인에게 금전을 대여했던 병은 갑의 사망에 따라 을을 상대로 대여금청구의 소를 제기하여 이행판결을 선고받고, 그 판결의 가집행선고에 기하여 그 판결금 중 1억 5,000만 원을 청구채권으로 하여 X토지에 관하여 강제경매신청을 하였다. 그에 따라 법원은 강제경매절차를 진행하였고 1억 원을 배당할 수 있게 되었다. 이 경우에 관한 다음 설명 중 옳은 것은? (판례에 의함)

① 1억 원은 모두 병에게 배당되며, 정은 전혀 배당을 받지 못한다.

② 1억 원 가운데 정에게 먼저 5,000만 원이 배당되고, 나머지가 병에게 배당된다.

③ 1억 원이 모두 정에게 배당되고, 병은 전혀 배당을 받지 못한다.

④ 1억 원 중에 7,500만 원이 병에게, 2,500만 원이 정에게 배당된다.

⑤ 1억 원 중에 6,000만 원이 병에게, 4,000만 원이 정에게 배당된다.

[해설] 대판(전원) 2010. 3. 18, 2007다77781(친상 판례37) 참조. 이 판결에 따르면, 한정승인자로부터 상속재산에 관하여 저당권 등의 담보권을 취득한 사람과 상속채권자 사이의 우열관계는 민법상의 일

반원칙에 따라야 하고, 상속채권자가 한정승인의 사유만으로 우선적 지위를 주장할 수는 없으며, 그러한 이치는 한정승인자가 그 저당권 등의 피담보채무를 상속개시 전부터 부담하고 있었다고 해도 마찬가지라고 한다. 그 결과 본 문제의 경우 근저당권자인 정이 상속채권자인 병에 우선하게 된다. 그리고 근저당권자는 등기된 채권최고액의 한도에서 우선권을 가질 뿐이다.

[정답]　②

38. A가 사망하였는데, 그 당시 A에게는 유족으로 처 B, 자녀 C·D·E·F, C의 자녀로서 A의 손자녀인 G·H, 어머니 I가 있었다. A는 적극재산보다 채무가 더 많다. 그리하여 B는 적법하게 상속의 한정승인을 하였고, 자녀 4인은 모두 적법하게 상속을 포기하였다. 이 경우에 관한 다음 설명 중 옳은 것은? (판례에 의함)

① A의 재산은 B가 단독으로 상속한다.
② A의 재산 중 C·D·E·F가 포기한 부분은 전혀 상속되지 않고 사라지며, B는 A의 재산 중 자신의 몫만 상속한다.
③ A의 재산은 B·G·H가 공동상속하는데, G·H는 C의 몫을 대습상속한다.
④ A의 재산은 B·G·H가 공동상속하며, G·H는 본위상속한다.
⑤ A의 재산은 B·G·H·I가 공동상속하며, G·H는 본위상속한다.

[해설] 대결(전원) 2023. 3. 23, 2020그42(친상 판례38) 참조. 이 판결에 따르면, 피상속인의 배우자와 자녀 중 자녀 전부가 상속을 포기한 경우에는 배우자가 단독상속인이 된다.

[정답]　①

39. 유언에 관한 다음 설명 중 옳지 않은 것은? (판례에 의함)

① 법정된 요건과 방식에 어긋난 유언은 그것이 유언자의 진정한 의사에 합치하더라도 무효이다.
② 민법 제1070조 소정의 '구수증서에 의한 유언'에서 '유언취지의 구수'라 함은 말로써 유언의

내용을 상대방에게 전달하는 것을 뜻한다.
③ 증인이 제3자에 의하여 미리 작성된, 유언의 취지가 적혀 있는 서면에 따라 유언자에게 질문을 하고 유언자가 동작이나 간략한 답변으로 긍정하는 방식은 특별한 사정이 없는 한 민법 제1070조 소정의 유언취지의 구수에 해당한다고 볼 수 없다.
④ 증인이 제3자에 의하여 미리 작성된, 유언의 취지가 적혀 있는 서면에 따라 유언자에게 질문을 하고 유언자가 동작이나 간략한 답변으로 긍정하는 방식은, 유언 당시 유언자의 의사능력이나 유언에 이르게 된 경위 등에 비추어 그 서면이 유언자의 진의에 따라 작성되었음이 분명하다고 인정되는 경우에도, 유효한 유언이 될 수 없다.
⑤ 일반적으로 어떤 자가 유언취지의 확인을 구하는 변호사의 질문에 대하여 고개를 끄덕이거나 "음," "어"라고 말한 것만으로는 민법 제1070조 소정의 유언의 취지를 구수한 것으로 볼 수는 없다.

[해설] 대판 2006. 3. 9, 2005다57899(친상 판례 39) 참조.

[정답]　④

40. 유류분반환청구권에 관한 다음 설명 중 옳지 않은 것은? (판례에 의함)

① 유류분반환청구권의 행사에 의하여 반환하여야 할 유증 또는 증여의 목적이 된 재산이 타인에게 양도된 경우 그 양수인이 무자력인 때에는 양수인에 대하여도 그 재산의 반환을 청구할 수 있다.
② 유류분반환청구권의 행사는 재판상 또는 재판외에서 상대방에 대한 의사표시의 방법으로 할 수 있다.
③ 유류분반환청구권의 행사의 경우 그 의사표시는 침해를 받은 유증 또는 증여행위를 지정하

여 이에 대한 반환청구의 의사를 표시하면 그것으로 족하며, 그로 인하여 생긴 목적물의 이전등기청구권이나 인도청구권 등을 행사하는 것과는 달리 그 목적물을 구체적으로 특정하여야 하는 것은 아니다.

④ 유류분반환청구의 의사표시가 있으면 민법 제1117조에 정한 소멸시효의 진행이 중단된다.

⑤ 유류분반환청구권의 상대방은 원칙적으로 반환청구의 대상으로 되는 증여 또는 유증의 수증자와 그 포괄승계인, 유언집행자이다.

[해설] 대판 2002. 4. 26, 2000다8878(친상 판례 40) 참조. 이 판결은, 유류분반환청구권의 행사에 의하여 반환하여야 할 유증 또는 증여의 목적이 된 재산이 타인에게 양도된 경우 그 양수인이 「양도 당시 유류분권리자를 해함을 안 때에는」 양수인에 대하여도 그 재산의 반환을 청구할 수 있다고 한다.
[정답] ①

41. 유류분반환에 관한 다음 설명 중 옳지 않은 것은? (판례에 의함)

① 어느 공동상속인 1인이 수개의 재산을 유증받아 각 수유재산으로 유류분권리자에게 반환하여야 할 분담액을 반환하는 경우, 반환하여야 할 각 수유재산의 범위는 특별한 사정이 없는 한 민법 제1115조 제2항을 유추적용하여 각 수유재산의 가액에 비례하여 안분하는 방법으로 정해야 한다.

② 유류분반환청구권의 행사로 인하여 생기는 원물반환의무 또는 가액반환의무는 이행기한의 정함이 없는 채무이므로, 반환의무자는 그 의무에 대한 이행청구를 받은 때에 비로소 지체책임을 진다.

③ 원물반환이 가능하더라도 유류분권리자와 반환의무자 사이에 가액으로 이를 반환하기로 협의가 이루어지거나 유류분권리자의 가액반환청구에 대하여 반환의무자가 이를 다투지 않은 경우에는 법원은 가액반환을 명할 수 있다.

④ 유류분권리자의 가액반환청구에 대하여 반환의무자가 원물반환을 주장하며 가액반환에 반대하는 의사를 표시한 경우에는 반환의무자의 의사에 반하여 원물반환이 가능한 재산에 대하여 가액반환을 명할 수 없다.

⑤ 유류분반환의무자는 그가 원물을 반환할 경우에는 유류분권리자에게 목적물의 사용이익 중 유류분권리자에게 귀속되었어야 할 부분을 부당이득으로 반환할 의무가 있다.

[해설] 대판 2013. 3. 14, 2010다42624(친상 판례 41) 참조. 이 판결에 따르면, 유류분반환의무자가 악의의 점유자라는 사정이 증명되지 않는 한 반환의무자는 목적물에 대하여 과실수취권이 있다고 할 것이어서 유류분권리자에게 목적물의 사용이익 중 유류분권리자에게 귀속되었어야 할 부분을 부당이득으로 반환할 의무가 없다.
[정답] ⑤

판례색인

공저자약력

송 덕 수

서울대학교 법과대학, 동 대학원 졸업
법학박사(서울대)
경찰대학교 전임강사, 조교수
이화여자대학교 법과대학/법학전문대학원 조교수,
　부교수, 교수
Santa Clara University, School of Law의 Visiting Scholar
사법시험 · 행정고시 · 외무고시 · 입법고시 · 감정평가
　사시험 · 변리사시험 위원
현재: 이화여자대학교 법학전문대학원 명예교수

주요 저서
착오론
민법주해[Ⅱ], [Ⅷ], [Ⅸ], [ⅩⅢ](초판)(각권 공저)
주석민법 채권각칙(7)(공저)
법학입문(공저)
법률행위와 계약에 관한 기본문제 연구
대상청구권에 관한 이론 및 판례연구
부동산 점유취득시효와 자주점유
법률행위에 있어서의 착오에 관한 판례연구
계약체결에 있어서 타인 명의를 사용한 경우의 법률
　효과
흠있는 의사표시 연구
민법개정안의견서(공저)
제 3 자를 위한 계약 연구
민법사례연습
민법강의(상)(하)
채권의 목적 연구
불법원인급여에 관한 이론 및 판례 연구
법관의 직무상 잘못에 대한 법적 책임 연구
신민법강의
기본민법
신민법사례연습
신민법입문
민법 핵심판례240선(공저)
민법총칙
물권법
채권법총론
채권법각론
친족상속법
민법전의 용어와 문장구조
나의 민법 이야기

김 병 선

이화여자대학교 법학과, 동 대학원 졸업
법학박사(이화여대)
변호사
법무부 사무관
변호사시험 위원
현재: 이화여자대학교 법학전문대학원 교수

주요 저서 및 논문
소멸시효완성의 효과(저서. 단독)
시민생활과 법(저서. 공저)
민법 핵심판례240선(저서. 공저)
"시효원용권자의 범위"
"채권양도의 대항요건과 소멸시효의 중단"
"채권자대위소송에서 피보전채권의 소멸시효완성과
　제 3 채무자의 항변"
"공동상속인을 상대로 한 상속재산에 관한 말소등
　기청구의 소의 법적 성질"
"민법 제999조(相續回復請求權)의 해석에 관한 몇 가
　지 문제점"
"경매가 무효인 경우 각 당사자의 반환의무의 동시
　이행관계"
"제3자를 위한 계약의 실효와 부당이득반환관계"
"할부거래에 관한 법률상의 「소비자의 항변권」"
"일본 메이지민법(물권편: 地上權/永小作權)의 입
　법이유"
"「고품질의 물건」을 급부한 경우의 법률관계"
"일본 메이지민법 還買의 입법이유 분석"
"제 3 자에 대하여 동시이행의 항변권이 행사되는 경
　우의 법률관계"
"물권적 청구권의 이행불능의 효과"
"채무자의 소취하와 채권자대위소송의 적법성"
"소멸시효이익포기의 상대적 효력—채무자의 소멸시
　효이익포기의 저당부동산의 제 3 취득자에 대한 효력"
"하도급대금의 직접지급과 부당이득반환관계"
"자동차사고에 있어서 손해배상책임의 공평한 분배"
"채권에 대한 처분금지가처분과 가압류의 우열관계"
"일본 개정민법 제536조 제 2 항에 관한 고찰—役務提
　供契約에서 반대채무의 이행청구권의 발생근거—"
"위험부담에 관한 일본 개정 민법 고찰"
"일본 개정 민법상 목적물의 멸실에 관한 위험의 이전"
"일본 개정민법상 소멸시효기간 및 기산점"
"토지임대차에서 지상물매수청구권의 당사자"
"채권양도가 해제된 경우 채무자의 보호"

민법 핵심판례240선

초판발행   2024년 5월 30일

지은이   송덕수·김병선
펴낸이   안종만·안상준

편 집   김선민
기획/마케팅   조성호
표지디자인   권아린
제 작   우인도·고철민·조영환

펴낸곳   (주) 박영사
            서울특별시 금천구 가산디지털2로 53, 210호(가산동, 한라시그마밸리)
            등록 1959. 3. 11. 제300-1959-1호(倫)

전 화   02)733-6771
f a x   02)736-4818
e-mail   pys@pybook.co.kr
homepage   www.pybook.co.kr
ISBN   979-11-303-4731-8   93360

정 가   35,000원